All in One®

Recommended
by **Teachers** Trusted
by **Toppers**

राजनीति विज्ञान

कक्षा 11

EVERYTHING YOU NEED TO SCORE

- NCERT के प्रत्येक अध्याय के चित्र, मानचित्र व तालिकाओं सहित सरल व सम्पूर्ण व्याख्या
- वस्तुनिष्ठ प्रश्नों का कवरेज
- NCERT व अन्य महत्त्वपूर्ण प्रश्न
- दक्षता (Competency) आधारित प्रश्न
- सैंपल पेपर्स

CBSE परीक्षा 2026

लेखक
रविकांत/अमित कुमार

arihant
SUCCESS AND NOTHING LESS

अरिहन्त प्रकाशन

(स्कूल डिवीज़न सीरीज़)

卐 रजि. कार्यालय

'रामछाया' 4577/15, अग्रवाल रोड, दरिया गंज, नई दिल्ली-110002
फोन: 011-47630600, 43518550; फैक्स: 011-23280316

मुख्य कार्यालय

कालिन्दी, टी०पी० नगर, मेरठ (यूपी)-250002 फोन: 0121-7156203, 7156204

卐 शाखा कार्यालय

आगरा, अहमदाबाद, बरेली, बंगलुरु, चेन्नई, दिल्ली, गुवाहाटी, हैदराबाद, जयपुर, झाँसी, कोलकाता, लखनऊ, नागपुर तथा पुणे

卐 PO No : TXT-XX-XXXXXXX-X-XX

Published by Arihant Publications (India) Ltd.

'अरिहन्त' की पुस्तकों के बारे में अधिक जानकारी के लिए हमारी वेबसाइट
www.arihantbooks.com पर लॉग इन करें या info@arihantbooks.com पर सम्पर्क करें।

Follow us on

卐 मूल्य ₹ 425.00

प्रोडक्शन टीम

पब्लिशिंग मैनेजर	*कवर डिज़ाइनर*	*इनर डिज़ाइनर*
महेन्द्र सिंह रावत, केशव मोहन	राकेश रावत	अंकित त्यागी
प्रोजेक्ट कॉर्डिनेटर	*पेज लेआउट*	*प्रूफ रीडर*
पारूल काम्बोज	संजय सागर	शशि रानी

विषय-सूची

भाग क भारत का संविधान-सिद्धांत और व्यवहार

Studied | Revised | Exam ready

One Book- Endless Features

to Help you Succeed

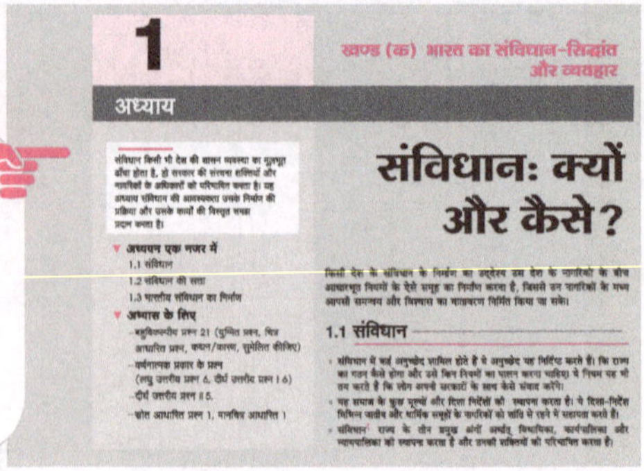

1

खण्ड (क) भारत का संविधान-सिद्धांत और व्यवहार

अध्याय

संविधान: क्यों और कैसे?

▼ अध्ययन एक नजर में

1.1 संविधान

1.2 संविधान की सत्ता

1.3 भारतीय संविधान का निर्माण

▼ अभ्यास के लिए

1.1 संविधान

संपूर्ण अध्ययन

प्रत्येक अध्याय के प्रारंभ में Theory को Easy to Read/Understand रूप में दिया गया है। Theory के बीच में चित्र, फ्लोचार्ट्स, सारणी आदि दिए गए हैं, जिनकी सहायता से विद्यार्थी विषय संकल्पनाओं को आसानी से समझ पाएँगे।

NCERT फोल्डर

पाठ्यपुस्तक के प्रत्येक अध्याय में NCERT पाठ्यपुस्तक के अभ्यास प्रश्नों का उत्तर सरल भाषा में दिया गया है तथा उतना ही उत्तर दिया गया है जितना कि प्रश्न में अनिवार्य रूप से पूछा गया है। NCERT फोल्डर को यहाँ देने का मुख्य उद्देश्य यह है कि छात्र NCERT का पूर्ण अभ्यास एक ही पुस्तक में कर सकें।

अभ्यास प्रश्न

पाठ्यपुस्तक के प्रत्येक अध्याय के NCERT प्रश्नोत्तर के पश्चात् 'अभ्यास प्रश्न' दिया गया है, जिसमें वस्तुनिष्ठ प्रश्न, अतिलघु उत्तरीय, लघु उत्तरीय और दीर्घ उत्तरीय आदि प्रश्न दिए गए हैं। अभ्यास प्रश्न देने का मुख्य उद्देश्य यह है कि छात्र अपने द्वारा अध्याय में पढ़ी हुई पाठ्य सामग्री से संबंधित प्रश्नोत्तर का अध्ययन यहाँ कर सकते हैं।

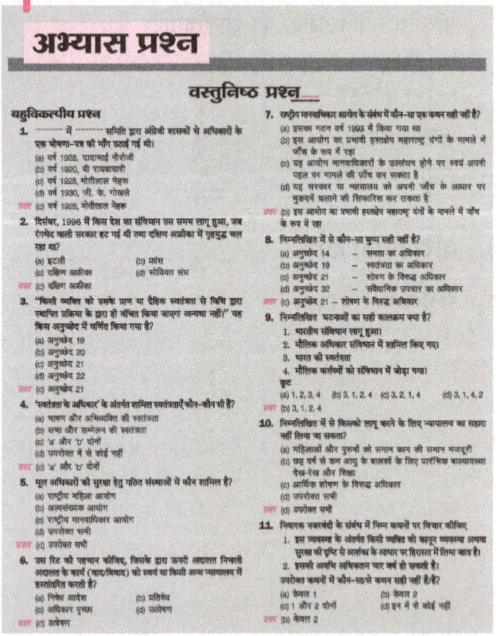

अभ्यास प्रश्न

वस्तुनिष्ठ प्रश्न

बहुविकल्पीय प्रश्न

1. ……… में ……… समिति द्वारा अंग्रेजी शासकों से अधिकारों के एक घोषणा-पत्र की माँग उठाई गई थी।
(a) वर्ष 1928, दादाभाई नौरोजी
(b) वर्ष 1920, वी राघवाचारी
(c) वर्ष 1928, मोतीलाल नेहरू
(d) वर्ष 1930, जी. के. गोखले
उत्तर (c) वर्ष 1928, मोतीलाल नेहरू

2. दिसंबर, 1996 में किस देश का संविधान उस समय लागू हुआ, जब रंगभेद वाली सरकार हट गई थी तथा दक्षिण अफ्रीका में गृहयुद्ध चल रहा था?
(a) इटली (b) फ्रांस
(c) दक्षिण अफ्रीका (d) सोवियत संघ
उत्तर (c) दक्षिण अफ्रीका

3. "किसी व्यक्ति को उसके प्राण या दैहिक स्वतंत्रता से विधि द्वारा स्थापित प्रक्रिया के द्वारा ही वंचित किया जाएगा अन्यथा नहीं।" यह किस अनुच्छेद में वर्णित किया गया है?
(a) अनुच्छेद 19
(b) अनुच्छेद 20
(c) अनुच्छेद 21
(d) अनुच्छेद 22
उत्तर (c) अनुच्छेद 21

4. 'स्वतंत्रता के अधिकार' के अंतर्गत शामिल स्वतंत्रताएँ कौन-कौन सी हैं?
(a) भाषण और अभिव्यक्ति की स्वतंत्रता
(b) सभा और सम्मेलन की स्वतंत्रता
(c) 'a' और 'b' दोनों
(d) उपरोक्त में से कोई नहीं
उत्तर (c) 'a' और 'b' दोनों

5. मूल अधिकारों की सुरक्षा हेतु गठित संस्थाओं में कौन शामिल है?
(a) राष्ट्रीय महिला आयोग
(b) अल्पसंख्यक आयोग
(c) राष्ट्रीय मानवाधिकार आयोग
(d) उपरोक्त सभी
उत्तर (d) उपरोक्त सभी

6. उस रिट की पहचान कीजिए, जिसके द्वारा ऊपरी अदालत निचली अदालत के कार्य (वाद/विवाद) को स्वयं या किसी अन्य न्यायालय में हस्तांतरित करती है?
(a) निषेध आदेश (b) प्रतिषेध
(c) अधिकार पृच्छा (d) उत्प्रेषण
उत्तर (d) उत्प्रेषण

7. राष्ट्रीय मानवाधिकार आयोग के संबंध में कौन-सा एक कथन सही नहीं है?
(a) इसका गठन वर्ष 1993 में किया गया था
(b) इस आयोग का प्रभावी हस्तक्षेप महाराष्ट्र दंगों के मामले में जाँच के रूप में रहा
(c) यह आयोग मानवाधिकारों के उल्लंघन होने पर स्वयं अपनी पहल पर मामले की जाँच कर सकता है
(d) यह सरकार या न्यायालय को अपनी जाँच के आधार पर मुकदमें चलाने की सिफारिश कर सकता है
उत्तर (b) इस आयोग का प्रभावी हस्तक्षेप महाराष्ट्र दंगों के मामले में जाँच के रूप में रहा

8. निम्नलिखित में से कौन-सा युग्म सही नहीं है?
(a) अनुच्छेद 14 – समता का अधिकार
(b) अनुच्छेद 19 – स्वतंत्रता का अधिकार
(c) अनुच्छेद 21 – शोषण के विरुद्ध अधिकार
(d) अनुच्छेद 32 – संवैधानिक उपचार का अधिकार
उत्तर (c) अनुच्छेद 21 – शोषण के विरुद्ध अधिकार

9. निम्नलिखित घटनाओं का सही कालक्रम क्या है?
1. भारतीय संविधान लागू हुआ।
2. मौलिक अधिकार संविधान में शामिल किए गए।
3. भारत की स्वतंत्रता
4. मौलिक कर्तव्यों को संविधान में जोड़ा गया।
कूट
(a) 1, 2, 3, 4 (b) 3, 1, 2, 4 (c) 3, 2, 1, 4 (d) 3, 1, 4, 2
उत्तर (b) 3, 1, 2, 4

10. निम्नलिखित में से किसको लागू करने के लिए न्यायालय का सहारा नहीं लिया जा सकता?
(a) महिलाओं और पुरुषों को समान काम की समान मजदूरी
(b) छह वर्ष से कम आयु के बालकों के लिए प्रारंभिक बाल्यावस्था देख-रेख और शिक्षा
(c) आर्थिक शोषण के विरुद्ध अधिकार
(d) उपरोक्त सभी
उत्तर (d) उपरोक्त सभी

11. निवारक नजरबंदी के संबंध में निम्न कथनों पर विचार कीजिए
1. इस व्यवस्था के अंतर्गत किसी व्यक्ति को कानून व्यवस्था अथवा सुरक्षा की दृष्टि से आशंका के आधार पर हिरासत में लिया जाता है।
2. इसकी अवधि अधिकतम चार वर्ष हो सकती है।
उपरोक्त कथनों में कौन-सा/से कथन सही नहीं है/हैं?
(a) केवल 1 (b) केवल 2
(c) 1 और 2 दोनों (d) इन में से कोई नहीं
उत्तर (b) केवल 2

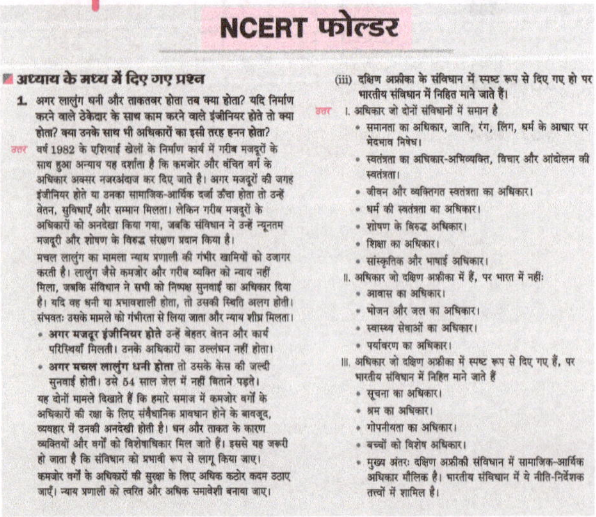

NCERT फोल्डर

अध्याय के मध्य में दिए गए प्रश्न

1. अगर लालुंग धनी और ताकतवर होता तब क्या होता? यदि निर्माण करने वाले ठेकेदार के साथ काम करने वाले इंजीनियर होते तो क्या होता? क्या उनके साथ भी अधिकारों का इसी तरह हनन होता?

उत्तर वर्ष 1982 के एशियाई खेलों के निर्माण कार्य में गरीब मजदूरों के साथ हुआ अन्याय यह दर्शाता है कि कमजोर और वंचित वर्ग के अधिकार अक्सर नजरअंदाज कर दिए जाते है। अगर मजदूरों की जगह इंजीनियर होते या उनका सामाजिक-आर्थिक दर्जा ऊँचा होता तो उन्हें वेतन, सुविधाएँ और सम्मान मिलता। लेकिन गरीब मजदूरों के अधिकारों को अनदेखा किया गया, जबकि संविधान ने उन्हें न्यूनतम मजदूरी और शोषण के विरुद्ध संरक्षण प्रदान किया है।

मचल लालुंग का मामला न्याय प्रणाली की गंभीर खामियों को उजागर करती है। लालुंग जैसे कमजोर और गरीब व्यक्ति को न्याय नहीं मिला, जबकि संविधान ने सभी को निष्पक्ष सुनवाई का अधिकार दिया है। यदि वह धनी या प्रभावशाली होता, तो उसकी स्थिति अलग होती। संभवतः उसके मामले को गंभीरता से लिया जाता और न्याय शीघ्र मिलता।

- **अगर मजदूर इंजीनियर होते** उन्हें बेहतर वेतन और कार्य परिस्थियाँ मिलती। उनके अधिकारों का उल्लंघन नहीं होता।
- **अगर मचल लालुंग धनी होता** तो उसके केस की जल्दी सुनवाई होती। उसे 54 साल जेल में नहीं बिताने पड़ते।

यह दोनों मामले दिखाते हैं कि हमारे समाज में कमजोर वर्गों के अधिकारों की रक्षा के लिए संवैधानिक प्रावधान होने के बावजूद, व्यवहार में उनकी अनदेखी होती है। धन और ताकत के कारण व्यक्तियों और वर्गों को विशेषाधिकार मिल जाते हैं। इससे यह जरूरी हो जाता है कि संविधान को प्रभावी रूप से लागू किया जाए। कमजोर वर्गों के अधिकारों की सुरक्षा के लिए अधिक कठोर कदम उठाए जाएँ। न्याय प्रणाली को त्वरित और अधिक समावेशी बनाया जाए।

(iii) दक्षिण अफ्रीका के संविधान में स्पष्ट रूप से दिए गए हो पर भारतीय संविधान में निहित माने जाते हैं।

उत्तर I. अधिकार जो दोनों संविधानों में समान है
- समानता का अधिकार, जाति, रंग, लिंग, धर्म के आधार पर भेदभाव निषेध।
- स्वतंत्रता का अधिकार-अभिव्यक्ति, विचार और आंदोलन की स्वतंत्रता।
- जीवन और व्यक्तिगत स्वतंत्रता का अधिकार।
- धर्म की स्वतंत्रता का अधिकार।
- शोषण के विरुद्ध अधिकार।
- शिक्षा का अधिकार।
- सांस्कृतिक और भाषाई अधिकार।

II. अधिकार जो दक्षिण अफ्रीका में हैं, पर भारत में नहीं:
- आवास का अधिकार।
- भोजन और जल का अधिकार।
- स्वास्थ्य सेवाओं का अधिकार।
- पर्यावरण का अधिकार।

III. अधिकार जो दक्षिण अफ्रीका में स्पष्ट रूप से दिए गए हैं, पर भारतीय संविधान में निहित माने जाते हैं
- सूचना का अधिकार।
- श्रम का अधिकार।
- गोपनीयता का अधिकार।
- बच्चों को विशेष अधिकार।
- मुख्य अंतर: दक्षिण अफ्रीकी संविधान में सामाजिक-आर्थिक अधिकार मौलिक है। भारतीय संविधान में ये नीति-निर्देशक तत्त्वों में शामिल है।

One Book- Endless Features

to Help you Succeed

स्वयं को जाँचें

परीक्षा अभ्यास के पश्चात् अध्याय के इस चरण में छात्र अध्याय से संबंधित अपने ज्ञान का मूल्यांकन कर सकते हैं।

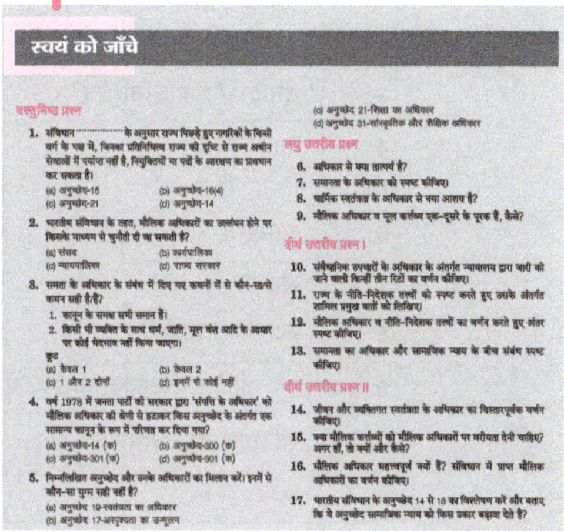

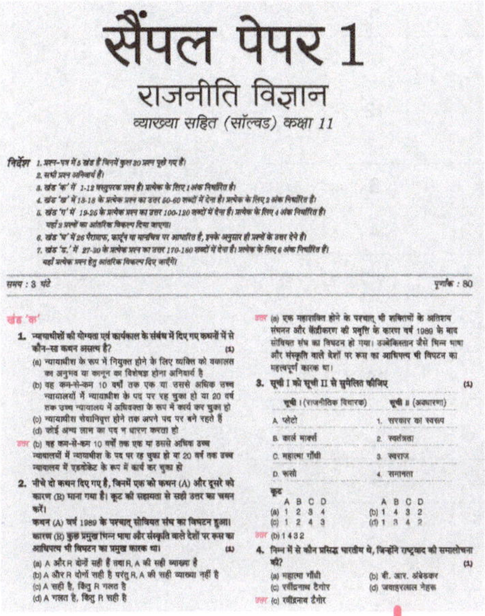

सैंपल पेपर्स

पुस्तक के अंत में CBSE के नवीनतम पाठ्यक्रम व नवीनतम सैंपल पेपर पर आधारित 3 सैंपल पेपर्स दिए गए हैं। सभी सैंपल पेपर्स को परीक्षा पैटर्न व समय सीमा को ध्यान में रखकर तैयार किया गया है। इन सैंपल पेपर्स की प्रैक्टिस कर छात्र परीक्षा की सटीक तैयारी कर सकते हैं।

नवीनतम पाठ्यक्रम

कक्षा 11वीं राजनीति विज्ञान (कोड–028) परीक्षा हेतु पाठ्यक्रम विनिर्देशन

समय –3 घंटे अधिकतम अंक–80

इकाई		अंक
भाग क : भारतीय संविधान काम कर रहा है		
1.	संविधान क्यों और कैसे?	8
2.	भारतीय संविधान में अधिकार	
3.	चुनाव और प्रतिनिधित्व	6
4.	कार्यकारिणी	
5.	विधानमंडल	12
6.	न्यायतंत्र	
7.	संघवाद	6
8.	स्थानीय सरकारों	4
9.	एक जीवित दस्तावेज के रूप में संविधान	4
10.	संविधान का दर्शन	
	कुल	**40**
भाग ख : राजनीतिक सिद्धांत		
1.	राजनीतिक सिद्धांत् : एक परिचय	4
2.	आजादी	12
3.	समानता	
4.	सामाजिक न्याय	6
5.	अधिकार	4
6.	सिटीजनशिप	8
7.	राष्ट्रवाद	
8.	धर्मनिरपेक्षता	6
	कुल	**40**

भाग क : भारतीय संविधान काम कर रहा है

1. संविधान क्यों और कैसे?

(a) हमें संविधान की आवश्यकता क्यों है?
- संविधान समन्वय और आश्वासन की अनुमति देता है
- निर्णय लेने की शक्ति की विशिष्टताएँ
- सरकार की शक्तियों पर सीमाएँ
- समाज की आकांक्षाएँ और लक्ष्य
- लोगों की मौलिक पहचान

(b) एक संविधान का अधिकार
- प्रचार का तरीका
- संविधान के मौलिक प्रावधान
- संतुलित संस्थागत डिजाइन

(c) भारतीय संविधान कैसे बना?
- संविधान सभा की संरचना
- प्रक्रियाएँ
- राष्ट्रीय आंदोलन की विरासत
- संस्थागत व्यवस्थाएँ

(d) विभिन्न देशों के संविधानों से लिए गए प्रावधान

2. भारतीय संविधान में अधिकार

(a) अधिकारों का महत्त्व
- अधिकारों का विधेयक

(b) भारतीय संविधान में मौलिक अधिकार
- समानता का अधिकार
- स्वतंत्रता का अधिकार
- शोषण के विरुद्ध अधिकार
- धर्म की स्वतंत्रता का अधिकार
- सांस्कृतिक और शैक्षिक अधिकार
- संवैधानिक उपचारों का अधिकार

(c) राज्य के नीति निर्देशक सिद्धांत
- नीति निर्देशक सिद्धांतों में क्या शामिल है?

(d) मौलिक अधिकारों और निर्देशक सिद्धांतों के बीच संबंध

3. चुनाव और प्रतिनिधित्व

(a) चुनाव और लोकतंत्र

(b) भारत में चुनाव प्रणाली
- फर्स्ट पास्ट द पोस्ट सिस्टम
- आनुपातिक प्रतिनिधित्व

(c) भारत ने एफपीटीपी प्रणाली को क्यों अपनाया

(d) निर्वाचन क्षेत्रों का आरक्षण

(e) स्वतंत्र और निष्पक्ष चुनाव
- सार्वभौमिक मताधिकार और चुनाव लड़ने का अधिकार
- स्वतंत्र चुनाव आयोग

(f) चुनावी सुधार

4. कार्यकारिणी

(a) एक कार्यकारी क्या है?

(b) विभिन्न प्रकार के अधिकारी क्या हैं?

(c) भारत में संसदीय कार्यपालिका
- राष्ट्रपति की शक्ति और स्थिति
- राष्ट्रपति के विवेकाधीन शक्तियाँ

(d) प्रधानमंत्री और मंत्रिपरिषद्

(e) स्थायी कार्यकारी : नौकरशाही

5. विधानमंडल

(a) हमें संसद की आवश्यकता क्यों है?

(b) हमें संसद के दो सदनों की आवश्यकता क्यों है?
- राज्य सभा
- लोक सभा

(c) संसद क्या करती है?
- राज्य सभा की शक्तियाँ
- राज्य सभा की विशेष शक्तियाँ

(d) संसद कानून कैसे बनाती है?

(e) संसद कार्यपालिका को कैसे नियंत्रित करती है?

(f) संसद की समितियाँ क्या करती हैं?

(g) संसद स्वयं को कैसे नियंत्रित करती है?

6. न्यायतंत्र

(a) हमें एक स्वतंत्र न्यायपालिका की आवश्यकता क्यों है?
- न्यायपालिका की स्वतंत्रता
- न्यायाधीशों की नियुक्ति
- न्यायाधीशों को हटाना

(b) न्यायपालिका की संरचना

(c) सर्वोच्च न्यायालय का क्षेत्राधिकार
- मूल न्यायाधिकार
- रिट क्षेत्राधिकार
- अपील न्यायिक क्षेत्र
- सलाहकार क्षेत्राधिकार

(d) न्यायिक सक्रियता

(e) न्यायपालिका और अधिकार

(f) न्यायपालिका और संसद

7. संघवाद

(a) संघवाद क्या है?

(b) भारतीय संविधान में संघवाद
- शक्तियों का विभाजन

(c) एक मजबूत केंद्र सरकार के साथ संघवाद

(d) भारत की संघीय प्रणाली में संघर्ष
- केंद्र-राज्य संबंध
- स्वायत्तता की माँग
- राज्यपालों की भूमिका

(e) राष्ट्रपति शासन
- नए राज्यों की माँग
- अंतर्राज्यीय संघर्ष

(f) विशेष प्रावधान
- जम्मू और कश्मीर

8. स्थानीय सरकारें

(a) स्थानीय सरकारें क्यों?

(b) भारत में स्थानीय सरकार का विकास
- स्वतंत्र भारत में स्थानीय सरकारें

(c) 73वाँ और 74वाँ संशोधन

(d) 73वाँ संशोधन
- तीन स्तरीय संरचना
- चुनाव
- आरक्षण
- विषयों का स्थानांतरण
- राज्य चुनाव आयुक्त
- राज्य वित्त आयोग

(e) 74वाँ संशोधन

(f) 73वें और 74वें संशोधन का कार्यान्वयन

9. एक जीवित दस्तावेज के रूप में संविधान

(a) क्या संविधान स्थिर है?

(b) संविधान में संशोधन कैसे करें?

(c) इतने सारे संशोधन क्यों किए गए हैं?

(d) अब तक किए गए संशोधनों की सामग्री
- अलग व्याख्या
- राजनीतिक सहमति के माध्यम से संशोधन
- विवादस्पद संशोधन

(e) संविधान की मूल संरचना और विकास

(f) एक जीवित दस्तावेज़ के रूप में संविधान
- न्यायपालिका का योगदान
- राजनीतिक नेतृत्व की परिपक्वता

10. संविधान का दर्शन

(a) संविधान के दर्शन का क्या अर्थ है?
- लोकतांत्रिक परिवर्तन के साधन के रूप में संविधान

(b) हमें संविधान सभा में वापस जाने की आवश्यकता क्यों है?

(c) हमारे संविधान का राजनीतिक दर्शन क्या है?
- व्यक्तिगत स्वतंत्रता
- सामाजिक न्याय
- विविधता और अल्पसंख्यक अधिकारों का सम्मान
- धर्मनिरपेक्षता
- सार्वभौमिक मताधिकार
- संघवाद
- राष्ट्रीय पहचान

(d) प्रक्रियात्मक उपलब्धियाँ

(e) आलोचना

(f) सीमाएँ

भाग ख : राजनीतिक सिद्धांत

1. राजनीतिक सिद्धांत: एक परिचय

(a) राजनीति क्या है?

(b) हम राजनीति में क्या पढ़ते हैं?

(c) राजनीतिक सिद्धांत और व्यवहार प्रस्तुत करना

(d) हमें राजनीतिक सिद्धांत का अध्ययन क्यों करना चाहिए?

2. आज़ादी

(a) स्वतंत्रता का आदर्श

(b) बाधाओं के स्रोत–हमें बाधाओं की आवश्यकता क्यों है?

(c) हानिकारक सिद्धांत

- नकारात्मक और सकारात्मक स्वतंत्रता

3. समानता

(a) समानता क्यों मायने रखती है?
- अवसरों की समानता
- प्राकृतिक और सामाजिक असमानताएँ

(b) समानता के तीन आयाम

(c) नारीवाद, समाजवाद
- हम समानता को कैसे बढ़ावा दे सकते हैं?

4. सामाजिक न्याय

(a) न्याय क्या है?
- समान लोगों के लिए समान व्यवहार
- आनुपातिक न्याय
- विशेष आवश्यकताओं की पहचान

(b) सिर्फ वितरण

(c) जॉन रॉल्स थ्योरी ऑफ जस्टिस

(d) सामाजिक न्याय का पीछा करना
- मुक्त बाजार बनाम राज्य का हस्तक्षेप

5. अधिकार

(a) अधिकार क्या हैं?

(b) अधिकार कहाँ से आते हैं?

(c) कानूनी अधिकार और राज्य

(d) अधिकारों के प्रकार
- अधिकार एवं उत्तरदायित्व

6. सिटिजनशिप

(a) परिचय

(b) पूर्ण और समान सदस्यता

(c) समान अधिकार

(d) नागरिक और राष्ट्र

(e) सार्वभौमिक नागरिकता
- वैश्विक नागरिकता

7. राष्ट्रवाद

(a) राष्ट्रवाद का परिचय

(b) राष्ट्र और राष्ट्रवाद
- साझा विश्वास
- इतिहास
- साझा राष्ट्रीय पहचान

(c) राष्ट्रीय आत्मनिर्णय
- राष्ट्रवाद और बहुलवाद

8. धर्मनिरपेक्षता

(a) धर्मनिरपेक्षता क्या है?
- अंत: धार्मिक वर्चस्व
- अंतर–धार्मिक वर्चस्व

(b) धर्मनिरपेक्ष राज्य

(c) धर्मनिरपेक्षता का पश्चिमी मॉडल

(d) धर्मनिरपेक्षता का भारतीय मॉडल

(e) भारतीय धर्मनिरपेक्षता की आलोचना
- पश्चिमी आयात
- अल्पसंख्यकवाद
- हस्तक्षेप करने वाला
- वोट बैंक की राजनीति

1

खण्ड (क) भारत का संविधान-सिद्धांत और व्यवहार

अध्याय

संविधान किसी भी देश की शासन व्यवस्था का मूलभूत ढाँचा होता है, हो सरकार की संरचना शक्तियों और नागरिकों के अधिकारों को परिभाषित करता है। यह अध्याय संविधान की आवश्यकता उसके निर्माण की प्रक्रिया और उसके कार्यों की विस्तृत समझ प्रदान करता है।

▼ **अध्ययन एक नजर में**

1.1 संविधान

1.2 संविधान की सत्ता

1.3 भारतीय संविधान का निर्माण

▼ **अभ्यास के लिए**

- बहुविकल्पीय प्रश्न 21 (युग्मित प्रश्न, चित्र आधारित प्रश्न, कथन/कारण, सुमेलित कीजिए)
- वर्णनात्मक प्रकार के प्रश्न (लघु उत्तरीय प्रश्न 6, दीर्घ उत्तरीय प्रश्न I 6)
- दीर्घ उत्तरीय प्रश्न II 5,
- स्रोत आधारित प्रश्न 5, मानचित्र आधारित 1

संविधानः क्यों और कैसे?

किसी देश के संविधान के निर्माण का उद्देश्य उस देश के नागरिकों के बीच आधारभूत नियमों के ऐसे समूह का निर्माण करना है, जिससे उन नागरिकों के मध्य आपसी समन्वय और विश्वास का वातावरण निर्मित किया जा सके।

1.1 संविधान

- संविधान में कई अनुच्छेद शामिल होते हैं ये अनुच्छेद यह निर्दिष्ट करते हैं। कि राज्य का गठन कैसे होगा और उसे किन नियमों का पालन करना चाहिए। ये नियम यह भी तय करते हैं कि लोग अपनी सरकारों के साथ कैसे संवाद करेंगे।
- यह समाज के कुछ मूल्यों और दिशा निर्देशों की स्थापना करता है। ये दिशा-निर्देश विभिन्न जातीय और धार्मिक समूहों के नागरिकों को शांति से रहने में सहायता करते हैं।
- **संविधान**[1] राज्य के तीन प्रमुख अंगों अर्थात् विधायिका, कार्यपालिका और न्यायपालिका की स्थापना करता है और उनकी शक्तियों को परिभाषित करता है।

संविधान की आवश्यकता

- संविधान कानून का एकल खंड है, जो यह तय करता है कि जनता अपनी सरकारों के साथ किस प्रकार व्यवहार करेगी। संविधान विभिन्न नैतिक और आर्थिक समूहों के नागरिकों के लिए शांति से रहने हेतु आवश्यक मूल्यों और दिशा-निर्देशों को स्थापित करता है। संविधान की आवश्यकता को समझने के लिए इसके महत्त्वपूर्ण कार्यों के बारे में जानना अति आवश्यक है, जो निम्नलिखित हैं

आपसी समन्वय और विश्वास को बढ़ावा

- किसी देश में आस्था, संस्कृति, पेशा, योग्यता, शौक, रुचि आदि के संबंध में विविधताएँ होती हैं और इन विविधताओं के बावजूद लोगों को एक-दूसरे के सहयोग की आवश्यकता होती है और वे एक-दूसरे पर निर्भर होते हैं, इसलिए संविधान को नियमों का एक समुच्चय (Set) प्रदान करना चाहिए, जिससे लोग शांति के साथ एक साथ रह सकें और भेदभाव से बच सकें।

1 संविधान ऐसे नियमों तथा सिद्धांतों को समूह जिसके अनुसार, शासन के विभिन्न अंगों को संगठित किया जाता है तथा नागरिकों और राज्य के बीच संबंध स्थापित किए जाते हैं।

- प्रत्येक व्यक्ति के समन्वयन के लिए कुछ बुनियादी नियमों की आवश्यकता होती है, जो सार्वजनिक रूप से घोषित किए हो। ये नियम ऐसे होने चाहिए, जिन्हें क्रियान्वित किया जा सके। इन नियमों को कानूनी रूप से **क्रियान्वयन**[2] करने योग्य बनाकर सभी के लिए एक गारंटी सुनिश्चित की जाती है। यह सुनिश्चित किया जाता है कि अन्य लोग भी इन नियमों का पालन करेंगे और यदि वे ऐसा नहीं करते हैं तो उन्हें कानून द्वारा दंडित किया जाएगा।
- संविधान द्वारा यह भी सुनिश्चित किया जाता है कि प्रत्येक व्यक्ति इन नियमों का पालन करेगा और ऐसा नहीं होने की स्थिति में उसे कानून द्वारा दंडित करने का प्रावधान भी मान्य होगा, इसलिए संविधान का पहला कार्य यह है कि वह बुनियादी नियमों का एक ऐसा समूह उपलब्ध कराए, जिससे समाज के सदस्यों में एक न्यूनतम समन्वय और विश्वास बना रहे।

सशर्त निर्णय लेने की शक्तियाँ

- संविधान कुछ ऐसे बुनियादी सिद्धांतों का समूह है, जिसके आधार पर राज्य का निर्माण और शासन होता है। संविधान समाज हेतु निर्णय लेने के लिए शक्तियों के बुनियादी आवंटन को निर्दिष्ट करता है। उदाहरणस्वरूप, एक राजशाही संविधान में सम्राट को निर्णय लेने का अधिकार होता है। पुराने सोवियत संघ जैसे कुछ संविधान में एक ही पार्टी को निर्णय लेने का अधिकार होता था, लेकिन एक लोकतांत्रिक संविधान में लोगों को निर्णय लेने का अधिकार होता है।
- भारतीय संविधान सरकार के संसदीय स्वरूप को निर्दिष्ट करता है, जहाँ संसद को राष्ट्र के कानूनों और नीतियों को तय करने का अधिकार प्राप्त है। अत: संविधान वह सत्ता है।, जो सर्वप्रथम सरकार का निर्माण करती है, इसलिए संविधान का दूसरा कार्य यह स्पष्ट करना है कि समाज में निर्णय लेने की शक्ति किसके पास है? साथ ही संविधान यह भी तय करता है कि सरकार कैसे निर्मित होगी।

सरकार की शक्तियों पर सीमाएँ

- संविधान का तीसरा कार्य यह है कि वह सरकार द्वारा अपने नागरिकों पर लागू किए जाने वाले कानूनों पर कुछ सीमाएँ लगाए। ये सीमाएँ इस रूप में मौलिक होती हैं कि सरकार कभी उनका उल्लंघन नहीं कर सकती।
- संविधान सरकार की शक्तियों को कई प्रकार से सीमित करता है। सरकार की शक्तियों को सीमित करने का सबसे सरल तरीका यह है कि नागरिकों के रूप में हमारे मौलिक अधिकारों को स्पष्ट कर दिया जाए और कोई भी सरकार उनका उल्लंघन न करे।
- नागरिकों को मुख्यत: कुछ मौलिक स्वतंत्रताओं का भी अधिकार प्राप्त है, जिसमें भाषण की स्वतंत्रता, अंतरात्मा की आवाज पर काम करने की स्वतंत्रता, संगठन बनाने की स्वतंत्रता आदि शामिल हैं। व्यवहार में इन अधिकारों को राष्ट्रीय आपातकाल में सीमित किया जा सकता है और संविधान उन परिस्थितियों का उल्लेख भी करता है, जिनमें इन अधिकारों को वापस लिया जा सकता है।

समाज की आकांक्षाएँ और लक्ष्य

- संविधान का चौथा कार्य यह है कि यह सरकार को समाज की आकांक्षाओं को पूरा करने और एक न्यायपूर्ण समाज के लिए पारिस्थितियाँ बनाने में सक्षम बनाता है।
- यह न केवल सरकार की शक्तियों को प्रतिबंधित करता है, बल्कि असमानता या अभाव के रूपों को दूर करने हेतु सकारात्मक उपाय करने के लिए सरकार को सक्षम और सशक्त बनाता है।
- भारत एक ऐसा समाज बनाने की आकांक्षा करता है, जो जातिवाद से मुक्त हो और इसके लिए सरकार को सभी आवश्यक कदम उठाने में सक्षम होना पड़ेगा। भारतीय संविधान के निर्माताओं का मानना था कि समाज में प्रत्येक व्यक्ति के पास वह सभी चीजें होनी चाहिए जो उन्हें सम्मानजनक जीवन जीने और सामाजिक आत्म-सम्मान बनाए रखने के लिए आवश्यक है जैसे न्यूनतम मूलभूत सुविधाएँ, आवास, शिक्षा आदि।
- भारतीय संविधान सरकार को कुछ लोक-कल्याणकारी व हितकारी कार्यों को करने की दिशा में सकारात्मक कदम उठाने हेतु समर्थन प्रदान करता है, जिसमें कानून की भी अहम भूमिका होती है।
- ऐसी व्यवस्थाएँ संविधान की प्रस्तावना के समर्थन में है और इन्हें मौलिक अधिकारों के खंड में भी पाया जाता है। राज्य के नीति निर्देशक सिद्धांत (DPSP) भी लोगों की कुछ आकांक्षाओं को पूरा करने के लिए शामिल किए गए थे।
- इस संदर्भ में दक्षिण अफ्रीका **नस्लीय भेद-भाव**[3] (रंगभेद नीति) पूर्व काल का उदाहरण है, लेकिन इस देश के नए संविधान ने सरकार को इस काबिल बनाया है कि व नस्लीय भेदभाव को समाप्त कर सके और समाज की आकांक्षाओं व लक्ष्यों को पूरा कर सके।

---

2 **क्रियान्वयन** किसी नियम को लागू करना या बनाए रखना या किसी नियम को लागू करना आदि।

3 **नस्लीय भेद-भाव** विभिन्न नस्लों अर्थात् जातियों या वर्गों के बीच व्याप्त भेदभाव।

संविधान के सक्षम व्यवस्थाएँ

- संविधान केवल सरकार की शक्तियों को नियंत्रित करने वाले नियम और विनियम नहीं होते, बल्कि ये समाज की सामूहिक हित हेतु सरकार को शक्तियाँ भी प्रदान करते हैं।
- दक्षिण अफ्रीका का संविधान सरकार को कई जिम्मेदारियाँ सौंपता है। यह चाहता है कि सरकार प्रकृति के संरक्षण को बढ़ावा देने के लिए उपाय करे, उन व्यक्तियों या समूहों की रक्षा करने के लिए प्रयास करे जिन्हें अनुचित भेदभाव का सामना करना पड़ता है और यह शक्तियाँ प्रदान करता है कि सरकार सभी को उचित आवास, स्वास्थ्य देखभाल आदि सुनिश्चित करने के लिए कदम उठाए।
- इंडोनेशिया के संविधान में भी सरकार को राष्ट्रीय शिक्षा प्रणाली स्थापित करने व संचालित करने का अधिकार है।
- इंडोनेशिया का संविधान यह सुनिश्चित करता है कि गरीब और असहाय बच्चों की देखभाल सरकार करेगी।

नागरिकों की मौलिक पहचान

- संविधान नागरिकों की **मौलिक**[4] पहचान व्यक्त करता है। इसका तात्पर्य है कि भारतीय नागरिक एक सामूहिक इकाई के रूप में केवल मूल संविधान के माध्यम से अस्तित्व में आते हैं। इसके अतिरिक्त संविधान के माध्यम से समाज की एक सामूहिक इकाई बुनियादी नियमों की सहमति के पश्चात् होती है।
- ये नियम एक वृहद् ढाँचा प्रदान करते हैं जिसके अंतर्गत कुछ बुनियादी मानकों और सिद्धांतों पर सहमति व्यक्त करके व्यक्ति अपनी मौलिक राजनीतिक पहचान स्थापित करते हैं।
- यह नागरिकों के लिए कुछ अधिकारिक सीमाएँ भी निश्चित करता है। इस प्रकार, संविधान नागरिकों को एक नैतिक पहचान भी प्रदान करता है।
- अधिकांश राष्ट्र ऐतिहासिक परंपराओं का मिश्रण होते हैं। उदाहरण के लिए, जर्मनी की पहचान को जातीय रूप से जर्मन होने से परिभाषित किया गया था, इसलिए इसका संविधान इस पहचान को व्यक्त करता है। भारतीय संविधान जातीय पहचान को नागरिकता का मानक नहीं बताता।
- अधिकतर राष्ट्रों में केंद्रीय सरकार और विभिन्न क्षेत्रों के बीच के सबंधों को लेकर विभिन्न अवधारणाएँ प्रचलन में हैं और यही संबंध राष्ट्रों की राष्ट्रीय पहचान को दर्शाता है।

1.2 संविधान की सत्ता

- अधिकांशत: देशों में संविधान एक लिखित दस्तावेज होता है, जिसमें राज्य संबंधी प्रावधानों का उल्लेख होता है तथा राज्य के गठन और सिद्धांतों से संबंधित विभिन्न नियमों का वर्णन मिलता है, लेकिन कुछ देशों में लिखित दस्तावेज उपलब्ध नहीं हैं; जैसे—इंग्लैंड परंतु ऐसे देशों में दस्तावेजों और निर्णयों की एक लंबी श्रृंखला प्रचलन में है, जिसे सामूहिक रूप से संविधान की संज्ञा दी जाती है। अत: किसी भी देश के लिए संविधान सर्वोच्च सत्ता होती है।
- दुनिया भर में कई संविधान केवल कागज पर मौजूद होते हैं, वे बस दस्तावेज पर लिखे शब्द होते हैं। लेकिन सही प्रश्न यह है कि वे कितने प्रभावी होते हैं, संविधान की प्रभावशीलता कई कारकों पर निर्भर करती है। जैसे की आगे चर्चा की गई है।

संविधान को प्रचलन में लाने का तरीका

- ''संविधान को प्रचलन में लाना'' से तात्पर्य है कि संविधान कैसे अस्तित्व में आता है। ये, यह भी संदर्भित करता है कि संविधान किसने तैयार किया और संविधान निर्माण प्रक्रिया में उनके पास कितनी प्राधिकृति थी।
- भारत, अमेरिका और दक्षिण अफ्रीका आदि देशों में प्रचलित है, जो विश्व के सर्वाधिक सफलतम संविधानों में शामिल हैं, क्योंकि यहाँ के संविधान का निर्माण एक सफल राष्ट्रीय आंदोलन के पश्चात् किया गया था।
- भारतीय संविधान को औपचारिक रूप से एक संविधान सभा ने दिसंबर, 1946 और नवंबर, 1949 के मध्य निर्मित किया था।
- भारत की संविधान सभा के अधिकांश सदस्य स्वतंत्रता संग्राम के नेता थे। इसलिए संविधान निर्माताओं को जनता का समर्थन और विश्वास था।
- इसके विपरीत अनेक देशों में संविधान इसलिए निष्प्रभावी होते हैं, क्योंकि वे सैनिक शासकों या ऐसे लोकप्रिय नेताओं के द्वारा निर्मित किए जाते हैं, जिनके पास जनसमूह को एकसाथ लेकर चलने की क्षमता नहीं होती।

---

4 **मौलिक** एक क्रेंद्रीय या प्राथामिक नियम या सिद्धांत जिस पर संविधान आधारित होता है? उसे मौलिक कहा जाता है।

- भारतीय संविधान निर्माताओं द्वारा संविधान के प्रति लोगों को जागरूक करने का प्रयास किया गया और साथ ही वे लोगों को यह विश्वास दिलाने में सफल रहे कि संविधान कोई व्यक्तिगत शक्तियों को बढ़ाने का साधन मात्र नहीं है। अत: संविधान निर्माताओं का प्रभाव भी काफी हद तक संविधान की सफलता की संभावना को सुनिश्चित करता है।
- कुछ देशों ने अपने संविधान को पूरी तरह से जनमत संग्रह के अधीन किया है। भारतीय संविधान कभी जनमत संग्रह के अधीन नहीं था। इसके अतिरिक्त, इसे उन लोगों द्वारा तैयार किया गया था जिनके पास अत्याधिक सार्वजिनक विश्वनीयता थी।

संविधान के मौलिक प्रावधान

- एक सफल संविधान अपने प्रावधानों की सफलता एवं मौलिकता को बनाने हेतु ऐसा ढाँचा उपलब्ध कराता है, जो अल्पसंख्यकों (Minority) एवं छोटे समूहों की 'पहचान की सुरक्षा' हेतु उनको अधिक सुविधाएँ प्रदान कर उनकी शक्ति को मजबूत करता हो और अल्पसंख्यकों तथा वंचित वर्गों के उत्पीड़न पर रोक लगाता हो तथा अपने नागरिकों की स्वतंत्रता तथा समानता की सुरक्षा अधिक- से-अधिक करता है।
- संविधान का कर्त्तव्य है कि वह अपने सभी सदस्यों को स्वतंत्रता और समानता प्रदान करे। इसे न्याय की बुनियादी प्रक्रिया को लागू करने के लिए बुनियादी नियम और विनिमय प्रदान करने चाहिए, जिससे यह एक न्यायपूर्ण और सफल संविधान बन सके।

संस्थाओं की संतुलित रूपरेखा

- संविधान में शक्तियों का निरूपण इस प्रकार किया गया है कि उसे किसी प्रकार से क्षति न पहुँचाई जाए। संविधान की रूपरेखा के निर्माण की एक समुचित विधि यह सुनिश्चित करती है कि किसी एक संस्था का सभी शक्तियों पर एकाधिकार स्थापित न होने पाए। इस प्रकार के प्रारूप के दो तरीके होते हैं।
  - **पहला** भारतीय संविधान में शक्तियों को कई संस्थाओं में वर्गीकृत कर दिया गया है; जैसे—कार्यपालिका, विधायिका और न्यायपालिका। इसके अतिरिक्त निर्वाचन आयोग जैसे स्वतंत्र संवैधानिक निकायों की भी संरचना इसी आधार को पूर्ण करने हेतु की गई है। इन सभी संस्थाओं के निर्माण से यह पता चलता है कि कोई भी समूह या कोई एक संस्था यदि संविधान में हस्तक्षेप का प्रयास करती है, तो दूसरी अन्य संस्थाएँ उसके अतिक्रमण को नियंत्रित कर लेती हैं।
  - **दूसरा,** भारतीय संविधान में वर्णित संस्थाओं की रूपरेखा को तैयार करने में यह भी ध्यान रखा जाता है कि उसमें बाध्यकारी मूल्य, नियम और प्रक्रियाओं के साथ अपनी कार्यप्रणाली में लचीलापन, संतुलन में होना चाहिए, जिससे वह बदलती आवश्यकताओं और परिस्थितियों के अनुकूल स्वयं को परिवर्तित कर सके।
- भारतीय संविधान को 'एक जीवित दस्तावेज' कहा जाता है। एक सफल संविधान वह है, जो अपने प्रावधानों को बदलने में कठोरता और लचीलापन के मध्य सही संतुलन बनाता है। यह भी सुनिश्चित करता है कि कोई भी वर्ग या पार्टी संविधान को अपने अनुसार न बदले।

चेक प्वॉइंट 1

1. संविधान के अनुसार राज्य के अंग कौन-से हैं?
2. एक सफल संविधान की पहचान क्या है?
3. एक लोकतांत्रिक संविधान में अंतिम शक्ति किसके पास होती है?
4. क्या भारतीय संविधान जातीय पहचान को नागरिकता का मानदंड बनाता है?
5. किस देश के संविधान को 'जीवित दस्तावेज' कहा जाता है?

1.3 भारतीय संविधान का निर्माण

- भारतीय संविधान को औपचारिक रूप से एक संविधान सभा ने बनाया था, जिसे अविभाजित भारत में निर्वाचित किया गया था। भारतीय संविधान सभा की पहली बैठक 9 दिसंबर, 1946 को हुई थी।
- भारतीय संविधान सभा की दूसरी बैठक 14 अगस्त, 1947 को विभाजित भारत के संविधान सभा के रूप में हुई थी। इसके सदस्य वर्ष 1935 में स्थापित प्रांतीय विधानसभा के सदस्यों द्वारा अप्रत्यक्ष (Indirect) विधि से चुने गए थे।
- संविधान सभा की रचना लगभग उसी योजना के अनुसार हुई, जिसे ब्रिटिश मत्रिमंडल की समिति 'कैबिनेट मिशन' ने प्रस्तावित किया था। इस योजना के अनुसार,
  - प्रत्येक प्रांत, देशी रियासत या रियासतों के समूह को उनकी जनसंख्या के अनुपात में सीटें दी गईं। लगभग दस लाख की जनसंख्या पर 1 सीट का अनुपात रखा गया था।

- ब्रिटिश सरकार के प्रत्यक्ष शासन वाले प्रांतों को 292 तथा देशी रियासतों को 93 सीटें आवंटित की गई थीं।
- प्रत्येक प्रांत की सीटों को तीन प्रमुख समुदायों—मुसलमान, सिख और सामान्य में उनकी जनसंख्या के अनुपात में बाँट दिया गया।
- प्रांतीय विधानसभाओं के प्रत्येक समुदाय के सदस्यों ने अपने प्रतिनिधियों को चुना और इसके लिए उन्होंने समानुपातिक प्रतिनिधित्व और एकल संक्रमण मत पद्धति का प्रयोग किया था।
- देशी रियासतों के प्रतिनिधियों के चुनाव का तरीका उनके परामर्श से निर्धारित किया गया था।

संविधान सभा का स्वरूप

- 3 जून, 1947 की विभाजन योजना के पश्चात् संविधान सभा के वे सदस्य चले गए, जो पाकिस्तान से चुनकर आए थे। इसके बाद संविधान सभा के सदस्यों की संख्या घटकर 299 रह गई थी।
- संविधान को 26 नवंबर 1949 को अपनाया गया। हालाँकि 299 सदस्यों में से 284 सदस्य वास्तव में 24 जनवरी 1950 को उपस्थित थे और उन्होंने संविधान पर हस्ताक्षर किए। संविधान 26 जनवरी 1950 को लागू हुआ। इसे विभाजन और उससे उत्पन्न हिंसात्मक घटनाओं की पृष्ठभूमि में लिखा गया था।
- यद्यपि हमारी संविधान सभा के सदस्य **सार्वभौमिक वयस्क मताधिकार**[5] के आधार पर नहीं चुने गए थे, पर उन्हें अधिक-से-अधिक प्रतिनिधि (Representative) बनाने का प्रयास किया गया। संविधान सभा में अनुसूचित जातियों के 28 सदस्य थे। विभाजन के पश्चात् संविधान सभा में कांग्रेस का वर्चस्व था और उसे 82 % सीटें प्राप्त थीं।
- भारतीय संविधान ने एक नई प्रकार की नागरिकता की परिकल्पना की, जिसके तहत अल्पसंख्यक सुरक्षित रह सकें और नागरिकता के अधिकारों पर धार्मिक पहचान का कोई प्रभाव न पड़े।

संविधान सभा द्वारा अनुसरण किए गए विचार-विमर्श के सिद्धांत

- संविधान सभा की प्रामाणिकता उसके द्वारा अपनाई गई प्रक्रियाओं और उसके सदस्यों द्वारा विचार-विमर्श में लाई गई मूल्यों से आती है।
- संविधान सभा ने समाज के सभी वर्गों की भागीदारी का प्रतिनिधित्व किया।
- इन प्रतिनिधियों ने न केवल अपनी पहचान या समुदाय के हितों को ध्यान में रखा, बल्कि पूरे राष्ट्र के हितों को भी प्राथमिकता दी।
- सरकार के स्वरूप, शक्तियों के विभाजन और लोगों के मौलिक अधिकारों के बारे में वास्तविक मतभेद थे, लेकिन इन सभी मुददों पर गहराई से चर्चा की गई और दुनिया के सबसे बडे लोकतंत्र की नींव तैयार की गई।
- हालाँकि, सभा के सदस्यों को ''सार्वभौमिक मताधिकार'' के प्रावधान पर चर्चा या बहस करने की कोई आवश्यकता महसूस नहीं हुई। किंतु अन्य सभी मुद्दों पर व्यापक विचार विमर्श हुआ संविधान सभा की लोकतांत्रिक मूल्यों के प्रति निष्ठा का सबसे व्यावहारिक उदाहरण था। सार्वभौमिक मताधिकार का अर्थ है कि एक निश्चित आयु के सभी नागरिकों को उनके लिंग, धर्म, जाति आय आदि की परवाह किए बिना वोट देने का अधिकार दिया जाए।
- संविधान सभा में हुई चर्चा कई सामान्यत: खंडों में प्रकाशित हुई तथा प्रत्येक अनुच्छेद पर हुई चर्चा निश्चित करने के लिए पर्याप्त है कि सभा सार्वजनिक हितों के प्रति सचेत थी। ये बहसें अमेरिकी और फ्रांसीसी क्रांति की तरह संविधान निर्माण के इतिहास में एक महत्त्वपूर्ण अध्यायों में से एक था।

राष्ट्रीय आंदोलन की विरासत

- संविधान सभा का गठन उन विरासतों एवं मान्यताओं के आधार पर किया गया था, जो राष्ट्रीय आंदोलन के दौरान उपजे थे।
- राष्ट्रीय आंदोलन से प्रभावित संविधान सभा नेहरू जी के विचारों से अछूती नहीं रह सकी, जिन्होंने वर्ष 1946 में उद्देश्य प्रस्ताव प्रस्तुत किया था। इसमें न सिर्फ संविधान सभा के उद्देश्यों को स्पष्ट किया गया, बल्कि इसके दार्शनिक सिद्धांतों को भी स्पष्ट किया गया।
- संविधान सभा में संविधान की समग्र आकांक्षाओं एवं मूल्यों को शामिल किया गया। नेहरू द्वारा प्रस्तुत प्रावधानों के आधार पर संविधान में स्वतंत्रता, लोकतंत्र, संप्रभुता एवं वैश्विक पहचान जैसी मौलिक प्रतिबद्धताओं को संस्थागत स्वरूप प्रदान किया गया।
- इस प्रकार, हमारा संविधान केवल कानूनों और प्रक्रियाओं का संग्रह नहीं है। यह एक नैतिक प्रबिद्धता है, एक ऐसी सरकार बनाने की जो राष्ट्रीय आंदोलन के दौरान जनता के सामने रखे गए कई वादों को पूरा कर सके।

5 **सार्वभौमिक वयस्क मताधिकार** देश के सभी वयस्क नागरिकों को बिना किसी भेदभाव के मत डालनें का अधिकार।

संविधान सभा की कार्यविधि

- सभा की सामान्य कार्य विधि में सार्वजनिक विवेक स्पष्ट रूप से दिखाई देता है। संविधान सभा में आठ प्रमुख समितियाँ थीं, जो अलग-अलग मुद्दों पर चर्चा के लिए बनी थीं, आमतौर पर जवाहरलाल नेहरू, राजेंद्र प्रसाद, सरदार पटेल तथा डॉ. अंबेडकर ने इसकी अध्यक्षता की थी।
- प्रत्येक समिति ने आमतौर पर संविधान के कुछ प्रावधानों का प्रारूप तैयार किया जिन पर बाद में पूरे संविधान सभा में चर्चा की गई। इस सभा की कुल बैठक दो वर्ष ग्यारह माह की अवधि में कुल 166 दिन चलीं।

नेपाल के संविधान निर्माण का विवाद

- वर्ष 1948 के बाद से नेपाल नरेश द्वारा पाँच बार निर्मित संविधान जनता को प्रदान किए गए परंतु राजनैतिक पार्टियों द्वारा राजा की भूमिका कम करने की माँग उठती रही। जनता ने स्वतंत्र एवं निष्पक्ष चुनाव हेतु आंदोलन किए और सफल हुई एवं राजा की अधिकांश शक्तियों को सीमित कर दिया गया, परंतु वर्ष 2002 में राजा ने सभी शक्तियों को पुनः अपने हाथ में ले लिया।
- आंदोलनकारियों के दबाव और उनकी आशाओं के चलते उनकी आशाओं के अनुरूप सरकार का गठन किया गया। अनुच्छेद-33 एवं 34 के माध्यम से कर्मचारियों को कानून व्यवस्था हेतु संरक्षण प्रदान किया गया। वर्ष 2008 में नेपाल में लोकतांत्रिक गणराज्य की स्थापना की गई थी। वर्ष 2015 में नवीन संविधान बनाया गया।

- इस प्रकार बहस और चर्चाएँ संविधान सभा की लोकतांत्रिक प्रकृति का प्रमाण हैं। संविधान ने अपनी प्रमाणिकता को इस तथ्य से प्राप्त किया कि संविधान सभा के सदस्यों ने सार्वजनिक तर्क में भाग लिया । उन्होंने चर्चा और तर्कसंगत विचारों पर जोर दिया और एक-दूसरे की राय का सम्मान किया।

उद्देश्य प्रस्ताव

उद्देश्य प्रस्ताव को वर्ष 1946 में नेहरू द्वारा संविधान सभा में प्रस्तुत किया गया था। इस प्रस्ताव में संविधान के मूल्य उद्देश्य एवं राष्ट्रीय आंदोलन में निहित आकांक्षाओं (Aspirations) को सम्मिलित किया गया है। उद्देश्य प्रस्ताव के आधार पर ही समानता, स्वतंत्रता एवं लोकतंत्र जैसी बुनियादी प्रतिबद्धताओं को संविधान में शामिल किया गया है तथा जन-आकांक्षा हेतु सरकार की नैतिक प्रतिबद्धता को स्पष्ट किया गया है। उद्देश्य प्रस्ताव के मुख्य बिंदु निम्नलिखित हैं

- भारत एक स्वतंत्र (Independent), संप्रभु **गणराज्य**[6] है।
- भारत ब्रिटेन के अधिकार में आने वाले भारतीय क्षेत्रों, देशी रियासतों और देशी रियासतों के बाहर के ऐसे क्षेत्र, जो हमारे संघ का अंग बनना चाहते हैं, का एक संघ होगा।
- संघ की इकाइयाँ स्वायत्त होंगी और उन सभी शक्तियों का प्रयोग और कार्यों का संपादन करेंगी, जो संघीय सरकार को नहीं दी गई हैं।
- संप्रभु और स्वतंत्र भारत तथा इसके संविधान की समस्त शक्तियों और सत्ता का स्रोत जनता है।
- संविधान में भारत के सभी लोगों को सामाजिक, आर्थिक और राजनीतिक न्याय, कानून के समक्ष समानता, प्रतिष्ठा और अवसर की समानता तथा कानून और सार्वजनिक नैतिकता की सीमाओं में रहते हुए भाषण, अभिव्यक्ति (Expression), विश्वास, धर्म, उपासना (Worship), व्यवसाय, संगठन और कार्य करने की मौलिक स्वतंत्रता की गारंटी और सुरक्षा दी जाएगी।
- संविधान में अल्पसंख्यकों, पिछड़े एवं जनजातीय क्षेत्र, दलित व अन्य पिछड़े वर्गों को समुचित सुरक्षा दी गई है। गणराज्य के क्षेत्रीय अखंडता तथा थल, जल और आकाश में इसके संप्रभु अधिकारों की रक्षा सभ्य राष्ट्रों के कानून और न्याय के अनुसार की जाएगी।
- विश्व शांति और मानव कल्याण के विकास के लिए देश स्वेच्छापूर्वक (Voluntarily) और पूर्ण योगदान करेगा।

संस्थागत व्यवस्थाएँ

- संविधान सभा निर्माण के समय यह पूर्ण व्यवस्था की गई थी कि सरकार लोकतांत्रिक एवं जनकल्याण के प्रति पूरी तरह से प्रतिबद्ध रहे।
- लोकतांत्रिक व्यवस्था को मजबूत करने हेतु संविधान सभा में विधायिका, कार्यपालिका एवं न्यायपालिका के गठन पर विचार किया गया, साथ ही तीनों के मध्य संतुलन स्थापित करने हेतु संघात्मक संविधान को स्वीकार किया गया, ताकि तीनों संवैधानिक संस्थाओं के मध्य किसी भी विषय पर मतभेद उत्पन्न न हो।
- इन लोकतांत्रिक संस्थाओं को स्वतंत्र निकाय बनाने के साथ ही राज्य एवं संघ के मध्य शक्तियों के विभाजन पर भी विशेष जोर दिया गया। हालाँकि राष्ट्रीय एकता को सशक्त बनाए रखने हेतु एकात्मक संविधान के स्वरूप को स्वीकार किया गया।

6 गणराज्य (Republic) वह राज्य, जिसका मुखिया कोई पैतृक राजा या रानी नहीं होता, बल्कि जनता द्वारा प्रत्यक्ष रूप से चुना जाता है।

- भारतीय संविधान में समग्र विश्व के संविधान से महत्त्वपूर्ण प्रावधानों को शामिल किया गया अर्थात् इसे संकीर्णता से दूर रखा गया। इस प्रकार, भारतीय संविधान विश्व के सभी संविधानों का दर्शन है।
- इसमें संसदीय प्रणाली और संघीय संरचना को अपनाया विधायिका और कार्यपालिका तथा राज्यों और केंद्रीय सरकार के बीच स्पष्ट शक्तियों का विभाजन भी किया गया।
- संतुलित शासन व्यवस्था के लिए, हमारे संविधान निर्माताओं ने विभिन्न देशों से कई प्रावधान लिए। उन्होंने दुनिया भर में उपलब्ध सर्वोत्तम विशेषताओं को लिया और उन्हें भारतीय परिस्थितियों के अनुरूप बनाया।
- यह ध्यान देना महत्त्वपूर्ण है कि विचारों को उधार लेना नकल करने जैसा नहीं था। संविधान के प्रत्येक प्रावधान को भारतीय समस्याओं और आकांक्षाओं के आधार पर उचित ठहराना आवश्यक था।

भारतीय संविधान के विदेशी स्रोत

विदेशी स्रोत	प्रावधान
ब्रिटिश संविधान	सर्वाधिक मत के आधार पर चुनाव में जीत का फैसला सरकार का संसदीय स्वरूप कानून के शासन का विचार विधायिका में अध्यक्ष का पद और उसकी भूमिका कानून-निर्माण की विधि
अमेरिका का संविधान	मौलिक अधिकारों की सूची न्यायिक पुनरावलोकन का अधिकार और न्यायपालिका की स्वतंत्रता
कनाडा का संविधान	अर्द्ध-संघात्मक सरकार का स्वरूप (सशक्त केंद्रीय सरकार वाली संघात्मक व्यवस्था) अवशिष्ट शक्तियों का प्रावधान
आयरलैंड का संविधान	राज्य के नीति-निदेशक तत्त्व
फ्रांस का संविधान	स्वतंत्रता, समानता और बंधुत्व का सिद्धांत

चेक प्वॉइंट 2

1. संविधान सभा की पहली बैठक कब आयोजित हुई थी?
2. 3 जून, 1947 की योजना के बाद संविधान सभा में सदस्यों की संख्या कितनी थी?
3. उन सदस्यों के नाम बताइए जिन्होंने संविधान सभा की समितियों की अध्यक्षता की?
4. संविधान सभा की बैठक कुल कितने दिनों चली?

Mind Map

संविधान क्यों और कैसे

1 संविधान

- यह किसी राष्ट्र में शासन और कानूनों को परिभाषित करने वाला सर्वोच्च कानूनी दस्तावेज है।
- यह समाज के कुछ मूल्यों और दिशा-निर्देशों की स्थापना करता है।
- राज्य के तीन मुख्य अंग हैं– विधायिका, कार्यपालिका और न्यायपालिका।

2 संविधान की कार्यप्रणाली

संविधान ताल-मेल बढ़ाता है और भरोसा दिलाता है
- समाज में ताल-मेल बनाए रखने के लिए बुनियादी नियम प्रदान करता है।

निर्णय-निर्माण शक्ति
- यह निर्धारित करता है कि निर्णय लेने की शक्ति किसके पास होगी।

सरकार की शक्तियों पर सीमाएँ
- यह मौलिक अधिकारों को प्रोत्साहित करता है, ताकि स्वतंत्रता की रक्षा की जा सके; जैसे– भाषण, धर्म आदि।

समाज की आकांक्षाएँ और लक्ष्य
- यह सुनिश्चित करता है कि सरकार समाज की आकांक्षाओं को पूरा करे।

राष्ट्र की बुनियादी पहचान
- यह सरकार को सामूहिक लाभ के लिए सशक्त बनाता है; जैसे– शिक्षा, स्वास्थ्य, सेवा आदि।

3 संविधान की सत्ता

संविधान के मौलिक प्रावधान
- यह समाज में सभी व्यक्तियों को इसके प्रावधानों का पालन करने के लिए कारण देता है।
- यह सभी नागरिकों को स्वतंत्रता और समानता प्रदान करता है।

संविधान को प्रचलन में लाने का तरीका
- यह इस पर आधारित वैधता को दर्शाता है कि इसे कैसे बनाया गया था। (उदाहरण -भारत में संविधान सभा के माध्यम से)

संस्थाओं की संतुलित रूपरेखा
- शक्ति को संस्थाओं के बीच विभाजित किया जाता है, ताकि संतुलन और निगरानी बनी रहे।
- संविधान को कठोर और लचीला दोनों होना चाहिए ताकि यह समय के अनुसार अनुकूलित हो।

4 भारतीय संविधान का निर्माण

कामकाज की शैली
- संविधान सभा में राष्ट्रीय आंदोलन के दौरान उभरे कुछ सिद्धांतों को उद्देश्य-प्रस्ताव कहा जाता है।

संविधान सभा का स्वरूप
- संविधान सभा के वास्तविक सदस्यों की संख्या घटकर 299 रह गई, जिसमें विभिन्न समुदायों का प्रतिनिधित्व था।

मुख्य घटनाक्रम
- 9 दिसंबर, 1946 को संविधान सभा की पहली बैठक हुई।
- संविधान को 26 नवंबर, 1949 को अपनाया गया और यह 26 जनवरी, 1950 को प्रभाव में आया।

कार्यविधि
- संविधान सभा में विभिन्न विषयों पर आठ प्रमुख समितियाँ थीं।
- संविधान सभा 2 साल 11 महीने में कुल 166 दिनों के लिए बैठी।

5 विचार-विमर्श का आधार

- संविधान बनाने के लिए अपनाई गई प्रक्रियाएँ और मूल्यों की अंतर्वस्तु को समझाने के लिए इसके सदस्यों ने अपने विचार-विमर्श को प्रस्तुत किया।
- संविधान सभा के सदस्यों को सार्वभौमिक मताधिकार के किसी भी प्रावधान पर चर्चा या बहस करने की कोई आवश्यकता नहीं प्रतीत हुई।
- बहस और चर्चाएँ संविधान सभा की लोकतांत्रिक प्रकृति का प्रमाण है।

6 संस्थागत व्यवस्थाएँ

- संविधान सभा द्वारा विभिन्न संस्थाओं; जैसे - विधायिका, कार्यपालिका और न्यायपालिका के बीच स्पष्ट संतुलन स्थापित करने में काफी समय दिया गया।
- यह विधायिका और कार्यपालिका के बीच तथा राज्य और केंद्रीय सरकार के बीच शक्ति के पूर्ण पृथक्करण को स्पष्ट करता है।
- यह महत्त्वपूर्ण है कि विचारों को उधार लेना नकल करने के समान नहीं था।
- यह भारतीय समस्याओं और आकांक्षाओं के अनुसार लागू किया गया था।

7 विभिन्न देशों के संविधानों से लिए गए प्रावधान

- **ब्रिटिश संविधान** संसदीय प्रणाली, कानून का शासन।
- **अमेरिकी संविधान** मौलिक अधिकार, न्यायिक समीक्षा।
- **आयरलैंड संविधान**-नीति के निर्देशात्मक सिद्धांत
- **फ्रांसीसी संविधान**-स्वतंत्रता, समानता और बंधुत्व का सिद्धांत।
- **कनाडा संविधान**-सशक्त केंद्रीय सरकार वाली संघात्मक व्यवस्था।

NCERT फोल्डर

अध्याय के मध्य में दिए गए प्रश्न

1. अगर लालुंग धनी और ताकतवर होता तब क्या होता? यदि निर्माण करने वाले ठेकेदार के साथ काम करने वाले इंजीनियर होते तो क्या होता? क्या उनके साथ भी अधिकारों का इसी तरह हनन होता?

उत्तर वर्ष 1982 के एशियाई खेलों के निर्माण कार्य में गरीब मजदूरों के साथ हुआ अन्याय यह दर्शाता है कि कमजोर और वंचित वर्ग के अधिकार अक्सर नजरअंदाज कर दिए जाते है। अगर मजदूरों की जगह इंजीनियर होते या उनका सामाजिक-आर्थिक दर्जा ऊँचा होता तो उन्हें वेतन, सुविधाएँ और सम्मान मिलता। लेकिन गरीब मजदूरों के अधिकारों को अनदेखा किया गया, जबकि संविधान ने उन्हें न्यूनतम मजदूरी और शोषण के विरुद्ध संरक्षण प्रदान किया है।

मचल लालुंग का मामला न्याय प्रणाली की गंभीर खामियों को उजागर करती है। लालुंग जैसे कमजोर और गरीब व्यक्ति को न्याय नहीं मिला, जबकि संविधान ने सभी को निष्पक्ष सुनवाई का अधिकार दिया है। यदि वह धनी या प्रभावशाली होता, तो उसकी स्थिति अलग होती। संभवतः उसके मामले को गंभीरता से लिया जाता और न्याय शीघ्र मिलता।

- **अगर मजदूर इंजीनियर होते** उन्हें बेहतर वेतन और कार्य परिस्थियाँ मिलती। उनके अधिकारों का उल्लंघन नहीं होता।
- **अगर मचल लालुंग धनी होता** तो उसके केस की जल्दी सुनवाई होती। उसे 54 साल जेल में नहीं बिताने पड़ते।

यह दोनों मामले दिखाते हैं कि हमारे समाज में कमजोर वर्गों के अधिकारों की रक्षा के लिए संवैधानिक प्रावधान होने के बावजूद, व्यवहार में उनकी अनदेखी होती है। धन और ताकत के कारण व्यक्तियों और वर्गों को विशेषाधिकार मिल जाते हैं। इससे यह जरूरी हो जाता है कि संविधान को प्रभावी रूप से लागू किया जाए। कमजोर वर्गों के अधिकारों की सुरक्षा के लिए अधिक कठोर कदम उठाए जाएँ। न्याय प्रणाली को त्वरित और अधिक समावेशी बनाया जाए।

2. मैं समझ गया अधिकारों का घोषणा-पत्र उस 'वारंटी कार्ड' की तरह है, जो हमें टी.वी. या पंखा खरीदने पर मिलता है। है ना?

उत्तर अधिकारों का घोषणा-पत्र एक तरह से नागरिकों के लिए 'वारंटी कार्ड' जैसा ही है। जैसे कोई वारंटी कार्ड उत्पाद की सुरक्षा और उसकी सेवाओं की गारंटी देता है, वैसे ही अधिकारों का घोषणा-पत्र नागरिकों को उनके अधिकारों की सुरक्षा और उन्हें लागू करने की गारंटी देता है।

अगर सरकार या कोई व्यक्ति नागरिकों के अधिकारों को उल्लंघन करता है, तो यह घोषणा-पत्र सुनिश्चित करता है कि प्रभावित व्यक्ति को न्याय मिले और उनके अधिकार बहाल हो। यह सरकार को सीमाओं में बाँधता है और नागरिकों को सशक्त बनाता है।

3. भारतीय संविधान में मौलिक अधिकारों की तुलना दक्षिण अफ्रीका के संविधान में दिए गए अधिकारों के घोषणा-पत्र से करें। उन अधिकारों की सूची बनाए जो

(i) **दोनों संविधानों में पाय जाते हो।**

(ii) **दक्षिण अफ्रीका में हों पर भारत में नहीं।**

(iii) **दक्षिण अफ्रीका के संविधान में स्पष्ट रूप से दिए गए हो पर भारतीय संविधान में निहित माने जाते हैं।**

उत्तर I. अधिकार जो दोनों संविधानों में समान है

- समानता का अधिकार, जाति, रंग, लिंग, धर्म के आधार पर भेदभाव निषेध।
- स्वतंत्रता का अधिकार-अभिव्यक्ति, विचार और आंदोलन की स्वतंत्रता।
- जीवन और व्यक्तिगत स्वतंत्रता का अधिकार।
- धर्म की स्वतंत्रता का अधिकार।
- शोषण के विरुद्ध अधिकार।
- शिक्षा का अधिकार।
- सांस्कृतिक और भाषाई अधिकार।

II. अधिकार जो दक्षिण अफ्रीका में हैं, पर भारत में नहीं:

- आवास का अधिकार।
- भोजन और जल का अधिकार।
- स्वास्थ्य सेवाओं का अधिकार।
- पर्यावरण का अधिकार।

III. अधिकार जो दक्षिण अफ्रीका में स्पष्ट रूप से दिए गए हैं, पर भारतीय संविधान में निहित माने जाते हैं

- सूचना का अधिकार।
- श्रम का अधिकार।
- गोपनीयता का अधिकार।
- बच्चों को विशेष अधिकार।
- मुख्य अंतरः दक्षिण अफ्रीकी संविधान में सामाजिक-आर्थिक अधिकार मौलिक है। भारतीय संविधान में ये नीति-निर्देशक तत्त्वों में शामिल है।

4. कुछ ऐसे मामले भी हो सकते हैं जिसमें कानून एक आदमी की किसी भी व्यक्ति मृत्यु दंड दे सकता है यह तो अज़ीब बात है। क्या आपको कोई ऐसा मामला याद आता है?

उत्तर हाँ, ऐसे मामले हो सकते हैं जहाँ कानून एक व्यक्ति की जिंदगी ले सकता है। इसे मृत्युदंड कहा जाता है। यह तब लागू होता है तजब कोई व्यक्ति गंभीर अपराध करता है। जैसे हत्या, आतंकवाद या देशद्रोह।

भारतीय कानून के तहत, मृत्युदंड केवल "सबसे दुर्लभ मामलों" में दिया जाता है। सर्वोच्च न्यायालय ने इसे न्याय का हिस्सा माना है, लेकिन इसे लागू करने से पहले यह सुनिश्चित करना जरूरी है कि न्यायिक प्रक्रिया निष्पक्ष हो।

I. निर्भया कांड (2012) दिल्ली में सामूहिक बालात्कार के मामले में दोषियों को मृत्युदंड दिया गया। यह मामला अपराध की गंभीरता और समाज पर उसके प्रभाव के कारण "सबसे दुर्लभ मामलों" में गिना गया।

II. कसाब मामला (2008) : मुंबई में हुए 26/11 आतंकवादी हमले के दोषी अजमल कसाब को मृत्युदंड दिया गया। यह देश की सुरक्षा पर हुए हमले का मामला था।

मृत्युदंड कानून का सबसे कठोर दंड है। इसका उपयोग करते समय अत्यधिक सतर्कता और न्याय की पूर्ण निष्पक्षता जरुरी है।

5. क्या आप मानते हैं कि निम्न परिस्थितियाँ स्वतंत्रता के अधिकार पर प्रतिबन्धों की माँग करती हैं? अपने उत्तर के समर्थन में तर्क दें।

(i) शहर में मंदिर दंगों के बाद लोग शांति मार्च के लिए एकत्र हुए है।

(ii) दलितों को मंदिर में प्रवेश की मनाही है। मंदिरों में जबरन प्रवेश के लिए एक जुलस का आयोजन किया जा रहा है।

(iii) सैकड़ों आदिवासियों ने सड़क जाम कर दिया। वे माँग कर रहे हैं कि कोई कारखाना बनाने के लिए ली गई उनकी जमीन वापस की जाए।

किसी जाति की पंचायत की बैठक यह तय करने के लिए बुलाई गई कि जाति से बाहर विवाह करने के लिए एक नवदंपत्ति को क्या दंड दिया जाए।

उत्तर सांप्रदायिक दंगों के बाद शांति मार्च करना स्वतन्त्रता के अधिकार का हिस्सा है। हालाँकि, यदि इससे हिंसा भड़कने या सार्वजनिक व्यवस्था बिगड़ने का खतरा हो, तो इसे सीमित किया जा सकता है। मार्ग या समय तय करना जैसे उपाय किए जा सकते है, लेकिन पूर्ण प्रतिबंध उचित नहीं है।

- दलितों को मन्दिर में प्रवेश से रोकना समानता और स्वतंत्रता के अधिकार का उल्लंघन है। उनके द्वारा जुलूस निकालना उनके अधिकारों के लिए संघर्ष का हिस्सा है। प्रतिबंध लगाने की बजाय प्रशासन को उनके अधिकार सुनिश्चित करने चाहिए। केवल सांप्रदायिक तनाव बढ़ने की स्थिति में उचित प्रबंध किए जा सकते हैं।
- आदिवासियों द्वारा सड़क जाम करना उनके विरोध का एक तरीका है, जो अभिव्यक्ति के अधिकार में आता है। हालाँकि, इससे अन्य नागरिकों के अधिकार प्रभावित हो सकते है। प्रशासन को शांतिपूर्ण विरोध का वैकल्पिक स्थान सुझाना चाहिए और उनकी समस्याओं का सामाधान करने का प्रयास करना चाहिए।
- जाति पंचायत की बैठक यदि नवदंपत्ति को जाति से बाहर विवाह के लिए दंडित करने के उद्देश्य से हो, तो यह उनके मौलिक अधिकारों का उल्लंघन है। ऐसी पंचायतें कानून के खिलाफ हैं और इन पर प्रतिबंध लगाना आवश्यक है। व्यक्तिगत स्वतंत्रता की रक्षा के लिए प्रशासन को सख्त कार्रवाई करनी चाहिए।

इन सभी परिस्थितियों में स्वतंत्रता के अधिकार और सार्वजनिक सुरक्षा के बीच संतुलन बनाना जरूरी है। प्रतिबंध तभी लगाए जाने चाहिए जब वे समाज की शांति और व्यवस्था के लिए अनिवार्य हों।

6. मैं अपने मोहल्ले में तो अल्पसंख्यक हूँ पर शहर में बहुसंख्यक। भाषा के हिसाब से तो अल्पसंख्यक हूँ, लेकिन धर्म के लिहाज से मैं बहुसंख्यक हूँ। क्या हम सभी अल्पसंख्यक नहीं हैं?

उत्तर यह सवाल बहुत गहरा है, क्योंकि "अल्पसंख्यक" और "बहुसंख्यक" शब्द हमेशा सन्दर्भ और परिप्रेक्ष्य के आधार पर बदल सकते हैं। अगर आप अपने मुहल्ले में अल्पसंख्यक है, तो वहाँ की सामाजिक या सांस्कृतिक स्थिति के अनुसार आप एक अल्पसंख्यक समुदाय का हिस्सा हो सकते है। लेकिन यदि आप शहर में बहुसंख्यक है, तो इस परिप्रेक्ष्य में आप बहुसंख्यक माने जाएँगे। इसी तरह, अगर भाषा के हिसाब से आप अल्पसंख्यक है तो धर्म के लिहाज से आप बहुसंख्यक हो सकते हैं।

इसका मतलब यह नहीं है कि हम सभी कभी न कभी अल्पसंख्यक या बहुसंख्यक नहीं होते, बल्कि यह हमारी स्थिति, समाज में हमारी पहचान और हमारे संदर्भ पर निर्भर करता है। उदाहरण के लिए, यदि हम किसी बड़े शहर या क्षेत्र से बाहर जाते हैं, तो वही समुदाय जो हमारे लिए बहुसंख्यक है, वहाँ अल्पसंख्यक हो सकता हैं।

समाज में 'अल्पसंख्यक' और 'बहुसंख्यक' का मतलब हमेशा परिवर्तित होता रहता है, और इन शब्दों को समझते वक्त यह महत्वपूर्ण होता है कि हम उस विशेष संदर्भ और स्थिति को ध्यान में रखें। इसलिए, हाँ, यह कहा जा सकता है कि हम सभी किसी न किसी संदर्भ में अल्पसंख्यक या बहुसंख्यक हो सकते हैं, लेकिन यह पूरी तरह से परिस्थितियों पर निर्भर करता है।

7. मुझे बताओ कि संविधान में अच्छी-अच्छी बातें कहने का क्या अर्थ यदि उसे किसी न्यायालय में लागू ही नहीं किया जा सकता है?

उत्तर संविधान में 'अच्छी-अच्छी बातें' जैसे मौलिक अधिकार और सामाजिक न्याय की बातें नागरिकों के जीवन, स्वतंत्रता, समानता और सम्मान के लिए है। हालाँकि, इन अधिकारों को न्यायालय में लागू करना जरूरी है, ताकि ये शब्दों से बढ़कर व्यावहारिक बने।

संविधान के कुछ अधिकार न्यायिक रूप में लागू होते हैं, जिन्हें न्यायालय में चुनौती दी जा सकती है जैसे मौलिक अधिकार। वहीं कुछ न्यायिक रूप से लागू नहीं होते हैं, जैसे नीति-निर्देशक तत्त्व, जो सरकार को मार्गदर्शन देते हैं, लेकिन इन्हें सीधे न्यायालय में चुनौती नहीं दी जा सकती।

इसका अर्थ यह नहीं हैं कि ये अधिकार महत्त्वहीन हैं। बल्कि ये सरकार को सुधारों के लिए प्रेरित करते हैं। संविधान में दी गई बातें समाज को एक आदर्श दिशा में चलाने के लिए है। न्यायालय इन अधिकारों को लागू करने में सहायता करता है, ताकि संविधान के उद्देश्य को सही तरीके से लागू किया जा सके।

8. (a) दक्षिण अफ्रीका के संविधान में अधिकारों के घोषणा पत्र और भारतीय संविधान में दिए नीति-निर्देशक तत्त्वों को पढ़े। दोनों सूचियों में आपको कौन-सी बातें एक समान लगती हैं?

(b) दक्षिण अफ्रीका के संविधान ने इन्हें अधिकारों के घोषणापत्र में क्यों रखा?

(c) यदि आपको एक नए राष्ट्र के लिए संविधान बनाना हो, तो उसके लिए क्या सुझाएगें?

उत्तर (a) दक्षिण अफ्रीका के संविधान के अधिकारों के घोषणा-पत्र और भारतीय संविधान में नीति-निर्देशक तत्वों में कुछ समानताएँ है। दोनों संविधानों में समानता का अधिकार, शोषण के खिलाफ अधिकार, शिक्षा का अधिकार और स्वास्थ्य एवं सामाजिक सुरक्षा के अधिकारा का समावेश किया गया है। दोनों संविधान में नागरिकों को समान अवसर और सुरक्षा देने के लिए यह अधिकार महत्त्वपूर्ण है।

(b) दक्षिण अफ्रीका के संविधान में इन अधिकारों को घोषणा पत्र में इसलिए रखा गया, क्योंकि देश में लम्बे समय तक जातिवाद का शासन रहा, जिससे बड़े पैमाने पर भेदभाव और शोषण हुआ। इस घोषणापत्र का उद्देश्य एक 'स्वतन्त्र और समान समाज' की स्थापना करना था, जहाँ सभी नागरिकों को उनके बुनियादी अधिकार मिल सके और वे सामाजिक, आर्थिक और राजनीतिक रूप से समान हों।

(c) यदि मुझे एक नए राष्ट्र के लिए संविधान बनाना हो तो, मैं मौलिक अधिकारों का समावेश करूँगा जैसे समानता, स्वतंत्रता, अभिव्यक्ति की स्वतंत्रता और शोषण के विरुद्ध अधिकार ताकि हर नागरिक को बुनियादी स्वतंत्रता और सुरक्षा मिले। इसके अतिरिक्त, सामाजिक न्याय को सुनिश्चित के लिए शिक्षा,स्वास्थ्य और आवास के अधिकारों को संविधान में शामिल करूँगा। पर्यावरण संरक्षण को भी प्राथमिकता दी जाएगी, ताकि आने वाली पीढ़ियों को सुरक्षित और स्वास्थ्य पर्यावरण मिल सके। नया संविधान यह सुनिश्चित करेगा कि समाज के कमजोर वर्गों को उनके अधिकार मिले और किसी समुदाय का शोषण न हो। अंत में, लोकतांत्रिक ढाँचे को बनाए रखते हुए नागरिकों को अपनी आवाज उठाने और चुनावों में भाग लेने का अधिकार मिलेगा।

9. निम्न में से कौन-सा संविधान का कार्य नहीं है?

(a) यह नागरिकों के अधिकार की गारंटी देता है।
(b) यह शासन की विभिन्न शाखाओं की शक्तियों के अलग-अलग क्षेत्र का रेखांकन करता है।
(c) यह सुनिश्चित करता है कि सत्ता में अच्छे लोग आएँ।
(d) यह कुछ साझे मूल्यों की अभिव्यक्ति करता है।

उत्तर (c) यह सुनिश्चित करता है कि सत्ता में अच्छे लोग आएँ।

10. निम्नलिखित में कौन-सा कथन इस बात की एक बेहतर दलील है कि संविधान की प्रमाणिकता संसद से अधिक है?

(a) संसद के अस्तित्व में आने से कहीं पहले संविधान बनाया जा चुका था
(b) संविधान के निर्माण संसद के सदस्यों से अधिक बड़े नेता थे
(c) संविधान ही यह बताता है कि संसद कैसे बनाई जाए और इसे कौन-कौन सी शक्तियाँ प्राप्त होंगी
(d) संसद संविधान का संशोधन नहीं कर सकती

उत्तर (c) संविधान ही यह बताता है कि संसद कैसे बनाई जाए और इसे कौन-कौन सी शक्तियाँ प्राप्त होंगी।

11. बताएँ कि संविधान के बारे में निम्नलिखित कथन सही हैं या गलत।

(a) सरकार के गठन और उसकी शक्तियों के बारे में संविधान एक लिखित दस्तावेज है।
(b) संविधान केवल लोकतांत्रिक देशों में होता है और उसकी आवश्यकता ऐसे ही देशों में होती है।
(c) संविधान एक कानूनी दस्तावेज है और आदर्शों तथा मूल्यों से इसका कोई सरोकार नहीं।
(d) संविधान एक नागरिक को नई पहचान देता है।

उत्तर (a) संविधान एक लिखित दस्तावेज है, जो सरकार के गठन, उसकी शक्तियों, कर्त्तव्यों और नागरिकों के अधिकारों एवं कर्त्तव्यों को निर्धारित करता है। यह किसी भी देश के कानूनी और प्रशासनिक ढाँचे का आधार है। ये कथन सही है

(b) संविधान केवल लोकतांत्रिक देशों तक सीमित नहीं है तानाशाही और साम्यवादी देशों में भी संविधान होता है हालाँकि, इसका स्वरूप और उद्देश्य अलग-अलग हो सकता है। ये कथन गलत है

(c) संविधान न केवल एक कानूनी दस्तावेज है बल्कि यह आदर्शों एवं मूल्यों का वाहक है इसमें सामाजिक न्याय, स्वतंत्रता, समानता और बंधुता जैसे आदर्श शामिल होते हैं। ये कथन गलत है

(d) संविधान नागरिकों को उनके अधिकार और कर्त्तव्य देकर एक नई पहचान प्रदान करता है। उदाहरण के लिए, भारतीय संविधान प्रत्येक भारतीय को नागरिकता का अधिकार प्रदान करता है और उनके मूलभूत अधिकार सुनिश्चित करता है। ये कथन सही है

13. बताएँ कि भारतीय संविधान के निर्माण के बारे में निम्नलिखित अनुमान सही हैं या नहीं? अपने उत्तर का कारण बताएँ।

(a) संविधान सभा में भारतीय जनता की नुमाइंदगी नहीं हुई। इसका निर्वाचन सभी नागरिकों द्वारा नहीं हुआ था।

(b) संविधान बनाने की प्रक्रिया में कोई बड़ा फैसला नहीं लिया गया, क्योंकि उस समय नेताओं के बीच संविधान की बुनियादी रूपरेखा के बारे में आम सहमति थी।

(c) संविधान में कोई मौलिकता नहीं है, क्योंकि इसका अधिकांश हिस्सा दूसरे देशों से लिया गया है।

उत्तर (a) संविधान सभा में भारतीय जनता की नुमाइंदगी नहीं हुई। इसका निर्वाचन सभी नागरिकों द्वारा नहीं हुआ था। यह अनुमान सही है, क्योंकि भारतीय संविधान को ब्रिटिश मंत्रिमंडल द्वारा प्रस्तावित योजना कैबिनेट मिशन के अनुसार गठित संविधान सभा द्वारा बनाया गया था, जिसे अविभाजित भारत में निर्वाचित किया गया था। इसके सदस्य सार्वभौमिक वयस्क मताधिकार द्वारा नहीं चुने गए थे। इसके अधिक-से-अधिक प्रतिनिधि रियासतों एवं राजाओं द्वारा मनोनीत किए गए थे।

(b) भारतीय संविधान बनाने के संबंध में संविधान सभा का प्रत्येक सदस्य सभा द्वारा दिए गए निर्णय से सहमत नहीं था। उनमें काफी विचार-विमर्श हुआ। संविधान के प्रारूप पर एक वर्ष तक विचार-विमर्श हुआ। यदि नेताओं में आम सहमति होती तो विचार-विमर्श करने में इतना समय नहीं लगता।

(c) भारतीय संविधान निर्माता देश और जनता के लिए एक अच्छा संविधान चाहते थे और इसलिए उन्होंने विभिन्न देशों के संविधानों पर विचार किया और विभिन्न देशों के संविधानों में जो बातें उन्हें अच्छी लगीं, उन्हें इन्होंने भारतीय संविधान में सम्मिलित किया, फिर भी यह कहना की भारतीय संविधान में मौलिकता नहीं थी। यह सही नहीं है क्योंकिं भारतीय संविधान पूर्णतः मौलिक है।

14. भारतीय संविधान के बारे में निम्नलिखित प्रत्येक निष्कर्ष की पुष्टि में दो उदाहरण दें

(a) संविधान का निर्माण विश्वसनीय नेताओं द्वारा हुआ। उनके लिए जनता के मन में आदर था।

(b) संविधान ने शक्तियों का बँटवारा इस प्रकार किया कि इसमें उलट-फेर मुश्किल है।

(c) संविधान जनता की आशा और आकांक्षाओं का केंद्र है।

उत्तर (a) संविधान का निर्माण विश्वसनीय नेताओं द्वारा हुआ, जिनके लिए जनता के मन में आदर था; जैसे—डॉ. राजेंद्र प्रसाद, डॉ. भीमराव अंबेडकर।

(b) भारतीय संविधान में शासन के तीनों अंगों; जैसे—कार्यपालिका, विधायिका और न्यायपालिका के बीच शक्तियों का विभाजन किया गया है। विधायिका का कार्य कानूनों का निर्माण करना है। कार्यपालिका का कार्य कानूनों को लागू करना है तथा न्यायपालिका का कार्य न्याय करना तथा कानून का पालन न करने वालों को दंड देना है। यदि शासन का कोई अंग अपने अधिकारों से बाहर जाता है, तो इससे दूसरे अंग की शक्तियों का अतिक्रमण होता है और इसमें उलट-फेर होने से शासन के तीनों अंगों के बीच संतुलन समाप्त हो जाएगा। इससे संविधान की अवहेलना होगी।

(c) यह सही है कि भारतीय संविधान जनता की आशा और आकांक्षाओं का केंद्र है, क्योंकि भारतीय समाज में विभिन्न प्रकार की असमानताएँ हैं और इनको दूर करने के लिए सरकार को समर्थ और शक्तिशाली बनाया जाए, ताकि वह समाज की असमानता और गरीबी के विभिन्न रूपों से; जैसे—उपेक्षित दलित वर्ग, शोषित और कमजोर वर्गों के लिए अलग से विशेष व्यवस्था करे, इसलिए संविधान को अत्यंत संतुलित एवं न्यायपूर्ण, लोककल्याणकारी और न्याय के बुनियादी सिद्धांतों का पालन करते हुए वयस्क मताधिकार, मौलिक अधिकार एवं नीति-निदेशक सिद्धांतों के तहत बनाया गया है।

15. किसी देश के लिए संविधान में शक्तियों और जिम्मेदारियों का साफ-साफ निर्धारण क्यों आवश्यक है? इस प्रकार का निर्धारण न हो तो क्या होगा?

उत्तर किसी भी देश के शासन को चलाने के लिए संविधान की आवश्यकता होती है। इस प्रकार संविधान में ही यह स्पष्ट किया जाता है कि शासन के तीनों अंगों—कार्यपालिका, विधायिका और न्यायपालिका का निर्णय कैसे होगा एवं उनके कौन-कौन से कार्य होंगे और कौन-सी शक्तियाँ होंगी। इनकी शक्तियों और जिम्मेदारियों की स्पष्ट सीमा निर्धारण से ही सभी अंग अपना-अपना कार्य शांतिपूर्ण ढंग से करते हैं और एक-दूसरे के क्षेत्र में हस्तक्षेप नहीं करते। यदि शासन के अंगों में सीमा निर्धारण का स्पष्ट उल्लेख नहीं होगा तो आपसी विवाद होंगे और सभी अधिक-से-अधिक शक्ति प्राप्त करने की कोशिश करेंगे और जिनके पास अधिक शक्ति होंगी वह निरंकुश हो जाएँगे। इस प्रकार ऐसे विवाद की स्थिति से बचने के लिए भारतीय संविधान में तीनों अंगों की शक्तियों और जिम्मेदारियों का उल्लेख किया गया है।

16. शासकों की सीमा का निर्धारण करना संविधान के लिए क्यों जरूरी है? क्या कोई ऐसा भी संविधान हो सकता है, जो नागरिकों को कोई अधिकार न दे?

उत्तर संविधान में शासकों की सीमा का निर्धारण करना इसलिए आवश्यक है, क्योंकि यदि शासकों की सीमा का निर्धारण नहीं होगा तो शासक तानाशाह बन सकते हैं। इस प्रकार संविधान में ही शासकों के कार्यों और शक्तियों का उल्लेख मिलता है, जिससे की शासन जनता के हितों की अवहेलना न करे और संविधान का महत्त्व बना रहे। आधुनिक युग में ऐसा कोई भी संविधान नहीं है, जो नागरिकों के अधिकारों और शक्तियों को न दे। प्रत्येक संविधान में नागरिकों के अधिकारों और शक्तियों को दिया जाता है और यदि ऐसा नहीं होता, तो वहाँ का शासन लोकतांत्रिक नहीं तानाशाह माना जाता है।

17. जब जापान का संविधान बना तब दूसरे विश्वयुद्ध में पराजित होने के बाद जापान अमेरिकी सेना के नियंत्रण में था। जापान के संविधान में ऐसा कोई प्रावधान होना असंभव था, जो अमेरिकी सेना को पसंद न हो। क्या आपको लगता है कि संविधान को इस प्रकार बनाने में कोई कठिनाई है? भारत में संविधान बनाने का अनुभव किस प्रकार इससे अलग है?

उत्तर जब जापान का संविधान बना तब जापान अमेरिकी सेना के नियंत्रण में था। अमेरिकी सेना के नियंत्रण में होने के कारण जापान के संविधान पर अमेरिका का प्रभाव होना संभव था।

इसके परिणामस्वरूप जो प्रावधान अमेरिका को पसंद थे, उन्हें ही संविधान में रखा गया एवं इस संविधान में जापान के लोगों का ध्यान नहीं रखा गया। जापान का संविधान होने के बावजूद वहाँ के लोगों के हितों में संविधान न होकर दूसरे देश अमेरिका की पसंद पर आधारित था। ऐसे संविधान के प्रावधान दूसरे देश की इच्छा के अनुसार होते हैं और यदि दूसरे देश के अनुसार अपने देश के संविधान को बनाना हो तो कठिनाइयाँ होती हैं। भारत के संदर्भ में संविधान बनाने का अनुभव बिल्कुल अलग है। भारत में ब्रिटिश शासन था। भारत ब्रिटिश के नियंत्रण में था, परंतु भारतीय संविधान पर ब्रिटिश सरकार की इच्छाओं का कोई आधार नहीं दिया गया।

भारत का संविधान भारत की जनता की आशाओं और आकांक्षाओं का केंद्र है। इसमें भारत के लोगों के हितों को ध्यान में रखा गया है। इस प्रकार हम देखते हैं कि भारत के संविधान निर्माण में ब्रिटिश सरकार की रुचि को ध्यान में नहीं रखा, बल्कि संविधान सभा ने बहुत विचार-विमर्श के बाद देश के लोगों के हितों को संरक्षण देने वाले संविधान का निर्माण किया।

18. रजत ने अपने शिक्षक से पूछा-संविधान एक पचास साल पुराना दस्तावेज है और इस कारण पुराना पड़ चुका है। किसी ने इसको लागू करते समय मुझसे राय नहीं माँगी। यह इतनी कठिन भाषा में लिखा हुआ है कि मैं इसे समझ नहीं सकता। आप मुझे बताएँ कि मैं इस दस्तावेज की बातों का पालन क्यों करूँ? अगर आप शिक्षक होते तो रजत को क्या उत्तर देते?

उत्तर शिक्षक होने के नाते रजत को यह उत्तर दिया जाता कि कोई भी संविधान पुराना नहीं पड़ता। संवैधानिक व्यवस्थाएँ और प्रावधान वर्तमान में भी उतना ही महत्त्व रखते हैं और यदि कुछ व्यवस्थाएँ और प्रावधान पुराने होने लगते हैं, तो उसके लिए संविधान में संशोधन की व्यवस्था है, जिससे कि पुरानी व्यवस्थाओं एवं प्रावधानों को संसोधित करके नया किया जा सकता है। इसके लिए संविधान के अनुच्छेद-368 में यह प्रावधान दिया गया है। इस प्रकार हम देखते हैं कि पुरानी व्यवस्थाओं को आधुनिक एवं नए बनाने के लिए तीन प्रकार से संविधान में संशोधन किया जा सकता है प्रथम प्रक्रिया को कठोर संवैधानिक संशोधन की प्रक्रिया कहते हैं। दूसरी प्रक्रिया को साधारण प्रक्रिया कहते हैं एवं तीसरी संशोधन की प्रक्रिया के लिए कम-से-कम आधे राज्यों के विधानमंडलों से अनुमोदन होना आवश्यक होता है, परंतु संविधान के मौलिक ढाँचे में परिवर्तन नहीं किया जा सकता। इस प्रकार अंत में हम कह सकते हैं कि संविधान पुराना नहीं पड़ सकता। यदि संविधान में कुछ व्यवस्थाएँ या प्रावधान बिना महत्त्व के पुराने लगते हैं, तो उनका संशोधन किया जा सकता है।

19. संविधान के क्रियाकलाप से जुड़े अनुभवों को लेकर एक चर्चा में तीन वक्ताओं ने तीन अलग-अलग पक्ष दिए-

(a) हरबंस–भारतीय संविधान एक लोकतांत्रिक ढाँचा प्रदान करने में सफल रहा है।

(b) नेहा–संविधान में स्वतंत्रता, समता और भाईचारा सुनिश्चित करने का विधिवत वादा है। चूँकि, ऐसा नहीं हुआ इसलिए संविधान असफल है।

(c) नाज़िया–संविधान असफल नहीं हुआ, हमने उसे असफल बनाया। क्या आप इनमें से किसी पक्ष से सहमत हैं, यदि हाँ, तो क्यों? यदि नहीं, तो आप अपना पक्ष बताएँ।

उत्तर इस चर्चा में तीनों वक्ताओं के विचार भारतीय संविधान के अलग-अलग पहलुओं को व्यक्त करते हैं। मै नाजिया के पक्ष से सबसे अधिक सहमत हूँ और इसका कारण यह है कि संविधान को लागू करने और सफल बनाने की जिम्मेदारी संविधान में निहित है, लेकिन इससे अधिक यह उन संस्थाओं और नागरिकों पर निर्भर करता है जो उसे क्रियान्वित करते हैं।

वाद-विवाद के माध्यम से इन वक्ताओं ने संविधान की सार्थकता, उपयोगिता और सफलता पर प्रश्न उठाने का प्रयास किया है।

(a) हरबंस के अनुसार, संविधान, लोकतांत्रिक ढाँचा प्रदान करने में सफल रहा है। इस पक्ष से सहमत हुआ जा सकता है। भारत के संविधान में भारत को एक लोकतांत्रिक ढाँचा प्रदान किया गया है। संविधान में सभी वर्गों के हितों को ध्यान में रखा गया है, जिसका प्रमाण हमें संविधान की प्रस्तावना में देखने को मिलता है।

संविधान की प्रस्तावना में संविधान का उद्देश्य सामाजिक, आर्थिक तथा राजनैतिक न्याय बताया गया है। संविधान में मौलिक अधिकारों, स्वतंत्रताओं की व्याख्या की गई है एवं भारत में जनता को शासन में भागीदार होने का पूरा अवसर दिया गया है।

(b) नेहा के अनुसार, संविधान असफल है, क्योंकि संविधान स्वतंत्रता, समता और भाईचारा निश्चित करने में पूर्ण सफल नहीं हुआ। इस प्रकार नेहा का पक्ष सही नहीं है। संविधान में स्वतंत्रता, समता और भाईचारा को निश्चित करने के वादे को पूर्ण किया गया है।

(c) नाज़िया से हम कुछ सहमत हो सकते हैं कि संविधान असफल नहीं हुआ, हमने उसे असफल बनाया है। हमने संविधान में अनेक परिवर्तन किए। यदि संविधान के मूल ढाँचे में ही परिवर्तन कर डालें तो वह संविधान असफल नहीं होगा, बल्कि हम उसे असफल बना देंगे। कई बार संविधान के प्रावधानों को सही तरीके से लागू नहीं किए जाने या फिर व्यावहारिक जीवन में उन्हें अनदेखा किया जाता हैं, जिससे असमानता और अन्याय की स्थिति उत्पन्न होती हैं **उदाहरण** के लिए, भ्रष्टाचार शक्ति का दुरुपयोग और सामाजिक अन्याय जैसे मुद्दे संविधान की विफलता नहीं, बल्कि इसकी क्रियान्वयन की असफलता का परिणाम है।

अभ्यास प्रश्न

वस्तुनिष्ठ प्रश्न

बहुविकल्पीय प्रश्न

1. वर्ष 1948 के बाद नेपाल में कितने संविधान बनाए जा चुके हैं?

(a) तीन (b) पाँच
(c) सात (d) चार

उत्तर (b) पाँच

2. .... में नेपाल में राजतंत्र को समाप्त कर दिया गया और .... में एक नए संविधान को अपना लिया गया।

(a) वर्ष 2008, 2012
(b) वर्ष 2002, 2008
(c) वर्ष 2008, 2015
(d) वर्ष 2004, 2010

उत्तर (c) वर्ष 2008, 2015

3. विश्व के सर्वाधिक सफल संविधानों में किस देश के संविधान को शामिल किया जाता है?

(a) भारत (b) दक्षिण अफ्रीका
(c) 'a' और 'b' दोनों (d) इनमें से कोई नहीं

उत्तर (c) 'a' और 'b' दोनों

4. भारतीय संविधान सभा का गठन किस योजना के अंतर्गत किया गया?

(a) भारत शासन अधिनियम, 1935
(b) साइमन कमीशन
(c) कैबिनेट मिशन
(d) ये सभी

उत्तर (c) कैबिनेट मिशन

5. निम्न में से कौन-सा देश नस्लीय भेदभाव का सर्वप्रमुख उदाहरण है?

(a) नाइजीरिया
(b) दक्षिण अफ्रीका
(c) अमेरिका
(d) इंडोनेशिया

उत्तर (b) दक्षिण अफ्रीका

6. संविधान के राजनीतिक दर्शन में निहित मूल्य है

(a) व्यक्ति की स्वतंत्रता
(b) सामाजिक न्याय
(c) विविधता और अल्पसंख्यकों के अधिकारों का सम्मान
(d) उपरोक्त सभी

उत्तर (d) उपरोक्त सभी

7. **वर्ष 1946 में नेहरू द्वारा संविधान सभा में प्रस्तुत उद्देश्य प्रस्ताव में उल्लेखित बिंदु है** दक्षता आधारित प्रश्न

(a) भारत एक स्वतंत्र संप्रभु गणराज्य है

(b) भारत ब्रिटेन के अधिकार में आने वाले क्षेत्रों का संघ होगा

(c) संविधान में अल्पसंख्यकों, दलितों व पिछड़े वर्गों को समुचित सुरक्षा प्रदान की जाएगी

(d) उपरोक्त सभी

उत्तर (d) उपरोक्त सभी

8. **भारतीय संविधान को औपचारिक रूप से संविधान सभा ने .... के मध्य बनाया पर ऐसा करने में उसने राष्ट्रीय आंदोलन के लंबे इतिहास से अत्यधिक प्रेरणा ली।** दक्षता आधारित प्रश्न

(a) दिसंबर 1945 से नवंबर 1949

(b) दिसंबर 1947 से नवंबर 1949

(c) दिसंबर 1946 से नवंबर 1949

(d) दिसंबर 1948 से नवंबर 1949

उत्तर (c) दिसंबर 1946 से नवंबर 1949

9. **निम्नलिखित में से कौन-सा कथन सही नहीं है**

(a) भारतीय संविधान 26 जनवरी, 1950 को लागू किया गया था

(b) भारतीय सविधान की मूल प्रस्तावना में 'समाजवादी' और 'धर्मनिरपेक्ष' शब्द थे

(c) भारतीय संविधान विश्व का सबसे लंबा लिखित संविधान है

(d) भारतीय संविधान सभा के अध्यक्ष डॉ. राजेद्र प्रसाद थे

उत्तर (b) भारतीय संविधान की मूल प्रस्तावना में समाजवादी और 'धर्मनिरपेक्षता' शब्द थे।

10. **निम्नलिखित कथनों पर विचार कीजिए**

1. संविधान सभा की प्रथम बैठक 9 दिसंबर, 1946 को हुई।

2. संविधान सभा में देशी रियासतों को 93 सीटें आवंटित की गईं।

3. संविधान सभा के स्थायी अध्यक्ष डॉ. सच्चिदानंद सिन्हा थे।

उपरोक्त कथनों में से कौन-सा/से कथन सही है/हैं?

(a) केवल 1 (b) 1 और 2

(c) 1 और 3 (d) ये सभी

उत्तर (b) 1 और 2

11. **निम्न कथनों पर विचार कीजिए** दक्षता आधारित प्रश्न

1. संविधान सभा में दस कमेटियाँ गठित की गई थीं।

2. भारतीय संविधान में संघीय राजव्यवस्था को अपनाया गया है।

3. भारत का संविधान कठोर व लचीला है।

उपरोक्त कथनों में से कौन-सा/से कथन सही है/हैं।

(a) केवल 1 (b) 1 और 3

(c) 2 और 3 (d) ये सभी

उत्तर (c) 2 और 3

12. **3 जून, 1947 की योजना के अनुसार, विभाजन के पश्चात् वे सभी प्रतिनिधि संविधान सभा के सदस्य नहीं रहे, जो पाकिस्तान के क्षेत्रों से चुनकर आए थे। 3 जून योजना के संदर्भ में निम्नलिखित मे से कौन-सा कथन सही नहीं है?**

(a) 3 जून, 1947 को लॉर्ड वेवेल ने भारत और पाकिस्तान के रूप में देश के विभाजन की योजना प्रस्तुत की

(b) योजना के अनुसार, पंजाब और बंगाल जैसे प्रांतों को विभाजन के लिए जनमत संग्रह के माध्यम से निर्णय लेने का विकल्प दिया गया

(c) योजना में स्पष्ट किया गया कि 15 अगस्त 1947 तक भारत को स्वतंत्रता दी जाएगी

(d) भारतीय रियासतों को यह तय करने की स्वतंत्रता दी गई कि वे भारत में शामिल हों, पाकिस्तान में शामिल हों, या स्वतंत्र रहें।

उत्तर (a) 3 जून, 1947 को लार्ड वेवेल ने भारत और पाकिस्तान के रूप में देश के विभाजन की योजना प्रस्तुत की

13. **निम्नलिखित घटनाओं को कालक्रमानुसार व्यवस्थित कीजिए**

1. संविधान सभा के 284 सदस्यों द्वारा अंतिम रूप से पारित भारतीय संविधान पर हस्ताक्षर किया जाना।

2. संविधान सभा की प्रथम बैठक।

3. संविधान सभा के सदस्यों का प्रांतीय विधानसभा के सदस्यों द्वारा अप्रत्यक्ष विधि से चुना जाना।

4. भारतीय संविधान का पूर्णरूपेण लागू होना।

कूट

(a) 1, 2, 3,4 (b) 2, 1, 3,4

(c) 2, 3, 1,4 (d) 3, 1, 2,4

उत्तर (c) 2, 3, 1,4

14. **सूची I के साथ सूची II को सुमेलित कीजिए** दक्षता आधारित प्रश्न

सूची I (प्रावधान)	**सूची II** (विदेशी स्रोत)
A. राज्य के नीति-निदेशक तत्त्व	1. ब्रिटेन
B. मौलिक अधिकार	2. कनाडा
C. अवशिष्ट शक्तियाँ	3. आयरलैंड
D. सरकार का संसदीय स्वरूप	4. अमेरिका

कूट

	A	B	C	D
(a)	1	3	4	2
(b)	1	2	3	4
(c)	3	4	2	1
(d)	3	4	1	2

उत्तर (c) 3 4 2 1

15. **सूची I के साथ सूची II को सुमेलित कीजिए** दक्षता आधारित प्रश्न

सूची I	**सूची II**
A. संविधान सभा के अध्यक्ष	1. वेंकट चेलैया
B. उद्देश्य प्रस्ताव	2. बी. आर अंबेडकर
C. संविधान की समीक्षा हेतु गठित समिति के अध्यक्ष	3. पंडित जवाहरलाल नेहरू
D. प्रारूप समिति	4. डॉ. राजेंद्र प्रसाद

कूट

	A	B	C	D
(a)	1	2	3	4
(b)	4	3	1	2
(c)	3	2	1	4
(d)	4	3	2	1

उत्तर (b) 4 3 1 2

16. निम्नलिखित में से कौन-सा युग्म सही सुमेलित नहीं है?

(a) संविधान सभा का स्थापना वर्ष -1946
(b) संविधान सभा के अध्यक्ष -डॉ. राजेंद्र प्रसाद
(c) संविधान सभा के प्रारूप समिति के अध्यक्ष -डॉ. भीम राव अंबेडकर
(d) भारतीय संविधान का अंतिम मसौदा तैयार करने की समिति -जवाहरलाल नेहरू

उत्तर (d) भारतीय संविधान का अंतिम मसौदा तैयार करने की समिति-जवाहरलाल नेहरू

निर्देश (प्र. सं. 17-18) नीचे दो कथन दिए गए हैं, जिनमें एक को कथन (A) और दूसरे को कारण (R) कहा गया है। कूट की सहायता से सही उत्तरक का चयन कीजिए

कूट

(a) A और R दोनों सही हैं तथा R, A की सही व्याख्या है
(b) A और R दोनों सही हैं, परंतु R, A की सही व्याख्या नहीं है
(c) A सही है, किंतु R गलत है
(d) A गलत है, किंतु R सही है

17. कथन (A) संविधान किसी भी देश की शासन व्यवस्था का मूल आधार होता है।

कारण (R) किसी भी शासन व्यवस्था के सफल संचालन के लिए संविधान का होना अति आवश्यक है। *दक्षता आधारित प्रश्न*

उत्तर (a) संविधान किसी भी देश की शासन व्यवस्था का मूल आधार होता है और किसी भी शासन व्यवस्था के सफल संचालन के लिए संविधान का होना अति आवश्यक है। संविधान में ही शासन व्यवस्था से संबंधित समस्त प्रावधान निहित होते हैं। संविधान के अभाव में अव्यवस्था और अराजकता की स्थिति उत्पन्न हो सकती है।

18. कथन (A) भारतीय संविधान सरकार के संसदीय स्वरूप को निर्दिष्ट करता है।

कारण (R) संविधान वह सत्ता है, जो सरकार का निर्माण करती है।

उत्तर (a) भारतीय संविधान सरकार के संसदीय स्वरूप को निर्दिष्ट करता है तथा संविधान वह सत्ता है, जो सरकार का निर्माण करती है। संविधान में वर्णित संसदीय स्वरूप इसलिए सर्वोच्च सत्ता है, क्योंकि संसद को राष्ट्र के कानूनों और नीतियों को तय करने का अधिकार प्राप्त होता है।

19. नीचे दो कथन दिए गए हैं। कूट की सहायता से सही उत्तर का चयन कीजिए

कथन I भारतीय संविधान को 26 नवम्बर, 1949 को अपनाया गया और 26 जनवरी, 1950 को लागू किया गया।

कथन II संविधान सभा की स्थापना 1947 में भारत की आजादी के बाद की गई थी। *दक्षता आधारित प्रश्न*

कूट

(a) कथन I सही है, लेकिन कथन II गलत है
(b) कथन I गलत है, लेकिन कथन II सही है
(c) दोनों कथन सही हैं
(d) दोनों कथन गलत हैं

उत्तर (a) कथन I सही है, लेकिन कथन II गलत है।

20. **नीचे दिए गए चित्र का अध्ययन कर निम्नलिखित प्रश्नों का उत्तर दीजिए।**

(i) चित्र में नेहरू को अनेक भावी कल्पनाओं और विचारधाराओं में संतुलन करते दिखाया गया है। ये संतुलन किसके लिए है?

(a) जातिगत भेदभाव मिटाने हेतु
(b) सभ्यता के विस्तार हेतु
(c) पाकिस्तान के निर्माण में सहायता हेतु
(d) मूल अधिकारों को लागू करने हेतु

उत्तर (a) जातिगत भेदभाव मिटाने हेतु

(ii) चित्र मे जनगणमन और वंदे मातरम् द्वारा क्या दर्शाने का प्रयास किया जा रहा है?

(a) समाज की विभिन्न आकांक्षाओं को
(b) नस्लीय भेदभाव के बीच अंतर को
(c) मूल अधिकार व मौलिक कर्त्तव्यों के मध्य अंतर को
(d) नागरिक अधिकारों के बारे में एकमतता को

उत्तर (a) समाज की विभिन्न आकांक्षाओं को

(iii) उपरोक्त चित्र में पंडित नेहरू का उद्देश्य दोनों पक्षों में .... बनाना था।

(a) विवाद (b) संतुलन
(c) असहमति (d) संघर्ष

उत्तर (b) संतुलन

(iv) चित्रानुसार नेहरू द्वारा स्थापित संतुलन का क्या प्रभाव पड़ा?

(a) जनता की आकांक्षाओं को भारतीय संविधान में शामिल किया गया
(b) जनता की आकांक्षाओं को दर-किनार किया गया
(c) भारतीय समाज की विविधता को ध्यान में नहीं रखा गया
(d) न्यायपूर्ण समाज की संकल्पना पूर्ण नहीं हो पाई।

उत्तर (a) जनता की आकांक्षाओं को भारतीय संविधान में शामिल किया गया

21. निम्नलिखित चित्र का अध्ययन कर निम्नलिखित प्रश्नों का उत्तर दीजिए।

(i) **शिया, सुन्नी, कुर्द जातियाँ किस ········ देश के संविधान निर्माण हेतु इकट्ठा हुई हैं।**

(a) सऊदी अरब (b) इराक
(c) ईरान (d) तुर्की

उत्तर (b) इराक

(ii) **इराक के संविधान की प्रमुख विशेषता क्या थी?**

(a) एक जाति का प्रभुत्व
(b) सभी जाति का समायोजन
(c) महिलाओं को विशेष अधिकार
(d) संविधान का राजतंत्रात्मक होना

उत्तर (b) सभी जाति का समायोजन

(iii) **इराक के प्रथम राष्ट्रपति कौन थे?**

(a) असद रऊफ (b) अमातुल्ला खुमैनी
(c) सद्दाम हुसैन (d) सुल्तान-बिन मुहम्मद

उत्तर (c) सद्दाम हुसैन

(iv) **इराक की राजधानी ········ है।**

(a) राजतंत्रात्मक (b) लोकतंत्रात्मक
(c) बगदाद (d) काठमांडू

उत्तर (c) बगदाद

लघु उत्तरीय प्रश्न

1. सभा और सम्मेलन करने की स्वतंत्रता का प्रयोग करने की क्या शर्त है?

उत्तर सभा और सम्मेलन की स्वतंत्रता भारतीय संविधान के अनुच्छेद 19(1) (b) में दी गई है, लेकिन इसके साथ कुछ शर्तें जुड़ी हैं। सभा या सम्मलेन का आयोजन शांतिपूर्ण होना चाहिए और इसमें कोई हिंसा या हथियारों का प्रयोग नहीं होना चाहिए। सभा से सार्वजनिक व्यवस्था, शांति और नैतिकता पर असर नहीं पड़ना चाहिए। इसका आयोजन संबंधित कानुनी निर्देशों और अनुमति के अनुसार होना चाहिए। सभा राष्ट्र की संप्रभुता, अखंडता और सुरक्षा के लिए खतरे का कारण नहीं होनी चाहिए। इसके अलावा सभा के आयोजन से अन्य नागरिकों के अधिकारों को कोई नुकसान नहीं होना चाहिए। इन शर्तों का उद्देश्य यह सुनिश्चित करना है कि सभा और सम्मेलन का आयोजन सार्वजनिक व्यवस्था और शांति को बनाए रखते हुए किया जाए।

2. शोषण के विरुद्ध अधिकार के अंतर्गत क्या-क्या प्रावधान हैं?

उत्तर शोषण के विरुद्ध अधिकार भारतीय संविधान के अनुच्छेद 23 और 24 में दिए गए है।

(i) दासता और अपमानजनक श्रम से मुक्ति (अनुच्छेद-23) -इस अनुच्छेद के तहत्, किसी को बंधआ मजदूरी या अपमानजनक श्रम के लिए मजबूर नहीं किया जा सकता। राज्य यह सुनिश्चित करता है कि किसी भी व्यक्ति का शोषण न हो।

(ii) बच्चों के श्रम से संबंधित प्रावधान (अनुच्छेद-24)-14 वर्ष से कम उम्र के बच्चों को किसी भी कारखाने या खादान में काम करने स माना किया गया है। यह प्रावधान बच्चों के शोषण को रोकता है और उनके बचपन को सुरक्षित करता है। इन प्रावधानों का उद्देश्य शोषण से नागरिकों की रक्षा करना और समाज के कमजोर वर्गों को उत्पीड़न से बचाना हैं।

3. किसी समुदाय को किस-किस अधार पर अल्पसंख्यक माना जाता है।

उत्तर भारत में किसी समुदाय को अल्पसंख्यक मानने के विभिन्न आधार होते है। सबसे पहले, धार्मिक आधार पर यदि कोई देश की कुल जनसंख्या का एक बड़ा हिस्सा नहीं बनता तो उसे अल्पसंख्यक माना जाता है। उदाहरण के लिए मुस्लिम, ईसाई, सिख, बौद्ध और जैन धर्म भारतीय अल्पसंख्यक समुदायों में आते हैं। इसके अलावा भाषाई आधार पर यदि कोई भाषा देश की कुल जनसंख्या की तुलना में कम बोली जाती है, तो उस भाषा बोलने वाले समुदाय को अल्पसंख्यक माना जाता है। अल्पसंख्यक समुदायों को विशेष अधिकार दिए जाते है, जैसे शिक्षा, रोजगार और धार्मिक स्वतन्त्रता के संरक्षण ताकि वे अपने अधिकारों का समुचित उपयोग कर सकें और समाज में समान अवसर प्राप्त कर सकें।

4. किस मौलिक अधिकार को संविधान की आत्मा कहा जाता है?

उत्तर संविधान की आत्मा कहा जाने वाला मौलिक अधिकार अधिकारों का अधिकार है, जो भारतीय संविधान के अनुच्छेद 32 में वर्णित है। डॉ. भीमराव अम्बेडकर ने इसे संविधान की आत्मा और हृदय की संज्ञा दी थी। इस अधिकार के तहत नागरिकों को यह अधिकार प्राप्त है कि वे अपने मौलिक अधिकारों के उल्लंघन पर सीधे उच्च न्यायालय या सर्वोच्च न्यायालय में याचिका दायर कर सकते हैं। न्यायालय इन अधिकारों की रक्षा के लिए आदेश और निर्देश जारी कर सकता है, जिससे यह सुनिश्चित किया जाता है कि सरकार द्वारा मौलिक अधिकारों का उल्लंघन न हो। इसे लागू करने के लिए विभिन्न प्रकार के रिट (जैस-बंदी प्रत्यक्षीकरण, परमादेश, प्रतिषेध आदि) जारी किए जा सकते हैं।

5. राष्ट्रीय मानवाधिकार आयोग के अधिकार क्षेत्र बताइए।

उत्तर राष्ट्रीय मानावाधिकार आयोग मानव अधिकारों की रक्षा और उल्लंघन के मामलों में महत्त्वपूर्ण भूमिका निभाता है। इसके अधिकार क्षेत्र के अंतर्गत, यह मानवाधिकार उल्लंघन की शिकायतों की जाँच कर सकता है और सुनिश्चित करता है कि किसी भी व्यक्ति के अधिकारों का उल्लघंन न हो। आयोग स्वयं भी मानवाधिकार उल्लंघन के मामलों में संज्ञान ले सकता है। इसके अलावा, मानवाधिकार आयोग सरकारी अधिकारियों से जानकारी प्राप्त कर सकता है और उल्लंघन के मामलों में सुधार के लिए अनुशंसा कर सकता है। यदि सरकार आयोग की अनुशंसा का पालन नहीं करती, तो आयोग संसद में रिर्पोट प्रस्तुत कर सकता है। हालाँकि आयोग के पास न्यायिक शक्तियाँ नहीं है, लेकिन वह सरकार को सुझाव और निर्देश दे सकता है।

6. किस अधिकार को मौलिक अधिकार से निकाल दिया गया?

उत्तर भारत के संविधान में संपत्ति के अधिकार को मौलिक अधिकार से निकाल दिया गया। यह अधिकार पहले अनुच्छेद 19(1)(f) और अनुच्छेद 31 के तहत नागरिकों को दिया गया, जिसके अनुसार प्रत्येक नागरिक को अपनी संपत्ति रखने और उसे व्यावसायिक उद्देश्य से उपयोग करने का अधिकार था, लेकिन 44वें संविधान संशोधन अधिनियम (1978) के द्वारा सम्पत्ति के अधिकार को मौलिक अधिकारों की सूची से हटा दिया गया और इसे संविधान के अनुच्छेद 300A के अनुसार कानूनी अधिकार बना दिया, लेकिन वर्तमान में यह मौलिक अधिकार नहीं रहा। इस संशोधन के बाद, संपत्ति के अधिकार को प्राप्त करने के लिए नागरिकों को न्यायालय में जाना पड़ता है और इसे संविधान में मौलिक अधिकार के रूप में लागू नहीं किया जा सकता है।

दीर्घ उत्तरीय प्रश्न।

1. किन कारणों से संविधान को शांतिपूर्ण लोकतांत्रिक बदलाव का साधन कहा जाता है?

उत्तर निम्नलिखित कारणों से संविधान को शांतिपूर्ण लोकतांत्रिक बदलाव का साधन कहा जाता है

- संविधान राज्य को निरंकुश बनने से रोकता है।
- सत्तासीन लोगों की शक्ति पर अंकुश लगाता है। परंपरागत रूप से सत्ता से दूर लोगों का सशक्तीकरण करता है।
- औपनिवेशिक दासता में रह रहे लोगों को राजनीतिक आत्मनिर्णय लेने के लिए दिशा प्रदान करता है।
- कमजोर, वंचित तथा पिछड़े लोगों के अधिकारों की सुरक्षा को सुनिश्चित करता है। इन्हीं कारणों के चलते भारतीय संविधान को शांतिपूर्ण लोकतांत्रिक बदलाव का साधन कहा जाता है।

2. संविधान को समर्थ बनाने वाले प्रावधानों का उल्लेख कीजिए।

उत्तर संविधान सरकार की शक्तियों को नियंत्रित करने वाले नियमों और कानूनों का ही नाम नहीं है, बल्कि यह सरकार को ऐसी शक्तियाँ भी प्रदान करता है, जिससे वह समाज के सामूहिक हित के लिए काम कर सके; जैसे—

- दक्षिण अफ्रीका का संविधान सरकार को अनेक उत्तरदायित्व सौंपता है। वह सरकार को पर्यावरण संरक्षण को बढ़ावा देने और अन्यायपूर्ण भेदभाव से व्यक्तियों और समूहों को बचाने का प्रयास करने के लिए कदम उठाने का अधिकार देता है और यह प्रावधान भी करता है कि सरकार धीरे-धीरे सभी के लिए पर्याप्त आवास और स्वास्थ्य सुविधाएँ उपलब्ध कराए।
- इंडोनेशिया में सरकार की जिम्मेदारी है कि वह राष्ट्रीय शिक्षा व्यवस्था बनाए और उसका संचालन करे। इंडोनेशिया का संविधान यह भी सुनिश्चित करता है कि सरकार गरीब और अनाथ बच्चों की देखभाल करेगी।

3. संविधान के चार आवश्यक कार्यों का वर्णन कीजिए।

उत्तर संविधान के चार आवश्यक कार्य निम्न हैं

(i) **समाज में आपसी समन्वय** (तालमेल) **बनाने के लिए** संविधान का पहला कार्य यह है कि वह बुनियादी नियमों का ऐसा समूह उपलब्ध कराए, जिससे समाज के सदस्यों में एक न्यूनतम समन्वय और विश्वास बना रहे।

(ii) **निर्णय लेने की शक्ति को स्पष्ट करे** संविधान का दूसरा कार्य यह है कि समाज में निर्णय लेने की शक्ति किसके पास रहेगी? यह स्पष्ट करे। साथ ही संविधान यह भी स्पष्ट करता है कि सरकार किस प्रकार निर्मित होगी?

(iii) **सरकार की शक्तियों पर सीमाएँ** संविधान का तीसरा कार्य यह है कि वह सरकार द्वारा अपने नागरिकों पर लागू किए जाने वाले कानूनों की सीमा निर्धारित करे। ये सीमाएँ मौलिक रूप में होती हैं एवं सरकार कभी भी इन सीमाओं का उल्ल1घन नहीं कर सकती।

(iv) **समाज की आकांक्षाएँ और लक्ष्य** संविधान का चौथा कार्य यह है कि वह सरकार को ऐसी क्षमता प्रदान करे, जिससे वह जनता की आकांक्षा000000ओं को पूरा कर सके और एक न्यायपूर्ण समाज की स्थापना के लिए उचित परिस्थितियों का निर्माण कर सके।

4. किसी राष्ट्र तथा नागरिकों हेतु संविधान के महत्त्व को स्पष्ट करें।

अथवा **संविधान राष्ट्र की शासन व्यवस्था करने के साथ नागरिकों के आधिकारों की सुरक्षा तथा समानता सुनिश्चित करता है। कथन की समीक्षा करें**

दक्षता आधारित प्रश्न

उत्तर संविधान के बिना एक राज्य का शासन समुचित रूप से चलाना संभव नहीं है। इसके महत्त्व के संदर्भ में निम्नलिखित बातों को शामिल किया जाता है

- संविधान कानून के शासन को स्थापित करता है।
- संविधान समुदाय अथवा समाज में सहयोग, विश्वास एवं समन्वय की भावना को विकसित करता है।
- संविधान सत्ता संचालन हेतु सभी संस्थाओं में शक्तियों का वितरण करके उनकी सीमाओं को स्पष्ट करता है।
- संविधान नागरिकों के अधिकारों को राज्य से सुरक्षित करता है।
- संविधान को केंद्र में रखने के साथ -साथ सामाजिक न्याय तथा सामुदायिक सौहार्द के मूल्यों को भी महत्त्व देता है।
- संविधान सभी भारतीय व्यस्क नागरिकों को बिना किसी भेदभाव के मतायधिकार देता है।

5. संविधान में निहित उद्देश्य प्रस्ताव का उल्लेख कीजिए।

उत्तर उद्देश्य प्रस्ताव के मुख्य बिंदु निम्नलिखित हैं

- भारत एक स्वतंत्र, संप्रभु गणराज्य है।
- भारत ब्रिटेन के अधिकार में आने वाले भारतीय क्षेत्रों, देशी रियासतों और देशी रियासतों के बाहर के ऐसे क्षेत्र, जो हमारे संघ का अंग बनना चाहते हैं, का एक संघ होगा।
- संघ की इकाइयाँ स्वायत्त होंगी और उन सभी शक्तियों का प्रयोग और कार्यों का संपादन करेंगी, जो संघीय सरकार को नहीं दी गई हैं।
- संप्रभु और स्वतंत्र भारत तथा इसके संविधान की समस्त शक्तियों और सत्ता का स्रोत जनता है।
- संविधान में भारत के सभी लोगों को सामाजिक, आर्थिक और राजनीतिक न्याय, कानून के समक्ष समानता, प्रतिष्ठा और अवसर की समानता तथा कानून और सार्वजनिक नैतिकता की सीमाओं में रहते हुए भाषण, अभिव्यक्ति, विश्वास, धर्म, उपासना, व्यवसाय, संगठन और कार्य करने की मौलिक स्वतंत्रता की गारंटी और सुरक्षा दी जाएगी।
- संविधान में अल्पसंख्यकों, पिछड़े एवं जनजातीय क्षेत्र, दलित व अन्य पिछड़े वर्गों को समुचित सुरक्षा दी गई है। गणराज्य के क्षेत्रीय अखंडता तथा थल, जल और आकाश में इसके संप्रभु अधिकारों की रक्षा सभ्य राष्ट्रों के कानून और न्याय के अनुसार की जाएगी।

6. संविधान में संस्थाओं की रूपरेखा तैयार करते समय किन बातों का ध्यान रखा जाना चाहिए?

अथवा **"संविधान में संस्थाओं की रूपरेखा तैयार करते समय सरकार की शक्ति का संतुलन, नागरिकों के अधिकारों की सुरक्षा और विविधता में एकता को ध्यान में रखा जाना चाहिए। इस कथन की व्याख्या कीजिए।**

दक्षता आधारित प्रश्न

उत्तर संविधान में संस्थाओं की रूपरेखा तैयार करते समय यह ध्यान रखा जाना चाहिए कि किसी एक संस्था का संपूर्ण शक्तियों पर एकाधिकार न हो जाए। ऐसा करने के लिए शक्ति को कई संस्थाओं में बाँट दिया जाता है।

संस्थाओं की रूपरेखा बनाते समय इस बात का भी ध्यान रखा जाना चाहिए कि उसमें बाध्यकारी मूल्य, नियम और प्रक्रियाओं के साथ अपनी कार्यप्रणाली में लचीलेपन का संतुलन हो, जिससे वह बदलती आवश्यकताओं और परिस्थितियों के अनुकूल अपने को ढाल सके। ज्यादा कठोर संविधान परिवर्तन के दबाव में नष्ट हो जाते हैं और दूसरी ओर, यदि संविधान अत्यधिक लचीला है तो वह समाज को सुरक्षा और पहचान नहीं दे सकता है।

दीर्घ उत्तरीय प्रश्न II

1. संविधान के मूल प्रावधानों का विश्लेषण कीजिए।

अथवा **एक सफल संविधान की यह विशेषता है कि वह प्रत्येक व्यक्ति को संविधान के प्रावधानों का आदर करने का कोई कारण अवश्य देता है इस कथन समीक्षा कीजिए** *दक्षता आधारित प्रश्न*

उत्तर संविधान अपने सभी नागरिकों की स्वतंत्रता और समानता की जितनी अधिक सुरक्षा करता है उसकी सफलता उतनी ही बढ़ जाती है। स्पष्ट रूप से कहें, तो भारतीय संविधान प्रत्येक नागरिक को एक ना एक ऐसा कारण अवश्य देता है जिससे वह उसकी सामान्य रूपरेखा का समर्थन कर सके। नागरिकों की स्वतंत्रता तथा समानता से संबंधित संविधान के मूल प्रावधान निम्नलिखित हैं

(i) **वैयक्तिक स्वतंत्रता** भारतीय संविधान व्यक्ति की स्वतंत्रता को सुनिश्चित करता है तथा मनमानी गिरफ्तारी के विरुद्ध सुरक्षा प्रदान करता है। भारतीय संविधान मौलिक अधिकारों के माध्यम से नागरिक की राज्य से सुरक्षा करता है तथा नीति-निदेशक तत्त्वों के माध्यम से सामाजिक-आर्थिक न्याय को सुनिश्चित करता है।

(ii) **सामाजिक न्याय** भारतीय संविधान का चरित्र मजबूत उदारवादी बुनियाद पर प्रतिष्ठित है। भारत का संविधान व्यक्ति को केंद्र में रखने के साथ-साथ सामाजिक न्याय तथा सामुदायिक जीवन मूल्यों को भी महत्त्व देता है। सामाजिक न्याय को सुनिश्चित करने के लिए ही संविधान में पिछड़े वर्गों के लिए आरक्षण का प्रावधान किया गया है।

(iii) **धर्मनिरपेक्षता** धर्मनिरपेक्षता के संदर्भ में भारतीय संविधान में राज्य की धर्म से सिद्धांतगत दूरी सुनिश्चित की गई है तथा सार्वजनिक हित के विषयों के संदर्भ में राज्य द्वारा धर्म के आंतरिक मामलों में सकारात्मक हस्तक्षेप को मान्यता दी गई है। भारतीय संविधान सभी धर्मों का समान रूप से आदर करता है।

(iii) **अल्पसंख्यकों के अधिकारों की सुरक्षा** भारतीय संविधान सभी धर्मों व समुदायों में बराबरी का रिश्ता कायम करने के लिए भाषायी व धार्मिक आधार पर अल्पसंख्यकों को अधिकार प्रदान करता है।

(iv) **सार्वभौमिक वयस्क मताधिकार** भारतीय संविधान सभी भारतीय वयस्क नागरिकों को बिना किसी भेदभाव के मत डालने का अधिकार प्रदान करता है।

(v) **संघवाद** भारतीय संघवाद केंद्र को मजबूत करने के साथ-साथ अर्ध संघवाद की अवधारणा को अपनाता है अर्थात् कुछ इकाइयों को उनकी परिस्थिति की आवश्यकता के अनुरूप विशेष दर्जा प्रदान करता है।

(vi) **राष्ट्रीय पहचान** भारतीय संविधान भाषा अथवा धर्म के आधार पर बनी स्थानीय पहचान को बनाए रखते हुए, प्रत्येक नागरिक को राष्ट्रीय पहचान प्रदान करता है।

(vii) **स्वतंत्र व निष्पक्ष न्यायपालिका** व्यक्ति अथवा समुदाय के हितों की सुरक्षा, स्वतंत्रता तथा समानता की रक्षा के लिए संविधान के अंतर्गत स्वतंत्र व निष्पक्ष न्यायपालिका की व्यवस्था की गई है।

2. संविधान सभा के गठन की प्रक्रिया एवं कार्यशैली का विस्तृत रूप में वर्णन करें।

उत्तर संविधान का निर्माण कैबिनेट मिशन योजना के अंतर्गत गठित संविधान सभा के द्वारा किया गया। कैबिनेट मिशन के अंतर्गत संविधान सभा के सदस्यों की संख्या 389 निश्चित की गई, जिसमें से 292 सीटें राज्यों को, 93 सीटें देशी रियासतों को एवं 4 सीटें कमिश्नरी प्रांतों को आवंटित की गईं। सदस्यों का निर्वाचन अप्रत्यक्ष रूप से किया गया था एवं सीटों को आवंटित करने का आधार सांप्रदायिक था।

निर्वाचित होने के पश्चात् संविधान सभा की प्रथम बैठक 9 दिसंबर, 1946 को हुई, परंतु जून, 1947 की विभाजन प्रक्रिया के पश्चात् 90 सदस्य, जो पाकिस्तानी क्षेत्रों से निर्वाचित थे, सभा से चले गए तथा सभा के सदस्यों की संख्या घटकर 299 रह गई थी। विभाजन के समय उपजी हिंसा के चलते संविधान निर्माण की प्रक्रिया को निर्माताओं द्वारा अंतिम रूप दिया गया।

ऐसे समय में निर्माताओं ने बड़े ही धैर्य का परिचय देते हुए एक सफल संविधान निर्माण करके एक नई अवधारणा प्रस्तुत की। 26 नवंबर को 284 सदस्यों ने संविधान के प्रस्ताव पर हस्ताक्षर कर पारित कर दिया। संविधान के कुछ प्रावधान 26 नवंबर, 1949 को ही लागू कर दिए गए एवं 24 जनवरी, 1950 को अंतिम बैठक के पश्चात् 26 जनवरी से संविधान को पूर्णरूप से लागू कर दिया गया। संविधान निर्माण में निर्माताओं को राष्ट्रीय आंदोलन एक विरासत के रूप में मिला था, जिससे लोगों की आकांक्षाएँ एवं अटूट विश्वास जुड़ा हुआ था। जन-आकांक्षाओं पर खरा उतरने के लिए राष्ट्रीय आंदोलन के अधिकतर नेताओं को संविधान सभा में स्थान दिया गया। संपूर्ण जनप्रतिनिधित्व न करते हुए भी संविधान सभा ने राष्ट्रीय हित को सर्वोपरि रखा।

सैद्धांतिक रूप से सदस्यों के मध्य अनेकों प्रकार के मतभेद थे, परंतु इसके पश्चात् भी अंतिम निर्णय लेने से पूर्व विस्तृत रूप से प्रत्येक प्रावधान पर चर्चा एवं बहस की गई तथा लोगों की आशाओं एवं आकांक्षाओं को केंद्र में रखा गया तथा लोकतांत्रिक मूल्य; जैसे––स्वतंत्रता, समानता, मानवाधिकार, एकता, बंधुता आदि को विशेष स्थान दिया गया।

संविधान निर्माताओं ने कठोरता एवं लोचशीलता के संयोग को इस प्रकार सम्मिलित किया है कि परिस्थिति के अनुसार उसके मूल रूप को बनाए रखते हुए उसमें परिवर्तन किए जा सके।

3. भारत के संविधान निर्माण को एवं उसके स्वरूप को सविस्तार समझाइए।

उत्तर इस प्रश्न के उत्तर के लिए पृष्ठ संख्या 4 से 7 पर शीर्षक 'संविधान का निर्माण' देखें।

4. उद्देश्य प्रस्ताव संविधान का सारांश है। व्याख्या करें।

उत्तर उद्देश्य प्रस्ताव जन-आशाओं का केंद्रबिंदु था। इसमें संविधान के उद्देश्यों को संक्षिप्त रूप में परिभाषित किया गया था। इसे पंडित जवाहरलाल नेहरू ने दिसंबर, 1946 में संविधान में प्रस्तुत किया एवं सर्वसहमति से संविधान सभा द्वारा इसे पारित कर दिया गया। इसमें संविधान के मूल्यों को समाहित किया गया है।

उद्देश्य प्रस्ताव के आधार से ही लोकतांत्रिक मूल्य; जैसे— समानता, स्वतंत्रता, बंधुता जैसी प्रतिबद्धताओं को संविधान में सम्मिलित किया गया है। उद्देश्य प्रस्ताव में राष्ट्रीय आंदोलन में लोगों को दिए हुए आश्वासन एवं उनकी अपेक्षाओं को सर्वोपरि रखा गया है।

इसके कुछ महत्त्वपूर्ण बिंदुओं का वर्णन निम्नलिखित है

- स्वतंत्र संप्रभु गणराज्य उद्देश्य प्रस्ताव भारत को एक संप्रभु स्वतंत्र गणराज्य घोषित करता है। वह संप्रभुता हेतु भारत के अधिकार क्षेत्रों का निर्धारण करता है।
- संविधान के सभी प्रावधान एवं शक्तियों का स्रोत जनता को निर्धारित किया गया है अर्थात् अंतिम सत्ता जनता में निहित होगी।
- भारत के सभी व्यक्तियों को समान न्याय (आर्थिक, सामाजिक एवं राजनैतिक), कानून के समक्ष समता एवं स्वतंत्रता को निर्धारित किया गया है अर्थात् सरकार से नागरिकों को सुरक्षा, स्वतंत्रता एवं समान रूप से न्याय प्राप्त करने की समुचित व्यवस्था की गई है।
- अनुसूचित जाति, जनजाति, पिछड़े, दलित एवं अल्पसंख्यकों के उत्थान एवं विकास के लिए विशेष प्रावधानों को शामिल किया गया है तथा उनकी समुचित सुरक्षा की व्यवस्था की गई है।
- संप्रभुता, एकता एवं अखंडता को बनाए रखने हेतु प्रावधान किए गए हैं। उद्देश्य प्रस्ताव के मूल सिद्धांत मुख्यतः संविधान के उद्देश्यों को परिभाषित करते हैं। संविधान का सारांश उद्देश्य प्रस्ताव में निहित है।

5. संविधान सभा की कार्यविधि का उल्लेख कीजिए।

उत्तर इस प्रश्न के उत्तर के लिए पृष्ठ संख्या 8 पर शीर्षक 'संविधान सभा की कार्यविधि' देखें।

स्रोत आधारित प्रश्न

नीचे दिए गए स्रोतों पर आधारित प्रश्नों के उत्तर दीजिए

1. संविधान सरकार की शक्तियों को कई तरह से सीमित करता है। सरकार की शक्तियों को सीमित करने का सबसे सरल तरीका यह है कि नागरिक के रूप में हमारे मौलिक अधिकारों को स्पष्ट कर दिया जाए और कोई भी सरकार कभी भी उनका उल्लंघन न कर सके। इन अधिकारों का वास्तविक स्वरूप और व्याख्याएँ भिन्न-भिन्न संविधानों में बदलती रहती हैं, लेकिन अधिकांश संविधानों में कुछ विशेष मौलिक अधिकार सदैव पाए जाते हैं। इसके अंतर्गत सरकार अकारण किसी व्यक्ति को गिरफ्तार नहीं कर सकती है अर्थात् मूल अधिकारों से व्यक्ति को सरकार द्वारा बगैर किसी कारण के गिरफ्तार करने की शक्ति के विरुद्ध सुरक्षा प्राप्त होती है।

यह सरकार की शक्तियों के ऊपर एक मूलभूत सीमा है। नागरिकों को सामान्यतः कुछ मौलिक स्वतंत्रताओं का अधिकार है; जैसे-भाषण की स्वतंत्रता, अंतरात्मा की आवाज पर काम करने की स्वतंत्रता, संगठन बनाने की स्वतंत्रता आदि। व्यवहार में इन अधिकारों को राष्ट्रीय आपातकाल में सीमित किया जा सकता है और संविधान उन परिस्थितियों का उल्लेख भी करता है, जिनमें इन अधिकारों को वापस लिया जा सकता है।

(i) भारत के संविधान में मौलिक अधिकारों का क्या उद्देश्य है?

(a) सरकार की शक्तियों को विस्तृत करना
(b) नागरिकों के अधिकारों को सीमित करना
(c) सरकार की शक्तियों को सीमित करना और नागरिकों को सुरक्षा देना
(d) केवल न्यायपालिका की शक्ति को बढ़ाना

उत्तर (c) सरकार की शक्तियों को सीमित करना और नागरिकों को सुरक्षा देना

(ii) मौलिक अधिकारों की सूची का प्रावधान किस देश के संविधान से लिया गया है?

(a) ब्रिटेन (b) कनाडा (c) फ्रांस (d) अमेरिका

उत्तर (d) अमेरिका

(iii) संविधान मौलिक अधिकारों के माध्यम से सरकार की शक्तियों को सीमित किस प्रकार करता है?

उत्तर संविधान नागरिकों को मौलिक अधिकार प्रदान करता है। यह अधिकार प्रदान करने के साथ ही संविधान यह सुनिश्चित करता है कि राज्य सामान्यतः किसी परिस्थिति में इन मौलिक अधिकारों का उल्लंघन न कर पाए और न ही इन्हें सीमित कर सके। इस प्रावधान के द्वारा संविधान सरकार की शक्तियों को सीमित कर देता है।

2. स्वतंत्रता आंदोलन के दौरान सहमति बनी। एक तरफ से संविधान सभा केवल उन सिद्धांतों को मूर्त रूप और आकार दे रही थी, जो उसने राष्ट्रीय आंदोलन में विरासत में प्राप्त किए थे। संविधान लागू होने के कई दशक पूर्व से ही राष्ट्रीय आंदोलन में उन प्रश्नों पर चर्चा हुई थी, जो संविधान बनाने के लिए प्रासंगिक थे; जैसे-भारत में सरकार का स्वरूप और संरचना कैसी होनी चाहिए? हमें किन मूल्यों का समर्थन करना चाहिए, किन असमानताओं को दूर किया जाना चाहिए? आदि। इन बहसों से प्राप्त निष्कर्षों को ही संविधान में अंतिम रूप प्रदान किया गया।

राष्ट्रीय आंदोलन से जिन सिद्धांतों को संविधान सभा में लाया गया, उनका सर्वोत्तम सारांश हमें नेहरू द्वारा वर्ष 1946 में प्रस्तुत उद्देश्य प्रस्ताव में मिलता है। इस प्रस्ताव में संविधान सभा के उद्देश्यों को परिभाषित किया गया था।

इस प्रस्ताव में संविधान की सभी आकांक्षाओं और मूल्यों को समाहित किया गया था। वह वास्तव में उद्देश्य प्रस्ताव में समाहित मूल्यों से प्रेरित और उनका सारांश है। इसी प्रस्ताव के आधार पर हमारे संविधान में समानता, स्वतंत्रता, लोकतंत्र, संप्रभुता और एक सार्वजनिक पहचान जैसी बुनियादी प्रतिबद्धताओं को संस्थागत स्वरूप दिया गया।

अतः हमारा संविधान केवल नियमों और प्रक्रियाओं की भूल-भुलैया नहीं है, बल्कि यह एक ऐसी सरकार बनाने की नैतिक प्रतिबद्धता है, जो राष्ट्रीय आंदोलन में लोगों को दिए गए आश्वासनों को पूरा करेगी।

(i) राष्ट्रीय आंदोलन के दौरान किस प्रकार की चर्चा की गई थी, जो संविधान निर्माण के लिए प्रासंगिक थी?

(a) केवल राजनीतिक संरचना पर
(b) भारत में सरकार का स्वरूप मूल्यों का समर्थन और असमानताओं का निवारण
(c) आर्थिक नीतियों पर
(d) अंतराष्ट्रीय संबंधों पर

उत्तर (b) भारत में सरकार का स्वरूप मूल्यों का समर्थन और असमानताओं का निवारण

(ii) **नेहरू द्वारा वर्ष 1946 में प्रस्तुत उद्देश्य प्रस्ताव में क्या परिभाषित किया गया था?**

(a) संविधान के अनुच्छेदों की सूची को
(b) संविधान सभा के उद्देश्यों को
(c) भारतीय समाज के आर्थिक ढाँचे को
(d) भारत की विदेश नीति के सिद्धांत को

उत्तर (a) संविधान के अनुच्छेदों की सूची को

(iii) **किन-किन बुनियादी प्रतिबद्धताओं को संविधान में संस्थागत रूप दिया गया है?**

उत्तर उद्देश्य प्रस्ताव के आधार पर संविधान में समानता, स्वतंत्रता, लोकतंत्र, संप्रभुता और सार्वजनिक पहचान जैसी बुनियादी प्रतिबद्धताओं को संस्थागत रूप दिया गया। राष्ट्रीय आंदोलन के सभी सिद्धांतों को उद्देश्य प्रस्ताव के माध्यम से संविधान सभा में लाया गया।

3. **संविधान की रूपरेखा बनाने की एक कारगर विधि यह सुनिश्चित करना है कि किसी एक संस्था का सारी शक्तियों पर एकाधिकार न हो। ऐसा करने के लिए शक्तियों को कई संस्थाओं में बाँट दिया जाता है। उदाहरण के लिए, भारतीय संविधान शक्ति को एकसमान धरातल पर विधायिका, कार्यपालिका और न्यायपालिका जैसी संस्थाओं और स्वतंत्र संवैधानिक निकाय जैसे निर्वाचन आयोग आदि में बाँट देता है। इससे यह सुनिश्चित हो जाता है कि यदि कोई एक संस्था संविधान को नष्ट करना चाहे तो अन्य दूसरी संस्थाएँ उसके अतिक्रमण को नियंत्रित कर लेंगी। अवरोध और संतुलन के कुशल प्रयोग ने भारतीय संविधान की सफलता सुनिश्चित की है।**

संस्थाओं की रूपरेखा बनाने में इस बात का भी ध्यान रखा जाता है कि उसमें बाध्यकारी मूल्य, नियम और प्रक्रियाओं के साथ अपनी कार्यप्रणाली में लचीलापन का संतुलन होना चाहिए जिससे वह बदलती आवश्यकताओं और परिस्थितियों के अनुकूल अपने को ढाल सके। ज्यादा कठोर संविधान परिवर्तन के दबाव में नष्ट हो जाते हैं और दूसरी ओर, यदि संविधान अत्यधिक लचीला है तो वह समाज को सुरक्षा और पहचान न दे सकेगा।

(i) **भारतीय संविधान का स्वरूप कैसा हैं?**

(a) कठोर (b) लचीला
(c) कठोर व लचीला (d) इनमें से कोई नहीं

उत्तर (c) कठोर व लचीला

(ii) **निम्न में से कौन-सा कथन संस्थाओं की रूपरेखा के संबंध में सही नहीं है?**

(a) संस्थाओं की रूपरेखा में बाध्यकारी मूल्य, नियम व प्रक्रियाओं के साथ अपनी कार्यप्रणाली में अधिक कठोरता का संतुलन होना चाहिए
(b) अत्यधिक कठोर संविधान परिवर्तन के दबाव में नष्ट हो जाते हैं
(c) संविधान का अत्यधिक लचीलापन समाज को सुरक्षा व पहचान देने में असमर्थ होता है
(d) सफल संविधान प्रमुख मूल्यों की रक्षा करने व नई परिस्थितियों के अनुसार स्वयं को ढालने में एक संतुलन रखते हैं

उत्तर (a) संस्थाओं की रूपरेखा में बाध्यकारी मूल्य, नियम व प्रक्रियाओं के साथ अपनी कार्यप्रणाली में अधिक कठोरता का संतुलन होना चाहिए

(iii) **अवरोध और संतुलन" का भारतीय संविधान में क्या महत्त्व है?**

उत्तर 'अवरोध और 'संतुलन का भारतीय संविधान में महत्त्व इस बात से है कि यह सुनिश्चित करता है कि एक संस्था की शक्तियाँ दूसरी संस्थाओं द्वारा नियंत्रित की जाएँ, जिससें संविधान की सुरक्षा सुनिश्चित हो सके और कोई भी संस्था अत्याधिक शक्तिशाली न हो जाए।

4. **औपचारिक रूप से एक संविधान सभा ने संविधान को बनाया, जिसे अविभाजित भारत में निर्वाचित किया गया था। इसकी पहली बैठक 9 दिसंबर, 1946 को हुई और फिर 14 अगस्त, 1947 को विभाजित भारत के संविधान सभा के रूप में इसकी पुनः बैठक हुई। संविधान सभा के सदस्य वर्ष 1935 में स्थापित प्रांतीय विधानसभाओं के सदस्यों द्वारा अप्रत्यक्ष विधि से चुने गए। संविधान सभा की रचना लगभग उसी योजना के अनुसार हुई, जिसे ब्रिटिश मंत्रिमंडल की एक समिति-'कैबिनेट मिशन' ने प्रस्तावित किया था।**

इस योजना के अनुसार, प्रत्येक प्रांत, देश रियासत या रियासतों के समूह को उनकी जनसंख्या के अनुपात में सीटें दी गईं। मोटे तौर पर दस लाख की जनसंख्या पर एक सीट का अनुपात रखा गया। परिणामस्वरूप ब्रिटिश सरकार के प्रत्यक्ष शासन वाले प्रांतों को 292 सदस्य चुनने थे तथा देशी रियासतों को न्यूनतम 93 सीटें आवंटित की गईं। प्रत्येक प्रांत की सीटों को तीन प्रमुख समुदायों-मुसलमान, सिख और सामान्य में उनकी जनसंख्या के अनुपात में बाँट दिया गया। प्रांतीय विधानसभाओं में प्रत्येक समुदाय के सदस्यों ने अपने प्रतिनिधियों को चुना और इसके लिए उन्होंने समानुपातिक प्रतिनिधित्व और एकल संक्रमण मत पद्धति का प्रयोग किया। देशी रियासतों के प्रतिनिधियों के चुनाव का तरीका उनके परामर्श से तय किया गया।

(i) **भारतीय संविधान सभा की रचना किसकी की सिफारिशों के अनुसार प्रस्तावित थी?**

(a) क्रिप्स मिशन (b) कैबिनेट मिशन
(c) साइमन कमीशन (d) इसमें से कोई नहीं

उत्तर (b) कैबिनेट मिशन

(ii) **निम्न में से कौन-सा कथन सही नहीं है?**

(a) संविधान सभा की रचना हेतु संविधान सभा का विचार सर्वप्रथम स्वराज पार्टी ने वर्ष 1934 में प्रस्तुत किया था
(b) संविधान सभा के सदस्यों की कुल संख्या 442 सुनिश्चित की गई थी
(c) संविधान सभा में ब्रिटिश प्रांतों के 296 प्रतिनिधियों का विभाजन सांप्रदायिक आधार पर किया गया
(d) संविधान सभा की प्रथम बैठक 9 दिसंबर, 1946 को हुई थी

उत्तर (b) संविधान सभा के सदस्यों की कुल संख्या 442 सुनिश्चित की गई थी

(iii) **संविधान संभा का गठन कैसे हुआ और इसके निर्माण के साथ कौन-सी योजना लागू की गई?**

उत्तर संविधान सभा का गठन वर्ष 1946 में ब्रिटिश मंत्रिमंडल द्वारा भेजे गए कैबिनेट मिशन योजना के तहत् किया गया। इस योजना के अनुसार,

1. प्रत्येक प्रांत और देशी रियासतों को सीटें आवंटित की गईं।
2. सीटों को तीनों समुदायों मुसलमान, सिख और सामान्य के बीच उनकी जनसंख्या के अनुपात में विभाजित किया गया।
3. देशी रियासतों के प्रतिनिधियों के चुनाव की प्रक्रिया उनके परामर्श से तय की गई।

5. 

दिए गए चित्र का अध्ययन करें और नीचे दिए गए प्रश्नों के उत्तर दें।

(i) सत्र न्यायालय ने किस मामले को वापस मजिस्ट्रेट के पास भेजा?

(a) बाल विवाह
(b) धार्मिक उत्पीड़न
(c) झूठी जानकार देने का मामला
(d) महिलाओं के प्रति दुर्व्यवहार

उत्तर (c) झूठी जानकारी देने का मामला

(ii) खबर के अनुसार वार्ड सदस्य के विरुद्ध क्या आरोप लगाया गया?

(a) जातिगत भेदभाव
(b) कालीख पोतने काआरोप
(c) जमीन पर कब्जे का आरोप
(d) शिक्षा में बाधा डालने का आरोप

उत्तर (b) कालीख पोतने का आरोप

(iii) किस अपराध को रोकने के लिए जागरूकता अभियान चलाने की बात कही गई?

(a) चोरी (b) स्त्री भ्रूण हत्या
(c) साइबर अपराध (d) बाल श्रम

उत्तर (b) स्त्री भ्रूण हत्या

(iv) बाल विवाह के विरुद्ध आवाज .... ने उठाई।

(a) पुलिस (b) सामाजिक संगठनों
(c) बहादुर बच्चियों (d) वकीलों

उत्तर (c) बहादुर बच्चियों

मानचित्र पर आधारित प्रश्न

1. नीचे दिए गए भारत के राजनैतिक रूपरेखा मानचित्र से दो राज्यों को, A और B के रूप में चिह्नित किया गया है। नीचे दी गई जानकारी के आधार पर इन राज्यों की पहचान करें और संबंधित क्रम संख्या के साथ अपनी उत्तर पुस्तिका में उनके सही नाम लिखें।

दी गई जानकारी की क्रम संख्या	अंग्रेजी वर्णमाला	राज्यों के नाम
(i)		
(ii)		

(i) वर्ष 1928 में अधिकारों के घोषणा-पत्र से संबंधित 'नेहरू रिपोर्ट समीति' के अध्यक्ष से संबंधित राज्य।

(ii) क्रांतिकारी समाज सुधारक ज्योतिबा राव फुले से संबंधित राज्य

उत्तर

दी गई जानकारी की क्रम संख्या	मानचित्र में दिया गया अक्षर	राज्यों के नाम
(i)	A	उत्तर प्रदेश
(ii)	B	महाराष्ट्र

स्वयं को जाँचें

वस्तुनिष्ठ प्रश्न

1. संविधान सभा में कितनी जनसंख्या पर 1 सीट आवंटित थी?

(a) 5 लाख (b) 7 लाख
(c) 10 लाख (d) 12 लाख

2. संविधान किसी भी देश की ········· का मूल आधार होता है।

(a) शासन व्यवस्था (b) चुनावी व्यवस्था
(c) लोकतांत्रिक व्यवस्था (d) ये सभी

3. भारतीय संविधान का संरक्षक किसे माना जाता है?

(a) प्रधानमंत्री (b) राष्ट्रपति
(c) सर्वोच्च न्यायालय (d) राज्यपाल

4. निम्न कथनों पर विचार कीजिए

1. दक्षिण अफ्रीकी संविधान सरकार को पर्यावरण संरक्षण को बढ़ावा देने और अन्यायपूर्ण भेदभाव से व्यक्तियों और समूहों को बचाने का प्रयास करने के लिए कदम उठाने का अधिकार देता है।
2. इंडोनेशिया के संविधान ने सरकार को यह जिम्मेदारी सौंपी है कि वह राष्ट्रीय शिक्षा व्यवस्था बनाए और उसका संचालन करे।

उपरोक्त कथनों में से कौन-सा/से कथन सही है/हैं?

(a) केवल 1 (b) केवल 2
(c) 1 और 2 दोनों (d) इनमें से कोई नहीं

5. सूची I को सूची II से सुमेलित कीजिए

	सूची I		सूची II
A.	संविधान सभा का गठन	1.	9 दिसंबर, 1946
B.	संविधान के प्रारूप समिति के अध्यक्ष	2.	डॉ. भीमराव अंबेडकर
C.	संविधान सभा द्वारा संविधान का अंगीकरण	3.	26 नवम्बर, 1949
D.	संविधान लागू हुआ	4.	26 जनवरी, 1950

कूट

	A	B	C	D		A	B	C	D
(a)	1	2	3	4	(b)	2	4	3	1
(c)	2	1	4	3	(d)	3	4	2	1

लघु उत्तरीय प्रश्न

6. संविधान से क्या अभिप्राय है? संविधान किसी देश के लिए क्यों महत्त्वपूर्ण होता है?

7. संविधान सभा का गठन किस मिशन/प्रस्ताव के आधार पर हुआ था?

8. संविधान के मौलिक प्रावधानों को बताइए।

9. संविधान सभा के कार्य करने वाली शैली क्या है?

10. भारतीय संविधान के निर्माण में कुल कितना समय लगा?

दीर्घ उत्तरीय प्रश्न I

11. भारतीय संविधान में अल्पसंख्यकों के अधिकारों के लिए की गई व्यवस्थाओं का उल्लेख कीजिए।

12. भारतीय संविधान की प्रमुख विशेषताएँ कौन-कौन सी हैं?

13. संविधान के मौलिक प्रावधानों का वर्णन कीजिए।

अथवा नागरिकों के मौलिक अधिकारों, नीति निदेशक तत्त्व, संघीय ढाँचा जैसे मौलिक प्रावधानों का वर्णन कीजिए। विस्तार से समझाए कि ये प्रावधान भारतीय संविधान में कैसे कार्य करते हैं?

14. भारतीय संविधान के मूल ढाँचे में कौन-कौन से तत्त्वों को शामिल किया गया है? वर्णन कीजिए।

दीर्घ उत्तरीय प्रश्न II

15. क्या संविधान में बढ़ोतरी के कारण भारतीय संविधान की प्रकृति में बदलाव आया है?

16. संविधान के निर्माण में संविधान सभा की क्या भूमिका रही थी?

17. भारतीय संविधान सभा के गठन की प्रक्रिया और उसकी महत्त्वपूर्ण भूमिका की विस्तार से चर्चा करें।

अथवा संविधान सभा ने भारतीय संविधाान निर्माण में कौन-कौन से महत्त्वपूर्ण कार्य किए और इसके द्वारा अपनाए गए मूलभूत सिद्धांतों ने भारतीय लोकतंत्र और समाज पर क्या प्रभाव डाला? विस्तृत चर्चा कीजिए ।

2

अध्याय

संविधान केवल सरकार के विभिन्न अंगों की संरचना और पारस्परिक अंतर्संबंधों के विषय में नहीं बताता, बल्कि संविधान में निहित मौलिक अधिकारों के विषय में भी बताता है। इस अध्याय में भारतीय संविधान कौन–कौन से मौलिक अधिकार प्रदान करता है और उन अधिकारों को कैसे सुरक्षित किया जाता है आदि का अध्ययन करेंगे।

▼ अध्ययन एक नजर में

▼ अभ्यास के लिए

– बहुविकल्पीय प्रश्न 24 (युग्मित प्रश्न, चित्र आधारित प्रश्न, कथन/कारण, सुमेलित कीजिए)

– वर्णनात्मक प्रकार के प्रश्न (लघु उत्तरीय प्रश्न 6, दीर्घ उत्तरीय प्रश्न I 7)

– दीर्घ उत्तरीय प्रश्न II 6,

– स्रोत आधारित प्रश्न 5, मानचित्र आधारित 1

भारतीय संविधान में अधिकार

भारतीय संविधान में नागरिकों के अधिकारों को मौलिक अधिकारों के रूप में शामिल किया गया है, जो लोकतंत्र की आधारशिल्या हैं। ये अधिकार समानता, स्वतंत्रता, शोषण के विरुद्ध संरक्षण धार्मिक स्वतंत्रता, सांस्कृतिक और शैक्षिक अधिकार तथा संवैधानिक उपचार के अधिकार को सुनिश्चित करते हैं।

2.1 मौलिक अधिकारों का महत्त्व

- संविधान सरकार की शक्तियों पर सीमाएँ निर्धारित/आरोपित करती है। यह एक लोकतांत्रिक प्रणाली सुनिश्चित करती है, जिसमें सभी नागरिकों को कुछ मौलिक अधिकार प्राप्त होते हैं।
- ये अधिकार संविधान द्वारा बिना किसी जाति, धर्म, रंग, लिंग आदि के भेदभाव के सभी नागरिकों को गारंटी और संरक्षण प्रदान करते हैं।
- भारतीय संविधान के भाग तीन (अनुच्छेद 12-35) में मौलिक अधिकारों की सूची दी गई है।
- संविधान द्वारा प्रदत्त अधिकार सभी नागरिकों की समानता, व्यक्ति की गरिमा, व्यापक जनहित और राष्ट्र की एकता बनाए रखने हेतु हैं।
- संविधान में इन अधिकारों पर कुछ सीमाओं का भी उल्लेख किया गया है।
- मौलिक अधिकार राजनीतिक लोकतंत्र के विचारों को बढ़ावा देने के लिए हैं।
- ये अधिकार देश में तानाशाही शासन की स्थापना को रोकते हैं। तथा नागरिकों की **स्वतंत्रता**[1] और आजादी की रक्षा करते हैं, जिससे समाज के लक्ष्यों और आकांक्षाओं को प्राप्त करने में सरकार के अंगों द्वारा उनके अधिकारों के उल्लंघन से संरक्षित किया जा सके।

1 **स्वतंत्रता** (Independence) स्वतंत्रता का अर्थ हैं किसी अन्य की स्वतंत्रता को हानि पहुँचाए बिना प्रत्येक व्यक्ति अपनी स्वतंत्रता का उपभोग कर सके।

अधिकारों का घोषणा-पत्र

- लोकतंत्र में सरकार द्वारा मान्य अधिकारों की वह सूची, जिसे संविधान द्वारा नागरिक को प्रदत्त व संरक्षित किया जाता है, अधिकारों का घोषणा-पत्र (Bill of Rights) कहलाता है। यह किसी नागरिक अथवा समुदाय के हितों को किसी अन्य व्यक्ति, समुदाय अथवा सरकार से सुरक्षित करता है तथा उल्लंघन (Violation) होने की स्थिति में उपचार को सुनिश्चित करता है।
- संविधान व्यक्ति के अधिकारों की सुरक्षा हेतु सरकार की प्रतिबद्धता (Commitment) को सुनिश्चित करने के साथ-साथ यह भी सुनिश्चित करता है कि सरकार के विभिन्न अंग भी अपने कार्य संचालन में नागरिक अधिकारों का हनन न करें। इस तरह से अधिकारों का घोषणा-पत्र सरकार को नागरिकों के अधिकारों के विरुद्ध काम करने से रोकता है।

दक्षिण अफ्रीका के संविधान में अधिकारों का घोषणा-पत्र

दक्षिण अफ्रीका का संविधान दिसंबर, 1996 में लागू हुआ। इसे उस समय निर्मित और लागू किया गया, जब रंगभेद वाली सरकार के हटने के पश्चात् दक्षिण अफ्रीका में गृहयुद्ध चल रहा था। दक्षिण अफ्रीका के संविधान के अनुसार, "उसके अधिकारों का घोषणा-पत्र दक्षिण अफ्रीका में प्रजातंत्र की आधारशिला है।" यह नस्ल, लिंग, गर्भधारण, वैवाहिक स्थिति, जातीय या सामाजिक मूल, रंग, आयु, अपंगता, धर्म, अंतरात्मा, आस्था, संस्कृति, भाषा और जन्म के आधार पर भेदभाव वर्जित करता है। यह नागरिकों को संभवत: सबसे ज्यादा व्यापक अधिकार देता है। संवैधानिक अधिकारों को एक विशेष संवैधानिक न्यायालय लागू करता है।

दक्षिण अफ्रीका के संविधान में सम्मिलित कुछ प्रमुख अधिकार निम्न हैं

- गरिमा का अधिकार
- निजता का अधिकार
- श्रम-संबंधी समुचित व्यवहार का अधिकार
- स्वास्थ्यप्रद पर्यावरण और पर्यावरण संरक्षण का अधिकार
- समुचित आवास का अधिकार
- स्वास्थ्य सुविधाएँ, भोजन, पानी और सामाजिक सुरक्षा का अधिकार
- बाल-अधिकार
- बुनियादी और उच्च शिक्षा का अधिकार
- सांस्कृतिक, धार्मिक और भाषायी समुदायों का अधिकार
- सूचना प्राप्त करने का अधिकार (Right to Information)

2.2 भारतीय संविधान में मौलिक अधिकार

- भारतीय संविधान में मौलिक अधिकार हमारे स्वतंत्रता संग्राम के लंबे संघर्ष का परिणाम हैं। स्वतंत्रता आंदोलन के नेताओं ने लोगों के जीवन में कुछ मौलिक अधिकारों के महत्त्व को समझा। उन्होंने ब्रिटिश शासन से यह माँग की कि वे नागरिकों के अधिकारों का सम्मान करें।
- उदाहरण के लिए, वर्ष 1928 में 'मोतीलाल नेहरू समिति' द्वारा अधिकारों के एक घोषणापत्र की माँग प्रस्तुत की गई थी। वर्ष 1931 में कांग्रेस अधिवेशन में मौलिक अधिकारों पर एक प्रस्ताव पारित किया गया।
- स्वतंत्रता प्राप्ति के पश्चात् संविधान निर्माण के दौरान संविधान में अधिकारों का समावेश करने व उन्हें सुरक्षित करने को लेकर सभी की राय एक थी।
- संविधान ने उन अधिकारों को सूचीबद्ध किया, जिन्हें विशेष रूप से संरक्षित किया जाना था और इन्हें 'मौलिक अधिकार' कहा गया। ये अधिकार इतने महत्त्वपूर्ण हैं कि संविधान ने इन्हें अलग से सूचीबद्ध किया और उनकी रक्षा के लिए विशेष प्रावधान किए। संविधान स्वयं यह सुनिश्चित करता है कि सरकार द्वारा इनका उल्लंघन न हो।
- मौलिक अधिकार नागरिकों को प्राप्त साधारण कानूनी अधिकारों से अलग हैं।
- न्यायपालिका को नागरिकों के मौलिक अधिकारों की रक्षा करने की शक्ति और जिम्मेदारी दी गई हैं। यदि सरकार के कार्यों द्वारा मौलिक अधिकारों का उल्लंघन होता है या उन्हें अनुचित रूप से प्रतिबंधत किया जाता है, तब न्यायपालिका उन कार्यों को अवैध घोषित कर सकती है।
- हालाँकि मौलिक अधिकार निरंकुश या असीमित अधिकार नहीं हैं, क्योंकि सरकार इन अधिकारों के प्रयोग पर 'औचित्यपूर्ण' प्रतिबंध लगा सकती है।

मौलिक अधिकार और साधारण अधिकार के मध्य अंतर

मौलिक अधिकार	साधारण अधिकार
देश के संविधान द्वारा संरक्षित और गारंटीकृत	साधारण कानून द्वारा संरक्षित और लागू
केवल संविधान संशोधन द्वारा परिवर्तित किए जा सकते हैं।	विधायिका साधारण कानून निर्मित करने की प्रक्रिया के माध्य से इन्हें परिवर्तित कर सकती है।
मौलिक अधिकार संविधान में निहित होते हैं और उनकी रक्षा के लिए न्यायालयों में सीधे अपील की जा सकती है।	साधारण अधिकार सामान्य कानूनों द्वारा प्रदान किए जाते हैं और उनकी सुरक्षा के लिए न्यायालयों में सीधे अपील संभव नहीं होती।
मौलिक अधिकार पूरे देश में समान रूप से लागू होते हैं और सभी नागरिकों को समान रूप से प्राप्त होते हैं।	साधारण अधिकारों का प्रभाव क्षेत्र सीमित हो सकता है और यह विशेष परिस्थितियों या क्षेत्रों में भिन्न हो सकता है।

भारतीय संविधान में छः **मौलिक अधिकार**[2] का वर्णन इस प्रकार हैं

भारत का संविधान
भाग-3 मौलिक अधिकार

समता का अधिकार
- कानून के समक्ष समानता
  - कानून के समान संरक्षण
- धर्म, मूलवंश, जाति, लिंग या जन्मस्थान के आधार पर भेदभाव का निषेध
  - दुकानों, होटलों, कुओं, तालाबों, स्नानघाटों, सड़कों आदि में प्रवेश की समानता
- रोजगार में अवसर की समानता
- छुआछूत का अंत
- उपाधियों का अंत

स्वतंत्रता का अधिकार
- व्यक्तिगत स्वतंत्रता का अधिकार
  - भाषण और अभिव्यक्ति का
  - शांतिपूर्ण ढंग से जमा होने और सभा करने का
  - संगठित होने का
  - भारत में कहीं भी आने-जाने का
  - भारत के किसी भी हिस्से में बसने और रहने का
  - कोई भी पेशा चुनने, व्यापार करने का
- अपराधों के लिए दोषसिद्धि के संबंध में संरक्षण
- जीवन की रक्षा और दैहिक स्वतंत्रता का अधिकार
- शिक्षा का अधिकार
- अभियुक्तों और सजा पाए लोगों के अधिकार

शोषण के विरुद्ध अधिकार
- मानव के दुर्व्यापार और बँधुआ मज़दूरी पर रोक
- जोखिम वाले कामों में बच्चों से मज़दूरी कराने पर रोक

धार्मिक स्वतंत्रता का अधिकार
- आस्था और प्रार्थना की आज़ादी
- धार्मिक मामलों के प्रबंधन
- किसी विशिष्ट धर्म की अभिवृद्धि के लिए कर अदायगी की स्वतंत्रता
- कुछ शिक्षा संस्थाओं में धार्मिक शिक्षा या उपासना में उपस्थित होने की स्वतंत्रता

सांस्कृतिक और शैक्षिक अधिकार
- अल्पसंख्यकों की भाषा और संस्कृति के संरक्षण का अधिकार
- अल्पसंख्यकों को शैक्षिक संस्थाएँ स्थापित करने का अधिकार

संवैधानिक उपचारों का अधिकार
- मौलिक अधिकारों को लागू करवाने के लिए न्यायालय में जाने का अधिकार

समता का अधिकार

स्वस्थ लोकतंत्र की स्थापना हेतु समता का अधिकार अत्यंत आवश्यक है। इसका अर्थ है

- कानून के समक्ष सभी समान हैं। किसी भी व्यक्ति के साथ धर्म, जाति, मूल वंश (Race) के आधार पर कोई भेदभाव नहीं किया जाएगा।
- सार्वजनिक स्थल; जैसे—दुकान, होटल, मनोरंजन स्थल, कुआँ, पूजा स्थल व स्नानघाट आदि व वस्तुओं के प्रयोग की अनुमति बिना किसी भेदभाव के प्रदान की जाएगी।
- छुआछूत की प्रथा को अनुच्छेद-17 के माध्यम से समाप्त किया गया है। सभी नागरिकों की समान प्रतिष्ठा हेतु उपाधियों का अंत किया गया है। इसके अनुसार लोक सेवाओं में भेदभाव प्रतिबंधित है।
- समता का अधिकार अत्यधिक महत्त्वपूर्ण है, क्योंकि पहले हमारे समाज में समानता के आधार पर प्रवेश नहीं दिया जाता था। इस अधिकार के तहत उन लोगों को, जिन्होंने सेना या शिक्षा के क्षेत्र में गौरवपूर्ण उपलब्धि प्राप्त की है, उनके अतिरिक्त राज्य किसी भी व्यक्ति को कोई उपाधि प्रदान नहीं करेगा।
- इस प्रकार, सामनता का अधिकार सभी नागरिकों के मध्य गरिमा और प्रतिष्ठा की समानता सुनिश्चित करके भारत को एक वास्तविक लोकतंत्र बनाने का प्रयास करता है।

---

2 **मौलिक अधिकार** वे अधिकार जो नागरिकों के व्यक्तित्व के विकास के लिए आवश्यक हों, मौलिक अधिकार कहलाते हैं।

प्रस्तावना में समता

- भारतीय संविधान की प्रस्तावना में समानता के संबंध में दो बातों का उल्लेख किया गया है—प्रतिष्ठा की समानता तथा अवसर की समानता। अवसर की समानता का अर्थ है कि समाज के सभी वर्गों को समान अवसर का लाभ प्राप्त हो।
- संविधान में यद्यपि यह स्पष्ट है कि सामाजिक विषमताएँ दूर करने हेतु सरकार बच्चों, महिलाओं तथा सामाजिक और शैक्षणिक रूप से पिछड़े वर्ग की उन्नति के लिए विशेष योजनाएँ अथवा नियम लागू कर सकती है। वास्तव में अनुच्छेद-16(4) में वर्णन है कि आरक्षण नीति समता के अधिकार का उल्लंघन न होकर उसे संपूर्णता प्रदान करती है। साथ ही प्रतिष्ठा तथा अवसर की समानता भी स्थापित करती है।

अनुच्छेद-16 (4) ''इस अनुच्छेद की कोई भी बात राज्य को पिछड़े हुए नागरिकों के किसी वर्ग के पक्ष में, जिनका प्रतिनिधित्व राज्य की दृष्टि में राज्य के अधीन सेवाओं में पर्याप्त नहीं है, नियुक्तियों या पदों के **आरक्षण**[3] का प्रावधान करने से नहीं रोकेगी।''

स्वतंत्रता का अधिकार

- समता और स्वतंत्रता किसी भी लोकतंत्र में सबसे महत्त्वपूर्ण **अधिकार**[4] हैं, जो समाज की आकांक्षाओं और लक्ष्यों को पूरा करने के लिए आवश्यक हैं।
- इनमें से एक के बिना दूसरे की कल्पना नहीं की जा सकती। स्वतंत्रता का अर्थ है— चिंतन, अभिव्यक्ति और कार्य करने की स्वतंत्रता।
- स्वतंत्रता को इस रूप में परिभाषित किया जाता है कि किसी अन्य की स्वतंत्रता को नुकसान पहुँचाए बिना और कानून व्यवस्था का उल्लंघन किए बिना प्रत्येक व्यक्ति अपनी-अपनी स्वतंत्रता का उपयोग कर सकता है।

जीवन और व्यक्तिगत स्वतंत्रता का अधिकार

- जीवन और व्यक्तिगत **स्वतंत्रता**[5] का अधिकार स्वतंत्रता के अधिकारों में सबसे महत्त्वपूर्ण अधिकार है। इसके अनुसार किसी भी नागरिक को कानून द्वारा निर्धारित प्रक्रिया का पालन किए बिना उसके जीवन और व्यक्तिगत स्वतंत्रता से वंचित नहीं किया जा सकता। इससे तात्पर्य यह है कि किसी भी व्यक्ति को बिना कारण बताए गिरफ्तार नहीं किया जा सकता।
- यदि किसी व्यक्ति को गिरफ्तार किया जाता है, तो उसे अपने इच्छानुकूल वकील के माध्यम से स्वयं का बचाव करने का अधिकार प्राप्त है। ऐसी स्थिति में पुलिस के लिए यह आवश्यक है कि वह गिरफ्तार किए गए व्यक्ति को 24 घंटे के भीतर निकटतम न्यायाधीश के समक्ष प्रस्तुत करे। जहाँ न्यायाधीश इस बात का निर्णय करता है कि उक्त अभियुक्त की गिरफ्तारी उचित है अथवा नहीं।
- सर्वोच्च न्यायालय ने अपने निर्णयों के द्वारा इसका क्षेत्र और अधिक व्यापक कर दिया है। सर्वोच्च न्यायालय द्वारा निर्णयों में शोषण से मुक्त और मानवीय गरिमामय जीवन जीने के अधिकार को इसमें अंतर्निहित माना गया है। न्यायालय के अनुसार, जीवन के अधिकार से आशय है कि व्यक्ति को आश्रय और आजीविका का भी अधिकार हो, क्योंकि इनके बिना व्यक्ति जीवन व्यतीत नहीं कर सकता अर्थात् जीवित नहीं रह सकता।

अनुच्छेद-21 (जीवन और दैहिक स्वंतत्रता का संरक्षण) के अनुसार, ''किसी व्यक्ति को उसके प्राण या दैहिक स्वतंत्रता से विधि द्वारा स्थापित प्रक्रिया के द्वारा ही वंचित किया जाएगा, अन्यथा नहीं।''

निवारक नजरबंदी

- यदि सरकार को यह आभास हो कि कोई व्यक्ति देश की कानून व्यवस्था या सुरक्षा हेतु खतरा बन सकता है, तो ऐसी स्थिति में आशंका के आधार पर सुरक्षात्मक कदम हेतु बिना मुकदमा चलाए (वर्जित प्रक्रिया का पालन किए बिना) उस व्यक्ति को हिरासत में ले लिया जाता है। वे इसे ही निवारक नजरबंदी कहते हैं। वर्तमान में भी व्यक्ति और जीवन की स्वतंत्रता तथा **निवारक नजरबंदी** (Preventive Detention) में विरोधाभास है और बिना किसी प्रक्रिया को लागू किए उसे कुछ समय के लिए जेल भेजा जा सकता है।
- इसकी अवधि अधिकतम 3 माह हो सकती है। उसके पश्चात् मामले की समीक्षा के लिए उसे सलाहकारी बोर्ड के सामने लाया जाता है। निवारक नजरबंदी असामाजिक तथा राष्ट्र विद्रोही तत्त्वों से निपटने का सरकार का एक शस्त्र होता है, परंतु सरकार द्वारा इसका प्रयोग अधिकांशत: नागरिक स्वतंत्रता के अधिकारों के विरुद्ध किया गया है। अत: कुछ लोगों का मानना है कि इसके दुरुपयोग को रोकने के लिए कुछ सुरक्षात्मक कदम उठाने चाहिए।

---

3 **आरक्षण** (Reservation) किसी जाति अथवा समुदाय को सरकार द्वारा समाज में समानता बनाने हेतु अन्य की अपेक्षा अधिक सुविधाएँ प्रदान करना आरक्षण कहलाता है।

4 **अधिकार** ये ऐसे नैतिक या कानूनी अधिकार हैं, जो एक गरिमापूर्ण जीवन जीने के लिए व्यक्ति को प्राप्त होते हैं।

5 **स्वतंत्रता** इसका अर्थ स्वायत्तता, अवसर की स्वतंत्रता या प्रतिबंधों से मुक्ति होता है।

अन्य स्वतंत्रताएँ

- स्वतंत्रता के अधिकार के अंतर्गत कुछ अन्य अधिकार भी हैं, परंतु इनमें से कोई भी अधिकार निरंकुश नहीं है अर्थात् इनमें से प्रत्येक के प्रयोग पर सरकार कुछ औचित्यपूर्ण प्रतिबंध लगा सकती है।
- जैसे भाषण और अभिव्यक्ति की स्वतंत्रता पर कानून व्यवस्था, शांति और नैतिकता के आधार पर प्रतिबंध लगाए जा सकते हैं। हालाँकि प्रशासन इस शक्ति का दुरूप्रयोग आसानी से कर सकता है।
- 'सभा और सम्मेलन की स्वतंत्रता' का प्रयोग करने पर यह शर्त है कि वह बिना हथियार के शांतिपूर्ण तरीके से संपन्न हो। सरकार किसी भी क्षेत्र में पाँच या पाँच से अधिक लोगों की सभा पर प्रतिबंध लगा सकती है।

आरोपी/अभियुक्त के अधिकार

- भारतीय संविधान में यह भी प्रावधान किया गया है कि विभिन्न अपराधों के आरोपियों (अभियुक्तों) को भी पर्याप्त सुरक्षा मिले। जब तक न्यायालय किसी व्यक्ति को किसी अपराध में संलिप्त होने की पुष्टि नहीं करता, तब तक वह दोषी नहीं माना जा सकता।
- साथ ही यह भी आवश्यक है कि किसी अपराधी को स्वयं को निर्दोष साबित करने का समुचित अवसर मिलना चाहिए। न्यायालय में निष्पक्ष मुकदमे हेतु संविधान तीन अधिकारों की व्यवस्था करता है; जैसे–

(i) किसी भी व्यक्ति को एक ही अपराध के लिए एक बार से अधिक सजा नहीं दी जाएगी।

(ii) कोई भी कानून किसी भी कार्य को उसकी वर्तमान स्थिति के अनुसार अपराधी घोषित कर सकेगा।

(iii) किसी भी व्यक्ति को स्वयं अपने विरुद्ध साक्ष्य सिद्ध करने हेतु बाध्य नहीं किया जाएगा।

चेक प्वॉइंट 1

1. दक्षिण अफ्रीका का संविधान कब लागू किया गया था?
2. यदि किसी व्यक्ति को गिरफ्तार किया जाता है, तो पुलिस को कितने घंटे के अंदर उसे मजिस्ट्रेट के पास ले जाना होगा?
3. अनुच्छेद 21 किससे संबंधित है?
4. किस अधिकार के अंतर्गत किसी नागरिक को गिरफ्तार करने से पूर्व कारण बताना आवश्यक होता है?
5. मौलिक अधिकारों की सूची संविधान के किस भाग में दी गई है?

शोषण के विरुद्ध अधिकार

- देश में करोडों लोग गरीब, दलित-शोषित और वंचित है, जिनका अन्य लोगों द्वारा शोषण हो सकता है
- इन दलित, शोषित व वंचित वर्ग के लोगों, भट्ठे पर काम करने वाले मजदूरों से सूदखोर, जमींदार व उच्च वर्गों के द्वारा बेगार, **बँधुआ मजदूर** (Forced Labour) या **बेगार**[6] या दास के रूप में काम कराया जाता है। इस **शोषण**[7] (Exploitation) के अंतर्गत लोगों को दास के रूप में खरीदा और बेचा भी जाता है।
- इस प्रकार के शोषणों को संविधान ने दंडनीय अपराध घोषित कर दिया है।

इसके अतिरिक्त संविधान 14 वर्ष से कम आयु के बच्चों को किसी कारखाने, खदान या अन्य किसी खतरनाक कार्य में नियोजन को अपराध घोषित किया है। इस तरह बाल श्रम को अवैध बना कर और शिक्षा को बच्चों का मौलिक अधिकार बनाकर 'शोषण के विरुद्ध संवैधानिक अधिकार' को और अर्थपूर्ण बनाया गया है।

धार्मिक स्वतंत्रता का अधिकार

- संविधान के अनुसार प्रत्येक व्यक्ति को अपनी इच्छानुसार धर्म का पालन करने का अधिकार है। ऐतिहासिक साक्ष्यों से यह ज्ञात होता है कि दुनिया के कई देशों के शासकों एवं राजाओं द्वारा अपने देश की जनता को धर्म की स्वतंत्रता का अधिकार नहीं दिया जाता था। उन्हें शासकों का धर्म स्वीकार करना पड़ता था अन्यथा उन्हें मार दिया जाता था।
- अतएव लोकतंत्र में अपनी इच्छानुसार धर्म पालन करने की स्वतंत्रता को सदैव एक बुनियादी सिद्धांत के रूप में स्वीकार किया गया है।

---

6 **बेगार** (Begar) यह एक प्रकार का जबरन श्रम है, जिसमें किए गए कार्य का कोई प्रतिफल नहीं दिया जाता।

7 **शोषण** (Exploitation) यह अन्यायपूर्ण व्यवहार करने की क्रिया है, जो किसी भी रूप में हो सकती है।

आस्था और प्रार्थना की स्वतंत्रता

- भारत में प्रत्येक व्यक्ति को अपना धर्म चयन करने व उसके **पालन का समुचित अधिकार**[8] प्राप्त है। धार्मिक स्वतंत्रता में अंत:करण की स्वतंत्रता भी समाहित है। अंत:करण की स्वतंत्रता का अर्थ है कि किसी भी व्यक्ति को भगवान/ईश्वर या उसके रूपों के साथ अपने ढंग से अपने संबंध को बनाने की आंतरिक स्वतंत्रता है।
- संविधान में वर्णित प्रावधान के अनुसार सभी व्यक्तियों को अंत:करण की स्वतंत्रता का और धर्म के अबाध रूप से मानने, आचरण करने और प्रचार करने का समान अधिकार होगा।
- धार्मिक स्वतंत्रता का अधिकार असीमित नहीं है। सरकार लोक व्यवस्था, नैतिकता और स्वास्थ्य के आधार पर प्रतिबंध लगा सकती है। इसके अतिरिक्त सरकार कुछ सामाजिक बुराइयों को दूर करने के लिए भी धार्मिक मामलों में हस्तक्षेप कर सकती है तथा ऐसे प्रतिबंधों को धार्मिक स्वतंत्रता के अधिकार में हस्तक्षेप नहीं माना जाएगा; जैसे—सरकार ने सती प्रथा, एक से अधिक विवाह और मानव बलि जैसी कुप्रथाओं पर प्रतिबंध हेतु अनेक कदम उठाए हैं।
- संविधान ने सभी को अपने धर्म का प्रचार करने की स्वतंत्रता दी है। इसमें लोगों को एक धर्म से दूसरे धर्म में परिवर्तन के लिए मनाने का अधिकार भी शामिल है।
- संविधान जबरन/बलपूर्वक धर्म परिवर्तन का अधिकार नहीं देता है। बल्कि वह केवल अपने धर्म के बारे में सूचनाएँ प्रसारित करने का अधिकार देता है, ताकि दूसरों को अपने धर्म के प्रति आकर्षित किया जा सके।

सभी धर्मों की समानता

- भारत विभिन्न धर्मावलंबियों का देश है और इसी कारण सरकार की यह जिम्मेदारी है कि वह विभिन्न धर्मों के साथ समान रूप से व्यवहार करे। सभी धर्मों की समानता का एक अर्थ यह भी है कि सरकार किसी विशेष धर्म का पक्ष नहीं लेगी।
- भारत का कोई राजकीय धर्म नहीं है। भारत के राष्ट्रपति, प्रधानमंत्री, न्यायाधीश या अन्य किसी सार्वजनिक पद पर कार्य करने के लिए नागरिकों को किसी विशेष धर्म आदि का सदस्य होना आवश्यक नहीं है।
- 'समानता के अधिकार' के अंतर्गत भी दृष्टिगत हुआ है कि समस्त नागरिकों को संविधान द्वारा सरकारी सेवाओं में नियुक्ति के संबंध में सरकार द्वारा धर्म के आधार पर किसी प्रकार का भेदभाव न होने की गारंटी प्रदान की गई है। साथ ही राज्य द्वारा संचालित शैक्षणिक संस्थाओं में धर्म को वरीयता प्रदान न किए जाने के स्पष्ट उल्लेख मिलते हैं। इन प्रावधानों से धर्म निरपेक्षता को बल व जीवन मिलता हैं

सांस्कृतिक और शैक्षिक अधिकार

- भारतीय समाज में भाषा व धार्मिक आधार पर अनेक प्रकार की विविधताएँ विद्यमान हैं, जिनमें अल्पसंख्यक तथा बहुसंख्यक समुदाय शामिल हैं।
- किसी समुदाय को केवल धर्म के आधार पर नहीं, बल्कि भाषा और संस्कृति के आधार पर भी अल्पसंख्यक माना जाता है।
- अल्पसंख्यक समूह से अभिप्राय एक ऐसे समूह से है, जिसकी अपनी भाषा व धर्म होता है तथा वह देश के किसी एक भाग में या पूरे देश में संख्या के आधार पर अन्य समूहों से छोटा है। इन समूहों को भी अपनी भाषा, लिपि व संस्कृति को विकसित व सुरक्षित करने का अधिकार है। विविधता में एकता भारत में एक सुदृढ़ समाज की स्थापना करती है।
- भाषायी या धार्मिक आधार पर अल्पसंख्यकों को संविधान धार्मिक शिक्षा प्रदान करने, उसका प्रसार करने व उसे सुरक्षित रखने हेतु शिक्षण संस्थान खोलने का अधिकार प्रदान करता है।
- संविधान में, सरकार से अन्य शिक्षण संस्थाओं की भाँति इन संस्थाओं को भी समान रूप से अनुदान (Grant) प्राप्त करने की व्यवस्था की गई है। वित्तीय अनुदान के तहत सरकार इस आधार पर भी भेदभाव नहीं करेगी कि शिक्षण संस्थान का प्रबंध अल्पसंख्यक समुदाय के पास है।

संवैधानिक उपचारों का अधिकार

- भारतीय संविधान में मौलिक अधिकारों की एक आकर्षक सूची दी गई है। यह केवल एक लिखित सूची नहीं है, बल्कि यह बतलाता है कि इन अधिकारों को व्यावहारिक रूप से किस तरह प्राप्त किया जा सकता है। यह संविधान नागरिकों के अधिकारों पर किसी भी उल्लंघन के विरुद्ध सुरक्षा प्रदान करता है, जिसे संवैधानिक उपचार के अधिकार के रूप में जाना जाता है।
- संवैधानिक उपचारों का अधिकार वह साधन है, जिसके द्वारा देश का प्रत्येक नागरिक अपने मौलिक अधिकारों के उल्लंघन होने पर सीधे उच्च न्यायालय या सर्वोच्च न्यायालय की शरण में जा सकता है। डॉ. भीमराव अंबेडकर ने इस अधिकार को संविधान का हृदय और आत्मा की संज्ञा दी है। संवैधानिक उपचार को अधिकार के अंतर्गत न्यायालय कई प्रकार के विशेष आदेश जारी करते हैं, जिन्हें प्रादेशिक या रिट कहते हैं; भारतीय संविधान द्वारा प्रदत्त विभिन्न रिट इस प्रकार हैं

---

8 पालन का अधिकार इसका अर्थ खुले या स्वतंत्र रूप से स्वीकार या घोषित करना है।

(i) **बंदी प्रत्यक्षीकरण** इसके माध्यम से न्यायालय किसी गिरफ्तार व्यक्ति को अपने समक्ष प्रस्तुत करने का आदेश देता है तथा गिरफ्तारी का कारण व तरीकों की जाँच करता है। यदि गिरफ्तारी का तरीका गैर-कानूनी या असंतोषजनक है, तो न्यायालय गिरफ्तार व्यक्ति को छोड़ने का आदेश दे सकता है।

(ii) **परमादेश** यह किसी सार्वजनिक पदाधिकारी द्वारा अपने कानूनी और संवैधानिक दायित्वों का निर्वहन न किए जाने पर एवं इससे किसी व्यक्ति के मौलिक अधिकार प्रभावित होने की स्थिति में न्यायालय द्वारा जारी किया जाता है।

(iii) **निषेधधिकार** यह किसी मुकदमे की सुनवाई में निचली अदालतों द्वारा अधिकार क्षेत्र के अतिक्रमण करने पर उच्च न्यायालय या सर्वोच्च न्यायालय द्वारा जारी किया जाता है।

(iv) **अधिकार पृच्छा** यह बिना कानूनी अधिकार के किसी व्यक्ति के सार्वजनिक पद पर आसीन होने की स्थिति में उस व्यक्ति को पद पर रहकर कार्य करने से रोकता है।

(v) **उत्प्रेषण** इसके द्वारा ऊपरी अदालत निचली अदालत या सरकारी अधिकारी के कार्य (वाद/विवाद) को स्वयं या किसी अन्य न्यायालय में हस्तांतरित करती है।

- न्यायपालिका के अतिरिक्त अधिकारों की रक्षा हेतु अन्य संरचनाओं का निर्माण किया गया। जैसे राष्ट्रीय अल्पसंख्यक आयोग, राष्ट्रीय महिला आयोग, राष्ट्रीय अनुसूचित जाति आयोग, राष्ट्रीय अनुसूचित जनजाति आयोग और राष्ट्रीय मानवाधिकार आयोग आदि।
- ये संस्थाएँ अल्पसंख्यकों, महिलाओं और दलितों के अधिकारों की रक्षा करती हैं। इनके अतिरिक्त, मौलिक अधिकारों और अन्य अधिकारों की रक्षा के लिए राष्ट्रीय मानवाधिकार आयोग का गठन किया गया है।

राष्ट्रीय मानवाधिकार आयोग

- संविधान द्वारा दिए गए अधिकारों को लागू कर उनकी सही पहचान की जाती है। समाज में कमजोर वर्गों के अधिकारों के प्रयोग की स्वतंत्रता सुनिश्चित करने तथा उनके हनन के विरुद्ध नजर रखने हेतु **पीपुल्स यूनियन फॉर सिविल लिबर्टीज** एवं **पीपुल्स यूनियन फॉर डेमोक्रेटिक राइट** जैसी संस्थाएँ कार्य करती हैं। इसे और अधिक मजबूती प्रदान करने हेतु वर्ष 1993 में राष्ट्रीय मानवाधिकार आयोग (National Human Rights Commission) का गठन किया गया। इसके सदस्यों में शामिल हैं जैसे—
  - सर्वोच्च न्यायालय का एक पूर्व मुख्य न्यायाधीश
  - किसी उच्च न्यायालय का एक पूर्व मुख्य न्यायाधीश
  - मानवाधिकारों के संबंध में ज्ञान अथवा अनुभव रखने वाले दो सदस्य
- मानवाधिकार के उल्लंघन होने पर या शिकायत दर्ज होने पर मानवाधिकार आयोग किसी पीड़ित व्यक्ति की जाँच कर सकता है तथा जेलों में भी पीड़ितों की स्थिति की जाँच कर सकता है। साथ ही यह मानवाधिकार क्षेत्र में शोध कर सकता है या शोध को प्रोत्साहित भी कर सकता है।
- मानवाधिकार आयोग का सबसे प्रभावी हस्तक्षेप पंजाब में युवकों के गायब होने तथा गुजरात दंगों के मामले में जाँच के रूप में रहा है। इस आयोग को स्वयं मुकदमा सुनने का अधिकार नहीं है। यह सरकार या न्यायालय को अपनी जाँच के आधार पर मुकदमा चलाने की सिफारिश कर सकता है।

2.3 राज्य के नीति-निदेशक तत्त्व

- राज्य के नीति-निदेशक तत्व भारतीय संविधान की एक अनूठी विशेषता है। राज्य के नीति-निदेशक तत्त्व ऐसे आदर्शों को दर्शाते हैं, जो लोक कल्याणकारी राज्य की स्थापना के लिए महत्त्वपूर्ण है जैसे समता मूलक समाज की स्थापना समावेशी विकास तथा प्रत्येक वर्ग के लिए कल्याणकारी योजनाओं का क्रियान्वयन आदि । राज्य को नीतियाँ बनाते समय और कानून बनाते समय इन आदर्शों को ध्यान में रखना चाहिए।
- मौलिक अधिकारों के साथ-साथ राज्य के नीति-निर्देशक तत्त्व संविधान की आत्मा का गठन करते हैं। इन्हें समाज के लक्ष्यों और आकांक्षाओं को प्राप्त करने हेतु और राष्ट्र एवं नागरिकों के समग्र विकास हेतु सम्मिलित किया गया है। राज्य के नीति निर्देशक तत्त्व **गैर-न्यायिक**[9] है अर्थात् यदि इनका उल्लंघन होता है, तो इन्हें न्यायालय में लागू नहीं किया जा सकता।
- नीति-निर्देशक तत्त्वों की सूची में तीन मुख्य बातें हैं, जैसे—

(i) वे लक्ष्य और उद्देश्य जो एक समाज के रूप में हमें स्वीकार करने चाहिए।

(ii) वे अधिकार जो नागरिकों को मौलिक अधिकारों के अतिरिक्त प्राप्त होने चाहिए।

(iii) वे नीतियाँ जिन्हें सरकार को स्वीकार करना चाहिए।

---

9 **गैर न्यायिक** (Justiciable) इसका अर्थ किसी मौलिक कानून के उल्लंघन पर अदालत में जाने की योग्यत से है।

नीति-निदेशक तत्त्वों का कार्यान्वयन

- समय-समय पर सरकार ने कुछ नीति-निदेशक तत्त्वों को लागू करने का प्रयास किया है; जैसे—जमींदारी उन्मूलन कानून, बैंकों का राष्ट्रीयकरण, अनेक फैक्ट्री अधिनियम, न्यूनतम मजदूरी निर्धारण, कुटीर और लघु उद्योगों को प्रोत्साहन तथा अनुसूचित जाति और अनुसूचित जनजातियों के उन्नयन के लिए आरक्षण आदि इन प्रयासों को दर्शाते हैं।
- नीति-निदेशक तत्त्वों को लागू करने के प्रयास में शिक्षा का अधिकार, पूरे देश में पंचायती राज व्यवस्था लागू करना, रोजगार गारंटी योजना के अंतर्गत काम का सीमित अधिकार, स्कूली बच्चों के लिए दोपहर के भोजन की योजना आदि शामिल हैं।

नीति-निदेशक तत्त्व

उद्देश्य	नीतियाँ	ऐसे अधिकार जिनके लिए न्यायालय में दावा नहीं किया जा सकता
लोगों का कल्याण, सामाजिक आर्थिक एवं राजनीतिक न्याय	समान नागरिक संहिता	पर्याप्त जीवन यापन
जीवन स्तर ऊँचा उठाना, संसाधनों का सामन वितरण	मध्यपान निषेध घरेलू उद्योग को बढ़ावा	महिलाओं और पुरुषों को समान कार्य की समान मजदूरी
	उपयोगी पशुओं को मारने पर रोक	आर्थिक शोषण के विरुद्ध अधिकार, काम का अधिकार
	ग्राम पंचायतों को प्रोत्साहन	छः वर्ष से कम आयु के बालकों के लिए प्रारंभिक बाल्यवस्था देख-रेख और शिक्षा

नीति-निदेशक तत्त्वों और मौलिक अधिकारों में संबंध

- मौलिक अधिकारों और नीति-निदेशक तत्त्वों को एक-दूसरे के पूरक के रूप में देखा जा सकता है।
- मौलिक अधिकार सरकार के कुछ कार्यों पर प्रतिबंध लगाते हैं, जबकि नीति-निदेशक तत्त्व राज्य को लोक कल्याण के हेतु कुछ कार्यों को करने के लिए प्रेरित करता है।
- मौलिक अधिकार विशेष रूप से व्यक्तिगत अधिकारों को संरक्षित करता है, जबकि नीति-निदेशक तत्त्व पूरे समाज के कल्याण की बात करता है।
- हालाँकि कभी-कभी जब सरकार नीति-निदेशक तत्त्वों को लागू करने का प्रयास करती है, तो उनका नागरिकों के मौलिक अधिकारों से टकराव उत्पन्न हो सकता है।
- उदाहरण के लिए, जब सरकार ने जमींदारी प्रथा को समाप्त करने के लिए कानून बनाने का प्रस्ताव किया, तो इसका विरोध इस आधार पर किया गया कि यह संपत्ति के अधिकार का उल्लंघन करता है।
- लेकिन, सरकार ने संविधान में संशोधन करके समाज की आवश्यकताओं को व्यक्तिगत हितों पर प्राथमिकता दी, जिससे राज्य की नीति-निदेशक तत्त्वों को लागू किया जा सके।

टकराव की संक्षिप्त पृष्ठभूमि

नीति-निदेशक तत्त्वों और मौलिक अधिकारों की संक्षिप्त पृष्ठभूमि के मध्य कुछ टकराव इस प्रकार हैं

- मौलिक अधिकारों और राज्य की नीति-निदेशक तत्त्वों के मध्य संबंध ने एक लंबी कानूनी लड़ाई व कार्यपालिका एवं न्यायपालिका के मध्य टकरावों को जन्म दिया। सरकार की मान्यता थी कि नीति-निदेशक तत्त्वों को लागू करने के लिए अधिकारों को सीमित किया जा सकता है, जबकि न्यायालय का मत था कि मौलिक अधिकार इतने महत्त्वपूर्ण हैं कि उन्हें सीमित नहीं किया जा सकता, यहाँ तक कि नीति निदेशक तत्त्वों को लागू करने के लिए भी उन्हें प्रतिबंधित नहीं किया जा सकता।
- इस वाद के पीछे संपत्ति के अर्जन, स्वामित्व और संरक्षण का मौलिक सीमित अधिकार शामिल थे।
- इसके परिणामस्वरूप, वर्ष 1978 में संविधान के 44 वें संशोधन के माध्यम से संपत्ति के अधिकार को अनुच्छेद 300 (क) के तहत मौलिक अधिकारों की सूची से हटा दिया गया। इसके पश्चात् इस अधिकार को एक साधारण कानूनी अधिकार में परिवर्तित कर दिया गया।
- इसने एक और जटिल वाद-विवाद को जन्म दिया। सरकार का मत था कि संसद संविधान के किसी भी भाग में संशोधन कर सकती है। हालाँकि, न्यायालय का कहना था कि संसद ऐसा कोई संशोधन नहीं कर सकती, जो मौलिक अधिकारों का उल्लंघन करे।
- यह विवाद सर्वोच्च न्यायालय द्वारा केशवानंद भारती वाद (1973) में दिए गए एक महत्त्वपूर्ण निर्णय से समाप्त हुआ। इसमें निर्णय देते हुए न्यायालय ने यह कहा कि संविधान की कुछ 'मूल ढाँचागत' विशेषताएँ हैं और संसद उनमें कोई परिवर्तन नहीं कर सकती।

2.4 मौलिक कर्त्तव्य

- वर्ष 1976 में पारित 42 वें संविधान संशोधन द्वारा नागरिकों के लिए दस मौलिक कर्त्तव्यों की सूची जोड़ी गई।
- हालाँकि, मौलिक **कर्त्तव्य**[10] लागू नहीं किए जा सकते। नागरिक के रूप में हमें संविधान का पालन करना, अपने देश की रक्षा करना, सभी नागरिकों के मध्य सद्भावना को बढ़ावा देना और अपने पर्यावरण की रक्षा करनी चाहिए। भारतीय संविधान अधिकारों के आनंद को कर्त्तव्यों की पूर्ति पर निर्भर या सशर्त नहीं बनाता है। मौलिक कर्त्तव्यों को शामिल करने से मौलिक अधिकारों की स्थिति में कोई परिवर्तन नहीं आया है।
- 11वाँ मूल कर्त्तव्य 86 वें संविधान अधिनियम द्वारा वर्ष 2002 में जोड़ा गया, जिसमें 6-14 वर्ष की आयु के बच्चों को शिक्षा प्रदान करने और माता-पिता के रूप में यह सुनिश्चित करने का कर्त्तव्य बताया गया।
- ग्यारह मौलिक कर्त्तव्य इस प्रकार हैं
  (i) संविधान का पालन करें और उसके आदर्शों, संस्थाओं और राष्ट्रध्वज व राष्ट्रगान का आदर करें।
  (ii) स्वतंत्रता के लिए हमारे राष्ट्रीय आंदोलन को प्रेरित करने वाले उच्च आदर्शों को हृदय में सँजोए रखें तथा उनका पालन करें।
  (iii) भारत की संप्रभुता, एकता और अखंडता की रक्षा करें और उसे अक्षुण्ण रखें।
  (iv) देश की रक्षा करें, आह्वान किए जाने पर राष्ट्र की सेवा के लिए तत्पर रहें।
  (v) भारत के सभी लोगों में समरसता तथा समान भ्रातृत्व की भावना की रक्षा करें।
  (vi) हमारी सामासिक संस्कृति की गौरवशाली परंपरा का महत्त्व समझें व उसका परिरक्षण करें।
  (vii) प्राकृतिक पर्यावरण, जिसके अंतर्गत वन, झील, नदी व वन्य जीव हैं, की रक्षा करें और उसका संवर्द्धन करें तथा प्राणिमात्र के प्रति दयाभाव रखें।
  (viii) वैज्ञानिक दृष्टिकोण मानववाद और ज्ञानार्जन तथा सुधार की भावना का विकास करें।
  (ix) सार्वजनिक संपत्ति को सुरक्षित रखें व हिंसा से दूर रहें।
  (x) व्यक्तिगत और सामूहिक गतिविधियों के सभी क्षेत्रों में उत्कर्ष की ओर बढ़ने का सतत प्रयास करें, जिससे राष्ट्र उपलब्धि की नई ऊँचाइयों को छू सकें।
  (xi) 6 से 14 वर्ष तक की उम्र के बच्चों को अनिवार्य शिक्षा उपलब्ध कराना।

चेक प्वॉइंट 2

1. 42 वें संविधान संशोधन के अंतगर्त नागरिकों के मौलिक कर्त्तव्यों की सूची कब जोड़ी गई?
2. मौलिक कर्त्तव्य किस प्रकार के अधिकार हैं?
3. संपत्ति के अधिकार को किस संशोधन के द्वारा मौलिक अधिकारों की सूची से हटाया गया?
4. संपत्ति का अधिकार अब किस अनुच्छेद के तहत एक साधारण कानूनी अधिकार है?
5. बंदी प्रत्यक्षीकरण (हेबियस कार्पस) रिट के से क्या तात्पर्य है?

---

10 कर्त्तव्य (Duties) यह समाज या राष्ट्र के प्रति दायित्वों का एक समूह है जो अधिकारों को पूरक बनाते है।

Mind Map

भारतीय संविधान में अधिकार

1 मौलिक अधिकारों का महत्त्व

- लोकतंत्र सुनिश्चित करने के लिए सरकार की शक्ति को सीमित करता है।
- सभी नागरिकों को भेदभाव से बचाता है।
- मौलिक अधिकार राजनीतिक लोकतंत्र के विचारों को बढ़ावा देते हैं तथा देश में सत्तावादी शासन को हतोत्साहित करते हैं।

2 अधिकारों का घोषणा-पत्र

- यह सुनिश्चित करता है कि सरकार व्यक्तिगत अधिकारों का सम्मान करे।
- यह नागरिकों को दूसरे व्यक्तियों या अधिकारियों द्वारा किए गए दुर्व्यवहार से बचाता है, जैसे दक्षिण अफ्रीका में अधिकारों का घोषणा-पत्र।

3 दक्षिण अफ्रीका के संविधान में अधिकारों का घोषणा-पत्र

दक्षिण अफ्रीका के संविधान में शामिल कुछ अधिकार

- गरिमा का अधिकार
- निजता का अधिकार
- श्रम-संबंधी समुचित व्यवहार का अधिकार
- स्वस्थ पर्यावरण और पर्यावरण संरक्षण का अधिकार
- समुचित आवास का अधिकार
- स्वास्थ्य सुविधाएँ, भोजन, पानी और सामाजिक सुरक्षा का अधिकार
- बाल अधिकार
- बुनियादी और उच्च शिक्षा का अधिकार
- सांस्कृतिक, धार्मिक और भाषाई समुदायों का अधिकार
- सूचना प्राप्त करने का अधिकार

4 भारतीय संविधान में मौलिक अधिकार

समता का अधिकार

- कानून के समक्ष समानता, कानूनों का समान संरक्षण
- धर्म, मूलवंश, जाति, लिंग या जन्म स्थान के आधार पर भेदभाव का निषेध, सार्वजनिक स्थानों पर समान पहुँच
- रोजगार में अवसर की समानता
- अस्पृश्यता का उन्मूलन
- उपाधियों का उन्मूलन

स्वतंत्रता का अधिकार

- **व्यक्तिगत स्वतंत्रता का अधिकार**
  - भाषण और अभिव्यक्ति की स्वतंत्रता
  - शांतिपूर्ण ढंग से जमा होने और सभा करने की स्वतंत्रता
  - संगठित होने की स्वतंत्रता
  - भारत में कहीं भी आने जाने की स्वतंत्रता
  - भारत के किसी भी हिस्से में बसने और रहने का अधिकार
  - कोई भी पेशा चुनकर, व्यापार करने की स्वतंत्रता
- अपराधों के लिए दोष सिद्धि के संबंध में संरक्षण
- जीवन की रक्षा और दैहिक स्वतंत्रता का अधिकार
- शिक्षा का अधिकार
- अभियुक्तों और सज़ा पाए लोगों के अधिकार

शोषण के विरुद्ध अधिकार

- मानव के दुर्व्यापार और बंधुआ मजदूरी पर रोक
- जोखिम वाले कार्यों में बच्चों से मजदूरी कराने पर रोक

धार्मिक स्वतंत्रता का अधिकार

- आस्था और उपासना की स्वतंत्रता
- धार्मिक मामलों के प्रबंधन का अधिकार
- किसी विशिष्ट धर्म की अभिवृद्धि के लिए कर अदायगी की स्वतंत्रता
- कुछ शिक्षा संस्थाओं में धार्मिक शिक्षा या उपासना में उपस्थित होने की स्वतंत्रता

सांस्कृतिक और शैक्षिक अधिकार

- अल्पसंख्यकों की भाषा और संस्कृति के संरक्षण का अधिकार
- अल्पसंख्यकों को शैक्षिक संस्थाएँ स्थापित करने का अधिकार

संवैधानिक उपचारों का अधिकार

- मौलिक अधिकारों को लागू करवाने के लिए न्यायालय में जाने का अधिकार

5 राज्य के नीति निर्देशक तत्त्व

उद्देश्य

- लोगों का कल्याण, सामाजिक, आर्थिक और राजनीतिक न्याय की स्थापना
- जीवन स्तर ऊँचा उठाना, संसाधनों का समान वितरण
- सामाजिक कल्याण और व्यक्तिगत अधिकारों में संतुलन

6 मौलिक कर्त्तव्य

42वें संविधान संशोधन (1976) द्वारा 10 मौलिक कर्त्तव्य लागू किए गए। वर्तमान में इनकी संख्या 11 है। इनके कुछ उदाहरण निम्न हैं।

- देश की रक्षा करना
- प्राकृतिक पर्यावरण की रक्षा और उसका संवर्धन करना
- वैज्ञानिक दृष्टिकोण और समाज की भावना का विकास करना
- सार्वजनिक संपत्ति की सुरक्षा करना आदि।

7 राष्ट्रीय मानवाधिकार आयोग

- सरकार ने वर्ष 1993 में राष्ट्रीय मानवाधिकार आयोग का गठन किया।
- यह आयोग अधिकारों के हनन के विरुद्ध निगरानी रखने वाला स्वायत्त संगठन है।
- राष्ट्रीय मानवाधिकार आयोग में सर्वोच्च न्यायालय के एक पूर्व मुख्य न्यायाधीश किसी उच्च न्यायालय के एक पूर्व मुख्य न्यायाधीश, तथा मानवाधिकारों के संबंध में ज्ञान या व्यावहारिक अनुभव रखने वाले दो और सदस्य शामिल होते हैं।

NCERT फोल्डर

अध्याय के मध्य में दिए गए प्रश्न

1. यूरोपीय संघ के देशों ने एक यूरोपीय संविधान बनाने की कोशिश की। उनकी कोशिश असफल हो गई। कार्टूनिस्ट ने संविधान निर्माण के उनके प्रयास को मार-पीट और झगड़े से भरी कोशिश के रूप में देखा। क्या संविधान निर्माण की प्रक्रिया हमेशा ऐसी ही होती है?

उत्तर संविधान निर्माण की प्रक्रिया जटिल और संघर्षपूर्ण हो सकती है, क्योंकि यह विभिन्न हितों, विचारों और सांस्कृतिक विविधताओं को संतुलित करने का प्रयास करती है। यूरोपीय संघ में संविधान निर्माण असफल रहा क्योंकि सदस्य देशों के हितों का टकराव हुआ। इसके विपरीत, भारतीय संविधान निर्माण अपेक्षाकृत सफल रहा, क्योंकि संविधान सभा में व्यापक बहस और सहमति प्रक्रिया अपनाई गई विभिन्न धर्मों, जातियों और संस्कृतियों का प्रतिनिधित्व सुनिश्चित किया गया और मौलिक अधिकारों व नीति निदेशक तत्त्वों पर सहमति बनी। हालाँकि, मतभेद थे, लेकिन संवाद और लोकतांत्रिक प्रक्रियाओं के माध्यम से इन्हें हल किया गया, जिससे भारत का संविधान सफल और प्रगतिशील रहा है।

2. संविधान निर्माताओं को लोगों की अलग-अलग आकांक्षाओं से जूझना पड़ा यहाँ पर नेहरू को अनेक भावी कल्पनाओं और विचारधाराओं में संतुलन करते दिखाया गया है। क्या आप पहचान सकते हैं कि ये विभिन्न समूह क्या चाहते हैं? आपको क्या लगता है? संतुलन करने का अंतिम परिणाम क्या हुआ?

उत्तर संविधान निर्माण के दौरान विभिन्न समूहों की अलग-अलग आकांक्षाएँ थीं। धर्मनिरपेक्षता और अल्पसंख्यक अधिकारों की माँग एक ओर थी, तो दूसरी ओर राष्ट्रवादी समूह सांस्कृतिक परंपराओं और बहुसंख्यक हितों को प्राथमिकता देना चाहते थे। सामाजिक न्याय का समर्थन करने वाले वर्ग जातिगत असमानता को समाप्त करना चाहते थे। जबकि कुछ समूह आर्थिक स्वतंत्रता और स्वायत्तता पर बल दे रहे थे। पंडित नेहरू ने इन समूहों के मध्य संतुलन बनाते हुए संविधान में मौलिक अधिकार, धर्मनिरपेक्षता, सामाजिक न्याय और संघीय ढाँचे जैसे प्रावधान किए। इसका परिणाम एक ऐसा संतुलित संविधान बना, जो विविधता को सम्मान देता है और समानता सुनिश्चित करता है।

3. राज्य के नीति-निदेशक तत्त्व भी सरकार से लोगों की कुछ आकांक्षाएँ पूरी करने की अपेक्षा करते हैं। संविधान में अच्छी बातें लिखने में क्या जाता है? लेकिन ऐसी ऊँची आकांक्षाओं ओर लक्ष्यों को लिखने का आशय क्या है यदि वे लोगों के जीवन को बदल न सकें?

उत्तर राज्य के नीति-निदेशक तत्त्व सरकार को सामाजिक और आर्थिक न्याय, समानता और कल्याणकारी नीतियाँ अपनाने का मार्गदर्शन देते हैं। संविधान में ऊँची आकांक्षाएँ और लक्ष्य लिखने का उद्देश्य सरकार को जनता के प्रति जवाबदेह बनाना है। हालाँकि ये कानूनी रूप से निर्धारित बाहध्यकारी नहीं हैं, परंतु ये शासन के आदर्श निर्धारित करते हैं और उन्हें नीतिगत दिशा में प्रेरित करते हैं। यदि उन्हें प्रभावी ढंग से लागू किया जाए, तो ये समाज में सकारात्मक बदलाव ला सकते हैं अन्यथा ये केवल सैद्धांतिक बातें बनकर रह जाती हैं।

4.

इराक में सद्दाम हुसैन की सत्ता समाप्त होने हाने पर एक नए संविधान की रचना करने में देश के विभिन्न जातीय समूहों में काफी संघर्ष दिखाई दिया इन भिन्न-भिन्न लोगों की क्या माँगे हैं? इसमें दिखाए गए संघर्ष की यूरोपीय संघ और भारत के संबंध में पिछले कार्टून में दिखाए संघर्ष से तुलना करें।

उत्तर इराक में नए संविधान की रचना के दौरान शिया, सुन्नी और कुर्द समुदायों की अलग-अलग माँगें उभरकर सामने आईं। शिया समुदाय बहुसंख्यक होने के आधार पर सत्ता में अधिक हिस्सेदारी चाहता था, सुन्नी अल्पसंख्यक होने के कारण अपने अधिकारों की सुरक्षा पर जोर दे रहा था और कुर्द अधिक स्वायत्तता की माँग कर रहे थें यह संघर्ष यूरोपीय संघ के संविधान निर्माण से मिलता-जुलता है, जहाँ विभिन्न देशों के हितों का आपस में टकराव हुआ। इसके विपरीत भारत में संविधान निर्माण के दौरान संवाद और सहमति की प्रक्रिया अपनाई गई, जिससे विविधता को संतुलित करते हुए एक प्रभावी और समावेशी संविधान तैयार किया गया।

5. लोगों को जब यह पता चलता है कि उनका संविधान न्यायपूर्ण नहीं है तो वे क्या करते हैं? ऐसे लोगों का क्या होता है, जिनका संविधान केवल कागज पर ही होता है?

उत्तर जब लोगों को पता चलता है कि उनका संविधान न्यायपूर्ण नहीं है, तो वे असंतोष व्यक्त करते हैं, विरोध प्रदर्शन करते हैं और बदलाव की माँग करते हैं। ऐसे संविधान जो केवल कागज पर होते हैं और व्यवहार में लागू नहीं होते समाज में असमानता, असंतोष और संघर्ष को जन्म देते हैं। इस स्थिति में लोकतंत्र कमजोर होता है और जनता का शासन प्रणाली पर विश्वास समाप्त होने लगता है, जिससे विद्रोह या अराजकता की संभावना बढ़ जाती है।

6.

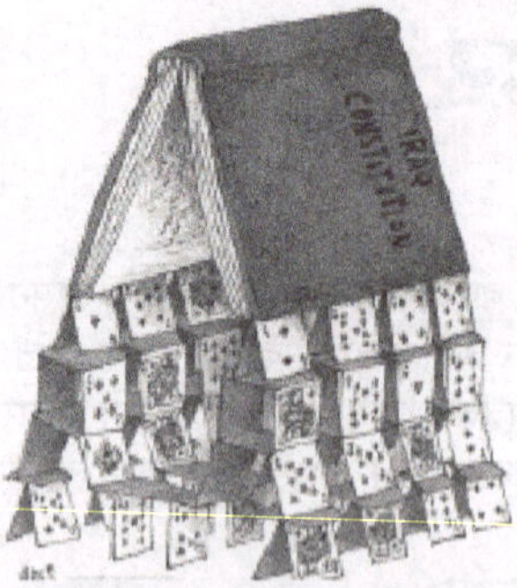

कार्टून बनाने वाले ने नए इराकी संविधान को 'ताश के पत्तों का महल क्यों कहा? क्या यह वर्णन भारतीय संविधान पर लागू होगा?

उत्तर कार्टूनिस्ट ने इराकी संविधान को ताश के पत्तों का महल इसलिए कहा कि यह विभिन्न जातीय समूहों के बीच संघर्ष और अस्थिर समझौते पर आधारित था, जो इसे कमजोर व अस्थायी बनाता है। यह वर्णन भारतीय संविधान पर लागू नहीं होता, क्योंकि भारतीय संविधान व्यापक विचार-विमर्श सहमति और स्थिर लोकतांत्रिक सिद्धांतों पर आधारित है। यह विविधता को समाहित करते हुए स्थायित्व और प्रभावशीलता का प्रतीक है, जिससे यह मजबूत और टिकाऊ बना है।

7. क्या आपकी कक्षा में स्वतंत्रता, समता और बंधुता के सिद्धांतों को व्यवहार में लाया जाता है? इनको एक साथ कैसे व्यवहार में ला सकते हैं? अपने साथियों के साथ चर्चा कीजिए।

उत्तर कक्षा में स्वतंत्रता, समता और बंधुता के सिद्धांतों को व्यवहार में लाने के लिए सभी छात्रों को समान अवसर विचार व्यक्त करने की स्वतंत्रता और एक-दूसरे के प्रति सम्मान दिखाना आवश्यक है। समूह गतिविधियों में समान भागीदारी, भेदभाव से बचाव और सहायक, वातावरण बनाकर इन्हें लागू किया जा सकता है। साथियों और समावेशिता को बढ़ावा दिया जा सकता है, जिससे ये सिद्धांत व्यवहार में लाए जा सकें।

8. यदि भारत की संविधान सभा देश के सभी लोगों के द्वारा निर्वाचित होती तो क्या होता? क्या वह उस संविधान सभा से भिन्न होती जो बनाई गई?

उत्तर संविधान सभा का गठन यद्यपि संविधान सार्वभौमिक प्रणाली द्वारा निर्वाचित नहीं था, किंतु संविधान सभा में विभिन्न वर्गों का प्रतिनिधित्व करने वाले लोग शामिल थे। ये वे लोग थे, जिनकी भूमिका अपने वर्ग में महत्त्वपूर्ण थी तथा इन्होंने अपने वर्गों के हित से संबंधित प्रत्येक मुद्दे पर व्यापक विचार-विमर्श किया। संविधान सभा में किसी एक दल का प्रभुत्व नहीं था अपितु इसमें विभिन्न दलों से संबंधित व्यक्ति जैसे मुस्लिम लीग, युनियनिस्ट, युनियनिस्ट शिड्यूल कास्ट, कृषक प्रजा पार्टी, साम्यवादी दल आदि शामिल थे। इस प्रकार संविधान भारत की विभिन्न विचारधाराओं का प्रतिनिधित्व कर रहा था। इसलिए संविधान का वर्तमान प्रारूप सभी के हितों के अनुकूल है। वह तब भी लगभग वैसे रहता यदि संविधान सभा का चुनाव प्रत्यक्ष निर्वाचन पर आधारित होता।

9. यदि हमें वर्ष 1937 में स्वतंत्रता मिल जाती तो क्या होता ? हमें वर्ष 1957 तक इंतजार करना पड़ता तो क्या होता? क्या तब बनाया गया संविधान हमारे वर्तमान संविधान से भिन्न होता ?

उत्तर यदि हमें वर्ष 1937 में स्वतंत्रता मिल जाती तो भारत को ब्रिटिश साम्राज्य से पूर्ण स्वतंत्रता और स्वशासन प्राप्त होता, लेकिन संभवतः संविधान निर्माण में कुछ समय लगता, क्योंकि तब तक संविधान सभा का गठन नहीं हुआ था। यदि वर्ष 1957 तक इंतजार करना पड़ता तो सामाजिक व राजनीतिक परिस्थितियाँ बदल सकती थीं। तब का संविधान शायद ब्रिटिश प्रभाव में अधिक होता और अब के संविधान में जैसे समाजवाद और धर्मनिरपेक्षता के तत्त्व नहीं होते।

10. क्या यह संविधान उधार का था? हम ऐसा संविधान क्यों नहीं बना सके जिसमें कहीं से कुछ भी उधार न लिया गया हो?

उत्तर भारत का संविधान पूरी तरह से 'उधार' नही लिया गया था, बल्कि यह विभिन्न देशों के संविधान से प्रेरित था; जैसे- ब्रिटेन, आयरलैंड, अमेरिका, फ्रांस आदि। हमारे संविधान निर्माताओं ने इन देशों के संविधान से महत्त्वपूर्ण सिद्धांतों को अपनाया। ऐसा इसलिए किया गया ताकि देश की विविधता, संस्कृति और विशिष्टताओं का सम्मान किया जा सके, साथ ही प्रभावी और प्रासंगिक शासन व्यवस्था स्थापित की जा सके।

11. नीचे भारतीय और अन्य संविधानों के कुछ प्रावधान दिए गए हैं। बताएँ कि इनमें प्रत्येक प्रावधान का क्या कार्य है?

सरकार किसी भी नागरिक को किसी धर्म का पालन करने या न करने की आज्ञा नहीं दे सकती।	सरकार की शक्ति या सीमा
सरकार को आय और संपत्ति की असमानता को कम करने का प्रयास अवश्य करना चाहिए।	
राष्ट्रपति के पास प्रधानमंत्री के नियुक्त करने को शक्ति है।	
संविधान वह सर्वोच्च कानून है, जिसका सभी को पालन करना पड़ता है।	
भारतीय नागरिकता किसी विशेष नस्ल, जाति या धर्म तक सीमित नहीं है।	

(i) **सरकार किसी भी नागरिक को किसी धर्म का पालन करने या न करने की आज्ञा नहीं दे सकती।**

उत्तर **कार्य** यह धर्मनिरपेक्षता का प्रावधान है। यह राज्य और धर्म के बीच दूरी बनाए रखता है, जिससे नागरिकों को धार्मिक स्वतंत्रता प्राप्त होती है।

सरकार की शक्ति या सीमा सरकार धार्मिक मामलों में हस्तक्षेप नहीं कर सकती और धर्म को नागरिकों पर थोप नहीं सकती।

(ii) **सरकार को आय ओर संपत्ति की असमानता को कम करने का प्रयास अवश्य करना चाहिए।**

उत्तर **कार्य** यह सामाजिक और आर्थिक न्याय का उद्देश्य है, जो राज्य के नीति-निदेशक सिद्धांतों के अंतर्गत आता है।

सरकार की शक्ति या सीमा सरकार को यह सुनिश्चित करना होगा कि सामाजिक और आर्थिक न्याय का यह उद्देश्य प्राप्त करते हुए मौलिक अधिकारों का उल्लंघन न हो।

(iii) **राष्ट्रपति के पास प्रधानमंत्री को नियुक्त करने की शक्ति है।**

उत्तर **कार्य** यह कार्यपालिका की संरचना का हिस्सा है जिसमें राष्ट्रपति को संवैधानिक शक्तियाँ दी गई हैं।

सरकार की शक्ति या सीमा यह शक्ति केवल लोकसभा में बहुमत प्राप्त दल के नेता या बहुमत समर्थन वाले व्यक्ति के लिए ही होता है।

(iv) **संविधान वह सर्वोच्च कानून है, जिसका सभी पालन करना पड़ता है।**

उत्तर **कार्य** यह संवैधानिक सर्वोच्चता को दर्शाता है, जो यह सुनिश्चित करता है कि देश का शासन संविधान के अनुसार चलें।

सरकार की शक्ति या सीमा सरकार और उसके सभी अंग संविधान के प्रावधानों और उसके तहत बने कानूनों के अनुसार ही कार्य कर सकते हैं।

(v) **भारतीय नागरिकता किसी विशेष नस्ल, जाति या धर्म तक सीमित नहीं है।**

उत्तर **कार्य** यह समानता और समावेशिता के सिद्धान्त का पालन करता है, जो भारत को एक विविध और समावेशी समाज बनाता है।

सरकार की शक्ति या सीमा सरकार नागरिकता के मामले में किसी भी प्रकार के भेदभाव (नस्ल, जाति या धर्म के आधार पर) नहीं कर सकती।

नीचे दिए गए प्रश्नों के उत्तर संक्षेप में दीजिए

1. निम्नलिखित प्रत्येक कथन के बारे में बताएँ कि वह सही है या गलत

(a) अधिकार-पत्र में किसी देश की जनता को हासिल अधिकारों का वर्णन रहता है

(b) अधिकार-पत्र व्यक्ति की स्वतंत्रता की रक्षा करता है

(c) विश्व के प्रत्येक देश में अधिकार-पत्र होता है

उत्तर (a) सही (b) सही (c) गलत

2. निम्नलिखित में कौन मौलिक अधिकारों का सबसे उपयुक्त वर्णन है?

(a) किसी व्यक्ति को प्राप्त समस्त अधिकार

(b) कानून द्वारा नागरिक को प्रदत्त समस्त अधिकार

(c) संविधान द्वारा प्रदत्त और सुरक्षित समस्त अधिकार

(d) संविधान द्वारा प्रदत्त वे अधिकार, जिन पर कभी प्रतिबंध नहीं लगाया जा सकता

उत्तर (c) संविधान द्वारा प्रदत्त और सुरक्षित समस्त अधिकार

3. निम्नलिखित स्थितियों को पढ़ें। प्रत्येक स्थिति के बारे में बताएँ कि किस मौलिक अधिकार का उपयोग या उल्लंघन हो रहा है और कैसे?

(a) राष्ट्रीय एयरलाइंस के चालक-परिचालक दल के ऐसे पुरुषों को जिनका वजन अधिक है नौकरी में तरक्की दी गई, लेकिन उनकी ऐसी महिला सहकर्मियों को दंडित किया गया जिनका वजन बढ़ गया था

(b) एक निर्देशक एक डॉक्यूमेंट्री फिल्म बनाता है, जिसमें सरकारी नीतियों की आलोचना है

(c) एक बड़े बाँध के कारण विस्थापित हुए लोग अपने पुनर्वास की माँग करते हुए रैली निकालते हैं

(d) आंध्र सोसायटी आंध्र प्रदेश के बाहर तेलुगू माध्यम से विद्यालय चलाती है

उत्तर (a) राष्ट्रीय एयरलाइंस के चालक-परिचालक दल के ऐसे पुरुषों को जिनका वजन अधिक है—नौकरी में तरक्की दी गई, लेकिन उनकी ऐसी महिला सहकर्मियों को दंडित किया गया जिनका वजन बढ़ गया था। ऐसी स्थिति में महिला सहकर्मियों के समानता के अधिकार का उल्लंघन हो रहा है। संविधान के अनुच्छेद-14 से 18 तक समानता के अधिकार से संबंधित प्रावधान हैं।

(b) एक निर्देशक एक डॉक्यूमेंट्री फिल्म बनाता है, जिसमें सरकारी नीतियों की आलोचना है। इस स्थिति में मौलिक अधिकार का उपयोग हो रहा है। भारतीय संविधान के अनुच्छेद-19(1) में नागरिकों को भाषण व अभिव्यक्ति की स्वतंत्रता दी गई है। प्रेस की स्वतंत्रता भी इसी में निहित है। लोकतांत्रिक देशों में प्रेस की स्वतंत्रता सरकार की नीतियों की आलोचना का अधिकार है।

(c) एक बड़े बाँध के कारण विस्थापित हुए लोग अपने पुनर्वास की माँग करते हुए रैली निकालते हैं। ऐसी स्थिति में मौलिक अधिकार का उपयोग हो रहा है। संविधान के अनुच्छेद-19 (ii) में नागरिकों को सभा व सम्मेलन करने की स्वतंत्रता का अधिकार दिया गया है। इस प्रकार पुनर्वास की माँग करते हुए रैली निकालना स्वतंत्रता के अधिकार का सदुपयोग है। उल्लेखनीय है कि अनुच्छेद-21 के अंतर्गत व्यक्ति को आश्रय और आजीविका का अधिकार प्राप्त है।

(d) आंध्र सोसायटी, आंध्र प्रदेश से बाहर तेलुगू भाषा के माध्यम से विद्यालय चलाती है। इस स्थिति में शिक्षा और संस्कृति के अधिकार का उपयोग हो रहा है। भारतीय संविधान के अनुच्छेद-30 के अनुसार, अल्पसंख्यकों को अपनी शिक्षण संस्थाओं को स्थापित करने का अधिकार दिया गया है।

4. निम्नलिखित में कौन सांस्कृतिक और शैक्षिक अधिकारों की सही व्याख्या करता है?

(a) शैक्षिक संस्था खोलने वाले अल्पसंख्यक वर्ग के ही बच्चे उस संस्थान में पढ़ाई कर सकते हैं

(b) सरकारी विद्यालयों को यह सुनिश्चित करना चाहिए कि अल्पसंख्यक वर्ग के बच्चों को उनकी संस्कृति और धर्म-विश्वासों से परिचित कराया जाए

(c) भाषायी और धार्मिक अल्पसंख्यक अपने बच्चों के लिए विद्यालय खोल सकते हैं और उनके लिए इन विद्यालयों को आरक्षित कर सकते हैं

(d) भाषायी और धार्मिक अल्पसंख्यक यह माँग कर सकते हैं कि उनके बच्चे उनके द्वारा संचालित शैक्षणिक संस्थाओं के अतिरिक्त किसी अन्य संस्थान में नहीं पढ़ेंगे

उत्तर (c) भाषायी और धार्मिक अल्पसंख्यक अपने बच्चों के लिए विद्यालय खोल सकते हैं और उनके लिए इन विद्यालयों को आरक्षित कर सकते हैं। उपरोक्त कथन सांस्कृतिक और शैक्षिक अधिकारों की सही व्याख्या करता है। संविधान के अनुच्छेद-29(1) के अनुसार, अल्पसंख्यक वर्गों के हितों के संरक्षण हेतु उन्हें अपनी विशेष भाषा, लिपि या संस्कृति को बनाए रखने का अधिकार देता है, तो अनुच्छेद-30 (1) अल्पसंख्यक को अपनी रुचि के शिक्षण संस्थाओं की स्थापना और प्रशासन का अधिकार देता है।

5. इनमें किन मौलिक अधिकारों का उल्लंघन है और क्यों?

(a) न्यूनतम देय मजदूरी नहीं देना

(b) किसी पुस्तक पर प्रतिबंध लगाना

(c) 9 बजे के बाद लाउडस्पीकर बजाने पर रोक लगाना

(d) भाषण तैयार करना

उत्तर (a) न्यूनतम देय मजदूरी नहीं देना, मौलिक अधिकार का हनन है, क्योंकि शोषण के विरुद्ध अधिकार अनुच्छेद-23 के अंतर्गत यह कहा गया है कि किसी भी व्यक्ति से कम पैसों में अधिक श्रम या बिना वेतन के श्रम नहीं कराया जा सकता है।

(b) किसी पुस्तक पर प्रतिबंध लगाए जाने से उस व्यक्ति के बोलने और अभिव्यक्ति की स्वतंत्रता के मौलिक अधिकार का उल्लंघन तो होता है, परंतु संवैधानिक प्रावधानों के अनुसार यदि इसमें किसी वर्ग या समुदाय-विशेष की भावनाओं को आहत होती है, तो सदाचार एवं शिष्टाचार के हित में उन पर प्रतिबंध लगाया जा सकता है।

(c) रात में 9 बजे के बाद लाउडस्पीकर पर प्रतिबंध लगाने की घटना में समाज के व्यापक हितों को प्राथमिकता दी जा रही है। अतः यहाँ मौलिक अधिकारों का उल्लंघन नहीं हो रहा है।

(d) भाषण तैयार करना किसी मौलिक अधिकार का उल्लंघन नहीं है, क्योंकि नागरिकों को विचार अभिव्यक्ति की स्वतंत्रता है।

6. गरीबों के बीच कार्य कर रहे एक कार्यकर्ता का कहना है कि गरीबों को मौलिक अधिकारों की आवश्यकता नहीं है। उनके लिए यह आवश्यक है कि नीति-निदेशक सिद्धांतों को कानूनी तौर पर बाध्यकारी बना दिया जाए। क्या आप इससे सहमत हैं? अपने उत्तर का कारण बताइए।

उत्तर कार्यकर्ता के उपरोक्त विचारों से सहमत नहीं हुआ जा सकता, क्योंकि यदि नीति-निदेशक सिद्धांतों को कानूनी तौर पर बाध्यकारी बना भी दिया जाए तो भी मजदूरों को मौलिक अधिकारों की आवश्यकता रहेगी। मौलिक अधिकार प्रत्येक व्यक्ति, गरीब हो या अमीर सभी के विकास के लिए आवश्यक है। मौलिक अधिकारों के माध्यम से ही नागरिकों को समानता तथा स्वतंत्रता का अधिकार प्राप्त है।

राज्य के नीति-निदेशक सिद्धांतों को बाध्यकारी बनाना कठिन कार्य है। नीति-निदेशक सिद्धांतों का उद्देश्य कल्याणकारी राज्य की स्थापना करना है। इन सिद्धांतों को बाध्यकारी बनाने के लिए राज्य को व्यापक संसाधनों की व्यवस्था करनी पड़ती है, जोकि अति कठिन कार्य है। यद्यपि सरकार से यह अपेक्षा की जाती है कि नीति-निर्माण के समक्ष इन सिद्धांतों को ध्यान में रखें।

7. अनेक रिपोर्टों से पता चलता है कि जो जातियाँ पहले झाड़ू देने के कार्य में लगी थीं, उन्हें अब भी मजबूरन यही कार्य करना पड़ रहा है, जो लोग अधिकारी पद पर बैठे हैं वे इन्हें कोई और कार्य नहीं देते। इनके बच्चों को पढ़ाई-लिखाई करने पर हतोत्साहित किया जाता है। इस उदाहरण में किस मौलिक अधिकार का उल्लंघन हो रहा है?

उत्तर उपर्युक्त उदाहरण में समता (प्रतिष्ठा और अवसर की समानता) के मौलिक अधिकारों का उल्लंघन हो रहा है, क्योंकि भारतीय संविधान में समानता के अधिकार के अंतर्गत यह व्यवस्था की गई है कि धर्म, जाति, रंग, जन्म स्थान या लिंग के आधार पर किसी व्यक्ति के साथ भेदभाव नहीं किया जाएगा और सभी नागरिकों को सरकारी नौकरियों या पदों पर बिना किसी भेदभाव के प्रवेश का अधिकार दिया जाएगा।

8. एक मानवाधिकार समूह ने अपनी याचिका में अदालत का ध्यान देश में मौजूद भुखमरी की स्थिति की तरफ खींचा, जबकि भारतीय खाद्य निगम के गोदामों में 5 करोड़ टन से अधिक अनाज भरा हुआ था।

शोध से पता चलता है कि अधिकांश राशन-कार्ड धारी यह नहीं जानते कि उचित मूल्य की दुकानों से कितनी मात्रा में वे अनाज खरीद सकते हैं। मानवाधिकार समूह ने अपनी याचिका में अदालत से निवेदन किया कि वह सरकार को सार्वजनिक वितरण प्रणाली में सुधार करने का आदेश दें।

(i) इस मामले में कौन-कौन से अधिकार शामिल हैं? ये अधिकार आपस में किस तरह जुड़े हैं?

(ii) क्या ये अधिकार जीवन के अधिकार का एक अंग हैं?

उत्तर (i) इन सभी मामले में स्वतंत्रता का अधिकार, शोषण के विरुद्ध अधिकार, संवैधानिक उपचारों का अधिकार शामिल हैं। भुखमरी के कारण जीने के अधिकार का हनन हुआ। मानव अधिकार समूह ने याचिका के द्वारा अदालत से निवेदन किया कि वह सरकार को सार्वजनिक वितरण प्रणाली में सुधार करने का आदेश दे तो यह संवैधानिक उपचार का अधिकार है।

(ii) ये अधिकार जीवन के अधिकारों का एक महत्त्वपूर्ण अंग हैं। इनके अंतर्गत व्यक्ति को भोजन, जल तथा स्वच्छ वायु प्राप्त करने का अधिकार है। इनका हनन होने पर व्यक्ति मानवाधिकार समूह विधेयक के तहत न्यायपालिका का दरवाजा खटखटा सकता है।

9. इस अध्याय में उद्धत सोमनाथ लाहिड़ी द्वारा संविधान सभा में दिए गए वक्तव्य को पढ़ें। क्या आप उनके कथन से सहमत हैं? यदि हाँ तो इसकी पुष्टि में कुछ उदाहरण दीजिए। यदि नहीं तो उनके कथन के विरुद्ध तर्क प्रस्तुत कीजिए।

उत्तर सोमनाथ लाहिड़ी द्वारा संविधान सभा में दिए गए वक्तव्य का विश्लेषण करने से यह निष्कर्ष निकलता है कि भारतीय संविधान द्वारा नागरिकों को दिए गए मौलिक अधिकार पर्याप्त हैं। इन्होंने कई महत्त्वपूर्ण अधिकारों की उपेक्षा पर ध्यान आकर्षित किया; जैसे– जीविका का अधिकार, शिक्षा का अधिकार, सूचना का अधिकार और चिकित्सा सुविधा का अधिकार। हालाँकि इनमें से कुछ अधिकारों को बाद में संविधान में शामिल किया गया, लेकिन चिकित्सा सुविधा में अधिकार को अब भी मौलिक अधिकारों में स्थान नहीं मिला है, जो राष्ट्र के विकास के लिए आवश्यक है। लाहिड़ी ने यह भी असंतोष जताया कि प्रत्येक मौलिक अधिकार पर प्रतिबंध लगाए गए हैं, जिससे इन अधिकारों का सही लाभ लेना मुश्किल हो जाता है। इस कारण इन्होंने इसे संविधान निर्माताओं द्वारा जनता को बहलाने का प्रयास कहा।

10. आपके अनुसार कौन-सा मौलिक अधिकार सबसे अधिक महत्त्वपूर्ण है? इसके प्रावधानों को संक्षेप में लिखिए और तर्क देकर बताएँ कि यह क्यों महत्त्वपूर्ण है?

उत्तर हमारे विचार में संवैधानिक उपचारों का अधिकार, जो अनुच्छेद-32 में दिया गया है, सबसे महत्त्वपूर्ण है। इस अधिकार के अंतर्गत मौलिक अधिकारों को संरक्षण दिया गया है। न्यायपालिका द्वारा मौलिक अधिकारों की सुरक्षा की व्यवस्था की गई है। इसके अंतर्गत न्यायालय पाँच प्रकार के लेख जारी करता है; जैसे— बंदी प्रत्यक्षीकरण, परमादेश, उत्प्रेषण, प्रतिषेध और अधिकार पृच्छा।

संवैधानिक अधिकार सबसे महत्त्वपूर्ण इसलिए है, क्योंकि इसके द्वारा मौलिक अधिकारों की सुरक्षा की व्यवस्था की गई है। किसी भी देश के संविधान द्वारा दिया गया मौलिक अधिकार तभी महत्त्व रखता है, जब संविधान द्वारा ही उनकी सुरक्षा का प्रावधान भी किया गया हो। इस प्रकार यदि मौलिक अधिकारों की सुरक्षा की गारंटी न हो तो ऐसे अधिकारों का कोई लाभ नहीं। इसलिए डॉ. अंबेडकर ने संवैधानिक उपचार के अधिकार को संविधान की आत्मा कहा है।

अभ्यास प्रश्न

वस्तुनिष्ठ प्रश्न

बहुविकल्पीय प्रश्न

1. .... में .... समिति द्वारा अंग्रेजी शासकों से अधिकारों के एक घोषणा-पत्र की माँग उठाई गई थी।

(a) वर्ष 1928, दादाभाई नौरोजी
(b) वर्ष 1920, बी राघवाचारी
(c) वर्ष 1928, मोतीलाल नेहरू
(d) वर्ष 1930, जी. के. गोखले

उत्तर (c) वर्ष 1928, मोतीलाल नेहरू

2. दिसंबर, 1996 में किस देश का संविधान उस समय लागू हुआ, जब रंगभेद वाली सरकार हट गई थी तथा दक्षिण अफ्रीका में गृहयुद्ध चल रहा था?

(a) इटली
(b) फ्रांस
(c) दक्षिण अफ्रीका
(d) सोवियत संघ

उत्तर (c) दक्षिण अफ्रीका

3. "किसी व्यक्ति को उसके प्राण या दैहिक स्वतंत्रता से विधि द्वारा स्थापित प्रक्रिया के द्वारा ही वंचित किया जाएगा अन्यथा नहीं।" यह किस अनुच्छेद में वर्णित किया गया है?

(a) अनुच्छेद 19
(b) अनुच्छेद 20
(c) अनुच्छेद 21
(d) अनुच्छेद 22

उत्तर (c) अनुच्छेद 21

4. 'स्वतंत्रता के अधिकार' के अंतर्गत शामिल स्वतंत्रताएँ कौन-कौन सी हैं?

(a) भाषण और अभिव्यक्ति की स्वतंत्रता
(b) सभा और सम्मेलन की स्वतंत्रता
(c) 'a' और 'b' दोनों
(d) उपरोक्त में से कोई नहीं

उत्तर (c) 'a' और 'b' दोनों

5. मूल अधिकारों की सुरक्षा हेतु गठित संस्थाओं में कौन शामिल है?

(a) राष्ट्रीय महिला आयोग
(b) अल्पसंख्यक आयोग
(c) राष्ट्रीय मानवाधिकार आयोग
(d) उपरोक्त सभी

उत्तर (d) उपरोक्त सभी

6. उस रिट की पहचान कीजिए, जिसके द्वारा ऊपरी अदालत निचली अदालत के कार्य (वाद/विवाद) को स्वयं या किसी अन्य न्यायालय में हस्तांतरित करती है?

(a) निषेध आदेश
(b) प्रतिषेध
(c) अधिकार पृच्छा
(d) उत्प्रेषण

उत्तर (d) उत्प्रेषण

7. राष्ट्रीय मानवाधिकार आयोग के संबंध में कौन-सा एक कथन सही नहीं है?

(a) इसका गठन वर्ष 1993 में किया गया था
(b) इस आयोग का प्रभावी हस्तक्षेप महाराष्ट्र दंगों के मामले में जाँच के रूप में रहा
(c) यह आयोग मानवाधिकारों के उल्लंघन होने पर स्वयं अपनी पहल पर मामले की जाँच कर सकता है
(d) यह सरकार या न्यायालय को अपनी जाँच के आधार पर मुकदमें चलाने की सिफारिश कर सकता है

उत्तर (b) इस आयोग का प्रभावी हस्तक्षेप महाराष्ट्र दंगों के मामले में जाँच के रूप में रहा

8. निम्नलिखित में से कौन-सा युग्म सही नहीं है?

(a) अनुच्छेद 14 – समता का अधिकार
(b) अनुच्छेद 19 – स्वतंत्रता का अधिकार
(c) अनुच्छेद 21 – शोषण के विरुद्ध अधिकार
(d) अनुच्छेद 32 – संवैधानिक उपचार का अधिकार

उत्तर (c) अनुच्छेद 21 – शोषण के विरुद्ध अधिकार

9. निम्नलिखित घटनाओं का सही कालक्रम क्या है?

1. भारतीय संविधान लागू हुआ।
2. मौलिक अधिकार संविधान में शामिल किए गए।
3. भारत की स्वतंत्रता
4. मौलिक कर्त्तव्यों को संविधान में जोड़ा गया।

कूट

(a) 1, 2, 3, 4 (b) 3, 1, 2, 4 (c) 3, 2, 1, 4 (d) 3, 1, 4, 2

उत्तर (b) 3, 1, 2, 4

10. निम्नलिखित में से किसको लागू करने के लिए न्यायालय का सहारा नहीं लिया जा सकता?

(a) महिलाओं और पुरुषों को समान काम की समान मजदूरी
(b) छह वर्ष से कम आयु के बालकों के लिए प्रारंभिक बाल्यावस्था देख-रेख और शिक्षा
(c) आर्थिक शोषण के विरुद्ध अधिकार
(d) उपरोक्त सभी

उत्तर (d) उपरोक्त सभी

11. निवारक नजरबंदी के संबंध में निम्न कथनों पर विचार कीजिए

1. इस व्यवस्था के अंतर्गत किसी व्यक्ति को कानून व्यवस्था अथवा सुरक्षा की दृष्टि से आशंका के आधार पर हिरासत में लिया जाता है।
2. इसकी अवधि अधिकतम चार वर्ष हो सकती है।

उपरोक्त कथनों में कौन-सा/से कथन सही नहीं है/हैं?

(a) केवल 1
(b) केवल 2
(c) 1 और 2 दोनों
(d) इन में से कोई नहीं

उत्तर (b) केवल 2

12. 'संपत्ति का अधिकार' के संबंध में दिए गए कथनों पर विचार करते हुए सही कथन की पहचान कीजिए

1. इसका उल्लेख अनुच्छेद-300 (क) में किया गया है।
2. वर्ष 1952 में सरकार द्वारा ऐसे कानून बनाए गए, जिनके द्वारा संपत्ति के अधिकार पर प्रतिबंध लगाया गया।
3. 44वें संविधान संशोधन अधिनियम के माध्यम से संपत्ति के अधिकार को मौलिक अधिकारों की सूची से बाहर कर दिया गया।

कूट

(a) केवल 1 (b) केवल 2
(c) केवल 3 (d) 1 और 3

उत्तर (d) 1 और 3

13. निम्नलिखित कथनों पर विचार कीजिए

1. नागरिकों को संविधान का पालन करना चाहिए।
2. संविधान मौलिक कर्त्तव्यों के पालन के आधार पर मौलिक अधिकार प्रदान करता है।
3. संविधान में मौलिक कर्त्तव्यों के समावेश से मौलिक अधिकारों पर कोई प्रतिकूल प्रभाव नहीं पड़ा।
4. 42वें संविधान संशोधन द्वारा संविधान में इसे मौलिक कर्त्तव्यों को शामिल किया गया था।

उपरोक्त कथनों में से कौन-सा/से कथन सही है/हैं?

(a) 1 और 3 (b) 2, 3 और 4
(c) 1, 3 और 4 (d) ये सभी

उत्तर (c) 1, 3 और 4

14. नीचे दिए गए अधिकारों को उनके अनुच्छेद के अनुसार क्रमबद्ध कीजिए

1. संवैधानिक उपचारों का अधिकार
2. शोषण के विरुद्ध अधिकार
3. स्वतंत्रता का अधिकार एवं व्यक्तिगत स्वतंत्रता
4. अल्पसंख्यक समूहों के लोगों के सांस्कृतिक और शैक्षिक अधिकार

कूट

(a) 3, 2, 4, 1 (b) 2, 3, 1, 4
(c) 1, 2, 3, 4 (d) 2, 4, 3, 1

उत्तर (a) 3, 2, 4, 1

15. सुमेलित कीजिए

सूची I	सूची II
A. राष्ट्रीय मानवाधिकार आयोग	1. वर्ष 1978
B. मौलिक कर्त्तव्य	2. वर्ष 1993
C. 44वाँ संविधान संशोधन	3. वर्ष 1928
D. मोती लाल नेहरू समिति	4. 42वाँ संविधान संशोधन

कूट

	A	B	C	D		A	B	C	D
(a)	1	2	3	4	(b)	2	4	1	3
(c)	3	2	4	1	(d)	4	3	1	2

उत्तर (b) 2 4 1 3

16. सुमेलित कीजिए

सूची I	सूची II
A. समता का अधिकार	1. अभियुक्तों और सजा पाए लोगों के अधिकार
B. धार्मिक स्वतंत्रता का अधिकार	2. पदवियों/उपाधियों का अंत
C. शोषण के विरुद्ध अधिकार	3. आस्था और प्रार्थना की आजादी
D. स्वतंत्रता का अधिकार एवं व्यक्तिगत स्वतंत्रता	4. बँधुआ मजदूरी पर रोक

कूट

	A	B	C	D		A	B	C	D
(a)	2	3	4	1	(b)	1	2	3	4
(c)	3	2	1	4	(d)	4	1	3	2

उत्तर (a) 2 3 4 1

17. नीचे दो कथन दिए गए हैं।

कथन I भारतीय संविधान में मौलिक अधिकारों के उल्लंघन पर केवल न्यायपालिका के माध्यम से ही चुनौती दी जा सकती है।

कथन II मौलिक अधिकार संविधान के भाग III में उल्लिखित हैं।

कूट

(a) कथन I और कथन II दोनों सही हैं
(b) कथन I और कथन II दोनों गलत हैं
(c) कथन I सही, लेकिन कथन II गलत है
(d) कथन I गलत, लेकिन कथन II सही है।

उत्तर (a) कथन I और कथन II दोनों सही हैं।

18. कथन I संवैधानिक उपचारों का अधिकार व्यक्ति को मूल अधिकारों के विरुद्ध राज्य द्वारा किए गए कृत्य से सुरक्षा उपलब्ध कराता है।

कथन II न्यायपालिका द्वारा इसे संविधान का हृदय और आत्मा कहा गया है।

कूट

(a) कथन I और कथन II दोनों सही हैं
(b) कथन I और कथन II दोनों गलत हैं
(c) कथन I सही, लेकिन कथन II गलत हैं
(d) कथन I गलत, लेकिन कथन II सही हैं

उत्तर (c) कथन I सही, लेकिन कथन II गलत हैं।

निर्देश (प्र. सं. 19-23) नीचे दो कथन दिए गए हैं, जिनमें एक को कथन (A) और दूसरे को कारण (R) माना गया है। कूट की सहायता से सही उत्तर दीजिए।

कूट

(a) A और R दोनों सही हैं तथा R, A की सही व्याख्या है
(b) A और R दोनों सही हैं, परंतु R, A की सही व्याख्या नहीं है
(c) A सही है, किंतु R गलत है
(d) A गलत है, किंतु R सही है

19. कथन (A) भारतीय संविधान के तीसरे भाग में मौलिक अधिकारों की व्याख्या की गई है।

कारण (R) संविधान के द्वारा मौलिक अधिकारों की सुरक्षा की गारंटी संसद को प्रदान की गई है।

उत्तर (c) भारतीय संविधान के भाग-III में अनुच्छेद-12 से 35 तक मूल अधिकारों की चर्चा की गई है। संविधान के द्वारा मौलिक अधिकारों की सुरक्षा की गारंटी संसद को नहीं, बल्कि न्यायपालिका को प्रदान की गई है।

20. कथन (A) **संविधान के अनुच्छेद-14 में स्वतंत्रता के अधिकार का उल्लेख किया गया है।**

कारण (R) **स्वतंत्रता के अधिकार के तहत सभी नागरिकों को अपराध की दोषसिद्धि के विषय में संरक्षण प्रदान किया गया है।**

उत्तर (d) संविधान के अनुच्छेद-19 में स्वतंत्रता के अधिकार का उल्लेख किया गया है। जीवन और व्यक्तिगत स्वतंत्रता के अधिकार के अंतर्गत किसी भी व्यक्ति को बिना कारण बताए गिरफ्तारी से संरक्षण प्रदान किया गया है।

21. कथन (A) **शोषण के विरुद्ध अधिकार में दलित, शोषित व वंचित वर्ग के लोगों के लिए प्रावधान किए गए हैं।**

कारण (R) **संविधान में 14 वर्ष से कम आयु के बच्चों से कारखानों तथा खदानों आदि में कार्य करवाना दंडनीय अपराध की श्रेणी में शामिल किया गया है।**

उत्तर (b) देश के दलित, वंचित, बँधुआ मजदूर आदि के साथ किए जाने वाले शोषणों को संविधान ने दंडनीय अपराध घोषित किया है। अनुच्छेद-23 के माध्यम से इन पर प्रतिबंध लगाया जाता है। संविधान में अनुच्छेद-24 के माध्यम से 14 वर्ष से कम आयु के बच्चों से कारखानों, खदानों या अन्य खतरनाक कार्य करवाने को अपराध घोषित किया गया है।

22. कथन (A) **नीति-निदेशक तत्त्व बाध्यकारी न होकर एक निर्देश के रूप में कार्य करते हैं।**

कारण (R) **सरकार द्वारा इसे स्वीकार करने की अपेक्षा की गई है।**

उत्तर (b) मौलिक अधिकारों के अतिरिक्त लोगों को प्राप्त होने वाले नीति-निदेशक तत्त्व वे अधिकार हैं, जो न्यायालय द्वारा बाध्यकारी न होकर सरकार के निर्देश के रूप में होते हैं। सरकार द्वारा निदेशक तत्त्वों को स्वीकार करने की अपेक्षा की गई है। नीति-निदेशक तत्त्व संविधान द्वारा राज्य को समाज में समानता स्थापित करने, लोक कल्याणकारी कार्य करने तथा समाज में व्याप्त समस्याओं को हल करने हेतु किए गए हैं।

23. कथन (A) **मौलिक कर्त्तव्य संविधान में सम्मिलित नागरिकों को मूल अधिकारों के सदृश कुछ कर्त्तव्यों का पालन करने हेतु सम्मिलित किया गया।**

कारण (R) **मौलिक कर्त्तव्यों को लागू करने के संबंध में संविधान मौन है।**

उत्तर (a) मौलिक कर्त्तव्य संविधान में वर्णित नागरिकों को प्रदत्त कुछ कर्त्तव्य हैं, जो मूल अधिकारों के ही समान संविधान द्वारा नागरिकों को प्रदान किए गए हैं, जिसमें संविधान का पालन करना और उसके आदर्शों, संस्थाओं और राष्ट्रध्वज व राष्ट्रगान का आदर करना आदि शामिल हैं। संविधान मौलिक कर्त्तव्यों को लागू करने के संबंध में मौन है अर्थात् इसके पालन हेतु कोई कानूनी बाध्यता नहीं है।

24. नीचे दिए गए चित्र पर आधारित निम्न प्रश्नों के उत्तर दीजिए।

(i) **उपरोक्त चित्र में संविधान के किस अधिकार के उल्लंघन को दर्शाया गया है?**

(a) बाल श्रम निषेध का अधिकार (b) शोषण के विरुद्ध का अधिकार
(c) स्वंतत्रता का उल्लंघन (d) जीवन जीने का अधिकार

उत्तर (b) शोषण के विरुद्ध का अधिकार

(ii) **बालकों के नियोजन पर प्रतिषेध के अंतर्गत किस आयु वर्ग के बालकों को नियोजन में शामिल करना अवराध माना गया है?**

(a) 15 वर्ष से कम आयु वर्ग (b) 14 वर्ष से कम आयु वर्ग
(c) 16 वर्ष से कम आयु वर्ग (d) 18 वर्ष से कम आयु वर्ग

उत्तर (b) 14 वर्ष से कम आयु वर्ग

(iii) **बालकों के नियोजन पर प्रतिषेध का उद्देश्य क्या है?**

(a) रोजगार की कमी के कारण नियोजन सीमित है
(b) बालकों को स्वास्थ्य तथा जीवन की रक्षा
(c) शिक्षा के अधिकार को सुनिश्चित करना
(d) 'b' और 'c' दोनों

उत्तर (d) 'b' और 'c' दोनों

(iv) **लंबे समय से भारत मे बाल श्रय की स्थिति बनी हुई है, इसके पीछे मुख्य कारण क्या है?**

(a) गरीबी (b) अशिक्षा (c) अति जनसंख्या (d) ये सभी

उत्तर (d) ये सभी

लघु उत्तरीय प्रश्न

1. आधुनिक समय में जटिल राजनीतिक सामाजिक संरचना में संविधान की भूमिका क्यों महत्त्वपूर्ण है? *दक्षता आधारित प्रश्न*

उत्तर आधुनिक समय में समाज की राजनीतिक संरचना अत्यधिक जटिल है, जिसमें सामाजिक स्तर, शिक्षा, राजनीतिक प्रतिनिधित्व को लेकर विविधीकरण है। ऐसे में प्रत्येक व्यक्ति अधिकारों के संरक्षण तथा उनके प्रतिनिधित्व को सुनिश्चित करने और शासन संचालन को सुचारु बनाने के लिए नीति-नियमों की आवश्यकता महत्त्वपूर्ण होती है। इसी दृष्टि से संविधान की भूमिका महत्त्वपूर्ण हो जाती है। संविधान शक्तियों और सीमाओं को परिभाषित करता है। यह नागरिकों के अधिकारों की रक्षा करता है व समानता, स्वतंत्रता और न्याय को सुनिश्चित करता है। उपनिवेशवाद, सामाजिक असमानता और सत्ता के केंद्रीकरण से उत्पन्न चुनौतियों का समाधान संविधान के माध्यम से संभव हुआ। यह समाज में शांति, स्थिरता और लोकतांत्रिक मूल्यों को बनाए रखने का आधार प्रदान करता है।

2. 'वास्तविक मताधिकार' का क्या अर्थ है? यह मुख्यतः किस विचार को सुनिश्चित करता है?

उत्तर 'वास्तविक मताधिकार' से तात्पर्य से है प्रत्येक नागरिक को बिना किसी भेदभाव के मतदान का अधिकार। इसमें धर्म, जाति, लिंग, संपत्ति या शिक्षा के आधार पर कोई प्रतिबंध नहीं होता। यह लोकतंत्र का आधार है और मुख्यतः समानता के सिद्धांत को सुनिश्चित करता है।

भारत में 18 वर्ष से अधिक आयु के सभी नागरिकों को यह अधिकार प्रदान किया गया है। वास्तविक मताधिकार एक सशक्त समाज और मजबूत लोकतंत्र की दिशा में अहम भूमिका निभाता है।

3. ब्रिटिश शासन से आजादी प्राप्त करने के पश्चात् संविधान निर्माताओं ने संविधान को अंगीकार करने की आवश्यकता क्यों महसूस की?

उत्तर ब्रिटिश शासन से आजादी प्राप्त करने के पश्चात् भारत को एक ऐसे संविधान की आवश्यकता थी, जो लोकतांत्रिक शासन व्यवस्था स्थापित कर सके, नागरिकों के अधिकार सुनिश्चित करें, विविधता वाले समाज में एकता का निर्माण करे। यह शक्ति के दुरुपयोग को रोकने, समानता, स्वतंत्रता और न्याय के आदर्शों को स्थापित करने और भारत को एक, संप्रभु, धर्मनिरपेक्ष और समाजवादी गणराज्य बनाने के लिए आवश्यक था।

4. संविधान निर्माण में कितने समय और संसाधनों का उपयोग हुआ?

उत्तर संविधान निर्माण में 2 वर्ष 11 महीने और 18 दिन लगे। संविधान सभा ने कुल 11 सत्रों में 165 दिनों तक चर्चा की। 300 से अधिक सदस्य संविधान बनाने में शामिल हुए। डॉ. बी. आर. अंबेडकर की अध्यक्षता में प्रारूप समिति ने मसौदा तैयार किया।

इस प्रक्रिया में विभिन्न मुद्दों पर गहन विचार विमर्श और 2000 से अधिक संशोधन प्रस्तुत किए गए। यह विश्व का सबसे बड़ा लिखित संविधान है। अब तक 100 से अधिक संशोधन किए जा चुके हैं, जो इसे प्रगतिशील और समसामयिक बनाए रखते हैं।

5. भारतीय संविधान के निर्माण में किन-किन प्रमुख विचारधाराओं का समावेश किया गया?

उत्तर भारतीय संविधान में विभिन्न विचारधाराओं का समावेश किया गया। जो निम्नलिखित हैं

(i) **लोकतंत्र** सरकार जनता द्वारा, जनता के लिए और जनता के माध्यम से शासन करेगी।

(ii) **धर्मनिरपेक्षता** सभी धर्मों के प्रति समान दृष्टिकोण अपनाना।

(iii) **समाजवाद** संसाधनों का समान वितरण और आर्थिक न्याय प्रदान करना।

(iv) **न्याय** सामाजिक, आर्थिक और राजनीतिक समानता सुनिश्चित करना।

(v) **संघीय ढाँचा** केंद्र और राज्यों के मध्य शक्तियों का संतुलन स्थापित करना।

(vi) **गणराज्य** राज्य का प्रमुख निर्वाचित होगा। ये विचारधाराएँ भारत के आधुनिक और समावेशी समाज की नींव रखती हैं।

6. भारतीय संविधान में आयरलैंड के संविधान से किन प्रावधानों को ग्रहण किया गया है?

उत्तर भारतीय संविधान में आयरलैंड के संविधान से नीति-निदेशक तत्त्वों को ग्रहण किया गया है। ये तत्त्व सामाजिक और आर्थिक न्याय, समानता एवं कल्याणकारी राज्य स्थापना के लिए मार्गदर्शन प्रदान करते हैं। साथ ही, राष्ट्रपति के चुनाव की प्रक्रिया भी आयरलैंड से प्रेरित है, जहाँ अप्रत्यक्ष चुनाव प्रणाली अपनाई गई है। दोनों ही संविधानों में लोकतांत्रिक सिद्धांतों का पालन किया गया है, लेकिन उनकी संरचना और उद्देश्य में अंतर है।

आयरलैंड का संविधान कैथालिक संस्कृति और धार्मिक स्वतंत्रता को प्राथमिकता देता है, जबकि भारतीय संविधान में धर्मनिपेक्षता को केन्द्र में रखा गया है।

दीर्घ उत्तरीय प्रश्न।

1. मौलिक अधिकार किस प्रकार महत्त्वपूर्ण हैं और ये साधारण अधिकारों से कैसे भिन्न हैं?

उत्तर मौलिक अधिकार अत्यंत महत्त्वपूर्ण हैं, इसलिए इन्हें संविधान में सूचीबद्ध किया गया है और उनकी सुरक्षा के लिए विशेष प्रावधान किए गए हैं। ये अधिकार नागरिकों के अधिकारों को किसी अन्य व्यक्ति या संगठनों से संरक्षित करते हैं। ये इतने महत्त्वपूर्ण हैं कि संविधान स्वयं यह सुनिश्चित करता है कि सरकार भी इनका उल्लंघन न कर सके। मौलिक अधिकार अन्य अधिकारों से भिन्न हैं, जहाँ साधारण कानूनी अधिकारों को सुरक्षा देने और लागू करने के लिए साधारण कानूनों का सहारा लिया जाता है, वहीं मौलिक अधिकारों की गारंटी और उनकी सुरक्षा स्वयं संविधान करता है। सामान्य अधिकारों को संसद कानून बनाकर परिवर्तित कर सकती है, किंतु मौलिक अधिकारों में परिवर्तन के लिए संविधान में संशोधन करना पड़ता है। इसके अतिरिक्त सरकार का कोई भी अंग मौलिक अधिकारों के विरुद्ध कोई कार्य नहीं कर सकता।

2. मौलिक अधिकारों के संदर्भ में न्यायिक व्याख्याओं के महत्त्व को स्पष्ट करें।

उत्तर मौलिक अधिकारों के संदर्भ में न्यायिक व्याख्याओं के निम्नलिखित महत्त्व हैं

(i) न्यायिक व्याख्याओं ने मौलिक अधिकारों को बहुत अधिक गहरे रूप में प्रभावित किया है।

(ii) न्यायालय ने व्याख्याओं के माध्यम से अधिकारों के क्षेत्र को और अधिक विस्तृत कर दिया है।

(iii) न्यायालय व्याख्याओं के माध्यम से मौलिक अधिकारों की सुरक्षा को सुनिश्चित करता है; जैसे—सर्वोच्च न्यायालय के विगत के अनेक निर्णयों के द्वारा जीवन और व्यक्तिगत स्वतंत्रता के अधिकार का दायरा बढ़ा है। सर्वोच्च न्यायालय के निर्णय के अनुसार इसमें शोषण से मुक्त और मानवीय गरिमापूर्ण जीवन जीने का अधिकार अंतर्निहित है। न्यायालय ने माना कि जीवन के अधिकार का अर्थ है कि व्यक्ति को आश्रय और आजीविका का भी अधिकार मिले, क्योंकि इसके बिना कोई व्यक्ति जीवित नहीं रह सकता।

- बदलते हुए इस दौर में न्यायिक व्याख्याओं ने मौलिक अधिकारों को और अधिक मजबूती प्रदान की है।

3. निवारक नजरबंदी पर संक्षिप्त टिप्पणी लिखिए।

उत्तर निवारक नजरबंदी के अंतर्गत सरकार को यह आभास होने पर कि कोई व्यक्ति देश की कानून व्यवस्था या सुरक्षा हेतु खतरा बन सकता है, तो ऐसी स्थिति में आशंका के आधार पर सुरक्षात्मक कदम हेतु बिना मुकदमा चलाए उस व्यक्ति को हिरासत में ले लिया जाता है। वर्तमान में भी व्यक्ति और जीवन की स्वतंत्रता तथा निवारक नजरबंदी में

विरोधाभास है और बिना किसी प्रक्रिया को लागू किए उसे कुछ समय के लिए जेल भेजा जा सकता है। इसकी अवधि अधिकतम 3 माह हो सकती है। उसके पश्चात् उसे सलाहकारी बोर्ड के सामने लाया जाता है।

निवारक नजरबंदी असामाजिक तथा राष्ट्र विद्रोही तत्त्वों से निपटने का सरकार का एक शस्त्र होता है, परंतु सरकार द्वारा इसका प्रयोग अधिकांशतः नागरिक स्वतंत्रता के अधिकारों के विरुद्ध किया गया है। अतः कुछ लोगों का मानना है कि इसके दुरुपयोग को रोकने के लिए कुछ सुरक्षात्मक कदम उठाने चाहिए।

4. शोषण के विरुद्ध अधिकार पर संक्षिप्त टिप्पणी कीजिए।

उत्तर देश में जनसंख्या की एक बड़ी आबादी गरीब, दलित-शोषित और वंचित है, जिनका कुछ लोगों द्वारा शोषण हो सकता है। ऐसे शोषण को बेगार या बँधुआ मजदूरी के रूप में जाना जाता है। इसी प्रकार के एक शोषण में लोगों को 'दास' के रूप में खरीदा और बेचा जाता था। विगत समय में जमींदारों, सूदखोरों और अन्य धनी लोग बँधुआ मजदूरी करवाते थे। देश में अभी भी विशेष रूप से भट्ठे के काम में, बँधुआ मजदूरी करवाई जाती है। संविधान इन सभी प्रकार के शोषणों पर प्रतिबंध लगाता है, जिसे अब अपराध घोषित कर कानून के तहत दंडनीय अपराध बना दिया गया है। संविधान के अनुसार 14 वर्ष से कम आयु के बच्चों को किसी कारखाने, खदान या अन्य किसी खतरनाक काम में नियोजित नहीं किया जाएगा। इस तरह बाल श्रम को अवैध बना कर और शिक्षा को बच्चों का मौलिक अधिकार बनाकर शोषण के विरुद्ध संवैधानिक अधिकार को और अर्थपूर्ण बनाया गया है।

5. राष्ट्रीय मानवाधिकार आयोग के गठन एवं कार्यों को स्पष्ट कीजिए।

उत्तर अधिकारों की स्वतंत्रता को सुनिश्चित करने के लिए वर्ष 1993 में राष्ट्रीय मानवाधिकार आयोग का गठन किया गया। इसके सदस्यों में सर्वोच्च न्यायालय का एक पूर्व मुख्य न्यायाधीश, किसी भी उच्च न्यायालय का एक पूर्व मुख्य न्यायाधीश तथा मानवाधिकारों के संबंध में अनुभव रखने वाले दो सदस्य शामिल होते हैं।

राष्ट्रीय मानवाधिकार आयोग के कार्य राष्ट्रीय मानवाधिकार आयोग किसी व्यक्ति अथवा समूह के अधिकारों का उल्लंघन होने पर उस मामले की जाँच करता है तथा पीड़ित को न्याय सुनिश्चित करवाता है।

- अधिकारों की सुनिश्चितता के संदर्भ में यह प्रतिवर्ष एक रिपोर्ट तैयार करता है।
- जेल में जाकर कैदियों की स्थिति का अध्ययन कर सकता है। मानवाधिकार के क्षेत्र में शोध करता है अथवा शोध को प्रोत्साहित कर सकता है।

6. नीति-निदेशक तत्त्वों में कौन-सी बातें प्रमुख हैं? इसके मुख्य प्रावधानों का उल्लेख करें।

अथवा नीति-निदेशक तत्त्वों के रूप में राज्य के उद्देश्यों को स्पष्ट करें।

उत्तर नीति-निदेशक तत्त्वों की सूची में तीन बातें प्रमुख हैं, ये हैं

(i) वे लक्ष्य और उद्देश्य जो एक समाज के रूप में हमें स्वीकार करने चाहिए।

(ii) वे अधिकार जो नागरिकों को मौलिक अधिकारों के अतिरिक्त मिलने चाहिए।

(iii) वे नीतियाँ जिन्हें सरकार को स्वीकार करना चाहिए। नीति-निदेशक तत्त्वों को देखने से संविधान निर्माताओं की भारत की कल्पना का आभास होता है।नीति-निदेशक तत्त्वों के मुख्य प्रावधान निम्नलिखित हैं

- समाज में राजनैतिक, सामाजिक व आर्थिक न्याय तथा समता स्थापित करना, संसाधनों का संतुलित वितरण।
- घरेलू उद्योगों को प्रोत्साहित करना व समान नागरिक संहिता लागू करना, ग्राम पंचायतों को प्रोत्साहन।
- बच्चों हेतु मुफ्त व अनिवार्य शिक्षा उपलब्ध करवाना व महिलाओं हेतु समान वेतन व्यवस्था।
- अंतर्राष्ट्रीय शांति को बढ़ावा।

7. मौलिक अधिकारों एवं नीति-निदेशक तत्त्व की तुलनात्मक समीक्षा करें व बताएँ कि इनमें से किसको वरीयता दी जानी चाहिए?

उत्तर मौलिक अधिकारों एवं नीति-निदेशक तत्त्वों में निम्न अंतर हैं

(i) मौलिक अधिकार न्यायालय द्वारा बाध्यकारी होते हैं, जबकि नीति-निदेशक तत्त्व नहीं।

(ii) मौलिक अधिकार व्यक्तिगत हित से संबंधित होते हैं, जबकि नीति-निदेशक तत्त्व सार्वजनिक हित से संबंधित होते हैं।

(iii) मौलिक अधिकार सरकार के लिए नकारात्मक रूप से जबकि नीति-निदेशक तत्त्व सरकार को सकारात्मक रूप में दिए गए निर्देश होते हैं।

(iv) मौलिक अधिकार स्वस्थ लोकतंत्र की स्थापना हेतु प्रदान किए जाते हैं, जबकि नीति-निदेशक तत्त्व सामाजिक व आर्थिक समानता हेतु होते हैं।

(v) मौलिक अधिकार राज्य की शक्ति से नागरिकों की रक्षा हेतु होते हैं, जबकि नीति-निदेशक तत्त्व राज्य द्वारा कल्याणकारी कार्य करने के लिए दिए गए निर्देश होते हैं।

सार्वजनिक कार्य को लेकर कई बार नीति-निदेशक तत्त्व व मौलिक अधिकारों में टकराव हो जाता है। ऐसी असमंजस की स्थिति में यह तय करना मुश्किल हो जाता है कि दोनों में से किसको वरीयता दी जानी चाहिए। मौलिक अधिकार नागरिकों के व्यक्तिगत हित को सुनिश्चित करते हैं, जबकि नीति-निदेशक तत्त्व सार्वजनिक हित को सुनिश्चित करते हैं। इस दृष्टि से दोनों का अपना विशेष महत्त्व है तथा इनमें से किसी की भी उपेक्षा नहीं की जा सकती है। अतः मौलिक अधिकारों और नीति-निदेशक तत्त्वों को एक-दूसरे के पूरक के रूप में देखा जाना चाहिए।

दीर्घ उत्तरीय प्रश्न II

1. संवैधानिक उपचारों के अधिकार से आप क्या समझते हैं वर्णन करें।

अथवा भारतीय संविधान में अधिकारों के संरक्षण हेतु क्या प्रावधान किए गए हैं?

अथवा मौलिक अधिकारों के उल्लंघन के विरुद्ध संविधान द्वारा नागरिकों को क्या संरक्षण प्राप्त हैं?

उत्तर भारतीय संविधान में मौलिक अधिकारों के संरक्षण का दायित्व सर्वोच्च न्यायालय को सौंपा गया है। विभिन्न मामलों के तहत सर्वोच्च न्यायालय मूल अधिकारों का उपचार व इनकी व्याख्या करता है। इस हेतु संविधान में किए गए प्रावधान निम्नलिखित हैं

संवैधानिक उपचारों का अधिकार (अनुच्छेद-32) किसी भी नागरिक के मौलिक अधिकारों के हनन की स्थिति में वह संवैधानिक उपचारों के अधिकार के तहत सीधा सर्वोच्च न्यायालय जा सकता है। सर्वोच्च न्यायालय उसके समुचित उपचार को सुनिश्चित करता है। मौलिक अधिकारों को अधिक प्रभावशाली बनाने हेतु इस अधिकार को मूल अधिकारों में रखा गया है।

सर्वोच्च न्यायालय द्वारा जारी की जाने वाली रिट अधिकारों के संरक्षण हेतु सर्वोच्च न्यायालय समय-समय पर अनेक प्रकार की रिट जारी करता है, जो निम्न हैं।

(i) **अधिकार पृच्छा** बिना किसी अधिकार के यदि कोई व्यक्ति पद पर रहकर कार्य करता है, तो सर्वोच्च न्यायालय उस व्यक्ति द्वारा किए जा रहे कार्य को रोकने हेतु यह रिट जारी करता है।

(ii) **परमादेश** यदि कोई अधिकारी या संस्था अपने कर्त्तव्य का पालन नहीं कर रहे व इससे किसी अन्य के अधिकार का हनन हो रहा हो, तो सर्वोच्च न्यायालय इस रिट के माध्यम से उन्हें कार्य करने का आदेश देता है।

(iii) **बंदी प्रत्यक्षीकरण** यदि किसी नागरिक की गिरफ्तारी गैर-कानूनी हो और इससे उसके अधिकार का हनन हो रहा हो, तो न्यायालय उसे रिहा करने हेतु यह रिट जारी कर सकता है।

(iv) **उत्प्रेषण रिट** अधीनस्थ न्यायालय द्वारा किसी मामले को लेकर उचित कानूनी प्रक्रिया का पालन न होने की स्थिति में सर्वोच्च न्यायालय इस रिट के माध्यम से उस मामले का ब्यौरा अपने पास मँगवा सकता है।

(v) **प्रतिषेध रिट** यदि कोई अधिकारी अपने अधिकार क्षेत्र से बाहर कार्य कर रहा हो व इससे नागरिकों के मौलिक अधिकार का हनन हो रहा हो, तो सर्वोच्च न्यायालय उसे इस रिट के माध्यम से ऐसा करने से रोकता है। इनके अतिरिक्त संविधान के अंतर्गत नागरिक अधिकारों की रक्षा हेतु अनेक संस्थाओं के गठन के प्रावधान किए गए हैं।

2. भारतीय संविधान में समानता के अधिकार का महत्त्व और इसके विभिन्न पहलुओं पर चर्चा करें।

अथवा **भारतीय संविधान में समानता स्थापित करने हेतु वर्णित प्रावधानों का उल्लेख करें।**

उत्तर भारतीय संविधान में अनेक प्रावधानों के माध्यम से समानता स्थापित करने का प्रयास किया गया है

(i) **विधि के समक्ष समता** भारतीय संविधान में अनुच्छेद-14 के माध्यम से कानून का शासन स्थापित किया गया है, जिसके तहत कानून की दृष्टि में सभी व्यक्ति समान होते हैं।

(ii) **भेदभाव का निषेध** अनुच्छेद-15 के माध्यम से सार्वजनिक वस्तुओं एवं स्थलों के प्रयोग के संदर्भ में लिंग, धर्म, जाति व नस्ल आदि आधारों पर किसी भी प्रकार के भेदभाव का निषेध किया गया है।

(iii) अवसर की समानता अनुच्छेद-16 के माध्यम से सभी नागरिकों को रोजगार तथा अन्य मामलों में अवसर की समानता प्रदान की गई है। रोजगार प्राप्त करने हेतु अवसरों के मामले में किसी के साथ कोई भेदभाव नहीं किया जाएगा।

(iv) **छुआछूत का अंत** भारतीय संविधान में अनुच्छेद–17 के माध्यम से समाज में व्याप्त छुआछूत की प्रथा का अंत किया गया है तथा छुआछूत संबंधी व्यवहार को दंडनीय अपराध घोषित किया गया है। इस अनुच्छेद के माध्यम से संविधान सभी नागरिकों के समान महत्त्व को सुनिश्चित करता है।

(v) **उपाधियों का अंत** अनुच्छेद-18 के माध्यम से सभी प्रकार की अनौपचारिक उपाधियों का अंत किया गया है ताकि सभी व्यक्तियों को समान प्रतिष्ठा एवं गरिमा प्राप्त हो सके। संविधान के ये सभी प्रावधान समाज में समानता को स्थापित करते हैं, ताकि किसी व्यक्ति अथवा समुदाय की समाज द्वारा वंचना न की जा सके तथा सामाजिक न्याय को स्थापित किया जा सके।

3. सामाजिक न्याय की अवधारणा और विभिन्न आयामों पर चर्चा करें। भारतीय संविधान में सामाजिक न्याय को कैसे सुनिशित किया गया है?

अथवा **भारतीय संविधान द्वारा सामाजिक न्याय को किस प्रकार स्थापित किया गया है?**

उत्तर भारतीय संविधान द्वारा निम्नलिखित प्रावधानों के माध्यम से सामाजिक न्याय को स्थापित किया गया है

(i) समाज में व्याप्त छुआछूत जैसी कुप्रथाओं को दंडनीय अपराध घोषित किया गया है।

(ii) 14 वर्ष अथवा उससे कम वर्ष की आयु के बच्चों को खदानों व कारखानों जैसे खतरनाक कार्यों में लगाने पर प्रतिबंध लगाया गया है।

(iii) वंचित वर्ग तथा व्यक्तियों के प्रति समाज के भेदभावपूर्ण व्यवहार पर रोक लगाई गई है।

(iv) अल्पसंख्यकों के अधिकारों की सुरक्षा को सुनिश्चित किया गया है। सभी प्रकार की अनौपचारिक उपाधियों की समाप्ति कर सभी व्यक्तियों की समान प्रतिष्ठा व गरिमा को सुनिश्चित किया गया है।

(v) संसाधनों के उपयोग के संदर्भ में किसी भी व्यक्ति के साथ सभी प्रकार के भेदभाव की मनाही की गई है।

(vi) समाज के वंचित वर्गों को मुख्यधारा में लाने के लिए आरक्षण जैसी व्यवस्था की गई है।

(vii) मौलिक अधिकारों के द्वारा राज्य की सत्ता से नागरिकों के हितों की सुरक्षा सुनिश्चित की गई है।

(viii) रोजगार प्राप्त करने में अवसर की समानता सुनिश्चित की गई है। शासन संचालन की सभी संस्थाओं में शक्तियों का न्यायपूर्ण बँटवारा किया गया है व साथ ही उनके दायित्वों को सुनिश्चित किया गया है।

संविधान में सामाजिक न्याय को प्राप्त करने के लिए उपरोक्त प्रावधानों को सम्मिलित किया गया है, ताकि समाज में सभी व्यक्तियों को उनके संपूर्ण विकास हेतु आवश्यक न्यूनतम बुनियादी सुविधाएँ उपलब्ध करवाई जा सकें।

4. दक्षिण अफ्रीका के संविधान में शामिल प्रमुख अधिकारों का उल्लेख कीजिए।

उत्तर दक्षिण अफ्रीका के संविधान में सम्मिलित प्रमुख अधिकार निम्नलिखित हैं

(i) **गरिमा का अधिकार** प्रत्येक व्यक्ति को गरिमा के साथ जीवन जीने का अधिकार प्राप्त है।

(ii) **निजता का अधिकार** प्रत्येक नागरिक को व्यक्तिगत जानकारी और जीवन की गोपनीयता सुरक्षित है।

(iii) **श्रम-संबंधी समुचित व्यवहार का अधिकार** श्रमिकों को निष्पक्ष और समान व्यवहार उचित वेतन एवं काम की बेहतर परिस्थितियों का अधिकार दिया गया है।

(iv) **स्वस्थ पर्यावरण और पर्यावरण संरक्षण का अधिकार** प्रत्येक व्यक्ति को एक सुरक्षित और स्वस्थ पर्यावरण में जीने का अधिकार प्राप्त है।

(v) **समुचित आवास का अधिकार** नागरिकों को उचित आवास की सुविधा देने का प्रावधान है।

(vi) **स्वास्थ्य सुविधाएँ, भोजन, पानी और सामाजिक सुरक्षा का अधिकार** सभी नागरिकों को स्वास्थ्य सुविधाएँ, पर्याप्त भोजन, पानी और सामाजिक सुरक्षा की गारंटी दी गई है।

(vii) **बाल-अधिकार** बच्चों को सुरक्षा, शिक्षा और उनके विकास के लिए आवश्यक अधिकार प्रदान किए गए हैं।

(viii) **बुनियादी और उच्च शिक्षा का अधिकार** सभी को गुणवत्ता पूर्ण बुनियादी और उच्च शिक्षा प्राप्त करने का अधिकार दिया है।

(ix) **सांस्कृतिक, धार्मिक और भाषाई समुदायों का अधिकार** विभिन्न सांस्कृतिक धार्मिक और भाषाई समूहों को अपनी परंपराओं और संस्कृति को बनाए रखने और बढ़ावा देने का अधिकार है।

(x) **सूचना प्राप्त करने का अधिकार** प्रत्येक नागरिकों को सार्वजनिक जानकारी तक पहुँचने का अधिकार है।

इन अधिकारों को लागू करने और इनके हनन से बचाने की जिम्मेदारी दक्षिण अफ्रीका की न्यायपालिका के पास है।

5. भारतीय संविधान में कितने मौलिक कर्त्तव्यों का वर्णन किया गया है? विस्तार से समझाइए।

अथवा **भारतीय संविधान में दिए गए मौलिक अधिकार की विशेषताओं की विशेषताओं का वर्णन कीजिए।**

अथवा **भारतीय संविधान में दिए गए मौलिक अधिकारों की प्रकृति की व्याख्या कीजिए।**

उत्तर भारतीय संविधान के अनुच्छेद 51 (A) में दस मौलिक कर्त्तव्यों का उल्लेख मिलता है, परंतु वर्तमान में इनकी संख्या 11 है, जो इस प्रकार हैं

(i) नागरिकों का कर्त्तव्य है कि वे संविधान की धाराओं का पालन करें, संविधान के आदर्शों को उचित सम्मान दें तथा राष्ट्रगान और राष्ट्रध्वज का आदर करें।

(ii) नागरिकों का कर्त्तव्य है कि उन आदर्शों को अपनाएँ, जो राष्ट्रीय आंदोलन के दौरान हमें प्रेरणा दिया करते थे।

(iii) भारत की संप्रभुता, एकता और अखंडता की रक्षा करना प्रत्येक नागरिक का परम कर्त्तव्य है।

(iv) नागरिकों का कर्त्तव्य है कि देश की रक्षा के लिए तैयार रहें

(v) देश में धार्मिक, भाषायी और प्रादेशिक भेदभाव मौजूद हैं। विभिन्न समुदायों के बीच भाईचारे को बनाए रखना प्रत्येक नागरिक का कर्त्तव्य है।

(vi) देश की मिली-जुली संस्कृति व गौरव को बनाए रखना प्रत्येक नागरिक का कर्त्तव्य है।

(vii) संविधान के अनुसार नागरिक का यह कर्त्तव्य भी है कि पर्यावरण को दूषित होने से बचाएँ। नागरिकों को सभी जीवधारियों के प्रति दयाभाव रखना चाहिए।

(viii) नागरिकों का कर्त्तव्य है कि वे वैज्ञानिक दृष्टिकोण अपनाएँ तथा मानववाद और सुधार की भावना का विकास करें।

(ix) नागरिकों का यह भी दायित्व है कि वे सार्वजनिक संपत्ति की रक्षा करें और हिंसा की कार्यवाही से दूर रहें।

(x) नागरिक सभी क्षेत्रों में उन्नति करने का प्रयत्न करें। यदि वे ऐसा करते हैं तो देश निरंतर ऊँचा उठता जाएगा और लगातार नई उपलब्धियाँ हासिल करेगा।

(xi) 6 से 14 वर्ष तक के बच्चों को अनिवार्य शिक्षा उपलब्ध कराना। (यह 86वें संविधान संशोधन अधिनियम द्वारा वर्ष 2002 में जोड़ा गया।)

6. वाक् और अभिव्यक्ति की स्वतंत्रता से आप क्या समझते हैं? वाक् और अभिव्यक्ति की स्वतंत्रता पर किस आधारों पर प्रतिबंध लगाया जा सकता है

अथवा **वाक् एवं अभिव्यक्ति की स्वतंत्रता का प्रेस की स्वतंत्रता से क्या संबंध है? क्या यह असीमित है**

उत्तर वाक और अभिव्यक्ति की स्वतंत्रता से आशय शब्दों, लेखों, मुद्रणों, चिह्नों या किसी अन्य प्रकार से अपने विचारों की अभिव्यक्ति की स्वतंत्रता से है। संविधान के अनुच्छेद 19 के अनुसार विचारों के प्रायः सभी माध्यम अभिव्यक्ति की सीमा में आते हैं। प्रेस की स्वतंत्रता की अभिव्यक्ति भी स्वतंत्रता की सीमा में ही आती है।

संविधान द्वारा भारत के सभी नागरिकों को विचार अभिव्यक्ति के भाषण देने, अपने तथा अन्य व्यक्तियों के भाषण के प्रसार की स्वतंत्रता, जानने का अधिकार तथा प्रेस की स्वतंत्रता भी शामिल है।

वाक् और अभिव्यक्ति की स्वतंत्रता केवल अपने ही विचारों के प्रसार की स्वतंत्रता तक सीमित नहीं है। बल्कि दूसरों के विचारों के प्रसार और प्रकाशन की स्वतंत्रता भी इसके अतिरिक्त इसमें शामिल है।

प्रेस की स्वतंत्रता से सूचनाओं तथा समाचारों को जानने का अधिकार भी शामिल है।

प्रेस को किसी भी व्यक्ति के साक्षात्कार के माध्यम से सूचना प्राप्त करने का अधिकार है, लेकिन इसमें व्यक्ति की इच्छा सर्वोपरि है। इसके लिए प्रेस द्वारा इसे बाध्य नहीं किया जा सकता है, लेकिन ये स्वतंत्रताएँ असीमित नहीं हैं। विशेष परिस्थितियों में सरकार द्वारा इन पर प्रतिबंध लगाया जा सकता है; जैसे– सार्वजनिक कानून व्यवस्था, न्यायालय की अवमानना, विदेशी राज्यों से संबंध, राज्य की सुरक्षा तथा अपराध के लिए उत्तेजित करना। न्यायालय इन कारणों के आधार पर वाक और अभिव्यक्ति की स्वतंत्रता पर रोक लगा सकती है। बाद में संविधान में संशोधन करके यह जोड़ दिया गया कि यदि कोई व्यक्ति भारत के किसी भाग को पृथक् करवाने के लिए प्रचार करे, तो भी उसकी अभिव्यक्ति के अधिकार पर रोक लगाई जा सकती है।

उपर्युक्त विवरण से यह स्पष्ट है कि वाक् और अभिव्यक्ति की स्वतंत्रता का उद्देश्य व्यक्ति का विकास है, न कि इसका प्रावधान नकारात्मक उद्देश्य के लिए है।

स्रोत आधारित प्रश्न

नीचे दिए गए स्रोतों को ध्यानपूर्वक पढ़कर प्रश्नों के उत्तर दीजिए

1. स्वतंत्रता संघर्ष के दौरान, स्वतंत्रता आंदोलन के नेताओं ने इन अधिकारों का महत्त्व समझा था और माँग की थी कि अंग्रेज शासकों को जनता के अधिकारों का आदर करना चाहिए। वर्ष 1928 में ही मोतीलाल नेहरू समिति ने अधिकारों के एक घोषणा-पत्र की माँग उठाई थी। अतः यह स्वाभाविक था कि स्वतंत्रता के पश्चात् संविधान निर्माण के दौरान संविधान में अधिकारों का समावेश करने और उन्हें सुरक्षित करने पर सभी की राय एक थी।

संविधान में उन अधिकारों को सूचीबद्ध किया गया, जिन्हें सुरक्षा देनी थी और उन्हें मौलिक अधिकारों की संज्ञा दी गई। जैसा कि नाम से स्पष्ट है, मौलिक अधिकार अत्यंत महत्त्वपूर्ण हैं इसीलिए उन्हें संविधान में सूचीबद्ध किया गया है और उनकी सुरक्षा के लिए विशेष प्रावधान बनाए गए हैं। वे इतने महत्त्वपूर्ण हैं कि संविधान स्वयं यह सुनिश्चित करता है कि सरकार भी उनका उल्लंघन न कर सके।

मौलिक अधिकार हमारे अन्य अधिकारों से भिन्न हैं। जहाँ साधारण कानूनी अधिकारों को सुरक्षा देने और लागू करने के लिए साधारण कानूनों का सहारा लिया जाता है, वहीं मौलिक अधिकारों की गारंटी और उनकी सुरक्षा स्वयं संविधान करता है। सामान्य अधिकारों को संसद कानून बनाकर परिवर्तित कर सकती है, लेकिन मौलिक अधिकारों में परिवर्तन के लिए संविधान में संशोधन करना पड़ता है। इसके अतिरिक्त सरकार का कोई भी अंग मौलिक अधिकारों के विरुद्ध कोई कार्य नहीं कर सकता।

(i) **मौलिक अधिकारों में परिवर्तन के लिए क्या आवश्यक है?**

(a) साधारण कानून का निर्माण (b) संविधान संशोधन
(c) सरकार का आदेश (d) राष्ट्रपति की अनुमति

उत्तर (b) संविधान संशोधन

(ii) **मौलिक अधिकारों को संविधान में सूचीबद्ध करने का उद्देश्य क्या है?**

(a) सरकार को मजबूत बनाना
(b) नागरिकों को संरक्षण प्रदान करना
(c) न्यायपालिका को शक्तिशाली बनाना
(d) कार्यपालिका को नियंत्रित करना

उत्तर (b) नागरिकों को संरक्षण प्रदान करना

(iii) **मौलिक अधिकार अन्य अधिकारों से किस प्रकार अलग है? स्पष्ट कीजिए।**

उत्तर मौलिक अधिकार अन्य अधिकारों से भिन्न हैं, क्योंकि साधारण कानूनी अधिकारों को सुरक्षा देने और लागू करने के लिए साधारण कानूनों का सहारा लिया जाता है, जबकि मौलिक अधिकारों की गारंटी और सुरक्षा स्वयं संविधान करता है। इसके अतिरिक्त सामान्य अधिकारों को संसद कानून बनाकर परिवर्तन कर सकती है, जबकि मौलिक अधिकारों में परिवर्तन के लिए संविधान में संशोधन करना पड़ता है।

2. **इस बात से हर कोई सहमत होगा कि हमारे संविधान में मौलिक अधिकारों की सूची बड़ी आकर्षक है, लेकिन अधिकारों की विस्तृत सूची देना ही अधिक नहीं। कोई ऐसा तरीका होना चाहिए, जिससे उन्हें व्यवहार में लाया जा सके, उल्लंघन होने पर अधिकारों की रक्षा की जा सके। उपचारों का अधिकार वह साधन है, जिसके द्वारा ऐसा किया जा सकता है। डॉ. अंबेडकर ने इस अधिकार को 'संविधान का हृदय और आत्मा' की संज्ञा दी। इसके अंतर्गत प्रत्येक नागरिक को यह अधिकार प्राप्त है कि वह अपने मौलिक अधिकारों के उल्लंघन की स्थिति में सीधे उच्च न्यायालय या सर्वेच्च न्यायालय जा सकता है। सर्वोच्च न्यायालय या उच्च न्यायालय मौलिक अधिकारों को लागू करने के लिए सरकार को आदेश और निर्देश दे सकता है। न्यायालय कई प्रकार के विशेष आदेश जारी करता है, जिन्हें रिट कहते हैं। बंदी प्रत्यक्षीकरण, परमादेश, प्रतिषेध, उत्प्रेषण, अधिकार पृच्छा आदि प्रमुख रिटें हैं।**

(i) **न्यायालय द्वारा जारी किए जाने वाले विशेष आदेशों को क्या कहा जाता है?**

(a) अधिसूचना (b) गाइडलाइन
(c) रिट (d) परामर्श

उत्तर (c) रिट

(ii) **डॉ. अंबेडकर ने किस अधिकार को 'संविधान का हृदय और आत्मा' कहा है?**

(a) शिक्षा का अधिकार (b) उपचारों का अधिकार
(c) अभिव्यक्ति का अधिकार (d) सांस्कृतिक अधिकार

उत्तर (b) उपचारों का अधिकार

(iii) **न्यायपालिका के द्वारा उत्प्रेषण रिट कब जारी की जाती है?**

उत्तर उत्प्रेषण रिट उच्चतम या उच्च न्यायालय द्वारा न्यायिक या अर्द्ध-न्यायिक प्राधिकारी के विरुद्ध जारी की जाती है, जो अपने क्षेत्राधिकार का उल्लंघन कर रहा हो। उत्प्रेषण रिट उस समय जारी की जाती है, जब किसी मामले में निर्णय दिया जा चुका हो।

3. **किसी भी संविधान द्वारा प्रदान किए गए अधिकारों की असली पहचान तब होती है, जब उन्हें लागू किया जाता है। समाज के गरीब, अशिक्षित और कमजोर वर्ग के लोगों को अपने अधिकारों को प्रयोग करने की स्वतंत्रता होनी चाहिए। पीपुल्स यूनियन फॉर सिविल लिबर्टीज (पीयूसीएल) या पीपुल्स यूनियन फॉर डेमोक्रेटिक राइट्स (पीयूडीआर) जैसी संस्थाएँ अधिकारों के हनन के विरुद्ध चौकसी करती हैं। इस परिप्रेक्ष्य में वर्ष 1993 में सरकार में राष्ट्रीय मानवाधिकार आयोग का गठन किया। राष्ट्रीय मानवाधिकार आयोग में सर्वोच्च न्यायालय का एक पूर्व मुख्य न्यायाधीश किसी उच्च न्यायालय का एक पूर्व मुख्य न्यायाधीश तथा मानवाधिकारों के संबंध में ज्ञान या व्यावहारिक अनुभव रखने वाले दो और सदस्य होते हैं। मानवाधिकारों के उल्लंघन की शिकायतें मिलने पर या स्वयं अपनी पहल पर या किसी पीड़ित व्यक्ति की याचिका पर मानवाधिकार आयोग जाँच कर सकता है। इसके अतिरिक्त यह मानवाधिकार के क्षेत्र में शोध कर सकता है या शोध को प्रोत्साहित कर सकता है।**

आयोग को प्रतिवर्ष हजारों शिकायतें मिलती हैं। इनमें से अधिकतर हिरासत में मृत्यु, हिरासत के दौरान बलात्कार, लोगों के गायब होने, पुलिस की ज्यादतियों, कार्यवाही न किए जाने, महिलाओं के प्रति दुर्व्यवहार आदि से संबंधित होती हैं।

(i) **राष्ट्रीय मानवाधिकार आयोग के अध्यक्ष के रूप में कौन होता है?**

(a) किसी राज्य का राज्यपाल
(b) सर्वोच्च-न्यायालय के पूर्व मुख्य न्यायाधीश
(c) उच्च न्यायालय के वर्तमान न्यायाधीश
(d) राष्ट्रपति द्वारा नियुक्त कोई राजनीतिज्ञ

उत्तर (b) सर्वोच्च-न्यायालय के पूर्व मुख्य न्यायाधीश

(ii) **राष्ट्रीय मानवाधिकार आयोग का गठन किस वर्ष किया गया था?**

(a) 1985 (b) 1990
(c) 1993 (d) 2000

उत्तर (c) 1993

(iii) **मानवाधिकार आयोग को मुकदमे चलाने का अधिकार है या नहीं?**

उत्तर मानवाधिकारों के उल्लंघन की शिकायतें मिलने पर या स्वयं अपनी पहल पर या किसी पीड़ित व्यक्ति की याचिका पर मानवाधिकार आयोग जाँच कर सकता है। आयोग को स्वयं मुकदमे सुनने का अधिकार नहीं है। यह सरकार या न्यायालय को अपनी जाँच के आधार पर मुकदमे चलाने की सिफारिश कर सकता है।

4. **भारत में प्रत्येक व्यक्ति को अपना धर्म चुनने और उसका पालन करने का अधिकार है। धार्मिक स्वतंत्रता में अंत:करण की स्वतंत्रता भी समाहित है। इसका अर्थ है कि कोई व्यक्ति किसी भी धर्म को चुन सकता है या यह निर्णय भी ले सकता है कि वह किसी भी धर्म का पालन नहीं करेगा। धार्मिक स्वतंत्रता का यह भी अर्थ है कि सभी व्यक्तियों को अपने धर्म को अबाध रूप से मानने, उसके अनुसार आचरण करने और प्रचार करने का समान अधिकार होगा, लेकिन धार्मिक स्वतंत्रता पर कुछ प्रतिबंध भी हैं। लोक व्यवस्था, नैतिकता एवं स्वास्थ्य के आधार पर सरकार धार्मिक स्वतंत्रता पर प्रतिबंध लगा सकती है।**

धार्मिक स्वतंत्रता का अधिकार असीमित नहीं है। कुछ सामाजिक बुराइयों को दूर करने के लिए सरकार धार्मिक मामलों में हस्तक्षेप कर सकती है। उदाहरण के तौर पर, सरकार ने सती प्रथा, एक से अधिक विवाह और मानव-बलि जैसी कुप्रथाओं पर प्रतिबंध के लिए अनेक कदम उठाए हैं। ऐसे प्रतिबंधों को धार्मिक स्वतंत्रता के अधिकार में हस्तक्षेप नहीं माना जा सकता।

धार्मिक स्वतंत्रता के अधिकार पर नियंत्रण लगाने से विभिन्न धर्म को मानने वालों और सरकार के बीच अकसर ही तनावपूर्ण स्थितियाँ पैदा होती हैं। जब भी किसी धार्मिक समुदाय के कुछ क्रियाकलापों पर सरकार नियंत्रण लगाती है, तो उस समुदाय के लोग यह महसूस करते हैं कि वह उनके धर्म में एक हस्तक्षेप है।

संविधान ने सभी को अपने धर्म के प्रचार करने की स्वतंत्रता दी है। इसमें लोगों को एक धर्म से दूसरे धर्म में परिवर्तन के लिए मनाने का अधिकार भी शामिल है। यद्यपि कुछ लोग धर्म परिवर्तन का विरोध करते-करते हैं, क्योंकि उनका मानना है कि धर्मांतरण भय अथवा लालच के आधार पर कराए जाते हैं। संविधान भी जबरन धर्म परिवर्तन की इज़ाजत नहीं देता। वह केवल अपने धर्म के बारे में सूचनाएँ प्रसारित करने का अधिकार देता है, जिससे हम दूसरों को अपने धर्म की ओर आकर्षित कर सकें।

(i) **सरकार ने ………, एक से अधिक विवाह और मानव-बलि जैसी ……… पर प्रतिबंध के लिए अनेक कदम उठाए हैं।**

(a) धर्म, सती प्रथा (b) सती प्रथा, नरबलि
(c) नरबलि, धर्म (d) सती प्रथा, कुप्रथा

उत्तर (d) सती प्रथा, कुप्रथा

(ii) **निम्न कथनों पर विचार कर सही कूट का चयन कीजिए**

1. **भारत में प्रत्येक व्यक्ति को अपना धर्म चुनने और उसका पालन करने का अधिकार प्राप्त है।**
2. **धार्मिक स्वतंत्रता में अंत:करण की स्वतंत्रता भी समाहित है।**

कूट

(a) केवल 1 (b) केवल 2
(c) 1 और 2 दोनों (d) इनमें से कोई नहीं

उत्तर (c) 1 और 2 दोनों

(iii) **धार्मिक स्वतंत्रता का अधिकार क्या है?**

उत्तर धार्मिक स्वतंत्रता का अधिकार व्यक्तियों को अपने धर्म मानने, उसके अनुसार आचरण करने और विश्वासों का प्रचार करने की स्वतंत्रता प्रदान करना है इसका अर्थ है कि प्रत्येक व्यक्ति अपने धर्म का पालन कर सकता है, चाहे वह किसी भी धर्म का हो और यह अधिकार संविधान द्वारा सुरक्षित है। इसके अंतर्गत, व्यक्ति को अपनी धार्मिक प्रथाओं का पालन करने, धार्मिक आयोजनों में भाग लेने और अपने धर्म के सिद्धांतों के अनुसार जीवन जीने की स्वतंत्रता है।

5. **संविधान निर्माताओं को पता था कि स्वतंत्र भारत को अनेक चुनौतियों का सामना करना पड़ेगा। इसमें सभी नागरिकों में समानता लाना और उसका कल्याण करना सबसे बड़ी चुनौती थी। उन लोगों ने यह भी सोचा कि इन समस्याओं को हल करने के लिए कुछ नीतिगत निर्देश जरूरी हैं, लेकिन इसके साथ ही वे इन नीतियों को भावी सरकारों के लिए बाध्यकारी भी नहीं बनाना चाहते थे।**

संविधान में कुछ निदेशक तत्त्वों का समावेश तो किया गया, लेकिन उन्हें न्यायालय के माध्यम से लागू करवाने की व्यवस्था नहीं की गई। इसका अर्थ यह हुआ कि यदि सरकार किसी निर्देश को लागू नहीं करती तो हम न्यायालय में जाकर यह माँग नहीं कर सकते कि उसे लागू करने के लिए न्यायालय सरकार को आदेश दे। इसलिए कहा जाता है कि नीति-निदेशक तत्त्व 'वाद योग्य नहीं' हैं। बल्कि कि यह संविधान का एक हिस्सा हैं, जिन्हें न्यायपालिका द्वारा लागू नहीं कराया जा सकता। संविधान निर्माताओं का मानना था कि इन नीति निदेशक तत्त्वों के पीछे जो नैतिक शक्ति है, वह सरकार को बाध्य करेगी कि सरकार नीति-निदेशक तत्त्वों को गंभीरता से ले। इसके अतिरिक्त वे ऐसा भी समझते थे कि जनता उन्हें लागू करने की जिम्मेदार भावी सरकारों पर डालेगी। अतः संविधान में ऐसी नीतियों की एक निदेशक सूची तैयारी की है। निर्देशों इसी सूची को राज्य के नीति-निदेशक तत्त्व कहते हैं।

(i) **उपरोक्त अनुच्छेद के अनुसार संविधान निर्माताओं की दृष्टि में सबसे बड़ी चुनौती क्या थी?**

(a) नागरिकों में समानता लाना
(b) जनकल्याण सम्बंधी नीति का संचार
(c) 'a' और 'b' दोनों
(d) निदेशक तत्त्वों को अधिकार के रूप में देना

उत्तर (c) 'a' और 'b' दोनों

(ii) **संविधान निर्माताओं के अनुसार कौन-सी शक्ति सरकार को बाध्य करेगी कि सरकार नीति-निदेशक तत्त्वों को गंभीरता से ले?**

(a) कानूनी शक्ति (b) न्यायालय की शक्ति
(c) राजनैतिक शक्ति (d) नैतिक शक्ति

उत्तर (d) नैतिक शक्ति

(iii) **नीति-निदेशक तत्त्वों को 'वाद योग्य क्यों कहा नहीं जाता है?**

उत्तर नीति निदेशक तत्त्वों को 'वाद योग्य इसलिए नहीं कहा जाता है, क्योंकि संविधान में इन तत्त्वों को लागू करवाने का कानूनी अधिकार नागरिकों को नहीं दिया गया है। यदि सरकार इन तत्त्वों को लागू करने में असफल होती है, तो नागरिक न्यायालय में जाकर यह दावा नहीं कर सकते कि उन्हें लागू किया जाए। ये तत्त्व मुख्यतः नैतिक और आदर्श आधारित सिद्धांत हैं, जिन्हें लागू करना सरकार की जिम्मेदारी है, लेकिन इन्हें न्यायालय द्वारा बाध्यकारी नहीं बनाया गया है।

मानचित्र आधारित प्रश्न

1. भारत के दिए राजनीतिक मानचित्र में, तीन राज्यों को (A), (B) और (C) के रूप में चिह्नित किया गया है। नीचे दी गई जानकारी के आधार पर इन राज्यों को पहचानें और उनके सही नाम अपनी उत्तर पुस्तिका में उपयोग की गई जानकारी की क्रम संख्या और संबंधित अक्षरों के साथ लिखें।

दी गई जानकारी का क्रमांक	मानचित्र में निर्देशित अक्षर	राज्य का नाम
(i)	A	
(ii)	B	
(ii)	C	

(i) संविधान सभा के अध्यक्ष तथा भारत के प्रथम राष्ट्रपति से संबंधित राज्य

(ii) संविधान सभा में उद्देश्य प्रस्ताव प्रस्तुत करने वाले व्यक्ति से संबंधित राज्य

(iii) प्रारूप समिति की अध्यक्षता करने वाले व्यक्ति से संबंधित राज्य

उत्तर

क्रम सं.	मानचित्र में निर्देशित अक्षर	राज्य का नाम
(i)	A	बिहार
(ii)	B	उत्तर प्रदेश
(iii)	C	महाराष्ट्र

स्वयं को जाँचें

वस्तुनिष्ठ प्रश्न

1. संविधान .... के अनुसार राज्य पिछड़े हुए नागरिकों के किसी वर्ग के पक्ष में, जिनका प्रतिनिधित्व राज्य की दृष्टि से राज्य अधीन सेवाओं में पर्याप्त नहीं है, नियुक्तियों या पदों के आरक्षण का प्रावधान कर सकता है।

(a) अनुच्छेद-16 (b) अनुच्छेद-16(4)
(c) अनुच्छेद-21 (d) अनुच्छेद-14

2. भारतीय संविधान के तहत, मौलिक अधिकारों का उल्लंघन होने पर किसके माध्यम से चुनौती दी जा सकती है?

(a) संसद (b) कार्यपालिका
(c) न्यायपालिका (d) राज्य सरकार

3. समता के अधिकार के संबंध में दिए गए कथनों में से कौन-सा/से कथन सही है/हैं?

1. कानून के समक्ष सभी समान हैं।
2. किसी भी व्यक्ति के साथ धर्म, जाति, मूल वंश आदि के आधार पर कोई भेदभाव नहीं किया जाएगा।

कूट

(a) केवल 1 (b) केवल 2
(c) 1 और 2 दोनों (d) इनमें से कोई नहीं

4. वर्ष 1978 में जनता पार्टी की सरकार द्वारा 'संपत्ति के अधिकार' को मौलिक अधिकार की श्रेणी से हटाकर किस अनुच्छेद के अंतर्गत एक सामान्य कानून के रूप में परिणत कर दिया गया?

(a) अनुच्छेद-14 (क) (b) अनुच्छेद-300 (क)
(c) अनुच्छेद-301 (क) (d) अनुच्छेद-301 (क)

5. निम्नलिखित अनुच्छेद और उनके अधिकारों का मिलान करें। इनमें से कौन-सा युग्म सही नहीं है?

(a) अनुच्छेद 19-स्वतंत्रता का अधिकार
(b) अनुच्छेद 17-अस्पृश्यता का उन्मूलन
(c) अनुच्छेद 21-शिक्षा का अधिकार
(d) अनुच्छेद 31-सांस्कृतिक और शैक्षिक अधिकार

लघु उत्तरीय प्रश्न

6. अधिकार से क्या तात्पर्य है?

7. समानता के अधिकार को स्पष्ट कीजिए।

8. धार्मिक स्वतंत्रता के अधिकार से क्या आशय है?

9. मौलिक अधिकार व मूल कर्त्तव्य एक-दूसरे के पूरक हैं, कैसे?

दीर्घ उत्तरीय प्रश्न I

10. संवैधानिक उपचारों के अधिकार के अंतर्गत न्यायालय द्वारा जारी की जाने वाली किन्हीं तीन रिटों का वर्णन कीजिए।

11. राज्य के नीति-निदेशक तत्त्वों को स्पष्ट करते हुए उसके अंतर्गत शामिल प्रमुख बातों को लिखिए।

12. मौलिक अधिकार व नीति-निदेशक तत्त्वों का वर्णन करते हुए अंतर स्पष्ट कीजिए।

13. समानता का अधिकार और सामाजिक न्याय के बीच संबंध स्पष्ट कीजिए।

दीर्घ उत्तरीय प्रश्न II

14. जीवन और व्यक्तिगत स्वतंत्रता के अधिकार का विस्तारपूर्वक वर्णन कीजिए।

15. क्या मौलिक कर्त्तव्यों को मौलिक अधिकारों पर वरीयता देनी चाहिए? अगर हाँ, तो क्यों और कैसे?

16. मौलिक अधिकार महत्त्वपूर्ण क्यों हैं? संविधान में प्राप्त मौलिक अधिकारों का वर्णन कीजिए।

17. भारतीय संविधान के अनुच्छेद 14 से 18 का विश्लेषण करें और बताए कि ये अनुच्छेद सामाजिक न्याय को किस प्रकार बढ़ावा देते हैं?

3

अध्याय

चुनाव और प्रतिनिधित्व

इस अध्याय में चुनाव और प्रतिनिधित्व के बारे में संवैधानिक प्रावधानों को शामिल किया गया ताकि विविधतापूर्ण भारतीय समाज में निष्पक्ष और पारवर्शी चुनाव सम्पन्न हो सकें। इसमें उन्ही विधियों, उनकी विशेषताओं आदि का अध्ययन को शामिल किया गया है।

अध्ययन एक नजर में

अभ्यास के लिए

- बहुविकल्पीय प्रश्न 23 (युग्मित प्रश्न, चित्र आधारित प्रश्न, कथन/कारण, सुमेलित कीजिए)
- वर्णनात्मक प्रकार के प्रश्न (लघु उत्तरीय प्रश्न 6, दीर्घ उत्तरीय प्रश्न I 8)
- दीर्घ उत्तरीय प्रश्न II 4,
- स्रोत आधारित प्रश्न 4, मानचित्र आधारित 1

प्रत्येक लोकतांत्रिक देश में चुनावों की महत्त्वपूर्ण भूमिका होती है। चुनावों का परिणाम उन नियमों पर निर्भर करता है, जिन्हें हम अपनाते हैं। इसके अतिरिक्त हमें चुनावों को निष्पक्ष रूप से आयोजित करने के लिए कुछ तंत्र की आवश्यकता होती है। इसलिए चुनाव के लिए लोकतंत्र के सिद्धांतों को बनाए रखते हैं और लोकतांत्रिक प्रक्रिया का सबसे स्पष्ट प्रतीक होते हैं।

3.1 चुनाव और लोकतंत्र

- **चुनाव** (Election) ऐसी व्यवस्था है, जिसके माध्यम से शासन संचालन हेतु जनता अपने प्रतिनिधियों को निर्वाचित करती है। लोकतांत्रिक व्यवस्था में जनता चुनाव के माध्यम से ही शासन संचालन में अपनी अप्रत्यक्ष भागीदारी को सुनिश्चित करती है। साथ ही चुनाव परिणाम जनता के द्वारा बनाए गए नियमों पर निर्भर करता है।
- चुनाव के संबंध में मूलभूत निर्णयों को लोकतांत्रिक देश के संविधान में लिख दिया जाता है। चुनाव की एक लोकतांत्रिक देश में निम्न आवश्यकताएँ हैं
  - शासन संचालन हेतु प्रत्येक निर्णय में नागरिक प्रत्यक्ष रूप से भाग नहीं ले सकते। अत: चुनाव के माध्यम से जनता अपने प्रतिनिधियों को निर्वाचित कर अपनी इच्छा प्रकट करती है।
  - चुनाव के माध्यम से जनता यह निर्धारित करती है कि सत्ता संचालन की कमान किसके हाथ में होगी।
  - सत्ता संचालन में जनता की भागीदारी सुनिश्चित करने हेतु चुनाव की आवश्यकता होती है।
- **लोकतंत्र** से अभिप्राय जनता का शासन अर्थात् जनता का, जनता के लिए, जनता के द्वारा किया गया शासन से है। लोकतंत्र को मुख्यत: दो भागों में विभाजित किया जाता है।

प्रत्यक्ष लोकतंत्र

- प्रत्यक्ष लोकतंत्र में नागरिक दिन-प्रतिदिन के फैसले और सरकार चलाने में प्रत्यक्ष रूप से भाग लेते हैं। प्राचीन यूनान के नगर राज्य व स्थानीय सरकारों की ग्राम सभाएँ। प्रत्यक्ष लोकतंत्र के उदाहरण हैं
- लेकिन प्रत्यक्ष लोकतंत्र प्रणाली को तब लागू नहीं किया जा सकता, जब निर्णय लाखों और करोड़ों लोगों द्वारा लिया जाना हो।
- स्विट्रलैंड में राष्ट्रीय और क्षेत्रीय स्तर पर जनमत संग्रह के माध्यम से नागरिक सीधे फैसले लेते हैं।

अप्रत्यक्ष लोकतंत्र

- अधिक जनसंख्या होने की स्थिति में प्रत्यक्ष लोकतंत्र संभव नहीं हो सकता, ऐसे में नागरिकों द्वारा चुनाव के माध्यम से शासन चलाने हेतु प्रतिनिधियों का निर्वाचन किया जाता है।
- प्रतिनिधियों का चुनाव नागरिकों के द्वारा मत के माध्यम से किया जाता है, जो देश के शासन और प्रशासन को चलाने में सक्रिय रूप से भाग लेते हैं। इस प्रक्रिया को हम चुनाव या निर्वाचन भी कहते हैं।
- ये प्रतिनिधि शासन चलाने हेतु महत्त्वपूर्ण निर्णय लेते हैं; जैसे—भारत, ब्रिटेन, अमेरिका अर्थात् शासन संचालन में नागरिकों की भूमिका सीमित है।
  अत: स्पष्ट है कि महत्त्वपूर्ण निर्णय लेने और प्रशासन के संचालन में नागरिकों की भूमिका अत्यंत सीमित होती है। वे इन नीतियों के निर्माण में बहुत सक्रिय रूप से सम्मिलित नहीं होते हैं, बल्कि वे अप्रत्यक्ष रूप से अपने निर्वाचित प्रतिनिधियों के माध्यम से सम्मिलित होते हैं। चुनाव प्रक्रिया हमेशा लोकतांत्रिक नहीं होती, बल्कि **गैर-लोकतांत्रिक**[1] देशों में भी चुनाव प्रक्रियाएँ होती हैं।
- गैर-लोकतांत्रिक शासक स्वयं को लोकतांत्रिक सिद्ध करने के लिए चुनाव संपन्न करवाने में अनेक सावधानियाँ बरतते हैं, जिससे उनके शासन पर कोई संकट न आए। एक लोकतांत्रिक देश में संविधान द्वारा कुछ मूलभूत नियम बना दिए जाते हैं; जैसे—
  - मत देने के लिए नागरिक की न्यूनतम योग्यताओं का निर्धारण।
  - चुनाव लड़ने हेतु योग्यताओं का निर्धारण।
  - चुनाव की देख-रेख हेतु संस्था।
  - मतदाता द्वारा प्रतिनिधियों के चुनाव की प्रक्रिया।
  - मतगणना के प्रकार का निर्धारण।
- अन्य लोकतांत्रिक संविधानों की भाँति भारत का संविधान भी इन सभी प्रश्नों का उत्तर अपने आप में समाहित किए हुए है, जैसा कि स्पष्ट है कि इसमें प्रथम तीन प्रश्नों का लक्ष्य एक स्वतंत्र और निष्पक्ष चुनाव से है, जिसे लोकतांत्रिक चुनाव कहा जा सकता है, जबकि अंतिम दो प्रश्नों का लक्ष्य न्यायपूर्ण प्रतिनिधित्व से है।
- ये सभी नियम-कानून बनाने का कार्य विधायिका (Legislature) द्वारा संपन्न होता है। बहुत-से गैर-लोकतांत्रिक देशों में शासक स्वयं को लोकतांत्रिक दर्शाने हेतु चुनाव करवाते हैं, परंतु वे नाममात्र (Nominal) के होते हैं।

3.2 भारत में चुनाव की व्यवस्था

- भारत का संविधान चुनावों के संचालन की प्रणाली, अधिकारियों और चुनाव प्रक्रिया में किए जाने वाले कार्यों और न किए जाने वाले कार्यों के विषय में नियम और विभिन्न अन्य दिशा निर्देश निर्धारित करता है।
- लोकतांत्रिक चुनाव में लोक मतदान करते हैं और उनकी प्राथमिकताएँ चुनाव के परिणाम का निर्धारण करती हैं। हालाँकि लोगों द्वारा अपने चयन को व्यक्त करने और उनकी प्राथमिकताओं को गिनने के विभिन्न तरीके हो सकते हैं।
- चुनाव की विभिन्न प्रणालियाँ निम्नलिखित हैं

साधारण बहुमत प्राणाली (सर्वाधिक पाने वाले की जीत)

- इस प्रणाली को 'सर्वाधिक पाने वाले की जीत' (First Past the Post) प्रणाली भी कहते हैं। इस व्यवस्था के तहत चुनाव में जिस प्रत्याशी को अन्य प्रत्याशियों से अधिक वोट प्राप्त होते हैं, उसे निर्वाचित घोषित कर दिया जाता है।
- इस हेतु यह आवश्यक नहीं कि निर्वाचित प्रत्याशी को कुल मतों का बहुमत प्राप्त हो।
- इस प्राणाली में जो प्रत्याशी अन्य प्रत्याशियों की तुलना में अधिक मत प्राप्त कर लेता है, वही विजयी होता हैं। इसे बहुलवादी व्यवस्था भी कहते हैं।

---

1 **गैर-लोकतांत्रिक** (Non-Democratic) जहाँ पर शासन तंत्र की अंतिम बागडोर जनता के हाथ में न हो।

उदाहरण वर्ष 1984 के लोकसभा चुनावों का अध्ययन करने पर हम देखेंगे कि कांग्रेस पार्टी ने 543 सीटों में से 415 सीटें जीती थीं, जो कुल सीटों के 80% से भी अधिक थीं, परंतु कांग्रेस प्रत्याशियों के द्वारा प्राप्त किए गए वोट निर्वाचन क्षेत्र के कुल वोटों का 48% थे। उसके पश्चात् भी निर्वाचन क्षेत्र में अन्य प्रत्याशियों से अधिक वोट प्राप्त करने पर उन्हें विजयी घोषित कर दिया गया, जबकि भारतीय जनता पार्टी को 7.4% वोट मिले किंतु सीटें 1% से भी कम प्राप्त हुईं।

1984 के लोकसभा चुनाव में प्रमुख दलों द्वारा प्राप्त वोट प्रतिशत और सीटें

पार्टी	वोट प्रतिशत	सीटें
कांग्रेस	48.0	415
बीजेपी	7.4	2
जनता पार्टी	6.7	10
लोकदल	5.7	3
माकपा	5.7	22
तेलुगू देशम	4.1	30
द्रमुक	2.3	2
अन्नाद्रमुक	1.6	12
अकाली दल	1.0	7
असम गण परिषद्	1.0	7

- वोट प्रतिशत और सीटों में भिन्नता का कारण देश में चुनाव की एक विशेष विधि का पालन करना है, जिसके प्रमुख प्रावधान निम्न हैं
  - देश का 543 निर्वाचन क्षेत्रों में विभाजन।
  - प्रत्येक निर्वाचन क्षेत्र से एक प्रतिनिधि का निर्वाचित होना।
  - प्रत्येक **निर्वाचन क्षेत्र**[2] से उस प्रत्याशी को निर्वाचित घोषित करना जिसे सबसे अधिक मत प्राप्त हों।

समानुपातिक प्रतिनिधित्व प्रणाली

- यह चुनाव प्रणाली का दूसरा प्रकार है। जब वोट गिने जाते हैं, तो प्रत्येक दल को संसद में सीटों का वितरण उसके वोटों के अनुपात में किया जाता है।
- प्रत्येक दल अपनी सीटों का कोटा अपने नामांकित उम्मीदवारों से भरते हैं, जो चुनावों से पहले घोषित प्राथमिकता सूची से होते हैं। इसे समानुपातिक प्रतिनित्व प्रणाली कहा जाता है।
- इसके मुख्यत: दो प्रकार होते हैं
  (i) इस प्रक्रिया में पूरे देश को एक निर्वाचन क्षेत्र मान लिया जाता है तथा प्रत्येक पार्टी को चुनावों में प्राप्त वोटों के अनुपात में सीटें दे दी जाती हैं। इसके मुख्य उदाहरण इजरायल एवं नीदरलैंड हैं।
  (ii) इस प्रक्रिया में पूरे देश को अनेक निर्वाचन क्षेत्रों में बाँट दिया जाता है। प्रत्येक पार्टी द्वारा प्रत्येक निर्वाचन क्षेत्र के लिए प्रत्याशियों की एक सूची जारी कर दी जाती है और उनको प्राप्त वोटों के अनुपात में सीटें बाँट दी जाती हैं।
- इस सूची में केवल उहीं प्रत्यार्थियों के नाम होते हैं, जिन प्रत्यार्थियों का चुनाव करना होता है। इसका उदाहरण अर्जेंटीना और पुर्तगाल में देखा जा सकता है।
- यह इस पर निर्भर करता है कि प्रत्येक निर्वाचन क्षेत्र से कितने लोग चुने जाने चाहिए और इसी के आधार पर प्रत्येक पार्टी उम्मीदवारों की एक सूची तैयार करती है।
- इन दोनों ही संदर्भों में मतदाता एक विशिष्ट उम्मीदवार के विपरीत एक राजनीतिक दल के लिए अपनी पसंद व्यक्त करते हैं।
- निर्वाचन क्षेत्रों में सीटों का वितरण उस दल द्वारा प्राप्त वोटों के आधार पर किया जाता है। इस प्रकार एक निर्वाचन क्षेत्र के प्रतिनिधि विभिन्न राजनीतिक दलों से संबंधित होते हैं।

2 **निर्वाचन क्षेत्र** (Constituency) एक क्षेत्र या सीट जिसे विशेष चुनाव (जैसे लोकसभा और विधानसभा) के लिए निर्धारित किया जाता हैं

साधारण बहुमत प्रणाली और समानुपातिक प्रतिनिधित्व प्रणाली में अंतर

साधारण बहुमत प्रणाली	समानुपातिक प्रतिनिधित्व प्रणाली
इस प्रणाली के अंतर्गत समस्त देश को छोटी-छोटी भौगोलिक इकाइयों में वर्गीकृत कर दिया जाता है, जिसे निर्वाचन क्षेत्र या जिला कहते हैं।	इस प्रणाली के अंतर्गत किसी बड़े भौगोलिक क्षेत्र को एक निर्वाचन क्षेत्र मान लिया जाता है और समस्त देश को एक निर्वाचन क्षेत्र के रूप में इंगित किया जा सकता है।
प्रत्येक निर्वाचन क्षेत्र से सिर्फ एक प्रतिनिधि का चयन किया जाता है।	एक निर्वाचन क्षेत्र से कई प्रतिनिधियों का चयन किया जा सकता है।
मतदाता द्वारा इस प्रणाली के अंतर्गत प्रत्याशी को वोट/मत दिया जाता है।	मतदाता इस प्रणाली के अंतर्गत दल को अपना मत/वोट प्रदान करते हैं।
इस प्रणाली के तहत किसी भी दल को प्राप्त वोटों के अनुपात से अधिक या कम सीटें विधायिका में प्राप्त हो सकती हैं।	इस प्रणाली के तहत प्रत्येक दल को प्राप्त मत के अनुपात में विधायिका में सीटें प्राप्त होती हैं।
इस प्रणाली में यह आवश्यक नहीं है कि वोटों का बहुमत (50% + 1) विजयी उम्मीदवार को प्राप्त हो।	इस प्रणाली में विजयी उम्मीदवार को वोटों का बहुमत प्राप्त होता है।
यह प्रणाली यूनाइटेड किंगडम तथा भारत जैसे देशों में प्रचलित है।	यह प्रणाली इजरायल और नीदरलैंड जैसे देशों में प्रचलित है।

समानुपातिक प्रतिनिधित्व प्रणाली तथा साधारण बहुमत प्रणाली

भारत के संदर्भ में समानुपातिक प्रतिनिधित्व प्राणली का उल्लेख निम्न बिंदुओं द्वारा गया है।

- भारत में समानुपातिक प्रतिनिधित्व प्रणाली को सीमित रूप में केवल अप्रत्यक्ष चुनाव; जैसे—राष्ट्रपति, उपराष्ट्रपति, राज्यसभा और विधानपरिषदों के सदस्यों के निर्वाचन हेतु अपनाया गया है।
- भारत ने अप्रत्यक्ष चुनावों के लिए सीमित स्तर पर समानुपातिक प्रतिनिधित्व प्रणाली को अपनाया है।
- संविधान ने राष्ट्रपति, उप-राष्ट्रपति के चुनाव और राज्यसभा तथा विधान परिषदों के चुनावों के लिए समानुपातिक प्रतिनिधित्व प्रणाली का एक जटिल स्वरूप निर्धारित किया है, जिसे 'एकल संक्रमणीय मत प्रणाली' कहते हैं।
- इस प्रणाली में किसी उम्मीदवार को विजयी घोषित होने के लिए न्यूनतम वोटों का कोटा प्राप्त होता है, जिसे निम्नलिखित सूत्रों के माध्यम से निर्धारित किया जाता है।

$$\left(\frac{\text{कुल मतदान}}{\text{कुल विजयी उम्मीदार}} + 1\right) + 1$$

- उदाहरण के लिए यदि राजस्थान के 200 विधायकों को राज्यसभा के लिए चार सदस्य चुनना है, तो विजयी उम्मीदवार को $\left(\frac{200}{4+1}\right) + 1 = \frac{200}{5} + 1 = 40 + 1 = 41$ वोटों की आवश्यकता होगी।
- मतों की गिनती उम्मदीवारों द्वारा प्राप्त 'प्रथम वरीयता मतों के आधार पर की जाती है। यदि आवश्यक संख्या में उम्मीदवार कोटा पूरा नहीं कर पाते हैं, तो सबसे कम प्रथम वरीयता मत प्राप्त करने वाले उम्मीदवाद को निकाल दिया जाता है। उसके मत उन उम्मीदवारों को स्थानांतरित कर दिए जाते हैं, जिन्हें **मतपत्र** पर **दूसरी वरीयता** दी गई है।
- यह प्रक्रिया तब तक जारी रहती है, जब तक वांछित संख्या (4) के बराबर प्रत्याथियों को विजयी घोषित नहीं कर दिया जाता।
- समानुपातिक प्रतिनिधित्व प्रणाली थोड़ी जटिल है और यह छोटे देशों में प्रभावी हो सकती है, लेकिन भारत जैसे उपमहाद्वीपीय देश में इसे लागू करना सरल नहीं है।

भारत में सर्वधिक वोट से जीत की प्रणाली को स्वीकार करने के कारण

- भारत में यह प्राणाली निम्नलिखित करणों से स्वीकार की गई है। इसके प्रणाली को अपनाने के कुछ कारण इस प्रकार हैं
- तत्कालीन मतदाताओं में शिक्षा व जागरूकता का स्तर कम था एवं यह प्रणाली अत्यंत सरल थी, जिसे सभी के द्वारा आसानी से समझा जा सकता था। इस प्रणाली में मतदाताओं के पास स्पष्ट विकल्प होते हैं। मतदाताओं द्वारा अपने क्षेत्र के प्रतिनिधि का उत्तरदायित्व स्पष्ट रूप से सुनिश्चित किया जा सकता है।
- इस प्रणाली में किसी एक पार्टी के द्वारा बहुमत पाने के अवसर बढ़ जाते हैं, जिससे राजनैतिक स्थिरता बनी रहती है।
- इस प्रणाली से सरकार में स्थायित्व आता है, जिससे सरकार सुचारु व प्रभावी ढंग से कार्य कर सकती है। यह प्रणाली मतदाता को किसी दल अथवा उम्मीदवार के स्पष्ट चयन का विकल्प प्रदान करती है।
- प्रत्येक व्यक्ति अथवा समुदाय द्वारा अपनी राजनीतिक पार्टी बनाने व चुनावों में स्वतंत्र रूप से भाग लेने के मार्ग खुलते हैं।

- समानुपातिक प्रतिनिधित्व प्रणाली में मतदाताओं को किसी एक दल को चुनने का विकल्प होता है, किंतु प्रत्याशियों का चयन पार्टी द्वारा जारी की गई सूची के अनुसार होता है। इस प्रकार किसी क्षेत्र विशेष का प्रतिनिधित्व करने वाला और उसके प्रति उत्तरदायी, कोई एक प्रतिनिधि नहीं होता, किंतु सर्वाधिक वोट से जीत वाली व्यवस्था पर आधारित निर्वाचन क्षेत्रों में मतदाता जानते हैं कि उनका प्रतिनिधि कौन है और उसे उत्तरदायी ठहराया जा सकता है।
- सबसे महत्त्वपूर्ण बात यह है कि संविधान निर्माता समझते थे कि समान प्रतिनिधित्व प्रणाली पर आधारित चुनाव संसदीय प्रणाली में सरकार के स्थायित्व के लिए उपयुक्त नहीं होंगे।
- भारत में सर्वाधिक मत से जीत वाली प्रणाली आम मतदाता के लिए सरल और सुपरिचित सिद्ध हुई है। इसने केंद्र और राज्यों में बड़े दलों को स्पष्ट बहुमत प्राप्त करने में सहायता की है।
- सर्वाधिक मत से जीत वाली प्रणाली से द्विदलीय व्यवस्था उभरती है। इसका अर्थ है कि सत्ता के लिए दो प्रमुख प्रतियोगी हैं और यही दोनों बारी-बारी से सत्ता प्राप्त करते हैं। नए दलों या किसी तीसरी पार्टी को इस प्रतियोगिता से सम्मिलित होने और सत्ता प्राप्त करने में कठिनाई होती है।
- भारतीय दलीय प्रणाली की प्रमुख विशेषता यह है कि गठबंधन सरकारों के आने से नए और छोटे दलों को सर्वाधिक मत से जीत वाली प्रणाली के बावजूद चुनावी प्रतियोगिता में प्रवेश करने का अवसर मिला है।

निर्वाचन क्षेत्रों का आरक्षण

- साधारण बजहुमत प्रणाली (FPTP) में वह उम्मीदवार चुना जाता है, जिसने सर्वाधिक वोट प्राप्त किए हों। इससे यह सम्भव हो सकता है कि केवल प्रभावशाली सामाजिक समूह और जातियाँ हर क्षेत्र में जीते, जबकि कमजोर और उत्पीड़ित सामाजिक समूह बिना प्रतिनिधित्व के रह जाएँ। इस समस्या को दूर करने के लिए भारतीय संविधान में आरक्षण प्रणाली की व्यवस्था की गई हैं।
- इस प्रणाली में, किसी निर्वाचन क्षेत्र के सभी मतदाता मतदान करने के पात्र होते हैं, लेकिन उम्मीदवार केवल उस विशेष समुदाय या सामाजिक वर्ग का होना चाहिए, जिसके लिए सीट आरक्षित हैं। यह प्रणाली संसद और राज्य विधानसभाओं में उनके उचित प्रतिनिधित्व को सुनिश्चित करने के लिए आवश्यक है।
- संविधान लोकसभा और राज्य विधानसभाओं में अनुसूचित जातियों (SCs) और अनुसूचित जनजातियों (STs) के लिए उनकी जनसंख्या के अनुपात में सीटों के आरक्षण का प्रावधान करता है।
- लोकसभा की 543 निर्वाचित सीटों में से 84 सीटें अनुसूचित जातियों के लिए और 47 सीटें अनुसूचित जनजातियों के लिए आरक्षित हैं। आरक्षण का यह प्रावधान आरंभ में 10 वर्षों के लिए किया गया था, लेकिन अब इसे 2030 तक बढ़ा दिया गया है।

चेक प्वॉइंट 1

1. इजरायल ने किस प्रकार की चुनाव प्रणाली को अपनाया है?
2. 'एकल संक्रमणीय मत प्रणाली' का उपयोग किसके लिए लिए जाता है?
3. लोकसभा में अनुसूचित जनजातियों के लिए कितनी सीटें आरक्षित हैं?
4. भारत में समानुपातिक प्रतिनिधित्व प्रणाली का उपयोग किन पदों के चुनावों में किया जाता है?
5. प्रत्यक्ष लोकतंत्र का एक उदाहरण दीजिए?

3.3 स्वतंत्र और निष्पक्ष चुनाव

- सही अर्थों में स्वस्थ लोकतंत्र प्राप्त करने के लिए स्वतंत्र निष्पक्ष और पारदर्शी चुनाव प्रणाली की आवश्यकता होती है। किसी भी चुनाव प्रणाली की वास्तविक परीक्षा उसकी यह क्षमता होती है कि वह स्वतंत्र और निष्पक्ष चुनावी प्रक्रिया सुनिश्चित कर सके। केवल चुनावों का निष्पक्ष संचालन ही मतदाताओं की आकांक्षाओं को चुनाव परिणामों के माध्यम से वैध अभिव्यक्ति प्रदान कर सकता है। भारतीय संविधान में इस चुनाव प्राणाली के निम्नलिखित प्रावधान किए गए हैं, जो इस प्रकार हैं

सार्वभौमिक वयस्क मताधिकार

- सार्वभौमिक वयस्क मताधिकार (Universal Adult Franchise) वह अधिकार है, जिसके अनुसार देश के सभी नागरिकों को एक निश्चित आयु (भारत के संदर्भ में 18 वर्ष है) के पश्चात् चुनावों में बिना किसी भेदभाव के अपना मत डालने का और अपने प्रतिनिधि का चुनाव करने का अधिकार प्राप्त होता है। अनेक देशों में महिलाओं को यह अधिकार काफी संघर्ष के बाद प्राप्त हुआ था तथा नागरिकों को अधिकार प्राप्ति के लिए सरकार से लंबी लड़ाई लड़नी पड़ी थी।

- भारतीय संविधान आय, शिक्षा, वर्ग, लिंग आदि आधारों पर भेदभाव किए बिना सभी वयस्क नागरिकों को यह अधिकार प्रदान करता है। 1989 तक, 21 वर्ष से ऊपर के भारतीय नागरिकों को वयस्क भारतीय माना जाता था। वर्ष 1989 में संविधान के एक संशोधन द्वारा इसे घटाकर 18 वर्ष कर दिया गया।
- संविधान के द्वारा यह अधिकार समानता तथा गैर-भेदभाव के सिद्धांत के आधार पर प्रदान किया गया है। जैसी कि मौलिक अधिकारों में उल्लेख किया गया है। अनेक विरोधाभास लोगों का मानना है कि बिना शैक्षणिक योग्यता के यह अधिकार देने का निर्णय उचित नहीं है, परंतु निर्माताओं का विश्वास था कि नागरिक अपने निर्वाचन क्षेत्र, समाज व देश के हित में बिना शैक्षणिक योग्यता के भी निर्णय ले सकते हैं।

चुनाव लड़ने का अधिकार

- भारतीय संविधान के अतंगर्त सभी नागरिकों को चुनाव में खड़े होने और जनता का प्रतिनिधि होने का अधिकार है। हालाँकि कुछ पात्रता मानदंडों पर निर्भर करता है।
- भारतीय संविधान नागरिकों को सार्वभौमिक वयस्क मताधिकार की तरह चुनाव लड़ने का अधिकार भी आय, शिक्षा, वर्ग, लिंग के आधार पर भेदभाव किए बिना प्रदान करता है। इस हेतु प्रत्याशी की न्यूनतम आयु विभिन्न पदों के लिए अलग-अलग निर्धारित की गई है; जैसे–
  - किसी भी व्यक्ति की आयु लोकसभा व विधानसभा की सदस्यता हेतु न्यूनतम 25 वर्ष निर्धारित की गई हो।
  - कोई किसी भी व्यक्ति की आयु दो-या-दो से अधिक वर्ष के लिए किसी अपराध के कारण जेल में रहा हो।
  - कोई भी व्यक्ति जिसका मानसिक संतुलन सही न हो आदि।

स्वतंत्र निर्वाचन आयोग

- भारत में स्वतंत्र एवं निष्पक्ष चुनाव संपन्न कराने हेतु स्वतंत्र निर्वाचन आयोग का गठन किया गया है। अनुच्छेद 324(1) के अंतर्गत निर्वाचन आयोग संसद व राज्य विधानसभाओं के लिए स्वतंत्र व निष्पक्ष चुनावों के संचालन और देख-रेख के लिए बनाया गया है।।
- इसके अतिरिक्त यह राष्ट्रपति और उपराष्ट्रपति के निर्वाचनों के लिए निर्वाचक मंडल की नियुक्ति करते हैं।
- निर्वाचन आयोग भारत में मतदाता सूची के अधीक्षण, निर्देशन और नियंत्रण और चुनावों के संचालन के मुख्य भूमिका निभाता है।
- इसलिए संविधान ने निर्वाचन आयोग को महत्त्वपूर्ण अधिकार दिए हैं।
- यह पूरे चुनाव प्रक्रिया में निर्णायक भूमिका निभाता है। सर्वोच्च न्यायालय ने भी संविधान की इस व्याख्या से सहमति व्यक्त की है।

अनुच्छेद 324(1) ''इस संविधान के अधीन संसद और प्रत्येक राज्य के विधानमंडल के लिए कराए जाने वाले सभी निर्वाचनों के लिए तथा राष्ट्रपति और उपराष्ट्रपति के पदों के निर्वाचनों के लिए निर्वाचक नामवली तैयार कराने का और उन सभी निर्वाचनों के संचालन का अधीक्षण, निर्देशन और नियंत्रण एक आयोग में निहित होगा (जिसे इस संविधान में निर्वाचन आयोग कहा गया है)।''

भारत में निर्वाचन आयोग की विशेषताएँ

भारत के निर्वाचन आयोग की विशेषताएँ इस प्रकार हैं

- भारत के निर्वाचन आयोग की सहायता करने के लिए प्रत्येक राज्य में एक मुख्य निर्वाचन अधिकारी होता है।,
- निर्वाचन आयोग स्थानीय निकायों के चुनाव के लिए जिम्मेदार नहीं होता।
- राज्यों में राज्य निर्वाचन आयुक्त होते हैं, जो निर्वाचन आयोग भिन्न कार्य करते हैं और इनमें से प्रत्येक का काम करने का अपना कार्यक्षेत्र होता है
- वर्ष 1989 तक निर्वाचन आयोग एकसदस्यीय था। वर्ष 1989 में लोकसभा चुनाव से पूर्व निर्वाचन आयोग को बहुसदस्यीय बना दिया गया।
- वर्ष 1993 में निर्वाचन आयोग को तीन सदस्यीय बना दिया गया। अर्थात् एक मुख्य चुनाव आयुक्त सहित दो अन्य सदस्य, जिन्हें चुनाव आयुक्त कहते हैं, नियुक्त किए गए।
- मुख्य चुनाव आयुक्त निर्वाचन आयोग की अध्यक्षता करते हैं एवं अन्य आयुक्तों से विचार-विमर्श करके अंतिम निर्णय लेते हैं उच्चतम न्यायालय के फैसले के अनुसार, तीनों की शक्तियाँ समान होती हैं।
- मुख्य निर्वाचन आयुक्त एवं सदस्यों का कार्यकाल 6 वर्ष या 65 वर्ष, जो पहले हो जाए निर्धारित है।
- इससे पूर्व वह स्वयं त्यागपत्र दे सकता है, राष्ट्रपति द्वारा हटाया जा सकता है या महाभियोग द्वारा (सदन में विशेष बहुमत से) हटाया जा सकता है।

- ऐसा यह सुनिश्चित करने के लिए किया गया है कि कोई भी सरकार उस मुख्य निर्वाचन आयुक्त को न हटा सके जो चुनावों में उसे समर्थन देने से इन्कार करता है।

- **विशेष बहुमत** उपस्थित और मतदान करने वाले सदस्यों का दो-तिहाई बहुमत एवं सदन की कुल सदस्य संख्या का साधारण बहुमत।
- लोकतंत्र में विशेष बहुमत के आधार पर निर्णायक फैसले लिए जाते हैं। मुख्य चुनाव आयुक्त एवं अन्य चुनाव आयुक्तों को भारत के राष्ट्रपति द्वारा (दोनों सदनों में पारित बहुमत के आधार पर) हटाया जा सकता है।

निर्वाचन आयोग के कार्य

- निर्वाचन आयोग के कार्य निम्नलिखित हैं
- मतदाता सूची तैयार करना, सूची त्रुटियों को सुधारना, सूचियों की व्यापक जाँच करना व आदि महत्त्वपूर्ण कार्य हैं।
- चुनाव संबंधित तिथि एवं समय निर्धारित करना कार्यक्रम पूरा करना (चुनाव अधिघोषणा, नामांकन प्रक्रिया आरंभ करने की तिथि, मतदान तिथि की घोषणा, मतगणना सहित चुनाव परिणामों की घोषणा करना इत्यादि)
- निर्वाचन आयोग को स्वतंत्र एवं निष्पक्ष चुनाव करवाने हेतु तटस्थ निर्णय लेने का अधिकार है।
- चुनाव आयोग पूरे देश, किसी राज्य या किसी निर्वाचन क्षेत्र में चुनावों को इस आधार पर स्थगित या रद्द कर सकता है कि वहाँ वातावरण नहीं है तथा स्वतंत्र और निष्पक्ष चुनाव कराना संभव नहीं है।
- आयोग आचार संहिता उल्लंघन मामले में शिकायतकर्ता के निर्देश पर राजनीतिक दलों को नोटिस जारी कर जवाब माँग सकता है। चुनाव में गड़बड़ी होने की स्थिति में आयोग के निर्देश पर पुन: चुनाव करवाया जा सकता है।
- जिले की प्रशासनिक व्यवस्था पर आयोग का नियंत्रण होता है। जिले में नियुक्त अधिकारियों की नियुक्ति एवं स्थानांतरण चुनाव आयोग के निर्देश पर होता है। साथ ही निर्वाचन आयोग उनके विरुद्ध अनुशासनहीनता के लिए कार्रवाई कर सकता है।
- राजनीतिक दलों को मान्यता देता है, चुनाव चिह्न आवंटित करता है। चुनावी मामले की सुनवाई करता है आदि।
- इस प्रकार यह कहना सही है कि विगत वर्षों में निर्वाचन आयोग एक स्वतंत्र प्राधिकरण के रूप में उभरा है। इसने चुनाव प्रक्रिया की निष्पक्षता सुनिश्चित करने के लिए अपनी शक्तियों का प्रयोग किया है। इसने चुनाव प्रक्रिया की गरिमा बनाए रखने के लिए निष्पक्ष और न्यायपूर्ण ढंग से कार्य किया है।

चुनाव आयोग के सम्मुख उत्पन्न समस्याएँ

- भारत के निर्वाचन आयोग ने संवैधानिक प्रावधानों के अंतर्गत स्वतंत्र व निष्पक्ष चुनाव आयोजित करने में अपने कर्त्तव्यों को प्रभावी रूप से निभाया है। इसने भारत में लोकतंत्र के सिद्धांतों को बनाए रखा है, निर्वाचन आयोग को असम, पंजाब तथा जम्मू और कश्मीर जैसे हिंसाग्रस्त क्षेत्रों में चुनाव कराने में अनेक कठिन परिस्थितियों का सामना करना पड़ा है।
- चुनाव आयोग को वर्ष 1991 में भी एक कठिन परिस्थिति का सामना करना पड़ा, जब पूर्व प्रधानमंत्री राजीव गाँधी की चुनाव प्रचार के दौरान हत्या कर दी गई थी। आयोग को चुनाव प्रक्रिया को बीच में ही स्थगित करना पड़ा।
- वर्ष 2002 में एक अन्य गंभीर समस्या का सामना करना पड़ा, जब गुजरात विधान सभा भंग कर दी गई और चुनाव कराना पड़ा, लेकिन निर्वाचन आयोग ने पाया कि राज्य में अप्रत्याशित हिंसा के कारण स्वतंत्र और निष्पक्ष चुनाव कराना पडा तुरंत संभव न था। निर्वाचन आयोग ने राज्य में विधानसभा चुनावों को कुछ महीनों के लिए स्थगित करने का निर्णय लिया। सर्वोच्च न्यायालय ने निर्वाचन आयोग के इस निर्णय को वैध ठहराया।

3.4 चुनाव सुधार

- भारत ने हमेशा चुनाव प्रक्रिया को स्वतंत्र और निष्पक्ष बनाने के लिए विभिन्न उपाय किए हैं। हालाँकि, अतीत का अनुभव देश की चुनाव प्रणाली में **सुधार**[3] के लिए कई सुझावों और प्रस्तावों को जन्म देता है।
- चुनाव प्रणाली के अंतर्गत सर्वाधिक मत से जीत वाली प्रणाली (FPTP) के स्थान पर किसी प्रकार की समानुपातिक प्रतिनिधित्व प्रणाली लागू करना चाहिए। इससे राजनीतिक दलों को उसी अनुपात में सीटें मिलेंगी जिस अनुपात में उन्हें वोट मिलेंगे।
- संसद और राज्य विधानसभाओं में महिलाओं के लिए एक-तिहाई सीटें आरक्षित की जानी चाहिए।
- चुनावी राजनीति में धन के प्रभाव को नियंत्रित करने के लिए और अधिक कठोर प्रावधान होने चाहिए। सरकार को एक विशेष कोष से चुनावी ढाचों का भुगतान करना चाहिए।

3 **सुधार** किसी कार्य के वास्तविक संचालन हेतु किए जाने वाले परिवर्तन।

- जिन उम्मीदवारों की कोई आपराधिक पृष्टभूमि हो, उन्हें चुनाव लड़ने से प्रतिबंधित किया जाना चाहिए, भले ही उनका मामला अदालत में लंबित हो।
- चुनाव-प्रचार में जाति और धर्म के आधार पर की जाने वाली किसी भी अपील को पूर्णरूप से प्रतिबन्धित कर देना चाहिए।
- राजनीतिक दलों के कार्यकलापों की निगरानी के लिए एक कानून बनाया जाना चाहिए और यह सुनिश्चित किया जाना चाहिए कि वे जवाबदेह और लोकतांत्रिक हों।
- ग्रामीण और पिछड़े क्षेत्रों में मतदान के प्रति जागरूकता अभियान चलाना
- चुनाव प्रचार के दौरान फेक न्यूज और सोशल मीडिया दष्प्रचार पर कड़ी निगरानी।
- उम्मीदवारों और राजनीतिक दलों द्वारा खर्च की सीमा को सख्ती से लागू करना।
- ईवीएम (EVM) और वीवीपैड (VVPAT) का व्यापक उपयोग और उनकी विश्वसनीयता सुनिश्चित करना।

चेक प्वॉइंट 2

1. विधानसभा चुनावों में उम्मीदवाद के लिए न्यूनतम आयु क्या है?
2. मुख्य चुनाव आयुक्त की नियुक्ति कौन करता है?
3. भारतीय संविधान के किस अनुच्छेद के अंतर्गत निर्वाचन आयोग का गठन किया गया है?
4. भारतीय निर्वाचन आयोग के कितने सदस्य होते हैं?
5. राजनीतिक दलों के चुनावों में भाग लेने के लिए चुनाव चिह्न कौन आवंटित करता है?

Mind Map

चुनाव और प्रतिनिधित्व

1 लोकतंत्र

प्रत्यक्ष लोकतंत्र
- इसमें नागरिक निर्वाचन प्रक्रिया या अन्य निर्णयों में प्रत्यक्ष भागीदारी करते हैं, जैसे– ग्राम सभा, (प्राचीन ग्रीस की प्रणाली में भी ऐसा होता था।)
- नागरिक दिन- प्रतिदिन के निर्णयों तथा शासन संचालन में प्रत्यक्ष भाग लेते हैं।

अप्रत्यक्ष लोकतंत्र
- नागरिक द्वारा निर्णय लेने के लिए प्रतिनिधि का चुनाव (अधिकांश लोकतांत्रिक देशों में लागू प्रणाली)
- निर्णय लेने तथा शासन संचालन में नागरिकों की सीमित भूमिका होती है।

2 भारत में चुनाव प्रणाली

फर्स्ट पास्ट द पोस्ट सिस्टम
- क्षेत्र आधारित निर्वाचन प्रणाली
- सबसे अधिक वोट पाने वाला उम्मीदवार विजयी
- मतदाता अपने प्रतिनिधि को चुनता है
- सरल और स्पष्ट प्रणाली
- भारत में कुल 543 निर्वाचन क्षेत्र
- भारत तथा ब्रिटेन में प्रचलित प्रणाली

समानुपातिक प्रतिनिधित्व प्रणाली
- प्रत्येक दल को प्राप्त मतों के अनुपात में संसद में सीटों का आवंटन होता है।
- मतदाता दल को वोट करता है ना कि प्रतिनिधि को
- **प्रकार**-राष्ट्रीय या बहुदलीय
- इंजरायल तथा नीदरलैंड में लागू प्रणाली

निर्वाचन क्षेत्र में आवंटन
- संविधान द्वारा सामाजिक समानता के लिए आरक्षण का प्रावधान
- उम्मीदवार किसी विशेष वर्ग; जैसे-अनुसूचित जाति/जनजाति /महिला आदि से संबंधित, किंतु मत देने का अधिकार सभी वर्ग के मतदाताओं को होता है।
- लोकसभा में 543 सीटों में से 84 सीटें अनुसूचित जाति के लिए तथा 47 सीटें अनुसूचित जनजाति के लिए आरक्षित हैं।
- प्रारंभ में 10 वर्षों के लिए आरक्षण, जिसे बाद में समय-समय पर बढ़ाया जाता रहा।

3 स्वतंत्र एवं निष्पक्ष चुनाव

सार्वभौमिक वयस्क मताधिकार
- 18 वर्ष से अधिक आयु के वयस्क मतदान के पात्र हैं।
- कई देशों के नागरिकों को इस अधिकार के लिए संघर्ष करना पड़ा।
- भारत में संविधान लागू होने के साथ ही वयस्क मताधिकार लागू हुआ था।

चुनाव लड़ने का अधिकार
- सभी नागरिकों को बिना भेदभाव के चुनाव लड़ने तथा अपना प्रति निधिचुनने का अधिकार है।
- लोकसभा या विधानसभा में चुनाव लड़ने की न्यूनतम आयु 25 वर्ष है।

चुनाव

4 भारत निर्वाचन आयोग

भूमिका
- निष्पक्ष चुनाव तथा चुनाव पर्यवेक्षण करना
- मतदाता सूची तथा चुनाव कार्यक्रमों का प्रबंधन
- आदर्श आचार संहिता का क्रियान्वयन सुनिश्चित करना

चुनाव आयोग के समक्ष चुनौतियाँ
- अशांत तथा संघर्ष वाले क्षेत्रों में चुनाव संचालन करना
- विशेष घटनाओं, जैसे वर्ष 1991 में राजीव गाँधी की हत्या के बाद की स्थिति में चुनाव प्रक्रिया को संचालित करना

चुनाव आयोग की विशेषता
- संविधान के अनुच्छेद-324 के अंतर्गत स्वतंत्र निकाय
- मुख्य चुनाव आयोग द्वारा प्रक्रिया संचालित की जाती है।
- स्थानीय निकायों के चुनावों के लिए राज्य निर्वाचन आयोग का गठन

5 चुनाव और प्रतिनिधित्व

- महिलाओं के लिए भी लोकसभा, राज्यसभा तथा विधानसभा में आरक्षण
- धन तथा आपराधिक प्रवृत्तियों पर चुनाव के दौरान अंकुश लगाया गया।
- चुनाव प्रचार के दौरान धार्मिक अपील पर रोक
- इलेक्ट्रॉनिक वोटिंग मशीन का प्रयोग

NCERT फोल्डर

अध्याय के मध्य में दिए गए प्रश्न

1.

कहा जाता है कि चुनाव लोकतंत्र का त्यौहार है लेकिन इस कार्टून में उसे एक आफत के रूप में दिखाया गया है। क्या यह लोकतंत्र के लिए अच्छा है?

उत्तर यह कार्टून 17 फरवरी, 1957 का है, जिसमें चुनाव प्रक्रिया को एक अफरा-तफरी के रूप में दिखाया गया है। इसमें दिखाया गया है कि चुनावों के दौरान किस तरह से अव्यवस्था और संघर्ष जैसी स्थिति बन सकती है।

लोकतंत्र में चुनाव एक महत्त्वपूर्ण प्रक्रिया है, जो जनता को अपनी सरकार चुनने का अधिकार देती है, लेकिन यदि यह प्रक्रिया अव्यवस्था, हिंसा या अनुचित तरीकों से प्रभावित हो, तो यह लोकतंत्र के मूल उद्देश्य को नुकसान पहुँचा सकती है।

इस प्रकार चुनाव की सफलता और लोकतंत्र की मजबूती के लिए पारदर्शिता, अनुशासन और नागरिकों की जिम्मेदारी सुनिश्चित करना आवश्यक है।

2. (i) **कौन मत देने के लिए योग्य है?**

(ii) **कौन चुनाव लड़ने के लिए योग्य है?**

(iii) **कौन चुनाव की देख-रेख करेगा?**

(iv) **मतदाता अपना प्रतिनिधि कैसे चुनेंगे?**

(v) **मतगणना कैसे होगी और प्रतिनिधियों का चुनाव कैसे होगा?**

उत्तर (i) भारत में 18 वर्ष या उससे अधिक आयु के सभी नागरिक मत देने के योग्य हैं। इसके अतिरिक्त मतदाता का नाम निर्वाचन सूची में होना आवश्यक है।

(ii) कोई भी भारतीय नागरिक जो विधि द्वारा निर्धारित न्यूनतम आयु (संसद में लोकसभा के लिए 25 वर्ष, राज्यसभा के लिए 30 वर्ष और राष्ट्रपति के लिए 35 वर्ष) को पूरी करता हो और इससे संबंधित पद की अन्य योग्यता पूरी करता है। चुनाव लड़ सकता है।

(iii) चुनाव आयोग भारत में चुनावों की देख-रेख करता है। यह एक स्वतंत्र संवैधानिक संस्था है, जो स्वतंत्र और निष्पक्ष चुनाव सुनिश्चित करती है।

(iv) मतदाता बैलट पर पेपर इलेक्ट्रॉनिक वोटिंग मशीन के माध्यम से गुप्त मतदान द्वारा अपने प्रतिनिधियों का चुनाव करते हैं।

(v) मतगणना चुनाव आयोग की देख-रेख में होती है। सबसे अधिक वोट पाने वाला उम्मीदवार विजेता घोषित होता है। यह प्रक्रिया सरल बहुमत प्रणाली (फर्स्ट पास्ट द पोस्ट सिस्टम) के अनुसार होती है।

3. **इन नियमों को संविधान में लिखने की क्या आवश्यकता है? इन्हें संसद क्यों नहीं तय करती?**

क्या ऐसा नहीं हो सकता कि ये नियम चुनाव से पहले सभी दल मिलकर तय करें?

उत्तर संविधान में चुनावों से जुड़े मूलभूत नियमों को शामिल करने की आवश्यकता इसलिए है, ताकि चुनाव प्रक्रिया निष्पक्ष, स्वतंत्र और सभी नागरिकों के लिए समान रूप से लागू हो। यदि यह जिम्मेदारी संसद या राजनीतिक दलों पर छोड़ दी जाए, तो इसमें पक्षपात, भेदभाव या मनमानी होने की संभावना बढ़ सकती है, जो इस प्रकार है

(i) **निष्पक्षता और स्थायित्व सुनिश्चित करना** संविधान एक सर्वोच्च कानूनी दस्तावेज है जो किसी भी राजनीतिक दबाव से स्वतंत्र होता है। चुनावी प्रक्रिया के मूलभूत नियम संविधान में लिखे जाने से यह सुनिश्चित होता है कि वे समय और सरकारों के बदलावों के बावजूद स्थिर रहें।

(ii) **लोकतंत्र की सुरक्षा** यदि चुनावी नियम बनाने का अधिकार राजनीतिक दलों को दे दिया जाए, तो वे अपने लाभ के लिए नियम बदल सकते हैं। संविधान के इन नियमों को शामिल करना लोकतंत्र की रक्षा के लिए आवश्यक है ताकि सभी दल समान अवसरों के साथ चुनाव लड़ सकें।

4. **50% से भी कम वोट और 80% से अधिक सीटें। क्या यह ठीक है? हमारे संविधान निर्माताओं ने ऐसी गड़बड़ व्यवस्था को कैसे स्वीकार किया?**

उत्तर वर्ष 1984 के लोकसभा चुनाव में कांग्रेस को 48% वोट मिलने के बावजूद 80% से अधिक सीटें मिली, क्योंकि भारत में चुनावी प्रणाली 'फर्स्ट-पास्ट-द-पोस्ट' (जो सबसे आगे वही जीते) है। इस प्रणाली में विजेता प्रत्याशी को बहुमत नहीं, बल्कि अन्य प्रत्याशियों से अधिक वोट मिलना जरूरी होता है। कई निर्वाचन क्षेत्रों में कांग्रेस के प्रत्याशियों को 50% से कम वोट मिले, फिर भी वे जीत गए, क्योंकि अन्य प्रत्याशी और दल अधिक वोट प्राप्त नहीं कर पाए।

इसके परिणामस्वरूप कांग्रेस को सीटों का एक असमान अनुपात मिला, जिससे यह सवाल उठता है कि क्या यह व्यवस्था सही है। हमारे संविधान निर्माताओं ने इस प्रणाली को इसलिए अपनाया, क्योंकि वे चाहते थे कि चुनावी परिणाम स्पष्ट और निर्णायक हो, हालाँकि यह प्रणाली कभी-कभी असमानताओं को जन्म देती है।

5. यह तो बड़ा भ्रम उत्पन्न करने वाला है। इस व्यवस्था में हमें कैसे पता चलेगा कि हमारी सांसद या विधायक कौन है? यदि मुझे कोई कार्य कराना है, तो मैं किसके पास जाऊँगा?

उत्तर समानुपातिक प्रतिनिधित्व प्रणाली में यह प्रश्न स्वाभाविक रूप से उठता है कि हमारा सांसद या विधायक कौन है और यदि हमें कोई कार्य कराना है, तो किसके पास जाना चाहिए। इस व्यवस्था में मतदाता सीधे प्रत्याशियों को नहीं, बल्कि राजनीतिक दलों को वोट देते हैं। दल अपने उम्मीदवारों की एक प्राथमिकता सूची तैयार करते हैं और चुनाव परिणामों के आधार पर जितनी सीटें उन्हें मिलती हैं, उतने ही उम्मीदवारों को उस सूची से चुना जाता है।

इसका तात्पर्य यह है सांसद या विधायक सामान्यतः किसी एक क्षेत्र या व्यक्ति से जुड़ा हुआ नहीं होता, बल्कि वह उस राजनीतिक दल का प्रतिनिधि होता है, जिसे जनता ने समर्षण दिया है। यदि आपका कोई कार्य कराना है, तो आपको उस दल के प्रतिनिधि से संपर्क करना पड़ सकता है, जो आपके क्षेत्र के लिए चयनित हुआ है।

6. भारत में 'सर्वाधिक वोट से जीत की' प्रणाली क्यों स्वीकार की गई?

उत्तर भारत में सर्वाधिक वोट से जीत की प्रणाली (जिसे फर्स्ट-पास्ट-द-पोस्ट कहा जाता है।) को स्वीकार किया गया है, क्योंकि यह प्रणाली चुनावों को सरल और त्वरित बनाती है। इसके तहत प्रत्येक निर्वाचन क्षेत्र में जो प्रत्याशी सबसे अधिक वोट प्राप्त करता है, वही विजयी घोषित होता है, चाहे उसे कुल वोटों का 50% + 1(बहुमत) न भी मिले। इस प्रणाली से चुनाव परिणाम जल्दी ही मिल जाते हैं और चुनावी प्रक्रिया अधिक स्पष्ट और समझने में आसान होती है। साथ ही, यह स्थानीय प्रतिनिधित्व को भी सुनिश्चित करती है, जिससे प्रत्येक क्षेत्र को अपनी आवाज मिलती है।

7. नीचे वर्ष 2016 में तमिलनाडु विधानसभा चुनाव के परिणाम दिए गए हैं।

(i) विधानसभा की संरचना कैसी होती यदि वहाँ इजरायल की तरह समानुपातिक प्रतिनिधित्व प्रणाली होती?

(ii) किस पार्टी का बहुमत होगा?

(iii) कौन सरकार बनाएगा?

(iv) इस व्यवस्था का राजनीतिक दलों के संबंधों पर क्या प्रभाव पड़ेगा?

(v) विधानसभा की संरचना कैसी होती यदि वहाँ इजरायल की तरह समानुपातिक प्रतिनिधित्व प्रणाली होती?

उत्तर (i) यदि तमिलनाडु विधानसभा चुनावों के समानुपातिक प्रतिनिधित्व प्रणाली लागू होती, तो प्रत्येक पार्टी को उसकी प्राप्त वोटों के प्रतिशत के अनुसार सीटें मिलती हैं। यहाँ तक कि छोटी पार्टियों और निर्दलीयों को भी अपने वोटों के अनुपात में सीटें मिलती हैं, जिसके परिणामस्वरूप एक बहुदलीय गठबंधन सरकार बन सकती थी। उदाहरण के लिए, यदि पार्टी को 40.77% वोट मिलते हैं, तो उसे सीटों का वही प्रतिशत मिलता है।

(ii) यदि समानुपातिक प्रतिनिधित्व प्रणाली लागू होती तो एआईएडीएमके को सबसे अधिक सीटें मिलती, क्योंकि उसे 40.77% वोट मिले हैं। हालाँकि, उसे अकेले बहुमत नहीं मिल पाता।

(iii) एआईएडीएमके सबसे बड़ी पार्टी होने के नाते गठबंधन बनाने की कोशिश कर सकती है, लेकिन उसे बहुमत प्राप्त करने के लिए अन्य छोटे दलों से समर्थन लेना पड़ सकता है।

(iv) समानुपातिक प्रतिनिधित्व प्रणाली राजनीतिक दलों के बीच गठबंधन और सहयोग को बढ़ावा देती है। इसमें छोटे दलों और निर्दलीयों को भी स्थान मिलता है, जिससे बड़े दलों को गठबंधन बनाने की आवश्यकता पड़ती है। यह राजनीतिक दलों के बीच सहमति और समझौतों को प्रेरित करता है तथा सरकार के गठन में अधिक समय लग सकता है, क्योंकि विभिन्न दलों को मिलकर एक मजबूत गठबंधन बनाना पड़ता है।

8. मैं इतनी समझ रखती हूँ कि भविष्य में अपने कैरियर को चुन सकूँ और इतनी उम्रदराज हूँ कि ड्राइविंग लाइसेंस बना सकूँ, तो क्या मैं इतनी बड़ी नहीं कि वोट डाल सकूँ? यदि ये कानून मुझे पर लागू होते हैं, तो मैं इन कानूनों को बनाने वाले के बारे में फैसला क्यों नहीं ले सकती?

उत्तर यह प्रश्न बहुत महत्त्वपूर्ण है, जोकि लोकतंत्र की नींव से जुड़ा हुआ है। संविधान में हमें यह अधिकार दिया गया है कि हम अपनी राय और मत का प्रयोग करें। लेकिन, प्रत्येक अधिकार के साथ कुछ जिम्मेदारियाँ और सीमाएँ भी जुड़ी होती हैं।

वोट डालने की उम्र 18 वर्ष निर्धारित की गई है और यह निर्णय सामाजिक और मानसिक परिपक्वता के आधार पर किया गया है। हालाँकि, आपको यह महसूस हो सकता है कि आप अन्य मामलों जैसे ड्राइविंग या कैरियर के फैसले में सक्षम हैं, लेकिन वोट डालने का अधिकार इस परिपक्वता के आधार पर दिया गया है, ताकि आपके द्वारा लिया गया निर्णय समाज और देश के लिए जिम्मेदार हो। कानून बनाने का अधिकार हमारी संसद के पास है, जो चुने गए प्रतिनिधियों द्वारा चलती है। यदि आपको लगता है कि कुछ कानूनों में बदलाव की आवश्यकता है, तो अपने विचार और प्रस्ताव सरकार तक पहुँचाने के लिए उचित मंचों का प्रयोग कर सकते हैं; जैसे -चुनावों में मतदान करके, जन जागरूकता फैलाकर या सामाजिक आंदोलनों में शामिल होकर, इसलिए आप पूर्ण रूप से सक्षम हैं, लेकिन लोकतात्रिक प्रक्रिया में यह फैसला उम्र, समाज और जिम्मेदारियों को ध्यान में रखते हुए किया गया है।

9.

सार्वभौमिक वयस्क मताधिकार को हाथी के रूप में क्यों दिखाया गया है? क्या यह संभालने योग्य नहीं है? या यह उस कहानी की तरह है, जिसमें कई अंधे हाथी के अलग-अलग अंगों के आधार पर उसे बताने की कोशिश करते हैं?

उत्तर सार्वभौमिक वयस्क मताधिकार को इस कार्टून में हाथी के रूप में इसलिए दिखाया गया है, क्योंकि यह बड़ा मजबूत और प्रभावशाली है। यह लोकतंत्र में जनता की शक्ति और उनकी भागीदारी का प्रतीक है। कार्टून यह सवाल उठाता है कि क्या इतना बड़ा और प्रभावशाली अधिकार सम्भालना मुश्किल है। यह कहानी उस दृष्टांत की ओर इशारा करती है, जिसमें अंधे व्यक्ति हाथी के अलग-अलग हिस्सों को छूकर अपनी समझ से उसे परिभाषित करते हैं। यह संकेत देता है कि सार्वभौमिक वयस्क मताधिकार कों प्रत्येक व्यक्ति अपनी समझ और दृष्टिकोण के अनुसार अलग तरीके से देखता है। संविधान निर्माताओं का विश्वास था कि सभी नागरिक अपने मतदान के अधिकार का उपयोग बुद्धिमानी और समाज के हित में करेंगे, हालाँकि कुछ लोगों को लगा कि बिना शैक्षणिक योग्यता के यह अधिकार देना सही नहीं है, लेकिन लोकतंत्र में समानता और गैर-भेदभाव के आधार पर यह निर्णय लिया गया।

इस प्रकार, हाथी का प्रतीक यह दर्शाता है कि वयस्क मताधिकार एक बड़ी जिम्मेदारी है, जिसे सभी नागरिकों को समान रूप से निभाना है।

10. क्या अब यह व्यवस्था स्थायी हो गई है या सरकार एक सदस्यीय निर्वाचन आयोग को दोबारा कायम कर सकती है? क्या संविधान इस खेल की आज्ञा देता है?

उत्तर भारतीय संविधान की धारा 324 के तहत निर्वाचन आयोग को स्वतंत्र और निष्पक्ष चुनाव कराने का अधिकार प्राप्त है। वर्तमान में, आयोग बहुसदस्यीय है और इसका मुख्य उद्देश्य चुनाव प्रक्रिया को निष्पक्ष रखना है। मुख्य निर्वाचन आयुक्त और अन्य आयुक्तों को समान अधिकार प्राप्त हैं और उनकी नियुक्ति राष्ट्रपति द्वारा मंत्री परिषद् के परामर्श से होती है। संविधान आयोग की स्वतंत्रता और निष्पक्षता सुनिश्चित करता है, लेकिन सरकार चाहे तो इसे एक सदस्यीय बना सकती है, क्योंकि संविधान में इस पर कोई स्थायी प्रतिबंध नहीं है। हालाँकि बहुसदस्यीय आयोग को लोकतंत्र के लिए अधिक उपयुक्त और जवाबदेह माना गया है।

11. नेताजी चुनाव आयोग से डर गए हैं, वे कह रहे हैं कि हमें निष्पक्ष और स्वतंत्र चुनाव की चुनौती झेलनी है। नेता चुनाव आयोग से डरते क्यों हैं?

क्या यह स्थिति लोकतंत्र के लिए अच्छी है?

उत्तर नेता चुनाव आयोग से इसलिए डरते हैं, क्योंकि अब चुनाव निष्पक्ष और स्वतंत्र तरीके से कराने की माँग की जा रही है। चुनाव प्रक्रिया में सरल आचार संहिता- सही और स्वच्छ मतदान एवं अनुशासन जैसी नई चुनौतियों का सामना करना पड़ेगा। इससे उनके पुराने तरीकों से कार्य करना मुश्किल हो जाएगा, जो शायद पारदर्शी और निष्पक्ष नहीं थे।

क्या यह स्थिति लोकतंत्र के लिए अच्छी है?

हाँ, यह स्थिति लोकतंत्र के लिए अच्छी है। निष्पक्ष और स्वतंत्र चुनाव लोकतंत्र का आधार हैं। यदि चुनाव स्वच्छ और पारदर्शी होंगे, तो जनता का विश्वास लोकतांत्रिक प्रक्रिया में बना रहेगा और सही प्रतिनिधि चुने जा सकेंगे। इससे लोकतंत्र मजबूत होगा।

12. निर्वाचन आयोग को इन शक्तियों और विशेषाधिकारों को देने के बारे में आप क्या सोचते हैं? यदि ऐसा नहीं किया जाता तो क्या होता?

(i) निर्वाचन आयोग चुनाव संबंधी कार्यों में लगाए गए सरकारी कर्मचारियों को आदेश दे सकता है।

(ii) सरकार मुख्य निर्वाचन आयुक्त को नहीं हटा सकती।

(iii) आयोग उस चुनाव को रद्द कर सकता है, जो उसे निष्पक्ष न लगे।

उत्तर निर्वाचन आयोग को उपरोक्त शक्तियाँ और विशेषाधिकार देना भारतीय लोकतंत्र को मजबूत और निष्पक्ष बनाने के लिए अत्यंत आवश्यक है। इन शक्तियों के बिना, चुनाव प्रक्रिया में पक्षपात, भ्रष्टाचार और बाहरी हस्तक्षेप की संभावना बढ़ जाती है। आइए इन बिंदुओं को विस्तार से समझें।

(i) **निर्वाचन आयोग का सरकारी कर्मचारियों को आदेश देना** यदि निर्वाचन आयोग को सरकारी कर्मचारियों को आदेश देने का अधिकार न दिया जाता, तो चुनाव प्रक्रिया में सरकारी मशीनरी का दुरुपयोग हो सकता था। इससे चुनाव निष्पक्ष नहीं रह पाते और सत्तारूढ़ सरकारें अपने लाभ के लिए तंत्र का उपयोग कर सकती थीं।

(ii) **मुख्य निर्वाचन आयुक्त को न हटाना** यदि सरकार मुख्य निर्वाचन आयुक्त को हटा सकती, तो आयोग के स्वतंत्र और निष्पक्ष कार्य करने पर असर पड़ता। मुख्य आयुक्त पर दबाव बनाया जा सकता था, जिससे चुनाव प्रक्रिया पक्षपात हो जाती।

(iii) **अप्राकृतिक चुनाव रद्द करने का अधिकार** यह अधिकार आयोग को चुनाव प्रक्रिया में पादर्शिता बनाए रखने में सक्षम बनाता है। यदि चुनाव प्रक्रिया में धांधली, हिंसा या भ्रष्टाचार होता है और आयोग उसे रद्द नहीं कर सकता, तो गलत तरीके से चुने गए प्रतिनिधि लोकतंत्र को कमजोर करेंगे।

13. क्या कानून में परिवर्तन करके चुनावों में धन और बल के प्रयोग को रोका जा सकता है? क्या केवल कानून बदलने से कोई चीज वास्तव में बदलती है?

उत्तर कानून में परिवर्तन करके चुनावों में धन और बल के प्रयोग को सीमित करना संभव है, लेकिन कानून बदलने से स्थितियाँ पूरी तरह नहीं बदलतीं। चुनाव सुधारों की सफलता के लिए यह आवश्यक है कि कानूनों को प्रभावी ढंग से लागू किया जाए और नागरिकों में जागरूकता व नैतिकता को प्रोत्साहित किया जाए।

साथ ही राजनैतिक दलों और उम्मीदवारों को अपनी कार्यप्रणाली में पारदर्शिता और जिम्मेदारी लानी होगी। चुनावी प्रक्रिया में धन और बल का प्रभाव कम करने के लिए कठोर प्रावधानों के साथ-साथ सामाजिक जागरूकता, निष्पक्ष संस्थाओं की सक्रियता और नागरिकों की सतर्कता का योगदान भी अनिवार्य है। जनता और राजनीतिक संगठनों का सहयोग ही कानूनों को प्रभावी बनाकर चुनावों को स्वतंत्र और निष्पक्ष बना सकता है।

14. क्या गंभीर अपराध में संलिप्त अपराधी के चुनाव लड़ने पर प्रतिबंध होना चाहिए?

उत्तर हाँ, गंभीर अपराध में संलिप्त अपराधियों के चुनाव लड़ने पर प्रतिबंध होना चाहिए। चुनाव लोकतंत्र की नींव है और जनता के प्रतिनिधि का चरित्र और नैतिकता उच्च स्तर की होनी चाहिए।

यदि किसी उम्मीदवार के विरुद्ध गंभीर फौजदारी मामले लंबित हैं, तो उसे तब तक चुनाव लड़ने से रोका जाना चाहिए, जब तक कि वह अदालत से निर्दोष साबित न हो जाए।

नीचे दिए प्रश्नों के उत्तर संक्षेप में दीजिए

1. निम्नलिखित में से कौन प्रत्यक्ष लोकतंत्र के सबसे नजदीक बैठता है?

(a) परिवार की बैठक में होने वाली चर्चा
(b) कक्षा-संचालन (क्लास-मॉनीटर) का चुनाव
(c) किसी राजनीतिक दल द्वारा अपने उम्मीदवार का चयन
(d) मीडिया द्वारा करवाए गए जनमत संग्रह

उत्तर (a) परिवार की बैठक में होने वाली चर्चा

2. इनमें कौन-सा कार्य चुनाव आयोग नहीं करता?

(a) मतदाता-सूची तैयार करना
(b) उम्मीदवारों का नामांकन
(c) मतदान केंद्रों की स्थापना
(d) आचार-संहिता लागू करना
(e) पंचायत के चुनावों का पर्यवेक्षण

उत्तर (e) पंचायत के चुनावों का पर्यवेक्षण

3. निम्नलिखित में कौन-सी बात राज्यसभा और लोकसभा के सदस्यों के चुनाव की प्रणाली में समान है?

(a) 18 वर्ष से अधिक उम्र का प्रत्येक नागरिक मतदान करने के योग्य है
(b) विभिन्न प्रत्याशियों के बारे में मतदाता अपनी पसंद को वरीयता क्रम में रख सकता है
(c) प्रत्येक मत का समान मूल्य होता है
(d) विजयी उम्मीदवार को आधे से अधिक मत प्राप्त होने चाहिए

उत्तर (d) प्रत्येक मत का समान मूल्य होता है।

4. 'फर्स्ट पास्ट द पोस्ट' प्रणाली में वही प्रत्याशी विजेता घोषित किया जाता है, जो

(a) सर्वाधिक संख्या में मत अर्जित करता है
(b) देश में सर्वाधिक मत प्राप्त करने वाले दल का सदस्य हो
(c) चुनाव क्षेत्र के अन्य उम्मीदवारों से अधिक मत हासिल करता है
(d) 50% से अधिक मत प्राप्त करके प्रथम स्थान पर आया है

उत्तर (c) चुनाव क्षेत्र के अन्य उम्मीदवारों से अधिक मत हासिल करता है।

5. पृथक् निर्वाचन मंडल और आरक्षित चुनाव क्षेत्र के बीच क्या अंतर है? संविधान निर्माताओं ने पृथक् निर्वाचन मंडल को क्यों स्वीकार नहीं किया?

उत्तर आरक्षित चुनाव क्षेत्र की प्रणाली को भारतीय संविधान द्वारा अपनाया गया है, इस व्यवस्था के अंतर्गत अनुसूचित जातियों, जनजातियों तथा पिछड़े वर्गों के लिए दस वर्ष के लिए स्थान सुरक्षित किए गए थे, परंतु 95वें संविधान संशोधन 2009 के द्वारा इस व्यवस्था को वर्ष 2020 तक बढ़ा दिया गया है। ऐसी प्रणाली में मतदाता जाति या संप्रदाय विशेष के नहीं बल्कि सभी वर्गों के होते हैं, जबकि पृथक् निर्वाचन प्रणाली में धर्म या जाति के आधार पर प्रतिनिधित्व दिया जाता है। भारत में ब्रिटिश सरकार ने 1909 के अधिनियम द्वारा इस प्रकार की व्यवस्था स्थापित की थी। 1919 और 1935 के एक्ट में ब्रिटिश सरकार ने सिक्खों और हरिजनों को अलग प्रतिनिधि चुनने का अधिकार दे दिया था। हमारे संविधान निर्माताओं ने निर्वाचन क्षेत्रों के आरक्षण की प्रणाली को अपनाकर पृथक् निर्वाचन प्रणाली को अस्वीकार कर दिया, क्योंकि पृथक् निर्वाचन प्रणाली से देश की एकता तथा अखंडता पर प्रभाव पड़ता है तथा देश में सांप्रदायिकता की भावना का विकास होता है।

6. निम्नलिखित में से कौन-सा कथन गलत है? इसकी पहचान करें और किसी एक शब्द अथवा पद को बदलकर, जोड़कर अथवा नए क्रम में सजाकर इसे सही करें।

(i) एक फर्स्ट पास्ट द पोस्ट प्रणाली (जो सबसे आगे वही जीते प्रणाली) का पालन भारत के प्रत्येक चुनाव में होता है।
(ii) चुनाव आयोग पंचायत और नगरपालिका के चुनावों का पर्यवेक्षण नहीं करता।
(iii) भारत का राष्ट्रपति किसी चुनाव आयुक्त को नहीं हटा सकता।
(iv) चुनाव आयोग में एक से अधिक चुनाव आयुक्त की नियुक्ति अनिवार्य है।

उत्तर (i) एक फर्स्ट पास्ट द पोस्ट प्रणाली (जो सबसे आगे वही जीते प्रणाली) का पालन भारत के प्रत्येक चुनाव में नहीं होता। भारत में राष्ट्रपति, उप-राष्ट्रपति, राज्यसभा और विधानपरिषदों के सदस्यों को छोड़कर शेष सभी चुनाव फर्स्ट पास्ट द पोस्ट प्रणाली से संपन्न होते हैं।

(iii) भारत का राष्ट्रपति चुनाव आयुक्त को उसके पद से हटा सकता है।

7. भारत की चुनाव प्रणाली का लक्ष्य समाज के कमजोर तबके की नुमाइंदगी को सुनिश्चित करना है, लेकिन अभी तक हमारी विधायिका में महिला सदस्यों की संख्या 10% तक भी नहीं पहुँची है। इस स्थिति में सुधार के लिए आप क्या उपाय सुझाएँगे?

उत्तर भारत की चुनाव प्रणाली का लक्ष्य समाज के कमजोर वर्ग के नेतृत्व को सुनिश्चित करना है, यह सही है और इसके लिए संवैधानिक प्रावधान भी किए जा रहे हैं, परंतु इतनी व्यवस्था होने के बावजूद महिलाओं की स्थिति में सुधार नहीं होने के कारण ये है कि महिलाओं को परिवार के साथ समानता का व्यवहार न करना, लड़के और लड़कियों में भेदभाव करना, भ्रूण-हत्या, लड़कों के तुलना में लड़कियों को उचित शिक्षा प्रदान नहीं करना आदि।

इस स्थिति में सुधार के लिए मेरा सुझाव यही है कि महिलाओं को वर्तमान स्थिति में सुधार के लिए देश में उनके लिए उचित शिक्षा का प्रबंध होना चाहिए ताकि वह जाग्रत हो सके और अपने अधिकारों के प्रति सजग हो सके। संविधान में भी इसकी उन्नति के लिए 33% आरक्षण कि व्यवस्था की गई है। ताकि वह स्वयं आगे बढ़कर चुनाव लड़े और विजय होकर राजनीति में भाग ले सके।

8. एक नए देश के संविधान के बारे में आयोजित किसी संगोष्ठी में वक्ताओं ने निम्नलिखित आशाएँ जताईं। प्रत्येक कथन के बारे में बताएँ कि उनके लिए फर्स्ट पास्ट द पोस्ट (सर्वाधिक मत से जीत वाली प्रणाली) प्रणाली उचित होगी या समानुपातिक प्रतिनिधित्व वाली प्रणाली?

(i) लोगों को इस बात की स्पष्ट जानकारी होनी चाहिए कि उनका प्रतिनिधि कौन है, ताकि वे उसे निजी तौर पर जिम्मेदार ठहरा सकें।
(ii) हमारे देश में भाषायी रूप में अल्पसंख्यक छोटे-छोटे समुदाय हैं और देशभर में फैले हैं। हमें इनके ठीक-ठीक नेतृत्व को सुनिश्चित करना चाहिए।
(iii) विभिन्न दलों के बीच सीट और वोट को लेकर कोई विसंगति नहीं रखनी चाहिए।
(iv) लोग किसी अच्छे प्रत्याशी को चुनने में समर्थ होने चाहिए। भले ही वे उसके राजनीतिक दल को पसंद न करते हों।

उत्तर (i) 'फर्स्ट पास्ट द पोस्ट प्रणाली' (सर्वाधिक मत से जीत वाली प्रणाली) प्रणाली।

(ii) समानुपातिक प्रणाली।

(iii) समानुपातिक प्रणाली।

(iv) 'फर्स्ट पास्ट द पोस्ट प्रणाली' (सर्वाधिक मत से जीत वाली प्रणाली

9. एक भूतपूर्व मुख्य चुनाव आयुक्त ने एक राजनीतिक दल का सदस्य बनकर चुनाव लड़ा। इस मसले पर कई विचार सामने आए।

एक विचार यह था कि भूतपूर्व मुख्य चुनाव आयुक्त एक स्वतंत्र नागरिक है। उसे किसी राजनीति दल में होने और चुनाव लड़ने का अधिकार है। दूसरे विचार के अनुसार, ऐसे विकल्प की संभावना कायम रखने से चुनाव आयोग की निष्पक्षता प्रभावित होगी। इस कारण भूतपूर्व मुख्य चुनाव आयुक्त को चुनाव लड़ने की अनुमति नहीं देनी चाहिए। आप इसमें किस पक्ष से सहमत हैं और क्यों?

उत्तर भारत एक विशाल लोकतांत्रिक देश है और इसे सफलतापूर्वक चलाने के लिए चुनावों का आयोजन आवश्यक है। इस कार्य के लिए चुनाव आयोग नामक एक स्वतंत्र संस्था बनाई गई है, जो देश के चुनावों को संचालित करती है, जबकि स्थानीय निकायों के चुनाव इसके दायरे से बाहर है। वर्तमान चुनाव आयोग में एक मुख्य चुनाव आयुक्त और दो अन्य चुनाव आयुक्त शामिल हैं।

चुनाव आयोग के लिए निष्पक्ष और स्वतंत्र चुनाव कराना एक चुनौती है और यह लोकतंत्र की सफलता के लिए आवश्यक है। मुख्य चुनाव आयुक्त की भूमिका चुनाव प्रणाली को पारदर्शी बनाने में महत्त्वपूर्ण होती है और वे छह वर्ष का कार्यकाल पूरा करने के बाद सेवानिवृत्त होते हैं।

मुख्य चुनाव आयुक्त को चुनाव लड़ने की अनुमति पर विचार करते समय यह तर्क दिया गया है कि उन्हें ऐसा करने की अनुमति मिलनी चाहिए, क्योंकि वे देश के स्वतन्त्र नागरिक हैं। इस सन्दर्भ में कोई आपत्ति नहीं होनी चाहिए, क्योंकि एक सामान्य नागरिक के समान उनके पास भी सभी अधिकार हैं। हालाँकि, यदि वे राजनीतिक दल का सदस्य बनकर चुनाव लड़ते हैं। तो इससे जनसाधारण में भ्रम उत्पन्न हो सकता है।

10. भारत का लोकतंत्र अब अनगढ़ 'फर्स्ट पास्ट द पोस्ट' प्रणाली को छोड़कर समानुपातिक प्रतिनिध्यात्मक प्रणाली को अपनाने के लिए तैयार हो चुका है, क्या आप इस कथन से सहमत हैं? इस कथन के पक्ष अथवा विपक्ष में तर्क दें।

उत्तर भारत के संविधान के निर्माण के समय ही चुनाव प्रणाली को लेकर विवाद उत्पन्न हो गया, जिसके परिणामस्वरूप फर्स्ट पास्ट द पोस्ट प्रणाली को अपनाया गया, जिस में जो सबसे आगे, वही जीते कहा जाता हैं। यह प्रणाली सरल है, जिससे सर्वाधिक मत प्राप्त करने वाला उम्मीदवार विजयी होता है।

वही समानुपातिक प्रणाली में पार्टी को उतनी ही सीटें मिलती हैं, जितने प्रतिशत उसे वोट मिलते हैं।

हालाँकि ''फर्स्ट पास्ट द पोस्ट'' प्रणाली में कुछ कमियाँ सामने आईं हैं। बहुदलीय व्यवस्था और गठबंधन सरकार की बढ़ती प्रवृत्ति के कारण, इस प्रणाली में मत प्रतिशत और सीटों का मेल नहीं बैठता। उदाहरण के लिए, वर्ष 1984 के चुनावों में कांग्रेस ने 48% मत प्राप्त कर 415 सीटें जीतीं, जबकि भाजपा को 7.4% मत प्राप्त कर केवल 2 सीटें मिलीं। इस प्रणाली में विजयी उम्मीदवार कभी-कभी अल्पमत का प्रतिनिधित्व करता है।

समानुपातिक प्रतिनिधित्व प्रणाली को अपनाने के विपक्ष के दो प्रमुख तर्क दिए जाते हैं

(i) प्रक्रियात्मक जटिलता समानुपातिक प्रणाली जटिल होती है और इसे समझने में अशिक्षित प्रक्रियात्मक जटिलता या कम पढ़े, -लिखे मतदाताओं को कठिनाई हो सकती है।

(ii) मतदाता और प्रतिनिधि के मध्य संपर्क का अभाव प्रणाली में जनता और उनके प्रतिनिधि के बीच सीधा संपर्क नहीं बनता, क्योंकि निर्वाचन क्षेत्र बड़े और बहुसदस्यीय होते हैं तथा प्रतिनिधि राष्ट्रहित की जगह स्वहित को अधिक महत्त्व दे सकते हैं।

अभ्यास प्रश्न

वस्तुनिष्ठ प्रश्न

बहुविकल्पीय प्रश्न

1. .... लोकतंत्र में नागरिक सरकार चलाने और दैनिक फैसले में .... रूप से भाग लेती है।

(a) प्रत्यक्ष, अप्रत्यक्ष (b) अप्रत्यक्ष, प्रत्यक्ष
(c) प्रत्यक्ष, प्रत्यक्ष (d) अप्रत्यक्ष, सर्वांगीण

उत्तर (c) प्रत्यक्ष, प्रत्यक्ष

2. स्वयं को लोकतांत्रिक सिद्ध करने के लिए चुनाव संपन्न करवाने में कौन शासक अनेक सावधानियाँ बरतते हैं, जिससे उनके शासन पर कोई संकट न आए?

(a) प्रतिनिधि (b) विधायी
(c) गैर-लोकतांत्रिक (d) लोकतांत्रिक

उत्तर (c) गैर-लोकतांत्रिक

3. वर्ष 1984 के लोकसभा चुनाव में कांग्रेस को कितनी सीटें प्राप्त हुई थीं?

(a) 415 (b) 315 (c) 200 (d) 250

उत्तर (a) 415

4. निम्नलिखित में से किस प्रणाली के अंतर्गत समस्त देश को छोटी-छोटी इकाइयों में बाँटा जाता है?

(a) साधारण बहुमत प्रणाली
(b) समानुपातिक प्रतिनिधित्व प्रणाली
(c) एकल प्रणाली
(d) उपरोक्त सभी

उत्तर (a) साधारण बहुमत प्रणाली

5. साधारण बहुमत प्रणाली के संबंध में कौन-सा कथन सही नहीं है?

(a) इस प्रणाली को 'जो सबसे आगे वही जीते' प्रणाली भी कहते हैं
(b) इस प्रणाली के अंतर्गत चुनाव में जिन दो प्रत्याशियों को अन्य की तुलना में बहुमत प्राप्त होता है, विजेता की घोषणा उन्हीं के बीच से होती है
(c) 'a' और 'b' दोनों
(d) इसे बहुलवादी व्यवस्था की संज्ञा भी दी जाती है

उत्तर (b) इस प्रणाली के अंतर्गत चुनाव में जिन दो प्रत्याशियों को अन्य की तुलना में बहुमत प्राप्त होता है, विजेता की घोषणा उन्हीं के बीच से होती है

6. गठबंधन सरकारों के आने से नए और छोटे दलों को सर्वाधिक मत से जीत वाली प्रणाली के बावजूद चुनावी प्रतियोगिता में प्रवेश का अवसर मिला है। भारत में बहुदलीय गठबंधन प्रणाली की शुरुआत कब से मानी जाती है?

(a) 1986 के बाद (b) 1987 के बाद
(c) 1988 के बाद (d) 1989 के बाद

उत्तर (d) 1989 के बाद

7. भारत में सर्वाधिक वोट से जीत की प्रणाली को स्वीकार करने के कारणों में शामिल है

(a) यह एक सरल, स्पष्ट व सर्वग्राह्य प्रणाली है
(b) इस प्रणाली में किसी एक पार्टी के द्वारा बहुमत पाने के अवसर बढ़ जाते हैं, जिससे राजनैतिक स्थिरता बनी रहती है
(c) इस प्रणाली में प्रत्येक व्यक्ति अथवा समुदाय द्वारा अपनी राजनीतिक पार्टी बनाने व चुनावों में स्वतंत्र रूप से भाग लेने के मार्ग खुलते रहते हैं
(d) उपरोक्त सभी

उत्तर (d) उपरोक्त सभी

8. चुनाव आयोग के बारे में कौन-सा कथन सही नहीं है?

(a) चुनाव आयोग स्वतंत्र संस्था है
(b) चुनाव आयोग संसद को चुनाव लड़ने के नियम तय करता हैं
(c) चुनाव आयोग लोकसभा और राज्यसभा चुनावों को संपन्न करता है
(d) चुनाव आयोग मतदाता सूची तैयार करता है

उत्तर (b) चुनाव आयोग संसद को चुनाव लड़ने के नियम तय करता है।

9. साधारण बहुमत प्रणाली में व्याप्त दोषों पर विचार कीजिए

1. **यह प्रणाली अल्पसंख्यकों हेतु शासन में समुचित भागीदारी को सुनिश्चित करती है।**
2. **इस प्रणाली से एकदलीय व्यवस्था उत्पन्न होती है।**

उपरोक्त कौन-सा/से कथन सही है/हैं?

(a) केवल 1
(b) केवल 2
(c) 1 और 2 दोनों
(d) उपरोक्त से कोई नहीं

उत्तर (d) उपरोक्त में से कोई नहीं

10. समानुपातिक प्रतिनिधित्व प्रणाली में निहित मुख्य बातों पर विचार कीजिए

1. **इस प्रणाली में प्रत्येक दल के द्वारा निर्वाचन क्षेत्र से प्रत्याशियों की एक सूची चुनाव से पहले जारी कर दी जाती है।**
2. **इस प्रणाली में सीटों के आरक्षण रहित आधार पर प्रत्याशी को सूची से चुन लिया जाता है।**
3. **इस प्रणाली में प्राप्त वोटों के अनुपात के आधार पर दल को संसद में सीटें दे दी जाती हैं।**

उपरोक्त कौन-सा/से कथन सही है/हैं?

(a) 1 और 2 (b) केवल 3
(c) 2 और 3 (d) 1 और 3

उत्तर (d) 1 और 3

11. भारत में राज्यसभा चुनावों में प्रयुक्त समानुपातिक प्रतिनिधित्व प्रणाली के अंतर्गत शामिल मुख्य तथ्यों में शामिल तत्त्व कौन-कौन से हैं?

1. राज्यसभा चुनावों में प्रयुक्त समानुपातिक प्रतिनिधित्व प्रणाली को एकल संक्रमणीय मत प्रणाली भी कहते हैं।
2. इस प्रणाली के अंतर्गत सीटों का एक निश्चित कोटा राज्यसभा को प्राप्त होता है।
3. इस प्रणाली के अंतर्गत विधानसभा के सदस्यों द्वारा इन सीटों के लिए चुनाव किया जाता है।
4. इस प्रणाली में राज्य के विधायक ही मतदान करते हैं।

कूट

(a) 1 और 2 (b) 2 और 4 (c) 1 और 3 (d) ये सभी

उत्तर (d) ये सभी

12. निम्नलिखित घटनाओं को उनके कालानुक्रमिक में व्यवस्थित कीजिए।

1. भारत में बहुदलीय गठबंधन प्रणाली की शुरुआत
2. नारी शक्ति वंदन अधिनियम
3. निर्वाचन आयोग दूसरी बार बहुसदस्यीय बना
4. प्रथम आम चुनाव

कूट

(a) 1, 2, 3, 4 (b) 4, 1, 3, 2
(c) 4, 3, 2, 1 (d) 2, 4, 3, 1

उत्तर (b) 4, 1, 3 और 2

13. सुमेलित कीजिए

सूची I	सूची II
A. साधारण बहुमत प्रणाली	1. नीदरलैंड
B. समानुपातिक प्रतिनिधित्व प्रणाली	2. भारत
C. गुजरात में अप्रत्याशित हिंसा के कारण विधानसभा चुनाव का स्थगन	3. 1993
D. निर्वाचन आयोग का पुनः बहुसदस्यीय होना	4. 2002

कूट

	A	B	C	D
(a)	1	2	3	4
(b)	2	1	3	4
(c)	1	2	4	3
(d)	2	1	4	3

उत्तर (d) 2143

14. सुमेलित कीजिए

सूची I	सूची II
A. $\frac{\text{कुल मतदान}}{\text{चुनाव में कुल विजयी उम्मीदवार} + 1} + 1$	1. वर्ष 1989
B. भारत में राज्य तथा केंद्र स्तर पर द्विदलीय व्यवस्था का प्रारंभ	2. ₹ 50-70 लाख
C. निर्वाचन आयोग का उल्लेख	3. ₹ 20-28 लाख
D. लोकसभा चुनाव खर्चे की सीमा	4. अनुच्छेद -324
E. राज्यसभा चुनाव खर्चे की सीमा	5. राज्यों में समानुपातिक प्रतिनिधित्व प्रणाली के अंतर्गत कोटा प्राप्ति का सूत्र

कूट

	A	B	C	D	E
(a)	1	2	3	4	5
(b)	5	1	4	2	3
(c)	5	1	2	4	3
(d)	5	1	4	3	2

उत्तर (b) 5 1 4 2 3

15. निम्नलिखित में से कौन-सा युग्म सही नहीं हैं?

(a) लोकसभा चुनाव - फर्स्ट पास्ट द पोस्ट प्रणाली
(b) भारत का राष्ट्रपति चुनाव - अप्रत्यक्ष प्रणाली
(c) राज्यसभा चुनाव - प्रत्यक्ष मतदान प्रणाली
(d) समानुपातिक प्रतिनिधित्व - इजरायल में उपयोग की जाने वाली प्रणाली

उत्तर (c) राज्यसभा चुनाव-प्रत्यक्ष मतदान प्रणाली

16. नीचे दो कथन दिए गए हैं।

कथन I भारत में लोकसभा चुनाव 'फर्स्ट पास्ट द पोस्ट' प्रणाली के तहत होते हैं, जिसमें सबसे अधिक वोट प्राप्त करने वाला उम्मीदवार विजयी होता है।

कथन II 'समानुपातिक प्रतिनिधित्व प्रणाली में प्रत्येक पार्टी को उनके प्राप्त वोटों के अनुपात में सीटें दी जाती हैं।"

(a) केवल कथन I सही है (b) केवल कथन II सही है
(c) दोनों कथन सही हैं (d) दोनों कथन गलत हैं

उत्तर (c) दोनों कथन सही हैं

17. **कथन I** लोकतंत्र या प्रजातंत्र शासन व्यवस्था की सबसे सफलतम प्रणाली है, क्योंकि यह प्रत्येक की राजनीतिक सहभागिता को सुनिश्चित करती है।

कथन II वर्तमान में विश्व के सभी देशों द्वारा लोकतांत्रिक प्रणाली को अपना लिया गया है।

(a) केवल कथन I सही है (b) केवल कथन II सही है
(c) दोनों कथन सही हैं (d) दोनों कथन गलत हैं

उत्तर (a) केवल कथन I सही हैं।

निर्देश (प्र. सं. 18-22) नीचे दो कथन दिए गए हैं, जिनमें एक कथन (A) और दूसरा कारण (R) है। दिए गए कूट की सहायता से सही उत्तर चुनिए

कूट

(a) A और R दोनों सही हैं तथा R, A की सही व्याख्या है
(b) A और R दोनों सही हैं, परंतु R, A की सही व्याख्या नहीं है
(c) A सही है, किंतु R गलत है
(d) A गलत है, किंतु R सही है

18. **कथन** (A) लोकतंत्र से अभिप्राय जनता का शासन अर्थात् जनता का, जनता के लिए, जनता के द्वारा किया गया शासन से है।

कारण (R) लोकतांत्रिक व्यवस्था में जनता चुनाव के माध्यम से ही शासन संचालन में अपनी अप्रत्यक्ष भागीदारी को सुनिश्चित करती है।

उत्तर (a) लोकतंत्र से अभिप्राय जनता का शासन अर्थात् जनता का जनता के लिए, जनता के द्वारा किया गया शासन से है, क्योंकि लोकतंत्र व्यवस्था में जनता चुनाव के माध्यम से ही शासन संचालन में अपनी अप्रत्यक्ष भागीदारी को सुनिश्चित करती है। वर्तमान में लोकंतत्र शासन व्यवस्था को अन्य शासन व्यवस्था से उत्कृष्ट माना जाता है, क्योंकि इसमें जनता सक्रिय रूप से भाग लेती है।

19. कथन (A) प्रत्यक्ष लोकतंत्र में नागरिक सरकार के संचालन व दैनिक फैसले में प्रत्यक्ष रूप से भाग लेते हैं।

कारण (R) अधिक जनसंख्या होने की स्थिति में प्रत्यक्ष लोकतंत्र संभव नहीं हो सकता।

उत्तर (b) प्रत्यक्ष लोकतंत्र में नागरिक सरकार के संचालन व दैनिक फैसले में प्रत्यक्ष रूप से भाग लेते हैं, परंतु आर्थिक जनसंख्या होने की स्थिति में प्रत्यक्ष लोकतंत्र कुछ विशेष परिस्थितियों में संभव नहीं हो सकता है। अधिक जनसंख्या वाले देश में प्रत्यक्ष लोकतंत्र कार्य को गतिहीन बना सकते हैं।

20. कथन (A) भारत में अप्रत्यक्ष लोकतंत्र को अपनाया गया है।

कारण (R) संविधान में चुनाव व्यवस्था के तहत अल्पसंख्यक एवं बहुसंख्यक सभी के हितों हेतु प्रावधान किए गए हैं।

उत्तर (b) भारत में अप्रत्यक्ष लोकतंत्र को अपनाया गया है। इसका एक प्रमुख कारण भारत की जनसंख्या का अधिक होना है। संविधान में चुनाव व्यवस्था के तहत अल्पसंख्यक एवं बहुसंख्यक सभी के हितों हेतु प्रावधान किए गए हैं, जो अल्पसंख्यक एवं बहुसंख्यक को सशक्त बनाने के लिए आवश्यक हैं।

21. कथन (A) भारत में मुख्य रूप से चुनाव की तीन प्रकार की प्रणालियों को अपनाया गया है।

कारण (R) भारत की जनसंख्या अधिक होने के कारण यहाँ अप्रत्यक्ष लोकतंत्र अपनाया गया।

उत्तर (d) भारत में चुनाव की लोकतांत्रिक प्रक्रिया को बनाया गया है। अतः कथन गलत है। भारत की जनसंख्या अधिक होने के कारण यहाँ अप्रत्यक्ष लोकतंत्र अपनाया गया, क्योंकि अधिक जनसंख्या में प्रत्यक्ष लोकतंत्र कार्य में रुकावट का कारण भी बन सकता है। अतः कारण सही है।

22. कथन (A) समानुपातिक प्रतिनिधित्व प्रणाली के अनुसार प्रत्येक पार्टी के द्वारा निर्वाचन क्षेत्र से प्रत्याशियों की एक सूची चुनाव से पूर्व जारी कर दी जाती है।

कारण (R) इस प्रणाली में मतदाता प्रत्याशियों को वोट देते हैं, न कि राजनीतिक दलों को।

उत्तर (c) समानुपातिक प्रतिनिधित्व प्रणाली के अनुसार प्रत्येक पार्टी के द्वारा निर्वाचन क्षेत्र से प्रत्याशियों की एक सूची चुनाव पूर्व जारी कर दी जाती है। इस प्रणाली में मतदाता राजनीतिक दलों को वोट देते हैं, न कि प्रत्याशियों को

23. नीचे दिए गए चित्रों को देखकर निम्नलिखित प्रश्नों के उत्तर दीजिए।

(i) यह कार्टून किस घटना को दर्शाता है?

(a) वर्ष 1949 में कांग्रेस और विपक्ष के बीच चुनावी प्रतिस्पर्द्धा
(b) वर्ष 1947 के विभाजन के बाद की स्थिति
(c) भारतीय स्वतंत्रता संग्राम
(d) भारतीय संविधान की पहली बैठक

उत्तर (a) वर्ष 1949 में कांग्रेस और विपक्ष के बीच चुनावी प्रतिस्पर्द्धा

(ii) इस कार्टून में बौने व्यक्ति के रूप में किसे दिखाया गया है?

(a) सत्ता पक्ष (b) विपक्ष
(c) प्रधानमंत्री (d) राष्ट्रपति

उत्तर (b) विपक्ष

(iii) इस कार्टून के माध्यम से क्या संदेश दिया जा रहा है?

(a) चुनावी प्रक्रिया में निष्पक्षता
(b) एकजुटता और सहयोग
(c) विपक्ष के विरुद्ध नफरत
(d) एक पक्ष की शक्ति और दूसरे की कमजोर स्थिति

उत्तर (d) एक पक्ष की शक्ति और दूसरे की कमजोर स्थिति

(iv) उपरोक्त कार्टून में दाईं ओर दिए गए दोनों चेहरे किनको दर्शाते हैं?

(a) नेहरूजी, सरदार पटेल
(b) अब्दुल कलाम आजाद, सरदार पटेल
(c) अंबेडकर, नेहरू
(d) नेहरूजी, लाल बहादुर शास्त्री

उत्तर (a) नेहरूजी, सरदार पटेल

लघु उत्तरीय प्रश्न

1. आरक्षित निर्वाचन क्षेत्रों की व्यवस्था कैसे कार्य करती है?

उत्तर आरक्षित निर्वाचन क्षेत्रों में सभी मतदाता मतदान करते हैं, लेकिन चुनाव लड़ने वाले प्रत्याशी को केवल उस समुदाय या सामाजिक वर्ग से होना चाहिए, जिसके लिए वह निर्वाचन क्षेत्र आरक्षित है। उदाहरण के लिए, अनुसूचित जाति के लिए आरक्षित निर्वाचन क्षेत्र में केवल अनुसूचित जाति का उम्मीदवार ही चुनाव में खड़ा हो सकता है। यह व्यवस्था यह सुनिश्चित करती है कि उस समुदाय का प्रतिनिधित्व हो।

अतः आरक्षित निर्वाचन क्षेत्रों की व्यवस्था भारत में सामाजिक न्याय को बढ़ावा देने के लिए बनाई गई है, ताकि समाज के उपेक्षित वर्गों को उचित राजनीतिक प्रतिनिधित्व मिल सके।

2. क्या आरक्षण व्यवस्था की अवधि निर्धारित है?

उत्तर हाँ, आरक्षण व्यवस्था की अवधि पहले 10 वर्ष के लिए निर्धारित की गई थी, लेकिन विभिन्न संवैधानिक संशोधनों के माध्यम से इसे बढ़ाकर 2030 तक कर दिया गया है।

आरक्षण का मुख्य उद्देश्य यह था कि समाज के उन वर्गों को जो ऐतिहासिक रूप से शोषित और बहिष्कृत कर रहे हैं, उन्हें अब उचित प्रतिनिधित्व मिले और वे लोकतांत्रिक प्रक्रिया में संक्रिय रूप से भाग ले सकें। आरक्षण की अवधि समाप्त होने पर संसद इसे और आगे बढ़ाने का निर्णय ले सकती है। वर्तमान में लोकसभा की 543 निर्वाचित सीटों में 84 अनुसूचित जाति और 47 अनुसूचित जनजाति के लिए आरक्षित हैं।

3. 'जो सबसे आगे वहीं जीते' (First Past The Post) प्रणाली क्या है और यह वर्ष 1984 के चुनाव में कैसे लागू हुई?

उत्तर 'जो सबसे आगे वहीं जीते' (First-Past-The-Post) प्रणाली का अर्थ है कि किसी भी निर्वाचन क्षेत्र में सबसे अधिक वोट पाने वाले उम्मीदवार को विजयी घोषित किया जाता है भले ही उसे अधिकांश वोट ना मिले हों। वर्ष 1984 के चुनाव में कांग्रेस पार्टी को इस प्रणाली का लाभ मिला, क्योंकि वह कई निर्वाचन क्षेत्रों में बहुमत से जीतीं, लेकिन इसके अतिरिक्त उसके कुल वोट प्रतिशत के अनुरूप सीटें नहीं मिल पाईं, जिसके कारण कांग्रेस को इतनी अधिक सीटें मिलीं।

4. चुनावी घोषणा-पत्र की व्याख्या कीजिए।

उत्तर देश में चुनाव की उद्घोषणा होने के साथ ही प्रत्येक राजनीतिक दल जनता का मत प्राप्त करने के लिए उसके समक्ष लालच भरे वायदे और अपने भावी कार्यक्रमों, नीतियों तथा उद्देश्यों की घोषणा करता है। साथ ही इसमें आर्थिक विकास, शिक्षा, स्वास्थ्य, रोजगार, सुरक्षा और बुनियादी ढाँचे से संबंधित योजनाओं का उल्लेख होता है, जो जनता को पार्टी के प्रति समर्थन देने के लिए प्रेरित करता है। वह इन सभी कार्यक्रमों को जिस कागज पर तैयार करता है, उसे चुनावी घोषणा-पत्र कहते हैं।

5. समानुपातिक प्रतिनिधित्व प्रणाली के कोई तीन लाभ लिखिए

उत्तर समानुपातिक प्रतिनिधित्व प्रणाली के तीन लाभ इस प्रकार हैं

(i) यह छोटे राजनीतिक दलों को भी संसद में प्रतिनिधित्व देने का अवसर प्रदान करती है।

(ii) यह मतदाताओं को उनके वोट के अधिक प्रतिशत के आधार पर प्रतिनिधित्व प्रदान करती है।

(iii) यह चुनावों में दलगत राजनीति को बढ़ावा देती है और बहुमत को बनाने के लिए गठबंधन की संभावना को बढ़ाती है, जिससे सरकार का गठन स्थिर होता है।

6. भारत के निर्वाचन आयोग की संरचना कैसी है?

उत्तर भारत का निर्वाचन आयोग वर्ष 1989 तक एक सदस्यीय था, लेकिन वर्ष 1989 के आम चुनावों से पहले इसे बहु-सदस्यीय बना दिया गया। वर्तमान में निर्वाचन आयोग में तीन सदस्य होते हैं, एक मुख्य निर्वाचन आयुक्त और दो अन्य निर्वाचन आयुक्त। इसके अतिरिक्त प्रत्येक राज्य में एक मुख्य निर्वाचन अधिकारी होता है, जो राज्य स्तर पर आयोग की कार्यवाही का पालन करता है। आयोग के पास चुनावों से संबंधित सभी फैसले लेने का अधिकार होता है और यह सुनिश्चित करता है कि चुनाव निष्पक्ष और पारदर्शी तरीके से हैं।

दीर्घ उत्तरीय प्रश्न।

1. समानुपातिक प्रतिनिधित्व प्रणाली तथा उसके विभिन्न रूपों को स्पष्ट कीजिए।

उत्तर समानुपातिक प्रतिनिधित्व प्रणाली से अभिप्राय ऐसी प्रणाली से है, जिसमें चुनावों से पूर्व प्रत्येक राजनीतिक दल अपने प्रत्याशियों की एक प्राथमिक सूची जारी करते हैं और अपने उतने ही प्रत्याशियों को उस प्राथमिक सूची से चयनित कर देते हैं, जितनी सीटों का कोटा उन्हें उपलब्ध कराया जाता है। चुनाव की इसी पद्धति को समानुपातिक प्रतिनिधित्व प्रणाली कहते हैं।

इस प्रणाली की महत्त्वपूर्ण बात यह है कि इसमें मतदाता प्रत्याशियों को वोट न देकर दलों को वोट देते हैं और किसी दल को उतनी ही प्रतिशत सीटें मिलती हैं जितने प्रतिशत उसे वोट मिलते हैं। इस प्रकार समानुपातिक प्रतिनिधित्व प्रणाली की प्रक्रिया संपन्न होती है।

2. समानुपातिक प्रतिनिधित्व प्रणाली के दोषों को स्पष्ट कीजिए।

उत्तर समानुपातिक प्रतिनिधित्व प्रणाली के दोष निम्नलिखित हैं

- किसी भी पार्टी को स्पष्ट बहुमत प्राप्त होने की संभावना कम रहती है। सरकार में स्थायित्व नहीं रह पाता।
- प्रतिनिधियों का उत्तरदायित्व स्पष्ट रूप से सुनिश्चित नहीं हो पाता। अधिक जनसंख्या वाले देशों में इसकी प्रभावशीलता कम होने लगती है।
- मतदाताओं को उम्मीदवारों के चयन का स्पष्ट विकल्प नहीं प्रदान करती।
- समानुपातिक प्रतिनिधित्व प्रणाली में किसी क्षेत्र विशेष का प्रतिनिधित्व करने वाला और उसके प्रति उत्तरदायी कोई एक प्रतिनिधि नहीं होता है।
- यह प्रणाली पार्टी पर अधिक बल देती है, न कि व्यक्तिगत उम्मीदवारों पर।
- इस प्रणाली में छोटे दलों को भी प्रतिनिधित्व मिलता है, जिससे संसद में कई छोटे दलों का अस्तित्व बन सकता है। इससे राजनीतिक असहमति और जटिलताएँ बढ़ सकती हैं।

3. "भारतीय चुनाव प्रणाली में भारतीय समाज की विविधता तथा वृहत् जनसंख्या समूह को समाहित करने की अद्भुत क्षमता है।" कथन के परिपेक्ष्य में चर्चा कीजिए।

अथवा **भारतीय चुनाव प्रणाली की मुख्य विशेषताओं का वर्णन करें।**

उत्तर कथन के परिपेक्ष्य में भारतीय चुनाव प्रणाली की मुख्य विशेषताएँ निम्नलिखित हैं

- 18 वर्ष या उससे अधिक आयु के प्रत्येक नागरिक को किसी आधार पर भेदभाव किए बिना साधारण चुनावों में मत डालने का अधिकार प्रदान किया गया है।
- साधारण बहुमत प्रणाली को बड़े स्तर पर तथा समानुपातिक प्रतिनिधित्व प्रणाली को छोटे स्तर पर अपनाया गया है।
- चुनाव प्रणाली को स्वतंत्र व निष्पक्ष बनाने के लिए संवैधानिक संस्था तथा निर्वाचन आयोग का गठन किया गया है।
- भारतीय चुनाव प्रणाली समाज में प्रत्येक वर्ग को चुनाव में सहभागिता सुनिश्चित करने में सहायता प्रदान करती है।

4. भारत में साधारण बहुमत प्रणाली भारत के राजनीतिक सामाजिक परिस्थितियों के अनुकूल है

उत्तर भारत में साधारण बहुमत प्रणाली अपनाने के पीछे निम्नलिखित कारण हैं

- तत्कालीन मतदाताओं की शैक्षणिक एवं राजनैतिक स्थिति को देखते हुए यह प्रणाली उनके समझने हेतु सरल थी।
- किसी एक पार्टी को बहुमत प्राप्त करने में आसानी होती है और तत्कालीन स्थितियों में सरकार को स्थायित्व की आवश्यकता थी, क्योंकि बहुमत के अभाव में सरकार गिरने का भय रहता है।
- विकल्पों का स्पष्ट चयन तथा प्रतिनिधि का स्पष्ट रूप से उत्तरदायित्व सुनिश्चित हो पाता है।

ये सभी विशेषताएँ उस समय की भारतीय सामाजिक व्यवस्था के अनुकूल थीं। इसी कारण इस प्रणाली को महत्त्व दिया गया।

5. किन कारणों से भारत में चुनाव सुधार की आवश्यकता प्रतीत होती है?

उत्तर भारत में चुनाव सुधार की आवश्यकता निम्न कारणों से प्रतीत होती है

- चुनावी राजनीति में धन व बल के प्रयोग की अधिकता होने के कारण। राजनीतिक दलों की गतिविधियों को पारदर्शी एवं लोकतांत्रिक बनाने के लिए।
- राजनीति में बढ़ रही आपराधिक प्रवृत्तियों पर अंकुश लगाने के लिए तथा चुनाव प्रणाली की स्वतंत्रता एवं निष्पक्षता को सुनिश्चित करने के लिए। मतदान प्रक्रिया में सुधार और मतदाताओं के अधिकारों के बारे में जागरूकता फैलाने की आवश्यकता है ताकि वे सही जानकारी के आधार पर मतदान कर सके।

6. साधारण बहुमत प्रणाली के दो गुण और दोषों का उल्लेख कीजिए।

उत्तर साधारण बहुमत प्रणाली के दो गुण निम्न हैं

(i) साधारण बहुमत प्रणाली अत्यंत सरल प्रणाली है। चुनाव में खड़े उम्मीदवारों में सबसे अधिक मत प्राप्त उम्मीदवारों को विजयी घोषित कर दिया जाता है।

(ii) यह प्रणाली कम खर्चीली है। यह प्रणाली एक सदस्यीय चुनाव क्षेत्र की चुनाव व्यवस्था में अपनाई जाती है।

साधारण बहुमत प्रणाली के दो दोष निम्न हैं

(i) साधारण बहुमत प्रणाली के अंतर्गत चुनाव में खड़े उम्मीदवारों में से सबसे अधिक मत प्राप्त उम्मीदवार को विजयी घोषित कर दिया जाता है। चाहे ये मत 50% से भी कम हों।

(ii) इस प्रणाली में अल्पसंख्यकों के प्रतिनिधित्व का स्थान नहीं होता, जबकि जब एक उम्मीदवार को केवल बहुमत प्राप्त होता है, तो अन्य सभी उम्मीदवारों की वोटों को अनदेखी हो जाती है, जिससे कई मतदाता निराश हो जाते हैं।

7. प्रत्यक्ष तथा अप्रत्यक्ष लोकतंत्र में अंतर बताइए।

उत्तर प्रत्यक्ष तथा अप्रत्यक्ष लोकतंत्र में अंतर निम्नलिखित हैं

प्रत्यक्ष लोकतंत्र	अप्रत्यक्ष लोकतंत्र
प्रत्यक्ष लोकतंत्र में लोग अपना शासन स्वयं करते हैं।	अप्रत्यक्ष लोकतंत्र में लोग प्रतिनिधियों द्वारा शासन करते हैं।
प्रत्यक्ष लोकतंत्र के लिए राजनीतिक चेतना की आवश्यकता अधिक होती है।	अप्रत्यक्ष लोकतंत्र में जनता से अधिक राजनीतिक चेतना की आशा नहीं की जाती।
प्रत्यक्ष लोकतंत्र लोकतांत्रिक है।	अप्रत्यक्ष लोकतंत्र शुद्ध लोकतांत्रिक नहीं है।
प्रत्यक्ष लोकतंत्र में मतदाता ही विधायक होता है।	अप्रत्यक्ष लोकतंत्र में मतदाता विधायक को चुनता है।

8. भारत की चुनाव प्रणाली में सुधार के लिए कुछ सुझाव दीजिए।

उत्तर भारत की चुनाव प्रणाली में सुधार के लिए प्रमुख सुझाव इस प्रकार हैं

- चुनाव आयोग को सर्वाधिक मत से जीतने वाली प्रणाली के स्थान पर किसी प्रकार की समानुपातिक प्रतिनिधित्व प्रणाली लागू करनी चाहिए।
- संसद और विधानसभाओं में एक-तिहाई सीटों पर महिलाओं को चुनने के लिए विशेष प्रावधान बनाए जाएँ।
- चुनावी राजनीति में धन के प्रभाव को रोकने के लिए और अधिक कठोर प्रावधान होने चाहिए।
- जिस उम्मीदवार के विरुद्ध फौजदारी का मुकदमा हो, उसे चुनाव लड़ने से रोक दिया जाना चाहिए।
- चुनाव प्रचार में जाति और धर्म के आधार पर की जाने वाली किसी भी अपील को पूर्ण रूप से प्रतिबंधित कर देना चाहिए।
- राजनीतिक दलों की कार्यप्रणाली को नियंत्रित करने के लिए तथा उनकी कार्यविधि को और अधिक पारदर्शी तथा लोकतांत्रिक बनाने के लिए एक कानून होना चाहिए।

दीर्घ उत्तरीय प्रश्न II

1. निम्नलिखित संदर्भों में अपने विचार प्रस्तुत करें

(i) क्या बिना चुनाव के लोकतंत्र कायम रह सकता है?

(ii) क्या बिना लोकतंत्र के चुनाव हो सकता है?

उत्तर (i) चुनाव लोकतांत्रिक व्यवस्था की नींव होते हैं। लोकतंत्र का अर्थ होता है—जनता का शासन। चुनाव के माध्यम से जनता शासन संचालन हेतु अपने प्रतिनिधियों का चुनाव करती है।

इसी माध्यम से जनता शासन संचालन में अप्रत्यक्ष रूप से भाग लेती है। चुनाव के माध्यम से ही जनता अपनी आकांक्षाओं की अभिव्यक्ति करती है। बिना चुनाव के लोकतंत्र कायम नहीं रह सकता। समय-समय पर चुनाव के न होने पर लोकतांत्रिक व्यवस्था धीरे-धीरे राजतंत्र अथवा अल्पतंत्र में परिवर्तित होने लग जाती है तथा जनप्रतिनिधियों में निरंकुशता के चरित्र उभर कर सामने आने लग जाते हैं।

अतः लोकतांत्रिक व्यवस्था के अस्तित्व को कायम रखने के लिए एक निश्चित समय पर चुनावी प्रक्रिया का होना आवश्यक है।

(ii) बिना लोकतंत्र के चुनाव तो संपन्न करवाए जाते हैं, परंतु वास्तविकता में उन चुनावों का कोई महत्त्व नहीं होता। अनेक गैर-लोकतांत्रिक देशों में शासक स्वयं को अन्य सभी देशों के सामने लोकतांत्रिक छवि बनाने के लिए चुनावी प्रक्रिया संपन्न करवाते हैं, परंतु वे केवल नाममात्र के होते हैं। गैर-लोकतांत्रिक देशों में करवाए गए चुनाव न तो स्वतंत्र तथा निष्पक्ष होते हैं और न ही किसी निर्धारित प्रक्रिया के माध्यम से करवाए जाते हैं।

2. साधारण बहुमत प्रणाली और समानुपातिक प्रतिनिधित्व प्रणाली के बीच प्रमुख अंतर क्या है? उदाहरण सहित समझाएँ

अथवा **साधारण बहुमत प्रणाली और समानुपातिक प्रतिनिधित्व प्रणाली का तुलनात्मक अध्ययन कीजिए।**

उत्तर भारत में मुख्यतः दो प्रकार की चुनाव प्रणाली को अपनाया गया है, जो हैं—साधारण बहुमत प्रणाली और समानुपातिक बहुमत प्रणाली। साधारण बहुमत प्रणाली में, चुनाव में जिस प्रत्याशी को अन्य प्रत्याशियों की तुलना में अधिक वोट प्राप्त होता है, उसे निर्वाचित घोषित कर दिया जाता है। इसमें यह आवश्यक नहीं है कि निर्वाचित प्रत्याशी को कुल मतों का बहुमत प्राप्त हो। इसे बहुलवादी व्यवस्था भी कहा जाता है, जबकि समानुपातिक प्रतिनिधित्व प्रणाली के अनुसार प्रत्येक पार्टी के द्वारा निर्वाचित क्षेत्र से प्रत्याशियों

की एक सूची चुनाव से पहले जारी कर दी जाती है। तत्पश्चात् सीटों को आरक्षण के आधार पर प्रत्याशी को उस सूची से चुन लेती है। प्राप्त वोटों के अनुपात के आधार पर उन्हें संसद में सीटें दे दी जाती हैं।

साधारण बहुमत प्रणाली एवं समानुपातिक प्रतिनिधित्व प्रणाली में अंतर निम्न प्रकार है

साधारण बहुमत प्रणाली	समानुपातिक प्रतिनिधित्व प्रणाली
संपूर्ण देश छोटी-छोटी भौगोलिक इकाइयों में बँटा होता है, जो निर्वाचन क्षेत्र या जिला कहलाता है।	इस प्रक्रिया में पूरे देश को एक निर्वाचन क्षेत्र माना जाता है अर्थात् किसी भी बड़े भौगोलिक क्षेत्र को एक निर्वाचन क्षेत्र माना जाता है।
सिर्फ एक प्रतिनिधि को प्रत्येक निर्वाचन क्षेत्र से चुना जाता है।	अनेक प्रतिनिधियों का चुनाव केवल एक निर्वाचन क्षेत्र से किया जाता है।
मतदाताओं द्वारा प्रत्याशी को वोट दिया जाता है।	मतदाताओं द्वारा पार्टियों को वोट दिया जाता है।
विधायिका में कम या अधिक सीटों की प्राप्ति का अनुमान प्राप्त वोटों के अनुसार लगाया जाता है।	विधायिका में प्रत्येक पार्टी को प्राप्त मत के अनुपात में सीटें बाँटी जाती हैं।
चुनाव में विजयी उम्मीदवार के लिए यह आवश्यक नहीं कि उसे वोटों का बहुमत (50%+1) प्राप्त हो।	चुनाव में विजयी उम्मीदवार को वोटों का बहुमत हासिल होता है।
यूनाइटेड किंगडम और भारत इस प्रणाली के अंतर्गत आते हैं।	इजरायल और नीदरलैंड इस प्रणाली के अंतर्गत आते हैं।

3. भारतीय चुनाव प्रक्रिया में पाए जाने वाले प्रमुख दोषों को विश्लेषण करें

अथवा **भारतीय चुनावी प्रक्रिया के प्रमुख दोषों का विस्तृत रूप में वर्णन करें**

उत्तर चुनावी प्रक्रिया के प्रमुख दोष निम्नलिखित हैं

(i) **धन तथा बाहुबल का प्रयोग** भारत के आम चुनावों में अकसर राजनीतिक पार्टियों द्वारा धन तथा बाहुबल का प्रयोग कर मत प्राप्त किए जाते हैं, जो चुनावी प्रक्रिया को स्वतंत्र व निष्पक्ष रूप से संपन्न करवाने में एक प्रमुख चुनौती है।

(ii) **धार्मिक तथा जातीय आधार पर वोट की अपील** चुनावों के समय राजनीतिक दलों द्वारा धार्मिक व जातीय आधार पर वोट देने की अपील की जाती है। इसके कारण लोग अपने क्षेत्रीय हितों की अपेक्षा इस प्रकार के मुद्दों को अधिक महत्त्व देने लग जाते हैं, जिससे चुनावी प्रक्रिया निष्पक्ष नहीं रह पाती।

(iii) **राजनीति का अपराधीकरण** वर्तमान समय में राजनीति के अपराधीकरण को निरंतर बढ़ावा मिल रहा है। अनेक राजनीतिक पार्टियों द्वारा अपराधियों को अपनी पार्टी में शरण दे दी जाती है तथा चुनावों के दौरान उन्हें किसी क्षेत्र से प्रत्याशी के रूप में खड़ा कर दिया जाता है, जिससे वे निष्पक्ष व स्वतंत्र चुनावी प्रक्रिया को प्रभावित करने में लग जाते हैं।

(iv) **अल्पसंख्यकों का समुचित प्रतिनिधित्व होना** चुनावी प्रक्रिया हेतु अपनाई गई साधारण बहुमत प्रणाली के तहत क्षेत्रीय अल्पसंख्यकों का समुचित प्रतिनिधित्व नहीं हो पाता और उनके सामुदायिक हितों की अवहेलना होने लग जाती है।

चुनावी प्रक्रिया के दौरान अथवा उससे पहले राजनीतिक दलों की कार्यप्रणाली भी पारदर्शी नहीं होती, जिसके कारण अनेक चुनौतियाँ उत्पन्न हो जाती हैं।

4. लोकतंत्र में राजनीतिक दल की महत्ता पर प्रकाश डालिए।

उत्तर राजनीतिक दल लोकतंत्र की आधारशिला है। इनके बिना लोकतन्त्र जीवित नहीं रह सकता, इसलिए उन्हें लोकतंत्र का प्राण कहा जाता हैं राजनीतिक दल शासन व्यवस्था का चतुर्थ अंग होते है, जिससे लोकतंत्र को दलीय शासन भी कहा जाता हैं।

प्रतिनिधि का चुनाव जनता करती है, लेकिन राजनीतिक दल न हो तो मतदाता बिना सोचे समझे वोट कर सकता है। इसलिए ''Party System is the life blood of democracy'' कहा गया है। राजनीतिक दल चुनाव में प्रत्याशी खड़ा करना। अपने उद्देश्यों का प्रचार करना और चुनाव जीतने के बाद सरकार का निर्माण करना जैसे कार्य करते हैं।

राजनीतिक दल जनता को विभिन्न प्रकार की शिक्षा देकर राजनीतिक चेतना बढ़ाते हैं और लोकतंत्र के सफल संचालन और आवश्यक वातारण का निर्माण करते हैं। ये स्वस्थ जनमत बनाने में सहायक होते हैं। आधुनिक लोकतंत्र में राजनीतिक, दल चुनाव के समय नागरिकों को स्थायित्व और जागरूकता प्रदान करते हैं। इसके अतिरिक्त ये सरकार और जनता के बीच एक कड़ी का काम भी करते है। राजनीतिक दल सरकार पर नियंत्रण रखते हैं, जिससे लोकतंत्र में जनता का प्रभाव बना रहता है।

प्रतिनिधि शासन व्यवस्था में राजनीतिक दल अनिवार्य होते हैं। इनके बिना सरकार का सुचारु संचालन संभव नहीं होता है। लार्ड ब्राइस ने भी कहा है कि ''कोई भी स्वतंत्र देश राजनीतिक दल के अभाव में नहीं रह सकता है।

स्रोत आधारित प्रश्न

नीचे दिए गए स्रोतों को ध्यानपूर्वक पढ़कर उनके प्रश्नों के उत्तर दीजिए।

1. इजरायल में मतगणना के बाद, प्रत्येक पार्टी को संसद में उसी अनुपात में सीटें दे दी जाती हैं, जिस अनुपात में उन्हें वोटों में हिस्सा मिलता है। प्रत्येक पार्टी चुनावों से पहले अपने प्रत्याशियों की एक प्राथमिकता सूची जारी कर देती है और अपने उतने ही प्रत्याशियों को उस प्राथमिकता सूची से चुन लेती है, जितनी सीटों का कोटा उसे दिया जाता है। चुनावों की इस व्यवस्था को 'समानुपातिक प्रतिनिधित्व प्रणाली' कहते हैं। इस प्रणाली में किसी पार्टी को उतनी ही प्रतिशत सीटें मिलती हैं, जितने प्रतिशत उसे वोट मिलते हैं।

समानुपातिक प्रतिनिधित्व के दो प्रकार होते हैं। कुछ देशों; जैसे–इजरायल या नीदरलैंड में पूरे देश को एक निर्वाचन क्षेत्र माना जाता है और प्रत्येक पार्टी को राष्ट्रीय चुनावों में प्राप्त वोटों के अनुपात में सीटें दे दी जाती हैं।

दूसरा तरीका अर्जेंटीना व पुर्तगाल में देखने को मिलता है, जहाँ पूरे देश को बहुसदस्यीय निर्वाचन क्षेत्रों में बाँट दिया जाता है। प्रत्येक पार्टी प्रत्येक निर्वाचन क्षेत्र के लिए अपने प्रत्याशियों की एक सूची जारी करती है जिसमें उतने ही नाम होते हैं जितने प्रत्याशियों को उस निर्वाचन क्षेत्र से चुना जाना होता है।

इन दोनों ही रूपों में मतदाता राजनीतिक दलों को वोट देते हैं न कि उनके प्रत्याशियों को। एक पार्टी को किसी निर्वाचन क्षेत्र में जितने मत

प्राप्त होते हैं उसी आधार पर उसे उस निर्वाचन क्षेत्र में सीटें दे दी जाती हैं। अतः किसी निर्वाचन क्षेत्र के प्रतिनिधि वास्तव में राजनीतिक दलों के प्रतिनिधि होते हैं। भारत में हमने समानुपातिक प्रतिनिधित्व प्रणाली को केवल अप्रत्यक्ष चुनावों के लिए ही सीमित रूप में अपनाया है।

(i) **.......... में मतगणना के पश्चात् प्रत्येक दल को संसद में उसी अनुपात में सीटें दे दी जाती हैं जिस अनुपात में उन्हें वोटों में हिस्सा मिलता है।**

(a) अर्जेंटीना (b) पुर्तगाल (c) इजरायल (d) ईरान

उत्तर (c) इजरायल

(ii) **समानुपातिक प्रतिनिधित्व प्रणाली के संबंध में कौन-सा कथन सही है?**

(a) यह प्रणाली दो प्रकार की होती है
(b) इस प्रणाली में किसी पार्टी को उतनी ही प्रतिशत सीटें मिलती हैं जितने प्रतिशत उसे वोट मिलते हैं
(c) 'a' और 'b' दोनों
(d) उपरोक्त में से कोई नहीं

उत्तर (c) 'a' और 'b' दोनों

(iii) **समानुपातिक प्रतिनिधित्व प्रणाली का उदाहरण किन देशों से मिलता हैं?**

उत्तर इजरायल और नीदरलैंड जैसे देशों में समानुपातिक प्रतिनिधित्व प्रणाली का प्रयोग किया जाता है।

2. **कोई भी निर्णय लेने में सभी नागरिक प्रत्यक्ष रूप से भाग नहीं ले सकते। अतः लोग अपने प्रतिनिधियों को चुनते हैं। इसलिए चुनाव महत्त्वपूर्ण हो जाता है। हम जब भी भारतीय लोकतंत्र के बारे में सोचते हैं, तो सहज ही हमारा ध्यान पिछले चुनावों पर चला जाता है। आज चुनाव पूरी लोकतांत्रिक प्रक्रिया के जाने-पहचाने प्रतीक हो गए हैं। हम प्रायः प्रत्यक्ष और अप्रत्यक्ष लोकतंत्र में अंतर करते हैं। प्रत्यक्ष लोकतंत्र में नागरिक रोज़मर्रा के फैसलों और सरकार चलाने में सीधे भाग लेते हैं।**

प्राचीन यूनान के नगर-राज्य प्रत्यक्ष लोकतंत्र के उदाहरण माने जाते हैं। अनेक लोगों की स्थानीय सरकारें, खास तौर से ग्राम सभाएँ, प्रत्यक्ष प्रजातंत्र के निकटतम उदाहरण हैं, लेकिन जब लाखों और करोड़ों लोगों को निर्णय लेना हो, तो इस प्रकार के प्रत्यक्ष लोकतंत्र को व्यवहार में नहीं लाया जा सकता। इसलिए जनता के शासन का अर्थ सामान्यतः जनता के प्रतिनिधियों के द्वारा चलने वाले शासन से है।

(i) **निम्नलिखित में से कौन प्रत्यक्ष लोकतंत्र का उदाहरण है?**

(a) ग्राम सभा (b) राज्य सभा
(c) लोक सभा (d) पंचायत समिति

उत्तर (a) ग्राम सभा

(ii) **प्रत्यक्ष लोकतंत्र में नागरिक किस प्रकार भाग लेते हैं?**

(a) प्रतिनिधियों के माध्यम से
(b) रोजमर्रा के फैसलों और सरकार चलाने में
(c) केवल चुनाव के दौरान
(d) केवल संविधान बनाने में

उत्तर (b) रोजमर्रा के फैसलों और सरकार चलाने में

(iii) प्रत्यक्ष लोकतंत्र आज के समय में व्यावहारिक क्यों नहीं है?

उत्तर आज के समय में प्रत्यक्ष लोकतंत्र व्यावहारिक नहीं हैं, क्योंकि बड़ी आबादी वाले देशों में नागरिकों के लिए प्रतिदिन के निर्णयों और सरकार चलाने में सीधे भाग लेना संभव नहीं है। लाखों और करोड़ों लोगों के लिए यह प्रणाली जटिल और अव्यावहारिक हो जाती है।

3. **चुनाव की कोई प्रणाली कभी आदर्श नहीं हो सकती। उसमें अनेक कमियाँ और सीमाएँ होती हैं। लोकतांत्रिक समाज को अपने चुनावों को और अधिक स्वतंत्र और निष्पक्ष बनाने के तरीकों को बराबर खोजते रहना पड़ता है। वयस्क मताधिकार, चुनाव लड़ने की स्वतंत्रता और एक स्वतंत्र निर्वाचन आयोग की स्थापना को स्वीकार कर भारत में चुनावों को स्वतंत्र और निष्पक्ष बनाने की कोशिश की गई है। लेकिन पिछले 66 वर्षों के अनुभवों के बाद हमारी चुनाव प्रणाली में सुधार के लिए अनेक सुझाव दिए गए हैं। चुनाव सुधारों के सुझाव निर्वाचन आयोग, विभिन्न राजनीतिक दलों, स्वतंत्र समूहों और अनेक विद्वानों द्वारा दिए गए हैं।**

(i) **भारत में स्वतंत्र और निष्पक्ष चुनाव सुनिश्चित करने के लिए किसकी स्थापना की गई है?**

(a) सर्वोच्च न्यायालय (b) निर्वाचन आयोग
(c) राष्ट्रपति भवन (d) योजना आयोग

उत्तर (b) निर्वाचन आयोग

(ii) **भारत में चुनाव सुधारों के सुझाव किनके द्वारा दिए गए हैं?**

(a) केवल राजनीतिक दलों द्वारा
(b) केवल निर्वाचन आयोग द्वारा
(c) निर्वाचन आयोग, राजनीतिक दलों, स्वतंत्र समूहों और विद्वानों द्वारा
(d) केवल संसद द्वारा

उत्तर (c) निर्वाचन आयोग, राजनीतिक दलों, स्वतंत्र समूहों और विद्वानों द्वारा

(iii) **वास्तव में स्वतंत्र और निष्पक्ष चुनाव कब हो सकते हैं?**

उत्तर वास्तव में स्वतंत्र और निष्पक्ष चुनाव तभी हो सकते हैं जब सभी उम्मीदवार, राजनीतिक दल और वे सभी लोग जो चुनाव प्रक्रिया में भाग लेते हैं— लोकतांत्रिक प्रतिस्पर्द्धा की भावना का सम्मान करें।

4. **राजनीति की वास्तविकता को ध्यान में रखकर मतदाता किसी प्रत्याशी को भी वरीयता दे सकता है और किसी दल को भी। वह चाहे तो इन दोनों में, मतदान के समय, संतुलन बनाने की कोशिश भी कर सकता है। यह प्रणाली मतदाताओं को केवल दलों में ही नहीं वरन् उम्मीदवारों में भी चयन का स्पष्ट विकल्प देती है।**

अन्य चुनावी व्यवस्थाओं में खासतौर से समानुपातिक प्रतिनिधित्व प्रणाली में, मतदाताओं को किसी एक दल को चुनने का विकल्प दिया जाता है, लेकिन प्रत्याशियों का चयन पार्टी द्वारा जारी की गई सूची के अनुसार होता है।

इस प्रकार, किसी क्षेत्र विशेष का प्रतिनिधित्व करने वाला और उसके प्रति उत्तरदायी, कोई एक प्रतिनिधि नहीं होता। लेकिन सर्वाधिक वोट से जीत वाली व्यवस्था पर आधारित निर्वाचन क्षेत्रों में मतदाता जानते हैं कि उनका प्रतिनिधि कौन है और उसे उत्तरदायी ठहरा सकते हैं।

(i) **समानुपातिक प्रतिनिधित्व प्रणाली में मतदाताओं को किसका चयन करने का विकल्प मिलता है?**

(a) केवल उम्मीदवार (b) केवल दल
(c) उम्मीदवार और दल दोनों (d) उपरोक्त में से कोई नहीं

उत्तर (b) केवल दल

(ii) **निम्न में से कौन-सी चुनावी व्यवस्था मतदाताओं को उम्मीदवार और दल दोनों चुनने का विकल्प देती है?**

(a) समानुपातिक प्रतिनिधित्व प्रणाली
(b) सर्वाधिक वोट से जीत वाली व्यवस्था
(c) मिश्रित प्रणाली
(d) सूची आधारित प्रणाली

उत्तर (b) सर्वाधिक वोट से जीत वाली व्यवस्था

(iii) **मतदाताओं को वोट करते समय क्या करना होता है?**

उत्तर मतदाताओं को वोट करते समय किसी प्रत्याशी या दल को केवल स्वीकृति प्रदान करनी होती है।

मानचित्र आधारित प्रश्न

1. **भारत में दिए गए राजनीतिक रेखा मानचित्र में दो राज्यों को (A), (B) के द्वारा अंकित किया गया है। नीचे दी गई जानकारी के आधार पर इन राज्यों की पहचान कीजिए और इनके सही नाम, प्रयोग की गई जानकारी की क्रम संख्या तथा मानचित्र में दिए गए संबंधित अक्षर नीचे दी गई तालिका के रूप में लिखिए।**

प्रयोग की गई जानकारी की क्रम संख्या	मानचित्र का अक्षर	राज्य का नाम
(i)		
(ii)		

(i) **वह राज्य जहाँ पहले ईवीएम की शुरुआत हुई थी।**
(ii) **वह राज्य जहाँ ईवीएम के साथ वीवीपैड का प्रयोग किया गया।**

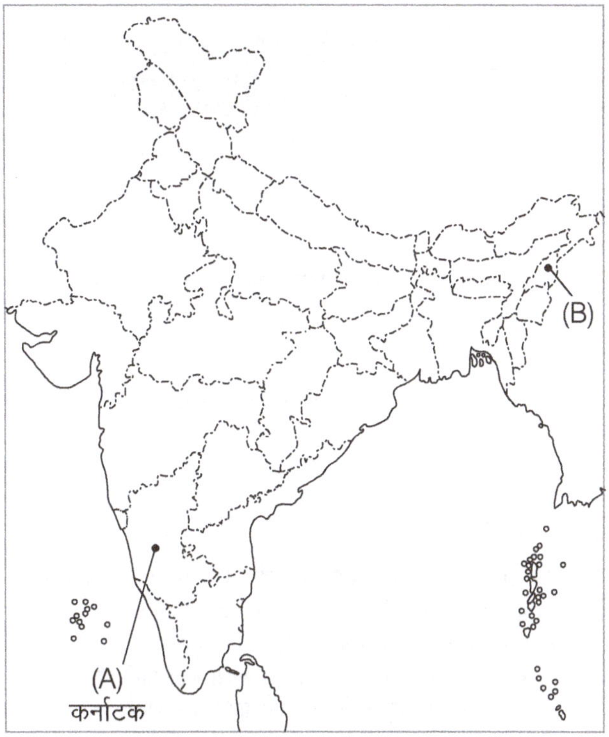

उत्तर

प्रयोग की गई जानकारी की क्रम संख्या	मानचित्र का अक्षर	राज्य का नाम
(i)	A	केरल
(ii)	B	नागालैंड

स्वयं को जाँचें

बहुविकल्पीय प्रश्न

1. राज्यसभा के सदस्यों का कार्यकाल कितने वर्ष का होता हैं?
(a) 4 वर्ष (b) 5 वर्ष
(c) 6 वर्ष (d) 7 वर्ष

2. किन देशों में शासन संचालन में नागरिकों की भूमिका सीमित है?
(a) भारत
(b) ब्रिटेन
(c) अमेरिका
(d) उपरोक्त सभी

3. वर्ष 1984 के लोकसभा चुनाव के संबंध में कौन-सा कथन सही है?
(a) इस चुनाव में कांग्रेस को 48% वोट प्राप्त हुआ था
(b) इस चुनाव में बीजेपी को 8 सीटें प्राप्त हुई थीं
(c) इस चुनाव में जनता पार्टी दूसरी सबसे बड़ी पार्टी थी
(d) इस चुनाव में द्रमुक को 5% वोट प्राप्त हुआ था

4. चुनाव आयोग चुनाव प्रक्रिया से संबोधित कौन - से कार्य करता है?
(a) चुनाव की अधिघोषणा
(b) नामांकन प्रक्रिया शुरू करने की तिथि
(c) मतगणना की तिथि
(d) उपरोक्त सभी

5. निम्नलिखित में सें कौन-सा सही सुमेलित हैं
(a) मुख्य चुनाव आयुक्त - संसद द्वारा चुना जाता है।
(b) राज्यसभा - प्रत्यक्ष निर्वाचन
(c) लोकसभा - प्रत्यक्ष निर्वाचन
(d) राष्ट्रपति - केवल लोकसभा द्वारा चुना जाता है।

लघु उत्तरीय प्रश्न

6. प्रतिनिधि शासन का क्या अभिप्राय है?

7. समानुपातिक प्रतिनिधित्व प्रणाली में चुनाव परिणाम कैसे निकाला जाता है?

8. चुनाव आयोग की सक्रियता का क्या अर्थ है

9. अप्रत्यक्ष लोकतंत्र तथा प्रत्यक्ष लोकतंत्र में अंतर स्पष्ट कीजिए।

10. स्थानीय निकायों के चुनाव किनके द्वारा संपन्न किए जाते हैं?

दीर्घ उत्तरीय प्रश्न I

11. अल्पसंख्यक प्रतिनिधित्व का क्या अभिप्राय है? वर्णन कीजिए।

12. 'सर्वाधिक वोट से जीत' प्रणाली के गुण-दोषों का वर्णन कीजिए

13. भारतीय चुनाव आयोग की चार महत्त्वपूर्ण विशेषताओं का वर्णन कीजिए

14. भारत की चुनाव प्रणाली में सुधार के कोई पाँच सुझाव दीजिए

15. भारत में चुनाव आयोग के गठन, शक्तियों और कार्यों का वर्णन कीजिए

दीर्घ उत्तरीय प्रश्न II

16. एकल संक्रमणीय मत प्रणाली से आप क्या समझते हैं?

17. भारत में वर्तमान चुनाव प्रणाली के दोषों का वर्णन कीजिए

18. भारत की चुनाव प्रणाली में सुधार क्यों आवश्यक है? सुझाव दीजिए।

19. चुनाव आयोग की भूमिका और जिम्मेदारियों को विस्तार से समझाइए। भारत में चुनाव आयोग की संरचना और उनके कार्यों की चर्चा कीजिए।

4

अध्याय

कार्यपालिका विधायिका द्वारा बनाई गई नीतियों के क्रियान्वयन से जुड़ी संस्था है। विभिन्न देशों में इसके स्वरूप एवं कार्यप्रणाली में अंतर पाया जाता है। इस अध्याय में कार्यपालिका की संरचनात्मक विविधता, प्रशासनिक कार्यपालिका, राजनीतिक कार्यपालिका, जैसे पहलुओं का अध्ययन शामिल किया गया है।

अध्ययन एक नजर में

अभ्यास के लिए

- बहुविकल्पीय प्रश्न 24 (युग्मित प्रश्न, चित्र आधारित प्रश्न, कथन/कारण, सुमेलित कीजिए)
- वर्णनात्मक प्रकार के प्रश्न (लघु उत्तरीय प्रश्न 6, दीर्घ उत्तरीय प्रश्न I 9)
- दीर्घ उत्तरीय प्रश्न II 7,
- स्रोत आधारित प्रश्न 4, मानचित्र आधारित 1

कार्यपालिका

कार्यपालिका से अभिप्राय व्यक्तियों के उस समूह से है, जो नीतियों व नियमों से संबंधित नीतिगत निर्णय लेता है। संसदीय व्यवस्था में कार्यपालिका और विधायिका एक-दूसरे पर आश्रित हैं। विधायिका **कार्यपालिका**[1] को न केवल नियंत्रित करती है, बल्कि उससे नियंत्रित भी होती है।

4.1 कार्यपालिका से आशय

सरकार का वह अंग जो मुख्य रूप से नीतियों के कार्यान्वयन और प्रशासन के संचालन से जुड़ा होता है उसे कार्यपालिका कहा जाता है। कार्यपालिका दैनिक आधार पर प्रशासनिक कार्यों का पर्यवेक्षण तथा समन्वय करती है। एक सरकार में, एक संस्था नियमों और विनियमों के विषय में महत्त्वपूर्ण नीतिगत निर्णय लेती है। जबकि अन्य संस्थाएँ इन नियमों को लागू करने का कार्य करती हैं।

कार्यपालिका के कार्य

कार्यपालिका का औपचारिक नाम अलग-अलग देशों में अलग-अलग होता है। कुछ देशों में राष्ट्रपति होता है, तो कहीं चांसलर। कार्यपालिका में केवल राष्ट्रपति, प्रधानमंत्री एवं मंत्री ही निहित नहीं होते, बल्कि इसमें संपूर्ण प्रशासनिक ढाँचे (सिविल सेवा के सदस्य) को शामिल किया जाता है। सरकार के प्रधान एवं उनके मंत्रियों को **राजनीतिक कार्यपालिका** कहा जाता है। इसका चुनाव प्रत्यक्ष या अप्रत्यक्ष रूप से जनता के द्वारा किया जाता है। यह कार्यपालिका सरकार की सभी नीतियों के लिए उत्तरदायी होती है।

व्यक्तियों का वह समूह, जो दैनिक प्रशासन तथा सरकार की सभी नीतियों को लागू कराने हेतु उत्तरदायी होता है, **स्थायी कार्यपालिका**[2] **कहलाती है।**

1 कार्यपालिका (Executive) यह व्यक्तियों का समूह है, जो किसी संगठन के नियमों और विनियमों के वास्तविक कार्यान्वयन को ध्यान में रखता है।

2 स्थायी कार्यपालिका (Permanent Executive) यह एक ऐसा निकाय है, जो दिन-प्रतिदिन प्रशासन के लिए जिम्मेदार होता है।

कार्यपालिका के प्रकार

- सभी देशों में कार्यपालिका अलग-अलग प्रकार की होती है; जैसे—अमेरिका के राष्ट्रपति की शक्तियाँ और कार्य भारत के राष्ट्रपति की शक्तियों से बहुत अलग हैं।

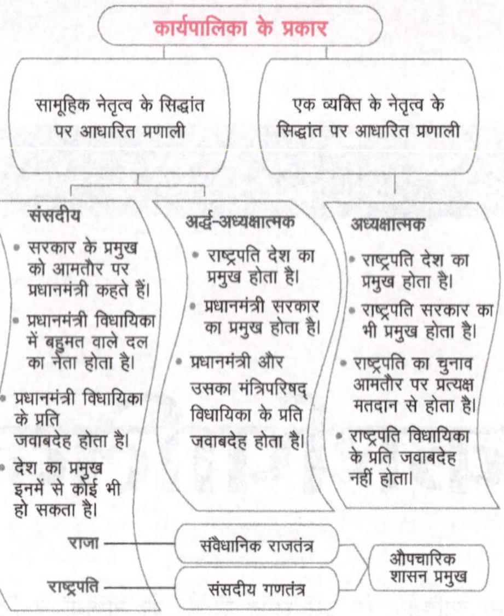

- अमेरिका में **अध्यक्षात्मक व्यवस्था**[3] है और कार्यकारी शक्तियाँ राष्ट्रपति के पास हैं।
- इसी प्रकार इंग्लैंड की महारानी की शक्तियाँ भूटान के राजा से भिन्न हैं।
- भारत और फ्रांस दोनों ही देशों में प्रधानमंत्री हैं, पर उनकी भूमिकाएँ अलग-अलग हैं।
- फ्रांस में राष्ट्रपति और प्रधानमंत्री अर्द्ध-अध्यक्षात्मक व्यवस्था के भाग हैं। राष्ट्रपति प्रधानमंत्री और अन्य मंत्रियों की नियुक्ति करता है। पर उन्हें पद से नहीं हटा सकता क्योंकि वे संसद के प्रति उत्तरदायी होते हैं।
- जापान की संसदीय प्रणाली में सम्राट राज्य के प्रमुख होते हैं, जबकि प्रधानमंत्री सरकार का प्रमुख होता है।
- इटली का राष्ट्रपति राज्य का औपचारिक प्रमुख होता है, जबकि प्रधानमंत्री सरकार का प्रमुख होता है।
- रूस में **अर्द्ध-अध्याक्षात्मक**[4] व्यवस्था है, जिसमें राष्ट्रपति देश का प्रधान और राष्ट्रपति द्वारा नियुक्त प्रधानमंत्री सरकार का प्रधान है।
- जर्मनी में एक **संसदीय व्यवस्था**[5] है, जिसमें राष्ट्रपति देश का नाममात्र का प्रधान और चांसलर सरकार का प्रधान है।
- कार्यपालिका की संसदीय प्रणाली, अध्यक्षात्मक प्रणाली तथा अर्द्ध-अध्यक्षात्मक प्रणाली को निम्न आधारों पर समझा जा सकता है।

संसदीय व्यवस्था

(i) **संसदीय व्यवस्था** में राष्ट्रपति अथवा राजा देश का औपचारिक या नाममात्र का प्रधान होता है, जबकि प्रधानमंत्री सरकार का प्रधान होता है तथा इसका पद बहुत ही शक्तिशाली होता है अर्थात् शासन संचालन की वास्तविक शक्तियाँ प्रधानमंत्री तथा मत्रिमंडल के पास नीहित होती हैं; इस व्यवस्था में राष्ट्रपति या राजा की भूमिका मुख्यत: अलंकारिक होती है और प्रधानमंत्री तथा मत्रिमंडल के पास वास्तविक शक्ति होती है। जैसे—भारत, इंग्लैंड, इटली, जापान, जर्मनी एवं पुर्तगाल आदि।

(ii) **अध्यक्षात्मक व्यवस्था** में राष्ट्रपति राज्य तथा सरकार का वास्तविक प्रधान होता है। इस व्यवस्था के तहत सिद्धांत तथा व्यवहार में राष्ट्रपति की शक्तियाँ समान होती हैं; क्योंकि राष्ट्रपति जनता द्वारा प्रत्यक्ष रूप से चुना जाता है, वह विधायिका के प्रति उत्तरदायी नहीं होता। जैसे—अमेरिका, ब्राजील, लैटिन अमेरिका आदि।

(iii) **अर्द्ध-अध्यक्षात्मक** में इसमें राष्ट्रपति देश का व प्रधानमंत्री सरकार का प्रमुख होता है, परंतु दैनिक कार्यों के संपादन हेतु राष्ट्रपति को महत्त्वपूर्ण शक्तियाँ प्राप्त होती हैं। इस प्रणाली में प्रधानमंत्री और मंत्रीपरिषद् विधायिका के प्रति उत्तरदायी होते हैं, लेकिन संसदीय प्रणाली के विपरीत राष्ट्रपति के पास दैनिक कार्यों में महत्त्वपूर्ण शक्तियाँ हो सकती हैं। इसमें राष्ट्रपति तथा प्रधानमंत्री एक ही दल अथवा अलग-अलग दल के हो सकते हैं। अलग-अलग दल के होने की स्थिति में उनमें आपस में मतभेद उत्पन्न होने की संभावना बढ़ जाती है; जैसे—फ्रांस, रूस एवं श्रीलंका आदि।

चेक प्वॉइंट 1

1. सरकार के तीन प्रमुख अंग कौन-से हैं?
2. अमेरिका में किस प्रकार की शासन प्रणाली है?
3. कार्यपालिका का मुख्य कार्य क्या हैं?
4. राजनीतिक कार्यपालिका किससे संबंधित है?
5. जापान में कार्यपालिका प्रणाली का स्वरूप क्या है?
6. संसदीय प्रणाली में सरकार का प्रमुख कौन होता है?

---

3 अध्यक्षात्मक व्यवस्था (Presidential System) इस प्रणाली में राष्ट्रपति राज्य का प्रमुख और सरकार का प्रमुख होता है।

4 अर्द्ध अध्याक्षात्मक (Semi-Presidential System) यह सरकार का ऐसा स्वरूप है, जिसमें राष्ट्रपति और प्रधानमंत्री दोनों होते हैं। इसमें राष्ट्रपति राज्य का मुखिया होता है और प्रधानमंत्री सरकार का मुखिया होता है।

5 संसदीय व्यवस्था (Parliamentary System) यह एक ऐसी व्यवस्था है, जिसमें प्रधानमंत्री कार्यपालिका का वास्तविक प्रमुख होता है और मंत्रिपरिषद् विधायिका के प्रति उत्तरदायी होती है।

4.2 भारत में संसदीय कार्यपालिका

- भारत में कार्यपालिका की संसदीय प्रणाली का अनुसरण किया जाता है, इस प्रणाली के अंतर्गत कार्यपालिका को जन-प्रतिनिधियों के द्वारा प्रभावपूर्ण तरीके से नियंत्रित किया जा सकता है।
- स्वतंत्रता के समय, भारत के पास अध्यक्षात्मक प्रणाली का विकल्प था, जो राष्ट्रपति को मुख्य कार्यकारी शक्तियों का स्रोत मानता है।
- इसलिए भारतीय संविधान निर्माताओं ने व्यक्तिवादी सत्ता को रोकने हेतु पर्याप्त सुरक्षा प्रदान करने के लिए केंद्र और राज्य दोनों स्तरों पर संसदीय प्रणाली को अपनाया।
- इस प्रणाली में ऐसे तंत्र समावेशित होते हैं, जो सुनिश्चित करते हैं कि कार्यपालिका विधायिका या जनता के प्रतिनिधियों के प्रति उत्तरदायी रहे।
- इस व्यवस्था के अंतर्गत भारत में राष्ट्रपति, राज्य का औपचारिक प्रधान होते हैं तथा प्रधानमंत्री और मंत्रिपरिषद् राष्ट्रीय स्तर पर सरकार चलाते हैं। राज्यों के स्तर पर राज्यपाल, मुख्यमंत्री और मंत्रिपरिषद् मिलकर कार्यपालिका का निर्माण करती है।

भारत में संसदीय कार्यप्रणाली

- **नाममात्र की कार्यपालिका**
  - **राष्ट्रपति**
    - **चयन/नियुक्ति**
      - सप्रत्यक्ष चुनाव द्वारा
      - एकल संक्रमणीय मत प्रणाली 5 वर्षों के लिए
    - **शक्तियाँ**
      - मंत्रिपरिषद् गठन
      - संघ के मामलों में
      - सूचना प्राप्त करना
      - मंत्रिपरिषद् की सलाह प्रमुख अधिकारियों की नियुक्ति
- **वास्तविक कार्यपालिका**
  - **मंत्रिपरिषद् सहित**
    - **चयन/नियुक्ति**
      - प्रत्यक्ष चुनाव द्वारा
      - 5 वर्षों के लिए
    - **शक्तियाँ**
      - विधायिका द्वारा बनाई गई विधियों का क्रियान्वयन
      - जनकल्याणकारी योजनाओं का निर्माण
      - अंतर्राष्ट्रीय नीतियों का निर्धारण

राष्ट्रपति

- भारत में संविधान द्वारा संघ की सभी कार्यपालिका शक्तियाँ औपचारिक रूप से राष्ट्रपति को दी गई हैं, परंतु व्यवहार में राष्ट्रपति इनका प्रयोग प्रधानमंत्री के नेतृत्व में बनी मंत्रिपरिषद् के माध्यम से करता है अर्थात् भारत के राष्ट्रपति को नाममात्र की शक्तियाँ प्रदान की गई हैं।
- राष्ट्रपति का चुनाव अप्रत्यक्ष रूप से पाँच वर्षों की अवधि के लिए किया जाता है।
- इस हेतु संविधान में अनुच्छेद-74(1) के तहत प्रावधान किया गया है।
- राष्ट्रपति का चुनाव चुने गए विधायक और सांसद के द्वारा समानुपातिक प्रतिनिधित्व प्रणाली के सिद्धांत और एकल संक्रमणीय मत प्रणाली के माध्यम से किया जाता है। राष्ट्रपति को उनके पद से केवल संसद द्वारा **महाभियोग**[6] की प्रक्रिया के माध्यम से हटाया जा सकता है। इसके लिए संसद के दोनों सदनों में विशेष बहुमत की आवश्यकता होती है और महाभियोग का एकमात्र आधार संविधान का उल्लंघन होता है।

राष्ट्रपति की शक्तियाँ और कार्य

- **अनुच्छेद-74(1)** "राष्ट्रपति को सहायता और सलाह देने के लिए एक मंत्रिपरिषद् होगी, जिसका प्रधान, प्रधानमंत्री होगा। राष्ट्रपति अपने कृत्यों का प्रयोग करने में ऐसी सलाह के अनुसार कार्य करेगा, परंतु राष्ट्रपति मंत्रिपरिषद् से ऐसी सलाह पर पुनर्विचार करने को कह सकता है और राष्ट्रपति ऐसे पुनर्विचार (Reconsideration) के पश्चात् दी गई सलाह के अनुसार ही कार्य करेगा।"
- इस अनुच्छेद के माध्यम से राष्ट्रपति को मंत्रिपरिषद् की सलाह मानने के लिए बाध्य बनाया गया है। इसके साथ-साथ संविधान संशोधन के द्वारा यह व्यवस्था की गई है कि राष्ट्रपति मंत्रिपरिषद् को सलाह पर पुनर्विचार करने के लिए कह सकता है।
- प्रधानमंत्री और मंत्रिपरिषद् को लोकसभा में बहुमत प्राप्त होता है और वे ही वास्तविक कार्यकारी हैं। अधिकांश मामलों में राष्ट्रपति को मंत्रीपरिषद् की सलाह माननी पड़ती है।

---

6 **महाभियोग** (Impeachment) यह किसी सरकारी पदाधिकारी के विरुद्ध लगाए गए आरोपों के आधार पर उसे पद से हटाने की प्रक्रिया है।

राष्ट्रपति की विवेकाधीन शक्तियाँ

- संवैधानिक रूप से राष्ट्रपति को सभी महत्त्वपूर्ण विषयों पर एवं मंत्रिपरिषद् की कार्यप्रणाली के बारे में सूचना प्राप्त करने का अधिकार होता है। राष्ट्रपति द्वारा माँगी गई सूचनाओं को उपलब्ध कराना प्रधानमंत्री का संवैधानिक कर्त्तव्य होता है।
- राष्ट्रपति प्राय: प्रधानमंत्री को पत्र लिखकर देश की समस्याओं के बारे में अपने विचार को व्यक्त करता है। इसके अतिरिक्त राष्ट्रपति तीन अन्य अवसरों पर अपने विशेषाधिकार का प्रयोग करता है
  - **प्रथम** राष्ट्रपति मंत्रिपरिषद् की सलाह को वापस कर सकता है और उसे अपने निर्णय पर पुनर्विचार करने के लिए कह सकता है। ऐसा राष्ट्रपति स्वविवेक से कर सकता है। यदि राष्ट्रपति को ऐसा प्रतीत होता है कि मंत्रिपरिषद् द्वारा दी गई सलाह में कुछ त्रुटियाँ या कानूनी रूप से कुछ कमियाँ हैं, तो वह मंत्रिपरिषद् से अपने निर्णय पर पुनर्विचार के लिए कह सकता है। यद्यपि मंत्रिपरिषद् पुनर्विचार के उपरांत दोबारा वही सलाह राष्ट्रपति को दे सकती है, इस स्थिति में राष्ट्रपति के लिए यह सलाह मानना बाध्यकारी होती है।
  - **दूसरा** राष्ट्रपति को वीटो की शक्ति (निषेधाधिकार) प्राप्त होती है। इस शक्ति का प्रयोग वह संसद द्वारा पारित विधेयकों (धन विधेयक के अतिरिक्त) पर स्वीकृति प्रदान करने में विलंब करके कर सकता है या स्वीकृति प्रदान करने से इनकार कर सकता है। संसद द्वारा पारित प्रत्येक विधेयक पर राष्ट्रपति की स्वीकृति आवश्यक होती है, तभी वह विधेयक कानून का रूप धारण करता है, किंतु राष्ट्रपति को यह शक्ति है कि वह संसद द्वारा पारित विधेयक को वापस कर सकता है और उस पर पुनर्विचार के लिए कह सकता है। राष्ट्रपति की वीटो की शक्ति सीमित है, क्योंकि यदि संसद उसी विधेयक को पुन: पारित कर राष्ट्रपति के पास भेजे, तो राष्ट्रपति को उस विधेयक पर अपनी स्वीकृति देनी पड़ेगी। इस संदर्भ में एक विशेष प्रावधान यह है कि संविधान में कोई ऐसी समय-सीमा निर्धारित नहीं की गई है, जिसके अंतर्गत राष्ट्रपति को उस विधेयक को पुनर्विचार के लिए लौटाना आवश्यक है। अत: राष्ट्रपति किसी भी विधेयक को कितने भी समय तक अपने पास लंबित रख सकता है। इसे राष्ट्रपति का पॉकेट वीटो भी कहा जाता है।
  - **तीसरा** राष्ट्रपति तीसरे प्रकार के विशेषाधिकार का प्रयोग प्रधानमंत्री की नियुक्ति के समय करता है। सामान्यत: लोकसभा में बहुमत दल के नेता को राष्ट्रपति द्वारा प्रधानमंत्री नियुक्त किया जाता है। यदि लोकसभा में किसी भी दल को बहुमत प्राप्त न हो और अलग-अलग गठबंधन दल के नेता यह दावा करें कि उन्हें लोकसभा में बहुमत प्राप्त है, तो ऐसी स्थिति में राष्ट्रपति को अपने विशेषाधिकार का प्रयोग कर स्वविवेक से निर्णय करना पड़ता है कि किस गठबंधन दल को बहुमत का समर्थन प्राप्त है या कौन सरकार बना और चला सकता है। लेकिन जब किसी दल को स्पष्ट बहुमत नहीं मिलता, तब राष्ट्रपति पर निर्णय लेने और देश की सरकार को चलाने के लिए प्रधानमंत्री को नियुक्त करने की अतिरिक्त जिम्मेदारी होती है।

उपराष्ट्रपति

- भारत के उपराष्ट्रपति को 5 वर्ष के लिए चुना जाता है। उपराष्ट्रपति का चुनाव केवल संसद के दोनों सदनों के सदस्यों द्वारा किया जाता है। इसके निर्वाचक मंडल में विधानसभा के सदस्य शामिल नहीं होते। उपराष्ट्रपति राज्यसभा का पदेन अध्यक्ष भी होता है।
- राष्ट्रपति की मृत्यु, त्याग-पत्र अथवा महाभियोग प्रक्रिया से हटाए जाने की स्थिति में नए राष्ट्रपति के चुनाव तक उपराष्ट्रपति, राष्ट्रपति का कार्यभार कार्यवाहक राष्ट्रपति के रूप में सँभालता है। फखरुद्दीन अली अहमद की मृत्यु के पश्चात् उपराष्ट्रपति बी डी जत्ती ने नए राष्ट्रपति चुनने तक कार्यवाहक राष्ट्रपति के रूप में कार्यभार सँभाला था।

प्रधानमंत्री

- मंत्रिपरिषद् के प्रमुख के रूप में प्रधानमंत्री हमारे देश में सरकार के सबसे महत्त्वपूर्ण पदाधिकारी होता है। संसदीय प्रणाली में प्रधानमंत्री के लिए लोकसभा में बहुमत का समर्थन प्राप्त करना अनिवार्य है।
- राष्ट्रपति उस नेता को प्रधानमंत्री नियुक्त करते हैं जिसे बहुमत का समर्थन प्राप्त हो। इसके बाद प्रधानमंत्री मंत्रिपरिषद् का गठन करते हैं। हालाँकि यदि प्रधानमंत्री बहुमत खो देते हैं, तो उन्हें अपना पद छोड़ना पड़ता है।
- यह आवश्यक है कि प्रधानमंत्री और सभी अन्य मंत्री संसद के सदस्य हो। यदि कोई व्यक्ति संसद सदस्य निर्वाचित हुए बिना प्रधानमंत्री या मंत्री बनता है, तो उसे **छह माह** की अवधि के अंदर संसद सदस्य के रूप में निर्वाचित होना अनिवार्य होता है।

प्रधानमंत्री की नियुक्ति में राष्ट्रपति की भूमिका

- वर्ष 1977 के पश्चात् से किसी एक दल या दलीय गठबंधन को स्पष्ट बहुमत न मिलने पर राष्ट्रपति के पद का महत्त्व और अधिक बढ़ गया है। स्पष्ट बहुमत न मिलने पर राष्ट्रपति हस्तक्षेप कर सरकार का गठन कराता है एवं प्रधानमंत्री द्वारा बहुमत सिद्ध न होने पर लोकसभा को भंग करता है। राष्ट्रपति का यह विशेषाधिकार मुख्यत: राजनीतिक परिस्थितियों पर निर्भर करता है।
- उदाहरण के लिए, मार्च, 1998 के चुनाव में किसी दल या दलीय गठबंधन को बहुमत नहीं मिला। भारतीय जनता पार्टी और उसके सहयोगी दलों को कुल 251 सीटें मिलीं, जो बहुमत से 21 सीटें कम थीं। राष्ट्रपति नारायणन ने एक लंबी प्रक्रिया अपनाते हुए गठबंधन के नेता अटल बिहारी वाजपेयी से अपने दावे के समर्थन में संबंधित राजनीतिक दलों के दस्तावेज प्रस्तुत करने को कहा। साथ ही वाजपेयी जी को पदग्रहण करने के मात्र 10 दिनों के अंदर विश्वास मत प्राप्त करने को भी कहा।

प्रधानमंत्री का महत्त्व और शक्तियाँ

- मंत्रियों को उनके वरिष्ठता और राजनीतिक महत्त्व के आधार पर प्रधानमंत्री द्वारा पदस्तर और मंत्रालय सौपें जाते हैं।
- प्रधानमंत्री की नियुक्ति के पश्चात् ही मंत्रिपरिषद् अस्तित्व में आती है। प्रधानमंत्री के बिना यह अस्तित्वहीन रहती है। प्रधानमंत्री की मृत्यु अथवा त्याग-पत्र की स्थिति में मंत्रिपरिषद् भंग हो जाती है, जबकि किसी मंत्री की मृत्यु, हटाए जाने या त्याग-पत्र के कारण मंत्रिपरिषद् का केवल एक स्थान रिक्त होता है।
- कैबिनेट मंत्री, राज्य मंत्री या उपमंत्री के पद का निर्धारण प्रधानमंत्री द्वारा किया जाता है। इसी तरह का कार्य मुख्यमंत्री राज्य सरकार के स्तर पर करते हैं।
- प्रधानमंत्री, मंत्रिपरिषद् तथा राष्ट्रपति व संसद के बीच की कड़ी का कार्य करता है। इसी कारण पंडित नेहरू द्वारा इसको **सरकार की केंद्रीय धुरी** की संज्ञा दी गई है। इसके अतिरिक्त वह सरकार के सभी महत्त्वपूर्ण निर्णयों में सम्मिलित होता है और उसकी नीतियों के बारे में निर्णय लेता है।
- संवैधानिक दायित्व के कारण प्रधानमंत्री शासन संचालन संबंधी सभी जानकारियाँ राष्ट्रपति को उपलब्ध कराता है।
- अंतर्राष्ट्रीय सम्मेलनों और विदेश यात्राओं के दौरान राष्ट्रीय नेता की छवि प्रस्तुत करता है।
- इनके अतिरिक्त प्रधानमंत्री मंत्रिपरिषद् पर नियंत्रण, लोकसभा का नेतृत्व, मीडिया तक पहुँच व अधिकारी वर्ग पर आधिपत्य स्थापित करता है तथा सरकार के सभी महत्त्वपूर्ण निर्णयों में शामिल होकर नीतियों के बारे में निर्णय लेता है।
- इस प्रकार प्रधानमंत्री द्वारा उपयोग किए गए अधिकार विभिन्न स्रोतों से प्राप्त होते हैं; जैसे- मंत्रिमंडल पर नियंत्रण, लोकसभा में नेतृत्व आदि।

चेक प्वॉइंट 2

1. उपराष्ट्रपति के पद का कार्यकाल क्या है?
2. प्रधानमंत्री को 'सरकार का आधार स्तंभ' किसने कहा था?
3. भारत में संसदीय कार्यकारी प्रणाली को किसने अपनाया?
4. राष्ट्रपति का चुनाव किस प्रणाली के तहत होता हैं?
5. प्रधानमंत्री और मंत्री परिषद् किसकी सहायता से काम करती है।

4.3 मंत्रिपरिषद्

- मंत्रिपरिषद् को राष्ट्रपति द्वारा प्रधानमंत्री की सलाह पर नियुक्त किया जाता है और लोकसभा के प्रति सामूहिक रूप से उत्तरदायी होता है। इसका तात्पर्य है कि, जो सरकार लोकसभा में विश्वास खो देती है, उसे त्यागपत्र देना पड़ता है।
- सामूहिक उत्तरदायित्व मंत्रिमंडल की एकजुटता के सिद्धांत पर आधारित होता है। इसका अर्थ है कि किसी मंत्री के विरुद्ध अविश्वास प्रस्ताव पास होने पर संपूर्ण मंत्रिपरिषद् को त्याग-पत्र देना पड़ता है तथा सामूहिक उत्तरदायित्व का सिद्धांत सभी मंत्रियों के लिए बाध्यकारी होता है।

मंत्रिपरिषद् का आकार

91वे संविधान संशोधन अधिनियम 2003 के अनुसार, मंत्रिपरिषद् का आकार लोकसभा या राज्य विधानसभा के कुल सदस्य संख्या का 15% से अधिक नहीं हो सकता।

गठबंधन सरकार

- यदि किसी भी पार्टी को सामान्य चुनाव में स्पष्ट बहुमत नहीं मिलता है, तो सरकार दलों के **गठबंधन** से निर्मित होती है। गठबन्धन सरकार एक सलाहकार समूह होता है, जो विभिन्न राजनीतिक दलों और क्षेत्रीय दलों के एकजुट होने से बनती है, जिससे देश का प्रबंधन और संचालन किया जा सके।
- वर्ष 1989 के बाद से भारत में गठबंधन सरकार की प्रणाली प्रारंभ हुई। इनमें से कई सरकारें अपना कार्यकाल पूर्ण न कर सकीं। उन्होंने बहुमत समाप्त होने के कारण त्यागपत्र दे दिया या उन्हें हटा दिया गया। इन घटनाओं से निम्न प्रभाव पड़ा
  - प्रधानमंत्री के चयन में राष्ट्रपति के विशेषाधिकारों की भूमिका बढ़ जाती है।
  - गठबंधन किए हुए राजनीतिक दलों में परामर्श की प्रवृत्ति बढ़ती है।
  - मंत्रियों के चयन, पदस्तर तथा मंत्रालय के आवंटन में प्रधानमंत्री की मनमानी पर अंकुश लगता है।
  - सरकार की नीतियों व कार्यक्रमों का निर्धारण सभी सहयोगी दलों से परामर्श के पश्चात् किया जाता है न कि अकेले प्रधानमंत्री के द्वारा।

– प्रधानमंत्री एक नेता से अधिक मध्यस्थ की भूमिका का निर्वहन करता है।

– राज्य स्तर पर भी एक समान संसदीय प्रणाली है, लेकिन कुछ अंतर के साथ। सबसे महत्त्वपूर्ण अंतर यह है कि राष्ट्रपति, राज्यपाल की नियुक्ति करते हैं (केंद्र सरकार की सलाह पर)। राज्यपाल के पास मुख्यमंत्री से अधिक विवेकाधीन शक्तियाँ होती हैं, जो विधानसभा में बहुमत दल के नेता होते हैं, जैसे प्रधानमंत्री। राज्य स्तर पर भी संसदनात्मक व्यवस्था के प्रमुख सिद्धांत लागू होते है।

4.4 स्थायी कार्यपालिका–नौकरशाही

- स्थायी कार्यपालिका सरकार के स्थायी एवं प्रशिक्षित अधिकारियों का वह समूह होता है, जो मंत्रियों को नीतियाँ बनाने व उन्हें लागू करवाने में सहयोग देता है।
- इसे नौकरशाही (Bureaucracy) या नागरिक सेवा कहा जाता है। भारत में प्रशासनिक मशीनरी को राजनीतिक रूप से उत्तरदायी बनाया गया है अर्थात् प्रशासन विधायिका तथा मंत्रियों के नियंत्रण में रहकर कार्य करता है। इसके कार्यकाल में स्थायित्व होता है तथा यह राजनीतिक नियंत्रण में कार्य करती है।
- प्रजातंत्र में यह संभव है कि कोई पार्टी चुनाव में हार जाए और नई सरकार पिछली सरकार की नीतियों के स्थान पर नई नीति बनाए। ऐसी स्थिति में प्रशासनिक मशीनरी की जिम्मेदारी है कि वह नई सरकार को अपनी नीति बनाने और उसे लागू करने में सहायता करे।

भारतीय नौकरशाही

- भारतीय **नौकरशाही**[7] का स्वरूप अधिक जटिल हो गया है। इसमें अखिल भारतीय सेवाएँ, प्रांतीय सेवाएँ, स्थानीय सरकार के कर्मचारी और लोक उपक्रमों के तकनीकी तथा प्रबंधकीय अधिकारी सम्मिलित हैं।
- नौकरशाही राजनीतिक रूप से सदैव तटस्थ रहती है अर्थात् नीतियों का क्रियान्वयन करते समय किसी दल के राजनीतिक दृष्टिकोण का समर्थन नहीं करती और न ही राजनीति में सक्रिय रूप से भाग लेती है। अपने कार्य करने में यह व्यावसायिक रूप से दक्ष होती है तथा दक्षता के आधार पर ही इसका चयन किया जाता है।
- भारतीय प्रशासनिक सेवा (आईएएस) और भारतीय पुलिस सेवा (आईपीएस) अधिकारियों की नियुक्ति केंद्र सरकार द्वारा की जाती है, किंतु इन्हें राज्य सरकार से संबद्ध कर दिया जाता है, यद्यपि सरकार की सेवा में वापस आ सकते हैं। सबसे महत्त्वपूर्ण यह है कि राज्य सरकार के अंतर्गत कार्य करते हुए भी केवल केंद्रीय सरकार ही अनेक विरुद्ध अनुशासनात्मक कार्रवाई कर सकती है।
- सिविल सेवाओं को तीन श्रेणियों में विभाजित किया गया है- जो इस प्रकार हैं
  (i) **अखिल भारतीय** सेवाओं में भारतीय प्रशासनिक सेवा (आईएएस) और भारतीय पुलिस सेवा (आईपीएस) शामिल हैं।
  (ii) **केंद्रीय सेवाओं** में भारतीय विदेश सेवा (आईएफएस) और भारतीय राजस्व सेवा आदि शामिल हैं।
  (iii) **राज्य सेवाओं** में प्रांतीय सिविल सेवाएं शामिल हैं।
- नौकरशाही वह माध्यम है जिसकें द्वारा सरकार भी लोकहितकारी नीतियाँ जनता तक पहुँचती हैं।
- केंद्रीय स्तर पर संघ लोक सेवा आयोग व राज्य स्तर पर राज्य लोक सेवा आयोग सिविल सेवकों की भर्ती दक्षता व योग्यता के आधार पर बिना किसी भेदभाव के करता है।
- जिले का कलैक्टर (जिलाधिकारी) उस जिले में सरकार का सबसे महत्त्वपूर्ण अधिकारी होता है। एक आईएएस या आईपीएस अधिकारी को एक विशेष राज्य में नियुक्त किया जाता है और वह राज्य सरकार के निर्देशन में कार्य करता है।
- नौकरशाही में महिलाओं, दलित, आदिवासियों तथा अन्य पिछड़ी जातियों के प्रतिनिधित्व को सुनिश्चित करने के लिए संविधान में भर्ती के समय इनके आरक्षण का प्रावधान किया गया है।
- लोक सेवा आयोग के सदस्यों का चयन दक्षता के आधार पर एक निश्चित कार्यकाल के लिए किया जाता है। इसके सदस्यों का निलंबन अथवा कार्यकाल समाप्ति से पूर्व इनकी पद मुक्ति सर्वोच्च न्यायालय के न्यायाधीश की जाँच के आधार पर ही हो सकती है।

चेक प्वॉइंट 3

1. मंत्रिपरिषद् की नियुक्ति कौन करता है?
2. किस संशोधन में यह प्रावधान किया गया कि लोकसभा के कुल सदस्यों की संख्या का 15% से अधिक मंत्रिपरिषद् का आकार नहीं होगा?
3. भारत में गठबंधन सरकार की प्रणाली कब प्रारंभ हुई?
4. नौकरशाही को किस प्रकार की तटस्थता बनाए रखने की आवश्यकता है?
5. भारतीय प्रशासनिक सेवा (IAS) और भारतीय पुलिस सेवा (IPS) अधिकारियों की नियुक्ति कौन करता है?

---

7 **नौकरशाही** यह स्थायी कार्यपालिका का गठन करने वाली सिविल सेवाओं या प्रशासन को संदर्भित करता है।

Mind Map

कार्यपालिका

1 कार्यपालिका (परिभाषा)

- कार्यपालिका सरकार का वह अंग है, जो विधायिका द्वारा बनाए गए नियमों कायदों को लागू करता है और प्रशासन का कार्य करता है।
- प्रशासन के संगठन के शीर्ष पर ऐसा समूह होना चाहिए, जो बड़े और नीतिगत निर्णय ले सके तथा रोजमर्रा के प्रशासनिक कार्यों की देख-रेख व उनमें ताल-मेल स्थापित करे।

2 कार्यपालिका के कार्य

- कार्यपालिका प्रायः सरकार के नीति-निर्माण में भाग लेती है तथा विधायिका द्वारा स्वीकृत नीतियों और कानूनों को लागू करने के लिए जिम्मेदार है।
- कार्यपालिका में केवल राष्ट्रपति, प्रधानमंत्री या मंत्री ही नहीं होते, बल्कि इसमें पूरा प्रशासनिक ढाँचा शामिल है।
- वे सरकार की नीतियों को समग्र जिम्मेदारियों से मिलकर निर्वहन करते हैं।

3 कार्यपालिका के प्रकार

अध्यक्षात्मक प्रणाली

- राष्ट्रपति राज्य और सरकार दोनों का ही प्रधान होता है, जैसे– भारत, संयुक्त राज्य अमेरिका, ब्राजील आदि।

संसदीय प्रणाली

- राष्ट्रपति या राजा राज्य का प्रमुख होता है और प्रधानमंत्री सरकार का प्रमुख होता है; जैसे-भारत, यूनाइटेड किंगड्म, जर्मनी आदि।
- यदि राष्ट्रपति राज्य का प्रमुख होता है, तो उसे संसदीय गणतंत्र तथा संवैधानिक राजतंत्र व्यवस्था कहा जाता है।

अर्ध-अध्यक्षात्मक प्रणाली

- राष्ट्रपति राज्य का प्रमुख होता है और प्रधानमंत्री सरकार का प्रमुख होता है, जैसे– फ्रांस, रूस

4 भारत में संसदीय कार्यपालिका

राष्ट्रपति

- यह राज्य का औपचारिक (नाममात्र) प्रधान होता है।
- कार्यपालिका, विधायिका या जनता के प्रतिनिधियों के प्रति उत्तरदायी और उनसे नियंत्रित भी होती है।
- वे मंत्रिपरिषद् की सलाह पर अपनी शक्तियों का प्रयोग करते हैं।
- वे अप्रत्यक्ष रूप से 5 वर्ष के लिए चुने जाते हैं।
- राज्य स्तर पर, कुछ भिन्नता के साथ एक समान संसदीय प्रणाली है।

उपराष्ट्रपति

- राष्ट्रपति की पद रिक्ति की स्थिति में महत्त्वपूर्ण भूमिका निभाता है।
- वे पाँच वर्ष के लिए चुने जाते हैं।

प्रधानमंत्री

- यह मंत्रिपरिषद् के प्रमुख/नेता हैं।
- यह मंत्रियों को विभागों का आवंटन तथा नीति निर्माण में महत्त्वपूर्ण भूमिका निभाते हैं।
- प्रधानमंत्री अपने देश की सरकार का सबसे महत्त्वपूर्ण कार्यकारी पदाधिकारी होता है।

मंत्रिपरिषद्

- प्रधानमंत्री की सलाह पर राष्ट्रपति द्वारा नियुक्त किया जाता है।
- मंत्रिपरिषद् लोकसभा के प्रति सामूहिक रूप से उत्तरदायी है। इसका अर्थ है कि सरकार यदि लोकसभा में विश्वास खो देती है, तो उसे त्याग-पत्र देना पड़ता है।

5 गठबंधन सरकार

- किसी भी पार्टी को पूर्ण बहुमत न मिलने की स्थिति ने संसदीय कार्यपालिका की कार्यप्रणाली को प्रभावित किया है तथा प्रधानमंत्री के चयन में राष्ट्रपति की विवेकाधीन भूमिका बढ़ी है ।
- गठबंधन सरकार में किसी मुद्दे पर राजनैतिक सहयोगियों के मध्य बहुत अधिक मंत्रणा की आवश्यकता है।
- प्रधानमंत्री के विशेषाधिकारों पर अंकुश लगता है।
- नीति-निर्माण में बातचीत और समझौतावादी दृष्टिकोण रखना पड़ता है।

6 स्थायी कार्यपालिका नौकरशाही

- सरकार के कार्यकारी अंग, जो स्थायी कर्मचारी के रूप में कार्य करते हैं।
- ये राजनीतिक रूप से तटस्थ होते हैं।
- विधायिका प्रशासन पर भी नियंत्रण रखती है।
- विधायिका और प्रशासनिक मशीनरी द्वारा अपनाई गई नीतियों की जवाबदेही राजनीतिक रूप से होती है।

भारतीय नौकरशाही

- अखिल भारतीय सेवाओं से युक्त एक विस्तृत और जटिल व्यवस्था है।
- भारत में एक पेशेवर प्रशासनिक अवसंरचना विकसित की है।
- नीति निर्माण और कार्यान्वयन में महत्त्वपूर्ण भूमिका का निर्वहन करते हैं।
- संविधान ने अनुसूचित जातियों और अनुसूचित जनजातियों, महिलाओं, अन्य पिछड़े वर्गों और आर्थिक रूप से कमजोर वर्ग के लिए नौकरियों में आरक्षण प्रदान किया है।

NCERT फोल्डर

अध्याय के मध्य में दिए गए प्रश्न

1. मुझे याद है कोई कह रहा था कि लोकतंत्र में कार्यपालिका जनता के प्रति उत्तरदायी होती है। क्या यह बड़ी कंपनियों के बड़े अधिकारियों के लिए भी सही है? क्या उन्हें हम मुख्य कार्यपालिका अधिकारी नहीं कहते? वे किसके प्रति उत्तरदायी हैं?

उत्तर हाँ, लोकतंत्र में कार्यपालिका जनता के प्रति उत्तरदायी होती है। कार्यपालिका, सरकार का वह अंग है, जो कानूनों को लागू करती है। यह संसद के तीन प्रमुख कार्यों में से एक है।

मुख्य कार्यकारी अधिकारी (CEO) एक कंपनी के संचालन के प्रमुख होते हैं। उनका उत्तरदायित्व अलग ढाँचे में होता है।

- शेयरधारकों के प्रति उत्तरदायी
- बोर्ड ऑफ डायरेक्टर्स के प्रति उत्तरदायी
- कानूनी और नैतिक उत्तरदायित्व
- हालाँकि, कुछ बड़ी कंपनियाँ अब अपने CEO को सामाजिक जिम्मेदारी और पर्यावरणीय स्थिरता जैसे मुद्दों के प्रति भी उत्तरदायी मानने लगी हैं। इसे कॉर्पोरेट सोशल रिस्पॉन्सिबिलिटी के तहत देखा जाता है।

2. सभी देशों में एक ही तरह की कार्यपालिका नहीं होती। आपने अमेरिका के राष्ट्रपति और इंग्लैंड की महारानी के बारे में सुना होगा, लेकिन अमेरिका के राष्ट्रपति की शक्तियाँ और कार्य भारत के राष्ट्रपति की शक्तियों से बहुत अलग हैं। इसी प्रकार, इंग्लैंड की महारानी की शक्तियाँ भूटान के राजा से भिन्न है। भारत और फ्रांस दोनों ही देशों में प्रधानमंत्री है, परंतु उनकी भूमिकाएँ अलग-अलग हैं। ऐसा क्यों है?

उत्तर भारत और फ्रांस दोनों ही देशों में प्रधानमंत्री होते हैं, लेकिन उनकी शक्तियाँ और भूमिकाएँ बहुत भिन्न हैं।

- भारत में प्रधानमंत्री एक संसदीय प्रणाली के तहत कार्य करते हैं। वे सरकार के प्रमुख होते हैं और कार्यपालिका के संचालन में प्रमुख भूमिका निभाते हैं। हालाँकि, राष्ट्रपति भी देश के राज्य प्रमुख होते हैं, लेकिन प्रधानमंत्री के पास वास्तविक कार्यकारी शक्तियाँ होती हैं।
- फ्रांस में संविधानिक व्यवस्था मिश्रित हैं, जिसमें राष्टपति और प्रधानमंत्री दोनों के पास शक्तियाँ होती हैं। फ्रांसीसी राष्ट्रपति को एक मजबूत कार्यकारी माना जाता है, जबकि प्रधानमंत्री को राष्ट्रपति द्वारा नियुक्त किया जाता है और उनका कार्यक्षेत्र सीमित होता है। फ्रांस में राष्ट्रपति को विशेष रूप से विदेश नीति और रक्षा जैसे मामलों में अधिक (अधिकार) होते हैं। जबकि प्रधानमंत्री राष्ट्रीय राजनीति और घरेलू मामलों में अधिक प्रभावी होते हैं।
- अतः कार्यपालिका की संरचना और शक्तियाँ हर देश की राजनीतिक, परंपराओं, ऐतिहासिक घटनाओं और संविधानिक ढाँचे के आधार पर अलग-अलग होती है।

3. क्या हमारे देश में बहुत प्रतिष्ठित प्रधानमंत्री नहीं हुए? तात्पर्य यह है कि इसका क्या संसदीय व्यवस्था में भी किसी एक व्यक्ति की प्रधानता जारी रह सकती है? तब तो जनता और विधायिका को लगातार सचेत रहने की आवश्यकता है।

उत्तर यद्यपि हमारे देश में बहुत प्रतिष्ठित प्रधानमंत्री हुए हैं, लेकिन इसका तात्पर्य यह नहीं है कि संसदीय व्यवस्था में किसी एक व्यक्ति की प्रधानता जारी रह सकती है, क्योंकि संविधान में शक्तियों का वास्तविक वितरण किया गया है, जो व्यक्ति या संख्या की निरंकुशता को प्रतिबंधित करता है। इसे निम्न आधार पर समझा जा सकता है।

- केंद्र की कार्यपालिका शक्ति राष्ट्रपति को मिली हुई है। राष्ट्रपति, संविधान के अनुसार, अपने अधिकार का उपयोग सीधे तौर पर या अपने अधीन अधिकारियों के जरिए कर सकते हैं।
- सरकार के मामले में, एक संस्था नीतिगत फैसले लेती है और नियमों एवं लाभों को तय करती है।
- दूसरी संस्था, इन नियमों और विनियमों को लागू करने की जिम्मेदारी निभाती है। सरकार का वह अंग जो इन नियमों-कायदों को लागू करता है और प्रशासन का काम करता है, कार्यपालिका कहलाता है।
- इसके अतिरिक्त न्यायपालिका की विशेष भूमिका जो संविधान का अतिक्रमण करने वाली प्रत्येक संस्था पर न्यायिक निवर्चन द्वारा अंकुश लगाती है।

4. मैं यहाँ कहने भर का बैठा दिया गया हूँ या मैं सचमुच के प्रश्न भी पूछ रहा हूँ? क्या इस पुस्तक के लेखकों ने मुझे अपने मनचाहे प्रश्न पूछने की शक्ति दी है या मैं व ही सवाल पूछ रहा हूँ, जो उनके मन में उठ रहे हैं?

उत्तर आपका सवाल गहरी सोच और आत्म चिंतन को प्रेरित करता है। यह सवाल ने केवल हमारे संवाद के संदर्भ में बल्कि समाज और संस्कृति के व्यापक संदर्भ में भी महत्त्वपूर्ण है। इसे निम्न आधार पर समझा जा सकता है

(i) **सवालों की स्वतंत्रता** जो प्रश्न पूछ रहे हैं।, वह आपकी सोच और जिज्ञासा का परिणाम हैं। यह प्रश्न यह नहीं बताता कि आप केवल वही प्रश्न पूछ रहे हैं, जो कोई और चाहता है, बल्कि यह दर्शाता है कि आपने अपने विचारों और समझ के आधार पर प्रश्न उठाए हैं।

(ii) **साहित्य और लेखक का प्रभाव** जब आप कोई पुस्तक पढ़ते हैं, तो लेखक ने अपने सोच-विचार और दृष्टिकोण से प्रश्नों का निर्माण किया होता है लेकिन इसका आशय यह नहीं है कि आप उसके बनाए प्रश्नों तक ही सीमित हैं। लेखक ने प्रश्न उठाए हैं, लेकिन आपका प्रश्न वही नहीं होता जो लेखक ने सोचा था। यह पूरी तरह से आपके व्यक्तिगत अनुभव, समझ और सोच से प्रभावित होता है।

(iii) **सवाल और उत्तरों की सामूहिक प्रकृति** वास्तव में, पूछे गए सवाल हमेशा अकेले किसी व्यक्ति के नहीं होते, बल्कि वे समाज, संस्कृति और उस दौर के संदर्भ में उठते हैं। लेखक भी अपने समय, सोच और समाज से प्रभावित होते हैं। इसलिए, आपके प्रश्न

लेखक के मन में उठने वाले प्रश्नों से जुड़ सकते हैं, लेकिन अंततः वह प्रश्न आपके विचार और जिज्ञासा से उत्पन्न होते हैं। अतः आप सचमुच के प्रश्न पूछ रहे हैं, क्योंकि ये आपकी विचारधारा, अनुभव और समझ का परिणाम हैं, भले ही आपके सवाल उन किताबों या लेखकों से प्रेरित हों, लेकिन उन्हें आपके व्यक्तिगत दृष्टिकोण से समझा और पूछा जाता है। प्रश्न पूछने की शक्ति न केवल लेखक ने दी है, बल्कि यह आपकी स्वतंत्र सोच का भी परिणाम है।, जो आपके जीवन के अनुभवों से जुड़ी है।

5. राष्ट्रपति के लिए किताबों में स्त्रीलिंग और पुल्लिंग दोनों का प्रयोग किया जाता है। क्या कभी कोई महिला भी राष्ट्रपति हुई है?

उत्तर हाँ, भारत में एक महिला राष्ट्रपति रह चुकी हैं तथा वर्तमान में भी महिला राष्ट्रपति श्री मती द्रोपदी मुर्मू हैं। प्रतिभा पाटिल भारत की प्रथम महिला राष्ट्रपति थीं। इन्होंने 25 जुलाई, 2007 से 25 जुलाई, 2012 तक यह पद संभाला। इनके राष्ट्रपति बनने का भारतीय राजनीति और समाज में ऐतिहासिक महत्त्व है, क्योंकि यह दिखाता है कि भारत ने एक महिला को देश के सर्वोच्च संवैधानिक पद पर चुना।

संविधान और लैंगिक भाषा भारतीय संविधान में 'राष्ट्रपति' शब्द का लिंग-विशेष संदर्भ नहीं है। यह एक तटस्थ शब्द है और इसे महिला या पुरुष किसी भी व्यक्ति के लिए प्रयोग किया जा सकता है, इसलिए जब कोई महिला राष्ट्रपति बनती हैं, तो उनके संदर्भ में 'राष्ट्रपति' शब्द का स्त्रीलिंग रूप प्रयोग किया जाता है; जैसे- 'वे राष्ट्रपति थीं।'

6. क्या सिर्फ मंत्री-पद ही महत्त्व रखता है? कार, बंगला, नौकर, यात्रा, विदेश-भ्रमण, सुरक्षा और सचिव वगैरह आपके लिए कोई महत्त्व नहीं रखते?

उत्तर यह सत्ता, पद और उसके विशेषाधिकारों से जुड़ा हुआ है। यह सही है कि मंत्री पद के साथ आने वाले संसाधन और सुविधाएँ ;जैसे -कार, बंगला, सुरक्षा, यात्रा आदि एक नेता के जीवन में महत्त्वपूर्ण भूमिका निभाते हैं, लेकिन कयह भी महत्त्वपूर्ण है कि ये सुविधाएँ सार्वजनिक सेवा और जिम्मेदारियों का एक हिस्सा है, न कि केवल व्यक्तिगत लाभ का।

(i) **मंत्री पद का विशेष महत्त्व- सेवा और जिम्मेदारी**

- मंत्री पद का प्राथमिक उद्देश्य है। देश की सेवा करना और नीतिगत निर्णय लेना
- मंत्री को न केवल अपने मंत्रालय के कार्यों को सही ढंग से चलाना होता है, बल्कि जनता के प्रति उत्तरदायी भी रहना होता है।
- मंत्री के साथ आने वाली सुविधाएँ (कार, बंगला, सुरक्षा आदि) उन्हें उनकी जिम्मेदारियाँ प्रभावी ढंग से निभाने में मदद करने के लिए होती हैं, न कि व्यक्तिगत लाभ के लिए।
- विदेश यात्राएँ, सचिव और अन्य संसाधन मंत्री के कामकाज के लिए आवश्यक हो सकते हैं, लेकिन उनका उपयोग जनसेवा के उद्देश्य से होना चाहिए।

(ii) **सुविधाएँ विशेषाधिकार या आवश्यकता?**

- इन सुविधाओं को अक्सर जनता 'विशेषाधिकार' मानती है, लेकिन उनका उद्देश्य मंत्री के काम को आसान बनाना है।
- **कार और सुरक्षा** उच्च पदों पर बैठे लोगों के लिए सुरक्षा एक बड़ी चिंता होती है, इसलिए उन्हें सरकारी कार और सुरक्षा दी जाती है।
- **आवास** एक मंत्री के पास कई बैठकें और चर्चा होती है, इसलिए उन्हें एक आधिकारिक आवास की आवश्यकता होती है।
- **सचिव और स्टाफ** मंत्री के पास भारी मात्रा में काम और दस्तावेज होते हैं, जिन्हें संभालने के लिए स्टाफ और सचिव की आवश्यकता होती है।
- **विदेशी यात्राएँ** ये यात्राएँ अक्सर देश के लिए अंतर्राष्ट्रीय संबंधों को सुदृढ़ करने या नीतिगत अध्ययन के लिए की जाती हैं।

हालाँकि, जब इन सुविधाओं का दुरुपयोग होता है, तो यह जनता के लिए चिंता का विषय बनता है।

7. लोग मंत्री बनना क्यों चाहते हैं? इस कार्टून में शायद यह बताया गया है कि लोग सुख-सुविधा उठाने के लिए मंत्री बनना चाहते हैं, लेकिन तब किन्हीं विशेष मन्त्रालयों को पाने के लिए होड़ क्यों मची रहती है?

उत्तर अक्सर यह मुद्दा उठता है कि लोग मन्त्री बनकर सुख-सुविधाओं का आनंद उठाना चाहते हैं, लेकिन यह सिर्फ एक पहलू है, वास्तव में मन्त्री बनने की चाहत और मंत्रालयों की होड़ के पीछे कई गहरे कारण होते हैं। इन्हें निम्न बिंदुओं में समझ सकेते हैं।

- मंत्री बनने का एक प्रमुख कारण संसाधनों और विशेषाधिकारों का नियंत्रण होता है।
- कुछ मन्त्रालयों में नौकरशाही और सरकारी ठेके के साथ गहरे संबंध होते हैं; जैसे- बुनियादी ढाँचा मंत्रालय या नीति आयोग में मंत्री बनने से उनके पास बड़े सरकारी अनुबंधों ओर ठेकों का मार्गदर्शन करने की शक्ति होती है।
- मंत्री बनने से राजनीतक प्रभाव और सामाजिक कद में इजाफा होता हैं
- कई बार मंत्रालयों के बीच होड़ (जिद) का कारण राजनीतिक दलों के अंदर शक्ति संघर्ष भी होता है। किसी विशेष मंत्रालय के नेता के पास पार्टी के अंदर अधिक प्रभाव और सत्ता हो सकती है।
- कुछ मंत्री पदों से जुड़े व्यक्तिगत लाभ भी मंत्री बनने की इच्छा को बढ़ाते हैं। यह सिर्फ सुविधाएँ नहीं बल्कि सामाजिक स्थिति और प्रतिष्ठा भी होती है।
- मंत्री बनने की इच्छा केवल सुविधाएँ और विशेषाधिकार प्राप्त करने तक सीमित नहीं है, बल्कि इसके पीछे राजनीतिक प्रभाव, आर्थिक संसाधनों का नियंत्रण और सामाजिक स्थिति भी महत्त्वपूर्ण कारक होते हैं। मन्त्रालयों के बीच होड़ इसीलिए होती है क्योंकि प्रत्येक मन्त्रालय के पास अलग-अलग शक्तियाँ और संविधानिक अधिकार होते हैं, जो मन्त्री के राजनीतिक और व्यक्तिगत लाभ को प्रभावित कर सकते हैं।

8. क्या कोई आदमी ताकतवर होने के चलते प्रधानमंत्री बनता है या प्रधानमंत्री बनने के बाद वह ताकतवर हो जाता है?

उत्तर प्रधानमंत्री बनने का करण और प्रधानमन्त्री बनने के बाद की ताकत का सवाल व्यक्तिगत क्षमता, राजनीतिक संदर्भ और संविधानिक प्रणाली पर निर्भर करता है। इसे दो दृष्टिकोणों से देखा जा सकता है।

ताकतवर व्यक्ति प्रधानमन्त्री बनाता है

कुछ मामलों में, प्रधानमन्त्री बनने से पहले व्यक्ति पहले से ही ताकतवर होता है, खासकर यदि वहः

- एक बड़े राजनीतिक दल के नेता होते हैं।
- राजनीतिक इतिहास में महत्त्वपूर्ण भूमिका निभाते हैं और पहले से ही उनका एक सामाजिक और राजनीतिक प्रभाव होता है।
- उनका चुनाव प्रचार और नेतृत्व क्षमता मजबूत होती है, जिससे वे जनता के बीच और पार्टी में लोकप्रिय होते हैं।

उदाहरण जवाहर लाल नेहरू, इंदिरा गाँधी जैसे नेता प्रधानमंत्री बनने से पहले ही अपने दलों में प्रभावशाली थे और उनकी व्यक्तिगत ताकत ने उन्हें प्रधानमंत्री बनने में मदद की।

प्रधानमंत्री बनने के बाद ताकतवर हो जाता है

दूसरी ओर प्रधानमंत्री बनने के बाद व्यक्ति को संविधानिक और वैधानिक अधिकार मिलते हैं, जिससे उसकी ताकत बढ़ सकती है। प्रधानमंत्री का पद न केवल एक संचालनात्मक भूमिका निभाता है, बल्कि यह नेतृत्व और निर्णय क्षमता में भी वृद्धि करता हैं

- प्रधानमन्त्री सरकारी नीतियों को बनाने, अंतर्राष्ट्रीय सम्बन्धों को प्रभावित करने और देश के प्रमुख प्रशासनिक निर्णय लेने में अहम भूमिका निभाता है।
- यह पद उस व्यक्ति को राज्य की शक्तियों और राजनीतिक समर्थन का एक बड़ा हिस्सा प्रदान करता है।

उदाहरण

(a) नरेन्द्र मोदी ने प्रधानमंत्री बनने के बाद एक मजबूत राजनीतिक और प्रशासनिक केन्द्र स्थापित किया और उनके नेतृत्व में सरकार ने कई महत्त्वपूर्ण नीतियाँ बनाई जैसे- गुड्स एण्ड सर्विस टैक्स, आत्मनिर्भर भारत और धन की केंन्द्रित योजनाएँ।

(b) इंदिरा गाँधी की सरकार ने भी उन्हें एक निर्णायक और ताकतवर नेता के रूप में स्थापित किया, खासकर जब उन्होंने आपातकाल (1975-77) लागू किया था। इससे उनके पद और ताकत में काफी इजाफा हुआ।

9. मुख्यमंत्री विश्वासमत जीतकर भी खुश नहीं हैं। वे कह रहे हैं कि विश्वासमत जीतने के बावजूद उनकी परेशानियाँ बरकरार है। क्या आप सोच सकते हैं, वे ऐसा क्यों कह रहे हैं?

उत्तर मुख्यमंत्री विश्वासमत जीतने के बाद भी परेशान महसूस कर रहे हैं, तो इसके पीछे कई संभावित कारण हो सकते हैं। यह राजनीतिक परिस्थितियों, गठबंधन की जटिलताओं, प्रशासनिक चुनौतियों या व्यक्तिगत दबावों से जुड़ा हो सकता है। कुछ संभावित कारणों पर विचार करते हैं।

अस्थिर गठबंधन सरकार यदि मुख्यमंत्री की सरकार गठबन्ध पर आधारित है, तो सहयोगी दलों के साथ मतभेद या समर्थन वापस लेने की धमकी पेरशानी का कारण हो सकती है।

आंतरिक असंतोष यदि विधायकों या पार्टी के वरिष्ठ नेताओं में अंसतोष है, तो विश्वासमत जीतने के बाद भी राजनीतिक स्थिरता पर खतरा बना रहता है।

विपक्ष का दबाव विपक्षी दल सरकार पर लगातार दबाव बना सकते हैं; जैसे- भ्रष्टाचार के आरोप लगाना, जन- समर्थन को कमजोर करने की कोशिश करना या लगातार विश्वास प्रस्ताव लाना।

केंद्रीय सरकार के साथ संबंध- यदि मुख्यमंत्री किसी विपक्षी पार्टी से हैं और केंद्र सरकार के साथ उनके संबंध तनावपूर्ण हैं, तो वित्तीय सहायता या नीतिगत समर्थन में बाधा आ सकती है।

मुख्यमंत्री का यह कहना है कि 'परेशानियाँ बरकरार हैं।' राजनीतिक अस्थिरता, प्रशासनिक दबाव या व्यक्तिगत और दलगत समस्याओं की ओर इशारा करता है। विश्वासमत जीतना केवल एक बाधा पार करना है, लेकिन दीर्घकालिक स्थिरता और सुशासन सुनिश्चित करना कहीं अधिक चुनौतीपूर्ण हो सकता है।

10. मान लीजिए कि प्रधानमंत्री को मंत्रिपरिषद का गठन करना हैं। वह क्या करेगा/करेगी?

1. **विभिन्न विषयों के विशेषज्ञों का चयन।**
2. **केवल अपनी पार्टी के लोगों का चयन।**
3. **केवल व्यक्तिगत रूप से निष्ठावान और विश्वसनीय लोगों का चयन।**
4. **केवल सरकार के समर्थकों का चयन।**
5. **मंत्री बनने की होड़ में शामिल व्यक्तियों राजनीतिक ताकत का अंदाजा लगाकर ही उनका चयन।**

उत्तर प्रधानमंत्री के लिए मंत्रिपरिषद् का गठन एक सभी पक्षों को ध्यान में रखते हुए किए जाने वाला अत्यंत महत्त्वपूर्ण कार्य है। इसका उद्देश्य सरकार को प्रभावी और सक्षम बनाना होता है, ताकि वह देश की समस्याओं का समाधान कर सके और राजनीतिक स्थिरता बनाए रख सके।

दिए गए विकल्पों के संदर्भ में, प्रधानमंत्री सामान्यतः पर निम्नलिखित दृष्टिकोणों का पालन करते हैं।

1. विभिन्न विषयों के विशेषज्ञों का चयन यह एक आदर्श स्थिति है। प्रधानमंत्री यह सुनिश्चित करने की कोशिश करता है कि मंत्रिपरिषद् में शामिल लोग विभिन्न विषयों के विशेषज्ञ हों, ताकि वे अपनी-अपनी जिम्मेदारियों को सही ढंग से निभा सकें; जैसे- वित्त मन्त्री को वित्तीय नीतियों और बजट की समझ होनी चाहिए।
2. केवल अपनी पार्टी के लोगों का चयन। यह भी एक आम दृष्टिकोण होता है, क्योंकि प्रधानमंत्री अपनी पार्टी के नेताओं और विश्वासपात्रों को मंत्री बनाने की प्राथमिकता देते हैं। इससे पार्टी के अंदर सामंजस्य बना रहता है और सरकार को स्थिरता मिलती है।
3. केवल व्यक्तिगत रूप से निष्ठावान और विश्वसनीय लोगों का चयन। यह एक राजनीतिक रणनीति हो सकती है, जब प्रधानमंत्री यह सुनिश्चित करना चाहता है कि मंत्रिपरिषद में शामिल लोग विश्वसनीय और निष्ठावान हों। ऐसा प्रधानमंत्री को राजनीतिक स्थिरता और विश्वास बनाए रखने के लिए जरूरी होता हैं
4. केवल सरकार के समर्थकों का चयन प्रधानमंत्री यह सुनिश्चित करने की कोशिश करते हैं कि मंत्रिपरिषद में समर्थक और विश्वसनीय सहयोगी हों, जो सरकार की नीतियों का समर्थन करें। हालाँकि, यह दृष्टिकोण समय के साथ बदल सकता है। विशेषकर जब सरकार के पास एक मजबूत बहुमत हों, तो प्रधानमंत्री अन्य दलों के नेताओं को भी मंत्रिमंडल में शामिल कर सकते हैं।
5. मंत्री बनने की होड़ में शामिल व्यक्तियों राजनीतिक ताकत का अंदाला लगाकर ही उनका चयन। यह एक बहुत ही राजनीतिक रणनीति है, जिससे प्रधानमंत्री यह ध्यान रखते हैं कि मंत्री बनने

वाले व्यक्ति की राजनीतिक ताकत क्या है। इसका उद्देश्य मंत्रिमंडल में शक्ति संतुलन बनाए रखना और प्रधानमंत्री की राजनीतिक स्थिति को मजबूत करना होता है।

प्रधानमंत्री के लिए मंत्रिपरिषद् का गठन एक संतुलित प्रक्रिया है, जिसमें राजनीतिक प्रशासनिक और सामरिक तीनों दृष्टिकोणों को ध्यान में रखा जाता है।

नीचे दिए प्रश्नों के उत्तर संक्षेप में दीजिए

1. संसदीय कार्यपालिका का अर्थ होता है

(a) **जहाँ संसद हो वहाँ कार्यपालिका का होना**

(b) **संसद द्वारा निर्वाचित कार्यपालिका**

(c) **जहाँ संसद कार्यपालिका के रूप में कार्य करती है**

(d) **ऐसी कार्यपालिका जो संसद के बहुमत के समर्थन पर निर्भर हो**

उत्तर (d) ऐसी कार्यपालिका जो संसद के बहुमत के समर्थन पर निर्भर हो

2. निम्नलिखित संवाद पढ़ें। आप किस तर्क से सहमत हैं और क्यों?

अमित– **संविधान के प्रावधानों को देखने से लगता है कि राष्ट्रपति का कार्य केवल ठप्पा मारना है।**

शमा– **राष्ट्रपति प्रधानमंत्री की नियुक्ति करता है। इस कारण उसे प्रधानमंत्री को हटाने का भी अधिकार होना चाहिए।**

राजेश– **हमें राष्ट्रपति की आवश्यकता नहीं। चुनाव के बाद, संसद बैठक बुलाकर एक नेता चुन सकती है, जो प्रधानमंत्री बने।**

उत्तर अमित का तर्क उचित है। राष्ट्रपति का कार्य केवल ठप्पा मारना है अर्थात् राष्ट्रपति देश का संवैधानिक मुखिया है। हमारे देश में संसदीय प्रणाली को अपनाया गया है। इसमें दो प्रकार की कार्यपालिका होती है—नाममात्र की कार्यपालिका और वास्तविक कार्यपालिका।

नाममात्र की कार्यपालिका राष्ट्रपति है, जिसका चुनाव अप्रत्यक्ष रूप से निर्वाचक मंडल द्वारा किया जाता है। वास्तविक कार्यपालिका प्रधानमंत्री और मंत्रिपरिषद् है। इसके सदस्य जनता द्वारा प्रत्यक्ष रूप से निर्वाचित होते हैं। मंत्रिपरिषद् के सदस्य अपने कार्यों के लिए लोकसभा के प्रति उत्तरदायी होते हैं। वे तब तक अपने पद पर रहते हैं जब तक उन्हें लोकसभा में बहुमत का समर्थन प्राप्त होता है। अविश्वास प्रस्ताव पारित होने या बहुमत का समर्थन समाप्त होने पर मंत्रिपरिषद् को त्याग-पत्र देना पड़ता है या लोकसभा के चुनाव करवाने पड़ते हैं।

राष्ट्रपति को मंत्रिपरिषद् की सलाह पर कार्य करना पड़ता है। राष्ट्रपति वही कार्य करता है, जो मंत्रिपरिषद् द्वारा परामर्श के द्वारा कहा जाता है। इसलिए साधारणतया राष्ट्रपति का कार्य केवल ठप्पा मारना है।

3. निम्नलिखित को सुमेलित कीजिए

	सूची I		सूची II
A.	भारतीय विदेश सेवा	(i)	जिसमें बहाली हो उसी प्रदेश में कार्य करती है।
B.	प्रादेशिक लोक सेवा	(ii)	केंद्रीय सरकार के दफ्तरों में कार्य करती है, जो या तो देश की राजधानी में होते हैं या देश में कहीं और।
C.	अखिल भारतीय सेवाएँ	(iii)	जिस प्रदेश में भेजा जाए उसमें कार्य करती है, इसमें प्रतिनियुक्ति पर केंद्र में भी भेजा जा सकता है।
D.	केंद्रीय सेवाएँ	(iv)	भारत के लिए विदेशों में कार्यरत।

उत्तर सही सुमेलन A (iv), B (i), C (iii), D (ii) है।

भारतीय विदेश सेवा में प्रशासनिक अधिकारी को भारत के लिए विदेशों में कार्यरत किया जाता है। प्रादेशिक लोक सेवा में लोक सेवक को उसी राज्य में कार्य करना होता है, जिस राज्य में उन्हें पदस्थ किया जाता है। अखिल भारतीय सेवाओं में प्रशासनिक अधिकारी को जिस प्रदेश में भेजा जाए उसमें कार्य करता है, इसमें प्रतिनियुक्ति पर केंद्र में भी भेजा जा सकता है। केंद्रीय सेवाओं में कार्यरत अधिकारी/कर्मचारी केंद्रीय सरकार के दफ्तरों में कार्य करते हैं, जो या तो देश की राजधानी में होते हैं या देश में कहीं ओर होते हैं।

4. उस मंत्रालय की पहचान करें जिसने निम्नलिखित समाचार को जारी किया होगा। यह मंत्रालय प्रदेश की सरकार का है या केंद्र सरकार का और क्यों?

(a) **आधिकारिक तौर पर कहा गया है कि वर्ष 2004-05 में तमिलनाडु पाठ्यपुस्तक निगम कक्षा 7, 10 और 11 की नई पुस्तकें जारी करेगा।**

(b) **भीड़ भरे तिरुवल्लुर–चेन्नई खंड में लौह–अयस्क निर्यातकों की सुविधा के लिए एक नई रेल लूप लाइन बिछाई जाएगी। नई लाइन लगभग 80 किमी की होगी। यह लाइन पुट्टुर से शुरू होगी और बंदरगाह के निकट अतिपट्टू तक जाएगी।**

(c) **रमयमपेट मंडल में किसानों की आत्महत्या की घटनाओं की पुष्टि के लिए गठित तीन सदस्यीय उप–विभागीय समिति ने पाया कि इस माह आत्महत्या करने वाले दो किसान फसल के मारे जाने से आर्थिक समस्याओं का सामना कर रहे थे।**

उत्तर (a) यह मंत्रालय प्रदेश सरकार का है, क्योंकि यह तमिलनाडु की पाठ्य पुस्तक निगम द्वारा नई पुस्तकें जारी करने के आदेश से संबंधित है, इसलिए तमिलनाडु राज्य के शिक्षा मंत्रालय द्वारा जारी किया जाएगा।

(b) यह केंद्र सरकार का मंत्रालय है। रेलवे मंत्रालय केंद्रीय मंत्रालय है, उसके द्वारा यह जारी किया गया है।

(c) इसे राज्य मंत्रिमंडल के अधीन कृषि मंत्रालय द्वारा जारी किया जाता है। यह मामला समवर्ती सूची के अंतति आता है। इसे केंद्र सरकार राज्य सरकार के माध्यम से भी विभिन्न योजनाओं को जारी कर सकती है।

5. प्रधानमंत्री की नियुक्ति करने में राष्ट्रपति

(a) **लोकसभा के सबसे बड़े दल के नेता को चुनता है।**

(b) **लोकसभा में बहुमत अर्जित करने वाले गठबंधन के दलों में सबसे बड़े दल के नेता को चुनता है।**

(c) **राज्यसभा के सबसे बड़े दल के नेता को चुनता है।**

(d) **गठबंधन अथवा उस दल के नेता को चुनता है, जिसे लोकसभा के बहुमत का समर्थन प्राप्त हो।**

उत्तर (d) गठबंधन अथवा उस दल के नेता को चुनता है, जिसे लोकसभा के बहुमत का समर्थन प्राप्त हो।

6. इस चर्चा को पढ़कर बताएँ कि निम्नलिखित में से कौन-सा कथन भारत पर सबसे ज्यादा लागू होता है?

आलोक प्रधानमंत्री राजा के समान है। वह हमारे देश में हर बात का फैसला करता है।

शेखर प्रधानमंत्री केवल 'समान हैसियत के सदस्यों में प्रथम' है। उसे कोई विशेष अधिकार प्राप्त नहीं। सभी मंत्रियों और प्रधानमंत्री के अधिकार बराबर हैं।

बॉबी प्रधानमंत्री को दल के सदस्यों तथा सरकार को समर्थन देने वाले सदस्यों का ध्यान रखना पड़ता है, लेकिन कुल मिलाकर देखें तो नीति-निर्माण तथा मंत्रियों के चयन में प्रधानमंत्री की बहुत ज्यादा चलती है।

उत्तर बॉबी द्वारा दिया गया कथन भारत पर सबसे ज्यादा लागू होता है। देश का प्रधानमंत्री बहुमत दल का नेता होने के साथ-साथ व्यवस्थापिका का प्रधान भी होता है। प्रधानमंत्री को असीम शक्ति प्राप्त हैं।

7. क्या मंत्रिमंडल की सलाह राष्ट्रपति को हर हाल में माननी पड़ती है? आप क्या सोचते हैं? अपना उत्तर अधिकतम 100 शब्दों में लिखें।

उत्तर संविधान के अनुच्छेद-74(1) के अंतर्गत प्रधानमंत्री की अध्यक्षता वाली एक मंत्रिपरिषद् की व्यवस्था की गई है, जिसका प्रधान प्रधानमंत्री होता है, जो राष्ट्रपति को सलाह एवं सहायता प्रदान करता है। इस प्रकार राष्ट्रपति मंत्रिपरिषद् की सलाह मानने के लिए बाध्य है।

संविधान के 44वें संशोधन के अनुसार राष्ट्रपति मंत्रिपरिषद् द्वारा भेजी गई सलाह को पुनर्विचार के लिए भेज सकता है, लेकिन यदि मंत्रिपरिषद् पुनः उस सिफारिश को राष्ट्रपति के पास भेजती है, तो राष्ट्रपति उसे मानने के लिए बाध्य है। इस प्रकार उपर्युक्त तथ्यों के आधार पर कहा जा सकता है कि राष्ट्रपति को प्रत्येक स्थिति में मंत्रिमंडल की सलाह मानने के लिए बाध्य होना पड़ता है।

8. संसदीय व्यवस्था ने कार्यपालिका को नियंत्रण में रखने के लिए विधायिका को बहुत-से अधिकार दिए हैं। कार्यपालिका को नियंत्रित करना इतना जरूरी क्यों है? आप क्या सोचते हैं?

उत्तर संसदीय व्यवस्था ने कार्यपालिका को नियंत्रण में रखने के लिए विधायिका को बहुत-से अधिकार दिए हैं। इसका उदाहरण हम भारत में देखते हैं। यहाँ विधायिका, कार्यपालिका पर अनेक प्रकार से नियंत्रण रखती है; जैसे—संसद किसी भी मंत्री के कार्यों के बारे में प्रश्न पूछ सकती है। यही नहीं, संसद के सदस्य सरकार के प्रति काम रोको प्रस्ताव, निंदा प्रस्ताव, अविश्वास प्रस्ताव द्वारा भी नियंत्रण रखती है।

संसद सरकारी बजट या विधेयक को भी अस्वीकृत कर सकती है। सरकार के तीनों अंगों में कार्यपालिका अधिक शक्तिशाली होती है और ऐसे में कार्यपालिका को हमेशा निरंकुश होने की संभावना होती है, इसलिए विधायिका का नियंत्रण कार्यपालिका पर स्थापित किया गया है।

9. कहा जाता है कि प्रशासनिक-तंत्र के कामकाज में बहुत ज्यादा राजनीतिक हस्तक्षेप होता है। सुझाव के तौर पर कहा जाता है कि ज्यादा-से-ज्यादा स्वायत्त एजेंसियाँ बननी चाहिए, जिन्हें मंत्रियों को जवाब न देना पड़े।

(a) क्या आप मानते हैं कि इससे प्रशासन ज्यादा जन-हितैषी होगा?

(b) क्या इससे प्रशासन की कार्यकुशलता बढ़ेगी?

(c) क्या लोकतंत्र का अर्थ यह होता है कि निर्वाचित प्रतिनिधियों का प्रशासन पर पूर्ण नियंत्रण हो?

उत्तर (a) स्वायत्त एजेंसियों की स्थापना से प्रशासन ज्यादा जन-हितैषी होगा, क्योंकि इनके अपने कुछ विशेष कार्य होंगे; जैसे—शिक्षा या स्वास्थ्य का उचित प्रबंध करना। इस प्रकार एजेंसियाँ अपना-अपना निश्चित कार्य जनता के हित में करने का प्रयत्न करेंगी, ताकि उनकी आलोचना न होकर प्रशंसा हो और वे लोकप्रिय हो सकें।

(b) इससे प्रशासन की कार्यकुशलता में वृद्धि होगी, क्योंकि अलग-अलग एजेंसियों के अलग-अलग कार्य होने के कारण विशेषज्ञों की नियुक्तियाँ होंगी। एक साधारण कर्मचारी के स्थान पर विशेषज्ञों की नियुक्ति से कार्यकुशलता में वृद्धि होना स्वभाविक है।

(c) लोकतांत्रिक शासन व्यवस्था में निर्वाचित प्रतिनिधियों का प्रशासन पर पूरा नियंत्रण होना आवश्यक है, क्योंकि शक्ति और उत्तरदायित्व दोनों साथ-साथ चलते हैं। यदि निर्वाचित प्रतिनिधियों का उत्तरदायित्व है, तो शक्ति भी उन्हीं के पास होनी चाहिए अन्यथा वे उत्तरदायित्व का पालन नहीं कर सकती।

10. नियुक्ति आधारित प्रशासन की जगह निर्वाचित आधारित प्रशासन होना चाहिए। इस विषय पर 200 शब्दों में एक लेख लिखें।

उत्तर यदि नियुक्ति पर आधारित प्रशासन की जगह निर्वाचन पर आधारित प्रशासन हो तो यह हानिप्रद होगा, क्योंकि निर्वाचित प्रशासन के नीतियों को बदल देंगे। इस तरह नीतियों के लागू करने में अनिश्चितता और अस्थिरता बनी रहेगी। नियुक्ति प्रशासन पक्षपात रहित होता है। सिविल कर्मचारियों को केंद्र सरकार तथा राज्य सरकारों द्वारा नियुक्त किया जाता है। इसकी नियुक्ति एक स्वतंत्र संघ लोक सेवा आयोग की सिफारिश पर की जाती है। इससे प्रशासन में निष्पक्षता बनी रहती है, परंतु यदि लोकसेवकों की भर्ती चुनाव द्वारा हुई, तो प्रत्येक बार चुनाव में अलग-अलग पार्टी के उम्मीदवारों की जीत होने पर नीतियों को लागू करने में अड़चनें आएँगी। संघ लोक सेवा आयोग या राज्यों के लोक सेवा आयोगों द्वारा चयनित किए गए प्रशासक योग्य और कुशल होते हैं। वे प्रशासन तंत्र में स्थायी रूप से बने रहते हैं। सरकार के स्थायी कर्मचारियों के रूप में कार्य करने वाले प्रशिक्षित व प्रवीण अधिकारी नीतियों को बनाने तथा उन्हें लागू करने में मंत्रियों का सहयोग करते हैं, परंतु वे राजनीतिक रूप से तटस्थ रहते हैं। लेकिन यदि प्रशासनिक कर्मचारियों की नियुक्ति चुनाव द्वारा होती है, तो वह तटस्थ नहीं रहेगी और प्रशासन प्रभावित होगा।

प्रशासनिक अधिकारियों की नियुक्ति स्वतंत्र संस्थाओं द्वारा आयोजित परीक्षाओ के माध्यम से की जाती है। जिससे प्रतिभागियों की विभागीय योग्यता और प्रशासनिक क्षमता का आकलन किया जाता है। इसके साथ ही उनसे यह अपेक्षा की जाती है कि वे कठिन से कठिन परिस्थितियों में भी देश की जनता की भावनाओं और संवेदनाओ का सम्मान करते हुए अपनी दक्षता दिखाएँ और जटिल परिस्थितियों को सफलतापूर्वक संभालें। यह कार्य एक चुनावी प्रणाली के तहत संचालित प्रशासन से संभव नहीं हो सकता।

अभ्यास प्रश्न

वस्तुनिष्ठ प्रश्न

बहुविकल्पीय प्रश्न

1. भारत में किस अधिनियम के अंतर्गत संसदीय व्यवस्था के संचालन का अनुभव किया जा चुका था?

(a) 1909, 1919 (b) 1919, 1935
(c) 1935, 1947 (d) 1909, 1935

उत्तर (b) 1919, 1935

2. .... के पश्चात् से किसी एक दल को या दलीय गठबंधन को स्पष्ट बहुमत न मिलने पर राष्ट्रपति के पद का महत्त्व और अधिक बढ़ गया है।

(a) वर्ष 1992 (b) वर्ष 1995
(c) वर्ष 1997 (d) वर्ष 1998

उत्तर (d) वर्ष 1998

3. निम्न में से किसकी सलाह पर मंत्रिपरिषद् का गठन होता है?

(a) राष्ट्रपति
(b) उपराष्ट्रपति
(c) प्रधानमंत्री
(d) लोकसभा व राज्यसभा के सदस्य

उत्तर (c) प्रधानमंत्री

4. निम्न में से किस वर्ष के पश्चात् मंत्रिपरिषद् में सदस्यों की संख्या निर्धारित की जाने लगी?

(a) वर्ष 2000 (b) वर्ष 2001
(c) वर्ष 2002 (d) वर्ष 2003

उत्तर (d) वर्ष 2003

5. निम्न में से किस संशोधन अधिनियम के माध्यम से मंत्रिपरिषद् के सदस्यों की संख्या लोकसभा या विधानसभा की कुल सदस्य संख्या की अधिकतम 15% निर्धारित कर दी गई है?

(a) 89वें संशोधन अधिनियम
(b) 90वें संशोधन अधिनियम
(c) 91वें संशोधन अधिनियम
(d) 92वें संशोधन अधिनियम

उत्तर (c) 91वें संशोधन अधिनियम

6. मंत्रिपरिषद् की विशेषताओं में कौन-सा शामिल है?

(a) यह संसद की एक कार्यकारी समिति होती है
(b) यह संसद के प्रतिनिधि के रूप में सामूहिक रूप से शासन करती है
(c) सामूहिक उत्तरदायित्व मंत्रिमंडल की एकजुटता के सिद्धांत पर कार्य करता है
(d) उपरोक्त सभी

उत्तर (d) उपरोक्त सभी

7. कार्यपालिका सरकार का वह अंग है, जो विधायिका द्वारा स्वीकृत नीतियों और कानूनों को लागू करने के लिए जिम्मेदार है। कार्यपालिका के संदर्भ में कौन-सा कथन सही नहीं है?

(a) कार्यपालिका में केवल प्रशासनिक ढाँचा ही शामिल होता है
(b) कार्यपालिका नीति निर्माण प्रक्रिया में प्रायः भाग लेती हैं
(c) दिन प्रतिदिन में शामिल कार्यपालिका स्थायी कार्यपालिका है
(d) सरकार के मंत्री राजनीतिक कार्यपालिका में शामिल होते हैं

उत्तर (a) कार्यपालिका में केवल प्रशासनिक ढाँचा ही शामिल होता है।

8. शासन प्रणाली में राष्ट्रपति देश का तथा सरकार दोनों का प्रमुख होता है, जिसमें राष्ट्रपति का चुनाव आमतौर पर प्रत्यक्ष रूप से जनता द्वारा किया जाता है

(a) अध्यक्षात्मक शासन प्रणाली
(b) संसदीय शासन प्रणाली
(c) अर्द्ध-अध्यक्षात्मक शासन प्रणाली
(d) 'a' और 'c' दोनों

उत्तर (a) अध्यक्षात्मक शासन प्रणाली

9. निम्न कथनों पर विचार कीजिए और कूट की सहायता से सही उत्तर का चयन कीजिए *दक्षता आधारित प्रश्न*

1. **प्रधानमंत्री की नियुक्ति के पश्चात् ही मंत्रिपरिषद् अस्तित्व में आती है।**
2. **प्रधानमंत्री राष्ट्रपति व मंत्रिपरिषद् के बीच की कड़ी का कार्य करता है।**
3. **पंडित नेहरू ने प्रधानमंत्री के पद को 'सरकार की केंद्रीय धुरी' की संज्ञा दी है।**

कूट

(a) केवल 1 (b) केवल 2 (c) 1 और 3 (d) ये सभी

उत्तर (d) ये सभी

10. गठबंधन की स्थिति में मंत्रिपरिषद् स्थायित्व नहीं हो पाती, जिससे संसदीय व्यवस्था पर इसके अनेक प्रभाव देखने को मिलते हैं, इसमें शामिल प्रभाव को नीचे दिए गए कूट की सहायता से पहचानें

1. **प्रधानमंत्री के चयन में राष्ट्रपति के विशेषाधिकारों की भूमिका बढ़ जाती है।**
2. **गठबंधन में शामिल राजनीतिक दलों में परामर्श की प्रवृत्ति बढ़ जाती है।**
3. **गठबंधन की राजनीति मंत्रियों के चयन, पदस्तर तथा मंत्रालय के आवंटन में प्रधानमंत्री की मनमानी पर अंकुश लगाता है।**
4. **प्रधानमंत्री एक मध्यस्थ की भूमिका का निर्वहन करता है।**

कूट

(a) 1 और 4 (b) 1, 2 और 3
(c) 2, 3 और 4 (d) ये सभी

उत्तर (d) ये सभी

11. **निम्नलिखित कथनों में से कौन-सा कथन सही नहीं है**

दक्षता आधारित प्रश्न

1. केंद्रीय स्तर पर संघ लोक सेवा आयोग तथा राज्य स्तर पर राज्य लोक सेवा आयोग सिविल सेवकों की भर्ती करता है।
2. नौकरशाही में महिलाओं, दलित, आदिवासियों तथा अन्य पिछड़ी जातियों के प्रतिनिधित्व को सुनिश्चित करने के लिए संविधान में भर्ती के समय इनके आरक्षण का प्रावधान किया गया है।

कूट

(a) केवल 1 (b) केवल 2

(c) 1 और 2 दोनों (d) इनमें से कोई नहीं

उत्तर (d) इनमें से कोई नहीं

12. **भारतीय राजनीति प्रणाली में विभिन्न पद है जिनका एक निश्चित वरीयता क्रम निर्धारित है। नीचे विभिन्न पदों से संबंधित कुछ कथन दिए गए हैं। इन्हें पदों की वरीयता क्रम में व्यवस्थित करें।**

1. प्रधानमंत्री की नियुक्ति राष्ट्रपति द्वारा की जाती है, जो सरकार का वास्तविक प्रमुख होता है।
2. राष्ट्रपति राष्ट्र का प्रमुख होता है यद्यपि यह मंत्रिपरिषद की ही सलाह पर कार्य करता है।
3. मंत्रिपरिषद् का गठन प्रधानमंत्री की सलाह पर राष्ट्रपति द्वारा किया जाता है इसका अस्तित्व प्रधानमंत्री पर निर्भर करता है।
4. उपराष्ट्रपति, राष्ट्रपति की अनुपस्थिति में उसके पद का निर्वहन करता है।

कूट

(a) 1, 2, 3, 4

(b) 3, 2, 1, 4

(c) 2, 4, 1, 4

(d) 4, 3, 2, 1

उत्तर (b) 2, 1, 3, 4

13. **नीचे दी गई सूची के आधार पर प्रमुख पदों को उनके वरीयता क्रम में लगाइए**

राज्यपाल, मुख्यमंत्री, नौकरशाही, मंत्रिपरिषद्

(a) मुख्यमंत्री, मंत्रिपरिषद्, नौकरशाही, राज्यपाल

(b) राज्यपाल, मुख्यमंत्री, मंत्रिपरिषद्, नौकरशाही

(c) मंत्रिपरिषद्, मुख्यमंत्री, नौकरशाही, राज्यपाल

(d) राज्यपाल, नौकरशाही, मुख्यमंत्री, मंत्रिपरिषद्

उत्तर (b) राज्यपाल, मुख्यमंत्री, मंत्रिपरिषद्, नौकरशाही

15. **सुमेलित कीजिए**

सूची I	सूची II
A. मंत्रिपरिषद् की नियुक्ति	1. राज्य सभा का पदेन सभापति
B. उपराष्ट्रपति	2. 1986
C. भारतीय पोस्ट ऑफिस संशोधन विधेयक पारित	3. अनुच्छेद-74 (1)

कूट

	A	B	C		A	B	C
(a)	1	2	3	(b)	1	3	2
(c)	2	3	1	(d)	3	1	2

उत्तर (d) 3 1 2

16. **सुमेलित कीजिए**

सूची I	सूची II
A. अखिल भारतीय सेवाएँ	1. बिक्रीकर अधिकारी
B. केंद्रीय सेवाएँ	2. भारतीय प्रशासनिक सेवाएँ
C. प्रांतीय सेवाएँ	3. भारतीय राजस्व सेवाएँ
D. स्थायी कार्य पालिका	4. प्रशासनिक सेवाएँ

कूट

	A	B	C	D		A	B	C	D
(a)	1	4	3	2	(b)	4	3	2	1
(c)	2	3	1	4	(d)	2	4	3	1

उत्तर (c) 2 3 1 4

17. **निम्नलिखित में से कौन-सा युग्म सही नहीं है?** दक्षता आधारित प्रश्न

(a) राष्ट्रपति - भारत की कार्यपालिका का संवैधानिक प्रमुख

(b) प्रधानमंत्री- भारत की वास्तविक कार्यपालिका का प्रमुख

(c) राज्यपाल- राज्य कार्य पालिका का वारस्तविक प्रमुख

(d) मंत्रिपरिषद्-राष्ट्रपति को सलाह देने वाली संस्था

उत्तर (c) राज्यपाल केंद्र सरकार का प्रमुख

18. **नीचे दो कथन दिए गए हैं।** दक्षता आधारित प्रश्न

कथन I भारतीय संविधान में राष्ट्रपति के पास कुछ विशेषाधिकार होते हैं, लेकिन उन्हें प्रधानमंत्री और मंत्रिपरिषद् की सलाह पर कार्य करना होता है।

कथन II राष्ट्रपति मंत्रिपरिषद् की सलाह के बिना कार्य कर सकता है।

कूट

(a) कथन I और II दोनों सही है

(b) कथन I और II दोनों गलत हैं

(c) कथन I सही है, लेकिन कथन II गलत है

(d) कथन I गलत है, लेकिन कथन II सही है

उत्तर (c) कथन I सही है, लेकिन कथन II गलत है।

19. **नीचे दो कथन दिए गए हैं।**

कथन I राष्ट्रपति भारत की कार्यपालिका का संवैधानिक प्रमुख होता है।

कथन II प्रधानमंत्री भारत की वास्तविक कार्यपालिका का प्रमुख होता है।

कूट

(a) कथन I और II दोनों सही हैं

(b) कथन I और II दोनों गलत हैं

(c) कथन I सही है, लेकिन कथन II गलत है

(d) कथन I गलत है, लेकिन कथन II सही है

उत्तर (a) कथन I और II दोनों सही हैं।

निर्देश (प्र. सं. 18-22) नीचे दो कथन दिए गए हैं, जिनमें से एक कथन (A) और दूसरा कारण (R) है। दिए गए कूट की सहायता से सही उत्तर का चयन करें

कूट

(a) A और R दोनों सही हैं तथा R, A की सही व्याख्या है

(b) A और R दोनों सही हैं, परंतु R, A की सही व्याख्या नहीं है

(c) A सही है, किंतु R गलत है

(d) A गलत है, किंतु R सही है

18. कथन (A) **कार्यपालिका से अभिप्राय व्यक्तियों के उस समूह से है, जो नीतियों व नियमों से संबंधित नीतिगत निर्णय लेता है।**

कारण (R) **कार्यपालिका, विधायिका द्वारा स्वीकृत नीतियों को लागू करती है।**

उत्तर (a) कार्यपालिका व्यक्तियों का वह समूह है, जो नीतियों व नियमों से संबंधित नीतिगत निर्णय लेता है तथा दैनिक प्रशासनिक कार्यों की देख-रेख करता है एवं उनमें समन्वय बनाए रखता है।
कार्यपालिका का मुख्य कार्य विधायिका द्वारा स्वीकार की गई नीतियों, कानूनों और नियमों को व्यावहारिक रूप में लागू करना व प्रशासनिक कार्य करना है।

19. कथन (A) **संसदीय व्यवस्था में राष्ट्रपति अथवा राजा देश का औपचारिक या नाममात्र का प्रधान होता है।**

कारण (R) **संसदीय व्यवस्था में वास्तविक शक्तियाँ प्रधानमंत्री तथा मंत्रिमंडल के पास होती हैं।**

उत्तर (b) संसदीय व्यवस्था में राष्ट्रपति देश का औपचारिक या नाममात्र प्रधान होता है, जबकि प्रधानमंत्री सरकार का प्रधान होता है तथा इसका पद शक्तिशाली होता है और शासन संचालन की वास्तविक शक्तियाँ प्रधानमंत्री तथा मंत्रिमंडल के पास होती हैं; जैसे—भारत।

20. कथन (A) **राष्ट्रपति का निर्वाचन 5 वर्ष के लिए प्रत्यक्ष रूप से किया जाता है।**

कारण (R) **राष्ट्रपति का चुनाव सीधे रूप से जनता के द्वारा न होकर सभी राज्यों की विधानसभाओं के सदस्यों (विधायकों) एवं सांसदों के द्वारा किया जाता है।**

उत्तर (d) राष्ट्रपति का निर्वाचन 5 वर्ष के लिए अप्रत्यक्ष रूप से किया जाता है। राष्ट्रपति का निर्वाचन एकल संक्रमणीय एवं समानुपातिक प्रतिनिधित्व प्रणाली के आधार पर किया जाता है, जिसमें जनता सीधे चुनाव में भाग न लेकर सभी राज्यों की विधानसभाओं के सदस्यों एवं सांसदों के द्वारा किया जाता है।

21. कथन (A) **प्रधानमंत्री, मंत्रिपरिषद् के प्रधान के रूप में सरकार का महत्त्वपूर्ण पदाधिकारी होता है।**

कारण (R) **राष्ट्रपति अपनी शक्तियों का प्रयोग करने हेतु स्वतंत्र होता है।**

उत्तर (c) प्रधानमंत्री, मंत्रिपरिषद् के प्रधान के रूप में महत्त्वपूर्ण पदाधिकारी होता है और राष्ट्रपति, लोकसभा में बहुमत प्राप्त नेता को प्रधानमंत्री नियुक्त करता है। वह किसी भी मंत्री को उसके पद से हटा सकता है। राष्ट्रपति केवल मंत्रिपरिषद् की सलाह पर ही अपनी शक्तियों का प्रयोग करता है और उस मंत्रिपरिषद् का अध्यक्ष एवं प्रधान, प्रधानमंत्री होता है।

22. कथन (A) **संघ लोक सेवा आयोग द्वारा चयनित भारतीय प्रशासनिक सेवा तथा भारतीय पुलिस सेवा के अधिकारी प्रांतीय स्तर पर महत्त्वपूर्ण भूमिका निभाते हैं।**

कारण (R) **इस स्तर के अधिकारियों को किसी एक राज्य से संबद्ध कर दिया जाता है।**

उत्तर (a) संघ लोक सेवा आयोग द्वारा चयनित भारतीय प्रशासनिक सेवा और भारतीय पुलिस सेवा के अधिकारी प्रांतीय स्तर पर महत्त्वपूर्ण भूमिका निभाते हैं, क्योंकि चयनोपरांत इन अधिकारियों को किसी न किसी राज्य से सम्बद्ध कर दिया जाता है। ये अधिकारी राज्य सरकार की देखरेख में कार्य करते हैं, यद्यपि ये केन्द्र सरकार की सेवा-शर्तों द्वारा नियंत्रित होते हैं।

23. निम्नलिखित चित्र का अध्ययन कर प्रश्नों का उत्तर दीजिए।

(i) **चित्र राजनीतिक प्रक्रिया के किस संदर्भ को प्रदर्शित कर रहा है?**
(a) विश्वास मत को प्राप्त करना
(b) चुनावी प्रक्रिया की जटिलता
(c) चुनाव प्रक्रिया की निष्क्रियता
(d) संसदीय चुनाव की घोषणा

उत्तर (a) विश्वास मत को प्राप्त करना

(ii) **राज्य में सरकार बनाने के लिए .... को विश्वास मत हासिल करना होता है।**
(a) राज्यपाल
(b) महाधिवक्ता
(c) मुख्यमंत्री
(d) उच्च न्यायालय का न्यायाधीश

उत्तर (c) मुख्यमंत्री

(iii) **राज्य में कार्यपालिका का प्रमुख कौन होता है?**
(a) राज्यपाल (b) राष्ट्रपति (c) प्रधानमंत्री (d) मुख्यमंत्री

उत्तर (d) मुख्यमंत्री

(iv) **मुख्यमंत्री सरकार के अस्तित्व को बनाए रखने के लिए किस प्रकार का कार्य करता है?**
(a) गठबंधन दल की माँगों से समझौता
(b) जनता की माँग को प्रमुखता
(c) विधानसभा में अपना बहुमत
(d) उपरोक्त सभी

उत्तर (d) उपरोक्त सभी

24. नीचे दिय गए चित्र का अध्ययन कर निम्न प्रश्नों का उत्तर दीजिए।

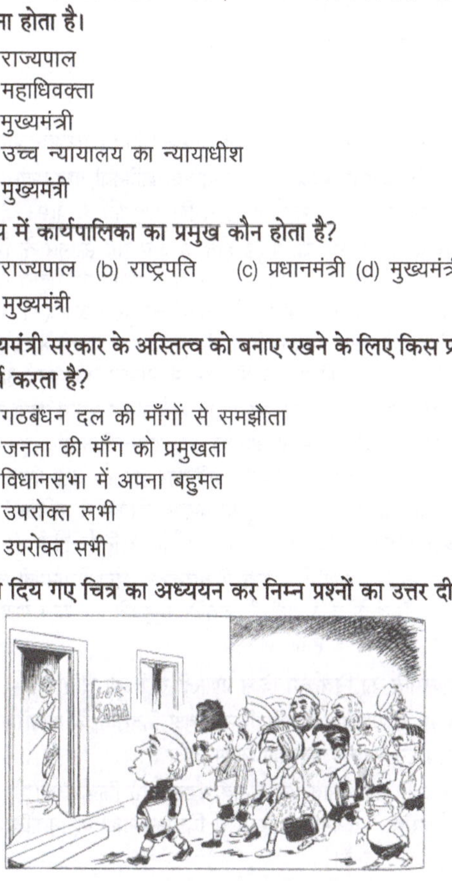

(i) **किसके त्याग पत्र से मंत्रिपरिषद् भंग होती है?**
(a) मंत्रिमंडल (b) प्रधानमंत्री (c) राज्यपाल (d) राष्ट्रपति

उत्तर (b) प्रधानमंत्री

(ii) **उपरोक्त चित्र में प्रधानमंत्री की भूमिका कौन निभा रहा है?**
(a) जवाहर लाल नेहरू (b) मौलाना अबुल कलाम आजाद
(c) राजेंद्र प्रसाद (d) सरदार बल्लभ भाई पटेल

उत्तर (a) जवाहर लाल नेहरू

(iii) **चित्र में ये लोग लोकसभा में जाते हुए दिख रहे हैं। संसदीय शासन प्रणाली में लोकसभा की भूमिका क्या होती है?**
(a) सरकार बनाने के किसी दल को लोकसभा में बहुमत प्राप्त होना चाहिए
(b) लोकसभा उच्च सदन होने के कारण व्यापक अधिकार रखता है
(c) सरकार का प्रमुख लोकसभा का ही सदस्य हो सकता है इसलिए संसदीय शासन प्रणाली में इसका महत्त्व है
(d) उपरोक्त सभी

उत्तर (a) सरकार बनाने के किसी दल को लोकसभा में बहुमत प्राप्त होना चाहिए

(iv) उपरोक्त चित्र में प्रधानमंत्री एक दल का नेतृत्व कर रहा है। सरकार के नेतृत्वकर्ता के रूप में यह ....।
(a) मंत्रियों के पद स्तर का आवंटन करता है
(b) सहयोगी दलों को तटस्थ रखता है
(c) राष्ट्रपति को निर्देश देता है
(d) मंत्रिपरिषद् को भंग करता है

उत्तर (a) मंत्रियों के पद स्तर का आवंटन करता है

लघु उत्तरीय प्रश्न

1. संसदीय शासन व्यवस्था में वास्तविक शक्तियाँ किसके पास होती हैं?

उत्तर संसदीय शासन व्यवस्था में वास्तविक शक्तियाँ प्रधानमंत्री और कैबिनेट (मंत्रिपरिषद) के पास होती है, न कि राष्ट्रपति के पास।

प्रधानमंत्री सरकार का प्रमुख होता है और वह सरकार के निर्णयों और नीतियों का संचालन करता है। वह मंत्रिपरिषद का नेतृत्व करता है और संसदीय प्रणाली में सरकार के कार्यों का मुख्य उत्तरदायी होता है। चूँकि मंत्रिपरिषद् प्रधानमंत्री के नेतृत्व में कार्य करती है, इसलिए मंत्रिपरिषद की भी शासन संचालन में भूमिका महत्त्वपूर्ण होती है।

इसके विपरीत राष्ट्रपति को यद्यपि संवैधानिक प्रमुख माना जाता है, लेकिन उसकी शक्तियाँ अधिकांशत, औपचारिक होती है। यद्यपि राष्ट्रपति के पास कुछ विशेष अधिकार होते हैं; जैसे-संसद को भंग करना, मंत्रिपरिषद् की नियुक्ति करना, लेकिन ये शक्तियाँ प्रधानमंत्री और मंत्रिमंडल की सलाह और निर्णयों पर निर्भर होती हैं।

इस प्रकार, संसदीय प्रणाली में वास्तविक सत्ता प्रधानमंत्री और मंत्रिपरिषद् के पास होती है, जबकि राष्ट्रपति का कार्य प्रायः सांविधिक और औपचारिक होता है।

2. राष्ट्रपति का निर्वाचन किस प्रणाली से किया जाता है?

उत्तर भारत में राष्ट्रपति का निर्वाचन प्रत्यक्ष निर्वाचन के अतिरिक्त परोक्ष निर्वाचन प्रणाली के तहत किया जाता है।

राष्ट्रपति का चुनाव एक चुनाव मंडल द्वारा किया जाता है, जिसमें लोकसभा, राज्यसभा और राज्य विधानसभाओं के निर्वाचित सदस्य शामिल होते हैं। लोकसभा और राज्य विधानसभाओं के सदस्यों के वोटों का मूल्य उनके राज्य की जनसंख्या के अनुपात में निर्धारित होता है जबकि, राज्यसभा के सदस्यों के वोटों का मूल्य समान होता है।

राष्ट्रपति के चुनाव में प्रत्याशी को कुल वैध वोटों का अधिकतम अंक प्राप्त करना होता है। यदि कोई उम्मीदवार पहले प्रयास में स्पष्ट बहुमत प्राप्त नहीं करता है, तो दूसरे दौर की गणना होती है, जिसमें कम वोट प्राप्त करने वाले उम्मीदवारों के वोट पुनः वितरित किए जाते हैं।

3. भारत में राष्ट्रपति पर महाभियोग किस आधार पर लगाया जा सकता है?

उत्तर भारत में राष्ट्रपति पर महाभियोग संविधान के अनुसार, केवल दूसरे दोषों या संवैधानिक उल्लंघन के आधार पर लगाया जा सकता है। यह प्रक्रिया भारतीय संविधान के अनुच्छेद 61 में दी गई है।

महाभियोग के आधार

राष्ट्रपति पर महाभियोग केवल गंभीर और संवैधानिक उल्लंघन के मामलों में हो सकता है, जैसे कि

- राष्ट्रपति द्वारा संविधान का उल्लंघन करना।
- राष्ट्रपति का कोई अन्य गंभीर कदाचार या आचरण जो पद के प्रति उनकी जिम्मेदारियों से मेल न खाता हैं।
- राष्ट्रपति के विरुद्ध अब तक कभी भी महाभियोग का प्रस्ताव नहीं लाया गया है।

4. संसदीय व्यवस्था में राष्ट्रपति अपनी इच्छा अनुसार देश का प्रधानमंत्री नियुक्त कर सकता है क्या? चर्चा कीजिए। *दक्षता आधारित प्रश्न*

उत्तर भारत में संसदीय व्यवस्था के तहत, राष्ट्रपति देश के प्रधानमंत्री को नियुक्त करता है, लेकिन यह नियुक्ति संसद में बहुमत से चुने गए व्यक्ति के आधार पर होती है। इसकी एक निश्चित प्रक्रिया है-

(i) **चुनाव के परिणाम** जब लोकसभा चुनाव होते हैं, तो जो पार्टी या गठबंधन संसद में बहुमत प्राप्त करता है, उसी पार्टी का गठबंधन का नेता राष्ट्रपति से प्रधानमंत्री के रूप में नियुक्त होने का हकदार होता है।

(ii) **आधिकारिक नियुक्ति** राष्ट्रपति प्रधानमंत्री का नाम उस समय घोषित करते हैं जब यह स्पष्ट हो जाता है। कि उस व्यक्ति के पास लोकसभा में बहुमत का समर्थन है। राष्ट्रपति की यह नियुक्ति औपचारिक होती है और किसी अन्य व्यक्ति को नियुक्त करने की स्थिति तब होती है जब चुनाव के बाद गठबंधन या समर्थन के मुद्दे होते हैं।

इस प्रकार राष्ट्रपति का कर्तव्य होता है कि वह उस व्यक्ति को प्रधानमंत्री नियुक्त करें, जिसे संसद में बहुमत का समर्थन प्राप्त हो।

5. 'कार्यपालिका राजनीतिक व्यवस्था का प्रमुख अंग है यद्यपि विभिन्न देशों में इसकी प्रवृत्ति अलग-अलग है।' चर्चा कीजिए।

उत्तर कार्यपालिका राजनीतिक व्यवस्था का एक प्रमुख अंग है, जो नीतियों के क्रियान्वयन तथा आकलन से संबंधित है। यद्यपि विभिन्न राष्ट्रों में कार्यपालिका की संरचना में भिन्नता पाई जाती है; जैसे- अमेरिका में अध्यक्षता व्यवस्था है तथा कार्यकारी शक्तियाँ राष्ट्रपति के पास हैं। इसके विपरीत भारत में कार्यकारी शक्तियाँ प्रधानमंत्री के पास होती है। ब्रिटेन में यद्यपि संसदीय लोकतंत्र है, किंतु वहाँ राज्य का प्रधान राजपरिवार होता है, इसलिए ब्रिटेन की व्यवस्था को संवैधानिक राजतंत्र भी कहा जाता है। फ्रांस में अर्द्ध-अध्याक्षात्मक कार्यपालिका है, जिसमें राष्ट्रपति द्वारा प्रधानमंत्री तथा उसकी मंत्रिपरिषद् को नियुक्त करता जाता है, किंतु उसे पद से हटाता नहीं है। इस प्रकार के अन्य उदाहरण भी मिलते हैं।

6. वर्तमान समय में भारतीय नौकरशाही का स्वरूप अधिक जटिल हो गया है? क्या आप इससे सहमत हैं?

उत्तर भारतीय नौकरशाही का स्वरूप आज के समय में अधिक जटिल हो गया है। इसके निम्न करण हैं

- भारत का प्रशासनिक ढाँचा बहुत विस्तृत है।
- विभिन्न विभागों, मंत्रालयों और उनके अंतर्गत आने वाले उप-नियंत्रणों के कारण नौकरशाही का स्वरूप जटिल हो गया है।
- कई बार सरकार की नीतियाँ, कानून और आदेश इतने जटिल होते हैं कि उनका पालन करना और उन्हें लागू करना मुश्किल हो जाता है।
- राजनीतिक दबाव और हस्तक्षेप के कारण भी नौकरशाही में जटिलताएँ आती हैं।
- आज विभिन्न कार्यों में प्रयुक्त तकनीकी को समझने और प्रभावी रूप से लागू करने में जटिलताएँ भी उत्पन्न हो सकती हैं।

दीर्घ उत्तरीय प्रश्न।

1. भारत में अपनाई गई संसदीय व्यवस्था अतीत के अनुभव तथा वर्तमान परिस्थिति के अनुकूल है। समीक्षा कीजिए। *दक्षता आधारित प्रश्न*

उत्तर संसदीय व्यवस्था में राष्ट्रपति देश का तथा प्रधानमंत्री सरकार का प्रधान होता है। राष्ट्रपति अपनी सभी शक्तियों का प्रयोग मंत्रिपरिषद् की सलाह के अनुसार करता है। भारत में इस व्यवस्था को अपनाने के पीछे मुख्य कारण निम्न हैं

- 1919 एवं 1935 के अधिनियमों से संसदीय व्यवस्था के अनुसार शासन संचालन का अनुभव प्राप्त हो गया था।
- इस व्यवस्था में कार्यपालिका विधायिका के प्रति उत्तरदायी रहती है तथा विधायिका का कार्यपालिका पर पूर्ण नियंत्रण बना रहता है।

इसके अतिरिक्त संविधान निर्माता भी ऐसी सरकार चाहते थे, जिसमें कार्यपालिका शक्तिशाली हो, किंतु यह शक्ति किसी व्यक्ति विशेष में केंद्रित न हों। इन कारणों से राष्ट्रीय व प्रांतीय दोनों स्तरों पर संसदीय व्यवस्था को अपनाया गया है।

2. क्या राष्ट्रपति में संवैधानिक के अतिरिक्त भी कुछ विशेष अधिकार प्राप्त हैं। चर्चा कीजिए।

उत्तर राष्ट्रपति के विशेषाधिकार निम्नलिखित हैं

- संवैधानिक रूप से राष्ट्रपति को सभी महत्त्वपूर्ण विषयों पर एवं मंत्रिपरिषद् की कार्यप्रणाली के बारे में सूचना प्राप्त करने का अधिकार होता है। राष्ट्रपति द्वारा माँगी गई सूचनाओं को उपलब्ध करवाना प्रधानमंत्री का संवैधानिक कर्त्तव्य होता है। राष्ट्रपति प्रायः प्रधानमंत्री को पत्र लिखकर देश की समस्याओं के बारे में अपने विचार को व्यक्त करता है।
- राष्ट्रपति अपने विवेक का प्रयोग कर मंत्रिपरिषद् की सलाह को पुनर्विचार के लिए लौटा सकता है। राष्ट्रपति द्वारा मंत्रिपरिषद् की सलाह को पुनर्विचार के लिए लौटाना विवेक के आधार पर विशेषाधिकार का प्रयोग माना जाता है।
- राष्ट्रपति संसद द्वारा पारित विधेयकों (धन विधेयक को छोड़कर) को स्वीकृति देने के संदर्भ में अपनी वीटो की शक्ति का प्रयोग कर सकता है। धन विधेयक को छोड़कर विधेयक के संदर्भ में राष्ट्रपति
  (i) स्वीकृति देने में विलंब अथवा मना कर सकता है।
  (ii) विधेयक को पुनर्विचार के लिए लौटा सकता है।
  (iii) पॉकेट वीटो का प्रयोग कर सकता है।

  परंतु यदि इन वीटो की शक्ति के प्रयोग के पश्चात् भी संसद पुनः विधेयक पारित कर राष्ट्रपति के पास भेजती है, तो राष्ट्रपति उस पर अपनी स्वीकृति देने के लिए बाध्य होता है।

3. पारित विधेयकों के संदर्भ में राष्ट्रपति की शक्तियों की विवेचना कीजिए और राष्ट्रपति की वीटो शक्ति को संक्षेप में समझाइए।

दक्षता आधारित प्रश्न

उत्तर संसद द्वारा पारित प्रत्येक विधेयक राष्ट्रपति की स्वीकृति के पश्चात् ही अधिनियम का रूप लेता है। पारित विधेयक से राष्ट्रपति सहमत न होने पर उस विधेयक के संदर्भ में अपनी वीटो शक्ति का प्रयोग कर सकता है, जिसके तहत राष्ट्रपति उस विधेयक को

- स्वीकृति देने से मना कर सकता है।
- पुनर्विचार के लिए लौटा सकता है।
- पॉकेट वीटो का प्रयोग कर सकता है अर्थात् बिना किसी समय-सीमा के उस विधेयक को अपने पास लंबित रख सकता है, परंतु यदि निलंबित किया गया या पुनर्विचार हेतु लौटाया गया यदि विधेयक संसद द्वारा दोबारा पारित करके राष्ट्रपति के समक्ष भेजा जाता है, तो राष्ट्रपति उस पर स्वीकृति देने हेतु बाध्य होता है।

4. उपराष्ट्रपति के प्रमुख कार्यों का संक्षिप्त रूप में वर्णन कीजिए

उत्तर उपराष्ट्रपति के प्रमुख कार्य निम्नलिखित हैं

- राष्ट्रपति की मृत्यु हो जाने पर, त्याग-पत्र दे देने पर अथवा महाभियोग प्रक्रिया से हटाए जाने की स्थिति में नए राष्ट्रपति की नियुक्ति तक राष्ट्रपति पद का कार्यभार उपराष्ट्रपति सँभालता है।
- इसके अतिरिक्त वर्तमान राष्ट्रपति की अनुपस्थिति, बीमारी या अन्य किसी कारणों से अपने कार्यों को करने में असमर्थ होता है तो वह राष्ट्रपति के पुनः कार्य करने तक उसके कर्त्तव्यों का निर्वाह करता है।
- कार्यवाहक राष्ट्रपति के रूप में कार्य करने के दौरान वह राज्यसभा के सभापति के रूप में कार्य नहीं करता है। इस अवधि में उसमें कार्यों का निर्वाह उपसभापति करता है।
- उपराष्ट्रपति राज्यसभा का पदेन अध्यक्ष होता है। इस संदर्भ में उसकी शक्तियाँ व कार्य लोकसभा अध्यक्ष की भाँति होते हैं। इस संबंध में वह अमेरिका के उपराष्ट्रपति की भाँति कार्य करता है।

5. प्रधानमंत्री के महत्त्वपूर्ण कार्यों को स्पष्ट कीजिए।

उत्तर प्रधानमंत्री के महत्त्वपूर्ण कार्य निम्नलिखित हैं

- मंत्रिपरिषद् में मंत्रियों की नियुक्ति हेतु राष्ट्रपति को परामर्श देता है। प्रधानमंत्री के द्वारा मंत्रिपरिषद् में शामिल लोगों का निर्धारण किया जाता है।
- राष्ट्रीय हित संबंधी मंत्रिपरिषद् के निर्णयों व नीतियों से राष्ट्रपति को अवगत् कराता है। मंत्रिपरिषद् तथा राष्ट्रपति के मध्य कड़ी का कार्य करता है तथा सरकार के सभी महत्त्वपूर्ण निर्णयों में शामिल होकर नीतियों के बारे में निर्णय लेता है।
- लोकसभा में मंत्रिमंडल का प्रतिनिधित्व करता है।
- विभिन्न विभागों तथा मंत्रालय के कार्यों एवं नीतियों में समन्वय बनाए रखता है। किसी विषय पर राष्ट्रपति द्वारा सूचना माँगे जाने पर उन्हें उपलब्ध करवाता है। तथा सरकार की शासन संचालन संबंधी नीतियों का निर्धारण करता है।
- अंतर्राष्ट्रीय सम्मेलनों और विदेश यात्राओं के दौरान राष्ट्रीय नेता की छवि प्रस्तुत करता है।

6. राज्य स्तर पर शासनाध्यक्ष एवं मंत्रिमंडल की नियुक्ति किस प्रकार की जाती है?

उत्तर राज्य स्तर पर शासनाध्यक्ष की नियुक्ति राज्यपाल करता है। राज्यपाल चुनावों में बहुमत प्राप्त करने वाले दल के नेता को मुख्यमंत्री पद की नियुक्ति हेतु आमंत्रित करता है। किसी भी दल द्वारा स्पष्ट बहुमत न प्राप्त किए जाने की स्थिति में राज्यपाल अपनी विवेकाधीन शक्तियों का प्रयोग कर अपेक्षाकृत अधिक सीटें प्राप्त करने वाले दल के नेता को सरकार बनाने के लिए आमंत्रित करता है। मुख्यमंत्री की नियुक्ति के पश्चात् राज्यपाल मुख्यमंत्री की सलाह पर मंत्रिपरिषद् का गठन करता है। राज्यपाल मंत्रिपरिषद् में उन व्यक्तियों की नियुक्ति करता है, जो मुख्यमंत्री द्वारा सुझाए जाते हैं।

7. गठबंधन सरकारों के बनने से क्या संसदीय शासन का कामकाज प्रभावित हो सकता है। बताइए *दक्षता आधारित प्रश्न*

उत्तर गठबंधन सरकारों के बनने से संसदीय शासन के कामकाज पर निम्नलिखित प्रभाव पड़ता है

- इससे राष्ट्रपति के विशेष अधिकार की भूमिका बढ़ जाती है, क्योंकि प्रधानमंत्री के चयन की समस्या राष्ट्रपति के सामने आती है। औपचारिकतावश वैसे तो बहुमत दल के नेता को राष्ट्रपति, प्रधानमंत्री नियुक्त करता है, परंतु यदि किसी भी दल को बहुमत न मिले और दलों के गठबंधन की सरकार बने, तो प्रधानमंत्री का चयन राष्ट्रपति को करना पड़ता है।
- गठबंधन सरकारें बनने से राजनीतिक सहयोगियों में परामर्श की प्रवृत्ति बढ़ी है, जिससे प्रधानमंत्री की शक्ति पर कुछ नियंत्रण हुआ।
- इससे प्रधानमंत्री के अनेक विशेषाधिकारों जैसे मंत्रियों का चयन और उनके पद स्तर तथा मंत्रालय के चयन पर अंकुश लगा है।
- प्रधानमंत्री सरकार की नीतियों और कार्यक्रमों को अकेले तय नहीं कर सकता उसे अन्य दलों से सहयोग करना पड़ता है।
- इससे प्रधानमंत्री की भूमिका में बदलाव आ रहा है। गठबंधन सरकारों के होने से प्रधानमंत्री की भूमिका अब पहले जैसी एक नेता की नहीं रही, बल्कि उसे अब विभिन्न सहयोगी दलों में मध्यस्थ की भूमिका निभानी पड़ती है।

8. स्थायी कार्यपालिका अर्थात् नौकरशाही की प्रमुख विशेषताओं को बताइए।

उत्तर स्थायी कार्यपालिका अर्थात् नौकरशाही की प्रमुख विशेषताएँ निम्नलिखित हैं

- नीतियों के निर्माण में राजनीतिक कार्यपालिका की सहायता करती है तथा उन नीतियों का क्रियान्वयन करती है।
- राजनीतिक कार्यपालिका के नियंत्रण में कार्य करती है।
- लोक सेवाओं व जनआकांक्षाओं के अनुरूप कार्य करती है।
- नीतियों के निर्माण हेतु राजनीतिक कार्यपालिका को आवश्यक सूचनाएँ उपलब्ध करवाती है एवं उस संबंध में परामर्श देती है।
- स्थायी कार्यपालिका सरकार के स्थायी एवं प्रशिक्षित अधिकारियों का समूह होता है। ये मंत्रियों को उनके कार्यों के क्रियान्वयन में सहायता प्रदान करते हैं।

9. मुख्यमंत्री की नियुक्ति तथा उसकी स्थिति की समीक्षा कीजिए

उत्तर संविधान के अनुसार संघ की मंत्रिपरिषद् का प्रधान प्रधानमंत्री होता है जबकि राज्य की मंत्रिपरिषद् का प्रमुख मुख्यमंत्री होता है। संविधान निर्माताओं ने संघ में प्रधानमंत्री पद का प्रावधान करते हुए राज्यों में मुख्यमंत्री पद का भी प्रावधान किया है। दोनों पदों के कार्य अधिकार और शक्तियाँ समान रूप से निर्धारित की गई हैं।

मुख्यमंत्री की नियुक्ति मुख्यमंत्री की नियुक्ति राज्यपाल द्वारा की जाती है, लेकिन व्यवहार में राज्यपाल की यह शक्ति काफी सीमित होती है। राज्यों में उत्तरदायी और संसदीय स्वरूप की कार्यपालिका की स्थापना की गई है उसी दल के नेता को मुख्यमंत्री पद ग्रहण करने के लिए आमंत्रित करते हैं। आमतौर पर मुख्यमंत्री विधानसभा का सदस्य होता है, लेकिन विधानपरिषद् का सदस्य भी मुख्यमंत्री बन सकता है। यदि विधानसभा में किसी भी दल को स्पष्ट बहुत नहीं मिलता है,तो राज्यपाल को मुख्यमंत्री की नियुक्ति में कुछ स्वतंत्रता मिलती है।

मुख्यमंत्री की स्थिति मुख्यमंत्री राज्य शासन का वास्तविक प्रमुख होता है और वह राज्य प्रशासन की कार्यपालिका शक्ति का संचालन करता है। मुख्यमंत्री राज्य मंत्रिमंडल का निर्माण कर्ता; संहारकर्ता और जीवनदाता होता है। आवश्कतानुसार, वह मंत्रिपरिषद् को समाप्त करने की शक्ति भी रखता है। इस प्रकार, मुख्यमंत्री की स्थिति राज्य में अत्यंत महत्त्वपूर्ण होती है, क्योंकि वह न केवल शासन के संचालन में महत्त्वपूर्ण भूमिका निभाता है, बल्कि राज्य की नीति निर्धारण में भी प्रमुख होता है।

दीर्घ उत्तरीय प्रश्न II

1. "भारत में नीतियों के क्रियान्वयन तथा आकलन की जिम्मेदारी कार्यपालिका के कर्त्तव्य निर्वहन का प्रमुख आधार है।" चर्चा कीजिए। *दक्षता आधारित प्रश्न*

उत्तर भारत में नीतियों के क्रियान्वयन और आकलन की जिम्मेदारी कार्यपालिका के कर्त्तव्य निर्वहन का प्रमुख आधार है और यह भारतीय लोकतंत्र और शासन प्रणाली के महत्त्वपूर्ण पहलुओं में से एक है। कार्यपालिका का कार्य केवल नीतियाँ बनाना नहीं है, बल्कि उन नीतियों को प्रभावी रूप से लागू करना और उनका आकलन करना भी है, ताकि सरकार की योजनाएँ और उद्देश्य साकार हो सकें।

नीतियों का क्रियान्वयन भारत में नीति निर्माण का कार्य कानूनी और संविधानिक ढाँचे के तहत किया जाता है, जो संसद द्वारा पारित विधेयकों और योजनाओं के रूप में आकार ग्रहण करता है। कार्यपालिका (जिसमें प्रधानमन्त्री, कैबिनेट मन्त्री, सरकारी अधिकारी और कर्मचारी शामिल हैं।) इन नीतियों का क्रियान्वयन करती है।

नीति का आकलन नीति का प्रभावत् संभव है, जब उसका आकलन नियमित रूप से किया जाए। कार्यपालिका को नीतियों के क्रियान्वयन का मूल्यांकन करने की जिम्मेदारी दी जाती है, ताकि यह सुनिश्चित किया जा सके कि वे लक्ष्यों की प्राप्ति में सफल हो रही हैं या नहीं।

कार्यपालिका की जिम्मेदारी कार्यपालिका के लिए नीतियों का क्रियान्वयन और आकलन एक प्रकार से सार्वजनिक उत्तरदायित्व है। यह लोकतंत्र के मूल्यों को सुनिश्चित करता है, जैसे– सुविधाएँ एवं सेवाएँ प्रदान करना, सार्वजनिक धन का उपयोग करना और लोक कल्याण के लिए कार्य करना आदि। साथ ही, यह सरकार की जवाबदेही और पारदर्शिता को भी बढ़ाता है। भारत में नीतियों के क्रियान्वयन और आकलन का कार्य कार्यपालिका के कर्त्तव्य का एक अहम हिस्सा है, क्योंकि यह शासन की पारदर्शिता, जबावदेही और कार्यक्षमता को सुनिश्चित करता है। हालाँकि, इसमें कई जटिलताएँ चूनौतियों हैं, लेकिन इन्हें सुधारने और सही दिशा में मार्गदर्शन प्रदान करने के लिए निरंतर प्रयास आवश्यक हैं।

2. "राष्ट्रपति का पद यद्यपि औपचारिक कार्यपालिका का ही है, किंन्तु संविधान द्वारा प्राप्त पद की सुरक्षा, शक्ति और विशेषाधिकार इसे महत्त्वपूर्ण बनाते हैं।" इस कथन की समीक्षा कीजिए।

दक्षता आधारित प्रश्न

उत्तर यह कथन सत्य है कि भारतीय संविधान में राष्ट्रपति का पद औपचारिक रूप से कार्यपालिका का हिस्सा है, लेकिन उनके पास कुछ विशिष्ट शक्तियाँ, विशेषाधिकार और सुरक्षा है, जो इस पद को अत्यधिक महत्त्वपूर्ण बनाते हैं।

राष्ट्रपति का औपचारिक कार्यपालिका का पद राष्ट्रपति के कार्य की प्रकृति अधिकतर संविधान के अनुसार, होने वाली अपचारिकता तक सीमित होती है। अधिकांश फैसलों पर प्रधानमंत्री और मंत्रिपरिषद् द्वारा सलाह दी जाती है और राष्ट्रपति इन पर हस्ताक्षर कर सकता मैं हैं।

राष्ट्रपति की सुरक्षा राष्ट्रपति को विशेष सुरक्षा प्रदान की जाती है। वे पद पर रहते हुए किसी भी प्रकार के कानूनी या संवैधानिक कार्यवाही से संरक्षण प्राप्त कर सकता हैं। उदाहरणस्वरूप वह किसी भी अदालत के समक्ष मुकदमें का सामना नहीं कर सकता और उनके विरुद्ध कोई न्यायिक कार्यवाही नहीं की जा सकती, जब तक कि उन्हें स्वयं इस्तीफा देने की इच्छा न हो।

राष्ट्रपति के विरुद्ध महाभियोग केवल संसद द्वारा हो सकता है। इसके लिए बेहद गंभीर और सख्त प्रक्रियाओं का पालन करना पड़ता है।

राष्ट्रपति के विशेषाधिकार राष्ट्रपति के पास कुछ विशेषाधिकार भी होते हैं; जैसे कि

- **ये अधिकार** संविधान के अनुसार कभी भी मंत्री की सलाह को अनदेखा कर सकते हैं। यदि वे इसे संविधानिक दृष्टिकोण से उचित नहीं मानते।
- **संसदीय प्रक्रिया में हस्तक्षेप** वे संसद के अधिवेशन को बुला सकते हैं या स्थगित कर सकते हैं। इसके अतिरिक्त, राष्ट्रपति के पास संसद द्वारा पारित किसी विधेयक पर विचार करने और उसे स्वीकृत या अस्वीकार करने का अधिकार भी है।
- इस प्रकार हम कह सकते हैं कि राष्ट्रपति का पद औपचारिक रूप से कार्यपालिका का हिस्सा होने के बावजूद, उनकी विशेष शक्तियाँ, सुरक्षा और विशेषाधिकार उन्हें अत्यधिक महत्वपूर्ण बना देते हैं। राष्ट्रपति भारतीय लोकतंत्र की संरचना का एक अहम हिस्सा है और उनके पास संविधान की रक्षा और राजनीतिक स्थिरता बनाए रखने के लिए अनूठी शक्तियाँ होती हैं।

3. भारत के राष्ट्रपति की महत्त्वपूर्ण शक्तियों का वर्णन कीजिए।

अथवा **राष्ट्राध्यक्ष के रूप में राष्ट्रपति की संवैधानिक स्थिति क्या होती हैं। राष्ट्रपति को पदत्त विभिन्न शाक्तियों के माध्यम से इसका वर्णन कीजिए ?**

दक्षता आधारित प्रश्न

उत्तर संविधान के अनुसार, भारत का संवैधानिक अध्यक्ष राष्ट्रपति होता है। संविधान के अनुच्छेद-74 (1) के अनुसार सभी कार्यपालिका शक्तियाँ राष्ट्रपति में निहित होती हैं। राष्ट्रपति का निर्वाचन एकल संक्रमणीय एवं समानुपातिक प्रतिनिधित्व प्रणाली के द्वारा संसद के दोनों सदनों के सदस्य एवं सभी राज्यों की विधानसभाओं के निर्वाचित सदस्यों द्वारा किया जाता है। राष्ट्रपति के द्वारा ही प्रधानमंत्री तथा मंत्रिपरिषद् की नियुक्ति की जाती है। वह राज्य के राज्यपालों आदि की भी नियुक्ति करता है।

विधायी शक्तियाँ राष्ट्रपति की अनुमति के पश्चात् ही प्रत्येक विधेयक कानून का रूप धारण करता है। इसके अतिरिक्त संसद द्वारा पारित विधेयक पर राष्ट्रपति अपने विवेक के आधार पर अपनी निषेधाधिकार शक्ति का प्रयोग कर सकता है। राष्ट्रपति संसद का अधिवेशन बुलाता है तथा स्थगित करता है। उसे लोकसभा भंग करने का भी अधिकार है।

वित्तीय शक्तियाँ भारत की आकस्मिक निधि पर राष्ट्रपति का नियंत्रण होता है तथा इसके अतिरिक्त धन विधेयक राष्ट्रपति की पूर्वानुमति के पश्चात् ही संसद में पेश किया जा सकता है।

अन्य शक्तियाँ भारत में राष्ट्रपति की अन्य शक्तियाँ निम्नलिखित हैं

- राष्ट्रपति किसी भी विषय पर सर्वोच्च न्यायालय से परामर्श प्राप्त कर सकता है। राष्ट्रपति किसी अपराधी को क्षमादान अथवा सजा को कम कर सकता है।
- राष्ट्रपति प्रधानमंत्री तथा मंत्रिपरिषद् की नियुक्ति कराता है।
- संसद के स्थगन के समय उसे अध्यादेश जारी करने की शक्ति प्राप्त होती है।
- राष्ट्रपति सैन्य बलों का सर्वोच्च कमांडर होता है, किंतु वह इसका प्रयोग विधि के अनुसार करता है।
- राष्ट्रपति के नाम पर ही किसी देश से संधि या समझौता किया जाता है। राष्ट्रपति विदेशों में किए भारतीय राजदूतों की नियुक्ति करता है तथा भारत में विदेशों के राजदूतों की नियुक्ति का अनुमोदन करता है।

4. प्रधानमंत्री और मंत्रिपरिषद् की विशेषताएँ एवं आकार का वर्णन कीजिए।

उत्तर प्रधानमंत्री और मंत्रिपरिषद् की विशेषताएँ एवं आकार का वर्णन इस प्रकार किया गया है

प्रधानमंत्री की विशेषताएँ इस प्राकर हैं

- प्रधानमंत्री भारतीय लोकतंत्र में सरकार का मुखिया होता है और उसे भारतीय राष्ट्रपति द्वारा नियुक्त किया जाता है।
- प्रधानमंत्री को संसद में विश्वास प्राप्त होना चाहिए और वह भारतीय संसद के किसी भी सदन का सदस्य होता है।
- प्रधानमंत्री सरकार के निर्णयों का संचालन करता है और मंत्रिमंडल की बैठकें संचालित करता है।
- प्रधानमंत्री के पास मंत्रिपरिषद की नियुक्ति, मंत्रियों का कार्य क्षेत्र निर्धारण और मंत्रालयों का पुनर्गठन करने का अधिकार होता है।

मंत्रिपरिषद्

- मंत्रिपरिषद्, प्रधानमंत्री के नेतृत्व में कार्य करती है और यह सरकार का निर्णय लेने वाली सर्वोच्च संस्था होती है। मंत्रिपरिषद् को तीन श्रेणियों में बाँटा जाता है

(i) **कैबिनेट मंत्री** जो प्रमुख विभागों का कार्य संभालते हैं और सरकारी नीतियाँ तैयार करने में शामिल होते हैं।

(ii) **राज्य मंत्री** जो कैबिनेट मंत्रियों के तहत कार्य करते हैं और उन्हें विशिष्ट विभागों की जिम्मेदारी मिलती है।

(iii) **प्रारंभिक मंत्री** जो कम महत्त्व के मंत्रालयों का संचालन करते हैं।

- मंत्रिपरिषद् का आकार राष्ट्रपति द्वारा प्रधानमंत्री के सलाह पर निर्धारित होता है, लेकिन यह अधिकतम लोकसभा के सदस्यों के (15% के) बराबर हो सकता है।

मंत्रिपरिषद् की प्रमुख विशेषताएँ इस प्रकार हैं
- मंत्रिपरिषद् का समग्र निर्णय सामूहिक रूप से प्रधानमंत्री की अध्यक्षता में लिया जाता है।
- मंत्रिपरिषद् का कार्य सरकार की नीतियों और योजनाओं को लागू करना और संसद में उनका बचाव करना हैं
- यदि मंत्रिपरिषद् विश्वास मत खो देती है, तो सरकार को इस्तीफा देना पड़ता है

प्रधानमंत्री और मंत्रिपरिषद् का उद्देश्य लोकतांत्रिक प्रक्रिया में सरकार के संचालन की दिशा तय करना होता है।

5. नौकरशाही का अर्थ, उसका वर्गीकरण एवं उसकी भूमिका का वर्णन करें।

उत्तर **नौकरशाही का अर्थ** नौकरशाही सरकार के स्थायी तथा प्रशिक्षित अधिकारियों का वह समूह होता है, जो लोक कल्याणकारी नीतियों के निर्माण में राजनीतिक कार्यपालिका की सहायता करता है एवं व्यवहार में उन नीतियों को लागू करवाता है। यह राजनीतिक कार्यपालिका से तटस्थ होकर अपना कार्य करता है।

नौकरशाही की भूमिका नौकरशाही राजनीति से तटस्थ होकर नीति-निर्माण एवं उनके क्रियान्वयन का कार्य करती है। लोक आकांक्षाओं के लिए संवेदनशील बनाने हेतु इस पर राजनीतिक कार्यपालिका के नियंत्रण को सुनिश्चित किया गया है, परंतु कभी-कभी अधिक नियंत्रण के चलते इसकी तटस्थता पर प्रभाव पड़ने लगता है, जिससे इसके द्वारा भेदभावपूर्ण कार्य करने की आशंका बनी रहती है। बदलते हुए इस दौर में नौकरशाही ने अपने अंदर लोकहित को लेकर संवेदनशीलता व राजनीतिक तटस्थता को और अधिक मजबूत किया है।

नौकरशाही का वर्गीकरण भारत में सिविल सेवा का वर्गीकरण मुख्यतः तीन भागों में किया गया

(i) **अखिल भारतीय सेवाएँ** इन संवाओं के अंतर्गत भारतीय प्रशासनिक सेवा एवं भारतीय पुलिस सेवाएँ आती है।

(ii) **केंद्रीय सेवाएँ** ये सेवाएँ इस प्रकार है; जैसे– भारतीय विदेश सेवा, भारतीय राजस्व सेवा, भारतीय डाक सेवा एवं भारतीय सीमा कर सेवा

(iii) **प्रांतीय सेवाएँ** इस प्रकार है; जैसे– राज्य प्रशासनिक सेवा, राज्य पुलिस सेवा एवं बिक्रीकर अधिकारी

अखिल भारतीय सेवाएँ तथा केंद्रीय सेवाओं में भर्ती संवैधानिक संस्था संघ लोक सेवा आयोग के द्वारा योग्यता एवं परीक्षा के आधार पर की जाती है, जबकि प्रांतीय सेवाओं में भर्ती राज्य लोक सेवा आयोग के द्वारा की जाती है।

6. भारत के उपराष्ट्रपति पर एक संक्षिप्त टिप्पणी लिखिए

उत्तर भारत के उपराष्ट्रपति का पद भारतीय संविधान में महत्त्वपूर्ण भूमिका निभाता है और यह अमेरिकी संविधान से भी प्रभावित है। उपराष्ट्रपति का चुनाव संसद के दोनों सदनों की संयुक्त बैठक में गुप्त मतदान द्वारा किया जाता है, जो आनुपातिक प्रतिनिधित्व के आधार पर होता है। उपराष्ट्रपति बनने के लिए निम्नलिखित योग्यताएँ होना अति आवश्यक हैं, जैसे–
- वह भारत का नागरिक होना चाहिए।
- वह 35 वर्ष की आयु पूरी कर चुका हो।
- उसे राज्यसभा का सदस्य बनने की पात्रता रखनी चाहिए।
- वह सरकारी लाभ के किसी पद नहीं होना चाहिए।
- वह संसद या राज्य विधानमंडल के किसी भी सदन का सदस्य नहीं होना चाहिए।

उपराष्ट्रपति के कार्यों में सबसे प्रमुख राज्यसभा का पदेन सभापति होता है। इस भूमिका में वह सदन की अध्यक्षता करता है तथा अनुशासन स्थापित करता है और विधेयकों पर मतदान करता है।

एक अन्य महत्त्वपूर्ण कार्य यह है कि यदि राष्ट्रपति का पद किसी कारण वश रिक्त हो जाता है, तो उपराष्ट्रपति राष्ट्रपति के रूप में कार्य करेगा। जैसे कि वर्ष 1969 में एस राधाकृष्णन ने किया था। इस स्थिति में उपराष्ट्रपति को राष्ट्रपति के सभी अधिकार प्राप्त हो जाते हैं, लेकिन वह अधिकतम 6 महीने तक इस पद पर रह सकता है।

इस प्रकार उपराष्ट्रपति का पद भारतीय राजनीति में एक महत्त्वपूर्ण संतुलन बनाए रखता है और संविधान द्वारा निर्धारित कार्यों के माध्यम से कार्य करता है।

7. भारत में लोक सेवा आयोग की संरचना पर प्रकाश डालिए।

अथवा **भारत में लोकसेवा आयोग के कार्य एवं दूसरी उपयोगिता पर प्रकाश डालिए।**

उत्तर भारत का लोक सेवा आयोग शासन और प्रशासन में एक महत्त्वपूर्ण भूमिका निभाता है। यह संविधान के अनुच्छेद 315 के अंतर्गत स्थापित किया गया है, जिसमें भारतीय संघ और प्रत्येक राज्य के लिए लोक सेवा आयोग की व्यवस्था की गई है। यह आयोग लोक सेवकों के चयन में सरकार की सहायता करता है और इसे एक स्वतंत्र एवं निष्पक्ष निकाय माना जाता है।

लोकसेवा आयोग के कार्य और दायित्व निम्नलिखित हैं

(i) **नियुक्तियों के लिए प्रतियोगिता परीक्षाएँ** लोक सेवा आयोग का प्राथमिक कार्य विभिन्न सरकारी पदों के लिए प्रतियोगिता परीक्षाओं का आयोजन करना है। यह प्रक्रिया सक्षम और योग्य व्यक्तियों का चयन सुनिश्चित करती है।

(ii) **संयुक्त नियोजन** में सहायता में जब दो या दो से अधिक राज्यों को आवश्यकता होती है, तो आयोग संयुक्त भर्ती के लिए सहायता प्रदान कर सकता है।

(iii) **परामर्श देना** आयोग विभिन्न, विषयों पर सरकार को परामर्श देता है, जैसे कि भर्ती नितियाँ अनुशासनात्मक मामलों और कानूनी प्रक्रियाओं के संबंध में

संवैधानिक प्रावधान आयोग के सदस्यों की संख्या और सेवा शर्तों का निर्धारण राष्ट्रपति (संघ लोक सेवा आयोग) और राज्यपाल (राज्य लोक सेवा आयोग) करते हैं। सदस्यों की नियुक्ति और सेवा की शर्तों में किसी भी परिवर्तन को रोकने के लिए सुरक्षा प्रदान की गई है।

योग्यता और कार्य अवधि आयोग का सदस्य भारत का नागरिक होना चाहिए और उसे भारत सरकार के कम- से कम 10 वर्ष का अनुभव होना चाहिए। सदस्य 6 वर्ष की अवधि या 65 वर्ष की आयु तक अपने पद पर बना रहेगा।

लोक सेवा आयोग का कार्य न केवल चयन प्रक्रिया को सुचारु बनाना है, बल्कि यह सरकार को विभिन्न विषयों पर सलाह भी देता है। इसे संवैधानिक स्थिति प्रदान की गई है, जिससे इसकी स्वायत्तता और प्रामाणिकता सुनिश्चित होती है। आयोग की भूमिका शासन की दक्षता और पारदर्शिता को बढ़ावा देने में महत्त्वपूर्ण है और इसके सुझावों का पालन करना राष्ट्रपति या राज्यपाल के लिए अनिवार्य नहीं है, जिससे यह एक परामर्शदात्री संस्था के रूप में कार्य करता है।

इस प्रकार लोक सेवा आयोग भारतीय लोकतंत्र का एक अभिन्न हिस्सा है, जो शासन को प्रभावी और निष्पक्ष बनाने में योगदान देता है।

स्रोत आधारित प्रश्न

नीचे दिए गए स्रोत को ध्यानपूर्वक पढ़कर उनके प्रश्नों के उत्तर दीजिए।

1. राष्ट्रपति के पास वीटो की शक्ति (विषेधाधिकार) होती है, जिससे वह संसद द्वारा पारित विधेयकों (धन विधेयकों को छोड़कर) पर स्वीकृति देने में विलंब कर सकता है या स्वीकृति देने से मना कर सकता है। संसद द्वारा पारित प्रत्येक विधेयक को कानून बनाने से पूर्व राष्ट्रपति की स्वीकृति के लिए भेजा जाता है। राष्ट्रपति उसे संसद को लौटा सकता है और उसे उस पर पुनर्विचार के लिए कह सकता है। वीटो की यह शक्ति सीमित है, क्योंकि संसद उसी विधेयक को दोबारा पारित कर दे और राष्ट्रपति के पास भेजे, तो राष्ट्रपति को उस पर अपनी स्वीकृति देनी पड़ेगी, लेकिन संविधान में राष्ट्रपति के लिए ऐसी कोई समय-सीमा निर्धारित नहीं है, जिसके अंदर ही उस विधेयक को पुनर्विचार के लिए लौटाना पड़े।

इसका अर्थ यह हुआ कि राष्ट्रपति किसी भी विधेयक को बिना किसी समय-सीमा के अपने पास लंबित रख सकता है। इससे राष्ट्रपति को अनौपचारिक रूप से अपने वीटो को प्रभावी ढंग से प्रयोग करने का अवसर मिल जाता है। इसे कई बार 'पॉकेट वीटो' भी कहा जाता है।

(i) निम्न में से किस विधेयक को स्वीकृति देने में राष्ट्रपति विलंब नहीं कर सकता है?

(a) धन विधेयक (b) वित्त विधेयक
(c) साधारण विधेयक (d) उपरोक्त में से कोई नहीं

उत्तर (a) धन विधेयक

(ii) किसी (साधारण) विधेयक को संसद द्वारा कितनी बार पारित कर दिया जाए जिससे राष्ट्रपति उसे स्वीकृत करने के लिए बाध्य हो जाए?

(a) एक (b) दो (c) तीन (d) चार

उत्तर (b) दो

(iii) पॉकेट वीटो से आप क्या समझते हैं?

उत्तर जब राष्ट्रपति संसद द्वारा पारित विधेयक को न तो पुनर्विचार के लिए वापस भेजता है और न ही उस पर अनुमति देता है और न ही अनुमति देने से इंकार करता है। इस स्थिति में विधेयक राष्ट्रपति के पास ही पड़ा रहता है। यही कारण है कि इसे पॉकेट वीटो कहा जाता है।

2. आज भारतीय नौकरशाही का स्वरूप बहुत जटिल हो गया है। इसमें अखिल भारतीय सेवाएँ, प्रांतीय सेवाएँ, स्थानीय सरकार के कर्मचारी और लोक उपक्रमों के तकनीकी तथा प्रबंधकीय अधिकारी सम्मिलित हैं।

हमारे संविधान निर्माता गैर-राजनीतिक और व्यावसायिक रूप से दक्ष प्रशासनिक मशीनरी के महत्त्व को जानते थे। वे सिविल सेवा या नौकरशाही के सदस्यों को बिना किसी भेदभाव के योग्यता के आधार पर चयनित करना चाहते थे। अतः भारत सरकार के लिए सिविल सेवा के सदस्यों की भर्ती की प्रक्रिया का कार्य संघ लोक सेवा आयोग को सौंपा गया है।

ऐसे ही लोक सेवा आयोग राज्यों में भी बनाए गए हैं। लोक सेवा आयोग के सदस्यों को एक निश्चित कार्यक्रम के लिए नियुक्ति किया जाता है। उनको सर्वोच्च न्यायालय के न्यायाधीश की जाँच के आधार पर ही निलंबित या अपदस्थ किया जा सकता है। दक्षता और योग्यता को आधार बनाकर भर्ती की जाती है, लेकिन संविधान यह भी सुनिश्चित करता है कि पिछड़े वर्गों के साथ-साथ समाज के सभी वर्गों को सरकारी नौकरशाही का हिस्सा बनने का मौका मिले।

इस उद्देश्य के लिए संविधान दलित और आदिवासियों के लिए आरक्षण की व्यवस्था करता है। बाद में महिलाओं और अन्य पिछड़ी जातियों को भी आरक्षण दिया गया। इन प्रावधानों से यह सुनिश्चित होता है कि नौकरशाही में सभी समूहों का प्रतिनिधित्व होगा तथा सामाजिक असमानताएँ सिविल सेवाओं में भर्ती के मार्ग में रोड़ा नहीं बनेंगी।

(i) भारत सरकार के लिए सिविल सेवा के सदस्यों की भर्ती की प्रक्रिया का कार्य कौन करता है?

(a) संयुक्त लोक सेवा आयोग (b) राज्य लोक सेवा आयोग
(c) संघ लोक सेवा आयोग (d) कर्मचारी चयन आयोग

उत्तर (c) संघ लोक सेवा आयोग

(ii) संघ लोक सेवा आयोग के सदस्यों की नियुक्ति कौन करता है?

(a) राष्ट्रपति (b) प्रधानमंत्री
(c) कार्मिक मंत्रालय (d) लोकसभा अध्यक्ष

उत्तर (a) राष्ट्रपति

(iii) नौकरशाही में सभी को समान प्रतिनिधित्व मिले इसके लिए सरकार क्या प्रयास करती है?

उत्तर 'नौकरशाही में सभी को समान प्रतिनिधित्व मिले।' इस उद्देश्य को पूरा करने हेतु संविधान दलित और आदिवासियों के लिए आरक्षण की व्यवस्था करता है। बाद में महिलाओं और अन्य पिछड़ी जातियों को भी आरक्षण दिया गया।

3. उपराष्ट्रपति पाँच वर्ष के लिए चुना जाता है। उसको भी उसी प्रकार चुनते हैं जैसे राष्ट्रपति को। केवल इतना अंतर है कि उसके निर्वाचक मंडल में राज्य विधानसभा के सदस्य नहीं होते। उपराष्ट्रपति को हटाने के लिए राज्यसभा को अपने बहुमत से इस आशय का प्रस्ताव पास करना पड़ता है और उस प्रस्ताव पर लोकसभा की सहमति लेनी पड़ती है। उपराष्ट्रपति राज्यसभा का पदेन अध्यक्ष होता है और राष्ट्रपति की मृत्यु, त्याग-पत्र, महाभियोग द्वारा हटाए जाने या अन्य किसी कारण से रिक्त होने पर वह कार्यवाहक राष्ट्रपति का काम करता है। उपराष्ट्रपति तभी तक कार्यवाहक राष्ट्रपति के रूप में कार्य करता है जब तक कोई नया राष्ट्रपति नहीं चुन लिया जाता। फखरुद्दीन अली अहमद की मृत्यु के बाद बी डी जत्ती तब तक कार्यवाहक राष्ट्रपति के रूप में काम करते रहे जब तक नए राष्ट्रपति का चुनाव नहीं हो गया।

(i) उपराष्ट्रपति का कार्यकाल कितने वर्ष का होता है?

(a) पाँच (b) छः
(c) दो (d) अनिश्चित काल तक

उत्तर (a) पाँच

(ii) उपराष्ट्रपति के निर्वाचक मंडल में शामिल होने के समय में कौन-सा कथन सही है?

(a) इसमें संसद के केवल निर्वाचित सदस्य शामिल होते हैं
(b) इसमें संसद के दोनों सदनों के निर्वाचित और मनोनीत दोनों सदस्य शामिल होते हैं
(c) इसमें राज्य विधानसभा के सदस्य शामिल होते हैं
(d) इसमें राज्य विधान परिषद् के सदस्य शामिल होते हैं

उत्तर (b) इसमें संसद के दोनों सदनों के निर्वाचित और मनोनीत दोनों सदस्य शामिल होते हैं।

(iii) उपराष्ट्रपति के निर्वाचन मंडल में किनका समावेश नहीं होता है?

उत्तर उपराष्ट्रपति के निर्वाचन मण्डल में राज्य विधान सभाओं के सदस्य शामिल नहीं होते हैं।

केवल संसद के सदस्य अर्थात लोकसभा और राज्यसभा के सदस्य उपराष्ट्रपति के चुनाव में भाग लेते हैं।

4. **प्रधानमंत्री की सलाह पर राष्ट्रपति मंत्रिपरिषद् का गठन करता है तथा प्रधानमंत्री के द्वारा उनको मंत्रालय एवं पदस्तर आवंटित किए जाते हैं। मंत्रियों को उनकी वरिष्ठता और राजनीतिक महत्त्व के अनुसार मंत्रिमंडल का मंत्री, राज्यमंत्री व उपमंत्री बनाया जाता है। प्रधानमंत्री के द्वारा ही मंत्रिपरिषद् में शामिल होने वाले लोगों का निर्धारण किया जाता है।**

राज्यों में मुख्यमंत्री द्वारा अपने दल या सहयोगी दल द्वारा मंत्री को चुना जाता है। मंत्रिपरिषद् लोकसभा के प्रति सामूहिक रूप से उत्तरदायी होती है।

लोकसभा में विश्वास खो देने पर सम्पूर्ण मंत्रिपरिषद् व प्रधानमंत्री को त्याग-पत्र देना पड़ता है। प्रधानमंत्री और सभी मंत्रियों के लिए संसद का सदस्य होना अनिवार्य होता है। संसद का सदस्य न होने पर यदि कोई व्यक्ति मंत्री या प्रधानमंत्री बन जाता है, तो उसे 6 माह के अंदर ही संसद के सदस्य के रूप में निर्वाचित होना पड़ता है।

(i) **मंत्रिपरिषद की संरचना का निर्धारण कौन करता है?**

(a) प्रधानमंत्री
(b) लोकसभा अध्यक्ष
(c) उपराष्ट्रपति
(d) मुख्य न्यायाधीश

उत्तर (a) प्रधानमंत्री

(ii) **केंद्रीय मंत्रिपरिषद् के संदर्भ में कौन-सा कथन सही है?**

(a) प्रधानमंत्री के द्वारा मंत्रिपरिषद् के मंत्रियों को उनके मंत्रालय व पदस्तर आवंटित किए जाते हैं
(b) मंत्रियों को उनकी स्वेच्छा तथा राजनीतिक महत्त्व से पद प्रदान किया जाता है
(c) यह संसद के दोनों सदनों के प्रति उत्तरदायी होती है
(d) मंत्रीपरिषद् की अधिकतम संख्या लोकसभी की मुल सदस्य संख्या का 20% से अधिक नहीं हो सकती है।

उत्तर (a) प्रधानमंत्री के द्वारा मंत्रिपरिषद् के मंत्रियों को उनके मंत्रालय व पदस्तर आवंटित किए जाते हैं

(iii) **केंद्रीय मंत्रिपरिषद् का गठन किस प्रकार किया जाता है?**

उत्तर प्रधानमंत्री की सलाह पर राष्ट्रपति मंत्रिपरिषद् का गठन करता है तथा प्रधानमंत्री के द्वारा उनको मंत्रालय एवं पदस्तर आवंटित किए जाते हैं। मंत्रियों को उनकी वरिष्ठता और राजनीतिक महत्त्व के अनुसार मंत्रिमंडल का मंत्री, राज्यमंत्री व उपमंत्री बनाया जाता है। प्रधानमंत्री के द्वारा ही मंत्रिपरिषद् में शामिल होने वाले लोगों का निर्धारण किया जाता है।

मानचित्र आधारित प्रश्न

1. **भारत में दिए गए राजनीतिक रेखा मानचित्र में तीन राज्यों को (A), (B) और (C) के द्वारा अंकित किया गया है। नीचे दी गई जानकारी के आधार पर इन राज्यों की पहचान कीजिए और इनके सही नाम, प्रयोग की गई जानकारी की क्रम संख्या तथा मानचित्र में दिए गए संबंधित अक्षर, नीचे दी गई तालिका के रूप में लिखिए।**

	प्रयोग की गई जानकारी की क्रम संख्या	मानचित्र में दिया गया अक्षर	राज्य का नाम
(i)	'भारतीय पोस्ट ऑफिस एक्ट' पर वीटो लगाने वाले राष्ट्रपति से संबंधित राज्य		
(ii)	वर्ष 1998 की गठबंधित सरकार के चुने गए प्रधानमंत्री से संबंधित राज्य		
(iii)	भारतीय पोस्ट ऑफिस एक्ट को पुनर्विचार के लिए संसद में भेजने वाले राष्ट्रपति से संबंधित राज्य		

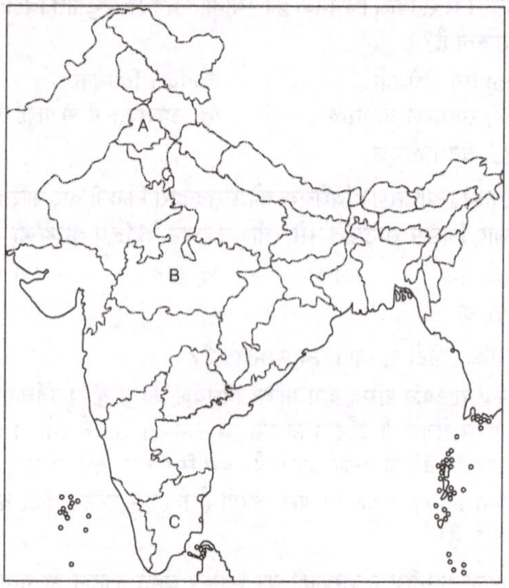

उत्तर

	प्रयोग की गई जानकारी की क्रम संख्या	मानचित्र में दिया गया अक्षर	राज्य का नाम
(i)	'भारतीय पोस्ट ऑफिस एक्ट' पर वीटो लगाने वाले राष्ट्रपति से संबंधित राज्य	(A)	पंजाब
(ii)	वर्ष 1998 की गठबंधित सरकार के चुने गए प्रधानमंत्री से संबंधित राज्य	(B)	मध्य प्रदेश
(iii)	भारतीय पोस्ट ऑफिस एक्ट को पुनर्विचार के लिए संसद में भेजने वाले राष्ट्रपति से संबंधित राज्य	(C)	तमिलनाडु

स्वयं को जाँचें

वस्तुनिष्ठ प्रश्न

1. ………… में राष्ट्रपति को सहायता और सलाह देने के लिए एक मंत्रिपरिषद् की व्यवस्था का संविधान में उल्लेख किया गया है।

(a) अनुच्छेद 74 (1) (b) अनुच्छेद 53 (2)
(c) अनुच्छेद 123 (d) अनुच्छेद 54

2. प्रधानमंत्री को किसके द्वारा नियुक्त किया जाता है?

(a) राष्ट्रपति
(b) उपराष्ट्रपति
(c) लोकसभा अध्यक्ष
(d) मुख्य न्यायाधीश

3. निम्न कथनों में से कौन-सा/से कथन सही है/है?

1. प्रधानमंत्री विधायिका में बहुमत वाले दल का नेता होता है।
2. प्रधानमंत्री विधायिका के प्रति जवाबदेह होता है।

कूट
(a) केवल 1
(b) केवल 2
(c) 1 और 2 दोनों
(d) न तो और 1 न ही 2

4. निम्नलिखित गए कथनों में से कौन-सा कथन सही है?

(a) संसदीय व्यवस्था में मंत्रिपरिषद् विधायिका में बहुमत के समर्थन पर निर्भर करती है
(b) विधायिका द्वारा बहुगत का समर्थन न मिलने पर मंत्रिपरिषद् विघटित हो जाती है
(c) 'a' और 'b' दोनों
(d) उपरोक्त में से कोई नहीं

5. निम्नलिखित में से कौन-सा युग्म सही नहीं है?

(a) मंत्रिपरिषद् -सामूहिक जिम्मेदारी
(b) प्रधानमंत्री राष्ट्रपति का सहायक
(c) राष्ट्रपति- नाममात्र कार्यपालिका
(d) प्रधानमंत्री वास्तविक कार्यपालिका

लघु उत्तरीय प्रश्न

6. राज्य में संवैधानिक संकट की स्थिति में राज्यपाल की विवेकाधिकार शक्तियों का वर्णन कीजिए।

7. नौकरशाही राजनीतिक रूप से तटस्थ होती है, कैसे? विस्तार से समझाएँ।

8. राष्ट्रपति के वीटो शक्ति का क्या अभिप्राय है? भारत में यह सबसे पहले कब प्रयोग किया गया था?

9. भारत की संसदीय प्रणाली की दो विशेषताओं का वर्णन कीजिए

दीर्घ उत्तरीय प्रश्न I

10. हमारे संविधान निर्माता अध्यक्षात्मक कार्यपालिका के पक्ष में नहीं थे, क्यों? विस्तार से समझाए।

11 क्या राज्यपाल की भूमिका राष्ट्रपति के एजेंट के रूप में है? विस्तार से समझाए।

12. प्रधानमंत्री और मंत्रिपरिषद् की सामूहिक जिम्मेदारी क्या होती हैं?

13. ऐसा क्यों कहा जाता है कि राष्ट्रपति का पद प्रभुतापूर्ण एवं गरिमामय है? अपने शब्दों में उत्तर दीजिए।

दीर्घ उत्तरीय प्रश्न II

14. भारत के राष्ट्रपति की कार्यपालिका, विधायी तथा न्यायिक शक्तियों का वर्णन कीजिए।

15. भारतीय प्रशासनिक सेवाओं की विशेषताओं का वर्णन कीजिए। वर्तमान में लोकतांत्रिक समाज के लिए यह क्यों आवश्यक है?

16. राष्ट्रपति की विवेक शक्तियों का वर्णन कीजिए। राष्ट्रपति अपनी विवेक शक्तियों का प्रयोग कब करता है?

17. भारत में कार्यपालिका के विभिन्न प्रकारों का वर्णन करें नाममात्र और वास्तविक कार्यपालिका के बीच के अंतर को स्पष्ट कीजिए।

5

अध्याय

विधायिका किसी भी देश की राजव्यवस्था का महत्त्वपूर्ण अंग होती है, जो नीति निर्माण की प्रक्रिया में भाग लेती है, इस अध्याय में विधयिका की कार्यप्रणाली, निर्वाचन प्रक्रिया तथा लोकतांत्रिक प्रक्रिया में इसकी भूमिका पर अध्ययन को शामिल किया गया है।

▼ अध्ययन एक नजर में

▼ अभ्यास के लिए

- बहुविकल्पीय प्रश्न 24 (युग्मित प्रश्न, चित्र आधारित प्रश्न, कथन/कारण, सुमेलित कीजिए)
- वर्णनात्मक प्रकार के प्रश्न (लघु उत्तरीय प्रश्न 6, दीर्घ उत्तरीय प्रश्न I 10)
- दीर्घ उत्तरीय प्रश्न II 5,
- स्रोत आधारित प्रश्न 4, मानचित्र आधारित 2

विधायिका

विधायिका जनता द्वारा निर्वाचित होती है और जनता के प्रतिनिधि के रूप में कार्य करती है। भारतीय संघ की विधायिका को संसद के नाम से जाना जाता है, जबकि राज्य को विधायिकाओं के नाम से जाना जाता है। भारतीय संसद में राष्ट्रपति और दो सदन होते हैं, जिन्हें राज्य सभा और लोकसभा कहा जाता है। यह विधायिका लोकतांत्रिक सरकार को बनाए रखने में सहायता करती है।

5.1 संसद की आवश्यकता

लोकतांत्रिक राजनीतिक प्रक्रियाओं को चलाने और प्रतिनिधियों को जवाबदेह बनाए रखने के लिए संसद की आवश्यकता होती है। यह कार्य **प्रतिनिधि लोकतंत्र**[1] का आधार है। एक वास्तविक लोकतंत्र तभी कार्य कर सकता है, जब एक प्रतिनिधि कुशल और प्रभावी विधायिका हो।

संसद की लोकतांत्रिक क्षमता

- अधिकांश लोकतंत्रों में **कार्यपालिका**[2] के अतिरिक्त विधायिकाएँ अपना महत्त्व खोती जा रही हैं। भारत में भी मंत्रिमंडल नीति निर्माण की पहल करता है तथा शासन का एजेंडा तय करता है और लागू करता है।
- हालाँकि संसद मंत्रिमंडल पर नियंत्रण रखती है, उन्हें संसद के प्रति जवाबदेह बनाती है और उन्हें विधायिका में बहुमत बनाए रखने के लिए बाध्य करती है।

5.2 संसद में दो सदनों की आवश्यकता

हमारी राष्ट्रीय विधायिका का नाम संसद है। राज्य की विधायिकाओं को विधानमंडल कहा जाता है। भारतीय संसद में दो सदन हैं। जब किसी विधायिका में दो सदन होते हैं, तो उसे द्विसदनीय[3] विधायिका कहते हैं। भारतीय संसद के एक

1 **प्रतिनिधि लोकतंत्र** यह एक राजनीतिक प्राणाली है, जहाँ नागरिक अपनी ओर से निर्णय लेने के लिए प्रतिनिधियों को चुनाव करते हैं।

2 **कार्यपालिका** यह कानूनों और नीतियों के दिन प्रतिदिन कार्यान्वयन में शामिल होते हैं।

3 **द्विसदनीय** यह एक विधायिका का ऐसा स्वरूप है, जिसमें दो सदन होते हैं।

सदन को 'राज्यसभा' तथा दूसरे सदन को 'लोकसभा' कहते हैं। राज्य विधायिका को भी दो सदनों विधानपरिषद् (Legislative Council) तथा विधानसभा (Legislative Assembly) में विभाजित किया गया है। अब केवल छ: राज्यों में ही द्वि सदनीय विधायिका है।

- द्वि सदनीय विधायिका वाले छ: राज्य-आंध्र प्रदेश, बिहार, कर्नाटक, महाराष्ट्र तेलंगाना और उत्तर प्रदेश हैं।

विधानमंडल

- राष्ट्रीय स्तर
  - द्विसदनीय विधायिका
    - संसद
      - राज्यों की परिषद् (राज्यसभा)
      - लोकसभा
- राज्य स्तर
  - या तो द्विसदनीय या एक सदनीय
  - वर्तमान में भारत में केवल 6 राज्यों में द्विसदनीय विधायिका

द्वि सदनीय विधायिका के लाभ

द्वि-सदनीय विधायिका के निम्नलिखित इस प्रकार लाभ हैं-

- ये समाज के प्रति सभी वर्गों और देश के सभी क्षेत्रों या भागों को समुचित प्रतिनिधित्व देते हैं।
- संसद के प्रत्येक निर्णय पर दूसरे सदन में पुनर्विचार होता जाता है।
- एक सदन द्वारा लिया गया प्रत्येक निर्णय दूसरे सदन के निर्णय के लिए भेजा जाता है।
- एक सदन जल्दबाजी में कोई निर्णय लेता है, तो दूसरे सदन में बहस के दौरान उस पर पुनर्विचार संभव हो पाता है।

जर्मनी में द्वि-सदनात्मकता

बुंदेस्टेग (संघीय विधानसभा)	**टेग** (फेडरल कौसिल) **बुंदेसराट**
प्रत्यक्ष एवं आनुपातिक पुन: प्रतिनिधित्व द्वारा 4 वर्ष की अवधि के लिए निर्वाचित	16 संघीय राज्यों का पुन: प्रतिनिधित्व
इसके सदस्यों की संख्या बदलती रहती है, लेकिन आमतौर पर यह 598 से अधिक होती	69 सीटें जनसंख्या के आधार पर राज्यों में विभाजित की गईं।
	इसके सदस्य राज्य स्तरीय सरकार में मंत्री होते हैं।
	इन सदस्यों की नियुक्ति संघीय राज्यों की सरकार द्वारा की जाती है।

बुंदेस्टेग का कार्य

बुंदेस्टेग के प्रमुख कार्य इस प्रकार हैं

- एक राज्य के सभी सदस्यों को अपनी राज्य सरकार द्वारा दिए गए निर्देशों के आधार पर एक समूह के रूप में एक साथ मतदान करना होता है।
- यदि किसी राज्य में **गठबंधन**[4] सरकार है और मतदान पर सहमति नहीं बन पाती है, तो उन्हें मतदान से दूर रहना पड़ सकता है।
- बुंदेस्टेग को प्रत्येक कानून पर वोट का अधिकार नहीं है, लेकिन उन क्षेत्रों में इसकी बात मानी जाती है, जहाँ संघीय राज्यों के पास समवर्ती शक्तियाँ हैं एवं संघीय नियमों को लागू कर रहे हैं। इनके पास इन क्षेत्रों मे कानूनों को वीटो करने का भी अधिकार है।
- गठबंधन सरकार यह कई राजनीतिक दलों या समूहों द्वारा गठित सरकार है।

राज्यसभा

- राज्यसभा राज्यों का प्रतिनिधित्व करती है। इसके सदस्यों का निर्वाचन अप्रत्यक्ष विधि के द्वारा किया जाता है अर्थात् सभी राज्यों की विधानसभाओं के निर्वाचित सदस्य (Elected Members) राज्यसभा के सदस्यों को चुनते हैं।
- द्वितीय सदन (राज्यसभा) में प्रतिनिधित्व के लिए दो प्रकार के सिद्धांतों का प्रयोग किया जाता है

4 **गठबंधन** यह कई राजनीतिक दलों या समूहों द्वारा गठित सरकार है।

(i) देश के विभिन्न क्षेत्रों या राज्यों के आकार व जनसंख्या में विभिन्नता होने के पश्चात् द्वितीय सदन में सभी को समान प्रतिनिधित्व दिया जाता है; जैसे—अमेरिका को **सीनेट**[5] (द्वितीय सदन) में दिया गया है।

(ii) देश के विभिन्न राज्यों या क्षेत्रों को उनकी जनसंख्या के अनुपात में द्वितीय सदन में प्रतिनिधित्व दिया जाता है, जैसे भारत की राज्यसभा हेतु संविधान की चौथी अनुसूची में प्रत्येक राज्य से निर्वाचित होने वाले सदस्यों की संख्या निर्धारित कर दी गई है।

राज्यसभा की अवधि

- राज्यसभा **संसद का एक स्थायी सदन** है, जिसका कभी विघटन नहीं होता। इसके सदस्यों का निर्वाचन 6 वर्ष की अवधि के लिए किया जाता है। इन्हें दोबारा भी निर्वाचित किया जा सकता है।
- इसके एक-तिहाई सदस्य प्रत्येक 2 वर्ष पश्चात् चुने जाते हैं व कार्यकाल पूर्ण कर अवकाश ग्रहण करते हैं।
- राज्यसभा में 12 सदस्य साहित्य, विज्ञान, कला और समाज सेवा क्षेत्र में विशेष उपलब्धि के आधार पर राष्ट्रपति के द्वारा मनोनीत किए जाते हैं। लोकसभा के भंग होने पर राज्यसभा की बैठक आयोजित कर महत्त्वपूर्ण मामलों को निपटाया जा सकता है।

राज्यसभा की शक्तियाँ

राज्यसभा की प्रमुख शक्तियाँ निम्नलिखित हैं

- सामान्य विधेयकों पर विचार कर उन्हें पारित करती है और धन विधेयकों में संशोधन प्रस्तावित करती है।
- संवैधानिक संशोधनों को पारित करती है।
- प्रश्न पूछकर तथा संकल्प और प्रस्ताव प्रस्तुत करके कार्यपालिका पर नियंत्रण करती है।
- राष्ट्रपति और उपराष्ट्रपति के चुनाव में भागीदारी करती है।
- यह सर्वोच्च न्यायालय और उच्च न्यायालय के न्यायाधीशों को भी हटा सकती है। उपराष्ट्रपति को हटाने का प्रस्ताव केवल राज्यसभा में ही लाया जा सकता है।
- यह संसद को राज्य सूची के विषयों पर कानून बनाने का अधिकार दे सकती है।

राज्यसभा की विशेष शक्तियाँ

राज्यसभा की विशेष शक्तियाँ निम्नलिखित हैं

- राज्यों का प्रतिनिधित्व करने के कारण राज्यसभा का मुख्य उद्देश्य राज्य के हितों का संरक्षण करना होता है।
- ऐसे मुद्दे या विधेयक, जिनसे राज्य के हित प्रभावित होते हों उनमें राज्यसभा की सहमति व स्वीकृति आवश्यक होती है, जैसे यदि केंद्र सरकार द्वारा राज्य सूची के किसी विषय को केंद्र सूची या समवर्ती सूची में डालना चाहे तो राज्यसभा की अनुमति आवश्यक होती है।
- ऐसा माना जाता है कि व्यवहार में राज्यसभा के सदस्य राज्य से अधिक अपने दल का प्रतिनिधित्व करते हैं।

लोकसभा

- लोकसभा व विधानसभा के सदस्यों का चुनाव प्रत्यक्ष स्तर पर जनता के द्वारा **सार्वभौमिक वयस्क मताधिकार**[6] प्रणाली (Universal Adult Suffrage System) के आधार पर किया जाता है। इसमें प्रत्येक व्यक्ति के मत का मूल्य दूसरे व्यक्ति के मत के समान होता है। लोकसभा चुनाव में पूरे देश को और राज्यसभा चुनाव में पूरे राज्य को लगभग समान जनसंख्या वाले निर्वाचन क्षेत्र में बाँट दिया जाता है।

लोकसभा की अवधि

- इसके सदस्य को 5 वर्ष के लिए चुना जाता है। यदि इसका कोई दल या दलों का गठबंधन सरकार न बना सके अथवा लोकसभा भंग करके नए चुनाव कराने का आदेश प्रधानमंत्री द्वारा राष्ट्रपति को दिया जाता है, तो 5 वर्ष से पहले भी इसको भंग किया जा सकता है।
- इस चुनाव में जनता द्वारा एक सदस्य प्रत्यक्ष तौर पर निर्वाचित होकर आता है। वर्तमान में लोकसभा के 543 **निर्वाचन क्षेत्र**[7] हैं, जो वर्ष 1971 की जनगणना से अभी तक जारी हैं।
- लोकसभा में **एंग्लो-इंडियन** समुदाय के प्रतिनिधित्व को सुनिश्चित करने हेतु राष्ट्रपति लोकसभा में 2 एंग्लो-इंडियंस को मनोनीत कर सकता है। 104वें संविधान संशोधन अधिनियम, 2019 द्वारा इस प्रावधान को निरस्त कर दिया गया है। हालाँकि इस अधिनियम को जनवरी, 2021 से लागू किया गया।

---

5 **सीनेट** (Senate) अमेरिका में राज्यों का प्रतिनिधित्व करने वाला सदन।

6 **सार्वभौमिक वयस्क मताधिकार** इसका अर्थ है कि प्रत्येक वयस्क नागरिक को अपनी सामाजिक आर्थिक स्थिति आदि की परवाह किए बिना वोट देने का अधिकार है।

7 **निर्वाचन क्षेत्र** वह क्षेत्र है, जो किसी विधायी निकाय के लिए प्रतिनिधि चुनाव करता है।

लोकसभा की शक्तियाँ

लोकसभा की शक्तियाँ निम्नलिखित हैं

- यह **संघ सूची** और **समवर्ती सूची** के विषयों पर कानून बनाती है तथा धन विधेयकों और सामान्य विधेयकों को प्रस्तुत और पारित करती है।
- समिति और आयोगों का गठन करती है और उनके प्रतिवेदनों पर विचार करती हैं।
- लोकसभा कर-प्रस्तावों, बजट और वार्षिक वित्तीय वक्तव्यों तथा आपातकाल को स्वीकृति भी देती है।
- यह प्रश्न पूछकर, पूरक प्रश्न पूछकर, प्रस्ताव लाकर और अविश्वास प्रस्ताव के माध्यम से कार्यपालिका को नियंत्रित करती है एवं संविधान में संशोधन करती है।
- आपातकाल की घोषणा को स्वीकृति भी लोकसभा देती है तथा राष्ट्रपति और उपराष्ट्रपति के चुनाव में भी लोकसभा की भूमिका अत्यंत महत्त्वपूर्ण होती है।
- यह सर्वोच्च न्यायालय के न्यायाधीशों को भी हटा सकती है।

राज्यसभा और लोकसभा की शक्तियों में अंतर

संसद के दोनों सदनों की शक्तियों में निम्न अंतर हैं, जो इस प्रकार है

- धन विधेयक केवल लोकसभा में ही प्रस्तुत किए जा सकते हैं, जबकि राज्यसभा धन विधेयक पर पहल नहीं कर सकती, इसे अस्वीकार नहीं कर सकती है या उसमें संशोधन नही कर सकती। यदि राज्यसभा 14 दिनों के अंदर धन विधेयक पर कोई जबाव नहीं देती है, तो उसे पारित माना जाता है।
- राज्यसभा सरकार को हटा नहीं सकती क्योंकि मंत्रिपरिषद् केवल लोकसभा के प्रति उत्तरदायी होती है।
- लोकसभा के सदस्य प्रत्यक्ष तौर पर जनता के द्वारा चुने जाते हैं, अत: सरकार व वित्त पर लोकसभा का नियंत्रण स्थापित किया गया है, जबकि अन्य सभी विषयों पर लोकसभा व राज्यसभा की शक्तियाँ समान होती हैं।

चेक प्वॉइंट 1

1. राज्य स्तर पर विधानमंडल का नाम क्या है?
2. भारतीय संसद में कितने सदन हैं?
3. लोकसभा की कुल सदस्य संख्या कितनी है?
4. लोकसभा की कोई दो शक्तियाँ बताइए
5. भारत का मुख्य कानून बनाने वाला निकाय कौन-सा है?

5.3 संसद के महत्त्वपूर्ण कार्य

कानूनों का निर्माण करने के साथ-साथ संसद अनेक कार्य करती है, जो निम्न हैं

(i) **विधायी कार्य** सैद्धांतिक रूप से देश अथवा देश के किसी भाग के लिए संसद कानून बनाती है। कानून बनाने की सर्वोच्च संस्था होने के पश्चात् भी यह कानूनों को केवल स्वीकृति देने का काम करती है। संसद के अन्य निजी सदस्य भी कोई विधेयक प्रस्तुत कर सकते हैं, परंतु सरकार के समर्थन के बिना ऐसे विधेयकों का पास होना संभव नहीं होता।

(ii) **कार्यपालिका पर नियंत्रण तथा उसका उत्तरदायित्व सुनिश्चित करना** संसद कार्यपालिका को उसके अधिकार क्षेत्रों में सीमित रखती है और उसके निर्वाचकों के प्रति उनके उत्तरदायित्व को सुनिश्चित करती है।

(iii) **वित्तीय कार्य** संसद सरकार को शासन संचालन और अन्य कार्यों हेतु धन उपलब्ध कराती है तथा उस पर नियंत्रण रखती है। सरकार कर वसूली के माध्यम से अपने संसाधनों में वृद्धि करती है। संसद कराधान तथा सरकार द्वारा धन प्रयोग पर नियंत्रण रखती है। नए कर लगाने संबंधी प्रस्ताव लाने से पूर्व सरकार द्वारा संसद की अनुमति आवश्यक होती है।

(iv) **प्रतिनिधित्व** संसद देश के क्षेत्रीय, सामाजिक, आर्थिक और धार्मिक आधारों पर भिन्न-भिन्न समुदायों के विचारों का प्रतिनिधित्व करती है।

(v) **बहस का मंच** संसद देश से संबंधित मुद्दों पर विवाद का सर्वोच्च मंच होती है। संसद में बिना किसी अंकुश के निर्भीकता से सदस्यों द्वारा देश की समस्याओं पर विचार-विमर्श व उनका विश्लेषण किया जाता है। विचार-विमर्श भारतीय लोकतांत्रिक निर्णय प्रक्रिया की आत्मा है।

(vi) **संवैधानिक कार्य** संसद संविधान में संशोधन कर सकती है। संशोधन संबंधी शक्तियाँ दोनों सदनों की समान होती हैं। संशोधन प्रस्ताव का दोनों सदनों के विशेष बहुमत से पारित होना जरूरी होता है।

(vii) **निर्वाचन संबंधी कार्य** संसद भारत के राष्ट्रपति व उपराष्ट्रपति का निर्वाचन करती है।

(viii) **न्यायिक कार्य** भारत के राष्ट्रपति व उपराष्ट्रपति तथा उच्च न्यायालय व सर्वोच्च न्यायालय के न्यायाधीशों को हटाने के प्रस्ताव पर विचार-विमर्श संसद ही करती है, जो इनके न्यायिक कार्य के अंतर्गत आते हैं।

5.4 संसद द्वारा कानून बनाना

- किसी भी विधानमंडल का मूल कार्य अपने लोगों के लिए कानून बनाना है। कानून बनाने की प्रक्रिया में एक विशिष्ट आयाम का पालन किया जाता है। कानून बनाने की कुछ प्रक्रियाएँ संविधान में दी गई हैं, जबकि कुछ समय के साथ विकसित हुई हैं।

संसद में कानून बनाने की प्रक्रिया

- कानून बनाने की प्रक्रिया में अनेक चरण शामिल होते हैं। एक विधेयक संसद के प्रत्येक सदन में तीन चरणों से गुजरता है। गतिरोध की स्थिति में इसे हल करने के लिए संयुक्त सत्र बुलाया जाता है। अंत में विधेय को राष्ट्रपति की मंजूरी के लिए भेजा जाता है।

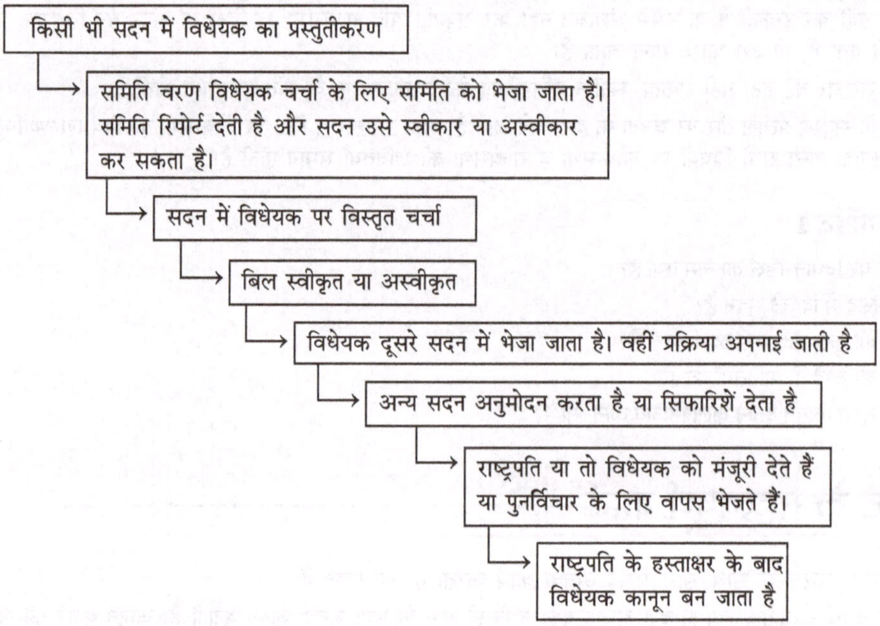

- संसद में विधेयक पारित होने के विभिन्न चरणों का सारांश इस प्रकार है-

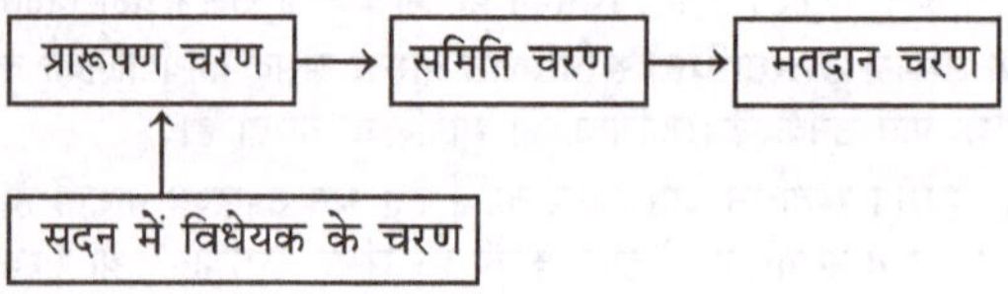

प्रथम चरण (प्रारूपण चरण)

- प्रस्तावित कानून के मसौदे को विधेयक कहा जाता है
- किसी विधेयक को प्रस्तुत करने से पहले सदन में बहस होती है और सरकार पर राजनीतिक दलों या अन्य समूहों द्वारा विधेयक प्रस्तुत करने के लिए दबाव डाला जाता है।

- विधेयक प्रस्तुत करने से पहले कानून को लागू करने के लिए आवश्यक संसाधन, सहायता की मात्रा और उसका प्रभाव आदि पहलुओं का अध्ययन किया जाता है।

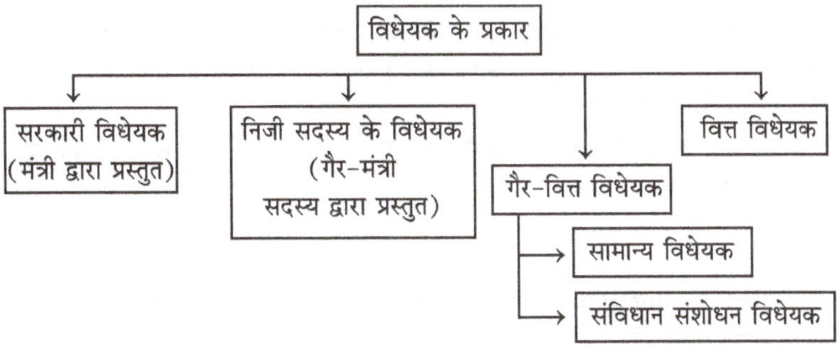

- मंत्रिमंडल की स्वीकृति के बाद विधेयक का प्रारूप बनाने का कार्य शुरू हो जाता है।
- विधेयक का जिस मंत्रालय से संबंध होता है, वही मंत्रालय उसका प्रारूप बनाता है।
- संसद के किसी भी सदन लोकसभा या राज्यसभा में कोई भी सदस्य इस विधेयक को पेश कर सकता है। किसी धन विधेयक को केवल लोकसभा में ही प्रस्तुत किया जा सकता है।

द्वितीय चरण (समिति चरण)

- विधेयकों पर विचार-विमर्श अधिकतर संसदीय समितियों में होता है। समिति की सिफारिशों को सदन को भेज दिया जाता है।
- इन समितियों में सभी संसदीय दलों को प्रतिनिधित्व प्राप्त होता है। इसी कारण इन समितियों को **लघु विधायिका** भी कहते हैं।

तृतीय चरण

- तीसरे और अंतिम चरण में विधेयक पर मतदान होता है।
- जब कोई सामान्य विधेयक एक सदन द्वारा पारित कर दिया जाता है, तब उसे दूसरे सदन में भेज दिया जाता है। दूसरे सदन में भी उसी प्रक्रिया से गुजरता है।
- जब विधेयक संसद के दोनों सदनों द्वारा पारित हो जाता है, तो उसे राष्ट्रपति की स्वीकृति के लिए प्रस्तुत किया जाता है। राष्ट्रपति की स्वीकृति मिलने के बाद विधेयक कानून बन जाता है।

संयुक्त अधिवेशन

- यदि प्रस्तावित विधेयक पर दोनों सदनों के बीच मतभेद हो तो उसे संसद के संयुक्त अधिवेशन के माध्यम से सुलझाने की कोशिश की जाती है।
- अनुच्छेद 105 के अनुसार राष्ट्रपति को अधिकार है कि वह दोनों सदनों की संयुक्त बैठक बुला सकते हैं।
- संयुक्त अधिवेशन की अध्यक्षता लोकसभा अध्यक्ष (Speaker) द्वारा की जाती है। यदि लोकसभा सदस्य अनुपस्थित हों तो यह कार्य लोकसभा के उपाध्यक्ष द्वारा किया जाता है।
- संयुक्त अधिवेशन में विधेयक को साधारण बहुमत से पारित किया जाता है। इसमें और मतदान करने वाले सदस्यों की संख्या के बहुमत को लिया जाता है।

चेक प्वॉइंट 2

1. एक सदन में एक विधेयक कितने चरणों से गुजरता है?
2. किसी मंत्री द्वारा प्रस्तुत विधेयक को क्या कहा जाता है?
3. पार्टी का संयुक्त अधिवेशन कब होता है?
4. किसकी स्वीकृति के बाद विधेयक कानून बन जाता हैं?

5.5 कार्यपालिका पर संसद का नियंत्रण

- संसदीय लोकतंत्र में संसद कार्यपालिका को नियंत्रित करने और उसे अपनी शक्तियों का दुरुपयोग करने से रोकने में महत्त्वपूर्ण भूमिका निभाती है। इसके साथ ही विधायकों को कुछ विशेषाधिकार दिए जाते हैं, जिससे वे बिना किसी डर के लोगों के प्रतिनिधि के रूप में अपना काम प्रभावी ढंग से कर सकते हैं।
- ये विशेषाधिकार उन्हें स्वतंत्र और निष्पक्ष वातावरण में कार्य करने का अधिकार देते हैं। इसके अतिरिक्त कुछ अन्य प्रावधान भी हैं जिससे कार्य पालिका पर नियंत्रण रखा जाता है

संसदीय विशेषाधिकार

- संसदीय विशेषाधिकार उन्मुक्तियों (immunities) का एक समूह है, जो संसद को किसी सदस्य के विरुद्ध उस बात के लिए कारवाई से रोकता है, जो उसने विधायिका में कही हो।
- विधानमंडल के अध्यक्ष को संसदीय विशेषाधिकार के हनन के मामले मे अंतिम निर्णय लेने की शक्ति होती है।

विचार–विमर्श और चर्चा

- लोकतांत्रिक प्रणाली में कार्यपालिका की जवाबदेही विधायिका द्वारा सुनिश्चित की जाती है। विधायिका कानून या नीति के लागू होने के बाद बहस या चर्चा, कानूनों या नीतियों की स्वीकृति या अस्वीकृति, अविश्वास प्रस्ताव एवं वित्तीय नियंत्रण के माध्यम से कार्यपालिका पर नियंत्रण स्थापित कर सकती है।
- इसके अतिरिक्त प्रश्नकाल (सुबह 11 बजे से 12 बजे तक) शून्यकाल (दोपहर 12 बजे से 1 बजे तक), स्थगन प्रस्ताव और आधे घंटे की विशेष चर्चा के द्वारा भी कार्यपालिका की गतिविधियों को नियंत्रित किया जा सकता है। प्रश्नकाल को कार्यपालिका नियंत्रित करने वाला सबसे प्रभावी एवं प्रासंगिक साधन माना जाता है।
- अधिकतर प्रश्न लोक-अभिहित के विषयों; जैसे- मूल्य-वृद्धि, अनाज की उपलब्धता, समाज के कमजोर वर्ग के विरुद्ध अत्याचार, दंगे, कालाबाजारी आदि पर सरकार से सूचनाएँ माँगने के लिए होते हैं।

कानूनों की स्वीकृति या अस्वीकृति

- कोई भी विधेयक संसद की स्वीकृति के पश्चात् ही कानून बन पाता है।
- यदि सरकार के पास लोकसभा में तो बहुमत हो लेकिन राज्यसभा में नहीं तो संसद के दोनों सदनों की स्वीकृति प्राप्त करने के लिए सरकार को काफी रियायतें देनी पड़ती हैं।
- अनेक विधायकों मसलन लोकपाल विधेयक, आतंकवाद निरोधक विधेयक (वर्ष 2000) को राज्यसभा ने अस्वीकृत कर दिया।

वित्तीय नियंत्रण

- सरकार के कार्यक्रमों को लागू करने के लिए वित्तीय संसाधनों की व्यवस्था बजट के द्वारा की जाती है।
- संसदीय स्वीकृति के लिए बजट बनाना और उसे पेश करना सरकार की संवैधानिक जिम्मेदारी है।
- संसद कार्यपालिका के खजाने या कोष पर नियंत्रण रखता है। संसदीय स्वीकृति के बिना कोष से धन का निष्कासन संभव नहीं है। इसके अतिरिक्त नियंत्रक महालेखा परीक्षक एवं लोक लेखा समिति भी सरकार द्वारा किए जा रहे व्ययों पर दृष्टि रखती है।

अविश्वास प्रस्ताव

- अविश्वास प्रस्ताव एक ऐसा सशक्त प्रभावी माध्यम है, जिसके द्वारा सरकार के विरुद्ध विपक्षी पार्टियाँ अविश्वास प्रस्ताव ला सकती है। अविश्वास प्रस्ताव पारित होने वाली सरकार (कार्यपालिका) का विघटन हो जाता है। इसके अतिरिक्त संसद में हंगामा उत्पन्न कर सरकारी कार्यों को बाधित करते हैं।
- संसद के दोनों सदनों में गणपूर्ति (कोरम) का अभाव और विपक्ष द्वारा अधिवेशनों के बहिष्कार जैसी समस्याएँ भी रही हैं, जिसमें वाद-विवाद के द्वारा कार्यपालिका को नियंत्रित करने की शक्ति प्रभावित हुई है।

5.6 संसदीय समितियाँ

- भारत में वर्ष 1921 में मॉण्टेग्यू-चेम्सफोर्ड सुधार के आधार पर संसदीय समितियाँ अस्तित्व में आई थीं। भारतीय संविधान के अनुच्छेद-105 में इन समितियों का वर्णन मिलता है। प्रकृति के आधार पर संसदीय समितियाँ दो प्रकार की होती हैं
  1. **स्थायी समिति** ये स्थायी एवं नियमित समिति होती है, जिसका गठन संसद के अधिनियम के उपबंधों अथवा लोकसभा के कार्य संचालन नियम के अनुसरण में किया जाता है। इसका कार्य अनवरत प्रकृति का होता है। इनमें लोकलेखा समिति, प्राक्कलन समिति व सार्वजनिक उपक्रम समिति को सम्मिलित किया जाता है।
  2. **अस्थायी या तदर्थ समिति** प्रयोजन विशेष के लिए तदर्थ समिति का निर्माण किया जाता है और पूरा होने के पश्चात् इसका अस्तित्व समाप्त हो जाता है। यह भी दो प्रकार की होती है
     (i) **जाँच समिति** किसी तात्कालिक घटना की जाँच के लिए।
     (ii) **सलाहकार समिति** किसी विधेयक इत्यादि पर विचार करने के लिए।

संसदीय समितियों के कार्य

- संसद की बैठक केवल अधिवेशन के दौरान ही होती है, क्योंकि संसद के पास समय का अभाव रहता है। इस कारण संसदीय समितियाँ बनाई जाती हैं, जो कानून बनाने के लिए आवश्यक विषयों पर गहन अध्ययन करने के साथ-साथ सदन के दैनिक कार्यों में भी अत्यंत महत्त्वपूर्ण भूमिका निभाती हैं। इसके महत्त्वपूर्ण कार्य हैं
  1. विभिन्न मंत्रालयों के अनुदान माँगों का अध्ययन करना।
  2. विभिन्न विभागों के द्वारा किए गए खर्चों की जाँच करना।
  3. भ्रष्टाचार के मामलों की जाँच करना आदि।
- वर्ष 1983 से भारत में संसद की स्थायी समितियों की प्रणाली विकसित की गई। विभिन्न भागों से संबंधित 20 स्थायी समितियाँ हैं, जो विभागों के कार्यों, बजट, खर्चे व उनसे संबंधित विधेयकों की देख-रेख करती हैं। स्थायी समितियों के अतिरिक्त संसदीय समितियाँ भी है, जिनमें संसद के दोनों सदनों के सदस्य होते हैं। इनका गठन किसी विधेयक पर संयुक्त चर्चा या वित्तीय अनियमितताओं (Irregularities) की जाँच के लिए किया जाता है।
- अनेक महत्त्वपूर्ण विधेयक इन समितियों को भेजे जाते हैं। ये समितियाँ थोड़े-बहुत बदलाव कर उन विधेयकों को मंजूरी दे देती हैं। इन समितियों द्वारा दिए गए अधिकतर सुझाव संसद द्वारा मान लिए जाते हैं। संसद की मंजूरी के बिना न तो बजट पास होता है और न ही कोई विधेयक कानून बन सकता है।

दल-बदल विरोध कानून

- दल-बदल विरोधी कानून 1985 में निर्वाचित पदाधिकारियों के दल-बदल को रोकने के लिए बनाया गया था। स्वतंत्रता के बाद भारत **दल बदल**[8] एक प्रमुख मुद्दा था।
- वर्ष 1985 में 52 वें संविधान संशोधन के द्वारा इसे लागू किया गया व 91वें संविधान संशोधन द्वारा इस कानून को दोबारा संशोधित किया गया।
- यदि कोई सदस्य दल-बदल का दोषी पाया जाता है, तो वह किसी भी राजनीतिक पद पर रहने की अपनी सदस्यता खो देता है।

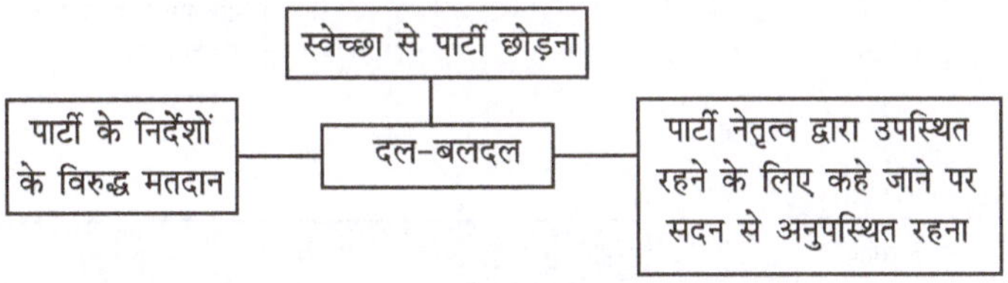

चेक प्वॉइंट 3

1. कार्यपालिका पर संसद के नियंत्रण में बाधा डालने वाले एक कारक का उल्लेख करें।
2. संसद द्वारा कार्यपालिका को नियंत्रित करने के लिए उपयोग किए जाने वाले किन्हीं तीन साधनों के नाम बताइए।
3. संसद की किन्हीं दो प्रमुख समितियों के नाम बताइए।
4. दल बदल विरोध कानून किस वर्ष पारित किया गया?

---

8 **दल बदल** अपने ही राजनीतिक दल के विरूद्ध सदस्यों का दल-बदल या अलगाव का कार्य।

Mind Map

विधायिका

1 संसद की आवश्यकता

- यह सभी लोकतांत्रिक राजनीतिक प्रक्रियाओं का केंद्र है, परंतु अधिकांश लोकतंत्रों में कार्यपालिका के सापेक्ष विधायिका अपना महत्त्व खोती जा रही है।
- विधायिका जन-प्रतिनिधियों का जनता के प्रति उत्तरदायित्व सुनिश्चित करती है।
- वास्तविक प्रतिनिधित्व वाली कुशल और प्रभावी विधायिका के बिना एक वास्तविक लोकतंत्र की कल्पना नहीं की जा सकती।

संसद के सदन

- विधायिका राष्ट्रीय और राज्य दोनों स्तरों पर मौजूद है।
- भारतीय संसद के दो सदन राज्यसभा और लोकसभा हैं।

2 संसद की संरचना

एक सदनीय विधानमंडल

द्विसदनीय विधानमंडल

लोकसभा (निम्न सदन)

- लोकसभा के सदस्यों को जनता प्रत्यक्ष निर्वाचन द्वारा चुनती है।
- यह पाँच वर्ष की अवधि के लिए चुनी जाती है, परंतु इसे इस समयावधि के पूर्व भी भंग किया जा सकता है।
- यदि कोई दल या दलों का गठबंधन सरकार नहीं बना पाती, तो प्रधानमंत्री इसे भंग कर नए चुनाव कराने की सलाह राष्ट्रपति को देता है।

राज्य सभा (उच्च सदन)

- यह राज्यों का प्रतिनिधित्व करती है।
- यह अप्रत्यक्ष रूप से निर्वाचित निकाय है।
- राज्यसभा कभी भंग नहीं होती अर्थात् यह स्थायी निकाय है।
- इसमें राष्ट्रपति द्वारा 12 सदस्यों का मनोनयन साहित्य, विज्ञान, कला और समाज सेवा क्षेत्र के प्रख्यात व्यक्तियों में से किया जाता है।
- इसके सदस्यों का कार्यकाल 6 वर्ष का होता है।

3 संसद के कार्य

- **विधायी कामकाज** कोई भी महत्त्वपूर्ण विधेयक बिना मंत्रिमंडल की स्वीकृति के संसद में पेश नहीं किया जाता है।
- **वित्तीय कार्य** लोकतंत्र में संसद कराधान तथा सरकार द्वारा धन के प्रयोग पर नियंत्रण रखती है।
- **प्रतिनिधित्व** संसद देश के विभिन्न क्षेत्रीय, सामाजिक, आर्थिक और धार्मिक समूहों के विविध विचारों का प्रतिनिधित्व करती है।
- **बहस का मंच** संसद देश में वाद-विवाद का सर्वोच्च मंच है।
- **संवैधानिक कार्य** संसद के पास संविधान में संशोधन करने की शक्ति है।
- **निर्वाचन संबंधी कार्य** संसद चुनाव संबंधी कुछ कार्य करती है। यह भारत के राष्ट्रपति और उपराष्ट्रपति का चुनाव करती है।
- **न्यायिक कार्य** देश के राष्ट्रपति, उपराष्ट्रपति तथा उच्चतम एवं उच्च न्यायालय के न्यायाधीशों को हटाए जाने के प्रस्तावों पर विचार करती है।

4 कानून निर्माण प्रक्रिया

- विधेयक का प्रारूप तैयार करना
- संसदीय समितियों द्वारा विस्तृत समीक्षा
- दोनों सदनों में चर्चा, मतदान और विधेयक पारित किया जाना
- राष्ट्रपति की स्वीकृति के बाद विधेयक कानून बन जाता है।

5 संसद का कार्यपालिका पर नियंत्रण

संसदीय नियंत्रण के साधन प्रश्नकाल, शून्यकाल आदि।
चुनौतियाँ चर्चा के लिए समय की कमी, सत्र में कम उपस्थिति।

संसद का विनियमन

- यह बहस-मुबाहिसे का प्रभावी मंच है।
- संविधान में संसद की कार्यवाही के सुचारु संचालन हेतु प्रावधान बनाए गए हैं।

6 संसदीय समितियाँ

- **स्थायी समितियाँ** ये विभिन्न विभागों के कार्यों, उनके बजट, खर्चे तथा उनसे संबंधित विधेयकों की देख-रेख करती है।
- **संयुक्त संसदीय समितियाँ** इनका गठन किसी विधेयक पर संयुक्त चर्चा अथवा वित्तीय अनियमितताओं की जाँच के लिए किया जाता है।

दल-बदल निरोधक कानून

उद्देश्य दल-बदल को रोकना
परिणाम दल-बदल करने वालों की सदस्यता समाप्त हो जाती है।

भारत की संसद

NCERT फोल्डर

अध्याय के मध्य दिए गए प्रश्न

1. इन समाचारों पर विचार करें और यह सोचें कि यदि विधायिकाएँ न होतीं, तो क्या होता? प्रत्येक रिपोर्ट को पढ़ने के बाद बताएँ कि कैसे कार्यपालिका को नियंत्रित करने में विधायिका सफल या असफल रही

उत्तर विधायिका केवल कानून बनाने वाली संस्था नहीं है, बल्कि यह सभी लोकतांत्रिक राजनीतिक प्रक्रियाओं का केंद्र है। वास्तव में वास्तविक प्रतिनिधित्व वाली कुशल और प्रभावी विधायिका के बिना सच्चे लोकतंत्र की कल्पना नहीं की जा सकती। विधायिका जन -प्रतिनिधियों का जनता के प्रति उत्तरदायित्व सुनिश्चित करती है। यदि विधायिकाएँ नहीं होती, तो कार्यपालिका पर कोई प्रभावी नियंत्रण नहीं होता। अतः विधायिका एक लोकतांत्रिक शासन प्रणाली का महत्त्वपूर्ण हिस्सा है, जो कार्यपालिका को जिम्मेदार और जबावदेह बनाती है। ऊपर दिए गए समाचारों का विश्लेषण करते हुए यह स्पष्ट होता है कि कैसे विधायिका कार्यपालिका के फैसलों को चुनौती देकर उसे जनता के हितों के अनुसार निर्णय लेने के लिए बाध्य करती है।

(i) 28 फरवरी, 2002 केंद्रीय वित्त मंत्री जसवंत सिंह ने केंद्रीय बजट प्रस्ताव में 50 किलोग्राम यूरिया खाद की बोरी की कीमत 12 रुपए बढ़ाने तथा दो अन्य खादों के दामों में भी कुछ वृद्धि करने के प्रस्ताव की घोषणा की। इससे खाद के दामों में 5% वृद्धि हुई। युरिया खाद के वर्तमान मूल्य ₹ 4830 प्रति टन पर 80% सब्सिडी है। 11 मार्च, 2002 विपक्ष के जबर्दस्त विरोध के कारण वित्तमंत्री को खाद के दामों में वृद्धि के प्रस्ताव को वापस लेना पड़ा।

(ii) 4 जून, 1998 को लोकसभा में यूरिया खाद और पेट्रोलियम पदार्थों के दामों में वृद्धि को लेकर विवादास्पद स्थिति बन गई। पूरे विपक्ष ने सदन से बहिर्गमन किया। इस मुद्दे पर सदन में दो दिनों तक गर्मा-गर्मी रही। वित्त मंत्री ने अपने बजट प्रस्तावों में युरिया खाद के दामों में मात्र 50 पैसे प्रति किलोग्राम की वृद्धि का प्रस्ताव किया था, जिससे उस पर सब्सिडी कम की जा सके। इस विरोध के परिणामस्वरूप, वित्त मंत्री यशवन्त सिन्हा को मूल्य वृद्धि के प्रस्तावों को वापस लेना पड़ा।

(iii) 22 फरवरी, 1983 एक ऐतिहासिक कदम उठाते हुए आज लोकसभा ने सर्वसम्मति से सरकारी काम-काज को स्थागित करने तथा असम पर बहस को प्राथमिकता देने का निर्णय लिया। गृहमंत्री पी सी सेठी ने बयान दिया "असम में रहने वाले सभी समुदायों और समूहों के बीच सद्भाव कायम करने के लिए मैं अलग-अलग विचार और नीतियों से प्रतिबद्धता रखने वाले आप सभी सदस्यों का सहयोग चाहता हूँ। यह समय विवाद का नहीं वरन घाव पर मरहम लगाने का है।" लोकसभा में कांग्रेस सदस्यों ने आंध्र प्रदेश में हरिजनों के उत्पीड़न के प्रति विरोध जताया।

2. मुझे समझ में नहीं आता कि खिलाड़ी, कलाकार और वैज्ञानिकों को मनोनीत करने का प्रावधान क्यों है? वे किसका प्रतिनिधित्व करते हैं? और क्या वे वास्तव में राज्यसभा की कार्यवाही में कुछ विशेष योगदान दे पाते हैं?

उत्तर भारतीय संविधान के अनुच्छेद 80 (1) में यह प्रावधान किया गया है कि राज्यसभा में अधिक-से-अधिक 250 सदस्य हो सकते हैं। इसमें से 238 राज्यों तथा संघ राज्य क्षेत्रों से चुने जाएँगे, जबकि 12 सदस्य राष्ट्रपति द्वारा कला, साहित्य, विज्ञान और समाजसेवा के क्षेत्र में विशेष ज्ञान या अनुभव रखने वाले व्यक्तियों में से मनोनीत किए जाएँगे। खिलाड़ी, कलाकार और वैज्ञानिकों को राज्यसभा में मनोनीत इसलिए किया गया है ताकि उनकी विशेषता और दृष्टिकोण नीति निर्माण प्रक्रिया को समृद्ध कर सके। हालाँकि, उनकी वास्तविक भागीदारी और योगदान इस व्यवस्था की सफलता का मापदंड है। इसके लिए आवश्यक है कि मनोनीत सदस्य अपनी जिम्मेदारियों को समझे और संसद की कार्यवाही में सक्रिय भूमिका निभाए।

3. क्या आप मानते हैं कि राज्यसभा की संरचना ने भारत में राज्यों की स्थिति को संरक्षित किया है?

उत्तर संसद के प्रत्येक सदन में प्रतिनिधित्व का आधार अलग-अलग है। राज्य सभा सभी राज्यों का प्रतिनिधित्व करती है। इसका निर्वाचन अप्रत्यक्ष विधि से होता है। किसी राज्य के लोग राज्य विधानसभा के सदस्यों का चुनते हैं। फिर, राज्य विधानसभा के निर्वाचित सदस्य, राज्य सभा के सदस्यों को चुनते हैं।

राज्यसभा की संरचना का उद्देश्य भारत में संघीय ढाँचे को मजबूत करना और राज्यों के अधिकारों व हितों की रक्षा करना है। इसका गठन ऐसे सदन के रूप में किया गया है कि यह संसद के ऐसे सदन के रूप में कार्य करें, जहाँ राज्यों की आवाज सुनी जा सके। हालाँकि, यह पूरी तरह से कहना कि राज्य सभा ने राज्यों की स्थिति को संरक्षित किया है या नहीं, एक जटिल विषय है।

4. क्या राज्यसभा के चुनाव अप्रत्यक्ष न होकर प्रत्यक्ष होने चाहिए? इससे क्या लाभ या हानि होगा?

उत्तर राज्यसभा के चुनाव प्रत्यक्ष करने का विचार एक महत्त्वपूर्ण बहस का मुद्दा है। वर्तमान में, राज्यसभा के सदस्य अप्रत्यक्ष चुनाव के माध्यम से चुने जाते हैं अर्थात् राज्यों की विधानसभाओं द्वारा यदि ये चुनाव प्रत्यक्ष किए जाएँ, तो इससे निश्चित रूप से इस प्रणाली में परिवर्तन आएगा। इसके लाभ और हानि निम्न प्रकार हैं

लाभ

- प्रत्यक्ष चुनाव से राज्यसभा के सदस्यों को जनता का सीधा समर्थन मिलेगा। इससे यह संस्था अधिक लोकतांत्रिक और वैध प्रतीत होगी।
- प्रत्यक्ष चुनाव से राजनीतिक दलों को जनता के साथ अधिक संवाद करना होगा। इससे केंद्र व राज्य के मध्य शक्ति संतुलन बेहतर हो सकता है।

हानि

- राज्यसभा का मुख्य उद्देश्य राज्यों के हितों की रक्षा करना है। यदि प्रत्यक्ष चुनाव होते हैं, तो यह संस्था लोकसभा के समान हो सकती है और राज्यों के हितों की विशिष्टता कम हो सकती है।
- प्रत्यक्ष चुनाव कराने से बड़े स्तर पर धन और संसाधनों की आवश्यकता होगी। यह प्रक्रिया राजनीतिक दलों के वर्चस्व और चुनावी भ्रष्टाचार को प्रोत्साहन दे सकती है।

5. 1971 की जनगणना से लोकसभा में सीटों की संख्या नहीं बढ़ी है। क्या आप मानते हैं कि इसे बढ़ाना चाहिए? इसके लिए क्या आधार होना चाहिए?

उत्तर 1971 की जनगणना से लोकसभा में सीटों की संख्या नहीं बढ़ी है और यह एक गंभीर मुद्दा है जिस पर विचार किया जाना चाहिए। मेरे विचार में, लोकसभा की सीटों की संख्या बढ़ाने के लिए कुछ आधार होने चाहिए। सर्वप्रथम, जनसंख्या वृद्धि को ध्यान में रखना चाहिए क्योंकि वर्ष 1971 से लेकर वर्तमान तक, भारत की जनसंख्या में अत्यधिक वृद्धि हुई और यह वृद्धि लोकसभा में प्रतिनिधित्व की आवश्यकता को बढ़ाती है।

दूसरा, लोकसभा में सीटों की संख्या बढ़ाने से प्रतिनिधित्व की गुणवत्ता में सुधार हो सकता है। अधिक सीटें होने से अधिक लोगों को अपने प्रतिनिधियों के साथ जुड़ने का अवसर मिल सकता है।

हालाँकि, लोकसभा में सीटों की संख्या बढ़ाने के लिए कुछ समस्याएँ भी है। उदाहरण के लिए, अधिक सीटें होने से प्रशासनिक तथा आर्थिक बोझ बढ़ सकता है।

6. कानून बनाने की विधि के अध्ययन के बाद, क्या आपको लगता है कि संसद विधेयकों पर विस्तृत चर्चा के लिए पर्याप्त समय दे सकती है? यदि नहीं तो इस समस्या के समाधान के लिए आप क्या सुझाव देंगे?

उत्तर भारतीय संसद के संदर्भ में यह एक गंभीर प्रश्न है कि क्या विधेयकों पर विस्तृत चर्चा के लिए पर्याप्त समय दिया जाता है। हाल के वर्षों में यह समस्या और भी स्पष्ट रूप से सामने आई है क्योंकि संसद में विधायी चर्चा का समय लगातार घट रहा है। कई बार महत्त्वपूर्ण विधेयक बिना गहन चर्चा के पारित हो जाते हैं। जिससे उनकी गुणवत्ता और व्यापकता पर सवाल खड़े हो जाते हैं।

इस समस्या के समाधान के लिए संसदीय सत्रों की अवधि में वृद्धि, विधेयकों को समितियों के पास भेजना और चर्चा को समयबद्ध करना जैसे उपाय आवश्यक हैं। इससे न केवल विधायी प्रक्रिया की गुणवत्ता बढ़ेगी, बल्कि संसद की प्रासंगिकता और जनता का विश्वास भी मजबूत होगा।

7. सरकार से विरोध दर्ज कराने का एक आम तरीका है सदन से 'वाकआउट' करना, क्या यह काम जरूरत से ज्यादा हुआ है?

उत्तर सदन से 'वाकआउट' एक लोकतांत्रिक विरोध का महत्त्वपूर्ण तरीका है, जिसके माध्यम से विपक्ष या सरकार से असहमति रखने वाले सदस्य अपना विरोध व्यक्त करते हैं, लेकिन हाल के वर्षों में वाकआउट का प्रयोग बार-बार हुआ है कि यह एक प्रभावी विरोध के अतिरिक त एक सामान्य और औपचारिक प्रक्रिया जैसा बन गया है।

वाकआउट एक प्रभावी लोकतांत्रिक प्रक्रिया हो सकती है, लेकिन इसका बार-बार प्रयोग और अनावश्यक उपयोग इसकी गंभीरता और प्रभावशीलता को कमजोर कर देता है।

8. अच्छा! तो कानून बनाने वालों पर भी कुछ कानून लागू होते हैं।

उत्तर हाँ, कानून बनाने वालों (सांसदों और विधायकों) पर भी कानून लागू होते हैं। भारत में सभी नागरिकों की तरह कानून निर्माता भी संविधान और देश के कानूनों के तहत आते हैं।

9. मुझे समझ में नहीं आता कि नेता अपना दल क्यों बदलते हैं? क्या वे कभी अपनी उस पार्टी में लौट कर आते भी हैं, जो इन्होंने छोड़ी थी?

उत्तर यदि कोई सदस्य अपने दल के नेतृत्व के आदेश के बावजूद सदन में उपस्थित न हो या दल के निर्देश के विपरीत सदन में मतदान करे अथवा स्वेच्छा से दल की सदस्यता से त्यागपत्र दे दे तो उसे 'दल-बदल' कहते हैं।

नेताओं का दल बदलना एक सामान्य राजनीतिक प्रक्रिया है, जिसे सियासी पलायनवाद (Political defection) कहा जाता है। इसके पीछे कई कारण हो सकते हैं, जो व्यक्तिगत, राजनीतिक या रणनीतिक होते हैं। इनमें से कुछ इस प्रकार हैं-

- कई बार नेता अपनी वर्तमान पार्टी में राजनीतिक महत्त्व या सत्ता प्राप्त नहीं कर पाते, तो वे दूसरी पार्टी में शामिल हो जाते हैं, जहाँ उन्हें अधिक अवसर प्राप्त होने की संभावना होती है।
- पार्टी के आंतरिक विवाद, नीति निर्णयों में सहमति या नेतृत्व के साथ मतभेद भी नेताओं को अपनी पार्टी छोड़ने पर विवश कर सकता है।
- कई बार नेता अपनी पार्टी छोड़ने के बाद नई पार्टी में व्यक्तिगत लाभ (जैसे- मंत्री बनने का अवसर, या टिकट प्राप्त करने का मौका) की आशा करते हैं।
- हाँ, यह संभव है कुछ नेता एक बार पार्टी छोड़ने के बाद फिर से अपनी पुरानी पार्टी में लौट आते हैं।

नीचे दिए प्रश्नों के उत्तर संक्षेप में दीजिए

1. आलोक मानता है कि किसी देश को कारगर सरकार की जरूरत होती है, जो जनता की भलाई करे। अतः यदि हम सीधे-सीधे अपना प्रधानमंत्री और मंत्रिगण चुन लें और शासन का काम उन पर छोड़ दें, तो हमें विधायिका की जरूरत नहीं पड़ेगी। क्या आप इससे सहमत हैं? अपने उत्तर का कारण बताएँ।

उत्तर आलोक के कथन से हम सहमत नहीं हो सकते, क्योंकि विधायिका कार्यपालिका पर नियंत्रण रखती है और यदि विधायिका नहीं होगी, तो प्रधानमंत्री और मंत्रियों की शक्तियों पर नियंत्रण कौन रखेगा। यह स्थिति लोकतंत्र के लिए अच्छी नहीं होगी। शासन व्यवस्था में प्रधानमंत्री और मंत्रियों का दबदबा कायम हो जाएगा।, जो लोक कल्याण कारी राजव्यवस्था के विपरीत होगा।

2. किसी कक्षा में द्वि-सदनीय प्रणाली के गुणों पर बहस चल रही थी। चर्चा में निम्नलिखित बातें उभरकर सामने आईं। इन तर्कों को पढ़िए और इनसे अपनी सहमति-असहमति के कारण बताइए।

(i) नेहा ने कहा कि द्वि-सदनीय प्रणाली से कोई उद्देश्य नहीं सधता।

(ii) शमा का तर्क था कि राज्यसभा में विशेषज्ञों का मनोनयन होना चाहिए।

(iii) त्रिदेव ने कहा कि यदि कोई देश संघीय नहीं है, तो फिर दूसरे सदन की जरूरत नहीं रह जाती।

उत्तर (i) हम नेहा के कथन से सहमत नहीं हैं, क्योंकि दूसरा सदन होने से पहले सदन की निरंकुशता एवं स्वेच्छाचारिता दोनों पर रोक लगती है। पहले सदन की कार्यप्रणाली अधिक विस्तृत होने के कारण दूसरे सदन का महत्त्व और अधिक बढ़ जाता है। पहले सदन का कार्यकाल निश्चित काल के लिए होता है। यदि पहला सदन भंग हो जाता है, तो ऐसी स्थिति में दूसरा सदन सुचारु रूप से कार्य करता रहता है। लोकतांत्रिक शासन व्यवस्था में द्वितीय सदन का होना अति आवश्यक है।

(ii) शमा का कथन सही हो सकता है। दूसरे सदन में समाज के विभिन्न हितों व वर्गों को प्रतिनिधित्व तो मिलता ही है, साथ ही विशेषज्ञों का चयन होने से विभिन्न विषय एवं काम में निपुणता भी आती है।

(iii) त्रिदेव का तर्क सही नहीं प्रतीत होता है। यह सही है कि पहले सदन की अपेक्षा दूसरा सदन कमजोर होता है, क्योंकि पहले सदन में साधारण जनता द्वारा चुने हुए प्रतिनिधि होते हैं, परंतु फिर भी संघीय व्यवस्था में द्वितीय सदन का महत्त्वपूर्ण स्थान है। दूसरा सदन होने से संघ के सभी राज्यों को बराबर प्रतिनिधित्व प्राप्त होता है।

इस प्रकार, संघात्मक शासन व्यवस्था में शक्तियों का बँटवारा दो स्तर पर किया जाता है—संघ और राज्य, इसलिए संघीय व्यवस्था में दो सदन की आवश्यकता होती है।

3. लोकसभा कार्यपालिका को राज्यसभा की तुलना में क्यों कारगर ढंग से नियंत्रण में रख सकती है?

उत्तर लोकसभा कार्यपालिका को राज्यसभा की तुलना में कारगर ढंग से नियंत्रण में रख सकती है, क्योंकि राज्यसभा की अपेक्षा लोकसभा को अधिक शक्ति प्राप्त होती है। इस प्रकार लोकसभा के सदस्य प्रश्न, पूरक प्रश्न, अविश्वास प्रस्ताव आदि द्वारा मंत्रिपरिषद् पर नियंत्रण रखते हैं। लोकसभा के सदस्य अविश्वास प्रस्ताव पास कर मंत्रिपरिषद् को पदच्युत कर सकते हैं, उसके कार्यों की आलोचना कर सकते हैं। राज्यसभा की अपेक्षा लोकसभा कार्यपालिका पर इसलिए भी प्रभावी ढंग से नियंत्रण कर सकती है, क्योंकि लोकसभा में जनता द्वारा चुने प्रतिनिधि होते हैं। इस प्रकार यदि देखा जाए, तो कार्यपालिका पर अप्रत्यक्ष रूप से जनता का ही नियंत्रण होता है।

4. लोकसभा कार्यपालिका पर कारगर ढंग से नियंत्रण रखने की नहीं, बल्कि जनभावनाओं और जनता की अपेक्षाओं की अभिव्यक्ति का मंच है। क्या आप इससे सहमत हैं? कारण बताएँ।

उत्तर लोकसभा जनभावनाओं और जनता की अपेक्षाओं की अभिव्यक्ति का मंच है। यह सही है, क्योंकि लोकसभा के सदस्यों का चुनाव जनता इसलिए करती है, ताकि चुने हुए प्रतिनिधि जनता के हितों के लिए कानून का निर्माण कर सकें।

लोकसभा के प्रतिनिधि जनता से प्रत्यक्ष रूप से जुड़े होते हैं, इसलिए वे जन आकांक्षाओं और जनता के हितों एवं सुख-दुःख से भली-भाँति परिचित होते हैं। जनता को अपने चुने हुए प्रतिनिधियों से अधिक अपेक्षा होती है और यदि ये प्रतिनिधि जनता की इच्छाओं के अनुसार कार्य नहीं करते, तो जनता उन्हें अगले चुनावों में विजयी नहीं बनाएगी।

5. नीचे संसद को अधिक कारगर बनाने के कुछ प्रस्ताव लिखे जा रहे हैं। इनमें से प्रत्येक के साथ अपनी सहमति या असहमति का उल्लेख करें। यह भी बताएँ कि इन सुझावों को मानने के क्या प्रभाव होंगे?

(i) संसद को अपेक्षाकृत ज्यादा समय तक काम करना चाहिए।

(ii) संसद के सदस्यों की सदन में मौजूदगी अनिवार्य कर दी जानी चाहिए।

(iii) अध्यक्ष को यह अधिकार होना चाहिए कि सदन की कार्यवाही में बाधा पैदा करने पर सदस्य को दंडित कर सकें।

उत्तर (i) संसद को अपेक्षाकृत ज्यादा समय तक काम करना चाहिए, मैं इस सुझाव से असहमत हूँ। यदि सदन की समयावधि बढ़ाई जाती है, तो संसद सदस्य एक बार लंबी अवधि के लिए चुने जाएँगे और ऐसी स्थिति में वे जनता की आकांक्षाओं और आशाओं पर खरे नहीं उतरेंगे और इससे जनता के हितों की उपेक्षा होगी।

(ii) संसद को और अधिक प्रभावी बनाने के लिए यह सुझाव दिया गया है कि संसद के सदस्यों की सदन में मौजूदगी को अनिवार्य बनाना चाहिए। यह सुझाव सही है। संसद के सदस्यों की सदन में उपस्थिति ही उसके कार्यों में गति लाएगी, परंतु इन सदस्यों की सदन में उपस्थिति निर्धारित होनी चाहिए।

(iii) यदि संसद के सदन के अध्यक्ष को यह अधिकार दे दिया जाए कि वह सदन की प्रक्रियाओं में बाधा पैदा करने वाले सदस्यों को दंड दे सके, तो संसद को और प्रभावी बनाया जा सकता है। इससे सदन में अनुशासन बना रहेगा और सदन की कार्यवाही बिना बाधा के पूरी होगी।

6. आरिफ यह जानना चाहता था कि अगर मंत्री ही अधिकांश महत्त्वपूर्ण विधेयक प्रस्तुत करते हैं और बहुसंख्यक दल अकसर सरकारी विधेयक को पारित कर देता है, तो फिर कानून बनाने की प्रक्रिया में संसद की भूमिका क्या है? आप आरिफ को क्या उत्तर देंगे?

उत्तर आरिफ का यह कथन सही है, परंतु फिर भी कानून बनाने की प्रक्रिया में संसद की महत्त्वपूर्ण भूमिका है। संसद प्रत्येक प्रस्ताव पर विचार-विमर्श और जाँच-पड़ताल करती है। उनके पश्चात् विभिन्न अवस्थाओं से गुजकर ही प्रस्ताव पास होता है। बहस और विचार-विमर्श के दौरान सरकार और विरोधी दलों के सदस्य ने केवल बहस में भाग लेते हैं, बल्कि सुझाव भी देते हैं, जिसके कारण प्रस्ताव की कमियों को दूर किया जाता है। इस प्रकार प्रस्ताव जनता के हितों की रक्षा करता है, जिसका पूरा श्रेय संसद को दिया जाता है।

7. आप निम्नलिखित में से किस कथन से सबसे ज्यादा सहमत हैं? अपने उत्तर का कारण दें।

(i) सांसद/विधायकों को अपनी पसंद की पार्टी में शामिल होने की छूट होनी चाहिए।

(ii) दल-बदल विरोध कानून के कारण पार्टी के नेता का दबदबा पार्टी के सांसद/विधायकों पर बढ़ा है।

(iii) दल-बदल हमेशा स्वार्थ के लिए होता है और इस कारण जो विधायक/सांसद दूसरे दल में शामिल होना चाहता है उसे आगामी दो वर्षों के लिए मंत्री पद के अयोग्य करार कर दिया जाना चाहिए।

उत्तर (i) दलबदल कानून बनने से पहले सांसद या विधायक अपने स्वार्थ के लिए अपने दल को छोड़कर अन्य दल में शामिल हो जाते थे। इससे उनके दल को अधिक हानि होती थी। यही कारण है कि कभी-कभी दल या पार्टी के अल्पमत बहुमत के कारण सरकार को त्याग-पत्र देना पड़ता था, परंतु वर्ष 1985 में 52वें संविधान संशोधन द्वारा और पुनः 91वें संविधान संशोधन द्वारा दलबदल को रोकने के लिए कानून बनाया गया।

(ii) अब दलबदल कानून के कारण ऐसी स्थिति की संभावना कम होती है। दल के नेता को अब पता है कि उसके दल के सदस्यों के लिए दलबदल कर दूसरे दल में जाने का अभिप्राय उसकी सदस्यता की समाप्ति हो जाएगी और कोई भी सदस्य दल को नहीं छोड़ेगा और अगर कोई ऐसा करता है, तो उसके खिलाफ अपने दल की ओर से कार्रवाई की जाएगी। यही कारण है कि पार्टी के नेता का दबदबा पार्टी के सांसद/विधायकों पर बढ़ा है।

(iii) यदि किसी नेता को पता हो कि दलबदल करने पर वह दो वर्षों तक कोई मंत्री पद प्राप्त नहीं कर सकता तो वह स्वार्थ के लिए दल बदलने से बचेगा। यह कदम अस्थिर सरकारों को बचाने और सतारूढ़ दलों को मजबूती प्रदान करेगा। मतदाताओ की भावना का सम्मान होगा और दल बदलने की प्रवृत्ति कम होगी।

8. डॉली और सुधा में इस बात पर चर्चा चल रही थी कि मौजूदा वक्त में संसद कितनी कारगर और प्रभावकारी है। डॉली का मानना था कि भारतीय संसद के कामकाज में गिरावट आई है। यह गिरावट एकदम साफ दिखती है, क्योंकि अब बहस-मुबाहिसे पर समय कम खर्च होता है और सदन की कार्यवाही में बाधा उत्पन्न करने अथवा वॉकआउट (बहिर्गमन) करने में ज्यादा। सुधा का तर्क था कि लोकसभा में अलग-अलग सरकारों ने मुहँ की खायी है, धराशायी हुए है। आप सुधा या डॉली के तर्क के पक्ष या विपक्ष में और कौन-सा तर्क देंगे?

उत्तर यह सही है कि भारतीय संसद में वाद-विवाद के माध्यम से सदस्यों में आपस में बहस होती है और कई बार तो यह बहस इतना समय ले लेती है कि सदन की कार्रवाही रोकनी पड़ती है। सदन में सांसद जिस तरह का व्यवहार करते हैं, उससे तो यह ज्ञात होता है सांसद संसद का केवल समय नष्ट करते हैं। गठबंधन सरकारों के बनने से तो यह स्थिति और भी गंभीर हो गई है।

लोकतंत्र में विधायिका का महत्त्व महत्त्वपूर्ण होता है। संसद ही जनता की इच्छाओं को प्रकट करने वाली संस्था है। सदन की कार्यवाही में बाधा उत्पन्न करने वाले सांसदों के विरुद्ध कठोर कदम उठाने चाहिए। ऐसे सदस्यों को अगले चुनावों के लिए अयोग्य घोषित कर देना चाहिए एवं संसद की गरिमा और प्रतिष्ठा बनाए रखने के लिए कठोर नियमों का पालन करना चाहिए, ताकि संसद की गरिमा बनी रहे।

9. किसी विधेयक को कानून बनने के क्रम में जिन अवस्थाओं से गुजरना पड़ता है, उन्हें क्रमवार व्यवस्थित कीजिए

(i) किसी विधेयक पर चर्चा के लिए प्रस्ताव पारित किया जाता है।

(ii) विधेयक भारत के राष्ट्रपति के पास भेजा जाता है-बताएँ कि वह अगर इस पर हस्ताक्षर नहीं करता/करती है, तो क्या होता है?

(iii) विधेयक दूसरे सदन में भेजा जाता है और वहाँ इसे पारित कर दिया जाता है।

(iv) विधेयक का प्रस्ताव जिस सदन में हुआ है उसमें यह विधेयक पारित होता है।

(v) विधेयक की हर धारा को पढ़ा जाता है और प्रत्येक धारा पर मतदान होता है।

(vi) विधेयक उप-समिति के पास भेजा जाता है-समिति उसमें कुछ फेर-बदल करती है और चर्चा के लिए सदन में भेज देती है।

(vii) संबद्ध मंत्री विधेयक की जरूरत के बारे में प्रस्ताव करता है।

(viii) विधि-मंत्रालय का कानून-विभाग विधेयक तैयार करता है।

उत्तर (i) किसी विधेयक पर चर्चा के लिए प्रस्ताव पारित किया जाता है।

(ii) विधेयक भारत के राष्ट्रपति के पास भेजा जाता है।

विधेयक राष्ट्रपति के स्वीकृति से कानून बनाता है और यदि राष्ट्रपति उस विधेयक पर हस्ताक्षर न करे, उसे रोक ले या उस पर स्वीकृति न दे या पुनर्विचार के लिए भेज दे, तो ऐसी स्थिति में संसद यदि दोबारा उस विधेयक को पारित करके राष्ट्रपति के पास भेजती है, तो राष्ट्रपति को उस पर अपनी स्वीकृति देनी ही होती है।

यदि राष्ट्रपति चाहे तो विधेयक को पुनर्विचार के लिए नहीं भेज सकती है। राष्ट्रपति विधेयक पर अपना वीटो शक्ति का प्रयोग करता है जिसे पॉकेट वीटो कहते हैं।

(iii) विधेयक दूसरे सदन में भेजा जाता है और वहाँ इसे पारित कर दिया जाता है।

(iv) विधेयक उप-समिति के पास भेजा जाता है—समिति उसमें कुछ फेर-बदल करती है और चर्चा के लिए सदन में भेज देती है।

(v) विधेयक की हर धारा को पढ़ा जाता है और प्रत्येक धारा पर मतदान होता है।

(vi) विधेयक का प्रस्ताव जिस सदन में हुआ है उसमें यह विधेयक पारित होता है।

(vii) विधि-मंत्रालय का कानून-विभाग विधेयक तैयार करता है।

10. संसदीय समिति की व्यवस्था से संसद के विधायी कार्यों के मूल्यांकन और देखरेख पर क्या प्रभाव पड़ा है?

उत्तर संसदीय समितियों ने संसद के विधायी कार्यों में महत्त्वपूर्ण भूमिका निभाई है। समिति व्यवस्था में स्थायी समितियाँ और संयुक्त समितियों की स्थापना की गई है। विभिन्न विभागों से संबंधित 20 समितियाँ हैं। ये समितियाँ कानून के प्रस्तावों का गहरा अध्ययन करती हैं। ये समितियाँ विभिन्न मंत्रालयों की अनुदान माँगों का अध्ययन, खर्चों की जाँच और भ्रष्टाचार के मामलों की भी जाँच करती हैं। स्थायी समितियाँ विभिन्न विभागों के कार्यों, उनके बजट, खर्चे तथा उनसे संबंधित विधेयकों की देखरेख करती हैं। इस प्रकार समिति व्यवस्था ने संसद के कार्यभार को हल्का करने में सहायता दी है। वास्तव में समितियों द्वारा दिए गए सुझावों को संसद हमेशा स्वीकार कर लेती है। इसी से समिति व्यवस्था के महत्त्व का पता चलता है।

अभ्यास प्रश्न

वस्तुनिष्ठ प्रश्न

बहुविकल्पीय प्रश्न

1. हमारी राष्ट्रीय विधायिका संसद है, जबकि राज्य विधायिका क्या कहलाती है?

(a) विधानपरिषद् (b) विधानपालिका
(c) विधानसभा (d) विधानमंडल

उत्तर (d) विधानमंडल

2. भारतीय संसद में कितने सदन हैं?

(a) 2 (b) 3
(c) 4 (d) 1

उत्तर (a) 2

3. संसद के एक सदन को राज्यसभा के नाम से जानते हैं। इसका दूसरा सदन कौन-सा है?

(a) राज्यपरिषद्
(b) लोकपरिषद्
(c) लोकसभा
(d) विधानपरिषद्

उत्तर (c) लोकसभा

4. राज्यसभा को ………… दिनों के भीतर धन विधेयक पर निर्णय लेना होता है।

(a) 10 (b) 12
(c) 14 (d) 16

उत्तर (c) 14

5. वर्तमान में लोकसभा निर्वाचन क्षेत्रों की संख्या कितनी है?

(a) 530 (b) 535
(c) 538 (d) 543

उत्तर (d) 543

6. राज्यसभा की संरचना के संबंध में दिए गए कथनों में से कौन-सा कथन सही है? *दक्षता आधारित प्रश्न*

(a) राज्यसभा संसद का अस्थायी सदन है
(b) इसके सदस्यों का निर्वाचन 5 वर्ष के लिए किया जाता है
(c) इसके एक-तिहाई सदस्य प्रत्येक 1 वर्ष पश्चात् नए चुने जाते हैं
(d) राज्यसभा में 12 सदस्य राष्ट्रपति द्वारा मनोनीत किए जाते हैं

उत्तर (d) राज्यसभा में 12 सदस्य राष्ट्रपति द्वारा मनोनीत किए जाते हैं

7. राज्यसभा की शक्तियों में कौन-सी शक्ति शामिल नहीं है?

(a) संवैधानिक संशोधनों को पारित करना
(b) सामान्य विधेयकों पर विचार कर उन्हें पारित करना
(c) धन विधेयकों को पारित करना
(d) संसद को राज्य सूची के विषयों पर कानून निर्माण का अधिकार

उत्तर (c) धन विधेयकों को पारित करना

8. नीचे दिए गए कथनों में से कौन-सा कथन सत्य है?

(a) लोकसभा के सदस्यों को 5 वर्षों के लिए चुना जाता है
(b) लोकसभा को 5 वर्ष के पूर्व भंग नहीं किया जा सकता है
(c) लोकसभा को भंग करने की शक्ति लोकसभा अध्यक्ष में निहित होती है
(d) ये सभी

उत्तर (a) लोकसभा के सदस्यों को 5 वर्षों के लिए चुना जाता है

9. भारत में संसदीय प्रणाली द्विसदनात्मक है। भारत के उच्च सदन (राज्यसभा) के सन्दर्भ में कौन-सा कथन सही नहीं है?

(a) उच्च सदन के सदस्यों को कार्यकाल 6 वर्ष है
(b) उच्च सदन में प्रत्येक दो वर्ष पर एक तिहाई सीट रिक्त हो जाती है
(c) उच्च सदन में अमेरिकी प्रणाली की तरह समान प्रतिनिधित्व प्रणाली को अपनाया गया है
(d) यह एक स्थायी सदन है

उत्तर (c) उच्च सदन में अमेरिकी प्रणाली की तरह समान प्रतिनिधित्व प्रणाली को अपनाया गया है।

10. लोकसभा की शक्तियों के संबंध में दिए गए कथनों पर विचार कीजिए तथा सही उत्तर की पहचान कीजिए *दक्षता आधारित प्रश्न*

1. **संघ और समवर्ती सूची के विषयों पर कानून बनाती है।**
2. **धन विधेयक और सामान्य विधेयकों को प्रस्तुत और पारित करती है।**
3. **आपातकाल की घोषणा को स्वीकृति प्रदान करती है।**
4. **संविधान में संशोधन करती है।**

कूट

(a) केवल 2 (b) 1, 2 और 3
(c) 2, 3 और 4 (d) ये सभी

उत्तर (d) ये सभी

11. राज्य विधायिका के संबंध में दिए गए कथनों पर विचार कीजिए तथा सही उत्तर की पहचान कीजिए

1. **संविधान में राज्यों के लिए केवल द्विसदनीय विधायिका का प्रावधान है।**
2. **द्विसदनीय विधायिका के एक सदन का नाम विधानसभा व दूसरे का नाम विधानपरिषद् होता है।**
3. **आंध्र प्रदेश तथा तेलंगाना में द्विसदनात्मक विधायिका है।**

कूट

(a) केवल 1 (b) 1 और 2 (c) 2 और 3 (d) केवल 3

उत्तर (c) 2 और 3

12. जर्मनी की द्वि-सदनात्मक विधायिका के संबंध में दिए गए कथनों में से कौन-सा सही है?

1. **जर्मनी की द्वि-सदनात्मक विधायिका को बुंदेस्टैग और बुंदेसरैटग के नाम से जाना जाता है।**
2. **फेडरल असेंबली को बुंदेसरैटग कहा जाता है।**

3. फेडरल असेंबली का चुनाव चार वर्ष की अवधि के लिए किया जाता है।

कूट

(a) केवल 1 (b) 1 और 2 (c) 1 और 3 (d) ये सभी

उत्तर (c) 1 और 3

13. नीचे दी गई प्रमुख घटनाओं को उनके कालक्रम के अनुसार व्यवस्थित कीजिए

1. 104वाँ संविधान संशोधन अधिनियम।
2. संसद में स्थायी समितियों की प्रणाली का विकसित होना।
3. गठबंधन सरकारों का अस्तित्व में आना।
4. 52वाँ संविधान संशोधन।

कूट

(a) 1, 2, 3, 4 (b) 2, 4, 3, 1 (c) 4, 3, 2, 1 (d) 2, 3, 4, 1

उत्तर (b) 2, 4, 3, 1

14. किसी संसदीय बिल को अधिनियम बनने में एक विशेष प्रक्रिया का अनुपालन किया जाता है। दी गई सूचनाओं को क्रमानुसार व्यवस्थित करने वाले सही विकल्प का चयन कीजिए

1. प्रस्तुत सदन को विधेयक पर चर्चा
2. राष्ट्रपति द्वारा हस्ताक्षर या पुनर्विचार के लिए लौटाना
3. संयुक्त बैठक बुलाया जाना।
4. विधेयक का अधिनियम

कूट

(a) 1, 2, 3, 4 (b) 1, 3, 2, 4 (c) 4, 3, 2, 1 (d) 1, 2, 4, 3

उत्तर (b) 1,3,2,4

15. सूची I को सूची II के साथ सुमेलित कीजिए *दक्षता आधारित प्रश्न*

सूची I	सूची II
A. धन विधेयक की प्रस्तुति	1. संसदीय समितियाँ
B. विभिन्न विभागों के कार्यों, बजट, खर्चे व संबंधित विधेयकों की देखरेख करना	2. लोकसभा में
C. किसी विधेयक पर संयुक्त चर्चा या वित्तीय अनियमितताओं की जाँच हेतु गठित	3. कोरम (गणपूर्ति)
D. सदन में सदस्यों की न्यूनतम उपस्थिति संख्या	4. स्थायी समितियाँ

कूट

	A	B	C	D		A	B	C	D
(a)	1	2	3	4	(b)	2	4	1	3
(c)	3	2	1	4	(d)	2	1	4	3

उत्तर (b) 2 4 1 3

16. सूची I को सूची II के साथ सुमेलित कीजिए

सूची I	सूची II
A. बुंदेस्टैग	1. धन विधेयक के संबंध में विशेष प्रक्रिया का उल्लेख
B. बुंदेसरैट	2. राज्यसभा द्वारा अस्वीकृत
C. अनुच्छेद 109	3. फेडरल काउंसिल
D. आतंकवाद निरोधक विधेयक, 2000	4. फेडरल असेंबली

कूट

	A	B	C	D		A	B	C	D
(a)	1	2	3	4	(b)	1	3	2	4
(c)	3	4	1	2	(d)	4	3	1	2

उत्तर (d) 4 3 1 2

17. निम्नलिखित युग्मों में कौन-सा युग्म सही सुमेलित नहीं है?

दक्षता आधारित प्रश्न

(a) **राज्यसभा-** यह एक स्थायी सदन है, जिसके सदस्यों का कार्यकाल 5 वर्ष होता है।

(b) **लोकसभा** - यह एक अस्थायी सदन होता है जिसके सदस्यों का चयन जनता द्वारा प्रत्यक्ष रूप से किया जाता है।

(c) **धन विधेयक** इसे केवल लोकसभा में लाया जा सकता है

(d) **राष्ट्रपति** किसी भी सदन का सदस्य नही होता है, किंतु सदन को आहूत करने का अधिकार होता है।

उत्तर (a) राज्य सभा– यह एक स्थायी सदन है, जिसके सदस्यों का कार्यकाल 5 वर्ष होता है।

18. नीचे दो कथन दिए गए हैं

कथन I विधायिका वह संस्था है, जो कानून बनाने का कार्य करती है।

कथन II भारत में संघीय विधायिका को संसद कहा जाता है, जो दो सदनों, लोकसभा और राज्यसभा को मिलकर बनी होती है।

(a) केवल कथन I सही है

(b) केवल कथन II सही है

(c) कथन I और II दोनों सही हैं

(d) न तो कथन I और न कथन II सही है

उत्तर (c) कथन I और II दानों सही हैं

19. नीचे दो कथन दिए गए हैं

कथन I लोकसभा के सदस्य प्रत्यक्ष चुनावों द्वारा चुने जाते हैं।

कथन II राज्यसभा के सदस्य निर्वाचक मण्डल द्वारा चुने जाते हैं।

(a) केवल कथन I सही है

(b) केवल कथन II सही है

(c) कथन I और II दोनों सही हैं

(d) न तो कथन I न ही कथन II दोनों गलत है

उत्तर (c) कथन I और II दोनों सही हैं।

निर्देश (प्र. सं. 20-23) नीचे दो कथन दिए गए हैं, जिनमें एक को कथन (A) और दूसरे को कारण (R) कहा गया है। कूट की सहायता से सही उत्तर का चयन करें।

कूट

(a) A और R दोनों सही हैं तथा R, A की सही व्याख्या है

(b) A और R दोनों सही हैं, परंतु R, A की सही व्याख्या नहीं है

(c) A सही है, किंतु R गलत है

(d) A गलत है, किंतु R सही है

20. कथन (A) विधायिका मात्र कानून बनाने वाली संस्था न होकर सभी लोकतांत्रिक राजनीतिक प्रक्रियाओं का केंद्र है।

कारण (R) विधायिका सदन में बहस, बहिर्गमन (निष्कासन), विरोध, प्रदर्शन, सर्वसम्मति सहयोग के द्वारा सदन को जीवंत बनाए रखती है।

दक्षता आधारित प्रश्न

उत्तर (a) विधायिका मात्र कानून बनाने वाली संस्था न होकर सभी लोकतांत्रिक राजनीतिक प्रक्रियाओं का केंद्र है, क्योंकि यह सदन में

बहस, बहिर्गमन (निष्कासन), विरोध, प्रदर्शन तथा सर्वसम्मति सहयोग के द्वारा सदन को जीवंत बनाए रखती है तथा देशहित संबंधी मुद्दों पर व्यापक विचार-विमर्श के द्वारा निर्णय लेती है।

21. कथन (A) **भारत के कुछ राज्यों में द्वि-सदनात्मक विधायिका की व्यवस्था है।**

कारण (R) **द्वि-सदनात्मक विधायिका की व्यवस्था होने से समाज के सभी वर्गों व देश के सभी क्षेत्रों का प्रतिनिधित्व सुनिश्चित हो जाता है।**

उत्तर (b) भारत के छः राज्यों में द्वि-सदनात्मक विधायिका की व्यवस्था है, जिसमें उत्तर प्रदेश, बिहार, कर्नाटक, महाराष्ट्र, आंध्र प्रदेश और तेलंगाना राज्य शामिल हैं। राज्यों में इस प्रकार की व्यवस्था राज्य से संबंधित क्षेत्रों और सभी वर्गों के प्रतिनिधित्व को सुनिश्चित करती है, जबकि देश में इस प्रकार की विधायिका समाज के सभी वर्गों और सभी क्षेत्रों का प्रतिनिधित्व सुनिश्चित करती है।

22. कथन (A) **लोकसभा सदस्यों का चुनाव सार्वभौमिक वयस्क मताधिकार प्रणाली के आधार पर किया जाता है।**

कारण (R) **इस व्यवस्था में प्रत्येक व्यक्ति का मत एक दूसरे के समान होता है।**

उत्तर (a) सार्वभौमिक वयस्क मताधिकार प्रणाली के अंतर्गत लोकसभा व विधानसभा के सदस्यों का चुनाव प्रत्यक्ष रूप से जनता के द्वारा किया जाता है, जिसमें 18 वर्ष से ऊपर के व्यक्ति गुप्त मतदान करते हैं। इसमें प्रत्येक के मतों का मूल्य एकसमान होता है। इस प्रणाली के अंतर्गत लोकसभा चुनाव में समस्त देश और राज्यसभा चुनाव में पूरे राज्य को लगभग समान जनसंख्या वाले निर्वाचन क्षेत्र में बाँट दिया जाता है।

23. कथन (A) **धन विधेयक केवल लोकसभा में प्रस्तुत किया जा सकता है।**

कारण (R) **भारत के राष्ट्रपति और उपराष्ट्रपति के निर्वाचन में संसद की भागीदारी नहीं होती है।**

उत्तर (c) धन विधेयक केवल लोकसभा में प्रस्तुत किया जा सकता है तथा लोकसभा उसमें संशोधन या उसे अस्वीकृत कर सकती है। संसद भारत के राष्ट्रपति व उपराष्ट्रपति का निर्वाचन करती है।

24. निम्नलिखित चित्र का अध्ययन कर प्रश्नों को उत्तर दीजिए।

(i) **इस चित्र में किसकी प्रमुखता का वर्णन किया गया है?**
(a) प्रधानमंत्री
(b) राष्ट्रपति
(c) सदन के अध्यक्ष
(d) महान्यायवादी

उत्तर (c) सदन के अध्यक्ष

(ii) **संसद का प्रमुख कार्य क्या है?**
(a) कार्यपालिका के अधिकार को सीमित रखना
(b) जनता के प्रति उत्तरदायित्व सुनिश्चित करना
(c) संविधान का पालन करना
(d) ये सभी

उत्तर (d) ये सभी

(iii) **संसद धन की तार्किकता को सुनिश्चित किसके द्वारा करती है?**
(a) संसदीय समिति
(b) वार्षिक वित्तीय विवरण
(c) राष्ट्रपति के अभिभाषण
(d) ये सभी

उत्तर (b) वार्षिक वित्तीय विवरण

(iv) ………… **दिए गए चित्र में प्रदर्शित है।**
(a) संसद का नियमन
(b) संसद की सर्वोच्चता
(c) संसद में चुनाव
(d) संसद की निष्पक्षता

उत्तर (b) संसद की सर्वोच्चता

लघु उत्तरीय प्रश्न

1. विविधताओं से परिपूर्ण हमारे देश में संसद में दो सदनों की आवश्यकता क्यों है?

उत्तर हमारी राष्ट्रीय विधायिका का नाम संसद है। राज्यों की विधायिकाओं को विधानमंडल कहते हैं। भारतीय संसद में दो सदन हैं। जब किसी विधायिका में दो सदन होते हैं, तो उसे द्वि-सदनात्मक विधायिका कहते हैं। भारतीय संसद के एक सदन को राज्यसभा तथा दूसरे को लोकसभा कहते हैं। संविधान ने राज्यों को एक-सदनात्मक या द्वि-सदनात्मक विधायिका स्थापित करने का विकल्प दिया है। विविधताओं से परिपूर्ण बड़े देश सामान्यतः द्वि-सदनात्मक राष्ट्रीय विधायिका चाहते हैं, ताकि वे अपने समाज के सभी वर्गों और देश के सभी क्षेत्रों या भागों को समुचित प्रतिनिधित्व दे सकें। द्विसदनात्मक विधायिका का एक और लाभ यह है कि संसद के प्रत्येक निर्णय पर दूसरे सदन में पुनर्विचार हो जाता है।

2. राज्यसभा में प्रत्येक राज्य को समान प्रतिनिधित्व के संबंध अमेरिका तथा भारत की प्रणाली में क्या अंतर है? *दक्षता आधारित प्रश्न*

उत्तर राज्यसभा (द्वितीय सदन) में प्रतिनिधित्व के लिए दो सिद्धांतों का प्रयोग किया जाता है। प्रथम, देश के सभी क्षेत्रों को असमान आकार तथा जनसंख्या के बावजूद राज्यसभा में समान प्रतिनिधित्व दिया जाएगा और द्वितीय, देश के विभिन्न क्षेत्रों को उनकी जनसंख्या के अनुपात में असमान प्रतिनिधित्व दिया जाए।

अमेरिका के द्वितीय सदन (सीनेट) में प्रत्येक राज्य को समान प्रतिनिधित्व दिया गया है जो कि सभी राज्यों में समानता स्थापित करता है लेकिन इसका तात्पर्य यह भी है कि छोटे राज्यों को बड़े राज्यों के समान प्रतिनिधित्व मिलेगा। हमारी राज्य सभा के लिए अमेरिकी प्रणाली से पृथक् विधि को अपनाया गया है। संविधान की चौथी अनुसूची में प्रत्येक राज्य से निर्वाचित होने वाले सदस्यों की संख्या निर्धारित कर दी गई। यदि हम राज्यसभा में अमेरिका की तरह समान प्रतिनिधित्व प्रणाली का प्रयोग करें, तो उत्तरप्रदेश (जिसकी जनसंख्या लगभग 19.98 करोड़) को कम जनसंख्या वाले सिक्किम (6.10 लाख) के बराबर प्रतिनिधित्व मिलता। संविधान निर्माता ऐसी विसंगति से बचना चाहते थे इसलिए उन्होंने अधिक जनसंख्या वालों को अधिक तथा कम जनसंख्या वाले राज्यों को कम प्रतिनिधित्व दिया है।

3. राज्यसभा की विशेष शक्तियाँ क्या होती हैं? वर्णन कीजिए।

उत्तर राज्यसभा राज्यों का प्रतिनिधित्व करने वाली संस्था है। इसका उद्देश्य राज्य के हितों (शक्तियों) का संरक्षण करना है, इसलिए, राज्य के हितों को प्रभावित करने वाला प्रत्येक मुद्दा इसकी सहमति और स्वीकृति के लिए भेजा जाता है। उदाहरण के लिए, यदि केंद्र सरकार राज्य सूची के किसी विषय (जिस पर केवल राज्य की विधानसभा कानून बना सकती है) को राष्ट्र हित में संघीय सूची या समवर्ती सूची में हस्तांतरित करना चाहे, तो उसमें राज्य सभी की स्वीकृति आवश्यक है। इस प्रावधान से राज्यसभा की शक्ति बढ़ती है, लेकिन अनुभव के आधार पर तो यही लगता है कि राज्य सभा के सदस्य अपने राज्यों से अधिक अपने-अपने दलों का प्रतिनिधित्व करते हैं।

4. संसद द्वारा कार्यपालिका को उत्तरदायी बनाने का सबसे सशक्त हथियार 'अविश्वास प्रस्ताव' है। कथन की समीक्षा करें।

दक्षता आधारित प्रश्न

उत्तर संसद में कार्यपालिका को उत्तरदायी बनाने के लिए विभिन्न संसदीय पद्धतियों और प्रक्रियाओं का उपयोग किया जाता है और इनमें से सबसे सशक्त और प्रभावी हथियार 'अविश्वास प्रस्ताव' है। यह लोकतांत्रिक प्रणाली में सरकार की जबावदेही सुनिश्चित करने का महत्त्वपूर्ण तरीका है, लेकिन जब तक सरकार को अपने दल अथवा सहयोगी दलों का बहुमत प्राप्त हो, तब तक सरकार को हटाने की सदन की यह शक्ति वास्तविक कम, काल्पनिक अधिक होती है। लेकिन, वर्ष 1989 के बाद से अपने प्रति सदन के अविश्वास के कारण अनेक सरकारों को त्याग पत्र देना पड़ा। इनमें से प्रत्येक सरकार ने लोकसभा का विश्वास खोया, क्योंकि वह अपने गठबंधन के सहयोगी दलों का समर्थन बनाए न रख सकी। इस प्रकार संसद कार्यपालिका को प्रभावी ढंग से नियंत्रित करती है और एक उत्तरदायी सरकार का होना सुनिश्चित कर सकती है।

5. संसद का संयुक्त अधिवेशन किस स्थिति में बुलाया जाता है?

उत्तर संसद में संयुक्त अधिवेशन की स्थिति तब उत्पन्न होती है जब संसद के दोनों सदन किसी विधेयक को पारित करने में असफल होते हैं और गतिरोध की स्थिति उत्पन्न हो जाती है। इस गतिरोध को तोड़ने के लिए राष्ट्रपति संयुक्त अधिवेशन बुलाते हैं। यह उस स्थिति में होता है, जब एक सदन ने विधेयक पारित कर दिया है और दूसरे ने खारिज कर दिया है, दोनों सदन विधेयक में किए जाने वाले संशोधनों पर एक आम पृष्ठ पर नहीं आ सकते हैं या विधेयक के छह महीने से अधिक समय बीच चुके हैं दूसरे सदन द्वारा प्राप्त किया गया है और अभी भी पारित नहीं हुआ है। धन विधेयक और संविधान संशोधन विधेयक के मामले में संयुक्त बैठक नहीं बुलाई जा सकती है।

6. संसद को नियंत्रित करने में अध्यक्ष की क्या भूमिका है?

उत्तर संसद विचार-विमर्श का मंच है और विचार-विमर्श के माध्यम से ही संसद अपने सभी वांछित काम को सफल बनाती है। यह सभी कार्य सार्थक और अनुशासित ढंग से होने से होना जरूरी है ताकि संसद की कार्यवाही आसानी से चले और उसकी गरिमा बनी रहे। संविधान में संसद की कार्यवाही को सुचारु ढंग से चलाने के लिए प्रावधान बनाए गए हैं। सदन का अध्यक्ष विधायिका की कार्यवाही के मामले में सर्वोच्च अधिकारी होता है। सदन का अध्यक्ष अपने सदस्यों के व्यवहार को नियंत्रित करने के लिए दलबदल निरोधक कानून का प्रयोग करता है। सदन का अध्यक्ष ही दलबदल से संबंधित विवादों पर अंतिम निर्णय लेता है यदि यह सिद्ध हो जाए कि किसी सदस्य ने 'दलबदल' किया है, तो उसके सदन की सदस्यता समाप्त हो जाती है। इसके अतिरिक्त ऐसे दलबदलू को किसी भी राजनीतिक पद के लिए आयोग्य घोषित कर दिया जाता है।

दीर्घ उत्तरीय प्रश्न।

1. संसद की आवश्यकताओं के महत्त्वपूर्ण बिंदुओं को स्पष्ट कीजिए।

उत्तर संसद की आवश्यकता को निम्नलिखित बिंदुओं से समझा जा सकता है

- विधायिका सदन में बहस, निष्कासन, विरोध, प्रदर्शन, सर्वसम्मति सहयोग के द्वारा सदन को जीवंत बनाए रखती है। राष्ट्रीय हित के मुद्दों पर वाद-विवाद हेतु एक लोकतांत्रिक व खुला मंच उपलब्ध कराती है।
- लोकहित हेतु कानूनों का निर्माण करती है, साथ ही उनमें संशोधन भी करती है।
- जनता के प्रति जन प्रतिनिधियों के उत्तरदायित्व को सुनिश्चित करती है तथा कार्यपालिका पर नियंत्रण बनाए रखती है।
- संसद कार्यपालिका पर पूर्ण नियंत्रण रखती है तथा कार्यपालिका का चुनाव कराने और हटाने की शक्ति भी रखती है।
- कार्यपालिका का जब तक संसद में बहुमत रहता है, तब तक ही वह सत्ता में बनी रह सकती है।
- संसद में व्यापक विचार-विमर्श के बाद ही किसी कानून का निर्माण किया जाता है।

2. राज्यसभा किसे कहते हैं? राज्यसभा में प्रतिनिधित्व करने के लिए कितने प्रकार के सिद्धांतों का प्रयोग किया जाता है?

दक्षता आधारित प्रश्न

उत्तर राज्यसभा राज्यों का प्रतिनिधित्व करती है एवं इसके सदस्यों का निर्वाचन अप्रत्यक्ष विधि के द्वारा किया जाता है अर्थात् सभी राज्यों की विधानसभाओं के निर्वाचित सदस्य राज्यसभा के सदस्यों को चुनते हैं। द्वितीय सदन (राज्यसभा) में प्रतिनिधित्व के लिए दो प्रकार के सिद्धांतों का प्रयोग किया जाता है

(i) देश के विभिन्न क्षेत्रों या राज्यों के आकार व जनसंख्या में विभिन्नता होने के पश्चात् द्वितीय सदन में सभी को समान प्रतिनिधित्व दिया जाता है, जैसे– अमेरिका को सीनेट में दिया गया है।

(ii) देश के विभिन्न राज्यों या क्षेत्रों को उनकी संख्या के अनुपात में द्वितीय सदन में प्रतिनिधित्व दिया जाता है; जैसे– भारत की राज्यसभा हेतु संविधान की चौथी अनुसूची में प्रत्येक राज्य से निर्वाचित होने वाले सदस्यों की संख्या निर्धारित कर दी गई है।

3. राज्यसभा की संरचना को स्पष्ट कीजिए।

उत्तर राज्यसभा संसद का एक स्थायी सदन है, जिसका कभी विघटन नहीं होता, इसके सदस्यों का निर्वाचन 6 वर्ष की अवधि के लिए किया जाता है। इन्हें दोबारा भी निर्वाचित किया जा सकता है। इसके एक-तिहाई सदस्य प्रत्येक 2 वर्ष पश्चात् नए चुने जाते हैं व कार्यकाल पूर्ण कर अवकाश ग्रहण करते हैं। राज्यसभा में 12 सदस्य साहित्य, विज्ञान, कला और समाज सेवा क्षेत्र में विशेष उपलब्धि के आधार पर राष्ट्रपति के द्वारा मनोनीत किए जाते हैं। लोकसभा के भंग होने पर राज्यसभा की बैठक आयोजित कर महत्त्वपूर्ण मामलों का समाधान किया जा सकता है। राज्य सभा सदस्यों की संख्या अधिक-से-अधिक 250 तक हो सकती है।

4. लोकसभा की शक्तियों को बताइए।

उत्तर लोकसभा की शक्तियाँ निम्नलिखित हैं

- संघ सूची और समवर्ती सूची के विषयों पर कानून बनाती है। धन विधेयकों और सामान्य विधेयकों को प्रस्तुत और पारित करती है। कर-प्रस्तावों, बजट और वार्षिक वित्तीय विवरणों को स्वीकृति देती है।
- प्रश्न पूछकर, पूरक प्रश्न पूछकर, प्रस्ताव और अविश्वास प्रस्ताव के माध्यम से कार्यपालिका को नियंत्रित करती है एवं संविधान में संशोधन करती है। आपातकाल की घोषणा को स्वीकृति भी लोकसभा देती है।
- राष्ट्रपति और उपराष्ट्रपति का चुनाव आयोजित करती है तथा सर्वोच्च न्यायालय व उच्च न्यायालय के न्यायाधीशों को भी हटा सकती है।
- समिति और आयोगों का गठन करती है और उनके प्रतिवेदनों पर विचार करती है।

5. भारतीय संसद के दो सदन बनाए जाने के कारणों को स्पष्ट कीजिए।

उत्तर भारतीय संसद को द्विसदनीय बनाने के अनेक कारण थे, जिनमें से मुख्य कारण निम्नलिखित हैं

(i) **द्विसदनीय परंपरा** भारतीय संसद को द्विसदनीय बनाने का सबसे महत्त्वपूर्ण कारण यह है कि भारत में स्वतंत्रता से पूर्व केंद्रीय विधानमंडल द्विसदनीय था।

(ii) **दूसरा सदन पहले सदन की निरंकुशता को रोकता है** जहाँ एक सदन है, वह शीघ्र ही निरंकुश बन जाता है। अतः लोकसभा की निरंकुशता को रोकने के लिए राज्यसभा की स्थापना की गई।

(iii) **दूसरा सदन संघात्मक राज्य के लिए अनिवार्य है** संघात्मक शासन प्रणाली में दूसरे सदन का होना अनिवार्य है ताकि संघ की इकाइयों को दूसरे सदन में प्रतिनिधित्व दिया जा सके।

(iv) **दूसरा सदन अधिक स्थायी होता है** संसद में राज्यसभा एक स्थायी सदन है, क्योंकि राज्यसभा कभी भंग नहीं होती।

6. विधायिका के आधिकतर सदस्य किसी न किसी दल के टिकट पर चुने जाते हैं। यदि चुने जाने के पश्चात् वे अपने दल को छोड़ना चाहे तो इस स्थिति में क्या होगा? वर्णन कीजिए। *दक्षता आधारित प्रश्न*

उत्तर यदि कोई सदस्य अपने दल के नेतृत्व के आदेश के पश्चात् भी सदन में उपस्थित न हो, दल के निर्देश के विपरीत सदन में मतदान करे या अपनी स्वेच्छा से दल की सदस्यता से त्याग-पत्र देना चाहे, तो सदन का अध्यक्ष दलबदल निरोधक कानून के तहत सदन से उसकी सदस्यता समाप्त कर सकता है। 52वें संविधान संशोधन से इसे लागू किया गया व 91वें संविधान संशोधन द्वारा इस कानून को दोबारा संशोधित किया गया। इससे पूर्व सांसद या विधायक किसी दल के टिकट से चुनाव लड़कर सदन की सदस्यता ग्रहण करने के पश्चात् दल की सदस्यता से त्याग-पत्र दे देते थे। इसे रोकने के लिए इस कानून को अस्तित्व में लाया गया। व्यवहार में यह कानून दलबदल को रोकने में अधिक सफल नहीं रहा, बल्कि इसने दल के नेता या अध्यक्ष को विधायिका के सदस्यों के विरुद्ध अतिरिक्त शक्तियाँ प्रदान की हैं।

7. संसदीय सचिव के प्रमुख कार्य कौन-कौन से हैं?

उत्तर संसदीय सचिव का पद सर्वोच्च रैंकिंग वाले पदों में से एक है। इसका प्रमुख कार्य प्रधानमंत्री सहित कैबिनेट मंत्रियों को उनके कार्यों में सहायता प्रदान करना है। एक संसदीय सचिव विभिन्न विभागीय और संसदीय कार्यों के लिए भी जिम्मेदार होता है। वह कैबिनेट मंत्रियों के साथ मिलकर कार्य करता है और विभाग से संबंधित सार्वजनिक कर्त्तव्यों के लिए भी उत्तरदायी होता है।

सदन के संसदीय सचिव मंत्रियों, अन्य सचिवों और सदन के अन्य सदस्यों के लिए संपर्क बिंदु के रूप में कार्य करते है। वे सरकारी समिति के भीतर संबंधों के विकास में योगदान करते हैं। मंत्री की अनुपस्थिति में उन्हें सदन में नीतिगत सवालों के जवाब देने के लिए उत्तरदायी माना जाता है।

8. धन विधेयक के मामले में राज्यसभा और लोकसभा की शक्तियों का उल्लेख करें

उत्तर धन विधेयक केवल लोकसभा में प्रस्तुत किया जाता है। जब इसे लोकसभा मे मंजूरी मिल जाती है, तो उसे राज्यसभा के पास भेजा जाता है। राज्यसभा के पास धन विधेयक को स्वीकृत करने या संशोधन प्रस्तावित करने का अधिकार होता है, लेकिन वह इसे अस्वीकार नहीं कर सकती है। राज्यसभा अधिकतम 14 दिनों तक विधेयक को लंबित रख सकती है यदि इस अवधि में राज्यसभा कोई निर्णय नही लेती है, तो विधेयक स्वतः पारित मान लिया जाता है। राज्यसभा द्वारा प्रस्तावित संशोधन लोकसभा स्वीकार कर सकती है लेकिन वह उसके विवेक पर निर्भर है, वह संशोधनों को अस्वीकार भी कर सकती है।

9. धन विधेयक किसे कहते हैं? धन विधेयक एवं साधारण विधेयक में अंतर स्पष्ट कीजिए

उत्तर धन विधेयक उस विधेयक को कहा जाता है।, जिसमें निम्नलिखित विषयों से संबंधित प्रावधान होते हैं

- कर का अधिरोपण उन्मूलन, संशोधन या विनिमयमन।
- भारत की संचित निधि की सुरक्षा से संबंधित मामले।
- भारत की संचित निधि से धन का विनियोग।
- भारत की संचित निधि या लोक लेखा से धन जुटाने के संबंध में प्रावधान।

धन विधेयक और साधारण विधेयक के मध्य मुख्य अंतर निम्नलिखित हैं

- धन विधेयक राज्यसभा में पारित न हो तब, भी यह लागू हो जाता है जबकि साधारण विधेयक के लिए दोनों सदनों में पारित होना आवश्यक है।
- धन विधेयक पर दोनों सदनों में मतभेद होने पर कोई प्रभाव नहीं पड़ता जबकि साधारण विधेयक के मामलों में मतभेद होने पर संयुक्त सत्र आहूत किया जाता है।
- राष्ट्रपति धन विधेयक को पुनर्विचार के लिए लोकसभा को वापस नहीं भेज सकते जबकि साधारण विधेयक के पुनर्विचार के लिए लौटा सकते हैं।

10. समवर्ती सूची के अंतर्गत किसी विषय पर केंद्र और राज्य दोनों कानून बनाते हैं तथा दोनों में मतभेद उत्पन्न हो जाता है, तो किसका कानून मान्य होगा? *दक्षता आधारित प्रश्न*

उत्तर **अनुच्छेद 254 के अनुसार, राज्य विधानमण्डल को समवर्ती सूची के वर्णित विषयों पर कानून बनाने का अधिकार है। अनुच्छेद 254 (2) के तहत यदि राज्य विधानमंडल द्वारा समवर्ती सूची के किसी विषय पर बनाया गया कानून संसद द्वारा पहले से बनाए गए कानून के विपरीत है,**

तो उस कानून को प्रभावी होने के लिए राष्ट्रपति की सहमति आवश्यक है। राष्ट्रपति की सहमति मिलने पर राज्य का कानून उस राज्य में संसद के कानून के स्थान पर लागू होगा। हालाँकि, संसद को यह अधिकार प्राप्त है कि वह चाहे तो बाद में उस विषय पर नया कानून बनाकर अपनी विधि को लागू कर सकती है। इस प्रकार संसद के कानून की सर्वोच्चता बनी रहती है। भले ही राष्ट्रपति की सहमति के साथ राज्य का कानून लागू हो।

दीर्घ उत्तरीय प्रश्न II

1. "भारत की संसद अपने कार्यों व्यापक विविधता तथा विस्तार को समाहित किए हुए है" चर्चा कीजिए। *दक्षता आधारित प्रश्न*

उत्तर संसद कानून निर्माण करने के साथ-साथ अनेक कार्यों को संपन्न करती है, जो निम्न हैं

(i) **विधायी कार्य** संसद का सबसे महत्त्वपूर्ण कार्य विधि निर्माण करना है। यह देश अथवा उसके किसी भी भाग के लिए विधि निर्माण का कार्य करती है। संसद तैयार विधेयकों और कानूनों को स्वीकृति देने का कार्य करती है।

(ii) **कार्यपालिका पर नियंत्रण** संसद कार्यपालिका को उसके अधिकार क्षेत्रों में सीमित रखती है और उसके निर्वाचकों के प्रति उत्तरदायित्वों को सुनिश्चित करती है।

(iii) **वित्तीय कार्य** संसद सरकार को शासन संचालन और अन्य कार्यों हेतु धन उपलब्ध कराती है तथा उस पर नियंत्रण करती है। सरकार कर वसूली के माध्यम से अपने संसाधनों में वृद्धि करती है। संसद कराधान तथा सरकार द्वारा प्रयोग धन पर नियंत्रण करती है।

(iv) **प्रतिनिधित्व** संसद देश के क्षेत्रीय, सामाजिक, आर्थिक और धार्मिक आधारों पर भिन्न-भिन्न समुदायों के विचारों का प्रतिनिधित्व करती है।

(v) **विचार-विमर्श का कार्य** संसद देश से संबंधित मुद्दों पर विवाद का सर्वोच्च मंच है। संसद में बिना किसी अंकुश के निर्भीकता से सदस्यों द्वारा देश की समस्याओं पर विचार-विमर्श व उनका विश्लेषण किया जाता है। विचार-विमर्श भारतीय लोकतंत्र की निर्णय प्रक्रिया की आत्मा है।

(vi) **संवैधानिक कार्य** संसद संविधान में संशोधन का महत्त्वपूर्ण कार्य करती है। संसद के दोनों सदनों की संशोधन संबंधी शक्तियाँ समान होती हैं। संशोधन का प्रस्ताव दोनों सदनों के विशेष बहुमत से पारित होना आवश्यक होता है।

(vii) **निर्वाचन संबंधी कार्य** संसद द्वारा भारत के राष्ट्रपति व उपराष्ट्रपति का निर्वाचन किया जाता है।

(viii) **न्यायिक कार्य** भारत के राष्ट्रपति व उपराष्ट्रपति तथा उच्च न्यायालय व सर्वोच्च न्यायालय के न्यायाधीशों को हटाने के प्रस्ताव पर विचार-विमर्श संसद ही करती है, जो इनके न्यायिक कार्यों के अंतर्गत आते हैं।

2. "विधि निर्माण प्रक्रिया में संसदीय समितियाँ विधि को सही दिशा तथा मापक आधार प्रदान करती है।" कथन की समीक्षा कीजिए। *दक्षता आधारित प्रश्न*

उत्तर संसदीय समितियाँ विधि निर्माण प्रक्रिया में एक महत्त्वपूर्ण भूमिका निभाती हैं और विधायिका द्वारा बनाए गए कानूनों को सही दिशा और मानक आधार प्रदान करने में सहायता करती हैं। इसे हम निम्न बिंदुओं द्वारा समझ सकते हैं।

(i) **विधेयकों पर गहन विचार-विमर्श** विधेयकों को संसदीय समितियों के पास भेजा जाता है, जहाँ पर वे विधेयक के विभिन्न पक्षों पर गहन विचार-विमर्श करत हैं। समिति सदस्यों द्वारा किया गया यह विचार-विमर्श विधेयक को सही दिशा में मार्गदर्शन देता है और इसे अधिक मजबूत बनाता है। समितियाँ विभिन्न पक्षों से जानकारी प्राप्त करती हैं, जैसे-विशेषज्ञों, अधिकारियों और जनहित में काम करने वाले संगठनों से, जिसमें विधेयक के प्रभाव को बेहतर ढंग से समझा जा सके।

(ii) **विधेयक में सुधार और सुधारात्मक सुझाव** विधेयकों के प्रारूप में संसदीय समितियाँ सुधार करती हैं और सरकार को आवश्यक सुधारात्मक सुझाव देती हैं। ये समितियाँ विधेयकों के प्रावधानों पर विचार-विमर्श करती हैं।

(iii) **सरकार की जवाबदेही** संसदीय समितियाँ सरकार के सामने जवाबदेही का एक मजबूत ढाँचा प्रदान करती हैं। यदि कोई विधेयक समाज के विभिन्न वर्गों के लिए हानिकारक हो सकता है, तो समितियाँ इस पर पुनर्विचार करती हैं और सरकार से सटीक स्पष्टीकरण माँगती हैं।

(iv) **जनहित का ध्यान रखना** संसदीय समितियाँ सदन के अंदर से बाहर जनहित की बात करती हैं। वे ऐसे सुधारों और परिवर्तनों का सुझाव देती हैं, जो आम लोगों के जीवन-स्तर को बेहतर बना सकें। इसके परिणामस्वरूप विधायिका द्वारा निर्मित कानून व्यावहारिक और लाभकारी होते हैं।

संसदीय समितियाँ विधि निर्माण प्रक्रिया का अहम हिस्सा हैं। वे विधेयकों के गहन अध्ययन, समीक्षा और संशोधन के माध्यम से विधायिका को सही दिशा और मानक प्रदान करती हैं। इस प्रक्रिया से न केवल विधेयकों की गुणवत्ता बढ़ती है, बल्कि कानून जनता के लिए अधिक न्यायसंगत और प्रभावी बनते हैं। इसके अतिरिक्त ये समितियाँ सरकार की जबावदेही सुनिश्चित करती हैं, जिससे लोकतांत्रिक प्रक्रिया को मजबूती मिलती हैं।

3. लोकसभा के अध्यक्ष के कार्यों का उल्लेख कीजिए।

उत्तर संसद के निचले सदन लोकसभा की कार्यवाही को चलाने के लिए संविधान में एक अध्यक्ष की व्यवस्था की गई है, जिसे स्पीकर भी करते हैं। स्पीकर की शक्तियाँ एवं कार्य निम्नलिखित हैं

(i) **लोकसभा की बैठकों की अध्यक्षता करना** स्पीकर लोकसभा की बैठकों की अध्यक्षता करता है, उसकी आज्ञा का पालन सभी सदस्य करते हैं।

(ii) **नियुक्तियाँ करना** लोकसभा का अध्यक्ष सदन की प्रवर समिति तथा अन्य समितियों के सभापतियों और सदस्यों की नियुक्तियाँ करता है।

(iii) **सदन की बैठक स्थगित करना** यदि अध्यक्ष यह महसूस करे कि सदन में गंभीर अव्यवस्था उत्पन्न हो गई है, तो वह जितने समय के लिए उचित समझे सदन की बैठक को स्थगित कर सकता है।

(iv) **सदस्यों के भाषण से संबंधित शक्ति** लोकसभा में दिए जाने वाले भाषण अध्यक्ष को संबोधित करके दिए जाते हैं।

(v) **संसद में पास हो गए विधेयकों पर हस्ताक्षर** जो विधेयक लोकसभा पास कर देती है, उन विधेयकों पर स्पीकर अपना हस्ताक्षर करके आवश्यकतानुसार राष्ट्रपति के पास भेज देता है।

(vi) **प्रस्ताव रखने की अनुमति देना** लोकसभा में प्रस्तुत किए जाने वाले प्रस्तावों के संबंध में उसका निर्णय अंतिम होता है कि कोई प्रस्ताव प्रस्तुत किया जा सकता है या नहीं।

(vii) **प्रधानमंत्री को परामर्श देना** लोकसभा का अध्यक्ष प्रधानमंत्री को जो लोकसभा का नेता होता है, परामर्श देकर लोकसभा का कार्यक्रम निर्धारित करता है।

4. लोकसभा एवं राज्यसभा की शक्तियों का वर्णन कीजिए।

उत्तर लोकसभा एवं राज्यसभा की निम्नलिखित शक्तियाँ हैं

लोकसभा की शक्तियाँ	राज्यसभा की शक्तियाँ
संविधान में संशोधन करती है।	राष्ट्रपति और उपराष्ट्रपति के चुनाव में भाग लेती है तथा उन्हें और सर्वोच्च तथा उच्च न्यायालय के न्यायाधीशों को पद से हटा सकती है। उपराष्ट्रपति को हटाने का प्रस्ताव केवल राज्यसभा में ही लाया जा सकता है।
आपातकाल की घोषणा को स्वीकृति देती है।	संवैधानिक संशोधनों को पारित करती है।
प्रश्न पूछकर, पूरक प्रश्न पूछकर, प्रस्ताव और अविश्वास प्रस्ताव के माध्यम से कार्यपालिका को नियंत्रित करती है।	प्रश्न पूछकर तथा संकल्प और प्रस्ताव प्रस्तुत करके कार्यपालिका पर नियंत्रण करती है।
राष्ट्रपति और उपराष्ट्रपति का चुनाव करती है तथा सर्वोच्च न्यायालय और उच्च न्यायालयों के न्यायाधीशों को हटा सकती है।	सामान्य विधेयकों पर विचार-विमर्श करके उन्हें पारित करती है और धन विधेयकों में संशोधन प्रस्तावित करती है।
समिति और आयोगों का गठन करती है और उनके प्रतिवेदनों पर विचार करती है।	यह संसद को राज्य सूची के विषयों पर कानून बनाने का आदेश दे सकती है।

5. संसद के कानून बनाने की प्रक्रिया की समीक्षा कीजिए

अथवा **संसद द्वारा कानून कैसे बनता है? इस पर प्रकाश डालिए।**

अथवा **साधारण विधेयक पारित होने से पूर्व किन-किन अवस्थाओं से गुजरता है? इसका संपूर्ण विवरण प्रस्तुत कीजिए?**

उत्तर संसद का मुख्य कार्य कानून बनाना है। कोई भी विधेयक संसद में पेश करने से पहले तीन वाचन होते हैं।

प्रथम वाचन में विधेयक को पेश करने की अनुमति माँगी जाती है, 'दूसरे वाचन' में विधयेक के सिद्धांतों और उपबंधों पर चर्चा होती है और तीसरे वाचन में यह तय किया जाता है कि विधेयक पारित होगा या नहीं।

विधेयक दो प्रकार के होते हैं, सरकारी और गैर-सरकारी। सरकारी विधेयक मंत्रियों द्वारा पेश किए जाते हैं, जबकि गैर-सरकारी विधेयक संसद के अन्य सदस्यों द्वारा। सरकारी विधेयक भी दो प्रकार के होते हैं धन विधेयक और साधारण विधेयक। धन विधेयक आय-व्यय से संबंधित होते हैं और उनकी प्रक्रिया साधारण विधयेक से अलग होती है।

विधेयक प्रस्तुत करने के लिए पहले विधि मंत्रालय से प्राप्तियाँ प्राप्त की जाती है। साधारण विधेयक किसी भी सदन में पेश हो सकते हैं और इसके लिए विधयेक प्रस्तुत करने वाले सदस्य को पहले से सूचना देनी होती है।

द्वितीय वाचन में विधेयक पर विस्तृत चर्चा होती है और सदन यह तय करता है कि विधेयक को किस प्रक्रिया के तहत आगे बढ़ाया जाए। यदि विधेयक प्रवर समिति को भेजा जाता है, तो समिति विधेयक की धारा-दर-धारा समीक्षा करती है और अपनी रिपोर्ट सदन को सौंपती है।

तृतीय वाचन में विधेयक की अन्तिम भाषा पर चर्चा होती है और आवश्यक सुधार किए जाते है इसके बाद मतदान होता है और विधेयक पारित होता है।

स्रोत आधारित प्रश्न

नीचे दिए गए स्रोतों को ध्यानपूर्वक पढ़कर पूछे गए प्रश्नों के उत्तर दीजिए।

1. संसद के प्रत्येक सदन में प्रतिनिधित्व का आधार अलग-अलग है। राज्यसभा राज्यों का प्रतिनिधित्व करती है। इसका निर्वाचन अप्रत्यक्ष विधि से होता है। किसी राज्य के लोग राज्य की विधानसभा के सदस्यों को चुनते हैं। फिर राज्य विधानसभा के निर्वाचित सदस्य, राज्यसभा के सदस्यों को चुनते हैं। द्वितीय सदन (राज्यसभा) में प्रतिनिधित्व के लिए दो सिद्धांतों का प्रयोग किया जा सकता है। एक तरीका यह हो सकता है कि देश के सभी क्षेत्रों को असमान आकार और जनसंख्या के बावजूद द्वितीय सदन में समान प्रतिनिधित्व दिया जाए। दूसरा विभिन्न राज्यों या क्षेत्रों को उनकी जनसंख्या के अनुपात में द्वितीय सदन में प्रतिनिधित्व दिया जाए।

(i) **राज्यसभा किसका प्रतिनिधित्व करती है?**

(a) देश का नागरिकों का (b) राज्यों का
(c) केंद्र सरकार का (d) स्थानीय निकायों का

उत्तर (b) राज्यों का

(ii) **राज्यसभा के सदस्यों का निर्वाचन कौन करता है ?**

(a) आम जनता
(b) राज्य की विधानसभाओं के निर्वाचित सदस्य
(c) राष्ट्रपति
(d) प्रधानमंत्री

उत्तर (b) राज्य की विधानसभाओं के निर्वाचित सदस्य

(iii) **राज्यसभा में प्रतिनिधित्व के लिए कितने सिद्धांतों का प्रयोग किया जा सकता है?**

उत्तर राज्यसभा में प्रतिनिधित्व के लिए मुख्यतः दो सिद्धांतों का प्रयोग किया जा सकता है—पहला, देश के सभी क्षेत्रों को असमान आकार व जनसंख्या के बावजूद द्वितीय सदन में समान प्रतिनिधित्व दिया जाए तथा दूसरा, विभिन्न राज्यों या क्षेत्रों को उनकी जनसंख्या के अनुपात में द्वितीय सदन में प्रतिनिधित्व दिया जाए।

2. **संसद बहस-मुबाहिसे का मंच है। बहस-मुबाहिसे के जरिए ही संसद अपने सभी जरूरी काम को अंजाम देती है। यह सार्थक और अनुशासित ढंग से होना जरूरी है, ताकि संसद की कार्यवाही आसानी से चले और उसकी गरिमा बनी रहे। खुद संविधान में संसद की कार्यवाही को सुचारु ढंग से चलने के लिए प्रावधान बनाए गए हैं। सदन का अध्यक्ष विधायिका की कार्यवाही के मामले में सर्वोच्च अधिकारी होता है। एक और तरीके से भी सदन का अध्यक्ष अपने सदस्यों के व्यवहार को नियंत्रित करता है। आपने शायद दलबदल निरोधक कानून के बारे में सुना होगा।**

विधायिका के अधिकतर सदस्य किसी-न-किसी दल के टिकट पर चुने जाते हैं। यदि चुने जाने के बाद वे अपनी पार्टी छोड़ना चाहें तो क्या होगा? स्वतंत्रता के काफी समय बाद तक यह समस्या बनी रही। अंततः दलों में इस बात पर आम सहमति बनी कि किसी दल के टिकट पर निर्वाचित विधायक या सांसद को दलबदल करने से रोका जाना चाहिए। इसके लिए 1985 में संविधान का 52वाँ संशोधन किया गया। इसे 'दलबदल निरोधक कानून' कहते हैं। इसे बाद में 91वें संविधान संशोधन द्वारा दोबारा संशोधित किया गया।

(i) **दल निरोधक कानून किस वर्ष पारित किया गया?**

(a) 1986 (b) 1985 (c) 1999 (d) 1988

उत्तर (b) 1985

(ii) **विधायिका की कार्यवाही के संबंध में कौन सर्वोच्च अधिकारी होता है?**

(a) सदन का अध्यक्ष (b) प्रधानमंत्री
(c) मुख्यमंत्री (d) राष्ट्रपति

उत्तर (a) सदन का अध्यक्ष

(iii) **पिछले वर्षों के दौरान दल-बदल कानून ने किस प्रकार कार्य किया है?**

उत्तर पिछले वर्षों के दौरान दल-बदल निरोधक कानून दल-बदल को रोकने में सफल नहीं हुआ, लेकिन इसने किसी दल के प्रधान नेता और अध्यक्षों को विधायिका के विरुद्ध अतिरिक्त शक्तियाँ प्रदान की हैं।

3. **लोकसभा और राज्यों की विधानसभाओं के लिए जनता सीधे सदस्यों को चुनती है। इसे प्रत्यक्ष निर्वाचन कहते हैं। लोकसभा चुनावों के लिए पूरे देश और विधानसभा चुनावों के लिए किसी राज्य को लगभग समान जनसंख्या वाले निर्वाचन क्षेत्रों में बाँट दिया जाता है। प्रत्येक निर्वाचन क्षेत्र से एक प्रतिनिधि चुना जाता है, चुनाव 'सार्वभौमिक वयस्क मताधिकार' के आधार पर होता है, जिसमें प्रत्येक व्यक्ति के मत का मूल्य दूसरे व्यक्ति के मत के मूल्य के बराबर होता है। इस समय लोकसभा के 543 निर्वाचन क्षेत्र हैं। यह संख्या वर्ष 1971 की जनगणना से चली आ रही है।**

लोकसभा के लिए सदस्यों को 5 वर्ष के लिए चुना जाता है, लेकिन यदि कोई दल या दलों का गठबंधन सरकार न बना सके अथवा प्रधानमंत्री, राष्ट्रपति को लोकसभा भंग कर नए चुनाव कराने की सलाह दे, तो लोकसभा को 5 वर्ष के पहले भी भंग किया जा सकता है।

(i) **लोकसभा के सदस्यों के कार्यकालकी अवधि क्या होती है।**

(a) पाँच वर्ष (b) छः वर्ष
(c) सात वर्ष (d) चार वर्ष

उत्तर (a) पाँच वर्ष

(ii) **निम्न कथनों पर विचार कीजिए**

1. **वर्तमान में लोकसभा के 552 निर्वाचन क्षेत्र हैं।**
2. **लोकसभा के 552 निर्वाचन क्षेत्रों की संख्या वर्ष 1971 की जनगणना से चली आ रही है।**

निम्न में से सही उत्तर का चयन कीजिए

(a) केवल 1
(b) केवल 2
(c) 1 और 2 दोनों
(d) इनमें से कोई नहीं

उत्तर (d) इनमें से कोई नहीं

(iii) **प्रत्यक्ष निर्वाचन क्या है और यह किस प्रकार से कार्य करता है?**

उत्तर प्रत्यक्ष निर्वाचन वह प्रक्रिया है, जिससे जनता सीधे अपने प्रतिनिधियों को चुनती है। यह प्रक्रिया लोकसभा और राज्यों की विधानसभाओं के चुनावों में लागू होती है। निर्वाचन क्षेत्रों को समान जनसंख्या के आधार पर बाँटा जाता है और प्रत्येक निर्वाचन क्षेत्र से एक प्रतिनिधि चुना जाता है। चुनाव सार्वभौमिक वयस्क मताधिकार के आधार पर होता है, जिसमें प्रत्येक व्यक्ति के मत का मूल्य समान है।

4. **सैद्धांतिक रूप से देश अथवा देश के किसी भाग के लिए संसद कानून बनाती है। कानून बनाने की सर्वोच्च संस्था होने के पश्चात् भी यह कानूनों को केवल स्वीकृति देने का काम करती है। संसद तैयार विधेयकों और कानूनों को स्वीकृति देने का कार्य करती है। संसद के अन्य निजी सदस्य भी कोई विधेयक प्रस्तुत कर सकते हैं, परंतु सरकार के समर्थन के बिना ऐसे विधेयकों का पास होना संभव नहीं होता। संसद कार्यपालिका को उसके अधिकार क्षेत्रों में सीमित रखती है और उसके निर्वाचकों के प्रति उनके उत्तरदायित्व को सुनिश्चित करती है। संसद सरकार को शासन संचालन और अन्य कार्यों हेतु धन उपलब्ध कराती है। तथा उस पर नियंत्रण रखती है। सरकार कर वसूली के माध्यम से अपने संसाधनों में वृद्धि करती है। संसद कराधान तथा सरकार द्वारा धन प्रयोग पर नियंत्रण रखती है। नए कर लगाने संबंधी प्रस्ताव लाने से पूर्व सरकार द्वारा संसद की अनुमति आवश्यक होती हैं संसद की वित्तीय शक्तियाँ उसे सरकार के कार्यों के लिए धन उपलब्ध कराने का अधिकार देती हैं और सरकार को अपने द्वारा खर्च किए गए धन का हिसाब तथा प्रस्तावित आय का विवरण संसद को देना पड़ता है। संसद बजट और वार्षिक वित्तीय वक्तव्य के माध्यम से सरकार द्वारा खर्च किए गए धन की तार्किकता को सुनिश्चित करती है।**

(i) **सैद्धांतिक रूप से देश अथवा देश के किसी भाग के लिए कौन .... कानून बनाता है।**

(a) संसद (b) विधानसभा
(c) विधानपरिषद् (d) राज्य परिषद्

उत्तर (a) संसद

(ii) **निम्न कथनों में से कौन-सा कथन सही है?**

(a) संसद तैयार विधेयकों और कानूनों को स्वीकृति देने का कार्य करती है
(b) संसद के अन्य निजी सदस्य भी कोई विधेयक प्रस्तुत कर सकते हैं
(c) 'a' और 'b' दोनों
(d) इनमें से कोई नहीं

उत्तर (c) 'a' और 'b' दोनों

(iii) **संसद की वित्तीय शक्तियों का वर्णन कीजिए।**

उत्तर संसद की वित्तीय शक्तियाँ उसे सरकार के कार्यों के लिए धन उपलब्ध कराने का अधिकार देती हैं और सरकार को अपने व्यय किए गए धन का हिसाब तथा प्रस्तावित आय का विवरण संसद को देना पड़ता है। संसद बजट और वार्षिक वित्तीय विवरण के माध्यम से सरकार द्वारा खर्च किए गए धन की तार्किकता को सुनिश्चित करती है

मानचित्र आधारित प्रश्न

1. **दिए गए भारत के मानचित्र पर छः द्वि-सदनात्मक विधायिका वाले प्रांतों को दर्शाइए।**

उत्तर

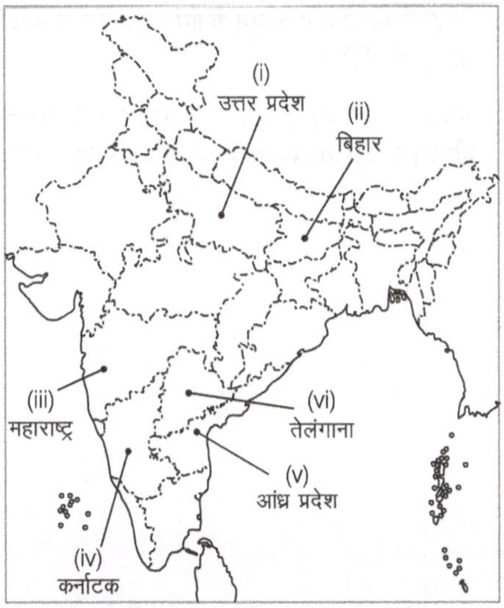

2. **भारत में दिए गए राजनीतिक रेखा मानचित्र में तीन राज्यों को और (A), (B) और (C) के द्वारा अंकित किया गया है। नीचे दी गई जानकारी के आधार पर इन राज्यों की पहचान कीजिए और इनके सही नाम, प्रयोग की गई जानकारी की क्रम संख्या तथा मानचित्र में दिए गए संबंधित अक्षर, नीचे दी गई तालिका के रूप में लिखिए।**

	प्रयोग की गई जानकारी की क्रम संख्या	मानचित्र में दिया गया अक्षर	राज्य का नाम
(i)	उत्तर भारत में स्थित द्वि सदनात्मक विधायिका वाला राज्य		
(ii)	पश्चिम भारत में स्थित द्वि-सदनात्मक विधायिका वाला राज्य		
(iii)	दक्षिण भारत में स्थित द्वि-सदनात्मक विधायिका वाला एक राज्य		

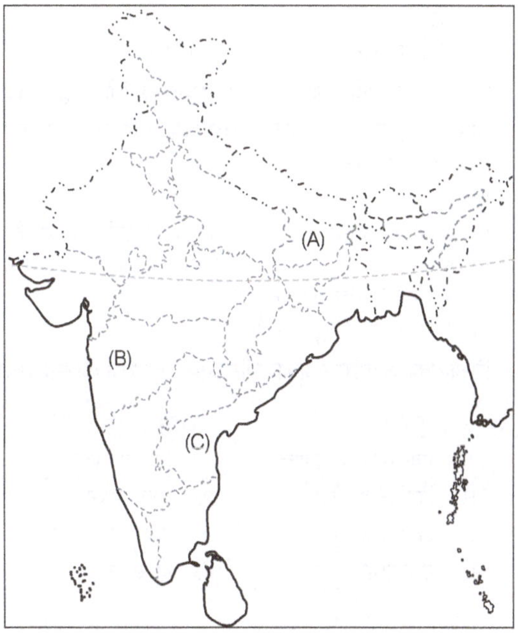

उत्तर

	प्रयोग की गई जानकारी की क्रम संख्या	मानचित्र में दिया गया अक्षर	राज्य का नाम
(i)	उत्तर भारत में स्थित द्वि सदनात्मक विधायिका वाला राज्य	A.	बिहार
(ii)	पश्चिम भारत में स्थित द्वि-सदनात्मक विधायिका वाला राज्य	B.	महाराष्ट्र
(iii)	दक्षिण भारत में स्थित द्वि-सदनात्मक विधायिका वाला एक राज्य	C.	आंध्र प्रदेश

स्वयं को जाँचें

वस्तुनिष्ठ प्रश्न

1. भारत की संसद में कौन-सा सदन निचला सदन कहलाता हैं?

(a) लोकसभा (b) राज्यसभा
(c) विधानपरिषद् (d) विधानसभा

2. भारत की राज्य स्तरीय विधायिका को किस नाम से जाना जाता है?

(a) संसद (b) लोकसभा
(c) राज्यसभा (d) विधानमंडल

3. संसद के महत्त्वपूर्ण कार्यों में शामिल है

(a) वित्तीय कार्य (b) विधायी कार्य
(c) न्यायिक कार्य (d) ये सभी

4. **कथन** (A) संसदीय सचिवों की नियुक्ति गृहमंत्री के द्वारा की जाती है।
कारण (R) संसदीय सचिव विभागीय और संसदीय कार्यों के लिए जिम्मेदार होता है।

कूट

(a) A और R दोनों सही हैं तथा R, A की सही व्याख्या है
(b) A और R दोनों सही हैं, किंतु R, A की सही व्याख्या नहीं है
(c) A सही है, किंतु R गलत है
(d) A गलत है, किंतु R सही है

5. विधायिका के विभिन्न प्रकार और उनके उदाहरणों का सही मिलान कीजिए

	सूची I		सूची II
A.	एक सदनीय प्रणाली	1.	निचला सदन
B.	द्विसदनीय प्रणाली	2.	उच्च सदन
C.	लोकसभा	3.	केवल एक सदन
D.	राज्यसभा	4.	दो सदन

कूट

	A B C D		A B C D
(a)	3 4 1 2	(b)	2 1 4 3
(c)	1 2 3 4	(d)	4 3 2 1

लघु उत्तरीय प्रश्न

6. भारत के राष्ट्रपति को संसद के किस अंग में गिना जाता है?

7. राज्यसभा के अधिकारों को बताइए।

8. राज्य विधानसभा के कार्यों एवं अधिकारों की विवेचना कीजिए।

दीर्घ उत्तरीय प्रश्न I

9. भारत की संसदीय व्यवस्था में द्वि-सदनात्मक विधायिका को क्यों अपनाया गया है?

10. भारत में दलबदल निरोधक कानून कब तथा क्यों बनाया गया था? इसके कारणों का वर्णन करें।

11. लोकसभा के अध्यक्ष के कार्यों एवं शक्तियों का वर्णन करें।

दीर्घ उत्तरीय प्रश्न II

12. लोकसभा एवं राज्यसभा की शक्तियों का तुलनात्मक वर्णन कीजिए।

13. "विधायिका केवल कानून बनाने वाली संस्था नहीं है।" इस कथन की पुष्टि कीजिए।

14. भारतीय संसद की संरचना और कार्य प्रणाली का वर्णन करें। इसमें लोकसभा और राज्यसभा के प्रमुख कार्यों का उल्लेख करें।

6

अध्याय

जब किसी देश की सामाजिक–आर्थिक विविधता के पहलु अधिक स्पष्ट हो, तो सभी वर्ग के लिए न्याय की पहुँच सुनिश्चित करना सबसे अधिक महत्त्वपूर्ण होता है। ऐसे में एक स्वतंत्र संस्था की भूमिका आवश्यक हो जाती है, जो व्यक्ति को अधिकारों की सुरक्षा की गारंटी दे सके। इस अध्याय में इस संस्था के रूप में न्यायापालिका की संरचना, औचित्य, भूमिका तथा अन्य संस्थाओं से अन्तर्संबंधों के अध्ययन को शामिल किया गया है।

▼ अध्ययन एक नजर में

▼ अभ्यास के लिए

– बहुविकल्पीय प्रश्न 20 (युग्मित प्रश्न, चित्र आधारित प्रश्न, कथन/कारण, सुमेलित कीजिए)

– वर्णनात्मक प्रकार के प्रश्न (लघु उत्तरीय प्रश्न 7, दीर्घ उत्तरीय प्रश्न I 8)

– दीर्घ उत्तरीय प्रश्न II 4,

– स्रोत आधारित प्रश्न 4, मानचित्र आधारित 1

न्यायपालिका

न्यायालय को मुख्य रूप से विभिन्न व्यक्तियों या निजी संस्थाओं के आपसी विवादों को सुलझाने वाली संस्था के रूप में जाना जाता है, परंतु इनके अतिरिक्त न्यायालय राजनैतिक कार्य भी करता है। न्यायपालिका सरकार का एक महत्त्वपूर्ण अंग है। भारत का सर्वोच्च न्यायालय विश्व के सबसे शक्तिशाली न्यायालयों में से एक है। वर्ष 1950 से ही न्यायपालिका ने संविधान की व्याख्या व सुरक्षा करने में महत्त्वपूर्ण भूमिका निभाई है।

6.1 स्वतंत्र न्यायपालिका की आवश्यकता

समाज में व्यक्तियों, समूहों तथा सरकार के मध्य आपस में उठे विवाद को कानून के शासन (Rule of Law) के सिद्धांत के आधार पर एक स्वतंत्र संस्था द्वारा हल किया जाना चाहिए। कानून के शासन का अर्थ है कि धनी और गरीब, स्त्री और पुरुष तथा अगड़े और पिछड़े सभी लोगों पर एकसमान कानून लागू हो। देश में स्वतंत्र **न्यायपालिका**[1] निम्न कार्यों के लिए आवश्यक है

- **कानून के शासन**[2] की रक्षा करती है और कानून की सर्वोच्चता को सुनिश्चित करती है।
- व्यक्ति के अधिकारों की रक्षा करती है।
- सभी विवादों को कानून के अनुसार हल करती है।
- व्यक्ति या समूह की तानाशाही पर अंकुश लगाकर लोकतंत्र को बनाए रखती है।

इस प्रकार की भूमिका का निर्वहन करने के लिए न्यायपालिका का स्वतंत्र व राजनीतिक दबाव से मुक्त होना आवश्यक है।

न्यायपालिका की स्वतंत्रता

- न्यायपालिका की स्वतंत्रता से अभिप्राय कार्यपालिका व विधायिका द्वारा न्यायपालिका के कार्यों में हस्तक्षेप न करना है, जिससे न्यायपालिका समुचित रूप से न्याय प्रदान कर सके। साथ ही सरकार के दूसरे अंगों द्वारा भी न्यायपालिका के निर्णयों में हस्तक्षेप न किया जाए, जिससे न्यायाधीश बिना किसी दबाव, भय तथा भेदभाव के अपना कार्य कर सकें।

1 न्यायपालिका लोकतांत्रिक मूल्यों, देश की जनता व संविधान के प्रति जवाबदेह होती है।

2 कानून के शासन से अभिप्राय कानून की दृष्टि में सभी का समान होना होता है।

- न्यायपालिका की स्वतंत्रता का अर्थ स्वेच्छाचारिता (Arbitrariness) या उत्तरदायित्व का अभाव नहीं है। न्यायपालिका लोकतांत्रिक राजनीतिक संरचना का एक भाग है, जो देश के संविधान, **लोकतांत्रिक मूल्यों** (Democratic Value) और जनता के प्रति जवाबदेह होती है।

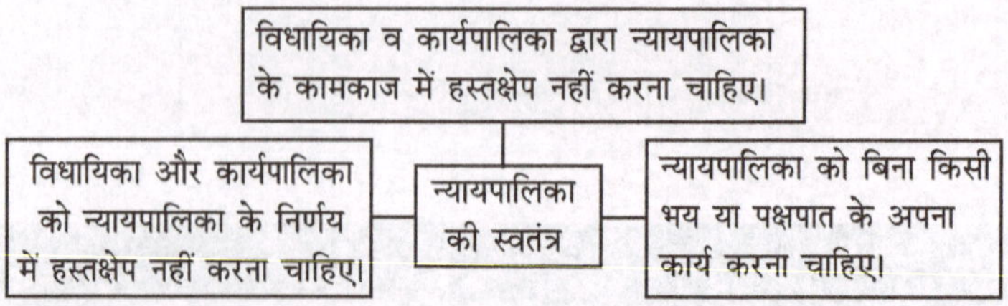

न्यायपालिका की स्वतंत्रता का संरक्षण

भारतीय संविधान द्वारा अनेक प्रावधानों के माध्यम से न्यायपालिका व न्यायाधीशों की स्वतंत्रता सुनिश्चित की गई है। ये प्रावधान निम्नलिखित हैं

- न्यायाधीशों की नियुक्तियों को दलगत राजनीति से दूर रखने के लिए नियुक्तियों के संदर्भ में विधायिका को शामिल नहीं किया जाता है। न्यायपालिका को वित्तीय रूप से कार्यपालिका या विधायिका पर निर्भर नहीं बनाया गया। न्यायाधीशों के वेतन और भत्ते हेतु विधायिका से स्वीकृति लेनी आवश्यक नहीं होती।
- किसी व्यक्ति द्वारा न्यायाधीशों के कार्यों और निर्णयों की व्यक्तिगत आलोचना नहीं की जा सकती है।
- **न्यायालय की अवमानना**[3] का दोषी पाए जाने पर न्यायपालिका उस व्यक्ति अथवा संस्था को दंडित कर सकती है। इस अधिकार से न्यायाधीशों को सुरक्षा मिलेगी और कोई न्यायालय एवं न्यायाधीश की आलोचना भी नहीं करेगा।
- संसद में न्यायाधीशों के आचरण पर चर्चा नहीं की जा सकती है, क्योंकि ऐसा तभी किया जा सकता है, जब उन्हें हटाने से संबंधित प्रस्ताव संसद में विचाराधीन हो। इससे न्यायपालिका आलोचना के भय से मुक्त होकर स्वतंत्र रूप से कार्य कर सकेगी।

न्यायाधीशों का कार्यकाल

- न्यायाधीशों का कार्यकाल निश्चित होता है। उनके कार्यकाल को कम नहीं किया जा सकता अर्थात् वे सेवानिवृत्त होने तक अपने पद पर बने रहते हैं। केवल अपवाद स्वरूप विशेष परिस्थितियों में ही न्यायाधीशों को हटाया जा सकता है।
- संविधान में न्यायाधीशों को हटाने हेतु बहुत-ही कठिन प्रक्रिया निर्धारित की गई है। संविधान निर्माताओं का मानना था कि हटाने की प्रक्रिया कठिन होगी, तो न्यायाधीशों का पद सुरक्षित रहेगा।

न्यायाधीशों की योग्यता

न्यायाधीशों की योग्यता के निम्नलिखित पहलू हैं

- वह भारत का नागरिक हो।
- वह मानसिक रूप से स्वस्थ हो।
- कोई अन्य लाभ का पद न धारण करता हो।
- कम-से-कम 5 वर्षों तक एक या उससे अधिक उच्च न्यायालयों में न्यायाधीश के पद पर रह चुका हो या 10 वर्ष तक उच्च न्यायालय में अधिवक्ता (एडवोकेट) के रूप में कार्य किया हो।
- राष्ट्रपति की दृष्टि में सुयोग्य कानून विशेषज्ञ हो।
- न्यायाधीश के रूप में नियुक्त होने के लिए व्यक्ति को वकालत का अनुभव या कानून का विशेषज्ञ होना अनिवार्य है।
- राजनीतिक विचार से विमुक्त होना चाहिए।

न्यायाधीशों की नियुक्ति

- उच्च न्यायालय व **सर्वोच्च न्यायालय**[4] में न्यायाधीशों के पद बहुत महत्त्वपूर्ण होते हैं। इनकी नियुक्ति राजनीतिक रूप से निर्विवाद न रहने पर संविधान की व्याख्या पर प्रभाव पड़ सकता है, जो राजनीतिक प्रक्रिया का एक हिस्सा है।
- मंत्रिमंडल, राज्यपाल, मुख्यमंत्री और भारत के मुख्य न्यायाधीश न्यायिक नियुक्ति की प्रक्रिया को प्रभावित करते हैं। कई वर्षों से भारत के मुख्य न्यायाधीश के पद पर सर्वोच्च न्यायालय के वरिष्ठ न्यायाधीश को नियुक्त करने की परंपरा बनी हुई थी, परंतु इस परंपरा का दो बार उल्लंघन भी किया गया; जैसे—

---

3 **न्यायालय की अवमानना** एक ऐसी कार्रवाई या शब्द है, जो न्यायालय के आदेशों का अनादर या अवज्ञा करता है तथा न्यायपालिका के अधिकार और गरिमा को प्रभावित करता है।

4 **सर्वोच्च न्यायालय** (Supreme Court) विधायिका द्वारा बनाया गया कोई भी कानून, जो मौलिक अधिकारों का उल्लंघन करता हो, उसे निरस्त कर सकता है।

(i) वर्ष 1973 में तीन वरिष्ठ न्यायाधीशों को छोड़कर न्यायमूर्ति ए एन रे को भारत का मुख्य न्यायाधीश नियुक्त किया गया।

(ii) वर्ष 1975 में न्यायमूर्ति एच आर खन्ना के स्थान पर न्यायमूर्ति एम एच बेग की नियुक्ति कर दी गई ।

- सर्वोच्च न्यायालय व उच्च न्यायालय के अन्य न्यायाधीशों की नियुक्ति राष्ट्रपति मुख्य न्यायाधीश की सलाह पर करता है अर्थात् उनकी नियुक्ति के संदर्भ में वास्तविक शक्ति मंत्रिपरिषद् के पास होती है।
- वर्ष 1982 से 1998 के मध्य सर्वोच्च न्यायालय ने नियुक्ति के संदर्भ में मुख्य न्यायाधीश की भूमिका को पहले केवल सलाहकारी माना था तथा बाद में उस सलाह को सर्वोच्च न्यायालय ने राष्ट्रपति हेतु बाध्य बना दिया।
- अंत में सर्वोच्च न्यायालय ने एक नई व्यवस्था की, जिसके तहत सर्वोच्च न्यायालय का मुख्य न्यायाधीश अन्य चार वरिष्ठतम न्यायाधीशों की सलाह से कुछ नाम राष्ट्रपति को प्रस्तावित करेगा तथा राष्ट्रपति इन्हीं नामों में से नियुक्ति कर सकता है।

सामूहिकता के सिद्धांत

- इस प्रकार, सर्वोच्च न्यायालय ने नियुक्तियों के संदर्भ में **सामूहिकता के सिद्धांत** (Principle of Collegiality) को स्थापित किया, जिस कारणवश आजकल नियुक्तियों के संबंध में सर्वोच्च न्यायालय के वरिष्ठ न्यायाधीशों के समूह का ज्यादा प्रभाव है। इस प्रकार सर्वोच्च न्यायालय और मंत्रिपरिषद् का न्यायपालिका की नियुक्ति में महत्त्वपूर्ण स्थान है।

न्यायाधीशों को पद से हटाना

- सर्वोच्च और उच्च न्यायालय के न्यायाधीशों को उनके कार्यकाल समाप्ति से पूर्व कदाचार साबित होने या अयोग्यता की दशा में उनके पद से हटाया जा सकता है। न्यायाधीशों को हटाने की प्रक्रिया काफी जटिल है।
- संसद द्वारा इस संदर्भ में **विशेष बहुमत**[5] तथा उनके सदस्यों की आम सहमति से प्रस्ताव पास करके ही न्यायाधीशों को उनके पद से हटाया जा सकता है। न्यायाधीशों की नियुक्ति के संदर्भ में कार्यपालिका महत्त्वपूर्ण भूमिका निभाती है, जबकि उनको हटाने की शक्ति विधायिका के पास होती है। इससे न्यायपालिका की स्वतंत्रता व शक्ति में संतुलन बना रहता है।
- अब तक संसद के समक्ष एक न्यायाधीश को हटाने संबंधी प्रस्ताव आया है। सदस्यों द्वारा इसके पक्ष में 2/3 मत डाले गए, परंतु सदन की कुल सदस्य संख्या का बहुमत प्राप्त नहीं हुआ, जिससे न्यायाधीश को हटाया नहीं जा सका।

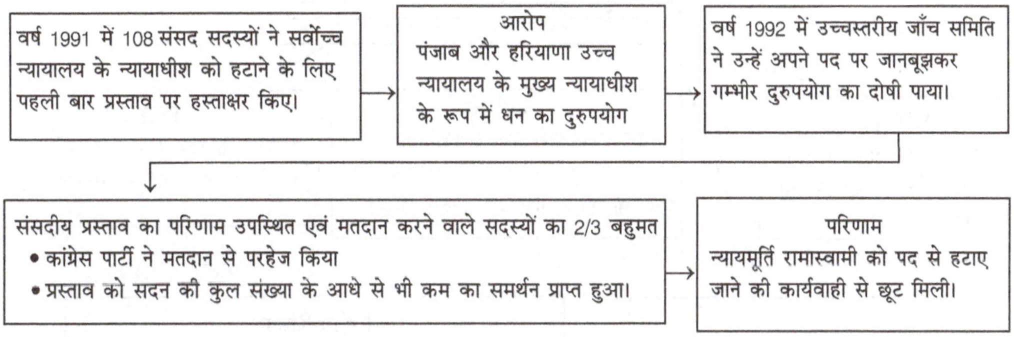

चेक प्वॉइंट 1

1. कानूनों और संवैधानिक प्रावधानों की व्याख्या करने वाली न्यायिक प्रणाली को क्या कहा जाता है?
2. सर्वोच्च न्यायालय के न्यायाधीशों की नियुक्ति कौन करता है?
3. न्यायाधीशों को हटाने के लिए किस प्रकार के बहुमत की आवश्यकता होती है?
4. किस न्यायाधीश को हटाने का मामला संसद के समक्ष लाया गया था?

6.2 न्यायपालिका की संरचना

- भारतीय संविधान में **एकीकृत न्यायिक व्यवस्था** (Unified Judicial System) की स्थापना की गई है। अन्य संघीय देशों में प्रांतीय स्तर के पृथक् न्यायालयों की व्यवस्था है, जबकि भारत में नहीं है। न्यायपालिका की संरचना पिरामिड की तरह है, जिसमें सबसे ऊपर **सर्वोच्च न्यायालय**, फिर **उच्च न्यायालय** तथा सबसे नीचे जिला और **अधीनस्थ न्यायालय** होते हैं। भारतीय न्यायिक प्रक्रिया एक अनुक्रम पर कार्य करती है नीचे दिए गए आरेख में इसी अनुक्रम के आधार पर स्थित न्यायालय ठीक अपने ऊपर स्थित न्यायालय की देख-रेख में कार्य करता है

5 **विशेष बहुमत** इसमें साधारण बहुमत से अधिक बहुमत की आवश्यकता होती है। जिसका प्रयोग अक्सर महत्त्वपूर्ण निर्णयों के लिए किया जाता है।

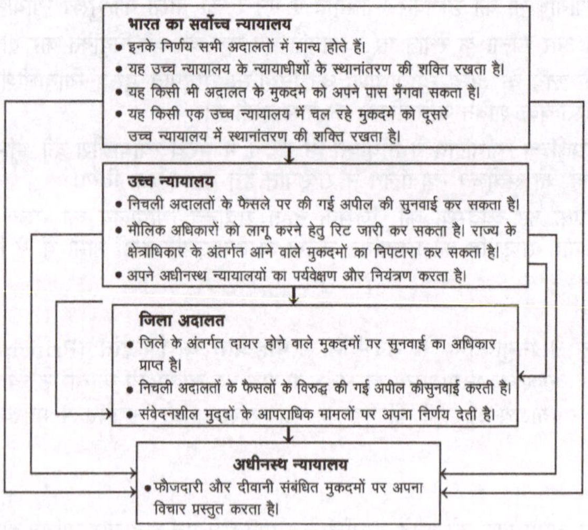

सर्वोच्च न्यायालय का क्षेत्राधिकार

- भारत का सर्वोच्च न्यायालय विश्व के सर्वाधिक शक्तिशाली न्यायालयों में से एक है, लेकिन वह संविधान द्वारा तय की गई सीमा के अंदर ही काम करता है।
- भारतीय संविधान में सर्वोच्च न्यायालय के कार्य और उत्तरदायित्वों को निर्धारित किया गया है।
- सर्वोच्च न्यायालय को विशेष किस्म का क्षेत्राधिकार प्राप्त है जैसे

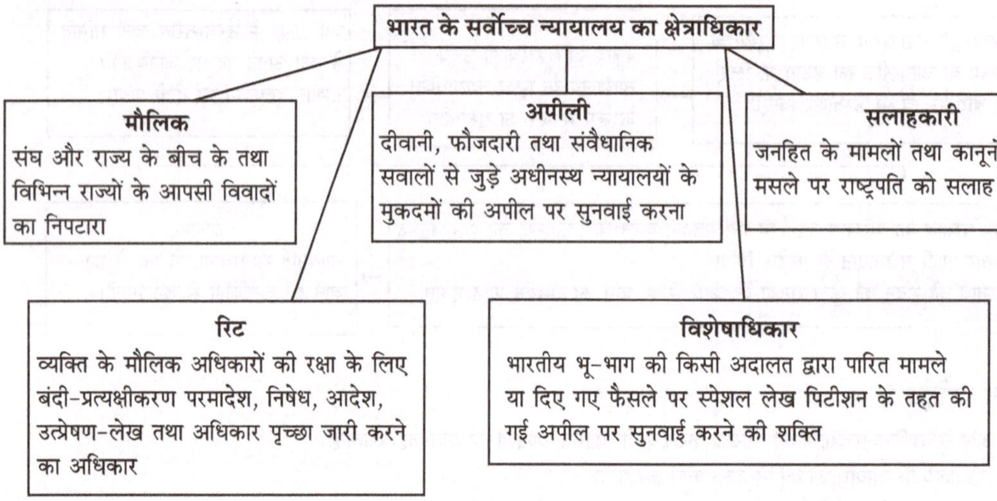

मौलिक क्षेत्राधिकार

- इसका आशय है कि कुछ मामलों की सुनवाई सीधे सर्वोच्च न्यायालय कर सकता है। उनकी सुनवाई निचली अदालतों में आवश्यक नहीं होती; जैसे—संघीय संबंधों से जुड़े मामले। इस क्षेत्राधिकार के अनुसार विभिन्न संघीय मामलों से संबंधित सभी विवादों में सर्वोच्च न्यायालय निर्णायक की भूमिका निभाता है।
- केंद्र व विभिन्न राज्यों के मध्य या विभिन्न राज्यों के आपसी विवादों से संबंधित मामलों की सुनवाई केवल सर्वोच्च न्यायालय कर सकता है, जिस कारण इसे **मौलिक क्षेत्राधिकार** (Fundamental Jurisdiction) भी कहते हैं। इस अधिकार के तहत ही सर्वोच्च न्यायालय संविधान में वर्णित संघ व राज्यों की शक्तियों की व्याख्या करता है।

रिट संबंधी क्षेत्राधिकार

- मौलिक अधिकारों का हनन होने पर कोई भी व्यक्ति सीधे सर्वोच्च न्यायालय से न्याय की माँग के लिए अपील कर सकता है। सर्वोच्च न्यायालय मौलिक अधिकारों के उल्लंघन पर किसी नागरिक की याचिका के आधार पर रिट या विशेष आदेश जारी कर कार्यपालिका को कुछ करने या न करने का आदेश दे सकता है।

- रिट संबंधी क्षेत्राधिकार (Writ Jurisdiction) सर्वोच्च न्यायालय व उच्च न्यायालय दोनों के द्वारा जारी किए जा सकते हैं।

अपीली क्षेत्राधिकार

- सर्वोच्च न्यायालय अपील करने का उच्चतम न्यायालय होता है। कोई भी व्यक्ति उच्च न्यायालय के निर्णय के विरुद्ध सर्वोच्च न्यायालय में अपील कर सकता है, परंतु सर्वोच्च न्यायालय में अपील हेतु उस संदर्भ में व्यक्ति को उच्च न्यायालय से प्रमाण-पत्र प्राप्त करना आवश्यक होता है कि मुकदमा सर्वोच्च न्यायालय में अपील करने योग्य है अर्थात् उसमें संविधान या कानून की व्याख्या करने जैसा कोई गंभीर मामला है।
- इस **क्षेत्राधिकार**[6] के तहत सर्वोच्च न्यायालय उस मामले पर पुनर्विचार करता है एवं उसके कानूनी पहलुओं की जाँच करता है। यदि सर्वोच्च न्यायालय को प्रतीत होता है कि अधीनस्थ न्यायालयों द्वारा उस कानून या संविधान का अर्थ गलत समझा गया है, तो सर्वोच्च न्यायालय उन निर्णयों को बदल सकता है एवं उनसे संबंधित कानूनों और प्रावधानों की नई व्याख्या दे सकता है।
- उच्च न्यायालय द्वारा किसी मामले की अपील हेतु व्यक्ति को प्रमाण-पत्र न दिए जाने व व्यक्ति द्वारा सर्वोच्च न्यायालय में अपील किए जाने की स्थिति में भी सर्वोच्च न्यायालय उस अपील को विचार करने हेतु स्वीकार कर सकता है। उच्च न्यायालय के पास भी निचली अदालतों के निर्णयों के विरुद्ध अपीलीय क्षेत्राधिकार (Appellate Jurisdiction) होता है। उल्लेखनीय है कि यदि फौजदारी के मामले में निचली अदालत किसी को मृत्युदंड (फाँसी की सजा) दे देती है, तो उस निर्णय के विरुद्ध सर्वोच्च या उच्च न्यायालय में अपील की जा सकती है।

सलाह संबंधी क्षेत्राधिकार

- सर्वोच्च न्यायालय के पास सलाह संबंधी क्षेत्राधिकार (Advisory Jurisdiction) भी हैं जिसके अनुसार राष्ट्रपति लोकहित या संविधान की व्याख्या से संबंधित किसी मामले को सर्वोच्च न्यायालय के पास सलाह देने के लिए भेज सकता है। सर्वोच्च न्यायालय उस विषय पर सलाह देने या न देने के लिए बाध्य नहीं होता। साथ ही राष्ट्रपति भी न्यायालय की सलाह मानने को बाध्य नहीं होता।
- सर्वोच्च न्यायालय की सलाह संबंधी शक्ति की मुख्यत: दो उपयोगिताएँ होती हैं, जो निम्नलिखित हैं
  (i) सरकार किसी मामले पर कार्यवाही से पूर्व न्यायालय की कानूनी राय जान लेती है, ताकि बाद के किसी कानूनी विवाद से बचा जा सके।
  (ii) सर्वोच्च न्यायालय की सलाह से सरकार अपने प्रस्तावित निर्णय या विधेयक में समुचित संशोधन कर सकती है।

अनुच्छेद 137 "उच्चतम न्यायालय को अपने द्वारा सुनाए गए निर्णय या दिए गए आदेश का पुनरावलोकन करने की शक्ति होगी।"
अनुच्छेद 144 "भारत के राज्यक्षेत्र के सभी सिविल और न्यायिक प्राधिकारी उच्चतम न्यायालय की सहायता से कार्य करेंगे।"

ये दोनों अनुच्छेद सर्वोच्च न्यायालय तथा न्यायालय की **एकीकृत** (Integrated) प्रकृति को समझने में मदद करते हैं।

6.3 न्यायिक सक्रियता

- जनहित याचिकाओं के माध्यम से लोकहित के विषयों पर न्यायालय द्वारा हस्तक्षेप कर न्याय सुनिश्चित करना ही न्यायिक सक्रियता (Judicial Activism) कहलाता है। इसका मुख्य प्रभावी साधन **जनहित याचिका**[7] या **समाज व्यवहार याचिका**[8] (Social Action Litigation) है।
- उल्लेखनीय है कि न्यायिक सक्रियता और जनहित याचिका दोनों ने न्यायपालिका के कार्यों में क्रांतिकारी परिवर्तन कर उन्हें पहले से अधिक जनोन्मुखी बना दिया है। जनहित याचिका की मुख्य विशेषताएँ इस प्रकार हैं-
  - यह लोक हितैषी नागरिकों और संगठनों को न्यायिक हस्तक्षेप की अनुमति देती है।
  - न्यायपालिका को समाचार-पत्रों की रिपोर्टों और डाक शिकायतों के आधार पर मामलों पर विचार करने की अनुमति दी गई है।
  - यह सार्वजनिक महत्त्व के मुद्दों पर ध्यान केंद्रित करती है, जैसे मौलिक अधिकारों की सुरक्षा, पर्यावरण संरक्षण और गरीबों के लिए जीवन की स्थिति को बेहतर करना।

न्यायिक सक्रियता का प्रभाव

- जनहित याचिका के माध्यम से न्यायालय ने अधिकारों का दायरा बढ़ा दिया। शुद्ध हवा-पानी और अच्छा जीवन पाना पूरे समाज का अधिकार है। न्यायालय का मानना है कि समाज के सदस्य के रूप में अधिकारों के उल्लंघन पर व्यक्तियों को इंसाफ की गुहार लगाने का अधिकार है।

---

6 क्षेत्राधिकार यह कानूनी निर्णय और फैसले लेने की आधिकारिक शक्ति है।
7 जनहित याचिका से न्यायालय द्वारा उन व्यक्तियों के अधिकार सुनिश्चित किए जाते हैं, जो स्वयं न्यायालय की शरण नहीं ले सकते।
8 समाज व्यवहार याचिका यह वंचित वर्ग के लिए सामाजिक-आर्थिक न्याय सुनिश्चित करने का साधन है।

सकारात्मक प्रभाव	नकारात्मक प्रभाव/चुनौतियाँ
न्यायिक प्रणाली का लोकतांत्रीकरण इससे व्यक्ति और समाज दोनों की ही न्यायालयों तक पहुँच आसान होती है।	इससे न्यायालयों में काम का बोझ बढ़ा है।
कार्यपालिका जबावदेही न्यायपालिका कार्यपालिका को उत्तरदायी बनाती है।	न्यायिक सक्रियता से विधायिका, कार्यपालिका और न्यायपालिका के कार्यों के बीच अंतर को धुंधला किया है।
स्वतंत्र और निष्पक्ष चुनाव न्यायालय ने चुनाव लड़ने वाले प्रत्याशियों को अपनी सम्पत्ति, आय और शैक्षणिक योग्यताओं के संबंध में शपथपत्र देने का निर्देश दिया।	न्यायिक सक्रियता से लोकतांत्रिक सिद्धांत को आघात पहुँचा है।

चेक प्वॉइंट 2

1. किसी मामलें में अपील का सर्वोच्च न्यायिक निकाय कौन है?
2. संघ और राज्यों के बीच विवाद का निपटारा किस न्यायालय द्वारा किया जाता है?
3. भारत के सर्वोच्च न्यायालय द्वारा जारी की जाने वाली किन्हीं दो रिटों के नाम बताइए।
4. भारतीय संविधान का कौन-सा अनुच्छेद कहता है कि सर्वोच्च न्यायालय निर्णय पर पुनर्विचार कर सकता है।

प्रारंभिक जनहित याचिकाएँ

- वर्ष 1979 में समाचार-पत्रों में विचाराधीन कैदियों के बारे में कुछ खबरें छपीं। बिहार की जेलों में कैदियों को काफी लंबी अवधि से बंदी बनाकर रखा जा रहा था। जिन अपराधों के लिए उन्हें गिरफ्तार किया गया था, यदि उनमें उन्हें सजा दी जाती, तो भी वे उतनी लंबी अवधि के लिए कैद नहीं किए जा सकते थे।
- इस खबर को आधार बनाकर एक वकील ने एक याचिका दायर की तथा सर्वोच्च न्यायालय में यह मुकदमा चला। यह मुकदमा पहली जनहित **हुसैनारा खातून बनाम बिहार** याचिका के रूप में प्रसिद्ध हुआ।
- वर्ष 1980 में तिहाड़ जेल के एक बंदी ने सर्वोच्च न्यायालय के न्यायाधीश कृष्णा अय्यर को एक पत्र द्वारा बंदियों को दी जाने वाली शारीरिक यातनाओं का वर्णन किया गया था। उस समय न्यायाधीश ने उस पत्र को ही एक याचिका मान लिया था। यद्यपि न्यायालयों ने पत्रों को याचिका के रूप में स्वीकार करने की प्रथा समाप्त कर दी, लेकिन यह मुकदमा **सुनील बत्रा बनाम दिल्ली प्रशासन** (1980) के नाम से शुरुआती जनहित याचिका के रूप में प्रसिद्ध हुआ।

6.4 न्यायपालिका और अधिकार

न्यायपालिका दो माध्यमों से व्यक्ति के अधिकारों की रक्षा का दायित्व पूरा करती है

(i) **अनुच्छेद 32** के माध्यम से सर्वोच्च न्यायालय व अनुच्छेद 226 के माध्यम से उच्च न्यायालय बंदी प्रत्यक्षीकरण (Habeas Corpus), परमादेश (Mandamus) जैसी **रिट**[9] जारी करके मौलिक अधिकारों की स्वतंत्रता सुनिश्चित करते हैं।

(ii) **अनुच्छेद 13** के तहत सर्वोच्च न्यायालय किसी कानून को संविधान से असंगत पाने पर असंवैधानिक घोषित कर, उसके लागू होने पर प्रतिबंध लगा सकता है।

- ये दोनों प्रावधान एक ओर सर्वोच्च न्यायालय की भूमिका, मौलिक अधिकारों के रक्षक तथा दूसरी ओर संविधान के व्याख्याकार के रूप में सुनिश्चित करते हैं। इन दोनों प्रावधानों में द्वितीय प्रावधान सर्वोच्च न्यायालय को न्यायिक पुनरावलोकन (Judicial Review) की शक्ति प्रदान करता है।

न्यायिक पुनरावलोकन अथवा न्यायिक समीक्षा

- न्यायिक पुनरावलोकन की शक्ति का उपयोग कर सर्वोच्च न्यायालय या उच्च न्यायालय किसी भी कानून की संवैधानिकता की जाँच करता है और यदि वह संविधान के प्रावधानों के विपरीत है या मूल अधिकरों का उल्लघंन करता है, तो उसे गैर-संवैधानिक घोषित कर सकता है।
- संविधान में न्यायिक पुनरावलोकन शब्द का उल्लेख नहीं किया गया इसके बावजूद भी यह शक्ति सर्वोच्च न्यायालय तथा उच्च न्यायालय को प्राप्त है।
- सर्वोच्च न्यायालय न्यायिक पुनरावलोकन की शक्ति का प्रयोग निम्नलिखित संदर्भों में कर सकता है
  - संघीय संबंधों के मामलों में कर सकता है, जब केंद्र सरकार राज्य सूची पर कोई कानून बना देती है, तो राज्य सरकार की याचिका पर सर्वोच्च न्यायालय परीक्षण कर उसे असंवैधानिक घोषित कर सकता है।

9 **रिट** यह सर्वोच्च न्यायालय और उच्च न्यायालय द्वारा जारी की जाती है, जिसके द्वारा मौलिक अधिकारों की स्वतंत्रता सुनिश्चित करते हैं।

– मौलिक अधिकारों का उल्लंघन करने वाले कानूनों के सिद्धांत का परीक्षण कर सकता है।
– शक्ति विभाजन के सिद्धांत को प्रभावित करने वाले कानूनों के परीक्षण में कर सकता है।
– विधायिका द्वारा बनाए गए कानूनों के परीक्षण में भी कर सकता है।

- रिट जारी करने की शक्ति, जनहित याचिका व न्यायिक पुनरावलोकन की शक्ति सर्वोच्च न्यायालय तथा उच्च न्यायालय को शक्तिशाली निकाय बनाते हैं।

6.5 न्यायपालिका और संसद

- न्यायपालिका न केवल अधिकारों के मुद्दों पर सक्रिय रही अपितु राजनीतिक व्यवहारों पर इसकी सक्रियता में वृद्धि हुई है, इसलिए वे मुद्दे जो अभी तक न्यायिक सक्रिय से बाहर रहें, उन्हें इसके दायरे में लाया गया; जैसे राष्ट्रपति और राज्यपाल की शक्तियाँ।
- न्यायपालिका ने कई अवसरों पर कार्यपालिका को भी निर्देश दिया, जैसे— हवाला मामला, नरसिंह राव मामला, पेट्रोल पंपों का अवैध आवंटन आदि यद्यपि भारतीय संविधान शक्ति के सीमित बँटवारे, अवरोध और संतुलन के सिद्धांत पर कार्य करता है, जिसके अंतर्गत संसद (विधायिका) कानून बनने तथा उसमें संशोधन का कार्य करती है। न्यायपालिका इन कानूनों की समीक्षा तथा कार्यपालिका इनके कुशल क्रियान्वयन के कार्य से जुड़ी होती है। इसके बावजूद भी न्यायपालिका, कार्यपालिका और विधायिका के मध्य टकराव की स्थिति बन जाती है।
- संविधान लागू होने के तुरंत बाद विधायिका और न्यायपालिका के मध्य विवादों की प्रक्रिया शुरू हो गई (जैसे-संपत्ति के अधिकार, मूल आरक्षण प्रावधान, निवारक नजरबंदी कानून, अधिकारों के संशोधन आदि), जो वर्ष 1967 से 1973 तक लगातार बढ़ ही रही थी।
- इन मुद्दों के परिपेक्ष्य में महत्त्वपूर्ण तथ्य यह हो जाता है कि ऐसे क्या मूलभूत सिद्धांत हो, जिनके आधार पर विधायिका विधि का निर्माण करे तथा विवाद से बचा जा सके। वर्ष 1973 में केशवानंद भारतीवाद में उच्चतम न्यायालय द्वारा कुछ मौलिक सिद्धांत दिए गए।

वर्ष 1973 का उच्चतम न्यायालय का मूल ढाँचा सिद्धांत

केशवानंद भारती मामले (वर्ष 1973) में सर्वोच्च न्यायालय के फैसले ने विधायिका और न्यायपालिका के बीच संघर्ष की प्रकृति को बदल दिया। न्यायालय ने फैसला सुनाया-

- संविधान का एक मूल ढाँचा है, जिसे संसद के द्वारा संविधान संशोधन के माध्यम से बदला नहीं जा सकता।
- संपत्ति के अधिकार के विवादास्पद मुद्दे के बारे में सर्वोच्च न्यायालय ने कहा कि यह मूल ढांचे का हिस्सा नहीं है, अत: इसे बदला जा सकता है।
- वर्ष 1979 में संपत्ति के अधिकार को मौलिक अधिकार की सूची से हटा दिया गया, जिससे विधायिका, न्यायपालिका संबंध को बदलने में सहायता मिली।

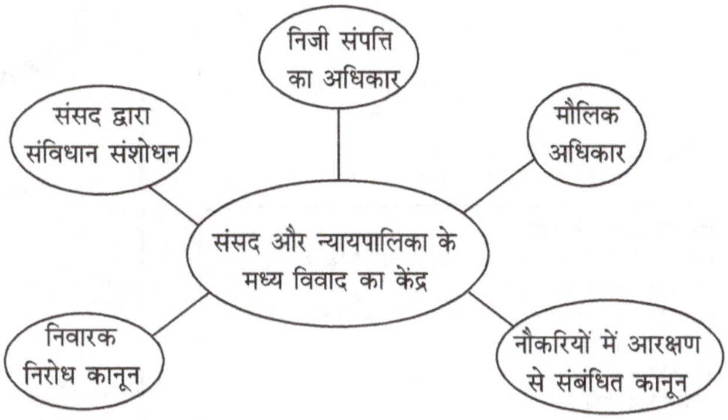

न्यायपालिका और विधायिका के मध्य अनसुलझे मुद्दे

न्यायपालिका और विधायिका के मध्य कुछ मुद्दे अभी भी अनसुलझे हैं, जो इस प्रकार हैं

- संविधान यह प्रावधान करता है कि न्यायाधीशों के आचरण पर संसद में चर्चा नहीं हो सकती, लेकिन अनेक अवसरों पर संसद और राज्यों की विधानसभाओं ने न्यायपालिका के आचरण पर प्रश्न उठाया है।
- इसी प्रकार संसदीय व्यवस्था में विधायिका को विशेषाधिकार हनन का दोषी पाए जाने पर अपने सदस्यों को दंडित करने का अधिकार है, किंतु यह प्रश्न अनसुलझा है कि यदि दोषी सदस्य अपने ऊपर लगे आरोप से असंतुष्ट हैं तो क्या वह न्यायपालिका की शरण में जा सकता है अथवा नहीं। यद्यपि संविधान में दिए गए इन प्रावधानों का उद्देश्य लोकतांत्रिक व्यवस्था में एक अंग दूसरे के प्रति सम्मान तथा कार्य प्रणालियों के मध्य संतुलन बनाना है।

चेक प्वॉइंट 3

1. न्यायिक सक्रियता का सबसे महत्त्वपूर्ण माध्यम क्या है?
2. कानून बनाने तथा उसमें संशोधन करने वाला सर्वोच्च निकाय कौन-सा है?
3. किस वाद में संविधान के मूल ढाँचे का प्रावधान शामिल किया गया है?
4. केशवानंद भारती वाद कब सुनाया गया?

Mind Map

न्यायपालिका

1 परिचय
- न्यायपालिका सरकार का एक महत्त्वपूर्ण अंग है।

न्यायपालिका की भूमिका
- संविधान की व्याख्या करना
- व्यक्तियों के अधिकारों की रक्षा करना।
- लोकतांत्रिक मूल्यों को सुरक्षित रखना।
- व्यक्ति और समूह की तानाशाही को रोकना।
- कानून के अनुसार विवादों का समाधान करना।

न्यायपालिका की स्वतंत्रता
- विधायिका और कार्यपालिका को न्यायपालिका के कार्यों में बाधा नहीं डालनी चाहिए।
- विधायिका और कार्यपालिका को न्यायपालिका के निर्णय में हस्तक्षेप नहीं करना चाहिए।
- न्यायपालिका को बिना किसी भय या पक्षपात के अपने कार्यों का निष्पादन करना चाहिए।

न्यायाधीशों की नियुक्ति
- भारत के मुख्य न्यायाधीश की नियुक्ति राष्ट्रपति द्वारा मुख्य न्यायाधीश (CJI) के परामर्श के बाद की जाती है।
- ए. एन रे वर्ष 1973
- एम. एन. वेग वर्ष 1975 की नियुक्ति विवादास्तद रही क्योंकि इन दोनों न्यायाधीशों की नियुक्ति वरिष्ठ न्यायाधीशों की अनदेखी कर की गई थी।

न्यायाधीशों को पद से हटाना
- सर्वोच्च न्यायालय या उच्च न्यायालय के न्यायाधीश को पद से हटाया जा सकता है।
- न्यायाधीश के विरुद्ध आरोपों पर संसद के एक विशेष बहुमत की स्वीकृति आवश्यक है।
- उपस्थित और मतदान करने वाले सदस्यों के बहुमत की आवश्यकता होती है।

2 न्यायपालिका की संरचना

भारत का सर्वोच्च न्यायालय
- इसके फैसले सभी अदालतों को मानने होते हैं।
- उच्च न्यायालय के न्यायाधीशों की तबादला में भूमिका रहती है।
- यह किसी भी अदालत का मुकदमा अपने पास मँगवा सकता है।
- इसके निर्णय सभी न्यायालयों पर बाध्यकारी होते हैं।

उच्च न्यायालय
- निचली अदालतों के फैसले पर की गई अपील की सुनवाई कर सकता है।
- मौलिक अधिकारों को बहाल करने के लिए रिट जारी कर सकता है।

जिला अदालत
- जिले में दायर मुकदमों की सुनवाई करती है।
- गंभीर किस्म के आपराधिक मामलों पर फैसला देती है।

अधीनस्थ न्यायालय
- फौजदारी और दीवानी किस्म के मुकदमों पर विचार करती है।

भारत के सर्वोच्च न्यायालय का क्षेत्राधिकार

मौलिक
- संघ और राज्यों के बीच तथा विभिन्न राज्यों के आपसी विवादों का निपटारा।

रिट
- व्यक्ति के मौलिक अधिकारों की रक्षा के लिए बंदी प्रत्यक्षीकरण, परमादेश, निषेध-आदेश, उत्प्रेषण-लेख तथा अधिकार पृच्छा जारी करने का अधिकार।

अपीली
- दीवानी, फौजदारी तथा संवैधानिक सवालों से जुड़े अधीनस्थ न्यायालयों के मुकदमों की अपील पर सुनवाई करना।

सलाहकारी
- जनहित के मामलों तथा कानून मसले पर राष्ट्रपति को सलाह देना।

3 न्यायिक सक्रियता
- **जनहित याचिका** (PIL) **और सामाजिक व्यवहार याचिका** (SAL) ये ऐसे कानूनी साधन हैं, जो व्यक्तियों और संगठनों को दूसरे की ओर से मुकदमा दायर करने की अनुमति देते

न्यायिक सक्रियता का प्रभाव

सकारात्मक प्रभाव
- न्यायाधीशों प्रणाली का लोकतंत्रीकरण।
- स्वतंत्र और निष्पक्ष चुनाव।
- कार्यपालिका की जवाबदेही।

नकारात्मक प्रभाव
- न्यायासियों पर अधिक कार्यभार।
- लोकतांत्रिक संतुलन के लिए खतरा।
- शक्तियों के बीच सीमाओं का अस्पष्ट होना।

4 न्यायपालिका और अधिकार
- सर्वोच्च न्यायालय मौलिक अधिकारों को फिर से स्थापित कर सकता है।
- सर्वोच्च न्यायालय की तरह (अनुच्छेद -32) उच्च न्यायालयों (अनुच्छेद- 226) को भी ऐसी रिट जारी करने की शक्ति है।

5 न्यायपालिका और संसद

संसद और न्यायपालिका के बीच विवादास्पद क्षेत्र
- संविधान को संशोधित करने की संसद की शक्ति।
- संपत्ति का अधिकार।
- मौलिक अधिकार।
- निवारक निरोधन कानून।
- नौकरियों में आरक्षण से संबंधित कानून।

सर्वोच्च न्यायालय का निर्णय (वर्ष 1973)
- संविधान की मौलिक संरचना को बदला नहीं जा सकता।
- संपत्ति का अधिकार मौलिक अधिकारों का हिस्सा नहीं हैं।

NCERT फोल्डर

अध्याय के मध्य में दिए गए प्रश्न

1. आपकी राय में निम्नलिखित में से कौन-कौन न्याययाधीशों के निर्णय को प्रभावित करते हैं? क्या आप इन्हें ठीक मानते हैं?

- संविधान
- अन्य अदालतों की राय
- पहले दिए गए फैसलें
- जनमत
- मीडिया
- कानून की परंपराएँ
- कानून
- समय और कर्मचारियों की कमी
- सार्वजनिक आलोचना का भय
- कार्यपालिका द्वारा कार्रवाही का भय

उत्तर न्यायाधीशों के निर्णय को कई तरह के कारक प्रभावित करते हैं जिनमें संविधान, जनमत, अन्य अदालतों की राय, पहले दिए गए फैसले, मीडिया, कानून की परंपराएँ, सार्वजनिक आलोचना का भय, समय और कर्मचारियों की कमी आदि का निर्णयों पर असर पड़ता है।

- **संविधान** न्यायाधीश को सजा सुनाते समय संविधान में वर्णित दिशा-निर्देशों के अनुसार ही निर्णय लेना पड़ता है।
- **जनमत** जनता की राय का न्यायालयों पर प्रभाव पड़ता है। उदाहरण के लिए, यदि किसी नीति या मुद्दे पर अधिकतर लोग सहमत हैं, तो अदालत का निर्णय भी जनता की राय से मिलता -जुलता है।
- **अन्य अदालतों की राय** अन्य अदालतों की राय, न्यायाधीशों के न्याय निर्णय को प्रभावित करती है। जैसे कि अपील न्यायालयों के निर्णय और दिशा-निर्देश न्यायाधीशों के निर्णय में महत्त्वपूर्ण भूमिका होती है।
- **पहले लिए गए फैसले** पूर्व के न्यायाधीशों के निर्णय, वर्तमान में किसी फैसले के आधार बनते हैं। अतः पहले लिए गए फैसले, न्याय निर्णयन को प्रभावित करते हैं।
- **मीडिया** मीडिया की भूमिका, न्यायाधीशों के निर्णयों को प्रभावित करने में अग्रणी है। इसके अंतर्गत पूर्वाग्रह, न्यायाधीशों के निर्णय को प्रभावित करते हैं।
- **कानून एवं कानूनी परंपराएँ** न्यायाधीश को संसद द्वारा बनाए गए कानून और सजा संबंधी दिशा-निर्देशों तथा कानूनी परंपराएँ निर्णयों को प्रभावित करती हैं।
- **समय और कर्मचारियों की कमी** समय और कर्मचारियों की कमी न्यायाधीशों के निर्णयों को प्रभावित करती है। समय की कमी होने पर संभव है कि निर्णय जल्दबाजी में लिया गया हो।
- **सार्वजनिक आलोचना का भय** सार्वजनिक आलोचना का भय न्याय निर्णयों को प्रभावित करता है। इस प्रक्रिया के अंतर्गत न्यायाधीश त्रुटि युक्त निर्णयों के लिए बाध्य हो जाता है। ऐसे निर्णय सदैव जनभावनाओं, बहुसंख्यक आबादी आदि के पक्ष में दिए जाते हैं।

2. (a) न्यायपालिका की स्वतंत्रता क्यों महत्त्वपूर्ण है?

उत्तर न्यायपालिका की स्वतंत्रता का अर्थ है कि न्यायाधीश बिना किसी बाहरी दबाव के, निष्पक्षता से मामले का निर्णय करते हैं। न्यायपालिका की स्वतंत्रता से सरकार के गैर-कानूनी कार्यों से नागरिकों की रक्षा होती है।

(b) क्या आपकी राय में कार्यपालिका के पास न्यायाधीशों को नियुक्त करने की शक्ति होनी चाहिए?

उत्तर नहीं, कार्यपालिका के पास न्यायाधीशों को नियुक्त करने की शक्ति नहीं होनी चाहिए, इसके निम्नलिखित कारण हैं

(i) न्याय निर्णयों पर बाहरी दबाव से निष्पक्षता प्रभावित होगी।

(ii) लोगों के अधिकारों एवं आजादी पर सरकारी नियंत्रण स्थापित हो जाएगा।

(iii) सरकार के गैर-कानूनी कार्यों से नागरिकों की रक्षा में बाधा उत्पन्न होगी।

(c) यदि आप से न्यायाधीशों की नियुक्ति की प्रक्रिया में बदलाव करने का सुझाव देने को कहा जाए तो आप क्या सुझाव देंगे?

उत्तर न्यायाधीशों की नियुक्ति की प्रक्रिया में बदलाव करने के लिए प्रमुख सुझाव निम्नलिखित हैं

(i) **परामर्श और सामान्य सहमति** उच्च न्यायापलिका में नियुक्ति करते समय महिलाओं सहित समाज के हाशिए में पड़े वर्गों की समावेशिता पर ध्यान देना चाहिए।

(ii) **प्रक्रिया ज्ञापन** (MoP) **में सुधार** भारत के मुख्य न्यायाधीशों, उच्चतम न्यायालय और उच्च न्यायालय के न्यायाधीशों की नियुक्ति के लिए MoP में सुधार की आवश्यकता है।

(iii) **व्यापक न्यायिक सुधार** नियुक्तियों से परे, भारत को व्यापक न्यायिक सुधार की आवश्यकता है। हमारी वर्तमान प्रणाली अनुबंधों के प्रवर्तन, उच्च मुकदमें बाजी लागत और न्यायिक परिणामों में असंगति से संबंधित चुनौतियों का सामना करती है।

इन मुद्दों पर ध्यान देने से न्यायपालिका अधिक कुशल और प्रभावी बनेगी।

3. सर्वोच्च न्यायालय को अपने ही फैसले को बदलने की इजाजत क्यों दी गई है? क्या यह मान लिया गया है कि अदालत से भी चूक हो सकती है? क्या यह संभव है कि फैसलों पर पुनर्विचार करने के लिए जो खंडपीठ बैठी है, उसमें वह न्यायाधीश भी शामिल है, जो फैसला सुनाने वाली खंडपीठ में था?

उत्तर **अनुच्छेद** 137 के अंतर्गत सर्वोच्च न्यायालय को अपने निर्णयों का पुनर्रावलोकन करने का अधिकार प्राप्त है। यदि सर्वोच्च न्यायालय को यह प्रतीत हो कि उसके द्वारा दिए गए निर्णय में किसी एक पक्ष के प्रति न्याय नहीं हुआ है, तो वह अपने निर्णय पर पुनर्विचार कर सकता है। हाँ, यह संभव है कि फैसले पर पुनर्विचार करने के लिए जो खंडपीठ बैठी है उसमें वह न्यायाधीश शामिल हो सकता है, जो फैसला सुनाने वाली खंडपीठ में था।

4. सूची I के साथ सूची II को सुमेलित कीजिए

सूची I	सूची II
A. बिहार और भारत सरकार के मध्य विवाद की सुनवाई कौन करेगा	1. उच्च न्यायालय
B. हरियाणा के जिला न्यायालय के निर्णय के विरुद्ध अपील कहाँ की जाएगी	2. परामर्श संबंधी क्षेत्राधिकार
C. एकीकृत न्यायपालिका	3. न्यायिक पुनर्निरीक्षण
D. किसी कानून को असंवैधानिक घोषित करना।	4. मौलिक अधिकार
	5. सर्वोच्च न्यायालय
	6. एकल संविधान

कूट

	A	B	C	D		A	B	C	D
(a)	5	1	6	3	(b)	1	5	2	3
(c)	2	3	4	5	(d)	3	4	6	2

उत्तर (a) सही सुमेलन – A-5, B-1, C-6, D-3 है।

- बिहार और भारत सरकार के मध्य विवाद की सुनवाई सर्वोच्च न्यायालय करेगा।
- हरियाणा के जिला न्यायालय के निर्णय के विरुद्ध अपील उच्च न्यायालय में की जाएगी।
- एकीकृत न्यायपालिका, एकल संविधान का प्रारूप है।
- किसी कानून को असंवैधानिक घोषित करना, न्यायिक पुनर्निरीक्षण का प्रमुख कार्य है।

5.

क्या आप जानते हैं कि हाल के दिनों में न्यायपालिका ने 'बंद' और 'हड़ताल' को अपने फैसलें में अवैध करार दिया है।

उत्तर हाँ, हाल के दिनों में न्यायपालिका ने बंद और हड़ताल को अपने फैसले में अवैध करार दिया है। अवैध हड़ताल शुरू करने या उसमें भाग लेने वाले लोगों को 'एक वर्ष तक की कैद या ₹10,000 रुपये के जुर्माने का प्रावधान किया गया है।'

6. मैंने कुछ लोगों को कहते सुना है कि जनहित की याचिका का वास्तविक आशय होता है 'निजी हित की याचिका' ऐसा भला क्यों?

उत्तर जनहित याचिका का तात्पर्य निजी हित की याचिका से है। इसके अतंगर्त समाज के सदस्य के रूप में, अधिकारों के उल्लंघन पर व्यक्तियों को इंसाफ की गुहार लगाने का अधिकार है।

7. जनहित याचिका के माध्यम से दायर कम-से-कम एक मुकदमें का ब्योरा जुटाएँ और पता करें कि किस प्रकार उस मामले से जनता के हित की रक्षा हुई?

उत्तर वर्ष 1980 में तिहाड़ जेल के एक बंदी ने सर्वोच्च न्यायालय के न्यायाधीश कृष्ण अय्यर को पत्र भेजा। उसमें बंदियों को दी जाने वाली शारीरिक यातनाओं का वर्णन किया गया था। न्यायाधीश ने उसे एक याचिका मान लिया। यद्यपि बाद के न्यायालयों के पत्रों को याचिका के रूप में स्वीकार करने की प्रथा समाप्त कर दी, लेकिन यह मुकदमा 'सुनील बत्रा बनाम दिल्ली प्रशासन (1980)' के नाम से शुरुआती जनहित याचिका के नाम से प्रसिद्ध हुआ।

8. मेरा विचार है कि न्यायिक सक्रियता का रिश्ता कार्यपालिका और विधायिका को यह बताने से है कि उन्हें क्या करना चाहिए? यदि विधायिका और कार्यपालिका ने फैसला सुनाना शुरू कर दिया तो फिर क्या होगा?

उत्तर जनहित याचिकाओं की संख्या में वृद्धि और न्यायपालिका का अधिक हस्तक्षेप न्यायालयों पर काम का बोझ बढ़ा रहा है। इसके अतिरिक्त न्यायिक सक्रियता के कारण विधायिका और कार्यपालिका के बीच अंतर धुँधला हो गया है। न्यायालय अब उन मुद्दों में हस्तक्षेप कर रहा है, जो कार्यपालिका के क्षेत्राधिकार में आते हैं, जिससे कार्यपालिका को अपने कर्त्तव्यों का निर्वहन करने में मुश्किलें आ सकती हैं। मेरा मानना है कि न्यायिक सक्रियता का मुख्य उद्देश्य विधायिका और कार्यपालिका को यह दिशा देना है कि उहें क्या करना चाहिए। यदि विधायिका और कार्यपालिका ने फैसला सुनाना प्रारंभ कर दिया, तो लोकतांत्रिक सिद्धांत को आघात पहुँचेगा।

9. न्यायालय न्यायिक पुनरावलोकन की शक्ति का प्रयोग कब करता है?

उत्तर न्यायालय न्यायिक पुनरावलोकन की शक्ति का प्रयोग तब करता है जब सर्वोच्च न्यायालय किसी भी कानून की संवैधानिकता की जाँच करता है और यदि वह संविधान के प्रावधानों के विपरीत हो, तो न्यायालय उसे गैर संवैधानिक घोषित कर सकता है। यद्यपि संविधान में कहीं भी न्यायिक पुनरावलोकन का उल्लेख नहीं किया गया है।

10. न्यायिक पुनरावलोकन और रिट में क्या अंतर है?

उत्तर न्यायिक पुनरावलोकन, कानून की वैधता की समीक्षा करने की एक सामान्य प्रक्रिया है, वही रिट एक विशेष आदेश होता है, जिसे न्यायालय विशेष मामलों में लागू करता है। न्यायिक पुनरावलोकन की शक्ति, राज्यों की विधायिका द्वारा बनाए गए कानूनों पर लागू होती है, वही रिट जारी करने की शक्ति, न्यायपालिका व्यक्ति के मौलिक अधिकारों को लागू करती है।

11. न्यायपालिका और संसद के बीच टकराव के मुद्दे रहे हैं-

- न्यायाधीशों की नियुक्ति
- न्यायाधीशों के वेतन और भत्ते
- संसद के द्वारा संविधान संशोधन का दायरा
- संसद द्वारा न्यायपालिका के कार्यों में हस्तक्षेप

उत्तर न्यायाधीशों और संसद के मध्य टकराव के मुद्दे इस प्रकार हैं

(i) **न्यायाधीशों की नियुक्ति** न्यायपालिका और कार्यपालिका के बीच शक्ति के पृथक्करण के सिद्धांत का हवाला देते हुए सरकार कहती है कि शक्ति के पृथक्करण का सिद्धांत न्यायपालिका के लिए उतना ही बाध्यकारी होगा, जितना कार्यपालिका के लिए।

(ii) **न्यायाधीशों के वेतन और भत्ते** न्यायाधीशों के वेतन और भत्ते बढ़ाने का अधिकार संसद के पास है, अतः न्यायाधीश इस प्रक्रिया को स्वयं पर सीधा हस्तक्षेप मानते हैं।

(iii) **संसद द्वारा संविधान संशोधन का दायरा** 42वें संवैधानिक संशोधन अधिनियम 1976 द्वारा सर्वोच्च न्यायालय और उच्च न्यायालयों के अधिकार क्षेत्र में कटौती की गई। इसके परिणामस्वरूप दोनों के बीच लगातार टकराव बना हुआ है।

(iv) **संसद द्वारा न्यायपालिका के कार्यों में हस्तक्षेप** संपत्ति के अधिकार और संसद की संविधान को संशोधित करने की शक्ति के संबंध में न्यायपालिका और संसद के बीच कार्य क्षेत्र को लेकर विवाद बना हुआ है।

12. सार्वजनिक जीवन में भ्रष्टाचार को नियंत्रित करने में न्यायपालिका किस तरह सक्रिय रहती है?

उत्तर सार्वजनिक जीवन में भ्रष्टाचार पर अंकुश लगाने के लिए न्यायपालिका भ्रष्ट व्यक्तियों के विरुद्ध सख्त दंड लगा सकती है। यह राजनीति में अपराधियों को कम करने दंड और अधिक प्रतिबंध भी लगा सकती है। भ्रष्टाचार पर अंकुश लगाने के लिए राजनीतिक प्रक्रियाओं को और अधिक पारदर्शी बनाया जा सकता है।

निम्नलिखित प्रश्नों के उत्तर दीजिए

1. न्यायपालिका की स्वतंत्रता को सुनिश्चित करने के विभिन्न तरीके कौन-कौन से हैं? निम्नलिखित में जो बेमेल हों, उसे छाँटें।

(a) **सर्वोच्च न्यायालय के अन्य न्यायाधीशों की नियुक्ति में सर्वोच्च न्यायालय के मुख्य न्यायाधीश से सलाह ली जाती है**

(b) **न्यायाधीशों को अमूमन अवकाश प्राप्ति की आयु से पहले नहीं हटाया जाता**

(c) **उच्च न्यायालय के न्यायाधीश का तबादला दूसरे उच्च न्यायालय में नहीं किया जा सकता**

(d) **न्यायाधीशों की नियुक्ति में संसद का दखल नहीं है**

उत्तर (c) उच्च न्यायालय के न्यायाधीश का तबादला दूसरे उच्च न्यायालय में नहीं किया जा सकता

2. क्या न्यायपालिका की स्वतंत्रता का अर्थ यह है कि न्यायपालिका किसी के प्रति जवाबदेह नहीं है? अपना उत्तर अधिकतम 100 शब्दों में लिखें।

उत्तर लोकतांत्रिक शासन व्यवस्था में स्वतंत्र न्यायपालिका का होना अत्यंत आवश्यक है। संभवतः इसलिए न्यायपालिका को स्वतंत्र बनाने के लिए भारत के संविधान में अनेक प्रावधानों का उल्लेख किया गया है। न्यायपालिका सरकार के दो अंगों—कार्यपालिका और विधायिका के नियंत्रण से मुक्त है। न्यायपालिका के कार्य में सरकार का कोई अंग हस्तक्षेप नहीं कर सकता, परंतु इसका अर्थ यही नहीं है कि न्यायपालिका किसी के प्रति उत्तरदायी नहीं है अर्थात् न्यायपालिका की स्वतंत्रता का अर्थ स्वेच्छाचारिता या उत्तरदायित्व का अभाव नहीं है। न्यायपालिका देश की लोकतांत्रिक-राजनीतिक संरचना का एक हिस्सा है। इस दृष्टिकोण से न्यायपालिका देश के संविधान, लोकतांत्रिक परंपरा और जनता के प्रति जवाबदेह है।

3. न्यायपालिका की स्वतंत्रता को बनाए रखने के लिए संविधान के विभिन्न प्रावधान कौन-कौन से हैं?

उत्तर एक स्वतंत्र न्यायपालिका ही निष्पक्ष न्याय प्रदान कर सकती है। अतः भारतीय संविधान द्वारा न्यायपालिका की स्वतंत्रता को बनाए रखने के लिए अनेक प्रावधान किए गए हैं, जो इस प्रकार हैं

(i) **न्यायाधीशों की नियुक्ति के संबंध में प्रावधान** न्यायाधीशों की नियुक्ति के संबंध में सभी अधिकार राष्ट्रपति को दिए गए हैं। इनकी नियुक्तियों के मामले में विधायिका को शामिल नहीं किया गया है।

(ii) **कार्यप्रणाली के संबंध में प्रावधान** न्यायपालिका की स्वतंत्रता को बनाए रखने के लिए उसकी कार्यप्रणाली के नियमन हेतु नियम बनाने का अधिकार भी स्वयं न्यायपालिका को है।

(iii) **कार्यकाल** न्यायाधीशों का कार्यकाल निश्चित होता है अर्थात् नियुक्ति के पश्चात् उनके कार्यकाल को कम नहीं किया जा सकता। इस तरह से सेवानिवृत्त होने तक अपने पद पर बने रहते हैं। संविधान द्वारा उसे एक विशेष प्रक्रिया द्वारा उसके पद से हटाया जा सकता है।

(iv) **वेतन-भत्ते** न्यायपालिका वित्तीय रूप से विधायिका या कार्यपालिका पर निर्भर नहीं है अर्थात् न्यायाधीशों के वेतन और भत्ते के लिए विधायिका की स्वीकृति की आवश्यकता नहीं होती है।

(v) **अवमानना होने पर दंडित करने का अधिकार** न्यायाधीशों के कार्यों और निर्णयों की व्यक्तिगत आलोचना नहीं की जा सकती है। यदि कोई न्यायालय की अवमानना का दोषी पाया जाता है, तो न्यायपालिका को उसे दंडित करने का अधिकार है।

4. नीचे दी गई समाचार रिपोर्ट पढ़ें और उनमें निम्नलिखित पहलुओं की पहचान कीजिए

(a) मामला किस बारे में है?

(b) इस मामले में लाभार्थी कौन है?

(c) इस मामले में फरियादी कौन है?

(d) सोचकर बताएँ कि कंपनी की तरफ से कौन-कौन से तर्क दिए जाएँगे?

(e) किसानों की तरफ से कौन-कौन से तर्क दिए जाएँगे?

सर्वोच्च न्यायालय ने रिलायंस से दहानु के किसानों को ₹ 300 करोड़ देने को कहा–निजी कॉर्पोरेट ब्यूरो, 24 मार्च, 2005

मुंबई–सर्वोच्च न्यायालय ने रिलायंस एनर्जी से मुंबई के बाहरी क्षेत्र दहानु में चीकू फल उगाने वाले किसानों को ₹ 300 करोड़ देने के लिए कहा है। चीकू उत्पादक किसानों ने अदालत में रिलायंस के ताप-ऊर्जा संयंत्र से होने वाले प्रदूषण के विरुद्ध अर्जी दी थी। अदालत ने इसी मामले में अपना फैसला सुनाया है। दहानु मुंबई से 150 किमी दूर है। एक दशक पहले तक इस इलाके की अर्थव्यवस्था खेती और बागवानी के बूते आत्मनिर्भर थी और दहानु की प्रसिद्धि यहाँ के मछली-पालन तथा जंगलों के कारण थी।

वर्ष 1989 में इस इलाके में ताप-ऊर्जा संयंत्र चालू हुआ है और इसी के साथ शुरू हुई इस इलाके की बर्बादी। अगले साल इस उपजाऊ क्षेत्र की फसल पहली दफा मारी गई। कभी महाराष्ट्र के लिए फलों का टोकरा रहे दहानु की अब 70% फसल समाप्त हो चुकी है। मछली-पालन बंद हो गया है और जंगल विरल होने लगे हैं। किसानों और पर्यावरणविदों का कहना है कि ऊर्जा संयंत्र से निकलने वाली राख भूमिगत जल में प्रवेश कर जाती है और पूरा पारिस्थितिकी तंत्र प्रदूषित हो जाता है।

दहानु तालुका पर्यावरण सुरक्षा प्राधिकरण ने ताप-ऊर्जा संयंत्र को प्रदूषण नियंत्रण की इकाई स्थापित करने का आदेश दिया था, ताकि सल्फर का उत्सर्जन कम हो सके। सर्वोच्च न्यायालय ने भी प्राधिकरण के आदेश के पक्ष में अपना फैसला सुनाया था। इसके बावजूद वर्ष 2002 तक प्रदूषण नियंत्रण का संयंत्र स्थापित नहीं हुआ।

वर्ष 2003 में रिलायंस ने ताप-ऊर्जा संयंत्र को हासिल किया और वर्ष 2004 में उसने प्रदूषण नियंत्रण संयंत्र लगाने की योजना के बारे में एक खाका प्रस्तुत किया। प्रदूषण नियंत्रण संयंत्र चूँकि अब भी स्थापित नहीं हुआ था, इसलिए दहानु तालुका पर्यावरण सुरक्षा प्राधिकरण ने रिलायंस से ' 300 करोड़ की बैंक गारंटी देने को कहा।

उत्तर (a) यह मामला रिलायंस ताप-ऊर्जा संयंत्र द्वारा प्रदूषण के बारे में है।
(b) इस मामले में लाभार्थी किसान हैं।
(c) इस मामले में किसान तथा पर्यावरणविद् फरियादी हैं।
(d) कंपनी की ओर से यह तर्क दिया जाएगा कि इस ताप-ऊर्जा संयंत्र से बहुत लाभ होगा, जिससे क्षेत्र में ऊर्जा की कमी नहीं रहेगी।
(e) किसानों की तरफ से ये तर्क दिए जाएँगे कि ताप-ऊर्जा संयंत्र के कारण उनकी चीकू की फसलें बर्बाद हो गईं तथा मछली-पालन का कारोबार भी कम हो गया, जिससे लोग बेरोजगार हो गए हैं।

5. नीचे की समाचार रिपोर्ट पढ़ें और चिह्नित करें कि रिपोर्ट में किस-किस स्तर की सरकार सक्रिय दिखाई देती है?
(a) सर्वोच्च न्यायालय की भूमिका की निशानदेही करें।
(b) कार्यपालिका और न्यायपालिका के कामकाज की कौन-सी बातें आप इसमें पहचान सकते हैं?
(c) इस प्रकरण से संबद्ध नीतिगत मुद्दे, कानून बनाने से संबंधित बातें, क्रियान्वयन तथा कानून की व्याख्या से जुड़ी बातों की पहचान करें।

सीएनजी मुद्दे पर केंद्र और दिल्ली सरकार एक साथ

स्टाफ रिपोर्टर, द हिंदू सितंबर 23, 2001

राजधानी के सभी गैर-सीएनजी व्यावसायिक वाहनों को यातायात से बाहर करने के लिए केंद्र और दिल्ली सरकार संयुक्त रूप से सर्वोच्च न्यायालय का सहारा लेंगी। दोनों सरकारों में इस बात की सहमति हुई है।

दिल्ली और केंद्र की सरकार ने पूरी परिवहन व्यवस्था को एकल ईंधन प्रणाली से चलाने के बजाय दोहरी ईंधन प्रणाली से चलाने के बारे में नीति बनाने का फैसला किया है, क्योंकि एकल ईंधन प्रणाली खतरों से भरी है और इसके परिणामस्वरूप विनाश हो सकता है। राजधानी के निजी वाहन धारकों ने सीएनजी के प्रयोग को हतोत्साहित करने का भी फैसला किया है। दोनों सरकारें राजधानी में 0.05 प्रतिशत निम्न सल्फर डीजल से बसों को चलाने की अनुमति देने के बारे में दबाव डालेंगी। इसके अतिरिक्त अदालत में कहा जाएगा कि जो व्यावसायिक वाहन यूरो-दो मानक को पूरा करते हैं, उन्हें महानगर में चलने की अनुमति दी जाए।

हालाँकि केंद्र और दिल्ली सरकार अलग-अलग हलफनामा दायर करेंगे, लेकिन इनमें समान बिंदुओं को उठाया जाएगा। केंद्र सरकार सीएनजी के मसले पर दिल्ली सरकार के पक्ष को अपना समर्थन देगी। दिल्ली की मुख्यमंत्री शीला दीक्षित और केंद्रीय पेट्रोलियम एवं प्राकृतिक गैस मंत्री श्री राम नाईक के बीच हुई बैठक में ये फैसले लिए गए। श्रीमती शीला दीक्षित ने कहा कि केंद्र सरकार अदालत से विनती करेगी कि डॉ. आर ए मशेलकर की अगुआई में गठित उच्चस्तरीय समिति को ध्यान में रखते हुए अदालत बसों को सीएनजी में बदलने की आखिरी तारीख आगे बढ़ा दे, क्योंकि 10,000 बसों को निर्धारित समय में सीएनजी में बदल पाना असंभव है। डॉ. मशेलकर की अध्यक्षता में गठित समिति पूरे देश के ऑटो ईंधन नीति का सुझाव देगी। उम्मीद है कि यह समिति छः माह में अपनी रिपोर्ट पेश करेगी। मुख्यमंत्री ने कहा कि अदालत के निर्देशों पर अमल करने के लिए समय की जरूरत है। इस मामले पर समग्र दृष्टि अपनाने की बात करते हुए श्रीमती शीला दीक्षित ने बताया-'सीएनजी से चलने वाले वाहनों की संख्या, सीएनजी की आपूर्ति करने वाले स्टेशनों पर लगी लंबी कतार की समाप्ति, दिल्ली के लिए पर्याप्त मात्रा में सीएनजी ईंधन जुटाने तथा अदालत के निर्देशों को अमल में लाने के तरीके और साधनों पर एकसाथ ध्यान दिया जाएगा'।

सर्वोच्च न्यायालय ने ...... सीएनजी के अतिरिक्त किसी अन्य ईंधन से महानगर में बसों को चलाने की अपनी मनाही में छूट देने से इंकार कर दिया था, लेकिन अदालत का कहना था कि टैक्सी और ऑटो-रिक्शा के लिए भी सिर्फ सीएनजी प्रयोग की जाए, इस बात पर उसने कभी जोर नहीं डाला। श्री राम नाईक का कहना था कि केंद्र सरकार सल्फर की कम मात्रा वाले डीजल से बसों को चलाने की अनुमति देने के बारे में अदालत से कहेगी, क्योंकि पूरी यातायात व्यवस्था को सीएनजी पर निर्भर करना खतरनाक हो सकता है। राजधानी में सीएनजी की आपूर्ति पाइपलाइन के जरिए होती है और इसमें किस किस्म की बाधा अपने पूरे पूरी सार्वजनिक यातायात प्रणाली अस्त-व्यस्त हो जाएगी।

उत्तर (a) इस समाचार रिपोर्ट में दो सरकारों की संयुक्त समस्या को सुलझाने के प्रयास का वर्णन किया गया है। इसमें सर्वोच्च न्यायालय ने कहा—महानगर में बसों को सीएनजी के अतिरिक्त किसी अन्य ईंधन से नहीं चलाया जा सकता है, साथ ही टैक्सी और ऑटो-रिक्शा के लिए भी सिर्फ सीएनजी का प्रयोग करने का आदेश दिया।

(b) कार्यपालिका जब अपने दायित्वों के निर्वहन में असफल होती है या उसकी उपेक्षा करती है, तो न्यायपालिका जनहित को ध्यान में रखते हुए आदेश पारित करती है अथवा कार्यपालिका को अपेक्षित कदम उठाने को निर्देश देती है।
उपरोक्त समाचार रिपोर्ट में यह उल्लेख मिलता है कि यातायात के साधनों द्वारा होने वाले खतरनाक प्रदूषण से निपटने के लिए न्यायालय द्वारा कार्यपालिका से यह कहा गया है कि सीएनजी के अतिरिक्त किसी अन्य ईंधन से महानगर में बसों को चलाने की अनुमति नहीं दी जा सकती।

(c) उपरोक्त रिपोर्ट में वाहनों से होने वाले प्रदूषण से संबंधित नीति मुद्दों की बात की गई है, जिसमें केंद्र और दिल्ली सरकार ने पूरी परिवहन व्यवस्था को एकल ईंधन प्रणाली के स्थान पर दोहरी ईंधन प्रणाली से चलाने के संबंध में नीति बनाने का निर्णय लिया है। दूसरी ओर क्रियान्वयन के संबंध में दिल्ली सरकार का कहना है कि न्यायालय के निर्देश को अमल में लाने के लिए पर्याप्त समय की आवश्यकता है, ताकि यातायात पर कोई प्रतिकूल प्रभाव न पड़े। न्यायालय ने केंद्र सरकार और दिल्ली सरकार को पृथक्-पृथक् शपथ-पत्र दाखिल करने को भी कहा।

6. निम्नलिखित कथन इक्वाडोर के बारे में है। इस उदाहरण और भारत की न्यायपालिका के बीच आप क्या समानता अथवा असमानता पाते हैं?

सामान्य कानूनों को कोई संहिता अथवा पहले सुनाया गया कोई न्यायिक फैसला मौजूद होता तो पत्रकार के अधिकारों को स्पष्ट करने में मदद मिल सकती थी। दुर्भाग्य से इक्वाडोर की अदालत इस रीति से काम नहीं करती। पिछले मामलों में उच्चतर अदालत के न्यायाधीशों ने जो फैसले दिए हैं, उन्हें कोई न्यायाधीश उदाहरण के रूप में मानने के लिए बाध्य नहीं है।

संयुक्त राज्य अमेरिका के विपरीत इक्वाडोर (अथवा दक्षिण अमेरिका में किसी और देश) में जिस न्यायाधीश के सामने अपील की गई है, उसे अपना फैसला और उसका कानूनी आधार लिखित रूप में नहीं देना होता। कोई न्यायाधीश आज एक मामले में कोई फैसला सुनाकर कल उसी मामले में दूसरा फैसला दे सकता है और इसमें उसे यह बताने की जरूरत नहीं कि वह ऐसा क्यों कर रहा है।

उत्तर उपरोक्त कथन से ज्ञात होता है कि इक्वाडोर और भारत की न्यायपालिका में कोई समानता नहीं है, क्योंकि इक्वाडोर में उच्चतम अदालत के न्यायाधीशों के द्वारा दिए गए फैसलों को कोई न्यायाधीश उदाहरण के रूप में मानने के लिए बाध्य नहीं होता है, जबकि भारत के सर्वोच्च न्यायालय के न्यायाधीशों द्वारा दिए गए फैसले पर विचार किया जाता है और यह लिखित रूप में होता है, जो उच्च न्यायालयों के लिए दिशा-निर्देश का कार्य करता है।

7. निम्नलिखित कथनों को पढ़िए और सर्वोच्च न्यायालय द्वारा अमल में लाए जाने वाले विभिन्न क्षेत्राधिकार, मसलन-मूल, अपीली और सलाहकारी से इनका मिलान कीजिए।

(a) **सरकार जानना चाहती थी कि क्या वह पाकिस्तान अधिग्रहित जम्मू-कश्मीर के निवासियों की नागरिकता के संबंध में कानून पारित कर सकती है।**

(b) **कावेरी नदी के जल-विवाद के समाधान के लिए तमिलनाडु सरकार अदालत की शरण लेना चाहती है।**

(c) **बाँध स्थल से हटाए जाने के विरुद्ध लोगों द्वारा की गई अपील को अदालत ने ठुकरा दिया।**

उत्तर (a) सलाहकारी क्षेत्राधिकार

(b) मूल क्षेत्राधिकार

(c) अपीली क्षेत्राधिकार

8. जनहित याचिका किस तरह गरीबों की सहायता कर सकती है?

उत्तर भारतीय संविधान देश के सभी नागरिकों को समान न्याय पाने के लिए न्यायालय में जाने और अपने अधिकार पाने का अधिकार देता है, परंतु न्यायालय की यह प्रक्रिया इतनी महँगी है कि गरीब लोग धन के अभाव के कारण न्यायालय में जाने से भयभीत हो जाते हैं। यही कारण है कि पिछले कुछ वर्षों से जनहित याचिका की व्यवस्था की गई है। जनहित मुकदमे ऐसे होते हैं, जिनमें सार्वजनिक हित की रक्षा के लिए कोई भी नागरिक न्यायालय का दरवाजा खटखटा सकता है। चाहे उस व्यक्ति का संबंध उस मुकदमे से सीधा हो या न हो। कहने का अर्थ यह है कि कोई भी नागरिक केवल अपने लिए ही न्याय की माँग नहीं कर सकता, बल्कि किसी दूसरे के लिए भी न्यायालय में याचिका दायर कर सकता है। इसने सभी की न्यायपालिका तक पहुँच को सुनिश्चित किया है।

9. क्या आप मानते हैं कि न्यायिक सक्रियता से न्यायपालिका और कार्यपालिका में विरोध पनप सकता है? क्यों?

उत्तर यह सही है कि न्यायिक सक्रियता से न्यायपालिका और कार्यपालिका के बीच टकराव की संभावना अधिक बढ़ी है क्योंकि न्यायपालिका, कार्यपालिका के द्वारा निर्मित विधियों का न्यायिक पुनरावलोकन करती है और यह सुनिश्चित करती है कि विधायिका द्वारा निर्मित विधि संविधान के अनुकूल है या नहीं। वहीं दूसरी तरफ न्यायपालिका उन कार्यों को भी देख रही है, जो कार्यपालिका को देखने चाहिए; जैसे—भ्रष्टाचार के मामले की जाँच करना या चुनाव सुधार करना, चुनाव लड़ने वाले प्रत्याशियों को अपनी संपत्ति, आय और शैक्षणिक योग्यताओं के संबंध में शपथ-पत्र देने का निर्देश देना, ऐसी परिस्थिति में स्वाभाविक है कि विधायिका, कार्यपालिका और न्यायपालिका के कार्यों के बीच विरोध उत्पन्न हो।

10. न्यायिक सक्रियता मौलिक अधिकारों की सुरक्षा से किस रूप में जुड़ी है? क्या इससे मौलिक अधिकारों के विषय-क्षेत्र को बढ़ाने में मदद मिली है?

उत्तर संविधान द्वारा मौलिक अधिकारों की सुरक्षा की गारंटी न्यायपालिका को दी गई है। यदि किसी व्यक्ति की सुरक्षा या अधिकार खतरे में होता है, तो वह व्यक्ति अपने अधिकारों की सुरक्षा के लिए न्यायालय की शरण में जा सकता है और न्यायपालिका उस व्यक्ति के अधिकारों की रक्षा करती है।

वर्तमान समय में न्यायिक सक्रियता के अंतर्गत न्यायपालिका के उत्तरदायित्व और अधिक बढ़ गए हैं, उसने न्याय व्यवस्था को आम जनता की जीवन-दशा को सुधारने और उसे मूलभूत मानवीय अधिकार दिलाने के लिए सक्रिय भागीदार बना दिया। जो गरीब और पिछड़े हुए व्यक्ति न्याय प्रक्रिया से भयभीत होते थे, धन के अभाव में वे मुकदमे की सामान्य प्रक्रिया को पूरा नहीं कर पाते थे। अपने अधिकारों के हनन होने पर भी वे न्यायालय से न्याय की माँग नहीं कर पाते थे, जनहित याचिका के द्वारा न्यायिक सक्रियता को बढ़ावा मिला है। अब कोई भी व्यक्ति किसी दूसरे व्यक्ति एवं समुदाय के लिए भी न्याय की माँग कर सकता है।

न्यायिक सक्रियता के कारण ही न्यायालय द्वारा अनेक मुद्दे; जैसे—बँधुआ मजदूरी, बच्चों का यौन शोषण, जेल के अंदर कैदियों के साथ पुलिस का अमानवीय बर्ताव आदि पर सुनवाई कर पाना संभव हो सका। इस प्रकार, न्यायिक सक्रियता ने गरीब, पिछड़े व शोषित वर्ग के लोगों के अधिकारों को और अधिक अर्थपूर्ण बना दिया है।

अभ्यास प्रश्न

वस्तुनिष्ठ प्रश्न

बहुविकल्पीय प्रश्न

1. न्यायपालिका ने संविधान की व्याख्या व सुरक्षा करने में किस वर्ष से महत्त्वपूर्ण भूमिका निभाई है?

(a) वर्ष 1935 (b) वर्ष 1947
(c) वर्ष 1950 (d) वर्ष 1952

उत्तर (c) वर्ष 1950

2. वर्ष .... में प्रथम बार .... सांसदों द्वारा सर्वोच्च न्यायालय के न्यायाधीश रामास्वामी के विरुद्ध संसद में महाभियोग प्रस्ताव लाया गया।

(a) 1989, 18 (b) 1991, 108 (c) 1990, 111 (d) 1992, 58

उत्तर (b) 1991, 108

3. न्यायपालिका की आवश्यकता किस कार्य के लिए होती है?

(a) व्यक्ति के अधिकारों की रक्षा के लिए
(b) सभी विवादों के हल के लिए
(c) तानाशाही पर अंकुश लगाने के लिए
(d) उपरोक्त सभी

उत्तर (d) उपरोक्त सभी

4. निम्नलिखित में से कौन-सा प्रावधान न्यायपालिका की स्वतंत्रता से संबंधित नहीं है?

(a) नियत कार्यकाल
(b) नियुक्ति
(c) अवमानना पर दंडित करने का अधिकार
(d) प्रारंभिक क्षेत्राधिकार

उत्तर (d) प्रारंभिक क्षेत्राधिकार

5. न्यायालय में मामलों की सुनवाई के संदर्भ में जनहित याचिका अवधारणा को किस वर्ष शामिल किया गया?

(a) वर्ष 1972 (b) वर्ष 1979 (c) वर्ष 1988 (d) वर्ष 1990

उत्तर (b) वर्ष 1979

6. न्यायाधीशों की योग्यता एवं कार्यकाल के संबंध में दिए गए कथनों में से कौन-सा कथन सही नहीं है?

(a) न्यायाधीश के रूप में नियुक्त होने के लिए व्यक्ति को वकालत का अनुभव या कानून का विशेषज्ञ होना अनिवार्य है
(b) वह कम-से-कम 10 वर्षों तक एक या उससे अधिक उच्च न्यायालयों में न्यायाधीश के पद पर रह चुका हो या 20 वर्ष तक उच्च न्यायालय में एडवोकेट के रूप में कार्य कर चुका हो
(c) न्यायाधीश सेवानिवृत्त होने तक अपने पद पर बने रहते हैं
(d) कोई अन्य लाभ का पद न धारण करता हो

उत्तर (b) वह कम-से-कम 10 वर्षों तक एक या उससे अधिक उच्च न्यायालयों में न्यायाधीश के पद पर रह चुका हो या 20 वर्ष तक उच्च न्यायालय में एडवोकेट के रूप में कार्य कर चुका हो

7. निम्नलिखित कथनों में से कौन-सा कथन सही है?

(a) मंत्रिमंडल, राज्यपाल, मुख्यमंत्री और भारत के मुख्य न्यायाधीश न्यायिक नियुक्ति की प्रक्रिया को प्रभावित करते हैं
(b) सर्वोच्च न्यायालय व उच्च न्यायालय के अन्य न्यायाधीशों की नियुक्ति राष्ट्रपति मुख्य न्यायाधीश की सलाह पर करता है
(c) सर्वोच्च न्यायालय व उच्च न्यायालय के अन्य न्यायाधीशों की नियुक्ति के संदर्भ में वास्तविक शक्ति मंत्रिपरिषद् के पास होती है
(d) उपरोक्त सभी

उत्तर (d) उपरोक्त सभी

8. निम्न लिखित कथनों पर विचार कीजिए

1. वर्ष 1973 में तीन वरिष्ठ न्यायाधीशों को छोड़कर न्यायमूर्ति एम एच बेग की नियुक्ति कर दी गई थी।
2. वर्ष 1975 में न्यायमूर्ति एच आर खन्ना के स्थान पर न्यायमूर्ति ए एन रे की नियुक्ति कर दी गई थी।

उपरोक्त कथनों में से कौन सा/से कथन सही नहीं है?

(a) केवल 1 (b) केवल 2
(c) 1 और 2 दोनों (d) इनमें में से कोई नहीं

उत्तर (c) 1 और 2 दोनों

9. न्यायाधीशों के पद से हटाने संबंधी कथनों को ध्यानपूर्वक पढ़कर कूट की सहायता से सही कथन का चयन कीजिए

1. सर्वोच्च और उच्च न्यायालय के न्यायाधीशों को उनके कार्यकाल समाप्ति से पूर्व तथ्य साबित (सिद्ध कदाचार) होने या अयोग्यता की दशा में उनके पद से हटाया जा सकता है।
2. संसद द्वारा न्यायाधीशों को हटाने के संदर्भ में विशेष बहुमत से तथा उसके सदस्यों की आम सहमति प्रस्ताव पास कर यह कार्य किया जाता है।
3. न्यायाधीशों को हटाने की शक्ति विधायिका में निहित होती है।

कूट

(a) केवल 1 (b) 1 और 3
(c) केवल 2 (d) ये सभी

उत्तर (d) ये सभी

10. वर्ष 1991 में न्यायाधीश रामास्वामी के विरुद्ध लाए गए महाभियोग के प्रस्ताव के संबंध में निम्नलिखित कथनों पर विचार करते हुए सही कथन की पहचान कीजिए

1. सर्वोच्च न्यायालय के न्यायाधीशों की उच्च स्तरीय जाँच समिति ने न्यायाधीश रामास्वामी को हरियाणा तथा पंजाब के उच्च न्यायालय का मुख्य न्यायाधीश रहते हुए सार्वजनिक धन का निजी हित में दुरुपयोग करने व संवैधानिक नियमों की अनुपालना न करने जैसे गंभीर आरोपों का दोषी ठहराया।

2. महाभियोग प्रस्ताव पर मतदान के दौरान संसद में उपस्थित सदस्यों के दो-तिहाई मत प्रस्ताव के पक्ष में किए गए थे।
3. कांग्रेस पार्टी सहित अन्य दलों ने मतदान में भाग लिया था।

कूट

(a) 1 और 2 (b) 1 और 3 (c) केवल 2 (d) ये सभी

उत्तर (a) 1 और 2

11. नीचे दी गई घटनाओं को उनके घटित होने वाले क्रम में व्यवस्थित कीजिए
1. संपत्ति के अधिकार को मौलिक अधिकारों की श्रेणी से हटाना।
2. केशवानंद भारती वाद।
3. हुसैनारा खातून बनाम बिहार सरकार वाद।
4. सुनील बत्रा बनाम दिल्ली प्रशासन वाद।

कूट

(a) 1, 2, 3, 4 (b) 2, 1, 3, 4
(c) 2, 3, 4, 1 (d) 3, 2, 4, 1

उत्तर (b) 2, 1, 3, 4

12. निम्नलिखित युग्मों में से कौन-सा युग्म सही सुमेलित नहीं है?

(a) जनहित याचिका की अवधारणा-वर्ष 1979
(b) न्यायाधीश रामस्वामी के विरुद्ध महाभियोग- वर्ष 1991
(c) न्यायाधीश एच.एम.बेग की नियुक्ति- वर्ष 1978
(d) संविधान की व्याख्या और सुरक्षा का प्रावधान- वर्ष 1950

उत्तर (c) न्यायाधीश एच.एम.बेग की नियुक्ति- वर्ष 1978

13. निम्नलिखित में से कौन-सा युग्म सही नहीं है?

(a) उच्चतम न्यायालय – ये देश की सर्वोच्च अपीलीय अदालत है, जिसमें सभी महत्त्वपूर्ण और संवैधानिक मुद्दे पर अंतिम निर्णय लिया जाता है
(b) जिला न्यायालय – यह दीवानी और अपराधिक मामलों का निपटारा करती है, जो स्थानीय स्तर पर महत्त्वपूर्ण होता है
(c) उच्च न्यायालय – यह केवल प्रशासनिक मामलों का निर्णय लेता है, जबकि वास्तव में यह विभिन्न प्रकार के मामलों का निर्णय करता है।
(d) स्थानीय न्यायालय – यह केवल छोटे विवादों का निपटारा करता है, जो साधारण नागरिकों के लिए महत्त्वपूर्ण होता है।

उत्तर (c) उच्च न्यायालय – यह केवल प्रशासनिक मामलों का निर्णय लेता है, जबकि वास्तव में यह विभिन्न प्रकार के मामलों का निर्णय करता है।

14. सुमेलित कीजिए

सूची I	सूची II
A. भारत का सर्वोच्च न्यायालय	1. फौजदारी एवं दीवानी संबंधित मुकदमों पर अपने विचार प्रस्तुत करता है।
B. भारत का उच्च न्यायालय	2. संवेदनशील मुद्दों के आपराधिक मामलों पर अपना निर्णय देती है।
C. जिला अदालत	3. यह किसी भी अदालत के मुकदमे को अपने पास मँगवा सकता है।
D. अधीनस्थ न्यायालय	4. मौलिक अधिकारों को लागू करने हेतु रिट जारी कर सकता है।

कूट

	A	B	C	D
(a)	2	3	4	1
(b)	1	2	3	4
(c)	3	4	2	1
(d)	4	2	3	1

उत्तर (c) 3 4 2 1

निर्देश (प्र. सं. 15-17) नीचे दो कथन दिए गए हैं, जिनमें एक को कथन (A) और दूसरे को कारण (R) माना गया है। कूट की सहायता से सही उत्तर का चयन करें

कूट

(a) A और R दोनों सही हैं तथा R, A की सही व्याख्या है
(b) A और R दोनों सही हैं, परंतु R, A की सही व्याख्या नहीं है
(c) A सही है, किंतु R गलत है
(d) A गलत है, किंतु R सही है

15. **कथन** (A) न्यायपालिका की स्वतंत्रता का अर्थ कार्यपालिका व विधायिका के हस्तक्षेप से मुक्त होना है।

कारण (R) न्यायपालिका लोकतांत्रिक राजनीतिक संरचना का एक भाग है, जो देश के संविधान, लोकतांत्रिक मूल्यों और जनता के प्रति जवाबदेह होती है।

उत्तर *(b)* न्यायपालिका की स्वतंत्रता से अभिप्राय है कि कार्यपालिका व विधायिका द्वारा न्यायपालिका के कार्यों में हस्तक्षेप न पहुँचाया जाए, जिससे न्यायपालिका समुचित रूप से न्याय प्रदान कर सके अर्थात् सरकार के अन्य अंग न्यायपालिका के निर्णयों में हस्तक्षेप न करें। न्यायपालिका देश की लोकतांत्रिक राजनीतिक संरचना का एक भाग है, जो देश के संविधान, लोकतांत्रिक मूल्यों और जनता के प्रति जवाबदेह है।

16. **कथन** (A) संविधान शक्तियों के सीमित विभाजन, अवरोध और संतुलन के सिद्धांत पर आधारित है।

कारण (R) सरकार के प्रत्येक अंग का कार्यक्षेत्र स्पष्ट है।

उत्तर *(a)* भारतीय संविधान शक्तियों के सीमित विभाजन, अवरोध तथा संतुलन के एक अनुपम सिद्धांत पर आधारित है। इसका आशय यह है कि सरकार के प्रत्येक अंग का एक स्पष्ट कार्य है। उनमें संसद कानून बनाने और संविधान में संशोधन करने में सर्वोच्च है।

17. नीचे दो कथन दिए गए हैं।

कथन I न्यायपालिका का उद्देश्य यह सुनिश्चित करना है कि हर नागरिक को कानूनी अधिकारों का प्रयोग करने में किसी प्रकार की बाधा का सामना न करना पड़े और उन्हें निष्पक्ष व त्वरित न्याय प्राप्त हो।

कथन II न्यायपालिका का एक प्रमुख कार्य यह है कि संविधान की रक्षा करें जिससे यह सुनिश्चित हो सके कि देश के सभी कानून और नीतियाँ संविधान के अनुसार लागू हो।

(a) कथन I सही है
(b) कथन II सही है
(c) कथन I और कथन II दोनों सही हैं
(d) कथन I और कथन II दोनों गलत हैं

उत्तर (c) कथन I और कथन II दोनों सही है।

18. **नीचे दो कथन दिए गए है।**

कथन I न्यायपालिका का दायित्व यह सुनिश्चित करता है कि समाज में सभी नागरिकों को समान न्याय मिले, जिससे कानूनी प्रक्रिया में पारदर्शिता और निष्पक्षता बनी रहे।

कथन II न्यायपालिका संविधान के संरक्षक के रूप में कार्य करती है, ताकि सरकारी नीतियाँ और कानूनी नागरिकों के मौलिक अधिकारों का उल्लंघन न हो।

कूट

(a) कथन I सही है
(b) कथन II सही है
(c) कथन I और कथन II दोनों सही हैं
(d) कथन I और कथन II दोनों गलत हैं

उत्तर (c) कथन I और कथन II दोनों सही हैं

19. **नीचे दिए गए चित्र को ध्यानपर्वक देखकर निम्नलिखित प्रश्नों के उत्तर दीजिए।**

(i) **उपरोक्त चित्र में दिखाए गए मूल्यों की पहचान कीजिए**

(a) मूल्य एकीकरण
(b) नागरिक सुरक्षा
(c) स्वतंत्र न्यायालय
(d) ये सभी

उत्तर (d) ये सभी

(ii) **एक वकील को न्यायपालिका के संबंध में किस बात का होना आवश्यक है?**

(a) कानून की अच्छी जानकारी
(b) न्यायालय में लिए जाने वाले व्यवहार तथा नियम
(c) उच्च कोटि की वाक्पटुता
(d) 'a' और 'b' दोनों

उत्तर (d) 'a' और 'b' दोनों

(iii) **न्यायालय में किसी व्यक्ति के असभ्य व्यवहार किए जाने पर न्यायाधीश क्या कर सकता है?**

(a) दंडित कर सकता है
(b) आपराधिक केस दर्ज कर सकता है
(c) न्यायपालिका क्षेत्र में 'श्रमदान' के लिए कह सकता है।
(d) उपरोक्त में से कोई नहीं

उत्तर (a) दंडित कर सकता है

(iv) **न्यायिक सक्रियता का प्रमुख साधन .... है।**

(a) गरिमामय जीवन
(b) जनहित याचिका
(c) अधिक मात्रा में जजों की नियुक्ति
(d) न्याय क्षेत्र से बढ़कर निर्णय देना।

उत्तर (b) जनहित याचिका

20. **निम्नलिखित चित्र को ध्यानपूर्वक देखकर निम्नलिखित प्रश्नों के उत्तर दीजिए।**

(i) **उपरोक्त चित्र .... को प्रदर्शित कर रहा है।**

(a) न्यायपालिका की जटिलता
(b) न्यायपालिका का बहिष्कार
(c) न्यायपालिका से बरी
(d) न्यायपालिका की विवेचना

उत्तर (c) न्यायपालिका से बरी

(ii) **1060 से 70 के दशक तक न्यायपालिका और कार्यपालिका के मध्य विवाद का प्रमुख मुद्दा क्या था?**

(a) भूमि सुधार कानून
(b) नौकरी में आरक्षण
(c) निवारक नजरबंदी कानून
(d) ये सभी

उत्तर (d) ये सभी

(iii) **संसद द्वारा बने कानून की जाँच कौन कर सकता है?**

(a) स्वयं संसद
(b) विधानसभा
(c) न्यायपालिका
(d) विधायिका

उत्तर (c) न्यायपालिका

(iv) **न्यायपालिका और संसद के बीच टकराव का मुद्दा नहीं रहा है**

(a) कानून बनाने की संसद की सर्वोच्चता
(b) न्यायाधीश की नियुक्ति
(c) संसद द्वारा संविधान संशोधन
(d) संसद द्वारा न्यायपालिका में हस्तक्षेप

उत्तर (a) कानून बनाने की संसद की सर्वोच्चता

लघु उत्तरीय प्रश्न

1. **संविधान का अनुच्छेद -32 क्या है? समझाइए।**

उत्तर संवैधानिक उपचारों का अधिकार भारतीय संविधान में निहित एक मौलिक अधिकार है। भारतीय संविधान के अनुच्छेद -32 में निहित संवैधानिक उपचारों के अधिकार से संबंधित विस्तृत प्रावधान भारत में मौलिक अधिकारों के उल्लंघन के विरुद्ध एक सुरक्षा कवच के रूप में कार्य करते है। पीड़ित नागरिक के मौलिक अधिकारों के प्रवर्तन के लिए एक कानूनी तंत्र प्रदान करके, यह अधिकार मौलिक अधिकारों को वास्तविक बनाता है।

संवैधानिक उपचारों के संबंध में निम्नलिखित चार प्रावधान हैं-

(i) मौलिक अधिकारों के प्रवर्तन के लिए सर्वोच्च न्यायालय में जाने का अधिकार सुनिश्चित किया गया है।

(ii) उच्च न्यायालय को किसी भी मौलिक अधिकार के प्रवर्तन के लिए निर्देश, आदेश या आदेश जारी करने की शक्ति होगी।

(iii) संसद सर्वोच्च न्यायालय को शक्तियों को प्रतिकूल रूप से प्रभावित किए बिना किसी अन्य न्यायालय को सभी प्रकार के निर्देश, आदेश और रिट जारी करने का अधिकार दे सकती है।

(iv) उच्चतम, न्यायालय में जाने के अधिकार को निलंबित नहीं किया जाएगा, यह केवल एक अपवाद है।

2. न्यायपालिका की स्वतंत्रता से क्या अभिप्राय है?

उत्तर न्यायपालिका की स्वतंत्रता से अभिप्राय कार्यपालिका व विधायिका द्वारा न्यायपालिका के कार्यों में हस्तक्षेप न करना है, जिससे कि न्यायपालिका समुचित रूप से न्याय प्रदान कर सके। न्यायपालिका की स्वतंत्रता से जुड़े प्रमुख तथ्य निम्नलिखित हैं

न्यायपालिका को भय पक्षपात के बिना न्याय करने की आजादी होनी चाहिए।

- न्यायपालिका के फैसले और आदेशों पर कार्यपालिका और विधायिका का दखल नहीं होना चाहिकए।
- महाभियोग के अतिरिक्त, न्यायाधीशों पर संसद में उनके आचरण पर चर्चा करने का दबाव नहीं डाला जा सकता।
- न्यायपालिका को सरकार के अन्य हिस्सों के हस्तक्षेप से मुक्त किया जाना चाहिए।
- संसद की न्यायपालिका के क्षेत्राधिकार को कम करने की शक्ति प्राप्त न होना, अपने कर्मचारियों को नियुक्त करने की स्वतंत्रता आदि भी न्यायपालिका की स्वतंत्रता को बनाए रखने में सहायता प्रदान करते हैं।

3. जनहित याचिका किसे कहते हैं?

उत्तर 'जनहित याचिका' शब्द अमेरिकी न्यायशास्त्र से लिया गया है, जहाँ उसे पहले से अप्रतिनिधित्व प्राप्त समूहों जैसे-गरीबी नस्लीय अल्पसंख्यकों, असंगठित उपभोक्ताओं, पर्यावरण संबंधी मुद्दों के प्रति संवेदनशील नागरिकों आदि को कानूनी प्रतिनिधित्व प्रदान करने के लिए डिजाइन किया गया था।

जनहित याचिका का अर्थ प्रदूषण, आतंकवाद, सड़क सुरक्षा, निर्माण संबंधी खतरे आदि जैसे 'सार्वजनिक हित' की सुरक्षा के लिए अदालत में दायर मुकदमा।

जनहित याचिका को किसी भी कानून अथवा अधिनियम में परिभाषित नहीं किया गया है। जनहित याचिका न्यायिक सक्रियता के माध्यम से न्यायालयों द्वारा जनता को दी हुई शक्ति है।

न्यायालय स्वयं मामले का संज्ञान ले सकता है और स्वप्रेरणा से आगे बढ़ सकता है या किसी लोक हितैषी व्यक्ति की याचिका पर भी मामला शुरू कर सकता है। भारत में जनहित याचिका की अवधारणा के बीच सर्वप्रथम न्यायमूर्ति कृष्ण अय्यर द्वारा वर्ष 1976 में मुंबई कामगार सभा बनाम अब्दुल थाई मामले में आए थे।

कोई भी नागरिक याचिका दायर करके सार्वजनिक मामला दर्ज कर सकता है; जैसे–

- भारतीय संविधान के अनुच्छेद 32 के अंतर्गत सर्वोच्च न्यायालय में
- भारतीय संविधान के अनुच्छेद 226 के अंतर्गत उच्च न्यायालय में
- दंड प्रक्रिया संहिता की धारा 133 के अंतर्गत मजिस्ट्रेट की अदालत में।

4. सर्वोच्च न्यायालय के न्यायाधीशों को हटाने की शक्ति किसके पास होती है?

उत्तर भारतीय संविधान के भाग V में अनुच्छेद 124 से 147 तक उच्चतम न्यायालय के गठन, स्वतंत्रता, न्यायक्षेत्र, शक्तियों और प्रक्रिया आदि का उल्लेख है। न्यायाधीश जाँच अधिनियम (1968) में सुप्रीम कोर्ट के न्यायाधीश को हटाने की संपूर्ण प्रक्रिया वर्णित है

(i) जज को हटाने की प्रक्रिया को शुरू करने के लिए सबसे पहले संसद सदस्यों के निष्कासन प्रस्ताव को (यदि प्रस्ताव लोकसभा में लाया जाता है, तो 100 सदस्यों द्वारा और यदि राज्यसभा द्वारा लाया जाता है तो 50 सदस्यों द्वारा) हस्ताक्षर के बाद लोकसभा अध्यक्ष/ सभापति को सौंपा जाता है।

(ii) अध्यक्ष/ सभापति प्रस्ताव को स्वीकार या अस्वीकार कर सकते हैं।

(iii) निष्कासन प्रस्ताव को संसद के दोनों सदनों का विशेष बहुमत (सदन की कुल सदस्यता का बहुमत तथा सदन के उपस्थित एवं मत देने वाले सदस्यों का दो तिहाई) से पास किया जाना चाहिए।

(iv) विशेष बहुमत को राष्ट्रपति के पास भेज दिया जाता है।

(v) अंत में राष्ट्रपति के हस्ताक्षर के बाद न्यायाधीश को पद से हटाने का आदेश जारी किया जाता है।

5. न्यायाधीश के रूप में नियुक्त होने वाले व्यक्ति के लिए अनिवार्य शर्त क्या है?

उत्तर न्यायाधीश के रूप में नियुक्त होने वाले व्यक्ति के लिए निम्नलिखित अनिवार्य शर्तें होनी चाहिए।

(i) संविधान के अनुच्छेद 124 (3) के अनुसार, एक व्यक्ति को सर्वोच्च न्यायालय के न्यायाधीश के रूप में नियुक्त किया जा सकता है।

(ii) वह भारत का नागरिक होना चाहिए।

(iii) एक उच्च न्यायालय के न्यायाधीश के रूप में कम-से-कम पाँच वर्ष या लगातार दो ऐसे न्यायालय में सेवा की हो।

(iv) कम-से-कम पाँच साल के लिए उच्च न्यायालय का न्यायाधीश या कम-से-कम 10 साल के लिए उच्च न्यायालय का अधिवक्ता होना चाहिए।

(v) राष्ट्रपति की राय में प्रतिष्ठित न्यायविद् हो।

6. संसद के पास कौन–कौन–सी शक्तियाँ हैं?

उत्तर संसद संघ सरकार का विधायी अंग है और भारत की संसद इसका सर्वोच्च विधायी निकाय है। संविधान के भाग V में अनुच्छेद 79 से 122 संसद के संगठन, संरचना, अवधि अधिकारों प्रक्रियाओं, विशेषाधिकारों और शक्तियों से संबंधित है। संसद की प्रमुख शक्तियाँ निम्नलिखित हैं

(i) **विधायी कार्य** केवल संसद संघ सूची के विषय में कानून बना सकती है। किसी सूची में उल्लेखित न किए हुए विषय में अवशिष्ट शक्तियाँ संसद में निहित होती है।

(ii) **वित्तीय कार्य** यह सार्वजनिक संघ का संरक्षक है। बजट को प्रत्येक वर्ष संसद द्वारा अनुमोदित किया जाता है।

(iii) **चुनावी कार्य** यह भारत के राष्ट्रपति के चुनाव में भाग लेता है और उपराष्ट्रपति का चुनाव कराता है। लोकसभा अपने अध्यक्ष और उपाध्यक्ष का चुनाव करती है तथा राज्यसभा अपने उपसभापति का चुनाव करती है।

(iv) **पद से हटाने की शक्ति** संसद की पहल पर कुछ उच्च पदाधिकारियों को पद से हटाया जा सकता है। यह संविधान के उल्लंघन के लिए महाभियोग के माध्यम से राष्ट्रपति, सर्वोच्च न्यायालय और उच्च न्यायालयों के न्यायाधीशों को हटा सकती है।

(v) **संविधान संशोधन** संविधान के अधिकांश भागों में संसद द्वारा विशेष बहुमत से संशोधन किया जा सकता है।

(vi) **कार्यपालिका पर नियंत्रण** संसद प्रश्नकाल, शून्यकाल, ध्यानाकर्षण नोटिस, स्थगन प्रस्ताव आदि के माध्यम से कार्यपालिका पर नियंत्रण रखती है।

7. एकीकृत न्यायिक व्यवस्था से आप क्या समझते हैं?

उत्तर एकीकृत न्यायिक व्यवस्था से हमारा अभिप्राय किसी देश में न्यायपालिका की उस व्यवस्था से है, जिसकी संरचना पिरामिड की तरह होती है, जिसमें शीर्ष स्तर पर अधीनस्थ न्यायालय अपने ऊपरी न्यायालय एवं सर्वोच्च न्यायालय की देखरेख में कार्य करते हैं। भारत में एकीकृत न्याय व्यवस्था को अपनाया गया है। अधीनस्थ न्यायालयों के अंतर्गत सत्र न्यायालय, परिवार न्यायालय तथा मुख्य न्यायिक दंडाधिकारी के न्यायालय आते हैं। भारतीय संविधान के भाग-5 में अनुच्छेद 124 से 147 तक सर्वोच्च न्यायालय के गठन, स्वतंत्रता, न्यायक्षेत्र, शक्तियों प्रक्रियाओं आदि का उल्लेख है, वही संविधान के भाग-6 में अनुच्छेद 214 से 231 तक उच्च न्यायालयों के गठन, स्वतंत्रता, न्यायक्षेत्र आदि का उल्लेख है। भारतीय संविधान के भाग-7 में अनुच्छेद 233 से 237 तक अधीनस्थ न्यायालयों का गठन किया गया है।

यह एक एकीकृत न्यायालय प्रणाली है, जो संघीय और राज्य दोनों कानूनों को लागू करती है। न्यायपालिका की यह एकल प्रणाली भारत सरकार अधिनियम-1935 से ली गई है।

दीर्घ उत्तरीय प्रश्न।

1. भारतीय सर्वोच्च न्यायालय और उच्च न्यायालय के कार्यों को प्रमुख बिंदुओं के द्वारा स्पष्ट कीजिए।

उत्तर **भारत का सर्वोच्च न्यायालय**

- इसके निर्णय सभी अदालतों में मान्य होते हैं।
- यह उच्च न्यायालय के न्यायाधीशों का स्थानांतरण की शक्ति रखता है।
- यह किसी भी अदालत के मुकदमे को अपने पास मँगवा सकता है।
- यह किसी एक उच्च न्यायालय में चल रहे मुकदमे को दूसरे उच्च न्यायालय में स्थानांतरण की शक्ति रखता है।

भारत का उच्च न्यायालय

- निचली अदालतों के फैसले पर की गई अपील की सुनवाई करता है।
- मौलिक अधिकारों को लागू करने हेतु रिट जारी कर सकता है।
- राज्य के क्षेत्राधिकार के अंतर्गत आने वाले मुकदमों का निपटारा कर सकता है।
- अपने अधीनस्थ न्यायालयों का पर्यवेक्षण और नियंत्रण करता है।

2. भारत में न्यायपालिका की स्वतंत्रता की क्या आवश्यकता है? समझाइए।

अथवा **भारत में न्यायपालिका की स्वतंत्रता अधिकारों की रक्षा के लिए आवश्यक है इस कथन की पुष्टि के लिए तीन तथ्य दीजिए।**

उत्तर भारत में स्वतंत्र न्यायपालिका की व्यवस्था की गई है। न्यायपालिका की स्वतंत्रता की आवश्यकता के निम्नलिखित कारण हैं; जैसे—

(i) **संविधान की व्याख्या** भारतीय संविधान में शासन के तीनों अंगों के कार्यों, शक्तियों, अधिकारों का उल्लेख किया गया है। फिर भी विधायिका तथा कार्यपालिका के बीच विवाद होने की स्थिति में विवाद को दूर करने की शक्ति न्यायपालिका को दी गई है, जो स्वतंत्र तथा निष्पक्ष हो।

(ii) **संघात्मक शासन व्यवस्था** भारत में संघात्मक शासन व्यवस्था की स्थापना की गई है। संघात्मक शासन व्यवस्था में संविधान द्वारा शक्तियों का वितरण केंद्र और राज्यों के बीच किया गया है। केंद्र और राज्यों के अधिकारों को लेकर विवाद होना स्वाभाविक है, इसलिए एक ऐसी न्यायपालिका की आवश्यकता अनुभव की गई, जो स्वतंत्र व निष्पक्ष रूप से निर्णय दे सके।

(iii) **नागरिकों के मौलिक अधिकार** भारतीय संविधान में नागरिकों के लिए अधिकारों की व्यवस्था की गई है, साथ ही इन अधिकारों की सुरक्षा की व्यवस्था भी की गई है। बिना सुरक्षा के इन अधिकारों का महत्त्व नहीं रहता। अतः नागरिकों के मौलिक अधिकारों की सुरक्षा के लिए भी न्यायपालिका को स्वतंत्र तथा निष्पक्ष बनाया गया है।

4. न्यायाधीश के विरुद्ध महाभियोग के असफल प्रयास को बताइए।

उत्तर वर्ष 1991 में प्रथम बार 108 सांसदों द्वारा सर्वोच्च न्यायालय के न्यायाधीश रामास्वामी के विरुद्ध संसद में महाभियोग प्रस्ताव लाया गया। उन पर पंजाब उच्च न्यायालय के मुख्य न्यायाधीश रहते हुए वित्तीय अनियमितता का आरोप लगाया गया था। महाभियोग की प्रक्रिया में एक वर्ष पश्चात् सर्वोच्च न्यायालय के न्यायाधीशों की उच्च स्तरीय जाँच समिति ने न्यायाधीश रामास्वामी को हरियाणा तथा पंजाब के उच्च न्यायालय का मुख्य न्यायाधीश रहते हुए सार्वजनिक धन का निजी हित में दुरुपयोग करने व संवैधानिक नियमों की अनुपालना न करने जैसे गंभीर आरोपों का दोषी ठहराया। महाभियोग प्रस्ताव के मतदान के समय संसद में उपस्थित सदस्यों के दो-तिहाई मत प्रस्ताव के पक्ष में गए, परंतु कांग्रेस पार्टी ने मतदान में भाग नहीं लिया, जिससे सदन की कुल सदस्य संख्या का आधे से अधिक मतदान नहीं हो पाया, जिससे महाभियोग सिद्ध न हो सका।

5. वर्तमान में न्यायपालिका व संसद के संबंधों की चर्चा कीजिए।

उत्तर वर्तमान में न्यायपालिका व संसद के संबंधों की महत्त्वपूर्ण विशेषताएँ हैं। न्यायपालिका व संसद के बीच शक्तियों के संतुलित बँटवारे के पश्चात् भी शासन संचालन की संस्थाओं के बीच आपस में टकराव बना रहता है जैसा कि संपत्ति के अधिकार के संदर्भ में हुआ था। सरकार द्वारा संपत्ति के अधिकार पर लगाए जाने वाले प्रतिबंधों को न्यायपालिका ने मौलिक अधिकारों को सीमित न करने की प्रतिबद्धता का हवाला देते हुए अवैध करार दे दिया। वर्ष 1967 से 1973 के मध्य निवारक नजरबंदी कानून, भूमि सुधार कानून, नौकरियों में आरक्षण, सार्वजनिक उद्देश्य के लिए निजी संपत्तियों के अधिग्रहण संबंधी कानून व मुआवजे आदि को लेकर भी न्यायपालिका व संसद के संबंध अच्छे नहीं रहे हैं और विवाद उत्पन्न हुआ। वर्ष 1973 में केशवानंद भारती मामले में भी सर्वोच्च न्यायालय ने निर्णय दिया कि संसद या किसी और के द्वारा संविधान के मूल ढाँचे में कोई परिवर्तन या छेड़छाड़ नहीं की जा सकती और संपत्ति का अधिकार संविधान के मूल ढाँचे का अंग नहीं है। सार्वजनिक हित हेतु भी इसमें परिवर्तन या प्रतिबंध लगाया जा सकता है।

6. न्यायिक सक्रियता मौलिक अधिकारों की सुरक्षा से किस रूप में जुड़ी है? क्या इससे मौलिक अधिकारों के विषय-क्षेत्र को बढ़ाने में सहायता मिली? *दक्षता आधारित प्रश्न*

अथवा **न्यायिक सक्रियता मौलिक अधिकारों की सुरक्षा से जुड़ी हुई है, इस कथन की पुष्टि उपयुक्त उदाहरणों से कीजिए।**

उत्तर न्यायिक सक्रियता का मुख्य साधन जनहित याचिका है। इसके द्वारा न्यायालय उन व्यक्तियों के अधिकारों की सुरक्षा करता है, जो स्वयं न्यायालय की शरण नहीं ले सकते। जनहित याचिका पर निर्णय देने के साथ-साथ उस संबंध में न्यायालय कार्यपालिका, विधायिका या प्रशासन हेतु कुछ निर्देश भी जारी कर देता है, जो भविष्य में उस प्रकार की परिस्थिति होने पर प्रभावी होते हैं व आगे होने वाले मौलिक अधिकारों के उल्लंघन को रोकते हैं। सर्वोच्च न्यायालय के पास मौलिक अधिकारों की व्याख्या करने व उनकी सुरक्षा का दायित्व होता है।

अतः न्यायिक सक्रियता के माध्यम से न्यायालय ने उनकी व्याख्या कर उनके दायरे को और अधिक बढ़ा दिया है। न्यायिक सक्रियता से अब न्यायालय अधिकार उल्लंघन के उन मामलों की भी सुनवाई कर सकता है, जिनको पीड़ित व्यक्ति या समुदाय द्वारा न्यायालय में दायर नहीं किया जा सकता है व उस हेतु न्यायालय उनके समुचित उपचार की व्याख्या कर सकता है।

7. अभिलेख न्यायालय किसे कहते हैं? इसकी मुख्य विशेषताएँ क्या हैं ?

उत्तर अभिलेख न्यायालय उस न्यायालय को कहते हैं, जिसके लेख सदा के लिए लेखबद्ध हो जाते हैं।, भारत का सर्वोच्च न्यायालय एक अभिलेख न्यायालय है। इसके सम्पूर्ण कार्यवाहियाँ तथा निर्णय प्रमाण के रूप में प्रकाशित किए जाते है तथा देश के सभी न्यायालयों को इन निर्णयों को न्यायिक दृष्टांत के रूप में मानना अनिवार्य है।

मुख्य विशेषताएँ

- अभिलेख न्यायालय को यह अधिकार होता है कि वह अपनी गरिमा और सम्मान बनाए रखने के लिए अवमानना के मामलों में कार्रवाई कर सकें।
- अभिलेख न्यायालय द्वारा दिए गए निर्णय भविष्य के मामलों के मिसाल के रूप में कार्य करते हैं। अन्य न्यायालयों को इन निर्णयों का पालन करना आवश्यक होता है।
- इन न्यायालयों के आदेश और निर्णय सार्वजनिक रिकॉर्ड के रूप में दर्ज किए जाते हैं, जो भविष्य में कानूनी विवादों में उपयोग किए जा सकते हैं।
- भारत का सर्वोच्च न्यायालय संविधान के अनुच्छेद 129 के तहत अभिलेख न्यायालय है। इसका प्रत्येक निर्णय पूरे देश में बाध्यकारी होता है तथा अनुच्छेद 215 के अनुसार प्रत्येक राज्य का उच्च न्यायालय भी अभिलेख न्यायालय है।
- अभिलेख न्यायालय का उद्देश्य न्याय प्रणाली में स्थिरता और एकरूपता बनाए रखना है। यह न केवल न्यायिक प्रक्रिया को सशक्त बनाता है बल्कि आम जनता का न्यायालय पर विश्वास भी बढ़ाता है।

8. न्यायिक पुनरावलोकन के लाभों को स्पष्ट कीजिए।

उत्तर न्यायिक पुनरावलोकन का अर्थ संविधान की सर्वोच्चता है। सरकार के किसी भी अंग या संख्या की कोई कार्यवाही संविधान की किसी व्यवस्था के विरुद्ध नहीं हो सकती है। यह न्यायिक व्यवस्था में एक महत्त्वपूर्ण व्यवस्था है, क्योंकि इस व्यवस्था के माध्यम से संविधान की रक्षा हो सकती है तथा सामाजिक और राजनीतिक संघर्षों को रोका जा सकता है और देश को एक समुचित दिशा प्रदान की जा सकती है।

- न्यायिक पुनरावलोकन नागरिकों के मौलिक अधिकारों की रक्षा करता है। यदि सरकार के किसी आदेश या कानून से नागरिकों के अधिकारों का हनन होता है तो न्यायालय उसे निरस्त कर सकता है।
- शक्तियों के पृथक्करण का सिद्धांत कार्यपालिका विधायिका और न्यायापालिका के बीच शक्तियों का संतुलन बनाए रखने में मदद करता है। यदि कोई अंग अपनी सीमा लांघता है, तो न्यायालय उसे नियंत्रित कर सकता है।
- न्यायिक पुनरावलोकन सरकार को मानमानी और अनुचित कार्यों से रोकती है, जिससे लोकतांत्रिक प्रणाली मजबूत होती है।
- न्यायिक पुनरावलोकन के माध्यम से यह जाँचा जाता है कि बनाए गए कानून संविधान के अनुरूप हैं या नहीं। यदि कोई कानून संविधान के विरुद्ध है, तो उसे अमान्य घोषित किया जा सकता है।
- न्यायिक पुनरावलोकन नागरिकों को उनके संवैधानिक अधिकारों और सरकार की सीमाओं के प्रति जागरूक बनाता है।

दीर्घ उत्तरीय प्रश्न II

1. न्यायपालिका की स्वतंत्रता संबंधी प्रावधानों का वर्णन कीजिए।

अथवा **'स्वतंत्र न्यायपालिका, समुचित न्याय प्रदान करने में सहायक होती है' इस कथन की पुष्टि के लिए छः तथ्य प्रस्तुत कीजिए।** *दक्षता आधारित प्रश्न*

उत्तर न्यायपालिका की स्वतंत्रता से अभिप्राय कार्यपालिका व विधायिका द्वारा न्यायपालिका के कार्यों में हस्तक्षेप न करना है, ताकि न्यायपालिका समुचित रूप से न्याय प्रदान कर सके। सरकार के दूसरे अंगों द्वारा न्यायपालिका के निर्णयों में हस्तक्षेप न किया जाए, जिससे न्यायाधीश बिना किसी दबाव, भय तथा भेदभाव के अपना कार्य करे।

न्यायपालिका की स्वतंत्रता का अर्थ स्वेच्छाचारिता या उत्तरदायित्व का अभाव नहीं है न्यायपालिका लोकतांत्रिक राजनीतिक संरचना का एक भाग होती है, जो देश के संविधान, लोकतांत्रिक मूल्यों और जनता के प्रति जवाबदेह होती है। भारतीय संविधान द्वारा अनेक प्रावधानों के माध्यम से न्यायपालिका व न्यायाधीशों की स्वतंत्रता सुनिश्चित की गई है

- न्यायाधीशों का कार्यकाल निश्चित होता है अर्थात् वे सेवानिवृत्त होने तक अपने पद पर बने रहते हैं। उन्हें केवल विशेष स्थितियों (सिद्ध कदाचार व असमर्थता) में ही हटाया जा सकता है। इसके अतिरिक्त एक बार किसी न्यायाधीश के रूप में नियुक्त हो जाने के पश्चात् उसके कार्यकाल को कम नहीं किया जा सकता।
- न्यायाधीशों को उनको पद से हटाने के लिए संविधान में एक कठिन प्रक्रिया निर्धारित की गई है। संविधान निर्माताओं का मानना था कि हटाने की प्रक्रिया कठिन होगी तो न्यायपालिका के सदस्यों का पद सुरक्षित रहेगा।
- न्यायपालिका को वित्तीय रूप से कार्यपालिका या विधायिका पर निर्भर नहीं बनाया गया। न्यायाधीशों के वेतन और भत्ते हेतु विधायिका से स्वीकृति लेनी आवश्यक नहीं होती।

- किसी व्यक्ति द्वारा न्यायाधीशों के कार्यों और निर्णयों की व्यक्तिगत आलोचना नहीं की जा सकती है।
- न्यायालय की अवमानना का दोषी पाए जाने पर न्यायपालिका उस व्यक्ति अथवा संस्था को दंडित कर सकती है। ऐसा कहा जाता है कि इस अधिकार से न्यायाधीशों को सुरक्षा मिलेगी और कोई उसकी व्यक्तिगत आलोचना नहीं कर सकता।
- संसद में न्यायाधीशों के आचरण पर चर्चा नहीं की जा सकती है। ऐसा तभी किया जा सकता है, जब उन्हें हटाने से संबंधित प्रस्ताव संसद में विचाराधीन हो। इससे न्यायपालिका आलोचना के भय से मुक्त होकर स्वतंत्र रूप से कार्य कर सकेगी।

2. न्यायाधीशों की योग्यता, कार्यकाल एवं उनकी नियुक्ति का वर्णन कीजिए।

उत्तर भारतीय संविधान ने न्यायालय की एक पूर्ण एकीकृत प्रणाली को अपनाया है। भारत में संघात्मक शासन प्रणाली है, इसके अतिरिक्त भारत ने एकल न्यायालय के सिद्धांत को अपनाया है। संघीय न्यायालय को संविधान के भाग V में अनुच्छेद 124-147 में उपबंधित किया गया है। संविधान के अनुच्छेद 124(1) के तहत वर्ष 1950 में उच्चतम न्यायालय की स्थापना की गई, उस समय एक मुख्य न्यायाधीश और 7 अन्य न्यायाधीश थे।

न्यायाधीशों की योग्यता, कार्यकाल और उनकी नियुक्तियों का वर्णन निम्नलिखित है

(i) **उच्चतम न्यायालय के न्यायाधीशों की नियुक्ति की प्रक्रिया**

- उच्चतम न्यायालय के मुख्य न्यायाधीश तथा अन्य न्यायाधीशों की नियुक्ति राष्ट्रपति करता है।
- उच्चतम न्यायालय के मुख्य न्यायाधीशों की नियुक्ति के संबंध में प्रारंभ में यह व्यवस्था थी कि सर्वोच्च न्यायालय का सबसे वरिष्ठ न्यायाधीश ही इस पद पर आसीन होगा, किंतु इस परंपरा का दो बार (1973 और 1977 में) पालन नहीं किया गया इस संदर्भ में सुप्रीम कोर्ट एडवोकेट्स ऑन रिकॉर्ड एसोसिएशन बनाम भारत संघ, 1993 वाद में सर्वोच्च न्यायालय ने यह निर्णय दिया कि भारत के मुख्य न्यायाधीश के पद पर उच्चतम न्यायालय के वरिष्ठतम न्यायाधीश की ही नियुक्ति की जाएगी।
- भारतीय संविधान के अनुच्छेद 124(2) के तहत न्यायाधीशों की नियुक्ति राष्ट्रपति अपने हस्ताक्षर और मुद्रा सहित अधिपत्र के द्वारा करता है। राष्ट्रपति मुख्य न्यायमूर्ति की नियुक्ति के संदर्भ में यदि आवश्यक समझे, तो उच्चतम न्यायालय और उच्च न्यायालयों के न्यायाधीशों से परामर्श कर सकता है तथा उच्चतम न्यायालय के अन्य न्यायाधीशों की नियुक्ति के संदर्भ में राष्ट्रपति द्वारा उच्चतम न्यायालय के मुख्य न्यायाधीश से परामर्श करना आवश्यक है।
- उच्चतम न्यायालय के न्यायाधीश की नियुक्ति (कॉलेजियम व्यवस्था) वर्ष 1993 तक मुख्य न्यायमूर्ति की सिफारिश पर राष्ट्रपति करता था, परंतु वर्तमान प्रक्रिया के अनुसार भारत के मुख्य न्यायमूर्ति की अध्यक्षता में एक पाँच सदस्यीय समिति का गठन होता है (मुख्य न्यायाधीश सहित चार वरिष्ठतम न्यायाधीशों का समूह) हो न्यायाधीश के नामों की जाँच करने के बाद प्रस्ताव विधि मंत्रालय को भेजती है, जहाँ सुझाए गए नामों की जाँच करने के बाद प्रस्ताव प्रधानमंत्री कार्यालय को भेज दिया जाता है।
- वहाँ से यह प्रस्ताव राष्ट्रपति के सम्मुख भेज दिया जाता है और राष्ट्रपति इन नामों को स्वीकृति दे सकता है या उच्चतम न्यायालय के पास पुनर्विचार के लिए भेज सकता है।
- यदि उच्चतम न्यायालय नामों का प्रस्ताव दूसरी बार राष्ट्रपति को भेजता है, तो राष्ट्रपति उन नामों पर स्वीकृति देने को बाध्य है।

उच्चतम न्यायालय के न्यायाधीशों की योग्यताएँ

भारतीय संविधान के अनुच्छेद 124(3) के तहत कोई भी व्यक्ति उच्चतम न्यायालय के न्यायाधीशों की नियुक्ति के लिए तभी पात्र होगा, जब वह

- भारत का नागरिक हो
- कम-से-कम 5 वर्ष तक लगातार किसी एक या एक से अधिक उच्च न्यायालयों का न्यायाधीश रहा हो
- किसी उच्च न्यायालय का या दो या दो से अधिक न्यायालयों का लगातार दस वर्ष तक अधिवक्ता रहा हो
- राष्ट्रपति की नजर में पारंगत विधिवेत्ता हो।
- यह उल्लेखनीय है कि उच्चतम न्यायालय के न्यायाधीश की नियुक्ति से संबंधित न्यूनतम आयु का कोई उल्लेख संविधान में नहीं है।

उच्चतम न्यायालय के न्यायाधीशों का कार्यकाल

- अनुच्छेद 124(2) के अनुसार, उच्चतम न्यायालय का न्यायाधीश अपना पद तब तक धारण करेगा, जब तक कि वह 65 वर्ष की आयु प्राप्त नहीं कर लेता है तथा वह कभी भी राष्ट्रपति को संबोधित कर अपने हस्ताक्षर सहित लेख द्वारा अपना पद त्याग सकता है या संसद द्वारा की गई सिफारिश के आधार पर राष्ट्रपति उसे साबित कदाचार या असमर्थता के आधार पर पद से हटा सकता है।
- वह सेवानिवृत्ति के पश्चात् भारत के राज्यक्षेत्र में कहीं भी अभिवाचन व कार्य नहीं करेगा।

3. न्यायपालिका कितने प्रकार से व्यक्ति के अधिकारों की रक्षा करती है? विस्तारपूर्वक वर्णन कीजिए।

उत्तर भारत के सर्वोच्च न्यायालय की समीक्षा की शक्ति के साथ देश का शीर्ष न्यायालय है और यह भारत के संविधान के तहत, न्याय की अपील के तहत अंतिम न्यायालय है। भारत एक संघीय राज्य है और इसकी एकल और न्यायिक संरचना त्रिस्तरीय है।

न्यायपालिका का प्राथमिक उद्देश्य अधिकारों का संरक्षण है। न्यायपालिका निम्न प्रकार से मानव/व्यक्ति के अधिकारों की रक्षा करती है।

(i) **आरंभिक मौलिक अधिकारिता के अंतर्गत** नागरिकों के मौलिक अधिकारों से सम्बन्धित मामलों में उच्चतम न्यायालय को रिट जारी करने की शक्ति अनुच्छेद 32 के अनुसार, मूल अधिकारों के उपचार के लिए विभिन्न रिट; जैसे बंदी प्रत्यक्षीकरण, परमादेश, अधिकार पृच्छा, उत्प्रेषण आदि जारी करने की शक्ति

(ii) **सलाहकारी अधिकारिता** मामला सार्वजनिक महत्त्व का हो, जिस पर कोई प्रश्न उत्पन्न हो या उत्पन्न होने की संभावनाएँ हों। पूर्व में किए गए संवैधानिक, संधि, करार आदि से संबंधित मामले

(iii) **न्यायिक पुनर्विलोकन की अधिकारिता** यदि कोई त्रुटि दिखती है, तो न्यायालय उसे अवैध घोषित कर सकता हैं न्यायालय केंद्र व राज्य के विधायी व कार्यकारी आदेशों का परीक्षण कर सकता है।

(iv) **रिट निकालने की अधिकारिता** मूल अधिकारों के हनन के संबंध में रिट जारी करना।

(v) **पर्यवेक्षीय मामले में** इस मामले के अंतर्गत वह प्राकृतिक न्याय विरोध, कानून में बाधा, न्यायिक क्षेत्र के विस्तार आदि के लिए करता है।

4. मौलिक अधिकारों के रक्षक के रूप में सर्वोच्च न्यायालय की भूमिका का उल्लेख कीजिए।

अथवा **'मौलिक अधिकारों की रक्षा के लिए सर्वोच्च न्यायालय एक सजग प्रहरी के रूप में कार्य करता हैं इस कथन की पुष्टि कीजिए।**

उत्तर मैलिक अधिकार उन अधिकारों को समूह है, जो हर व्यक्ति के जीवन के लिए आवश्यक और अनिवार्य है। आधुनिक लोकतांत्रिक देशों के संविधान मे नागरिकों के मौलिक अधिकारों का विशेष उल्लेख किया गया है ताकि व्यक्ति की स्वतंत्रता और समाज में संतुलन स्थापित किया जा सके। ये अधिकार संविधान द्वारा सुनिश्चित किए जाते है, और उनकी रक्षा का कार्य न्यायपालिका करती है। भारतीय संविधान मे सात मौलिक अधिकारों को शामिल किया गया है। हालाँकि 44वें संशोधन के तहत संपत्ति के अधिकार को मौलिक अधिकार के रूप में समाप्त कर दिया गया।

संविधान द्वारा दिए गए इन मौलिक अधिकरों की सुरक्षा के लिए सर्वोच्च न्यायालय को एक सजग प्रहरी के रूप में स्थापित किया गया है। इसके तहत, देश का हर नागरिक अपने मौलिक अधिकरों का स्वतंत्रता से प्रयोग कर सकता है। यदि किसी व्यक्ति के अधिकारों का उल्लंघन किया जाता है, तो वह अपने अधिकारों की रक्षा के लिए सर्वोच्च न्यायालय या उच्च न्यायालय का सहारा ले सकता है। न्यायालय संवैधानिक उपचार के अधिकार के तहत निम्नलिखित आदेश जारी कर सकता है।

(i) **बंदी प्रत्यक्षीकरण** यह आदेश उस व्यक्ति के लिए अत्यधिक महत्त्वपूर्ण है, जिसे अवैध रूप से बंदी बनाया गया है। यदि व्यक्ति न्यायालय में प्रार्थना करता है और न्यायालय को यह उचित लगता है, तो वह संबंधित अधिकारों का उसकी रिहाई का आदेश दे सकता है।

(ii) **परमादेश** यह आदेश तब जारी किया जाता है, जब कोई सार्वजनिक अधिकारी अपने कर्त्तव्यों का पालन नहीं करता हो।

(iii) **निषेध** यह आदेश सर्वोच्च न्यायालय या उच्च न्यायालय द्वारा अपने अधीनस्थ न्यायालय के विरुद्ध जारी किया जाता है।

(iv) **अधिकार पृच्छा** यह आदेश तब जारी होता है जब कोई व्यक्ति अवैध तरीके से किसी पद पर कार्य कर रहा है न्यायालय उस व्यक्ति से पूछता है कि वह किस आधार पर उस पद पर है।

(v) **उत्प्रेषण** यह आदेश किसी विवाद को निम्न न्यायालय से उच्च न्यायालय में भेजने के लिए जारी किया जाता है। ताकि उच्च न्यायालय निम्न न्यायाधीशों से जानकारी प्राप्त कर सके।

सामान्य परिस्थितियों में व्यक्तियों द्वारा अपने मौलिक अधिकारों की रक्षा की जा सकती है। हालाँकि, संकट की स्थिति में कोई व्यक्ति न्यायालय में प्रार्थना नहीं कर सकता है।

स्रोत आधारित प्रश्न

नीचे दिए गए स्रोतों पर आधारित प्रश्नों के उत्तर दीजिए

1. क्या आपने न्यायिक सक्रियता अथवा जनहित याचिका के बारे में सुना है? आजकल न्यायपालिका पर चर्चा में इन दोनों शब्दों का अकसर प्रयोग होता है। अनेक लोगों का मानना है कि इन दोनों ने न्यायपालिका के कार्यों में क्रांतिकारी परिवर्तन कर उन्हें पहले से अधिक जनोन्मुखी बना दिया है। भारत में न्यायिक सक्रियता जनहित याचिका या सामाजिक व्यवहार याचिका रही है। आखिर जनहित याचिका क्या है? कब और कैसे इसकी शुरुआत हुई? कानून की सामान्य प्रक्रिया में कोई व्यक्ति तभी अदालत जा सकता है, जब उसका कोई व्यक्तिगत नुकसान हुआ हो। इसका अर्थ यह है कि अपने अधिकार का उल्लंघन होने पर या किसी विवाद में फँसने पर कोई व्यक्ति इंसाफ पाने के लिए अदालत का दरवाजा खटखटा सकता है।

(i) कानून की सामान्य प्रक्रिया में किस वर्ष बदलाव आया?

(a) वर्ष 1979
(b) वर्ष 1978
(c) वर्ष 1976
(d) वर्ष 1980

उत्तर (a) वर्ष 1979

(ii) न्यायालय में जनहित याचिका किन मामलों में दायर की जा सकती है?

(a) अधिकारों की रक्षा
(b) पर्यावरण की सुरक्षा
(c) गरीबों को गरिमामय जीवन उपलब्ध कराना
(d) उपरोक्त सभी

उत्तर (d) उपरोक्त सभी

(iii) न्यायिक सक्रियता से आप क्या समझते हैं?

उत्तर जनहित याचिकाओं के माध्यम से लोकहित के विषयों पर न्यायालय द्वारा हस्तक्षेप कर न्याय सुनिश्चित करना ही न्यायिक सक्रियता है। इसका प्रमुख साधन जनहित याचिका है।

2. भारत के मुख्य न्यायाधीश की नियुक्ति के मामले में वर्षों से परंपरा बन गई है कि सर्वोच्च न्यायालय के सबसे वरिष्ठ न्यायाधीश को इस पद पर नियुक्त किया जाएगा, लेकिन इस परंपरा को दो बार तोड़ा भी गया है। वर्ष 1973 में तीन वरिष्ठ न्यायाधीशों को छोड़कर न्यायमूर्ति ए एन रे को भारत का मुख्य न्यायाधीश नियुक्त किया गया। फिर वर्ष 1975 में न्यायमूर्ति एच आर खन्ना को पीछे छोड़ते हुए न्यायमूर्ति एम एच बेग की नियुक्ति की गई। सर्वोच्च न्यायालय और उच्च न्यायालय के अन्य न्यायाधीशों की नियुक्ति राष्ट्रपति भारत के मुख्य न्यायाधीश की सलाह से करता है। इसका अर्थ यह हुआ कि नियुक्तियों के संबंध में वास्तविक शक्ति मंत्रिपरिषद् के पास है। फिर मुख्य न्यायाधीश से सलाह का क्या महत्त्व है? वर्ष 1982 से 1998 के बीच यह विषय बार-बार सर्वोच्च न्यायालय के सामने आया।

(i) वर्ष 1973 में कितने वरिष्ठ न्यायाधीशों को छोड़कर न्यायमूर्ति ए. एन. रे को भारत का मुख्य न्यायाधीश नियुक्त किया गया?

(a) 3 (b) 4 (c) 8 (d) 5

उत्तर (a) 3

(ii) **किस वर्ष न्यायमूर्ति एच. आर खन्ना को पीछे छोड़ते हुए न्यायमूर्ति एम एच बेग की नियुक्ति की गई**

(a) वर्ष 1975 (b) वर्ष 1976
(c) वर्ष 1977 (d) वर्ष 1974

उत्तर (a) वर्ष 1975

(iii) **न्यायाधीशों की नियुक्ति के संबंध में सामूहिकता के सिद्धांत से क्या आशय है?**

उत्तर सामूहिकता के सिद्धांत से आशय सर्वोच्च न्यायालय द्वारा प्रदत्त उस व्यवस्था से है, जिसमें सर्वोच्च न्यायालय के मुख्य न्यायाधीश तथा अन्य चार वरिष्ठ न्यायाधीश शामिल होते हैं। यह समूह न्यायाधीशों की नियुक्ति के लिए कुछ नाम प्रस्तावित करता है और राष्ट्रपति इन्हीं में से न्यायाधीशों की नियुक्ति करता है।

3. **हर समाज में व्यक्तियों के बीच, समूहों के बीच और व्यक्ति समूह तथा सरकार के बीच विवाद उठते हैं। इन सभी विवादों को 'कानून के शासन के सिद्धांत' के आधार पर एक स्वतंत्र संस्था द्वारा हल किया जाना चाहिए। 'कानून के शासन' का भाव यह है कि धनी और गरीब, स्त्री और पुरुष तथा अगड़े और पिछड़े सभी लोगों पर एकसमान कानून लागू हों। न्यायपालिका की प्रमुख भूमिका यह है कि वह 'कानून के शासन' की रक्षा और कानून की सर्वोच्चता को सुनिश्चित करे। न्यायपालिका व्यक्ति के अधिकारों की रक्षा करती है, विवादों को कानून के अनुसार हल करती है और यह सुनिश्चित करती है कि लोकतंत्र की जगह किसी एक व्यक्ति या समूह की तानाशाही न ले ले। इसके लिए जरूरी है कि न्यायपालिका किसी भी राजनीतिक दबाव से मुक्त हो।**

(i) **यह कौन सुनिश्चित करता है कि लोकतंत्र की जगह कोई एक व्यक्ति न ले ले?**

(a) सरकार
(b) संसद
(c) न्यायालय
(d) जनता

उत्तर (c) न्यायालय

(ii) **कानून के शासन का अर्थ क्या है?**

(a) सरकार का शासन
(b) न्यायालय का शासन
(c) जनता का शासन
(d) सभी लोगों के लिए एकसमान कानून का लागू होना

उत्तर (d) सभी लोगों के लिए एकसमान कानून का लागू होना

(iii) **न्याययालिका की प्रमुख भूमिका क्या हैं?**

उत्तर न्यायपालिका की प्रमुख भूमिका 'कानून के शासन की रक्षा करना है। कानून की सर्वोच्चता सुनिश्चित करना है। यह व्यक्ति के अधिकारों की रक्षा करती है। विवादों को कानून के अनुसार हल करती है और यह सुनिश्चित करती है कि लोकतंत्र में किसी एक व्यक्ति या समूह की तानाशाही न हो।

4. **न्यायपालिका ने अधिकारों की स्वतंत्रता सुनिश्चित करने के साथ-साथ राजनीतिक व्यवहार द्वारा किए जाने वाले संविधान के अतिक्रमण पर भी अंकुश लगाया है तथा राष्ट्रपति व राज्यपाल की शक्तियों को भी न्यायिक पुनरावलोकन के दायरों में कर दिया है। अनेक मामलों; जैसे–नरसिंह राव मामला, पेट्रोल पंपों के अवैध आवंटन, राजनेता व नौकरशाहों के विरुद्ध जाँच आदि में न्यायालय द्वारा संस्थाओं व सीबीआई को न्याय की स्थापना के लिए निर्देश दिया गया है। इसमें यह निर्देश दिया गया है कि वे राजनेताओं और नौकरशाहों के विरुद्ध जाँच करें।**

संविधान द्वारा शक्तियों का आवंटन, अवरोध और संतुलन के सिद्धांत पर किया जाता है। सरकार के प्रत्येक अंग का कार्यक्षेत्र स्पष्ट कर दिया गया है।

संसद के पास कानून बनाने व संविधान संशोधन करने की शक्ति है तथा कार्यपालिका उन कानूनों को लागू करवाती है। न्यायपालिका विवादों का निपटारा तथा बनाए गए कानूनों की संवैधानिकता सुनिश्चित करती है, परंतु शक्तियों के संतुलित बँटवारे के पश्चात् भी शासन संचालन की संस्थाओं में आपस में टकराव बना रहता है, जैसा कि संपत्ति के अधिकार के संदर्भ में हुआ। संसद संपत्ति रखने के अधिकार पर कुछ प्रतिबंध लगाना चाहती थी, जिससे भूमि-सुधारों को लागू किया जा सके।

सरकार द्वारा संपत्ति के अधिकार पर लगाए जाने वाले प्रतिबंधों को न्यायपालिका ने मौलिक अधिकारों को सीमित नहीं करने की प्रतिबद्धता का संकेत देते हुए अवैध बताया।

(i) **निम्नलिखित कथनों में से कौन-सा कथन सही है?**

(a) न्यायपालिका ने अधिकारों की स्वतंत्रता सुनिश्चित करने के साथ-साथ राजनीतिक व्यवहार द्वारा किए जाने वाले संविधान के अतिक्रमण पर भी अंकुश लगाया है
(b) न्यायपालिका ने राष्ट्रपति व राज्यपाल की शक्तियों को भी न्यायिक पुनरावलोकन के दायरों में कर दिया है
(c) राजनेता व नौकरशाहों के विरुद्ध जाँच आदि में न्यायालय द्वारा कार्यपालिका को संस्थाओं व सीबीआई को न्याय की स्थापना के लिए निर्देश दिया गया है
(d) उपरोक्त सभी

उत्तर (d) उपरोक्त सभी

(ii) **संसद व न्यायपालिका के मध्य विवाद के कारणों में शामिल कथन कौन-सा है?**

(a) मौलिक अधिकारों में परिवर्तन या सीमित करने के संदर्भ में संसद की शक्ति
(b) संसद द्वारा किए जाने वाले संशोधनों का दायरा
(c) 'a' और 'b' दोनों
(d) सार्वजनिक संपत्ति का दायरा

उत्तर (c) 'a' और 'b' दोनों

(iii) **संविधान में संशोधन करने की शक्ति किसके पास होती है?**

उत्तर संविधान में संशोधन करने की शक्ति संसद के पास होती है। संविधान में संशोधन करने की प्रक्रिया संविधान के अनुच्छेद- 368 में वर्णित है।

मानचित्र आधारित प्रश्न

1. भारत में दिए गए राजनीतिक रेखा मानचित्र में तीन राज्यों को और (A), (B) व (C) के द्वारा अंकित किया गया है। नीचे दी गई जानकारी के आधार पर इन राज्यों की पहचान कीजिए और इनके सही नाम, प्रयोग की गई जानकारी की क्रम संख्या तथा मानचित्र में दिए गए संबंधित अक्षर, नीचे दी गई तालिका के रूप में लिखिए।

प्रयोग की गई जानकारी की क्रम संख्या		मानचित्र में दिया गया अक्षर	राज्य का नाम
(i)	प्रथम बार महाभियोग का सामना करने वाले न्यायाधीश वी. रामास्वामी किस उच्च न्यायालय के न्यायाधीश थे।		
(ii)	पहली बार जनहित याचिका के रूप में स्वीकृत हुसैनारा खातून वाद किस राज्य से संबंधित है।		
(iii)	पत्रों की याचिका के रूप में स्वीकृत करने की प्रथा समाप्त कर दी। यह मामला सुनील बत्रा बनाम किस राज्य केन्द्र शासित प्रदेश से सम्बन्धित है।		

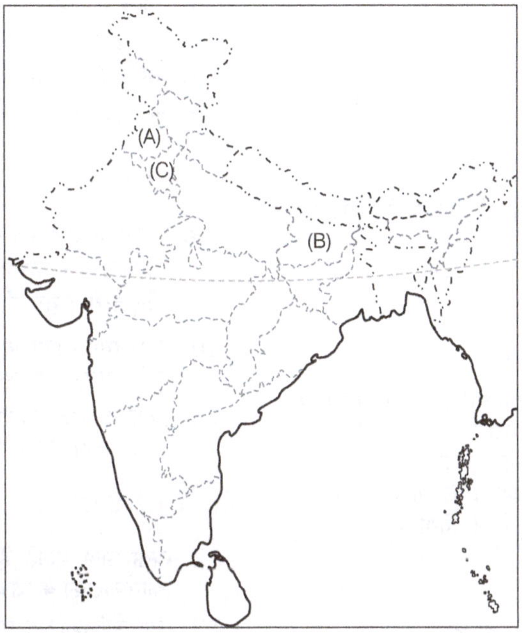

उत्तर

प्रयोग की गई जानकारी की क्रम संख्या		मानचित्र में दिया गया अक्षर	राज्य का नाम
(i)	प्रथम बार महाभियोग का सामना करने वाले न्यायाधीश वी. रामास्वामी किस उच्च न्यायालय के न्यायाधीश थे।	A.	पंजाब
(ii)	पहली बार जनहित याचिका के रूप में स्वीकृत हुसैनारा खातून वाद किस राज्य से संबंधित है।	B.	बिहार
(iii)	पत्रों की याचिका के रूप में स्वीकृत करने की प्रथा समाप्त कर दी। यह मामला सुनील बत्रा बनाम किस राज्य केन्द्र शासित प्रदेश से संबंधित है।	C.	दिल्ली

स्वयं को जाँचें

वस्तुनिष्ठ प्रश्न

1. **"सर्वोच्च न्यायालय किसी कानून को संविधान से असंगत पाने पर असंवैधानिक घोषित कर, उसके लागू होने पर प्रतिबंध लगा सकता है।" यह किस अनुच्छेद में वर्णित है?**

(a) अनुच्छेद 12 (b) अनुच्छेद 13
(c) अनुच्छेद 114 (d) अनुच्छेद 116

2. **न्यायपालिका का मुख्य कार्य क्या है?**

(a) कानून बनाना (b) कानून का पालन करना
(c) कानून का निष्पादन करना
(d) नागरिकों के अधिकारों की रक्षा करना।

3. **भारतीय एकीकृत न्यायिक व्यवस्था की पिरामिडीय संरचना में शामिल है**

(a) सर्वोच्च न्यायालय (b) उच्च न्यायालय
(c) जिला अदालतें (d) ये सभी

4. **निम्न कथनों में से कौन-सा कथन सही है?**

(a) न्यायपालिका ने अधिकारों की स्वतंत्रता सुनिश्चित करने के साथ-साथ राजनीतिक व्यवहार द्वारा किए जाने वाले संविधान के अतिक्रमण पर भी अंकुश लगाया है
(b) न्यायपालिका ने राष्ट्रपति व राज्यपाल की शक्तियों को भी न्यायिक पुनरावलोकन के दायरों में ला दिया है
(c) 'a' और 'b' दोनों
(d) उपरोक्त में से कोई नहीं

5. **निम्नलिखित में से कौन-सा युग्म सही नहीं हैं?**

(a) जिला न्यायालय-यह स्थानीय मामलों का निपटारा करता है।
(b) उच्च न्यायालय- इसे संविधान के संरक्षक के रूप में जाना जाता है।
(c) न्यायपालिका-इसके द्वारा नागरिकों के अधिकारों की सुरक्षा की जाती है।
(d) उच्च न्यायालय-यह केवल दीवानी मामलों का निपटारा करता है।

लघु उत्तरीय प्रश्न

6. **भारत में सर्वोच्च न्यायालय के किस न्यायाधीश के विरुद्ध महाभियोग का मुकदमा चलाया गया था?**

7. **सर्वोच्च न्यायालय के न्यायिक पुनरावलोकन का क्या अर्थ है?**

8. **बंदी प्रत्यक्षीकरण क्या है?**

दीर्घ उत्तरीय प्रश्न I

9. **'न्यायिक सक्रियता से विधायिका, कार्यपालिका और न्यापालिका के कार्यों के बीच का अंतर धुँधला हो गया है' इस कथन की पुष्टि के लिए तीन तथ्य प्रस्तुत कीजिए।**

10. **"उच्चतम न्यायालय मौलिक अधिकारों का संरक्षण करता है।" इसकी पुष्टि उपयुक्त उदाहरणों से कीजिए।**

11. **न्यायिक सक्रियता का क्या अर्थ है? यह मौलिक अधिकारों की सुरक्षा किस प्रकार करता है?**

दीर्घ उत्तरीय प्रश्न II

12. **क्या आप मानते हैं कि न्यायिक सक्रियता से न्यायपालिका और कार्यपालिका के बीच विरोध बढ़ा है?**

13. **न्यायपालिका एवं संसद के बीच संबंधों की व्याख्या कीजिए।**

14. **'भारत में न्यायिक सक्रियता का मुख्य साधन जनहित याचिका या सामाजिक व्यवहार याचिका है'। स्पष्ट कीजिए**

15. **भारतीय संविधान में मौलिक अधिकारों का महत्त्व और उनका संरक्षण कैसे किया जाता है?**

7

अध्याय

भारतीय संघवाद विभिन्न भाषायी भौगोलिक तथा सामाजिक-सांस्कृतिक विविधता से सम्पन्न राज्यों का संघ है, जिसमें आंतरिक रूप से संरचनागत परिवर्तन नामों में परिवर्तन (मैसूर का नाम कर्नाटक तथा मद्रास का नाम तमिलनाडु) आदि किया जा सकता है, किंतु इन्हें संघ से बाह्य रूप से अलग होने का अधिकार नहीं है। भारत की संघीय व्यवस्था कई अर्थों में अन्य व्यवस्थाओं से अलग है। इस अध्याय में संघीय व्यवस्था का तुलनात्मक अध्ययन प्रावधान, संरचना आदि को शामिल किया गया है।

▼ अध्ययन एक नजर में

▼ अभ्यास के लिए

- बहुविकल्पीय प्रश्न 17 (युग्मित प्रश्न, चित्र आधारित प्रश्न, कथन/कारण, सुमेलित कीजिए)
- वर्णनात्मक प्रकार के प्रश्न (लघु उत्तरीय प्रश्न 6, दीर्घ उत्तरीय प्रश्न I 8)
- दीर्घ उत्तरीय प्रश्न II 6,
- स्रोत आधारित प्रश्न 1, मानचित्र आधारित प्रश्न 1

संघवाद

भारत द्वारा अपने संविधान में संघीय संरचना को अपनाया गया है। विविधता से परिपूर्ण होने के बावजूद भारत स्वयं को एकता के सूत्र में बाँधने में सक्षम रहा। विश्व व्यवस्था में पहले से सोवियत संघ जैसी संघीय व्यवस्था रही है, किंतु वर्ष 1989 के बाद वह अनेक स्वतंत्र देशों में बँट गया, कुछ अन्य राज्यों जैसे- चेकोस्लोवाकिया, यूगोस्लोवाकिया तथा पाकिस्तान को भी अपने देश में विभाजन देखना पड़ा।

एक महाद्वीप की तरह विशाल भारतीय भू-भाग पर रहने वाले लोगों में धार्मिक, भाषायी (20 प्रमुख व अनेक छोटी भाषाएँ) व अनेक प्रकार की विभिन्नताएँ होने के पश्चात् भी एक साझे स्थान पर निवास करना व एक साझा इतिहास होना (मुख्यत: आजादी की लड़ाई के समय) राष्ट्रीय एकता का प्रतीक है। इसी कारण राष्ट्रीय नेताओं ने भारत को विविधता में एकता के रूप में परिभाषित किया है। भारत को 'विविधताओं के साथ एकता' की भी संज्ञा दी जाती है।

7.1 संघवाद से आशय

- **संघवाद**[1] संगठित रहने का विचार है। इसमें कोई ऐसा निश्चित और कठोर सिद्धांत नहीं होता, जो प्रत्येक ऐतिहासिक परिस्थिति में समान रूप से लागू है। शासन के सिद्धांत के रूप में संघवाद विभिन्न परिस्थितियों में भिन्न-भिन्न स्वरूप ग्रहण करता है।
- उदाहरणस्वरूप, संघीय राज्य की शुरुआत अमेरिका से हुई, लेकिन वह जर्मनी और भारतीय संघवाद से भिन्न है।

भारत की ही तरह वेस्टइंडीज भी अंग्रेजों का **उपनिवेश**[2] था, वर्ष 1958 में 'वेस्टइंडीज संघ' (फेडरेशन ऑफ वेस्टइंडीज) का जन्म हुआ। इसकी केंद्रीय सरकार कमजोर थी और प्रत्येक संघीय इकाई की अपनी स्वतंत्र अर्थव्यवस्था थी।

1 संघवाद (Federalism) कई राज्य मिलकर एक विशाल राज्य (देश) का निर्माण करते हैं और साथ ही अपना अस्तित्व भी बनाए रखते हैं। इस प्रकार निर्मित विशाल राज्य को संघ राज्य कहते हैं और इस प्रक्रिया को संघवाद का नाम देते हैं।

2 उपनिवेश (Colonialism) अपने हितों की पूर्ती किसी दूसरे देश से उसकी राजनीतिक सत्ता पर कब्जा करके करना।

इस कारण से और अन्य संघीय इकाइयों में राजनैतिक प्रतिस्पर्द्धा के कारण वर्ष 1962 में इस संघ को भंग कर दिया गया। वर्ष 1973 की 'चिगुआरामस संधि' के द्वारा इन स्वतंत्र प्रायद्वीपों ने एक साझी व्यवस्था तैयार की, जो इस प्रकार है

(i) **साझी संसद** यह एक समावेशी मंच है, जहाँ विभिन्न समूह, समुदाय और प्रतिनिधि सामूहिक चर्चा, संवाद और सहमति से निर्णय लेते है। ताकि समग्र और लोकतांत्रिक विकास सुनिश्चित हो।

(ii) **साझा बाजार** वह स्थान है, जहाँ कंपनियों के शेयर, बांड और अन्य वित्तीय उपकरण खरीदे या बेचे जाते हैं। जिससे निवेशक और तथा कंपनियों धन का आदान-प्रदान कर सकें।

(iii) **संयुक्त संस्था** वह संगठन है।' जिसे दो या अधिक व्यक्ति कंपनियाँ या सरकारें साझेदारी में स्थापित करती हैं। साझा उद्‌देश्यों की प्राप्ति के लिए संसाधनों और लाभों का वितरण करती हैं।

संघवाद की विशेषताएँ

संघवाद की निम्नलिखित विशेषताएँ हैं

(i) **द्विस्तरीय राजनैतिक व्यवस्था** संघवाद एक संस्थागत प्रणाली है, जिसमें राजनीतिक व्यवस्थाएँ **केंद्र स्तर** (Center Level) व **प्रांतीय स्तर** (Provisional Level) की हैं। दोनों स्तरों की सरकारें अपने क्षेत्र में स्वायत्त होती हैं।

(ii) **दोहरी नागरिकता** कुछ संघीय देशों में **दोहरी नागरिकता** (Dual Citizenship) का प्रावधान भी होता है, परंतु भारत में एकल नागरिकता को अपनाया गया है। इस प्रकार लोगों की दोहरी पहचान और निष्ठाएँ होती हैं। वे अपने क्षेत्र के भी होते हैं और राष्ट्र के भी होते हैं।

(iii) **लिखित संविधान** दोहरे शासन की विस्तृत रूपरेखा अमूमन एक लिखित संविधान में मौजूद होती है। यह संविधान सर्वोच्च होता है। दोनो सरकारों की शक्तियों का स्रोत भी। राष्ट्रीय महत्त्व के विषयों पर केंद्र सरकार तथा क्षेत्रीय महत्त्व के विषयों पर प्रांतीय राज्य सरकारें जवाबदेह होती हैं।

(iv) **स्वतंत्र न्यायापालिका** केंद्र और राज्यों के मध्य किसी टकराव को रोकने के लिए एक स्वतंत्र न्यायपालिका की व्यवस्था होती है, जो संघर्षों का समाधान करती है। न्यायपालिका को केंद्रीय सरकार और राज्यों के बीच शक्ति के बँटवारे के संबंध मे उठने वाले कानूनी विवादों को हल करने का अधिकार होता है।

नाइजीरिया में संघवाद

- किसी देश के विभिन्न क्षेत्र तथा समुदाय के आपसी विश्वास के बिना संघीय व्यवस्था के माध्यम से भी एकता स्थापित नहीं की जा सकती। इसका मुख्य उदाहरण नाइजीरिया है।
- वर्ष 1914 तक उत्तरी नाइजीरिया और दक्षिणी नाइजीरिया ब्रिटेन के उपनिवेश थे।
- इबादान संवैधानिक सम्मेलन, 1950 में नाइजीरिया के नेताओं द्वारा एक संघीय संविधान के निर्माण का निर्णय लिया गया। नाइजीरिया की तीन बड़ी जातियों (एरूबा, इबो और हउसा-फुलानी) के नियंत्रण में देश के पश्चिम, पूर्वी तथा उत्तरी क्षेत्र थे।
- इन्होंने अन्य क्षेत्रों में अपना प्रभाव बढ़ाने का प्रयास किया, जिससे भय तथा संघर्ष का वातावरण बन गया। इससे वहाँ पर सैनिक शासन स्थापित हो गया। वर्ष 1960 के संविधान के अनुसार, नाइजीरिया की पुलिस केंद्र तथा प्रांतीय सरकारों के संयुक्त नियंत्रण में कार्य करती थी।
- वर्ष 1979 के सैनिक संविधान के अनुसार, किसी भी प्रांत को पुलिस रखने का अधिकार नहीं था।

वर्ष 1999 में नाइजीरिया में लोकतंत्र दोबारा स्थापित किया गया, परंतु इसके पश्चात् भी धार्मिक मतभेद बने रहे। तेल संसाधनों से प्राप्त राजस्व पर नियंत्रण को लेकर संघ की समस्याएँ बनी रहीं तथा विभिन्न संघीय इकाइयों के मध्य धर्म, जाति एवं आर्थिक आधारों पर मतभेद स्थित रहे।

7.2 भारतीय संविधान में संघवाद

भारत के संविधान में अंग्रेजी के संस्करण में संघ शब्द के लिए **'फेडरेशन'** का प्रयोग न करके **'यूनियन'** शब्द का प्रयोग किया गया है, जो भारत की एकता की मजबूती का प्रतीक है। हालाँकि हिंदी भाषा में 'फेडरेशन' और 'यूनियन' दोनों के लिए संघ शब्द का प्रयोग होता है। संविधान भारत का वर्णन निम्न प्रकार करता है

- अनुच्छेद-1(I) के अनुसार, भारत राज्यों का संघ (यूनियन) होगा।
- अनुच्छेद-1(II) के अनुसार, राज्य और उनके राज्य क्षेत्र वे होंगे, जो पहली अनुसूची में विनिर्दिष्ट हैं।
- राष्ट्रीय आंदोलन के समय से ही अनेक नेता इस बात पर सहमत थे कि भारत जैसे विशाल देश के शासन संचालन के लिए दो स्तर की राजनीतिक व्यवस्था (प्रांतीय सरकार और केंद्रीय सरकार) करना बहुत आवश्यक है। उसके साथ क्षेत्रीय, भाषायी तथा धार्मिक आधार पर सभी व्यक्तियों की शासन में सहभागिता सुनिश्चित करना आवश्यक था।

उनका प्रमुख विचार था

- क्षेत्रीय विविधता
- भाषिक विभिन्नता
- केंद्रीय और क्षेत्रीय प्राधिकारियों के बीच सत्ता का बँटवारा
- लोकतांत्रिक शासन के मध्यम के बीच सत्ता का बँटवारा
- विभाजन के निर्णय के पश्चात् संविधान सभा ने राज्य में ऐसी सरकार के गठन का प्रावधान किया, जो केंद्र-राज्य के आपसी सहयोग व एकता पर आधारित हो, साथ ही राज्यों के लिए पृथक् अधिकार के सिद्धांत पर भी आधारित हो।

भारतीय संघवाद की निम्नलिखित विशेषताएँ हैं

(i) **लिखित संविधान** भारत के पास अपना लिखित संविधान है, जो संघवाद की प्रमुख विशेषता है क्योंकि संघवाद दो स्तरों के मध्य (केंद्र और राज्य) शक्ति संतुलन का परिणाम है। लिखित संविधान इसमें टकराव को रोकता है।

(ii) **न्यायपालिका की स्वतंत्रता** स्वतंत्र न्यायापालिका अधिकारों और शक्ति के अनियोजित उपयोग पर प्रतिबंध स्थापित करता है। भारत सर्वोच्च न्यायालय, उच्च न्यायालय और जिला न्यायालय राजनीतिक हस्तक्षेप से मुक्त है।

(iii) **संविधान की सर्वोच्चता** संविधान भारत का सर्वोच्च विधिक दस्तावेज है। जिसके तहत केंद्र और राज्य सरकारें कार्य करती हैं। कोई भी कानून या नीति संविधान के विरुद्ध नहीं हो सकती।

- भारतीय संघवादी व्यवस्था में शक्तियों का स्पष्ट विभाजन है।

शक्ति विभाजन

- भारत के संविधान में दो स्तर की सरकारों का प्रावधान किया गया है
  1. **संघीय सरकार** (Federal Government) यह संपूर्ण राष्ट्र के लिए होती है। इसे केंद्रीय सरकार भी कहा जाता है।
  2. **राज्य सरकार** (State Government) यह किसी प्रांत या राज्य पर शासन के लिए होती है।
- इन दोनों संवैधानिक सरकारों का कार्यक्षेत्र संविधान द्वारा स्पष्ट है। शक्तियों को लेकर विवाद होने की स्थिति में सर्वोच्च न्यायालय संवैधानिक प्रावधानों के अनुसार विवाद का निपटारा करता है।
- संविधान केंद्र व राज्यों के मध्य शक्तियों का बँटवारा स्पष्ट रूप से करता है। शक्ति विभाजन का एक महत्त्वपूर्ण पहलू यह है कि आर्थिक व वित्तीय शक्तियाँ (Financial Powers) केंद्र के पास होती हैं। आय के साधनों की अपेक्षा राज्य के पास उत्तरदायित्व अधिक होता है।

7.3 सशक्त केंद्रीय सरकार और संघवाद

सशक्त केंद्र की स्थापना हेतु निम्नलिखित संवैधानिक प्रावधान किए गए हैं

- **अनुच्छेद-3** संसद किसी राज्य में से उसका राज्यक्षेत्र अलग कर या दो-या-दो से अधिक राज्यों को मिलाकर नए राज्य का निर्माण कर सकती है तथा किसी राज्य की सीमाओं में या नाम में परिवर्तन कर सकती है।
- इस शक्ति के दुरुपयोग पर नियंत्रण करने के लिए संविधान प्रभावित राज्य के विधानमंडल को उस संबंध में विचार व्यक्त करने का अधिकार प्रदान करता है।

- राज्य के अस्तित्व व उसके भौगोलिक स्थायित्व पर संसद का नियंत्रण होता है। संविधान के **आपातकालीन प्रावधान**[3] संघीय व्यवस्था को केंद्रीकृत व्यवस्था में बदलकर केंद्र को अत्यंत शक्तिशाली बनाते हैं। इसके तहत संसद राज्य सूची के विषयों पर भी कानून बना सकती है।
- आय के प्रमुख साधनों पर केंद्र का नियंत्रण होता है। अनुदान तथा वित्तीय सहायता हेतु राज्य केंद्र पर निर्भर होते हैं।
- योजना आयोग के जरिए नियोजन के सभी आर्थिक फैसले लेने का अधिकार केंद्र के पास होता है। योजना आयोग के माध्यम से केंद्र, राज्य के संसाधन प्रबंधन पर निगरानी रखता है। राज्यों में नियुक्त राज्यपाल केंद्र का प्रतिनिधि होता है, जो राज्य सरकार को हटाने व विधानसभा को भंग करने संबंधी सिफारिश राष्ट्रपति को भेज सकता है।
- इसके अतिरिक्त वह विधानपालिका द्वारा पारित किसी भी विधेयक को राष्ट्रपति की स्वीकृति के लिए सुरक्षित रख सकता है। ऐसे में केंद्र सरकार उन विधेयकों पर वीटो का प्रयोग करवाकर कानून निर्माण में देरी अथवा उन्हें निरस्त करवा सकती है।
- राज्यसभा की अनुमति से संसद राज्य सूची के महत्त्वपूर्ण विषयों पर कानून बना सकती है।
- संविधान में वर्णित निम्नलिखित प्रावधान संघ की शक्तियों को राज्य की शक्तियों पर प्रभावी बनाते हैं
- अनुच्छेद-257(1) ''प्रत्येक राज्य की कार्यपालिका शक्ति का प्रयोग इस प्रकार से किया जाएगा, जिससे संघ की कार्यपालिका शक्ति के प्रयोग में कोई बाधा न हो या उस पर कोई प्रतिकूल प्रभाव न पड़े। संघ की कार्यपालिका शक्ति का विस्तार किसी राज्य को ऐसे निर्देश देने तक होगा, जो भारत सरकार को इस प्रयोजन के लिए आवश्यक प्रतीत हो।''
- प्रशासन व्यवस्था इकहरी होने के कारण राज्यों में कार्यरत अखिल भारतीय सेवाओं पर केंद्र सरकार का नियंत्रण होता है। राज्यों में नियुक्त भारतीय प्रशासनिक सेवा से जिलाधीश व भारतीय पुलिस सेवा से पुलिस कमिश्नर राज्य के प्रशासन में कार्यरत होते हैं। राज्य सरकार के पास न तो उन्हें हटाने का अधिकार होता है और न ही उनके विरुद्ध अनुशासनात्मक कार्यवाही करने का।
- देश के किसी भू-भाग पर सैनिक शासन (Martial Law) लागू होने की स्थिति में केंद्र सरकार संविधान के अनुच्छेद-33 और अनुच्छेद-34 के तहत केंद्र या राज्य के अधिकारी के किसी भी कार्य को कानूनी रूप से वैध बता सकती है।
- अनुच्छेद-33 व अनुच्छेद-34 के तहत ही सशस्त्र बल विशिष्ट शक्ति अधिनियम का निर्माण किया गया है।

उपरोक्त प्रावधानों के कारण इस बात की संभावना बनी रहती है कि केंद्र सरकार विरोधी दलों द्वारा शासित राज्यों के प्रति भेदभावपूर्ण व्यवहार करे।

चेक प्वॉइंट 1

1. एक विषय के रूप में शिक्षा किस सूची के अंतर्गत आती है?
2. वे मामले क्या कहलाते हैं, जो किसी भी सूची में शामिल नही हैं?
3. ऐसे दो प्रावधानों के नाम बताइए, जो एक मजबूत केंद्रीय सरकार का निर्माण करते हैं?
4. उत्तरी नाइजीरिया और दक्षिणी नाइजीरिया किसके उपनिवेश थे ?

7.4 भारतीय संघीय व्यवस्था में तनाव

संविधान सभी राज्यों को अलग-अलग पहचान देने के साथ केंद्र को शक्तिशाली भी बनाता है। राज्य की पहचान के सिद्धांत को मान्यता मिलने के साथ ही राज्यों द्वारा अपने शासकीय क्षेत्र में अधिक शक्ति व भूमिका की माँग उठाई जाती है। शासन संचालन में और अधिक स्वायत्तता की माँग को लेकर केंद्र व राज्यों में विवाद और तनाव की स्थिति उत्पन्न होने लगती है। इस प्रकार के राजनीतिक विवादों का निपटारा न्यायपालिका के द्वारा नहीं किया जाता, क्योंकि न्यायपालिका उनमें आपस में उठे केवल कानूनी विवादों (Legal Dispute) को हल करती है।

केंद्र-राज्य

- संविधान संघीय व्यवस्था का केवल एक ढाँचा है तथा इसका व्यावहारिक स्वरूप राजनीति की वास्तविकताओं द्वारा निर्धारित होता है। भारतीय संघीय व्यवस्था पर राजनीतिक प्रक्रिया की परिवर्तनशील प्रकृति का बहुत अधिक प्रभाव पड़ा है।
- 1950-60 के दशक में संघीय व्यवस्था की नींव जवाहरलाल नेहरू द्वारा रखी गई। उस समय केंद्र व राज्यों में कांग्रेस की सरकार होने के कारण केंद्र-राज्य संबंध नए राज्यों के गठन की माँग को छोड़कर सामान्य और शांतिपूर्ण रहे।
- राज्यों को अपने सामाजिक-आर्थिक विकास हेतु केंद्र से वित्तीय अनुदान प्राप्त होने की आशा बनी रहती थी, परंतु 1960 के दशक के मध्य अनेक राज्यों में विरोधी दल की सरकार आने पर केंद्र सरकार से और अधिक शक्ति एवं स्वायत्तता देने की माँग जोर पकड़ने लगी।

3 आपातकाल प्रावधान उस स्थिति को कहते हैं, जब देश का प्रशासन आंतरिक और बाह्य स्त्रोतों से राष्ट्र को खतरे या गंभीर वित्तीय स्थिति के कारण राष्ट्रपति के शासन के अधीन होता है।

- राज्यों द्वारा उनके क्षेत्र में किए जा रहे केंद्र के अवांछनीय हस्तक्षेप का विरोध किया जाने लगा, साथ ही कांग्रेस के लिए विरोधी दल द्वारा शासित राज्यों से संबंधों के तालमेल की बात पूर्व की तरह आसान नहीं रही। इन सबके कारण संघीय व्यवस्था में स्वायत्तता की अवधारणा पर वाद-विवाद होने लगे।
- 1990 के दशक में कांग्रेस का वर्चस्व (Domination) कम होने से केंद्र में गठबंधन की राजनीति होने लगी। इससे अनेक राष्ट्रीय व क्षेत्रीय दलों को सत्ता में सहभागिता मिली तथा राज्यों की भूमिका में विस्तार हुआ।
- सिद्धहस्त संघवाद की शुरुआत के साथ ही स्वायत्तता (Autonomy) का मामला राजनैतिक रूप लेने लगा।

स्वायत्तता की माँग

(i) **राज्यों के पक्ष में शक्ति का विभाजन** राज्यों व राजनीतिक दलों द्वारा राज्यों को केंद्र से अधिक स्वायत्त बनाने की माँग उठने लगी। अनेक राज्य; जैसे—तमिलनाडु, पंजाब, पश्चिम बंगाल तथा दल; जैसे—द्रमुक, अकाली, माकपा द्वारा राज्यों को महत्त्वपूर्ण अधिकार देकर केंद्र से अधिक शक्तिशाली बनाए जाने की माँग उठने लगी।

(ii) **वित्तिय स्वायत्तता** राज्यों को अधिक वित्तीय स्वायत्तता देने की माँग उठने लगी। वर्ष 1977 में पश्चिम बंगाल की **वामपंथी सरकार**[4] ने एक दस्तावेज के माध्यम से केंद्र-राज्य संबंधों को पुनर्परिभाषित किया। तमिलनाडु व पंजाब की माँगों में भी वित्तीय स्वायत्तता की माँगें अधिक थीं।

(iii) **प्रशासनिक स्वायत्तता** प्रशासन पर केंद्र सरकार के नियंत्रण के संदर्भ में भी स्वायत्तता की माँग उठती रहती है।

(iv) **सांस्कृतिक और भाषायी विवाद** सांस्कृतिक व भाषायी आधार पर भी राज्यों में स्वायत्तता की माँग उठती है; जैसे—तमिलनाडु में हिंदी भाषा के वर्चस्व का विरोध तथा पंजाब में पंजाबी भाषा व संस्कृति को प्रोत्साहन।

- कुछ राज्यों में हिंदी भाषी क्षेत्रों का अन्य क्षेत्रों पर वर्चस्व प्रतीत होता है, जिसके कारण वर्ष 1960 में कुछ राज्यों में हिंदी को लागू करने के विरोध में आंदोलन भी हुए।

राज्यपाल की भूमिका और राष्ट्रपति शासन

- राज्यों में नियुक्त राज्यपाल निर्वाचित प्रतिनिधि न होकर केंद्र द्वारा अधिकतर सेवानिवृत्त सैन्य अधिकारी, लोक सेवकों तथा राजनीतिज्ञों में से नियुक्त किए गए पदाधिकारी होते हैं। केंद्र सरकार राज्यपाल के माध्यम से राज्य सरकार के कार्यों में हस्तक्षेप करती है, जिसके कारण राज्यपाल की भूमिका विवाद का विषय बनी रहती है।
- अनुच्छेद-356 में यह प्रावधान किया गया है कि राज्य में संवैधानिक तंत्र की विफलता की स्थिति में राज्यपाल की सिफारिश पर उस राज्य में राष्ट्रपति शासन लगा दिया जाएगा, जिस राज्य का शासन संचालन केंद्र सरकार अपने हाथों में ले लेती है, जिसके परिणामस्वरूप केंद्र और राज्यों में विवाद उत्पन्न होती है।
- सरकारिया आयोग केंद्र सरकार ने केंद्र-राज्य संबंधों से जुड़े मामलों की जाँच के लिए वर्ष 1983 में सरकारिया आयोग का गठन किया। सरकारिया आयोग ने वर्ष 1998 में अपनी रिपोर्ट प्रस्तुत की, जिसके तहत राज्यपाल की **नियुक्ति निष्पक्ष**[5] रूप से किए जाने की सिफारिश की गई थी। इसके अतिरिक्त अन्य कारणों से भी राज्यपाल की भूमिका विवादों से घिरी रहती है।

नवीन राज्यों की माँग

- राष्ट्रीय आंदोलन ने न केवल अखिल भारतीय राष्ट्रीय एकता, बल्कि समान भाषा, क्षेत्र और संस्कृति आधारित एकता का भी निर्माण किया। राष्ट्रीय आंदोलन द्वारा लोकतंत्र की नींव रखने के दौरान समान संस्कृति और भाषायी आधार पर राज्यों का गठन तय किया गया। इससे संघीय व्यवस्था में नवीन राज्यों के गठन की माँग को लेकर तनाव बना रहा है। दिसंबर, 1953 में राज्य पुनर्गठन आयोग की स्थापना की गई, जिसने भाषायी आधार पर नए राज्यों के गठन की सिफारिश की। वर्ष 1956 में भाषायी आधार व प्रशासकीय सुविधा के कारण अनेक राज्यों का गठन किया गया; जैसे—
  - वर्ष 1960 में गुजरात व महाराष्ट्र का गठन हुआ।
  - वर्ष 1966 में पंजाब से अलग कर हरियाणा का गठन किया गया।
  - अनेक नए राज्य; जैसे—मेघालय, मणिपुर और अरुणाचल प्रदेश अस्तित्व में आए।
  - वर्ष 2000 में मध्य प्रदेश, उत्तर प्रदेश और बिहार को विभाजित कर छत्तीसगढ़ और झारखंड का गठन किया गया।
  - वर्ष 2014 में आंध्र प्रदेश का विभाजन कर तेलंगाना राज्य का गठन हुआ।
- वर्तमान में भी भाषायी आधार पर नए राज्यों के गठन हेतु संघर्ष जारी है; जैसे—महाराष्ट्र में विदर्भ प्रमुख है।

---

4 वामपंथी सरकार ऐसी शासन प्रणाली है, जो समाजवादी, साम्यवाद और समानता आधारित विचारधारा को अपनाकर समाज के सभी वर्गों का उत्थान करती है।

5 नियुक्ति निष्पक्ष यह किसी ऐसे व्यक्ति, संगठन या गतिविधि को संदर्भित करता है, जो किसी भी राजनीतिक दल विचारधारा या हितसमूह के प्रति निष्ठा या पूर्वाग्रह के बिना तटस्थ और निष्पक्ष रहता है।

अंतर्राज्यीय विवाद

- संघीय व्यवस्था में स्वायत्तता तथा आय के स्रोतों को लेकर राज्यों व केंद्र के मध्य विवाद के साथ-साथ दो या दो से अधिक राज्यों में भी अनेक कारणों से नए विवाद उठते रहते हैं, जिनका स्वरूप न केवल कानूनी, बल्कि राजनीतिक भी होता है।
- कानूनी पहलुओं पर आधारित विवाद सर्वोच्च न्यायालय द्वारा सुलझा दिए जाते हैं, परंतु राजनीतिक पहलुओं पर आधारित विवाद आपसी बातचीत तथा विश्वास के आधार पर ही सुलझाए जा सकते हैं।

सीमा विवाद

- भारत में राज्यों की सीमाओं का निर्धारण भाषायी आधार पर किया गया है। राज्यों के सीमावर्ती इलाकों में एक से अधिक भाषा बोलने वाले लोग रहते हैं। अत: राज्यों में अपने-अपने सीमा क्षेत्र के दावे को लेकर विवाद उत्पन्न हो जाते हैं; जैसे
  - महाराष्ट्र और कर्नाटक के मध्य 'बेलगाव' को लेकर सीमा विवाद।
  - मणिपुर और नागालैंड के मध्य सीमा विवाद।
  - पंजाब व हरियाणा के मध्य सीमावर्ती क्षेत्र तथा राजधानी चंडीगढ़ को लेकर विवाद। (चंडीगढ़ इन दोनों राज्यों की राजधानी है।)

नदी जल बँटवारे का विवाद

- सीमा संबंधी जैसे भावनात्मक विवादों के अतिरिक्त राज्यों में नदियों के जल के बँटवारे को लेकर भी आपस में विवाद उत्पन्न होते रहते हैं।
- इससे उत्पन्न विवाद का मुख्य कारण संबंधित राज्यों की कृषि तथा पीने के पानी की समस्या का इससे जुड़ा होना है; जैसे-
  - तमिलनाडु व कर्नाटक के मध्य 'कावेरी नदी' जल विवाद जिसमें दोनों राज्यों की कृषि इस नदी पर निर्भर है। दोनों राज्यों ने इस विवाद को सुलझाने के लिए जल विवाद न्यायाधिकरण की बजाय सर्वोच्च न्यायालय की शरण ली।
  - गुजरात, मध्य प्रदेश व महाराष्ट्र के मध्य नर्मदा नदी जल विवाद जिसमें नदियों का प्रमुख संसाधन होने के कारण राज्यों के मध्य अधिक विवाद उत्पन्न होते हैं।

7.5 विशिष्ट प्रावधान

- भारतीय संविधान में अनेक राज्यों के लिए अलग-अलग प्रावधान किए गए हैं; जैसे—राज्यसभा में राज्यों का प्रतिनिधित्व उनकी जनसंख्या के अनुपात में निर्धारित किया गया है।
- सबसे कम जनसंख्या वाले राज्य को भी न्यूनतम प्रतिनिधित्व दिया गया है, साथ ही यह भी सुनिश्चित किया गया कि बड़े राज्यों को अधिक प्रतिनिधित्व मिले।
- संविधान द्वारा राज्यों में शक्तियों का आवंटन समान रूप से किए जाने के साथ-साथ कुछ राज्यों की सामाजिक व ऐतिहासिक परिस्थितियों के अनुसार उनके लिए कुछ विशेष अधिकारों की व्यवस्था भी की गई है;

पूर्वोत्तर राज्यों के लिए विशेष प्रावधान

- असम
- नागालैंड
- अरुणाचल प्रदेश
- मिजोरम
- मेघालय

पूर्वोत्तर राज्यों के विशिष्ट इतिहास और संस्कृति को बनाए रखने का प्रावधान करते हैं, परंतु अनुच्छेद 371 के तहत ये प्रावधान **अलगाववाद**[6] व **सशस्त्र आंदोलन**[7] को रोकने में असमर्थ रहे।

अन्य राज्यों के लिए विशेष प्रावधान

- हिमाचल प्रदेश
- गोवा
- गुजरात
- महाराष्ट्र
- आंध्र प्रदेश
- सिक्किम
- तेलंगाना

इन विशेष प्रावधानों का उद्देश्य भारत की संघीय प्रणाली के अंतर्गत एकता और विविधता को बढ़ावा देने की विशिष्ट सामाजिक, आर्थिक और सांस्कृतिक आवश्यकताओं को पूरा करना है।

---

6 **अलगाववाद** वह विचार है, जो क्षेत्रीय स्वतंत्रता की माँग करते हुए अलग राज्य के रूप में स्वयं को स्थापित करना चाहता है।

7 **सशस्त्र आंदोलन** यह किसी स्थापित सरकार या प्राधिकारी के विरुद्ध हिंसक निरंतर विद्रोह को संदर्भित करता है।

जम्मू-कश्मीर

- अक्टूबर, 2019 से पूर्व जम्मू-कश्मीर भारत के राज्यों में ऐसा राज्य था, जिसे विशेष राज्य का दर्जा प्राप्त था (अनुच्छेद-370 के तहत)। आजादी से पूर्व यह एक राजवाड़ा राज्य था।
- वर्ष 1947 में स्वतंत्रता प्राप्ति के बाद यहाँ के राजा महाराज हरि सिंह स्वतंत्र रहना चाहते थे। अक्टूबर, 1947 में पाकिस्तानी कबायली घुसपैठिए ने कश्मीर राज्य पर हमला कर दिया।
- महाराजा हरि सिंह को विवश होकर भारत से सहायता लेनी पड़ी इससे पूर्व उन्हें विलय पेपर पर हस्ताक्षर करना पड़ा और हरि सिंह ने जम्मू-कश्मीर प्रांत को भारतीय संघ में शामिल कर लिया।
- संविधान के दौरान ही जम्मू-कश्मीर प्रांत के लिए एक प्रावधान को शामिल किया गया। अनुच्छेद-370 को सृजित किया गया।

विशेष स्वायत्तता

- इसके अंतर्गत संघ द्वारा बनाए गए कानून को जम्मू-कश्मीर की स्थानीय सरकार के साथ विचार-विमर्श के बाद ही लागू किया जाएगा। इस प्रकार, इस राज्य के संदर्भ में केंद्र सरकार के पास भी शक्तियाँ बहुत सीमित थीं।
- जम्मू-कश्मीर सरकार को अन्य राज्यों की अपेक्षा अधिक स्वायत्तता प्राप्त थी।
- जम्मू-कश्मीर राज्य की सहमति से राष्ट्रपति ने दो प्रमुख संवैधानिक आदेश जारी किए, जिन्हें राज्य के व्यापक क्षेत्रों में लागू किया गया।
- आदेश के अनुसार जम्मू-कश्मीर का अलग झंडा रखने एवं संघ सूची में शामिल विषयों पर कानून बनाने संबंधित संसद की शक्ति को पूर्ण रूप से स्वीकार कर लिया गया।
- जम्मू-कश्मीर प्रांत की राजनीतिक स्थिति अन्य राज्यों से अलग थी। जम्मू-कश्मीर में राज्य की सहमति के बिना, आंतरिक अशांति के कारण आपातकाल की घोषणा नहीं की जा सकती थी। इस राज्य में वित्तीय आपातकाल लगाने का प्रावधान नहीं था, न ही यहाँ नीति-निदेशक सिद्धांत लागू होते थे तथा संविधान संशोधन प्रक्रिया अनुच्छेद-368 को लागू करने में राज्य सरकार की अनुमति आवश्यक थी, परंतु वर्तमान में विशेष प्रावधान को समाप्त किया गया है।

- **जम्मू-कश्मीर पुनर्गठन अधिनियम 2019** के अंतर्गत राज्य को दो पृथक् केंद्रशासित प्रदेशों में विभाजित कर दिया गया। यह व्यवस्था 31 अक्टूबर, 2019 से प्रभावी है।

चेक प्वॉइंट 2

1. किस आयोग ने सिफारिश की थी की राज्यपाल को गैर-पक्षपाती होना चाहिए?
2. राज्य पुनर्गठन आयोग ने किस कारक के आधार पर राज्यों के गठन की सिफारिश की?
3. विशेष प्रावधानों वाले चार राज्यों के नाम बताइए।
4. अनुच्छेद-370 किस राज्य से संबंधित है?
5. नर्मदा नदी जल विवाद किन राज्यों के मध्य है।

Mind Map

संघवाद

1 अर्थ
- केंद्र तथा राज्य सरकार के मध्य शक्तियों का विभाजन
- अमेरिका में सघवाद शुरुआत हुई।
- इसका विकास राजनीतिक, सांस्कृतिक तथा ऐतिहासिक संदर्भ के आधार पर हुआ।

2 संघवाद की प्रमुख विशेषताएँ
- द्वि-स्तरीय राजनीतिक व्यवस्था
- दोहरी नागरिकता
- लिखित संविधान
- स्वतंत्र न्यायपालिका

3 भारतीय संविधान में संघवाद
- अनुच्छेद-1 में उल्लेख है कि भारत अर्थात् इंडिया राज्यों का संघ (यूनियन) होगा।

भारतीय संघवाद की विशेषताएँ
- शक्तियों का विभाजन
- लिखित संविधान
- संविधान की सर्वोच्चता
- स्वतंत्र न्यायपालिका

4 शक्तियों का विभाजन
केंद्रीय सरकार
- संविधान ने आर्थिक तथा वित्तीय शक्तियाँ केंद्रीय सरकार को प्रदान की हैं, जैसे– कर, विभिन्न मुद्रा आदि।

राज्य सरकार
- राज्य और स्थानीय महत्त्व के विषयों पर ध्यान केंद्रित करती है, जैसे पुलिस, व्यापार आदि।

5 भारत का संविधान
संघ सूची के विषय
- प्रतिरक्षा
- रेलवे
- डाक व तार
- विदेशी मामले
- परमाण्विक ऊर्जा
- युद्ध और शांति
- विदेशी व्यापार
- बैंकिंग

राज्य सूची के विषय
- कृषि
- पुलिस
- भूमि
- सार्वजनिक स्वास्थ्य
- जेलखाना
- शराब
- स्थानीय शासन

समवर्ती सूची के विषय
- मजदूर संघ
- शिक्षा
- वन
- वस्तुओं में मिलावट
- गोद लेना और उत्तराधिकार
- संपदा का हस्तांतरण

अवशिष्ट शक्तियाँ
- इन विषयों पर केवल केंद्रीय विधायिका ही कानून बना सकती है, जैसे-साइबर कानून

6 भारतीय संघीय व्यवस्था की चुनौतियाँ
सशक्त केंद्रीय सरकार
- वित्तीय तथा प्रशासनिक शक्तियों का केंद्रीकरण करना।
- आपातकालीन शक्तियाँ संसद को राज्य के मामलों में कानून बनाने की अनुमति देती है।

केंद्र-राज्य तनाव
- अधिक शक्ति तथा राज्यीय स्वायत्ता की माँग; जैसे– वित्तीय, सांस्कृतिक प्रशासनिक नियंत्रण तथा संसाधनों से संबंधित विवाद

अंतर-राज्यीय तनाव
- **सीमा संबंधी विवाद** भाषा के आधार पर राज्यों का सख्ती से विभाजन विशेषकर सीमा क्षेत्रों में, जैसे– महाराष्ट्र तथा कर्नाटक के मध्य वेलगाम को लेकर विवाद।
- **जल के बँटवारे को लेकर विवाद** नदियों के जल के बँटवारे को लेकर होने वाला विवाद अधिक गंभीर होता है, क्योंकि यह पीने के पानी तथा कृषि की समस्या से जुड़ा है, जैसे– तमिलनाडु तथा कर्नाटक के मध्य कावेरी जल विवाद।

7 विशिष्ट प्रावधान
पूर्वोत्तर राज्य
- यहाँ विशिष्ट इतिहास तथा संस्कृति वाली जनजातीय बहुल जनसंख्या निवास करती है।
- संविधान असम, नागालैंड, अरुणाचल प्रदेश तथा मिजोरम आदि के लिए कुछ विशेष अधिकारों की व्याख्या करता है।

जम्मू और कश्मीर
- केंद्रीय संसद ने जम्मू और कश्मीर पुनर्गठन अधिनियम 2019 के तहत जम्मू और कश्मीर राज्य को दो केंद्र शासित प्रदेशों जम्मू और कश्मीर तथा लद्दाख में विभाजित कर दिया।

कुछ अन्य राज्य
- ये प्रत्येक राज्य की विशिष्ट सामाजिक, आर्थिक और सांस्कृतिक आवश्यकताओं को पूरा करते हैं, जिनसे संघीय व्यवस्था में एकता और विविधता को प्रोत्साहन मिलता है।
- विशिष्ट प्रावधान वाले राज्य हिमाचल प्रदेश, आंध्र प्रदेश, गोवा, गुजरात, महाराष्ट्र, सिक्किम, तेलंगाना आदि हैं।

NCERT फोल्डर

अध्याय के मध्य में दिए गए प्रश्न

1. एक संघीय व्यवस्था में केंद्रीय सरकार की शक्तियाँ कौन तय करता है?

उत्तर एक संघीय व्यवस्था में केंद्रीय सरकार की शक्तियाँ संविधान द्वारा तय की जाती हैं। संविधान में संघीय सरकार और राज्य सरकार के बीच शक्तियों का वितरण किया जाता है। यह वितरण सामान्यः पर तीन प्रमुख सूची-केंद्रीय सूची, राज्य सूची और समवर्ती सूची के माध्यम से किया जाता है। केंद्रीय सरकार को केंद्रीय सूची में उल्लिखित विषयों पर शक्तियाँ प्राप्त होती हैं, जबकि राज्य सरकार को राज्य सूची के विषयों पर अधिकार प्राप्त होता है। समवर्ती सूची के विषयों पर दोनों सरकारें साझा अधिकार रखती हैं।

2. संघात्मक व्यवस्था में केंद्र सरकार और राज्यों में टकराव का समाधान कैसे होता है?

उत्तर संघात्मक व्यवस्था में केंद्र सरकार और राज्यों के बीच टकराव को सुलझाने के लिए, कई तरीके अपनाएँ जाते हैं।

(i) **स्वतंत्र न्यायपालिका** केंद्र और राज्यों के बीच शक्ति के विभाजन से जुड़ी कानूनी मामलों में विवादों को सुलझाने का काम स्वतंत्र न्यायपालिका करती हैं।

(ii) **संवाद और परामर्श** विवादों और संघर्षों को हल करने के लिए संवाद और परामर्श का तरीका अपनाया जाता है। संविधान की 7वीं अनुसूची- संविधान की 7वीं अनुसूची में बनाए गए, मामलों पर केंद्र और राज्य सरकार एक-दूसरे के साथ सहयोग करने के लिए बाध्य हैं।

3. क्या आप समझते हैं कि अवशिष्ट शक्तियों का अलग से उल्लेख करना आवश्यक है? क्यों?

उत्तर हाँ, अवशिष्ट शक्तियों का अलग से उल्लेख करना आवश्यक है। क्योंकि यह सुनिश्चित करती है कि संघीय व्यवस्था में जब किसी विषय पर स्पष्ट रूप से न तो केंद्रीय सरकार की शक्ति निर्धारित हो और न ही राज्य सरकार की, तब किसके पास अधिकार होगा? अवशिष्ट शक्तियाँ उन शक्तियों को कहा जाता है, जो संविधान में न तो केंद्रीय सूची में शामिल होती हैं और न ही राज्य सूची में।

अनुच्छेद-248 के अंतर्गत भारत के संविधान में अवशिष्ट शक्तियाँ केंद्रीय सरकार को दी गई हैं। इसका मुख्य उद्देश्य यह है कि यदि कोई नया विषय उत्पन्न होता है, जो पहले से मौजूद सूचियों में नहीं है, जो उसे सुलझाने का अधिकार केंद्रीय सरकार के पास होगा।

4. बहुत-से राज्य शक्ति विभाजन से असंतुष्ट क्यों रहते हैं?

उत्तर बहुत-से राज्य शक्ति विभाजन से, असंतुष्ट रहते हैं, क्योंकि अक्सर केंद्र सरकार पर अधिक शक्तियों का केंद्रीकरण करने का आरोप लगता है। वित्तीय मामलों में, केंद्र के पास अधिक संसाधन होते हैं, जबकि राज्यों को सीमित धन मिलता है। संविधान की समवर्ती सूची में केंद्र के कानून को प्राथमिकता देने से राज्यों की स्वायत्तता प्रभावित होती है। इसके अतिरिक्त, आपातकालीन प्रावधानों और राज्यपालों के विवादस्पद निर्णय भी असंतोष उत्पन्न करते हैं। केंद्र-राज्य संबंधों में संतुलन की कमी राज्यों की शिकायतों का मुख्य कारण है।

5. अरे। लगता तो यह है कि केंद्र सरकार के पास ही सारी शक्तियाँ हैं। क्या राज्य इसकी शिकायत नहीं करते?

उत्तर हाँ, राज्य सरकारें अक्सर केंद सरकार के पास अत्यधिक शक्तियाँ होने पर शिकायत करती हैं। यह असंतोष विभिन्न रूपों में व्यक्त होता है; जैसे-

- संविधान में केंद्र को राज्य से बहुत अधिक शक्तियाँ प्रदान करना।
- केंद्र सरकार के द्वारा राज्यों की वित्तीय सहायता को शर्तों के साथ प्रदान करना जो राज्य सरकारों की स्वायत्तता को प्रभावित करती हैं।
- केंद्र सरकार राज्य सरकारों के मामलों में दखल देने के लिए विभिन्न केंद्रीय एजेंसियों और अधिकारियों को नियुक्त कर सकती है। जिससे राज्य को लगता है कि उनके अधिकार कम किए जा रहे हैं।
- अनेक बार केंद्र और राज्य में अलग-अलग दलों की सरकारों के बीच राजनीतिक मतभेदों के कारण भी असंतोष बढ़ता है।,
- इस प्रकार, राज्य सरकारें केंद्र सरकार के हस्तक्षेप और शक्ति के असंतुलित वितरण को लेकर अक्सर असंतुष्ट रहती हैं और कई बार वे अपनी स्वायत्तता बढ़ाने के लिए आंदोलन भी करती हैं।

6. इस दृष्टिकोण के पक्ष में दो तर्क दें कि हमारा संविधान एकात्मकता की ओर झुका हुआ है?

उत्तर भारतीय संविधान में एकात्मकता की ओर झुकाव होने के दो तर्क इस प्रकार हैं

(i) **केंद्र सरकार के पास अधिक शक्तियाँ हैं** भारतीय संविधान में एक मजबूत केंद्र है। केंद्र सरकार के पास राज्य सरकारों को बर्खास्त करने का अधिकार है। इसके अतिरिक्त, केंद्र सरकार, राज्यपाल की नियुक्ति करती है।

(ii) **संविधान में एकात्मक विशेषताएँ हैं** संविधान में एकल संविधान, एकल नागरिकता, एकीकृत न्यायपालिका अखिल भारतीय सेवाएँ, आपातकालीन प्रावधान जैसी एकात्मक विशेषताएँ हैं। भारतीय संविधान को संघीय संरचना वाला माना जाता है। इसका तात्पर्य यह है कि केंद्र और राज्य सरकारों दोनों के पास अपनी-अपनी शक्तियाँ हैं।

- हालाँकि संविधान में एकात्मक पूर्वाग्रह भी है।
- संविधान में राष्ट्रीय एकता और अखंडता को बनाए रखने के लिए एकात्मक विशेषताएँ भी शामिल हैं।

7. क्या आप मानते हैं कि-

(क) शक्तिशाली केंद्र राज्यों को कमजोर करता है।

(ख) शक्तिशाली राज्यों से केंद्र कमजोर होता है।

उत्तर इन दोनों बिंदुओं का विश्लेषण ऐतिहासिक राजनीतिक और संघीय व्यवस्था के संदर्भ में किया जा सकता है।

(क) **शक्तिशाली केंद्र राज्यों को कमजोर करता है, हाँ**, यह संभव है जब केंद्र सरकार अत्यधिक शक्तिशाली होती है और राज्यों पर अपना नियंत्रण बढ़ाती है, तो यह राज्यों की स्वायत्तता को कमजोर कर सकता है इसके निम्न प्रभाव हो सकते हैं; जैसे–

- राज्यों की स्वतंत्रता का हनन
- वित्तीय निर्भरता में वृद्धि
- संविधान का असंतुलित उपयोग
- केंद्र का राजनीतिक दबाव

(ख) **शक्तिशाली राज्यों से केंद्र कमजोर होता है** यह पूर्ण रूप से सही नहीं है, लेकिन कुछ पारिस्थितियों में यह संभव है। जब राज्यों को अत्यधिक शक्ति मिलती है। तो यह संघीय ढाँचे को कमजोर कर सकता है; जैसे–

- राज्यों को अत्यधिक स्वायत्तता देने पर राष्ट्रीय एकता पर प्रभाव पड़े।
- केंद्र सरकार की निर्णय लेने की क्षमता सीमित हो जाए।
- राज्यों के बीच असमानता बढ़ने पर राज्यों द्वारा अलगाववादी आंदोलनों को प्रोत्साहित करने पर

निष्कर्ष यह कहा जा सकता है कि शक्तिशाली केंद्र संघीय व्यवस्था को कमजोर कर सकता है। यदि यह राज्यों की स्वायत्तता का सम्मान नहीं करता है, तो शक्तिशाली राज्य केंद्र को कमजोर कर सकते हैं, लेकिन केवल तब तक, जब उनकी नीतियाँ राष्ट्रीय हितों के विरुद्ध हों, इसलिए, केंद्र और राज्यों के बीच शक्ति का संतुलित वितरण सबसे उपयुक्त समाधान है।

8. संघवाद का मतलब झगड़ा है क्या? पहले हमने केंद्र और राज्य के झगड़े के बारे में बात की और अब राज्यों के आपसी झगड़ों की बात चल रही है क्या हम साथ-साथ शांतिपूर्वक नहीं रह सकते?

उत्तर संघवाद का मतलब झगड़ा नहीं होता। संघवाद एक राजनीतिक व्यवस्था है, जिसमें विभिन्न स्तरों पर सरकारें- केंद्र और राज्य अपने-अपने अधिकारों के साथ कार्य करती है। इसका उद्देश्य विभिन्न क्षेत्रों में शांति, सहयोग और संतुलन बनाए रखना है। केंद्र और राज्यों के बीच कभी-कभी विवाद हो सकते हैं, क्योंकि संविधान में दोनों के अधिकारों और कर्त्तव्यों की सीमाएँ स्पष्ट नहीं होती थीं, परंतु परंतु कुछ मुद्दों पर मतभेद होते हैं, लेकिन इसका यह अर्थ नहीं कि संघवाद हमेशा झगड़े का कारण बनता है।

राज्यों के आपसी झगड़े भी हो सकते हैं; जैसे– सीमा विवाद या संसाधनों के वितरण पर, लेकिन इनका समाधान संविधान, अदालतों और अन्य विधिक माध्यमों के माध्यम से होता है। संघवाद का असली उद्देश्य यह है कि विभिन्न राज्यों को अपने अधिकारों का पालन करते हुए एक राष्ट्र के रूप में शांति और विकास के साथ रहना चाहिए।

यदि हम एक-दूसरे के अधिकारों और कर्त्तव्यों का सम्मान करें, तो हम शांतिपूर्वक साथ रह सकते हैं।

9. भारत के राज्यों की सूची बनाएँ और पता करें कि प्रत्येक राज्य का गठन किस वर्ष किया गया?

उत्तर

राज्य पुनर्गठन अधिनियम, 1956 → इसके अंतर्गत 14 राज्यों व 6 केंद्रशासित प्रदेशों की स्थापना की गई

अन्य राज्यों का गठन
- → वर्ष 1960 में **गुजरात** देश का 15वाँ राज्य बना
- → वर्ष 1963 में **नागालैंड** को भारत का 16वाँ राज्य बनाया गया
- → वर्ष 1966 में **हरियाणा** राज्य बनाया गया
- → वर्ष 1974 में **सिक्किम** को पूर्ण राज्य का दर्जा मिला
- → वर्ष 1973 में **कर्नाटक** राज्य अस्तित्व में आया
- → वर्ष 1987 में **मिजोरम, अरुणाचल प्रदेश** व **गोवा** को राज्य बनाया गया
- → वर्ष 2000 में **छत्तीसगढ़, झारखंड** व **उत्तराखंड** राज्य अस्तित्व में आए।
- → वर्ष 2014 में **तेलंगाना** राज्य अस्तित्व में आया
- → वर्ष 2019 में लद्दाख केंद्र-शासित प्रदेश अस्तित्व में आया

10. दो राज्यों के मध्य किसी एक नदी जल विवाद के बारे में सूचनाएँ एकत्र करें।

उत्तर भारत में कई नदियाँ हैं, जिनके जल का विवाद विभिन्न राज्यों के बीच होता रहा है। एक प्रमुख नदी जल विवाद कावेरी नदी के जल वितरण को लेकर है। जो तमिलनाडु और कर्नाटक के मध्य है।

कावेरी नदी जल विवाद की शुरुआत ब्रिटिश काल से होती है। जब 1892 ई. में कावेरी नदी के जल के वितरण पर एक समझौता हुआ था। वर्ष 1924 में एक और समझौता हुआ था, जिसमें कर्नाटक को 30TMC जल और तमिलनाडु 205TMC जल दिया गया था, लेकिन इस समझौते के बाद दोनों राज्यों के बीच पानी की कमी और वितरण में असंतोष बढ़ा।

कावेरी नदी जल विवाद आज भी हल नहीं हो पाया है और दोनों राज्य बँटवारे के लिए कानूनी और राजनीतिक संघर्षों में लगे हैं। यह मामला राष्ट्रीय स्तर पर जल विवादों की जटिलता और राज्य के अधिकारों के सवालों को उजागर करता है।

11. राज्य और अधिक स्वायत्तता की माँग क्यों करते हैं?

उत्तर राज्यों द्वारा अधिक स्वायत्तता की माँग लंबे समय से उठाई जाती रही है। इसके पीछे मुख्य उद्देश्य राज्यों द्वारा आर्थिक तथा राजनीतिक स्तर पर निर्णयन की स्वतंत्रता है। इसे निम्न तथ्यों के आधार पर समझा जा सकता है।

(i) राज्य अपने कार्य क्षेत्र में नीति निर्माण में स्वतंत्रता चाहते हैं। इसके पीछे उद्देश्य यह है कि राज्य ही अपने स्थानीय मुद्दों को सहज ढंग से समझ सकते हैं केंद्र का अनावश्यक हस्तक्षेप क्षेत्रीय मुद्दों को प्रभावित करता है।

(ii) राज्य वित्तीय स्वायत्तता के मुद्दे पर भी अपना पक्ष रखते हैं। राज्यों को प्रायः वित्तीय स्थिति को लेकर समस्याओं का सामना करना पड़ता है, इसलिए राज्यों की माँग है कि वित्तीय स्वतंत्रता तथा कर निर्धारण जैसे मुद्दे राज्यों को और अधिक दिए जाने चाहिए।

(iii) राज्य प्रशासनिक नियंत्रण को लेकर भी स्वायत्तता चाहते हैं, क्योंकि उच्च प्रशासनिक सेवा लें प्रशासनिक तंत्र पर अधिकांशत केंद्र का ही नियंत्रण रहता है।

(iv) सांस्कृतिक और भाषाई मुद्दा भी स्वायत्तता से जुड़ा है। तमिलनाडु में हिंदी वर्चस्व का विरोध तथा पंजाब में पंजाबी भाषा को प्रोत्साहन इसका प्रमुख उदाहरण है।

12. स्वायत्तता और अलगाववाद में क्या अंतर है?

उत्तर स्वायत्तता और अलगाववाद दोनों ही राजनीतिक अवधारणाएँ हैं, लेकिन इन दोनों के बीच महत्त्वपूर्ण अंतर हैं, जो इस प्रकार हैं

(i) **स्वायत्तता** इसका उद्देश्य किसी क्षेत्र या राज्य को केंद्र सरकार से कुछ मामलों में स्वतंत्रता प्राप्त करना है, न कि पूरी तरह से अलग होना। स्वायत्तता की माँग सामान्यत पर उन राज्यों या क्षेत्रों द्वारा की जाती है, जिनके पास विशेष सांस्कृतिक, भाषाई या जातीय पहचान होती है। जैसे- भारत के जम्मू और कश्मीर राज्य को अनुच्छेद 370 के तहत एक विशेष स्वायत्तता प्राप्त थी, हालाँकि यह स्वायत्तता अब समाप्त हो चुकी है।

(ii) **अलगाववाद** इसमें एक क्षेत्र या समुदाय पूर्ण रूप से किसी राष्ट्र से अलग होने और स्वतंत्र राष्ट्र बनाने की माँग करता है। इसमें किसी राज्य या क्षेत्र की संप्रभुता की माँग होती है; जैसे- भारत में पंजाब के अलगाववादी आंदोलन या नागालैंड और मणिपुर में समय-समय पर अलगाववाद की माँग की जाती रही है।

स्वायत्तता एक सीमा तक स्वतंत्रता की माँग है, जबकि अलगाववाद पूर्ण रूप से से अलग होने और एक अलग राज्य या राष्ट्र स्थापित करने की माँग है।

निम्नलिखित प्रश्नों के उत्तर दीजिए

1. नीचे कुछ घटनाओं की सूची दी गई है। इनमें से किसको आप संघवाद की कार्यप्रणाली के रूप में चिह्नित करेंगे और क्यों?

(i) **केंद्र सरकार ने मंगलवार को गोरखा नेशनल लिबरेशन फ्रंट (GNLF) के नेतृत्व वाली दार्जिलिंग गोरखा हिल कॉउन्सिल को छठी अनुसूची में वर्णित दर्जा देने की घोषणा की।** इससे पश्चिम बंगाल के इस पर्वतीय जिले के शासकीय निकाय को ज्यादा स्वायत्तता प्राप्त होगी। दो दिन के गहन विचार-विमर्श के बाद नई दिल्ली में केंद्र सरकार, पश्चिम बंगाल सरकार और सुभाष घीसिंग के नेतृत्व वाले GNLF के बीच त्रिपक्षीय समझौते पर हस्ताक्षर हुए।

(ii) **वर्षा प्रभावित प्रदेशों के लिए सरकार कार्य योजना लाएगी।** केंद्र सरकार ने वर्षा प्रभावित प्रदेशों से पुनर्निर्माण की विस्तृत योजना भेजने को कहा है, ताकि वह अतिरिक्त राहत प्रदान करने की उनकी माँग पर तुरंत कार्यवाही कर सके।

(iii) **दिल्ली के लिए नए आयुक्त।** देश की राजधानी दिल्ली में नए नगरपालिका आयुक्त को बहाल किया जाएगा। इस बात की पुष्टि करते हुए एम सी डी के वर्तमान आयुक्त राकेश मेहता ने कहा कि उन्हें अपने तबादले के आदेश मिल गए हैं और संभावना है कि भारतीय प्रशासनिक सेवा के अधिकारी अशोक कुमार उनकी जगह सँभालेंगे। अशोक कुमार अरुणाचल प्रदेश के मुख्य सचिव की हैसियत से काम कर रहे हैं। वर्ष 1975 बैच के भारतीय प्रशासनिक सेवा के अधिकारी श्री मेहता पिछले साढ़े तीन साल से आयुक्त की हैसियत से काम कर रहे हैं।

(iv) **मणिपुर विश्वविद्यालय को केंद्रीय विश्वविद्यालय का दर्जा।** राज्यसभा ने बुधवार को मणिपुर विश्वविद्यालय को केंद्रीय विश्वविद्यालय का दर्जा प्रदान करने वाला विधेयक पारित किया। मानव संसाधन विकास मंत्री ने वायदा किया है कि अरुणाचल प्रदेश, त्रिपुरा और सिक्किम जैसे पूर्वोत्तर के राज्यों में भी ऐसी संस्थाओं का निर्माण होगा।

(v) **केंद्र ने धन दिया।** केंद्र सरकार ने अपनी ग्रामीण जलापूर्ति योजना के अंतर्गत अरुणाचल प्रदेश को ' 553 लाख दिए हैं। इस धन की पहली किश्त के रूप में अरुणाचल प्रदेश को ' 446 लाख दिए गए हैं।

(vi) **हम बिहारियों को बताएँगे कि मुंबई में कैसे रहना है।** करीब 100 शिव सैनिकों ने मुंबई के जे जे अस्पताल में उठा-पटक करके रोजमर्रा के कामधंधे में बाधा पहुँचाई, नारे लगाए और धमकी दी कि गैर-मराठियों के विरुद्ध कार्यवाही नहीं की गई, तो इस मामले को वे स्वयं ही निपटाएँगे।

(vii) **सरकार को भंग करने की माँग।** कांग्रेस विधायक दल ने प्रदेश के राज्यपाल को हाल में सौंपे एक ज्ञापन में सत्तारूढ़ डेमोक्रेटिक एलायंस ऑफ नागालैंड (DAN) की सरकार को तथाकथित वित्तीय अनियमितता और सार्वजनिक धन के गबन के आरोप में भंग करने की माँग की है।

(viii) **एन डी ए सरकार ने नक्सलियों से हथियार रखने को कहा।** विपक्षी दल राजद और उसके सहयोगी कांग्रेस तथा सी पी आई (एम) के वॉकआउट के बीच बिहार सरकार ने आज नक्सलियों से अपील की कि वे हिंसा का रास्ता छोड़ दें। बिहार को विकास के नए युग में ले जाने के लिए बेरोजगारी को जड़ से समाप्त करने के अपने वादे को भी सरकार ने दोहराया।

उत्तर (i) इस घटना को हम संघवाद की कार्यप्रणाली के रूप में देखेंगे, क्योंकि इस घटना में केंद्र सरकार, पश्चिम बंगाल सरकार और सुभाष घीसिंग के नेतृत्व वाले गोरखा नेशनल लिबरेशन फ्रंट के बीच त्रिपक्षीय समझौता हुआ। इन तीनों का सम्मिलित होना संघवाद की कार्यप्रणाली को दर्शाता है।

(ii) इस घटना को भी संघवाद की कार्यप्रणाली के रूप में देखेंगे, क्योंकि संघवाद में शक्तियों का बँटवारा केंद्र और राज्य सरकारों के बीच होता है। इस घटना में राज्य सरकार योजना बनाकर केंद्र के पास भेजेगी और केंद्र सरकार उनके लिए अतिरिक्त राहत प्रदान करने की माँग पर कार्यवाही करेगी।

(iii) इस घटना को भी संघवाद की कार्यप्रणाली के रूप में देखेंगे, क्योंकि संघात्मक शासन व्यवस्था में केंद्र सरकार तबादले का अधिकार रखती है।

(iv) यह घटना भी संघवाद की कार्यपालिका की ओर संकेत कर रही है, क्योंकि केंद्रीय विश्वविद्यालय का दर्जा देना अर्थात विश्वविद्यालय केंद्र सरकार के अधीन रहेगा।

(v) संघवाद के अंतर्गत केंद्र सरकार, राज्य सरकार को वित्तीय सहायता देती है। ऐसा ही इस घटना में हुआ। यह संघवाद के अंतर्गत आता है।

(vi) भारतीय संघ में कोई भी नागरिक देश के किसी भी हिस्से में आ-जा सकता है एवं बस तथा निवास कर सकता है। कोई भी नागरिक, देश के किसी भी नागरिक को राज्य में रहने से रोक नहीं सकता। यह घटना संघवाद के अंतर्गत नहीं आती है।

(vii) भारत में राज्य में राष्ट्रपति शासन लागू किया जा सकता है, यदि किसी भी राज्य का राज्यपाल यह सिफारिश करे कि राज्य में संवैधानिक तंत्र की विफलता होने पर केंद्र राष्ट्रपति शासन लगा सकता है। इस प्रकार, यह घटना संघवाद की कार्यप्रणाली को दर्शाती है।

(viii) इस घटना में बिहार राज्य की सरकार की कार्यप्रणाली को बताया गया है। संघवाद में राज्यों की अपनी सरकार होती है, उसे भी शासन की शक्तियाँ प्राप्त होती हैं। इस प्रकार, यह घटना संघवाद की कार्यप्रणाली की ओर चिह्नित की जा सकती है।

2. बताएँ कि निम्नलिखित में कौन-सा कथन सही होगा और क्यों?

(i) संघवाद से इस बात की संभावना बढ़ जाती है कि विभिन्न क्षेत्रों के लोग मेल-जोल से रहेंगे और उन्हें इस बात का भय नहीं रहेगा कि एक की संस्कृति दूसरे पर लाद दी जाएगी।

(ii) अलग-अलग किस्म के संसाधनों वाले दो क्षेत्रों के बीच आर्थिक लेन-देन को संघीय प्रणाली से बाधा पहुँचेगी।

(iii) संघीय प्रणाली इस बात को सुनिश्चित करती है कि जो केंद्र में सत्तासीन हैं, उनकी शक्तियाँ सीमित रहें।

उत्तर इन तीनों प्रश्नों के कथनों में से कथन 'i' सही होगा, क्योंकि संविधान के अंतर्गत भारत को राज्यों का संघ कहा जाता है। यहाँ एक क्षेत्र के लोग दूसरे क्षेत्र के लोगों के साथ मेल-जोल से रह सकते हैं। बिना अपनी संस्कृति की पहचान खोए।

3. बेल्ज़ियम के संविधान के कुछ प्रारंभिक अनुच्छेद नीचे लिखे गए हैं। इनके आधार पर बताएँ कि बेल्ज़ियम में संघवाद को किस रूप में साकार किया गया है। भारत के संविधान के लिए ऐसा ही अनुच्छेद लिखने का प्रयोग करके देखें।

शीर्षक-1 संघीय बेल्ज़ियम, इसके घटक और इसका क्षेत्र।

अनुच्छेद-1 बेल्ज़ियम एक संघीय राज्य है, जो समुदायों और क्षेत्रों से बना है।

अनुच्छेद-2 बेल्ज़ियम तीन समुदायों से बना है-फ्रेंच समुदाय, फ्लेमिश समुदाय और जर्मन समुदाय।

अनुच्छेद-3 बेल्ज़ियम तीन क्षेत्रों को मिलाकर बना है-वैलून क्षेत्र, फ्लेमिश क्षेत्र और ब्रुसेल्स क्षेत्र।

अनुच्छेद-4 बेल्ज़ियम में 4 भाषायी क्षेत्र हैं- फ्रेंच भाषी क्षेत्र, डच भाषी क्षेत्र, ब्रुसेल्स की राजधानी का द्विभाषी क्षेत्र तथा जर्मन भाषी क्षेत्र। राज्य का प्रत्येक 'कम्यून' इन भाषायी क्षेत्रों में से किसी एक का हिस्सा है।

अनुच्छेद-5 वैलून क्षेत्र के अंतर्गत आने वाले प्रांत हैं-वैलून, ब्राबैंट, हेनॉल्ट, लेन, लक्जमबर्ग और नामूर। फ्लेमिश क्षेत्र के अंतर्गत शामिल प्रांत हैं-एंटवर्प, फ्लेमिश, ब्राबैंट, वेस्ट फ्लैंडर्स, ईस्ट फ्लैंडर्स और लिंबर्ग।

उत्तर **शीर्षक**-1 संघीय बेल्ज़ियम, इसके घटक और इसका क्षेत्र।

अनुच्छेद-1 बेल्ज़ियम एक संघीय राज्य है, जो समुदायों और क्षेत्रों से बना है। भारतीय संविधान का यह प्रथम अनुच्छेद है, जो वर्णन करता है कि

- भारत राज्यों का संघ होगा।
- राज्य और उनके राज्य क्षेत्र वे होंगे, जो पहली अनुसूची में विनिर्दिष्ट हैं।
- भारत के राज्य क्षेत्र में राज्यों के राज्य क्षेत्र, पहली अनुसूची में विनिर्दिष्ट संघ राज्य क्षेत्र और ऐसे अन्य राज्य क्षेत्र, जो अर्जित किए जाएँ, समाविष्ट होंगे।

अनुच्छेद-2 बेल्ज़ियम तीन समुदायों से बना है—फ्रेंच समुदाय, फ्लेमिश समुदाय और जर्मन समुदाय। भारतीय समाज में जाति भेद नहीं है, परंतु फिर भी प्रत्येक प्रांत में सीटों को तीन समुदायों में बाँटा गया है—मुस्लिम, सामान्य और सिख।

अनुच्छेद-3 बेल्ज़ियम तीन क्षेत्रों से बना है—वैलून क्षेत्र, फ्लेमिश क्षेत्र और ब्रुसेल्स क्षेत्र। भारत में 28 राज्य तथा 8 संघशासित राज्य हैं।

अनुच्छेद-4 बेल्ज़ियम में 4 भाषायी क्षेत्र हैं—फ्रेंच भाषी क्षेत्र, डच भाषी क्षेत्र, ब्रुसेल्स की राजधानी का द्विभाषी क्षेत्र तथा जर्मनी भाषी क्षेत्र। राज्य का प्रत्येक 'कम्यून' इन भाषायी क्षेत्रों में से किसी एक का हिस्सा है। भारतीय संविधान की आठवीं अनुसूची में वर्तमान में कुल 22 भाषाएँ हैं—हिंदी, उर्दू, संस्कृत, असमिया, गुजराती, कन्नड़, बोडो, नेपाली, मैथली, संथाली, डोंगरी, मणिपुरी, तमिल, तेलुगू, कोंकणी, पंजाबी, कश्मीरी, मलयालम, बंगला, उड़िया, सिंधी और मराठी।

अनुच्छेद-5 वैलून क्षेत्र के अंतर्गत आने वाले प्रांत हैं—वैलून, ब्राबैंट, हेनॉल्ट, लेन, लक्जमबर्ग और नामूर। फ्लेमिश क्षेत्र के अंतर्गत शामिल प्रांत हैं—एंटवर्प, फ्लेमिश, ब्राबैंट, वेस्ट फ्लैंडर्स, ईस्ट फ्लैंडर्स और लिंबर्ग। भारतीय संविधान में अलग-अलग क्षेत्रों का उल्लेख नहीं किया गया है।

4. कल्पना करें कि आपको संघवाद के संबंध में प्रावधान लिखने हैं। लगभग 300 शब्दों का एक लेख लिखें, जिसमें निम्नलिखित बिंदुओं पर आपके सुझाव हों

(क) केंद्र और प्रदेशों के बीच शक्तियों का बँटवारा

(ख) वित्त संसाधनों का वितरण

(ग) राज्यपालों की नियुक्ति

उत्तर **(क) केंद्र और प्रदेशों के बीच शक्तियों का बँटवारा**

केंद्र और राज्यों के बीच विधायी संबंधों को तीन सूचियों के आधार पर समझा जा सकता है; जैसे—

(i) **संघ सूची** में 100 विषय हैं। इन विषयों पर कानून केंद्र सरकार बनाती है। संघ सूची के विषय युद्ध व शांति, विदेशी संबंध, प्रतिरक्षा का मामला, व्यापार, बीमा, मुद्रा आदि हैं।

(ii) **राज्य सूची** में 61 विषय हैं। इन विषयों पर कानून बनाने का अधिकार राज्य सरकार को है, परंतु कुछ विशेष परिस्थितियों में केंद्र भी राज्य सूची के विषयों पर कानून बना सकता है। इस प्रकार, राज्य सूची के विषय स्थानीय स्वशासन, कानून व्यवस्था, सिंचाई, कृषि आदि हैं।

(iii) **समवर्ती सूची** में 52 विषय हैं। इन विषयों पर केंद्र और राज्य दोनों कानून बनाते हैं। समवर्ती सूची के विषय शिक्षा, कानून, विवाह, तलाक, वरीयता, मिलावट आदि हैं।

केन्द्र-राज्य सम्बन्ध के कुछ संवैधानिक प्रावधान

अनुच्छेद 246 संसद को सातवीं अनुसूची की सूची-I प्रमाणित विषयों पर कानून बनाने की शक्ति।

अनुच्छेद 256 यदि आपात की घोषणा प्रवर्तन में हो तो राज्य सूची के विषय के संबंध में कानून बनाने की संसद की शक्ति।

अनुच्छेद 252 यदि दो या दो से अधिक राज्यों के विधानमंडल यह संकल्प पारित करते हैं। कि राज्य सूची के में दिए गए किसी विषय पर संसद ऐसे राज्यों के संबंध में कानून बना सकती है।

अनुच्छेद 257 संघ की कार्यपालिका किसी राज्य को निर्देश दे सकती है।

अनुच्छेद 263 अंतर्राज्यीय परिषद् का प्रावधान।

(ख) **वित्त संसाधनों का वितरण** केंद्र सरकार के पास आय के अनेक साधन हैं। आय के संसाधनों पर केंद्र का नियंत्रण होता है। राज्य अनुदानों और वित्तीय सहायता के लिए केंद्र पर आश्रित होता है, ऐसी परिस्थिति में केंद्र द्वारा ऐसी व्यवस्था की जानी चाहिए, जिससे केंद्र सरकार अपने विशेष अधिकारों का प्रयोग न करके राज्यों को अनुदान दे।

(ग) **राज्यपालों की नियुक्ति** राज्यपालों की नियुक्ति केंद्र सरकार द्वारा होती है। राज्यपाल केंद्र का एजेंट के रूप में राज्य में कार्य करता है। राज्यपालों की नियुक्ति राष्ट्रपति द्वारा निष्पक्ष रूप से की जाती है।

5. निम्नलिखित में कौन-सा प्रांत के गठन का आधार होना चाहिए और क्यों?

(i) सामान्य भाषा **(ii) सामान्य आर्थिक हित**
(iii) सामान्य क्षेत्र **(iv) प्रशासनिक सुविधा**

उत्तर **सामान्य भाषा** ही प्रांत के गठन का आधार होना चाहिए, क्योंकि संघवाद में कामकाज का निर्धारण राजनीति, संस्कृति, विचारधारा और इतिहास से होता है। समाज में अनेक विविधताएँ होती हैं और आपसी विश्वास, सहयोग, सम्मान, संयम एवं संस्कृति से संघवाद ठीक प्रकार से कार्य करता है। भाषा के आधार पर प्रांत के गठन से प्रांतों को आपसी पहचान मिलती है और संघवाद भी मजबूत होता है एवं इकाई राज्यों में टकराव कम-से-कम होने की संभावनाएँ होती हैं।

सामान्य आर्थिक हित, किसी प्रांत के गठन का आधार नहीं हो सकता, क्योंकि प्रत्येक प्रांत में रहने वाले लोगों के आर्थिक हित एक-दूसरे से अलग-अलग होते हैं। प्रांत के गठन के लिए सबसे अहम उसका प्रशासन होना चाहिए। जो नागरिकों के बेहतर प्रशासन और कल्याण के लिए मदद करता है और इससे अर्थव्यवस्था का विकास भी होता है।

सामान्य क्षेत्र किसी प्रांत के गठन का आधार नहीं हो सकता, क्योंकि प्रांतों का गठन केवल भौगोलिक सीमाओं के आधार पर नहीं किया जा सकता, बल्कि भाषा और सांस्कृतिक विविधता, जनसंख्या और सामाजिक संरचना तथा राष्ट्रीय एकता और सुरक्षा जैसे अन्य महत्त्वपूर्ण कारकों पर भी ध्यान देना होता है।

प्रशासनिक सुविधा किसी प्रांत के गठन का एकमात्र आधार नहीं हो सकती। प्रांतों का गठन सांस्कृतिक, भाषाई, आर्थिक, भौगोलिक और ऐतिहासिक पहलुओं को ध्यान में रखकर किया जाना चाहिए। केवल प्रशासनिक सुविधा को आधार बनाना व्यावहारिक और न्यायसंगत नहीं है, क्योंकि यह भारत जैसे विविधतापूर्ण देश की जटिलता और आवश्यकताओं को पूरा नहीं कर सकता।

6. उत्तरी भारत के प्रदेशों–राजस्थान, मध्य प्रदेश, उत्तर प्रदेश तथा बिहार के अधिकांश लोग हिंदी बोलते हैं। यदि इन सभी प्रांतों को मिलाकर एक प्रदेश बना दिया जाए, तो क्या ऐसा करना संघवाद के विचार से संगत होगा? तर्क दीजिए।

उत्तर उत्तरी भारत के प्रदेशों; जैसे—राजस्थान, मध्य प्रदेश, उत्तर प्रदेश तथा बिहार के अधिकांश लोग हिंदी बोलते हैं। यदि इन सभी प्रांतों को मिलाकर एक प्रदेश बना दिया जाए, तो यह संघवाद के विचार से संगत नहीं होगा, क्योंकि संघवाद तभी सफल हो सकता है, जब सभी प्रांत सहयोगी हों, उनमें आपसी विश्वास बना रहे और वे अपनी पहचान को बने रहने दें।

7. भारतीय संविधान की ऐसी चार विशेषताओं का उल्लेख करें, जिनमें प्रादेशिक सरकार की अपेक्षा केंद्रीय सरकार को ज्यादा शक्ति प्रदान की गई है।

उत्तर भारतीय संविधान संघात्मक शासन की व्यवस्था करता है। यहाँ एक संघ की सरकार होती है और दूसरी इकाई की। दोनों सरकारों की शक्तियों का विभाजन भी संविधान के अनुसार किया गया है, परंतु कुछ विशेष परिस्थितियों में केंद्र को इकाई की अपेक्षा अधिक शक्तिशाली बनाया गया है, जिसका उल्लेख यहाँ किया जा रहा है

- संविधान में केंद्र को अधिक शक्तिशाली बनाने का उल्लेख मिलता है। किसी राज्य के अस्तित्व और भौगोलिक सीमाओं पर केंद्र का नियंत्रण होता है। संविधान के अनुच्छेद-3 के अनुसार संसद का यह अधिकार है कि वह दो या दो से अधिक राज्यों को मिलाकर नए राज्य का पुनर्गठन कर सकती है। राज्यों के नाम में परिवर्तन भी कर सकती है।
- केंद्र को आपातकालीन शक्ति भी प्राप्त है। वह आपातकाल में राज्य सूची के विषयों पर भी कानून बना सकता है।
- सामान्य स्थिति में भी केंद्र सरकार को शक्तिशाली बनाया गया है। आय के सभी प्रमुख स्रोतों पर केंद्र का नियंत्रण है, जिससे अनुदान के लिए राज्यों को केंद्र पर आश्रित रहना पड़ता है।
  स्वतंत्र भारत में आर्थिक प्रगति के लिए नियोजन का प्रयोग किया गया है। केंद्र योजना आयोग की नियुक्ति करता है तथा योजना आयोग राज्यों के संसाधन प्रबंधन की निगरानी करता है। केंद्र सरकार राज्यों को अनुदान और ऋण देती है, जिसमें विभिन्न राज्यों के साथ भेदभाव की संभावना बनी रहती है।
- धारा-356 के माध्यम से भी केंद्र प्रभावी हो जाता है, क्योंकि राज्यपाल केंद्र के एजेंट के रूप में कार्य करता है। राज्यपाल राज्य कार्यपालिका का प्रधान होता है, जिस कारण उसको यह अधिकार है कि वह राज्य की संपूर्ण स्थिति से केंद्र को अवगत कराए।
  इसके अतिरिक्त अनुच्छेद 249 (i) द्वारा संसद को राज्य सूची के विषय पर राष्ट्रहित में विधि बनाने का अधिकार है यद्यपि ऐसा करने के लिए पहले राज्य सभा की अनुमति लेनी पड़ती है।

8. बहुत-से प्रदेश राज्यपाल की भूमिका को लेकर नाखुश क्यों हैं?

उत्तर भारतीय राजनीति में वर्तमान में सर्वाधिक महत्त्वपूर्ण चर्चित पद राज्यपाल का है। देश के अधिकांश राज्यों को अपने यहाँ के राज्यपालों से किसी-न-किसी रूप में शिकायत रहती है। इसका एक प्रमुख कारण यह है कि अधिकांश राज्यपालों की राजनीतिक पृष्ठभूमि होती है, जिसके आधार पर केंद्र के शासक दल द्वारा उनकी नियुक्ति की जाती है।

इस कारण राज्यपाल निरपेक्ष रूप से अपने कर्त्तव्यों को पूरा नहीं करते। इनकी भूमिका केंद्र के प्रतिनिधि के रूप में होती है, जिसके आधार पर इनकी जिम्मेदारी केंद्र के हितों की रक्षा करना होता है, परंतु ये केंद्र में जिस दल की सरकार होती है। उसके रक्षक बन जाते हैं, जिससे राज्यों की सरकारों और राज्यपालों में टकराव उत्पन्न हो जाता है।

9. यदि शासन संविधान के प्रावधानों के अनुकूल नहीं चल रहा, तो ऐसे प्रदेश में राष्ट्रपति शासन लगाया जा सकता है। बताएँ कि निम्नलिखित में कौन-सी स्थिति किसी प्रदेश में राष्ट्रपति शासन लगाने के लिहाज से संगत है और कौन-सी नहीं। संक्षेप में कारण भी दें।

(i) राज्य की विधानसभा के मुख्य विपक्षी दल के दो सदस्यों को अपराधियों ने मार दिया है और विपक्षी दल प्रदेश की सरकार को भंग करने की माँग कर रहा है।

(ii) फिरौती वसूलने के लिए छोटे बच्चों के अपहरण की घटनाएँ बढ़ रही हैं। महिलाओं के विरुद्ध अपराधों में इजाफ़ा हो रहा है।

(iii) प्रदेश में हुए हाल के विधानसभा चुनाव में किसी दल को बहुमत नहीं मिला है। भय है कि एक दल दूसरे दल के कुछ विधायकों को धन देकर अपने पक्ष में उनका समर्थन हासिल कर लेगा।

(iv) केंद्र और प्रदेश में अलग-अलग दलों का शासन है और दोनों एक-दूसरे के कट्टर शत्रु हैं।

(v) सांप्रदायिक दंगे में 200 से अधिक लोग मारे गए हैं।

(vi) दो प्रदेशों के बीच चल रहे जल विवाद में एक प्रदेश ने सर्वोच्च न्यायालय का आदेश मानने से इनकार कर दिया है।

उत्तर (i) प्रश्न के अनुसार, राष्ट्रपति शासन उचित नहीं है। विपक्षी दलों की माँग अनुचित है। सदस्यों के मारे जाने के बदले में अपराधियों को दंडित करना चाहिए।

(ii) प्रश्न में दी गई बातों को पढ़ने के बाद कानून और व्यवस्था सही नहीं लगती। अपराध की जाँच की जानी चाहिए एवं कानून व्यवस्था में सुधार करना चाहिए, राष्ट्रपति शासन उचित नहीं है।

(iii) प्रश्न में दी गई यह स्थिति राष्ट्रपति शासन लगाने के लिए उचित नहीं है, क्योंकि इसमें यह आशंका की जा रही है कि एक दल दूसरे दल के कुछ विधायकों को धन देकर अपने पक्ष में उनका समर्थन हासिल कर लेगा। आशंका के आधार पर राष्ट्रपति शासन उचित नहीं है।

(iv) केंद्र और राज्यों में अलग-अलग दलों की सरकारें होना राष्ट्रपति शासन लगाने का कारण नहीं बन सकता। दोनों में अलग-अलग दलों की सरकार हो सकती है।

(v) सांप्रदायिक दंगों से प्रांत के लोगों को नुकसान पहुँच सकता है। शासन तंत्र शांतिपूर्ण रूप से कार्य नहीं कर सकता, इसलिए ऐसी स्थिति में राष्ट्रपति शासन लगाया जा सकता है।

(vi) दो प्रदेशों के बीच चल रहे विवाद में जिस प्रदेश ने सर्वोच्च न्यायालय का आदेश मानने से इनकार किया है, उस प्रदेश में राष्ट्रपति शासन लगाया जा सकता है, क्योंकि न्यायपालिका की अवमानना करने के बाद सरकार शासन नहीं कर सकती।

10. अधिक स्वायत्तता की चाह में प्रदेशों ने क्या माँगें उठाई हैं?

उत्तर अधिक स्वायत्तता की चाह में प्रदेशों ने निम्नलिखित माँगें उठाई हैं

- केंद्र और राज्य की शक्तियों के बँटवारे में राज्यों को अधिक शक्तियाँ दी जाएँ।
- प्रशासकीय विषयों पर केंद्र का नियंत्रण कम हो।
- हिंदी भाषा को जबरदस्ती गैर-हिंदी भाषायी राज्यों पर लागू न किया जाए।
- भारत की अन्य भाषाओं और संस्कृति को प्रोत्साहन दिया जाए।
- राज्य की शक्तियों पर केन्द्र के हस्तक्षेप की व्यवस्था समाप्त की जाए।
- अनुच्छेद 356 को समाप्त किया जाए।

  संसद के द्वितीय सदन में राज्यों को समान प्रतिनिधित्व हों।

11. क्या कुछ प्रदेशों में शासन के लिए विशेष प्रावधान होने चाहिए? क्या इससे दूसरे प्रदेशों में नाराजगी पैदा होती है? क्या इन विशेष प्रावधानों के कारण देश के विभिन्न क्षेत्रों के बीच एकता मजबूत करने में मदद मिलती है?

उत्तर भारत में अनेक प्रकार की विविधताएँ विद्यमान हैं। बहुत-से राज्यों की संस्कृति, भाषा व इतिहास भिन्न-भिन्न रहे हैं, उन्हीं के अनुरूप संविधान में उनकी प्रकृति को देखते हुए कुछ विशिष्ट प्रावधान किए गए हैं; जैसे—भारतीय संविधान पूर्वोत्तर के राज्यों की संस्कृति की सुरक्षा सुनिश्चित करने के लिए विशिष्ट प्रावधान की व्यवस्था करता है। जम्मू-कश्मीर हेतु विशिष्ट प्रावधान की व्यवस्था अनुच्छेद-370 के माध्यम से की गई है।

जम्मू-कश्मीर हेतु अनुच्छेद-370 की व्याख्या कर इस राज्य को अन्य राज्यों की अपेक्षा अधिक स्वायत्तता प्रदान की गई है। किसी विशिष्ट राज्य हेतु ऐसे प्रावधान होने से अन्य राज्यों में नाराजगी पैदा होना स्वाभाविक है, जिसके परिणामस्वरूप अन्य राज्य भी विभिन्न आधारों पर अपने राज्य को और अधिक स्वायत्त बनाने की माँग करने लगते हैं, परंतु इस प्रकार के विशिष्ट प्रावधान भी आवश्यक होते हैं। ये उन विशिष्ट क्षेत्र में उत्पन्न हो रहे अलगाववाद को रोकते हैं, जिससे विघटनकारी प्रवृत्तियों पर अंकुश लगता है तथा सांस्कृतिक, भाषायी व धार्मिक विभिन्नता होते हुए भी एकता को मजबूत करते हैं। संविधान में ऐसे विशिष्ट प्रावधान उन राज्यों को अन्य सभी राज्यों की बराबरी में लाने में मदद करते हैं, जिससे संघीय व्यवस्था को मजबूती मिलती है।

अभ्यास प्रश्न

वस्तुनिष्ठ प्रश्न

बहुविकल्पीय प्रश्न

1. फेडरेशन ऑफ वेस्टइंडीज (वेस्टइंडीज संघ) की स्थापना कब हुई?

(a) वर्ष 1952 (b) वर्ष 1954
(c) वर्ष 1956 (d) वर्ष 1958

उत्तर (d) वर्ष 1958

2. वर्ष ...... तक उत्तरी नाइजीरिया और दक्षिणी नाइजीरिया ब्रिटिश ...... उपनिवेश थे।

(a) 1915, (b) 1914,
(c) 1914, (d) 1915,

उत्तर (c) 1914,

3. भारतीय संविधान के किस अनुच्छेद में भारत को राज्यों का संघ कहा गया है?

(a) अनुच्छेद-1 (b) अनुच्छेद-2
(c) अनुच्छेद-5 (d) अनुच्छेद-8

उत्तर (a) अनुच्छेद-1

4. भारतीय संविधान में ..... सूचियों का उल्लेख मिलता है?

(a) 2 (b) 3 (c) 6 (d) 10

उत्तर (b) 3

5. नीचे दिए गए कथनों में से संघवाद की मूल अवधारणाओं में शामिल कथन कौन-सा है?

(a) संघवाद में राजनीतिक व्यवस्थाएँ केंद्र स्तर व प्रांतीय स्तर दोनों पर होती हैं
(b) संघवाद में दोनों स्तरों की सरकारें अपने क्षेत्र में स्वायत्त होती हैं
(c) दोनों स्तरों की सरकारों की शक्तियों का स्रोत संविधान है
(d) उपरोक्त सभी

उत्तर (d) उपरोक्त सभी

6. निम्न में से कौन-सा विषय संघ सूची में शामिल है?

(a) भूमि (b) शराब
(c) पशुपालन (d) बैंकिंग

उत्तर (d) बैंकिंग

7. निम्नलिखित में से कौन-सा कथन संघवाद का एक महत्त्वपूर्ण लाभ नहीं है?

(a) स्थानीय मुद्दों पर उचित ध्यान केंद्रित करना
(b) विभिन्न राज्यों में समान कानून लागू करना
(c) राज्य सरकारों को अपनी नीतियों में स्वतंत्रता देना
(d) केंद्र और राज्य सरकारों के बीच संतुलन बनाए रखना

उत्तर (b) विभिन्न राज्यों में समान कानून लागू करना।

8. निम्नलिखित घटनाओं में से कौन-सी घटना सही है?

दक्षता आधारित प्रश्न

1. वर्ष 1973 में चिगुआरामस संधि का लागू होना।
2. वर्ष 1999 में नाइजीरियाई लोकतंत्र की पुनर्स्थापना।

कूट

(a) केवल 1
(b) केवल 2
(c) 1 और 2
(d) उपरोक्त में से कोई नहीं

उत्तर (c) 1 और 2

9. निम्नलिखित घटनाओं को उनके घटित होने के क्रम में लगाइए।

दक्षता आधारित प्रश्न

1. केंद्र राज्य संबंधों पर पहला आयोग
2. भारतीय संविधान में समवर्ती सूची का निर्माण
3. पंचायती राज्यव्यवस्था का निर्माण
4. 86वाँ संविधान संशोधन

कूट

(a) 1, 2, 3, 4 (b) 3, 1, 2, 4
(c) 1, 3, 4, 2 (d) 2, 1, 4, 3

उत्तर (a) 1, 2, 3, 4

10. सुमेलित कीजिए

दक्षता आधारित प्रश्न

सूची I	सूची II
A. संघ सूची	1. साइबर कानून
B. राज्य सूची	2. भूमि
C. समवर्ती सूची	3. रेलवे
D. अवशिष्ट शक्तियाँ	4. वन

कूट

	A	B	C	D		A	B	C	D
(a)	1	2	3	4	(b)	1	4	3	2
(c)	3	2	4	1	(d)	2	3	1	4

उत्तर (c) 3 2 4 1

11. निम्नलिखित में से कौन-या युग्म सही सुमेलित नहीं है?

दक्षता आधारित प्रश्न

(a) संघीय सरकार – यह राज्यों के अधिकारों का संरक्षण करती है।
(b) राज्य सरकारे – यह केंद्रीय सरकार के नियंत्रण में होती है।
(c) संविधान – दोनों स्तरों की सरकारों के अधिकारों को निर्धारित करता है।
(d) संघीय प्रणाली – यह विभिन्न स्तरों की सरकारों के मध्य संतुलन बनाती है।

उत्तर (b) राज्य सरकारें– यह केंद्रीय सरकार के नियंत्रण में होती है।

निर्देश (प्र. सं. 12-14) नीचे दो कथन दिए गए हैं, जिनमें एक को कथन (A) और दूसरे को कारण (R) कथन गया है। कूट की सहायता से सही उत्तर का चयन करें दक्षता आधारित प्रश्न

(a) A और R दोनों सही हैं तथा R, A की सही व्याख्या है
(b) A और R दोनों सही हैं, परंतु R, A की सही व्याख्या नहीं है
(c) A सही है, किंतु R गलत है
(d) A गलत है, किंतु R सही है

12. कथन (A) वर्ष 1989 के पश्चात् सोवियत संघ का विघटन हुआ।
कारण (R) कुछ प्रमुख भिन्न भाषा और संस्कृति वाले देशों पर रूस का आधिपत्य भी विघटन का प्रमुख कारक था।

उत्तर (a) एक महाशक्ति होने के पश्चात् भी शक्तियों के अतिशय संघनन और केंद्रीकरण की प्रवृत्ति के कारण वर्ष 1989 के बाद सोवियत संघ का विघटन हो गया। उज्बेकिस्तान जैसे भिन्न भाषा और संस्कृति वाले देशों पर रूस का आधिपत्य भी विघटन का महत्त्वपूर्ण कारक था।

13. कथन (A) संघवाद एक संस्थागत प्रणाली है, जिसमें केंद्र व राज्य स्तर पर राजनीतिक व्यवस्थाएँ मिलती हैं।
कारण (R) दोनों स्तरों की सरकारें अपने क्षेत्र में स्वायत्त होती हैं।

उत्तर (b) संघवाद एक संस्थागत प्रणाली है, जिसमें केंद्र व राज्य स्तर पर राजनीतिक व्यवस्थाएँ विद्यमान हैं। इसके साथ ही केंद्र एवं राज्य स्तर की सरकारें अपने-अपने क्षेत्र में स्वतंत्र होती हैं। ये सरकारें अपने-अपने निर्धारित विषयों पर कानून का निर्माण करती हैं, जिनके अनुसार शासन का संचालन किया जाता है।

14. कथन (A) संविधान में वर्णित है कि राज्य की विधायिका शक्ति का प्रयोग इस प्रकार से किया जाएगा, जिससे संघ की कार्यपालिका शक्ति पर प्रतिकूल प्रभाव न पड़े।
कारण (R) प्रशासन व्यवस्था इकहरी होने के कारण राज्यों में कार्यरत अखिल भारतीय सेवाओं पर केंद्र सरकार का नियंत्रण होता है।

उत्तर (d) भारतीय संविधान के अनुच्छेद-257(1) में यह वर्णित है कि प्रत्येक राज्य की कार्यपालिका शक्ति का प्रयोग इस प्रकार से किया जाएगा, जिससे संघ की कार्यपालिका शक्ति के प्रयोग में कोई बाधा न हो या उस पर कोई प्रतिकूल प्रभाव न पड़े। प्रशासन व्यवस्था इकहरी होने के कारण राज्यों में कार्यरत अखिल भारतीय सेवाओं पर केंद्र सरकार का नियंत्रण होता है।

15. नीचे दो कथन दिए गए हैं।

कथन I संघवाद का अर्थ है कि एक ही क्षेत्र पर दो स्तरों की सरकारें कार्यरत् होती हैं, जैसे कि केंद्रीय सरकार और राज्य सरकारें। दोनों के पास विशिष्ट क्षेत्राधिकार और शक्ति होती है, जो संविधान के अनुसार तय की जाती है।

कथन II संघीय ढाँचे में दोनों स्तरों की सरकारों के पास अपनी स्वतन्त्रता और क्षेत्राधिकार होते हैं, जो उन्हें एक दूसरे के कार्यों में हस्तक्षेप किए बिना अपने-अपने कर्तव्यों का पालन करने में सक्षम बनाते हैं।

कूट
(a) कथन I सही है (b) कथन II सही है
(c) कथन I और II दोनों सही हैं (d) कथन I और II दोनों गलत हैं

उत्तर (b) कथन II सही है।

16. नीचे दो कथन दिए गए हैं। दक्षता आधारित प्रश्न

कथन I संघीय व्यवस्था में शक्ति का बँटवारा संविधान द्वारा सुनिश्चित किया जाता है। ताकि दोनों सरकारों की सीमाएँ स्पष्ट रहे और उनके अधिकार सुरक्षित रहे।

कथन II संघवाद में केंद्र सरकार के पास भी शक्तियाँ होती है, जबकि राज्य सरकारें केवल केंद्र की सहायता करती है।

कूट
(a) कथन I सही है
(b) कथन II सही है
(c) कथन I और II दोनों सही है
(d) कथन I और II दोनो गलत है

उत्तर (a) कथन I सही है।

17. निम्नलिखित चित्र का ध्यानपूर्वक अवलोकन कीजिए तथा दिए गए प्रश्नों का उत्तर दीजिए।

(i) **क्या आप बता सकते हैं। ये नेताओं का हुजुम क्यों लगा हुआ है?**
(a) संविधान में संशोधन की माँग
(b) राज्यों को स्वायत्तता देने की माँग
(c) नए राज्यों के निर्माण के लिए माँग
(d) नीति निदेशक तत्त्वों को लागू करने की माँग

उत्तर (c) नए राज्यों के निर्माण के लिए माँग

(ii) **राष्ट्रीय आंदोलन के दौरान कौन-से मूल्य थे जिसके आधार पर राज्य के गठन को स्वीकार किया गया था?**
(a) राज्य की जनसंख्या
(b) राज्य में निवास करने वाली जातियाँ
(c) समान संस्कृति एवं भाषा
(d) राज्य का क्षेत्र फल

उत्तर (c) समान संस्कृति एवं भाषा

(iii) **राज्यों के पुनर्गठन में भाषा और संस्कृति को मुख्य कारक माना गया किन्तु बाद के वर्षों में एक अन्य कारक भी उभरा निम्नलिखित में से वह कारक कौन-सा है?**
(a) प्रशासनिक सुविधा
(b) भौगोलिक स्थिति
(c) केंद्र से समीपता
(d) संरचनात्मक पिछड़ापन

उत्तर (a) प्रशासनिक सुविधा

(iv) **उत्तर प्रदेश को विभाजित कर .... में उत्तराखंड राज्य का निर्माण किया गया।**

(a) वर्ष 1998 (b) वर्ष 2000
(c) वर्ष 2004 (d) वर्ष 2014

उत्तर (b) वर्ष 2000

लघु उत्तरीय प्रश्न

1. संघीय व्यवस्था में केंद्र और राज्यों की शक्तियों का बँटवारा होता है। इस कथन को स्पष्ट कीजिए।

उत्तर संघीय व्यवस्था में केंद्र और राज्यों की शक्तियों का बँटवारा संविधान द्वारा किया जाता है। संविधान वह सर्वोच्च विधिक दस्तावेज है, जो संघीय ढाँचे के अंतर्गत केंद्र और राज्यों के बीच शक्तियों का स्पष्ट रूप से विभाजन करता है। भारत जैसे संघीय देश में यह बँटवारा भारत के संविधान की सातवीं अनुसूची में उल्लिखित तीन सूचियों-संघ सूची, राज्य सूची और समवर्ती सूची के माध्यम से किया गया है।

संघीय व्यवस्था में केंद्र और राज्यों की शक्तियों का बँटवारा संविधान के तहत स्पष्ट रूप से परिभाषित होता है, जिससे दोनों के बीच अधिकारों और कर्त्तव्यों का संतुलन बना रहता है।

2. भारत में केंद्र और राज्य के मध्य शक्ति का विभाजन है। यदि इनके मध्य गतिरोध उत्पन्न हो जाए तो इसे किस प्रकार सुलझाया जा सकता है। *दक्षता आधारित प्रश्न*

उत्तर भारत में केंद्र और राज्यों के मध्य शक्ति विभाजन से जुड़े विवादों का हल न्यायपालिका करती है। इसके अतिरिक्त केंद्र और राज्यों के बीच विवादों को सुलझाने के लिए ये तरीके भी अपनाए जाते हैं; जैसे - बातचीत, मध्यस्थता, आदि।

- संविधान के अनुच्छेद 246 के अनुसार यदि कोई कानून समवर्ती सूची के विषयों से संबंधित हो और केंद्र एवं राज्य का कानून आपस में टकराए तो अनुच्छेद 254 के अनुसार, केंद्र का कानून सर्वोच्च माना जाता है।
- यदि शक्ति विभाजन से जुड़ा विवाद या असहमति निरंतर बनी रहती है, तो संसद संविधान संशोधन के माध्यम से समाधान कर सकती है।
- अनुच्छेद 143 के तहत राष्ट्रपति, किसी भी संवैधानिक मुद्दे पर सुप्रीम कोर्ट से परामर्श ले सकते हैं।

3. भारत में कुछ प्रांतों को विशिष्ट प्रावधान प्राप्त हैं। यह क्या होता है? स्पष्ट कीजिए।

उत्तर भारतीय संघवाद की सबसे महत्त्वपूर्ण विशेषता यह है कि इसमें अनेक राज्यों के साथ थोड़ा अलग व्यवहार किया जाता है। इसे विशिष्ट प्रावधान कहते हैं।

- शक्ति के बँटवारे की योजना के तहत संविधान प्रदत्त शक्तियाँ सभी राज्यों को समान रूप से प्राप्त हैं। लेकिन कुछ राज्यों के लिए उनकी विशिष्ट सामाजिक और ऐतिहासिक परिस्थितियों के अनुरूप संविधान कुछ विशेष अधिकारों की व्यवस्था करता है।
- ऐसे अधिकतर प्रावधान पूर्वोत्तर के राज्यों के लिए उनकी विशिष्ट सामाजिक और ऐतिहासिक परिस्थितियों के अनुरूप संविधान कुछ विशेष अधिकारों की व्यवस्था करता है। ऐसे अधिकतर प्रावधान पूर्वोत्तर के राज्यों (असम, नागालैंड, अरुणाचल प्रदेश, मिजोरम आदि) के लिए है जहाँ विशिष्ट इतिहास और संस्कृति वाली जनजातीय-बहुल जनसंख्या निवास करती हैं।

4. सोवियत संघ के विघटन के प्रमुख कारणों की चर्चा कीजिए।

उत्तर सोवियत संघ विश्व की एक महाशक्ति था, परंतु वर्ष 1989 के पश्चात् वह अनेक स्वतंत्र देशों में बँट गया। इनमें से कुछ ने मिलकर 'स्वतंत्र राज्यों का राष्ट्रमंडल' बना लिया। सोवियत संघ के विघटन के प्रमुख कारण वहाँ शक्तियों का जमाव और अत्यधिक केंद्रीकरण की प्रवृत्तियाँ थीं। इसके अतिरिक्त उज्बेकिस्तान जैसे भिन्न भाषा और संस्कृति वाले क्षेत्रों पर रूस के आधिपत्य ने भी विघटन को बढ़ावा दिया।

सोवियत संघ के अतिरिक्त कुछ अन्य राज्यों; जैसे चेकोस्लोवाकिया यूगोस्लाविया और पाकिस्तान का भी विघटन हुआ।

5. भारत की शासन प्रणाली संघवाद से प्रेरित है। यह क्या होता है। बताइए?

उत्तर यह एक ऐसी शासन प्रणाली है, जिसमें सत्ता का विभाजन केंद्र और राज्यों/ स्थानीय सरकारों के बीच होता है, जिसे संविधान द्वारा संरक्षित किया जाता है। इसमें दोनों स्तरों की सरकारें अपने अधिकार क्षेत्र में स्वतंत्र रूप से कार्य करती हैं। संघवाद का उद्देश्य विभिन्न स्तरों की सरकारों के बीच संतुलन और समन्वय बनाए रखना है। भारत में यह प्रणाली सहकारी संघवाद के रूप में कार्य करती है। जिसमें केंद्र को प्रमुख भूमिका दी गई है।

6. भारत में नवीन राज्यों की माँग क्यों हुई?

उत्तर हमारी संघीय व्यवस्था में नवीन राज्यों के गठन की माँग को लेकर भी तनाव रहा है। राष्ट्रीय-आंदोलन ने अखिल भारतीय राष्ट्रीय एकता को ही नहीं बल्कि समान भाषा, क्षेत्र और संस्कृति पर आधारित एकता को भी जन्म दिया। हमारा राष्ट्रीय आंदोलन लोकतंत्र के लिए भी एक आंदोलन था। अतः राष्ट्रीय आंदोलन के दौरान यह भी तय किया गया कि यथासंभव समान संस्कृति और भाषा के आधार पर राज्यों का गठन होगा। इससे स्वतंत्रता के बाद भाषाई आधार पर राज्यों के गठन की माँग उठी। दिसंबर, 1953 में राज्य पुनर्गठन आयोग की स्थापना की गई जिसने प्रमुख भाषाई समुदायों के लिए भाषा के आधार पर राज्यों के गठन की सिफारिश की।

दीर्घ उत्तरीय प्रश्न।

1. "संघवाद की कोई निश्चित तथा कठोर अवधारणा नहीं होती हैं" कथन के परिपथ में सघवाद की महत्त्वूपर्ण अवधारणों पर चर्चा कीजिए। *दक्षता आधारित प्रश्न*

उत्तर मूलरूप से प्रत्येक परिस्थिति पर समान रूप से लागू होने वाले संघवाद के कोई निश्चित और कठोर सिद्धांत नहीं होते। शासन के सिद्धांत के रूप में संघवाद परिस्थितिनुसार अलग-अलग स्वरूप ग्रहण करता है। संघीय व्यवस्था की शुरुआत अमेरिका से हुई, परंतु वहाँ की संघीय व्यवस्था जर्मनी व भारत के संघवाद से अलग है। इन सबके पश्चात् भी संघवाद की कुछ मूल अवधारणाएँ हैं, जो निम्न हैं

- संघवाद में राजनीतिक व्यवस्थाएँ केंद्र व प्रांतीय स्तर की हैं। दोनों स्तरों की सरकारें अपने क्षेत्र में स्वायत्त होती हैं।

- कुछ संघीय देशों में दोहरी नागरिकता का प्रावधान भी होता है, परंतु भारत में एकल नागरिकता को अपनाया गया है। प्रत्येक स्तर की राजनीतिक व्यवस्था की कुछ विशिष्ट शक्तियाँ व उत्तरदायित्व हैं, जो सरकार से अलग होते हैं।
- दोहरे शासन की विस्तृत रूपरेखा के लिए एक संविधान है, जो लिखित या अलिखित किसी भी रूप में हो सकता है। यह संविधान सर्वोच्च होता है।
- दोनों स्तरों की सरकारों की शक्तियों का स्रोत संविधान होता है।

2. वेस्टइंडीज में संघवाद के विषय पर संक्षिप्त टिप्पणी लिखिए

उत्तर भारत की तरह वेस्टइंडीज भी इंग्लैंड का उपनिवेश था। वर्ष 1958 में फेडरेशन ऑफ वेस्टइंडीज (वेस्टइंडीज संघ) की स्थापना हुई। संघ की प्रत्येक इकाई की अपनी अलग-अलग स्वतंत्र अर्थव्यवस्था थी तथा मजबूत केंद्रीय सरकार का गठन नहीं किया गया। इसी कारण वर्ष 1962 में संघीय इकाइयों में प्रतिस्पर्द्धा के कारण संघ को भंग कर दिया गया। इसके पश्चात् वर्ष 1973 में चिगुआरामस संधि के द्वारा इन सभी इकाइयों ने एक साझी संसद, सर्वोच्च न्यायालय, मुद्रा के गठन के साथ-साथ कैरेबियन समुदाय नामक साझे बाजार का भी निर्माण किया तथा एक साझी कार्यपालिका का भी गठन किया, जिसके सदस्य सभी इकाइयों की सरकारों के प्रधान होते हैं। इस प्रकार, उन सभी इकाइयों की पहचान न तो एक संघ के रूप में हो सकी और न ही अलग-अलग देशों के रूप में।

3. नाइजीरिया में संघवाद के विषय पर संक्षिप्त टिप्पणी लिखिए

उत्तर किसी देश के विभिन्न क्षेत्र तथा समुदाय के आपसी विश्वास के बिना संघीय व्यवस्था के माध्यम से भी एकता स्थापित नहीं की जा सकती। वर्ष 1914 तक उत्तरी नाइजीरिया और दक्षिणी नाइजीरिया अंग्रेजों के उपनिवेश थे। इबादान संवैधानिक सम्मेलन, 1950 में नाइजीरिया के नेताओं द्वारा एक संघीय संविधान के निर्माण का निर्णय लिया गया। नाइजीरिया की तीन बड़ी जातियों (एरूबा, इबो और हउसा-फुलानी) के नियंत्रण में देश के पश्चिम, पूर्वी तथा उत्तरी क्षेत्र थे। इन्होंने अन्य क्षेत्रों में अपना प्रभाव बढ़ाने का प्रयास किया, जिससे भय तथा संघर्ष का माहौल बन गया। इससे वहाँ पर सैनिक शासन स्थापित हो गया। वर्ष 1960 के संविधान के अनुसार, नाइजीरिया की पुलिस केंद्र तथा प्रांतीय सरकारों के संयुक्त नियंत्रण में कार्य करती थी, जबकि वर्ष 1979 के सैनिक संविधान के अनुसार, किसी भी प्रांत को पुलिस रखने का अधिकार नहीं था। वर्ष 1999 में नाइजीरिया में लोकतंत्र दोबारा से स्थापित किया गया, परंतु इसके पश्चात् भी धार्मिक मतभेद बने रहे। तेल संसाधनों से प्राप्त राजस्व पर नियंत्रण को लेकर संघ की समस्याएँ बनी रहीं तथा विभिन्न संघीय इकाइयों के मध्य धर्म, जाति एवं आर्थिक आधारों पर मतभेद कायम रहे।

4. राज्यों व राजनीतिक दलों द्वारा राज्यों के लिए क्या माँगें उठने लगीं?

उत्तर राज्यों व राजनीतिक दलों द्वारा राज्यों को केंद्र से अधिक स्वायत्त बनाने की माँगें उठने लगीं। ये माँगें निम्नलिखित हैं

- अनेक राज्य; जैसे—तमिलनाडु, पंजाब, पश्चिम बंगाल तथा दल; जैसे—द्रमुक, अकाली, माकपा द्वारा राज्यों को महत्त्वपूर्ण अधिकार देकर केंद्र से अधिक शक्तिशाली बनाए जाने की माँग उठने लगी।
- राज्यों को अधिक वित्तीय स्वायत्तता देने की माँग उठने लगी। वर्ष 1977 में पश्चिम बंगाल की वामपंथी सरकार ने एक दस्तावेज के माध्यम से केंद्र-राज्य संबंधों को पुनर्परिभाषित किया। तमिलनाडु व पंजाब की माँगों में भी वित्तीय स्वायत्तता की माँगें अधिक थीं।
- प्रशासन पर केंद्र सरकार के नियंत्रण के संदर्भ में भी स्वायत्तता की माँग उठती रहती है।
- सांस्कृतिक व भाषायी आधार पर भी राज्यों में स्वायत्तता की माँग उठती है; जैसे—तमिलनाडु में हिंदी भाषा के वर्चस्व का विरोध तथा पंजाब में पंजाबी भाषा व संस्कृति को प्रोत्साहन।
- कुछ राज्यों में हिंदी भाषी क्षेत्रों का अन्य क्षेत्रों पर वर्चस्व प्रतीत होता है, जिसके कारण वर्ष 1960 में कुछ राज्यों में हिंदी को लागू करने के विरोध में आंदोलन भी हुए।

5. भारतीय संविधान की किन्हीं चार विशेषताओं का वर्णन करें, जिनमें राज्य सरकार की अपेक्षा केंद्रीय सरकार को अधिक शक्ति प्रदान की गई है? *दक्षता आधारित प्रश्न*

उत्तर भारतीय संविधान की चार विशेषताएँ, जिनमें राज्य सरकार की अपेक्षा केंद्रीय सरकार को अधिक शक्ति प्रदान की गई है, निम्न हैं

- केंद्र सरकार राज्यपाल के माध्यम से किसी राज्य में संवैधानिक तंत्र की विफलता पर अनुच्छेद-356 के अंतर्गत राष्ट्रपति शासन लगा सकती है।
- अनुच्छेद-257 के अंतर्गत केंद्र सरकार की कार्यपालिका शक्तियाँ राज्य की कार्यपालिका शक्तियों पर प्रभावी रहती हैं।
- संविधान के अनुच्छेद-3 के अंतर्गत संसद दो या दो से अधिक राज्यों को मिलाकर या किसी राज्य के भू-भाग को अलग कर नए राज्य का गठन कर सकती है तथा किसी राज्य के नाम और उसकी सीमाओं में परिवर्तन कर सकती है।
- राष्ट्रीय हित हेतु संसद राज्य सूची के विषयों पर भी कानून बना सकती है। देश के महत्त्वपूर्ण वित्तीय संसाधनों पर केंद्र का स्वामित्व होता है और वित्तीय सहायता हेतु राज्य, केंद्र पर निर्भर होते हैं।

6. भारतीय संविधान के अनुच्छेद-356 के व्यावहारिक प्रयोग की व्याख्या कीजिए। *दक्षता आधारित प्रश्न*

उत्तर भारतीय संविधान का अनुच्छेद-356 केंद्र-राज्य संबंधों में सर्वाधिक विवादित कड़ी के रूप में विख्यात है। इस अनुच्छेद के अनुसार, यदि राष्ट्रपति को राज्यपाल की रिपोर्ट के आधार पर अथवा किसी अन्य सूत्र से यह विश्वास हो जाए कि राज्य में संवैधानिक तंत्र विफल हो रहा है, तो ऐसी स्थिति में वह राज्य आपात स्थिति की घोषणा कर सकता है और राज्य में राष्ट्रपति शासन लागू कर सकता है। इस प्रकार अनुच्छेद-356 के अंतर्गत आपातकाल की घोषणा के निम्नलिखित परिणाम होते हैं; जैसे—

- राज्य का विधानमंडल भंग हो जाता है और उसकी शक्तियों का प्रयोग संसद अथवा उसके प्राधिकार के अधीन हो जाता है।
- राज्य की मंत्रिपरिषद् भंग हो जाती है और उसकी शक्तियों का प्रयोग संसद द्वारा अथवा उसके प्राधिकार के अधीन हो जाता है।

भारत में स्वतंत्रता के बाद अब तक देश के विभिन्न राज्यों में कुल 108 बार अनुच्छेद-356 का प्रयोग हो चुका है।

7. (i) **संघवाद क्या है?**

(ii) **संघवाद सुचारू रूप से चले इसके लिए क्या आवश्यक है?**

(iii) **गृह युद्ध की नौबत कब आ सकती है?**

उत्तर (i) संघ राज्य का निर्माण कई राज्यों के एकसाथ आने से होता है, लेकिन इन राज्यों का अपना स्वतंत्र अस्तित्व भी बना रहता है। जिस प्रक्रिया के माध्यम से संघ राज्य का गठन होता है। उसे संघवाद कहा जाता है। संघवाद में कोई निश्चित नियम नहीं होते जो हर ऐतिहासिक परिस्थिति में समान रूप से लागू हो सके।

(ii) संघीय ढाँचे का सुचारु संचालन सुनिश्चित करने के लिए राज्यों के बीच विश्वास, सहयोग और संयम होना आवश्यक है। साथ ही, एक-दूसरे के प्रति सम्मान और सभी राजनीतिक दलों का उचित व्यवहार भी अनिवार्य है।

(iii) यदि किसी एक राज्य, भाषा या विचारधारा का संघीय ढाँचे पर एकाधिकार हो जाता है, तो अन्य राज्यों या समूहों से असंतोष उत्पन्न होता है यह असंतोष धीरे-धीरे इतना बढ़ सकता है। कि वे अलग होने की माँग उठाने लगते है। ऐसी स्थिति में गृहयुद्ध का खतरा भी उत्पन्न हो सकता है।

8. संघात्मक शासन के चार अवगुण बताइए

उत्तर संघात्मक शासन प्रणाली के कुछ दोष भी पाए जाते हैं, इससे स्थानीय वफादारी ज्यादा हावी हो जाती हैं। लोग राष्ट्रीय समस्याओं के प्रति ज्यादा जागरूक नहीं हो पाते हैं इस प्रणाली के चार अवगुण निम्न हैं

(i) **एकता का अभाव** संघीय शासन में शासन की दोहरी व्यवस्थापिक के कारण आपसी झगड़े और वैमनस्य का भय बना रहता है। जो राष्ट्र की एकता के लिए घातक हो सकता है।

(ii) **अकुशल शासन** इस शासन प्रणाली में दक्षता एवं कुशलता घटती है व्यर्थ का विलम्ब होता है।

(iii) **संकट काल में असमर्थ** आंतरिक विद्रोह और बाहरी आक्रमण के समय संघीय शासन में शिथिलता आ जाती है। संकट काल का सामना करने के लिए शीघ्र निर्णय की आवश्यकता होती है।

(iv) **कमजोर शासन** संघीय शासन एक कमजोर व्यवस्था है, क्योंकि शक्ति का विभाजन होता है और जिस कारण निर्णय की शीघ्रता का अभाव होता है।

दीर्घ उत्तरीय प्रश्न II

1. भारतीय संविधान में संघवाद तथा शक्ति विभाजन का वर्णन कीजिए

उत्तर राष्ट्रीय आंदोलन के समय से ही अनेक नेता इस बात पर सहमत थे कि भारत जैसे विशाल देश के शासन संचालन के लिए दो स्तर की राजनीतिक व्यवस्था (प्रांतीय सरकार और केंद्रीय सरकार) करना बहुत आवश्यक है। उसके साथ क्षेत्रीय, भाषायी तथा धार्मिक आधार पर सभी व्यक्तियों की शासन में सहभागिता सुनिश्चित करना आवश्यक था।

विभाजन से पूर्व मुस्लिम लीग द्वारा मुसलमानों को प्रतिनिधित्व देने के आंदोलन के संदर्भ में एक समझौता फॉर्मूले पर चर्चा हुई, जिसमें क्षेत्रीय सरकारों को अधिक अधिकार देने संबंधी प्रस्ताव आया, परंतु विभाजन के निर्णय के पश्चात् संविधान सभा ने राज्य में ऐसी सरकार के गठन का प्रावधान किया, जो केंद्र-राज्य के आपसी सहयोग व एकता पर आधारित हो, साथ ही राज्यों के लिए पृथक् अधिकार के सिद्धांत पर भी आधारित हो।

भारतीय संविधान में संघीय व्यवस्था के तहत केंद्र-राज्य संबंधों को सहयोग पर आधारित किया गया है। इससे यह पता चलता है कि विविधता को मान्यता देने के साथ ही संविधान एकता पर बल देता है।

भारत के संविधान में अंग्रेजी के संस्करण में संघ शब्द के लिए 'फेडरेशन' का प्रयोग न करके 'यूनियन' शब्द का प्रयोग किया गया है, जो भारत की एकता की मजबूती का प्रतीक है। हालाँकि हिंदी भाषा में 'फेडरेशन' और 'यूनियन' दोनों के लिए संघ शब्द का प्रयोग होता है। संविधान भारत का वर्णन निम्न प्रकार करता है

- अनुच्छेद-1(I) के अनुसार, भारत राज्यों का संघ (यूनियन) होगा।
- अनुच्छेद-1(II) के अनुसार, राज्य और उनके राज्य क्षेत्र वे होंगे, जो पहली अनुसूची में विनिर्दिष्ट हैं।

भारत के संविधान में दो स्तर की सरकारों का प्रावधान किया गया है

(i) **संघीय सरकार** यह संपूर्ण राष्ट्र के लिए होती है। इसे केंद्रीय सरकार भी कहा जाता है।

(ii) **राज्य सरकार** यह किसी प्रांत या राज्य पर शासन के लिए होती है।

इन दोनों संवैधानिक सरकारों का कार्यक्षेत्र संविधान द्वारा स्पष्ट है। शक्तियों को लेकर विवाद होने की स्थिति में सर्वोच्च न्यायालय संवैधानिक प्रावधानों के अनुसार विवाद का निपटारा करता है।

संविधान केंद्र व राज्यों के मध्य शक्तियों का बँटवारा स्पष्ट रूप से करता है। शक्ति विभाजन का एक महत्वपूर्ण पहलू यह है कि आर्थिक व वित्तीय शक्तियाँ (Financial Powers) केंद्र के पास होती हैं। आय के साधनों की अपेक्षा राज्य के पास उत्तरदायित्व अधिक होता है।

2. "भारतीय संविधान का स्वरूप यद्यपि संघात्मक है, परंतु वास्तविक प्रयोगों में यह एकात्मक लक्षण लिए हुए है।" क्या आप इस बात से सहमत हैं? *दक्षता आधारित प्रश्न*

अथवा **"भारत राज्यों का एक संघ है।" इस कथन में परिपेक्ष्य में भारत में संघीय लक्षणों का वर्णन कीजिए।**

उत्तर भारतीय संविधान का स्वरूप तथा उसके लक्षण संघात्मक व्यवस्था को दर्शाते है। इसके महत्त्वपूर्ण प्रावधान निम्न हैं

(i) **शक्तियों का पृथक्करण** भारत का संविधान शक्तियों के विभाजन के लिए सातवीं अनुसुची का प्रावधान करता है जिसमें संघात्मक भावना के अनुकूल संघ तथा राज्य के मध्य शक्तियों का स्पष्ट विभाजन किया गया हैं इसमें सूची के अंतर्गत शामिल विषयों पर केन्द्र सरकार को, राज्य सूची में शामिल विषयों पर राज्य सरकार को तथा समवर्ती सूची में शामिल विषयों पर संघ और राज्य दोनों को कानून बनाने का अधिकार है।

(ii) **स्वतंत्र न्यायपालिका** संविधान तथा लोगों के अधिकारों के संरक्षण के लिए न्यायपालिका की विशेष भूमिका है, जो केंद्र और राज्य में अलग अस्तित्व रखते हुए निष्पक्ष निर्णय देती है।

(iii) **संविधान की सर्वोच्चता** लिखित संविधान संघवाद की प्रमुख विशेषता है, जहाँ संविधान की सर्वोच्चता को स्वीकार किया गया है।

(vi) **दोहरी शासन व्यवस्था** संघात्मक शासन व्यवस्था में तथा राज्य दोहरी शासन प्रणाली कार्य करती है। ये दोनों इकाइयाँ क्षेत्र विशेष रूप में अपनी-अपनी शासन प्रणालियों की स्थापना करती हैं।

इस प्रकार भारत की राजव्यवस्था संघी ढाँचे की स्थापना करती है। किंतु संविधान में कुछ अन्य प्रावधान भी हैं जिसके आधार पर संविधान विद् इसे एकात्मक स्वरूप या अर्द्ध संघात्मक स्वरूप का मानते हैं, इसे निम्न आधारों पर समझा जा सकता है;

(i) संघवाद की भावना के विपरित सभी महत्त्वपूर्ण शक्तियाँ केंद्र सरकार के हाथों में दे दी गई हैं

(ii) प्रत्येक राज्य में केंद्र सरकार के प्रतिनिधि के रूप में राज्यपाल की नियुक्ति

(iii) एकल नागरिकता

(iv) अवशिष्ट शक्तियों का केंद्र के पास होना तथा समवर्ती सूची में केंद्र-राज्य विधियों में विवाद की स्थिति के केंद्र की विधि का मान्य होना।

(v) विशेष स्थिति में राज्य सूची के विषय पर केंद्र द्वारा नियम बनाने की छूट।

(vi) आपातकालीन शक्तियाँ इस प्रकार भारतीय संविधान प्रवृत्ति में संघात्मक है, किंतु कुछ प्रावधानों का केंद्र की ओर झुकाव इसे एकात्मक रूप में महत्त्वपूर्ण बनाता है।

3. भारतीय संघवाद की उत्पत्ति व विकास को क्रमबद्ध रूप में वर्णित कीजिए

उत्तर **भारतीय संघवाद की उत्पत्ति व विकास**

संघवाद सरकार का वह रूप है जिसमें शक्ति का विभाजन आंशिक रूप से केंद्र सरकार और राज्य सरकार अथवा क्षेत्रीय सरकारों के मध्य होता है। आजादी के बाद से और अब तक भारतीय संघवाद का स्वरूप बदलता रहा है। 26 जनवरी, 1950 को भारतीय संविधान को अपनाया गया था और इसके साथ संघवाद को भी अपनाया गया।

अर्द्ध-संघवाद

के.सी. व्हीयर द्वारा प्रतिपादित अर्द्ध-संघवाद की अवधारणा का प्रयोग भारतीय संघवाद के विशेष लक्षणों और प्रावधानों के संदर्भ में किया जाता है। अर्द्ध-संघवाद अपेक्षाकृत अशक्त इकाइयों के साथ एक सशक्त केंद्र का प्रतिनिधित्व करता है।

भारतीय परिस्थितियों में के. सी. व्हीयर अर्द्ध-संघवाद को एक ऐसा संघीय राज्य मानते हैं, जिसमें एकात्मक सरकार की भी कुछ विशेषताएँ पाई जाती हैं। इस प्रकार, भारत पूर्णतः संघ नहीं है, बल्कि यह एकात्मक राज्य और एक महासंघ के बीच मध्यवर्ती राज्य का रूप है।

सहकारी संघवाद

- सहकारी संघवाद एक ऐसी संकल्पना है, जो केंद्र व राज्यों के मध्य संबंधों को दर्शाती है, जहाँ दोनों सरकारें मिलकर तथा एक-दूसरे के साथ सौहार्दपूर्ण सहयोग करते हुए समस्याओं का समाधान इस प्रकार करते हैं कि एक सशक्त संघ का विकास हो सके।
- यह संघ एवं राज्यों के मध्य क्षैतिज संबंध को दर्शाता है, जहाँ किसी को भी एक-दूसरे से ऊपर नहीं रखा गया है। केंद्र एवं राज्यों के मध्य इन्हीं सशक्त संबंधों को सुनिश्चित करने के लिए भारतीय संविधान में कुछ निश्चित प्रावधानों व अभिकरणों का समावेश किया गया है; जैसे–अंतर्राज्यीय परिषदें, क्षेत्रीय परिषदें, सातवीं अनुसूची आदि।

प्रतिस्पर्द्धी संघवाद

- प्रतिस्पर्द्धी संघवाद, संघ के संदर्भ में सभी राज्यों को प्रतिस्पर्द्धात्मक आधार पर एकसमान स्थिति प्रदान करता है, जहाँ सर्वश्रेष्ठ प्रदर्शन करने वाला राज्य संसाधनों, सेवाओं व शुल्कों का अधिकतम लाभ ले सकता है।
- यह श्रेष्ठतर प्रदर्शन और वितरण की ओर अग्रसर राज्यों के मध्य एक स्वस्थ प्रतिस्पर्द्धा सुनिश्चित करता है, जो शासन का महत्त्वपूर्ण अंश है। उत्तर-उदारवाद का युग, प्रतिस्पर्द्धी संघवाद की प्रवृत्ति को दर्शाता है, जहाँ राज्य अपने कार्यों के प्रति अधिक स्वायत्त, उत्तरदायी व कुशल है।

4. सशक्त केंद्र की स्थापना हेतु संवैधानिक प्रावधान को संक्षेप में बताइए

उत्तर सशक्त केंद्र की स्थापना हेतु निम्नलिखित संवैधानिक प्रावधान किए गए हैं

- **अनुच्छेद-3** संसद किसी राज्य में से उसका राज्य क्षेत्र अलग कर या दो या दो से अधिक राज्यों को मिलाकर नए राज्य का निर्माण कर सकती है तथा किसी राज्य की सीमाओं में या नाम में परिवर्तन कर सकती है।
- इस शक्ति के दुरुपयोग पर नियंत्रण करने के लिए संविधान प्रभावित राज्य के विधानमंडल को उस संबंध में विचार व्यक्त करने का अधिकार प्रदान करता है।
- राज्य के अस्तित्व व उसके भौगोलिक स्थायित्व पर संसद का नियंत्रण होता है।
- संविधान के आपातकालीन प्रावधान संघीय व्यवस्था को केंद्रीकृत व्यवस्था में बदलकर केंद्र को अत्यंत शक्तिशाली बनाते हैं। इसके तहत संसद राज्य सूची के विषयों पर भी कानून बना सकती है। आय के प्रमुख साधनों पर केंद्र का नियंत्रण होता है। अनुदान तथा वित्तीय सहायता हेतु राज्य केंद्र पर निर्भर होते हैं।
- नीति आयोग के माध्यम से नियोजन के सभी आर्थिक फैसले लेने की ताकत केंद्र के पास होती है जबकि केंद्र, राज्य के संसाधन प्रबंधन पर निगरानी रखता है। राज्यों में नियुक्त राज्यपाल केंद्र का प्रतिनिधि होता है, जो राज्य सरकार को हटाने व विधानसभा को भंग करने संबंधी सिफारिश राष्ट्रपति को भेज सकता है।
- इसके अतिरिक्त वह विधानपालिका द्वारा पारित किसी भी विधेयक को राष्ट्रपति की स्वीकृति के लिए सुरक्षित रख सकता है। ऐसे में केंद्र सरकार उन विधेयकों पर वीटो का प्रयोग करवाकर कानून निर्माण में देरी अथवा उन्हें निरस्त करवा सकती है।
- राज्यसभा की अनुमति से संसद राज्य सूची के महत्त्वपूर्ण विषयों पर कानून बना सकती है। संविधान में वर्णित निम्नलिखित प्रावधान संघ की शक्तियों को राज्य की शक्तियों पर प्रभावी बनाते हैं
- **अनुच्छेद-257(1)** "प्रत्येक राज्य की कार्यपालिका शक्ति का प्रयोग इस प्रकार से किया जाएगा, जिससे संघ की कार्यपालिका शक्ति के प्रयोग में कोई बाधा न हो या उस पर कोई प्रतिकूल प्रभाव न पड़े। संघ की कार्यपालिका शक्ति का विस्तार किसी राज्य को ऐसे निर्देश देने तक होगा, जो भारत सरकार को इस प्रयोजन के लिए आवश्यक प्रतीत हो।"
- प्रशासन व्यवस्था इकहरी होने के कारण राज्यों में कार्यरत अखिल भारतीय सेवाओं पर केंद्र सरकार का नियंत्रण होता है। राज्यों में नियुक्त भारतीय प्रशासनिक सेवा से जिलाधीश व भारतीय पुलिस सेवा से पुलिस कमिश्नर राज्य के प्रशासन में

कार्यरत होते हैं। राज्य सरकार के पास न तो उन्हें हटाने का अधिकार होता है और न ही उनके विरुद्ध अनुशासनात्मक कार्यवाही करने का।

- देश के किसी भू-भाग पर सैनिक शासन लागू होने की स्थिति में केंद्र सरकार संविधान के अनुच्छेद-33 और अनुच्छेद-34 के तहत केंद्र या राज्य के अधिकारी के किसी भी कार्य को कानूनी रूप से वैध बता सकती है।
- अनुच्छेद-33 व अनुच्छेद-34 के तहत ही सशस्त्र बल विशिष्ट शक्ति अधिनियम का निर्माण किया गया है।

उपरोक्त प्रावधानों के कारण इस बात की संभावना बनी रहती है कि केंद्र सरकार विरोधी दलों द्वारा शासित राज्यों के प्रति भेदभावपूर्ण व्यवहार करे।

5. भारतीय संविधान में अंकित उन सभी प्रावधानों का उल्लेख करें जो सशक्त केंद्रीय सरकार की स्थापना करते हैं। *दक्षता आधारित प्रश्न*

उत्तर ऐसा माना जाता है कि भारतीय संविधान के माध्यम से एक सशक्त केंद्रीय सरकार की स्थापना की गई है। संवैधानिक प्रावधान जो ऐसी सरकार की स्थापना करते हैं। वे निम्नलिखित हैं।

- संविधान में केंद्र को अत्यन्त शक्तिशाली बनाने वाले कुछ आपातकालीन प्रावधान है, जो लागू होने पर हमारी संघीय व्यवस्था को एक अत्यधिक केंद्रीकृत व्यवस्था में बदल देते हैं आपातकाल के दौरान शक्तियाँ कानूनी रूप से केंद्रीकृत हो जाती हैं। संसद को यह शक्ति भी प्राप्त हो जाती कि वह उन विषयों पर कानून बना सके, जो राज्य के अधिकार क्षेत्र में आते हैं।
- किसी भी राज्य के भौगोलिक क्षेत्र की सीमाओं और अस्तित्व पर संसद का नियंत्रण है। वह किसी भी राज्य की सीमाओं या नाम में परिवर्तन कर सकती हैं।
- अखिल भारतीय सेवाएँ पूरे देश के लिए है और इसमें चयनित पदाधिकारी राज्यों के प्रशासन में कार्य करते है। अतः जिलाधिकरी के रूप में कार्यरत् प्रशासनिक सेवा के अधिकारी या पुलिस कमिशनर के रूप में कार्यरत भारतीय पुलिस सेवा के अधिकारियों पर केंद्र सरकार का नियंत्रण होता हैं। राज्य न तो उनके विरुद्ध कोई अनुशासनात्मक कार्रवाई कर सकती है न ही उन्हें सेवा से हटा सकता है।
- आय के मुख्य संसाधनों पर केंद्र सरकार का नियंत्रण होता है। राज्य अनुदानों और वित्त सहायता के लिए केंद्र पर आश्रित है।
- राज्य के राज्यपाल को यह शक्ति प्राप्त है कि वह विधानमंडल द्वारा पारित किसी विधयेक को राष्ट्रपति की स्वीकृति के लिए सुरक्षित कर सके। इससे केद्र सरकार को यह अवसर मिल जाता है कि वह किसी राज्य के कानून निर्माण में देरी कर सके और यदि चाहे तो ऐसे विधयकों की परीक्षा उन पर निषेधाधिकार अर्थात् वीटों का प्रयोग करके उसे मंजूरी ही न दे।

6. धारा 370 पर एक टिप्पणी लिखिए

उत्तर धारा 370 में जम्मू-कश्मीर राज्य के लिए विशेष। प्रावधान किया गया था। जिसमें जम्मू कश्मीर का अपना संविधान था। जो 26 नवम्बर, 1957 में हुआ और इसे संसद के माध्यम से 5 अगस्त, 2019 को समाप्त किर दिया गया। धारा 370 की समाप्ति से पहले जम्मू-कश्मीर के संविधान में निम्नलिखित प्रावधान थे।

- संघ सरकार के साथ-साथ जम्मू-कश्मीर का अपना संविधान था।
- संघ सरकार जम्मू-कश्मीर की सीमाओं और नाम से परिवर्तन नहीं कर सकती।
- मौलिक अधिकार इस राज्य में भी लागू होते थे लेकिन प्रतिबंधित रूप में।
- भारतीय संविधान में वर्णित राज्य के नीति-निर्देशक तत्त्व यहाँ लागू नहीं होते थे।
- समवर्ती सूची के किसी विषय पर राज्य के कानून को केन्द्र की सर्वोच्चता के आधार पर समाप्त नहीं किया जा सकता था।
- इसमें अवशिष्ट विषय राज्य के पास थे केंद्र, राज्य सूची के विषय पर केवल आपातकाल की स्थिति को छोड़कर विधि नहीं बना सकता था।
- लेकिन अंतर्राष्ट्रीय संविदा या समझौते को लागू करने के लिए राज्य सूची के विषय पर संसद कानून बना सकती है। संघ सूची के विषय पर बनाए कानून यहाँ लागू नहीं होते थे।
- आपात स्थिति में यहाँ भी कानून लागू होते हैं, लेकिन राज्य में संवैधानिक तंत्र विफल हो जाने पर आपात था वित्तीय आपात पहले राज्य स्वयं लगाता था, बाद में केंद्र लगाता था।
- भारतीय संविधन में एंग्लो-इंडियन तथा दलित वर्गो के प्रावधान यहाँ लागू नही होते थे।

स्रोत आधारित प्रश्न

निम्नलिखित स्रोत का ध्यानपूर्वक अध्ययन कर दिए गए प्रश्नों के उत्तर दीजिए

भारतीय भू-भाग एक महाद्वीप की तरह विशाल और अनेक विविधताओं से भरा है। यहाँ 20 प्रमुख और सैकड़ों अन्य छोटी भाषाएँ हैं। यहाँ अनेक धर्मों के मानने वाले लोग निवास करते हैं। देश के विभिन्न भागों में करोड़ों आदिवासी निवास करते हैं। इन विविधताओं के बावजूद हम एक साझी जमीन पर रहते हैं और हमारा एक साझा इतिहास है। खासकर उन दिनों का जब हम आज़ादी की लड़ाई लड़ रहे थे। हमारे बीच दूसरी कई समानताएँ हैं। इसी कारण हमारे राष्ट्रीय नेताओं ने भारत को 'विविधता में एकता' के रूप में परिभाषित किया है। कभी-कभार इसे 'विविधताओं के साथ एकता' की संज्ञा भी दी जाती है।

संघवाद में कोई ऐसे निश्चित और कठोर सिद्धांत नहीं होते जो प्रत्येक ऐतिहासिक परिस्थिति में समान रूप से लागू हों। शासन के सिद्धांत के रूप में संघवाद विभिन्न परिस्थितियों में भिन्न-भिन्न स्वरूप ग्रहण करता है। संघीय राज्य की शुरुआत अमेरिका से हुई लेकिन वह जर्मनी और भारतीय संघवाद से भिन्न है। फिर भी संघवाद की कुछ मूल अवधारणाएँ और विचार अवश्य हैं।

(i) निम्नलिखित में से कौन-सा कथन संघवाद से संबंधित है?

(a) संघवाद में निश्चित कठोर नियम नहीं होते हैं
(b) संघवाद में निश्चित कठोर नियम होते हैं
(c) संघवाद परिस्थितियों के अनुरूप परिवर्तित नहीं होता है
(d) संघवाद संस्थागत प्रणाली नहीं है

उत्तर (a) संघवाद में निश्चित कठोर नियम नहीं होते हैं

(ii) **संघीय व्यवस्था की अवधारणा नहीं है**

(a) सरकार का उत्तरदायित्व सुनिश्चित होना
(b) संविधान द्वारा सरकार को शक्ति प्रदान करना
(c) मुद्रा का उत्तरदायित्व प्रांतीय सरकार को होना
(d) स्थानीय महत्त्व के विषय पर प्रांतीय सरकार का उत्तरदायित्व होना

उत्तर (c) मुद्रा का उत्तरदायित्व प्रांतीय सरकार को होना

(iii) **भारतीय भू-भाग को किन विशेषताओं के कारण एक महाद्वीप की तरह माना जाता हैं?**

उत्तर भारतीय भू-भाग विशाल है और इसमें अनेक भाषाएँ, धर्म, आदिवासी, जनजातियाँ और सांस्कृतिक विविधताएँ है जो उसे एक महाद्वीप की तरह विविध और समृद्ध बनाती है।

मानचित्र आधारित प्रश्न

1. भारत के दिए गए राजनीतिक रेखा मानचित्र में तीन राज्यों को (A), (B) और (C) के द्वारा अंकित किया गया है। नीचे दी गई जानकारी के आधार पर इन राज्यों की पहचान कीजिए और इनके सही नाम, प्रयोग की गई जानकारी की क्रम संख्या तथा मानचित्र में दिए गए संबंधित अक्षर, नीचे दी गई तालिका के रूप में लिखिए।

	प्रयोग की गई जानकारी की क्रम संख्या	मानचित्र का अक्षर	राज्य का नाम
(i)	1980 के दशक में राष्ट्रपति शासन द्वारा बर्खास्त की गई राज्य सरकार।		
(ii)	वर्ष 2000 में गठित नया राज्य		
(iii)	भाषाई आधार पर गठित पहला राज्य		

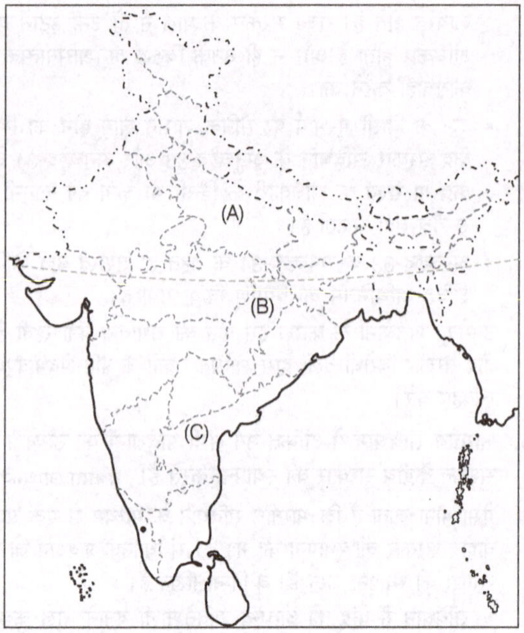

उत्तर

	प्रयोग की गई जानकारी की क्रम संख्या	मानचित्र का अक्षर	राज्य का नाम
(i)	1980 के दशक में राष्ट्रपति शासन द्वारा बर्खास्त की गई राज्य सरकार।	A	उत्तर प्रदेश
(ii)	वर्ष 2000 में गठित नया राज्य	B	छत्तीसगढ़
(iii)	भाषाई आधार पर गठित पहला राज्य	C	आंध्र प्रदेश

स्वयं को जाँचें

बहुविकल्पीय प्रश्न

1. वर्ष ………… के पश्चात् सोवियत संघ का विघटन हुआ।

(a) 1988 (b) 1989 (c) 1987 (d) 1986

2. निम्नलिखित में से कौन –सी एक संघीय विशेषता है?

(a) एकल नागरिक्ता
(b) केन्द्र और राज्यों के बीच शक्ति का विभाजन
(c) राष्ट्रपति शासन
(d) राज्यों के लिए स्वतन्त्र न्यायपालिका का अभाव

3. नीचे निम्नलिखित कथनों में से कौन-सा कथन सही है?

(a) चेकोस्लोवाकिया, यूगोस्लाविया सहित पाकिस्तान को भी देश विभाजन का सामना करना पड़ा
(b) केंद्र व राज्य स्तर की सरकारों की शक्तियों का स्रोत संविधान है
(c) भारतीय संविधान में संघीय व्यवस्था के अंतर्गत केंद्र-राज्य संबंधों को सहयोग पर आधारित किया गया है
(d) उपरोक्त सभी

4. निम्न में से राज्य सूची में शामिल विषय को पहचानें

(a) कृषि (b) सार्वजनिक स्वास्थ्य
(c) शराब (d) ये सभी

5. सूची I को सूची II से ढग से मिलाए

	सूची I		सूची II
A.	संघवाद	1.	शक्ति का विभाजन
B.	समवर्ती सूची	2.	केंद्र और राज्य दोनों का अधिकार क्षेत्र
C.	सातवी अनुसूची	3.	शक्तियों का वितरण
D.	राज्य सूची	4.	पुलिस , स्वास्थ, कृषि

	A	B	C	D
(a)	1	2	3	4
(b)	2	3	4	1
(c)	2	1	4	3
(d)	4	3	2	1

लघु उत्तरीय प्रश्न

6. संविधान के किस अनुच्छेद के अंतर्गत भारत अर्थात् इंडिया राज्यों का संघ होगा?

7. संविधान के अनुच्छेद-257(1) में किन शक्तियों का उल्लेख किया गया है?

8. दोहरी नागरिकता से आप क्या समझते हैं? वर्णन कीजिए।

9. भारतीय संविधान में संघवाद की क्या विशेषताएँ हैं?

दीर्घ उत्तरीय प्रश्न I

10. संघवाद का संक्षिप्त वर्णन कीजिए।

11. भारतीय संविधान में शक्ति विभाजन को समझाइए।

12. सहकारी संघवाद से क्या तात्पर्य है? संक्षेप में बताइए।

दीर्घ उत्तरीय प्रश्न II

13. भारतीय संघवाद की उत्पत्ति व विकास का विस्तृत वर्णन कीजिए।

14. संघवाद की मूल अवधारणाएँ क्या हैं? विस्तृत वर्णन कीजिए।

15. भारत में संघीय ढाचे के लाभ और सीमाए बताइए।

8

अध्याय

भारत की अधिकांश जनसंख्या ग्रामीण क्षेत्रों में रहती है इसलिए सभी के लिए प्रशासनिक पहुँच तभी सुनिश्चित हो सकती है जब प्रशासनिक विकेन्द्रीकरण हो। स्थानीय स्वशासन इसी प्रशासनिक विकेन्द्रीकरण का परिणाम है। इस अध्याय में भारत में स्थानीय स्वशासन की संरचना, इसके प्रभाव तथा संवैधानिक स्थिति के अध्ययन को शामिल किया गया है।

▼ अध्ययन एक नजर में

8.1 स्थानीय सरकार

8.2 भारत में स्थानीय शासन का विकास

8.3 73वाँ और 74वाँ संविधान संशोधन

8.4 73वाँ और 74वाँ संशोधन का क्रियान्वयन

▼ अभ्यास के लिए

– बहुविकल्पीय प्रश्न 21 (युग्मित प्रश्न, चित्र आधारित प्रश्न, कथन/कारण, सुमेलित कीजिए)

– वर्णनात्मक प्रकार के प्रश्न (लघु उत्तरीय प्रश्न 7, दीर्घ उत्तरीय प्रश्न I 7)

– दीर्घ उत्तरीय प्रश्न II 5,

– स्रोत आधारित प्रश्न 4, मानचित्र आधारित 1

स्थानीय शासन

भारत में स्थानीय शासन को वर्ष 1993 में संवैधानिक दर्जा दिया गया था तब से, भारत स्थानीय शासन में बड़े बदलाव का गवाह बना है।

लोकतंत्र[1] की वास्तविक स्थापना के लिए केंद्रीय तथा प्रादेशिक स्तर के साथ-साथ स्थानीय स्तर पर सरकार का होना महत्त्वपूर्ण है, ताकि स्थानीय मुद्दों को भी प्रमुखता मिल सके।

8.1 स्थानीय सरकार

- स्थानीय सरकार से तात्पर्य गाँव और जिला स्तर पर शासन से है। यह सरकार आम लोगों के सबसे नजदीक की शासन व्यवस्था है। इस शासन व्यवस्था के अंतर्गत स्थानीय लोगों की रोजमर्रा की समस्याओं तथा दैनिक जीवन की गतिविधियों को शामिल किया जाता है।
- लोकतंत्र में स्थानीय कार्यों को स्थानीय लोगों और उनके प्रतिनिधियों द्वारा सँभाला जाना चाहिए, क्योंकि वे स्थानीय आवश्यकताओं और चिंताओं से सबसे अधिक परिचित होते हैं। स्थानीय सरकार, तक लोगों की पहुँच राज्य या केंद्र सरकार की तुलना में अधिक सरल होती है।

स्थानीय सरकार की विशेषताएँ

- सरकार का यह स्वरूप लोगों के नजदीक होने के कारण उनकी तात्कालिक आवश्यकताओं और चिंताओं से बेहतर ढंग से जुड़ा होता है।
- इसमें आम नागरिकों के दैनिक जीवन और समस्याओं को शामिल किया जाता है।
- यह माना जाता है कि लोकतांत्रिक निर्णय लेने के लिए स्थानीय ज्ञान और स्थानीय हित महत्त्वपूर्ण हैं।
- यह लोगों के अनुकूल प्रशासन के लिए आवश्यक है।

1 **लोकतंत्र** एक ऐसी शासन प्रणाली है, जिसके अंतर्गत जनता अपनी स्वेच्छा से निर्वाचन में सम्मिलित किसी उम्मीदवार को मत देकर अपना प्रतिनिधि चुनती है।

स्थानीय सरकार के लाभ

स्थानीय सरकार के कई लाभ हैं; जैसे

- स्थानीय सरकार लोगों की समस्याओं के समाधान के लिए संपर्क हेतु सुविधाजनक है।
- स्थानीय सरकार त्वरित और प्रभावी समाधान प्रदान करती है।
- स्थानीय सरकार लोगों के स्थानीय हितों की रक्षा करती है।
- स्थानीय सरकार लोकतंत्र में सार्थक भागीदारी और जवाबदेही को बढ़ावा देती है।

8.2 भारत में स्थानीय शासन का विकास

भारत में स्थानीय सरकार का विकास निम्नलिखित दिशाओं में हुआ तथा इसके महत्त्वपूर्ण बिंदु इस प्रकार हैं

- भारत में स्थानीय सरकार का इतिहास प्राचीनकाल से है। उस समय स्वशासी ग्राम समुदाय या 'सभाएँ' अस्तित्व में थीं। ये ग्राम सभाएँ अंतत: पंचायतों में विकसित/परिणित हुईं, जिनमें पाँच व्यक्ति शामिल थे, जो स्थानीय मुद्दों को संबोधित करते थे। समय के साथ उनकी भूमिका और कार्य बदलते रहे।
- 1882 ई के बाद, उस समय भारत के तात्कालीन वायसराय लॉर्ड रिपन की पहल पर निर्वाचित स्थानीय निकाय बनाए गए, हालाँकि इस क्षेत्र में प्रगति धीमी थी।
- भारत सरकार के 1919 और 1935 के अधिनियमों ने विभिन्न प्रांतों में ग्राम पंचायतों की स्थापना की, जिससे भारत में विकेंद्रीकृत सत्ता की नींव रखी गई।
- महात्मा गाँधी ने आर्थिक और राजनीतिक शक्ति के विकेंद्रीकरण की पुरजोर वकालत की और उनका मानना था कि मजबूत ग्राम पंचायतें प्रभावी विकेंद्रीकरण की कुँजी हैं।
- विकास के प्रत्येक पहलू में स्थानीय लोगों की भागीदारी होनी चाहिए, ताकि यह सफल हो। इस तरह, पंचायत को सहभागी लोकतंत्र को स्थापित करने के साधन के रूप में देखा गया। इस कारण, हमारे नेताओं ने फैसला लिया कि कार्यपालिका और प्रशासनिक शक्तियों के उपयोग में विकेंद्रीकरण होगा।
- संविधान में स्थानीय सरकार का विषय राज्यों को सौंपा गया क्योंकि इसे राज्य के **नीति निर्देशक सिद्धांतों**[2] का हिस्सा बनाया गया था।
- भारत में स्थानीय सरकार को निम्न कारणों से संविधान में पर्याप्त महत्त्व नहीं मिला सका।
- विभाजन के प्रभाव के कारण स्थानीय सत्ता के अतिरिक्त मजबूत केंद्रीय सरकार की आवश्यकता हुई। जवाहरलाल नेहरू जी ने अत्यधिक स्थानीयता को देश की एकता, एक कमजोर कड़ी तथा अखंडता को लिए खतरा माना।
- ग्रामीण गतिशीलता के बारे में डॉ. बी. आर. अंबेडकर को चिंता थी कि ग्रामीण समाज की गुटबाजी और जातिवाद से ग्रस्त प्रकृति स्थानीय सरकार की प्रभावशीलता को कमजोर कर देगी।

स्वतंत्र भारत में स्थानीय शासन

- संविधान के 73वें और 74वें संशोधन के द्वारा स्थानीय शासन को मजबूत बनाया गया, परंतु इससे पहले भी स्थानीय शासन को निकाय बनाने के लिए कुछ प्रयास हो चुके थे, जो निम्नलिखित हैं

प्रारम्भिक प्रयास

- वर्ष 1952 में सामुदायिक विकास कार्यक्रम (Community Development Programme) शुरू किया, जो स्थानीय विकास की गतिविधियों में जनता की भागीदारी को सुनिश्चित करने की अवधारणा प्रस्तुत करता था। इसी पृष्ठभूमि के आधार पर ग्रामीण क्षेत्रों के लिए त्रि-स्तरीय पंचायती राज व्यवस्था की सिफारिश की गई।

चुनौतियाँ तथा सीमाएँ

- वर्ष 1960 में निर्वाचन द्वारा निर्मित स्थानीय निकाय प्रणाली को कुछ राज्य; जैसे—गुजरात व महाराष्ट्र ने अपनाया, परंतु कुछ राज्यों में उस समय स्थानीय शासन व्यवस्था अधिक सफल नहीं हो पाई। इस असफलता के पीछे निम्नलिखित कारण थे
- स्थानीय शासन संस्थाएँ वित्तीय सहायता के लिए केंद्र एवं राज्य पर निर्भर थीं तथा अपने विकास कार्यों का ध्यान रखने में असमर्थ लग रही थीं।
- कुछ राज्यों ने स्थानीय निकाय स्थापित करने की आवश्यकता से ही इंकार कर दिया। अनेक राज्यों ने स्थानीय निकायों को भंग कर स्थानीय शासन का दायित्व सरकारी अधिकारियों को सौंप दिया।
- अनेक राज्यों में स्थानीय निकाय के चुनाव अप्रत्यक्ष रीति से हुए और अनेक राज्यों में चुनाव कई बार स्थगित हुए।

---

2 नीति निर्देशक सिद्धांतों का अर्थ है, राज्य को कानून और नीतियाँ बनाते समय ध्यान रखने योग्य दिशा निर्देश।

सुधार का प्रयास

- वर्ष 1987 के बाद स्थानीय शासन की संस्थाओं का गहन पुनरावलोकन किया गया।
- वर्ष 1989 में पी के थुंगन समिति ने स्थानीय शासन को संवैधानिक दर्जा प्रदान करने, समय-समय पर उनके चुनाव कराने, उनके कार्यों की सूची तय करने तथा उन संस्थाओं को धन प्रदान करने के लिए संविधान में संशोधन किए जाने की सिफारिश की।
- इन सिफारिशों ने अंततः 73वें और 74वें संविधान अधिनियमों को आकार दिया।

चेक प्वॉइंट 1

1. भारत में स्थानीय शासन की शुरुआत किस वायसराय ने की थी?
2. ग्राम पंचायतों का गठन कब हुआ?
3. स्थानीय विकास संबंधी मुद्दों में लोगों की भागीदारी बढ़ाने के लिए वर्ष 1952 में कौन-सा कार्यक्रम शुरू किया गया था?
4. किस समिति ने स्थानीय सरकारी निकायों के लिए संवैधानिक मान्यता की सिफारिश की थी?

8.3 73वाँ और 74वाँ संविधान संशोधन

- स्थानीय शासन को मजबूत करने के लिए तथा संपूर्ण देश में इसकी कार्यप्रणाली एवं बनावट में एकरूपता लाने के लिए वर्ष 1989 में केंद्र सरकार ने संविधान के दोनों **संशोधनों**[3] हेतु प्रयास करना प्रारंभ कर दिया।
- वर्ष 1992 में संविधान के 73वें और 74वें संशोधनों को संसद द्वारा पारित कर दिया गया। 73वाँ संशोधन पंचायती राज व्यवस्थाओं से संबंधित था व ग्रामीण क्षेत्रों के स्थानीय शासन से जुड़ा हुआ था, जबकि 74वाँ संविधान संशोधन **नगरपालिका**[4] व्यवस्था अर्थात् शहरी स्थानीय शासन से संबंधित था। ये दोनों संशोधन वर्ष 1993 से लागू हुए।
- पहले स्थानीय शासन को राज्य सूची में रखा गया, जिससे स्थानीय शासन के संदर्भ में राज्य कानून बनाते थे, परंतु 73वें तथा 74वें संशोधन के पश्चात् राज्यों को उन कानूनों में परिवर्तन कर उन्हें संविधान के अनुरूप करना पड़ा। इस परिवर्तन के संदर्भ में राज्यों को एक वर्ष का समय दिया गया।

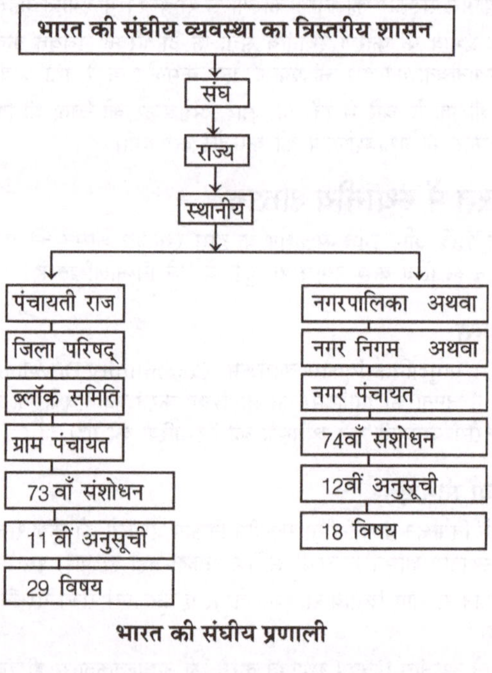

भारत की संघीय प्रणाली

3 **संशोधन** इसका उद्देश्य मौजूदा कानून में सुधार या परिवर्तन करना है।

4 **नगरपालिका** 20,000 से 2 लाख के मध्य की जनसंख्या वाला शहरी क्षेत्र।

73 वाँ संशोधन

73वें संशोधन के कारण पंचायती राज व्यवस्था में आए परिवर्तन निम्न प्रकार हैं

त्रि-स्तरीय संरचना

- 73वें संविधान संशोधन के अंतर्गत पंचायती राज में त्रि-स्तरीय (Three-tier) ढाँचे की व्यवस्था की गई है, जो निम्न प्रकार है
  1. **ग्राम पंचायत**[5] इसके क्षेत्र में एक या एक से अधिक गाँव आते हैं। इसका क्रम त्रि-स्तरीय ढांचे में सबसे नीचे है।
  2. **खंड या तालुका** यह त्रि-स्तरीय ढाँचे में मध्यवर्ती स्तर पर होती है। इसे मंडल या तालुका पंचायत कहते हैं। छोटे राज्यों में तालुका पंचायत बनाने की आवश्यकता नहीं होती।

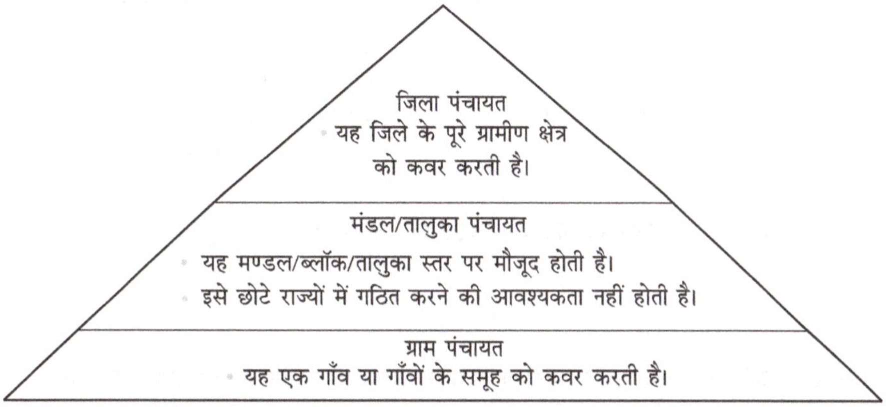

चुनाव

- पंचायती राज संस्थाओं के तीनों स्तरों के चुनाव जनता द्वारा प्रत्यक्ष रूप से किए जाते हैं। राज्य द्वारा पंचायत को पाँच वर्ष से पूर्व भंग करने की स्थिति में छः माह के अंदर चुनाव कराए जाने का प्रावधान है। यह प्रावधान स्थानीय निकायों (Local Bodies) के अस्तित्व को सुनिश्चित करता है।
- इस संशोधन से पूर्व राज्यों में स्थानीय निकायों के चुनाव अप्रत्यक्ष विधि से होते थे एवं संस्थाओं को भंग करने की स्थिति में तत्काल चुनाव करवाने का कोई प्रावधान नहीं था।

आरक्षण

- पंचायती राज संस्थाओं के तीनों स्तरों में अनुसूचित जाति तथा जनजाति के लिए सीटों में आरक्षण का प्रावधान उनकी जनसंख्या के अनुपात में किया गया है।
- इसके साथ-साथ महिलाओं के लिए एक-तिहाई सीटें आरक्षित करने का प्रावधान भी किया गया है।
- आरक्षण की व्यवस्था तीनों स्तरों के अध्यक्ष पद हेतु भी की गई है।
- अन्य पिछड़े वर्ग हेतु स्थानीय निकायों की सीटों में आरक्षण की व्यवस्था को राज्य सरकार के विवेक पर निर्भर किया गया है।
- आरक्षण की इस व्यवस्था का प्रावधान 'अध्यक्ष' पद के चुनाव पर भी लागू होता है।
- 73वाँ संविधान आरंभ में आदिवासी वाले क्षेत्रों पर लागू नहीं हुआ था। वर्ष 1996 में एक अधिनियम ने पंचायत के प्रावधानों को इन क्षेत्रों में बढ़ा दिया। यह अधिनियम आदिवासी समुदायों के अपने रीति-रिवाजों के अनुसार वनों और जलाशयों जैसे संसाधनों का प्रबंधन करने के अधिकारों की रक्षा करता है।
- कोई सीट महिला उम्मीदवार और अनुसूचित जाति/ जनजाति के सदस्य के लिए साथ-साथ आरक्षित की जा सकती है। इस तरह सरपंच का पद कोई दलित अथवा आदिवासी महिला धारण कर सकती है।

विषयों का स्थानांतरण

- पंचायती राज के विकास और कल्याण से संबंधित 29 विषयों को राज्य सूची में से हटाकर 11वीं अनुसूची में स्थान दिया गया है।
- इन विषयों में से स्थानीय शासन को हस्तांतरित किए जाने वाले विषयों को राज्य सरकार के कानूनों पर निर्भर किया गया है, जिनमें से प्रत्येक प्रदेश को यह निर्णय लेने का अधिकार दिया गया कि इन 29 विषयों में से कितने स्थानीय निकायों का हस्तांतरण करना है।

---

5 ग्राम पंचायत जमीनी स्तर या स्थानीय स्तर पर कुछ गाँवों की सरकार होती है।

- अनुच्छेद-243 (छ) ''पंचायतों की शक्ति, प्राधिकार और उत्तरदायित्व, किसी प्रदेश की विधायिका कानून बनाकर ग्यारहवीं अनुसूची में दर्ज विषयों में, पंचायतों को ऐसी शक्ति और प्राधिकरण प्रदान कर सकती है।''

ग्यारहवीं अनुसूची में शामिल कुछ विषय

- कृषि
- लघु सिंचाई, जल प्रबंधन, जल संचय का विकास
- लघु उद्योग, इसमें खाद्य प्रसंस्करण के उद्योग शामिल हैं।
- ग्रामीण आवास
- पेयजल
- सड़क, पुलिया
- ग्रामीण विद्युतीकरण
- गरीबी उन्मूलन कार्यक्रम
- शिक्षा, इसमें प्राथमिक और माध्यमिक स्तर की शिक्षा शामिल हैं।
- तकनीकी प्रशिक्षण और व्यावसायिक शिक्षा
- वयस्क और अनौपचारिक शिक्षा
- पुस्तकालय
- सांस्कृतिक गतिविधि
- बाजार और मेला
- स्वास्थ्य और साफ-सफाई, इसमें अस्पताल, प्राथमिक स्वास्थ्य केंद्र तथा डिस्पेंसरी शामिल हैं।
- परिवार नियोजन
- महिला और बाल विकास
- सामाजिक कल्याण
- कमजोर वर्ग का कल्याण, विशेषकर अनुसूचित जाति और अनुसूचित जनजाति का।
- सार्वजनिक वितरण प्रणाली

राज्य चुनाव आयुक्त

- 73वें संशोधन से पूर्व स्थानीय शासन के चुनाव संबंधी कार्य राज्य सरकार के अधीन कार्यरत् प्रशासन द्वारा किए जाते थे।
- संशोधन के पश्चात् स्थानीय निकायों की संस्थाओं के चुनावों हेतु राज्यों में राज्य चुनाव आयुक्त की नियुक्ति का प्रावधान किया गया, जो भारत के चुनाव आयोग से स्वतंत्र होकर कार्य करता है। इसके कार्यकाल का संबंध भारत के चुनाव आयोग से नहीं होता है।
- यह भारत के चुनाव आयुक्त की तरह स्वायत्त (Autonomous) होता है।

राज्य वित्त आयोग

- स्थानीय शासन की संस्थाओं की आर्थिक स्थिति का आकलन करने के लिए प्रत्येक राज्य द्वारा राज्य वित्त आयोग के गठन का प्रावधान किया गया है।
- इसका गठन प्रत्येक 5 वर्ष पर किया जाता है।
- यह मुख्यत: राज्य और स्थानीय शासन के बीच तथा शहरी और ग्रामीण स्थानीय शासन के बीच राजस्व के बँटवारे का पुनरावलोकन करता है।
- यह सुनिश्चित करता है कि पंचायती राज को आवंटित किया गया धन राजनीतिक मुद्दा न बने।

चेक प्वॉइंट 2

1. राज्यों को अपने कानूनों को 73वें और 74वें संशोधनों के प्रावधानों के अनुरूप बनाने के लिए कितना समय दिया गया था?
2. भारत में पंचायती राज व्यवस्था का आधार स्तर क्या है?
3. पंचायती राज संस्थाओं को हस्तांतरित किए गए 29 विषय किस अनुसूची में है?
4. राज्य वित्त आयोग का गठन कितने वर्ष पर किया जाता हैं?

74वाँ संशोधन

- संविधान का 74वाँ संशोधन शहरी स्थानीय शासन (नगरपालिका) से संबंधित है। इसके अंतर्गत उन इलाकों को शहरी क्षेत्र माना गया है,
- शहरी क्षेत्र मुंबई या कोलकाता जैसे बड़े शहरों जितना बड़ा हो सकता है या गाँव और कस्बे के बीच के क्षेत्र जितना छोटा भी हो सकता है।
- 73वें संशोधन के अधिकतर प्रावधान; जैसे—प्रत्यक्ष चुनाव, आरक्षण, विषयों का हस्तांतरण, राज्य चुनाव आयुक्त, राज्य वित्त आयोग आदि 74वें संशोधन में भी शामिल हैं तथा ये नगरपालिका पर भी लागू होते हैं।

- इस संशोधन में यह प्रावधान किया गया है कि राज्य शहरी क्षेत्र के कार्यों से संबंधित दायित्व शहरी स्थानीय शासन को सौंप दे, जो 12वीं अनुसूची में दर्ज किए गए हैं।
- वर्ष 2011 की जनगणना के अनुसार, भारत की लगभग 31% जनसंख्या शहरी क्षेत्रों में रहती है।

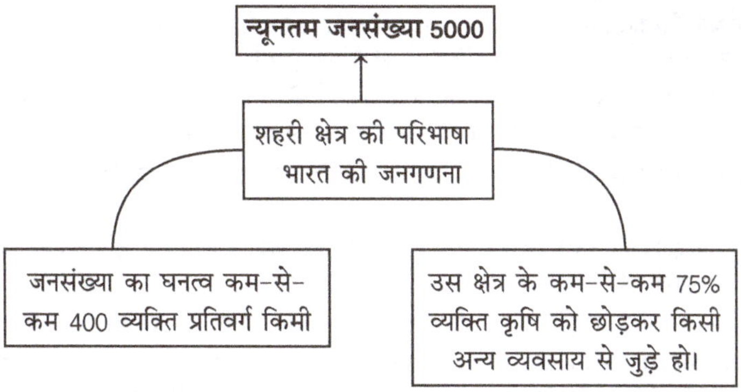

8.4 73वें और 74वें संशोधन का क्रियान्वयन

- 73वें संशोधन के प्रावधानों को लागू करने के लिए सभी राज्यों द्वारा कानून बना दिए गए। इन प्रावधानों के अस्तित्व में आने के बाद लगभग 10 वर्षों (1994-2004) में प्रत्येक राज्य में कम-से-कम 2 बार या उससे भी अधिक बार स्थानीय निकायों के चुनाव हो चुके हैं; जैसे—मध्य प्रदेश और राजस्थान तथा कुछ अन्य प्रदेशों में 3 बार स्थानीय निकायों के चुनाव हो चुके हैं।
- शहरी क्षेत्र में 100 से अधिक **नगर निगम**[6], 1,400 नगरपालिका तथा 2,000 **नगर पंचायत**[7] हैं।

73वें और 74वें संशोधन का प्रभाव

- इन संशोधनों ने पंचायती राज और नगरपालिका संस्थाओं के ढाँचे में एकरूपता उत्पन्न की है। इन संशोधनों का निम्नलिखित प्रभाव पड़ा।

महिलाओं और सामाजिक गतिशीलता/परिप्रेक्ष्य पर प्रभाव

महिलाओं पर प्रभाव	सामाजिक गतिशीलता पर प्रभाव
महिला उम्मीदवारों को आरक्षण दिए जाने से निर्वाचित महिला प्रतिनिधियों की संख्या में वृद्धि हुई।	अनुसूचित जाति तथा जनजाति के आरक्षण के साथ-साथ अनेक राज्यों द्वारा पिछड़ी जाति के लिए भी आरक्षण की व्यवस्था की गई है।
महिलाएँ संसाधनों पर अपना नियंत्रण स्थापित करके शक्ति और आत्मविश्वास प्राप्त कर रही हैं। वे राजनीति की बेहतर समझ प्राप्त कर रही हैं।	इन निकायों में इनकी मौजूदगी से सामाजिक रूप से मजबूती के साथ तनाव की स्थिति उत्पन्न होने लगती है एवं सत्ता को पाने के लिए संघर्ष बढ़ने लगाता है। जब भी सत्ता प्रवाह ताकतवर लोगों से वंचित लोगों में होने लगता है, तो तनाव व संघर्ष की स्थिति बनने लगती है, परंतु यह लोकतंत्र को सार्थक बनाने के लिए आवश्यक है।
स्थानीय निकायों से संबंधित मुददों पर महिलाओं की चर्चा अधिक संवेदनशील होती है, क्योंकि वे उनको नए प्ररिप्रेक्ष्य (Perspective) से जोड़ती है।	स्थानीय निकायों की संस्थाओं में भागीदारी से महिलाओं को पद पर आसीन कराकर पुरुषों द्वारा निर्णय लिए जाने जैसी घटनाएँ निरंतर कम होती जा रही हैं।

6 **नगर निगम** (Municipal Corporation) 2 लाख या उससे अधिक जनसंख्या वाला शहरी क्षेत्र।

7 **नगर पंचायत** (Nagar Panchayat) वह शहरी या कस्बा क्षेत्र, जिसमें 5,000 से अधिक जनसंख्या निवास करती हो।

बोलिविया

विकेंद्रीकरण का सार्थक उदाहरण

- लातिनी अमेरिका के देश बोलिविया का नाम लोकतंत्र **विकेंद्रीकरण** के सफल उदाहरण के रूप में लिया जाता है। सत्ता का **विकेंद्रीकरण पॉपुलर पार्टिसिपेशन लॉ** (लोकप्रिय भागीदारी कानून) के द्वारा करके वर्ष 1994 में उसे स्थानीय स्तर को सौंपा। परिणामस्वरूप **महापौर** (Mayor) का लोकतांत्रिक चुनाव संभव हुआ।
- इस कानून ने देश को 314 नगरपालिकाओं में विभाजित किया, जिसमें से प्रत्येक में एक लोकप्रिय रूप से निर्वाचित महापौर और नगर परिषद् है। स्थानीय चुनाव प्रत्येक वर्ष पूरे देश में होते हैं। इस विकेंद्रीकरण में निम्न अवयव शामिल हैं
- एक नई प्रणाली के तहत नगरपालिकाओं के धन को स्वत: हस्तांतरित होने के कारण देश को नगरपालिकाओं में विभाजित किया गया।
- बोलिविया की स्थानीय सरकार को स्थानीय स्तर पर शिक्षा और स्वास्थ्य की सुविधा देने तथा उनके मूलभूत ढाँचे के रख-रखाव की जिम्मेदारी सौंपी गई।
- बोलिविया में नगरपालिकाओं को देशव्यापी राजस्व से प्राप्त धन का 20% प्रतिव्यक्ति के हिसाब से दिया जाता है।
- नगरपालिका को मोटरगाड़ियों, शहर की संपदा तथा कृषि संपदा पर कर लगाने का अधिकार भी प्रदान किया गया है, साथ ही वित्तीय हस्तांतरण प्रणाली के जरिए नगरपालिका को बजट का अधिकांश हिस्सा प्रदान किया जाता है।

स्थानीय शासन की समस्याएँ

- स्थानीय शासन प्रमुख समस्याएँ निम्नलिखित हैं।
- उन्हें दिए गए कार्यों को करने के लिए सीमित स्वायत्ता प्राप्त है।
- कई राज्यों ने अधिकांश विषयों के स्थानीय निकायों को हस्तांतरित नहीं किया है।
- केंद्र और राज्य स्तर पर लिए गए निर्णयों में स्थानीय निकायों से परामर्श नहीं किया जाता है।
- उन्हें कल्याणकारी कार्यक्रमों को चुनने या संसाधनों के आवंटन की अधिक शक्ति प्राप्त नहीं है। उनके पास स्वयं का बहुत कम धन है।
- केंद्र और राज्य सरकारों पर वित्तीय निर्भरता
- वे जितना खर्च करते हैं, उससे बहुत कम अर्जन कर पाते हैं, क्योंकि उनकी कर लगाने की शक्ति सीमित है।

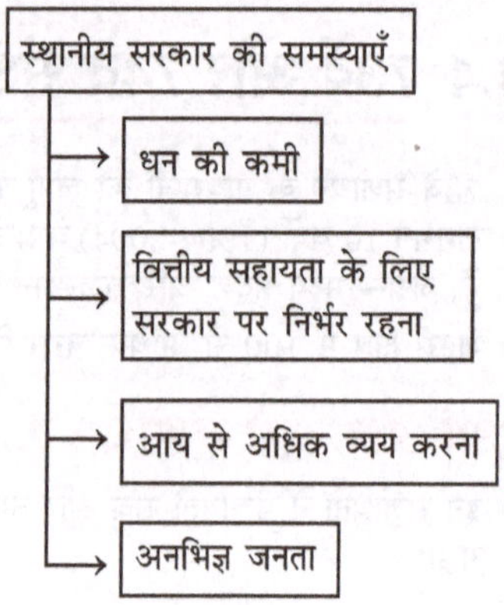

चेक प्वॉइंट 3

1. 2011 की जनगणना के अनुसार, भारत की कितने प्रतिशत आबादी शहरी क्षेत्रों में रहती है?
2. 73वें और 74वें संशोधन के अनुसार, पिछड़े वर्गों को आरक्षण देने का अधिकार किसके विवेक पर छोड़ा गया है?
3. 73वें और 74वें संशोधन के तहत स्थानीय निकायों में महिलाओं को कितना आरक्षण दिया गया?
4. बोलीविया ने लोकप्रिय भागीदारी कानून किस वर्ष लागू किया?

Mind Map

स्थानीय शासन

1 अर्थ

- गाँव और जिला स्तर के शासन को स्थानीय शासन कहते हैं।
- लोगों के सर्वाधिक निकट होने के कारण उनकी समस्याओं का शीघ्र समाधान करता है।
- सार्थक भागीदारी तथा जवाबदेही को सुनिश्चित करता है।

2 स्थानीय शासन के लाभ

- शीघ्र तथा कम खर्चे में समस्याओं का समाधान करता है।
- नागरिकों के स्थानीय हितों की रक्षा करता है।
- लोगों के लिए समस्या का समाधान सुविधाजनक होता है।
- जन-हितकारी प्रशासन के लिए आवश्यक है।
- आम नागरिक की दैनिक समस्याओं से संबंधित है।

3 भारत में विकास

प्राचीन समय में

- ग्राम सभाओं को 'सभा' कहा जाता था, जिन्होंने कालांतर में पंचायत का स्वरूप ग्रहण किया।

ब्रिटिश काल में

- लॉर्ड रिपन (1882) ने स्थानीय शासन के निर्वाचित निकाय की शुरुआत की।

स्वतंत्रता के पश्चात्

- वर्ष 1952 का सामुदायिक विकास कार्यक्रम शुरू हुआ।
- बलवंत मेहता समिति द्वारा त्रि-स्तरीय पंचायती राज्य व्यवस्था की सिफारिश की गई।

4 संवैधानिक संशोधन

73वाँ संशोधन

- यह गाँव के स्थानीय शासन से जुड़ा है। (पंचायती राज संस्थाएँ)

74वाँ संशोधन

- यह शहरी स्थानीय शासन (नगरपालिका) से जुड़ा है।
- भारत की 31% जनसंख्या शहरी क्षेत्रों में निर्वासित है।

प्रमुख विशेषताएँ

त्रि-स्तरीय व्यवस्था

- जिला पंचायत,
- तालुका (Block) पंचायत,
- ग्राम पंचायत

चुनाव

- पंचायती राज संस्थाओं के तीनों स्तरों का चुनाव सीधे जनता करती है।
- प्रत्येक पाँच वर्ष में आयोजित

आरक्षण

- महिलाओं के लिए एक-तिहाई सीटें
- अनुसूचित जाति तथा अनुसूचित जनजाति के लिए सीटों में आरक्षण

राज्य वित्त आयोग

- राज्य में स्थानीय शासन की वित्तीय आवश्यकताओं से संबंधित
- राज्य और स्थानीय शासन, शहरी व स्थानीय शासन ग्रामीण के मध्य राजस्व का वितरण

विषयों का स्थानांतरण

- 29 ऐसे विषय जिनका संबंध स्थानीय स्तर पर होने वाले विकास से संबंधित है।
- संविधान की 11वीं अनुसूची में दर्ज है।

5 प्रभाव और चुनौती

प्रभाव

- महिलाओं और हाशिए पर पड़े समूहों के प्रतिनिधित्व में वृद्धि।
- लोकतांत्रिक भागीदारी को सशक्त किया।
- महिलाओं ने चर्चाओं को नया दृष्टिकोण तथा समझ प्रदान की।

चुनौती

- सीमित स्वायत्तता संसाधनों, की कमी तथा वित्तीय अवरोध
- वित्त के लिए राज्य और केंद्र सरकार पर निर्भरता
- साथ में अधिक व्यय करना।
- अधिकांश विषयों को स्थानीय निकायों को हस्तांतरित करना।

लोकतंत्र के हक में गाँवों को स्वशासन, यहाँ तक कि स्वायत्तता हासिल करने की कला में प्रशिक्षित किया जा सकता है। हमारे लिए आवश्यक है कि हम गाँवों को सुधारने और वहाँ के शासन के लोकतांत्रिक सिद्धांतों की जड़ जमाने में समर्थ हैं।

अनंतशयनम अयंगर

स्थानीय सरकार

NCERT फोल्डर

अध्याय के मध्य में दिए गए प्रश्न

1. लेकिन क्या इस तरह के उदाहरण नहीं हैं, जहाँ गाँव की पंचायत के पुरुष सदस्य ने महिला सरपंच को परेशान किया है? जब महिलाएँ अधिकार के पद पर बैठती है, तो पुरुषों को इससे खुशी क्यों नहीं होती?

उत्तर स्थानीय सरकारें ग्रामीण विकास और जनसहभागिता के माध्यम से लोकतंत्र को जमीनी स्तर पर सशक्त बनाती है। गीता राठौड और तमिलनाडु की महिला संरपंच जैसी सफलताओं से यह स्पष्ट है कि महिलाएँ नेतृत्व में सामूहिक शक्ति और दूरदर्शिता का परिचय देकर बदलाव ला सकती हैं।

हालाँकि महिला सरपंचों को कई बार पुरुष सदस्यों से विरोध और बाधाओं का सामना करना पड़ता है, क्योंकि पितृसत्तात्मक सोच महिलाओं के अधिकारों और नेतृत्व को चुनौती देती है। यह बदलाव का संघर्ष है, लेकिन ऐसे उदाहरण सिद्ध करते हैं कि सही नेतृत्व और सामूहिक प्रयास से समाज में सकारात्मक परिवर्तन सम्भव है।

2. क्या यह संभव है कि हमारे यहाँ सरकार केवल स्थानीय स्तर पर हो और राष्ट्रीय स्तर पर इसके समायोजन का निकाय हो? मुझे लगता है कि महात्मा गाँधी ने इसी तरह की कोई बात कही थी।

उत्तर हाँ, यह संभव है कि सरकार केवल स्थानीय स्तर पर हो और राष्ट्रीय स्तर पर केवल समायोजन का निकाय काम करें। महात्मा गाँधी ने अपने ग्राम स्वराज के विचार में कुछ इसी तरह की संरचना का सपना देखा था। उनके अनुसार गाँव आत्म निर्भर इकाई होनी चाहिए, जो अपने निर्णय स्वयं ले सके। गाँधीजी मानते थे कि संशक्त स्थानीय शासन के माध्यम से ही सच्चे लोकतंत्र की स्थापना हो सकती है। उन्होंने यह भी कहा था कि गाँवों को अपनी आवश्यकताएँ स्वयं पूरी करनी चाहिए और किसी भी बड़े प्रशासनिक ढॉचे पर निर्भर नहीं होना चाहिए। राष्ट्रीय सरकार का कार्य केवल समन्वय करना है। हालाँकि यह मॉडल व्यावहारिक रूप से पूरी तरह लागू करना आज की जटिल और वैश्वीकृत दुनिया में चुनौतीपूर्ण है। इसमें ऐसे विषय हैं, जिनमें केंद्रीय सरकार की भूमिका आवश्यक है जैसे-विज्ञान, तकनीकी विकास और विदेश नीति आदि है। फिर भी स्थानीय शासन को मजबूत करना और अधिक अधिकार देना आज भी लोकतंत्र को जमीनी स्तर पर प्रभावी बनाने का सबसे कारगर तरीका माना जाता है।

3. स्थानीय शासन लोकतंत्र को मजबूत बनाता है, कैसे?

उत्तर स्थानीय शासन लोकतंत्र को मजबूत बनाता है, क्योंकि यह लोगों को निर्णय प्रक्रिया में सीधे शामिल होने का अवसर देता है और उनकी भागीदारी सुनिश्चित करता है। यह शासन प्रणाली न केवल स्थानीय समस्याओं का त्वरित और प्रभावी समाधान करती है, बल्कि जिम्मेदारी और जवाबदेही भी सुनिश्चित करती है। यह विकेंद्रीकरण के माध्यम से सत्ता को जमीनी स्तर पर लाती है, जिससे आम नागरिक अपने जीवन से जुड़े मुद्दों पर निर्णय लेने में सक्षम बनता है। स्थानीय शासन में जन-भागीदारी लोकतंत्र के मूल तत्त्वों, जैसे - पारदर्शिता, सहभागिता और सामुदायिक विकास को बढ़ावा देती है।

4. ऊपर जो उदाहरण दिया गया है, उसमें तमिलनाडु सरकार को आपके हिसाब से क्या करना चाहिए था?

उत्तर मेरे अनुसार, से तमिलनाडु सरकार को ग्राम पंचायत की संवैधानिक हैसियत और स्थानीय शासन की महत्ता को समझते हुए पंचायत की सहमति के बिना जमीन का अधिग्रहण करने का आदेश न देती।

स्थानीय शासन का उद्देश्य यही है कि आम नागरिकों से संबंधित मुद्दों पर फैसले स्थानीय स्तर पर लिए जाएँ, ताकि जनता के हितों की रक्षा हो सके। सरकार को पंचायत के साथ संवाद कर समन्वय से निर्णय लेना चाहिए था, जिससे न केवल ग्रामीणों का विश्वास बनाए रखा जा सकता है बल्कि लोकतांत्रिक मूल्यों को भी सुदृढ़ किया जा सकता है।

5. मैं अतीत के बारे में तो नहीं जानती, लेकिन मेरे मन में यह शंका जरूर उठती है कि गाँव की पंचायत के लिए चुनाव न हो, तो ऐसी पंचायत में गाँव के बुजुर्गों, अमीर लोगों और समाज के ऊपरी तबके के पुरुषों का बोलबाला रहेगा।

उत्तर यह शंका बिल्कुल उचित है। यदि पंचायत के लिए चुनाव न हो, तो यह संभव है कि समाज के ऊपरी तबके, अमीर लोगों और बुजुर्ग पुरुषों का प्रभुत्व स्थापित हो जाए। ऐसा इसलिए, क्योंकि सत्ता के बिना लोकतांत्रिक प्रक्रिया में भागीदारी संभव नहीं होती। पंचायत चुनावों का उद्देश्य ही यह सुनिश्चित करना है कि प्रत्येक वर्ग विशेष रूप से महिलाएँ, दलित, पिछड़े और वंचित समुदाय भी सत्ता में समान भागीदारी करें।

चुनावों के अभाव में पंचायतें प्रायः पारंपरिक सामाजिक ढाँचे के अनुरूप कार्य करती हैं, जहाँ शक्ति का केंद्र कुछ गिने-चुने प्रभावशाली व्यक्तियों तक सीमित रहता है। इससे समाज के कमजोर वर्गों की आवाज दब जाती है और उनकी समस्याओं का समाधान नहीं हो पाता है।

इसलिए, लोकतांत्रिक चुनाव स्थानीय शासन को जवाबदेह और समावेशी बनाने में अहम भूमिका निभाते हैं। यह सुनिश्चित करता है कि पंचायत के निर्णय समाज के हर वर्ग के हितों को ध्यान में रखते हुए लिए जाएँ। गीता राठौड़ और वेंगैवसल ग्राम पंचायत जैसे उदाहरण इस बात का प्रमाण हैं कि लोकतांत्रिक प्रक्रिया और सक्रिय भागीदारी से स्थानीय शासन में पारदर्शिता और न्याय सुनिश्चित किया जा सकता है।

6. जब सभी राजनीतिक दलों और यहाँ तक कि मेरी कक्षा में भी गुटबाजी चलती है, तो गाँव में मौजूद गुटबाजी से लोग इतना डरते क्यों हैं?

उत्तर गाँव में गुटबाजी से लोग इसलिए डरते हैं, क्योंकि संविधान सभा के सदस्यों का मानना था कि ग्रामीण भारत में जाति-पाँति, भेदभाव और आपसी फूट की गहरी जड़ें थीं, जो लोकतांत्रिक प्रक्रियाओं को कमजोर कर सकती थी। वे चिन्तित थे कि यदि पंचायतों को अधिक अधिकार दिए गए तो यह स्थानीय विवादों और गुटीय संघर्षों को बढ़ावा दे सकता है, जिससे विकास और जनभागीदारी का उद्देश्य प्रभावित हो सकता है हालाँकि सभी ने यह स्वीकार किया कि जनभागीदारी और लोकतंत्र को गाँवों तक पहुँचाना आवश्यक है, लेकिन तत्कालीन परिस्थितियों में यह एक बड़ी चुनौती के रूप में देखा गया है।

7. 1. **नेहरू और डॉ. अंबेडकर, दोनों स्थानीय शासन के निकायों को लेकर विशेष उत्साहित नहीं थे। क्या स्थानीय शासन को लेकर उनकी आपत्तियाँ एक जैसी थीं?**

2. **वर्ष 1992 से पहले स्थानीय शासन को लेकर संवैधानिक प्रावधान क्या था?**

3. **वर्ष 1960 और 1970 के दशक में किन प्रदेशों में स्थानीय शासन की स्थापना हुई?**

उत्तर 1. हाँ, नेहरू और अंबेडकर दोनों की आपत्तियाँ एक जैसी थीं, लेकिन उनके दृष्टिकोण अलग थे।

- नेहरू को लगता था कि अधिक स्थानीय स्वायत्तता देने से राष्ट्र की एकता और अखंडता को खतरा हो सकता है उन्होंने अति स्थानीयता को एक समस्या माना।
- डॉ. अंबेडकर ने कहा कि ग्रामीण भारत जाति-पाँति, गुटबाजी और सामाजिक फूट से ग्रस्त है। ऐसे माहौल में लोकतांत्रिक शासन और स्थानीय स्वायत्तता से अधिक बुराइयाँ पनप सकती हैं।

2. वर्ष 1992 से पहले, स्थानीय शासन को लेकर कोई स्पष्ट संवैधानिक प्रावधान नहीं था। यह पूर्ण रूप से राज्य सरकारों की इच्छा पर निर्भर था कि वे स्थानीय निकायों की स्थापना करें या ना करें। इस दौरान स्थानीय निकायों की शक्तियाँ और संरचना राज्य सरकार द्वारा निर्धारित की जाती थी, जिसके परिणामस्वरूप स्थानीय शासन की संस्थाओं में असमानता और प्रभावहीनता रही। कई राज्य सरकारों ने निर्वाचन के स्थान पर प्रशासनिक नियुक्तियों के जरिए स्थानीय निकायों का गठन किया और इन निकायों को सीमित अधिकार और वित्तीय संसाधन दिए गए थे। इसके अतिरिक्त स्थानीय निकायों के चुनाव प्रायः स्थगित होते रहते थे और इनकी स्वतंत्रता और कार्यक्षमता में कमी होती थी।

3. 1960 और 1970 के दशकों में गुजरात और महाराष्ट्र जैसे कुछ प्रदेशों ने निर्वाचन द्वारा स्थानीय निकायों की प्रणाली अपनाई। इन प्रदेशों में स्थानीय शासन की स्थापना की गई, हालाँकि इन निकायों की शक्ति उतनी मजबूत नहीं थी कि वे स्थानीय विकास की देखभाल कर सकें और वे वित्तीय सहायता के लिए प्रदेश तथा केंद्रीय सरकार पर निर्भर रहते थे।

8. क्या ग्राम सभा पूरे गाँव के लिए एक लोकतांत्रिक मंच का काम करती है? क्या ग्राम सभा सचमुच नियमित रूप से बैठती है?

उत्तर ग्राम सभा पूरे गाँव के लिए एक लोकतांत्रिक मंच का काम करती है, क्योंकि इसमें सभी वयस्क मतदाता सदस्य होते हैं और यह पंचायत के सबसे निचले स्तर पर जनता की भागीदारी सुनिश्चित करते हैं। ग्रामसभा का उद्देश्य ग्रामीणों की समस्याओं को सुनना, निर्णय लेना और विकास योजनाओं को योगदान देना होता है।

दूसरा प्रश्न है कि क्या ग्राम सभा सचमुच नियमित रूप से बैठती है, इसका उत्तर हर गाँव पर निर्भर करता है। कई स्थानों पर ग्राम सभा नियमित रूप से नहीं बैठती, जोकि पंचायतों की निष्क्रियता या जनता की कम भागीदारी को दर्शाता है, जबकि कुछ स्थानों पर यह सक्रिय रूप से अपने कार्यों को अंजाम देती है।

9. यदि मैंने इस बात को ठीक-ठीक समझा है तो मेरे जानते केंद्र ने प्रदेशों को स्थानीय शासन के संबंध में सुधार करने के लिए मजबूर किया। यह अपने आप में मजेदार बात है कि आप विकेंद्रीकरण को अपनाते तो हैं लेकिन केंद्रीकरण की प्रक्रिया के जरिए।

उत्तर संविधान के 73 वें और 74 वें संशोधन के पश्चात् स्थानीय शासन को मजबूत आधार मिला, लेकिन इससे पहले भी कुछ प्रयास हुए थे। वर्ष 1952 में सामुदायिक विकास कार्यक्रम के तहत ग्रामीण क्षेत्रों के लिए त्रिस्तरीय पंचायती राज व्यवस्था की सिफारिश की गई थी। हालाँकि कई प्रदेशा में इन निकायों की शक्ति सीमित थी और ये सरकार पर निर्भर रहते थे वर्ष 1989 में, केंद्र सरकार ने संविधान संशोधन की बात की जिसका उद्देश्य स्थानीय शासन को सशक्त करना था। फिर वर्ष 1992 में संविधान के 73वें और 74वें संशोधन को पारित किया गया, जिससे गाँवों और शहरी क्षेत्रों में स्थानीय शासन की संरचना को कानूनी रूप से मजबूती मिली। इन संशोधनों के पश्चात् प्रदेशों को अपने कानूनों में बदलाव करने के लिए एक वर्ष का समय दिया गया, जिससे स्थानीय शासन की प्रणाली को एकरूपता और मजबूती मिली, इस प्रकार, केंद्र सरकार ने प्रदेशों को स्थानीय शासन सुधारने के लिए प्रेरित किया, हालाँकि यह प्रक्रिया विकेंद्रीकरण की दिशा में एक कदम था, परंतु केंद्रीकरण की प्रक्रिया के माध्यम से।

10. हमने चुनाव पर केंद्रित अध्याय में पढ़ा था कि संसद और विधानसभा में महिलाओं को आरक्षण देने से संबंधित विधेयक पारित न हो सका, लेकिन स्थानीय निकायों में महिलाओं के आरक्षण की बात इतनी आसानी से कैसे मान ली गई?

उत्तर स्थानीय निकायों में महिलाओं के आरक्षण की व्यवस्था को स्वीकार करने के पीछे यह तर्क था कि पंचायती राज संस्थाओं में महिलाओं की भागीदारी को बढ़ाने के लिए आरक्षण एक प्रभावी कदम है, ताकि समाज के विभिन्न वर्गों की महिला सदस्य भी सत्ता के फैसले में शामिल हो सकें। यह बदलाव समाज मे लैंगिक समानता को बढ़ावा देने और महिलाओं को सशक्त बनाने की दिशा में महत्त्वपूर्ण कदम था। वहीं संसद और विधानसभा में महिलाओं के लिए आरक्षण विधेयक का इतने लंबे समय तक न पारित हो पाना दर्शाता है कि वहाँ पर राजनीतिक जटिलताएँ और विभिन्न दलों के बीच मतभेद मौजूद थे, जिससे यह विधेयक लागू न हो सका। जबकि स्थानीय निकायों में आरक्षण की व्यवस्था को राजनीतिक दलों और समाज के विभिन्न वर्गों ने महिलाओं के सशक्तीकरण के रूप में देखा और इसे स्वीकार किया। यद्यपि वर्ष 2023 में इन मतभेदों को दूर करते हुए लोकसभा और राज्यसभा में महिलाओं को आरक्षण दे दिया गया है।

11. सिर्फ राज्य सूची के विषयों को ही क्यों हस्तांतरित किया जाता है? हम केंद्र सूची में दर्ज विषयों को क्यों हस्तांतरित नहीं कर सकते?

उत्तर राज्य सूची के विषयों को ही हस्तांतरित किया जाता है, क्योंकि ये विषय राज्यों के विशेषाधिकार और अधिकार क्षेत्र में आते हैं और इनका प्रभाव स्थानीय स्तर पर होता है। संविधान के तहत राज्य सरकारों को स्थानीय विकास और कल्याण के कार्यों में स्वायत्तता दी जाती है, ताकि वे अपनी क्षेत्रीय आवश्कताओं के अनुसार निर्णय ले सकें। वहीं केंद्र सरकार के अधिकार क्षेत्र में आते हैं, इसलिए उन्हें पंचायती राज संस्थाओं या स्थानीय निकायों को हस्तांतरित करना असंभव है। केंद्र सूची में राष्ट्रीय सुरक्षा, विदेश नीति और अन्य महत्त्वपूर्ण विषय आते हैं, जिनका स्थानीय स्तर प्रबंधन करना प्रायः संभव नहीं है।

12. प्रदेशों की सरकार तो स्वयं ही गरीब है। पिछले अध्याय में हमने पढ़ा था कि वे केंद्र सरकार से धन माँगती है। ऐसे में स्थानीय शासन को वे धन कैसे दे सकती हैं?

उत्तर स्थानीय शासन को धन देने के लिए प्रदेश सरकारों को केंद्र सरकार से मिलने वाली वित्तीय सहायता का सही उपयोग करना होता है। हालाँकि प्रदेश सरकारें स्वयं भी वित्तीय रूप से कमजोर हो सकती है, लेकिन वे अपने बजट में प्राथमिकता के अनुसार स्थानीय शासन के लिए कुछ राशि आवंटित करती हैं इसके अतिरिक्त राज्य सरकारें विभिन्न योजनाओं के तहत केंद्र सरकार से प्राप्त धन को स्थानीय स्तर पर वितरित करने के लिए जिम्मेदार होती हैं। इस प्रकार स्थानीय शासन को धन देने का काम प्रदेश सरकारों के बजट प्रबंधन और केंद्र से मिलने वाली वित्तीय सहायता पर निर्भर करता है।

13. उन शक्तियों की पहचान करें, जिन्हें आपके प्रदेश की सरकार ने पंचायतों को सौंप दिया है।

उत्तर अनुच्छेद 243 (छ) के तहत, प्रदेश की सरकारों ने पंचायतों को विभिन्न शक्तियाँ और प्राधिकार सौंपे हैं, जो ग्यारहवीं अनुसूची में उल्लेखित क्षेत्रों से संबंधित हैं। इनमें ग्राम विकास, शिक्षा, स्वास्थ्य, जल आपूर्ति, स्वच्छता कृषि, सड़क निर्माण, सामाजिक सुरक्षा और गरीब कल्याण योजनाओं की निगरानी और कार्यान्वयन शामिल हैं। इसके अतिरिक्त, पंचायतों को ग्रामीण क्षेत्रों में कानून व्यवस्था बनाए रखने, स्थानीय स्तर पर योजनाओं को लागू करने और विकास कार्यों के लिए बजट का प्रबंधन करने का अधिकार दिया गया है। ये शक्तियाँ पंचायतों को स्थानीय प्रशासन को प्रभावी तरीके से चलाने और समुदाय की आवश्यकतों को पूरा करने के लिए सक्षम बनाती हैं।

14. क्या यह आशा की जाए कि ये शहरी स्थानीय निकाय झुग्गी - झोपड़ी वासियों को बेहतर आवास प्रदान करने के लिए कुछ करेंगे अथवा कम-से-कम उनके लिए शौचालय आदि का ही निर्माण कराएँगे।

उत्तर यह आशा की जा सकती है कि शहरी स्थानीय निकाय झुग्गी - झोपड़ी वासियों के लिए बेहतर आवास की दिशा में कुछ कदम उठाएँगे, क्योंकि यह उनकी जिम्मेदारी बनती है। हालाँकि इसके लिए पर्याप्त संसाधन और प्रशासनिक तत्परता की आवश्यकता होगी। इसके अतिरिक्त शौचालय जैसी बुनियादी सुविधाओं का निर्माण करना भी जरूरी है ताकि इन क्षेत्रों में रहने वाले लोगों को स्वच्छता और स्वास्थ्य की बेहतर स्थिति प्राप्त हो सके। शहरी स्थानीय निकायों को इस दिशा में प्राथमिकता देनी चाहिए ताकि झुग्गी - झोपड़ी वासियों के जीवन स्तर में सुधार हो सके।

15. इस चित्र को देखें, स्थानीय सरकार यहाँ खुली धूप में बैठी है। क्या कोई और खास बात आपका ध्यान खींचती है।

उत्तर स्थानीय सरकार जन प्रशासन का सबसे निचला स्तर होता है, जो मुख्यतः स्थानीय मुद्दों; जैसे स्वच्छता, सामुदायिक जन सुविधाएँ आदि, पहलूओं पर कार्य करता है। दिए गए चित्र में एक व्यक्ति कुछ लिख रहा है संभवतः वह पंचायत का सदस्य होगा, जो लोंगों द्वारा उठाए गए मुद्दों को चिह्नित कर रहा है। यह स्थानीय प्रशासन की एक खास प्रणाली को संदर्भित करता है जहाँ जन सामान्य अपने द्वारा चुने गए जन-प्रतिनिधि से प्रत्यक्ष जुड़ पाता है।

16. अच्छा कानून है तो ठीक लेकिन केवल कागजी है। क्या इसी को कथनी और करनी का अंतर कहते हैं?

उत्तर 'हमारे गाँव में हमारा राज' इस नारे में स्थानीय शासन की ओर लोगों की आकांक्षाएँ व्यक्त हो रही है, जहाँ वे सिर्फ कागजी कानूनों के अतिरिक्त वास्तविक और ईमानदार प्रशासन चाहते हैं। यह नारा स्पष्ट करता है कि लोग न केवल औपचारिकता चाहते है, बल्कि चाहते है कि उन कानूनों का सही तरीके से पालन हो और उनके जीवन में सकारात्मक परिवर्तन आए। हाँ, यह कथनी और करनी का अंतर ही है, जहाँ कागज पर तो कानून है, लेकिन वास्तविकता में उनका पालन नहीं होता है।

निम्नलिखित प्रश्नों के उत्तर दीजिए

1. भारत का संविधान ग्राम पंचायत को स्व-शासन की इकाई के रूप में देखता है। नीचे कुछ स्थितियों का वर्णन किया गया है। इन पर विचार कीजिए और बताइए कि स्व-शासन की इकाई बनने के क्रम में ग्राम पंचायत के लिए ये स्थितियाँ सहायक हैं या बाधक?

(i) प्रदेश की सरकार ने एक बड़ी कंपनी को विशाल इस्पात संयंत्र लगाने की अनुमति दी है। इस्पात संयंत्र लगाने से बहुत से गाँवों पर दुष्प्रभाव पड़ेगा। दुष्प्रभाव की चपेट में आने वाले गाँवों में से एक ही ग्राम सभा ने यह प्रस्ताव पारित किया कि क्षेत्र में कोई भी बड़ा उद्योग लगाने से पहले गाँववासियों की राय ली जानी चाहिए और उनकी शिकायतों की सुनवाई होनी चाहिए।

(ii) सरकार का फैसला है कि उसके कुल खर्चे का 20% पंचायतों के माध्यम से व्यय होगा।

(iii) ग्राम पंचायत विद्यालय का भवन बनाने के लिए लगातार धन माँग रही है, लेकिन सरकारी अधिकारियों ने माँग को यह कहकर ठुकरा दिया है कि धन का आवंटन कुछ दूसरी योजनाओं के लिए हुआ है और धन को अलग मद में खर्च नहीं किया जा सकता।

(iv) सरकार ने डूँगरपुर नामक गाँव को दो हिस्सों में बाँट दिया है और गाँव के एक हिस्से को जमुना तथा दूसरे को सोहना नाम दिया है। अब डूँगरपुर नामक गाँव सरकारी खाते में मौजूद नहीं है।

(v) एक ग्राम पंचायत ने पाया कि उसके क्षेत्र में पानी के स्रोत तेजी से कम हो रहे हैं। ग्राम पंचायत ने फैसला किया कि गाँव के नौजवान श्रमदान करें और गाँव के पुराने तालाब तथा कुएँ को फिर से काम में आने लायक बनाएँ।

उत्तर (i) प्रथम प्रश्न में दी गई स्थिति ग्राम पंचायत के लिए सहायक होगी। यह प्रस्ताव ग्राम पंचायत को स्व-शासन के अधिकार प्रदान करता है, क्योंकि यह स्थानीय निर्णय लेने ओर नागरिकों की राय को प्राथमिकता देता है। यह लोकतांत्रिक भागीदारी का उदाहरण है।

(ii) द्वितीय प्रश्न में दी गई स्थिति भी ग्राम पंचायत के लिए सहायक है। यह स्व-शासन को मजबूत करती है, क्योंकि पंचायतों को सीधे फंड मिलने से उनकी स्वायत्तता और निर्णय लेने की क्षमता बढ़ती है। इससे पंचायतें स्थानीय विकास कार्यों को स्वतंत्र रूप से संचालित कर सकती हैं।

(iii) तीसरे प्रश्न की स्थिति ग्राम पंचायत के लिए बाधक है। यह स्वशासन के विरुद्ध है, क्योंकि पंचायतों के फैसलों को दरकिनार कर दिया गया। इससे पंचायतों की स्वायत्तता कम होती है और यह ऊपर से थोपे गए निर्णय का उदाहरण है।

(iv) चौथे प्रश्न की स्थिति ग्राम पंचायत के लिए बाधक है। गाँव का विभाजन और उसका नाम परिवर्तन स्वशासन के विरुद्ध है, क्योंकि इससे ग्राम पंचायत के कार्यक्षेत्र और पहचान को समाप्त कर दिया गया। यह स्थानीय प्रशासन की स्वायत्तता को कमजोर करता है।

(v) पाँचवें प्रश्न की स्थिति ग्राम पंचायत के लिए सहायक है। पंचायत ने स्थानीय समस्या (पानी के स्रोतों की कमी) की पहचान की और इसे हल करने के लिए सामूहिक प्रयास का निर्णय लिया। यह पंचायत की स्वायत्तता और स्थानीय शासन की क्षमता को दर्शाता है।

2. मान लीजिए कि आपको किसी प्रदेश की तरफ से स्थानीय शासन की कोई योजना बनाने की जिम्मेदारी सौंपी गई है। ग्राम पंचायत स्व-शासन की इकाई के रूप में काम करे, इसके लिए आप उसे कौन-सी शक्तियाँ देना चाहेंगे? ऐसी पाँच शक्तियों का उल्लेख करें और प्रत्येक शक्ति के बारे में दो-दो पंक्तियों में यह भी बताएँ कि ऐसा करना क्यों जरूरी है?

उत्तर ग्राम पंचायत स्व-शासन की इकाई के रूप में काम करे, इसके लिए उसे निम्नलिखित शक्तियाँ देनी चाहिए;

जैसे—

(i) **समाज कल्याण** समाज कल्याण के अंतर्गत ग्राम पंचायत में अनेक कार्य किए जा सकते हैं; जैसे—परिवार नियोजन तथा समाज से जुड़े कल्याण के कार्य आदि।

(ii) **कृषि विकास कार्य** ग्राम पंचायत को कृषि विकास के कार्य सौंपना और कृषि विकास के लिए स्थानीय स्तर पर किसानों को उन्नत तकनीक एवं अच्छे बीजों की व्यवस्था कराना, जिससे उत्पादन में वृद्धि तथा किसानों की आय का स्रोत बढ़ सके।

(iii) **शिक्षा का विकास** ग्राम पंचायत स्तर पर शिक्षा का विकास करने से लोग शिक्षित होंगे तथा इससे लोगों में जागरूकता आएगी एवं लोग अपने अधिकारों को समझ सकेंगे।

(iv) **ग्रामीण आवास** ग्राम पंचायत में ग्रामीण आवास के अंतर्गत उन गरीब बेघर लोगों को आवास उपलब्ध करवाया जा सकता है, जिनके पास रहने के लिए घर नहीं होते; जैसे—इंदिरा आवास के अंतर्गत ग्रामीण लोगों को आवास उपलब्ध कराए गए हैं।

(v) **सार्वजनिक वितरण प्रणाली** ग्राम पंचायत में सार्वजनिक वितरण प्रणाली के द्वारा उन गरीब निर्धन लोगों को खाने के लिए अनाज उपलब्ध करवाया जा सकता है, जिनके पास खाने की कमी है तथा कुपोषण के शिकार हैं।

3. सामाजिक रूप से कमजोर वर्गों के लिए संविधान के 73वें संशोधन में आरक्षण के क्या प्रावधान हैं? इन प्रावधानों से ग्रामीण स्तर के नेतृत्व का खाका किस तरह बदला है?

उत्तर 73वें संविधान संशोधन के अंतर्गत सामाजिक रूप से कमजोर वर्गों; जैसे—अनुसूचित जातियों एवं जनजातियों तथा महिलाओं के लिए एक-तिहाई स्थानों के आरक्षण की व्यवस्था की गई है। यद्यपि अन्य पिछड़ा वर्ग को स्थानीय निकायों में आरक्षण का प्रावधान नहीं है। किंतु राज्य विधान मंडल इस पर कानून बना कर अन्य पिछड़ा वर्ग को आरक्षण दे सकती है। स्थानीय निकायों की संस्थाओं में महिलाओं की भागीदारी से महिलाओं का राजनीतिक सशक्तीकरण हुआ है, जिससे महिलाओं को पद पर आसीन होने का अवसर मिला है एवं पुरुषों द्वारा फैसला लिए जाने जैसी घटनाओं में निरंतर कमी आई है।

वहीं दूसरी ओर अनुसूचित जाति तथा जनजाति के समाज में न केवल राजनीतिक जागरूकता आई है, बल्कि ग्रामीण नेतृत्व भी प्रभावित हुआ है। इसके अतिरिक्त जहाँ पहले उच्च वर्गों का प्रभाव रहता था, उसमें भी परिवर्तन आया। अब वंचित और पिछड़े वर्गों के लोग भी राजनीतिक रूप से समाज का नेतृत्व करने लगे हैं।

इस प्रकार 73वें संविधान संशोधन से सामाजिक रूप से कमजोर वर्गों और महिलाओं में क्रांतिकारी परिवर्तन हुआ है।

4. संविधान के 73वें संशोधन से पहले और संशोधन के बाद के स्थानीय शासन के बीच मुख्य भेद बताएँ।

उत्तर भारत में ग्राम पंचायत का इतिहास बहुत पुराना है। प्राचीन काल से ही ग्राम पंचायत का अस्तित्व रहा है, परंतु आधुनिक काल में सर्वप्रथम स्थानीय शासन की व्यवस्था 1882 ई. में वायसराय लॉर्ड रिपन के द्वारा की गई थी। उस समय इन्हें मुकामी बोर्ड कहा जाता था। गवर्नमेंट ऑफ इंडिया एक्ट, 1919 के बाद अनेक प्रांतों में ग्राम पंचायतों का गठन हुआ, परंतु स्वतंत्रता संग्राम के कारण यह सफल नहीं हो पाया।

स्वतंत्रता प्राप्ति के बाद स्थानीय निकायों को मजबूत करने के लिए अनेक आयोगों का भी गठन किया गया, परंतु स्थानीय स्वशासन को संवैधानिक दर्जा 73वें संविधान संशोधन के बाद प्राप्त हुआ। वर्तमान में स्थानीय निकायों के चुनाव में मतदाता भाग लेते हैं। सीटों के अनुरूप निर्वाचन क्षेत्र बनाए जाते हैं। महिलाओं, अनुसूचित जाति एवं जनजाति के लिए आरक्षण का प्रावधान किया गया है।

5. नीचे लिखी बातचीत पढ़ें। इस बातचीत में जो मुद्दे उठाए गए हैं उनके बारे में अपना मत दो सौ शब्दों में लिखें।

आलोक हमारे संविधान में स्त्री और पुरुष को बराबरी का दर्जा दिया गया है। स्थानीय निकायों में स्त्रियों को आरक्षण देने से सत्ता में उनकी बराबरी की भागीदारी सुनिश्चित हुई है।

नेहा लेकिन, महिलाओं का सिर्फ सत्ता के पद पर काबिज होना ही काफी नहीं है। यह भी जरूरी है कि स्थानीय निकायों के बजट में महिलाओं के लिए अलग से प्रावधान हो।

जयेश मुझे आरक्षण का यह गोरखधंधा पसंद नहीं। स्थानीय निकाय को चाहिए कि वह गाँव के सभी लोगों का ख्याल रखे और ऐसा करने पर महिलाओं एवं उनके हितों की देखभाल अपने आप हो जाएगी।

उत्तर **आलोक** स्त्री और पुरुष को संविधान के अनुसार बराबरी का दर्जा देने की बात करता है तथा स्थानीय निकायों में भी स्त्रियों को आरक्षण देने की बात करता है। आलोक की यह बात महिला सशक्तीकरण से संबंधित है। महिलाओं की स्थिति को सुधारने के लिए अनेक राजनीतिक दल, महिला संघ और सामाजिक संगठन द्वारा प्रयास तो

किया गया, परंतु महिलाओं की स्थिति में सुधार नहीं हो सका। 73वें एवं 74वें संविधान संशोधन द्वारा ग्रामीण एवं शहरी स्थानीय संस्थाओं में महिलाओं के लिए आरक्षण की व्यवस्था की गई, ताकि महिलाओं को बराबरी का दर्जा दिया जाए।

नेहा ने भी महिला सशक्तीकरण की बात कही है। महिलाओं को केवल आरक्षण देकर स्थानीय निकायों में स्थान देना पर्याप्त नहीं होगा, बल्कि जरूरी है कि महिलाओं की वित्तीय निर्णयों में भी भागीदारी होनी चाहिए।

जयेश के कथन के अनुसार, ग्राम पंचायत सभी वर्गों के विकास का कार्य करती है, परंतु फिर भी महिलाओं के विकास के लिए विशेष प्रयास किए जाने की आवश्यकता है। इससे न केवल महिलाओं में राजनीतिक जागृति होगी, बल्कि महिलाओं में राजनीतिक नेतृत्व का विकास, सामाजिक स्थिति में सुधार एवं सशक्तीकरण भी होगा।

6. 73वें संशोधन के प्रावधानों को पढ़ें। यह संशोधन निम्नलिखित सरोकारों में से किससे ताल्लुक रखता है?

(a) पद से हटा दिए जाने का भय जन-प्रतिनिधियों को जनता के प्रति जवाबदेह बनाता है।

(b) भू-स्वामी, सामंत और ताकतवर जातियों का स्थानीय निकायों में दबदबा रहता है।

(c) ग्रामीण क्षेत्रों में निरक्षरता बहुत ज्यादा है। निरक्षर लोग गाँव के विकास के बारे में फैसला नहीं ले सकते हैं।

(d) प्रभावकारी साबित होने के लिए ग्राम पंचायतों के पास गाँव की विकास योजना बनाने की शक्ति और संसाधन का होना जरूरी है।

उत्तर (d) 73वाँ संविधान संशोधन इस बात से ताल्लुक रखता है कि प्रभावकारी साबित होने के लिए ग्राम पंचायतों के पास गाँव की विकास योजना बनाने की शक्ति और संसाधनों का होना आवश्यक है।

7. नीचे स्थानीय शासन के पक्ष में कुछ तर्क दिए गए हैं। इन तर्कों को आप अपनी पसंद से वरीयता क्रम में सजाएँ और बताएँ कि किसी एक तर्क की अपेक्षा दूसरे को आपने ज्यादा महत्त्वपूर्ण क्यों माना है? आप जानते होंगे कि वेंगैवसल गाँव की ग्राम पंचायत का फैसला निम्नलिखित कारणों में से किस पर और कैसे आधारित था?

(i) सरकार स्थानीय समुदाय को शामिल कर अपनी परियोजना कम लागत में पूरी कर सकती है।

(ii) स्थानीय जनता द्वारा बनाई गई विकास योजना सरकारी अधिकारियों द्वारा बनाई गई विकास योजना से ज्यादा स्वीकृत होती है।

(iii) लोग अपने क्षेत्र की जरूरत, समस्याओं और प्राथमिकताओं को जानते हैं। सामुदायिक भागीदारी द्वारा उन्हें विचार-विमर्श करके अपने जीवन के बारे में फैसला लेना चाहिए।

(iv) आम जनता के लिए अपने प्रदेश अथवा राष्ट्रीय विधायिका के जन-प्रतिनिधियों से संपर्क कर पाना मुश्किल होता है।

उत्तर (a) प्रथम वरीयता (iv) आम जनता के लिए अपने प्रदेश अथवा राष्ट्रीय विधायिका के जन-प्रतिनिधियों से संपर्क कर पाना मुश्किल होता है। अतः वह स्थानीय शासन के प्रतिनिधियों से सीधे संपर्क में रहने के कारण अपनी समस्याओं की शिकायत उनसे करके शीघ्र समाधान कर सकती है।

(b) द्वितीय वरीयता (iii) लोग अपने क्षेत्र की आवश्यकताओं, समस्याओं और प्राथमिकताओं को जानते हैं। सामुदायिक भागीदारी द्वारा उन्हें विचार-विमर्श करके अपने जीवन के बारे में फैसला लेना चाहिए।

(c) तृतीय वरीयता (ii) स्थानीय जनता द्वारा बनाई गई विकास योजना सरकारी अधिकारियों द्वारा बनाई गई विकास योजना से अधिक स्वीकृत होती है।

(b) चौथी वरीयता (i) सरकार स्थानीय समुदाय को शामिल करके अपनी परियोजना कम लागत में पूरी कर सकती है।

वेंगैवसल गाँव की ग्राम पंचायत का फैसला इस तर्क पर आधारित था कि स्थानीय जनता द्वारा बनाई गई विकास योजना सरकारी अधिकारी द्वारा बनाई गई विकास योजना से अधिक स्वीकृत होती है।

8. आपके अनुसार निम्नलिखित में कौन-सा विकेंद्रीकरण का साधन है? शेष को विकेंद्रीकरण के साधन के रूप में आप पर्याप्त विकल्प क्यों नहीं मानते?

(a) ग्राम पंचायत का चुनाव कराना।

(b) गाँव के निवासी खुद तय करें कि कौन-सी नीति और योजना गाँव के लिए उपयोगी है।

(c) ग्राम सभा की बैठक बुलाने की ताकत।

(d) प्रदेश सरकार ने ग्रामीण विकास की एक योजना चला रखी है। खंड विकास अधिकारी (बी डी ओ) ग्राम पंचायत के सामने एक रिपोर्ट पेश करता है कि इस योजना में कहाँ तक प्रगति हुई है।

उत्तर (b) गाँव के निवासी स्वंय तय करें कि कौन-सी नीति और योजना गाँव के लिए उपयोगी है, विकेंद्रीकरण का साधन है। विकेंद्रीकरण से तात्पर्य शक्तियों के बटँवारे से होता है।

अन्य विकल्प इसलिए विकेंद्रीकरण के साधन नहीं हैं, क्योंकि इन विकल्पों में गाँव के लोगों को न तो कोई शक्ति प्राप्त हो रही है और न ही उनके निर्णय लेने की क्षमता में वृद्धि हो रही है।

9. दिल्ली विश्वविद्यालय का एक छात्र प्राथमिक शिक्षा के निर्णय लेने में विकेंद्रीकरण की भूमिका का अध्ययन करना चाहता था। उसने गाँववासियों से कुछ सवाल पूछे। ये सवाल नीचे लिखे हैं। यदि गाँववासियों में आप शामिल होते, तो निम्नलिखित प्रश्नों के क्या उत्तर देते? गाँव का हर बालक/बालिका विद्यालय जाए, इस बात को सुनिश्चित करने के लिए कौन-से कदम उठाए जाने चाहिए-इस मुद्दे पर चर्चा करने के लिए ग्राम सभा की बैठक बुलाई जानी है।

(i) बैठक के लिए उचित दिन कौन-सा होगा, इसका फैसला आप कैसे करेंगे? सोचिए कि आपके चुने हुए दिन में कौन बैठक में आ सकता है और कौन नहीं?

(a) खंड विकास अधिकारी अथवा कलेक्टर द्वारा तय किया हुआ कोई दिन।

(b) गाँव का बाजार जिस दिन लगता है।

(c) रविवार

(d) नागपंचमी/संक्रांति

(ii) बैठक के लिए उचित स्थान क्या होगा? कारण भी बताएँ।

(a) जिला कलेक्टर के परिपत्र में बताई गई जगह।

(b) गाँव का कोई धार्मिक स्थान।

(c) दलित मोहल्ला।

(d) गाँव का स्कूल।

(iii) **ग्राम सभा की बैठक में पहले जिला-समाहर्ता (कलेक्टर) द्वारा भेजा गया परिपत्र पढ़ा गया। परिपत्र में बताया गया था कि शैक्षिक रैली को आयोजित करने के लिए क्या कदम उठाए जाएँ और रैली किस रास्ते से होकर गुजरे।**
बैठक में उन बच्चों के बारे में चर्चा नहीं हुई, जो कभी स्कूल नहीं आते। बैठक में बालिकाओं की शिक्षा के बारे में, विद्यालय भवन की दशा के बारे में और विद्यालय के खुलने-बंद होने के समय के बारे में भी चर्चा नहीं हुई। बैठक रविवार के दिन हुई, इसलिए कोई महिला शिक्षक इस बैठक में नहीं आ सकी। लोगों की भागीदारी के लिहाज से इसको आप अच्छा कहेंगे या बुरा? कारण भी बताएँ।

(iv) **अपनी कक्षा की कल्पना ग्राम सभा के रूप में करें। जिस मुद्दे पर बैठक में चर्चा होनी थी उस पर कक्षा में बातचीत करें और लक्ष्य को पूरा करने के लिए कुछ उपाय सुझाएँ।**

उत्तर (i) (a) बैठक के लिए उचित दिन कौन-सा होगा? इसका फैसला प्रखंड विकास अधिकारी अथवा कलेक्टर द्वारा तय किया हुआ कोई दिन उपयुक्त होगा, क्योंकि जिस दिन गाँव का बाजार लगता है उस दिन तो ग्रामीण खरीदारी करते हैं, इसलिए यह दिन कम उपयुक्त रहेगा।
रविवार का दिन इसलिए उपयुक्त नहीं होगा, क्योंकि उस दिन महिलाएँ बैठक में उपस्थित नहीं हो पाएँगी। नागपंचमी अथवा संक्रांति पर्व पर बैठक बुलाने का कोई कारण नहीं है।

(ii) (d) ग्राम सभा की बैठक के लिए सर्वाधिक उपयुक्त स्थान गाँव का स्कूल होता है, क्योंकि स्कूल के अतिरिक्त अन्य स्थल किसी-न-किसी वर्ग या समुदाय से संबंधित होता है, इसलिए वहाँ सार्वजनिक बैठक नहीं हो सकती। स्कूल ही एकमात्र ऐसा स्थान है, जहाँ समाज के सभी वर्गों, सभी जातियों और सभी समूहों के लोग एकत्रित हो सकते हैं।

(iii) प्रश्न में दी गई बातों को पढ़ने के बाद हम इसको लोगों की भागीदारी के लिहाज से अच्छा नहीं कहेंगे, क्योंकि इस बैठक में महिला शिक्षक उपस्थित नहीं थी। बैठक में स्कूल न आने वाले बच्चों के बारे में, बालिकाओं की शिक्षा के बारे में, विद्यालय भवन की दशा के बारे में चर्चा नहीं हुई है। स्थानीय लोगों की अनुपस्थिति में स्थानीय समस्याओं को न ही समझा और न ही सुलझाया जा सकता है।

(iv) अपनी कक्षा की ग्राम सभा से कल्पना करते हुए सर्वप्रथम कक्षा में बैठक बुलाएँगे और उस बैठक में निम्नलिखित बातों पर चर्चा करेंगे; जैसे—
- उन बच्चों की समस्या पर चर्चा, जो गरीबी या अन्य कारणों से स्कूल नहीं आते।
- गरीब बच्चों को कक्षा में पढ़ने के लिए प्रोत्साहित करना।
- गरीब बच्चों की मदद करना।
- सभी बच्चों के साथ मिलकर कक्षा में पढ़ना तथा किसी बच्चे के साथ भेदभाव न करना आदि।

इस लक्ष्य को पूरा करने हेतु निम्न कदम उठाए जा सकते हैं
- गरीब बच्चों के लिए निःशुल्क किताबें, स्कूल ड्रेस एवं खाद्यान्न उपलब्ध कराया जाए।
- गरीब बच्चों को शिक्षा के महत्त्व के बारे में बताकर उन्हें शिक्षा हेतु प्रोत्साहित किया जाए।
- गरीब बच्चों के माता-पिता को अपने बच्चों को स्कूल भेजने के लिए प्रोत्साहित करने का प्रयास किया जाए।
- बच्चों को पूरक आहार उपलब्ध कराएँ, जिससे बच्चे स्वास्थ्य संबंधी कारणों से स्कूल न छोड़ें।

अभ्यास प्रश्न

वस्तुनिष्ठ प्रश्न

बहुविकल्पीय प्रश्न

1. आधुनिक समय के स्थानीय शासन के निर्वाचित निकाय किस वर्ष के बाद वायसराय लॉर्ड रिपन की पहल से अस्तित्व में आए?

(a) 1881 ई. (b) 1882 ई.
(c) 1883 ई. (d) 1882 ई.

उत्तर (b) 1882 ई.

2. .... के बाद अनेक प्रांतों में ग्राम पंचायतों का गठन हुआ।

(a) गवर्नमेंट ऑफ इंडिया एक्ट, 1919
(b) गवर्नमेंट ऑफ इंडिया एक्ट, 1909
(c) गवर्नमेंट ऑफ इंडिया एक्ट, 1935
(d) भारत स्वतंत्रता अधिनियम, 1947

उत्तर (a) गवर्नमेंट ऑफ इंडिया एक्ट, 1919

3. निम्नलिखित में से कौन-सा व्यक्ति था, जो अतिस्थानीयता को देश की एकता तथा अखंडता के लिए खतरा मानते थे?

(a) डॉ. राजेंद्र प्रसाद (b) सरदार वल्लभभाई पटेल
(c) पंडित जवाहरलाल नेहरू (d) लॉर्ड रिपन

उत्तर (c) पंडित जवाहरलाल नेहरू

4. निम्न में से किसका मानना था कि "ग्रामीण भारत में जातिवाद तथा आपसी मतभेद बड़े स्तर पर विद्यमान है, ऐसे माहौल में ग्रामीण भारत का उद्देश्य ही समाप्त हो सकता है।"

(a) महात्मा गाँधी
(b) बी. आर. अंबेडकर
(c) पंडित जवाहरलाल नेहरू
(d) सी राजगोपालाचारी

उत्तर (b) बी. आर. अंबेडकर

5. **भारत में स्थानीय स्वशासन के विकास के संबंध में दिए गए कथनों में से कौन-सा कथन सही है?**

(a) भारत में स्थानीय स्वशासन का विकास लॉर्ड रिपन के समय हुआ
(b) इसे 'मुकामी बोर्ड' के नाम से भी जाना जाता था
(c) स्थानीय स्वशासन के विकास की प्रक्रिया गवर्नमेंट ऑफ इंडिया एक्ट, 1935 के पश्चात् भी जारी रहा
(d) उपरोक्त सभी

उत्तर (d) उपरोक्त सभी

6. **1960 के दशक में निर्वाचन प्रणाली द्वारा निर्मित स्थानीय शासन व्यवस्था की असफलता के कारणों में शामिल प्रमुख तथ्य हैं?**

(a) स्थानीय स्वशासी संस्थाओं का वित्तीय सहायता हेतु केंद्र एवं राज्यों पर अधिक निर्भर होना
(b) कुछ राज्यों द्वारा स्थानीय निकाय स्थापित करने की आवश्यकता से इंकार किया जाना
(c) अनेक राज्यों द्वारा स्थानीय निकायों को भंग कर स्थानीय शासन का दायित्व सरकारी अधिकारियों को सौंप दिया जाना
(d) उपरोक्त सभी

उत्तर (d) उपरोक्त सभी

7. **निम्नलिखित में से कौन-सा स्थानीय शासन का उद्देश्य नहीं है?**

(a) स्थानीय मुद्दो का समाधान
(b) लोकतन्त्र में नागरिकों की सहभागिता बढ़ाना
(c) भ्रष्टाचार को बढ़ावा देना
(d) नागरिकों को अधिकार और सेवाएँ प्रदान करना।

उत्तर (c) भ्रष्टाचार को बढ़ावा देना।

8. **निम्न कथनों पर विचार कीजिए तथा कूट की सहायता से सही कथन का चयन कीजिए** *दक्षता आधारित प्रश्न*

1. **73वाँ संविधान संशोधन पंचायती राज व्यवस्थाओं से संबंधित था व ग्रामीण क्षेत्रों के स्थानीय शासन से जुड़ा था।**
2. **74वाँ संविधान संशोधन नगरपालिका व्यवस्था अर्थात् शहरी क्षेत्र स्थानीय शासन से संबंधित था।**

कूट

(a) केवल 1 (b) केवल 2
(c) 1 और 2 दोनों (d) न तो 1 और न ही 2

उत्तर (c) 1 और 2 दोनों

9. **73वें संशोधन के संबंध में दिए गए कथनों पर विचार कीजिए तथा कूट की सहायता से सत्य कथन की पहचान कीजिए** *दक्षता आधारित प्रश्न*

1. **73वें संविधान संशोधन के अंतर्गत पंचायती राज में त्रि-स्तरीय ढाँचे की व्यवस्था की गई है।**
2. **ग्राम पंचायत के अंतर्गत एक या एक से अधिक गाँव आते हैं।**
3. **खंड या तालुका त्रि-स्तरीय ढाँचे का मध्यवर्ती स्तर है।**
4. **जिला पंचायत सबसे ऊपरी स्तर होता है, जिसके अंतर्गत संपूर्ण ग्रामीण क्षेत्र शामिल होता है।**

कूट

(a) 1 और 4 (b) 1, 2 और 3
(c) 1, 3 और 4 (d) ये सभी

उत्तर (d) ये सभी

10. **निम्न कथनों पर विचार कीजिए तथा कूट की सहायता से असत्य कथन की पहचान कीजिए**

1. **पंचायती राज के त्रि-स्तरीय ढाँचे का चुनाव अप्रत्यक्ष विधि से किया जाता है।**
2. **पंचायतों की अवधि पाँच वर्ष होती है।**
3. **राज्य द्वारा पंचायतों को पाँच वर्ष की अवधि से पूर्व भंग करने की स्थिति में नौ महीने के भीतर चुनाव कराना आवश्यक है।**

कूट

(a) 1 और 2 (b) 1 और 3
(c) 2 और 3 (d) 1, 2 और 3

उत्तर (b) 1 और 3

11. **नीचे दी गई घटनाओं को कालक्रमानुसार व्यवस्थित कीजिए** *दक्षता आधारित प्रश्न*

1. **74वें संशोधन अधिनियम को संसद द्वारा पारित किया गया।**
2. **सामुदायिक विकास कार्यक्रम की शुरुआत।**
3. **गुजरात व महाराष्ट्र द्वारा निर्वाचन निर्मित स्थानीय निकाय प्रणाली को अपनाया जाना।**
4. **थुंगन समिति द्वारा स्थानीय स्वशासन हेतु सिफारिशें।**

कूट

(a) 1, 2, 3, 4 (b) 2, 3, 4, 1
(c) 3, 2, 1, 4 (d) 3, 4, 2, 1

उत्तर (b) 2, 3, 4, 1

12. **सूची I के साथ सूची II को सुमेलित कीजिए**

सूची I	सूची II
A. स्थानीय स्वशासन की व्यवस्था	1. बोलीविया
B. स्थानीय स्वशासन का जनक	2. वर्ष 1993
C. लोकतंत्र विकेंद्रीकरण का सफल उदाहरण	3. लॉर्ड रिपन
D. 73वाँ संशोधन का लागू होना	4. ब्राजील का संविधान

कूट

	A	B	C	D
(a)	1	2	3	4
(b)	2	3	4	1
(c)	3	4	1	2
(d)	4	3	1	2

उत्तर (d) 4 3 1 2

13. **सूची I के साथ सूची II को सुमेलित कीजिए** *दक्षता आधारित प्रश्न*

सूची I	सूची II
A. पंचायतों की शक्ति, प्राधिकार तथा उत्तरदायित्व का वर्णन	1. वर्ष 1989
B. आदिवासी क्षेत्रों को एक अधिनियम बनाकर पंचायती राज के अंतर्गत शामिल किया जाना	2. सांस्कृतिक गतिविधि
C. ग्यारहवीं अनुसूची में दर्ज विषय	3. अनुच्छेद 243(G)
D. केंद्र सरकार द्वारा स्थानीय शासन को मजबूती प्रदान करने हेत 73वें तथा 74वें संशोधनों हेतु प्रयास का प्रारंभ	4. वर्ष 1996

कूट

	A	B	C	D
(a)	1	2	3	4
(b)	2	1	4	3
(c)	4	3	1	2
(d)	3	4	2	1

उत्तर (d) 3 4 2 1

14. निम्नलिखित में से कौन-सा युग्म सही नहीं हैं?

(a) पंचायती राज - यह 75वें संविधान संशोधन सें संबंधित है
(b) शहरी स्थानीय शासन-यह 74वें संविधान संशोधन से संबंधित है।
(c) अल्पसंख्यकों का अधिकार - यह 45वें संविधान संशोधन से संबंधित है।
(d) शिक्षा का अधिकार - यह 86वें संविधान संशोधन से सम्बन्धित हैं।

उत्तर (c) अल्पसंख्यकों का अधिकार– यह 45वें संविधान संशोधन से संबंधित है।

निर्देश (प्र. सं. 15-18) **नीचे दो कथन दिए गए हैं, जिनमें एक को कथन (A) और दूसरे को कारण (R) माना गया है। कूट की सहायता से सही उत्तर का चयन करें** *दक्षता आधारित प्रश्न*

कूट

(a) A और R दोनों सही हैं तथा R, A की सही व्याख्या है
(b) A और R दोनों सही हैं, परंतु R, A की सही व्याख्या नहीं है
(c) A सही है, किंतु R गलत है
(d) A गलत है, किंतु R सही है

15. कथन (A) **स्थानीय स्तर का कार्य स्थानीय लोगों के पास ही रहना चाहिए।**

कारण (R) **आम जनता केंद्रीय एवं राज्य सरकार की अपेक्षा स्थानीय शासन की गतिविधियों तथा उसके कार्यों से अधिक परिचित रहती है।**

उत्तर (a) स्थानीय स्तर का कार्य स्थानीय लोगों के पास ही रहने चाहिए, क्योंकि स्थानीय लोग प्रांतीय एवं केंद्रीय सरकार की अपेक्षा स्थानीय शासन की गतिविधियों से अधिक अच्छे रूप से परिचित होते हैं। इसके अतिरिक्त स्थानीय कार्य स्थानीय लोगों के पास रहने से उन्हें प्रत्यक्ष रूप से शासन में भाग होने तथा अपनी समस्याओं के निराकरण करने का अवसर मिलता है।

16. कथन (A) **स्थानीय शासन के सफल एवं समुचित विकास के लिए उसके प्रत्येक सूत्रपात में स्थानीय लोगों की भागीदारी आवश्यक होती है।**

कारण (R) **संविधान निर्माण के समय स्थानीय शासन के विषय का दायित्व नीति-निदेशक तत्त्वों के माध्यम से राज्यों पर डाला गया।**

उत्तर (b) स्थानीय शासन के सफल एवं समुचित विकास के लिए उसके प्रत्येक सूत्रपात में स्थानीय लोगों की भागीदारी आवश्यक होती है, क्योंकि स्थानीय लोग स्थानीय मुद्दों एवं स्थानीय हितों से भली-भाँति परिचित होते हैं। संविधान निर्माण के समय स्थानीय शासन के विषय का दायित्व नीति-निदेशक तत्त्वों के माध्यम से राज्यों पर डाला गया है। नीति-निदेशक तत्त्वों का अंग होने के कारण ये विषय न्यायालय में वाद योग्य नहीं हैं।

17. कथन (A) **वर्ष** 1992 **में 73वें तथा 74वें संशोधनों को पारित किया गया।**

कारण (R) **स्थानीय शासन संघ सूची का विषय है।**

दक्षता आधारित प्रश्न

उत्तर (c) संसद द्वारा वर्ष 1992 में 73वें तथा 74वें संविधान संशोधन को पारित किया गया था। 73वाँ संशोधन पंचायती राज से तथा 74वाँ संशोधन नगरपालिका से संबंधित था। स्थानीय शासन को प्रारंभ में ही राज्य सूची के अंतर्गत रखा गया था और इस विषय के संदर्भ में कानून बनाने का अधिकार राज्यों को प्राप्त था।

18. कथन (A) **राज्य चुनाव आयुक्त भारत के निर्वाचन आयोग के अधीन कार्य करता है।**

कारण (R) **राज्य वित्त आयोग का गठन 5 वर्षों के लिए किया जाता है।**

उत्तर (d) राज्य चुनाव आयुक्त राज्यों में चुनाव से संबंधित एक स्वतंत्र निकाय है और यह भारत के निर्वाचन आयोग की भाँति स्वायत्त होता है। स्थानीय शासन की संस्थाओं की आर्थिक स्थिति का आकलन करने के लिए प्रत्येक राज्य द्वारा राज्य वित्त आयोग के गठन का प्रावधान किया गया है और इसका गठन प्रत्येक 5 वर्ष पर किया जाता है।

19. नीचे दो कथन दिए गए है।

कथन I 73वें संविधान संशोधन के तहत पंचायतों को अधिकारों के साथ-साथ स्वतंत्र रूप से कार्य करने की शक्ति प्रदान की गई।

कथन II 74वें संविधान संशोधन ने शहरी निकायों में महिलाओं के लिए आरक्षण का प्रावधान किया।

कूट

(a) केवल कथन I सही है।
(b) केवल कथन II सही है।
(c) कथन I और II दोनों सही हैं।
(d) कथन I और II दोनों गलत हैं।

उत्तर (c) कथन I और II दोनों सही हैं।

20. नीचे दो कथन दिए गए है।

कथन I 73वाँ संविधान संशोधन केवल शहर निकायों पर लागू होता है।

कथन II 74वाँ संविधान संशोधन ग्रामीण क्षेत्रों के लिए पंचायत राज्य व्यवस्था का मजबूत करने का कार्य करता है।

कूट

(a) केवल कथन I सही है।
(b) केवल कथन II सही है।
(c) कथन I और II दोनों सही हैं।
(d) कथन I और II दोनों गलत हैं।

उत्तर (d) कथन I और II दोनों गलत हैं।

21. दिए गए चित्र का अध्ययन कीजिए तथा उन पर आधारित प्रश्नों के उत्तर दें

(i) दिए गए झंडे पर लिखा हुआ नारा क्या है?

(a) हमारा गाँव, हमारा काम
(b) हमारा गाँव, हमारी शक्ति
(c) हमारा गाँव, हमारी आजादी
(d) हमारा गाँव, हमारा राज

उत्तर (d) हमारा गाँव, हमारा राज

(ii) झंडे का मुख्य उद्देश्य क्या दर्शाता है?

(a) लोगो की राजनीतिक सोच
(b) स्थानीय शासन को लेकर लोगों की अपेक्षाएँ
(c) सामाजिक असंतोष
(d) स्वतंत्रता संग्राम

उत्तर (b) स्थानीय शासन को लेकर लोगों की अपेक्षाएँ

(iii) "हमारा गाँव, हमारा राज" नारे का अर्थ क्या है?

(a) गाँव में आत्मनिर्भरता (b) गाँव में लोकतंत्र
(c) गाँव में स्वायत्तता (d) गाँव में खेल का मैदान

उत्तर (c) गाँव में स्वायत्तता

(iii) संविधान के .... संशोधन का संबंध शहरी स्थानीय शासन के निकाय से है।

(a) 73वें (b) 74वें (c) 76वें (d) 77वें

उत्तर (b) 74वें

लघु उत्तरीय प्रश्न

1. स्थानीय शासन की प्रमुख सीमाओं को स्पष्ट कीजिए।

उत्तर स्थानीय शासन की प्रमुख सीमाएँ निम्नलिखित हैं

- स्थानीय राजनीति पर जातीय व्यवस्था का प्रभाव।
- वित्तीय रूप से केंद्र तथा राज्य सरकार पर निर्भर होना।
- विकास तथा कल्याण संबंधी योजनाओं में समुचित भागीदारी न होना, इसकी एक प्रमुख सीमा यह है कि प्रादेशिक एवं केंद्रीय स्तर पर जिस तरह से निर्णय लिए जाते हैं, उसमें प्रायः कोई बदलाव नहीं होता। इस प्रकार स्थानीय शासन अपने से ऊपर स्थित मशीनरी का अनुसरणकर्ता मात्र ही रह जाती है।

2. 73वें संशोधन के कौन-कौन से प्रावधान ग्रामीण तथा शहरी स्थानीय शासन हेतु समान रूप से लागू होते हैं?

उत्तर 73वें संशोधन के निम्नलिखित प्रावधान ग्रामीण तथा शहरी स्थानीय शासन हेतु समान रूप से लागू होते हैं

- प्रत्यक्ष चुनाव प्रणाली ग्रामीण तथा शहरी दोनों के स्थानीय निकायों के लिए अपनाई गई है।
- स्थानीय निकायों की सीटों में आरक्षण व्यवस्था दोनों स्तर (ग्रामीण एवं शहरी) के लिए अपनाई गई है।
- राज्य चुनाव आयुक्त की नियुक्ति का प्रावधान ग्रामीण तथा शहरी निकायों के चुनावों हेतु किया गया है।
- ग्रामीण तथा शहरी स्थानीय शासन हेतु राज्य वित्त आयोग की स्थापना का प्रावधान समान रूप से किया गया है।

3. सामुदायिक विकास कार्यक्रम से आप क्या समझते हैं? संक्षेप में बताएँ।

उत्तर सामुदायिक विकास कार्यक्रम वर्ष 1952 में आँभ किया गया। इस कार्यक्रम का आरम्भ करने का उद्देश्य यह था कि स्थानीय विकास की गतिविधियों में जनता सक्रिय रूप से भूमिका निभाए और उसमें अर्थिक नियोजन और सामाजिक पुनरुद्धार की राष्ट्रीय योजना के प्रति रुचि जागृत हो। सामुदायिक विकास कार्यक्रम में मुख्य रूप से निम्नलिखित कार्य पूरा करने का उद्देश्य रखा गया है।

(i) ग्रामीणों को विभिन्न क्षेत्रों में प्रशिक्षित कर उन्हें रोजगार उपलब्ध कराना।
(ii) कृषि की उपज बढ़ाने के लिए ग्रामीण किसानों को प्रशिक्षित करना।
(iii) प्राथमिक शिक्षा को बढ़ावा देना।
(iv) स्वास्थ्य कल्याण हेतु कार्य करना।

4. क्या ग्राम सभा पूरे गाँव के लिए एक लोकतांत्रिक मंच का कार्य करती है? *दक्षता आधारित प्रश्न*

उत्तर हाँ, ग्राम सभा पूरे गाँव के लिए एक लोकतांत्रिक मंच का कार्य करती है। ग्राम सभा का उद्देश्य गाँव के लोगों को एक मंच पर लाकर उनके सामूहिक निर्णय लेने की प्रक्रिया को सशक्त बनाना है। यह ग्रामीण विकास, योजनाओं और मुद्दों पर चर्चा करने का एक संस्थागत तरीका प्रदान करती है। ग्राम सभा में प्रत्येक नागरिक को अपनी राय और विचार रखने का अधिकार होता है, जिससे यह एक लोकतांत्रिक प्रक्रिया का हिस्सा बनती है। इसके माध्यम से गाँव के लोग अपनी समस्याओं का समाधान खोजने और विकास कार्यों में भाग लेने में सक्षम होते हैं।

5. पंचायती राज व्यवस्था के त्रि-स्तरीय ढाँचे में ग्राम पंचायत, मंडल पंचायत और जिला पंचायत की क्या भूमिका है?

उत्तर पंचायती राज व्यवस्था के त्रि-स्तरीय ढाँचे में सबसे नीचे ग्राम पंचायत होती है, जो एक या एक से अधिक गाँवों को शामिल करती है। मध्यवर्ती स्तर पर मंडल या तालुका पंचायत होती है, जो छोटे प्रदेशों में नहीं बनती। इसके ऊपर जिला पंचायत का स्थान है, जो जिले के ग्रामीण क्षेत्रों के विकास की जिम्मेदारी निभाती है। यह तीनों स्तर मिलकर पंचायती राज संस्थाओं का संचालन करते है और स्थानीय शासन की प्रक्रिया को सशक्त बनाते हैं।

6. ग्यारहवीं अनुसूची में शामिल विषयों का पंचायती राज संस्थाओं के लिए क्या महत्त्व है?

उत्तर ग्यारहवीं अनुसूची में 29 ऐसे विषय शामिल किए गए है, जो पहले राज्य सूची में थे, लेकिन अब इन विषयों को पंचायतों को हस्तांतरित किया गया है। इसका उद्देश्य स्थानीय स्तर पर विकास और कल्याण कार्यों को प्रभावी ढंग से करना है। इन विषयों में कृषि, जल प्रबंधन, स्वास्थ्य, सड़क निर्माण, महिला और बाल विकास, सामाजिक कल्याण जैसे क्षेत्र शामिल हैं, जिनका सीधा संबंध लोगों के दैनिक जीवन से है। पंचायती राज संस्थाओं को इन कार्यों का अधिकार मिलते ही यह सुनिश्चित किया जा सकता है कि विकास कार्यों की योजना और क्रियांवयन स्थानीय जरूरतों और प्राथमिकताओं के आधार पर हो।

7. 73वें संशोधन के तहत आदिवासी क्षेत्रों को किन प्रावधानों से बाहर रखा गया था।

उत्तर 73वें संविधान के तहत पंचायती राज संस्थाओं की स्थापना की गई थी, लेकिन आदिवासी क्षेत्रों को इसके प्रावधानों से बाहर रखा गया था। इसका कारण यह था कि इन क्षेत्रों के आदिवासी समुदायों की विशेष सामाजिक, सांस्कृतिक और पारंपरिक व्यवस्थाएँ थीं, जिन्हें स्थानीय शासन के अंतगर्त परिवर्तन करने से पहले उनकी आवश्यकताओं और पारंपराओं का सम्मान किया जाना था। वर्ष 1996 में, इन क्षेत्रों के लिए एक अलग अधिनियम, पंचायती राज अधिनियम के नाम से पास किया गया, जिसमें आदिवासी समुदायों के पारंपरिक अधिकारों की रक्षा की गई।

दीर्घ उत्तरीय प्रश्न।

1. स्थानीय शासन के संदर्भ में गाँधीजी के विचार नेहरूजी से किस प्रकार भिन्न थे?

अथवा स्थानीय शासन को शक्तिशाली बनाने के संदर्भ में नेहरू एवं गाँधीजी के विचारों की पुष्टि करें।

उत्तर नेहरूजी स्थानीय शासन की संस्थाओं को अधिक शक्तिशाली बनाने के पक्ष में नहीं थे। उनका मानना था कि अति-स्थानीयता राष्ट्रीय हितों की अपेक्षा क्षेत्रीय हितों को अधिक महत्त्व देती है, जो राष्ट्रीय एकता एवं अखंडता के लिए खतरा है। उनका मानना था कि सत्ता का विकेंद्रीकरण किया जाए, परंतु साथ-साथ केंद्र को अधिक मजबूत बनाया जाए, जबकि गाँधीजी का मानना था कि सत्ता संचालन की अधिक-से-अधिक शक्तियों का विकेंद्रीकरण किया जाए।

क्योंकि विकास की हर पहल में स्थानीय लोगों की भागीदारी आवश्यक है। स्थानीय लोग स्थानीय समस्याओं एवं आवश्यकताओं से भली-भाँति परिचित होते हैं। अतः वे सत्ता में भागीदारी के माध्यम से स्थानीय स्तर की समस्याओं को सुलझाने में योगदान कर सकते हैं तथा स्थानीय आवश्यकताओं को पूरा करने हेतु कारगर कदम उठा सकते हैं।

2. पंचायती राज व्यवस्था में आरक्षण व्यवस्था पर प्रकाश डालिए।

उत्तर पंचायती राज व्यवस्था में सभी पंचायतों (जिला पंचायत, तालुका या खंड पंचायत तथा ग्राम पंचायत) में 1/3 सीटें महिलाओं के लिए आरक्षित हैं। इसके साथ ही अनुसूचित जातियों तथा अनुसूचित जनजातियों के लिए भी उनकी जनसंख्या के अनुपात में तीनों स्तरों पर आरक्षण का प्रावधान किया गया है। इसके साथ ही राज्य सरकारों को यह शक्ति दी गई है कि वे आवश्यक समझें तो अन्य पिछड़ा वर्ग को भी आरक्षण प्रदान कर सकते हैं।

ज्ञातव्य है कि यह आरक्षण पंचायत के सदस्यों तक ही सीमित नहीं है, बल्कि तीनों ही स्तरों पर अध्यक्ष पद तक आरक्षण दिया गया है। इसके अतिरिक्त मात्र सामान्य श्रेणी की सीटों पर ही महिलाओं को 1/3 आरक्षण नहीं दिया गया है, बल्कि अनुसूचित जाति/जनजाति के लिए आरक्षित सीट पर भी महिलाओं के लिए 1/3 आरक्षण की व्यवस्था का प्रावधान किया गया है।

3. राज्य चुनाव आयुक्त और राज्य वित्त आयोग के बारे में संक्षेप में लिखें।

उत्तर **राज्य चुनाव आयुक्त** प्रत्येक राज्य के लिए एक चुनाव आयुक्त की व्यवस्था का प्रावधान मिलता है। राज्य चुनाव आयुक्त की जिम्मेदारी पंचायती राज संस्थाओं का चुनाव कराना है। 73वें संविधान संशोधन से पूर्व यह कार्य प्रदेश का प्रशासन करता था, जो प्रदेश की सरकार के अधीन होता है, किंतु 73वें संशोधन के पश्चात् स्थानीय निकायों की संस्थाओं के चुनावों हेतु राज्यों में राज्य चुनाव आयुक्त की नियुक्ति का प्रावधान किया गया है, जो भारत के चुनाव आयोग से स्वतंत्र होकर कार्य करता है। इसके कार्यकाल का संबंध भारत के चुनाव आयोग से नहीं होता है। यह भारत के चुनाव आयोग की तरह एक स्वायत्त संस्था है।

राज्य वित्त आयोग स्थानीय शासन की संस्थाओं की आर्थिक स्थिति का आकलन करने के लिए प्रत्येक राज्य द्वारा वित्त आयोग के गठन का प्रावधान किया गया है। इसका गठन प्रत्येक 5 वर्ष पर किया जाता है। यह आयोग शहरी और ग्रामीण स्थानीय शासन की संस्थाओं के बीच राजस्व बँटवारे का पुनरावलोकन करता है तथा यह सुनिश्चित करता है कि ग्रामीण स्थानीय शासन को धन आवंटित करना राजनीतिक मामला न बने।

4. स्वतंत्र भारत में स्थानीय शासन की असफलता के कोई चार कारण बताइए।

उत्तर स्वतंत्र भारत में स्थानीय शासन की असफलता के चार कारण निम्नलिखित हैं

(i) स्थानीय शासन संस्थाएँ वित्तीय सहायता के लिए केंद्र एवं राज्य पर निर्भर थीं तथा अपने विकास कार्यों का ध्यान रखने में असमर्थ लग रही थीं।

(ii) कुछ राज्यों ने स्थानीय निकाय स्थापित करने की आवश्यकता से ही इंकार कर दिया।

(iii) अनेक राज्यों ने स्थानीय निकायों को भंग कर स्थानीय शासन का दायित्व सरकारी अधिकारियों को सौंप दिया। अनेक राज्यों में स्थानीय निकाय के चुनाव अप्रत्यक्ष रीति से हुए और अनेक राज्यों में चुनाव कई बार स्थगित हुए।

(iv) वर्ष 1987 के बाद स्थानीय शासन की संस्थाओं का गहन पुनरावलोकन किया गया एवं वर्ष 1989 में पी के थुंगन समिति ने स्थानीय शासन को संवैधानिक दर्जा प्रदान करने, समय-समय पर उनके चुनाव कराने, उनके कार्यों की सूची तय करने तथा उन संस्थाओं को धन प्रदान करने के लिए संविधान में संशोधन किए जाने की सिफारिश की।

5. 74वें संविधान संशोधन द्वारा बारहवीं सूची में सम्मिलित आर्थिक-सामाजिक विकास संबंधी कार्यों का विवरण प्रस्तुत कीजिए, जो नगर निगम व नगरपालिका को सौंपे गए हैं।

उत्तर नगरों में स्वशासन की स्थापना के लिए नगरीय निकाय की स्थापना की गई है; जैसे—नगर पंचायत, नगरपालिका परिषद्, नगर निगम आदि। संविधान के 74वें संशोधन, जो 1 जून, 1993 को लागू हुआ, के द्वारा नगर निकायों को संवैधानिक दर्जा दिया गया। संविधान के भाग-9 (क) में अनुच्छेद-243 में नगरपालिका संबंधी उपबंधों का समावेश किया गया है। नगरपालिका अथवा नगर निगम द्वारा किए जाने वाले सामाजिक-आर्थिक कार्य निम्नलिखित हैं

- सामाजिक-आर्थिक विकास की योजनाएँ तैयार करना।
- गरीबी उन्मूलन कार्यक्रम को लागू करना।
- समाज के दुर्बल वर्गों, जिनके अंतर्गत विकलांग और मानसिक रूप से मंद व्यक्ति भी हैं, के हितों की रक्षा करना।
- गंदी बस्तियों को उन्नत करना आदि।

6. वर्ष 1960 में निर्वाचन द्वारा बने स्थानीय निकायों की प्रणाली में क्या कमियाँ थीं? लिखें।

अथवा "वर्ष 1960 में निर्वाचन द्वारा बने स्थानीय निकायों की प्रणाली एक कमजोर प्रणाली साबित हुई।" स्पष्ट करें।

उत्तर स्थानीय निकायों की प्रणाली में निम्नलिखित कमियाँ थीं

(i) अनेक प्रदेशों में स्थानीय निकायों की शक्ति इतनी नहीं थी कि वे स्थानीय विकास की देखभाल कर सकें। ये निकाय वित्तीय मदद के लिए प्रदेश तथा केंद्रीय सरकार पर बहुत ज्यादा निर्भर थे।

(ii) कई प्रदेशों ने तो यह तक नहीं माना कि निर्वाचन द्वारा स्थानीय निकाय स्थापित करने की आवश्यकता भी है।

(iii) बहुत-से उदाहरण ऐसे हैं, जहाँ स्थानीय निकायों को भंग करके स्थानीय शासन का जिम्मा सरकारी अधिकारी को सौंप दिया गया।

(iv) अनेक प्रदेशों में अधिकांश स्थानीय निकायों के चुनाव अप्रत्यक्ष रीति से हुए। साथ ही अनेक प्रदेशों में स्थानीय निकायों के चुनाव समय-समय पर स्थगित होते रहे।

7. भारत में नगरीय स्वशासी संस्थाओं के गठन पर प्रकाश डालिए?

उत्तर भारत में छोटे-छोटे क्षेत्र जो ग्राम से नगर की और परिवर्तनोमुखी है, उनके लिए संशोधित रूप से नगर पंचायत, छोटे नगरीय क्षेत्रो के लिए नगरपालिका तथा वृहत्तर नगरीय क्षेत्र के लिए नगर निगमों की स्थापना का प्रावधान है। नगरीय स्वशासी संस्थाओं में सभी स्थान क्षेत्रीय निर्वाचन क्षेत्र प्रत्यक्ष निर्वाचन द्वारा भरे जाएगे। नगर की प्रत्येक स्वशासी संस्थाओं में अनुसूचित जाति एवं जनजाति में इनकी जनसंख्या के अनुपात के अनुसार आरक्षण देने का प्रावधान है इसके अतिरिक्त अनुसूचित जाति एवं जनजाति के लिए आरक्षित स्थान में एक-तिहाई सीट महिलाओं को भी देने का प्रावधान किया गया है।

दीर्घ उत्तरीय प्रश्न II

1. स्थानीय शासन के विषयों से संबंधित राज्य के उत्तरदायित्वों को स्पष्ट करें।

उत्तर स्थानीय शासन के विषयों से संबंधित राज्य के प्रमुख उत्तरदायित्व निम्नलिखित हैं; जैसे—

- लघु उद्योग एवं घरेलू उद्योगों को संरक्षित करना।
- सार्वजनिक वितरण प्रणाली को सुनिश्चित करना।
- संसाधनों के न्यायपूर्ण बँटवारे को सुनिश्चित करना।
- वंचित वर्ग; जैसे—अनुसूचित जाति और अनुसूचित जनजाति को विकास के समुचित अवसर उपलब्ध करवाना। सांस्कृतिक गतिविधियों को बढ़ावा देना।
- वयस्क तथा औपचारिक शिक्षा हेतु विभिन्न संसाधनों की उपलब्धता सुनिश्चित करना।
- कल्याणकारी तथा विकास कार्यों में स्थानीय लोगों की भागीदारी को सुनिश्चित करना।
- महिलाओं एवं बच्चों के विकास हेतु विभिन्न कल्याणकारी नीतियों का निर्माण करना तथा उनका क्रियान्वयन करवाना।
- परिवार नियोजन से संबंधित महत्त्वपूर्ण नीतियों का क्रियान्वयन करना।
- ग्रामीण इकाइयों को आत्मनिर्भरता की ओर ले जाना।
- स्थानीय क्षेत्रों में तकनीकी प्रशिक्षण एवं व्यावसायिक शिक्षा उपलब्ध करवाना।
- आधारभूत संरचना; जैसे—सड़क, बाँध आदि का निर्माण करना। गरीबी उन्मूलन कार्यक्रम की शुरुआत करना तथा उसको बढ़ावा देना।

स्थानीय शासन से संबंधित राज्य के इन उत्तरदायित्वों को राज्य के नीति-निदेशक तत्त्वों के रूप में भी देखा जाता है।

2. संविधान के 73वें तथा 74वें संशोधनों की विस्तृत रूप से व्याख्या करें।

अथवा संविधान के 73वें और 74वें संशोधन के बाद स्थानीय शासन में पारदर्शिता और उत्तरदायित्व कैसे बढ़ा? *दक्षता आधारित प्रश्न*

उत्तर वर्ष 1989 में पी के थुंगन समिति ने सर्वप्रथम स्थानीय शासन को संवैधानिक दर्जा देने की सिफारिश की तथा ग्रामीण स्थानीय शासन हेतु त्रि-स्तरीय ढाँचे की सिफारिश बलवंत राय मेहता समिति द्वारा की गई। स्थानीय स्वशासन को संवैधानिक दर्जा वर्ष 1993 में 73वें तथा 74वें संविधान संशोधन के द्वारा दिया गया।

73वें तथा 74वें संशोधन के प्रावधान निम्नलिखित हैं; जैसे—

- ग्रामीण स्थानीय शासन हेतु त्रि-स्तरीय ढाँचे की व्यवस्था की गई। स्थानीय शासन से संबंधित राज्य सूची के विषयों को स्थानीय शासन को हस्तांतरित करने के निर्देश दिए गए।
- ग्रामीण तथा शहरी स्थानीय शासन के निकायों के चुनाव प्रत्यक्ष प्रणाली द्वारा करवाने का प्रावधान किया गया।
- चुनाव संपन्न करवाने हेतु पृथक् रूप से स्वतंत्र राज्य निर्वाचन आयुक्त की नियुक्ति का प्रावधान किया गया।
- स्थानीय शासन के निकायों में वंचित वर्ग तथा महिलाओं के लिए आरक्षण की व्यवस्था की गई।
- पंचायत को 5 वर्ष से पूर्व भंग किए जाने की स्थिति में राज्य द्वारा छः माह के अंदर दोबारा चुनाव करवाए जाने का प्रावधान किया गया, ताकि पंचायतों का अस्तित्व बना रहे।
- राज्यों को निर्देश दिया गया कि शहरी क्षेत्र संबंधित कल्याणकारी कार्यों के दायित्व को शहरी स्थानीय शासन को सौंप दिया जाए।

73वें एवं 74वें संविधान संशोधन के माध्यम से स्थानीय शासन को एक मजबूत आधार प्रदान किया गया तथा विकेंद्रीकरण की एक नई पहल की गई, ताकि समर्थ लोकतंत्र की स्थापना की जा सके।

3. स्थानीय शासन व्यवस्था लोकतंत्र के लिए क्यों महत्त्वपूर्ण है? वर्णन कीजिए।

उत्तर स्थानीय शासन व्यवस्था लोकतंत्र के लिए बहुत महत्त्वपूर्ण है

- स्थानीय स्वशासी संस्थाओं के कारण लोगों की राजनीति में रुचि उत्पन्न होती है और यह लोकतंत्र की सफलता के लिए अति आवश्यक है।
- स्थानीय स्तर पर शासन सत्ता का विकेंद्रीकरण होने से केंद्र और राज्य सरकार के कार्यभार में कमी आ जाती है और वह सुचारु रूप से कार्य करती है।
- स्थानीय स्तर की शासन व्यवस्था से लोगों में राजनीतिक जागरूकता उत्पन्न होती है, क्योंकि राजनीतिक जागरूकता के बिना लोकतंत्र सफल तथा सुदृढ़ नहीं हो सकता।
- स्थानीय स्वशासी संस्थाओं की स्थापना से जहाँ एक ओर सत्ता का विकेंद्रीकरण होता है, वहीं दूसरी ओर केंद्रीय शासन व्यवस्था शक्तिशाली नहीं होती और शक्ति का विकेंद्रीकरण हो जाता है, जिसका तात्पर्य है कि कोई भी व्यवस्था इतनी शक्तिशाली न हो कि तानाशाह बन जाए।
- स्थानीय स्वशासन व्यवस्था में स्थानीय स्तर की समस्याओं को बेहतर ढंग से समझा जा सकता है एवं उन समस्याओं को हल किया जा सकता है।
- स्थानीय स्वशासन में स्थानीय लोगों की समस्या स्थानीय स्तर पर स्वयं हल की जाती है।

4. 73वें संविधान संशोधन के माध्यम से पंचायती राज व्यवस्था में परिवर्तनों का वर्णन कीजिए। दक्षता आधारित प्रश्न

उत्तर संविधान के 73वें संशोधन ने पंचायती राज व्यवस्था को सशक्त और एकरूप बनाने में महत्त्वपूर्ण भूमिका निभाई। इस संशोधन के अंतर्गत निम्नलिखित परिवर्तन किए गएः

1. **त्रि-स्तरीय संरचना का प्रावधान**
   - पंचायती राज व्यवस्था को त्रि-स्तरीय बनाया गया जैसे–
     – ग्राम पंचायत (गाँव स्तर)
     – मंडल/तालुका पंचायत (मध्य स्तर)
     – जिला पंचायत (जिला स्तर)
   - छोटे राज्यों को छोड़कर सभी राज्यों में यह संरचना लागू की गई।
2. **ग्राम सभा का गठन** प्रत्येक पंचायत क्षेत्र में ग्राम सभा अनिवार्य रूप से बनाई गई। ग्राम सभा में पंचायती क्षेत्र के सभी वयस्क मतदाता शामिल होते हैं। ग्राम सभा को गाँव के लोकतांत्रिक मंच के रूप में स्थापित किया गया।
3. **चुनाव संबंधी प्रावधान** पंचायती राज संस्थाओं के सभी स्तरों के चुनाव प्रत्यक्ष रूप से जनता द्वारा किए जाते हैं। प्रत्येक पंचायत का कार्यकाल 5 वर्ष का होता है। यदि पंचायत का कार्यकाल पूरा होने से पहले भंग किया जाता है, तो छः माह के अंदर चुनाव कराना अनिवार्य है।
4. **आरक्षण का प्रावधान** सभी पंचायती संस्थाओं में अनुसूचित जाति (SC) अनुसूचित जनजाति (ST) और महिलाओं के लिए आरक्षण की व्यवस्था की गई। अध्यक्ष पद पर भी आरक्षण लागू किया गया।
5. **विषयों का स्थानांतरण** राज्य सूची के 29 विषयों को पंचायती राज संस्थाओं को सौंपनें के लिए 11वीं अनुसूची में विषयों को शामिल किया गया। इन विषयों में स्थानीय विकास और कल्याण से जुड़े कार्य शामिल है।
6. **स्वायत्तता और अधिकार** पंचायती राज संस्थाओं को स्वायत्तता और अधिकार देने के लिए अनेक कदम उठाए गए। पंचायतों के अधिकारों को स्पष्ट करने के लिए राज्य सरकारों को अपने कानून संशोधित करने का निर्देश दिया गया।

अतः 73 वें संविधान संशोधन ने पंचायती राज व्यवस्था को लोकतांत्रिक, समावेशी और सशक्त बनाने में महत्त्वपूर्ण भूमिका निभाई। यह संशोधन ग्रामीण विकास, महिलाओं की भागीदारी और वंचित वर्गों के उत्थान की दिशा में एक महत्त्वपूर्ण कदम था।

5. जिला परिषद् के संगठन एवं कार्यों की समीक्षा कीजिए।

उत्तर जिला परिषद् स्थानीय प्रशासन की जिला स्तर की संस्था होती है। यह क्षेत्र समिति और ग्राम पंचायतों तथा राज्य सरकार के बीच तालमेल स्थापित करने का कार्य करती है। जिला परिषद् के संगठन की प्रक्रिया सभी राज्यों में प्रायः एक जैसी है। समितियों के प्रधान, निर्वाचित विधानसभा सदस्य जिले के निर्वाचित संसद सदस्य, जिला विकास पदाधिकारी जिसका देने का अधिकार प्राप्त नहीं है महिलाओं, पिछड़े वर्गो के सहयोग सदस्य अनुसूचित जाति तथा जनजाति के प्रतिनिधि, सहकारी बैंक का अध्यक्ष आदि सह-सदस्य होते हैं। कुछ राज्यों में पंचायत समिति अपने प्रमुख के अतिरिक्त जिला परिषद् के लिए प्रतिनिधि या सदस्यों का भी चुनाव करती हैं जिसे जिला परिषद् अपना एक अध्यक्ष चुनती है, जोकि उनके कार्यों को संचालित करता है।

जिला परिषद् के कार्य इसके निम्नलिखित कार्य है

(i) जिला परिषद् पंचायत समितियों के विकास कार्यक्रामों एवं योजनाओं मे समन्वय स्थापित करता है।

(ii) पंचायत समिति में राज्य सरकार से प्राप्त तत्कालीन अनुदान वितरित करती है।

(iii) पंचायत समितियों के बजट का योजना अनुरूप निरीक्षण करना तथा निर्देशन देना भी जिला परिषद् का ही कार्य है।

(iv) समय-समय पर राज्य सरकार द्वारा सौपें गए कार्य जैसे प्राइम शिक्षा, प्रौढ़ शिक्षा, आदि कार्यों की प्रगति के लिए प्रभावी कदम उठाना।

(v) विकास कार्यक्रमों के संबंध में राज्य सरकार को सलाह देना।

(vi) जिले में संबंधित कृषि तथा उत्पादन के कार्यों को योजनाबद्ध ढंग से पूरा करवाना

(vii) प्रधानों प्रमुखों आदि की गोष्ठियाँ करवाना तथा संपर्क बनाए रखना।

स्रोत आधारित प्रश्न

नीचे दिए गए स्रोत पर आधारित प्रश्नों के उत्तर दीजिए।

1. आइए, इस बात की चर्चा करें कि भारत में स्थानीय शासन का विकास कैसे हुआ और हमारे संविधान में इसके बारे में क्या कहा गया है? माना जाता है कि अपना शासन स्वयं चलाने वाले ग्राम समुदाय प्राचीन भारत में 'सभा' के रूप में मौजूद थे। समय बीतने के साथ-साथ पंचायतों की भूमिका और काम भी बदलते रहे। आधुनिक समय में स्थानीय शासन के निर्वाचन निकाय 1882 ई. के बाद अस्तित्व में आए।

उस वक्त लॉर्ड रिपन भारत का वायसराय था। उसने इन निकायों को बनाने की दिशा में पहलकदमी की। उस वक्त इसे मुकामी बोर्ड कहा जाता था।

बहरहाल, इस दिशा में प्रगति बड़ी धीमी गति से हो रही थी। भारतीय राष्ट्रीय कांग्रेस ने सरकार से माँग की कि सभी स्थानीय बोर्डों को अधिक कारगर बनाने के लिए वह जरूरी कदम उठाए।

(i) **भारत में स्थानीय शासन की स्थापना का श्रेय किस वायसराय को दिया जाता है?**

(a) लार्ड रिपन (b) लार्ड कार्नवालिस
(c) वारेन हेस्टिंग्स (d) लार्ड डलहौजी

उत्तर (a) लार्ड रिपन

(ii) **लार्ड रिपन के समय स्थानीय स्वशासन से संबंधित बोर्ड को क्या कहा जाता था?**

(a) स्थानीय स्वशासन बोर्ड
(b) मुकामा बोर्ड
(c) सामुदायिक विकास बोर्ड
(d) उपरोक्त में से कोई नहीं

उत्तर (b) मुकामा बोर्ड

(iii) **स्थानीय स्वशासन के संदर्भ में महात्मा गाँधी के विचारों का उल्लेख कीजिए।**

उत्तर भारतीय स्वतंत्रता संग्राम के समय महात्मा गाँधीजी का विचार था कि आर्थिक एवं राजनैतिक विकेंद्रीकरण होना चाहिए। इसके लिए ग्राम पंचायत को अधिक-से-अधिक स्वायत्तता प्रदान करना आवश्यक है। इन उद्देश्यों की प्राप्ति के लिए विकेंद्रीकरण को महत्त्वपूर्ण साधन माना।

2. **संविधान के 74वें संशोधन का संबंध शहरी स्थानीय शासन के निकाय अर्थात् नगरपालिका से है। शहरी इलाका किसे कहते हैं? मुंबई अथवा कोलकाता जैसे बड़े महानगरों को पहचानना बहुत आसान है, लेकिन जो शहरी क्षेत्रों गाँव और नगर के बीच होते हैं, उन्हें पहचान पाना इतना आसान नहीं। भारत की जनगणना में शहरी क्षेत्रों की परिभाषा करते हुए जरूरी माना गया है कि ऐसे इलाके में** (i) **कम-से-कम 5,000 की जनसंख्या हो।** (ii) **इस इलाके के कामकाजी पुरुषों में कम-से-कम 75% खेतीबाड़ी के काम से अलग माने जाने वाले पेशे में हों।** (iii) **जनसंख्या का घनत्व कम-से-कम 400 व्यक्ति प्रतिवर्ग किमी हो।**

वर्ष 2001 की जनगणना के अनुसार, भारत की 28% जनसंख्या शहरी क्षेत्रों में रहती है। अनेक रूपों में 74वें संशोधन में संविधान के 73वें संशोधन का दोहराव है, लेकिन यह संशोधन शहरी क्षेत्रों से संबंधित है।

(i) **शहरी क्षेत्रों की परिभाषा के अनुसार, जनसंख्या का न्यूनतम घनत्व कितना होना चाहिए?**

(a) 500 व्यक्ति प्रतिवर्ग किमी.
(b) 400 व्यक्ति प्रतिवर्ग किमी.
(c) 600 व्यक्ति प्रतिवर्ग किमी.
(d) 300 व्यक्ति प्रतिवर्ग किमी.

उत्तर (b) 400 व्यक्ति प्रतिवर्ग किमी.

(ii) **73वाँ और 74वाँ संशोधन किस प्रकार एक दूसरे से संबंधित है?**

(a) दोनों शिक्षा से जुड़े हैं
(b) दोनो कृषि से जुड़े हैं
(c) दोनों स्थानीय स्वशासन से जुड़े हैं
(d) दोनों न्यायपालिका से जुड़े हैं

उत्तर (c) दोनों स्थानीय स्वशासन से जुडे हैं।

(iii) **शहरी क्षेत्र के लिए आवश्यक तत्त्व हैं।**

उत्तर शहरी क्षेत्र के लिए कम-से-कम 5,000 जनसंख्या होनी चाहिए। उस क्षेत्र के कम-से-कम 75% व्यक्ति कृषि को छोड़कर अन्य पेशे से संबंधित हों तथा इसके साथ-ही-साथ कम-से-कम 400 व्यक्ति प्रतिवर्ग किमी जनसंख्या का घनत्व होना आवश्यक है।

3. **संविधान के 73वें और 74वें संशोधन के बाद स्थानीय शासन को मजबूत आधार मिला, लेकिन इससे पहले भी स्थानीय शासन के निकाय बनाने के लिए कुछ प्रयास हो चुके थे। इस सिलसिले में पहला नाम आता है-वर्ष 1952 के सामुदायिक विकास कार्यक्रम का। इस कार्यक्रम के पीछे सोच यह थी कि स्थानीय विकास की विभिन्न गतिविधियों में जनता की भागीदारी हो। इसी पृष्ठभूमि में ग्रामीण इलाकों के लिए एक त्रि-स्तरीय पंचायती राज व्यवस्था की सिफारिश की गई।**

कुछ प्रदेश (मसलन गुजरात, महाराष्ट्र) ने वर्ष 1960 में निर्वाचन द्वारा बने स्थानीय निकायों की प्रणाली अपनाई, लेकिन अनेक प्रदेशों में इन स्थानीय निकायों की शक्ति इतनी नहीं थी कि वे स्थानीय विकास की देखभाल कर सकें। ये निकाय वित्तीय मदद के लिए प्रदेश तथा केंद्रीय सरकार पर बहुत ज्यादा निर्भर थे। कई प्रदेशों ने तो यह तक नहीं माना कि निर्वाचन द्वारा स्थानीय निकाय स्थापित करने की जरूरत भी है।

ऐसे बहुत-से उदाहरण हैं जहाँ स्थानीय निकायों को भंग करके स्थानीय शासन का जिम्मा सरकारी अधिकारी को सौंप दिया गया। कई प्रदेशों में अधिकांश स्थानीय निकायों के चुनाव अप्रत्यक्ष रीति से हुए। अनेक प्रदेशों में स्थानीय निकायों के चुनाव समय-समय पर स्थगित होते रहे।

वर्ष 1987 के बाद स्थानीय शासन की संस्थाओं के गहन पुनरावलोकन की शुरुआत हुई। वर्ष 1989 में पी. के. थुंगन समिति ने स्थानीय शासन के निकायों को संवैधानिक दर्जा प्रदान करने की सिफारिश की।

(i) **उपरोक्त परिच्छेद/अनुच्छेद को ध्यानपूर्वक पढ़कर उपयुक्त शीर्षक का चयन कीजिए**

(a) स्थानीय शासन
(b) पंचायती राज व्यवस्था
(c) स्वतंत्र भारत में स्थानीय शासन
(d) स्थानीय शासन का महत्त्व

उत्तर (c) स्वतंत्र भारत में स्थानीय शासन

(ii) **निम्नलिखित कथनों में से कौन-सा कथन सही है?**

(a) वर्ष 1950 में सामुदायिक विकास कार्यक्रम की शुरुआत की गई
(b) वर्ष 1960 में बिहार और पश्चिम् बंगाल ने निर्वाचन द्वारा बने स्थानीय निकायों की प्रणाली अपनाई
(c) वर्ष 1987 के पश्चात् स्थानीय शासन की संस्थाओं के गहन पुनरावलोकन की शुरुआत हुई
(d) वर्ष 1988 में पी के थुंगन समिति ने स्थानीय शासन के निकायों को संवैधानिक दर्जा प्रदान करने की सिफारिश की

उत्तर (c) वर्ष 1987 के पश्चात् स्थानीय शासन की संस्थाओं के गहन पुनरावलोकन की शुरुआत हुई

(iii) 73वें और 74वें संविधान संशोधन के बाद स्थानीय शासन को किस प्रकार का आधार मिला?

उत्तर 73वें और 74वें संविधान संशोधन के बाद स्थानीय शासन को एक मजबूत संवैधानिक आधार मिला, जिसमें पंचायत राज और शहरी स्थानीय निकायों की स्थापना की गई। इन संशोधनों ने स्थानीय निकायों की स्वायत्तता अधिकार और जिम्मेदारियों के साथ सशक्त बनाया।

4. **पंचायती राज के तीनों स्तरों के चुनाव जनता द्वारा प्रत्यक्ष रूप से किए जाते हैं। राज्य द्वारा पंचायत को पाँच वर्ष से पूर्व भंग करने की स्थिति में छः माह के अंदर चुनाव कराए जाने का प्रावधान है। यह प्रावधान स्थानीय निकायों के अस्तित्व को सुनिश्चित करता है। 73वें संशोधन से पूर्व राज्यों में स्थानीय निकायों के चुनाव अप्रत्यक्ष विधि से होते थे एवं संस्थाओं को भंग करने की स्थिति में तत्काल चुनाव करवाने का कोई प्रावधान नहीं था।**

पंचायती राज संस्थाओं के तीनों स्तरों में अनुसूचित जाति तथा जनजाति के लिए सीटों में आरक्षण का प्रावधान उनकी जनसंख्या के अनुपात में किया गया है एवं इसके साथ-साथ महिलाओं के लिए एक-तिहाई सीटें आरक्षित करने का प्रावधान भी किया गया है। आरक्षण की व्यवस्था तीनों स्तरों के अध्यक्ष पद हेतु भी की गई है। अन्य पिछड़े वर्ग हेतु स्थानीय निकायों की सीटों में आरक्षण की व्यवस्था को राज्य सरकार के विवेक पर निर्भर किया गया है।

अनुसूचित जाति व जनजाति हेतु आरक्षित सीटों में से भी एक-तिहाई सीटें महिलाओं के लिए आरक्षित की गई हैं। स्थानीय शासन की संस्थाओं में अनुसूचित जाति तथा जनजाति की महिलाओं की भागीदारी भी सुनिश्चित की गई है अर्थात् कोई भी सीट महिला उम्मीदवार तथा अनुसूचित जाति/जनजाति के सदस्यों के लिए आरक्षित की जा सकती है। इस प्रकार कोई दलित या आदिवासी महिला भी सरपंच के पद को धारण कर सकती है।

(i) निम्नलिखित में से किस अनुच्छेद पंचायतों की शक्ति, प्राधिकार और उत्तरदायित्व का उल्लेख किया गया है?

(a) अनु. 243
(b) अनु. 243 (G)
(c) अनु. 243 (D)
(d) अनु. 242 (b)

उत्तर (b) अनु. 243 (G)

(ii) निम्नलिखित कथनों में से कौन-सा कथन सही है

(a) पंचायती राज त्रि-स्तरीय व्यवस्था है
(b) पंचायती राज व्यवस्था के तीनों स्तरों का चुनाव जनता द्वारा प्रत्यक्ष रूप से किया जाता है
(c) 'a' और 'b' दोनों
(d) उपरोक्त में से कोई नहीं

उत्तर (c) 'a' और 'b' दोनों

(iii) अनुसूचित जाति और जनजाति के लिए पंचायती राज संस्थाओं में आरक्षण किसके आधार पर किया जाता है?

उत्तर अनुसूचित जाति (SC) और अनुसूचित जनजाति (ST) के लिए पंचायती राज संस्थाओं मे आरक्षण उनकी जनसंख्या के अनुपात के आधार पर किया जाता है।

स्वयं को जाँचें

वस्तुनिष्ठ प्रश्न

1. निम्नलिखित में से कौन-सा स्थानीय शासन की एक इकाई हैं?

(a) लोकसभा
(b) राज्यसभा
(c) पंचायत समिति
(d) सुप्रीम कोर्ट

2. राज्य चुनाव आयुक्त के संबंध में दिए गए कथनों में से कौन-सा कथन सत्य है?

(a) राज्य चुनाव आयुक्त एक स्वायत्त पद है
(b) 73वें तथा 74वें संशोधन के पश्चात् स्थानीय निकायों की संस्थाओं के चुनावों हेतु राज्यों में राज्य चुनाव आयुक्त की नियुक्ति का प्रावधान किया गया
(c) राज्य चुनाव आयुक्त, भारत के चुनाव आयोग से स्वतंत्र होकर कार्य करता है
(d) उपरोक्त सभी

3. संविधान के 74वें संशोधन के द्वारा शहरी स्थानीय शासन के अंतर्गत उन क्षेत्रों को शहरी क्षेत्र माना गया है, जिनमें

1. कम-से-कम 5,000 जनसंख्या हो।
2. उस क्षेत्र के कम-से-कम 75% व्यक्ति कृषि को छोड़कर किसी अन्य व्यवसाय से जुड़े हों।
3. जनसंख्या का घनत्व कम-से-कम 400 व्यक्ति प्रतिवर्ग किमी हो।

कूट

(a) केवल 1
(b) 1 और 2
(c) 2 और 3
(d) ये सभी

4. किस वर्ष संविधान के 73वें और 74वें संशोधनों को संसद द्वारा पारित किया गया था?

(a) वर्ष 1991
(b) वर्ष 1992
(c) वर्ष 1993
(d) वर्ष 1994

5. निम्नलिखित में से कौन-सा युग्म सही है?

(a) ब्लॉक समिति शहरी क्षेत्र
(b) जिला परिषद् ग्राम पंचायत के ऊपर की इकाई
(c) नगर निगम ग्रामीण क्षेत्र
(d) ग्राम सभा जिला स्तर पर शासन

लघु उत्तरीय प्रश्न

6. स्थानीय स्वशासन को संवैधानिक दर्जा कब दिया गया?

7. ग्राम पंचायत की किन्हीं तीन समस्याओं को बताइए।

8. स्थानीय स्वशासन पर थुंगन समिति की सिफारिशों को बताइए।

9. जिला परिषद् की भूमिका क्या है।

दीर्घ उत्तरीय प्रश्न I

10. स्थानीय स्वशासन की प्रमुख समस्याओं का वर्णन कीजिए।

11. पंचायती राज व्यवस्था के कौन-कौन से स्तर होते हैं?

12. लोकतंत्र की सफलता के लिए स्थानीय स्वशासन का क्या महत्त्व है?

दीर्घ उत्तरीय प्रश्न II

13. भारत में नगर निगम की रचना एवं कार्यों का वर्णन कीजिए।

14. स्थानीय निकायों का चुनाव कौन करवाता है? इसके विषय में स्पष्ट कीजिए।

15. राज्य वित्त आयोग: राज्य वित्त आयोग की स्थापना, इसके कार्य, और राज्य की आर्थिक स्थिति सुधारने में इसकी भूमिका का विस्तृत वर्णन कीजिए।

9

अध्याय

इस अध्याय में स्वतंत्रता प्राप्ति के पश्चात् से अब तक के समय में संविधान के क्रियान्वयन तथा भारतीय शासन प्राणाली में उसकी भूमिका एवं प्रमुख स्रोतों से संबंधित अध्ययन को शामिल किया गया है।

▼ **अध्ययन एक नजर में**

▼ **अभ्यास के लिए**

- बहुविकल्पीय प्रश्न 23 (युम्मित प्रश्न, चित्र आधारित प्रश्न, कथन/कारण, सुमेलित कीजिए)
- वर्णनात्मक प्रकार के प्रश्न (लघु उत्तरीय प्रश्न 5, दीर्घ उत्तरीय प्रश्न I 14)
- दीर्घ उत्तरीय प्रश्न II 7,
- स्रोत आधारित प्रश्न 2, मानचित्र आधारित 0

संविधान : एक जीवंत दस्तावेज

भारतीय संविधान एक जीवंत दस्तावेज के रूप में विकसित हुआ है। विश्व के अनेक देशों ने परिस्थितियों में परिवर्तन के अनुरूप अपने संविधान में परिवर्तन किया या उसे दोबारा से लिखा जैसे- सोवियत संघ ने 74 वर्षों के दौरान चार बार (1918,1924,1936 तथा 1977) संशोधन किया गया तथा फ्रांस ने अपने संविधान में पाँच बार (1793,1848,1875,1976 तथा 1958) संशोधन किया।

9.1 संविधान की जीवंतता

हमारे संविधान निर्माताओं की दूरदर्शिता के कारण ऐसे मजबूत संविधान का निर्माण हुआ है, जो देश को परिस्थितियों के अनुकूल बना रहा है। इसके साथ-साथ हमारे दूरदर्शी संविधान निर्माताओं को इस बात का आभास था कि संविधान के दस्तावेज में परिस्थिति के अनुसार परिवर्तन की आवश्यकता होती है, अत: उन्होंने

- परिस्थिति के अनुकूल संविधान में संशोधन किए जाने का प्रावधान किया।
- न्यायिक व्याख्या के जरिए **लचीलेपन**[1] (Flexibility) के तत्त्वों को स्थापित किया।

संविधान निर्माण के समय निर्माताओं द्वारा संविधान में तत्कालीन समाज की समस्याओं से संबंधित प्रावधानों को सम्मिलित किया जाता है व इसके साथ-साथ संविधान में इस प्रकार के प्रावधानों को सम्मिलित किया जाता है, जो भविष्य में आने वाली सरकारों को कार्य करने के लिए एक रूपरेखा प्रदान कर सकें तथा भविष्य में आने वाली चुनौतियों का हल प्रस्तुत कर सकें।

इस प्रकार संविधान के अनेक ऐसे स्थायी महत्त्व हैं, जो न केवल तत्कालीन परिस्थिति अपितु भविष्य में आने वाली परिस्थितियों का सामना करने के लिए भी उपयुक्त होते हैं। इसके साथ-साथ संविधान के प्रावधानों में संशोधन, बदलाव और पुनर्विचार जैसे तत्त्वों को भी सम्मिलित किया जाता है, ताकि संविधान के प्रावधान बदलती हुई परिस्थितियों में भी प्रासंगिक बने रहें।

1 लचीलेपन (Flexibility)यह संविधान के संशोधन करने की क्षमता है।

संविधान में संशोधन

- भारतीय संविधान को कठोर और लचीलेपन का मिश्रण माना जाता है, यह प्रावधान समय के अनुरूप परिवर्तन को स्वीकार मूलभूत प्रावधानों को संशोधित करने की अनुाति देते हैं। यह आवश्यकता के अनुसार, परिवर्तन तथा अनावश्यक परिवर्तन को रोकने पर ध्यान केंद्रित करता है।
- **संविधान का लचीलापन** का अर्थ है कि बदलती सामाजिक आर्थिक परिस्थितियों के हिसाब से अलग-अलग व्याख्याएँ की जा सकती हैं। संविधान के लचीलेपन से वर्तमान में सामाजिक माँगों के अनुरूप सुधारों को बढ़ावा मिलता है, क्योंकि संविधान निर्माता जानते थे कि संविधान में त्रुटियाँ हो सकती हैं। वे समझते थे कि संविधान पूरी तरह दोषमुक्त नहीं हो सकता।
- **कठोर संविधान** से तात्पर्य है कि जब उसमें संशोधन करना मुश्किल हो अर्थात संविधान के मौलिक कानूनों को बदलने के लिए विशेष प्रावधान हों। इसमें संविधान में संशोधन के लिए विशेष प्रक्रियाओं का पालन करना होता है। जिसके अंतर्गत संशोधन के लिए केंद्र और राज्य दोनों की सहमति जरूरी होती है।

"भारतीय संविधान **कठोरता**[2] और लचीलेपन का मिश्रण है" संविधान में संशोधन की प्रक्रिया के आधार पर इसे इस प्रकार समझा जा सकता है-

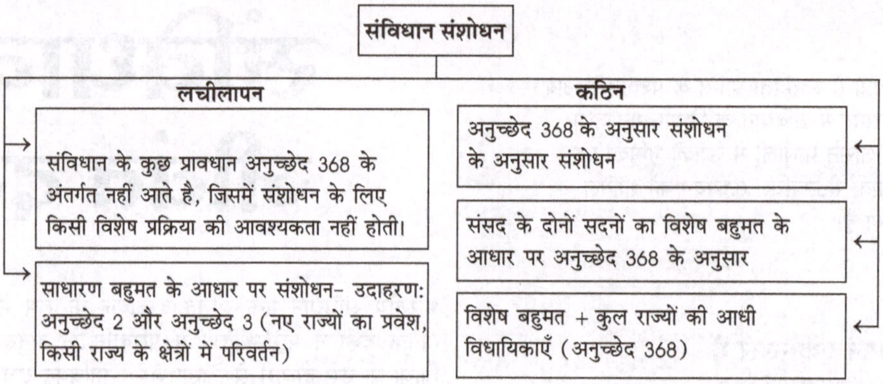

9.2 संविधान संशोधन की प्रक्रिया

किसी भी संविधान में वर्णित प्रावधान अंतिम नहीं हो सकते। संविधान निर्माता इस बात से सहमत थे कि संविधान में त्रुटियाँ हो सकती हैं और समय के साथ इनमें परिवर्तन करना भी अवश्यंभावी होगा। इसलिए परिवर्तन की आवश्यकता और प्रवृति के अनुसार संविधान संशोधन की भिन्न-भिन्न प्रक्रियाएँ अपनाई गईं, जो निम्नलिखित हैं

साधारण बहुमत

- संविधान में ऐसे कई अनुच्छेद हैं, जिनमें संसद सामान्य कानून बनाकर संशोधन कर सकती है। ऐसे मामलों में कोई विशेष प्रक्रिया अपनाने की आवश्यकता नहीं होती।
- इस प्रकार के संशोधन में सदन में उपस्थित तथा मत देने वाले सदस्यों के बहुमत (50%) से ही प्रावधानों में संशोधन किया जा सकता है।

विशेष बहुमत

- संविधान में संशोधन के लिए दो अलग-अलग प्रकार के विशेष बहुमत की आवश्यकता होती है; जैसे-
  - सबसे पहले विधेयक को सदन की कुल संख्या के कम-से-कम आधे सदस्यों का समर्थन प्राप्त होना चाहिए
  - दूसरे विधेयक को उपस्थित और मतदान करने वाले सदस्यों के $\frac{2}{3}$ मत भी प्राप्त होने चाहिए।
- उदाहरण के लिए लोकसभा में 545 सदस्य हैं। किसी भी संशोधन के लिए 273 सदस्यों के समर्थन की आवश्यकता होती है और यदि 400 सदस्य मतदान कर रहे हैं तो विधेयक को 2/3 समर्थन अर्थात् 267 सदस्यों की आवश्यकता होगी।
- विशेष बहुमत से संविधान में संशोधन करने के लिए, सत्तारूढ़ पार्टी को अन्य राजनीतिक पार्टियों और सांसदों के समर्थन की आवश्यकता होती है।

2 कठोरता यह परिवर्तन या अनुकूलन की अक्षमता है।

राज्यों द्वारा अनुमोदन

- संविधान के कुछ अनुच्छेदों में संशोधन से पूर्व राज्यों से परामर्श तथा उनकी स्वीकृति को अनिवार्य बनाया गया है, क्योंकि अनुच्छेदों में संशोधन करने के लिए विशेष बहुमत ही पर्याप्त नहीं होते। ये अनुच्छेद मुख्यत:—
  - केंद्र और राज्य सरकार के मध्य शक्तियों के वितरण में संबंधित होते हैं।
  - जन प्रतिनिधित्व से संबंधित होते हैं।
  - राष्ट्रपति की निर्वाचन प्रक्रिया से संबंधित होते हैं।
- संविधान के इन प्रावधानों के द्वारा **संघीय संरचना** (Federal Structure) को सुरक्षित किया गया है अर्थात् राज्य की शक्तियों को केंद्र सरकार की इच्छाओं पर निर्भर न करके संविधान में इस व्यवस्था के तहत राज्यों की शक्तियों को सुनिश्चित कर दिया गया है कि आधे से अधिक राज्यों की विधानपालिकाओं द्वारा संविधान संशोधन विधेयक को पारित करने के पश्चात् ही उस संशोधन को प्रभावी माना जाएगा। इसी प्रकार से मौलिक अधिकारों के प्रावधानों को भी सुरक्षित किया गया है।
- संविधान के अनेक प्रावधानों में संशोधन के संदर्भ में राजनीति से एक व्यापक सहमति की अपेक्षा की गई है तथा राज्यों के अधिकारों को सुरक्षित कर, उन्हें संशोधन प्रक्रिया में भाग लेने का अधिकार प्रदान किया है। संशोधन की इस प्रक्रिया को ठोस बनाने के साथ-साथ काफी हद तक लचीला भी बनाया गया है।
- संविधान निर्माताओं ने संशोधन प्रक्रिया को इस प्रकार बनाया है कि संविधान में अनावश्यक और अक्सर परिवर्तन न किए जा सकें तथा भावी पीढ़ियाँ अपने समय तथा परिस्थिति के अनुसार उसमें आवश्यक संशोधन भी कर सकें।

चेक प्वॉइंट 1

1. भारत का संविधान कब लागू हुआ?
2. संविधान में संशोधन की कितनी प्रक्रियाएँ हैं?
3. भारतीय संविधान का कौन-सा अनुच्छेद संशोधन करने की शक्ति प्रदान करता है?
4. संघीय प्रावधानों के लिए किस प्रकार के बहुमत की आवश्यकता होती है?

9.3 संविधान में संशोधन की आवश्यकता

भारतीय संविधान में 74 वर्षों के दौरान 106 संशोधन हुए हैं। संशोधन की प्रक्रिया की कठोरता को देखते हुए यह संख्या बहुत अधिक है। संविधान में अधिक संशोधन के कारण इसकी आलोचना भी हुई है।

संशोधन का इतिहास

- 1970-1990 की अवधि में संविधान संशोधन में तेजी देखी गई है। साथ ही इस समय संसद में कांग्रेस का भी प्रभुत्व था।
- 1974-1976 दो तीन वर्षों में दस संशोधन हुए हैं। इस दौरान भी संसद में कांग्रेस का प्रभुत्व था।
- 2001-2003 इस तीन वर्षों में भी दस संशोधन हुए हैं। इस दौरान गठबंधन की राजनीति का दौर था और अलग-अलग राज्यों में अलग-अलग पार्टियाँ सत्ता में थी।

संशोधन का इतिहास निम्नलिखित तथ्यों को उजागर करता है

- संशोधन केवल सत्तारूढ़ दल के प्रभुत्व से प्रभावित नहीं होते हैं।
- पहले दशक को छोड़कर प्रत्येक दशक में संशोधनों की एक सतत प्रवृत्ति देखी गई है।
- इससे पता चलता है कि संविधान में संशोधन राजनीतिक या किसी विशेष पार्टी की परवाह किए बिना आश्यकता अनुरूप किया जा सकता है।

संशोधन की विषय-वस्तु

- प्रशासनिक दृष्टिकोण के अंतर्गत अब तक संविधान में किए संशोधनों को मुख्यत: तीन श्रेणी में विभाजित किया गया है
  (i) **प्रथम श्रेणी** इस श्रेणी के तहत वे संशोधन आते हैं, जो संविधान के मूल उपबंधों को स्पष्ट बनाने तथा उनकी व्याख्या करने से संबंधित होते हैं। इनकी प्रकृति तकनीकी या प्रशासनिक होती है। ये मूल उपबंधों में कोई महत्त्वपूर्ण परिवर्तन नहीं करते।
  (ii) **द्वितीय श्रेणी** इस श्रेणी में उन संशोधनों को रखा जा सकता है, जो सरकार तथा न्यायपालिका की शक्तियों के स्पष्टीकरण या उनके आपसी मतभेद से संबंधित होते हैं।
  (iii) **तृतीय श्रेणी** इस श्रेणी में उन संशोधनों को रखा जा सकता है, जो राजनीतिक दर्शन तथा समाज की आकांक्षाओं को समाहित करने से संबंधित होते हैं। तकनीकी या प्रशासनिक संशोधनों में निम्नलिखित संशोधनों को शामिल किया जाता है :

- उच्च न्यायालय के न्यायाधीशों की सेवानिवृत्ति की आयु सीमा को 60 वर्ष से बढ़ाकर 62 वर्ष करना। (15वाँ संशोधन)
- सर्वोच्च न्यायालय के न्यायाधीशों का वेतन बढ़ाने संबंधी संशोधन (55वाँ संशोधन)
- विधायिकाओं में अनुसूचित जाति और अनुसूचित जनजाति के लिए सीटों के आरक्षण संबंधी संशोधन। मूल उपबंध में आरक्षण का प्रावधान केवल 10 वर्ष की अवधि के लिए किया गया था, परंतु इन वर्गों को उचित प्रतिनिधित्व देने के लिए प्रत्येक 10 वर्ष की समाप्ति पर संशोधन कर आगामी 10 वर्षों के लिए इस प्रावधान को बढ़ा दिया गया। अब तक इस संदर्भ में पाँच संशोधन किए जा चुके हैं।
- अनुच्छेद 74(1) में संशोधन कर मंत्रिपरिषद् की सलाह को राष्ट्रपति के लिए **बाध्यकारी** (Compulsive) बनाना।

इन सब संशोधनों के पश्चात् भी **मूल उपबंधों** (Basic Provisions) की प्रकृति में कोई परिवर्तन नहीं हुआ। अत: ये सब तकनीकी तथा संवैधानिक व्याख्या से संबंधित संशोधन थे।

संविधान की व्याख्याओं के अंतगत संशोधन

- संविधान की व्याख्या को लेकर न्यायपालिका तथा सरकार के मध्य टकराव के कारण संसद के द्वारा द्वितीय श्रेणी के संशोधन किए गए हैं। संसद के द्वारा द्वितीय श्रेणी के संशोधन न्यायपालिका और सरकार की व्याख्याओं से किसी एक की प्रामाणिकता को सिद्ध करने के लिए या संसद की न्यायपालिका की व्याख्याओं से असहमति के कारण भी किए जाते हैं। न्यायपालिका के नियमों को नियंत्रित करने के लिए भी संसद द्वारा ऐसे संशोधन किए गए हैं।
- इस प्रकार के संशोधन सबसे अधिक वर्ष 1970 से 1975 की अवधि में हुए थे। न्यायपालिका तथा संसद के मध्य मुख्य विवाद के बिंदु निम्नलिखित प्रावधानों को लेकर रहे हैं
  (i) मौलिक अधिकार बनाम नीति-निदेशक सिद्धांतों के संदर्भ में।
  (ii) निजी संपत्ति के अधिकार के दायरों को लेकर।
  (iii) संवैधानिक संशोधन में संसद की शक्ति को लेकर
- वर्ष 1970 से 1975 के मध्य संसद ने न्यायपालिका की प्रतिकूल व्याख्या को निरस्त करते हुए अनेक बार संशोधन किए। इसी कारण मुख्य तौर पर संवैधानिक इतिहास को इस काल खंड की राजनीति के संदर्भ में भी समझा जाता है।

राजनीतिक आम सहमति के माध्यम से संशोधन

- तृतीय श्रेणी के संशोधन मुख्यत: राजनीतिक दलों की आम **सहमति**[3] के कारण हुए हैं, जो राजनीतिक दर्शन तथा समाज की आकांक्षाओं को समाहित करने के लिए किए गए थे।
- वर्ष 1984 के बाद किए गए संवैधानिक संशोधन इसी श्रेणी में आते हैं। **गठबंधन सरकार**[4] तथा राजनीतिक अस्थिरता के दौर में व्यापक आम सहमति के कारण ये संशोधन हुए। इस श्रेणी के संशोधनों में; जैसे—
  (i) दल-बदल विरोधी कानून (52वाँ तथा 91वाँ संशोधन)
  (ii) मताधिकार की आयु 21 वर्ष से 18 वर्ष करने संबंधित संशोधन।
  (iii) स्थानीय स्वशासन से संबंधित 73वाँ और 74वाँ संशोधन।
  (iv) सरकारी नौकरियों में आरक्षण की सीमा बढ़ाने और प्रवेश संबंधी नियमों के संदर्भ में संशोधन को शामिल किया जा सकता है।

विवादास्पद संशोधन

- 1970 से 1980 के दशक में हुए संशोधनों को लेकर अनेक प्रकार के **विवाद**[5] (Controversy) बने हुए हैं; जैसे—38वाँ, 39वाँ, 42वाँ संशोधन। इन संशोधनों को लेकर विधि तथा राजनीति के दायरों में भारी बहस हुई थी।
- वर्ष 1971 से 1976 के कालखंड में विपक्षी दलों का मानना था कि सत्तारूढ़ दल द्वारा किए गए ये संशोधन संविधान के मूल स्वरूप को प्रभावित करते हैं। 38वें, 39वें तथा 42वें संविधान संशोधन जून, 1975 की आपातकाल की घोषणा के समय किए गए थे। ये संशोधन संविधान के कुछ बुनियादी हिस्सों में परिवर्तन करते थे।

42 वें संविधान संशोधन -1976

- 42वें संशोधन ने संविधान को बड़े स्तर पर प्रभावित किया है। यह संशोधन केशवानंद भारती के मामले में दिए सर्वोच्च न्यायालय के निर्णय को भी निरस्त करता था। इस संशोधन के माध्यम से
- लोकसभा की अवधि को 5 वर्ष से बढ़ाकर 6 वर्ष कर दिया गया।
- **मूल कर्त्तव्यों** (Fundamental Duties) के प्रावधानों को संविधान में जोड़ा गया।
- न्यायपालिका की **समीक्षा की शक्तियों** (Review Power) पर भी प्रतिबंध लगाया गया।
- संविधान की प्रस्तावना, सातवीं अनुसूची तथा 53 अनुच्छेदों में परिवर्तन किए गए।

3 **सहमति** संविधान निर्माताओं के अनुसार संविधान को समझना।
4 **गठबंधन सरकार** यह सरकार विभिन्न राजनीतिक दलों, समूहों या हितों का एक अस्थायी गठबंधन है।
5 **विवाद** (Controversy) सार्वजनिक असहमति को जन्म देना या जन्म देने की संभावना होना।

- इस संशोधन में संविधान के महत्त्वपूर्ण प्रावधानों को नए सिरे से लिखा गया था। संसद में इस संशोधन विधेयक के पारित होने का विपक्षी दलों द्वारा प्रबल विरोध किया गया जिस कारण बहुत-से सांसदों को जेल भेज दिया गया। इसी कारण वर्ष 1977 में हुए आम चुनावों में सत्ताधारी दल की हार हुई और नई सरकार ने इन संशोधनों पर विचार कर इनके अधिकतर प्रावधानों को निरस्त कर संवैधानिक संतुलन स्थापित किया।

9.4 संविधान की मूल संरचना एवं उसका विकास

संविधान की मूल संरचना के सिद्धांत ने भारतीय संविधान के विकास को बड़े स्तर पर प्रभावित किया है। इस सिद्धांत को **केशवानंद भारती वाद** (वर्ष 1973) में न्यायपालिका ने निर्णय के द्वारा प्रतिपादित किया, जिसने संविधान के विकास में महत्त्वपूर्ण सहयोग दिया, जो इस प्रकार है

- इस निर्णय के द्वारा संसद के संविधान में संशोधन करने की शक्तियों की सीमाएँ निर्धारित कर दी गईं।
- इस निर्णय के द्वारा संविधान के कुछ या सभी भागों में संपूर्ण संशोधन (निर्धारित सीमाओं के अंदर) की अनुमति दी गई।
- इस निर्णय के द्वारा संविधान की मूल संरचना या उसके बुनियादी तत्त्वों का उल्लंघन करने वाले किसी संशोधन पर अंतिम फैसले की शक्ति न्यायपालिका को दी गई।

- केशवानंद भारती के मामले में दिए निर्णय ने आगामी दशकों तक संवैधानिक व्याख्या में महत्त्वपूर्ण भूमिका निभाई। संरचना का सिद्धांत स्वयं में एक जीवंत संविधान का उदाहरण है, इस सिद्धांत का जन्म न्यायिक व्याख्याओं से हुआ है। विगत तीन दशकों से इसे व्यापक स्वीकृति मिली है। न्यायिक व्याख्याओं के कारण भी संविधान में अनेक संशोधन हुए हैं।
- सभी जीवंत संविधानों का विकास बहस, तर्क-वितर्क, प्रतिस्पर्द्धा और व्यावहारिक राजनीति से ही होता है।

संविधान के विकास में न्यायपालिका का योगदान

- "बुनियादी संरचना के सिद्धांत" से संविधान की कठोरता और लचीलेपन के मध्य संतुलन और मजबूत हुआ है।
- वर्ष 1973 के पश्चात् न्यायालय के अनेक मामलों में निर्णयों के द्वारा **बुनियादी संरचना** (Basic Structure) के तत्त्वों को स्थापित करने का प्रयास किया गया। संविधान के कुछ प्रावधानों को संशोधन के दायरे से बाहर तथा कुछ प्रावधानों को दायरे के अंदर रखकर संविधान के संतुलन को और अधिक बल बल मिला है।

अनेक मामलों में न्यायालय ने न्यायिक व्याख्याओं के माध्यम से नए सिद्धांत स्थापित किए हैं, जो इस प्रकार हैं

(i) **आरक्षण सीमाएँ** उच्चतम न्यायालय ने नौकरियों तथा शैक्षिक संस्थाओं में आरक्षित सीटों की अधिकतम संख्या 50% निर्धारित की।

(ii) **क्रीमी लेयर की अवधारणा** अन्य पिछड़े वर्ग में क्रीमी लेयर को आरक्षण प्रणाली के लाभ नहीं दिए जाने का विचार स्थापित किया गया।

(iii) **अनौपचारिक संशोधन** शिक्षा, जीवन, स्वतंत्रता और अल्पसंख्यक समूहों की संस्थाओं की स्थापना तथा प्रबंधन से संबंधित अधिकारों में अनौपचारिक रूप से संशोधन किए। न्यायपालिका के ऐसे निर्णयों की संविधान के विकास में महत्त्वपूर्ण भूमिका होती है।

संविधान एक जीवित दस्तावेज के रूप में

- संविधान को एक जीवंत दस्तावेज माना गया है। इसका अभिप्राय है कि यह एक जीवित प्राणी की तरह यह दस्तावेज समय-समय पर उत्पन्न होने वाली परिस्थितियों के अनुरूप कार्य करता है।
- समाज में इतने सारे परिवर्तन होने के पश्चात् भी हमारा संविधान अपनी गतिशीलता, व्याख्याओं के खुलेपन और बदलती परिस्थितियों के अनुसार परिवर्तनशीलता की विशेषताओं के कारण प्रभावशाली रूप से कार्य कर रहा है।
- संविधान में सरकार के सभी घटकों को भी शक्ति प्रदान की गई है, ताकि संसद की सर्वोच्चता स्थित रहे।

राजनीतिज्ञों की परिपक्वता

- 1967 से 1973 के दौरान राजनीतिक विरोधाभासों के दौरान संसद तथा कार्यपालिका में एक संतुलन तथा दीर्घकालीन समाधान की आवश्यकताओं को महसूस किया गया
- केशवानंद विवाद के फैसले के उपरांत संसद ने 42वें संविधान संशोधन के द्वारा अपनी सर्वोच्चता को पुनः स्थापित करने की कोशिश की, परंतु न्यायालय ने मिनर्वा मिल्स मामले में अपना रूप पुनः स्पष्ट किया। इसके उपरांत संसद और कार्यपालिका ने यह अनुभव किया कि एक संतुलित और दीर्घकालिक दृष्टिकोण की आवश्यकता है।

चेक प्वॉइंट 3

1. संविधान में विवादास्पद संशोधन का नाम बताइए।
2. भारतीय संविधान में कितनी बार संशोधन किया गया है?
3. 52वाँ संशोधन किससे संबंधित है?
4. किस संशोधन द्वारा लोकसभा का कार्यकाल पाँच वर्ष से बढ़ाकर छः वर्ष कर दिया गया?

Mind Map

संविधान: एक जीवंत दस्तावेज

1 प्रमुख विशेषताएँ

गतिशील और अनुकूलनीय
- सामाजिक आवश्यकता के अनुरूप संविधान में संशोधन किया जा सकता है जो इसके गतिशीलता का द्योतक है।

2 संविधान संशोधन

- इसमें आवश्यकता के अनुरूप परिवर्तन किया जा सकता है।
- समय परिवर्तन के साथ भी अपने मूल सिद्धांतों को बनाए रखना।
- **संविधान का लचीलापन** संविधान को आसानी से परिवर्तित या संशोधन किया जा सकता है।
- **संविधान की कठोरता** संविधान में परिवर्तन करना एक कठिन कार्य है, जिसको विशेष प्रक्रियाओं की आवश्यकता होती है।

3 संशोधन प्रक्रिया

विशेष बहुमत
- दो प्रकार के विशेष बहुमत की आवश्यकता होती है।
- सदन के कुल सदस्य संख्या का 50% तथा उपस्थित व मतदान करने वाले सदस्यों का दो-तिहाई होना चाहिए।

सामान्य बहुमत
- इसमें उपस्थित और मतदान करने वाले सदस्यों को सामान्य बहुमत की आवश्यकता होती है।

राज्यों द्वारा अनुमोदन
- आधे राज्यों से सहमति की आवश्यकता होती है।
- यह प्रक्रिया केवल संसद में ही शुरू की जा सकती है।

4 इतिहास

1970-1990 का दशक
- संसद में कांग्रेस को भारी बहुमत प्राप्त था।

वर्ष 1974-1976
- तीन वर्ष के अंतराल में 10 संवैधानिक संशोधन

वर्ष 2001-2003
- यह गठबंधन की राजनीति का काल था।

संशोधनों की विषयवस्तु
- **प्रशासनिक** ये छोटे-छोटे परिवर्तनों से संबंधित हैं, जैसे– न्यायाधीशों की सेवा निवृत्त आयु में वृद्धि।
- **व्याख्या संबंधी विवाद** न्यायपालिका तथा सरकार के विचारों को संतुलित करता है, जैसे मौलिक अधिकार बनाम नीति निर्देशक सिद्धांत
- **राजनीतिक आम सहमति** ये व्यापक समझौते राजनीतिक सहमति के कारण हुए थे, जैसे– 73वाँ, 74वाँ संशोधन
- **विवादास्पद संशोधन** ये संशोधन आपातकालीन अवधि के दौरान किए गए थे, जैसे 42वें संशोधन के तहत लोकसभा की अवधि को 5 वर्ष से बढ़ाकर 6 वर्ष कर दिया गया था।

5 आधारभूत ढाँचा का सिद्धांत

- केशवानंद भारती में प्रस्तुत किया गया (वर्ष 1973)
- उदाहरण
  - निर्धारित सीमाओं के अंदर संसद को संशोधन की शक्ति
  - क्रीमी लेयर का सिद्धांत
  - शिक्षा का अधिकार विस्तृत किया गया।

न्यायपालिका का योगदान
- संवैधानिक ढाँचे के अंतर्गत संशोधनों की समीक्षा करना।
- यह सुनिश्चित करना कि संविधान परिवर्तित होती परिस्थितियों के साथ जीवंत तथा उत्तरदायी बना रहे।

6 न्यायपालिका की भूमिका

- यह एक जीवंत दस्तावेज है।
- यह जाँच और संतुलन बनाए रखता है।
- न्यायिक व्याख्या के साथ संविधान को आकार देता है।
- यह सुनिश्चित करता है कि जनहित में उठाए गए कदम संविधान के अनुरूप हों
- निरंतर विकसित होती नई प्रथाओं तथा विचारों का समावेश सुनिश्चित करना

राजनीतिज्ञों की परिपक्वता
- वर्ष 1967 से 1973 के मध्य कई विवादों के बावजूद संविधान के मूल ढाँचे के विचार में इसे स्वीकार किया गया।
- केशवानंद फैसले के बाद संसद ने 42वें संशोधन अधिनियम के माध्यम से अपनी सर्वोच्चता पुनः स्थापित करने का प्रयास किया।

संविधान के मौलिक ढाँचे के विकास की समयरेखा

- संविधान (प्रथम संशोधन)-1951
- गोलकनाथ केस से पूर्व की स्थिति
- गोलकनाथ बनाम पंजाब राज्य, 1967
- संविधान (24वाँ संशोधन)-1971
- केशवानंद भारती बनाम केरल राज्य-1973

मौलिक ढाँचे का विकास

NCERT फोल्डर

अध्याय के मध्य में दिए गए प्रश्न

1. **कक्षा के अनेक छात्रों को उपरोक्त खंड स्पष्ट रूप से समझ में नहीं आया। छात्रों ने निम्नलिखित बातें कहीं इस बारें में आपकी राय क्या है?**

(i) **संविधान किसी भी अन्य कानून की तरह ही होता है। उससे हमें सरकार के कामकाज के पीछे काम करने वाले नियमों और कानूनों के विषय में जानकारी मिलती है।**

(ii) **संविधान जनता की इच्छा अभिव्यक्ति होता है अत: संविधान में एक ऐसा उपबन्ध किया जाना चाहिए ताकि उसे 10 या 15 वर्षों के बाद बदला जा सके।**

(iii) **संविधान किसी देश के दर्शन को बया न करता है। उसे कभी नहीं बदला जा सकता।**

(iv) **संविधान एक पावन दस्तावेज होता है, इसलिए इसे बदलने की बात करना लोकतंत्र का विरोध करना है।**

उत्तर (i) यह कथन आर्थिक रूप से सही है। संविधान कानूनों का एक समूह है, लेकिन यह किसी सामान्य कानून से कहीं अधिक है। यह सरकार के कार्यकारी नियमों के साथ-साथ नागरिक अधिकारों, कर्त्तव्यों और लोकतांत्रिक आदर्शों का मार्गदर्शन भी करता है।

(ii) यह कथन सही है, लेकिन इसे पूरी तरह से लागू करना व्यावहारिक नहीं है। संविधान जनता की इच्छा को प्रतिबिंबित करता है, लेकिन प्रत्येक 10-15 वर्ष में इसे बदलने की बाध्यता सही नहीं है।

(iii) यह कथन सही है कि संविधान किसी देश के मूलभूत दर्शन और आदर्शों को व्यक्त करता हैं। हालाँकि यह कथन कभी बदला नहीं जा सकता, व्यावहारिक नहीं है। समाज व परिस्थितियाँ बदलती है, और संविधान को उन परिवर्तनों के अनुरूप ढालना आवश्यक होता है, लेकिन उसकी मूल संरचना में परिवर्तन न हो।

(iv) नहीं यह कथन गलत है, क्योंकि संविधान में संशोधन करना लोकतंत्र का विरोध करना नहीं है। संविधान लचीला और प्रगतिशील होता है। संविधान में बदलाव संभव है, लेकिन ये देश के हित, न्याय और लोकतांत्रिक मूल्यों के अनुरूप होने चाहिए।

2. **भारतीय संविधान में निम्नलिखित संशोधन करने के लिए कौन-कौन-सी शर्तें पूरी की जानी चाहिए? उचित स्थान पर सही का निशान लगाएँ।**

संशोधन का विषय	विशेष बहुमत	राज्यों द्वारा अनुमोदन
नागरिकता संबंधी अनुच्छेद		
धार्मिक स्वतंत्रता का अधिकार		
केंद्र सूची में परिवर्तन		
राज्य की सीमाओं में बदलाव		
चुनाव आयोग से संबंधित उपबंध		

उत्तर

संशोधन का विषय	विशेष बहुमत	राज्यों द्वारा अनुमोदन
नागरिकता संबंधी अनुच्छेद	✖	✖
धार्मिक स्वतंत्रता का अधिकार	✓	✖
केंद्र सूची में परिवर्तन	✓	✓
राज्य की सीमाओं में बदलाव	✖	✖
चुनाव आयोग से संबंधित उपबंध	✖	✖

3. **मुझे यह बात समझ नहीं आती कि कोई संविधान लचीला या कठोर कैसे होता है? क्या संविधान की कठोरता या उसका लचीलापन उस काल की राजनीति से तय नहीं होता?**

उत्तर संविधान की कठोरता या लचीलापन उसके संशोधन की प्रक्रिया पर निर्भर करता है यदि संविधान में बदलाव के लिए जटिल और कठिन प्रक्रिया अपनाई जाती है, तो वह कठोर कहलाता है, जैसे कि अमेरिकी संविधान। ऐसे संविधान में संशोधन करना कठिन होता है, जिससे यह लबें समय तक स्थिर रहता है।

वहीं, यदि संविधान में संशोधन करना आसान होता है, तो वह संविधान संशोधन लचीला होता है, जैसे भारतीय संविधान इसमें विभिन्न सामाजिक, राजनीतिक और आर्थिक परिवर्तनों के अनुरूप समयांतराल पर बदलाव किए जा सकते हैं। अतः यह सही है, कि संविधान का लचीलापन या कठोरता उस समय की राजनीति से प्रभावित हो सकता हैं क्योंकि राजनीतिक परिस्थितियाँ, सत्ता का संतुलन और राष्ट्र की आवश्यकता संविधान की संरचना को प्रभावित करते हैं।

4. **मुझे लगता है कि यह राज्यों की तुलना में केंद्र को ज्यादा शक्तियाँ देने का ही एक और उदाहरण है।**

उत्तर भारत में संविधान संशोधन की प्रक्रिया संविधान के अनुच्छेद 368 के तहत निर्धारित है, जिसमें केंद्र और राज्य दोनों की भूमिका है। यदि कोई राज्य संविधान में संशोधन करना चाहता है, तो उसे संसद में संशोधन का प्रस्ताव लाना होगा, क्योकि संशोधन का प्रस्ताव केवल संसद के माध्यम से ही आ सकता है।

राज्य विधान सभा प्रस्ताव पास कर सकती है, लेकिन संसद को ही इसे मंजूरी देनी होती हैं।

यह प्रक्रिया राज्यों की सीमित शक्ति को दर्शाती है, क्योंकि संविधान का अंतिम निर्णय केंद्र के पास होता है। हालाँकि संविधान में राज्यों के अधिकारों और स्वायत्तता को सुनिश्चित किया गया है, फिर भी संशोधन प्रक्रिया केंद्र की भूमिका को दर्शाती है। अतः उपर्युक्त कथन सही है।

5. विशेष बहुमत के इस झंझट से मैं उकता गया हूँ। इसके लिए हमेशा ही बड़ा भारी जोड़-घटाव करना पड़ता है। भई यह राजनीति है या गणित?

उत्तर यह वाक्य राजनीति और गणित के मध्य की तुलना को दर्शाता है। विशेषकर जब बात विशेष बहुमत की होती है। राजनीति में अधिकांशतः सत्ता प्राप्ति हेतु या किसी निर्णय को लागू करने हेतु गठबंधन प्रक्रिया को अपनाया जाता है,जो गणित की तरह जोड़-घटाव पर निर्भर करता है। संविधान के वे विषय जो अत्यंत महत्त्वपूर्ण होते हैं। उन्हें संशोधित करने हेतु संसद के दो-तिहाई बहुमत की आवश्यकता पड़ती है। जैसे मौलिक अधिकारों में संशोधन इसी को संसद का विशेष बहुमत कहते हैं। ऐसे में यह प्रश्न उठता है कि क्या यह राजनीति है या गणित? सामान्यतः राजनीति और गणित दोनों में तार्किक सोच की आवश्यकता होती है, लेकिन राजनीति में यह जोड़ - घटाव कभी-कभी व्यक्तित्व, विचारधारा और रणनीतिक विचारों से भी प्रभावित होते हैं। इसलिए राजनीति में गणित की तुलना में अधिक लचीलापन और अनिश्चितता होती है।

6. हमारे संविधान में इतनी बार संशोधन क्यों किए गए? क्या हमारे समाज या हमारे संविधान में कुछ समस्या है?

उत्तर संविधान में बार - बार संशोधन करना न केवल समाज की समस्या है और न ही संविधान की। यह भारतीय संविधान के लचीलापन और प्रासंगिकता बनाए रखने की क्षमता को दर्शाता है। हमारा समाज विविधतापूर्ण और गतिशील है, जिसमें समय-समय पर चुनौतियाँ और परिवर्तन उत्पन्न होते रहते है। संविधान में संशोधन इन बदलती परिस्थितियों के अनुरूप कानून और नीतियाँ बनाने के लिए आवश्यक होते हैं।

हालाँकि बार-बार संशोधन कभी-कभी राजनीतिक उद्देश्यों से प्रेरित हो सकते हैं, जिससे संविधान की स्थिरता और मूल भावना पर प्रश्नचिह्न उठ सकते है, इसलिए यह महत्त्वपूर्ण है कि संशोधन संविधान की मूल संरचना और लोकतांत्रिक आदर्शों को बनाए रखते हुए किए जाएँ, ताकि यह समाज की प्रगति और कल्याण के लिए प्रभावी रहे।

7. मुझे बात अब भी समझ नहीं आ रही है। लिखित संविधान में अलग-अलग व्याख्याओं की क्या आवश्यकता है? क्या लोग संविधान में अपनी इच्छाओं को मूर्त होते देखना चाहते है?

उत्तर संविधान में अलग-अलग व्याख्याओं की आवश्यकता इसलिए होती है क्योकि किसी भी लिखित दस्तावेज में हर शब्द या अनुच्छेद के अलग - अलग सन्दर्भ और परिस्थितियों में विभिन्न अर्थ हो सकते हैं। संविधान, समाज के विकास और परिवर्तित परिस्थितियों को ध्यान में रखते हुए समय-समय पर व्याख्याओं के माध्यम से समझा जाता है। लोग संविधान में अपनी इच्छाओं को मूर्त रूप में देखना चाहते हैं, क्योंकि संविधान नागरिकों के अधिकारों और कर्त्तव्यों को सुनिश्चित करता है। इसलिए जब समाज में कोई नई समस्या उत्पन्न होती है, तो संविधान की व्याख्या करके उसे हल करने की कोशिश की जाती है। इससे संविधान की प्रासंगिकता बनी रहती है।

8. अच्छा! तो, सारा मामला राजनीति से जुड़ा है क्या मैं यही बात नहीं कह रही थी कि संविधान और संशोधन के मसले कानून के बजाय राजनीति से ज्यादा संबंधित है?

उत्तर संविधान और उसके संशोधन के विषय अधिकतर कानून के विपरीत राजनीति से अधिक जुड़े हुए प्रतीत होते हैं। जब संविधान में संशोधन की प्रक्रिया अपनाई जाती हैं, तो यह केवल कानूनी प्रक्रिया नहीं होती बल्कि, विभिन्न राजनीतिक दलों, विचारधाराओं और सत्ता के हितों का भी परिणाम होती है। जैसे इस संबंध में 38वाँ 39वाँ और 42वाँ संशोधन विशेष रूप से विवादास्पद रहे हैं क्योकि इन संशोधनों के माध्यम से सत्तारूढ़ दल संविधान के मूल स्वरूप को परिवर्तित करना चाहता था। इसी क्रम में वर्ष 1975 में देश में आपातकाल की घोषणा की गई; लेकिन इसे केवल राजनीति तक सीमित करना उचित नहीं होगा। संविधान कानून का मूल ढाँचा है और संशोधन की प्रक्रिया कानूनी प्रावधानों के तहत ही संचालित होती है। इसलिए यह कहना उचित होगा कि संविधान संशोधन का विषय न तो केवल कानूनी है और न ही केवल राजनीतिक, बल्कि दोनों का संतुलन आवश्यक है।

9. अच्छा! तो आखिरी फैसला (केशवानंद भारती वाद के परिपेक्ष्य में) न्यायपालिका के हाथ में होता है। क्या इसे भी न्यायिक सक्रियता कहा जा सकता है?

उत्तर केशवानंद भारती वाद में सर्वोच्च न्यायालय ने यह स्पष्ट किया कि संविधान की मूल संरचना में संशोधन नहीं किया जा सकता। यह फैसला न्यायपालिका की भूमिका को निर्णायक बनाता है। विशेषतः जब विधायिका या कार्यपालिका के निर्णय संविधान की मूल भावना के विपरीत हों। इसे न्यायिक संक्रियता कहा जा सकता है, क्योंकि, इसमें न्यायालय ने अपनी भूमिका केवल विवाद सुलझाने तक सीमित न रखकर संविधान की रक्षा करने और लोकतंत्र की जड़ों को मजबूत व सुदृढ़ करने तक विस्तृत की।

हालाँकि यह सक्रियता संतुलित रूप में होनी चाहिए। न्यायपालिका का हस्तक्षेप तब उचित है, जब अन्य संस्थाएँ संविधान के विपरीत कार्य करें। केशवानंद भारतीय निर्णय न्यायिक संक्रियता का एक आदर्श उदाहरण है, लेकिन इसका दुरुपयोंग ना हो, यह भी सुनिश्चित करना आवश्यक है।

10. बताएँ कि निम्नलिखित वाक्य सही है या गलत?

(i) बुनियादी ढ़ाँचे को लेकर दिए गए फैसले के बाद, संसद को संविधान में संशोधन करने का अधिकार नहीं रह गया है।

(ii) सर्वोच्च न्यायालय ने हमारे संविधान के बुनियादी तत्त्वों की एक सूची तैयार की है। इस सूची को बदला नहीं जा सकता।

(iii) न्यायालय को इस बात का फैसला करने का अधिकार है कि किसी संशोधन से बुनियादी संरचना का उल्लंघन होता है या नहीं।

(iv) केशवानंद भारती मामले के बाद यह तय हो चुका है कि संसद संविधान में किस सीमा तक संशोधन कर सकती है।

उत्तर (i) गलत, बुनियादी ढाँचे के सिद्धांत के अंतर्गत संसद को संविधान में सशोधन करने का अधिकार है। हालाँकि यह अधिकार संविधान की मूल संरचना को क्षति पहुँचाए, बिना ही प्रयोग किया जा सकता है।

(ii) गलत, सर्वोच्च न्यायालय ने मूल संरचना के तत्त्वों की कोई निश्चित सूची जारी नहीं की है। यह निर्णय हर मामले के संदर्भ में लिया जाता है कि कोई संशोधन संविधान की मूल संरचना का उल्लंघन करता है या नहीं।

(iii) सही, न्यायालय को यह अधिकार प्राप्त है कि वह यह निर्धारित करे कि किसी संशोधन से संविधान की बुनियादी संरचना का उल्लंघन हो रहा है या नहीं । यह न्यायिक समीक्षा का भाग है।

(iv) सही, केशवानंद भारती मामले के फैसले ने यह स्पष्ट कर दिया कि संसद संविधान में संशोधन कर सकती है, लेकिन इस प्रक्रिया की सीमा बुनियादी संरचना के उल्लंघन तक है।

11. बिल्कुल ठीक! अगर अधिकार न हों और चुनाव न कराएँ जाएँ तों संविधान का कोई विशेष अर्थ नहीं रह जाता और यदि अगर जनता खुशहाल न हो तो अधिकार और चुनाव बेमानी हो जाते हैं। क्या संविधान की मूल भावना का अर्थ यही है?

उत्तर संविधान की मूल भावना का तात्पर्य नागरिक अधिकारों और लोकतांत्रिक प्रक्रियाओं के संतुलन मे निहित है। संविधान केवल एक दस्तावेज नही है, बल्कि यह नागरिकों को उनके अधिकारों की गारंटी देता है। अधिकार और चुनाव महत्त्वपूर्ण है, क्योंकि वे लोकतंत्र और स्वतंत्रता के स्तंभ है, लेकिन यदि जनता की बुनियादी आवश्यकताएँ जैसे शिक्षा, स्वास्थ्य और सुरक्षा पूर्ण न हो तो ये अधिकार और चुनाव स्वयं का अर्थ खो देते हैं। संविधान का उद्देश्य केवल कानूनी ढॉंचा निर्मित करना नहीं बल्कि ऐसा समाज निर्मित करना है, जहाँ प्रत्येक व्यक्ति गरिमा व खुशहाली के साथ जीवन यापन कर सके। यही संविधान की भी मूल भावना है।

12. हमें यह बात भी नहीं भूलनी चाहिए कि कई बार रानीतिज्ञ अपरिपक्वता का व्यवहार करते हैं। क्या ऐसे मामलों का जिक्र करना जरूरी है?

उत्तर राजनीतिज्ञों की अपरिपक्वता कभी-कभी तात्कालिक लाभ या राजनीतिक एजेंडा साधने के प्रयासों में प्रदर्शित होती है, जिससे दीर्घकालिक नीतियों और संवैधानिक मूल्यों पर नकारात्मक प्रभाव पड़ सकता है। उदाहरण के लिए, 1975 में आपातकाल की घोषणा को कई लोग सत्ता के दुरूपयोग और अपरिपक्व निर्णय का परिणाम मानते है। यह निर्णय न केवल लोकतांत्रिक मूल्यों के विरूद्ध था, बल्कि आम जनता के अधिकारों को भी सीमित करता था।

इसी प्रकार, कुछ अन्य विधेयकों को बिना व्यापक चर्चा और समीक्षा के पारित करना भी राजनीतिक निर्णय के अपरिपक्ता की श्रेणी में रखना उचित नहीं। आलोचना का उद्देश्य केवल रचनात्मक होना चाहिए, न कि केवल दोषारोपण।

13. शिक्षा के अधिकार (RTE) और वस्तु एवं सेवा कर (GST) संबंधी संशोधनों को देखें। आप इनके महत्त्व के बारे में क्या सोचते हैं?

उत्तर शिक्षा का अधिकार और वस्तु एवं सेवा कर सबंधी संशोधन भारतीय समाज और अर्थव्यवस्था के लिए महत्त्वपूर्ण कदम है। आरटीई का उद्देश्य प्रत्येक बच्चे को गुणवत्तापूर्ण शिक्षा और मुफ्त शिक्षा प्रदान करना है जिससे समाज में समानता व समावेशन बढ़ेगा। इस संशोधन में शिक्षा के क्षेत्र में सुधार होगा और बच्चों के लिए अवसरों का विस्तार होगा। वहीं GST एक महत्त्वपूर्ण आर्थिक सुधार है, जिसने भारत में एकल कर प्रणाली लागू की है, इससे व्यापार में पारदर्शिता बढ़ी है और कर संग्रहण में सुधार हुआ है। दोनों ही संशोधन राष्ट्रीय विकास के लिए आवश्यक है, क्योंकि ये समाज के विभिन्न पहलुओं मे सुधार और विकास को सुनिश्चित करते है, जिससे समृद्ध और सशक्त राष्ट्र की ओर कदम बढ़ता है।

निम्नलिखित प्रश्नों के उत्तर दीजिए

1. निम्नलिखित में से कौन-सा वाक्य सही है

संविधान में समय-समय पर संशोधन करना आवश्यक होता है, क्योंकि

(a) परिस्थितियाँ बदलने पर संविधान में उचित संशोधन करना आवश्यक हो जाता है

(b) किसी समय विशेष में लिखा गया दस्तावेज कुछ समय पश्चात् अप्रासंगिक हो जाता है

(c) हर पीढ़ी के पास अपनी पसंद का संविधान चुनने का विकल्प होना चाहिए

(d) संविधान में मौजूदा सरकार का राजनीतिक दर्शन प्रतिबिम्बित होना चाहिए

उत्तर (a) परिस्थितियाँ बदलने पर संविधान में उचित संशोधन करना आवश्यक हो जाता है

2. निम्नलिखित वाक्यों के सामने सही/गलत का निशान लगाइए।

(a) राष्ट्रपति किसी संशोधन विधेयक को संसद के पास पुनर्विचार के लिए नहीं भेजा सकता

(b) संविधान में संशोधन करने का अधिकार केवल जनता द्वारा चुने गए प्रतिनिधियों के पास ही होता है

(c) न्यायपालिका संवैधानिक संशोधन का प्रस्ताव नहीं ला सकती परंतु उसे संविधान की व्याख्या करने का अधिकार है। व्याख्या के द्वारा वह संविधान को काफी हद तक बदल सकती है

(d) संसद संविधान के किसी भी खंड में संशोधन कर सकती है

उत्तर (a) सही (b) गलत (c) सही (d) गलत।

3. निम्नलिखित में से कौन भारतीय संविधान की संशोधन प्रक्रिया में भूमिका निभाते हैं? इस प्रक्रिया में ये कैसे शामिल होते हैं?

(a) मतदाता (b) भारत का राष्ट्रपति

(c) राज्य की विधान सभाएँ (b) संसद

(e) राज्यपाल

(f) न्यायपालिका

उत्तर (a) **मतदाता** भारतीय संविधान की संशोधन प्रक्रिया में मतदाता शामिल नहीं होते हैं। यद्यापि इन के द्वारा निर्वाचित प्रतिनिधि इसका हिस्सा होते है।

(b) **भारत का राष्ट्रपति** संसद के दोनों सदनों से पारित विधेयक को राष्ट्रपति के पास स्वीकृति के लिए भेजा जाता है और राष्ट्रपति उस पर अपना हस्ताक्षर करने के लिए बाह्य होता है इस प्रकार राष्ट्रपति को किसी भी संशोधन विधेयक अन्य सामान्य विधायकों की तरह वापस करने का अधिकार नहीं होता है।

(c) **राज्य की विधान सभाएँ** संविधान के कुछ प्रमुख अनुच्छेदों में संशोधन या परिवर्तन करने में संसद के दो-तिहाई बहुमत के साथ-साथ कम-से-कम आधे राज्यों के विधानमंडलों से भी अनुमति लेना आवश्यक होता है।

(d) **संसद** भारतीय संविधान में संविधान संशोधन की तीन प्रक्रियाओं या विधियों को अपनाया जाता है। संविधान के कुछ ऐसे भी अनुच्छेद हैं जिन पर संशोधन संसद के दोनों सदनों के साधारण बहुमत से प्रस्ताव पारित करके होता है; जैसे—नागरिकता, राष्ट्रभाषा, नए राज्यों का निर्माण, राज्यों की सीमाओं में परिवर्तन आदि।

(e) **राज्यपाल** संविधान के जिन-जिन अनुच्छेदों में संशोधन के लिए राज्यों के पाँच प्रतिशत विधानसभाओं से अनुमति लेनी आवश्यक होती है वहाँ राज्यपाल की भूमिका होती है, क्योंकि राज्य विधानमंडल से पारित विधेयक पर राज्यपाल का हस्ताक्षर होना आवश्यक होता है।

(f) **न्यायपालिका** संविधान की व्याख्या को लेकर हमेशा न्यायपालिका तथा सरकार के बीच मतभेद उत्पन्न होते रहते हैं। न्यायपालिका संसद द्वारा बनाए कानूनों पर पुनः विचार कर सकती है कि कानून संविधान के अनुकूल है या नहीं। यदि कानून संविधान के अनुकूल नहीं होता तो न्यायपालिका उसे रद्द कर सकती है।

4. इस अध्याय में आपने पढ़ा कि संविधान का 42वाँ संशोधन अब तक का सबसे विवादास्पद संशोधन रहा है। इस विवाद के क्या कारण थे?

(a) यह संशोधन राष्ट्रीय आपातकाल के दौरान किया गया था। आपातकाल की घोषणा अपने आप में ही एक विवाद का मुद्दा था।
(b) यह संशोधन विशेष बहुमत पर आधारित नहीं था।
(c) इसे राज्य विधानपालिकाओं का समर्थन प्राप्त नहीं था।
(d) संशोधन के कुछ उपबंध विवादास्पद थे।

उत्तर 42वाँ संविधान संशोधन विभिन्न विवादास्पद संशोधनों में से एक था। अतः 42वें संविधान संशोधन के विवाद के निम्नलिखित कारण थे

- यह संशोधन राष्ट्रीय आपातकाल के दौरान किया गया था, जबकि आपातकाल की घोषणा अपने आप में विवादास्पद मुद्दा थी।
- 42वें संविधान के कई प्रावधान विवादास्पद थे। यह संविधान संशोधन उच्चतम न्यायालय द्वारा केशवानन्द भारती विवाद में दिए गए निर्णयों को निष्क्रिय करने का प्रयास था। इस संशोधन के अंतर्गत लोकसभा की अवधि को पाँच वर्ष से बढ़ाकर छः वर्ष कर दिया गया था। न्यायपालिका की न्यायिक समीक्षा की शक्ति को भी प्रतिबंधित कर दिया गया था। इस संशोधन के द्वारा प्रस्तावना 7वीं सूची तथा संविधान के 53वें अनुच्छेद में परिवर्तन कर दिए गए। इसके अतिरिक्त सांसद जो विपक्षी दलों से संबंधित थे उन्हें जेल में डाल दिया गया था।

5. निम्नलिखित वाक्यों में कौन-सा विभिन्न संशोधनों के संबंध में विधायिका और न्यायपालिका के टकराव की सही व्याख्या नहीं करता?

(a) संविधान की कई तरह से व्याख्या की जा सकती है।
(b) खंडन-मंडन/बहस और मतभेद लोकतंत्र के अनिवार्य अंग होते हैं।
(c) कुछ नियमों और सिद्धांतों को संविधान में अपेक्षाकृत ज्यादा महत्त्व दिया गया है कतिपय संशोधनों के लिए संविधान में विशेष बहुमत की व्यवस्था की गई है।
(d) नागरिकों के अधिकारों की रक्षा की जिम्मेदारी विधायिका को नहीं सौंपी जा सकती है।
(e) न्यायपालिका केवल किसी कानून की संवैधानिकता के बारे में फैसला दे सकती है। वह ऐसे कानूनों की वांछनीयता से जुड़ी राजनीतिक बहसों का निपटारा नहीं कर सकती।

उत्तर निम्नलिखित पाँच कथनों में से कथन (v) विधायिका और न्यायपालिका के बीच तनाव की उचित व्याख्या नहीं है। न्यायपालिका ही केवल किसी कानून की संवैधानिकता के बारे में फैसला दे सकती है, परंतु वह ऐसे कानूनों की वांछनीयता से जुड़ी राजनीतिक बहसों का निपटारा नहीं कर सकती।

6. बुनियादी ढाँचे के सिद्धांत के बारे में सही वाक्य को चिह्नित करें। गलत वाक्य को सही करें।

(a) संविधान में बुनियादी मान्यताओं को परिभाषित किया गया है।
(b) बुनियादी ढाँचे को छोड़कर विधायिका संविधान के सभी हिस्सों में संशोधन कर सकती है।
(c) न्यायपालिका से संविधान के उन पहलुओं को स्पष्ट कर दिया है जिन्हें बुनियादी ढाँचे के अंतर्गत या उसके बाहर रखा जा सकता है।
(d) यह सिद्धांत सबसे पहले केशवानंद भारती मामले में प्रतिपादित किया गया है।
(e) इस सिद्धांत से न्यायपालिका की शक्तियाँ बढ़ी हैं। सरकार और विभिन्न राजनीतिक दलों के सिद्धांत को स्वीकार कर लिया गया है।

उत्तर (a) बुनियादी ढाँचे के सिद्धांत के बारे में यह वाक्य गलत है कि संविधान में बुनियादी मान्यताओं को परिभाषित किया गया है। भारतीय संविधान में कहीं भी बुनियादी ढाँचे के सिद्धांत का अलग से अनुच्छेद नहीं है। भारतीय संविधान में कुछ ऐसी व्यवस्थाएँ हैं, जो मूल ढाँचे का निर्माण करती हैं और शायद इसलिए सर्वोच्च न्यायालय ने केशवानंद भारती बनाम केरल राज्य वाद में मिनर्वा मिल्स वाद में भी इस निर्णय को दोहराया गया इस मामले में यह निर्णय दिया था कि संसद संविधान के मूल ढाँचे से संबंधित भागों में कोई संशोधन नहीं कर सकती है।

(b) प्रश्न में दिया गया वाक्य (b) सही है कि बुनियादी ढाँचे को छोड़कर विधायिका संविधान के सभी हिस्सों में संशोधन कर सकती है।

(c) प्रश्न में दिया गया वाक्य (c) भी सही है कि न्यायपालिका ने संविधान के उन पहलुओं को स्पष्ट कर दिया है, जिन्हें बुनियादी ढाँचे के अंतर्गत या उसके बाहर रखा जा सकता है, क्योंकि बुनियादी ढाँचे जैसी अवधारणा का स्पष्ट उल्लेख नही है।

(d) प्रश्न में दिया गया वाक्य (d) भी सही है यह सिद्धांत सबसे पहले केशवानंद भारती मामले में प्रतिपादित किया गया है।

(e) प्रश्न में दिया गया वाक्य (e) भी सही है कि सरकार और विभिन्न राजनीतिक दलों ने भी बुनियादी ढाँचे के सिद्धांत को स्वीकार किया है। इससे न्यायपालिका की शक्तियों में वृद्धि हुई है। केशवा नंद भारती वाद से इसे विशेष बल मिला।

7. वर्ष 2000-2003 के बीच संविधान में अनेक संशोधन किए गए। इस जानकारी के आधार पर आप निम्नलिखित में से कौन-सा निष्कर्ष निकालेंगे।

(a) **इस काल के दौरान किए गए संशोधन में न्यायपालिका ने कोई ठोस हस्तक्षेप नहीं किया।**
(b) **इस काल के दौरान एक राजनीतिक दल के पास विशेष बहुमत था।**
(c) **कतिपय संशोधनों के पीछे जनता का दबाव काम कर रहा था।**
(d) **इस काल में विभिन्न राजनीतिक दलों के बीच कोई वास्तविक अन्तर नहीं रह गया था।**
(e) **ये संशोधन विवादास्पद नहीं थे तथा संशोधनों के विषय को लेकर विभिन्न राजनीतिक दलों के बीच सहमति निर्मित हो चुकी थी।**

उत्तर वर्ष 2000-2003 के बीच संविधान में अनेक संशोधन किए गए। इस जानकारी के आधार पर यह निष्कर्ष निकला (c) इन संशोधनों के पीछे जनता का दबाव काम कर रहा था और दूसरा (e) में संशोधन विवादास्पद नहीं थे तथा संशोधनों के विषय को लेकर विभिन्न राजनीतिक दलों के बीच सहमति हो चुकी थी।

8. संविधान में संशोधन करने के लिए विशेष बहुमत की आवश्यकता क्यों पड़ती है? व्याख्या करें।

उत्तर संविधान में संशोधन करने के लिए विशेष बहुमत की आवश्कयता पड़ती है, क्योंकि संविधान महत्त्वपूर्ण दस्तावेज ही नहीं बल्कि लोकतंत्र का सर्वोच्च कानून है। संविधान के अनुसार ही देश की शासन व्यवस्था है विशेष बहुमत का तात्पर्य ही होता है संविधान संशोधन में दो-तिहाई लोगों की भागीदारी ताकि संशोधन में अधिक-से-अधिक लोगों की सहमति हो और यदि ऐसा नहीं होगा तो संविधान में जल्दी-जल्दी परिवर्तन होंगे एवं लोकतंत्र खतरे में पड़ जाएगा। संविधान की इस प्रक्रिया को शामिल करने के पीछे संविधान निर्माताओं की यही मंशा थी कि संशोधन के प्रस्ताव को अधिक से अधिक लोकतांत्रिक बनाया जाए, ताकि राजनीतिक दलों की व्यापक भागीदारी सुनिश्चित की जा सके।

9. भारतीय संविधान में अनेक संशोधन न्यायपालिका और संसद की अलग-अलग व्याख्याओं का परिणाम रहे हैं। उदाहरण सहित व्याख्या करें।

उत्तर संविधान लागू होने से अब तक भारतीय संविधान में जितने भी संशोधन हुए हैं, उन संशोधन पर विवाद नहीं हुआ हो ऐसा नहीं है। भारत के राजनीतिक विकास में ऐसे कुछ उदाहरण इसके प्रमाण हैं कि कुछ संशोधनों पर न्यायपालिका और संसद की अलग-अलग व्याख्या होने के कारण संशोधन किया गया।

वर्ष 1970 से 1980 के दशक में ऐसी स्थिति अधिक देखी गई थी। इन दशक में ऐसी परिस्थितियाँ उत्पन्न हुईं जिससे न्यायपालिका के निर्णय को निरस्त करके संसद ने संविधान में संशोधन कर किए।

वर्ष 1967 तक तो यह माना जाता था कि संसद मौलिक अधिकार में संशोधन कर सकता है, परंतु जब 1967 में गोलकनाथ के मामले में सर्वोच्च न्यायालय ने यह निर्णय दिया कि संसद मौलिक अधिकारों में संशोधन नहीं कर सकती, तो इस निर्णय से न्यायपालिका ने संसद की संशोधन करने की शक्ति को ही समाप्त कर दिया। संसद न्यायपालिका के इस निर्णय को समाप्त करने के लिए संविधान का 38वाँ, 39वाँ और 40वाँ संशोधन किया।

42वाँ संशोधन के माध्यम से सरकार ने संविधान के स्वरूप को ही बदलने की कोशिश की, परंतु जनता पार्टी की सरकार ने 38वें, 39वें और 42वें संशोधन को 43वें और 44वें संशोधन के द्वारा निरस्त कर दिया जिससे संवैधानिक संतुलन पुनः स्थापित हुआ।

10. यदि संशोधन की शक्ति जनता के निर्वाचित प्रतिनिधियों के पास होती है, तो न्यायपालिका को संशोधन की वैधता पर निर्णय लेने का अधिकार नहीं दिया जाना चाहिए। क्या आप इस बात से सहमत हैं? 100 शब्दों में व्याख्या कीजिए।

उत्तर संविधान में संशोधन करने की शक्ति कार्यपालिका अर्थात् विधायिका के पास है, परंतु यदि विधायिका जनता के हितों की उपेक्षा कर अपने हितों को साधने लग जाए तो ऐसे में संविधान की रक्षा का उत्तरदायित्व न्यायपालिका के पास होता है, जैसे— 1970-1980 के दशक मे संसद और न्यायपालिका के बीच विवाद बढ़ा। सरकार ने विपक्ष के विरोध करने के बावजूद 38वें, 39वें और 42वें संविधान संशोधन कर दिया। इस प्रकार बाद में यह व्यवस्था कि गई की सरकार संविधान के अनुसार चले, न्यायपालिका इस बात पर जोर देती है कि सभी कार्यपालिका संवैधानिक ढाँचे के अंतर्गत किए जाने चाहिए ताकि सत्ता का दुरुपयोग न हो।

अतः विधायिका के आचरण में मनमानेपन को नियंत्रित करने के लिए न्यायापालिका द्वारा विधियों की समीक्षा करना लोकतंत्र के लिए महत्त्वपूर्ण है।

अभ्यास प्रश्न

वस्तुनिष्ठ प्रश्न

बहुविकल्पीय प्रश्न

1. संविधान के किस अनुच्छेद में संविधान संशोधन की चर्चा है?

(a) अनुच्छेद 370 (b) अनुच्छेद 268
(c) अनुच्छेद 168 (d) अनुच्छेद 368

उत्तर *(d)* अनुच्छेद 368

2. औपचारिक रूप से संविधान को लागू किया गया है?

(a) 26 जनवरी, 1949
(b) 26 जनवरी, 1947
(c) 26 जनवरी, 1950
(d) 26 जनवरी, 1948

उत्तर *(c)* 26 जनवरी, 1950

3. तीसरा फ्रांसीसी गणतंत्र कब बना?

(a) 1848 ई. (b) 1849 ई. (c) 1853 ई. (d) 1875 ई.

उत्तर *(d)* 1875 ई.

4. संविधान के अनुच्छेद .... द्वारा संसद विधि द्वारा नए राज्यों का संघ में प्रवेश तथा अनुच्छेद ...... द्वारा किसी राज्य का क्षेत्रफल बढ़ा सकती है।

(a) अनुच्छेद 1, अनुच्छेद 2
(b) अनुच्छेद 2, अनुच्छेद 3
(c) अनुच्छेद 1, अनुच्छेद 3
(d) अनुच्छेद 3, अनुच्छेद 4

उत्तर *(b)* अनुच्छेद 2, अनुच्छेद 3

5. संविधान के किस भाग में संविधान संशोधन का उल्लेख है?

(a) भाग-20 (b) भाग-22
(c) भाग-15 (d) भाग-11

उत्तर (a) भाग-20

6. संविधान संशोधन विधेयक को कब राष्ट्रपति के पास भेजा जाता है?

(a) लोकसभा से पारित होने के बाद
(b) राज्यसभा से पारित होने के बाद
(c) दोनों सदनों से पारित होने के बाद
(d) उपरोक्त में से कोई नहीं

उत्तर (c) दोनों सदनों से पारित होने के बाद

7. संविधान में कितने प्रकार के संशोधन की चर्चा है?

(a) तीन प्रकार की
(b) चार प्रकार की
(c) दो प्रकार की
(d) पाँच प्रकार की

उत्तर (a) तीन प्रकार की

8. संविधान संशोधन विधेयक किस सदन में प्रस्तुत किया जाता है?

(a) केवल लोकसभा में
(b) केवल राज्यसभा में
(c) लोकसभा और राज्यसभा दोनों सदनों में
(d) उपरोक्त में से कोई नहीं

उत्तर (c) लोकसभा और राज्यसभा दोनों सदनों में

9. संविधान के मूल संरचना का सिद्धांत किसने दिया था?

(a) सर्वोच्च न्यायालय
(b) संसद
(c) प्रधानमंत्री
(d) उच्च न्यायालय

उत्तर (a) सर्वोच्च न्यायालय

10. संविधान में मूल संरचना का सिद्धांत किस वाद में स्पष्ट किया गया था?

(a) शंकरी प्रसाद वाद में
(b) केशवानंद भारतीय वाद में
(c) गोलकनाथ वाद में
(d) सज्जन सिंह वाद में

उत्तर (b) केशवानंद भारतीय वाद में

11. संविधान की समीक्षा आयोग का गठन किसके नेतृत्व में किया गया था?

(a) श्री वेंकेट चेलैया के नेतृत्व में
(b) वीरप्पामोइल के नेतृत्व में
(c) डी.एस. कोठारी के नेतृत्व में
(d) एच.आर. हाशमी के नेतृत्व में

उत्तर (a) श्री वेंकेट चेलैया के नेतृत्व में

12. .... बीच तीन वर्ष के अंतराल में दस संवैधानिक संशोधन किए गए।

(a) वर्ष 1974 से 1976 के
(b) वर्ष 1975 से 1977 के
(c) वर्ष 1976 से 1978 के
(d) वर्ष 1977 से 1979 के

उत्तर (a) वर्ष 1974 से 1976 के

13. संविधान में संशोधन का अधिकार संसद को प्राप्त है। निम्नलिखित में से कौन-सा कथन सही नहीं है?

(a) संसद को संविधान संशोधन का अधिकार है लेकिन वह मूल ढाँचे को नहीं बदल सकती।
(b) यह गलत है कि राष्ट्रपति को संशोधन का अधिकार है
(c) केवल प्रधानमंत्री को संशोधन का अधिकार होता है
(d) यही सही है कि संसद के पास संशोधन का विशेष अधिकार है

उत्तर (c) केवल प्रधानमंत्री को संशोधन का अधिकार होता है।

14. निम्नलिखित में से कौन-सा कथन सही है? *दक्षता आधारित प्रश्न*

1. भारतीय संविधान में संघीय राजव्यवस्था को अपनाया गया है।
2. वर्ष 1970 से 1990 तक के दो दशकों में बड़े स्तर पर संविधान संशोधन किया गया था।
3. अमेरिका के संविधान में अब तक 27 संशोधन किए गए हैं।

कूट

(a) केवल 2 (b) 1 और 2
(c) 2 और 3 (d) उपरोक्त सभी

उत्तर (d) उपरोक्त सभी

15. विशेष बहुमत भारतीय संसद में विभिन्न निर्णय लेने की प्रक्रिया का एक महत्त्वपूर्ण हिस्सा है। विशेष बहुमत के संदर्भ में निम्नलिखित में से कौन-सा कथन सही नहीं है? *दक्षता आधारित प्रश्न*

(a) विशेष बहुमत में आधे से अधिक राज्यों के अनुसमर्थन की आवश्यकता होती है।
(b) विशेष बहुमत का अर्थ है संसद के दोनों सदनों में उपस्थित और मतदान करने वाले सदस्यों का दो-तिहाई बहुमत।
(c) संविधान के अनुच्छेद 368 में से जुड़े प्रावधानों के लिए इसकी आवश्यकता होती है।
(d) नए राज्यों के गठन जैसे प्रावधान विशेष बहुमत द्वारा पारित किए जाते हैं।

उत्तर (d) नए राज्यों के गठन जैसे प्रावधान विशेष बहुमत द्वारा पारित किए जाते हैं।

16. निम्नलिखित घटनाओं को ध्यानपूर्वक पढ़िए तथा उनके घटित होने के क्रम में व्यवस्थित विकल्प चुनिए। *दक्षता आधारित प्रश्न*

1. भारतीय संविधान को लागू किया जाना।
2. आधारभूत ढाँचे के सिद्धांत से संबंधित केशवानन्द भारती वाद का फैसला
3. फ्रांसीसी क्रांति के बाद प्रथम बार संविधान का निर्माण
4. रूस में कम्यूनिस्ट पार्टी का पतन तथा सोवियत संघ का विघटन।

कूट

(a) 1,2,3,4 (b) 2,3,1,4 (c) 4,3,2,1 (d) 3,1,2,4

उत्तर (d) 3,1,2,4

निर्देश (प्र. सं. 17-20) नीचे दो कथन दिए गए हैं, जिनमें एक को कथन (A) और दूसरे को कारण (R) कहा गया है। कूट की सहायता से सही उत्तर का चयन करें।

कूट

(a) A और R दोनों सही हैं तथा R, A की सही व्याख्या है
(b) A और R दोनों सही हैं, परंतु R, A की सही व्याख्या नहीं है
(c) A सही है, किंतु R गलत है
(d) A गलत है, किंतु R सही है

17. कथन (A) **संविधान समाज की इच्छाओं और आकांक्षाओं का प्रतिबिंब होता है।**

कारण (R) **यह सत्य नहीं है कि संविधान अपरिवर्तनीय दस्तावेज है।**

दक्षता आधारित प्रश्न

उत्तर (a) संविधान समाज की इच्छाओं और आकांक्षाओं का प्रतिबिंब होता है, परंतु यह सही नहीं है कि संविधान अपरिवर्तनीय दस्तावेज है। क्योंकि इसे समाज की आवश्यकताओं और बदलते समय के अनुसार संशोधित किया जा सकता है।

18. कथन (A) **संविधान में मूल कर्त्तव्यों के प्रावधानों को जोड़ा गया है।**

कारण (R) **इसमें न्यायपालिका की समीक्षा की शक्तियों पर प्रतिबंध नहीं लगाया गया है।**

उत्तर (c) संविधान में मूल कर्त्तव्यों के प्रावधानों को जोड़ा गया है। इसमें न्यायपालिका की समीक्षा की शक्तियों पर भी प्रतिबंध लगाया गया है।

19. नीचे दो कथन दिए गए हैं।

कथन I भारतीय संविधान का निर्माण संविधान सभा द्वारा किया गया था, जिसमें विभिन्न सामाजिक राजनीतिक और आर्थिक दृष्टिकोण का समावेश किया गया।

कथन II संविधान की उद्देशिका हमारे संविधान के मूल सिद्धांतों को स्पष्ट करती है और यह बताती है कि संविधान का उद्देश्य क्या हैं।

कूट

(a) कथन I और II दोनों सहीं है
(b) कथन I और II दोनों गलत हैं।
(c) कथन I सही,लेकिन II गलत हैं।
(d) कथन I गलत , लेकिन II सही है

उत्तर (a) कथन I और II दोनों सहीं है

20. नीचे दो कथन दिए गए हैं।

कथन I भारतीय संविधान में मौलिक कर्त्तव्यों का प्रावधान किया गया है, जो नागरिकों के लिए आवश्यक है।

कथन II भारतीय संविधान की प्रस्तावना संविधान के मूल उद्देश्य और मूल्यों का वर्णन करती हैं।

कूट

(a) कथन I और II दोनों सही हैं
(b) कथन I और II दोनों गलत हैं
(c) कथन I सही,लेकिन II गलत हैं
(d) कथन I गलत , लेकिन II सही है

उत्तर (a) कथन I और II दोनों सही हैं

21. निम्नलिखित में से कौन-सा युग्म सही नहीं है? *दक्षता आधारित प्रश्न*

(a) दल-बदल विरोधी कानून- 91 वाँ संशोधन
(b) स्थानीय स्वशासन-73वाँ संशोधन
(c) सर्वोच्च न्यायालय के न्यायाधीशों के वेतन संबंधी संशोधन 56वाँ संशोधन
(d) उच्च न्यायालय के न्यायाधीशों की सेवानिवृत्ति आयु में बढ़ोत्तरी-15वाँ संशोधन

उत्तर (c) सर्वोच्च न्यायालय के न्यायाधीशों के वेतन संबंधी संशोधन–56वाँ संशोधन।

22. सूची I को सूची II से सुमेलित कीजिए। *दक्षता आधारित प्रश्न*

सूची I (प्रावधान)	सूची II (अनुच्छेद)
A. नए राज्यों का प्रवेश	1. अनुच्छेद 368
B. राज्य के क्षेत्रफल में परिवर्तन	2. अनुच्छेद 74(1)
C. संविधान संशोधन	3. अनुच्छेद 3
D. संशोधन की स्वीकृति पर राष्ट्रपति की बाध्या	4. अनुच्छेद 2

कूट

	A	B	C	D
(a)	1	2	3	4
(b)	4	3	2	1
(c)	4	3	1	2
(d)	2	1	3	4

उत्तर (c) 4 3 1 2

23. सूची I का सूची-II से सुमेलित कीजिए

	सूची I		सूची II
A	मिनर्वा मिल्स वाद	1.	1973
B	संविधान समीक्षा आयोग	2.	1991
C	केशवानंद भारती वाद	3.	2000
D	सोवियत संघ का विघटन	4.	1980

कूट

	A	B	C	D
(a)	1	2	3	4
(b)	2	3	4	1
(c)	4	3	2	1
(d)	4	3	1	2

उत्तर (d) 4 3 1 2

लघु उत्तरीय प्रश्न

1. भारत तथा ब्रिटेन दोनों मे संघीय राजव्यवस्था को अपनाया गया है, किन्तु भारत की संघीय व्यवस्था ब्रिटेन से किस प्रकार भिन्न है?

उत्तर भारत मे संसदीय व्यवस्था का स्वरूप विस्तृत रूप से ब्रिटिश संसदीय व्यवस्था पर आधारित है लेकिन यह पूर्णतः ब्रिटिश संसदीय व्यवस्था की नकल नहीं रही है। यह इससे निम्नलिखित मामलों में भिन्न है- ब्रिटिश संसदीय व्यवस्था मे ब्रिटिश राजशाही के स्थान पर भारत में गणतंत्रीय पद्धति को अपनाया गया है। ब्रिटिश संसदीय व्यवस्था संसद की संप्रभुता सिद्धान्त से प्रेरित है जबकि भारत में संसद की सर्वोच्चता नहीं है क्योंकि यहाँ लिखित संविधान, संघीय व्यवस्था और न्यायिक समीक्षा का प्रावधान है। ब्रिटिश संसदीय व्यवस्था में प्रधानमंत्री को निम्न सदन (हाउस ऑफ कॉमन्स) का सदस्य होना अनिवार्य है जबकि भारत में प्रधानमन्त्री दोनों सदनों मे से किसी का भी सदस्य हो सकता है।

2. विश्व के आधुनिक संविधान संशोधनों में किन दो सिद्धांतो का पालन किया जाता है?

उत्तर विश्व के आधुनिकतम संविधान संशोधनों में मुख्यतः निम्न दो सिद्धांतों का पालन किया जाता है। एक सिद्धांत है विशेष बहुमत का। उदाहरण हेतु दक्षिण अफ्रीका, अमेरिका, रूस आदि के संविधानों में इस सिद्धान्त का समावेश किया गया है। अमेरिका में दो तिहाई बहुमत का सिद्धांत लागू है, जबकि दक्षिण अफ्रीका और रूस जैसे देशों में तीन चौथाई बहुमत की आवश्यकता होती है। दूसरा सिद्धांत है जनता की भागीदारी का ।

3. यह सिद्धांत विभिन्न आधुनिक संविधान में शामिल किया गया है। इस सिद्धांत के अंतर्गत स्विट्जरलैंड में तो जनता को संशोधन की प्रक्रिया प्रारंभ करने का अधिकार है।

संविधान संशोधनों में सबसे अधिक विवादास्पद संशोधन कौन-कौन से हैं? किसी एक की चर्चा कीजिए।

उत्तर सबसे अधिक विवादास्पद संवैधानिक संशोधन 38वें ,39वें और 42वें थें। 38वाँ संविधान 1975 में किया गया, इसके तहत तत्कालीन राष्ट्रपति ने आपातकाल के दौरान प्रधानमंत्री की सलाह पर राष्ट्रपति द्वारा दिए गए आदेशों को न्यायिक समीक्षा से बाहर रखा। इसे लेकर विवाद हुआ, क्योंकि इसने न्यायपालिका के अधिकारों को सीमित किया और विधायिका के अधीन कर दिया, जिससे संवैधानिक संतुलन पर प्रश्न खड़े हुए।

4. संविधान वाद क्या है?

उत्तर संविधानवाद एक राजनीतिक विचारधारा है, जो संविधान की सर्वोच्चता और शासन की वैधता को मान्यता प्रदान करती है। इसमें सरकार के कार्यो को संविधान द्वारा निर्धारित नियमों और सिद्धांतों के अनुसार नियंत्रित किया जाता है। संविधान वाद का उद्देश्य सरकार की शक्तियों को सीमित करना, नागरिकों के अधिकारों की रक्षा करना और लोकतांत्रिक मूल्यों को सुनिश्चित करना है। संविधान की अवधारणा में सरकार द्वारा संविधान का पालन करना अनिवार्य होता है, ताकि राजनीति और संवैधानिक व्यवस्था स्थिर और न्यायपूर्ण रहे।

5. न्यायपालिका की समीक्षा की शक्तियों पर प्रतिबंध कौन-से संवैधानिक संशोधन के माध्यम से लगाए गए थे?

उत्तर न्यायपालिका की समीक्षा की शक्तियों पर प्रतिबंध 42वें संविधान संशोधन अधिनियम 1976 के माध्यम से लगाए गए थे। यह संशोधन आपातकाल के अंतर्गत तत्कालीन सरकार द्वारा किया गया था। इस संशोधन का उद्देश्य न्यायपालिका की शक्तियों को सीमित कर संसद की सर्वोच्चता को स्थापित करना था। 42वें संशोधन के तहत संविधान के भाग IV को अनुच्छेद 31(C) के माध्यम से सर्वोच्चता प्रदान की गई। इसके अनुसार, यदि कोई कानून नीति निदेशक तत्वों को लागू करने के लिए बनाया गया है तो उसे न्यायालय में चुनौती नहीं दी जा सकती। हालाँकि, वर्ष 1978 में 44 वें संविधान संशोधन द्वारा न्यायपालिका की समीक्षा की शक्तियों को पुर्नस्थापित किया गया, जिससे यह सुनिश्चित हुआ कि लोकतंत्र का संतुलन बना रहे।

दीर्घ उत्तरीय प्रश्न।

1. संविधान में 'कठोरता तथा लचीलापन' के तत्त्वों से आपका क्या अभिप्राय है?

उत्तर संविधान में कुछ प्रावधानों को लचीला बनाया गया है, ताकि आवश्यकता पड़ने पर संसद के द्वारा सामान्य कानून की भाँति साधारण बहुमत के माध्यम से उनमें संशोधन किया जा सके, जबकि कुछ प्रावधानों में कठोरता के तत्वों को स्थापित किया गया है। उनमें संशोधन अनुच्छेद-368 में वर्णित प्रक्रिया के तहत किया जा सकता है। इसके लिए संसद के दोनों सदनों द्वारा विशेष बहुमत से संविधान संशोधन प्रस्ताव पास किया जाना आवश्यक होता है। संविधान के कुछ प्रावधान जो राज्यों के हितों से संबंधित रहते हैं, उनमें संशोधन के लिए संसद को विशेष बहुमत के साथ-साथ राज्यों के अनुमोदन की भी आवश्यकता पड़ती है।

2. वर्ष 1974 से 1976 के मध्य हुए संशोधन तथा वर्ष 2001 से 2003 के मध्य हुए संशोधन की बुनियादी रूपरेखा के अंतर को स्पष्ट करें।

अथवा **वर्ष 1974 से 1976 और वर्ष 2001 से 2003 के बीच हुए संवैधानिक संशोधनों की बुनियादी विशेषताओं की तुलना की तर्कसंगत पुष्टि करते हुए यह बताए कि दोनों समय की राजनीतिक और सामाजिक परिस्थितियों ने उन्हें कैसे प्रभावित किया।** दक्षता आधारित प्रश्न

उत्तर वर्ष 1974 से 1976 के मध्य कांग्रेस पार्टी केंद्र में तथा अधिकतर राज्यों में बहुमत में थी। अतः इस काल में हुए संवैधानिक संशोधनों में सत्तारूढ़ पार्टी की विचारधारा का प्रभाव था। इस कालखंड में हुए संशोधन जन आकांक्षाओं की अपेक्षा सत्ताधारी पार्टी के बहुमत पर अधिक निर्भर थे। यही कारण था कि इस काल खंड में हुए अधिकतर संशोधन विवादास्पद थे। वर्ष 2001 से 2003 में केंद्र में गठबंधन की सरकार थी तथा सभी राज्यों में भिन्न-भिन्न दलों की सरकारें थीं। अतः इस कालखंड में हुए संशोधन राजनीतिक आम सहमति का परिणाम थे, जो समय की आवश्यकता के अनुरूप किए गए थे। इस काल खंड में हुए संवैधानिक संशोधन विपक्षी दलों की सार्थक भागीदारी को निरूपित करते थे।

3. भारतीय संविधान को एक 'जीवंत दस्तावेज' बनाने वाले तत्त्वों की व्याख्या करें।

उत्तर संविधान को जीवंत दस्तावेज बनाने वाले तत्त्व निम्नलिखित हैं

- अनुभव से सीखना।
- परिस्थिति के अनुरूप कार्य करना।
- आवश्यकता के अनुरूप परिवर्तनशीलता।
- व्याख्याओं का खुलापन।
- मौलिक अधिकारों की सुरक्षा सुनिश्चित करना।

भारतीय संविधान को परिस्थिति की आवश्यकता के अनुरूप निरंतर संशोधित किया गया है, जिससे बदलती हुई परिस्थितियों में भी यह दस्तावेज प्रासंगिक व गरिमामय बना रहे। उपरोक्त तत्त्व भारतीय संविधान को एक जीवंत दस्तावेज के रूप में निरूपित करते हैं।

4. भारतीय संविधान संशोधन की विशेषताओं का उल्लेख करें।

उत्तर भारतीय संविधान संशोधन की विशेषताएँ निम्नलिखित हैं

- संसद के दोनों सदनों में संशोधन विधेयक विशेष बहुमत से पृथक्-पृथक् रूप से पास किया जाता है।
- राज्यों से संबंधित विषयों में संशोधन के लिए आधे से अधिक राज्यों की विधानसभाओं का अनुमोदन आवश्यक होता है।
- न्यायपालिका द्वारा निर्धारित मौलिक ढाँचे में कोई परिवर्तन नहीं किया जा सकता।
- दोनों सदनों में मतभेद होने पर विधेयक रद्द समझा जाता है। दोनों सदनों द्वारा विधेयक पारित होने पर राष्ट्रपति की स्वीकृति के लिए भेजा जाता है।
- न्यायपालिका द्वारा संवैधानिक संशोधन का पुनरावलोकन किया जा सकता है।

5. संविधान की मूल संरचना के सिद्धांत ने भारतीय संविधान के विकास को किस प्रकार प्रभावित किया है?

उत्तर संविधान की मूल संरचना के सिद्धांत को सर्वोच्च न्यायालय द्वारा केशवानंद भारती के मामले में प्रतिपादित किया गया।

इस सिद्धांत ने संविधान के विकास में निम्नलिखित सहयोग दिया

- इस निर्णय के माध्यम से सर्वोच्च न्यायालय द्वारा संसद की संवैधानिक संशोधन करने की शक्तियों की सीमाएँ स्पष्ट कर दी गईं।
- इस निर्णय के माध्यम से संविधान के मूल ढाँचे को प्रभावित करने वाले प्रावधानों को संशोधन के दायरे से बाहर कर दिया गया।
- संविधान के बुनियादी तत्त्वों का उल्लंघन करने वाले संशोधनों पर अंतिम फैसले की शक्ति न्यायपालिका को दे दी गई।

6. फ्रांस के संविधान संशोधनों पर संक्षिप्त टिप्पणी लिखिए।

उत्तर फ्रांस ने भी दो सौ वर्षों के दौरान कई संविधान अपनाए। क्रांति के बाद और नेपोलियन के शासनकाल में वहाँ संविधान को लेकर लगातार प्रयोग चलते रहे। क्रांति के बाद 1793 ई. में वहाँ एक नया संविधान तैयार किया गया। इसे प्रथम फ्रांसीसी गणतंत्र कहा जाता है। 1848 ई. में वहाँ दूसरा संविधान लागू हुआ और इसी के साथ दूसरा फ्रांसीसी गणतंत्र बना। 1875 ई. में तीसरा फ्रांसीसी गणतंत्र बना यानि तीसरी बार एक नया संविधान अपनाया गया। संविधान निर्माण के क्षेत्र में फ्रांस ने चौथा प्रयोग वर्ष 1946 में किया। अंततः वहाँ वर्ष 1958 में एक और संविधान के साथ पाँचवें गणतंत्र की स्थापना की गई।

7. तकनीकी या प्रशासनिक संशोधनों में कौन-से संशोधनों को शामिल किया जाता है?

उत्तर तकनीकी या प्रशासनिक संशोधनों में निम्नलिखित संशोधनों को शामिल किया जाता है :

- उच्च न्यायालय के न्यायाधीशों की सेवानिवृत्ति की आयु सीमा को 60 वर्ष से बढ़ाकर 62 वर्ष करने संबंधी संशोधन। (15वाँ संशोधन)
- सर्वोच्च न्यायालय के न्यायाधीशों का वेतन बढ़ाने संबंधी संशोधन (55वाँ संशोधन)
- विधायिकाओं में अनुसूचित जाति और अनुसूचित जनजाति के लिए सीटों के आरक्षण संबंधी संशोधन। मूल उपबंध में आरक्षण का प्रावधान केवल 10 वर्ष की अवधि के लिए किया गया था, परंतु इन वर्गों को उचित प्रतिनिधित्व देने के लिए प्रत्येक 10 वर्ष की समाप्ति पर संशोधन कर आगामी 10 वर्षों के लिए इस प्रावधान को बढ़ा दिया गया। अब तक इस संदर्भ में पाँच संशोधन किए जा चुके हैं।
- अनुच्छेद-74(1) में संशोधन कर मंत्रिपरिषद् की सलाह को राष्ट्रपति के लिए बाध्यकारी बनाना।

इन सब संशोधनों के पश्चात् भी मूल उपबंधों की प्रकृति में कोई परिवर्तन नहीं हुआ। अतः ये सब तकनीकी तथा संवैधानिक व्याख्या से संबंधित संशोधन थे।

8. 42वें संवैधानिक संशोधन की समीक्षा करें।

उत्तर 42वें संवैधानिक संशोधन के माध्यम से संविधान के महत्त्वपूर्ण बुनियादी हिस्सों में परिवर्तन किया गया है; जैसे—

- लोकसभा की अवधि को 5 वर्ष से बढ़ाकर 6 वर्ष कर दिया गया।
- न्यायपालिका की न्यायिक समीक्षा की शक्तियों पर प्रतिबंध लगाया गया।
- संविधान की प्रस्तावना तथा सातवीं अनुसूची में परिवर्तन किया गया।

चूँकि इस संशोधन की पृष्ठभूमि राष्ट्रीय आपातकाल की थी और यह बड़े स्तर पर संविधान के महत्त्वपूर्ण प्रावधानों को प्रभावित कर रहा था। इस संशोधन में सत्तारूढ़ दल की विचारधारा का प्रभाव अधिक था व विपक्षी दलों की उपेक्षा की गई थी। अतः इस संशोधन का पुरजोर विरोध किया गया। वर्ष 1977 के पश्चात् नई सरकार के गठन पर इसके अधिकतर प्रावधानों को निरस्त कर दिया गया।

9. किन-किन संवैधानिक संशोधनों में राज्यों की विधानसभाओं की भूमिकाओं को सुनिश्चित किया गया है? और क्यों?

उत्तर निम्नलिखित संवैधानिक संशोधनों के संदर्भ में राज्यों की विधानसभाओं की भूमिका को सुनिश्चित किया गया है :

- केंद्र तथा राज्यों के मध्य शक्तियों के वितरण से संबंधित संशोधनों में।
- जन प्रतिनिधित्व से संबंधित प्रावधानों में संशोधन के संदर्भ में।
- राष्ट्रपति तथा उपराष्ट्रपति की निर्वाचन प्रक्रिया में संशोधन के संदर्भ में।
- राज्यसभा के सदस्यों की निर्वाचन प्रणाली में संशोधन के संदर्भ में।

इस प्रकार के संशोधनों में राज्यों की भागीदारी इसलिए सुनिश्चित की गई है, ताकि केंद्र सरकार द्वारा राज्यों के हितों की उपेक्षा न की जा सके।

10. संविधान की मूल संरचना के सिद्धांत ने भारतीय संविधान के विकास को किस प्रकार प्रभावित किया है?

उत्तर संविधान की मूल संरचना के सिद्धांत को सर्वोच्च न्यायालय द्वारा केशवानंद भारतीय के मामले में प्रतिपादित किया गया।

इस सिद्धांत ने संविधान के विकास में निम्नलिखित सहयोग दिया

- इस निर्णय के माध्यम से सर्वोच्च न्यायालय द्वारा संसद की संवैधानिक संशोधन करने की शक्तियों की सीमाएँ स्पष्ट कर दी गईं।
- इस निर्णय के माध्यम से संविधान के मूल ढाँचे को प्रभावित करने वाले प्रावधानों को संशोधन के दायरे से बाहर कर दिया गया।
- संविधान के बुनियादी तत्त्वों का उल्लंघन करने वाले संशोधनों पर अंतिम फैसले की शक्ति न्यायपालिका को दे दी गई।

11. "भारतीय संविधान में कई संशोधन किए जा चुके हैं, परंतु इसके मूल स्वरूप में कोई परिवर्तन नहीं हुआ है।" इस कथन की पुष्टि करें।

उत्तर भारतीय संविधान में निर्माण से वर्तमान समय तक 105 संशोधन किए जा चुके हैं, परंतु इसकी मूल संरचना में कोई परिवर्तन नहीं हुआ है।

सर्वोच्च न्यायालय ने केशवानंद भारती वाद में मूल संरचना के सिद्धांत को प्रतिपादित किया, जिसके अनुसार संसद के द्वारा किया ऐसा संशोधन अथवा प्रावधान जो संविधान के मूल ढाँचे के विपरीत हो, उसे अवैध माना जाएगा। संसद संशोधनों के माध्यम से संविधान के मूल स्वरूप में परिवर्तन नहीं कर सकती। इस निर्णय के पश्चात् भी सर्वोच्च न्यायालय ने अनेक निर्णयों के माध्यम से बुनियादी संरचना के तत्त्वों को स्थापित किया।

12. संविधान में संशोधन करने के लिए विशेष बहुमत की आवश्यकता क्यों होती है?

उत्तर भारतीय संविधान देश का सर्वोच्च कानून एवं पवित्र दस्तावेज है। इसमें न केवल देश की शासन व्यवस्था के सुचारू संचालन के लिए व्यापक दिशा, निर्देश एवं प्रावधान हैं, बल्कि संविधान राष्ट्र की आकांक्षाओं, आदर्शों, मूल्य एवं परम्पराओं, लक्ष्यों एवं उद्देश्यों का प्रतिबिंब भी है। अतः इसमें किसी भी समस्या के क्षणिक प्रभाव के

वशीभूत अथवा किसी सीमित हितों के परिप्रेक्ष्य में किसी भी प्रकार की छेड़छाड़ देश के दीर्घकालिक हितों के प्रतिकूल समझी जाती है। इसी तथ्य को ध्यान में रखते हुए संशोधन के लिए विशेष बहुमत का प्रावधान किया गया है, ताकि संविधान राजनीतिज्ञों के हाथों में अपने क्षुद्र निहित स्वार्थों की पूर्ति का एक साधन मात्र बनकर न रह जाए। सत्तारूढ़ दलों द्वारा इसके दुरुपयोग को रोकने के उद्देश्य से ऐसा प्रावधान किया गया है। संविधान संशोधन की कठोर प्रक्रिया संघीय संविधान का एक प्रमुख लक्षण है।

13. भारत में न्यायिक पुनरावलोकन की सीमाओं को स्पष्ट करें।

उत्तर भारतीय संविधान द्वारा सर्वोच्च न्यायालय को न्यायिक पुनरावलोकन की शक्ति प्रदान की गई है, लेकिन न्यायिक पुनरावलोकन का क्षेत्र इतना व्यापक नहीं है, जितना कि वह संयुक्त राज्य अमेरिका में है। किसी कानून को केवल इस आधार पर अवैध घोषित नहीं किया जा सकता है कि वह न्यायालय की स्वतंत्रता या संविधान की भावना के किसी सिद्धांत का अतिक्रमण करता है, सर्वोच्च न्यायालय ऐसे नियम को रदद कर सकता है, जो संवैधानिक सीमाओं के प्रतिकूल है, लेकिन इसके द्वारा प्राकृतिक न्याय की धारणा या संविधान के आदर्शो के आधार पर व्यवस्थापिका द्वारा पारित अधिनियमों को रद्द या संशोधित नहीं किया जा सकता। भारत में न्यायपालिका की स्थिति इंलैंड और अमेरिका से भिन्न है।

14. न्यायिक निर्णय का संविधान पर क्या प्रभाव पड़ता है?

उत्तर न्यायिक निर्णय का संविधान पर गहरा प्रभाव पड़ता है। समय-समय पर न्यायाधीशों द्वारा दिए गए न्यायिक निर्णय संविधान के प्रमुख स्रोत बन जाते हैं। न्यायाधीशों द्वारा संवैधानिक कानूनों की व्याख्या की जाती है और उनके निर्णय तब तक प्रभावी रहते हैं जब तक कि स्वयं न्यायपालिका द्वारा इस संबंध में कोई अन्य निर्णय नहीं दिया जाता है। सर्वोच्च न्यायालय एवं उच्च न्यायालय द्वारा दिए गए अनेक न्यायिक निर्णय उसी प्रकार देश के कानून के अभिन्न अंग हैं, जिस प्रकार कि संविधान के विभिन्न अनुच्छेद। उदाहरणार्थ गोपालन बनाम मद्रास राज्य के मुकदमे में सर्वोच्च न्यायालय के व्यक्तिगत स्वतन्त्रता के क्षेत्र को परिभाषित किया गया है।

दीर्घ उत्तरीय प्रश्न II

1. संविधान संशोधन की प्रक्रिया भारत में कैसे संचालित होती है? अनुच्छेद 368 के प्रावधानों का उल्लेख करते हुए हुए इसका विश्लेषण करें। *दक्षता आधारित प्रश्न*

उत्तर भारतीय संविधान में अनुच्छेद-368 के तहत संशोधन किया जाता है। इस हेतु दो विधियाँ अपनाई जाती हैं

1. **साधारण विधि** संविधान के बहुत-से प्रावधानों में संसद द्वारा सामान्य बहुमत प्रणाली से संशोधन प्रस्ताव पास करके संशोधन किया जा सकता है; जैसे–
   - अनुच्छेद-2 के तहत नए राज्यों को जोड़ना।
   - अनुच्छेद-3 के तहत राज्यों की सीमाओं में परिवर्तन आदि। इस प्रकार के संशोधनों की प्रकृति साधारण कानून की तरह होती है।
2. **विशेष विधि** संविधान के महत्त्वपूर्ण प्रावधानों में संशोधन अनुच्छेद-368 के तहत वर्णित प्रक्रिया को अपनाकर किया जाता है।
   - दोनों सदनों में विधेयक को पृथक्-पृथक् रूप से विशेष बहुमत प्रणाली के द्वारा पारित किया जाता है।
   - राज्यों से संबंधित प्रावधानों में संशोधन के लिए आधे से अधिक राज्यों की विधानसभाओं द्वारा अनुमोदन प्राप्त किया जाता है।
   - तत्पश्चात् संशोधन विधेयक को राष्ट्रपति की अनुमति के लिए भेजा जाता है।

संविधान संशोधन के संदर्भ में कठोरता तथा लचीलापन, दोनों तत्त्वों का समावेश किया गया है, यदि संविधान संशोधन विधेयक के संदर्भ में दोनों सदनों में मतभेद उत्पन्न हो जाता है, तो वह संशोधन विधेयक रद्द माना जाता है।

2. अब तक हुए संवैधानिक संशोधनों की प्रकृति को स्पष्ट करें।

उत्तर संविधान निर्माण के पश्चात् उसमें हुए संशोधनों को मुख्यतः तीन श्रेणियों में विभाजित किया जा सकता है :

1. **प्रथम श्रेणी** इस श्रेणी में मुख्यतः तकनीकी या प्रशासनिक प्रकृति के संशोधनों को सम्मिलित किया जाता है अर्थात् ऐसे संशोधन जो मूल उपबंधों की व्याख्या करते हों। इस प्रकार के संशोधन मूल उपबंधों में कोई परिवर्तन नहीं करते; जैसे–
   - 15वें संवैधानिक संशोधन द्वारा उच्च न्यायालय के न्यायाधीशों की आयु सीमा को 60 वर्ष से बढ़ाकर 62 वर्ष करना।
   - सर्वोच्च न्यायालय के न्यायाधीशों का वेतन बढ़ाना (55वाँ संशोधन) आदि।
2. **द्वितीय श्रेणी** इस श्रेणी में उन संशोधनों को रखा जाता है, जो मुख्यतः न्यायपालिका तथा संसद के आपसी मतभेद के कारण किए जाते हैं, जैसे–
   - न्यायपालिका की समीक्षा की शक्तियों पर प्रतिबंध लगाना (42वाँ संशोधन)
   - संविधान की प्रस्तावना में संशोधन।
   - लोकसभा की अवधि को 5 वर्ष से बढ़ाकर 6 वर्ष करना।
3. **तृतीय श्रेणी** इस श्रेणी में उन संशोधनों को रखा जाता है, जो राजनीतिक आम सहमति से किए गए थे। इस प्रकार के संशोधन राजनीतिक दर्शन तथा जन आकांक्षाओं को समाहित करने से संबंधित थे।

- दल-बदल विरोधी कानून (52वाँ एवं 91वाँ संशोधन)
- स्थानीय स्वशासन से संबंधित 73वाँ एवं 74वाँ संशोधन। मताधिकार की आयु सीमा को 21 वर्ष से घटाकर 18 वर्ष करना। इस प्रकार के संशोधनों पर सत्तारूढ़ पार्टी के बहुमत का प्रभाव नहीं था। ये अधिकतर गठबंधन सरकार के दौर में किए गए थे।

3. संविधान की रक्षा और व्याख्या में न्यायपालिका की भूमिका को स्पष्ट करें।

उत्तर संविधान की रक्षा और व्याख्या में न्यायपालिका ने महत्त्वपूर्ण भूमिका निभाई। संविधान की रक्षा एवं व्याख्या का दायित्व सर्वोच्च न्यायालय को सौंपा गया है। संविधान के मूल स्वरूप को सुरक्षित रखने के लिए सर्वोच्च न्यायालय ने केशवानंद भारती वाद में संविधान की मूल संरचना के सिद्धांत को प्रतिपादित किया।

इस वाद में सर्वोच्च न्यायालय ने निर्णय दिया कि :

- निर्धारित सीमाओं के अंदर ही संसद संविधान में संशोधन कर सकती है। संसद मूल ढाँचे को बनाए रखते हुए संविधान में संशोधन कर सकती है।
- संविधान के बुनियादी तत्त्वों को प्रभावित करने वाले संशोधनों पर अंतिम निर्णय की शक्ति न्यायपालिका के पास होगी।
- संविधान के मूल ढाँचे का उल्लंघन करने वाले प्रावधान अथवा संशोधनों को न्यायपालिका अवैध करार दे सकती है।

न्यायपालिका ने संविधान के कुछ प्रावधानों को संशोधन के दायरे के अंदर तथा कुछ प्रावधानों को संशोधन के दायरे से बाहर रखकर प्रावधानों में कठोरता तथा लचीलेपन के संतुलन को और अधिक मजबूती प्रदान की है तथा विभिन्न न्यायिक व्याख्याओं के माध्यम से संविधान के प्रावधानों से संबंधित अनेक नए सिद्धांत स्थापित किए हैं। न्यायपालिका ने मूल संरचना के सिद्धांत के माध्यम से संविधान के मूल स्वरूप को बनाए रखा है

4. भारत का संविधान समय के साथ बदलता आया है। व्याख्या करें।

उत्तर भारत का संविधान समय के साथ बदलता आया हैं क्योकि यह एक जीवंत दस्तावेज है, जो समाज की बदलती आवश्यकताओं और परिस्थितियों के अनुरूप स्वयं को अद्यतन करने में सक्षम है। संविधान निर्माताओं ने इसे लचीला और स्थिर दोनों रूप में रखा, ताकि यह न केवल देश की विविधता और जटिलताओं को संभाल सके बल्कि समय-समय पर उसमें भी संशोधन किया जा सके। संविधान में संशोधन की प्रक्रिया अनुच्छेद 368 के तहत निर्धारित की गई है। इसके तहत अब तक 105 से अधिक संशोधन किए गए हैं। ये संशोधन विभिन्न राजनीतिक, सामाजिक और आर्थिक आवश्यकताओं के कारण किए गए। उदाहरण के लिए, पहला संविधान संशोधन (वर्ष 1951) के माध्यम से भूमि सुधार और मौलिक अधिकारों में संतुलन स्थापित करने हेतु किया गया। वही 73 वें और 74 वें संशोधन (वर्ष 1992) ने पंचायती राज और शहरी स्थानीय निकायों को संवैधानिक दर्जा दिया।

इसके अतिरिक्त, न्यायपालिका के माध्यम से संविधान की व्याख्या भी इसे बदलते समय के अनुकूल बनाती है जैसे केशवानन्द भारतीय मामले (1973) में मूल संरचना का सिद्धांत विकसित हुआ, जिसने संविधान के कुछ हिस्सों को अपरिवर्तनीय बनाया। संविधान में संशोधन और व्याख्या की यह क्षमता इसे प्रासंगिक और प्रभावी बनाए रखती है। इस लचीलेपन ने भारतीय लोकतंत्र को स्थायित्व प्रदान करते हुए समाज में सकारात्मक बदलाव लाने में सहायता की है।

5. भारतीय संविधान संशोधन प्रक्रिया की आलोचना के क्या आधार हैं।

उत्तर इस प्रश्न के उत्तर के लिए पृष्ठ संख्या 188-189 का अध्ययन करें।

6. हमारे संविधान की प्रमुख कमियाँ कौन-कौन-सी हैं?

अथवा **संविधान की आलोचना किस आधार पर की जाती हैं?**

अथवा **आलोचकों ने भारतीय संविधान में कौन-कौन-सी कमियाँ बताई हैं?**

उत्तर भारतीय संविधान में अनेक गुणों के बावजूद आलोचकों के अनुसार, इसमें अनेक कमियाँ हैं। इन्होंने इसे भारतीय परिवेश एवं परिस्थितियों के लिए अनुपयुक्त बताया है।यहाँ तक कि वे इसे भारतीय एवं विविध संविधानों की खिचड़ी संबोधित करते हैं। संविधान की कुछ प्रमुख आलोचनाएँ इस प्रकार हैं।

1. **अत्यधिक शक्तिशाली केंद्र** आलोचकों द्वारा भारतीय संविधान की आलोचना का एक प्रमुख कारण यह है कि इसमें केंद्र को अत्यधिक शक्तिशाली बनाया गया है और राज्यों की स्थिति लगभग नगरपालिकाओं जैसी है। संविधान निर्माताओं ने इतिहास की गलतियों से सीख लेते हुए केंद्रीय सत्ता को अधिक शक्तिशाली बनाया, क्योंकि जब-जब भारत की केन्द्रीय सत्ता दुर्बल हुई, भारत की स्वतन्त्रता संकट में पड़ गई और भारत पराधीन हुआ। इस प्रकार कह सकते है कि संघीय व्यवस्था का निर्माण देश की राजनीतिक परिस्थितियों के अनुसार ही हुआ।
2. **संविधान लंबा और जटिल है** भारतीय संविधान विश्व का सबसे लम्बा एवं विस्तृत संविधान है, इसमें 22 भाग, 12 अनुसूचियाँ और 400 से ज्यादा अनुच्छेद हैं। इसमें केंद्र के साथ-साथ राज्यों की शासन व्यवस्था के संबंध में भी अलग-अलग प्रावधान किए गए हैं। इसमें न्यायपालिका को स्वतंत्र रखा गया है। इसे कार्यपालिका और विधायिका से अलग रखा गया है।
3. **मौलिकता की कमी** भारतीय संविधान की आलोचना का एक प्रमुख आधार इसमें मौलिकता की कमी का होना है। संविधान में विश्व के प्रमुख देशों के संविधानों की महत्त्वपूर्ण व्यवस्थाओं को अपनाया गया है। इस कारण यह बहुत ही मौलिक बन गया है। हमारा संविधान न तो ब्रिटेन के संविधान जितना लचीला है और न ही अमेरिका के संविधान जितना कठोर। इसमें जहाँ ब्रिटिश संविधान के संसदीय प्रभुसत्ता के सिद्धांत को अपनाया गया है, वही अमेरिकी संवैधानिक न्यायिक सर्वोच्चता के सिद्धांत को भी मान्यता मिली है।
4. **वकीलों का स्वर्ग** प्रायः यह कहकर संविधान की आलोचना की जाती है कि भारतीय संविधान को अत्यंत क्लिष्ट एवं अस्पष्ट भाषा में लिपिबद्ध किया गया है इसमें अर्हताएँ एवं व्याख्याएँ प्रस्तुत की गईं। अतः पर्याप्त विवाद की सम्भावना बन जाती है, इसमें वकीलों की प्रमुख भूमिका बनती है। इस आधार पर यह कह सकते हैं कि भारतीय संविधान वकीलों का स्वर्ग है।

7. संविधान संशोधन का सामाजिक परिवर्तन पर क्या प्रभाव पड़ता है? व्याख्या करें।

अथवा **संविधान संशोधन का समाज पर पड़ने वाले प्रभावों की समीक्षा करें।**

उत्तर यह सर्वविदित है कि सामाजिक परिवर्तन राष्ट्रीय विकास का घोतक होता है। सामाजिक परिवर्तन एक ऐसी सामाजिक क्रान्ति है, जिसके माध्यम से राजनीतिक और आर्थिक विकास की प्रक्रिया का सूत्रपात होता है। भारत में समाजवादी समाज की रचना को शान्तिपूर्ण सामाजिक क्रांति के नेतृत्व का प्रमुख दायित्व भारतीय संसद के कंधों पर है सामाजिक क्रांति के अभाव में आर्थिक समानता और राजनीतिक स्वाधीनता एक स्वप्न बनकर रह जाएंगे। भारत जैसे लोकतान्त्रिक समाज में सामाजिक क्रांति का सूत्रपात संसदीय विधियों द्वारा ही शांतिपूर्ण शैली में सम्भव है। संसद संवैधानिक संशोधन के माध्यम से इस सामाजिक उद्देश्य को पूरा करती है। भारतीय संविधान में अब तक किए गए संशोधनों का विश्लेषण करने से यह निष्कर्ष निकलता है कि संसद द्वारा किए गए इन संशोधनों ने संविधान को सामाजिक और आर्थिक न्याय के समाजवादी चार्टर का अनूठा दस्तावेज बना दिया है। संविधान के प्रथम संशोधन द्वारा अनुच्छेद 15 में परिवर्तन

करते हुए सामाजिक तथा शैक्षिक दृष्टि से पिछड़े हुए वर्गों की उन्नति के लिए राज्य को विशेष शक्ति दी गई। 8वें संशोधन द्वारा अनुसूचित जाति और जनजातियों के लिए आरक्षण की अवधि 10 वर्ष के लिए और बढ़ा दी गई। पच्चीसवें संशोधन द्वारा संपत्ति के अधिकार को समाजवाद की स्थापना के उद्देश्य से सीमित करने का प्रयास किया गया। 42वें संविधान संशोधन द्वारा नीति निर्देशक सिद्धांत को मूल अधिकारों पर वरीयता दी गई। 44 वें संशोधन द्वारा संपत्ति के अधिकार को समाप्त कर दिया गया। 49वें और 51वें संशोधन द्वारा जनजातीय विकास के प्रयास किए गए। 79वें संविधान द्वारा अनुसूचित जातियों और जनजातियों के लिए आरक्षण की अवधि 25 जनवरी, 2010 तक के लिए बढ़ा दी गई। 85वें संशोधन का संबंध अनुसूचित जातियों और जनजातियों के सामाजिक उत्थान से है। 86वें संशोधन अधिनियम, 2002 द्वारा शिक्षा को मौलिक अधिकार घोषित किया गया। इस प्रकार संविधान संशोधनों के माध्यम से समतामूलक, कल्याणकारी समाज की स्थापना का प्रयास किया गया है। इनके माध्यम से महान सृजनात्मक प्रावधान किए गए, जिनके माध्यम से संविधान के आदर्शों को प्राप्त करने का प्रयास किया गया।

स्रोत आधारित प्रश्न

नीचे दिए गए अनुच्छेदों पर आधारित प्रश्नों के उत्तर दें।

1. **परिस्थितिगत बदलाव, सामाजिक परिवर्तनों और कई बार राजनीतिक उठापटक के चलते विभिन्न राष्ट्रों ने अपने संविधान को दुबारा तैयार किया है। सोवियत संघ में 74 वर्षों के दौरान (1948, 1924, 1936 और 1977) संविधान चार बार बदला गया। वर्ष 1991 में वहाँ कम्युनिट पार्टी का शासन समाप्त हो गया और जल्दी ही सोवियत गणराज्य भी बिखर गया। इस राजनीतिक भूचाल के बाद वहाँ रूसी गणराज्यों का नए सिरे से गठन किया गया और वर्ष 1993 में एक नया संविधान अंगीकार किया गया। अब जरा भारत की ओर नजर दौड़ाएँ। भारतीय संविधान 26 नवबर, 1949 को अंगीकृत किया गया।**

इस संविधान को 26 जनवरी, 1950 को औपचारिक रूप से लागू किया गया। तब से लेकर आज 64 वर्ष बीत चुके हैं और यह संविधान लगातार काम कर रहा है। हमारे देश की सरकार इसी संविधान के अनुसार काम करती है, तो, क्या हम यह मानें कि हमारा संविधान इतना अच्छा है कि उसमें किसी बदलाव की जरूरत ही नहीं है? क्या हमारे संविधान-निर्माता इतने दूरदर्शी थे कि उन्होंने समय के बदलावों और घटनाओं का अंदाजा पहले ही लगा लिया था? एक अर्थ में ये दोनों ही बातें ठीक हैं।

यह बात सही है कि हमें एक मजबूत संविधान विरासत में मिला है। इस संविधान की बनावट भी सही है कि हमारे देश की परिस्थितियों के बेहद अनुकूल है। इसके साथ यह बात भी सही है कि हमारे संविधान निर्माता अत्यन्त दूरदर्शी थे। उन्होंने भविष्य के कई प्रश्नों को समाधान उस समय कर लिया था, लेकिन कोई भी संविधान सदा सर्वदा के लिए ठीक नहीं हो सकता। ऐसा कोई दस्तावेज नहीं होता जिसे बदलने की आवश्यकता न पड़े।

(i) भारतीय संविधान को किस प्रकार का दस्तावेज माना गया है?
(a) अपरिवर्तनीय और स्थिर (b) केवल लचीला
(c) मजबूत और दूरदर्शी (d) केवल अस्थायी

उत्तर (c) मजबूत और दूरदर्शी

(ii) निम्नलिखित कथनों में से कौन-सा कथन सही है?
(a) भारत का संविधान देश की परिस्थितियों के अनुकूल नहीं है
(b) संविधान निर्माण में विशेषज्ञों द्वारा शीघ्रता से निर्णय लिया गया था जिससे एक अदूरदर्शी संविधान निर्मित हुआ
(c) भारतीय संविधान में संशोधन अपेक्षाकृत अधिक कठिन है
(d) संविधान निर्माता संविधान निर्माण में सभी वर्गों के हितों को शामिल नहीं कर सके

उत्तर (c) भारतीय संविधान में संशोधन अपेक्षाकृत अधिक कठिन है

(iii) भारतीय संविधान में गतिशीलता से क्या तात्पर्य है?

उत्तर (i) किसी अन्य लिखित संविधान के समान भारतीय संविधान में भी परिस्थितियों एवं आवश्यकताओं के अनुरूप उसे संशोधन और व्यवस्थित करने की व्यवस्था है। भारतीय संविधान न तो लचीला है, न कठोर यद्यपि यह दोनों का मिश्रण है।

2. **संविधान की व्याख्या को लेकर न्यायपालिका और सरकार के बीच अक्सर मतभेद पैदा होते रहे हैं। संविधान के अनेक संशोधन इन्हीं मतभेदों की उपज के रूप में देखे जा सकते हैं। इस तरह के टकराव पैदा होने पर संसद को संशोधन का सहारा लेकर संविधान की किसी एक व्याख्या को प्रामाणिक सिद्ध करना पड़ता है। प्रजातन्त्र में विभिन्न संस्थाएँ संविधान और अपनी शक्तियों की अपने-अपने तरीके से व्याख्या करती है। यह लोकतांत्रिक व्यवस्था का एक अहम लक्षण है। केई बार संसद इन न्यायिक व्याख्याओं से सहमत नहीं होती और उसे न्यायपालिका के नियमों को नियंत्रित करने के लिए संविधान में संशोधन करना पड़ता है। वर्ष 1970 से 1975 के दौरान ऐसा अनेक परिस्थितियाँ पैदा हुईं। न्यायपालिका तथा अधिकारों से संबंधित अध्यायों में आप संसद तथा न्यायपालिका के बीच उठने वाले विवादों के बारे में पहले ही पढ़ चुके हैं। इस संबंध में हम तीन दृष्टांतों का उल्लेख कर सकते हैं। मौलिक अधिकारों और नीति-निदेशक सिद्धांतों को लेकर संसद और न्यायपालिका के बीच अक्सर मतभेद पैदा होते रहे हैं।**

इसी प्रकार निजी संपत्ति के अधिकार के दायरे तथा संविधान में संशोधन के अधिकार की सीमा को लेकर भी दोनों के बीच विवाद उठते रहे हैं। वर्ष 1970 से 1975 के काल में संसद में न्यायपालिका की प्रतिष्ठित व्याख्या को निरस्त करते हुए बार-बार संशोधन किए।

(i) भारतीय संविधान में कितने संशोधनों का उल्लेख किया गया है?
(a) चार (b) तीन (c) पाँच (d) सात

उत्तर *(b)* तीन

(ii) संसद और न्यायपालिका के बीच किसे लेकर मतभेद पैदा होते हैं?
(a) मौलिक अधिकारों को लेकर
(b) नीति-निदेशक सिद्धांतों को लेकर
(c) 'a' और 'b' दोनों
(d) उपरोक्त में से कोई नहीं

उत्तर *(c)* 'a' और 'b' दोनों

(iii) वर्ष 1970 से 1975 के दौरान संसद और न्यायपालिका के बीच किस प्रकार का टकराव हुआ?

उत्तर वर्ष 1970 से 1975 के दौरान संसद ने न्यायपालिका की व्याख्या को अस्वीकार करते हुए संविधान में बार-बार संशोधन किए, जिससे दोनों के बीच टकराव की स्थिति उत्पन्न हुई।
यह टकराव मौलिक अधिकारों, सम्पत्ति के अधिकार और संविधान संशोधन के अधिकार की सीमा को लेकर था।

स्वयं को जाँचें

बहुविकल्पीय प्रश्न

1. संविधान के किस अनुच्छेद में समानता के अधिकार का प्रावधान है?

(a) अनुच्छेद 14
(b) अनुच्छेद 16
(c) अनुच्छेद 19
(d) अनुच्छेद 21

2. भारत में संविधान संशोधन का अधिकार किसे दिया गया है?

(a) राष्ट्रपति को
(b) संसद को
(c) प्रधानमंत्री को
(d) उपराष्ट्रपति को

3. भारत में संविधान संशोधन की कितनी प्रक्रियाओं को अपनाया गया है?

(a) तीन प्रक्रियाओं को (b) चार प्रक्रियाओं को
(c) दो प्रक्रियाओं को (d) एक प्रक्रिया को

4. संविधान का अनुच्छेद 368 किससे संबंधित है?

(a) निर्वाचन से (b) संशोधन से
(c) केंद्र-राज्य संबंध से (d) भाषा से

5. निम्नलिखित में से कौन-सा युग्म सही है?

1. 73 वाँ संशोधन–पंचायती राज संस्थाओं के गठन से संबंधित
2. 74 वाँ संशोधन–मौलिक अधिकारों की सुरक्षा से संबंधित
3. 86वाँ संशोधन–स्वतंत्रता की गारंटी देने वाला
4. 61वाँ संशोधन–कार्यपालिका के चुनावों को नियंत्रित करने वाला।

कूट

(a) केवल 1
(b) केवल 2
(c) 1 और 3
(d) ये सभी

अतिलघु उत्तरीय प्रश्न

6. भारतीय संविधान की प्रस्तावना में किन मूल्यों का उल्लेख है?

7. संविधान के विभिन्न प्रकारों का वर्णन कीजिए।

8. 42वाँ संविधान संशोधन कब किया गया था?

9. संविधान के अनुच्छेद-368 में किस प्रकार के प्रावधानों की व्याख्या की गई है?

10. लचीला संविधान से आपका क्या तात्पर्य है?

लघु उत्तरीय प्रश्न

11. भारतीय संविधान की संघीय प्रणाली में कौन-कौन से तत्त्व हैं?

12. भारत में न्यायिक पुनरावलोकन की शक्तियों का वर्णन कीजिए।

13. भारतीय संविधान के मूल ढाँचे में कौन-कौन से तत्त्वों को शामिल किया गया है? वर्णन कीजिए।

14. दल-बदल अधिनियम कब पारित किया गया था। इस अधिनियम को पारित करने के पीछे कौन-से महत्त्वपूर्ण कारण थे? विस्तार से समझाएँ।

दीर्घ उत्तरीय प्रश्न

15. अब तक हुए संवैधानिक संशोधनों में 42वें संविधान संशोधन को क्यों महत्त्वपूर्ण विशेषता प्राप्त है? समझाइए।

16. कभी-कभी संविधान में संशोधन प्रक्रिया के कारण संसद और न्यायपालिका के मध्य तनाव उत्पन्न हो सकता है। कथन की न्यायसंगत व्याख्या करें।

17. भारतीय संविधान का गठन कैसे हुआ और इसकी भूमिका पर प्रकाश डालें?

10

अध्याय

इस अध्याय में संविधान का दर्शन उन नैतिक मूल्यों और सिद्धांतों को दर्शाता है, जिन्हें, स्वतंत्रता आंदोलन के दौरान स्वीकार किया गया था। इसमें मूल्यों के आवश्यकता, स्वरूप और उद्देश्य पर भी चर्चा की गई है।

▼ अध्ययन एक नजर में

10.1 संविधान के दर्शन से आशय

10.2 संविधान का राजनीतिक दर्शन

▼ अभ्यास के लिए

- बहुविकल्पीय प्रश्न 18 (युग्मित प्रश्न, चित्र आधारित प्रश्न, कथन/कारण, सुमेलित कीजिए)
- वर्णनात्मक प्रकार के प्रश्न (लघु उत्तरीय प्रश्न 6, दीर्घ उत्तरीय प्रश्न I 12)
- दीर्घ उत्तरीय प्रश्न II 10,
- स्रोत आधारित प्रश्न 2, मानचित्र आधारित 1

संविधान का राजनीतिक दर्शन

संविधान में वर्णित प्रावधान मानवीय मूल्यों तथा आदर्शों से गहरे रूप में संबंधित होते हैं। अतः संविधान के प्रति नैतिक दर्शन का दृष्टिकोण अपनाया जाना आवश्यक है। संविधान लोगों को सामाजिक बदलाव हेतु एक लोकतांत्रिक साधन प्रदान करता है।

10.1 संविधान के दर्शन से आशय

कुछ लोगों का मानना है कि संविधान केवल कानून से संबंधित है। इसमें मूल्यों और नैतिकता का समावेश नहीं है। अतः इसके प्रति नैतिक और राजनीतिक दर्शन का दृष्टिकोण नहीं अपनाया जा सकता, सिर्फ कानूनी दृष्टिकोण अपनाया जा सकता है, जबकि सदैव ऐसा नहीं होता, क्योंकि बहुत-से कानून हमारे मूल्य और आदर्शों से गहरा संबंध रखते हैं; जैसे—समानता के अधिकार का कानून समानता को मूल्यवान मानते हुए भाषा या धर्म के आधार पर व्यक्तियों के बीच भेदभाव को प्रतिबंधित करता है।

इससे स्पष्ट होता है कि कानून और नैतिक मूल्यों के मध्य गहरा संबंध है। अतः संविधान का अध्ययन एक ऐसे दस्तावेज के रूप में करना आवश्यक है, जिसके पीछे एक नैतिक दृष्टि कार्य करती है। संविधान के प्रति राजनीतिक **दर्शन**[1] का दृष्टिकोण अपनाने की आवश्यकता है। इसे तीन तथ्यों द्वारा समझा जा सकता है

(i) **मूल्यों का औचित्य** संविधान में वर्णित अधिकार, नागरिकता, लोकतंत्र व अल्पसंख्यक जैसी अवधारणाओं की व्याख्या आवश्यक है।

(ii) **संकल्पनात्मक संरचना** जिन आदर्शों पर संविधान का निर्माण हुआ है, उन अवधारणाओं से संबंधित समाज तथा शासन व्यवस्था स्पष्ट होनी चाहिए।

1 **दर्शन** दर्शनशास्त्र दृष्टिकोण का एक सिद्धांत, जो व्यवहार के लिए मार्गदर्शक सिद्धांत के रूप में कार्य करता है।

(iii) **संवैधानिक आदर्श** आदर्शों का तार्किक व समुचित रूप से अध्ययन करने के लिए संविधान सभा की बहसों का अध्ययन किया जाना चाहिए। किसी मूल्य को संविधान का आधार बनाते समय उसकी तार्किकता को स्पष्ट करना आवश्यक होता है।

- हमारे संविधान निर्माताओं ने संविधान निर्माण में किसी विशेष मूल्य को आधार नहीं बनाया। यदि किसी स्थान पर ऐसा किया गया है, तो उस मूल्य को उचित ठहराने के पीछे निर्माताओं के कुछ तर्क थे। संविधान के आदर्श हमारे राजनीतिक जीवन के अभिन्न अंग हैं।

संविधान की व्याख्याओं में विरोधाभास

- न्यायपालिका, विधायिका, राजनीतिक दलों, मीडिया, स्कूल तथा विश्वविद्यालयों में संविधान के मूल्यों की व्याख्या अलग-अलग तरीके से की जाती है।
- मूल्य व आदर्शों की अलग-अलग व्याख्या होने से उनके मध्य विरोधाभास उत्पन्न होता है।
- संविधान के आदर्श स्वयं में संपूर्ण न सही परंतु बहुत अधिक महत्त्वपूर्ण अवश्य हैं। अत: हमें इन आदर्शों का प्रयोग एक कसौटी के रूप में करना चाहिए।
- अलग-अलग संस्थाएँ; जैसे-अदालतें, राजनीतिक दल मीडिया और शैक्षिक संस्थान एक ही आदर्श की व्याख्या अलग-अलग तरीके से करते हैं।
- संविधान के आदर्शों को कभी-कभी अल्पकालिक और क्षुद्र स्वार्थों के लिए तोड़ा-मरोड़ा जाता है जिनसे इनकी व्याख्या में भ्रम उत्पन्न होता है।
- आदर्शों की अलग-अलग व्याख्याओं के कारण विरोधाभास उत्पन्न होता है जिससे यह तय करना मुश्किल हो जाता है कि सही व्याख्या कौन-सी है।
- इन विरोधाभासों को दूर करने के लिए संविधान को एक निर्णायक कसौटी और न्यायाधीश की भूमिका में इस्तेमाल किया जाना चाहिए।

जापान का संविधान

- वर्ष 1947 के जापानी संविधान को सामान्य भाषा में शांति संविधान कहा जाता है। इसकी प्रस्तावना में कहा गया है कि हम जापान के लोग हमेशा के लिए शांति की कामना करते हैं।
- जापान के संविधान के **अनुच्छेद** -9 में कहा गया है कि न्याय और सुसंगत व्यवस्था पर आधारित अंतर्राष्ट्रीय शांति की कामना करते हैं।
  - जापान प्रतिष्ठित युद्ध और अंतर्राष्ट्रीय विवाद को सुलझाने के लिए धमकी और बल प्रयोग से दूर रहेगा।
  - इस अनुच्छेद को ध्यान में रखते हुए थल सेना, वायु सेना और नौसेना युद्ध के साजो समान कभी नहीं रखेगा।

संविधान लोकतांत्रिक बदलाव का साधन

लोकतंत्र की सुरक्षा, हासिए पर बैठे लोगों के सशक्तींकरण तथा सामूहिक कल्याण को बढ़ावा देने के लिए संविधान की आवश्यकता महत्त्वपूर्ण हो जाती है। यह राज्य के व्यवहार को संतुलित करने के लिए नियमों को ढाँचा प्रदान करता है, ताकि राज्य निरंकुश ना बन सके।

संविधान में सामाजिक परिवर्तन की क्षमता

- राज्य द्वारा शक्ति के दुरुपयोग को रोकने हेतु नियम बनाना
- सामाजिक परिवर्तन के लिए लोकतांत्रिक साधन देना
- सामूहिक तथा व्यक्तिगत हितों की रक्षा का नियम

संविधान सभा के संदर्भ में जवाहरलाल नेहरू की कल्पना

- केवल भारतीय जनता द्वारा चुने हुए प्रतिनिधियों से बनी संविधान सभा को ही बिना किसी बाहरी हस्तक्षेप के भारतीय संविधान बनाने का अधिकार प्राप्त है, इसलिए संविधान सभा की माँग पूर्ण आत्मनिर्णय की सामूहिक माँग का प्रतिरूप है।
- संविधान सभा केवल जन-प्रतिनिधियों और योग्य वकीलों का समूह नहीं है, बल्कि वह स्वयं राह पर चलने वाला राष्ट्र है, जो अपने अतीत के राजनीतिक और सामाजिक ढाँचे के आवरण से निकलकर अपने बनाए नए आवरण को पहनने की तैयारी कर रहा है।
- संविधान शक्तिशाली लोगों की शक्ति पर अंकुश लगाने के साथ-साथ परंपरागत रूप से सत्ता से वंचित लोगों का सशक्तीकरण भी करता है।
- संविधान कमजोर तथा पिछड़े लोगों को सामुदायिक रूप से उनका अधिकार प्राप्त करने के लिए प्रेरित भी करता है।

भारतीय संविधान के इतिहास पर पुनर्विचार का महत्त्व

भारतीय संविधान के इतिहास का अध्ययन करना आवश्यक है, क्योंकि इसके मूल्य और विचार आज भी प्रासंगिक हैं

- अमेरिका के विपरीत जहाँ संविधान 18वीं सदी के उत्तरार्द्ध में लिखा गया। 18वीं शताब्दी के मूल्य और मानक 21वीं सदी में निरर्थक हैं, जबकि भारतीय संविधान में निहित मूल्य आज भी प्रासंगिक हैं।
- संविधान निर्माण के समय से लेकर अब तक हमारी मान्याताओं में कोई विशेष बदलाव नहीं आया है।
- भारत में संविधान निर्माण की परिस्थिति में तथा वर्तमान की परिस्थितियों में कोई क्रांतिकारी या बड़े स्तर पर परिवर्तन नहीं हुआ है।
- मूल्य, आदर्श व अवधारणा के संदर्भ में हम आज भी संविधान सभा की सोच तथा समय से जुड़े हुए हैं।
- इस प्रकार की स्थिति तब तक हानिकारक नहीं होती जब तक संवैधानिक व्यवस्था के अनुसार सब कुछ चल रहा है, परंतु संवैधानिक व्यवस्था को चुनौती मिलने पर या उसकी उपेक्षा होने पर उस मुख्य बात के वास्तविक अर्थ तथा मूल्य को समझना आवश्यक हो जाता है।
- साथ ही संविधान के मूल में निहित राजनीतिक दर्शन को जानना भी आवश्यक हो जाता है।

चेक प्वॉइंट 1

1. ऐसे कानून का उदाहरण दीजिए, जो गहन मूल्यों को प्रतिबिंबित करता हो?
2. कौन-सा मूल्य धर्म या भाषा के आधार पर भेदभाव को प्रतिबंधित करने वाले कानून से सीधे जुड़ा हुआ है?
3. जापानी संविधान को किस प्रचलित नाम से जाना जाता है?
4. नेहरू ने संविधान सभा का वर्णन कैसे किया?

10.2 संविधान का राजनीतिक दर्शन

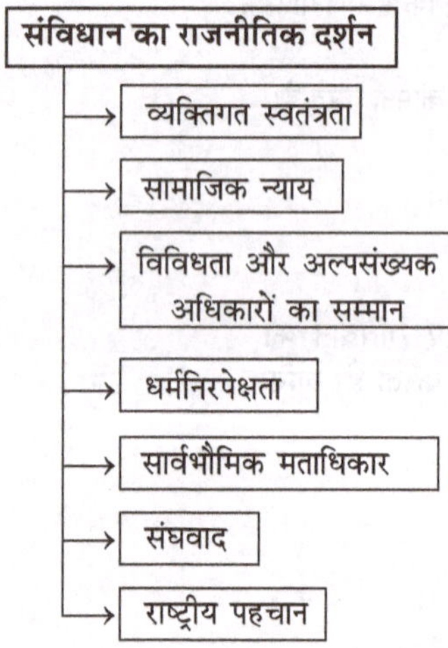

- भारतीय संविधान के शीर्षक को किसी एक शब्द में नहीं बाँधा जा सकता। यह एक उदारवादी, लोकतांत्रिक, **धर्मनिरपेक्ष**[2], **संघवादी**[3], सामुदायिक जीवन मूल्यों को मानने वाला, धार्मिक तथा भाषायी रूप से अल्पसंख्यकों के अधिकारों की रक्षा करने वाला, वंचित वर्गों की आवश्यकताओं के प्रति संवेदनात्मक व सर्वमान्य पृथक् पहचान बनाने वाला संविधान है।

भारत के संवैधानिक दर्शन में निम्नलिखित पहलुओं को शामिल किया गया है–

- अल्पसंख्यक अधिकारों की रक्षा (धार्मिक-भाषाई)
- वंचित समूहों को सशक्त बनाना
- राष्ट्रीय एकता को बढ़ावा देना
- **स्वतंत्रता समानता**[4] और **सामाजिक न्याय**[5] को कायम रखना

व्यक्तिगत स्वतंत्रता

- भारतीय संविधान व्यक्ति की स्वतंत्रता के लिए प्रतिबद्ध है। यह प्रतिबद्धता एक सदी से निरंतर चली आ रही बौद्धिक और राजनीतिक गतिविधियों का परिणाम है।
- 19वीं सदी की शुरुआत में राजा राममोहन राय ने प्रेस की आजादी पर प्रतिबंधों का विरोध किया था। उनका तर्क था कि व्यक्ति की जरूरतों का ध्यान रखने वाले राज्य को व्यक्तियों को उनकी जरूरतों की अभिव्यक्ति का साधन प्रदान करना चाहिए।
- ब्रिटिश शासनकाल में भी भारत में अभिव्यक्ति की स्वतंत्रता की माँग निरंतर उठती रही थी। इसी कारण अभिव्यक्तियों की स्वतंत्रता हमारे संविधान का अभिन्न अंग है।
- उदारवादी विचारधारा ने हमारी स्वतंत्रता सुनिश्चित करके संविधान को संगठित स्वरूप प्रदान किया है
- अभिव्यक्ति की स्वतंत्रता, मनमानी गिरफ्तारी से मुक्ति, अंतरात्मा की स्वतंत्रता, मनमानी गिरफ्तारी के विरुद्ध भी स्वतंत्रता भारतीय संविधान में प्रदान की गई है।

---

2 **धर्मनिरपेक्ष** इसका अर्थ है कि राज्य सभी धर्मों को समान आधार पर सम्मान देगा।

3 **संघवाद** यह संघ और राज्यों के बीच एक तटस्थ संबंध है।

4 **स्वतंत्रता समानता** एक दार्शनिक और राजनीतिक विचारधारा है, जो सभी व्यक्तियों के बीच समानता की वकालत करती है।

5 **सामाजिक न्याय** यह समाज के भीतर धन-अवसर और विशेषाधिकारों के संदर्भ में न्याय है।

- अंग्रेजी शासन के दौरान स्वतंत्रता हनन करने वाले रॉलेट एक्ट का राष्ट्रीय स्वतंत्रता संग्राम ने मुकाबला किया था। इसी कारण संविधान द्वारा मनमानी गिरफ्तारी के विरुद्ध हमें स्वतंत्रता प्रदान की गई है। इसी प्रकार अन्य वैयक्तिक स्वतंत्रता भी संविधान की उदारवादी विचारधारा का अभिन्न अंग है।
- भारतीय संविधान व्यक्ति की स्वतंत्रता को बहुत अधिक महत्त्व देता है। भारतीय संविधान के अंगीकृत होने के 40 वर्ष पहले भी भारतीय राष्ट्रीय कांग्रेस के प्रत्येक प्रस्ताव, योजना, विधेयक और रिपोर्ट में व्यक्ति की स्वतंत्रता की चर्चा रहती थी।
- भारतीय संविधान का चरित्र सुदृढ़ उदारवाद की बुनियाद पर प्रतिष्ठित है।

सामाजिक न्याय

- भारतीय संविधान एक उदारवादी (Liberalism) संविधान है, इसका उदारवादी चरित्र यूरोपियन शास्त्रीय परंपरा के अर्थ में उदारवादी होने के साथ-साथ कुछ अर्थों में उससे अलग भी है।
- भारतीय संविधान सामाजिक न्याय से जुड़ा हुआ है।
- सामाजिक न्याय (Social Justice) को प्राप्त करने के लिए भारतीय संविधान में अनुसूचित जातियों व जनजातियों के लिए आरक्षण का प्रावधान किया गया है।
- ऐसे प्रावधान करने के पीछे संविधान निर्माताओं का मानना था कि इन वर्गों को मात्र समता का अधिकार व वास्तविक मताधिकार देने से सामाजिक न्याय नहीं प्राप्त किया जा सकता।
- इन वर्गों के हितों के लिए विशेष संवैधानिक उपाय किए गए; जैसे—अनुसूचित जातियों एवं जनजातियों के लिए विधायिका में सीटों का आरक्षण।
- इन्हीं विशेष प्रावधानों के कारण सरकारी नौकरियों में इन वर्गों के लिए आरक्षण की व्यवस्था की गई।

विविधता और अल्पसंख्यकों के अधिकारों का सम्मान

- भारतीय संविधान का उदारवाद सामुदायिक जीवन जैसे मूल्यों को महत्त्व देता है व समुदायों के बीच बराबरी के रिश्ते को बढ़ाता है। अनेक समुदायों के मध्य बराबरी करना अत्यंत मुश्किल था, क्योंकि समुदायों का आपस में ऊँच-नीच का रिश्ता होता है।
- भारतीय संविधान में प्रत्येक स्थान के व्यक्ति सांस्कृतिक समुदाय से जुड़े होते हैं, जिनकी अपनी भाषा, मूल्य, संस्कृति, रीति-रिवाज होते हैं और समुदाय का प्रत्येक सदस्य इसमें भागीदार होता है;
- भारत में सामुदायिक विविधता है समुदाय किसी अन्य समुदाय पर अपना प्रभुत्व स्थापित न करे, इस कारण भारत में समुदाय आधारित अधिकारों को मान्यता देना आवश्यक हो गया था; जैसे—धार्मिक समुदाय द्वारा शिक्षा संस्थान स्थापित व संचालन करना।

धर्मनिरपेक्षता

- धर्मनिरपेक्ष राज्य धर्म को निजी मामले के रूप में स्वीकार कर आधिकारिक रूप में मान्यता प्रदान नहीं करते, परंतु भारत के संदर्भ में ऐसा नहीं है।
- मूल संविधान में धर्मनिरपेक्ष शब्द न होने पर भी संविधान शुरुआत से ही धर्मनिरपेक्ष रहा है।
- पश्चिमी धारणाओं के अनुसार व्यक्ति की स्वतंत्रता तथा नागरिकता से संबंधित अधिकारों की रक्षा के लिए धर्मनिरपेक्षता (Secularism) को धर्म और राज्य के पारस्परिक निषेध के रूप में देखा जाता है।
- इस विचारधारा का मुख्य उद्देश्य व्यक्ति की स्वतंत्रता को सुरक्षित करना है।

भारतीय धर्मनिरपेक्षता

भारतीय धर्मनिरपेक्षता की प्रमुख विशेषताएँ इस प्रकार हैं

धार्मिक समूहों के अधिकार

- संविधान निर्माता व्यक्तियों के मध्य समानता की तरह ही समुदायों के मध्य समानता को आवश्यक मानते थे, क्योंकि व्यक्ति की स्वतंत्रता तथा गरिमा उसके समुदाय की स्थिति पर निर्भर करती है।
- इसी कारण भारतीय संविधान सभी धार्मिक समुदायों को धार्मिक शिक्षा संस्थान के संचालन का अधिकार प्रदान करता है। भारत में धार्मिक स्वतंत्रता से अभिप्राय व्यक्ति तथा समुदाय दोनों की स्वतंत्रता से है।

राज्य का हस्तक्षेप करने का अधिकार

- भारत में धर्म और राज्य के संबंध को **पारस्परिक निषेध**[6] के रूप में नहीं देखा गया, क्योकि धार्मिक रूप से स्वीकृत कुछ सामाजिक कुरीतियाँ; जैसे—छुआछूत आदि व्यक्ति की गरिमा तथा उसके आत्मसम्मान को प्रभावित करती थीं। उनकी जड़ें अधिक गहरी होने के कारण राज्य के हस्तक्षेप के द्वारा ही उन्हें समाप्त किया जा सकता है।
- राज्य के इस प्रकार के हस्तक्षेप नकारात्मक नहीं होते। राज्य धार्मिक शिक्षा संस्थानों को वित्तीय सहायता प्रदान कर उनकी मदद भी करता है अथवा उन्हें बाधा भी पहुँचा सकता है। ये राज्य द्वारा स्वतंत्रता, समानता जैसे मूल्यों को बढ़ाने के लिए उठाए गए कदमों पर निर्भर करता है।

सैद्धांतिक दूरी

- भारत के राज्य सभी धर्मों में सिद्धांतगत दूरी बनाए रखते हुए अवसर के अनुकूल ही धर्म के आंतरिक मामलों में हस्तक्षेप करते हैं, नहीं तो उनसे दूरी बनाए रखते हैं।
- भारतीय संविधान की कुछ महत्त्वपूर्ण उपलब्धियाँ निम्नलिखित हैं
  1. **उदारवादी व्यक्तित्ववाद** समाज में जहाँ सामुदायिक जीवन मूल्य व्यक्ति की स्वायत्तता को कोई महत्त्व नहीं देते वहाँ भारतीय संविधान ने उदारवादी व्यक्तित्ववाद को सुदृढ़ किया है।
  2. **सामाजिक न्याय** संविधान ने व्यक्तिगत स्वतंत्रता को बनाए रखते हुए सामाजिक न्याय के सिद्धांत को भी स्थापित किया है। जाति आधारित सकारात्मक कार्य योजना (Affirmative Action Programme) को भारतीय संविधान ने संयुक्त राज्य अमेरिका के अपनाने से दो दशक पूर्व ही अपना लिया था, जबकि अमेरिका में यह वर्ष 1964 के नागरिक अधिकार आंदोलन के बाद आरंभ हुई।
  3. **समूहगत अधिकार** समुदायों में विभिन्न आपसी विवादों के पश्चात् भी भारतीय संविधान ने समूहगत अधिकार प्रदान किए हैं। बहु-संस्कृतिवाद जैसी चुनौतियों का सामना करने का साधन संविधान निर्माताओं ने पहले ही तैयार कर दिया था।

सार्वभौमिक मताधिकार

सार्वभौमिक मताधिकार (Universal Franchise) के प्रति भारतीय संविधान की वचनबद्धता को संविधान की महत्त्वपूर्ण उपलब्धि के रूप में देखा जाता है, क्योंकि मजबूत बुनियाद वाले लोकतांत्रिक देशों में भी कामगार वर्ग एवं महिलाओं को यह अधिकार काफी समय पश्चात् प्रदान किया गया, जबकि भारत में ऊँच-नीच के भेदभाव की विचारधारा का व्यापक प्रभाव होने के पश्चात् भी इस अवधारणा को बिना किसी भेदभाव के अपनाया गया।

सार्वभौमिक मताधिकार का विचार भारतीय राष्ट्रीयवाद के मुख्य विचारों में से एक था।

- अनौपचारिक रूप से भारतीय संविधान तैयार करने का प्रथम प्रयास 1895 ई. में **कॉन्स्टीट्यूशन ऑफ इंडिया बिल** के नाम से जाना जाता था।
- इस बिल में यह घोषणा की गई थी कि प्रत्येक भारतीय नागरिक को देश के मामलों में भाग लेने तथा सरकारी पद हासिल करने का अधिकार है।

संघवाद

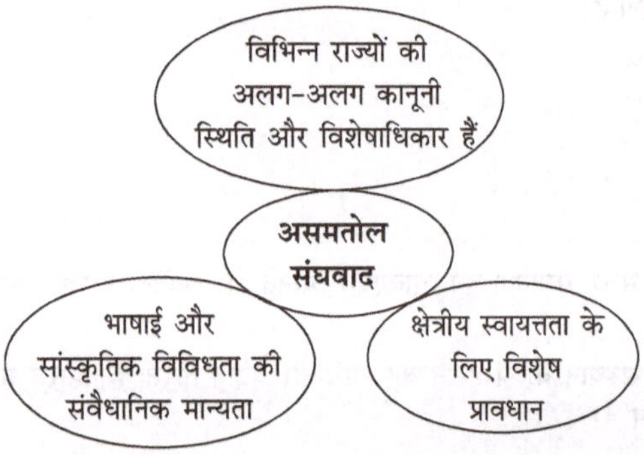

भारतीय संविधान में **असमतोल**[7] अर्थात् **असंतुलित संघवाद** (Unequal Federalism) की अवधारणा को अपनाया गया है, जबकि अमेरिका के संघ की संवैधानिक बनावट संतुलित है।

भारतीय संविधान एक मजबूत केंद्र की स्थापना करता है।

भारतीय संघ की विभिन्न इकाइयों (राज्यों) के कानूनी अधिकार तथा विशेषाधिकार में महत्त्वपूर्ण अंतर है। कुछ इकाइयों को उनकी आवश्यकताओं को ध्यान में रखते हुए उन्हें विशेष दर्जा प्रदान किया गया है, जिससे संघ के साथ उनके संबंध बने रहें; जैसे— संविधान के **अनुच्छेद-371 (a)** के तहत **नागालैंड** को विशेष राज्य का दर्जा प्रदान किया गया है।

- भारतीय संविधान विभिन्न राज्यों के साथ उनकी परिस्थिति के अनुसार **असमान व्यवहार** (Unequal Treatment) को तार्किक मानता है।
- भारत के इस प्रकार के लोकतांत्रिक और भाषायी संघवाद ने **सांस्कृतिक पहचान** (Cultural Identity) को एकता के साथ जोड़ा है।

6 **पारस्परिक निषेध** इसका अर्थ है कि धर्म और राज्य को कड़ाई से अलग किया जाना चाहिए।

7 **असमतोल संघवाद** एक संघीय प्रणाली, जहाँ शक्ति स्वाय्त्ता घटक इकाइयों के बीच असमान रूप से वितरित की जाती है।

राष्ट्रीय पहचान

- संविधान में भारत की संपूर्ण जनता की एक राष्ट्रीय पहचान सुनिश्चित की गई है, जिसका भाषा या धर्म के आधार पर बनी लोगों की पहचान से कोई विरोधाभास नहीं है।
- भारतीय संविधान दोनों प्रकार की पहचानों में संतुलन स्थापित करता है, परंतु इनमें आपसी विरोध होने की स्थिति में राष्ट्रीय पहचान को प्राथमिकता दी जाती है।
- संविधान निर्माण के समय भी **पृथक् निर्वाचक मंडल**[8] की धारणा को इस आधार पर नकार दिया गया था कि इससे विभिन्न धार्मिक समुदायों में मतभेद उत्पन्न हो सकते हैं, जिससे राष्ट्रीय एकता का खतरा उत्पन्न हो सकता है तथा राष्ट्रीय जीवन की सहजता में बाधा उत्पन्न हो सकती है।

भारतीय संविधान की प्रक्रियागत उपलब्धि

संविधान की उपरोक्त केंद्रीय विशेषताएँ संविधान के आधारभूत महत्त्व की उपलब्धि हैं। इसके अतिरिक्त संविधान की अन्य उपलब्धियाँ भी हैं

- **संविधान सभा में प्रतिनिधित्व** बहुत-से समूहों एवं हितों का संविधान सभा में प्रतिनिधित्व नहीं हो पाया था, परंतु फिर भी संविधान सभा का दृष्टिकोण सबको शामिल करने का रहा।
- इस दृष्टिकोण के कारण भारत की जनता ने परिणामों को अपनी तर्क शक्ति के आधार पर जाँचा, न कि अपने स्वार्थ के आधार पर। भारतीय संविधान राजनीतिक तर्क-वितर्क व वाद-विवाद में विश्वास रखता है। यही कारण था कि संविधान निर्माता भी असहमति और विभेद को सकारात्मक रूप में देखते हैं।
- **समझौता और समायोजन की भावना का प्रतिबिंब** इससे समझौतों के सकारात्मक रूपों के बारे में पता लगता है। किसी स्वार्थ के वशीभूत न होकर किया गया समझौता या किसी एक मूल्य के सौदे के बदले दूसरा मूल्य प्राप्त होने वाला समझौता नकारात्मक रूप में नहीं होता। संविधान सभा में इस अवधारणा को महत्त्व दिया गया कि महत्त्वपूर्ण मुद्दों पर फैसले बहुमत की बजाय सर्वसहमति से लिए जाएँ। यह दृढ़ता काफी सराहनीय थी।

भारतीय संविधान की आलोचना

भारतीय संविधान की कई आधारों पर आलोचना की जाती है-

बोझिल संविधान

- भारतीय संविधान को अस्त-व्यस्त बताया जाता है। संविधान के अंदर संवैधानिक स्थिति वाले दस्तावेजों, नियमों, कथनों (Statements), विवरणों को शामिल किया जाता है, फिर भी कुछ महत्त्वपूर्ण कथन और नियम इस दस्तावेज से बाहर रह जाते हैं; इस संदर्भ में इसकी तुलना अमेरिकी संविधान से की जाती है, जो भारतीय संविधान की अपेक्षा बहुत ही संक्षिप्त है।
- भारतीय संविधान ने अपनी सामाजिक पृष्ठभूमि के अनुरूप प्रत्येक मुद्दों को व्यापक रूप से शामिल किया है, ताकि विवाद की न्यूनतम संभावना रहे। जैसे- कई देशों के संविधान में चुनाव आयोग एवं लोक सेवा आयोग के संदर्भ में कोई प्रावधान नहीं है, जबकि भारत के संविधान में इनसे संबंधित प्रावधानों को शामिल किया गया है। अत: भारतीय संविधान को अस्त-व्यस्त कहना उचित नहीं है।
- गैर-प्रतिनिधित्व पूर्ण संविधान सभा के अधिकतर सदस्य समाज के कुलीन वर्ग से थे एवं सभा के सदस्य सीमित मताधिकार से चुने गए थे न कि सार्वभौम मताधिकार से। अत: इन आधारों पर कहा जाता है कि संविधान सभा में सबका प्रतिनिधित्व नहीं हो सका, परंतु ऐसा सत्य नहीं है।
- प्रतिनिधित्व आवाज एवं विचार से होता है। संविधान सभा में किसी एक विचार को नहीं बल्कि विविधतापूर्ण विचारों को शामिल किया गया था। संविधान सभा एक बहुदलीय निकाय था।
- **यह संविधान भारतीय परिस्थितियों के अनुकूल नहीं**
- भारतीय संविधान की आलोचना यह कहकर की जाती है कि इसके अधिकतर प्रावधान पश्चिमी देशों के संविधानों से लिए गए हैं। अत: यह भारतीय संस्कृति एवं परिस्थितियों के अनुकूल नहीं है। यह संविधान भारत की संस्कृति एवं मूल्यों से पूर्ण रूप से नहीं मिलता। भारतीय संविधान आधुनिक होने के साथ-साथ अंशत: पश्चिमी है। अनेक भारतीय चिंतकों ने अपनी परंपरा की बुराइयों से लड़ने के लिए चिंतन का आधुनिक और पश्चिमी तरीका अपनाया। इसकी शुरुआत राजा राममोहन राय ने की थी।

---

8 पृथक् निर्वाचक मंडल यह एक निर्वाचन प्रणाली को संदर्भित करता है, जहाँ विभिन्न सामाजिक समूहों के पास अलग-अलग मतदान क्षेत्र या प्रतिनिधि होते हैं।

भारतीय संविधान की सीमाएँ

भारतीय संविधान का निर्माण जिन परिस्थितियों में हुआ है, उनमें संभव है कि पुनरावलोकन की आवश्यकता वाले विवादास्पद मुद्दे रह जाएँ। अत: संविधान को पूर्ण एवं त्रुटिहीन दस्तावेज नहीं कहा जा सकता।

भारतीय संविधान की भी कुछ सीमाएँ हैं

- भारतीय संविधान में राष्ट्रीय एकता की धारणा बहुत अधिक केंद्रीयकृत है।
- लिंगगत न्याय से जुड़े मुद्दों पर ठीक प्रकार से ध्यान नहीं दिया गया।
- सामाजिक-आर्थिक अधिकारों को मौलिक अधिकारों के बजाय राज्य के नीति-निदेशक तत्त्वों में डाल दिया गया, जबकि एक विकासशील देश की ये बुनियादी आवश्यकताएँ होती हैं।

चेक प्वॉइंट 2

1. धर्म निरपेक्षता से क्या तात्पर्य है?
2. नेहरू रिपोर्ट को कब प्रस्तुत किया गया था?
3. भारतीय समाज का स्वरूप कैसा है?
4. सामाजिक-आर्थिक अधिकार संविधान के किस भाग में शामिल हैं?

Mind Map

संविधान का राजनीतिक दर्शन

1 संविधान के प्रति राजनीतिक दर्शन का दृष्टिकोण

- **नैतिक तत्त्वों का मूल्यांकन** इसके मूल्यों तथा सिद्धांतों का विस्तृत मूल्यांकन प्रदान करता है।
- **वैचारिक संरचना की समझ** संविधान में प्रयोग किए गए शब्दों के अर्थ का विश्लेषण करता है, जैसे लोकतंत्र, अधिकार आदि।
- **संवैधानिक आदर्शों की समझ** राजनीतिक तथा समाज की स्पष्ट समझ पर आधारित होता है।

2 संविधान लोकतांत्रिक बदलाव का साधन

संविधान की समाज परिवर्तन की क्षमता

- सत्ता के दुरुपयोग को रोकने के लिए राज्य की शक्ति सीमित करता है।
- व्यक्तियों और समूहों के हितों की रक्षा
- सामाजिक परिवर्तन के लिए लोकतांत्रिक साधन प्रदान करता है।
- राज्य को तानाशाही बनने से रोकता है।

3 हमारे संविधान के इतिहास को पुनः समझने का महत्त्व

- हमारी मान्यताएँ संविधान सभा के समय से अधिक परिवर्तित नहीं हुई हैं।
- हमारे कई कानूनों और राजनीतिक व्यवहार बरताव के पीछे के मूल सिद्धांतों को समझना आवश्यक है।
- इन संवैधानिक व्यवहार (बरताव) पर प्रश्न उठने पर उन मूल सिद्धांतों की उपेक्षा करना हानिकारक हो सकता है।
- हमारी वर्तमान संवैधानिक प्रक्रियाओं को बेहतर समझने में सहायता मिलती है।

4 हमारे संविधान का राजनीतिक दर्शन

- भारत के संवैधानिक दर्शन का प्रमुख पक्ष
- राजनीतिक विचार-विमर्श के प्रति प्रतिबद्धता
- समझौते तथा समायोजन की भावना का प्रतिबिंब

व्यक्तिगत स्वतंत्रता

- अभिव्यक्ति की स्वतंत्रता
- मनमानी गिरफ्तारी से स्वतंत्रता
- विवेक की स्वतंत्रता

सामाजिक न्याय

- सामाजिक न्याय और सामुदायिक जीवन मूल्यों को प्राथमिकता देना।
- संविधान निर्माताओं ने अतीत में कुछ वर्गों के साथ हुए अध्याय को संदर्भित किया।

विविधता और अल्पसंख्यक के अधिकारों का सम्मान

- भारतीय संविधान समुदायों के मध्य समानता के रिश्तों को प्रोत्साहन देता है।
- भारत विविध सांस्कृतिक समुदायों का देश है और प्रत्येक समुदाय के अपने विशिष्ट मूल्य हैं।

धर्मनिरपेक्षता

- धर्मनिरपेक्षता राज्य और धर्म के मध्य पारस्परिक निषेध पर बल देती है।
- राज्य हस्तक्षेप करने या इससे अलग रहने के बीच संतुलन बनाए रखती है।

सार्वभौम मताधिकार

- यह एक महत्त्वपूर्ण उपलब्धि है।
- इस प्रतिबद्धता की जड़ें लोकतांत्रिक स्वशासन के विचारों से संबंधित हैं।

संघवाद

- यह असमतोल संघवाद का प्रावधान करता है।
- यह नागालैंड जैसे कुछ राज्यों को विशेष दर्जा प्रदान करता है।

राष्ट्रीय पहचान

- यह एक साझा राष्ट्रीय पहचान को प्रोत्साहन देता है।
- यह धार्मिक पहचान के आधार पर पृथक् निर्वाचन क्षेत्रों को अस्वीकार करता है।

5 भारतीय संविधान की आलोचना

- यह संविधान अस्त-व्यस्त है।
- संविधान निर्माण में सभी समूहों के प्रतिनिधि उपस्थित नहीं थे।
- यह भारतीय परिस्थितियों के अनुकूल नहीं है।

6 भारतीय संविधान की सीमाएँ

- **राष्ट्रीय एकता की धारणा** अत्यधिक केंद्रीकृत है।
- सामाजिक-आर्थिक अधिकारों को मौलिक अधिकारों में शामिल करने के अतिरिक्त उन्हें राज्य के नीति निर्देश सिद्धांतों में रखा गया है।
- लिंगगत न्याय तथा पारिवारिक संपत्ति आदि जैसे मामले मौलिक अधिकारों में शामिल नहीं थे।

NCERT फोल्डर

अध्याय के मध्य में दिए गए प्रश्न

1. क्या इसका मतलब यह माना जाए कि प्रत्येक संविधान का एक दर्शन होता है या सिर्फ कुछ ही संविधानों में दर्शन होता है?

उत्तर प्रत्येक संविधान का एक दर्शन होता है, लेकिन उसका स्वरूप और गहराई अलग-अलग हो सकते हैं। संविधान एक दस्तावेज मात्र नहीं है, बल्कि यह किसी समाज के मूलभूत सिद्धांतों, मूल्यों और आकांक्षाओं का प्रतीक होता है।

(i) प्रत्येक संविधान में दर्शन होना स्वभाविक है, प्रत्येक संविधान किसी विशेष ऐतिहासिक सांस्कृतिक और सामाजिक संदर्भ में बनाया जाता है। इसका मुख्य उद्देश्य ऐसी व्यवस्था को स्थापित करना होता है जो समाज के सदस्यों की आवश्यकताओं और मूल्यों के अनुरूप हो।

उदाहरण के लिए

- भारतीय संविधान का दर्शन समता, स्वतंत्रता, बंधुत्त्व और धर्मनिरपेक्षता जैसे मूल्यों में निहित है।
- अमेरिकी संविधान का दर्शन व्यक्तिगत स्वतंत्रता और सीमित सरकार के सिद्धांतों पर आधारित है।

(ii) **दर्शन की स्पष्टता और प्राथमिकता** कुछ संविधानों में दर्शन अधिक स्पष्ट और व्यवस्थित होता है। जैसे कि भारतीय संविधान की प्रस्तावना जो समाजवादी, धर्मनिरपेक्ष और लोकतांत्रिक मूल्यों को सामने रखती है। दूसरी ओर कुछ संविधानों में दर्शन अप्रत्यक्ष रूप से निहित हो सकता है तथा उसे समझने के लिए उसके अनुच्छेदों और व्यवस्थाओं का गहराई से अध्ययन करना पड़ता है।

(iii) हर संविधान में दर्शन निहित होता है, लेकिन सभी संविधानों में यह समान रूप से स्पष्ट और प्रमुख नहीं होता। कुछ में यह प्रत्यक्ष तौर पर घोषित किया गया है, जबकि अन्य में यह अप्रत्यक्ष रूप से प्रतिबिबिंत होता है।

2. क्या हम यह कह सकते हैं कि संविधान सभा के सदस्य सामाजिक बदलाव के लिए आतुर थे? लेकिन हम तो यह भी कहते हैं कि संविधान सभा में हर तरफ के विचार रखे गए।

उत्तर संविधान सभा न सदस्य नें केवल भारत को एक स्वतंत्र राष्ट्र के रूप में स्थापित करने के लिए प्रतिबद्ध थे, बल्कि सामाजिक बदलाव के लिए भी अत्यंत आतुर थे। वे भारतीय समाज में व्याप्त जाति प्रथा, लैंगिक असमानता, आर्थिक विषमता और अन्य सामाजिक कुरीतियों को समाप्त करना चाहते थे। इस दिशा में, इन्होंने समाजवादी, धर्मनिरपेक्ष और लोकतांत्रिक सिद्धांतों पर आधारित एक ऐसा संविधान तैयार किया, जो समानता, स्वतंत्रता और बंधुत्व के मूल्यों को प्रोत्साहन दे। संविधान सभा में केवल एक विचारधारा का वर्चस्व नहीं था, बल्कि इसमें प्रत्येक प्रकार के विचार प्रस्तुत किए गए थे। पूंजीवाद दृष्टिकोण से लेकर समाजवादी सोच और धर्म आधारित सिद्धांतों से लेकर धर्मनिरपेक्ष मूल्यों तक, सभी प्रकार की चर्चाओं में यह कहना सही होगा कि संविधान सभा ने संविधान निर्माण की प्रक्रिया को प्रभावित किया। यह कहना सही होगा कि संविधान सभा ने समाज को एक नई दिशा प्रदान करने का प्रयास किया, लेकिन साथ ही उसमें भारतीय समाज की विविधता और मतभेदों को स्थान दिया गया। इस संतुलन के कारण भारतीय संविधान एक जीवंत और प्रासंगिक दस्तावेज बन गया।

3. यह कठिन है। हमें सीधे-सीधे क्यों नहीं बता दिया जाता कि इस संविधान का दर्शन क्या है? यदि यह दर्शन ऐसे छुपा रहेगा तो आम नागरिक इसे कैसे समझेगा?

उत्तर हमारे संविधान का राजनीतिक दर्शन किसी एक शब्द में सीमित नहीं किया जा सकता, क्योंकि यह कई मूल्यों और सिद्धांतों का समन्वय है। यह उदारवाद, लोकतंत्र, धर्मनिरपेक्षता, संघवाद, सामाजिक न्याय और राष्ट्रीय एकता जैसे आदर्शों को समाहित करता है। संविधान स्वतंत्रता और समानता की गारंटी देता है, साथ ही वंचित वर्गों और अल्पसंख्यकों की आवश्यकताओं के प्रति संवेदनशीलता भी दर्शाता है। संविधान इस बात पर बल देता है कि इन आदर्शों को शांतिपूर्ण और लोकतांत्रिक तरीके से लागू किया जाए।

इस दर्शन को आम नागरिकों तक पहुँचाना इसलिए कठिन लगता है, क्योंकि यह जटिल और व्यापक है, हालाँकि इसे "छुपा" हुआ कहना सही नहीं होगा। इसकी व्याख्या और प्रस्तुति को सरल बनाने की आवश्यकता है।

इस दर्शन को सरल बनाने के उपाय निम्न हैं

- संविधान के मूल सिद्धांतों को रोजमर्रा की भाषा में समझा जाए।
- स्कूलों, कॉलेजों और सार्वजनिक मंचों पर संविधान के मूल्यों को पढ़ाया जाए।
- संविधान के सिद्धांतों को जीवन से जोड़कर व्यावहारिक उदाहरण दिए जाएँ।
- फिल्म, रेडियो जैसे माध्यमों का उपयोग कर इसे अधिक सुलभ बनाया जाए।

संविधान का दर्शन व्यापक और समावेशी है। इसे समझने और लागू करने के लिए इसे सरल और सुलभ रूप से प्रस्तुत करना जरूरी है।

4. बताएँ कि निम्नलिखित में कौन-सा अधिकार वैयक्तिक स्वतंत्रता का अंश है?

(a) अभिव्यक्ति की स्वतंत्रता
(b) धर्म की स्वतंत्रता
(c) अल्पसंख्यकों के सांस्कृतिक और शैक्षिक अधिकार
(d) सार्वजनिक स्थलों पर बराबरी की पहुँच।

उत्तर (a) अभिव्यक्ति की स्वतंत्रता

वैयक्तिक स्वतंत्रता का अंश 'अभिव्यक्ति की स्वतंत्रता' है। वैयक्तिक स्वतंत्रता का मुख्य उद्देश्य व्यक्ति को उसकी व्यक्तिगत अभिव्यक्ति और विचारों की स्वतंत्रता प्रदान करना है। अभिव्यक्ति की स्वतंत्रता अनुच्छेद 19 (1)(a) के तहत व्यक्ति को अपने विचारों को स्वतंत्र रूप से व्यक्त करने का अधिकार देती है, जो वैयक्तिक स्वतंत्रता का मूलभूत हिस्सा है।

5. क्या हमें राजनीतिक-सिद्धांत का पाठ्यक्रम पढ़ाने की शुरुआत हो गई है?

उत्तर हाँ, बहुत-से विद्यालयों में राजनीतिक-सिद्धांत को पढ़ाने की शुरुआत हो गई है, लेकिन अभी भी ऐसे विद्यालय हैं, जहाँ इससे संबंधित किसी पाठ्यक्रम को नही पढाया जाता है।

6. मैं यह जानना चाहती हूँ कि आखिरकार, धर्म के मामलों का राज्य नियमन कर सकता है या नहीं। इसके बिना, कोई धार्मिक सुधार नहीं हो सकता।

उत्तर राज्य धर्म के मामलों में हस्तक्षेप कर सकता है, खासकर जब यह समाज में समानता, शांति और न्याय लाने के लिए आवश्यक हो। भारत एक धर्मनिरपेक्ष राज्य है, लेकिन इसका अर्थ यह नहीं है कि राज्य और धर्म पूरी तरह अलग है। धर्मनिरपेक्षता का अर्थ है सभी धर्मों के प्रति समान व्यवहार और सामाजिक सुधार के लिए धर्म में हस्तक्षेप की अनुमति।

अनुच्छेद 25 धर्म की स्वतंत्रता का अधिकार देता है, लेकिन यह 'सार्वजनिक व्यवस्था, नैतिकता और स्वास्थ्य' के अधीन है, जैसे सती प्रथा का उन्मूलन। अनुच्छेद 26 धार्मिक संस्थाओं को प्रबंधन का अधिकार देता है, लेकिन यह कानून के अधीन है। अनुच्छेद 44 समान नागरिक संहिता की बात करता है, जो धार्मिक व्यक्तिगत कानूनों में सुधार का प्रयास है।

राज्य धर्म में मामलों का नियमन कर सकता है, जब यह सामाजिक न्याय और समानता की स्थापना के लिए आवश्यक हो।

7. सचमुच यह गर्व की बात है कि 'एक व्यक्ति-एक वोट' का सिद्धांत लगभग बिना किसी ना-नुकार के मान लिया गया। क्या यह बात सच नहीं है कि बहुत-से देशों में मताधिकार के लिए महिलाओं को संघर्ष करना पड़ा?

उत्तर' एक व्यक्ति-एक वोट' का सिद्धांत लोकतंत्र की बुनियाद है और इसे भारत जैसे देशों में स्वीकार करना गर्व की बात है। यह सिद्धांत सभी को समान अधिकार देता है, जिससे किसी भी प्रकार का भेदभाव समाप्त होता है। भारत में इसे संविधान द्वारा लागू किया गया, जिससे सभी नागरिकों को समान मतदान का अधिकार मिला, चाहे वे पुरुष हो या महिला, अमीर हो या गरीब।

लेकिन कई देशों में महिलाओं को मताधिकार के लिए संघर्ष करना पड़ा। ब्रिटेन में महिलाओं को 1918 में मतदान का अधिकार मिला, लेकिन यह केवल 30 वर्ष से अधिक उम्र की महिलाओं तक सीमित था। अमेरिका में, महिलाओं को वर्ष 1920 में वोट देने का अधिकार मिला। इस प्रकार 'एक व्यक्ति एक वोट' का सिद्धांत महिलाओं और कमजोर वर्गों के लिए समानता और सामाजिक न्याय का प्रतीक है।

8. संस्थाओं की बनावट में समझौते की बात तो समझ में आती है, लेकिन परस्पर विरोधी सिद्धांतों को एक में कैसे समेटा जा सकता है?

उत्तर संस्थाओं की बनावट में समझौते की बात इसलिए संभव होती है, क्योंकि समाज में विविधताओं को जोड़ने के लिए लचीलापन जरूरी होता है। परस्पर विरोधी सिद्धांतों को समेटने के लिए संतुलन बनाना आवश्यक है। जैसे व्यक्तिगत स्वतंत्रता और सामाजिक समानता दोनों ही महत्त्वपूर्ण है, लेकिन इन्हें साथ लाने के लिए कानूनों और नीतियों में संतुलन बनाया जाता है। विरोधी सिद्धांतों को उनके संदर्भ में व्यावहारिक रूप में समझा जाता है। उदाहरण के लिए, भारतीय संविधान में मौलिक अधिकार और नीति-निर्देशक सिद्धांतों के बीच विरोधाभासा है, लेकिन इन्हें समाज के उद्देश्यों के अनुसार संतुलित किया गया है।

संवाद और सहमति के जरिए भी विरोधी सिद्धांतों को एक साथ लाया जा सकता है। भारतीय लोकतंत्र में विभिन्न धार्मिक, सांस्कृतिक और राजनीतिक विचारधाराओं को जोडने का प्रयास इसका उदाहरण है। समावेशी दृष्टिकोण अपनाकर विंरोधी सिद्धांतों को पूरक बनाया जा सकता है, जैस धर्मनिरपेक्षता और धार्मिक स्वतंत्रता का मेल भारतीय मॉडल में देखा जा सकता है। इस तरह, समझ, संवाद और लचीलेपन के जरिए विरोधी विचारों को एक साझा ढाँचे में ढालना संभव है।

9. बिल्कुल! क्या पहले अध्याय में हमने यही बात नहीं सीखी कि समाज के हर तबके के पास संविधान को मानने का कोई वैध कारण होना चाहिए?

उत्तर जी हाँ, आपने बिल्कुल सही कहा। पहले अध्याय में हम यह समझते हैं कि समाज के हर तबके के पास संविधान को मानने का वैध कारण होना चाहिए। यह संविधान केवल एक कानूनी दस्तावेज नही, बल्कि एक सामाजिक और राजनीतिक समझौता भी है, जो हर नागरिक को समानता, न्याय और स्वतंत्रता का अधिकार देता है। जब हर वर्ग को संविधान से जुड़े अधिकार और न्याय का अनुभव होता है, तो वे पूरी तरह से स्वीकार करते हैं। यदि कोई वर्ग महसूस करता है कि उसके अधिकारों की रक्षा नही की जा रही या उसे समान अवसर नही मिल रहे, तो वह संविधान को लेकर असंतुष्ट हो सकता है। इसलिए यह आवश्यक है कि संविधान सभी वर्गों के लिए न्याय और समानता सुनिश्चित करे, ताकि हर नागरिक को यह महसूस हो कि इससे लाभ मिल रहा है और वे इसे स्वीकार कर रहे है। इस तरह, संविधान का मानने का वैध कारण तब होता है जब यह समाज के सभी तबकों की आवश्यकताओं और अधिकारों को पूरा करता है।

10. कोई भी दस्तावेज पूर्ण नहीं हो सकता और कोई भी आदर्श पूर्ण रूप से प्राप्त नहीं किया जा सकता, लेकिन क्या इसका मतलब यह हुआ कि हम कोई आदर्श अपनाए ही नहीं? भविष्य का कोई सपना पालें ही नहीं? क्या मैं सही कह रही हूँ?

उत्तर यह सही है कि कोई भी दस्तावेज पूरी तरह से संपूर्ण नहीं हो सकता और कोई आदर्श भी पूरी तरह से प्राप्त नहीं किया जा सकता, क्योंकि समाज और दुनिया लगातार बलदती रहती है। हालाँकि, इसका यह मतलब नही है कि हमें कोई आदर्श या भविष्य का सपना अपनाने से मना कर दिया जाए। आदर्शों का होना आवश्यक है, क्योंकि ये हमें एक दिशा दिखातें हैं। भले ही हम किसी आदर्श को पूरी तरह से प्राप्त न कर सकें, लेकिन वह हमें उचित समाज की ओर बढ़ने की प्रेरणा देता है। जैसे भारतीय संविधान ने लोकतंत्र समानता और न्याय के आदर्शों को अपनाया, हालाँकि इन आदर्शों को पूरी तरह से लागू करना एक चुनौती है। फिर भी, ये आदर्शं हमारे समाज की दिशा निर्धारित करने में सहायता करते है। इसलिए आदर्शों का होना और उन्हें प्राप्त करने की कोशिश करना हमेशा सार्थक होता है, भले ही हम उन्हें पूरी तरह से प्राप्त न कर सकें। यह प्रक्रिया ही समाज में सुधार और विकास को बढ़ावा देती है।

निम्नलिखित प्रश्नों के उत्तर दीजिए

1. नीचे कुछ कानून दिए गए हैं। क्या इसका संबंध किसी मूल्य से है? यदि हाँ, तो वह अंतर्निहित मूल्य क्या है? कारण बताएँ।

(a) पुत्र और पुत्री दोनों का परिवार की संपत्ति में हिस्सा होगा
(b) अलग-अलग उपभोक्ता वस्तुओं के बिक्री-कर का सीमाकंन अलग-अलग होगा
(c) किसी भी सरकारी विद्यालय में धार्मिक शिक्षा नहीं दी जाएगी
(d) 'बेगार' अथवा बँधुआ मजदूरी नहीं कराई जा सकती

उत्तर (a) पुत्र और पुत्री दोनों का परिवार की संपत्ति में हिस्सा होगा। यह संविधान में वर्णित समानता के अधिकार एवं सामाजिक न्याय संबंधित है, क्योंकि इस अधिकार के अंतर्गत परिवार में लिंग, जाति, नस्ल, धर्म या क्षेत्र आदि के आधार पर कोई भेदभाव नहीं होगा। इस प्रकार भारत के संविधान में स्त्री-पुरुष के आधार पर या लिंग के आधार पर कोई भेदभाव नहीं किया गया है।

(b) अलग-अलग उपभोक्ता वस्तुओं के बिक्री-कर का सीमांकन अलग-अलग होगा, यह कानून आर्थिक न्याय से संबंधित है।

(c) किसी भी सरकारी विद्यालय में धार्मिक शिक्षा न देना, धर्म-निरपेक्षता के मूल्य का प्रतिपादन करता है।

(d) 'बेगार' या बँधुआ मजदूरी नहीं कराई जा सकती। यह संविधान में वर्णित शोषण के खिलाफ मौलिक अधिकार से संबंधित है। इसका भी संबंध मौलिक अधिकार और सामाजकि न्याय के मूल्य से है।

2. नीचे कुछ विकल्प दिए जा रहे हैं। बताएँ कि इसमें किसका इस्तेमाल निम्नलिखित कथन को पूरा करने में नहीं किया जा सकता? लोकतांत्रिक देश को संविधान की जरूरत........

(a) सरकार की शक्तियों पर अंकुश रखने के लिए होती है
(b) अल्पसंख्यकों को बहुसंख्यकों से सुरक्षा देने के लिए होती है
(c) औपनिवेशिक शासन से स्वतंत्रता अर्जित करने के लिए होती है
(d) यह सुनिश्चित करने के लिए होती है कि क्षणिक आवेग में दूरगामी लक्ष्यों से कहीं विचलित न हो जाएँ
(e) शांतिपूर्ण ढंग से सामाजिक बदलाव लाने के लिए होती है।

उत्तर (c) औपनिवेशिक शासन से स्वतंत्रता अर्जित करने के लिए होती है।

3. संविधान सभा की बहसों को पढ़ने और समझने के बारे में नीचे कुछ कथन दिए गए हैं

(i) इनमें से कौन-सा कथन इस बात की दलील है कि संविधान सभा की बहसें आज भी प्रासंगिक हैं? कौन-सा कथन यह तर्क प्रस्तुत करता है कि ये बहसें प्रासंगिक नहीं है।

(ii) इनमें से, आप किस पक्ष का आज समर्थन करेंगे और क्यों?

(a) आम जनता अपनी जीविका कमाने और जीवन की विभिन्न परेशानियों के निपटारे में व्यस्त होती है। आम जनता इन बहसों की कानूनी भाषा को नहीं समझ सकती।

(b) आज की स्थितियाँ और चुनौतियाँ संविधान बनाने के वक्त की चुनौतियों और स्थितियों से अलग हैं। संविधान निर्माताओं के विचारों को पढ़ना और अपने नए जमाने में इस्तेमाल करना दरअसल अतीत को वर्तमान में खींच लाना है।

(c) संसार और मौजूदा चुनौतियों को समझने की हमारी दृष्टि पूर्णतया नहीं बदली है। संविधान सभा की बहसों से हमें यह समझने के तर्क मिल सकते हैं कि कुछ संवैधानिक व्यवस्था क्यों महत्त्वपूर्ण है। एक ऐसे समय में जब संवैधानिक व्यवहारों को चुनौती दी जा रही है, इन तर्कों को न जानना संवैधानिक-व्यवहारों को नष्ट कर सकता है।

उत्तर (i) कथन (a) में यह तर्क प्रस्तुत किया गया है कि आम जनता जीविका कमाने और जीवन की विभिन्न परेशानियों के निपटारे में व्यस्त है। आम जनता इन बहसों की कानूनी भाषा को नहीं समझ सकती।

कथन (b) में यह तर्क प्रस्तुत किया गया है कि आज की स्थितियाँ और चुनौतियाँ संविधान बनाने के वक्त की चुनौतियों और स्थितियों में अलग हैं।

कथन (a) और (b) दोनों कथनों से यह तर्क प्रस्तुत करते हैं कि ये दोनों बहसें प्रासंगिक नहीं हैं।

कथन (c) इस बात की दलील है कि संविधान सभा की बहसें आज भी प्रासंगिक हैं। इन बहसो से वर्तमान की परिस्थितियों को समझने में सहायता मिलेगी।

(ii) कथन (c) का हम समर्थन करेंगे, क्योंकि संसार और मौजूदा चुनौतियाँ आज भी पूरी तरह नहीं बदले हैं।

4. निम्नलिखित प्रसंगों के आलोक में भारतीय संविधान और पश्चिमी अवधारणा में अन्तर स्पष्ट करें

(a) धर्मनिरपेक्षता की समझ
(b) अनुच्छेद 371
(c) सकारात्मक कार्य-योजना या अफरमेटिव एक्शन
(d) सार्वभौम वयस्क मताधिकार

उत्तर (a) **धर्मनिरपेक्षता की समझ** भारत में धमनिरपेक्षता की अवधारणा पश्चिमी देशों में बिल्कुल अलग है। पश्चिम अवधारणा के अनुसार धर्मनिरपेक्ष राज्य का अर्थ धर्म और राज्य से है, जो एक-दूसरे से अलग रहेंगे। राज्य धर्म के क्षेत्र में हस्तक्षेप नहीं कर सकता और धर्म राज्य नीति के क्षेत्र में हस्तक्षेप नहीं कर सकता, परंतु भारत में धर्म व्यक्ति की अपनी निजी धारणा है। भारतीय संविधान के अनुसार धर्मनिरपेक्षता का अर्थ है कि राज्य धर्म या धार्मिक गतिविधियों व धार्मिक संस्थाओं के प्रबंधन पर हस्तक्षेप कर सकता है। राज्य धार्मिक समुदायों की मदद भी कर सकता है और यदि लोक कल्याणकारी अवधारणा के विपरीत कार्य करते हैं तो उन्हे बाधा भी पहुँचा सकता है।

(b) **अनुच्छेद-371** इस अनुच्छेद के अंतर्गत उत्तर-पूर्वी राज्यों; जैसे—नागालैंड, असम, मणिपुर, आंध्र प्रदेश, सिक्किम, मिजोरम, अरुणाचल प्रदेश और गोवा के विकास के लिए विशेष उपबंध किया गया है। अनुच्छेद-370 और अनुच्छेद-371, इन दोनों अनुच्छेदों को देखने के बाद ऐसा लगता है कि भारतीय संघवाद संवैधानिक रूप से असामान्य है।

(c) **सकारात्मक कार्य-योजना** इस योजना का अर्थ है कि सरकार यदि कोई विशेष व्यवस्था करती है, तो वह समाज के सभी वर्गों के लिए होगी, ताकि समाज के विशेष वर्गों को योजना के माध्यम से बराबरी पर लाया जा सके, जैसे भारत में आरक्षण की व्यवस्था की गई है आदि ।

इसके पीछे संविधान निर्माताआ की यही मनसा थी कि समाज के सभी लोगों के जीवन स्तर सुधार में किया जाए एवं अल्पसंख्यकों का आदर किया जाए। परंतु पश्चिम विचारधारा में पश्चिमी देशों ने अपने संविधानों में जिन मूल्यों का उल्लेख किया वे आज की परिस्थितियों से मेल नहीं खाते हैं।

इसका उदाहरण है, अमेरिका का संविधान वहाँ का संविधान इतना कठोर है कि 1964 में अमेरिका में सकारात्मक कार्य योजना नागरिक आंदोलन के बाद प्रारंभ हुआ।

(d) **सार्वभौम वयस्क मताधिकार** पश्चिमी देशों में मताधिकार का अधिकार पुरुषों के बहुत समय बाद महिलाओं को दिया गया था, परंतु भारत में ऐसा नहीं था।

भारत में संविधान लागू होने के समय से ही पुरुषों और महिलाओं को सामान्य रूप से सार्वभौम वयस्क मताधिकार दिया गया था। भारतीय संविधान में यह व्यवस्था की गई है कि कोई भी भारतीय जिसकी उम्र 18 वर्ष या उससे अधिक है, वह जाति, धर्म, भाषा व लिंग के आधार पर बिना भेदभाव के सार्वभौम वयस्क मताधिकार का प्रयोग करेगा।

5. निम्नलिखित में धर्म निरपेक्षता का कौन-सा सिद्धांत भारत के संविधान में अपनाया गया है?

(a) राज्य का धर्म से कोई लेना-देना नहीं है।
(b) राज्य का धर्म से नजदीकी रिश्ता है।
(c) राज्य धर्मों के बीच भेदभाव कर सकता है।
(d) राज्य का धार्मिक समूहों के अधिकार को मान्यता देना।
(e) राज्य को धर्म के मामलों में हस्तक्षेप करने की सीमित शक्ति होगी।

उत्तर (a) राज्य का धर्म से कोई लेना-देना नहीं है।

6. निम्नलिखित कथनों को सुमेलित करें

(a)	विधवाओं के साथ किए जाने वाले बरताव की आलोचना की आजादी	आधारभूत महत्त्व की उपलब्धि
(b)	संविधान-सभा में फैसलों को स्वार्थ के आधार पर नहीं, बल्कि तर्कबुद्धि के आधार पर लिया जाना।	प्रक्रियागत उपलब्धि
(c)	व्यक्ति के जीवन में समुदाय के महत्त्व को स्वीकार करना	लैंगिक न्याय की उपेक्षा
(d)	अनुच्छेद-370 और अनुच्छेद 371	उदारवादी व्यक्तिवाद
(e)	महिलाओं और बच्चों को परिवार की संपत्ति में असमान अधिकार	धर्म विशेष की जरूरतों के प्रति ध्यान देना

उत्तर

(a)	विधवाओं के साथ किए जाने वाले बरताव की आलोचना की आजादी	धर्म विशेष की जरूरतों के प्रति ध्यान देना
(b)	संविधान-सभा में फैसलों का स्वार्थ के आधार पर नहीं, बल्कि तर्कबुद्धि के आधार पर लिया जाना।	उदारवादी व्यक्तिवाद
(c)	व्यक्ति के जीवन में समुदाय के महत्त्व को स्वीकार करना	आधारभूत महत्त्व की उपलब्धि
(d)	अनुच्छेद-370 और अनुच्छेद 371	प्रक्रियागत उपलब्धि
(e)	महिलाओं और बच्चों को परिवार की संपत्ति में असमान अधिकार	लैंगिक न्याय की उपेक्षा

7. यह चर्चा एक कक्षा में चल रही थी। विभिन्न तर्कों को पढ़े और बताएँ कि आप इनमें किससे सहमत हैं और क्यों?

जयेश मैं अब भी मानता हूँ कि हमारा संविधान एक उधार का दस्तावेज है।

सबा क्या तुम यह कहना चाहते हो कि इसमें भारतीय कहने जैसा कुछ है ही नहीं? क्या मूल्यों और विचरों पर हम 'भारतीय' अथवा 'पश्चिमी' जैसा लेबल चिपका सकते हैं? महिलाओं और पुरुषों की समानता का ही मामला लो। इसमें 'पश्चिमी' कहने जैसा क्या है? और अगर ऐसा है भी, तो क्या हम इसे महज पश्चिमी होने के कारण खारिज कर दें?

जयेश मेरे कहने का मतलब यह है कि अंग्रेजों से आजादी की लड़ाई लड़ने के बाद क्या हमने उनकी संसदीय-शासन की व्यवस्था नहीं अपनाई?

नेहा तुम यह भूल जाते हो कि जब हम अंग्रेजों से लड़ रहे थे, तो हम सिर्फ अंग्रेजों के खिलाफ थे। अब इस बात का, शासन की जो व्यवस्था हम चाहते थे, उसको अपनाने से कोई लेना-देना नहीं, चाहे यह जहाँ से भी आई हो।

उत्तर कक्षा में चल रही चर्चा में जयेश, सबा और नेहा ने अलग-अलग तर्क दिए। इन तर्कों में से हम सबा और नेहा के तर्क से सहमत हैं। जयेश का तर्क है कि हमारा संविधान एक उधार का दस्तावेज है। फिर उसने एक उदाहरण यह दिया कि हमने ब्रिटेन से संसदीय व्यवस्था को अपनाया।

यह सत्य है कि हमारे संविधान निर्माता एक अच्छे संविधान चाहते थे। संविधान निर्माताओं को जिस देश की संविधान से जो व्यवस्था अच्छी लगी उसे भारतीय संविधान में स्थान दिया।

इसका अर्थ यह नहीं कि हमारा संविधान उधार का लिया हुआ दस्तावेज है, हमारे संविधान निर्माता ने कुछ पश्चिमी संवैधानिक व्यवस्थाओं को भी अपनाया जैसे ब्रिटेन के संसदीय व्यवस्था को और इसका कारण यह था कि हम ब्रिटेन के संसदीय व्यवस्था का अनुभव ले चुके थे। संविधान निर्माण में कुछ ऐसे मूल्य होते हैं, जो प्रत्येक देश अपनाना चाहता है। फिर भी भारतीय संविधान निर्माता ने भारतीय संस्कृति, आदर्श एवं मूल्यों तथा अनुभवों के आधार पर विचार-विमर्श करके ही संविधान का निर्माण किया था।

8. ऐसा क्यों कहा जाता है कि भारतीय संविधान को बनाने की प्रक्रिया प्रतिनिधिमूलक नहीं थी? क्या इस कारण हमारा संविधान प्रतिनिध्यात्मक नहीं रह जाता? अपने उत्तर के कारण बताएँ।

उत्तर भारतीय संविधान को बनाने की प्रक्रिया प्रतिनिधिमूलक नहीं थी, क्योकि संविधान सभा के सदस्यों का चुनाव वयस्क मताधिकार के आधार पर नहीं हुआ था। भारतीय संविधान का निर्माण गैर-प्रतिनिधि सभा ने किया था। सभा के सदस्यों का चुनाव प्रांतीय विधान सभा के द्वारा समानुपाती प्रतिनिधित्व की प्रणाली के आधार पर हुआ था। फिर भी भारतीय संविधान पूर्णतया लोकतांत्रिक सिद्धांतों पर आधारित है।

संविधान निर्माण के समय प्रत्येक मुद्दे पर गहन विचार- विमर्श हुआ था। इसके पश्चात् ही इसे स्वीकार किया गया था। यद्यपि यह कहा जाता है कि संविधान निर्माण में अप्रत्यक्ष निर्वाचन प्रक्रिया का पालन किया गया जिस कारण समुचित प्रतिनिधित्व नही मिला संविधान सभा की संरचना में लगभग प्रत्येक दल तथा विचारधारा को प्रतिनिधित्व दिया गया था। इसलिए संविधान सभा की प्रवृत्ति का आकलन मात्र

इन्हीं आधारों पर नही अपितु तात्कालिक परिस्थितियों के आधार पर भी करना महत्त्वपूर्ण है, जिसके प्रत्यक्ष निर्वाचन के आधार पर संविधान सभा का चयन करना सम्भव नहीं था।

9. भारतीय संविधान की एक सीमा यह है कि इसमें लैंगिक न्याय पर पर्याप्त ध्यान नहीं दिया गया है। आप इस आरोप की पुष्टि में कौन-से प्रमाण देंगे। यदि आज आप संविधान लिख रहे होते, तो इस कमी को दूर करने के लिए उपाय के रूप में किन प्रावधानों की सिफारिश करते?

उत्तर भारतीय संविधान विश्व का सबसे बड़ा लिखित एवं लोकतांत्रिक संविधान है और समाज के सभी वर्गों को ध्यान में रखते हुए इस संविधान को लिखा गया है। फिर भी भारतीय संविधान में कुछ दोष हैं और उनमें से एक दोष लैंगिक न्याय है, विशेषकर परिवार में बेटी और बेटा के साथ भेदभाव। दूसरा समान कार्य के लिए स्त्री और पुरुषों को समान वेतन नहीं देना।

इन त्रुटियों के बावजूद इन्हें न्यायालय में चुनौती नहीं दे सकते, क्योंकि यह मामला राज्य के नीति-निदेशक तत्त्वों में सम्मिलित किया गया है और नीति-निदेशक तत्त्वों को मूल अधिकार के भाँति न्यायालय में चुनौती नहीं दी जा सकती एवं उन्हें लागू करवाने के लिए न्यायालय बाह्य नहीं कर सकता, इसलिए सामाजिक-आर्थिक विकास की व्यवस्था को मौलिक अधिकार की श्रेणी में रखना चाहिए जैसे- विशेष रूप से लैगिंग समानता से संबंधित प्रावधानों को आदि।

10. क्या आप इस कथन से सहमत हैं कि-'एक गरीब और विकासशील देश में कुछ एक बुनियादी सामाजिक-आर्थिक अधिकार मौलिक अधिकारों की केंद्रीय विशेषता के रूप में दर्ज करने के बजाए राज्य की नीति-निदेशक तत्त्वों वाले खंड में क्यों रख दिए गए? यह स्पष्ट नहीं है।' सामाजिक-आर्थिक अधिकारों में नीति-निदेशक तत्त्व वाले खंड में रखने के क्या कारण रहे होंगे।

उत्तर नीति निर्देशक सिद्धांत भारतीय संविधान की महत्त्वपूर्ण विशेषता जो राज्य पर जनता के लिए कर्त्तव्य आरोपित करता है। जनता की मूलभूत सुविधाओं की उपलब्धता को सुनिश्चित करना ही लोक कल्याणकारी राज्य की धारणा का मूल तत्त्व है। मौलिक अधिकारों व राज्य के नीति-निदेशक तत्त्व में प्रमुख अंतर यह है कि मौलिक अधिकारों की भाँति निर्देशक तत्त्व को न्यायालय में चुनौती नहीं दे सकते और यदि सामाजिक, आर्थिक अधिकारों को राज्य नीति-निदेशक तत्त्वों से हटाकर मौलिक अधिकार में रख दिया जाए तो इसे लागू करना आवश्यक हो जाएगा और यह सम्भव नहीं है, क्योंकि इसके लिए सरकार की आर्थिक व्यवस्था अच्छी होनी चाहिए, परंतु स्वतंत्रता के समय भारत की आर्थिक स्थिति इतनी मजबूत नहीं थी कि सामाजिक-आर्थिक अधिकारों को मौलिक अधिकारों में शामिल किया जाता, इसलिए इन सामाजिक-आर्थिक तत्त्वों को राज्य नीति-निदेशक तत्त्वों में रखा गया था।

अभ्यास प्रश्न

वस्तुनिष्ठ प्रश्न

बहुविकल्पीय प्रश्न

1. संविधान के दर्शन में क्या समाहित होता है?

(a) राजनैतिक दर्शन मूल्य एवं नैतिकता
(b) कानूनी दर्शन
(c) सामाजिक दर्शन
(d) नैतिक मूल्य

उत्तर *(a)* राजनैतिक दर्शन मूल्य एवं नैतिकता

2. जापानी संविधान को क्या कहा जाता है?

(a) स्पष्ट संविधान
(b) शांति संविधान
(c) आदर्श संविधान
(d) इनमें से कोई नहीं

उत्तर *(b)* शांति संविधान

3. भारतीय उदारवाद की कितनी धाराएँ हैं?

(a) तीन
(b) चार
(c) दो
(d) पाँच

उत्तर *(c)* दो

4. भारत में धर्मनिरपेक्षता का कौन-सा सिद्धांत अपनाया गया है?

(a) राज्य का धर्म से प्रत्यक्ष संबंध
(b) राज्य धर्मों के बीच भेदभाव करता है
(c) राज्य किसी धर्म विशेष को राजधर्म नही मानता, परंतु आस्था का सम्मान करता है।
(d) राज्य की धर्म में हस्तक्षेप की शक्ति सीमित

उत्तर *(c)* राज्य किसी धर्म विशेष को राजधर्म नही मानता, परंतु आस्था का सम्मान करता है।

5. भारत में वयस्क मताधिकार प्रदान किया गया है

(a) सर्वप्रथम पुरुषों को (b) सर्वप्रथम महिलाओं को
(c) टैक्स चुकाने के आधार पर (d) सभी को एक साथ

उत्तर *(d)* सभी को एक साथ

6. धर्मनिरपेक्षता राज्य के धर्म को निजी मसले के रूप में स्वीकार करता है। इसका उद्देश्य व्यक्ति की धार्मिक स्वतंत्रता को सुनिश्चित करना है किन्तु स्वतंत्रता का तार्किक निर्बंधन भी है, इसलिए भारतीय संविधान में धर्म के नाम पर .... की अनुमति नहीं है। *दक्षता आधारित प्रश्न*

(a) स्वतंत्रता (b) भेदभाव
(c) समानता (d) विविधता

उत्तर (b) भेदभाव

7. कॉन्स्टीट्यूशन ऑफ इंडिया बिल के नाम से भारत में किस वर्ष संविधान तैयार करने का प्रथम प्रयास किया गया था?

(a) 1895 (b) 1922 (c) 1928 (d) 1935

उत्तर *(a)* 1895

8. मोतीलाल नेहरू ने किस वर्ष नागरिकता की अवधारणा स्पष्ट की थी?

(a) 1928 (b) 1924 (c) 1930 (d) 1936

उत्तर *(a)* 1928

9. नागालैंड को विशेष राज्य का दर्जा किस अनुच्छेद के अंतर्गत दिया गया है?

(a) अनुच्छेद 372 के अंतर्गत (b) अनुच्छेद 371(a) के अंतर्गत
(c) अनुच्छेद 372(a) के अंतर्गत (d) अनुच्छेद 374(a) के अंतर्गत

उत्तर *(b)* अनुच्छेद 371(a) के अंतर्गत

10. निम्नलिखित में से कौन-सा सिद्धांत भारतीय संविधान के मूल सिद्धांतों में शामिल नहीं हैं? *दक्षता आधारित प्रश्न*

(a) धर्मनिरपेक्षता जिसमें राज्य किसी भी धर्म के प्रति पक्षपात नहीं करता
(b) समाजवाद, जिसमें आर्थिक और समाजिक समानता का लक्ष्य रखा गया है
(c) केंद्रीकृत शक्ति जिसमें सभी अधिकार केंद्र सरकार के पास सीमित रहते हैं
(d) लोकतंत्र जिसमें जनता सर्वोच्च होती है और उसे अपनी सरकार चुनने का अधिकार होता है

उत्तर (c) केंद्रीकृत शक्ति जिसमें सभी अधिकार केंद्र सरकार के पास सीमित रहते हैं।

11. निम्नलिखित में से कौन-सा /से कथन सही हैं?/है?

1. **संविधान में समस्त भारतीय जनता को एकल नागरिकता दी गई है।**
2. **भारतीय संविधान सभा में दो प्रकार से प्रतिनिधित्व हुआ था, ध्वनिमत से और राय से।**
3. **भारतीय संविधान उदारवादी व्यक्तिवाद को महत्त्व देता है।**

कूट

(a) केवल 2 (b) 1 और 2
(c) 2 और 3 (d) ये सभी

उत्तर *(d)* ये सभी

निर्देश (प्र. सं. 16-17) नीचे दो कथन दिए गए हैं, जिनमें एक को कथन (A) और दूसरे को कारण (R) कहा गया है। कूट की सहायता से सही उत्तर का चयन करें।

कूट

(a) A और R दोनों सही हैं तथा R, A की सही व्याख्या है
(b) A और R दोनों सही हैं, परंतु R, A की सही व्याख्या नहीं है
(c) A सही है, किंतु R गलत है
(d) A गलत है, किंतु R सही है

16. कथन (A) भारतीय संविधान के अनुचछेद-371(A) के अंतर्गत नागालैंड को विशेष राज्य का दर्जा प्रदान किया गया है।

कारण (R) यह अनुच्छेद नागालैंड में पहले से लागू नियमों को मान्यता देने के साथ-साथ अप्रवास को बढ़ावा देकर स्थानीय लोगों की पहचान को भी असुरक्षित करता है।

उत्तर (c) भारतीय संविधान के अनुचछेद-371(A) के अंतर्गत नागालैंड को विशेष राज्य का दर्जा प्रदान किया गया है। अनुच्छेद-371(A) नागालैंड में पहले से लागू नियमों को मान्यता देने के साथ-साथ अप्रवास पर रोक लगाकर स्थानीय लोगों की पहचान को भी सुरक्षित करता है।

17. कथन (A) भारत में परंपरागत रूप से जातीय आधार पर भेदभाव की जड़े अत्यंत मजबूत थीं।

कारण (R) अधिकतर पश्चिमी लोकतांत्रिक देशों में भी कामगार तबके तथा महिलाओं को मताधिकार लोकतंत्र की स्थापना के काफी वर्षों पश्चात् दिया गया था, जबकि भारत में लोकतंत्र की स्थापना के साथ ही सबको यह अधिकार प्रदान किया गया।

उत्तर (b) भारत में परंपरागत रूप से जातीय आधार पर भेदभाव की जड़े अत्यंत मजबूत थीं। उसके पश्चात् भी सभी नागरिकों को बिना किसी भेदभाव के ये अधिकार प्रदान किए गए। अधिकतर पश्चिमी लोकतांत्रिक देशों में भी कामगार तबके तथा महिलाओं को मताधिकार लोकतंत्र की स्थापना के काफी वर्षों पश्चात् दिया गया था, जबकि भारत में लोकतंत्र की स्थापना के साथ ही सबको यह अधिकार प्रदान किया गया।

12. नीचे दो कथन दिए गए हैं।

कथन I भारतीय संविधान में धर्मनिरपेक्षता का सिद्धांत सम्मिलित है, जिसका अर्थ है कि राज्य का कोई अधिकारिक धर्म नहीं होगा और सभी धर्मों का समान सम्मान किया जाएगा।

कथन-II भारतीय संविधान ने समानता और स्वतन्त्रता के मूल सिद्धांतों का प्राथमिकता दी है ताकि प्रत्येक नागरिक को समान अधिकार और स्वतंत्रता मिल सके। *दक्षता आधारित प्रश्न*

कूट

(a) केवल कथन I सही है।
(b) केवल कथन II सही है।
(c) कथन I और कथन II दोनों सही है।
(d) कथन I और कथन II दोनो गलत है।

उत्तर (c) कथन I और कथन II दोनों सही है।

13. नीचे दो कथन दिए गए हैं।

कथन I भारतीय संविधान में मौलिक अधिकारों का प्रावधान है, जो प्रत्येक नागरिक को व्यक्तिगत स्वतंत्रता, समानता और न्याय का अधिकार प्रदान करता है।

कथन II भारतीय संविधान का उद्देश्य सामाजिक, आर्थिक और राजनीतिक न्याय सुनिश्चित करना है ताकि सभी नागंरिकों के लिए समान अवसर और समान अधिकार उपलब्ध हों।

दक्षता आधारित प्रश्न

कूट

(a) केवल कथन I सही है।
(b) केवल कथन II सही है।
(c) कथन I और कथन II दोनों सही है।
(d) कथन I और कथन II दोनो गलत है।

उत्तर (c) कथन I और कथन II दोनों सही है।

14. सूची I को सूची II से सुमेलित कीजिए

A.	धर्मनिरपेक्षता	1..	सभी धर्मों का समान सम्मान करना।
B.	समाजवाद	2.	संविधान के उद्देश्यों का सारांश देना
C.	मौलिक अधिकार	3.	आर्थिक और समाजिक सामानता का समर्थन करना।
D.	प्रस्तावना	4.	नागरिकों के व्यक्तिगत अधिकारों का संरक्षण करना।

कूट

	A B C D		A B C D
(a)	3 4 2	(b)	2 4 1 3
(c)	3 1 2 4	(d)	4 2 3 1

उत्तर (a) 1342

15. निम्नलिखित में से कौन-सा युग्म सही नहीं है।

(a) सामाजिक न्याय-समाज में समानता और न्याय के लिए आवश्यक आधार।
(b) धार्मिक भेदभाव-विभिन्न धर्मों के बीच भेदभाव और असमानता को बढ़ावा देना।
(c) राजनीतिक न्याय-सभी नागरिकों को समान राजनीतिक अधिकार और अवसर प्रदान करना।
(d) आर्थिक न्याय-आर्थिक संसाधनों में समानता और अवसरों को सुनिश्चित करना।

उत्तर (c) राजनीतिक न्याय-सभी नागरिकों को समान राजनीतिक अधिकार और अवसर प्रदान करना।

18. नीचे दिए गए चित्र का अध्ययन करें और संबंधित प्रश्नों के उत्तर दे।

(i) **इस कार्टून का मुख्य संदेश क्या हैं?**

(a) क्रिकेट का महत्व
(b) लोकतंत्र के विचारों की स्वतंत्रता
(c) खेल की महत्ता
(d) खेल में निष्पक्षता

उत्तर (b) लोकतंत्र में विचारों की स्वतंत्रता

(ii) **'अम्पायर' के रूप में कौन कार्य कर रहा हैं?**

(a) नागरिक
(b) नेता
(c) लोकतंत्र
(d) संविधान

उत्तर (c) लोकतंत्र

(iii) **कार्टून में कौन-सा विचार व्यक्त किया गया हैं?**

(a) नियमों का पालन अनिवार्य नही है
(b) खेल में हार-जीत महत्वपूर्ण है
(c) लोकतंत्र में सभी नागरिक समान हैं
(d) इनमें से कोई नही

उत्तर (c) लोकतंत्र में सभी नागरिक समान हैं

(iv) **इस कार्टून में ....को विभिन्न प्रकार के विचारों का प्रतिनिधित्व करते हुए दिखाया गया है।**

(a) खिलाड़ी
(b) अधिकारी
(c) नागरिक
(d) नेता

उत्तर (a) खिलाड़ी

लघु उत्तरीय प्रश्न

1. संविधान के प्रति राजनीतिक दर्शन का नजरिया अपनाया जाना क्यों आवश्यक हैं?

उत्तर संविधान के प्रति राजनीतिक दर्शन की दृष्टि अपनाना इसलिए आवश्यक हैं क्योंकि यह संविधान की मूल भावना, उद्देश्यों और मूल्यों को समझने में मदद करता है। संविधान केवल कानूनों का संग्रह नहीं बल्कि समाज के आदर्शों और दृष्टिकोणों का प्रतिबिंब है। यह दृष्टिकोण लोकतंत्र, समानता और न्याय जैसे मूल सिद्धान्तों को समझने और लागू करने में सहायता करता है। संविधान की व्याख्या और अनुप्रयोग में राजनीतिक दर्शन सहायक होता है, जिससे समय कें साथ होने वाले सामाजिक और राजनीतिक परिवर्तनों के अनुसार इसे प्रासंगिक बनाए रखा जा सके। संवैधानिक नैतिकता को बढ़ावा देने और न्यायपूर्ण समाज की स्थापना के लिए यह दृष्टिकोण आवश्यक है। यह संविधान को एक जीवंत दस्तावेज के रूप में देखने और लोकतांत्रिक व्यवस्था को मजबूत करने में मदद करता है।

2. सामाजिक-आर्थिक अधिकारों को संविधान के किस भाग में सम्मिलित किया गया है?

उत्तर सामाजिक-आर्थिक अधिकारों को भारतीय संविधान के भाग IV में शामिल किया गया है, जिसे राज्य के नीति निदेशक तत्व कहा जाता है। ये अधिकार अनुच्छेद 36 से 51 तक विस्तृत हैं और समाज में समानता, सामाजिक न्याय और आर्थिक कल्याण सुनिश्चित करने के लिए राज्य को मार्गदर्शन प्रदान करते हैं। इनमें नागरिकों के लिए शिक्षा, स्वास्थ्य, आजीविका, समान वेतन, मजदूरी में समानता, कार्य के उचित अवसर, बच्चों के विकास और कमजोर वर्गों के संरक्षण जैसे प्रावधान शामिल है। ये अधिकार प्रत्यक्ष रूप से लागू नहीं होते, क्योंकि इन्हे न्यायालय में चुनौती नही दी जा सकती। हालाँकि ये राज्य के नीति-निर्माण में महत्वपूर्ण भूमिका निभाते है। सामाजिक-आर्थिक अधिकार भारत को एक कल्याणकारी राज्य बनाने की दिशा में मार्गदर्शन करते है और संविधान के उद्देश्यों को साकार करने में सहायक है। इनका उद्देश्य नागरिकों के जीवन स्तर में सुधार और सामाजिक समानता को बढ़ावा देना है।

3. भारतीय संविधान के दर्शन की झलक संविधान के किस भाग से मिलती हैं?

उत्तर भारतीय संविधान के दर्शन की स्पष्ट झलक इसकी प्रस्तावना में मिलती है। प्रस्तावना संविधान के उद्देश्यों और आदर्शों का सार है, जो भारत को एक संप्रभु, समाजवादी, धर्मनिरपेक्ष और लोकतांत्रिक गणराज्य घोषित करती है। इससे संविधान के मुख्य मूल्य जैसे न्याय (सामाजिक, आर्थिक और राजनीतिक) स्वतंत्रता (विचार, अभिव्यक्ति, विश्वास, धर्म), समानता (स्थिति और अवसर) और बंधुता (व्यक्ति की गरिमा और राष्ट्र की एकता) का उल्लेख है।

यह भारतीय लोकतंत्र की नींव रखती है और समाज में समता, न्याय और बंधुत्व को सुदृढ़ करने का मार्गदर्शन करती है। प्रस्तावना न

केवल संविधान के आदर्शों का परिचायक है, बल्कि यह भारत को एक कल्याणकारी राज्य बनाने और नागरिकों को गरिमापूर्ण जीवन प्रदान करने का लक्ष्य भी निर्धारित करती है। इसके माध्यम से संविधान के दर्शन को समझा और लागू किया जा सकता है।

4. भारतीय संविधान किन अधिकारों को प्रदान करने के लिए प्रतिबद्ध है?

उत्तर भारतीय संविधान निम्नलिखित अधिकारों के लिए प्रतिबद्ध है

(1) **संप्रभुता** भारत को एक स्वतंत्र राष्ट्र के रूप में स्थापित करना, जो किसी बाहरी शक्ति के अधीन न हो।

(2) **समाजवाद** समाज में समानता और न्याय सुनिश्चित करना, आर्थिक संसाधनों का समान वितरण और वंचित वर्गों का सशक्त बनाना।

(3) **धर्मनिरपेक्षता** सभी धर्मों का सम्मान करना, किसी एक धर्म को राज्य द्वारा विशेष दर्जा न देना और धार्मिक स्वतंत्रता सुनिश्चित करना।

(4) **लोकतंत्र** जनता के लिए, जनता के द्वारा और जनता की सरकार की स्थापना।

(5) **न्याय** सामाजिक, आर्थिक और राजनीतिक न्याय सुनिश्चित करना।

(6) **स्वतंत्रता** विचार, अभिव्यक्ति, विश्वास, धर्म और उपासना की स्वतंत्रता।

(7) **समानता** सभी नागरिकरों को कानून के समक्ष समानता और अवसर की समानता प्रदान करना।

(8) **बंधुता** सभी नागरिकों में एकता और अखंडता बनाए रखतें हुए व्यक्ति की गरिमा सुनिश्चित करना।

इन आदर्शों के माध्यम से भारतीय संविधान एक समतामूलक और न्याय पूर्ण समाज के निर्माण के लिए प्रतिबद्ध है।

5. भारत में धार्मिक स्तवंत्रता का क्या अभिप्राय हैं?

उत्तर भारत में धार्मिक स्वतंत्रता का अभिप्राय है कि प्रत्येक व्यक्ति को अपने धर्म का पालन, प्रचार और विश्वास करने का अधिकार है। यह अधिकार भारतीय संविधान के अनुच्छेद 25 से 28 में दिया गया है। इसमें किसी भी व्यक्ति को विशेष धर्म को मानने या न मानने के लिए बाध्य नही किया जा सकता। धर्मांतरण की स्वतंत्रता भी है, बशर्ते यह स्वेच्छिक हो और किसी प्रकार का दबाव न हो। भारतीय संविधान के तहत, शैक्षणिक संस्थाओं में धार्मिक शिक्षा अनिवार्य नहीं की जा सकती। धार्मिक स्वतंत्रता का उद्देश्य भारत में सभी नागरिकों को अपनी धार्मिक आस्थाओं के अनुसार स्वतंत्रता से जीने का अधिकार देना है, ताकि समाज में सौहार्द और एकता बनी रहें।

6. वास्तविक मताधिकार का क्या अर्थ होता हैं?

उत्तर वास्तविक मताधिकार का अर्थ है कि प्रत्येक नागरिक को अपने मत का प्रयोग करने का वास्तविक और सशक्त अधिकार प्राप्त हो, बिना किसी प्रकार के भेदभाव, दबाव या प्रतिबंध के। इसका मतलब यह है कि हर नागरिक को चुनाव में भाग लेने, उम्मीदवार चुनने और अपनी पसंद के अनुसार वोट देने का पूरा अधिकार होना चाहिए, चाहे वह किसी भी जाति, धर्म, लिंग, वर्ग या सामाजिक स्थिति से संबंधित हो। वास्तविक मताधिकार के अन्तर्गत यह सुनिश्चित किया जाता है कि नागरिकों को मतदान में किसी प्रकार का बाहरी प्रभाव या अनुचित बाधा न हो। इसमें मतदाता की गोपनीयता, स्वतंत्रता और मताधिकार के समुचित प्रयोग की गारंटी दी जाती है। यह लोकतात्रिक समाज में नागरिकों की स्वतंत्रता और समानता सुनिश्चित करने के लिए जरूरी है।

दीर्घ उत्तरीय प्रश्न I

1. "संविधान के प्रति राजनीतिक दर्शन का दृष्टिकोण अपनाने की आवश्यकता है।" स्पष्ट कीजिए। दक्षता आधारित प्रश्न

उत्तर संविधान के प्रति राजनीतिक दर्शन का दृष्टिकोण अपनाने की आवश्यकता है। इसे तीन तथ्यों द्वारा समझा जा सकता है

(i) संविधान में वर्णित अधिकार, नागरिकता, लोकतंत्र व अल्पसंख्यक जैसी अवधारणाओं की व्याख्या आवश्यक है।

(ii) जिन आदर्शों पर संविधान का निर्माण हुआ है, उन अवधारणाओं से संबंधित समाज तथा शासन व्यवस्था की तस्वीर स्पष्ट होनी चाहिए और उन पर हमारी अच्छी पकड़ होनी चाहिए।

(iii) आदर्शों का तार्किक व समुचित रूप से अध्ययन करने के लिए संविधान सभा की बहसों का अध्ययन किया जाना चाहिए। किसी मूल्य को संविधान का आधार बनाते समय उसकी तार्किकता को स्पष्ट करना आवश्यक होता है।

2. संविधान के आधारभूत मूल्यों की व्याख्या कीजिए।

उत्तर हमारे संविधान निर्माताओं ने संविधान निर्माण में किसी विशेष मूल्य को आधार नहीं बनाया। यदि किसी स्थान पर ऐसा किया गया है, तो उस मूल्य को उचित ठहराने के पीछे निर्माताओं के कुछ तर्क थे। संविधान के आदर्श हमारे राजनीतिक जीवन के अभिन्न अंग हैं। न्यायपालिका में, विधायिका में, राजनीतिक दलों में, मीडिया, स्कूल तथा विश्वविद्यालयों में संविधान के मूल्यों पर वाद-विवाद चलते रहते हैं। सभी संस्थाओं के द्वारा इनकी व्याख्या अलग-अलग तरीके से की जाती है। कभी-कभी कुछ निजी हितों के कारण इन व्याख्याओं का दुरुपयोग भी किया जाता है। मूल्य व आदर्शों की अलग-अलग व्याख्या होने से उनके मध्य विरोधाभास उत्पन्न होता है। संविधान के आदर्श स्वयं में संपूर्ण न सही परंतु बहुत अधिक महत्त्वपूर्ण अवश्य हैं। अतः हमें इन आदर्शों का प्रयोग एक कसौटी के रूप में करना चाहिए।

3. जापान के संविधान का दर्शन शांति पर आधारित है इस कथन की समीक्षा करें। दक्षता आधारित प्रश्न

उत्तर वर्ष 1947 के जापानी संविधान को सामान्य भाषा में शांति संविधान कहा जाता है। इसकी प्रस्तावना में कहा गया है कि "हम जापान के लोग हमेशा के लिए शांति की कामना करते हैं और हम लोग मानवीय रिश्तों का नियंत्रण करने वाले उच्च आदर्शों के प्रति सचेत हैं"। जापान के संविधान का दर्शन शांति पर आधारित है। जापान के संविधान के अनुच्छेद-9 में कहा गया है कि न्याय और सुसंगत व्यवस्था पर आधारित अंतर्राष्ट्रीय शांति की ईमानदारी से कामना करते हुए जापान के लिए राष्ट्र के संप्रभु अधिकार के रूप में प्रतिष्ठित युद्ध और अंतर्राष्ट्रीय विवादों को सुलझाने के लिए धमकी अथवा बल प्रयोग से सदा-सर्वदा के लिए दूर रहेंगे।

उपरोक्त अनुच्छेद के लक्ष्यों को पूरा करने की बात ध्यान में रखते हुए थल सेना, नौसेना और वायु सेना तथा युद्ध के अन्य साजो-सामान कभी भी नहीं रखे जाएँगे। इससे स्पष्ट होता है कि संविधान निर्माण के समय की परिस्थितियाँ किस तरह संविधान निर्माताओं की सोच पर प्रभावी रहती हैं।

4. क्या भारतीय संविधान एक त्रुटिहीन दस्तावेज है? स्पष्ट करें।

उत्तर भारतीय संविधान को एक त्रुटिहीन अथवा पूर्ण दस्तावेज नहीं कहा जा सकता। अत्यधिक उपलब्धियों के पश्चात् भी इसकी कुछ सीमाएँ हैं, जो निम्नलिखित हैं

- भारतीय संविधान में राष्ट्रीय एकता की धारणा अत्यंत केंद्रीकृत है।
- लैंगिक न्याय के मुद्दों पर संविधान निर्माण के समय अधिक ध्यान नहीं दिया गया।
- संविधान में यह बात स्पष्ट नहीं कि एक गरीब और विकासशील देश में कुछ बुनियादी सामाजिक-आर्थिक अधिकारों को भौतिक अधिकारों का अभिन्न हिस्सा बनाने के स्थान पर उन्हें राज्य के नीति-निर्देशक तत्त्व वाले खंड में क्यों समाहित किया गया है।
- संविधान की इन सीमाओं के कारण को समझना और दूर करना संभव है, लेकिन ये सीमाएँ इतनी गंभीर नहीं है कि ये संविधान के दर्शन के लिए ही खतरा उत्पन्न कर दें।

5. किन कारणों से संविधान को शांतिपूर्ण लोकतांत्रिक बदलाव का साधन कहा जाता है?

उत्तर निम्नलिखित कारणों से संविधान को शांतिपूर्ण लोकतांत्रिक बदलाव का साधन कहा जाता है।

- संविधान राज्य को निरंकुश बनने से रोकता है।
- सत्तासीन लोगों की शक्ति पर अंकुश लगाता है। परंपरागत रूप से सत्ता से दूर लोगों का सशक्तीकरण करता है।
- औपनिवेशिक दासता में रह रहे लोगों को राजनीतिक आत्मनिर्णय लेने के लिए दिशा प्रदान करता है।
- कमजोर, वंचित तथा पिछड़े लोगों के अधिकारों की सुरक्षा को सुनिश्चित करता है। इन्हीं कारणों के चलते भारतीय संविधान को शांतिपूर्ण लोकतांत्रिक बदलाव का साधन कहा जाता है।

6. भारतीय संविधान की केंद्रीय विशेषताओं को स्पष्ट करें।

अथवा **भारतीय संविधान की उपलब्धियों का वर्णन करें।**

उत्तर भारतीय संविधान की विशेषता या उपलब्धियाँ निम्नलिखित हैं

- भारतीय संविधान सामुदायिक जीवन मूल्यों में उदारवादी व्यक्तिवाद को मजबूत करता है।
- भारतीय संविधान व्यक्तिगत स्वतंत्रता को बनाए रखते हुए सामाजिक न्याय के सिद्धांत को स्थापित करता है।
- समुदायों में अनेक विवादों के पश्चात् भी भारतीय संविधान समुदायों को सांस्कृतिक, धार्मिक व समूहगत अधिकार प्रदान करता है। भारतीय संविधान नागरिकों की स्थानीय पहचान को बनाए रखते हुए, उन्हें राष्ट्रीय पहचान प्रदान करता है।
- भारतीय संविधान राजनीतिक विचार-विमर्श एवं वाद-विवाद में विश्वास करता है। भारतीय संविधान की इन केंद्रीय विशेषताओं को संविधान की उपलब्धियों के रूप में देखा जाता है।

7. धर्मनिरपेक्षता के विषय में संक्षेप में बताइए।

उत्तर धर्मनिरपेक्ष राज्य धर्म को निजी मामले के रूप में स्वीकार कर आधिकारिक रूप में मान्यता प्रदान नहीं करते, परंतु भारत के संदर्भ में ऐसा नहीं है। मूल संविधान में धर्मनिरपेक्ष शब्द न होने पर भी संविधान शुरुआत से ही धर्मनिरपेक्ष रहा है।

पश्चिमी धारणाओं के अनुसार व्यक्ति की स्वतंत्रता तथा नागरिकता से संबंधित अधिकारों की रक्षा के लिए धर्मनिरपेक्षता को धर्म और राज्य के पारस्परिक निषेध के रूप में देखा जाता है। इस विचारधारा का मुख्य उद्देश्य व्यक्ति की स्वतंत्रता को सुरक्षित करना है।

8. भारतीय संविधान में अल्पसंख्यकों के अधिकारों को सुरक्षित करना क्यों आवश्यक था? *दक्षता आधारित प्रश्न*

उत्तर भारत एक बहुल सांस्कृतिक समुदायों वाला देश है। विभिन्न समुदायों के मध्य अनेक प्रकार के विवाद चलते रहते हैं। ऐसी स्थिति में यह सम्भव है कि बहुसंख्यक समुदाय भाषायी अथवा धार्मिक रूप से अल्पसंख्यक समुदायों पर अनेक मूल्य आरोपित करें अथवा उनसे असमान व्यवहार करें। इसी कारण संविधान में अल्पसंख्यकों के अधिकारों को सुरक्षित करना आवश्यक था ताकि सभी समुदायों के बीच बराबरी का संबंध स्थापित किया जा सके एवं उनके मध्य प्रतिद्वंद्विता को समाप्त किया जा सके।

9. संविधान की उद्देशिका में वर्णित न्याय की अवधारणा की व्याख्या कीजिए।

उत्तर संविधान की उद्देशिका में न्याय की अवधारणा की स्पष्ट व्याख्या करते हुए कहा गया है कि राज्य भारत के लोगों को सामाजिक, आर्थिक और राजनीतिक न्याय की व्यवस्था सुनिश्चित करेगा। सामाजिक न्याय कल्याणकारी राज्य का मूल तत्त्व है उसके अंतर्गत राज्य द्वारा जनता के साथ होने वाले किसी भी प्रकार के भेदभाव को निर्बंधित किया जाता है। साथ ही साथ अस्पृश्ता जैसी सामाजिक समस्याओं को बढ़ावा देने वाली सामाजिक कुरीतियों को समाप्त करने का प्रयास किया जाता है। आर्थिक न्याय का आशय यह है कि नागरिकों के मध्य आर्थिक आधार पर किसी प्रकार का भेदभाव नहीं किया जाएगा। संविधान के अनुच्छेद 15-18, 38 और 39 में प्रस्तावना के इन आदर्शों की अभिव्यक्ति मिलती है। वास्तव में इन प्रावधानों के माध्यम से सामाजिक न्याय सुनिश्चित करने का प्रयास किया गया है। राजनीतिक न्याय का अभिप्राय यह है कि नागरिकों को राजनीतिक जीवन में पूरी स्वतंत्रता होगी। संविधान द्वारा नागरिकों को वयस्क मताधिकार प्रदान करके संविधान के इस आदर्श को व्यवहारिकता प्रदान की गई है।

10. समाज में छुआछूत को समाप्त करने के लिए क्या प्रावधान किए गए हैं? *दक्षता आधारित प्रश्न*

उत्तर छुआछूत एक सामाजिक कुरीति है। भारतीय संविधान की प्रस्तावना एक समातामूलक समाज का आदर्श प्रस्तुत करता है। इस आदर्श को व्यवहारिक धरातल प्रदान करने के लिए संविधान में व्यापक प्रावधान किए गए हैं। इसके अंतर्गत अनुच्छेद 17 के अंतर्गत अस्पृश्यता किसी भी रूप में प्रयोग दंडनीय अपराध माना गया है। इस अनुच्छेद में कहा गया है कि अस्पृश्यता से उपजी किसी भी अयोग्यता को लागू करना अपराध है और विधि के अनुसार, दंडनीय अपराध है।

अस्पृश्यता का अंत करने के लिए कानून बनाने का अधिकार संविधान के अनुच्छेद 35 के द्वारा संसद को प्राप्त है। इस परिप्रेक्ष्य में संसद द्वारा अस्पृश्यता अपराध अधिनियम वर्ष 1955 परिवंतन किय गया। बाद में वर्ष 1976 में इसे संशोधित किया गया। अब यह सिविल सेवा अधिकार संरक्षण अधिनियम 1955 के नाम से जाना जाता है।

11. हमारे संविधान के तीन उपलब्धियों का विवरण दें।

उत्तर (i) विभिन्न समुदायों के आपसी तनाव और झगड़े की पृष्ठभूमि के बावजूद भारतीय संविधान से समूहगत अधिकार जैसे–सांस्कृतिक विशिष्टता की अभिव्यक्ति का अधिकार प्रदान किया है।

(ii) हमारे संविधान में व्यक्तिगत स्वतंत्रता पर आँच आए बिना सामाजिक न्याय के सिद्धांत को स्वीकार किया है। जाति आधारित सकारात्मक कार्य योजना' के प्रति संवैधानिक वचनबद्धता से प्रकट होता है कि भारत दूसरे राष्ट्रों की तुलना में कहीं आगे है। संयुक्त राज्य अमेरिका में सकारात्मक कार्य योजना वर्ष 1964 के नागरिक अधिकार आंदोलन के बाद आरंभ हुई जबकि भारतीय संविधान ने इसे लगभग दो दशक पहले ही अपना लिया था।

(iii) हमारे संविधान ने उदारवादी व्यक्तिवाद को मूर्त रूप देकर उसे काफी मजबूत किया है। यह एक महत्त्वपूर्ण उपलब्धि है क्योंकि यह सब ऐसे समाज में किया गया जहाँ सामुदायिक जीवन-मूल्य व्यक्ति की स्वायतत्ता को कोई महत्त्व नही देते अथवा शत्रुता का भाव रखते हैं।

12. क्या भारत में संविधान की सर्वोच्चता है? स्पष्ट करें।

उत्तर भारत एक संघात्मक राज्य है। संघात्मक व्यवस्था की पहली शर्त है लिखित संविधान, संघीय व्यवस्था में लिखित संविधान सर्वोच्च कानून होता है। भारत का संविधान भी लिखित है। संविधान द्वारा सरकार के कदमों एवं कार्यों व अधिकारों को निर्धारित किया जाता है तथा सरकार के विभिन्न अंगों एवं संघ तथा राज्यों की शक्तियों और सीमाओं का स्पष्ट निर्धारण होता है। अमेरिकी संविधान की भाँति भारतीय संविधान में यह घोषित नहीं किया गया है कि संविधान सर्वोच्च होगा फिर भी भारतीय संविधान अपने देश का सर्वोच्चय लिखित कानून है। इसके उपबंध सभी सरकारें संघ और राज्य सरकारों हेतु बाध्यकारी है। किसी भी सरकार द्वारा संविधान का उल्लंघन नहीं किया जा सकता है। भारत में कोई भी शक्ति संविधान के ऊपर नहीं है। यही इसकी सर्वोच्चता है।

दीर्घ उत्तरीय प्रश्न II

1. संविधान के आधारभूत मूल्य के विषय में बताइए। इसके मूल्यों की व्याख्या कीजिए।

उत्तर संविधान के आधारभूत मूल्य किसी भी समाज के लिए दिशा-निर्देशक सिद्धांत होते हैं। भारतीय संविधान में निहित ये मूल्य हमारे लोकतंत्र, सामाजिक न्याय और समानता के आदर्शों को प्रकट करते हैं। इन मूल्यों को संविधान की उद्देशिका और विभिन्न प्रावधानों में स्पष्ट रूप से अभिव्यक्त किया गया है।

संविधान के आधारभूत मूल्यः

(1) **न्याय** सामाजिक, आर्थिक और राजनीतिक न्याय की गारंटी। यह सुनिश्चित करता है कि सभी वर्गों को समान अवसर मिले और शोषण रहित समाज का निर्माण हो।

(2) **स्वतंत्रता** विचार, अभिव्यक्ति, विश्वास, धर्म और उपासना की स्वतंत्रता। यह व्यक्ति को अपने अधिकार और कर्तव्यों के प्रति स्वतंत्र रूप से निर्णय लेने की शक्ति प्रदान करती है।

(3) **समानता** कानून के समक्ष समानता और सभी को समान अवसर उपलब्ध कराना। यह जाति, धर्म, लिंग या आर्थिक स्थिति के आधार पर भेदभाव को समाप्त करने का प्रयास करता है।

(4) **बंधुता** समाज में भाईचारे की भावना को बढ़ावा देना। यह सुनिश्चित करता है कि देश के नागरिक एक-दूसरें के प्रति सम्मान और सहयोग का भाव रखें।

(5) **लोकतंत्र** नागरिकों की भागीदारी पर आधारित शासन प्रणाली। इसमें हर व्यक्ति को समान मताधिकार प्राप्त है, जो जनता की संप्रभुता को दर्शाता है।

(6) **धर्मनिरपेक्षता** राज्य का किसी भी धर्म में हस्तक्षेप न करना और सभी धर्मों के प्रति समान दृष्टिकोण रखना। यह धर्म के आधार पर किसी भेदभाव को रोकने और धार्मिक स्वतंत्रता सुनिश्चित करने का वादा करता है।

मूल्यों की व्याख्या भारतीय संविधान का उद्देश्य केवल शासन चलाना नही, बल्कि एक ऐसा समाज बनाना है, जो समानता, न्याय और स्वतंत्रता पर आधारित हो।

- न्याय सामाजिक असमानता को समाप्त कर सभी को समान अवसर प्रदान करता है।
- स्वतंत्र व्यक्ति को अपनी पहचान और विचारों को व्यक्त करने का अधिकार होता है।
- समानता सुनिश्चित करती है कि कोई व्यक्ति अपनी जाति, धर्म या लिंग के कारण उपेक्षित न हो।
- बंधुता समाज के विभिन्न वर्गों के बीच एकता को बढ़ावा देती है, जिससे देश में स्थिरता और शांति बनी रहे।
- धर्मनिरपेक्षता सभी नागरिकों को उनकी धार्मिक मान्याताओं के साथ जीने की स्वतंत्रता देती है।

भारतीय संविधान के ये आधारभूत मूल्य हमारे समाज को एक न्यायपूर्ण, स्वतंत्रता, समान और समावेशी समाज बनाने का लक्ष्य देते हैं। ये न केवल वर्तमान की आवश्यकताओं को पूरा करते है, बल्कि भविष्य के लिए भी मार्गदर्शक सिद्धांत प्राप्त करते है।

2. संविधान लोकतांत्रिक बदलाव का साधन है? स्पष्ट कीजिए।

उत्तर इस प्रश्न के उत्तर के लिए पृष्ठ संख्या 207-208 का अध्ययन करें।

3. संविधान के राजनीतिक दर्शन से आप क्या समझते हैं? व्यक्ति की स्वतंत्रता, गिरफ्तारी के विरुद्ध स्वतंत्रता तथा सामाजिक न्याय को संक्षेप में बताइए।

उत्तर संविधान का राजनीतिक दर्शन एक ऐसे समाज की परिकल्पना है, जो स्वतंत्रता, समानता और सामाजिक न्याय के आदर्शों पर आधारित हो। यह दर्शन व्यक्ति और समाज के बीच संतुलन स्थापित करता है और यह सुनिश्चित करता है कि हर व्यक्ति को अपने अधिकारों का प्रयोग करने की स्वतंत्रता हो, जबकि समाज में समानता और न्याय बना रहे। भारतीय संविधान का राजनीतिक दर्शन इन आदर्शों को लागू करने के लिए कानूनी, सामाजिक और नैतिक ढाँचे की स्थापना करता है।

व्यक्ति की स्वतंत्रता भारतीय संविधान व्यक्ति को उसकी स्वतंत्रता का अधिकार प्रदान करता है, जो मौलिक अधिकारों (अनुच्छेद 19-22) में वर्णित है।

- यह स्वतंत्रता 'सार्वजनिक व्यवस्था, नैतिकता और सुरक्षा जैसे उचित प्रतिबंधों के अधीन है।
- अनुच्छेद 19 के तहत अभिव्यक्ति की स्वतंत्रता, कहीं आने-जाने की स्वतंत्रता और किसी व्यवसाय को चुनने का अधिकार दिया गया है।

• व्यक्ति की स्वतंत्रता का यह अधिकार लोकतंत्र की नींव है और प्रत्येक व्यक्ति को अपने विचार, व्यक्त करने, कार्य करने और जीवन जीने का अधिकार देता है।

गिरफ्तारी के विरुद्ध स्वतंत्रता संविधान व्यक्ति को मनमाने ढंग से गिरफ्तारी और नजरबंदी से सुरक्षा प्रदान करता है।

• अनुच्छेद 22 के तहत, किसी व्यक्ति को कारण बताए बिना गिरफ्तार नही किया जा सकता।
• हर गिरफ्तार व्यक्ति को 24 घंटे के भीतर न्यायधीश के समक्ष प्रस्तुत करना अनिवार्य है।
• यह प्रावधान 'न्यायिक प्रक्रिया के बिना दंड' के सिद्धांत को लागू करता है और राज्य के दुरुपयोग से व्यक्ति की रक्षा करता है।

सामाजिक न्याय सामाजिक न्याय संविधान का केंद्रीय सिद्धांत है, जो सभी नागरिकों को समान अवसर और अधिकार सुनिश्चित करता है।

• अनुच्छेद 14 से 18 समानता के अधिकार को सुनिश्चित करते है और जाति, धर्म, लिंग आदि के आधार पर भेदभाव को समाप्त करते हैं।
• अनुच्छेद 38 और 46 समाज के कमजोर वर्गों के लिए विशेष प्रावधान और अवसर प्रदान करते हैं।
• आरक्षण, नीति, महिला अधिकारों की सुरक्षा और आर्थिक रूप से कमजोर वर्गों की सहायता सामाजिक न्याय के व्यावहारिक उदाहरण हैं।

संविधान का राजनीतिक दर्शन व्यक्ति की स्वतंत्रता, सामाजिक समानता और न्याय के आदर्शों को लागू करने का प्रयास करता है। यह एक ऐसा ढांचा प्रदान करता है, जो लोकतंत्र मानवाधिकार और समाज के सभी वर्गों की भलाई के लिए काम करता है।

4. भारतीय संविधान में कैसी अवधारणा को अपनाया गया है। संक्षेप में बताइए।

उत्तर भारतीय संविधान में असमतोल अर्थात् असंतुलित संघवाद की अवधारणा को अपनाया गया है, जबकि अमेरिका के संघ की संवैधानिक बनावट संतुलित है। भारतीय संविधान एक मजबूत केंद्र की स्थापना करता है। भारतीय संघ की विभिन्न इकाइयों (राज्यों) के कानूनी दर्जे तथा विशेषाधिकार में महत्त्वपूर्ण अंतर है। कुछ इकाइयों को उनकी आवश्यकताओं को ध्यान में रखते हुए उन्हें विशेष दर्जा प्रदान किया गया है, जिससे संघ के साथ उनके संबंध बने रहें; जैसे—

• भारतीय संघ में जम्मू-कश्मीर का विलय अनुच्छेद-370 के तहत इसकी स्वायत्तता को बनाए रखने के आधार पर किया गया था। भारतीय संघ में केवल जम्मू-कश्मीर का अपना अलग संविधान है।
• संविधान के अनुच्छेद-371 (a) के तहत नागालैंड को विशेष राज्य का दर्जा प्रदान किया गया है। इस अनुच्छेद के प्रावधान नागालैंड में पहले से लागू नियमों को मान्यता देने के साथ-साथ अप्रवास पर रोक लगाकर स्थानीय लोगों की पहचान को भी सुरक्षित करते हैं।
• भारतीय संविधान विभिन्न राज्यों के साथ उनकी परिस्थिति के अनुसार असमान व्यवहार को तार्किक मानता है। मूल रूप से संविधान में इन बातों का स्पष्टीकरण नहीं है, परंतु भारतीय संघ में राजनीतिक मान्यता प्राप्त अनेक भाषायी समूह हैं व उन्हें बराबरी का दर्जा प्राप्त है। भारत के इस प्रकार के लोकतांत्रिक और भाषायी संघवाद ने सांस्कृतिक पहचान को एकता के साथ जोड़ा है।

5. भारतीय संविधान की आलोचना को संक्षेप में वर्णन कीजिए।

उत्तर भारतीय संविधान ने देश को एक मजबूत लोकतांत्रिक ढाँचा प्रदान किया है, लेंकिन इसकी कुछ सीमाओं और आलोचनाओं की ओर भी ध्यान दिलाया गया हैं। इन आलोचनाओं को संक्षेप में इस प्रकार समझा जा सकता है

(1) **अत्याधिक विस्तृत** भारतीय संविधान दुनिया का सबसे लंबा लिखित संविधान है, जिसे कई लोग अत्याधिक विस्तार और जटिलता का प्रतीक मानते है। इसकी लंबाई को साधारण नागरिकों के लिए समझना कठिन बताया गया है।

(2) **शक्ति का केंद्रीकरण** आलोचकों का कहना है कि भारतीय संविधान में केंद्र को अत्यधिक शक्ति दी गई है, जिससे राज्यों की स्वायत्तता सीमित हो जाती है। विशेष रूप से आपातकालीन प्रावधानों में केन्द्र का प्रभुत्व स्पष्ट है।

(3) **वर्ष 1935 के भारत शासन अधिनियम का प्रभाव** भारतीय संविधान पर ब्रिटिश शासन के कानूनी ढाँचे का गहरा प्रभाव है। इसे भारतीय समाजिक तथा राजनीतिक प्रणाली के अनुरूप में पूरी तरह स्वीकार नही किया जा सकता है।

(4) **मौलिक कर्तव्यों का अपर्याप्त प्रावधान** संविधान में मौलिक अधिकारों की व्यापक चर्चा है, लेकिन मौलिक कर्तव्यों के अनुपालन में कम ध्यान दिया गया है। इसे नागरिको के कर्तव्यों को लेकर असंतुलन के रूप में देखा जाता है।

(5) **आरक्षण प्रणाली की आलोचना** आरक्षण नीति कई बार पक्षपातपूर्ण और समाज को विभाजित करने वाला बताया गया है। इसके कार्यान्वयन को लेकर भी असंतोष व्यक्त किया गया है।

(6) **जटिलता और धीमी प्रक्रिया** संविधान के प्रावधानों की जटिलता के कारण कानून बनाने और लागू करने की प्रक्रिया धीमी हो जाती है। इसे विकास की गति में बाधा के रूप में देखा जाता है।

(7) **संविधान संशोधन की चुनौती** संविधान संशोधन प्रक्रिया में कुछ प्रावधानों को बहुत कठोर बताया है, जिससे जरूरी बदलाव लाने में कठिनाई होती है।

इन आलोचनाओं के बावजूद, भारतीय संविधान ने अपने लचीलेपन और प्रगतिशील दृष्टिकोण के कारण लोकतंत्र को स्थिरता प्रदान की है। इसे समय-समय पर संशोधन और समायोजित करके चुनौतियों का समाधान किया गया है।

6. संविधान के मूल प्रावधानों का विश्लेषण करें।

अथवा **संविधान की अद्वितीय विशेषताओं की विस्तृत रूप में व्याख्या करें।**

उत्तर संविधान के मूल प्रावधान निम्नलिखित हैं

(i) **वैयक्तिक स्वतंत्रता** भारतीय संविधान व्यक्ति की स्वतंत्रता को सुनिश्चित करता है तथा मनमानी गिरफ्तारी के विरुद्ध सुरक्षा प्रदान करता है। भारतीय संविधान मौलिक अधिकारों के माध्यम से नागरिक की राज्य से सुरक्षा करता है तथा नीति-निदेशक तत्त्वों के माध्यम से सामाजिक-आर्थिक न्याय को सुनिश्चित करता है।

(ii) **सामाजिक न्याय** भारतीय संविधान का चरित्र मजबूत उदारवादी बुनियाद पर प्रतिष्ठित है। भारत का संविधान व्यक्ति को केंद्र में रखने के साथ-साथ सामाजिक न्याय तथा सामुदायिक जीवन मूल्यों को भी महत्त्व देता है। सामाजकि न्याय को सुनिश्चित करने के लिए ही संविधान में पिछड़े वर्गों के लिए आरक्षण का प्रावधान किया गया है।

(iii) **धर्मनिरपेक्षता** धर्मनिरपेक्षता के संदर्भ में भारतीय संविधान में राज्य की धर्म से सिद्धांतगत दूरी सुनिश्चित की गई है व सार्वजनिक हित के विषयों के संदर्भ में राज्य द्वारा धर्म के आंतरिक मामलों में सकारात्मक हस्तक्षेप को मान्यता दी गई है। भारतीय संविधान सभी धर्मों का समान रूप से आदर करता है।

(iv) **अल्पसंख्यकों के अधिकारों की सुरक्षा** भारतीय संविधान सभी धर्मों व समुदायों में बराबरी का रिश्ता कायम करने के लिए भाषायी व धार्मिक आधार पर अल्पसंख्यकों को अधिकार प्रदान करता है।

(v) **सार्वभौमिक वयस्क मताधिकार** भारतीय संविधान सभी भारतीय वयस्क नागरिकों को बिना किसी भेद भाव के अधिकार प्रदान करता है।

(vi) **संघवाद** भारतीय संघवाद केंद्र को मजबूत करने के साथ-साथ असमतौल संघवाद की अवधारणा को अपनाता है अर्थात् कुछ इकाइयों को उनकी परिस्थिति की आवश्यकता के अनुरूप विशेष दर्जा प्रदान करता है।

(vii) **राष्ट्रीय पहचान** भारतीय संविधान भाषा अथवा धर्म के आधार पर बनी स्थानीय पहचान को बनाए रखते हुए, प्रत्येक नागरिक को राष्ट्रीय पहचान प्रदान करता है।

(viii) **स्वतंत्र व निष्पक्ष न्यायपालिका** व्यक्ति अथवा समुदाय के हितों की सुरक्षा, स्वतंत्रता तथा समानता की रक्षा के लिए संविधान के अंतर्गत स्वतंत्र व निष्पक्ष न्यायपालिका की व्यवस्था की गई है।

7. संविधान के राजनीतिक दर्शन में विविधता और अल्पसंख्यकों के अधिकारों को स्पष्ट कीजिए।

उत्तर भारतीय संविधान का राजनीतिक दर्शन विविधता और अल्पसंख्यकों के अधिकारों का सम्मान करता है। यह भारत जैसे बहुधर्मी, बहुभावी और बहुसांस्कृतिक देश में सामाजिक समरसता बनाए रखने और सभी वर्गों को समान अवसर प्रदान करने का प्रयास करता है। संविधान प्रत्येक व्यक्ति को अपने धर्म का पालन करने, प्रचार करने और उस पर विश्वास करने की स्वतंत्रता देता है। यह किसी भी भाषा, संस्कृति या परंपरा के संरक्षण और विकास का अधिकार सुनिश्चित करता है।

अल्पसंख्यकों को अपनी भाषा, धर्म और संस्कृति को बनाए रखने का अधिकार दिया गया है। उन्हें अपने शैक्षिक संस्थान स्थापित करने और चलाने की स्वतंत्रता प्राप्त है। समाज के किसी भी वर्ग के साथ धर्म, जाति, भाषा या लिंग के आधार पर भेदभाव नही किया जा सकता। संविधान यह सुनिश्चित करता है कि अल्पसंख्यक समुदाय भी बहुसंख्यक समाज के बीच अपनी पहचान को सुरक्षित रख सके और समान अधिकारों का उपयोग कर सकें।

संविधान की यें व्यवस्थाएँ यह सिद्ध करती है कि विविधता का सम्मान और अल्पसंख्यकों के अधिकारों की रक्षा सामाजिक न्याय की बुनियाद है। इससे सभी नागरिकों को यह अनुभव होता है कि वे राष्ट्र निर्माण की प्रक्रिया में समान रूप से भागीदार है।

8. सार्वभौमिक मताधिकार का वर्णन कीजिए।

उत्तर सार्वभौमिक मताधिकार एक ऐसा सिद्धांत है जो सभी वयस्क नागरिकों को बिना किसी भेदभाव के मतदान का अधिकार प्रदान करता है। यह लोकतंत्र की आधारशिला तथा समानता, स्वतंत्रता और भागीदारी के मूल्यों को सुनिश्चित करता है।

सार्वभौमिक मताधिकार का अर्थ है कि किसी भी व्यक्ति को जाति, धर्म, लिंग, भाषा, आर्थिक स्थिति या सामाजिक स्थिति के आधार पर मतदान के अधिकार से वंचित नही किया जा सकता। भारतीय संविधान में 18 वर्ष या उससे अधिक आयु के सभी नागरिकों को मतदान का अधिकार दिया गया है। यह अधिकार ने केवल शासन में उनकी भागीदारी सुनिश्चित करता है, बल्कि उन्हे अपनी सरकार चुनने का भी अधिकार देता है।

भारत में सार्वभौमिक मताधिकार की शुरूआत संविधान लागू होने के साथ ही हुई, जबकि कई अन्य देशों में महिलाओं, मजदूरों और अल्पसंख्यकों को यह अधिकार, पाने के लिए लंबे समय तक संघर्ष करना पड़ा। यह सिद्धांत समानता और लोकतांत्रिक प्रक्रिया को मजबूत करता है, क्योंकि हर व्यक्ति का मत समान महत्व रखता है।

सार्वभौमिक मताधिकार यह सुनिश्चित करता है कि प्रत्येक व्यक्ति को अपनी आवाज उठाने और अपने प्रतिनिधि चुनने का अवसर मिले। यह लोकतंत्र को सशक्त बनाने का एक महत्वपूर्ण साधन है और समाज के हर वर्ग को शासन प्रक्रिया में भागीदार बनाता है।

9. शासन संचालन और सामाजिक-आर्थिक विकास के परिपेक्ष्य में नीति निर्देशक सिद्धांतों का महत्त्व बताइए।

अथवा **देश के सामाजिक-आर्थिक विकास में नीति-निर्देशक सिद्धांतों की व्याख्या करें।**

उत्तर नीति-निर्देशक तत्त्व हमारे संविधान की संजीवनी व्यवस्थाएँ है। संविधान के भाग 4 में अनुच्छेद 35 से 51 तक हमारे संविधान और उसके सामाजिक-आर्थिक न्याय दर्शन के वास्तविक तत्त्व निहित है। ये तत्त्व 'संविधान के आदर्शों' और आकांक्षाओं को अभिव्यक्ति प्रदान करते है। नीति-निर्देशक सिद्धांतों का मुख्य उद्देश्य शांतिपूर्ण तरीके से लोककल्याणकारी नीतियों के लिए मार्ग प्रशस्त कर सामाजिक और आर्थिक उद्देश्यों को लागू करना है। वास्तव में संवैधानिक और व्यावहारिक दृष्टि से नीति-निर्देशक तत्त्वों का बहुत अधिक महत्त्व है। डॉ. पायली के शब्दों में ''इन निर्देशक तत्त्वों का महत्त्व इस बात में है कि ये नागरिकों के प्रति राज्य के सकारात्मक दायित्व हैं'' दूसरे शब्दों में इन तत्त्वों के महत्त्व को इस प्रकार व्यक्त किया जा सकता है।

(i) **नैतिक आदर्शों के रूप में महत्त्व** नैतिक आदर्शों के रूप में निर्देशक तत्त्वों का व्यापक महत्त्व है ये भारतीय शासन की नीति को निर्देशित और प्रभावित करते हैं।

(ii) **शासन के मूल्यांकन का आधार** नीति-निदेशक तत्त्वों द्वारा जनता को शासन के गुणो व दोषों की जाँच करने का मापदंड प्रदान किया जाता है। शासक को नीति-निदेशक तत्त्वों के संबंध में अपनी सफलताएँ जनता को बतानी होती हैं। इस प्रकार जनता को शासन-प्रणाली को मूल्यांकित करने का अवसर मिलता है।

(iii) **शासन दल को सीमा में रखना** प्रजातंत्र में सत्ता परिवर्तन एक सामान्य घटना हैं। सत्ता पर कभी दक्षिणपंथी तथा कभी वामपंथी दल का नियंत्रण एक सामान्य प्रक्रिया है। नीति -निदेशक तत्त्व इन दोनों प्रकार की सरकारों को मर्यादित और सीमाबद्ध रखने में महत्त्वपूर्ण भूमिका निभाते हैं।

(iv) **निर्देशित तत्त्वों के पीछे जनता की शक्ति** इन तत्त्वों को न्यायालय द्वारा क्रियान्वित नही किया जा सकता तथापि इनके पीछे जनता की सत्ता होती है। अतः जनता के प्रति उत्तरदायी कोई भी सरकार इनकी अवहेलना नही कर सकती है शासन द्वारा इसका

उल्लंघन जनविरोध को जन्म दे सकता है। नीति-निदेशक तत्वों के पीछे जनता की इसी शक्ति के कारण शासक वर्ग को इसके क्रियान्वयन के प्रति प्रेरित होना पड़ता है।

इस प्रकार, निदेशक तत्त्व भारतीय शासन के सिद्धांत है। इसमें हमारे शासन के दर्शन निहित है।

10. संविधान में वर्णित मौलिक अधिकारों का मूल्यांकन करें।

अथवा **मौलिक अधिकारों की आलोचना किस आधार पर की जाती है?**

उत्तर भारतीय संविधान में वर्णित मौलिक अधिकारों की निम्नलिखित आधार पर आलोचना की गई है।

(i) मौलिक अधिकारों में कुछ ऐसी बातों को छोड़ दिया गया है जिस आधार पर इनकी आलोचना की जाती है। जैसे काम का अधिकार, विशिष्ट परिस्थितियों में राज्य से सहायता प्राप्त करने का अधिकार तथा निःशुल्क शिक्षा प्राप्त करना आदि।

(ii) भारतीय संविधान द्वारा प्रदत्त मौलिक अधिकार सिद्धान्तों की अपेक्षा वास्तविकता पर आधारित सम्पूर्ण समाज के लिए महत्त्वपूर्ण है। उदाहरणार्थ सभी व्यक्तियों हेतु समानता के अधिकारों को स्वीकार करते हुए भी पिछड़े और दलित वर्गों के विकास के लिए संविधान में विशेष व्यवस्थाएँ की गई हैं। शिक्षा और संस्कृतिक की स्वतंत्रता के अधिकार के अंतर्गत अल्पसंख्यकों की शिक्षा और भाषा संबंधी हितों की रक्षा का प्रबंध किया गया है। संविधान द्वारा धार्मिक अधिकारों की व्यवस्था इस दृष्टिकोण से की गई है कि समाज में धार्मिक सहिष्णुता को बढ़ावा मिले।

(iii) आलोचकों द्वारा मौलिक अधिकारों की आलोचना का एक प्रमुख आधार यह है कि मौलिक अधिकारों के साथ इतने अपवाद और प्रतिबंध लगा दिए गए हैं कि प्रायः यह भ्रम पैदा हो जाता है कि मौलिक अधिकारों से वास्तव में जनता को क्या प्राप्त हुआ। आलोचकों का कथन है कि संविधान एक हाथ से मौलिक अधिकार प्रदान करता है तो दूसरे हाथ से उन्हें प्रतिबन्धों के माध्यम से ले लेता है।

संकटकाल में कार्यपालिका द्वारा मौलिक अधिकारों का स्थगन तथा सामान्य परिस्थितियों में निवारक निरोध की व्यवस्था आलोचना का विषय रहा है। श्री हरि विष्णु के शब्दों में "इस व्यवस्था द्वारा हम तानाशाही राज्य की और पुलिस राज्य की स्थापना कर रहे हैं।" संविधान सभा के सदस्य श्री सोमनाथ लाहिड़ी ने इन शब्दों में अपने विचार व्यक्त किए है। भारतीय संविधान के मूल अधिकारों की व्यवस्था पुलिस या सिपाही के दृष्टिकोण से की गई है न कि एक संघर्षशील राष्ट्र की दृष्टि से।"

परंतु यह तथ्य निर्विवाद रूप से सही है कि राष्ट्र की सुरक्षा व्यक्ति की स्वतंत्रता से कहीं अधिक मूल्यवान है। केवल आक्रमणात्मक परिस्थितियों में ही शासन को इनके अतिक्रमण का अधिकार दिया गया हैं। प्रायः ऐसी परिस्थितियाँ अल्पकालिक होती है। श्री अल्लादि कृष्ण अय्यर ने मौलिक अधिकारों के स्थगन की व्यवस्था के संबंध में संविधान सभा में कहा था कि "यह व्यवस्था संविधान का जीवन होगी इससे प्रजातंत्र को हटाया नहीं जाएगा वरन् रक्षा की जाएगी।

स्रोत आधारित प्रश्न

नीचे दिए गए स्रोतों पर आधारित प्रश्नों के उत्तर दें।

1. जब भारतीय संविधान को उदारवादी कहा जाता है, तो इसका अर्थ इतना भर नहीं होता कि यह संविधान यूरोपीय शास्त्रीय परंपरा के अर्थ में उदारवादी है। राजनीतिक सिद्धांत की अपनी किताब में आप 'उदारवाद' के बारे में और समझेंगे, शास्त्रीय उदारवाद सामाजिक न्याय और सामुदायिक जीवन मूल्यों के ऊपर हमेशा व्यक्ति को तरजीह देता है।

भारतीय संविधान का उदारवाद इससे दो मायनों में अलग है। पहली बात तो यह कि हमारा संविधान सामाजिक न्याय से जुड़ा है। अनुसूचित जाति और जनजाति के लिए आरक्षण का प्रावधान इसका सर्वोत्तम उदाहरण है। संविधान निर्माताओं का विश्वास था कि मात्र समता का अधिकार दे देना इन वर्गों के साथ सदियों से हो रहे अन्याय व मुक्ति के लिए अथवा इनके मताधिकार के वास्तविक अर्थ देने के लिए विशेष संवैधानिक उपायों की जरूरत थी।

इस कारण संविधान निर्माताओं ने अनुसूचित जाति और अनुसूचित जनजाति के हितों की रक्षा के लिए बहुत से विशेष उपाय किए। इसका एक उदाहरण है–अनुसूचित जाति और जनजाति के लिए विधायिका में सीटों का आरक्षण–संविधान के विशेष प्रावधानों के कारण ही सरकारी नौकरियों में इन वर्गों को आरक्षण देना सम्भव हो सका।

(i) भारतीय संविधान में अनुसूचित जाति और जनजाति के लिए कौन-सा विशेष प्रावधान किया है?

(a) सभी प्रकार के करों में छूट
(b) निजी क्षेत्र में रोजगार का आरक्षण
(c) विधायिका में सीटों का आरक्षण
(d) उच्च शिक्षा में अनिवार्य प्रवेश

उत्तर (c) विधायिका में सीटों का आरक्षण

(ii) भारतीय संविधान को उदारवादी क्यों कहा जाता है?

(a) यह शास्त्रीय उदारवाद का अनुकरण करता है
(b) यह सामाजिक न्याय के साथ जुड़ा हुआ है
(c) यह केवल व्यक्तिग स्वतंत्रता पर आधारित है
(d) यह केवल यूरोपीय परंपरा का अनुसरण करता है।

उत्तर (b) यह सामाजिक न्याय के साथ जुड़ा हुआ है

(iii) शास्त्रीय उदारवाद को स्पष्ट कीजिए

उत्तर (iii) शास्त्रीय उदारवाद वह होता है, जिसमें संविधान द्वारा व्यक्ति को केंद्र में रखा जाता है तथा सामाजिक न्याय और सामुदायिक जीवन मूल्यों से अधिक व्यक्ति को प्राथमिकता दी जाती है। शास्त्रीय उदारवाद व्यक्तिगत स्वतंत्रता को अधिक सुनिश्चित करता है।

2. संविधान के संदर्भ में गौर करने वाली पहली बात है कि यह व्यक्ति की स्वतंत्रता के लिए प्रतिबद्ध है। यह प्रतिबद्धता किसी चमत्कार के रूप में मेज के इर्द-गिर्द चुपचाप बैठकर चिंतन-मनन करने से नहीं आई।

यह प्रतिबद्धता लगभग एक सदी तक निरंतर चली बौद्धिक और राजनीतिक गतिविधियों का परिणाम है। 19वीं सदी के शुरूआती समय में ही राममोहन राय ने प्रेस की आजादी की काट-छाँट का विरोध किया था।

अंग्रेजी सरकार प्रेस की आजादी पर प्रतिबंध लगा रही थी। राममोहन राय का तर्क था कि जो राज्य व्यक्ति की जरूरतों का ध्यान रखता है। उसे चाहिए कि वह व्यक्ति को अपनी जरूरतों की अभिव्यक्ति का साधन प्रदान करे।

इसलिए राज्य के लिए जरूरी है कि वह प्रकाशन को असीमित आजादी प्रदान करे। पूरे ब्रिटिश शासन के दौरान भारतीय प्रेस की आजादी की माँग निरंतर उठाते रहे। आश्चर्य नहीं कि आज अभिव्यक्ति की स्वतंत्रता हमारे संविधान का अभिन्न अंग है। इसी तरह, गिरफ्तारी के विरुद्ध हमें स्वतंत्रता प्रदान की गई है। आखिर कुख्यात रॉलेट एक्ट ने हमारी इसी स्वतंत्रता के अपहरण का प्रयास किया था और राष्ट्रीय स्वतंत्रता संग्राम ने इसके विरुद्ध जमकर लोहा लिया।

इसके अतिरिक्त अन्य वैयक्तिक स्वतंत्रताएँ मसलन अंतरात्मा का अधिकार उदारवादी विचारधारा का अभिन्न हिस्सा है। इस आधार पर हम कह सकते हैं कि भारतीय संविधान का चरित्र मजबूत उदारवादी बुनियाद पर प्रतिष्ठित है। मौलिक अधिकारों से संबंधित अध्याय में हम देख चुके हैं कि भारतीय संविधान व्यक्ति की स्वतंत्रता को कितना महत्त्व देता है।

यहाँ इस बात को भी हम याद करें कि संविधान को अंगीकार करने के चालीस वर्ष पहले भी भारतीय राष्ट्रीय कांग्रेस के प्रत्येक प्रस्ताव, योजना, विधेयक और रिपोर्ट में व्यक्ति की स्वतंत्रता की चर्चा रहती थी। इसे यों ही लिखने भर के लिए नहीं लिखा जाता था, बल्कि इसे एक ऐसा मूल्य माना जाता था, जिस पर समझौता नहीं किया जा सकता।

(i) अंग्रेजी सरकार किस पर प्रतिबंध लगा रही थी?

(a) प्रेस पर (b) माँगों पर
(c) स्वतंत्रता पर (d) ये सभी

उत्तर (a) प्रेस पर

(ii) राजा राममोहन राय ने प्रेस की आजादी की काँट-छाँट का विरोध किस सदी में किया?

(a) 20वीं सदी (b) 18वीं सदी
(c) 19वीं सदी (d) 17वीं सदी

उत्तर (c) 19वीं सदी

(iii) प्रेस की स्वतंत्रता को लेकर राजा राममोहन राय का क्या तर्क था?

उत्तर राजा राममोहन राय का तर्क था कि जो राज्य व्यक्ति की जरूरतों का ध्यान रखता है उसे व्यक्ति को अपनी जरूरतों की अभिव्यक्ति का साधन प्रदान करना चाहिए। इसलिए राज्य के लिए जरूरी है कि वह प्रकाशन को असीमित आजादी प्रदान करे।

मानचित्र आधारित प्रश्न

1. नीचे दिए गए भारत के राजनीतिक रूपरेखा मानचित्र में दो राज्यों को A, और B के रूप में चिन्हित किया गया है। नीचे दी गई जानकारी के आधार पर इन राज्यों की पहचान करें और संबंधित क्रम संख्या के साथ अपनी उत्तर पुस्तिका में उनके सही नाम लिखें।

दी गई जानकारी क्रम संख्या	अंग्रेजी वर्णमाला	राज्य का नाम
(i)		
(ii)		

(i) भारतीय चिंतक राजा राम मोहन राय जिन्होने पश्चिमीकरण, को ही भारतीय समाज की बुराइयों के विरूद्ध प्रयोग किया का संबंध किस राज्य से हैं?

(ii) अनुच्छेद 371(A) के तहत पूर्वोत्तर के किस प्रदेश को विशेष राज्य का दर्जा प्रदान किया गया?

उत्तर

दी गई जानकारी क्रम संख्या	अंग्रेजी वर्णमाला	राज्य का नाम
(i)	A	पश्चिम बंगाल
(ii)	B	नागालैंड

स्वयं को जाँचें

बहुविकल्पीय प्रश्न

1. राजनीतिक दर्शन के अंतर्गत 19वीं सदी में किस भारतीय ने स्वतंत्रता तथा अधिकार की माँग की थी?

(a) राजा राममोहन राय ने
(b) ईश्वरचंद्र विद्यासागर ने
(c) स्वामी विवेकानंद ने
(d) जस्टिस रानाडे ने

2. भारत में किस प्रकार के संघवाद की अवधारणा स्थापित है?

(a) सहयोगात्मक संघवाद
(b) एकात्मक संघवाद
(c) असंतुलित संघवाद
(d) इनमें में से कोई नहीं

3. भारतीय संविधान की प्रस्तावना में "स्वतंत्रता" का अर्थ क्या है?

(a) केवल संपत्ति रखने की स्वतंत्रता
(b) विचार, अभिव्यक्ति विश्वास, धर्म और उपासना की स्वतंत्रता
(c) केवल महिलाओं के लिए स्वतंत्रता
(d) न्यायपालिका की स्वतंत्रता

4. भारत को किस प्रकार का संविधान माना जाता है?

(a) उदारवादी के रूप में
(b) रूढ़िवादी के रूप में
(c) कठोरता के रूप में
(d) लचीलेपन के रूप में

5. भारतीय संविधान में निम्नलिखित में से कौन-सा युग्म सही हैं?

(a) स्वतंत्रता-समाजवाद का प्रचार
(b) समानता-सभी नागरिकों के लिए समान अवसर
(c) बन्धुता-राजशाही शासन का समर्थन
(d) न्याय-केवल अपराधिक मामलों में लागू

लघु उत्तरीय प्रश्न

6. कठोर संविधान से आप क्या समझते हैं?

7. धर्मनिरपेक्ष राज्य से क्या अभिप्राय है?

8. भारत में धार्मिक स्वतंत्रता से आप क्या समझते हैं?

9. भारतीय संविधान के अंतर्गत भारतीय जनता को किस प्रकार की नागरिकता दी गई है?

10. प्रस्तावना में न्याय का क्या महत्त्व है?

दीर्घ उत्तरीय प्रश्न I

11. समाज में छुआछूत को समाप्त करने के लिए संविधान में किस प्रकार के प्रावधान किए गए हैं?

12. उदारवाद से आप क्या समझते हैं? संक्षेप में बताइए।

13. समाजवाद का विचार भारतीय संविधान में क्यों जोड़ा गया है?

14. भारतीय संविधान में अल्पसंख्यकों के अधिकारों के लिए की गई व्यवस्थाओं का उल्लेख कीजिए।

दीर्घ उत्तरीय प्रश्न II

15. संविधान के राजनीतिक दर्शन की विशेषताओं का वर्णन कीजिए।

16. भारतीय संविधान की आलोचना किन-किन बातों से की जाती है? किन्हीं तीन आलोचनाओं की व्याख्या कीजिए।

17. संविधान संशोधन की विभिन्न प्रक्रियाओं का वर्णन कीजिए।

18. भारतीय संविधान में 'धर्म निरपेक्षता की अवधारणा को विस्तार से समझाइए। यह सिद्धांत भारतीय समाज में किस प्रकार से लागू किया गया है?

1

खण्ड (ख) राजनीति सिद्धांत

अध्याय

इस अध्याय में राजनीतिक सिद्धांत के अंतर्गत समाज के संगठन, सरकार की आवश्यकता, शासन के आदर्श स्वरूप और कानून व स्वतंत्रता के मध्य संबंध के अध्ययन को शामिल किया गया है। इस अध्याय में हम यह अध्ययन करेंगे कि वर्तमान परिभाषाएँ कितनी उपयुक्त हैं और संरचनाओं व नीति अभ्यासों को कैसे सुधारा जा सकता है, जिससे उन्हें अधिक लोकतांत्रिक बनाया जा सके।

▼ अध्ययन एक नजर में

▼ अभ्यास के लिए

- बहुविकल्पीय प्रश्न 20 (युग्मित प्रश्न, चित्र आधारित प्रश्न, कथन/कारण, सुमेलित कीजिए)
- वर्णनात्मक प्रकार के प्रश्न (लघु उत्तरीय प्रश्न 6, दीर्घ उत्तरीय प्रश्न I 8, दीर्घ उत्तरीय प्रश्न II 6)
- स्रोत आधारित प्रश्न 4, मानचित्र आधारित 1

राजनीतिक सिद्धांत: एक परिचय

- राजनीतिक सिद्धांत राजनीतिक जीवन के प्रमुख मूल्यों जैस **स्वतंत्रता**[1], **समानता**[2] और **न्याय**[3] के बारे में सुव्यवस्थित रूप से विचार करता है। यह अतीत और वर्तमान के कुछ प्रमुख राजनीतिक चिंतकों को केंद्र में रखकर इन आवधारणाओं की मौजूदा परिभाषाओं को स्पष्ट करता है। यह दैनिक जीवन से जुड़ी संस्थाओं जैसे विद्यालय, दुकान, बस, ट्रेन या सरकारी कार्यालयों में स्वतंत्रता या समानता के विस्तार का परीक्षण भी करता है।
- राजनीतिक सिद्धांत का उद्देश्य नागरिकों को राजनीतिक प्रश्नों के बारे में तर्कसंगत ढंग से सोचने और सामयिक राजनीतिक घटनाओं का मूल्यांकन करने के लिए प्रशिक्षित करना है।

1.1 राजनीति से आशय

- राजनीति किसी भी समाज का महत्त्वपूर्ण और अविभाज्य अंग है। राजनीति की कोई एक सर्वव्यापक अवधारणा व्याप्त नहीं है। राजनीति को विभिन्न लोगों द्वारा जनसेवा, दल-बदल, घोटालों अपने स्वार्थ एवं हितों की पूर्ति के साधन आदि जैसे भिन्न-भिन्न अर्थों में समझा जाता है।
- राजनीतिक संगठन और सामूहिक निर्णय के किसी ढाँचे के बगैर कोई भी समाज लंबे समय तक नहीं चल सकता है, जो समाज अपने अस्तित्व को बचाए रखना चाहता है, उसके लिए अपने सदस्यों की विभिन्न आवश्यकताओं और हितों का ध्यान रखना आवश्यक होता है।
- परिवार, जनजाति और आर्थिक संस्थाओं जैसी अनेक सामाजिक संस्थाएँ लोगों की आवश्यकताओं और आकांक्षाओं को पूर्ण करने में सहायक होती हैं।

1 स्वतंत्रता यह बिना किसी बाह्य बाधा के कार्य करने, बोलने या सोचने की क्षमता को संदर्भित करती है।

2 समानता यह अधिकार, अवसर, और न्याय के संदर्भ में समान होने की स्थिति को संदर्भित करती है।

3 न्याय यह व्यक्तियों के साथ निष्पक्ष न्याय को संदर्भित करता है।

- ऐसी संस्थाएँ लोगों को साथ रहने के उपाय खोजने और एक-दूसरे के प्रति अपने कर्त्तव्यों को मानने में सहायता करती हैं। इन संस्थाओं के साथ सरकारें भी समाज की आवश्यकताओं की पूर्ति में महत्त्वपूर्ण भूमिका निभाती हैं। इस प्रकार, सराकार का निर्माण और उसका कार्यकलाप राजनीति का एक महत्त्वपूर्ण केंद्र बिंदु है।

दैनिक जीवन में राजनीति का प्रभाव

- राजनीति सरकार के कार्यकलापों तक ही सीमित नहीं होती, बल्कि यह लोगों के दैनिक क्रियाकलापों को भी प्रभावित करती है। सरकारें हमारी आर्थिक नीति, विदेश नीति और शिक्षा नीति को निर्धारित करती हैं। ये नीतियाँ लोगों के जीवन को उन्नत करने में सहायता कर सकती हैं, लेकिन एक अकुशल और भ्रष्ट सरकार लोगों के जीवन और सुरक्षा को संकट में भी डाल सकती है।
- यदि सत्तारूढ़ सरकार जातीय और **सांप्रदायिक संघर्ष**[4] को बढ़ावा देती है, तो बाजार और स्कूल बंद हो जाते हैं। इससे हमारा जीवन अस्त-व्यस्त हो जाता है। इसके कारण हम अत्यंत आवश्यक कार्य भी नहीं कर पाते।
- यदि सत्तारूढ़ सरकार साक्षरता और रोजगार बढ़ाने की नीतियाँ बनाती है, तो हमें अच्छे स्कूल में जाने और बेहतर रोजगार पाने के अवसर मिल सकते हैं।

नागरिकों की सरकार के साथ सहभागिता

- नागरिकों को इस बात में गहरी रुचि होती है कि सरकार क्या करती है, क्योंकि सरकार के क्रियाकलाप उनके जीवन को गहरे रूप से प्रभावित करते हैं। नागरिक अपनी रुचि निम्नलिखित माध्यमों से व्यक्त करते हैं।
- लोग संगठनों का गठन करते हैं और अपनी माँगों को जोड़ने के लिए प्रचार अभियान चलाते हैं। लोग एक-दूसरे से विचार-विमर्श करते हैं और सरकार लक्ष्यों को आकार देने का प्रयास करती है।
- जब लोग सरकार की नीतियों से असहमत होते हैं, तो वे विरोध करते हैं और वर्तमान कानून एवं नीतियों को परिवर्तित करने हेतु अपनी सरकारों को मनाने के लिए प्रदर्शनों का आयोजन करते हैं।
- लोग अपने प्रतिनिधियों के कार्यों पर चर्चा करते हैं और भ्रष्टाचार और आरक्षण से संबंधित विषयों पर चर्चा करते हैं। वे यह समझने का प्रयास करते हैं कि कुछ दल और नेता चुनाव क्यों जीतते हैं।
- इस तरह से लोग मौजूदा अव्यवस्था और पतन के तर्कसंगत कारणों का पता लगाते हैं और एक बेहतर दुनिया बनाने की आकांक्षा करते हैं।

राजनीतिक सिद्धांत की उत्पत्ति/निर्माण

- राजनीति का जन्म इस तथ्य से होता है कि लोगों और समाज के लिए क्या उचित एवं वांछनीय है और क्या नहीं?
- राजनीति समाज में होने वाली कई **वार्ताओं**[5] में शामिल होती है। इन वार्ताओं के माध्यम से सामूहिक निर्णय लिए जाते हैं। ये वार्ताएँ निम्नलिखित दो स्तरों पर होती हैं

स्तर

सरकारी स्तर	**सार्वजनिक स्तर**
यह उस विषय से संबंधित है कि सरकारे क्या करती है और वे लोगों की आकांक्षाओं से कैसे जुड़ी होती है।	यह उस विषय से संबंधित है कि लोग कैसे संघर्ष करते हैं और निर्णय-निर्माण प्रक्रिया को प्रभावित करते हैं।

व्यक्ति राजनीतिक गतिविधियों में तब शामिल होते हैं तब वे आपस में वार्ता करते हैं।

- सामाजिक विकास को बढ़ावा देने के लिए सामूहिक गतिविधियों में भाग लेते हैं।
- सामान्य समस्याओं के समाधान हेतु मिलकर कार्य करते हैं।

चेक प्वॉइंट 1

1. राजनीतिक जीवन के प्रमुख मूल्य कौन-से हैं?
2. राजनीति किसी समाज का कैसा अंग हैं?
3. समाज किसके बगैर लंबे समय तक नहीं चल सकता है?
4. राजनीति का जन्म किस तथ्य से होता है?

4 सांप्रदायिक संघर्ष (Communal Conflict) विभिन्न धर्मों या समुदायों के बीच वैचारिक, धार्मिक, या सांस्कृतिक मतभेदों के कारण होने वाला विवाद या हिंसा है।
5 वार्ता (Negotiation) यह उस चर्चा को संदर्भित करती है, जिसका उद्देश्य एक समझौते तक पहुँचना होता है।

1.2 राजनीतिक सिद्धांत में प्रमुख अवधारणा

- राजनीतिक सिद्धांत उन विचारों से संबंधित है, जो संविधान, सरकारों और सामाजिक जीवन को व्यवस्थित रूप से आकार देते हैं। इन विचारो में समानता, स्वतंत्रता, न्याय, अधिकार व **गरिमा**[6] शामिल है।
- संविधान उन विचारों और सिद्धांतों पर आधारित होते हैं, जिन पर कौटिल्य और अरस्तू से लेकर ज्यांजॉक रूसो, कार्ल मार्क्स, महात्मा गाँधी और डॉ. बी. आर. अंबेडकर जैसे विचारकों के साथ जारी रहीं।

कुछ विचारकों के विचार निम्नलिखित हैं

- ईसा पूर्व पाँचवीं शताब्दी में प्लेटो और अरस्तू ने अपने छात्रों से विचार-विमर्श किया था कि राजतंत्र और लोकतंत्र में कौन-सा तंत्र बेहतर है।
- आधुनिक काल में सर्वप्रथम रूसो ने सिद्ध किया कि स्वतंत्रता मानव मात्र का मौलिक अधिकार है।
- कार्ल मार्क्स ने तर्क दिया कि समानता भी स्वतंत्रता के जितनी महत्त्वपूर्ण होती है।
- भारत में गाँधीजी ने अपनी पुस्तक हिंद-**स्वराज** में वास्तविक स्वतंत्रता या स्वराज के स्वशासन के अर्थ की विवेचना की।
- डॉ. बी आर अंबेडकर ने यह तर्क दिया कि अनुसूचित जातियों को अल्पसंख्यक माना जाना चाहिए और उन्हें विशेष संरक्षण मिलना चाहिए।
- उपरोक्त विचार भारतीय संविधान में निम्नलिखित होते हैं जैसे भारतीय संविधान की प्रस्तावना में स्वतंत्रता और समानता को प्रतिष्ठित किया, हमारे संविधान में मौलिक अधिकारों के अध्याय में लोगों को समान अधिकार दिए गए हैं और किसी भी रूप में छुआछूत का निषेध किया गया है और गाँधी के सिद्धांतों को **नीति-निर्देशक तत्त्व**[7] में शामिल किया गया।

राजनीतिक सिद्धांत के कार्य

- यह स्वतंत्रता, समानता, न्याय लोकतंत्र और धर्मनिरपेक्षता जैसी अवधारणाओं का अर्थ स्पष्ट करता है। विभिन्न देश इन मूल्यों की रक्षा करने के लिए उन्हें अपने संविधान में सुरक्षित करने का प्रयास करते है। जैसे अमेरिकी और भारतीय संविधान।
- यह **कानून का शासन**[8], **शक्तियों का पृथक्करण**[9] और **न्यायिक समीक्षा** (पुरावलोकन)[10] जैसे सिद्धांतों को महत्त्व की जाँच करता है, यह विभिन्न विचारकों द्वारा इन संकल्पनाओं के पक्ष में दिए गए तर्कों की जाँच करके किया जाता है।

स्वतंत्रता और समानता की चुनौतियाँ

- भारत एक स्वतंत्र देश है फिर भी स्वतंत्रता और समानता से संबंधित प्रश्न अब भी उठते रहते हैं। इसका कारण निम्नलिखित है-
- स्वतंत्रता, समानता और लोकतंत्र से संबंधित मुद्दे सामाजिक जीवन के विभिन्न पहलुओं में उत्पन्न होते हैं। इनका क्रियान्वयन विभिन्न क्षेत्रों में अलग-अलग गति से होता है।
- उदाहरण के लिए, राजनीतिक क्षेत्र में समानता समान अधिकारों के रूप में मौजूद है, लेकिन यह आर्थिक और सामाजिक क्षेत्र मे मौजूद नहीं है।
- हमारे संविधान द्वारा गारंटीकृत मौलिक अधिकारों की व्याख्या सम्मानित न्यायालयों द्वारा नए परिस्थितियों के जवाब में की जाती है।
- उदाहरण के लिए, जीवन के अधिकार को न्यायालय द्वारा पुनर्व्याख्यायित किया गया और इसमें आजीविका का अधिकार भी शामिल किया गया। इसी प्रकार सूचना के अधिकार की गारंटी एक नए कानून द्वारा की गई है। इसने स्वतंत्रता के नए आयाम और संभावित खतरों की खोज की है।
- राजनीतिक सिद्धांत तेजी से बदलती दुनिया में स्वतंत्रता के लिए उत्पन्न हो रहे संभावित खतरों के लिए नए आयामों की खोज करने में मदद करते हैं; जैसे— वैश्विक संचार तकनीक की एक तरफ जहाँ विश्वभर में आदिवासी संस्कृति के बचाव के लिए कार्यकर्ताओं को संगठित किया है वहीं दूसरी तरफ इस तकनीक से आतंकवादियों व अपराधियों ने भी अपना संगठन विश्वभर में मजबूत किया।
- इसके अतिरिक्त भविष्य में इंटरनेट से व्यापार में बढ़ोतरी होना संभावित है। इसका अर्थ है कि वस्तु व सेवाओं की खरीद के लिए हम जो सेवाएँ ऑनलाइन देते हैं, उसकी सुरक्षा हो। इसलिए इंटरनेट का उपयोग करने वाले लोग (**नेटिजन**)[11] सरकारी नियंत्रण के विरुद्ध हैं, लेकिन वे वैयक्तिक सुरक्षा और गोपनीयता बनाए रखने के कुछ नियमों के पक्षधर भी हैं।

---

6 गरिमा यह सम्मान या आदर पाने के योग्य होने की स्थिति या गुणवत्ता को संदर्भित करती है।
7 नीति-निर्देशक तत्त्व यह भारतीय संविधान में सामाजिक और आर्थिक नीतियों के निर्माण के लिए दिशा निर्देशों को संदर्भित करते हैं।
8 कानून का शासन यह उस विचार को संदर्भित करता है कि समाज के सभी सदस्य कानूनों और प्रक्रियाओं के समान रूप से अधीन हैं।
9 शक्तियों का पृथक्करण यह शासन के रूप को संदर्भित करता है, जो राज्य की सरकार को विभिन्न अंगों में विभाजित करता है। प्रत्येक अंग की स्वतंत्र और पृथक् शक्तियाँ होती हैं।
10 न्यायिक समीक्षा यह न्यायालय की उस शक्ति को संदर्भित करती है, जिसके द्वारा वह यह निर्णय ले सकती है कि सरकार द्वारा बनाए गए कानून या निर्णय संवैधानिक है या नहीं।
11 नेटिजन यह उन लोगों को संदर्भित करता है, जो ऑनलाइन समुदाय में सक्रिय रूप से भाग लेते हैं।

1.3 राजनीतिक सिद्धांत को व्यवहार में लाना

- राजनीतिक सिद्धांतकारों ने स्वतंत्रता और समानता जैसे राजनीतिक विचारों की विविध परिभाषाएँ दी हैं। हम इन विचारों की कई परिभाषाएँ पाते हैं, क्योंकि समाज के साथ मानव का संपर्क होता है। उदाहरण के लिए 'समानता' शब्द हमारे अन्य मनुष्यों के साथ संबंध पर ध्यान केंद्रित करता है, क्योंकि उनके पास अपनी आवश्यकताओं के बारे में कई विचार होते हैं, जिन्हें समझा और समायोजित किया जाना चाहिए। इसे समानता के निम्नलिखित सामान्य अनुभव के माध्यम से समझा जा सकता है
  (i) **समान अवसर** लोग कभी-कभी सार्वजनिक स्थानों जैसे दुकानों, चिकित्सकों के पास या सरकारी कार्यालयों में कतार तोड़कर आगे बढ़ जाते हैं। जब वे आगे बढ़ जाते हैं, तो कई अन्य लोग जो पंक्तिबद्ध होते हैं, वे स्वयं को ठगा हुआ महसूस करते हैं, क्योंकि सभी को वस्तुओं और सेवाओं तक पहुँच के लिए समान अवसर चाहिए।
  (ii) **वृद्धों और विकलांगों के लिए विशेष काउंटर** ये प्रावधान वृद्धों के लिए उचित है, क्योंकि यह उन लोगों के लिए समानता सुनिश्चित करते हैं, जिन्हें अतिरिक्त सहायता की आवश्यकता होती है।
  (iii) **गरीबी और बुनियादी आवश्यकताओं और अधिकारों तक पहुँच** कई गरीब लोग स्वास्थ्य देखभाल जैसी बुनियादी सेवाएँ वहन नहीं कर सकते, क्योंकि उनके पास वस्तुओं और सेवाओं के लिए भुगतान हेतु धन उपलब्ध नहीं होता।
- इसी प्रकार बहुत-से बच्चे स्कूल नहीं जा पाते हैं, क्योंकि उन्हें जीवन-निर्वाह के लिए काम करना पड़ता है। इसी प्रकार अधिसंख्य लड़कियों को या तो विद्यालय नहीं भेजा जाता है अथवा उन्हें विद्यालय छुड़वा (पढ़ाई के दौरान ही) दिया जाता है, क्योंकि माता-पिता के काम पर जाने के दौरान उन्हें अपने छोटे भाई-बहनों की देखभाल करनी होती है।
- हालाँकि भारतीय संविधान सभी के लिए प्राथमिक शिक्षा का अधिकार प्रदान करता है, लेकिन उनमें से कई इसे प्राप्त नहीं कर पाते।
- उपरोक्त समानता के सामान्य अनुभव केवल सभी के लिए समान अवसर के विषय में ही नहीं हैं, अपितु यह निष्पक्षता सुनिश्चित करते हैं और जरूरतमंद लोगों को अवसर प्रदान करते हैं।

राजनीतिक सिद्धांतकारों की भूमिका

- राजनीतिक सिद्धांतकार शैक्षणिक या स्वतंत्र विद्वान हो सकते हैं। उनकी निम्न भूमिकाएँ इस प्रकार हैं; जैसे
- वे सामान्य लोगों के लिए राजनीतिक अवधारणों का अर्थ स्पष्ट करते हैं। यह इस बात का अध्ययन करके किया जाता है कि इन शब्दों को सामान्य भाषा में कैसे समझा और उपयोग किया जाता है।
- वे इन शब्दों के विविध अर्थों और विचारों पर चर्चा करते हैं और उन्हें व्यवस्थित रूप से जाँचते हैं।
- वे जटिल प्रश्नों की जाँच करते हैं, जैसे कि समान अवसर कब पर्याप्त है, विशेष उपचार कब आवश्यक है और ऐसा विशेष उपचार कब तक और किस हद तक किया जाना चाहिए।

राजनीतिक सिद्धांत की आवश्यकता/महत्त्व

- छात्रों के लिए राजनीतिक सिद्धांत का अध्ययन करना निम्नलिखित कारणों से महत्त्वपूर्ण है
- राजनीतिक सिद्धांत लोगों के सभी समूहों (छात्र, राजनेता, शिक्षक, नौकरशाह, न्यायाधीश, वकील, पत्रकार एवं सामाजिक कार्यकर्ताओं आदि) के लिए महत्त्वपूर्ण व प्रासंगिक है। यह लोगों के जीवन में सामान्यत: उपयोगी होता है।
- एक अधिकार-संपन्न नागरिक के रूप में दायित्वपूर्ण कार्य निर्वहन के लिए उन राजनीतिक विचारों और संस्थाओं की बुनियादी जानकारी लोगों के लिए सहायक होती है, क्योंकि यह उसकी दुनिया को आकार देती है। सूचनापरक समाज में यदि कोई व्यक्ति ग्रामसभा में सहभागी होना चाहता है अथवा वेबसाइट और मतदान पर अपने विचार रखना चाहता है, तो उसका तर्कशील और जानकार होना आवश्यक होता है। इस प्रकार यदि कोई व्यक्ति विचारशील और परिपक्व है, तो वह अपने साझा हितों को रचने (गढ़ने) और व्यक्त करने के लिए नए माध्यमों का उपयोग कर सकता है।
- राजनीतिक सिद्धांत लोगों को राजनीतिक विषयों के बारे में अपने विचारों और भावनाओं के परीक्षण के लिए प्रोत्साहित करता है; जैसे—यदि कोई व्यक्ति भिन्न जाति, धर्म, लिंग अथवा वर्ग का होने के कारण भेदभावों का सामना करता है अथवा उत्पीड़न अनुभव करता है, तो उसका निवारण चाहता है और यदि उसमें विलंब होता है, तो क्रांति के लिए प्रेरित होता है।
- राजनीतिक सिद्धांत लोगों को न्याय या समानता के बारे में सुव्यवस्थित सोच से अवगत कराता है, ताकि वह अपने विचारों को परिष्कृत कर सकें और सार्वजनिक हित में सुविज्ञ तरीके से तर्क-वितर्क कर सकें। तर्कसंगत तरीके से बहस करने और प्रभावी तरीके से संप्रेषण करने जैसे कौशल वैश्विक सूचना व्यवस्था में महत्त्वपूर्ण माने जाते हैं।

चेक प्वॉइंट 2

1. राजनीतिक सिद्धांत मुख्य रूप से किस पर ध्यान केंद्रित करता है?
2. भारतीय संविधान की प्रस्तावना में किसको प्रतिष्ठित किया गया है?
3. वह पुस्तक कौन-सी है, जिसमें महात्मा गाँधी ने वास्तविक स्वतंत्रता का अर्थ बताया है?
4. भारतीय संविधान के अनुसार प्राथमिक शिक्षा का अधिकार किसे गारंटी प्रदान करता है?

Mind Map

राजनीतिक सिद्धांत एक परिचय

1 राजनीति का अर्थ

- यह किसी भी समाज का एक अभिन्न अंग है।
- यह दैनिक जीवन को प्रभावित करता है, जिसमें आर्थिक नीति, विदेश नीति और शिक्षा नीति शामिल हैं।
- यह राजनीति जीवन के मूल्यों की खोज करती है।
- साथ मिलकर रहने के तरीके खोजने में सहायता करती है और हमारी जिम्मेदारियों को स्वीकार करने में सहायता करती है।
- सरकार के गठन और उसके कार्य करने की प्रक्रिया राजनीति का एक महत्त्वपूर्ण केंद्र बिंदु है।

सरकार की भूमिका

- नीतियाँ बनाती और लागू करती है।
- सामूहिक निर्णयों का प्रबंधन करती है।

दैनिक जीवन में राजनीति का प्रभाव

- एक अकुशल और भ्रष्ट सरकार लोगों के जीवन और सुरक्षा को संकट में डाल सकती है।
- यदि सत्ता में मौजूद सरकार किसी भी जातीय और सांप्रदायिक संघर्ष को हिंसक बनने देती है, तो लोगों का जीवन अस्त-व्यस्त हो जाता है।
- सरकार साक्षरता और रोजगार बढ़ाने के लिए नीतियाँ बनाती है।

2 राजनीति में नागरिकों की भूमिका

- नीतियों को नागरिक विरोध अभियानों और संगठनों जैसी गतिविधियों के माध्यम से प्रभावित करते हैं।
- नागरिक सरकार के कार्यों का विश्लेषण करते हैं और बेहतर समाधान खोजते हैं।

राजनीति की उत्पत्ति

- यह सत्य है कि लोग इस बात पर अलग-अलग राय रखते हैं कि क्या न्यायसंगत है और क्या वांछनीय है।
- इसमें समाज में होने वाले विभिन्न वार्तालाप शामिल हैं।
- सामूहिक निर्णय विभिन्न चर्चाओं और वार्ताओं के माध्यम से लिए जाते हैं।
- जब लोग एक-दूसरे से वार्तालाप करते हैं तो वे राजनीतिक गतिविधियों में संलग्न होते हैं।
- साथ मिलकर कार्य करते हैं, ताकि सामान्य समस्याओं को हल किया जा सके।

सरकार के साथ नागरिकों की भागीदारी

- नागरिक विरोध प्रदर्शन और धरने आयोजित कर सरकार को मौजूदा कानूनों में बदलाव के लिए प्रेरित करते हैं।
- नागरिक अपने प्रतिनिधियों के कार्यों पर चर्चा करते हैं और भ्रष्टाचार से संबंधित मामलों पर विचार-विमर्श करते हैं।
- संगठन बनाकर और अभियान चलाकर नागरिक अपनी माँगें व्यक्त करते हैं।

3 महत्त्वपूर्ण राजनीतिक विचारक

- **प्लेटो और अरस्तू** इन्होंने राजतंत्र और लोकतंत्र पर चर्चा की।
- **रूसो** स्वतंत्रता को मौलिक अधिकार के रूप में बढ़ावा दिया।
- **कार्ल मार्क्स** इन्होंने समानता पर बल दिया।
- **महात्मा गाँधी** स्वराज की अवधारणा को विकसित किया।
- **डॉ. बी. आर. अंबेडकर** इन्होंने हाशिए पर पड़े वर्गों के अधिकारों की वकालत की।

राजनीतिक सिद्धांत के प्रमुख कार्य

- लोकतंत्र, धर्मनिरपेक्षता, कानून का शासन जैसे राजनीतिक विचारों को स्पष्ट करता है।
- वर्तमान राजनीतिक अनुभवों और आधुनिक मुद्दों पर चिंतन करता है।
- स्वतंत्रता और समानता से संबंधित चुनौतियों के समाधान सुझाता है।

स्वतंत्रता और समानता की चुनौतियाँ

- समाज में समानता का असमान रूप से लागू होना एक बड़ी चुनौती है।
- परिष्कृत मौलिक अधिकार, जैसे– जीवन का अधिकार
- डिजिटल दुनिया में स्वतंत्रता और सुरक्षा के बीच संतुलन।

4 व्यवहार में राजनीतिक सिद्धांत का अनुप्रयोग

- स्वतंत्रता और समानता जैसे राजनीतिक विचारों की विभिन्न परिभाषाएँ प्रदान करता है।
- समाज के साथ मानव की अंतः क्रिया को दर्शाता है।
- वस्तुओं और सेवाओं तक समान अवसर की उपलब्धता सुनिश्चित करता है।
- वृद्धजनों और दिव्यांगों के लिए विशेष काउंटर बनाए जाते हैं, जिससे उन लोगों के लिए समानता सुनिश्चित होती है, जिन्हें अतिरिक्त सहायता की आवश्यकता होती है।
- गरीबी और मूलभूत आवश्यकताओं एवं अधिकारों तक पहुँच।
- प्राथमिक शिक्षा का अधिकार
- कुछ लोगों को अपने परिवार का भरण-पोषण करने के लिए कार्य करना पड़ता है।

राजनीतिक विचारकों की भूमिका

- वे आम लोगों के लिए राजनीतिक अवधारणाओं का अर्थ स्पष्ट करते हैं।
- वे जटिल प्रश्नों का विश्लेषण करते हैं और इस पर विचार व्यक्त करते हैं कि समान अवसर और विशेष सुविधाएँ क्यों आवश्यक हैं।

5 राजनीतिक सिद्धांत के अध्ययन का महत्त्व

- इसे राजनीति, नीति-निर्माण, कानून और सामाजिक सक्रियता जैसे विभिन्न पेशों में लागू किया जा सकता है।
- व्यक्ति को उत्तरदायीपूर्ण निर्णय लेने और अपने हितों को व्यक्त करने में सक्षम बनाता है।
- यह छात्रों को अपनी विचारधारा और भावनाओं का विश्लेषण करने के लिए प्रेरित करता है।
- राजनीतिक विषयों को अधिक गहराई से समझने पर छात्र अपने विचारों और भावनाओं में संतुलन बना पाते हैं।
- न्याय और समानता जैसे मुद्दों पर व्यवस्थित रूप से सोचने की क्षमता विकसित करता है।
- उनकी राय और तर्कों को सुदृढ़ बनाता है।
- तार्किक रूप से चर्चा करने और प्रभावी ढंग से संवाद करने की उनकी क्षमता को बढ़ाता है।

डॉ. बी. आर. अम्बेडकर

अरस्तू, राजनीति विज्ञान के जनक

NCERT फोल्डर

अध्याय के मध्य में दिए गए प्रश्न

1. राजनीति क्या है?

उत्तर राजनीति का तात्पर्य है शासन और समाज के प्रबंधन की कला। यह उस प्रक्रिया को संदर्भित करता है, जिसमें सरकारें बनती हैं, नीतियाँ निर्धारित की जाती हैं और सामाजिक संसाधनों का वितरण होता है। राजनीति एक प्रकार की जनसेवा है, जिसका उद्देश्य समाज में व्यवस्था बनाए रखना, विकास सुनिश्चित करना और नागरिकों के अधिकारों की रक्षा करना है। इसमें नेताओं, राजनीतिक दलों और जनता के मध्य संवाद और सहमति का महत्त्वपूर्ण योगदान होता है। राजनीति विचारधाराओं, सिद्धांतों और रणनीतियों का मिश्रण है, जो लोकतंत्र, तानाशाही या अन्य शासन प्रणालियों के तहत संचालित होती हैं।

2. राजनीति हमारे दैनिक जीवन पर किस प्रकार असर डालती है? अपने जीवन की एक दिन की घटनाओं का विश्लेषण कीजिए।

उत्तर राजनीति व्यक्ति के जीवन का महत्त्वपूर्ण हिस्सा होती है। सुबह की शुरुआत से लेकर रात्रि तक व्यक्ति राजनीतिक विचार, क्रियाकलापों से घिरा रहता है। हमारी शिक्षा, स्वास्थ्य सेवा और पर्यावरण को आकार देने में राजनीतिक निर्णय का सीधा प्रभाव पड़ता है, जैसे सरकार द्वारा शिक्षा से संबंधित नीतियाँ व्यक्ति शैक्षिक स्थिति को प्रभावित करेगी। यद्यपि हमें स्पष्ट नहीं दिखाई दे सकता है, किंतु परिवार के स्तर पर राजनीतिक निर्णय होते हैं जैसे घर के बड़े व्यक्ति द्वारा अन्य व्यक्ति को कुछ काम की जिम्मेदारी देना या अनुशासन बनाए रखने के लिए कुछ नियमों को निर्धारित करना आदि।

3. क्या विद्यार्थियों को राजनीति में भाग लेना चाहिए?

उत्तर विद्यार्थियों को राजनीति में भाग लेना चाहिए या नहीं यह एक जटिल मुद्दा है। राजनीति में भाग लेने से छात्र सामाजिक मुद्दों को समझने, नेतृत्व कौशल विकसित करने और अपने अधिकारों के प्रति जागरूक होने में सक्षम होते हैं। यह उनके व्यक्तित्व निर्माण और राष्ट्र के प्रति जिम्मेदारी की भावना को प्रोत्साहन देते हैं। हालाँकि, शिक्षा उनकी प्राथमिक जिम्मेदारी है। यदि राजनीति में भाग लेने से उनकी शिक्षा में बाधा या अवरोध उत्पन्न हो, तो यह उनके लिए नुकसानदायक हो सकता है। सही मार्गदर्शन और उद्देश्य के साथ राजनीति में भागीदारी से विद्यार्थी समाज में सकारात्मक परिवर्तन ला सकते हैं।

4. ऐसे किसी भी राजनीतिक चिंतक के बारे में संक्षिप्त टिप्पणी लिखिए जिसका उल्लेख अध्याय में किया गया है।

उत्तर **कार्ल मार्क्स** एक जर्मन दार्शनिक, अर्थशास्त्री, राजनीतिक सिद्धांतकार और समाजशास्त्री थे, जिन्हें आधुनिक समाजवाद का जनक माना जाता है। उन्होंने पूँजीवाद की आलोचना करते हुए 'दास कैपिटल' और 'कम्यूनिस्ट मेनिफेस्टो' जैसी कृतियाँ लिखीं। मार्क्स के अनुसार, समाज वर्ग संघर्ष पर आधारित है, जिसमें पूँजीपति वर्ग (बुर्जआ) श्रमिक वर्ग (प्रोलेटेरियट) का शोषण करता है, उनकी राजनीतिक विचारधारा साम्यवादी समाज की स्थापना पर केंद्रित थी, जहाँ उत्पादन के साधनों पर सामूहिक अधिकार हो और शोषणमुक्त समाज बनाया जा सके।

5. क्या आप पहचान सकते हैं कि नीचे दिए गए प्रत्येक कथन/स्थिति में कौन-सा राजनीतिक सिद्धांत/मूल्य प्रयोग में आया है।

(a) मुझे विद्यालय में कौन-सा विषय पढ़ना है, यह तय करना मेरा अधिकार होना चाहिए।
(b) छुआछूत की प्रथा का उन्मूलन कर दिया गया है।
(c) कानून के समक्ष सभी भारतीय समान हैं।
(d) अल्पसंख्यक समुदाय के लोग अपनी पाठशालाएँ और विद्यालय स्थापित कर सकते हैं।
(e) भारत की यात्रा पर आए हुए विदेशी, भारतीय चुनाव में मतदान नहीं कर सकते।
(f) मीडिया या फिल्मों पर कोई भी सेंसरशिप नहीं होनी चाहिए।
(g) विद्यालय के वार्षिकोत्सव की योजना बनाते समय छात्र-छात्राओं से सलाह लेनी चाहिए।
(h) गणतंत्र दिवस के समारोह में प्रत्येक को भाग लेना चाहिए।

उत्तर (a) व्यक्तिगत स्वतंत्रता का सिद्धांत
(b) समानता और सामाजिक न्याय का सिद्धांत
(c) कानून का शासन और समानता का सिद्धांत
(d) सांस्कृतिक और शैक्षिक अधिकार का सिद्धांत
(e) लोकतांत्रिक सिद्धांत
(f) अभिव्यक्ति की स्वतंत्रता का सिद्धांत
(g) लोकतांत्रिक सिद्धांत
(h) समानता का सिद्धांत

निम्नलिखित प्रश्नों के उत्तर दीजिए

1. राजनीतिक सिद्धांत के बारे में नीचे लिखे कौन-से कथन सही हैं और कौन-से गलत?

(a) राजनीतिक सिद्धांत उन विचारों पर चर्चा करते हैं, जिनके आधार पर राजनीतिक संस्थाएँ बनती हैं
(b) राजनीतिक सिद्धांत विभिन्न धर्मों के अंतर्संबंधों की व्याख्या करते हैं
(c) ये समानता और स्वतंत्रता जैसी अवधारणाओं के अर्थ की व्याख्या करते हैं
(d) ये राजनीतिक दलों के प्रदर्शन की भविष्यवाणी करते हैं।

उत्तर (a) सही (b) गलत (c) सही (d) गलत

2. "राजनीति उस सबसे बढ़कर है, जो राजनेता करते हैं।" क्या आप इस कथन से सहमत हैं? उदाहरण भी दीजिए।

उत्तर यह कथन सर्वथा उचित है कि "राजनीति उस सबसे बढ़कर है, जो राजनेता करते हैं।" राजनीति की अवधारणा एवं उसका विषय क्षेत्र बहुत व्यापक है। राजनीति के अंतर्गत केवल राजनेताओं द्वारा किए जाने वाले कार्य एवं गतिविधियाँ ही शामिल नहीं हैं अपितु समाज के लिए क्या उचित है, क्या नहीं, क्या वांछनीय है, क्या अवांछनीय इत्यादि भी शामिल होते हैं। उदाहरणस्वरूप; राजनीति में समाज में चलने वाली बहुविध वार्ताएँ शामिल होती हैं, जिनमें

जनता की भलाई से संबंधित कार्य, जनता का संघर्ष, सामूहिक गतिविधियाँ, सामाजिक विकास, सामान्य समस्याओं के समाधान इत्यादि शामिल हैं, जबकि भ्रष्ट एवं अकुशल सरकार लोगों के जीवन एवं सुरक्षा के लिए संकट उत्पन्न कर सकती है तथा सामान्य जीवन को अस्त-व्यस्त कर सकती है।

3. लोकतंत्र के सफल संचालन के लिए नागरिकों का जागरूक होना आवश्यक है। टिप्पणी कीजिए।

उत्तर लोकतंत्र के सफल संचालन के लिए नागरिकों का जागरूक होना अत्यंत आवश्यक एवं महत्त्वपूर्ण है। लोकतांत्रिक व्यवस्था का आधार जनता होती है, जिसके अंतर्गत जनता के प्रतिनिधि शासन करते हैं। सरकार की नीतियाँ कितनी उचित हैं, कितनी अनुचित। इसका निर्णय जागरूक नागरिक ही कर सकते हैं। यदि नागरिक अपने अधिकारों एवं कर्त्तव्यों के प्रति जागरूक नहीं होंगे, तो सरकार नागरिकों की हितपूर्ति करने की अपेक्षा अपने स्वार्थों की पूर्ति करने लगेगी।

ऐसी स्थिति में लोकतंत्र की सफलता सुनिश्चित नहीं की जा सकती। लोकतंत्र की सफलता तभी सुनिश्चित की जा सकती है जब नागरिक जागरूक हों, अपने प्रतिनिधियों का चयन ध्यानपूर्वक करें, साथ ही अपने अधिकारों एवं कर्त्तव्यों के निर्वहन द्वारा शासन में अपनी भागीदारी सुनिश्चित करें, क्योंकि शिक्षित एवं जागरूक नागरिक ही राजनेताओं को जनाभिमुख बना सकते हैं।

4. राजनीतिक सिद्धांत का अध्ययन हमारे लिए किन रूपों में उपयोगी है? ऐसे चार तरीकों की पहचान कीजिए, जिनमें राजनीतिक सिद्धांत हमारे लिए उपयोगी हो।

उत्तर राजनीतिक सिद्धांत हमारे दिन-प्रतिदिन के सामान्य व्यवहार से संबंधित होने के कारण हमारे लिए अत्यंत उपयोगी एवं महत्त्वपूर्ण है। यह निम्न रूपों में उपयोगी सिद्ध हो सकता है

- राजनीतिक सिद्धांत द्वारा प्राप्त ज्ञान अच्छे नागरिकों के निर्माण में मदद करता है। जो भविष्य में एक अच्छे राजनेता, नौकरशाह तथा अन्य महत्त्वपूर्ण पदों पर आसीन हो सकते हैं और राष्ट्र को एक नई दिशा प्रदान कर सकते हैं।
- राजनीतिक सिद्धांत सरकार, प्रशासन और कूटनीति के बारे में अच्छा विचार प्रदान करता है। जिससे राज्य के नागरिकों के हित को साधा जा सकता है। राजनीतिक सिद्धांत एक तार्किक और सुनियोजित नियम बनाने में भी महत्त्वपूर्ण भूमिका का निर्माण करता है।
- राजनीतिक सिद्धांत राज्य और सरकार के बारे में सूचना और विचार प्रदान करता है। इन सूचनाओं का प्रयोग बेहतर कार्य प्रणाली के विस्तार तथा कार्य निष्पादन गतिविधियों के कुशल संचलन में महत्त्वपूर्ण होता है। ये राजनीतिक पद्धतियों के बारे में विचारों और भावनाओं को प्रोत्साहित करती हैं।
- यह मनुष्य की राजनीतिक जागरूकता को बढ़ाता है। उसे उसकी स्वतंत्रता, अधिकारों और कर्त्तव्यों से अवगत कराने के साथ सरकार को लोगों के प्रति उसके कर्त्तव्य और जिम्मेदारी का स्मरण याद भी दिलाता है।

5. क्या एक अच्छा/प्रभावपूर्ण तर्क औरों को आपकी बात सुनने के लिए बाध्य कर सकता है?

उत्तर हाँ, प्रभावपूर्ण तर्क द्वारा कही गई बात, दूसरों को सुनने के लिए बाध्य कर सकती है। चूँकि, तर्क के आधार पर कही गई बात को गलत सिद्ध करना कठिन कार्य होता है। साथ ही जब अन्य लोगों के पास तर्कपूर्ण तरीके से बात करने की क्षमता नहीं होती, तब वह आपकी बात सुनने एवं मानने के लिए बाध्य हो जाते हैं और तर्कों द्वारा ही हम अपने विचारों का बचाव कर सकते हैं।

विश्व में सूचना व्यवस्था के अंतर्गत अपनी बात को तर्कों के माध्यम से ही प्रभावशाली बनाया जा सकता है। श्रोताओं को यदि बहस या किसी विचार के पीछे के 'कारण' अथवा 'क्यों' का उत्तर मिल जाए, तो वह बात सुनने के लिए बाध्य हो जाता है।

इस प्रकार तर्कसंगत तरीके से बहस करने और प्रभावी तरीके से संप्रेषण करने जैसे कौशल सूचना व्यवस्था में महत्त्वपूर्ण माने जाते हैं।

6. क्या राजनीतिक सिद्धांत पढ़ना, गणित पढ़ने के समान है? अपने उत्तर के पक्ष में कारण दीजिए।

उत्तर राजनीतिक सिद्धांत का अध्ययन, गणित के अध्ययन के समान नहीं है। गणित के नियम सूत्रों में बँधे होते हैं, जबकि राजनीतिक सिद्धांतों को सूत्र में नहीं बाँधा जा सकता, क्योंकि राजनीतिक सिद्धांत मानव व्यवहार से संबंधित है, जिसके संदर्भ में कोई निश्चित परिणाम को व्यक्त नहीं किया जा सकता। उदाहरण के लिए; गणित में समकोण त्रिभुज की एक ही परिभाषा सुनिश्चित है, जबकि राजनीतिक सिद्धांत के अंतर्गत समानता एवं न्याय की कोई एक सुनिश्चित परिभाषा नहीं है। प्रत्येक व्यक्ति के संदर्भ में समानता एवं न्याय का अर्थ भिन्न-भिन्न है। जिस प्रकार समानता का शाब्दिक अर्थ सभी के लिए समान अवसरों की व्यवस्था से है, लेकिन सरकार द्वारा महिलाओं, बच्चों, वृद्धों एवं विकलांगों के लिए विशेष सुविधाएँ प्रदान की जाती हैं। उनके साथ यह व्यवहार न्यायोचित है। इसके परिणामस्वरूप कहा जा सकता है कि समाज में पूर्ण समानता संभव नहीं, लेकिन भेदभाव को दूर करने का तर्कसंगत प्रयास किया जा सकता है। इसके लिए लोगों को आपस में विभिन्न मतों, विचारों को समझने एवं उनमें समन्वय स्थापित करने की आवश्यकता होती है।

अभ्यास प्रश्न

वस्तुनिष्ठ प्रश्न

बहुविकल्पीय प्रश्न

1. निम्नलिखित में से क्या भ्रष्ट सरकार का परिणाम हो सकता है?
दक्षता आधारित प्रश्न

(a) कानून और व्यवस्था में व्यवधान
(b) लोगों में असुरक्षा की भावना
(c) 'a' और 'b' दोनों
(d) गणतंत्र का राजशाही में परिवर्तन

उत्तर (c) 'a' और 'b' दोनों

2. हिंद-स्वराज नामक पुस्तक किसके द्वारा लिखी गई थी?

(a) बी. आर. अंबेडकर (b) एम. के. गाँधी
(c) जे. एल. नेहरू (d) कार्ल मार्क्स

उत्तर (b) एम. के. गाँधी

3. न्यायालय द्वारा आजीविका के अधिकार को शामिल करने के लिए किस अधिकार की व्याख्या की गई थी?

(a) धर्म का अधिकार
(b) जीवन का अधिकार
(c) संवैधानिक उपचार का अधिकार
(d) सांस्कृतिक और शैक्षिक अधिकार

उत्तर (b) जीवन का अधिकार

4. राजनीतिक विज्ञान का जनक किसे माना जाता है?

(a) प्लेटो (b) अरस्तू
(c) चाणक्य (d) महात्मा गाँधी

उत्तर (b) अरस्तू

5. निम्नलिखित में से कौन-सा कथन राजनीतिक सिद्धांत से संबंधित नहीं है?,
दक्षता आधारित प्रश्न

(a) राजनीतिक सिद्धांत सरकार के मामलों तक ही सीमित नहीं है
(b) राजनीतिक सिद्धांत व्यवस्थित रूप से राजनीतिक जीवन के बारे में सोचता है; जैसे-स्वतंत्रता, समानता और न्याय
(c) राजनीतिक सिद्धांत अतीत और वर्तमान के कुछ प्रमुख राजनीतिक विचारकों पर ध्यान केंद्रित करके अवधारणाओं की मौजूदा परिभाषाओं को स्पष्ट करता है
(d) उपरोक्त में से कोई नहीं

उत्तर (d) उपरोक्त में से कोई नहीं

6. अरस्तू ने राजनीतिक विज्ञान को किस रूप में माना है?

(a) प्राथमिक विज्ञान
(b) माध्यमिक विज्ञान
(c) शिक्षक विज्ञान
(d) दास विज्ञान

उत्तर (c) शिक्षक विज्ञान

7. ट्रस्टीशिप का सिद्धांत किसके द्वारा दिया गया था?

(a) चाणक्य (b) महात्मा गाँधी
(c) बी. आर. अंबेडकर (d) कार्ल मार्क्स

उत्तर (b) महात्मा गाँधी

8. राजनीतिक सिद्धांत लोगों को न्याय या समानता के बारे में अवगत् कराता है, ताकि अपने विचारों का परिष्कृत कर सके तथा तर्कपूर्ण तरीके से ......।

(a) सार्वजनिक मुद्दों को उठा सकें
(b) व्यक्तिगत मुद्दों को उठा सकें
(c) घरेलू मुद्दों को उठा सकें
(d) अंतर्राष्ट्रीय मुद्दों को उठा सकें

उत्तर (a) सार्वजनिक मुद्दों को उठा सकें।

9. अनुसूचित जातियों पर बी.आर.अंबेडकर के विचारों के संबंध में निम्नलिखित में से कौन-सा कथन सही है?

1. बी.आर. अंबेडकर के अनुसार अनुसूचित जातियों को अल्पसंख्यक माना जाना चाहिए।
2. उन्होंने अनुसूचित जाति के विशेष संरक्षण के बारे कहा।
3. वह अनुसूचित जाति को आरक्षण देने के विरोधी थे।

कूट

(a) केवल 1
(b) केवल 2
(c) 1 और 2 दोनों
(d) उपरोक्त सभी

उत्तर (c) 1 और 2 दोनों

10. निम्न कथनों का अध्ययन कर सही कूट का चयन करें

1. राजनीतिक सिद्धांत प्रत्येक काल प्रत्येक स्थान के राजनेताओं एवं विचारकों को प्रभावित करता है।
2. राजनीतिक सिद्धांत तेजी से बदलती दुनिया में स्वतंत्रता के लिए उत्पन्न हो रहे संभावित खतरों के लिए नए आयामों की खोज में मदद कर सकता है।
3. राजनीतिक सिद्धांत समानता, न्याय जैसी राजनीतिक अवधारणाओं की अनेक परिभाषाओं से परिचित कराता है।
4. राजनीतिक सिद्धांत उन विचारों और नीतियों को दर्शाता है, जिनमें हमारें सामाजिक जीवन, सरकार और संविधान ने आकार ग्रहण किया है।

कूट

(a) 1, 2 और 4 (b) 2 और 3
(c) 1 और 2 (d) ये सभी

उत्तर (d) ये सभी

11. सूची I को सूची II के साथ सुमेलित कीजिए

दक्षता आधारित प्रश्न

	सूची I (राजनीतिक विचारक)	सूची II (अवधारणा)
A.	प्लेटो	1. सरकार का स्वरूप
B.	कार्ल मार्क्स	2. स्वतंत्रता
C.	महात्मा गाँधी	3. स्वराज
D.	रूसो	4. समानता

कूट

	A	B	C	D
(a)	1	2	3	4
(b)	1	4	3	2
(c)	1	2	4	3
(d)	1	3	4	2

उत्तर (b) 1 4 3 2

12. निम्नलिखित में से कौन-सा युग्म सही नहीं है?

दक्षता आधारित प्रश्न

(a) समाजवाद – समानता का सिद्धांत
(b) लोकतंत्र – जनतंत्र का शासन
(c) साम्यवाद – निजी संपत्ति का समर्थन
(d) धर्मनिरपेक्षता – धार्मिक तटस्थता

उत्तर (c) साम्यवाद–निजी संपत्ति का समर्थन

13. नीचे दो कथन दिए गए हैं

कथन I राजनीतिक सिद्धांत मानव समाज की प्रकृति और उसके क्रियाकलापों का अध्ययन करता है।

कथन II राजनीतिक सिद्धांत के अंतर्गत शक्ति, न्याय, स्वतंत्रता और समानता जैसे विचारों का विश्लेषण किया जाता है।

दक्षता आधारित प्रश्न

कूट

(a) केवल कथन I सही है
(b) केवल कथन II सही है
(c) कथन I और कथन II दोनों सही हैं
(d) कथन I और कथन II दोनों गलत हैं

उत्तर (c) कथन I और कथन II दोनों सही हैं

14. **कथन I** राजनीतिक सिद्धांत केवल सिद्धांतों का संग्रह नहीं है, बल्कि यह मानव व्यवहार और समाज के विकास का एक महत्त्वपूर्ण हिस्सा है।

कथन II राजनीतिक सिद्धांत में विभिन्न विचारकों के दृष्टिकोण; जैसे–प्लेटो, अरस्तू और लॉक का विश्लेषण किया जाता है।

कूट

(a) केवल कथन I सही है
(b) केवल कथन II सही है
(c) कथन I और कथन II दोनों सही हैं
(d) कथन I और कथन II दोनों गलत हैं

उत्तर (c) कथन I और कथन II दोनों सही हैं

निर्देश (प्र. सं. 15-19) नीचे दो कथन दिए गए हैं, जिनमें एक को कथन (A) और दूसरे को कारण (R) माना गया है। कूट की सहायता से सही उत्तर का चयन करें

कूट

(a) A और R दोनों सही हैं तथा R, A की सही व्याख्या है
(b) A और R दोनों सही हैं, परंतु R, A की सही व्याख्या नहीं है
(c) A सही है, किंतु R गलत है
(d) A गलत है, किंतु R सही है

15. **कथन** (A) सरकार विभिन्न प्रकार की नीतियों का निर्धारण करती है।

कारण (R) इस प्रकार की नीतियाँ व्यक्तियों के जीवन पर सकारात्मक और नकारात्मक प्रभाव डालती हैं।

दक्षता आधारित प्रश्न

उत्तर (a) सरकार विभिन्न प्रकार की नीतियों का निर्धारण करती है। ये नीति लोगों के जीवन को विभिन्न प्रकार से प्रभावित करती हैं, जो व्यक्ति के जीवन में सकारात्मक व नकारात्मक परिवर्तन लाती हैं।

16. **कथन** (A) भारत स्वायत्त और स्वतंत्र है, लेकिन यहाँ स्वतंत्रता और समानता से संबंधित प्रश्न लगातार उठते रहते हैं।

कारण (R) इसका प्रमुख कारण सामाजिक जीवन में समानता तथा लोकतंत्र से संबंधित मुद्दे का उठना है।

उत्तर (a) भारत स्वायत्त और स्वतंत्र है, हालाँकि स्वतंत्रता और समानता से संबंधित प्रश्नों का उठना बंद नहीं हुआ है। ऐसा इसलिए कि स्वतंत्रता, समानता तथा लोकतंत्र से संबंधित मुद्दे सामाजिक जीवन के अनेक मामलों में उठते हैं और विभिन्न क्षेत्रों में अलग-अलग गति से उनकी बढ़ोतरी हुई है।

17. **कथन** (A) राजनीतिक सिद्धांतकारों ने आजादी या समानता की विभिन्न परिभाषाएँ प्रस्तुत की हैं।

कारण (R) इसके कारण स्वतंत्र राष्ट्र की परिकल्पना का सूत्रपात हुआ।

उत्तर (a) राजनीतिक सिद्धांतकारों ने आजादी या समानता की विभिन्न परिभाषाएँ प्रस्तुत की हैं, जिसके कारण स्वतंत्र राष्ट्र की परिकल्पना का सूत्रपात हुआ था। राजनीतिक सिद्धांत उन विचारों से सम्बधित है, जो संविधान सरकारों और सामाजिक जीवन को व्यवस्थित रूप से आकार देते है, इन विचारों में समानता, स्वतंत्रता, न्याय अधिकार व गरिमा शामिल हैं।

18. **कथन** (A) समानता में किसी-न-किसी प्रकार की निष्पक्षता अवश्य बरती जानी चाहिए।

कारण (R) यह समाज में शोषण कम करने में सहायक सिद्ध होती है।

उत्तर (a) समानता में किसी-न-किसी प्रकार की निष्पक्षता अवश्य बरतनी चाहिए, क्योंकि यह समाज में शोषण को कम करने में सहायक सिद्ध होती है। समानता का अर्थ संदर्भ पर निर्भर करता है; जैसे—समाज में अधिकांश लोग अपनी मूलभूत जरूरतें भी पूरी नहीं कर पाते हैं। अतएव यहाँ समान अवसर मिलना ही पर्याप्त नहीं होता है। इसलिए संसाधन के समुचित बँटवारे जैसे अग्रगामी उपायों से उन्हें सहायता पाने में समर्थ बनाया जाना चाहिए।

19. **कथन** (A) राजनीतिक सिद्धांत न्याय या समानता के बारे में सुव्यवस्थित सोच से अवगत कराते हैं।

कारण (R) इससे विचारों में संकीर्णता आती है।

उत्तर (c) राजनीतिक सिद्धांत लोगों को न्याय या समानता के बारे में सुव्यवस्थित सोच से अवगत कराते हैं, जिससे कि वह अपने विचारों को परिष्कृत कर सकें और सार्वजनिक हित में सुविज्ञ तरीके से तर्क-वितर्क कर सकें। तर्कसंगत तरीके से तर्क करने और प्रभावी तरीके से संप्रेषण करने जैसे कौशल वैश्विक सूचना व्यवस्था में महत्त्वपूर्ण माने जाते हैं।

20. निम्नलिखित चित्र का ध्यानपूर्वक अवलोकन कीजिए तथा दिए गए प्रश्नों का उत्तर दीजिए

(i) प्रस्तुत चित्र में राजनीति के किस स्वरूप को दर्शाया गया है?

(a) सकारात्मक (b) नकारात्मक
(c) उदासीन (d) 'a' और 'b' दोनों

उत्तर (b) नकारात्मक

(ii) प्रस्तुत चित्र में महिला किस बात से चिंतित है?

(a) राजनीति के दुष्परिणाम (b) समाज - कल्याण
(c) धार्मिक कट्टरता (d) राजनीतिक एकता

उत्तर (a) राजनीति के दुष्परिणाम

(iii) प्रस्तुत चित्र में महिला व्यक्ति को किससे संन्यास लेने को कह रही है?

(a) व्यवसाय (b) राजनीति
(c) नौकरी (d) सिनेमा

उत्तर (b) राजनीति

(iv) अध्याय के अनुसार राजनीति ने समाज को सिखाया है कि कोई भी समाज लंबे समय तक ………… पर टिक नहीं सकता।

(a) धोखाधड़ी की राजनीति (b) धार्मिक संकीर्णता
(c) निजी स्वार्थपरकता (d) इनमें से कोई नहीं

उत्तर (a) धोखाधड़ी की राजनीति

लघु उत्तरीय प्रश्न

1. राजनीति का अर्थ संक्षेप में स्पष्ट कीजिए।

उत्तर राजनीति किसी भी समाज का अभिन्न अंग होती है, लेकिन राजनीति को किसी एक शब्द में समाहित नहीं किया जा सकता। भिन्न-भिन्न लोगों के लिए राजनीति का अर्थ भिन्न होता है, जैसे- नेताओं एवं राजनीतिक पदाधिकारियों के लिए राजनीति का अर्थ जनसेवा होता है, जबकि कुछ लोगों के लिए राजनीति एक ऐसा साधन है, जिसके द्वारा मानवीय समस्याओं का समाधान किया जा सकता है।

2. राजनीतिक सिद्धांत किस प्रकार आंदोलनों को बल प्रदान करता है?

उत्तर राजनीतिक सिद्धांत लोगों को उनके अधिकारों के प्रति जागरूक करता है। यदि सरकार उनकी वैध माँगों को अनदेखा करती है, तो वे आंदोलन की तरफ अग्रसर होते हैं। राजनीति के इतिहास में अनेक ऐसे उदाहरण हैं, जिनसे स्पष्ट होता है कि आंदोलन राजनीतिक सिद्धांतों से प्रेरित होते हैं। उदाहरण के लिए, भारतीय स्वतंत्रता आंदोलन के लिए आंदोलनकर्ताओं एवं नेताओं ने स्वतंत्रता, समानता, न्याय जैसी राजनीतिक अवधारणाओं से प्रेरणा प्राप्त की थी।

3. जनता सरकार की कार्यवाहियों को किस प्रकार प्रभावित करती है?

उत्तर जनता सरकार की गतिविधियों एवं कार्यवाहियों में भागीदारी करती है। सामूहिक संगठनों व संस्थाओं का निर्माण करती है। जनता सरकार के समक्ष अपनी माँग रखने तथा सरकार की गलत नीतियों का विरोध, प्रचार एवं अभियान चलाती है। जनता आपस में संवाद स्थापित करके सरकार के निर्धारित लक्ष्यों को आकार देने का प्रयास करती है एवं वर्तमान कानून को बदलने के लिए सरकार को राजी (सहमत) करने के लिए प्रदर्शनों का आयोजन करके सरकार की कार्यवाहियों को प्रभावित करती है।

4. राजनीतिक सिद्धांत के अध्ययन के किन्हीं दो लाभों को बताइए।

उत्तर राजनीतिक सिद्धांत के अध्ययन के दो लाभ निम्नलिखित हैं

(i) राजनीतिक सिद्धांत के अध्ययन द्वारा नागरिकों, छात्रों में राजनीतिक चेतना जाग्रत होती है।

(ii) राजनीतिक सिद्धांत के अध्ययन से लोकतंत्र के आधारभूत मूल्यों समानता, स्वतंत्रता, न्याय इत्यादि के विषय में सुव्यवस्थित रूप से विचार करने के लिए समझ विकसित होती है।

5. किस आधार पर कहा जा सकता है कि जनता राजनीति में संलग्न है?

उत्तर राजनीति के अंतर्गत बहुविध वार्ताएँ शामिल होती हैं, जिनके माध्यम से सामूहिक निर्णय लिए जाते हैं। इन वार्ताओं में जहाँ एक तरफ सरकार के जनता से जुड़े कार्य शामिल होते हैं, वहीं दूसरी तरफ गलत नीतियों का जनता द्वारा विरोध एवं अपने अधिकारों के लिए संघर्ष शामिल होता है। जनता आपस में वार्ता करती है और उन सामूहिक गतिविधियों में भाग लेती है, जो सामाजिक विकास को प्रोत्साहन देने और समस्याओं का समाधान करने में मदद करती हैं। अतः इस आधार पर कहा जा सकता है कि जनता राजनीति में संलग्न है।

6. राजनीतिक सिद्धांत किन विचारों और नीतियों को व्यवस्थित रूप से प्रतिबिंबित करता है?

उत्तर राजनीतिक सिद्धांत उन विचारों और नीतियों को व्यवस्थित रूप से प्रतिबिंबित करता है, जिनमें हमारे सामाजिक जीवन, सरकार और संविधान ने आकार ग्रहण किया है। यह स्वतंत्रता, समानता, न्याय, लोकतंत्र और धर्मनिरपेक्षता जैसी अवधारणाओं का अर्थ स्पष्ट करता है। यह कानून का राज, अधिकारों का वितरण और न्यायिक पुनरावलोकन जैसी नीतियों की सार्थकता की जाँच करता है। यह इस काम को विभिन्न विचारकों द्वारा इन अवधारणाओं के बचाव में विकसित युक्तियों की जाँच-पड़ताल के माध्यम से करता है। विभिन्न तर्कों की जाँच-पड़ताल के अतिरिक्त राजनीतिक सिद्धांतकार हमारे राजनीतिक अनुभवों का विश्लेषण कर भावी रुझानों और संभावनाओं को चिह्नित करते हैं।

दीर्घ उत्तरीय प्रश्न।

1. "राजनीतिक सिद्धांत राजनीतिक तथा सामाजिक क्षेत्र में व्यवहार्य पक्षों की समग्रता को विकसित करता है।" चर्चा कीजिए।

दक्षता आधारित प्रश्न

उत्तर राजनीतिक सिद्धांत उन नीतियों, मूल्यों, विचारों को प्रतिबिंबित करता है, जिनसे सामाजिक जीवन, सरकार एवं संविधान अपना आकार धारण किया है। राजनीतिक सिद्धांत स्वतंत्रता, समानता, लोकतंत्र, न्याय, धर्मनिरपेक्षता जैसी अवधारणाओं को स्पष्ट करते हुए कानून का

शासन, शक्तियों के बँटवारे, न्यायिक पुनरावलोकन इत्यादि नीतियों की सार्थकता की जाँच करता है। यह इस कार्य को विभिन्न विचारकों द्वारा इन अवधारणाओं के बचाव में विकसित युक्तियों की जाँच-पड़ताल के माध्यम से करता है।

राजनीतिक सिद्धांत प्रत्येक काल प्रत्येक स्थान के राजनेताओं एवं विचारकों को प्रभावित करता है। साथ ही यह समकालीन राजनीतिक विचारकों को लोकतंत्र, स्वतंत्रता आदि मूल्यों के बचाव के लिए प्रेरित करता है।

राजनीतिक सिद्धांतकार विभिन्न तर्कों की जाँच-पड़ताल के अतिरिक्त सामयिक राजनीतिक अनुभवों का आकलन करते हैं तथा भविष्य की रुझानों तथा संभावनाओं को चिह्नित करते हैं।

उदाहरण के लिए, संविधान में दिए मौलिक अधिकारों की पुनर्व्याख्या के परिणामस्वरूप ही 'आजीविका के अधिकार' को 'जीवन के अधिकार' में शामिल किया गया।

2. राजनीतिक सिद्धांत के विषय क्षेत्र में आने वाले किन्हीं चार क्षेत्रों का उल्लेख कीजिए।

उत्तर राजनीतिक सिद्धांत का विषय क्षेत्र बहुत व्यापक है। इसके अंतर्गत आने वाले चार क्षेत्र निम्नलिखित हैं

(i) राजनीतिक सिद्धांत के विषय के अंतर्गत राज्य व सरकार का अध्ययन किया जाता है। इसके अंतर्गत विधानपालिका, न्यायपालिका, कार्यपालिका का विश्लेषणात्मक अध्ययन किया जाता है।

(ii) राजनीतिक सिद्धांत का विषय क्षेत्र औपचारिक संस्थाओं के साथ-साथ अनौपचारिक संस्थाओं; जैसे—सामाजिक संगठन, समुदाय, प्रेस, दबाव समूह इत्यादि को अपने में शामिल करता है।

(iii) राजनीतिक सिद्धांत, राजनीति से संबंधित अवधारणाओं एवं मूल्यों; जैसे—स्वतंत्रता, समानता, लोकतंत्र, न्याय जैसी अवधारणाओं एवं विचारधाराओं—उदारवादी, मार्क्सवादी, गाँधीवादी, अराजकतावादी आदि के बारे में जानकारी उपलब्ध कराता है।

(iv) अंतर्राष्ट्रीयकरण, वैश्वीकरण एवं मानवीय व्यवहार का अध्ययन भी राजनीतिक सिद्धांत के विषय क्षेत्र में सम्मिलित है।

3. राजनीति लोगों के जीवन को किस प्रकार से प्रभावित करती है? स्पष्ट कीजिए।

उत्तर राजनीति सरकार के कार्यकलापों तक ही सीमित नहीं होती है। सरकारें जो भी कार्य करती हैं वह प्रासंगिक होता है, क्योंकि वह लोगों के जीवन को विभिन्न तरीकों से प्रभावित करता है।

सरकारें हमारी आर्थिक नीति, विदेश नीति और शिक्षा नीति को निर्धारित करती हैं। ये नीतियाँ लोगों के जीवन को उन्नत बनाने में सहायता करती हैं, लेकिन एक अकुशल और भ्रष्ट सरकार लोगों के जीवन और सुरक्षा को संकट में भी डाल सकती है। यदि सत्तारूढ़ सरकार जातीय और सांप्रदायिक संघर्ष को बढ़ावा देती है, तो बाजार और स्कूल बंद हो जाते हैं। इससे लोगों का जीवन अस्त-व्यस्त हो जाता है। इसके कारण लोग अत्यंत आवश्यक कार्य भी नहीं कर पाते। बीमार लोग अस्पताल नहीं पहुँच पाते। स्कूल की समय-सारणी भी प्रभावित हो जाती है।

इसके विपरीत यदि सरकार साक्षरता और रोजगार बढ़ाने की नीतियाँ बनाती है, तो हमें अच्छे विद्यालय में जाने और बेहतर रोजगार पाने के अवसर मिल सकते हैं।

4. "राजनीतिक विवादों का समाधान तर्कों द्वारा किया जा सकता है।" उल्लेख कीजिए। *दक्षता आधारित प्रश्न*

उत्तर राजनीतिक विचारकों के अनुसार, राजनीतिक विवादों का समाधान तर्कों द्वारा किया जा सकता है, क्योंकि जब हम दूसरे से विचार विमर्श करते हैं तभी हमें अपने विचारों का बचाव करने की आवश्यकता अनुभव होती है और इसके लिए तर्क और युक्तियों की खोज करते हैं। इस तरह राजनीतिक सिद्धांत न्याय एवं समानता जैसे विषयों के बारे में व्यक्ति को सुव्यवस्थित सोच से अवगत कराते हुए विचारों को परिष्कृत करते हैं, जिससे सार्वजनिक हित में बेहतर ढंग से तर्क-वितर्क कर सकें, क्योंकि प्रभावी संप्रेषण कौशल ही वैश्विक सूचना व्यवस्था का महत्त्वपूर्ण गुण है। सही तर्कों को मान्यता प्राप्त होती है।

इन तर्कों को वैज्ञानिक अध्ययन द्वारा प्रमाणित कर सिद्ध किया जा सकता है, इसलिए राजनीतिक समस्याओं का समाधान तर्कों द्वारा संभव है।

5. क्या राजनीतिक सिद्धांत वर्तमान में प्रासंगिक है? यदि हाँ, तो इस संदर्भ में अपने तर्क प्रस्तुत कीजिए। *दक्षता आधारित प्रश्न*

उत्तर राजनीतिक सिद्धांतों की उत्पत्ति यद्यपि कई वर्षों पहले ही हो गई थी, तथापि यह वर्तमान में भी प्रासंगिक है। ऐसा इसलिए कि स्वतंत्रता, समानता तथा लोकतंत्र से संबंधित मुद्दे सामाजिक जीवन के अनेक विषयों में उठते हैं और विभिन्न क्षेत्रों में विभिन्न गति से उनकी वृद्धि हो रही है, जिसे निम्न तथ्यों के द्वारा व्यक्त किया जा सकता है

- राजनीतिक क्षेत्र में समानता समान अधिकारों के रूप में बनी है, किंतु यह आर्थिक और सामाजिक क्षेत्रों में उसी तरह नहीं है। लोगों के पास समान राजनीतिक अधिकार हो सकते हैं, परंतु यह संभव है कि समाज में उनके साथ जाति या गरीबी के कारण अभी भी भेदभाव होता हो।
- संविधान में यद्यपि स्वतंत्रता की गारंटी दी गई है, इसके बावजूद हमें नई व्याख्याओं का सामना करना पड़ता है। नई परिस्थितियों को देखते हुए संविधान में दिए गए मौलिक अधिकारों की निरंतर व्याख्या की जा रही है; जैसे—'आजीविका के अधिकार' को 'जीवन के अधिकार' में शामिल करने हेतु न्यायालयों द्वारा उसकी पुनर्व्याख्या की गई है। सूचना के अधिकार की गारंटी एक नए कानून द्वारा की गई है। समय के साथ-साथ संविधान में दिए गए मौलिक अधिकारों में संशोधन के साथ इनका विस्तार भी हुआ है। यद्यपि न्यायिक व्याख्याएँ और सरकारी नीतियाँ नई समस्या का समाधान करने हेतु बनाई गई हैं।

6. राजनीतिक सिद्धांत की आवश्यकता/महत्त्व का उल्लेख कीजिए

उत्तर राजनीतिक सिद्धांत लोगों के सभी समूहों (छात्र, राजनेता, शिक्षक, नौकरशाह, न्यायाधीश, वकील, पत्रकार एवं सामाजिक कार्यकर्ताओं आदि) के लिए महत्त्वपूर्ण व प्रासंगिक है। यह लोगों के जीवन में सामान्यतः उपयोगी होता है।

एक अधिकार संपन्न नागरिक के रूप में दायित्वपूर्ण कार्य निर्वहन के लिए उन राजनीतिक विचारों और संस्थाओं की बुनियादी जानकारी लोगों के लिए सहायक होती है, क्योंकि वह उसकी दुनिया को आकार देता है। राजनीतिक सिद्धांत लोगों को राजनीतिक विषयों के बारे में अपने विचारों और भावनाओं के परीक्षण के लिए प्रोत्साहित करता है, जैसे—यदि कोई व्यक्ति भिन्न जाति, धर्म, लिंग अथवा वर्ग का होने के कारण भेदभावों का सामना करता है अथवा उत्पीड़न अनुभव करता

है तथा उसका निवारण चाहता है और यदि उसमें विलंब होता है, तो क्रांति के लिए प्रेरित होता है।

राजनीतिक सिद्धांत लोगों को न्याय या समानता के बारे में सुव्यवस्थित सोच से अवगत कराता है, ताकि वह अपने विचारों को परिष्कृत कर सके और सार्वजनिक हित में सुविज्ञ तरीके से तर्क-वितर्क कर सके। तर्कसंगत तरीके से बहस करने और प्रभावी तरीके से संप्रेषण करने जैसे कौशल वैश्विक सूचना व्यवस्था में महत्त्वपूर्ण माने जाते हैं।

7. राजनीतिक विज्ञान और समाजशास्त्र में क्या अंतर है?

उत्तर राजनीति विज्ञान और समाजशास्त्र में निम्नलिखित अंतर हैं

- समाजशास्त्र की उत्पत्ति राजनीति शास्त्र से पहले हुई है।
- राजनीति विज्ञान के अंतर्गत राज्य और सरकार का अध्ययन किया जाता है, जबकि समाजशास्त्र के अंतर्गत समाज का अध्ययन किया जाता है।
- राजनीति शास्त्र, भूत, वर्तमान और भविष्य तीनों पर आधारित होता है, लेकिन समाजशास्त्र भूत और वर्तमान से ही संबंधित होता है।
- समाजशास्त्र का क्षेत्र राजनीति विज्ञान के क्षेत्र से अधिक व्यापक और विस्तृत होता है। यह समाज के सभी पक्षों से संबंधित होता है, जबकि राजनीति शास्त्र केवल मनुष्य के राजनीतिक पक्षों को रेखांकित करता है।

8. राजनीति विज्ञान की इतिहास को क्या देन है

उत्तर राजनीति विज्ञान की इतिहास को निम्नलिखित देन है

- राजनीति विज्ञान इतिहास को नई दिशा प्रदान करता है; जैसे–भारतीय राष्ट्रीय कांग्रेस की स्थापना वर्ष 1885 में नहीं होती, तो भारत का इतिहास कुछ और ही होता।
- लॉर्ड एक्स इस संदर्भ में कहते हैं "राजनीति विज्ञान वह शास्त्र है, जो स्वर्ण कणों के रूप में इतिहास रूपी नदी की रेत में संग्रहित किया जाता है।"
- राजनीतिक विचारधाराएँ ऐतिहासिक घटनाओं को जन्म देती हैं। रूसो और मॉण्टेस्क्यू के विचारों ने फ्रांस की क्रांति को जन्म दिया।
- इतिहास के अध्ययन में राजनीतिक घटनाओं के राजनीतिक आयामों के बारे में जानकारी प्राप्त करने के लिए राजनीति विज्ञान का सहारा लिया जाता है।

दीर्घ उत्तरीय प्रश्न II

1. राजनीति से आप क्या समझते हैं? वर्तमान समय में राजनीति के स्वरूप में आए परिवर्तनों के विषय की व्याख्या कीजिए।

दक्षता आधारित प्रश्न

उत्तर राजनीति से अभिप्राय उन नीतियों से है, जो राज्य में शासन हेतु अपनाई जाती हैं। यह व्यक्ति, समाज एवं राज्य के विकास का महत्त्वपूर्ण साधन है। यह आधुनिक लोकतांत्रिक विश्व व्यवस्था की एक महत्त्वपूर्ण विशेषता है। वर्तमान समय में राजनीति के स्वरूप में आए परिवर्तन निम्न हैं

- राजनीति सदैव उसी रूप में प्रचलित नहीं रही जिस रूप में वह हमें वर्तमान में दिखाई देती है। भारत के संदर्भ में राजनीति के स्वरूप को देखा जाए, तो राष्ट्रीय स्वतंत्रता आंदोलन को नेतृत्व प्रदान करने वाले नेताओं ने आत्म त्याग, देशसेवा एवं लोककल्याण को राजनीति का मुख्य उद्देश्य निर्धारित किया था, लेकिन स्वतंत्रता प्राप्ति के पश्चात् राजनीति अपने मूल उद्देश्यों से भटक गई, जिसके परिणाम स्वरूप राजनीति को एक नकारात्मक प्रक्रिया के स्तर पर देखा जाने लगा।
- वर्तमान समय में राजनीति को अवांछनीय गतिविधियों के तौर पर देखा व समझा जाने लगा है। यदि कोई व्यक्ति जालसाजी, चालाकी, छल-कपट आदि के माध्यम से स्वयं या सामूहिक कार्यों की पूर्ति या घृणित कार्यों की पूर्ति में संलग्न रहता है, तो लोग उसे राजनीति का नाम दे देते हैं। इससे स्पष्ट समझा जा सकता है कि राजनीति का वर्तमान स्वरूप कितना कुरूपित हो चुका है।
- सामान्य व्यक्तियों एवं व्यक्ति विशेष द्वारा राजनीति को 'गंदी चीज' मानकर इसमें सहभागिता करने की बजाय इससे दूर ही रहना चाहता है। इतनी नकारात्मकता के पश्चात् भी इसके बिना किसी भी राज्य, समाज तथा व्यक्ति का अस्तित्व तथा विकास की कल्पना करना मुश्किल है।
- यह राज्य तथा समाज के विकास का आवश्यक तत्त्व है एवं राज्य का अविभाज्य अंग है। अतः आवश्यकता इस बात की है कि राजनीति में नैतिकता को बल देकर इसके दोषों को दूर करते हुए व्यक्ति तथा राज्य के विकास को आदर्शात्मक रूप में स्थापित किया जा सकता है।

2. राजनीतिक सिद्धांतों का विकास एक सतत् प्रक्रिया के अंतर्गत हुआ है। जिहें विभिन्न विचारकों ने पोषित व संबर्द्धित किया है।" समीक्षा कीजिए।

दक्षता आधारित प्रश्न

उत्तर राजनीतिक सिद्धांतों की उत्पत्ति या निर्माण एक सतत् प्रक्रिया के तहत उन विचारों और सिद्धांतों के आधार पर हुआ, जिन पर कौटिल्य और अरस्तू से लेकर ज्यांजॉक रूसो, कार्ल मार्क्स, महात्मा गाँधी और डॉ. बी. आर. अंबेडकर तक के समय से वाद-विवाद होता आया है।

ईसा पूर्व पाँचवीं शताब्दी में प्लेटो और अरस्तू ने अपने छात्रों से विचार-विमर्श किया था कि राजतंत्र और लोकतंत्र में से कौन-सा तंत्र बेहतर है? आधुनिक काल में सर्वप्रथम रूसो ने सिद्ध किया कि स्वतंत्रता मानव मात्र का मौलिक अधिकार है। कार्ल मार्क्स ने तर्क दिया कि समानता भी उतनी ही महत्त्वपूर्ण होती है, जितनी की स्वतंत्रता।

भारत में गाँधीजी ने अपनी पुस्तक हिंद-स्वराज में वास्तविक स्वतंत्रता या स्वराज के अर्थ की विवेचना की। बी. आर. अंबेडकर ने यह तर्क दिया कि अनुसूचित जातियों को अल्पसंख्यक माना जाना चाहिए और उन्हें विशेष संरक्षण मिलना चाहिए।

लोकतंत्र, स्वतंत्रता या समानता ऐसे आदर्श सिद्धांत व मूल्य हैं, जिन्हें विभिन्न देशों ने अपने संविधान में प्रस्थापित कर उनकी सुरक्षा करने का प्रयास किया है, जैसा कि अमेरिकी और भारतीय संविधानों में किया गया है।

इन विचारों ने भारतीय संविधान की प्रस्तावना में स्वतंत्रता और समानता को प्रतिष्ठित किया। भारतीय संविधान के अधिकार वाले अध्याय में किसी भी रूप में छुआछूत का निषेध किया गया तथा गाँधी जी के सिद्धांतों को नीति-निदेशक तत्त्व में शामिल किया गया।

3. राजनीतिक सिद्धांत को कैसे व्यवहार में लाया जाता है? विस्तार से वर्णन कीजिए।

उत्तर राजनीतिक सिद्धांत को व्यवहार में लाने की प्रक्रिया समाज और राज्य के तंत्र में गहराई से निहित होती है। यह सिद्धांत समाज के मूल्यों, आदर्शों और नियमों को दिशा प्रदान करता है और इन्हें कार्यांवित करने के लिए नीतियाँ, कानून और संरचनाएँ तैयार की जाती हैं।

किसी भी राजनीतिक सिद्धांत का उद्देश्य समाज में शांति, समानता, न्याय और स्वतंत्रता जैसे बुनियादी मूल्यों को स्थापित करना होता है। शिक्षा और जागरूकता भी राजनीतिक सिद्धांतों को व्यवहार में लाने का एक महत्त्वपूर्ण माध्यम है। जब नागरिक इन सिद्धांतों को समझते हैं और उनके महत्त्व को पहचानते हैं, तो वे अपने अधिकारों और कर्त्तव्यों के प्रति सजग होते है। इससे समाज में सक्रिय भागीदारी बढ़ती है, जो राजनीतिक सिद्धांतों को सफलतापूर्वक लागू करने में सहायक होती है। इन सिद्धांतों को व्यवहार में लाने के लिए न्यायपालिका और मीडिया का भी महत्त्वपूर्ण योगदान होता है। न्यायपालिका कानूनों की समीक्षा करके यह सुनिश्चित करती है कि वे सिद्धांतों के अनुरूप है, जबकि मीडिया इन सिद्धांतों के उल्लंघन की स्थिति में जागरूकता प्रसारित करती है। व्यवहार में लाने की प्रक्रिया में सबसे बड़ी चुनौती सिद्धांतों को व्यावहारिक समस्याओं के साथ समायोजित करना है। इसके लिए संतुलन बनाते हुए इन सिद्धांतो को स्थानीय आवश्यकताओं और सामाजिक सांस्कृतिक संदर्भों के अनुसार ढाला जाता है। इस प्रकार राजनीतिक सिद्धांतो का प्रभावी कार्यान्वयन समाज में स्थायित्व और विकास को प्रोत्साहन देगा। हालाँकि राजनीतिक सिद्धांतों का प्रभावी रूपांतरण तभी संभव है, जब जनता जागरूक हो और शासन पारदर्शी व जवाबदेह हो। इस प्रक्रिया में जनभागीदारी और संवाद का महत्त्वपूर्ण स्थान होता है।

4. राजनीतिज्ञ एवं राजनीतिक विचारकों के मध्य उदाहरण सहित अंतर स्पष्ट कीजिए।

उत्तर राजनीतिज्ञ एवं राजनीतिक विचारकों के मध्य अंतर निम्नलिखित हैं

राजनीतिज्ञ	राजनीतिक विचारक
राजनीतिज्ञ का संबंध राजनीतिक सत्ता प्राप्ति से होता है। यह राजनीतिक आदर्शों को व्यावहारिक स्वरूप प्रदान करते हैं।	राजनीतिक विचारक का संबंध समाज की समस्याओं के अध्ययन एवं उनके समाधान के उपाय ढूँढने से होता है। यह अपने विचारों द्वारा राजनीति को आधार प्रदान करते हैं।
राजनीतिज्ञ दलीय राजनीति से जुड़े होते हैं।	राजनीतिक विचारक, राजनीतिक सिद्धांतों की अवधारणाओं का अध्ययन करने से संबंधित होते हैं।
राजनीतिज्ञ का कार्य क्षेत्र राजनीति का संचालन करना होता है।	राजनीतिक विचारकों का कार्य क्षेत्र राजनीतिक कार्यों, नीति-निर्माण आदि के संदर्भ में विचार-विमर्श, विश्लेषण एवं मार्गदर्शन प्रदान करना है।
राजनीतिज्ञ का दृष्टिकोण सीमित होता है। कभी-कभी कुछ राजनीतिज्ञ राजनीति को अपने स्वार्थ हितों की पूर्ति के लिए उपयोग करते हैं, जिसके लिए यह छल-कपट, जालसाजी, धोखेबाजी आदि का सहारा लेते हैं। राजनीतिज्ञ जनसेवा के कार्यों द्वारा समाज को बेहतर बनाने का कार्य करते हैं।	राजनीतिक विचारक का दृष्टिकोण व्यापक होता है वह लगातार समाज की समस्याओं के विश्लेषण एवं बेहतर समाज के निर्माण एवं समाज को दिशा प्रदान करने के कार्य में संलग्न रहता है। यह स्वार्थहितों की अपेक्षा सर्वकल्याण, समाज के हित के कार्य से जुड़े रहते हैं।
राजनीतिज्ञों के उदाहरण के रूप में स्टालिन, अब्राहम लिंकन, पं. नेहरू इत्यादि को देखा जा सकता है।	कार्ल मार्क्स, रूसो, डॉ. अंबेडकर, महात्मा गाँधी आदि को राजनीतिक विचारकों के उदाहरण के रूप में देखा जा सकता है।

5. आधुनिक राजनीति शास्त्र की प्रमुख विशेषताओं का वर्णन कीजिए।

उत्तर आधुनिक राजनीति शास्त्र जिसे नवीन राजनीति शास्त्र भी कहते हैं, का उदय द्वितीय विश्व युद्ध के बाद हुआ। आधुनिक राजनीति शास्त्र की प्रमुख विशेषताएँ निम्नलिखित हैं

(i) **व्यवहारवादी** आधुनिक राजनीति शास्त्र व्यवहारवादी है। यह शासन के स्वरूप तथा मानव के समस्त राजनीतिक व्यवहार का अध्ययन करता है। फलतः आज राजनीति शास्त्र के अध्ययन का मुख्य विषय राज्य के बदले मनुष्य का व्यवहार हो गया है।

(ii) **वैज्ञानिकता** आधुनिक राजनीति शास्त्र अपने विषय को वैज्ञानिक और सटीक बनाना चाहता है। यह राजनीतिक घटनाओं एवं तथ्यों को वैज्ञानिकता की कसौटी पर चढ़ाकर उसकी जाँच एवं विश्लेषण करता है। इसके लिए वह प्राकृतिक तथा सामाजिक शास्त्रों से अध्ययन के नए-नए तरीकों को लेकर राजनीति विज्ञान में इसका अध्ययन करता है।

(iii) **सत्यापन** आधुनिक राजनीतिक विचारक राजनीति की सैद्धांतिक बातों को स्वीकार नहीं करते। वे उनको सटीक विश्लेषण तथा तथ्यात्मक प्रमाणों द्वारा सत्यापित करते है। वे केवल उन्हीं सिद्धांतों को स्वीकार करना चाहते हैं, जिन्हें सत्यापित किया जा सके।

(iv) **मूल्यविहीन** आधुनिक राजनीति शास्त्र को मूल्यविहीन बताया जाता है, क्योंकि इसका जोर एक वैज्ञानिक तथा सटीक विषय पर है और राजनीतिक विश्लेषण में यह मानवीय मूल्यों को कोई स्थान नहीं देता है। यह इन्हीं घटनाओं एवं तथ्यों को अपने अध्ययन का विषय बनाता है जो देखा जा सकता है।

(v) **सिद्धांत निर्माण का लक्ष्य** आधुनिक राजनीति शास्त्र का लक्ष्य राजनीति के सैद्धांतिक विचारों को विकसित करना है। इसके आधार पर वह राजनीतिक घटनाओं एवं तथ्यों की खोज कर उसका विश्लेषण करता है।

(vi) **भविष्य कथन** आधुनिक राजनीति शास्त्र अपने विषय को अधिक-से-अधिक विस्तृत एवं भविष्यवाणी योग्य बनाने में प्रयत्नशील है। इस विषय को उपयोगी बनाने के दृष्टिकोण से ऐसा किया जा रहा है।

(vii) **वस्तुनिष्ठता** आधुनिक राजनीति शास्त्र की सबसे बड़ी विशेषता वस्तुनिष्ठता है। आज के राजनीतिक विचारक अपने विषय को कल्पना और चिंतन से हटाकर उन्हें वास्तविकता का रूप देना चाहते हैं। वस्तुनिष्ठता की प्राप्ति के लिए वे प्राकृतिक तथा सामाजिक शास्त्रों से तरह-तरह की तकनीकों के प्रयोग पर जोर देते हैं।

6. राजनीति विज्ञान तथा अर्थशास्त्र में घनिष्ठ संबंध होने के साथ इनमें कुछ विभेद भी व्याप्त हैं। इस कथन की समीक्षा कीजिए

उत्तर राजनीति शास्त्र और अर्थशास्त्र में अत्यंत घनिष्ठ संबंध है। वास्तव में अर्थशास्त्र का आरंभ राजनीतिक अर्थशास्त्र के अध्ययन से हुआ। दोनों परिस्थितियाँ एक-दूसरे को प्रभावित करती हैं। राजनीति विज्ञान और

अर्थशास्त्र दोनों का उद्देश्य मानव कल्याण के लिए कार्य करना है। आर्थिक समस्या का समाधान राजनीति विज्ञान के माध्यम से ढूँढा जाता है। राज्य द्वारा निर्धारित नीतियों के आधार पर आर्थिक कार्यक्रम चलाए जाते हैं। समाजवाद का जन्म आर्थिक विषमता का ही परिणाम है। इंग्लैंड और भारत में राजकीय समष्टिवाद के कारण इन देशों के आर्थिक जीवन पर राज्य का नियंत्रण बहुत बढ़ गया है इस तरह हम देखते हैं। राज्य के कानूनी मजदूरी की निम्नतर दर, काम के घंटे, और इसी प्रकार की अन्य बातों की व्यवस्था करते हैं। इस तरह हम देखते हैं कि जब कोई राज्य योजना निर्माण में कदम रखता है अथवा कल्याणकारी राज्य के रूप में नागरिकों की आर्थिक सुरक्षा का दायित्व संभालता है और पूर्ण रोजगार, रहन-सहन के उपयुक्त स्तर, उचित पोषण स्वास्थ्य-रक्षा, सार्वजनिक, शिक्षा इत्यादि के कार्यक्रम बनाता है, तब अर्थशास्त्र की सहायता लेना अनिवार्य हो जाता है। वर्तमान युग में विकासशील राष्ट्रों को विशेष रूप से गरीबी की विकट और विस्तृत समस्या का सामना करना पड़ता है। यह सिद्ध हो जाता है कि राजनीति जब तक कृतकार्य नहीं हो सकती जब तक कि वह आर्थिक समस्या को प्रभावशील ढंग से सुलझा नहीं सकती। मार्क्सवादी विचारधारा के अनुसार भी संपूर्ण राजनीति आर्थिक शक्तियों से नियमित होती है। राजनीति विज्ञान और अर्थशास्त्र में घनिष्ठ संबंध होने के बावजूद कुछ अंतर भी हैं जिनका विवरण नीचे प्रस्तुत किया जा रहा है।

(i) राजनीति विज्ञान द्वारा मनुष्य के राजनीतिक संबंधों का अध्ययन किया जाता है, परंतु अर्थशास्त्र का संबंध वस्तु और सेवा से होता है। यह वस्तुओं के उत्पादन, वितरण उपभोग इत्यादि का अध्ययन करता है। अर्थशास्त्र जहाँ एक ओर वस्तुओं एवं सेवाओं की कीमतों का अध्ययन करता है वहीं राजनीति विज्ञान मूल्यों का अध्ययन करता है।

(ii) अर्थशास्त्र की अपेक्षा राजनीति विज्ञान का क्षेत्र अधिक विस्तृत एवं व्यापक है। अर्थशास्त्र के अंतर्गत मनुष्य के केवल आर्थिक पहलू पर गौर किया जाता है, परंतु राजनीति विज्ञान के अंतर्गत मनुष्य के जीवन के संपूर्ण पहलुओं; जैसे– धार्मिक, सामाजिक आर्थिक, नैतिक पहलुओं का अध्ययन किया जाता है। अतः उसमें कोई संदेह नहीं कि राजनीति विज्ञान का क्षेत्र अर्थशास्त्र की अपेक्षा व्यापक है

स्रोत आधारित प्रश्न

निम्नलिखित स्रोत को पढ़िए तथा दिए गए प्रश्नों का उत्तर दीजिए

1. **"राजनीति का जन्म इस तथ्य से होता है कि हमारे और हमारे समाज के लिए क्या उचित एवं वांछनीय है और क्या नहीं? इस बारे में हमारी दृष्टि अलग-अलग होती है, इसमें समाज में चलने वाली बहुविध वार्ताएँ शामिल हैं, जिनके माध्यम से सामूहिक निर्णय किए जाते हैं। एक स्तर से इन वार्ताओं में सरकारों के कार्य और इन कार्यों का जनता से जुड़ा होना शामिल होता है, तो दूसरे स्तर से जनता का संघर्ष और उसके निर्णय लेने पर संघर्ष का प्रभाव।**

जब जनता आपस में वार्ता करती है और उन सामूहिक गतिविधियों में भाग लेती है, जो सामाजिक विकास को बढ़ावा देने और सामान्य समस्याओं के समाधान में मदद करने के उद्देश्य से तैयार की गई होती है तब कहा जा सकता है कि जनता राजनीति में संलग्न है।"

दक्षता आधारित प्रश्न

(i) **राजनीति का जन्म किस तथ्य से होता है?**

(a) सरकार के कार्यों से (b) समाज के संघर्ष से
(c) सामूहिक निर्णय से (d) उचित और वांछनीय के भेद से

उत्तर *(d)* उचित और वांछनीय के भेद से

(ii) **सामूहिक 'निर्णय लेने की प्रक्रिया में क्या आवश्यक है?**

(a) सरकार की तानाशाही (b) जनता का संघर्ष
(c) सामाजिक संवाद (d) आर्थिक नीति

उत्तर *(c)* सामाजिक संवाद

(iii) **जनता किस प्रकार राजनीति से जुड़ी है?**

उत्तर जब जनता अपने अधिकारों के लिए संघर्ष करती है, सरकार की अनुचित कार्यवाहियों व निर्णयों के विरुद्ध आवाज उठाती है तथा आंदोलनों, सामूहिक विचार-विमर्श आदि के द्वारा सरकार के निर्णयों को प्रभावित करती है, तब जनता को राजनीति से संलग्न कहा जाता है।

2. **संवैधानिक दस्तावेजों की उत्पत्ति रातोंरात नहीं हुई। इनका निर्माण उन विचारों और सिद्धांतों के आधार पर हुआ, जिन पर कौटिल्य और अरस्तू से लेकर ज्यांजैक रूसो, कार्ल मार्क्स, महात्मा गाँधी और डॉ. बी. आर. अंबेडकर तक के समय से वाद-विवाद होता आया है। बहुत पहले ईसा पूर्व पाँचवीं शताब्दी में प्लेटो और अरस्तू ने अपने विद्यार्थियों से विचार-विमर्श किया था कि राजतंत्र और लोकतंत्र में से कौन-सा तंत्र बेहतर है?**

आधुनिक काल में सबसे पहले रूसो ने सिद्ध किया कि स्वतंत्रता मानव मात्र का मौलिक अधिकार है। कार्ल मार्क्स ने तर्क दिया कि समानता भी उतनी ही निर्णायक होती है, जितनी कि स्वतंत्रता। अपने देश में, गाँधीजी ने अपनी पुस्तक हिंद-स्वराज में वास्तविक स्वतंत्रता या स्वराज के अर्थ की विवेचना की। अंबेडकर ने जोरदार तरीके से तर्क रखा कि अनुसूचित जातियों को अल्पसंख्यक माना जाना चाहिए और उन्हें विशेष संरक्षण मिलना चाहिए।

(i) **हिंद स्वराज पुस्तक के लेखक कौन हैं?**

(a) जवाहरलाल नेहरू (b) महात्मा गाँधी
(c) डॉ. राजेंद्र प्रसाद (d) डॉ. भीमराव अंबेडकर

उत्तर *(b)* महात्मा गाँधी

(ii) **किस राजनीतिक चिन्तक ने तर्क दिया कि समानता भी उतनी ही निर्णयक होती है, जितनी कि स्वतंत्रता।**

(a) कार्ल मार्क्स (b) रूसो
(c) महात्मा गाँधी (d) अरस्तू

उत्तर *(a)* कार्ल मार्क्स

(iii) **संवैधानिक दस्तावेजों के निर्माण का आधार क्या है?**

उत्तर संवैधानिक दस्तावेजों के निर्माण के आधार में लोकतंत्र, स्वतंत्रता, समानता, न्याय जैसी अवधारणाएँ होती हैं, जिन पर कौटिल्य और अरस्तू से लेकर रूसो, मार्क्स, महात्मा गाँधी, डॉ. अंबेडकर आदि विचारकों ने विचार-विमर्श किया है।

3. **राजनीतिक सिद्धांत उन विचारों और नीतियों को व्यवस्थित रूप में प्रतिबिंबित करता है, जिनसे हमारे सामाजिक जीवन, सरकार और संविधान ने आकार ग्रहण किया है। यह स्वतंत्रता, समानता, न्याय, लोकतंत्र और धर्मनिरपेक्षता जैसी अवधारणाओं का अर्थ स्पष्ट करता है।**

यह कानून का राज, अधिकारों का बँटवारा और न्यायिक पुनरावलोकन जैसी नीतियों की सार्थकता की जाँच करता है। यह इस कार्य को विभिन्न युक्तियों की जाँच-पड़ताल के जरिए करता है। हालाँकि रूसो, मार्क्स व गाँधी राजनेता नहीं बन पाए, लेकिन उनके विचारों ने प्रत्येक जगह पीढ़ी-दर-पीढ़ी राजनेताओं को प्रभावित किया।

साथ ही ऐसे बहुत-से समकालीन विचारक हैं, जो अपने समय में लोकतंत्र या स्वतंत्रता के बचाव के लिए उनसे प्रेरणा लेते हैं। विभिन्न तर्कों की जाँच-पड़ताल के अतिरिक्त राजनीतिक सिद्धांतकार हमारे ताजा राजनीतिक अनुभवों की छानबीन भी करते हैं और भावी रुझानों तथा संभावनाओं को चिह्नित करते हैं।

(i) **निम्नलिखित में से कौन-सा कथन सही नहीं है?**

(a) राजनीतिक सिद्धांत सामाजिक जीवन के विचारों और नीतियों को प्रतिबिंबित करता है
(b) राजनीतिक सिद्धांत सरकार की नीतियों को प्रतिबिंबित करता है
(c) राजनीतिक सिद्धांत संविधान की जटिलता को प्रतिबिंबित करता है
(d) राजनीतिक सिद्धांत संविधान में समाहित नीतियों को प्रतिबिंबित करता है

उत्तर (c) राजनीतिक सिद्धांत संविधान की जटिलता को प्रतिबिंबित करता है

(ii) **राजनीतिक सिद्धांत किसकी अवधारणाओं का अर्थ स्पष्ट करता है?**

(a) धर्मनिरपेक्षता की अवधारणाओं का
(b) स्वतंत्रता की अवधारणाओं का
(c) लोकतंत्र की अवधारणाओं का
(d) उपरोक्त सभी

उत्तर (d) उपरोक्त सभी

(iii) **रूसो, मार्क्स और गाँधी का राजनीति में क्या योगदान रहा हैं?**

उत्तर हालाँकि रूसो, मार्क्स और गाँधी के विचारों ने विभिन्न पीढ़ियों के राजनेताओं को प्रभावित किया और इनके विचार लोकतंत्र एवं स्वतंत्रता के पक्ष में प्रेरणा स्रोत बने।

4. **हालाँकि हमारे संविधान में स्वतंत्रता की गारंटी दी गई है, फिर भी हमें हरदम नई व्याख्याओं का सामना करना पड़ता है। इसी प्रकार नई परिस्थितियों के मद्देनजर संविधान में दिए गए मौलिक अधिकारों की निरंतर पुनर्व्याख्या की जा रही है। इसकी एक बानगी तो यही है कि 'आजीविका के अधिकार' को 'जीवन के अधिकार' में शामिल करने के लिए अदालतों द्वारा उसकी पुनर्व्याख्या की गई है। सूचना के अधिकार की गारंटी एक नए कानून द्वारा की गई है। समाज बार-बार नई चुनौतियों का सामना करता है। इस क्रम में नई व्याख्याएँ पैदा होती हैं। समय के साथ-साथ संविधान में दिए गए मौलिक अधिकारों में संशोधन भी हुए और इनका विस्तार भी। यद्यपि न्यायिक व्याख्याएँ और सरकारी नीतियाँ नई समस्याओं का सामना करने के लिए बनाई गईं हैं।**

(i) **निम्नलिखित में से कौन-सा कथन राजनीतिक क्षेत्र में समानता से संबंधित है?**

(a) राजनीतिक क्षेत्र में समानता समान अधिकार के रूप में है
(b) राजनीतिक क्षेत्र में समानता समान कर्त्तव्य के रूप में है
(c) राजनीतिक क्षेत्र में समानता समान सोच के रूप में है
(d) उपरोक्त में से कोई नहीं

उत्तर (a) राजनीतिक क्षेत्र में समानता समान अधिकार के रूप में है

(ii) **निम्नलिखित में से किसके द्वारा भारत में संविधान की अंतिम रूप से व्याख्या की जाती है?**

(a) भारत के सर्वोच्च न्यायालय द्वारा
(b) भारत के उच्च न्यायालय द्वारा
(c) भारत की संसद द्वारा
(d) भारत के राष्ट्रपति द्वारा

उत्तर (a) भारत के सर्वोच्च न्यायालय द्वारा

(iii) **संविधान में मौलिक अधिकारों की पूर्वधारणा क्यों की जाती है? उदाहरण सहित स्पष्ट कीजिए।**

उत्तर समाज में उत्पन्न नई चुनौतियों तथा समस्याओं का निदान करने के लिए मौलिक अधिकारों की पुनर्धारणा आवश्यक है। उदाहरण के लिए, आजीविका के अधिकार को जीवन के अधिकार में सम्मिलित करने के लिए अदालतों द्वारा इसकी पुन व्याख्या की गई है।

मानचित्र पर आधारित प्रश्न

1. **भारत के दिए गए राजनैतिक मानचित्र में दो राज्यों को A और B के रूप में चिह्नित किया गया है। नीचे दी गई जानकारी के आधार पर इन राज्यों को पहचानें और उनके सही नाम अपनी उत्तर पुस्तिका में उपयोग की गई जानकारी की क्रम संख्या और संबंधित वर्णमाला के साथ लिखें।**

क्रम संख्या	मानचित्र में निर्देशित वर्णमाला	राज्य का नाम
(i)		
(ii)		

(i) हिंद स्वराज पुस्तक को लिखने वाले राजनीतिक चिंतक से संबंधित राज्य
(ii) अनुसूचित जातियों को अल्पसंख्यक का दर्जा देने का समर्थन करने वाले राजनीतिक चिंतक से संबंधित राज्य

उत्तर

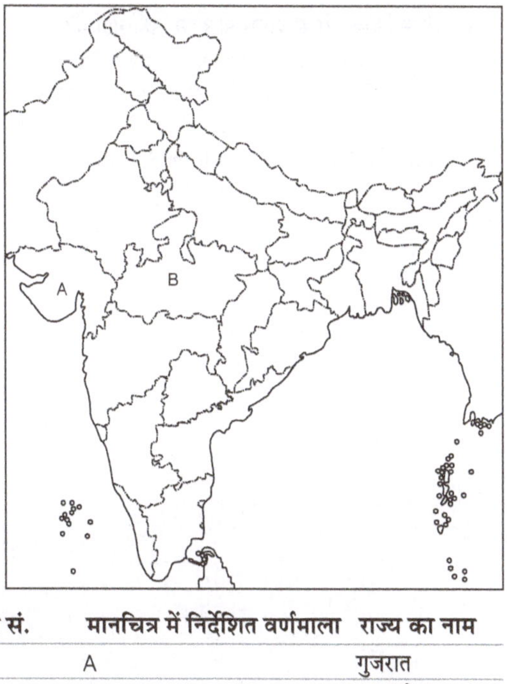

क्रम सं.	मानचित्र में निर्देशित वर्णमाला	राज्य का नाम
(i)	A	गुजरात
(ii)	B	मध्यप्रदेश

स्वयं को जाँचें

वस्तुनिष्ठ प्रश्न

1. **5वीं शताब्दी के किस राजनीतिक वैज्ञानिक को राजनीति विज्ञान का जनक कहा जाता है?**

(a) अरस्तू (b) प्लेटो
(c) सुकरात (d) चाणक्य

2. **'द रिपब्लिक' पुस्तक किसके द्वारा लिखी गई?**

(a) बी आर अंबेडकर (b) महात्मा गाँधी
(c) प्लेटो (d) सुकरात

3. **लोकतंत्र का मुख्य सिद्धांत क्या है?**

(a) जनतंत्र का शासन (b) एकल नेतृत्व
(c) धार्मिक शासन (d) सैनिक शासन

4. **कथन (A) सरकार की कार्यवाहियों का लोगों पर गहरा प्रभाव पड़ता है।**

कारण (R) इस कारण लोग सरकार की कार्यवाहियों में भाग लेते हैं।

कूट

(a) A और R दोनों सही हैं तथा R, A की सही व्याख्या है
(b) A और R दोनों सही हैं, परंतु R, A की सही व्याख्या नहीं है
(c) A सही है, किंतु R गलत है
(d) A गलत है, किंतु R सही है

5. **निम्नलिखित में से कौन-सा युग्म सही नहीं है?**

(a) उदारवाद - स्वतंत्रता का समर्थन
(b) नारीवाद - लिंग समानता का समर्थन
(c) पूँजीवाद - सरकारी स्वामित्व का समर्थन
(d) लोकतंत्र - जनता की संप्रभुता

लघु उत्तरीय प्रश्न

6. **राजनीतिक सिद्धांत की राजनीतिक भूमिका को स्पष्ट कीजिए।**

7. **मार्क्सवादी सिद्धांत की विवेचना करें।**

8. **राजनीतिक सिद्धांत के निर्माण के लिए आवश्यक शर्तों की विवेचना कीजिए।**

9. **राजनीति के गाँधीवादी सिद्धांत की व्याख्या कीजिए।**

दीर्घ उत्तरीय प्रश्न I

10. **राजनीति विज्ञान की प्रकृति को स्पष्ट कीजिए।**

11. **परंपरागत राजनीतिक सिद्धांत और आधुनिक राजनीतिक सिद्धांत में क्या अंतर है?**

12. **राजनीतिशास्त्र को कला के रूप में स्पष्ट कीजिए।**

13. **राजनीतिक विचारक थॉमस हॉब्स के सिद्धांत का वर्णन करें।**

दीर्घ उत्तरीय प्रश्न II

14. **क्या आप इस कथन से सहमत हैं कि "समानता का अधिकार समान अवसरों की गारंटी देता है"? अपने उत्तर के समर्थन में तर्क प्रस्तुत कीजिए।**

15. **राजनीतिक सिद्धांत एवं राजनीतिक दर्शन में अंतर स्पष्ट कीजिए।**

16. **अरस्तू के अनुसार, राजनीति का क्या अर्थ है और उन्होंने आदर्श राज्य के लिए क्या सिद्धांत प्रस्तुत किए हैं?**

2

अध्याय

स्वतंत्रता किसी भी व्यक्ति के गरिमापूर्ण जीवन की आवश्यक शर्त है। इस अध्याय में स्वतंत्रता के मूलभूत सिद्धांतों को समझते हुए व्यक्ति और समाज पर इसके महत्त्व को तथा इसके सकारात्मक एवं नकारात्मक आयामों के अध्ययन को शामिल किया गया है।

▼ अध्ययन एक नजर में

▼ अभ्यास के लिए

- बहुविकल्पीय प्रश्न 19 (युग्मित प्रश्न, चित्र आधारित प्रश्न, कथन/कारण, सुमेलित कीजिए)
- वर्णनात्मक प्रकार के प्रश्न (लघु उत्तरीय प्रश्न 7, दीर्घ उत्तरीय प्रश्न I 10, दीर्घ उत्तरीय प्रश्न II 5)
- स्रोत आधारित प्रश्न 3, मानचित्र आधारित 0

स्वतंत्रता

2.1 स्वतंत्रता से आशय

- इतिहास में कई ऐसे उदाहरण प्राप्त होते हैं, जो यह दर्शाते हैं कि शक्तिशाली समूहों ने व्यक्तियों और समुदायों पर प्रभुत्व स्थापित किया है।
- समाज में जीवन निर्वाह हेतु नियम और विनियमों की आवश्यकता होती है, क्योंकि लोगों के हित और लक्ष्य अलग-अलग होते हैं। ये नियम व्यक्तिगत स्वतंत्रता को सीमित करते हैं, लेकिन असुरक्षा को कम करने और व्यक्तिगत विकास में सहायता करते हैं।
- राजनीतिक सिद्धांत यह विचार-विमर्श करता है कि सामाजिक रूप से आवश्यक प्रतिबंधों और स्वतंत्रता पर अन्य सीमाओं के मध्य अंतर कैसे किया जाए।
- स्वतंत्रता मूल्यवान है, क्योंकि यह व्यक्तियों को स्वतंत्र विकल्प अपनाने की अनुमति प्रदान करती है। यह निर्णय लेने में तार्किक सोच और निर्णय का उपयोग करने का अवसर प्रदान करती है।
- सामान्य शब्दों में स्वतंत्रता का तात्पर्य 'प्रतिबंधों की अनुपस्थिति' है, हालाँकि स्वतंत्रता का पूर्ण अर्थ दो पहलुओं में विभाजित है- सकारात्मक और नकारात्मक स्वतंत्रता।
- **सकारात्मक पहलू** इसका तात्पर्य ऐसी परिस्थितियों का निर्माण करना है, जो लोगों को स्वतंत्र रूप से अपनी अभिव्यक्ति प्रकट करने और अपनी प्रतिभा व क्षमता का विकास करने में सक्षम बनाती है।
- **नकारात्मक पहलू** इसका अर्थ बाह्य प्रतिबंधों से मुक्त होना है। यह व्यक्तियों को स्वयं के विकल्प और निर्णय लेने की स्वतंत्रता प्रदान करता है

स्वतंत्रता का आदर्श

- नेल्सन मंडेला और आंग सान सू की के लेखन स्वतंत्रता के आदर्श के महत्त्व पर बल देते हैं।
- स्वतंत्रता भारत के राष्ट्रीय संघर्ष के लिए महत्त्वपूर्ण थी और इसने एशिया एवं अफ्रीका में ब्रिटिश, फ्रांसीसी तथा पुर्तगाली **उपनिवेशवाद**[1] के विरुद्ध आंदोलनों को प्रेरित किया।

1 उपनिवेशवाद (colonialism) यह वह प्रथा है, जिसमें एक देश दूसरे देश पर नियंत्रण स्थापित करता है, वहाँ अपने निवासियों को बसाता है और उसे आर्थिक रूप से शोषित करता है।

नेल्सन मंडेला

- स्वतंत्रता के आदर्श की प्राप्ति के लिए 20वीं सदी के एक महान् व्यक्तित्व **नेल्सन मंडेला** ने अपने जीवन के 27 वर्ष जेल में व्यतीत किए थे।
- इन्होंने स्वतंत्रता एवं न्याय की प्राप्ति में किए गए संघर्ष को अपनी आत्मकथा **लान्ग वॉक टू फ्रीडम** में अभिव्यक्त किया। इस पुस्तक में मंडेला ने दक्षिण अफ्रीका की **रंगभेद नीति**[2] (Apartheid Policy) के विरुद्ध अपने व्यक्तिगत संघर्ष, श्वेत लोगों के शासन की अलगाववादी नीतियों के विरुद्ध प्रतिरोध, दक्षिण अफ्रीका के अश्वेत लोगों द्वारा सहे गए अपमान, कठिनाइयों एवं अत्याचार का उल्लेख किया है।

रंगभेद की नीति ने लोगों पर कई प्रतिबंध लगाए। इनमें शामिल थे

- उन्हें अलग-अलग नगरीय क्षेत्रों में रहने के लिए मजबूर किया गया।
- उन्हें देश भर में मुक्त आवागमन की अनुमति नहीं थी।
- वे यह निर्धारित नहीं कर सकते थे कि वे किससे विवाह कर सकते हैं।

आंग सान सू की

- आंग सान सू की महात्मा गाँधी के अहिंसा के विचारों से प्रेरित थीं।
- उन्होंने अपनी स्वतंत्रता को म्यांमार के लोगों की स्वतंत्रता के रूप में देखा।
- उन्होंने इस स्वतंत्रता को प्राप्त करने के लिए कई वर्षों तक **नजरबंदी**[3] में समय बिताया।
- उन्होंने अपनी पुस्तक फ्रीडम फ्रॉम फीयर (भय से मुक्ति) में लिखा कि "मेरे लिए वास्तविक मुक्ति भय से मुक्ति है। भय से मुक्त हुए बिना आप गरिमापूर्ण मानवीय जीवन नहीं जी सकते।"
- आंग सान सू की के अनुसार, एक सम्मानजनक मानवीय जीवन जीने के लिए हमें इस भय को दूर करने में सक्षम होना चाहिए।

स्वराज

- भारतीय राजनीतिक विचारों में स्वतंत्रता की समानार्थी अवधारणा 'स्वराज' है। स्वराज का अर्थ 'स्व' का शासन भी हो सकता है और 'स्व' के ऊपर शासन भी हो सकता है।
- स्वराज स्वतंत्रता आंदोलन में एक महत्त्वपर्ण नारा बन गया जिसने तिलक के प्रसिद्ध कथन 'स्वराज मेरा जन्म सिद्ध अधिकार है और मैं इसे लेकर रहूँगा' को प्रेरित किया।
- स्वराज का आशय अपने ऊपर अपना राज भी है। स्वराज की यही समझ गाँधी के 'हिंद स्वराज' में प्रकट हुई है। हिंद स्वराज के शब्दों में, "जब हम स्वयं पर शासन करना सीखते हैं तभी स्वराज है" स्वराज केवल स्वतंत्रता नहीं ऐसी संस्थाओं से मुक्ति भी है, जो मनुष्य को उसी मनुष्यंता से वंचित करती है।
- स्वराज में मानव को यंत्रवत बनाने वाली संस्थाओं से मुक्ति पाना निहित है। साथ ही स्वराज में आत्मसम्मान, दायित्वबोध और आत्म साक्षात्कार को पाना भी शामिल है। स्वराज पाने की परियोजना में सच्चे 'स्व' और उसके समाज-समुदाय से रिश्तों को समझना महत्त्वपूर्ण है।

चेक प्वॉइंट 1

1. नेल्सन मंडेला का संघर्ष किसके विरुद्ध था?
2. किस देश ने नस्लीय विभाजन के रूप में रंगभेद व्यवस्था को अपनाया था?
3. 'लॉन्ग वॉक टू फ्रीडम' किसकी रचना है?
4. आंग सान सू की ने अपनी पुस्तक 'फ्रीडम फ्रॉम फीयर' में किस विषय पर लिखा?
5. स्वराज का क्या अर्थ है?

2.2 स्वतंत्रता पर प्रतिबंधों के स्रोत

- व्यक्तियों को समाज में रहते हुए सभी प्रकार के प्रतिबंधों से बचाव संभव नहीं है। स्वतंत्रता पर लगाए गए कुछ प्रमुख प्रतिबंध इस प्रकार हैं:
- **शासन और बाह्य नियंत्रण** प्रभुत्ववादी सरकार अपनी शक्ति के बल पर कानून बनाकर व्यक्ति की स्वतंत्रता प्रतिबंधित कर सकती है। इस प्रकार के प्रतिबंध उपनिवेशी शासकों ने दक्षिण अफ्रीका में रंगभेद के अंतर्गत लगाए थे।

2 रंगभेद नीति (Apartheid policy) नस्लीय भेदभाव की प्रणाली थी, जिसमें दक्षिण अफ्रीका में श्वेत और अश्वेत नागरिकों को अलग रखा गया।

3 नजरबंदी (House arrest) यह एक कानूनी स्थिति है, जिसमें किसी व्यक्ति को दंड या प्रतिबंध के रूप में उनके घर तक सीमित कर दिया जाता है।

- **सरकारी कानून** लोकतांत्रिक सरकार के अंतर्गत कुछ ऐसे बाहरी नियंत्रण व्यक्ति की स्वतंत्रता पर लग सकते हैं, जिससे अन्य व्यक्तियों की स्वतंत्रता की रक्षा हो सकें।
- **सामाजिक और आर्थिक असमानताएँ** व्यक्ति की स्वतंत्रता पर सामाजिक-आर्थिक असमानता के कारण भी प्रतिबंध लग सकते हैं; जैसे—**जाति प्रथा**[4] के कारण कुछ जातियों पर लगाए जाने वाले प्रतिबंध।

स्वतंत्रता के बारे में नेताजी सुभाषचन्द्र के विचार

नेताजी सुभाषचन्द्र बोस का माना था कि स्वतंत्रता से आशय सर्वांगीण स्वतंत्रता से है, जिसमें शामिल हैं

- व्यक्तियों और समाज के लिए स्वतंत्रता
- पुरुष और महिलाओं के लिए स्वतंत्रता
- राजनीतिक बंधन से स्वतंत्रता
- अमीर और गरीब के लिए स्वतंत्रता
- सभी वर्गों के लिए स्वतंत्रता
- सामाजिक और आर्थिक असमानताओं से स्वतंत्रता
- धार्मिक असहिष्णुता और सांप्रदायिकता से स्वतंत्रता। बोस के राजनीतिक दृष्टिकोण में भारत की पूर्ण स्वतंत्रता का समर्थन, एक वर्गहीन समाज का समर्थन और राज्य समाजवाद का समर्थन शामिल था।

स्वतंत्रता पर प्रतिबंधों की आवश्यकता

- व्यक्ति के संपूर्ण विकास के लिए स्वतंत्रता आवश्यक है, लेकिन इसका अर्थ यह नहीं है कि उस पर किसी प्रकार का प्रतिबंध न हो। यदि व्यक्ति पर प्रतिबंध नहीं होंगे, तो समाज में अव्यवस्था व्याप्त हो जाएगी।
- निम्नलिखित कारणों से हमें स्वतंत्रता पर प्रतिबंधों की आवश्यकता है
- **आपसी मतभेद एवं लड़ाई से बचाव के लिए** व्यक्ति की स्वतंत्रता पर प्रतिबंधों की आवश्यकता इसलिए है, क्योंकि इनकी अनुपस्थिति में व्यक्तियों के बीच मतभेद बंद जाएँगे।
- समाज में हिंसा न बढ़े, विवादों का निपटारा सही से हो इसके लिए प्रतिबंधों की आवश्यकता है।
- **समाज निर्माण के लिए** एक बेहतर समाज के निर्माण के लिए व्यक्ति की स्वतंत्रता पर प्रतिबंध लगाए जाते हैं। समाज में रहते हुए कोई भी व्यक्ति अपने विचारों को दूसरों पर आरोपित करने के लिए स्वतंत्र नहीं है।
- लोगों को अभिव्यक्ति की स्वतंत्रता होती है, किंतु ऐसे विचारों को आजादी नहीं दी जा सकती, जिससे समाज में किसी भी प्रकार बुरे विचार फैले।

2.3 हानि सिद्धांत

- स्वतंत्रता से संबंधित हानि सिद्धांत का प्रतिपादन **जॉन स्टुअर्ट मिल** द्वारा अपनी पुस्तक **आन लिबर्टी** में किया गया।
- स्वतंत्रता का हानि सिद्धांत यह है कि किसी के कार्य करने की स्वतंत्रता में व्यक्तिगत तथा सामूहिक रूप से हस्तक्षेप करने का एकमात्र लक्ष्य आत्मरक्षा है। किसी भी सभ्य समाज में सदस्यों की इच्छा के विरुद्ध औचित्यपूर्ण ढंग से शक्ति के प्रयोग का उद्देश्य दूसरों की स्वतंत्रता को हानि से बचाना हो सकता है।
- मिल ने कार्यों को दो श्रेणियों में विभाजित किया है।

स्वसंबंध क्रियाएँ	परसंबंध क्रियाएँ
स्वसंबंध क्रियाएँ ऐसे कार्य हैं, जिनका परिणाम केवल उस व्यक्ति पर होता है, जो उसे करता है और किसी अन्य व्यक्ति पर इसका प्रभाव नहीं पड़ता।	ये ऐसी क्रियाएँ हैं, जिनका परिणाम दूसरों पर पड़ता है।
राज्य (या कोई बाहरी सत्ता) ऐसे कार्यों में हस्तक्षेप नहीं कर सकता है	राज्य (या कोई बाहरी सत्ता) ऐसे कार्यों में हस्तक्षेप कर सकता है। यह किसी व्यक्ति को इस प्रकार से व्यवहार करने से रोक सकता है, जिससे किसी अन्य व्यक्ति को हानि हो।
उदाहरण- व्यक्तिगत रुचियों और लक्ष्यों के आधार पर किसी विशेष क्षेत्र (करियर) को चुनने का निर्णय लेना।	उदाहरण- कचरे का ऐसा निपटान करना जिससे सामुदायिक स्वास्थ्य और जीवन की गुणवत्ता प्रभावित हो।

4 जाति-प्रथा (Caste system) यह भारत में पाई जाने वाली एक पारंपरिक सामाजिक संरचना है, जिसमें लोग उनके जन्म के आधार पर विभिन्न सामाजिक समूहों में (जातियों में) विभाजित होते हैं।

- यदि किसी कार्य से हानि नहीं होती, तो उसे प्रतिबंधित नहीं किया जाना चाहिए। यदि कार्य परसंबंध हो तो उस पर प्रतिबंध लगाना हानि के स्तर पर निर्भर करता है, मिल ने हानि के आधार पर प्रतिबंध लगाने का सुझाव दिया है जिसे निम्न प्रकार से समझा जा सकता है।
- **मामूली हानि के मामले** में यदि किसी क्रिया से केवल मामूली हानि होती है, तो मिल ने केवल सामाजिक अस्वीकृति की सिफारिश की है, न कि कानून के बल के उपयोग की।
- **बड़ी हानि के मामले में** यदि किसी कार्य से बड़ी हानि होती है, तो मिल ने ऐसे कार्यों को कानून के बल से प्रतिबंधित करने की सिफारिश की है।
- हालाँकि, उन्होंने यह भी कहा है कि बहुत कठोर प्रतिबंध नहीं लगाए जाने चाहिए।

भारतीय संविधान में स्वतंत्रता पर प्रतिबंध

- भारतीय संविधान की चर्चा में 'युक्तियुक्त निबंधन' (reasonable restrictions) शब्द का उपयोग स्वतंत्रता पर उचित और न्यायसंगत सीमाओं के लिए किया जाता है।
- किसी प्रतिबंध को 'युक्तियुक्त' होने के लिए निम्न शर्तें आवश्यक हैं।
- यह न्यायसंगत हो और तर्क संगत आधार पर आधारित हो
- यह अत्यंत कठोर न हो और जिस क्रिया को प्रतिबंधित किया जा रहा है उसके साथ संतुलित होना चाहिए।

उदारवाद

- एक राजनीतिक विचारधारा के रूप में उदारवाद को सहनशीलता के मूल्य के साथ जोड़ कर देखा जाता है। उदारवादी चाहे किसी व्यक्ति से असहमत हों, तब भी वे उसके विचार और विश्वास रखने और व्यक्त करने के अधिकार का पक्ष लेते हैं।
- आधुनिक उदारवाद की विशेषता यह है कि इसमें केंद्र बिंदु व्यक्ति है। उदारवाद के लिए परिवार समाज या समुदाय जैसी इकाइयों का अपने आप में कोई महत्त्व नहीं है।
- उनके लिए इन इकाइयों का महत्त्व तभी है, जब व्यक्ति इन्हें महत्त्व दे। उदाहरण के लिए उदारवादी कहेंगे कि किसी से विवाह करने का निर्णय व्यक्ति को लेना चाहिए, परिवार, जाति या समुदाय को नहीं। उदारवादी व्यक्तिगत स्वतंत्रता को समानता जैसे अन्य मूल्यों से अधिक वरीयता देते हैं। वे सामान्यत: पर राजनीतिक सत्ता को भी संदेह की नजर से देखते हैं।
- ऐतिहासिक रूप से उदारवाद ने मुक्त बाजार और राज्य की न्यूनतम भूमिका का पक्ष लिया है। हालाँकि अब वे कल्याणकारी राज्य की भूमिका को स्वीकार करते हैं और मानते हैं कि सामाजिक और आर्थिक असमानताओं को कम करने वाले उपायों की जरूरत है।

2.4 नकारात्मक और सकारात्मक स्वतंत्रता

- राजनीतिक सिद्धांतों में स्वतंत्रता के दो पक्ष होते हैं, जिन्हें नकारात्मक स्वतंत्रता (Negative liberty) और सकारात्मक स्वतंत्रता (Positive liberty) कहा जाता है। इन दोनों के मध्य का अंतर निम्नलिखित तालिका में समझाया गया है।

सकारात्मक स्वतंत्रता	नकारात्मक स्वतंत्रता
यह व्यक्ति की स्व -शासन की क्षमता और व्यक्तिगत विकास पर केंद्रित होती है।	यह व्यक्ति को बाह्य सत्ता के हस्तक्षेप से मुक्त रखने के लिए एक क्षेत्र की सुरक्षा पर केंद्रित होती है
यह 'कुछ करने की स्वतंत्रता' के विचार पर आधारित है जिसमें कार्य करने, विकास करने और स्वयं को सुधारने के लिए अनुकूल परिस्थितियाँ शामिल हैं।	यह बाह्य हस्तक्षेप से स्वतंत्रता के विचार पर आधारित है।
यह उन परिस्थितियों (जैसे शिक्षा, भौतिक संसाधन) पर केंद्रित है, जो व्यक्तिगत विकास और प्रगति के लिए आवश्यक है	यह एक न्यूनतम अहस्तक्षेप क्षेत्र के निर्माण पर ध्यान केंद्रित करती है, जहाँ व्यक्ति अपनी पसंद से निर्णय ले सके।
सरकार को ऐसा पर्यावरण प्रदान करना चाहिए, जैसे शिक्षा और रोजगार जिससे व्यक्ति का विकास हो सके	सरकार या बाह्य सत्ता को सीमित होना चाहिए। इसे व्यक्तिगत चुनाव और कार्यों में हस्तक्षेप नहीं करना चाहिए।
सकारात्मक स्वतंत्रता की आलोचना इसलिए की जाती है, क्योंकि इसे कभी-कभी तानाशाहों द्वारा दुरुपयोग किया जा सकता है। वे समाज के विकास का दावा करके प्रतिबंध लगाने को उचित ठहरा सकते हैं।	नकारात्मक स्वतंत्रता की आलोचना इसलिए की जाती है, क्योंकि यह केवल हस्तक्षेप की अनुपस्थिति पर केंद्रित होती है और व्यक्तिगत विकास के लिए आवश्यक परिस्थितियों का स्थान नहीं देती।
ऐसे समाज का निर्माण करना, जो व्यक्तिगत क्षमताओं को प्रोत्साहित करे और पूर्ण आत्म-अभिव्यक्ति की स्वीकृति दे।	व्यक्ति स्वतंत्रता के क्षेत्र को विस्तृत करना, बिना समाज में स्थिरता से समझौता किए।

अभिव्यक्ति की स्वतंत्रता

- **अभिव्यक्ति की स्वतंत्रता**[5] का संबंध व्यक्ति की अहस्तक्षेप स्वतंत्रता के छोटे से क्षेत्र से है।
- **जे एस मिल** के अनुसार, ''अभिव्यक्ति की स्वतंत्रता को प्रतिबंधित नहीं किया जाना चाहिए। यह चर्चा के लिए एक अच्छा प्रसंग है।'' पुस्तक, नाटक, फिल्म, साहित्य, शोध पत्रिका, भाषण इत्यादि को अभिव्यक्ति की स्वतंत्रता के स्रोत के रूप में देखा जा सकता है।
- अभिव्यक्ति की स्वतंत्रता एक बुनियादी मूल्य है और जो लोग इसको सीमित करना चाहते हैं, उनसे बचने के लिए समाज को कुछ असुविधाओं को सहन करने के लिए तैयार रहना चाहिए।
  - **वॉल्टेयर** ने कहा था कि ''तुम जो कहते हो मैं उसका समर्थन नहीं करता, लेकिन मैं मरते दम तक तुम्हारे कहने के अधिकार का बचाव करूँगा।''
  - ओब्रे मेनन की '**रामायण रिटोल्ड**' और सलमान रूश्दी की '**द सेटानिक वर्सेस**' समाज के कुछ हिस्सों में विरोध के बाद प्रतिबंधित कर दी गई। '**द लास्ट टेम्पटेशन ऑफ क्राइस्ट**' नामक फिल्म और '**मी नाथूराम बोलते**' नाम का नाटक भी अन्य समूहों द्वारा विरोध के बाद प्रतिबंधित कर दिया गया।
- इस प्रकार के प्रतिबंध अल्पकालीन समाधान हैं, क्योंकि ये तात्कालिक माँग को पूरा करते हैं। समाज में स्वतंत्रता की दूरगामी संभावनाओं की दृष्टि से यह अत्यधिक हानिकारक है, क्योंकि एक बार प्रतिबंध लगाने के बाद प्रतिबंध लगाने की आदत विकसित हो जाती है।
- आंशिक प्रतिबंध, जैसे **सेंसरशिप**[6] भी समाज में महत्त्वपूर्ण है।
- इसका उद्देश्य यह सुनिश्चित करना है कि अनुचित सामग्री कुछ दर्शकों, जैसे बच्चों के लिए उपलब्ध न हो।
- इन विषयों में किसी फिल्म के केवल विशेष हिस्सों को प्रतिबंधित किया जाता है, न कि पूरी फिल्म को।
- यह एक संतुलित दृष्टिकोण को सक्षम बनाता है, जहाँ सामग्री साझा की जा सकती है, लेकिन आवश्यक सुरक्षा उपायों के साथ, जिससे किसी प्रकार की हानि न हो।

विचार और वाद-विवाद की स्वतंत्रता

जे.एस.मिल ने अपनी पुस्तक 'ऑन लिबर्टी' में विचार और वाद-विवाद की स्वतंत्रता का बहुत ही भावपूर्ण पक्ष प्रस्तुत किया है। उन्होंने इस विचार को सत्यापित करने के लिए निम्नलिखित तर्क प्रस्तुत किए

- गलत विचारों में भी सत्य का कुछ अंश हो सकता है।
- सत्य विभिन्न विरोधी विचारों के टकराव से उभरता है।
- विचारों का संघर्ष यह सुनिश्चित करता है कि सत्य गतिशील और विश्वसनीय बना रहे।
- विचारों को दबाने से उस ज्ञान को खोने का जोखिम रहता है, जो बाद में मूल्यावान साबित हो सकता है।

शिक्षा की भूमिका

- स्वतंत्रता का अर्थ है विकल्प चुनने की क्षमता और इसके साथ उन कार्यों के परिणामों का उत्तरदायित्व भी आता है।
- शिक्षा आवश्यक है जिससे निर्णय लेने की क्षमता विकसित हो सके और राज्य व समाज के हस्तक्षेप को सीमित किया जा सके।
- स्वतंत्रता और स्वतंत्र विचार के समर्थकों का माना है कि बच्चों को माता-पिता की देखभाल में रखना चाहिए। इसका कारण यह है कि उनके तर्कसंगत निर्णय लेने की क्षमता समय के साथ विकसित होती है और इस क्षमता को विकसित करने में शिक्षा की महत्त्वपूर्ण भूमिका होती है।

चेक प्वॉइंट 2

1. 'हानि सिद्धांत (Harm Principle)' किसने प्रस्तुत किया?
2. भारतीय संविधान में प्रयुक्त किए गए शब्द 'युक्तियुक्त प्रतिबंध' का क्या अर्थ है?
3. नकारात्मक स्वतंत्रता किस पर आधारित है?
4. जॉन स्टुअर्ट मिल के अनुसार, विचारों को दबाने से क्या खतरा होता है?
5. हानि सिद्धांत के अनुसार, राज्य किस प्रकार की क्रियाओं में हस्तक्षेप कर सकता है?

---

5 अभिव्यक्ति की स्वतंत्रता (Freedom of Expression) यह बिना सेंसरशिप प्रतिबंध या कानूनी दंड के अपने विचार व्यक्त करने का अधिकार है।

6 सेंसरशिप (Censorship) यह सामग्री को आधिकारिक रूप से प्रतिबंधित या संपादित करने की विधि है, जिससे हानिकारक या अनुचित सामग्री के प्रकार को रोका जा सके।

Mind Map

स्वतंत्रता

1 स्वतंत्रता का अर्थ

- स्वतंत्रता का अर्थ 'बाधाओं (प्रतिबंधों) की अनुपस्थिति' है।
- यह व्यक्तियों को स्वतंत्र रूप से निर्णय लेने की अनुमति देती है।

स्वतंत्रता के पहलू

सकारात्मक पहलू

- इसका अर्थ है व्यक्ति की आत्म-अभिव्यक्ति की योग्यता का विस्तार करना और उसके अंदर की संभावनाओं को विकसित करना।

नकारात्मक पहलू

- इसका अर्थ है बाहरी प्रतिबंधों का अभाव

2 स्वतंत्रता का आदर्श

- **नेल्सन मंडेला** रंगभेद के विरुद्ध संघर्ष किया।
- **आंग सान सूकी** भय से मुक्ति और अहिंसा
- **महात्मा गाँधी** स्वशासन या स्वराज

3 स्वराज

- स्वराज स्वतंत्रता के समान एक अवधारणा है।
- यह भारत के स्वतंत्रता आंदोलन की एक प्रमुख माँग थी, जो राजनीतिक और संवैधानिक स्वतंत्रता दोनों का प्रतिनिधित्व करती थी।
- महात्मा गाँधी ने स्वराज को 'स्वयं पर शासन' करने की संकल्पना के रूप में प्रस्तुत किया।
- इसमें आत्मसम्मान, दायित्वबोध और आत्म साक्षात्कार पर बल दिया जाता है।
- समाज के साथ इसका गहरा संबंध है, जो सच्चे स्वराज की प्राप्ति के लिए आवश्यक है।

4 प्रतिबंधों के स्रोत

- **प्रभुत्व और बाहरी नियंत्रण**
  उदाहरण- उपनिवेशवाद और रंगभेद
- **कानून**
  उदाहरण- स्वतंत्रता और सामाजिक व्यवस्था के बीच संतुलन बनाए रखना।
- **सामाजिक असमानता**
  उदाहरण- जाति व्यवस्था और आर्थिक असमानता।

5 प्रतिबंधों की आवश्यकता

- समाज में व्यवस्था बनाए रखने के लिए, अन्यथा समाज पतन की ओर बढ़ सकता है।
- लोगों के बीच सौहार्दपूर्ण जीवन के लिए अनुकूल वातावरण बनाना।
- विभिन्न विचारों, मतों और विश्वासों के प्रति सम्मान को बढ़ावा देने के लिए प्रतिबंधों की आवश्यकता होती है।
- अराजकता रोकने के लिए और सामाजिक वयवस्था सुनिश्चित करने के लिए इसकी आवश्यकता है।
- मतभेदों और महत्त्वाकांक्षाओं को नियंत्रित कर संघर्षों को कम करने के लिए।
- हिंसा को नियंत्रित और विवादों को सुलझाने के लिए उचित तंत्र प्रदान करना।
- धमकाने और जबरन समानता थोपने के प्रयासों से सुरक्षा प्रदान करने के लिए प्रतिबंधों की आवश्यकता होती है।

6 हानि सिद्धांत

- इसे जॉन स्टुअर्ट मिल ने प्रस्तुत किया था।
- यह सिद्धांत कहता है कि किसी अन्य की स्वतंत्रता में हस्तक्षेप केवल आत्म सुरक्षा के लिए ही उचित है।

हानि के प्रकार

- **छोटी हानियाँ** इन विषयों में केवल सामाजिक अस्वीकृति होती है, लेकिन कानूनी बल का उपयोग नहीं किया जाता।
- **बड़ी हानियाँ** इस प्रकार की हानियों में कानूनी बल द्वारा कार्रवाई की जाती है और संबंधित कार्यों पर प्रतिबंध लगाया जाता है।

स्वसंबद्ध कार्य

- ऐसे कार्यों में कोई बाहरी हस्तक्षेप नहीं किया जाता।

परसंबद्ध कार्य

- प्रतिबंध केवल तब लगाए जाते हैं जब किसी ओर को हानि होती है।

7 नकारात्मक बनाम सकारात्मक स्वतंत्रता

नकारात्मक स्वतंत्रता

- प्रतिबंध से मुक्ति
- सरकार या बाहरी प्राधिकरण को सीमित रखा जाना चाहिए।
- इसकी आलोचना इसलिए होती है, क्योंकि यह केवल प्रतिबंधों की अनुपस्थिति पर ध्यान केंद्रित करता है।

सकारात्मक स्वतंत्रता

- व्यक्तिगत विकास के लिए परिस्थितियाँ प्रदान करती है।
- सरकार को शिक्षा जैसी सुविधाएँ उपलब्ध करानी चाहिए।
- इसकी आलोचना इसलिए होती है कि तानाशाह कभी-कभी इसका दुरुपयोग कर सकते हैं।

8 अभिव्यक्ति की स्वतंत्रता

- यह अहस्तक्षेप के मौलिक अधिकारों में से एक है।
- वाल्टेयर ने यह विचार रखा कि अलोकप्रिय विचारों को व्यक्त करने का अधिकार भी होना चाहिए।
- समय के साथ विभिन्न पुस्तकें, फिल्में, नाटक और लेख प्रतिबंधित किए गए, जैसे सलमान रुश्दी की पुस्तक 'द सेटानिक वर्सेस'।
- प्रतिबंध लगाना अल्पकालिक समाधान हो सकता है, लेकिन यह हमेशा सही तरीका नहीं होता।
- आंशिक प्रतिबंध या सेंसरशिप समाज में एक महत्त्वपूर्ण भूमिका निभाती है।

9 शिक्षा की भूमिका

- यह सही निर्णय लेने की क्षमता को विकसित करती है।
- व्यक्ति को अपने कार्यों के परिणामों की जिम्मेदारी लेने के लिए सक्षम बनाती है।
- सही विकल्प बनाने और बाहरी हस्तक्षेप को सीमित करने की क्षमता को बढ़ावा देती है।
- समय के साथ तर्कसंगत निर्णय लेने की क्षमता विकसित होती है, जिसमें शिक्षा महत्त्वपूर्ण भूमिका निभाती है।

NCERT फोल्डर

अध्याय के मध्य में दिए गए प्रश्न

1. क्या केवल महान स्त्रियाँ और पुरुष ही स्वतंत्रता जैसे ऊँचे आदर्शों के लिए लड़ते हैं? इस सिद्धांत का मेरे लिए क्या आशय है?

उत्तर स्वतंत्रता जैसे ऊँचे आदर्शों के लिए केवल महान स्त्रियाँ और पुरुष ही नहीं, बल्कि प्रत्येक वह व्यक्ति लड़ता है, जो स्वतंत्रता का महत्त्व समझता है। यह सिद्धांत बताता है कि आदर्शों के प्रति संघर्ष हमारी आंतरिक चेतना और सामूहिक प्रयास पर निर्भर है, न कि केवल विशेष व्यक्तियों पर, प्रत्येक व्यक्ति का योगदान मूल्यवान है।

2. सभ्य समाज से क्या आशय है, जिस समाज में कानून का राज नहीं होता वहाँ स्वतंत्रता में हस्तक्षेप किस प्रकार होता है?

उत्तर सभ्य समाज वह है, जहाँ न्याय समानता और कानून का पालन होता है। इसमें व्यक्ति और समुदाय के अधिकारों का सम्मान किया जाता है। यदि समाज में कानून का राज नहीं होता तो अराजुकता फैल जाती है। शक्तिशाली लोग कमजोरों का शोषण करते हैं और अन्याय बढ़ता है। इस स्थिति में स्वतंत्रता का हनन होता है, क्योंकि लोग भय और असुरक्षा के माहौल में जीने को मजबूर हो जाते हैं।

3. वाद-विवाद

(i) **मनचाहे परिधान पर प्रतिबंध सभी मामलों में न्यायोचित है या केवल कुछ में । यह प्रतिबंध का मामला स्वतंत्रता पर कब जाता है?**

उत्तर मनचाहे परिधान पर प्रतिबंध केवल उन्हीं मामलों में न्यायोचित है, जब वे सामाजिक शांति सुरक्षा या नैतिकता को गंभीर रूप से प्रभावित करते हैं। अन्यथा, यह स्वतंत्रता के अधिकार का उल्लंघन है।

(ii) **इन प्रतिबंधों को लगाने का अधिकार किसको है? क्या धार्मिक नेताओं को परिधान के मामले में निर्णय देने का अधिकार होना चाहिए ? क्या यह राज्य को तय करना चाहिए कि कोई क्या पहने ? क्या क्रिकेट खेलते समय खिलाड़ियों के पहनावे के नियम तय करने के लिए अंतर्राष्ट्रीय क्रिकेट कंट्रोल बोर्ड उपयुक्त सस्था है?**

उत्तर परिधान पर प्रतिबंध लगाने का अधिकार केवल राज्य या मान्यता प्राप्त संस्थाओं का होना चाहिए, जो सभी के अधिकारों और स्वतंत्रता का सम्मान करें। धार्मिक नेताओं को केवल अनुयायियों को सलाह देने का अधिकार है, न कि बाध्य करने का। क्रिकेट जैसे खेलों में ICC जैसी संस्थाएँ नियम तय करने के लिए उपयुक्त हैं, क्योंकि वे खेल से संबंधित मानकों की विशेषज्ञता रखती हैं।

(iii) **क्या प्रतिबंध आरोपित करना अन्यायपूर्ण होता है? क्या यह कई तरीके से व्यक्तियों की अभिव्यक्ति को कम करते हैं?**

उत्तर प्रतिबंध आरोपित करना अन्यायपूर्ण हो सकता है। यदि यह व्यक्ति के बुनियादी अधिकारों और स्वतंत्रता का उल्लंघन करता है। ऐसे प्रतिबंध व्यक्तियों की अभिव्यक्ति को कई तरीकों से कम कर सकते हैं, जैसे उनकी संस्कृति, विश्वास और व्यक्तिगत पहचान पर प्रभाव डालकर, जो उनके आत्म निर्णय के अधिकार को प्रभावित करता है।

(iv) **आरोप को स्वीकार करने के परिणाम क्या होते हैं ? क्या माओकालीन चीन में सभी लोगों के एक जैसे कपड़े पहनने से समाज में गरीबी कम हो गई ?**

उत्तर आरोप को स्वीकार करने के परिणाम में व्यक्तिगत स्वतंत्रता की हानि, मानसिक और सामाजिक दबाव का सामना करना और न्यायपूर्ण प्रक्रिया से वंचित होना शामिल हो सकता है। माओकालीन चीन में एक जैसे कपड़े पहनने से गरीबी कम नहीं हुई बल्कि इसके अतिरिक्त, यह सामाजिक समानता का प्रतीक था, लेकिन आर्थिक असमानता बरकार रही।

(v) **यदि महिलाएँ ऐसे कपड़े न पहन सकें, जिनमें वे पुरजोर तरीके से संघर्ष कर पाएँ, तो क्या यह माना जाए कि वे खेल में सहभागिता से वंचित की जा रही है। यदि क्रिकेट खिलाड़ी रंगीन कपड़े पहने, तो क्या इससे खेल प्रभावित होगा?**

उत्तर यदि महिलाएँ ऐसे कपड़े न पहन सकें, जिनमें वे प्रभावी रूप से खेल सकें, तो इसे खेल में सहभागिता वंचित करना माना जाएगा। क्रिकेट खिलाड़ी यदि रंगीन कपड़े पहनते हैं तो खेल पर तकनीकी या रणनीतिक प्रभाव नहीं पडेगा, लेकिन यह खेल के परंपरागत स्वरूप को प्रभावित कर सकता है।

4. क्या हमें अपने पर्यावरण को नष्ट करने की आजादी है?

उत्तर हमें अपने पर्यावरण को नष्ट करने की आजादी नहीं होनी चाहिए, क्योंकि यह प्राकृतिक संसाधनों और जीवन के लिए खतरा है। पर्यावरण की सुरक्षा हमारे और आने वाली पीढ़ियों के हित में है।

निम्नलिखित प्रश्नों के उत्तर दीजिए

1. स्वतंत्रता से क्या आशय है? क्या व्यक्ति के लिए स्वतंत्रता और राष्ट्र के लिए स्वतंत्रता में कोई संबंध है?

उत्तर स्वतंत्रता व्यक्ति के जीवन का सर्वश्रेष्ठ एवं उत्तम अधिकार है। 'स्वतंत्रता' अंग्रेजी भाषा के Liberty शब्द का हिंदी रूपांतरण है।

टी. एच. ग्रीन के शब्दों में, "स्वतंत्रता का अर्थ यह है कि मानव समाज के सभी सदस्यों को समान रूप में सत्ता का अधिकतम अंश प्राप्त हो, जिससे वे अपना सर्वश्रेष्ठ विकास कर सकें।"

लास्की के शब्दों में, "स्वतंत्रता का अर्थ उस वातावरण को इच्छुक तरीके से बनाए रखना है, जिसमें रहकर कोई व्यक्ति अपने व्यक्तित्व का यथासंभव श्रेष्ठ विकास कर सके।"

हॉब्स के शब्दों में, "स्वतंत्रता का अर्थ सभी प्रकार के बंधनों का अभाव है।"

हाँ, व्यक्ति के लिए स्वतंत्रता और राष्ट्र के लिए स्वतंत्रता में संबंध है। राष्ट्र में ही व्यक्ति की स्वतंत्रता सुरक्षित रह सकती है। व्यक्ति के विकास के लिए सकारात्मक परिस्थितियाँ राष्ट्र ही प्रदान करता है। इस प्रकार यदि राष्ट्र व्यक्ति की स्वतंत्रता पर उचित प्रतिबंध लगाता है, तो इससे सभी व्यक्ति अपने-अपने अधिकारों एवं स्वतंत्रताओं का उपभोग कर सकते हैं और अराजकता की स्थिति भी विभिन्न उत्पन्न नहीं होती।

2. स्वतंत्रता की नकारात्मक और सकारात्मक अवधारणा में क्या अंतर है?

उत्तर स्वतंत्रता की नकारात्मक एवं सकारात्मक अवधारणा में अंतर निम्नलिखित हैं

नकारात्मक स्वतंत्रता	सकारात्मक स्वतंत्रता
नकारात्मक स्वतंत्रता का अर्थ प्रतिबंधों के अभाव से है।	सकारात्मक स्वतंत्रता का अर्थ अनुचित प्रतिबंधों के अभाव एवं राज्य के कानून द्वारा हस्तक्षेप से है।
स्वतंत्रता की इस अवधारणा के समर्थकों के अनुसार, व्यक्ति के जीवन में राज्य द्वारा हस्तक्षेप नहीं किया जाना चाहिए।	स्वतंत्रता की इस अवधारणा के समर्थकों के अनुसार, राज्य ही व्यक्ति की स्वतंत्रता में विकास के लिए स्थितियाँ एवं अवसर उपलब्ध कराता है।
स्वतंत्रता की नकारात्मक अवधारणा के अनुसार, कानून व्यक्ति की स्वतंत्रता को समाप्त एवं सीमित करते हैं।	स्वतंत्रता की सकारात्मक अवधारणा के अनुसार, कानून व्यक्ति की स्वतंत्रता को सुरक्षित एवं सुनिश्चित करते हैं। विभिन्न कानूनों के माध्यम से व्यक्ति की स्वतंत्रता में वृद्धि भी होती है।
स्वतंत्रता के नकारात्मक स्वरूप के अनुसार मानव जीवन के राजनीतिक, आर्थिक एवं सामाजिक क्षेत्र में राज्य का सीमित नियंत्रण रहता है।	स्वतंत्रता के सकारात्मक स्वरूप के अंतर्गत राज्य व्यक्ति की सामाजिक, आर्थिक एवं राजनैतिक स्वतंत्रता के विकास के लिए उसके जीवन क्षेत्र में हस्तक्षेप कर सकता है।
स्वतंत्रता का नकारात्मक स्वरूप व्यक्ति को जीवन एवं संपत्ति का असीमित अधिकार देता है।	स्वतंत्रता का सकारात्मक स्वरूप व्यक्ति के संपत्ति के अधिकार को सीमित करता है, जिससे सामाजिक संतुलन को बनाए रखा जा सके।
नकारात्मक स्वतंत्रता के अनुरूप वह सरकार सर्वोत्तम होती है, जो कम-से-कम शासन करती है।	सकारात्मक स्वतंत्रता के अनुरूप सरकार का लोक कल्याणकारी स्वरूप सर्वोत्तम होता है, जो व्यक्ति के विकास के लिए कानून का निर्माण करे।

3. सामाजिक प्रतिबंधों से क्या आशय है? क्या किसी भी प्रकार के प्रतिबंध स्वतंत्रता के लिए आवश्यक हैं?

उत्तर समाज में किसी व्यक्ति या सामाजिक समूह या किसी विशेष जाति पर लगे प्रतिबंधों को सामाजिक प्रतिबंध कहा जाता है; जैसे—भारत में काफी समय तक कुछ विशेष जातियों के लोगों को धार्मिक स्थलों में जाने की अनुमति नहीं थी। अतः इस प्रकार के प्रतिबंधों से व्यक्ति की स्वतंत्रता में कमी होती है। यह सही है कि स्वतंत्रता के लिए प्रतिबंधों का होना आवश्यक है। बिना प्रतिबंध के समाज में स्वतंत्रता स्थापित नहीं हो सकती। इस प्रकार समाज में विभिन्न प्रकार की प्रवृत्तियों को रोकने के लिए न्यूनतम प्रतिबंधों का होना अति आवश्यक है, जिससे व्यक्ति की स्वतंत्रता कायम रह सके। इस प्रकार स्वतंत्रता के लिए कानूनी और राजनीतिक प्रतिबंधों का होना आवश्यक है।

4. नागरिकों की स्वतंत्रता को बनाए रखने में राज्य की क्या भूमिका है?

उत्तर नागरिकों की स्वतंत्रता को बनाए रखने में राज्य महत्त्वपूर्ण भूमिका का निर्वहन करता है। राज्य सरकार कानूनी शक्ति का प्रयोग कर नकारात्मक स्वतंत्रता पर प्रतिबंध लगाती है, साथ ही ऐसी स्थितियों एवं अवसरों का निर्माण करती है, जिसमें नागरिक अपना चहुँमुखी विकास कर सकें। राज्य अपने नागरिकों की स्वतंत्रता की सुरक्षा के लिए कई माध्यमों एवं साधनों का प्रयोग करता है; जैसे—निष्पक्ष एवं स्वतंत्र चुनाव, निष्पक्ष एवं स्वतंत्र न्यायपालिका की स्थापना तथा संविधान द्वारा मौलिक अधिकारों को सुरक्षित करके, प्रेस की स्वतंत्रता इत्यादि सुनिश्चित करता है।

यह सभी लोकतांत्रिक व्यवस्था के अंतर्गत ही संभव हो सकता है, निरंकुश या तानाशाही शासन में नहीं, साथ ही राज्य द्वारा लगाए गए औचित्यपूर्ण प्रतिबंधों एवं कानूनों के पालन द्वारा नागरिकों की स्वतंत्रता में कमी नहीं, अपितु वृद्धि ही होती है एवं स्वतंत्रता सुरक्षित रहती है। उदाहरण के लिए, यदि किसी नागरिक के अधिकारों का अतिक्रमण होता है या उसे उसकी इच्छा के विरुद्ध बाध्य किया जा रहा हो, तो वह इसका विरोध कर सकता है एवं अपने अधिकारों की सुरक्षा के लिए न्यायालय जा सकता है, क्योंकि लोकतांत्रिक व्यवस्था में कोई भी कानून व्यक्ति की स्वतंत्रता की सुरक्षा से बढ़कर नहीं होता।

5. अभिव्यक्ति की स्वतंत्रता का क्या अर्थ है? आपकी राय में इस स्वतंत्रता पर समुचित प्रतिबंध क्या होंगे? उदाहरण सहित बताइए।

उत्तर अभिव्यक्ति की स्वतंत्रता का अर्थ अपने विचारों को प्रकट करने की आजादी से है। अभिव्यक्ति की स्वतंत्रता के अंतर्गत व्यक्ति अपने विचारों को कहकर, लिखकर या किसी भी माध्यम से प्रकट कर सकता है।

भारतीय संविधान के अनुच्छेद-19 में नागरिकों के विचार, भाषण और अभिव्यक्ति की स्वतंत्रता का उल्लेख किया गया है, परंतु स्वतंत्रता पर समुचित प्रतिबंध भी है, क्योंकि प्रतिबंधों के कारण ही लोगों की स्वतंत्रता कायम रह सकती है; जैसे—कोई व्यक्ति अपने विचारों को व्यक्त तो कर सकता है, परंतु वह किसी दूसरे व्यक्ति को अपमानित नहीं कर सकता।

इससे तात्पर्य यह है कि व्यक्ति अपनी इच्छानुसार स्वतंत्रतापूर्वक कार्य तो कर सकता है, परंतु वह मनमानी नहीं कर सकता; जैसे—भारतीय संविधान के अनुच्छेद-361 (A) के अनुसार, समाचार-पत्र संसद एवं विधानमंडलों की कार्यवाही को प्रकाशित तो कर सकते हैं, परंतु राज्य को भी यह शक्ति दी गई है कि वह देश की अखंडता, सुरक्षा, शांति, नैतिकता को क्षति पहुँचाता है, तो संसद द्वारा उस पर प्रतिबंध भी लगाया जा सकता है।

अभ्यास प्रश्न

वस्तुनिष्ठ प्रश्न

बहुविकल्पीय प्रश्न

1. निम्न में से किसका आशय बाह्य प्रतिबंधों के अभाव एवं ऐसी स्थितियों के होने से है, जिसमें व्यक्ति बिना किसी पर निर्भर हुए निर्णय ले सके?

(a) उदारवाद (b) समानता (c) सहचर्य (d) स्वतंत्रता

उत्तर (d) स्वतंत्रता

2. एक स्वतंत्र समाज वह है, जहाँ ....

(a) सभी लोग एक-दूसरे के मतानुसार कार्य करें

(b) सदस्य न्यूनतम सामाजिक अवरोधों के साथ अपनी संभावनाओं के विकास से समर्थ हो

(c) सदस्य एक-दूसरे के नियंत्रण में रहें

(d) सभी लोगों का प्रतिनिधित्व किसी व्यक्ति विशेष द्वारा किया जाए

उत्तर (b) सदस्य न्यूनतम सामाजिक अवरोधों के साथ अपनी संभावनाओं के विकास से समर्थ हो

3. "तुम जो कहते हो, मैं उसका समर्थन नहीं करता, लेकिन मैं मरते दम तक तुम्हारे कहने के अधिकार का बचाव करूँगा।" यह कथन किसका है?

(a) जे. एम. मिल का (b) वॉल्टेयर का

(c) जॉन स्टुअर्ट मिल (d) अब्राहम लिंकन का

उत्तर (b) वॉल्टेयर का

4. .... के समर्थक मानते हैं कि व्यक्ति की स्वतंत्रता केवल सभ्य समाज में ही संभव है, इसलिए समाज को बेहतर बनाने का सदैव प्रयास करना चाहिए।

(a) सकारात्मक स्वतंत्रता

(b) नकारात्मक स्वतंत्रता

(c) समालोचनात्मक स्वतंत्रता

(d) ये सभी

उत्तर (a) सकारात्मक स्वतंत्रता

5. स्वतंत्रता का वह रूप, जिसमें बाह्य बाधाओं का अभाव सर्वाधिक मूल्यवान है, कहलाता है

(a) सामुदायिक उदारता (b) सकारात्मक उदारता

(c) उपयोगितावादी उदारता (d) नकारात्मक उदारता

उत्तर (d) नकारात्मक उदारता

6. निम्नलिखित में से कौन स्वतंत्रता का एक महत्त्वपूर्ण पहलू है, जिसमें लोग अपनी प्रतिभा का विकास कर सकते हैं?

(a) बाहरी बाधाओं की अनुपस्थिति

(b) समावेशी स्थितियों का अस्तित्व

(c) 'a' और 'b' दोनों

(d) लिंग तटस्थ

उत्तर (c) 'a' और 'b' दोनों

7. निम्न में से कौन-सा कथन स्वतंत्रता के संबंध में सही नहीं है? *दक्षता आधारित प्रश्न*

(a) स्वतंत्रता तब मौजूद होती है, जब व्यक्ति पर बाहरी बाधाएँ अनुपस्थित होती हैं

(b) स्वतंत्रता लोगों को स्वतंत्र रूप से स्वयं को व्यक्त करने और अपनी क्षमता को विकसित करने की आजादी प्रदान करती है

(c) स्वतंत्रता किसी की कल्पना और कौशल को व्यक्त करने में सक्षम होने की स्थिति है

(d) बाधाओं की अनुपस्थिति स्वतंत्रता का केवल आयाम है

उत्तर (d) बाधाओं की अनुपस्थिति स्वतंत्रता का केवल आयाम है

8. निम्नलिखित में से जॉन स्टुअर्ट मिल ने अभिव्यक्ति की स्वतंत्रता प्रदान करने के लिए किसे कारण माना है? *दक्षता आधारित प्रश्न*

1. कोई भी विचार पूर्णतः असत्य नहीं है।
2. सत्य स्वयं प्रकट होता है।
3. विचारों का टकराव हर समय मूल्यवान होता है।
4. कोई यह सुनिश्चित नहीं कर सकता है कि वह जिन विचारों को सत्य मानता है वह वास्तव में सत्य हैं।

कूट

(a) 1, 2 और 4 (b) 2, 3 और 4

(c) 1, 2 और 3 (d) 1, 2, 3 और 4

उत्तर (b) 2, 3 और 4

9. निम्नलिखित कथनों पर विचार कीजिए *दक्षता आधारित प्रश्न*

1. स्वतंत्रता वह स्थिति है, जिसमें कहीं-न-कहीं व्यक्ति की रचनात्मकता पर प्रतिकूल प्रभाव पड़ता है।
2. विश्व में नकारात्मक एवं सकारात्मक स्वतंत्रताएँ साथ-साथ चलती हैं।
3. अभिव्यक्ति की स्वतंत्रता का संबंध व्यक्ति की अहस्तक्षेप स्वतंत्रता के छोटे-से क्षेत्र से है।
4. जॉन स्टुअर्ट मिल अमेरिका के प्रसिद्ध राजनीतिक विचारक थे।

उपरोक्त में से कौन-से कथन सही हैं?

(a) 1 और 2 (b) 2 और 3

(c) 1 और 3 (d) 3 और 4

उत्तर (b) 2 और 3

10. सूची I को सूची II से सुमेलित कीजिए *दक्षता आधारित प्रश्न*

सूची I (पुस्तक)	सूची II (लेखक)
A. हिंद स्वराज	1. जॉन स्टुअर्ट मिल
B. ऑन लिबर्टी	2. ओब्रे मेनन
C. रामायण रिटोल्ड	3. सलमान रूश्दी
D. द सेटानिक वर्सेस	4. महात्मा गाँधी

कूट

	A	B	C	D		A	B	C	D
(a)	2	1	3	4	(b)	4	1	2	3
(c)	4	3	1	3	(d)	4	1	3	2

उत्तर (b) 4 1 2 3

11. नीचे दिए गए युग्मों में से कौन-सा सही सुमेलित नहीं है?

(a) नकारात्मक स्वतंत्रता - बाहरी नियंत्रण से मुक्ति
(b) सकारात्मक स्वतंत्रता - आत्म-विकास की संभावनाएँ
(c) जे.एस.मिल - सकारात्मक स्वतंत्रता
(d) गाँधीजी - सत्य और अहिंसा

उत्तर (c) जे.एस.मिल–सकारात्मक स्वतंत्रता

12. नीचे दो कथन दिए गए हैं *दक्षता आधारित प्रश्न*

कथन-I स्वतंत्रता का अर्थ है कि व्यक्ति अपनी इच्छाओं के अनुसार कार्य कर सकता है। बशर्ते वह दूसरों के अधिकारों का उल्लंघन न करे।

कथन-II नकारात्मक स्वतंत्रता का अर्थ है कि व्यक्ति किसी भी प्रकार के बाहरी हस्तक्षेप से पूर्ण रूप से मुक्त हो।

कूट

(a) केवल कथन I सही है
(b) केवल कथन II सही है
(c) कथन I और II दोनों सही हैं
(d) कथन I और II दोनों गलत हैं

उत्तर (c) कथन I और II दोनों सही हैं।

13. नीचे दो कथन दिए गए हैं।

कथन-I गाँधीजी के अनुसार, स्वतंत्रता का अर्थ सत्य और अहिंसा का पालन करना है।

कथन-II स्वराज की संकल्पना का सही अर्थ तिलक द्वारा लिखी गई पुस्तक 'हिन्द स्वराज' में स्पष्ट होता है।

कूट

(a) केवल कथन I सही है (b) केवल कथन II सही है
(c) कथन I और II दोनों सही हैं (d) कथन I और II दोनों गलत हैं

उत्तर (a) केवल कथन I सही है।

निर्देश (प्र. सं. 14-18) नीचे दो कथन दिए गए हैं, जिनमें एक को कथन (A) और दूसरे को कारण (R) माना गया है। कूट की सहायता से सही उत्तर का चयन करें *दक्षता आधारित प्रश्न*

कूट

(a) A और R दोनों सही हैं तथा R, A की सही व्याख्या है
(b) A और R दोनों सही हैं, परंतु R, A की सही व्याख्या नहीं है
(c) A सही है, किंतु R गलत है
(d) A गलत है, किंतु R सही है

14. कथन (A) किसी पुस्तक तथा फिल्म का विरोध एक अल्पकालीन समाधान है।

कारण (R) इस प्रकार का विरोध तात्कालिक माँग को पूर्ण करता है।

उत्तर (a) किसी पुस्तक तथा फिल्म का विरोध एक अल्पकालीन समाधान है, क्योंकि इस प्रकार का विरोध तात्कालिक माँग को पूर्ण करता है। समाज में स्वतंत्रता की दूरगामी संभावनाओं की दृष्टि से यह बहुत खतरनाक है, क्योंकि जब हम एक बार प्रतिबंध लगाते हैं, तब प्रतिबंध लगाने की आदत विकसित हो जाती है।

15. कथन (A) स्वतंत्रता व्यक्ति में आत्म-अभिव्यक्ति की योग्यता का विस्तार तथा उसके अंदर संभावनाओं को विकसित करने का कार्य करती है।

कारण (R) स्वतंत्रता का एक पहलू बाधाओं की अधिकता एवं नियंत्रण से संबंधित है।

उत्तर (c) स्वतंत्रता व्यक्ति में आत्म-अभिव्यक्ति की योग्यता का विस्तार तथा उसके अंदर संभावनाओं को विकसित करने का कार्य करती है। यह वह स्थिति है, जिसमें लोग अपनी रचनात्मक शक्तियों का विकास कर सकें। स्वतंत्रता का एक पहलू बाधाओं के अभाव से संबंधित है न कि बाधाओं की अधिकता एवं नियंत्रण से।

16. कथन (A) लिबर्टी लैटिन शब्द लिबर्टेटम से आया है।

कारण (R) इसका अर्थ एक स्वतंत्र व्यक्ति की स्थिति से है।

उत्तर (a) लिबर्टी लैटिन शब्द लिबर्टेटम से निकला है, जिसका अर्थ एक स्वतंत्र व्यक्ति की स्थिति है। लिबर्टी व्यक्ति को अपने अनुसार कार्य करने और स्वयं को अभिव्यक्त करने की शक्ति है। राज्य लिबर्टी के माध्यम से अपने नागरिकों को स्वतंत्रता की गारंटी देता है।

17. कथन (A) सकारात्मक स्वतंत्रता की परंपरा का सरोकार केवल व्यक्ति के संबंधों की प्रकृति और स्थिति से है।

कारण (R) यह परंपरा इन संबंधों को इस तरह सुधारना चाहती है कि किसी व्यक्ति के व्यक्तित्व के विकास में कम-से-कम अवरोध रहे।

उत्तर (d) सकारात्मक स्वतंत्रता के विमर्श की एक लंबी परंपरा है। इस परंपरा का सरोकार व्यक्ति और समाज के संबंधों की प्रकृति और स्थिति से है। यह परंपरा इन संबंधों को इस तरह सुधारना चाहती है कि किसी व्यक्ति के व्यक्तित्व के विकास में कम-से-कम अवरोध रहे।

18. कथन (A) जॉन स्टुअर्ट मिल के अनुसार कोई भी विचार गलत नहीं होता, जो हमें गलत लगता है उसमें सच्चाई का तत्त्व होता है।

कारण (R) सत्य स्वयं में उत्पन्न नहीं होता, सत्य विरोधी विचारों के टकराव से उत्पन्न होता है।

उत्तर (b) जॉन स्टुअर्ट मिल के अनुसार, कोई भी विचार पूर्ण रूप तरह से गलत नहीं होता, जो हमें गलत लगता है उसमें सच्चाई का तत्त्व होता है। यदि हम गलत विचार को प्रतिबंधित कर देंगे, तो इसमें छुपे सच्चाई के अंश को भी खो देंगे। सत्य स्वयं में उत्पन्न नहीं होता, सत्य विरोधी विचारों के टकराव से उत्पन्न होता है। जो विचार वर्तमान में गलत प्रतीत होता है, वह सही विचारों के उदय से बहुमूल्य हो सकता है।

19. नीचे दो कथन दिए गए हैं

कथन I आंग सान सू की तथा उनके साथियों के लंबे संघर्षों को 'लॉन्ग वॉक टू फ्रीडम' पुस्तक में वर्णित किया गया है।

कथन II गाँधीजी के अहिंसा सिद्धांत आंग सान सू की के लिए प्रेरणा स्रोत बने।

कूट

(a) केवल कथन I सही
(b) केवल कथन II सही
(c) कथन I और II दोनों सही
(d) कथन I और II दोनों गलत

उत्तर (a) केवल कथन I सही

लघु उत्तरीय प्रश्न

1. स्वतंत्रता का क्या तात्पर्य है। इसके सकारात्मक तथा नकारात्मक पहलू की चर्चा कीजिए?

उत्तर स्वतंत्रता का तात्पर्य प्रतिबंधों की अनुपस्थिति हैं, हालाँकि स्वतंत्रता का पूर्ण अर्थ दो पहलुओं में विभाजित है- सकारात्मक और नकारात्मक स्वतंत्रता

सकारात्मक पहलू इसका तात्पर्य ऐसी परिस्थितियों का निर्माण करना है, जो लोगों को स्वतंत्र रूप से अपनी अभिव्यक्ति प्रकट करने ओर अपनी प्रतिभा व क्षमता का विकास करने में सक्षम बनाती हैं।

नकारात्मक पहलू इसका अर्थ बाह्य प्रतिबधों से मुक्त होना है। यह व्यक्तियों को स्वयं के विकल्प और निर्णय लेने की स्वतंत्रता प्रदान करता है।

2. नेल्सन मंडेला द्वारा स्वतंत्रता की प्राप्ति के लिए किए संघर्ष की व्याख्या कीजिए ?

उत्तर स्वतंत्रता के आदर्श की प्राप्ति के लिए 20वीं सदी के एक महान व्यक्तित्व नेल्सन मंडेला ने अपने जीवन के 27 वर्ष जेल में व्यतीत किए थे।

इन्होंने स्वतंत्रता एवं न्याय की प्राप्ति में किए गए संघर्ष को अपनी आत्मकथा 'लांन्ग वॉक टू फ्रीडम' में अभिव्यक्त किया। इस पुस्तक में मंडेला ने दक्षिण अफ्रीका की रंगभेद नीति के विरुद्ध अपने व्यक्तिगत संघर्ष श्वेत लोगों के शासन की अलगाववादी नीतियों के विरुद्ध प्रतिरोध, दक्षिण अफ्रीका के अश्वेत लोगों द्वारा सहे गए अपमान, कठिनाइयों एवं अत्याचार का उल्लेख किया है।

3. रंगभेद की नीति ने लोगों पर किस प्रकार के प्रतिबंध लगाए थे?

उत्तर रंगभेद की नीति ने लोगों पर अनेक प्रकार के प्रतिबंध लगाए, इसमें शामिल थे

- उन्हें अलग-अलग नगरीय क्षेत्रों में रहने के लिए मजबूर किया गया।
- उन्हें देश भर में मुक्त आवागमन की अनुमति नहीं थी।
- वे यह निधारित नहीं कर सकते थे कि वे किससे विवाह कर सकते हैं।

4. आंग सान सू की के बारे में चर्चा कीजिए।

उत्तर आंग सान सू की महात्मा गाँधी के अहिंसा के विचारों से प्रेरित थीं। उन्होंने अपनी स्वतंत्रता को म्यामांर के लोगों की स्वतंत्रता के रूप में देखा। उन्होंने इस स्वतंत्रता को प्राप्त करने के लिए कई वर्षों तक नजरबंदी में समय बिताया।

उन्होंने अपनी पुस्तक फ्रीडम फ्रॉम फीयर (भय से मुक्ति) में लिखा कि "मेरे लिए वास्तविक मुक्ति भय से मुक्ति है। भय से मुक्त हुए बिना आप गरिमापूर्ण मानवीय जीवन नहीं जी सकते।"

आंग सान सू की के अनुसार, एक सम्मानजनक मानवीय जीवन जीने के लिए हमें इस भय को दूर करने में सक्षम होना चाहिए।

5. स्वतंत्रता के बारे में नेताजी सुभाषचन्द्र बोस के विचारों को स्पष्ट करें।

उत्तर नेताजी सुभाषचन्द्र बोस का मानना था कि स्वतंत्रता से आशय सर्वांगीण स्वतंत्रता से है, जिसमें शामिल हैं

- व्यक्तियों और समाज के लिए स्वतंत्रता
- पुरुष और महिलाओं के लिए स्वतंत्रता
- राजनीतिक बंधन से स्वतंत्रता
- अमीर और गरीब के लिए स्वतंत्रता
- सभी वर्गों के लिए स्वतंत्रता

6. उदारवाद से आप क्या समझते हैं? चर्चा कीजिए।

उत्तर एक राजनीतिक विचारधारा के रूप में उदारवाद को सहनशीलता के मूल्य के साथ जोड़कर देखा जाता है। उदारवादी चाहे किसी से असहमत हो तब भी वे उसके विचार और विश्वास रखने और व्यक्त करने के अधिकार का पक्ष लेते हैं।

आधुनिक उदारवाद की विशेषता यह है कि इसमें केन्द्र बिंदु व्यक्ति है। उदारवाद के लिए परिवार समाज या समुदाय जैसी इकाइयों का अपने आप में कोई महत्त्व नहीं है।

उनके लिए इन इकाइयों का महत्त्व तभी है, जब व्यक्ति इन्हें महत्त्व दे। उदाहरण के लिए उदारवादी कहेंगे कि किसी से विवाह करने का निर्णय व्यक्ति को लेना चाहिए,परिवार, जाति या समुदाय को नहीं। उदारवादी व्यक्तिगत स्वतंत्रता को समानता जैसे अन्य मूल्यों से अधिक वरीयता देते हैं। वे सामान्यतः पर राजनीतिक सत्ता को भी संदेह की नजर से देखते हैं।

7. अभिव्यक्ति की स्वतंत्रता से क्या आशय है?

उत्तर अभिव्यक्ति की स्वतंत्रता से आशय है कि प्रत्येक व्यक्ति को अपने विचार, राय, विश्वास और भावनाओं को स्वतंत्र रूप से व्यक्त करने का अधिकार है। चाहे वह लिखित, मौखिक, कला या अन्य माध्यमों से ही क्यों न हो। यह लोकतांत्रिक समाज की नींव है, जो विचारों के आदान-प्रदान और विकास को प्रोत्साहित करती है। हालाँकि यह स्वतंत्रता पूर्ण नहीं है। इसका उपयोग दूसरों की गरिमा सम्मान और कानून के दायरे में रहकर किया जाना चाहिए, ताकि समाज में शांति और समानता बनी रहे।

दीर्घ उत्तरीय प्रश्न।

1. लिबर्टी बनाम फ्रीडम (स्वाधीनता बनाम स्वतंत्रता) पर संक्षिप्त टिप्पणी कीजिए।

अथवा **'लिबर्टी बनाम फ्रीडम का संबंध स्वतंत्र व्यक्ति की स्थिति से है।' इस कथन पर अपनी राय व्यक्त करें।** दक्षता आधारित प्रश्न

उत्तर हम अपने चारों ओर आस-पास लोगों को लिबर्टी और फ्रीडम शब्द को एक-दूसरे के पर्यायवाची के रूप में प्रयोग करते देखते हैं, लेकिन इन दोनों अवधारणाओं के बीच कुछ मूलभूत अंतर हैं। लिबर्टी लैटिन शब्द 'लिबर्टेटम से निकला है, जिसका अर्थ 'एक स्वतंत्र व्यक्ति की स्थिति है', जबकि फ्रीडम अंग्रेजी शब्द फ्रीडम से निकला है, जिसका अर्थ मुक्तता की अवस्था है।'

लिबर्टी व्यक्ति को अपने अनुसार कार्य करने और स्वयं को अभिव्यक्त करने की शक्ति है, जबकि फ्रीडम किसी के कार्य को तय करने की शक्ति है। फ्रीडम लिबर्टी की तुलना में अधिक मजबूत अवधारणा है, जो अन्य व्यक्तियों और परिस्थितियों के साथ एक व्यक्ति के संबंध को अधिक गहराई से जोड़ती है। राज्य लिबर्टी के माध्यम से अपने नागरिकों को फ्रीडम की गारंटी देता है।

2. नकारात्मक स्वतंत्रता की अवधारणा को स्पष्ट करते हुए इसके किन्हीं तीन पक्षों का वर्णन कीजिए।

अथवा **'नकारात्मक स्वतंत्रता की अवधारणा का संबंध व्यक्तियों पर प्रतिबंधों के अभाव से है।' कथन का औचित्य सिद्ध करें।**

दक्षता आधारित प्रश्न

उत्तर नकारात्मक स्वतंत्रता की अवधारणा का संबंध व्यक्तियों पर प्रतिबंधों के अभाव से है अर्थात् व्यक्ति अपनी इच्छानुसार कार्य करता है और उस पर किसी प्रकार का कोई प्रतिबंध नहीं होता। नकारात्मक स्वतंत्रता के उदाहरण के रूप में निरंकुश राजशाही को देखा जा सकता है, किंतु राजनीतिक विचारक नकारात्मक स्वतंत्रता का समर्थन नहीं करते। उनके अनुसार, स्वतंत्रता का यह रूप व्यक्ति के विकास को बाधित करता है। नकारात्मक स्वतंत्रता के समर्थक इसके विभिन्न पक्षों का उल्लेख करते हैं; जैसे—

- राज्य द्वारा बनाए गए नियम-कानून व्यक्ति की स्वतंत्रता को सीमित करते हैं।
- नकारात्मक स्वतंत्रता व्यक्ति को जीवन एवं संपत्ति के असीमित अधिकार देती है।
- नकारात्मक स्वतंत्रता के अनुरूप वह सरकार सर्वश्रेष्ठ होती है, जो कम-से-कम शासन करती है।

3. नकारात्मक स्वतंत्रता की कमियों को स्पष्ट कीजिए।

अथवा **'नकारात्मक स्वतंत्रता को बाहरी बंधनों के अभाव के रूप में जाना जाता है' उदाहरण से कथन की पुष्टि कीजिए।** *दक्षता आधारित प्रश्न*

उत्तर नकारात्मक स्वतंत्रता को बाहरी बंधनों के अभाव के रूप में जाना जाता है। नकारात्मक स्वतंत्रता व्यक्ति के अनुलंघनीय क्षेत्र को बचाने एवं पहचानने का कार्य करती है। इसके अनुसार व्यक्ति के किसी भी कार्य में किसी भी प्रकार का कोई हस्तक्षेप नहीं होना चाहिए, तभी व्यक्ति अपना पूर्ण विकास कर सकता है, लेकिन एक समाज में यह संभव नहीं, क्योंकि बिना किसी हस्तक्षेप या प्रतिबंध के समाज अव्यवस्थित हो जाएगा।

नकारात्मक स्वतंत्रता की कई कमियाँ दृष्टिगत होती हैं;

जैसे—नकारात्मक स्वतंत्रता कानूनों को व्यक्ति की स्वतंत्रता को सीमित करने वाला मानती है, जबकि ऐसा नहीं है। कानून एवं नियमों द्वारा ही व्यक्ति को अपने विकास के अवसर प्राप्त होते हैं। इसकी एक अन्य कमी यह है कि यह समाज में सभी व्यक्तियों को समान मानती है, जबकि वास्तविक रूप में समाज में हर व्यक्ति अपने विवेक, कौशल, प्रतिभा आदि में दूसरे व्यक्ति से अलग होता है। इसलिए नकारात्मक स्वतंत्रता व्यावहारिक रूप से समाज में प्रदान नहीं की जा सकती।

4. सकारात्मक स्वतंत्रता की विशेषताओं को बताइए

उत्तर सकारात्मक स्वतंत्रता की निम्नलिखित प्रमुख विशेषताएँ हैं

- नागरिकों के राजनीतिक, सामाजिक एवं आर्थिक विकास की जिम्मेदारी राज्य की होती है।
- व्यक्ति को निर्णय निर्माण की प्रक्रिया में भाग लेने का अवसर।
- कानून की उपलब्धता में व्यक्ति अपनी स्वतंत्रता का उपभोग करता है।
- सामूहिक जीवन के लिए कुछ कानूनों का पालन सभी व्यक्तियों के लिए अनिवार्य है।
- राज्य व्यक्तिगत स्वतंत्रता का शत्रु नहीं।
- व्यक्ति के विकास हेतु समाज का निर्माण।

5. मौलिक अधिकारों के अंतर्गत मनुष्य को क्या-क्या स्वतंत्रताएँ दी गई हैं?

उत्तर मौलिक अधिकारों में अनुच्छेद-19(1) के अंतर्गत मूल संविधान में सात स्वतंत्रताएँ प्रदान की गई थीं, लेकिन 44वें संविधान संशोधन द्वारा स्वतंत्रता के संपत्ति के अधिकार को निरस्त कर दिया गया। इस प्रकार वर्तमान में मनुष्य को 6 स्वतंत्रताएँ प्राप्त हैं जोकि इस प्रकार हैं।

(i) अभिव्यक्ति की स्वतंत्रता (बोलने की स्वतंत्रता)
(ii) संघ बनाने की स्वतंत्रता
(iii) भारत की राज्य-क्षेत्रीय सीमा में बिना किसी बाधा से विचरण करने की स्वतंत्रता
(iv) शांति तथा निशस्त्र सम्मेलन की स्वतंत्रता
(v) भारत के राज्य-क्षेत्र के किसी भी भाग में निवास करने और बस जाने की स्वतंत्रता
(vi) वृत्ति, उपजीविका, व्यापार अथवा कारोबार करने की स्वतंत्रता

6. संविधान में धार्मिक स्वतंत्रता के लिए क्या प्रावधान किए गए हैं, क्या धार्मिक स्वतंत्रता पर प्रतिबंध लगाए गए हैं?

उत्तर संविधान में धार्मिक स्वतंत्रता को संविधान की प्रस्तावना में स्थान दिया गया है। अनुच्छेद-25 से 28 तक में व्यक्ति को धार्मिक स्वतंत्रता संबंधी मौलिक अधिकार प्रदान किए गए हैं।

संविधान के अनुच्छेद-25 में भारत के व्यक्तियों को दो प्रकार की धर्म स्वतंत्रता प्राप्त हैं

(i) अंतः करण की स्वतंत्रता
(ii) अपने धर्म को मानने और उसके अनुसार आचरण और प्रचार करने की स्वतंत्रता।

अनुच्छेद-26 के अनुसार, प्रत्येक व्यक्ति को धार्मिक कार्यों के प्रबंध की स्वतंत्रता प्रदान की गई है। जिसके अंतर्गत निम्नलिखित अधिकार हैं।

- धर्म का पालन करने का अधिकार।
- धर्म का प्रचार करने का अधिकार।
- धर्म की आस्था के अनुसार पूजा करने का अधिकार।
- धर्म के अनुसार धार्मिक संस्थान स्थापित करने का अधिकार।
- धार्मिक स्थानों का रखरखाव।
- धार्मिक समारोह आयोजित करने का अधिकार।

7. स्वतंत्रता और समानता एक-दूसरे के पूरक हैं, पुष्टि कीजिए।

अथवा **अपने विचारों के माध्यम से बताइए कि स्वतंत्रता और समानता में क्या संबंध हैं?**

अथवा **'स्वतंत्रता और समानता एक-दूसरे के विरोधी तत्त्व हैं' इस कथन की पुष्टि कीजिए।** *दक्षता आधारित प्रश्न*

उत्तर रूढ़िवादी विचारों के अनुसार स्वतंत्रता और समानता एक-दूसरे के विरोधी तत्त्व हैं। उनका मत है कि ये दोनों सिद्धांत परस्पर समावेश नहीं कर सकते हैं। वे मानते हैं कि समानता, जोकि प्रकृति की देन है, की स्थापना करने का प्रयास मनुष्य की प्राकृतिक स्वतंत्रता को समाप्त

करता है। इस विचारधारा का एक प्रमुख प्रतिपादक लॉर्ड एक्टन है, जिसने कहा था। ''समानता के उत्साह ने स्वतंत्रता की आशा को निरर्थक बना दिया है।'' इसी प्रकार डी. टॉकविल भी इस विचार को साझा करते हैं, यह मानते हुए कि समानता की स्थापना स्वतंत्रता के लिए एक बाधा बन जाती है। इसके विपरीत प्रगतिशील विचारकों का कहना है कि स्वतंत्रता और समानता एक-दूसरे के विरोधी नहीं हैं, बल्कि वे एक-दूसरे के पूरक हैं। उनके अनुसार, समानता स्वतंत्रता का आधार है। ,

आर.एच.टोनी जैसे विचारक यह स्पष्ट करते हैं कि ''समानता स्वतंत्रता की विरोधी न होकर इसके लिए आवश्यक है। प्रो. पोलार्ड भी इस दृष्टिकोण को साझा करते हैं और मानते हैं कि स्वतंत्रता की समस्या का समाधान समानता में निहित है। उनका यह भी कहना है कि समानता के बिना स्वतंत्रता का वास्तविक अनुभव संभव नहीं है।

अतः समानता के अभाव में स्वतंत्रता खोखली हो जाती है और स्वतंत्रता के बिना समानता निरर्थक हो जाती है। इस प्रकार, हम यह कह सकते हैं कि स्वतंत्रता और समानता परस्पर एक-दूसरे के पूरक हैं, विरोधी नहीं।

8. राजनीतिक स्वतंत्रता और आर्थिक समानता में संबंध स्थापित कीजिए।

अथवा **'राजनीतिक स्वतंत्रता और आर्थिक समानता एक-दूसरे के पूरक हैं' इस कथन पर अपनी राय व्यक्त कीजिए।** दक्षता आधारित प्रश्न

उत्तर राजनीतिक स्वतंत्रता में सबसे महत्त्वपूर्ण अधिकार है–वोट देने का अधिकार। लेकिन वोट देने का अधिकार ही लोकतंत्र में सब कुछ नहीं है। जब समाज का एक बड़ा वर्ग दरिद्रता का दंश झेल रहा हो तो उसकी राजनीतिक स्वतंत्रता का क्या महत्त्व होगा। राजनीतिक स्वतंत्रता तभी बनी रह सकती है जब मनुष्य आर्थिक रूप से सुदृढ़ हो। अर्थ के अभाव में व्यक्ति कुछ भी नहीं कर सकता। न तो वह शिक्षा ग्रहण कर सकता है, न ही स्वविवेक से कोई निर्णय ले सकता है। इस तरह धनी व्यक्ति गरीब जनता का वोट खरीद लेगा। अतः आम जनता की न्यूनतम आवश्यकता अवश्य पूर्ण होनी चाहिए। जब तक सभी को भोजन, वस्त्र और आवास की सुविधा प्राप्त न हो तब तक राजनीतिक स्वतंत्रता का कोई महत्त्व नहीं है।

9. नेल्सन मंडेला की आत्मकथा का क्या नाम है? इसकी विषय-वस्तु क्या है?

उत्तर नेल्सन मंडेला की आत्मकथा का नाम है–**लॉन्ग वॉक टू फ्रीडम**, जिसका हिंदी में अर्थ है, स्वतंत्रता के लिए लंबी यात्रा। इस पुस्तक में इन्होंने दक्षिण अफ्रीका के रंगभेदी शासन के खिलाफ अपने व्यक्तिगत संघर्ष, गोरे लोगों के शासन की अलगाववादी नीतियों के खिलाफ लोगों के प्रतिरोध और दक्षिण अफ्रीका के काले लोगों द्वारा झेले गए अपमान, कठिनाइयों और पुलिस अत्याचार के बारे में बाते की हैं। गोरे लोगों के शासन के दौरान काले लोगों को देश में मुक्त आवागमन की छूट नहीं थी। इनके अस्पताल और स्कूल अलग-अलग थे, जिनमें बहुत ही कम सुविधाएँ थीं। मंडेला और उनके साथियों के लिए इन्हीं अन्यायपूर्ण प्रतिबंधों और स्वतंत्रता के रास्तों की बाधाओं को दूर करने का संघर्ष 'लॉन्ग वॉक टू फ्रीडम'' था। मंडेला का यह संघर्ष काले लोगों के लिए तो था ही, श्वेत लोगों के लिए भी था।

10. ''आंग सान सू की'' की किताब 'फ्रीडम फ्रॉम फीयर' किसके बारे में है? संक्षेप में लिखें।

उत्तर 'आंग सान सू' की म्यांमार से हैं। वह अपनी आजादी को अपने देश के लोगों की आजादी से जोड़कर देखती हैं। अपनी किताब 'फ्रीडम फ्रॉम फीयर' अर्थात् भय से मुक्ति में उन्होंने अपने विचार व्यक्त करते हुए लिखा है कि उनके लिए वास्तविक मुक्ति भय से मुक्ति है। कोई भी व्यक्ति भय से मुक्ति हुए बिना गरिमापूर्ण मानवीय जीवन नहीं जी सकता। उनका कहना है कि हमें न तो बाकी लोगों के विचारों और न ही सत्ता के व्यवहार से डरना चाहिए।

हम जो करना चाहते हैं, हमें अवश्य करना चाहिए। डर पर जीत आवश्यक है। आंग सान सू की पुस्तक में हम स्वतंत्रता के आदर्श की शक्ति देख सकते हैं। यही आदर्श हमें ऊँचाई तक ले जा सकता है। अतः हमें ऐसे आदर्श में विश्वास करना चाहिए और बिना भय के अपने कार्य करने चाहिए।

दीर्घ उत्तरीय प्रश्न II

1. स्वतंत्रता की परिभाषा देते हुए स्वतंत्रता के महत्त्व का उल्लेख कीजिए।

उत्तर स्वतंत्रता का अर्थ व्यक्ति का अपने विचार, कार्य, और जीवनशैली को बिना किसी अनावश्यक बाधा या भय के अपनाने एवं व्यक्त करने का अधिकार है। यह व्यक्ति की आत्मनिर्भरता और गरिमा को सुनिश्चित करती है।

स्वतंत्रता का महत्त्व स्वतंत्रता के निम्नलिखित महत्त्व हैं

1.व्यक्तिगत विकास

- स्वतंत्रता व्यक्ति को आत्मनिर्भर बनाती है।
- यह रचनात्मकता, नवाचार और व्यक्तिगत क्षमताओं के विकास का मार्ग प्रशस्त करती है।
- अपनी सोच और कार्यों पर नियंत्रण व्यक्ति को आत्मसम्मान एवं आत्म विश्वास प्रदान करता है।

2. समाज में योगदान

- स्वतंत्रता समाज में विचारों और मतों के आदान-प्रदान को प्रोत्साहित करती है।
- यह लोकतंत्र को सुदृढ करती है और लोगों को समाज की भलाई के लिए कार्य करने की शक्ति देती है।
- समानता और न्याय को बनाए रखने में सहायता करती है।

3. **मानवाधिकारों की सुरक्षा**

- यह प्रत्येक व्यक्ति को उसकी गरिमा और अधिकारों की रक्षा करने का आधार प्रदान करती है।
- स्वतंत्रता बिना किसी भेदभाव के सभी के लिए समान अधिकार सुनिश्चित करती है।

4. जिम्मेदारी और सामूहिक हित

- स्वतंत्रता केवल अधिकार नहीं बल्कि जिम्मेदारी भी है।
- इसका उपयोग दूसरों के अधिकारों और सामाजिक हितों को सम्मान करते हुए करना चाहिए।
- इसका दुरुपयोग अराजकता, असंमानता और समाज से अस्थिरता उत्पन्न कर सकता है।

स्वतंत्रता मानव जीवन का आधार हैं, जो व्यक्तिगत और सामूहिक विकास के लिए आवश्यक है। इसका सम्मान और संतुलित उपयोग समाज की प्रगति में योगदान करता है।

2. जॉन स्टुअर्ट मिल के अभिव्यक्ति और विचारों को कारण सहित समझाइए।

उत्तर 19वीं शताब्दी के ब्रिटेन के एक राजनीतिक विचारक जॉन स्टुअर्ट मिल ने अभिव्यक्ति तथा विचार और वाद-विवाद की स्वतंत्रता का बहुत ही भावपूर्ण पक्ष प्रस्तुत किया है। अपनी पुस्तक 'ऑन लिबर्टी' में उसने चार कारण पेश किए हैं। इनके अनुसार अभिव्यक्ति की स्वतंत्रता उन्हें भी होनी चाहिए, जिनके विचार आज की स्थितियों में गलत या भ्रामक लग रहे हों। अभिव्यक्ति की स्वतंत्रता के कारण निम्नलिखित हैं

- कोई भी विचार पूर्ण रूप से गलत नहीं होता, जो हमें गलत लगता है उसमें सच्चाई का तत्त्व होता है। यदि हम गलत विचार को प्रतिबंधित कर देंगे, तो इसमें छुपे सच्चाई के अंश को भी खो देंगे।
- सत्य स्वयं उत्पन्न नहीं होता। सत्य विरोधी विचारों के टकराव से उत्पन्न होता है, जो विचार आज गलत प्रतीत होता है, वह सही तरह के विचारों के उदय से बहुमूल्य हो सकता है।
- विचारों का यह संघर्ष केवल अतीत में ही मूल्यवान नहीं था, बल्कि हर समय में इसका सतत् महत्त्व है। सत्य के बारे में यह खतरा हमेशा होता है कि वह एक विचारहीन और रूढ़ उक्ति में बदल जाए। जब हम इसे विरोधी विचार के सामने रखते हैं तभी इस विचार का विश्वसनीय होना सिद्ध होता है।
- हम इस बात को लेकर भी निश्चिंत नहीं हो सकते कि जिसे हम सत्य समझते हैं, वही सत्य है। कई बार जिन विचारों को किसी समय संपूर्ण समाज ने गलत समझा और दबाया था, बाद में सत्य पाए गए।

कुछ समाज ऐसे विचारों का दमन करते हैं, 'जो आज उनके लिए स्वीकार्य नहीं हैं, लेकिन ये विचार आने वाले समय में बहुत मूल्यवान ज्ञान में बदल सकते हैं। दमनकारी समाज ऐसे संभावनाशील ज्ञान के लाभों से वंचित रह जाते हैं।

3. हानि सिद्धांत से आप क्या समझते हैं? इसके कार्यों का सविस्तार वर्णन कीजिए।

उत्तर हानि सिद्धांत का प्रतिपादन जॉन स्टुअर्ट मिल ने अपनी पुस्तक "ऑन लिबर्टी" में किया। यह सिद्धांत कहता है कि किसी व्यक्ति की स्वतंत्रता पर तभी प्रतिबंध लगाया जाना चाहिए, जब उसकी क्रियाएँ किसी अन्य व्यक्ति को हानि पहुँचा सकती हैं। इसका उद्देश्य व्यक्ति की स्वतंत्रता और समाज की सुरक्षा के बीच संतुलन बनाना है।

हानि सिद्धांत के प्रमुख कार्य

1. व्यक्तिगत स्वतंत्रता की रक्षा

- यह सिद्धांत सुनिश्चित करता है कि व्यक्ति को अपनी पसंद के अनुसार जीवन जीने और अपने निर्णय लेने की स्वतंत्रता हो। यह राज्य या समाज को अनावश्यक हस्तक्षेप से रोकता है।

2. सामाजिक सुरक्षा

- व्यक्ति की स्वतंत्रता वहीं तक स्वीकार्य है, जहाँ तक दूसरों के अधिकारों या हितों को हानि नहीं पहुँचती है।
- इससे समाज में अनुशासन और शांति बनी रहती है।

3. राज्य के हस्तक्षेप का सीमांकन

- हानि सिद्धांत के अनुसार सरकार या कानून का हस्तक्षेप केवल उन्हीं मामलों में उचित है, जहाँ किसी की गतिविधियाँ दूसरों को वास्तविक हानि पहुँचा रही हैं।
- यह व्यक्तिगत और सार्वजनिक मामलों के बीच की सीमाओं को स्पष्ट करता है।

4. नैतिकता और कानून के संबंध

- यह सिद्धांत नैतिकता और स्वतंत्रता को संतुलित करता है। किसी भी कार्य को सिर्फ नैतिक आधार पर प्रतिबंधित नहीं किया जा सकता, जब तक वह अन्य व्यक्तियों को नुकसान न पहुचाए।
- हानि सिद्धांत व्यक्तिगत स्वतंत्रता और सामाजिक सुरक्षा के बीच सामंजस्य स्थापित करता है। यह व्यक्ति को स्वतंत्रता का अधिकार देता है, लेकिन साथ ही समाज की भलाई और सुरक्षा सुनिश्चित करता है।

4. स्वतंत्रता के विभिन्न प्रकारों का स्पष्ट उल्लेख करें।

उत्तर स्वतंत्रता के विभिन्न प्रकार निम्नलिखित हैं

(i) **नागरिक स्वतंत्रता** वैसी स्वतंत्रता जो हमें समाज से प्राप्त होती है। प्रो. गैटेल के अनुसार, "नागरिक स्वतंत्रता उन अधिकारों और विशेषाधिकारों को कहते हैं, जिनको राज्य अपने नागरिकों के लिए उत्पन्न करता है और रक्षा करता है।" नागरिक स्वतंत्रता के दो पहलू होते हैं, एक यह कि अपने संबंध में निर्णय करने का पूर्ण अधिकार एवं अपनी इच्छानुसार कार्य करने की स्वतंत्रता होती है। दूसरा पहलू यह है कि राज्य के नागरिकों को कार्यों में बाहरी शक्ति हस्तक्षेप नहीं करती । इस प्रकार नागरिकों के कानून से नागरिक स्वतंत्रता का जन्म होता है।

(ii) **नैतिक स्वतंत्रता** नैतिक स्वतंत्रता का अर्थ यह है कि व्यक्ति अपनी कुशलता और विवेक से कोई भी निर्णय स्वयं ले सकता है।

(iii) **धार्मिक स्वतंत्रता** मनुष्य के नैतिक तथा सामाजिक जीवन में धर्म का महत्त्वपूर्ण स्थान है। अतः प्रत्येक मनुष्य को अपनी इच्छानुसार किसी धर्म को स्वीकार करने की स्वतंत्रता होनी चाहिए। धर्म मनुष्य का व्यक्तिगत विषय है। इसलिए राज्य को इसमें हस्तक्षेप नहीं करना चाहिए। लेकिन यदि धार्मिक आचरण सामाजिकता तथा नैतिकता के विरुद्ध हो तो राज्य को उसे नियंत्रित करना चाहिए।

(iv) **राजनीतिक स्वतंत्रता** राजनीतिक स्वतंत्रता का तात्पर्य उन अधिकारों से है, जिनके द्वारा नागरिकों को शासन कार्य में सक्रिय रूप से भाग लेने का अवसर मिलता है। लॉस्की ने स्पष्ट शब्दों में कहा है कि "राज्य के कार्यों में सक्रिय रूप से भाग लेने के अधिकार को राजनीतिक स्वतंत्रता कहते हैं।" राजनीतिक स्वतंत्रता के अंतर्गत मतदान का अधिकार, निर्वाचित होने का अधिकार निश्चित अवधि के लिए प्रतिनिधियों को चुनने तथा पदच्युत करने का अधिकार, सरकार की आलोचना करने का अधिकार आदि बातें सम्मिलित हैं।

(v) **राष्ट्रीय स्वतंत्रता** राष्ट्रीय स्वतंत्रता का अर्थ स्वराज से है। यह विदेशी आधिपत्य से मुक्त करने का अधिकार है। प्रत्येक राष्ट्र का अपना राज्य होना चाहिए। एक राष्ट्रीय राज्य को संप्रभु होना चाहिए।

(vi) **प्राकृतिक स्वतंत्रता** प्राकृतिक स्वतंत्रता का अर्थ है कि मनुष्य जन्म से ही स्वतंत्र होता है। रूसो ने कहा है मनुष्य जन्म से स्वतंत्र होता है, परंतु बाद में वह सर्वत्र बंधनों से जकड़ा हुआ पाया जाता है। उनका तर्क है कि समाज में मनुष्य की स्वतंत्रता सीमित हो जाती है और उसे विभिन्न प्रकार की पाबंदियों का सामना करना पड़ता है। हालाँकि यह धारणा पूर्ण रूप से सही नहीं है प्राकृतिक स्वतंत्रता वास्तव में मनुष्य का स्वाभाविक गुण है। इसका अर्थ जीवन के उस क्षेत्र से है, जिसमें व्यक्ति चाहता है कि उसके साथ हस्तक्षेप न किया जाए, जब तक कि वह दूसरों के मामलों में हस्तक्षेप नहीं करता।

5. स्वतंत्रता की रक्षा के विभिन्न उपायों पर प्रकाश डालिए।

अथवा **"सतत् सतर्कता ही असली स्वतंत्रता का मूल्य है।" इस कथन पर अपने विचार लिखिए।** *दक्षता आधारित प्रश्न*

उत्तर स्वतंत्रता की रक्षा के विभिन्न उपायों का विवरण निम्नलिखित है।

(i) **स्वतंत्र और निष्पक्ष न्यायपालिका** स्वतंत्रता की रक्षा के लिए एक अनिवार्य शर्त यह है कि न्यायपालिका निष्पक्ष हो तथा इस पर कार्यपालिका का कोई अनुचित नियंत्रण न हो।

(ii) **सरकार का लोकतांत्रिक स्वरूप** लोकतंत्रीय सरकार में जनता की स्वतंत्रता बनी रहती है, क्योंकि लोकतंत्र में सभी वयस्क नागरिकों को मताधिकार प्राप्त होता है, जिससे जनता द्वारा ही निर्वाचित की गई सरकार का गठन होता है। लोकतंत्र की वास्तविक शक्ति जनता में ही निहित है।

(iii) **संचार माध्यमों की स्वतंत्रता** किसी भी लोकतांत्रिक प्रणाली में संचार माध्यमों की महत्ता अति महत्त्वपूर्ण है। अतः इसकी स्वतंत्रता प्रत्येक स्थिति में बनी रहनी चाहिए। इसी के माध्यम से हम अपने विचार सरकार तक पहुँचाते हैं और सरकार की किसी भी नीति की आलोचना कर सकते हैं संचार माध्यमों की स्वतंत्रता से ही जन-अधिकार सुरक्षित रह सकता है।

(iv) **मौलिक अधिकारों का महत्त्व** मौलिक अधिकार लोकतंत्र के आधार स्तंभ हैं। इनके बिना नागरिकों की स्वतंत्रता कायम नहीं रह सकती है। मौलिक अधिकारों के आधार पर ही नागरिकों को पूर्ण शारीरिक, मानसिक और नैतिक विकास की सुरक्षा प्रदान की जाती है।

(v) **राजनीतिक चेतना** स्वतंत्रता की रक्षा हेतु नागरिकों में राजनीतिक चेतना का होना अति आवश्यक है, क्योंकि जब मुनष्यों में राजनीतिक चेतना एवं ज्ञान होगा, तभी वे अपने अधिकार एवं कर्त्तव्यों को पहचान सकेंगे।

(vi) **संघों और समुदायों की स्वतंत्रता** शिक्षा, कृषि, व्यापार, कला, धर्म और विज्ञान से संबंधित बहुत-से संघ या समुदाय होते हैं। मजदूरों की अपनी यूनियनें होती हैं। ये समुदाय अथवा संघ सरकार की शक्तियों पर अंकुश का कार्य करते हैं। प्रदर्शन, प्रचार और आंदोलन के माध्यम से ये अपनी बात सरकार तक पहुँचाते हैं और जन-अधिकारों की रक्षा करते हैं।

(vii) **कानून का शासन** स्वतंत्रता की रक्षा के लिए यह भी आवश्यक है कि कानून का शासन हो। कानून की दृष्टि में भी सभी समान हों। जात-पात, धर्म, समुदाय के नाम पर कोई भेदभाव न हो तथा गैर-कानूनी गतिविधियों में लिप्त प्रत्येक व्यक्ति को एक समान दंड दिया जाए।

स्रोत आधारित प्रश्न

निम्नलिखित स्रोत या अनुच्छेद का ध्यानपूर्वक अध्ययन कीजिए तथा दिए गए प्रश्नों का उत्तर दीजिए

1. **'अभिव्यक्ति की स्वतंत्रता' का मुद्दा 'अहस्तक्षेप के लघुतम क्षेत्र' से जुड़ा हुआ माना जाता है। जे. एस. मिल ने सबल तर्क रखे हैं कि अभिव्यक्ति की स्वतंत्रता प्रतिबंधित नहीं होनी चाहिए। यह चर्चा के लिए एक अच्छा प्रसंग है। बहुत बार किसी पुस्तक, नाटक, फिल्म या किसी शोध पत्रिका के लेख पर प्रतिबंध लगाने की माँग उठती है।**

किसी पुस्तक पर प्रतिबंध लगाने की माँग को इस चर्चा के आलोक में देखा जाए। अभी तक हमने स्वतंत्रता को विकल्प निर्धारण के रूप में देखा जहाँ, सकारात्मक और नकारात्मक स्वतंत्रता के बीच फर्क किया गया। जहाँ हमने स्वतंत्रता पर न्यायोचित सीमाएँ लगाने की ज़रूरत को स्वीकार किया, लेकिन साथ ही यह भी माना कि इन सीमाओं को उचित प्रक्रिया और महत्त्वपूर्ण नैतिक तर्कों के समर्थन की जरूरत है। अभिव्यक्ति की स्वतंत्रता एक बुनियादी मूल्य है और जो लोग इसको सीमित करना चाहते हैं, उनसे बचने के लिए समाज को कुछ असुविधाओं को सहन करने के लिए तैयार रहना चाहिए। वाल्टेयर का कथन याद करें, "तुम भी कहते हो मैं उसका समर्थन नहीं करता। लेकिन मैं मरते दम तक तुम्हारे कहने के अधिकार का बचाव करूँगा।" हम इस अभिव्यक्ति की स्वतंत्रता से कितनी गहराई से प्रतिबद्ध हैं।

(i) **अभिव्यक्ति की स्वतंत्रता का मुद्दा किससे जुड़ा हुआ माना जाता है?**

(a) अहस्तक्षेप के लघुत्तम क्षेत्र से
(b) हस्तक्षेप के लघुत्तम क्षेत्र से
(c) अहस्तक्षेप के वृहद् क्षेत्र से
(d) हस्तक्षेप के वृहद् क्षेत्र से

उत्तर (a) अहस्तक्षेप के लघुत्तम क्षेत्र से

(ii) **अभिव्यक्ति की स्वतंत्रता प्रतिबंधित नहीं होनी चाहिए, यह चर्चा के लिए अच्छा प्रसंग है। यह कथन किसने कहा है?**

(a) वाल्टेयर
(b) जे. एस. मिल
(c) जॉन मिथाइल
(d) एस. मरकोनी

उत्तर (b) जे. एस. मिल

(iii) **'अभिव्यक्ति की स्वतंत्रता' को किस आधार पर प्रतिबंधित करना न्यायोचित है?**

उत्तर 'अभिव्यक्ति की स्वतंत्रता' को धर्म, भाषा, संप्रदाय, जाति आदि के आधार पर प्रतिबंधित करने की अपेक्षा समाज हित, राष्ट्रीय एकता एवं अखंडता के संदर्भ में प्रतिबंधित करना न्यायोचित है ताकि व्यक्तियों के हितों की रक्षा की जा सके, क्योंकि व्यक्ति केवल स्वतंत्र समाज में ही अपना विकास कर सकता है।

2. **कुछ वर्ष पहले एक फिल्म निर्माता दीपा मेहता काशी में विधवाओं पर एक फिल्म बनाना चाहती थीं। यह फिल्म विधवाओं की व्यथा को खोजना चाहती थी। लेकिन राजनीति के एक हिस्से द्वारा इसका जबरदस्त विरोध हुआ। विरोधियों को लगता था कि इसमें भारत को बहुत बुरे तरीके से प्रस्तुत किया जाएगा। उन्हें यह भी लगता था कि यह फिल्म विदेशी दर्शकों की जरूरतों को पूरा करने के लिए बनाई जा रही**

है और इससे प्राचीन नगर की बदनामी होगी। उन्होंने इस फिल्म को नहीं बनने दिया और परिणामस्वरूप फिल्म काशी में नहीं बनाई जा सकी। बाद में यह फिल्म कहीं और बनाई गई। इसी तरह से ओब्रे मेनन की 'रामायण रिटोल्ड' और सलमान रूश्दी की 'द सेटानिक वर्सेस' समाज के कुछ हिस्सों में विरोध के बाद प्रतिबंधित कर दी गई। 'द लास्ट टेम्पटेशन ऑफ क्राइस्ट' नामक फिल्म और 'मी नाथूराम बोलते' नाम का नाटक भी अन्य समूहों द्वारा विरोध के बाद प्रतिबंधित कर दिया गया।

(i) **इस गद्यांश में किसी व्यक्ति की किस स्वतंत्रता पर प्रतिबंध लगाने का प्रयास किया गया है?**

(a) अभिव्यक्ति की स्वतंत्रता (b) धर्म की स्वतंत्रता
(c) व्यवस्था की स्वतंत्रता (d) विचरण की स्वतंत्रता

उत्तर (a) अभिव्यक्ति की स्वतंत्रता

(ii) **'रामायण रिटोल्ड' किसकी रचना है**

(a) ओब्रे मेनन (b) सलमान रूश्दी
(c) वोल्टेयर (d) रस्किन बॉण्ड

उत्तर (a) ओब्रे मेनन

(iii) **दीपा मेहता की फिल्म को काशी में बनाने से क्यों रोका गया?**

उत्तर दीपा मेहता की फिल्म को काशी में बनाने से इसलिए रोका गया, क्योंकि राजनीतिक विरोधियों को लगा कि फिल्म भारत को बुरे तरीके से प्रस्तुत करेगी और यह विदेशी दर्शकों की आवश्यकताओं को पूर्ण करने के लिए बनाई जा रही है, जिससे प्राचीन नगर की बदनामी होगी।

3. **हमें जो मानने की जरूरत है, वह यह है कि नकारात्मक स्वतंत्रता की परंपरा व्यक्ति के लिए एक ऐसे दायरे की बात कहती है जो अनुलंघनीय हो, जिसमें व्यक्ति स्वयं को व्यक्त कर सके। यदि यह क्षेत्र बहुत छोटा है, तो मानव गरिमा में कटौती होती है। नकारात्मक स्वतंत्रता का तर्क होता है कि वह कौन-सा क्षेत्र है, जिसका स्वामी मैं हूँ? नकारात्मक स्वतंत्रता का तर्क यह स्पष्ट करता है कि व्यक्ति क्या करने से मुक्त है। इससे उलट सकारात्मक स्वतंत्रता के तर्क 'कुछ करने की स्वतंत्रता' के विचार की व्याख्या से जुड़े हैं। ये तर्क इस सवाल के जवाब में आते हैं कि 'मुझ पर शासन कौन करता है?' इस प्रश्न का आदर्श उत्तर होगा 'मैं स्वयं पर शासन करता हूँ।' सकारात्मक स्वतंत्रता के विमर्श की एक लंबी परंपरा है। जिससे रूसो, हेगेल, मार्क्स, गाँधी, अरविंद और इन विचारकों से प्रेरणा लेने वालों में देखा जा सकता है। इस परंपरा का सरोकार व्यक्ति और समाज के संबंधों की प्रकृति और स्थिति से है। यह परंपरा इन संबंधों को इस तरह सुधारना चाहती है कि किसी व्यक्ति के व्यक्तित्व के विकास में कम-से-कम अवरोध रहे। व्यक्ति एक पुष्प की तरह है। जब मिट्टी उपजाऊ हो, सूरज की रोशनी हो, पर्याप्त पानी हो और नियमित देखभाल हो तभी वह खिल पाता है।**

(i) **निम्नलिखित में से कौन-सा कथन सहीं नहीं है?**

(a) नकारात्मक स्वतंत्रता उस क्षेत्र को पहचानने और बचाने का प्रयास करती है, जिसमें व्यक्ति अनुलंघनीय है
(b) अनुलंघनीय क्षेत्र में बाहरी सत्ता का हस्तक्षेप हो सकता है
(c) अनुलंघनीय क्षेत्र में व्यक्ति जो करना चाहे कर सकता है
(d) मानव प्रकृति और मानव गरिमा को एक अनुलंघनीय क्षेत्र की आवश्यकता होती है

उत्तर (b) अनुलंघनीय क्षेत्र में बाहरी सत्ता का हस्तक्षेप हो सकता है

(ii) **निम्नलिखित में से कौन-सा कथन सही है?**

(a) सकारात्मक स्वतंत्रता कुछ करने की स्वतंत्रता के विचार की व्याख्या से जुड़ी है
(b) अरविंद सकारात्मक स्वतंत्रता की परंपरा से संबंधित है
(c) व्यक्ति पुष्प की तरह होता है
(d) उपरोक्त सभी

उत्तर (d) उपरोक्त सभी

(iii) **सकारात्मक स्वतंत्रता के विमर्श से आप क्या समझते हैं?**

उत्तर सकारात्मक स्वतंत्रता के विमर्श की एक लंबी परंपरा है, जिसमें रूसो हेगेल, मार्क्स, गाँधी, अरविन्द और इन विचारकों से प्रेरणा लेने वालों को देखा जा सकता है। इस परंपरा का सरोकार व्यक्ति और समाज के संबंधों की प्रकृति एवं स्थिति से है। यह परंपरा इन संबंधों को इस तरह सुधारना चाहती है कि किसी व्यक्ति के व्यक्तित्व के विकास में कम-से-कम अवरोध रहे।

स्वयं को जाँचें

वस्तुनिष्ठ प्रश्न

1. स्वतंत्रता व्यक्ति के किस विकास को प्रोत्साहित करती है?

(a) रचनाशीलता का विकास
(b) संवेदनशीलता का विकास
(c) क्षमता का विकास
(d) ये सभी

2. स्वतंत्रता का कौन-सा पहलू समाज के प्रति व्यक्ति की जिम्मेदारी को दर्शाता है?

(a) नकारात्मक स्वतंत्रता
(b) सकारात्मक स्वतंत्रता
(c) केवल व्यक्तिगत स्वतंत्रता
(d) आर्थिक स्वतंत्रता

3. अभिव्यक्ति की स्वतंत्रता के संदर्भ में निम्नलिखित कथनों पर विचार कीजिए

1. स्वतंत्रता पर न्यायोचित सीमा लगाने की जरूरत को स्वीकार किया जाता है।
2. स्वतंत्रता की सीमाओं को उचित प्रक्रिया और महत्त्वपूर्ण नैतिक तर्कों के समर्थन की आवश्यकता है।
3. अभिव्यक्ति की स्वतंत्रता एक बुनियादी मूल्य नहीं है।

कूट

(a) 1 और 3 (b) 2 और 3
(c) 1 और 2 (d) ये सभी

4. निम्नलिखित में से कौन-सा युग्म सही सुमेलित है?

(a) नकारात्मक स्वतंत्रता - दूसरों की भलाई के लिए नियंत्रण
(b) सकारात्मक स्वतंत्रता आत्म - संयम और विकास
(c) जे.एस.मिल - सकारात्मक स्वतंत्रता
(d) गाँधीजी - नकारात्मक स्वतंत्रता

लघु उत्तरीय प्रश्न

5. एक व्यक्ति की स्वतंत्रता को समाज में किस सीमा तक माना जाता है?

6. स्वतंत्रता से आप क्या समझते हैं? वर्णन करें।

7. 'स्वतंत्रता का अर्थ व्यक्ति की आत्मअभिव्यक्ति की योग्यता का विस्तार करना है।' इस कथन की पुष्टि उदाहरण सहित कीजिए।

8. नकारात्मक स्वतंत्रता एवं सकारात्मक स्वतंत्रता में अंतर स्पष्ट करें।

दीर्घ उत्तरीय प्रश्न I

9. 'स्वतंत्रता मानव समाज के केंद्र में है और गरिमापूर्ण मानव जीवन के लिए बेहद महत्त्वपूर्ण है' इस कथन पर अपनी राय व्यक्त कीजिए।

10. लिबर्टी बनाम फ्रीडम की संक्षेप में व्याख्या कीजिए।

11. किसी समाज में स्वतंत्रता को बनाए रखने के लिए कौन-से मुख्य तत्त्व आवश्यक हैं?

दीर्घ उत्तरीय प्रश्न II

12. "अभिव्यक्ति की स्वतंत्रता का संबंध व्यक्ति की अहस्तक्षेप स्वतंत्रता के छोटे-से क्षेत्र से है।" इस कथन को स्पष्ट कीजिए।

13. आधुनिक समाज में स्वतंत्रता के सामने आने वाली चुनौतियों पर एक लेख लिखिए।

14. "स्वतंत्रता आंदोलन के दौरान स्वराज की जो व्याख्या की गई उसे संविधान निर्माण में स्वतंत्रता के मूल्यों के रूप में संजोकर रखा गया" स्पष्ट कीजिए।

3
अध्याय

यह अध्याय समाजवाद, मार्क्सवाद, उदारवाद तथा नारीवाद जैसी विचारधाराओं से संबंधित है। इस अध्याय में समानता को नकारात्मक एवं सकारात्मक अर्थों के परिपेक्षय में समझने का प्रयास किया गया है। नकारात्मक रूप से समानता का अर्थ विशेषाधिकारों की समाप्ति तथा सकारात्मक रूप से समान अवसर प्राप्त करता है।

▼ **अध्ययन एक नजर में**

▼ **अभ्यास के लिए**

- बहुविकल्पीय प्रश्न 23 (युग्मित प्रश्न, चित्र आधारित प्रश्न, कथन/कारण, सुमेलित कीजिए)
- वर्णनात्मक प्रकार के प्रश्न (लघु उत्तरीय प्रश्न 7, दीर्घ उत्तरीय प्रश्न I 7, दीर्घ उत्तरीय प्रश्न II 5)
- स्रोत आधारित प्रश्न 4, मानचित्र आधारित 0

समानता

3.1 परिचय

- समानता ने सदियों से मानव समाज को एक शक्तिशाली नैतिक और राजनीतिक आदर्श के रूप में प्रेरित और मार्गदर्शन किया है।
- आधुनिककाल में समानता, असमानता के विरुद्ध एक संघर्ष का नारा बन गई। 18वीं शताब्दी के उत्तरार्द्ध में फ्रांसीसी क्रांति में भू-सामंती, अभिजन-वर्ग और राजशाही के खिलाफ विद्रोह के दौरान **स्वतंत्रता, समानता, भाईचारा** का नारा दिया गया। 20वीं शताब्दी में उपनिवेशवाद के विरुद्ध स्वतंत्रता संघर्षों के दौरान समानता की माँग की गई।
- महिलाएँ और दलितों में अभी भी समानता को लेकर माँग प्रबल है। लोग समानता चाहते हैं, क्योंकि यह समाज के लिए एक आदर्श स्थिति है, किंतु आदर्श स्थिति के बावजूद भी समाज में हमारे चारों ओर समानता के स्थान पर असमानता की स्थिति व्याप्त है।

समानता का अर्थ

- समानता से तात्पर्य यह नहीं है कि लोगों को एक जैसे तरीके से उपचारित किया जाए, क्योंकि सभी स्थितियों में लोगों को एक जैसा नहीं माना जा सकता। समाज के सुचारु संचालन के लिए कभी-कभी लोगों को भिन्न-भिन्न तरीके से व्यवहारित किया जाता है, जो स्वीकार्य व आवश्यक हो सकता है।
- उदाहरण के लिए, एक देश के प्रधानमंत्री को कुछ विशेष सुविधाएँ प्राप्त होती हैं, जिन्हें एक सामान्य नागरिक को नहीं दिया जा सकता। यह तथ्य कि असमानता न्यायपूर्ण है या अन्यायपूर्ण इसे विचार करना चाहिए।

यदि लोगों को जन्म, जाति, नस्ल, रंग या लिंग के आधार पर अलग-अलग तरीके से व्यवहारित किया जाता है, तो यह अन्यायपूर्ण है। यदि लोगों को उनकी प्रतिभा, मेहनत या उपलब्धियों के आधार पर अलग से व्यवहारित किया जाता है, तो यह न्यायपूर्ण है।

अवसरों की समानता

- समानता की धारणा में यह बात निहित है कि प्रत्येक व्यक्ति को अपनी दक्षता व क्षमता का विकास कर अपने लक्ष्यों एवं आकांक्षाओं को प्राप्त करने के लिए समान अधिकार और अवसर प्राप्त करने का अधिकार है।
- समाज में लोगों की प्राथमिकताओं के साथ-साथ उनकी योग्यता और प्रतिभा में भी अंतर होता है, लेकिन अपने-अपने क्षेत्रों में कुछ लोगों के अधिक सफल होने को समाज का असमान व्यवहार नहीं माना जा सकता।

प्राकृतिक और सामाजिक असमानताएँ

- प्राकृतिक असमानता लोगों की जन्मगत विशिष्टता और योग्यता का परिणाम मानी जाती है। इस प्रकार की असमानता लोगों की क्षमता, प्रतिभा एवं उनके चयन के आधार पर उत्पन्न होती है।
- प्राकृतिक मानी गई कुछ भिन्नताएँ अब अपरिवर्तनीय नहीं रही हैं; जैसे—चिकित्सा विज्ञान और वर्तमान तकनीकी ने विकलांग व्यक्तियों का भी समाज में कार्य करना संभव बना दिया है।
- सामाजिक असमानताएँ वे हैं, जो समाज में सभी लोगों को समान रूप से अवसर न प्राप्त होने या किसी एक समूह द्वारा दूसरे समूह का शोषण किए जाने से या वंश, लिंग, धर्म एवं जाति के आधार पर लोगों के साथ भिन्न-भिन्न व्यवहार किए जाने के कारण उत्पन्न होती हैं; जैसे—बौद्धिक कार्य करने वाले लोगों को शारीरिक कार्य करने वाले लोगों की अपेक्षा अधिक महत्त्व देना।
- इस प्रकार की असमानता अनुचित प्रतीत होती है तथा इन आधारों पर भेदभाव से सामाजिक मूल्य प्रभावित होते हैं।
- प्राकृतिक व सामाजिक असमानताओं में अंतर करना आवश्यक है, जिससे समाज में स्वीकार्य तथा अस्वीकार्य असमानताओं को स्पष्ट किया जा सके, परंतु इसके पश्चात् भी कुछ स्थितियों में इनमें अंतर कर पाना कठिन हो जाता है; जैसे—लंबे समय तक असमानताएँ लोगों के व्यवहार में रहने के कारण वे प्राकृतिक असमानताएँ प्रतीत होने लगती हैं, जिससे ऐसा प्रतीत होता है कि ये असमानताएँ जन्मजात हैं और आसानी से बदली नहीं जा सकती हैं।
- उदराहरण के लिए पुरुषों और महिलाओं के बीच प्राकृतिक अंतर के कारण महिलाओं को '**कमजोर लिंग**' (अबला) माना जाता था या अफ्रीका में **काले लोगों** के साथ नस्ल के आधार पर भेदभाव किया जाता था, जिसे न्यायपूर्ण माना जाता था। लेकिन यह सामाजिक असमानता का उदाहरण था। काले लोग और महिलाओं के साथ अलग व्यवहार किया गया, क्योंकि उनके पास शक्ति नहीं थी।
- चिकित्सा विज्ञान और प्रौद्योगिकी के विकास के साथ अब प्राकृतिक अंतर को बदला जा सकता है या सुधारा जा सकता है। यह अन्यायपूर्ण होगा यदि लोगों को प्राकृतिक अंतर दूर करने में सहायता न दी जाए। उदाहरण के लिए अंधे व्यक्ति को कंप्यूटर से सहायता मिल सकती है।

चेक प्वॉइंट 1

1. महिलाओं को 'अबला' मानने के उदाहरण में किस प्रकार की अपमानता नजर आती है?
2. काले लोगों के साथ नस्ल के आधार पर भेदभाव किसका उदाहरण है?
3. फ्रांसीसी क्रांतिकारियों ने कौन-सा नारा प्रयोग किया था?
4. दो ऐसे समूहों का नाम बताइए, जो अभी भी समानता की माँग करते है।

3.2 समानता के तीन आयाम

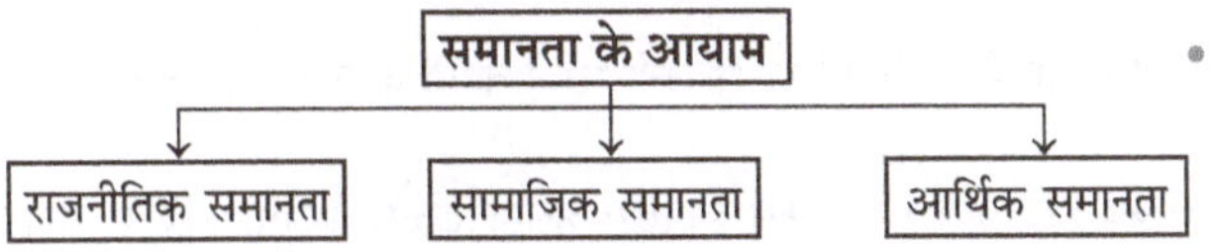

- असमानताओं के विभिन्न प्रकारों के आधार पर, समाज में विभिन्न विचारकों और विचारधाराओं ने समानता के तीन मुख्य आयामों को प्रस्तुत किया है।

राजनीतिक समानता

- लोकतांत्रिक राजनीतिक व्यवस्था के अंतर्गत कोई देश अपने सभी सदस्यों को समान नागरिकता देकर राजनीतिक समानता प्रदान करता है। समान नागरिकता अपने साथ कुछ मूल अधिकार; जैसे—मतदान का अधिकार, कहीं भी आने-जाने, संगठन बनाने और अभिव्यक्ति की स्वतंत्रता और धार्मिक विश्वास की आजादी लाती है। ये ऐसे अधिकार हैं, जो नागरिकों को अपना विकास करने और राज्य के कामकाज में हिस्सा लेने में सक्षम बनाने के लिए आवश्यक माने जाते हैं। ये केवल औपचारिक अधिकार हैं, जिन्हें औपचारिक संविधान और कानूनों द्वारा सुनिश्चित किया गया है।
- वर्तमान में सभी नागरिकों को समान अधिकार देने वाले देशों में भी असमानता विद्यमान है। ऐसी असमानताएँ सामान्यत: सामाजिक और आर्थिक क्षेत्र में नागरिकों को उपलब्ध संसाधनों और अवसरों की भिन्नता का परिणाम होती हैं। इस कारण लगातार समान अवसर या 'प्रतियोगिता के लिए एकसमान स्थितियों' की माँग उठती रही है।

- राजनीतिक समानता **न्यायपूर्ण** और **समतावादी**[1] समाज के गठन के लिए निश्चित रूप से महत्त्वपूर्ण घटक के रूप में मानी जाती है, लेकिन यह स्वयं में पर्याप्त नहीं है।

सामाजिक समानता

- राजनीतिक समानता, सामाजिक समानता को उपलब्ध कराने का माध्यम है। इसके द्वारा सरकार सामाजिक समानता को सुनिश्चित करने का प्रयास करती है। सामाजिक समानता के अंतर्गत विभिन्न समूहों, वर्गों के मध्य उनकी आवश्यकतानुसार समान अवसरों को प्राप्त करने का अवसर आदि के द्वारा असमानताओं को कम करने का प्रयास किया जाता है; जैसे—शिक्षा पाने का अवसर, पौष्टिक आहार, न्यूनतम वेतन इत्यादि सुविधाएँ।
- भारत में अवसरों की समानता के मार्ग में बाधा सुविधाओं की कमी के कारण नहीं, बल्कि सामाजिक रीति-रिवाजों के माध्यम से आती है। देश के विभिन्न भागों में महिलाओं को उत्तराधिकार का समान अधिकार नहीं मिलता है। अनेक गतिविधियों में उन्हें शामिल करने पर प्रतिबंध है तथा उन्हें उच्च शिक्षा प्राप्त करने से भी हतोत्साहित किया जाता है। ऐसे मामलों में राज्य की महत्त्वपूर्ण भूमिका है। सामाजिक समानता की वृद्धि राज्य द्वारा लोगों में अधिकारों के प्रति जागरूकता बढ़ाकर, अवसरों का निर्माण करने आदि से की जा सकती है।

आर्थिक समानता

- आर्थिक असमानता एक समाज में संपत्ति, धन या आय के मध्य महत्त्वपूर्ण अंतर के कारण होती है। इसे मापा जाता है:
  – संपन्नतम और निर्धनतम समूहों के मध्य सापेक्ष अंतर को मापकर
  – यह अनुमान लगाकर कि कितने लोग गरीबी रेखा से नीचे रहते हैं।
- संपत्ति या आय की पूर्ण समानता कभी वास्तविकता नहीं रही। इसलिए आधुनिक लोकतंत्र यह सुनिश्चित करने का प्रयास करते हैं कि लोगों के पास समान अवसर हों। समान अवसरों के साथ, असमानता अब भी हो सकती है, लेकिन यह संभावना कि लोग उपलब्ध अवसरों के कारण अपनी स्थिति में परिवर्तन कर सकते हैं।
- जो असमानताएँ बनी रहती हैं, वे समाज के लिए खतरनाक होती हैं, ये समाज को संपन्न वर्गों और अन्य वर्गों के मध्य विभाजित कर देंगी, जो पीढ़ीयों से गरीब बने हुए हैं।

नारीवाद

- नारीवाद स्त्री-पुरुष के समान अधिकारों का पक्ष लेने वाला राजनीतिक सिद्धांत है।
- वे स्त्री या पुरुष नारीवादी कहलाते हैं, जो मानते हैं कि स्त्री-पुरुष के बीच की अनेक असमानताएँ न तो नैसर्गिक हैं और न ही आवश्यक
- नारीवादियों का मानना है कि इन असमानताओं को बदला जा सकता है।
- नारीवाद के अनुसार, स्त्री-पुरुष असमानता **पितृसत्ता**[2] का परिणाम है। पितृसत्ता से आशय एक ऐसी सामाजिक-आर्थिक और सांस्कृतिक व्यवस्था से है, जिसमें पुरुष को स्त्री से अधिक महत्त्व और शक्ति दी जाती है।
- पितृसत्ता इस मान्यता पर आधारित है कि पुरुष और स्त्री प्रकृति से भिन्न हैं और यही भिन्नता समाज में उनकी असमान स्थिति को न्यायोचित ठहराती है।
- नारीवादी **'लिंग भेद'** और **'लैगिंकता'** के मध्य अंतर करते हैं। वे यह दर्शाते हैं कि पुरुषों और महिलाओं के मध्य असमानता सामाजिक रूप से निर्मित है, न कि प्राकृतिक।
- पितृसत्तात्मक कार्यविभाजन के अनुसार महिलाओं की जिम्मेदारी 'निजी' या 'घेरलू' मामलों की होती है, जबकि पुरुषों की जिम्मेदारी 'सार्वजनिक' क्षेत्र की होती है।
- नारीवादी विचारकों के अनुसार, महिलाएँ बाहर भी कार्य करती हैं, लेकिन फिर भी उन्हें घरेलू कार्यों के लिए जिम्मेदार माना जाता है, जिससे दोहरे बोझ की स्थिति उत्पन्न होती है।
- नारीवादी कहते हैं कि 'सार्वजनिक' और 'निजी' के बीच का अंतर और सभी प्रकार की लिंग असमानताओं को समाप्त किया जाना चाहिए।

आर्थिक समानता पर उदारवादी और मार्क्सवादी दृष्टिकोण

- **मार्क्सवाद**[3] और **उदारवाद**[4] दो महत्त्वपूर्ण राजनीतिक विचारधाराएँ हैं। 19वीं शताब्दी के विचारक **कार्ल मार्क्स** ने महत्त्वपूर्ण आर्थिक संसाधनों; जैसे-जल, जंगल, जमीन या तेल आदि और अन्य संपत्तियों के निजी स्वामित्व को असमानता का मूल कारण माना। निजी स्वामित्व एक ऐसे वर्ग को जन्म देता है, जो आर्थिक और राजनीतिक शक्ति रखता है।

---

1 समतावादी (Egalitarian) यह इस विश्वास पर आधारित है कि सभी मानव समान हैं और उन्हें समान अवसर मिलने चाहिए।
2 पितृसत्ता (Patriarch) यह एक प्रणाली है, जो पुरुषों और महिलाओं के मध्य प्राकृतिक अंतर के कारण असमान व्यवहार को मान्यता देती है।
3 मार्क्सवाद (Marxism) ये एक विचारधारा है,जो कार्ल मार्क्स के विचारों पर आधारित है।
4 उदारवाद (Liberalism) यह एक राजनीतिक विचारधारा है,जो व्यक्तिगत स्वतंत्रता और स्वच्छंदता को महत्त्व देती है।

- मार्क्सवादियों और समाजवादियों के अनुसार, आर्थिक असमानता अन्य प्रकार की असमानताओं को भी बढ़ावा देती हैं। आवश्यक संसाधनों और संपत्तियों पर सामाजिक नियंत्रण एक समानतावादी समाज का निर्माण करेगा।
- उदारवादी मानते हैं कि प्रतिद्वंदिता का सिद्धांत संसाधनों और लाभांशों का सबसे कुशल और न्यायसंगत वितरण सुनिश्चित करता है। राज्य को सभी के लिए न्यूनतम जीवन स्तर और समान अवसर सुनिश्चित करने चाहिए। उदारवादी यह मानते हैं कि राजनीतिक, आर्थिक और सामाजिक असमानताएँ एक-दूसरे से जुड़ी नहीं होतीं, इनका अलग-अलग तरीके से समाधान हो सकता है।

समाजवाद

- समाजवाद असमानताओं के जवाब में उपजे कुछ राजनीतिक विचारों का समूह है। ये वे असमानताएँ थीं, जो औद्योगिक पूँजीवादी अर्थव्यवस्था से उत्पन्न हुईं और उसमें बाद तक बनी रहीं।
- समाजवाद का मुख्य सरोकार वर्तमान असमानताओं को न्यूनतम करना और संसाधनों का न्यायपूर्ण बँटवारा है।
- समाजवाद के पक्षधर पूर्ण रूप से बाजार के खिलाफ तो नहीं होते, लेकिन वे शिक्षा और स्वास्थ्य सेवा जैसे आधारभूत क्षेत्रों में सरकारी नियमन नियोजन और नियंत्रण का समर्थन अवश्य करते हैं।
- समाजवादी मानते हैं कि केवल आर्थिक असमानता का अंत ही सभी प्रकार की असमानताओं का अंत करेगा।
- भारतीय समाजवादी चिंतक **राम मनोहर लोहिया** ने कई असमानताओं की पहचान की, जिनसे **सप्तक्रांति** (सात क्रांतियों) के माध्यम से लड़ाई की जा सकती है।
  - पुरुषों और महिलाओं के बीच असमानता के विरुद्ध क्रांति।
  - त्वचा के रंग पर आधारित असमानता के विरुद्ध क्रांति।
  - जाति आधारित असमानता के विरुद्ध क्रांति।
  - आर्थिक असमानता के खिलाफ क्रांति।
  - निजी जीवन पर अनुचित हस्तक्षेप और अन्यायपूर्ण अतिक्रमण के खिलाफ नागरिक स्वतंत्रता के लिए क्रांति और अहिंसा के लिए क्रांति।
  - सत्याग्रह के पक्ष में शस्त्र त्याग के लिए क्रांति।

चेक प्वॉइंट 2

1. समानता के तीन आयाम कौन-से हैं?
2. सप्तक्रांति की अवधारणा किसने प्रस्तुत की?
3. उदारवादी किस सिद्धांत को संसाधनों और लाभांशों के वितरण का सबसे कुशल और न्याय संगत तरीका मानते हैं?
4. समाजवाद के समर्थक किन क्षेत्रों में सरकारी नियंत्रण को प्राथमिकता देते हैं?

3.3 समानता को बढ़ावा देने के उपाय

- उदारवादियों और समाजवादियों द्वारा समानता प्राप्त करने के लिए कई तरीकें सुझाए गए हैं, लेकिन इन दोनों में एक-दूसरे से काफी भिन्नता है।

औपचारिक समानता की स्थापना

- समाज में असमानता को दूर करने के संदर्भ में सर्वप्रथम विशेषाधिकार जैसी व्यवस्था को समाप्त कर औपचारिक समानता स्थापित की जाती है। विभिन्न देशों में आर्थिक, सामाजिक व राजनीतिक असमानताओं को कुछ रीति-रिवाज या कानूनी व्यवस्था के माध्यम से बनाए रखा गया है।
- इनके कारण कुछ वर्ग या व्यक्तियों को अवसरों की समान उपलब्धता सुनिश्चित नहीं हो पाती थी; जैसे—अनेक देशों में निचले तबके व महिलाओं को समान रूप से मताधिकार प्राप्त नहीं था। महिलाओं को सार्वजनिक कार्यों में भाग लेने की अनुमति नहीं थी।
- भारत में भी निचले तबके के लोगों को जातीय व्यवस्था के कारण केवल शारीरिक श्रम वाले कार्य करने की अनुमति थी। इसके अतिरिक्त कुछ देशों में केवल कुछ विशेष परिवारों के लोग ही सर्वोच्च पदों तक पहुँच सकते थे।
- भारतीय संविधान भी नस्ल, धर्म, जाति व जन्म स्थान के आधार पर भेदभाव को प्रतिबंधित करता है, साथ ही छुआछूत की प्रथा का भी उन्मूलन करता है।
- अधिकतर आधुनिक संविधान और लोकतांत्रिक सरकारें औपचारिक रूप से समानता के सिद्धांत को स्वीकार कर चुकी हैं और इस सिद्धांत को जाति, नस्ल, धर्म या लिंग पर ध्यान दिए बिना 'सभी नागरिकों को कानून के एकसमान व्यवहार' के रूप में समाहित किया है।

विभेदक व्यवहार द्वारा समानता

- समाज में विभिन्न वर्ग या व्यक्तियों के साथ विभेदक व्यवहार करके भी समानता स्थापित की जाती है; जैसे—सार्वजनिक स्थानों पर विकलांगों के लिए ढलान वाले रास्ते की न्यायोचित माँग, रात्रि में कार्य करने वाली महिलाओं के लिए विशेष सुरक्षा की माँग तथा शारीरिक रूप से विकलांग व्यक्तियों के लिए सार्वजनिक स्थानों पर विशेष कमरों की माँग इस प्रकार की माँग या उपाय समानता को बढ़ाते हैं।
- वर्तमान में लगभग सभी समाजों में उन भिन्नताओं पर चर्चा हो रही है, जो समान अवसरों तक पहुँच में व्यवधान उत्पन्न करते हैं।
- कुछ देश समानता के अवसर को बढ़ावा देने के लिए सकारात्मक कार्यवाई की नीति अपनातें हैं, जबकि कुछ देशों ने '**आरक्षण**[5]' की नीति अपनाई है। उदाहरण के लिए, भारत ने 'आरक्षण' की नीति अपनाई है।

सकारात्मक कार्यवाही

- सकारात्मक कार्यवाही का आधार यह है कि गहरी खाई के रूप में जमी असमानताओं को समाप्त करने के लिए कुछ सकारात्मक कदम उठाए जाने चाहिए, जिससे सामाजिक असमानताओं को जड़ से समाप्त किया जा सके।
- अधिकांश सकारात्मक कार्यवाही की नीतियाँ इस उद्देश्य से बनाई जाती हैं कि वे अतीत की असमानताओं के **संचयी दुष्प्रभावों**[6] को सुधार सकें।

सकारात्मक कार्यवाही के रूप

- सकारात्मक कार्यवाही कई रूपों में हो सकती है। उदाहरण के लिए, वंचित समुदाय के छात्रों को छात्रवृत्ति के रूप में। भारत में, कुछ समूहों को शिक्षा और नौकरियों में कोटा या आरक्षित सीटें दी जाती हैं। ये वे समूह हैं, जिन्होंने अतीत में भेदभाव झेला है और जिन्हें समान अवसरों से वंचित रखा गया था।
- **विशेष सहायता** सकारात्मक कार्यवाही के रूप में विशेष सहायता को एक अस्थायी या समयबद्ध उपाय माना जा सकता है। यह आशा की जाती है कि वंचित समूह इस विशेष सहायता से लाभ उठाएंगे और भविष्य में दूसरों के साथ प्रतिस्पर्द्धा करने के योग्य बनेंगे।
- **आरक्षण पर आलोचनात्मक दृष्टिकोण** आलोचक कहते हैं आरक्षण नीति समानता के विरुद्ध है। वे तर्क देते हैं कि आरक्षण समाज के अन्य वर्गों के साथ भेदभाव करता है। वे आरक्षण को 'व्युत्क्रमणीय भेदभाव' मानते हैं और सभी नागरिकों के समान व्यवहार का समर्थन करते हैं।
- **व्यक्तिगत अधिकार और समानता का सिद्धांत** व्यक्तियों के समान अधिकार और समानता के सिद्धांत के मध्य अंतर आवश्यक है। सभी व्यक्तियों को प्रतिस्पर्द्धा में भाग लेने का अधिकार है, लेकिन प्रतिस्पर्द्धा निष्पक्ष होनी चाहिए। निष्पक्ष प्रतिस्पर्द्धा तभी संभव है जब वंचित समूहो को कुछ विशेष सुविधाएँ प्रदान की जाएँ।
- **सामाजिक और आर्थिक असमानता** अधिकांश विचारक मानते हैं कि समान अवसरों के अभाव में सामाजिक और आर्थिक असमानताएँ बढ़ती हैं। हालाँकि समान अवसर सुनिश्चित करने की नीतियाँ वाद-विवाद का विषय है। चर्चा के कुछ विषय हैं- वंचित समुदायों के लिए आरक्षण, वंचितों की परिभाषा, वंचितों की पहचान हेतु आर्थिक मानदंड आदि।
- **विभेदक उपचार** समानता प्राप्त करने के लिए विभेदक या विशेष उपचार एक माध्यम हो सकता है, लेकिन इसे उचित औचित्य और सावधानीपूर्वक विचार के साथ लागू किया जाना चाहिए। उदाहरण के लिए, महिलाओं ने समान अधिकारों; जैसे-मतदान का अधिकार, काम करने का अधिकार आदि के लिए संघर्ष किया। कार्यक्षेत्र में प्रवेश करने के बाद उन्होंने महसूस किया कि इन अधिकारों का पूर्णरूपेण लाभ उठाने हेतु उन्हें कुछ विशेष अधिकारों की आवश्यकता है। हालाँकि यह नए प्रभुत्व और उत्पीड़न की संरचनाओं को निर्मित नहीं करना चाहिए। न ही यह समाज में कुछ प्रभुत्वशाली समूहों द्वारा विशेष विशेषाधिकारों और शक्ति को पुनः प्राप्त करने का माध्यम बनना चाहिए।

चेक प्वॉइंट 3

1. समानता को बढ़ावा देने हेतु तीन माध्यम कौन-से हैं?
2. भारतीय संविधान किन आधारों पर भेदभाव को प्रतिबंधित करता है?
3. समानता प्राप्त करने के लिए कौन-सा उपचार आवश्यक है?

---

5 **आरक्षण** (Reservation) इसका अर्थ है शैक्षिक संस्थानों और नौकरियों में पिछड़े वर्गों के लिए सीटों को आरक्षित करना।

6 **संचयी दुष्प्रभाव** (Cumulative effect) यह एक प्रभाव होता है, जो किसी घटना के लंबे समय तक होने के परिणामस्वरूप उत्पन्न होता है।

Mind Map

समानता

1 समानता का अर्थ

- समानता का अर्थ है कि सभी मनुष्य जाति, रंग, लिंग, नस्ल और राष्ट्रीयता की परवाह किए बिना समान हैं।
- समानता की कुछ सीमाएँ भी हैं।
  उदाहरण- किसी देश के प्रधानमंत्री को कुछ विशेषाधिकार प्राप्त होते हैं, जो एक आम नागरिक को नहीं दिए जा सकते, लेकिन यह विचार करना आवश्यक है कि यह असमानता न्यायसंगत है या अन्यायपूर्ण।

अवसरों की समानता
- सभी लोगों को समान अधिकार और अवसर मिलने चाहिए, जिससे वे अपने कौशल और प्रतिभा को विकसित कर सकें।
- यदि कोई व्यक्ति अधिक या कम सफल होता है, तो यह स्वीकार्य होना चाहिए, बशर्ते उसे समान अवसर प्राप्त हों।

2 समानता के तीन आयाम

राजनीतिक समानता
- सभी सदस्यों को समान नागरिकता प्रदान करना राजनीतिक समानता में शामिल है।
- राजनीतिक समानता न्यायपूर्ण और समतावादी समाज की गारंटी नहीं देती।

सामाजिक समानता
- यह समाज के सभी सदस्यों को समान अवसर प्रदान करने से संबंधित है।
- राज्य कानून बनाकर सामाजिक समानता सुनिश्चित कर सकता है।
- सामाजिक समूह और व्यक्ति जागरूकता बढ़ाकर सामाजिक समानता को बढ़ावा दे सकते हैं।

आर्थिक समानता
- संपन्नतम और निर्धनतम समूहों के बीच की आर्थिक खाई को मापना।
- उन लोगों की संख्या का मापन करना, जो गरीबी रेखा से नीचे जीवनयापन कर रहे हैं।

3 आर्थिक समानता पर उदारवादियों और मार्क्सवादियों के विचार

- **मार्क्सवाद** संसाधनों पर सार्वजनिक नियंत्रण व समतावादी समाज का समर्थन करता है।
- **उदारवाद** व्यक्तिगत स्वतंत्रता, समानता और कानून के शासन पर बल देता है। यह मानता है कि सभी व्यक्तियों को अपने धार्मिक निर्णय लेने की स्वतंत्रता होनी चाहिए।

4 राम मनोहर लोहिया की सप्त क्रान्ति

- लैंगिक असमानता
- नागरिक स्वतंत्रता
- नस्लीय असमानता
- हिंसा
- जातिगत भेदभाव
- हथियारों का उन्मूलन
- आर्थिक विषमता

5 समानता की चुनौतियाँ

प्राकृतिक बनाम सामाजिक असमानता
- **प्राकृतिक असमानता** यह जन्मजात विशेषताओं और व्यक्तिगत क्षमताओं का परिणाम होती है।
- **सामाजिक असमानता** यह अवसरों की असमानता और शोषण के कारण उत्पन्न होती है।

6 समानता को बढ़ावा देने के तरीके

औपचारिक समानता की स्थापना
- **भेदभाव का निषेध**

उदाहरण-भारत में अस्पृश्यता को समाप्त कर दिया गया।

विभेदक बरताव (व्यवहार) द्वारा समानता
- दिव्यांगों, महिलाओं, अल्पसंख्यकों आदि के लिए विशेष अधिकार प्रदान करना।

सकारात्मक कार्रवाई
- यह वंचित समूहों को ऊपर उठाने के लिए कोटा, आरक्षण, छात्रवृत्ति आदि को शामिल करता है।

सकारात्मक कार्रवाई के रूप
- विशेष सहायता
- आरक्षण पर आलोचनात्मक दृष्टिकोण
- व्यक्तिगत अधिकारों की समानता और समानता का सिद्धांत
- सामाजिक और आर्थिक असमानताएँ

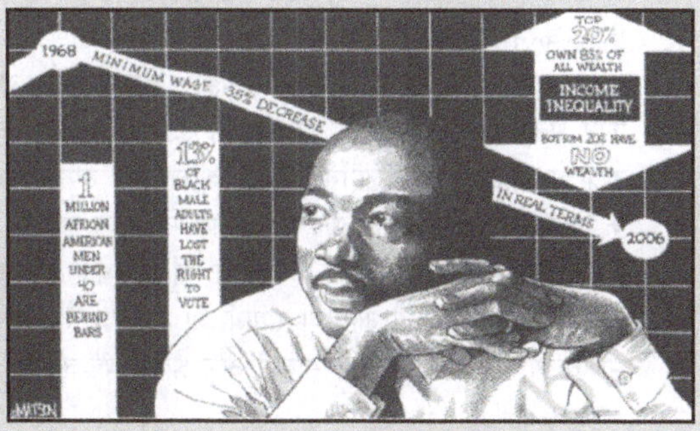

मार्टिन लूथर किंग जूनियर

NCERT फोल्डर

अध्याय के मध्य में दिए गए प्रश्न

1. समानता क्या है? हमें इस नैतिक और राजनीतिक आदर्श के बारे में क्यों सोचना चाहिए?

उत्तर समानता का अर्थ है, समाज के प्रत्येक व्यक्ति को बिना किसी भेदभाव के समान अधिकार, अवसर और सम्मान प्रदान करना। यह एक नैतिक और राजनीतिक आदर्श है, जो जाति, धर्म, लिंग, आर्थिक स्थिति आदि के आधार पर भेदभाव का विरोध करता है।

समानता का आदर्श महत्त्वपूर्ण है, क्योंकि यह समाज में न्याय, स्वतंत्रता और भाईचारे को बढ़ावा देती है। यह व्यक्तिगत क्षमता के विकास को प्रोत्साहित करती है और सामाजिक असमानताओं को कम करती है। समानता पर विचार करना आवश्यक है, ताकि एक समतामूलक और समावेशी समाज का निर्माण हो, जहाँ प्रत्येक व्यक्ति को अपने अधिकारों और अवसरों का समान उपयोग करने का अवसर मिले।

2. क्या समानता का आशय व्यक्ति से प्रत्येक स्थिति में एक समान व्यवहार करना है?

उत्तर नहीं, समानता का आशय प्रत्येक व्यक्ति से एक जैसा व्यवहार करना नहीं है। इसका अर्थ है कि सभी व्यक्तियों को समान अवसर और सम्मान मिले, परंतु उनकी आवश्यकताओं और परिस्थितियों को ध्यान में रखते हुए।

उदाहरण के लिए, एक विकलांग व्यक्ति को समान अवसर देने के लिए विशेष सुविधाएँ प्रदान की जाती हैं, जो समानता के आदर्श का भाग हैं।

समानता का उद्देश्य भेदभाव समाप्त करना और सभी को अपनी क्षमतानुसार आगे बढ़ने का अवसर देना है। इसलिए समानता का आशय निष्पक्षता और न्याय है, न कि प्रत्येक परिस्थिति में समान व्यवहार।

3. अलग-अलग तरह की शारीरिक विकलांगता के शिकार छात्रों को अन्य छात्रों की भाँति सीखने के लिए आवश्यक सुविधाओं की एक सूची बनाओ। आपके विद्यालय में इनमें से कौन-कौन सी सुविधाँ उपलब्ध हैं?

उत्तर शारीरिक विकलांगता से ग्रस्त छात्रों को शिक्षा में समान अवसर प्रदान करने के लिए विशेष सुविधाओं की आवश्यकता होती है। इनमें से रैम्प और लिफ्ट जैसी सुगम पहुँच, श्रवण बाधित छात्रों के लिए श्रवण पत्र, ब्रेल सामग्री और स्क्रीन रीडर सॉफ्टवेयर, दृष्टिहीन छात्रों के लिए ऑडियों-लर्निंग सामग्री, व्हीलचेयर, उपयोगकर्ताओं के लिए उपयुक्त टॉयलेट और बड़े अक्षरों में पाठ्य सामग्री शामिल हैं। मेरे विद्यालय में रैम्प और व्हीलचेयर हेतु सुविधाएँ उपलब्ध है, दृष्टिहीन छात्रों के लिए ऑडियों सामग्री भी उपलब्ध है। अन्य सुविधाओं जैसे ब्रेल लिपि में सामग्री और श्रवण यंत्र की व्यवस्था अभी नहीं है।

4. विभिन्न धार्मिक ग्रंथों से ऐसे उदाहरण खोजों, जो समानता के विचार को सबल करते हों। इन उदाहरणों को अपनी कक्षा में पढ़ों।

उत्तर धार्मिक ग्रंथों में समानता का संदेश स्पष्ट रूप में मिलता है। वेदों के अनुसार 'वसुधैव कुटुम्बकम्' (संपूर्ण पृथ्वी एक परिवार है) का आदर्श है। गीता में भगवान श्रीकृष्ण ने कहा है, 'मैं सभी में समान रूप से स्थित हूँ।' बाइबिल में लिखा है कि 'ईश्वर ने सभी मनुष्यों को समान बनाया है।' कुरान के अनुसार 'सभी मनुष्य समान है, उनके कर्म ही उन्हें श्रेष्ठ बनाते हैं।' ये उद्धरण समाज में समानता और भाईचारे का संदेश देते हैं, जो कक्षा में पढ़ने के लिए आदर्श हैं।

5. मैं जिन लोगों को जानता हूँ, वे सभी किसी-न-किसी धर्म में विश्वास करते हैं। मैं जिन धर्मों के बारे में जानता हूँ वे सभी समानता का संदेश देते हैं। जब ऐसा है, तो दुनिया में असमानता क्यों हैं?

उत्तर दुनिया में असमानता का कारण केवल धर्म नहीं है, बल्कि यह सामाजिक, आर्थिक और ऐतिहासिक कारणों से जुड़ा हुआ है, जबकि अधिकांश धर्म समानता का संदेश देते है, वास्तविकता में समाज में असमानता कई अन्य कारकों के कारण उत्पन्न होती है।

सामाजिक ढाँचा, जाति व्यवस्था, आर्थिक विषमताएँ और ऐतिहासिक अन्याय असमानता को बढ़ावा देते हैं। धर्म का उद्देश्य मानवता की सेवा और समानता है, लेकिन मानव समाज में इन्हें सही तरीके से लागू करना और सभी को समान अवसर देना अभी भी एक चुनौती है। यह असमानता एक जटिल समस्या है, जिसे सिर्फ धार्मिक दृष्टिकोण से हल नहीं किया जा सकता है।

6. हमारे चारों ओर बहुत-सी असमानताएँ ऐसी हैं, जिन पर कोई आपत्ति नही करता। ऐसे में देश और दुनिया की असमानताओं पर बात करना बकवास है। जरा इस पर ही ध्यान दो कि कैसे मेरे माता-पिता मेरे भाई की तरफदारी करते हैं।

उत्तर यह कथन सामाजिक असमानता और व्यक्तिगत असमानता की ओर संकेत करता है। यह विचार दर्शाता है कि कई बार हम समाज की बड़ी असमानताओं पर चर्चा करने से पहले अपनी निजी असमानताओं पर ध्यान नहीं देते। विशेष रूप से जब परिवार के अंदर किसी सदस्य को दूसरों से अधिक महत्त्व दिया जाता है, तो यह मानसिक असंतुलन और असमानता की भावना पैदा कर सकता है। इस संदर्भ में हमें पहले अपनी निजी असमानताओं को समझना चाहिए, ताकि समाज की बड़ी असमानताओं को सही तरीके से समझा जा सके।

7. महिलाओं को सेना की लड़ाकू टुकड़ियों में शामिल होने और सेना के सर्वोच्च पद पर पहुँचने की अनुमति होनी चाहिए।

उत्तर महिलाओं को सेना की लड़ाकू टुकड़ियों में शामिल होने और सेना के सर्वोच्च पद पर पहुँचने की अनुमति दी जानी चाहिए, महिलाओं का मानसिक बल भी लगभग पुरुषों के समान है। यदि उन्हें समान अवसर मिलें, तो वे अपनी क्षमताओं को साबित कर सकती है। यह समानता और महिला सशक्तीकरण की दिशा में एक महत्त्वपूर्ण कदम होगा। महिलाओं को सेना में उच्च पदों तक पहुँचने का अधिकार होना चाहिए, ताकि समाज में असमानता को समाप्त किया जा सके।

8. अपने विद्यालय के छात्र/छात्राओं पर ध्यान दो और उनमें नजर आने वाली सभी आर्थिक-सामाजिक असमानताओं की सूची बनाओ।

उत्तर विद्यालय के छात्र-छात्राओं में आर्थिक-सामाजिक असमानताएँ स्पष्ट रूप से देखने को मिलती हैं। कुछ छात्र अच्छे कपड़े पहनते हैं और अच्छे संसाधनो का उपयोग करते हैं, जबकि अन्य छात्र आर्थिक तंगी के कारण साधारण कपड़े पहनते है और सुविधाओं की कमी का सामना करते हैं। ये असमानताएँ, शिक्षा, अवसरों और जीवन स्तर में भी दिखाई पड़ती है। इन असमानताओं के कारण छात्रों के मध्य प्रतिस्पर्द्धा और समावेशिता में अंतर आता है।

9. अनुसूचित जाति और जनजातियों के लिए सकारात्मक कार्यवाही (कोटा,छात्रवृत्ति, प्रशिक्षण आदि) की नीतियाँ निजी शैक्षिक संस्थाओं में प्रवेश के लिए लागू की जानी चाहिए।

उत्तर अनुसूचित जाति और जनजातियों के लिए सकारात्मक कार्यवाही (जैसे- कोटा/ आरक्षण, छात्रवृत्ति, प्रशिक्षण आदि) की नीतियाँ निजी शैक्षिक संस्थाओं में प्रवेश के लिए भी लागू की जानी चाहिए, ताकि इन समुदायों के विद्यार्थियों को समान अवसर मिल सके ओर शिक्षा में समानता सुनिश्चित हो सके। यह समाज में समानता और न्याय को बढ़ावा देगा।

10. हम समानता की ओर कैसे बढ़ सकते हैं और जीवन के विभिन्न क्षेत्रों में असमानता को न्यूनतम कैसे कर सकते हैं?

उत्तर समानता की ओर बढ़ने के लिए हमें भेदभाव और पूर्वाग्रहों को समाप्त करना होगा। शिक्षा, रोजगार और सामाजिक अवसरों में समान पहुँच सुनिश्चित करना आवश्यक है। गरीबी उन्मूलन, लैंगिक समानता और वंचित वर्गों के लिए आरक्षण जैसी नीतियाँ असमानता कम करने में मदद करती हैं। कानूनी अधिकारों का पालन, जागरूकता अभियान और समानता को प्रोत्साहित करने वाली सोच को बढ़ावा देना भी आवश्यक है। जीवन के विभिन्न क्षेत्रों में समानता सुनिश्चित करने के लिए सबको समान अवसर और संसाधन उपलब्ध कराने पर ध्यान देना होगा, ताकि प्रत्येक व्यक्ति अपनी क्षमता के अनुसार आगे बढ़ सके।

11. हम समानता के राजनीतिक, आर्थिक और सामाजिक आयामों को अलग-अलग कैसे समझ सकते हैं?

उत्तर समानता के राजनीतिक, आर्थिक और सामाजिक आयाम निम्नलिखित हैं

राजनीतिक आयाम- समानता के राजनीतिक आयाम का अर्थ है कि सभी नागरिक कानून और राजनीतिक अधिकारों के मामलें में समान हों; जैसे- मतदान का अधिकार।

आर्थिक आयाम- आर्थिक आयाम में समानता का अर्थ है कि समाज में प्रत्येक व्यक्ति को अपनी जरूरतें पूरी करने के लिए समान आर्थिक अवसर और संसाधन प्राप्त हों तथा गरीबी व संपत्ति के असमान वितरण को कम किया जाए।

सामाजिक आयाम- समानता के सामाजिक आयाम का अर्थ है कि जाति, धर्म, लिंग आदि के आधार पर भेदभाव न हो और सभी को समान सम्मान और प्रतिष्ठा मिले।

उपर्युक्त तीनों आयामों को समझकर ही एक समतामूलक और न्यायपूर्ण समाज का निर्माण किया जा सकता है।

12. संयुक्त राज्य अमेरिका में नस्ली असमानता के बारे में और खोज करें। हमारे देश में कौन-कौन से समूह इसी प्रकार की असमानताओं के शिकार हैं। अमेरिका में इस असमानता को कम करने के लिए किस प्रकार की नीतियाँ अपनाई गईं। क्या उनके अनुभवों से कुछ सीखा जा सकता है? क्या उन्होंने भी हमारे अनुभवों से कुछ सीखा है?

उत्तर संयुक्त राज्य अमेरिका में नस्ली असमानता एक गंभीर समस्या रही है, जहाँ अफ्रीकीं अमेरिकी मूल अमेरिकी और हिस्पैनिक समुदायों को आर्थिक, सामाजिक और राजनीतिक असमानताएँ झेलनी पड़ीं। इसे कम करने के लिए 'सिविल राइट्स मूवमेंट' और 'अफर्मेटिव एक्शन' जैसी नीतियाँ अपनाई गईं। इन नीतियों का उद्देश्य जातीय समूहों को समान अवसर प्रदान करना और भेदभाव को समाप्त करना था। भारत में भी कुछ समान असमानताएँ हैं; जैसे- अनुसूचित जातियाँ, अनुसूचित जनजातियाँ और अन्य पिछड़े वर्गों के साथ भेदभाव। भारत में आरक्षण नीति और विशेष अधिकारों का प्रावधान किया गया है। अमेरिका की नीतियों से हम समानता की दिशा में और अधिक प्रभावी कदम उठा सकते हैं, जबकि भारत के अनुभवों से अमेरिका ने जातिगत असमानताओं से निपटने की रणनीतियाँ अपनाई हैं।

13. 'पुरुष स्त्रियों से बढ़कर हैं। यह एक प्राकृतिक असमानता है।' आप इस संबंध में कुछ नहीं कर सकतें।

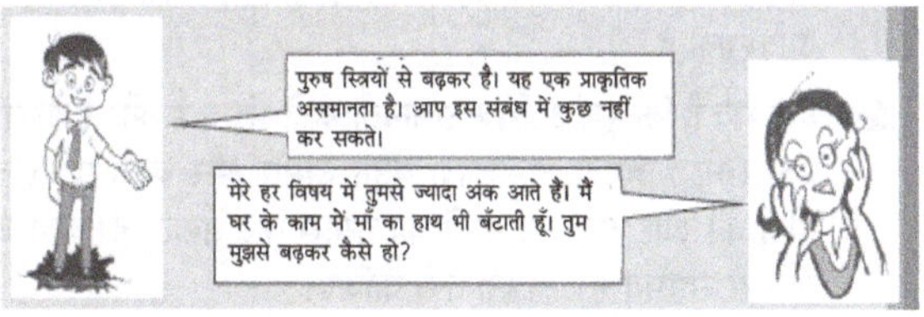

उत्तर यह कथन पूर्ण रूप से गलत और भ्रामक है। यह विचार सामाजिक पूर्वाग्रह और पितृसत्तात्मक मानसिकता का परिणाम है।

पुरुष और स्त्रियों के मध्य प्राकृतिक भिन्नता उनकी शारीरिक संरचना तक सीमित हो सकती है, लेकिन यह किसी को श्रेष्ठ या हीन नहीं बनाती है, क्योंकि दोनों के पास समान मानसिक क्षमता, बुद्धिमत्ता और सामाजिक योगदान की योग्यता होती है।

समाज में समानता स्थापित करने के लिए यह समझना आवश्यक है कि अधिकार, अवसर और सम्मान लिंग के आधार पर विभाजित नहीं होने चाहिए। अतः समता की दिशा में सोच बदलना आवश्यक है।

14. मेरे प्रत्येक विषय में तुमसे अधिक अंक आते है। मैं घर के काम में माँ का हाथ भी बटाती हूँ। तुम मुझसे बढ़कर कैसे हो सकते हो?

उत्तर यह कथन लैंगिक समानता की ओर एक मजबूत दृष्टिकोण प्रस्तुत करता है। इसमें यह दर्शाया गया है कि कोई भी व्यक्ति केवल लिंग के आधार पर किसी से 'बढ़कर' नही हो सकता है।

अंकों में बेहतर प्रदर्शन और घरेलू कार्यों में योगदान देना यह साबित करता है कि एक लड़की किसी भी दृष्टिकोण से पुरुषों से कम नहीं है। किसी की श्रेष्ठता या हीनता उसके प्रयास, गुण और योगदान से तय होती है, न कि लिंग के आधार पर। यह कथन समाज में मौजूद लैंगिक असमानता को चुनौती देता है और समानता का पक्षधर है।

अतः हमें यह समझना चाहिए कि सभी व्यक्तियों को उनके कार्यों और क्षमताओं के आधार पर सम्मान देना चाहिए।

निम्नलिखित प्रश्नों के उत्तर दीजिए

1. कुछ लोगों का तर्क है कि असमानता प्राकृतिक है, जबकि कुछ अन्य का कहना है कि वास्तव में समानता प्राकृतिक है और जो असमानता हम चारों ओर देखते हैं उसे समाज ने पैदा किया है। आप किस मत का समर्थन करते हैं? कारण दीजिए।

उत्तर हमारे चारो और फैली असमानताएँ प्राकृतिक और मानवकृत दोनों रूपों में विद्यमान हैं। प्राकृतिक असमानताएँ लोगों को जन्मजात प्राप्त होती हैं जबकि अधिकांश असमानताएँ मानव द्वारा तैयार की जाती हैं, किंतु मैं समानता के प्राकृतिक दृष्टिकोण का समर्थन करता हूँ। मानवता की दृष्टि से, सभी मनुष्य जन्म से समान होते हैं। उन्हें समान अधिकार और अवसर मिलने चाहिए। असमानता का अधिकांश भाग सामाजिक और सांस्कृतिक निर्माण का परिणाम है, जो जाति, लिंग और आर्थिक, स्थिति जैसे कारकों से उत्पन्न होती है। जब समानता को बढ़ावा दिया जाता है, तब समाज समृद्ध होता है, क्योंकि सभी व्यक्तियों को अपनी क्षमता का पूर्ण विकास करने का अवसर मिलता है। नैतिक दृष्टिकोण से भी, समानता न्याय का आधार है और इससे सामाजिक स्थिरता और सहयोग को बढ़ावा मिलता है। इतिहास में नागरिक अधिकारों के आंदोलन जैसे उदाहरण दिखते हैं कि असमानता को समाप्त करने के लिए संघर्ष किया गया है। इसलिए, समानता को प्राकृतिक मानना न केवल नैतिक है, बल्कि यह समाज के समग्र विकास के लिए भी आवश्यक है।

2. एक मत है कि पूर्ण आर्थिक समानता न तो संभव है और न ही वांछनीय। एक समाज ज्यादा-से-ज्यादा बहुत अमीर और बहुत गरीब लोगों के बीच की खाई को कम करने का प्रयास कर सकता है। क्या आप इस तर्क से सहमत हैं? अपना तर्क दीजिए।

उत्तर मैं इस तर्क से सहमत हूँ कि पूर्ण आर्थिक समानता न तो संभव है और न ही वांछनीय। समाज में विविधता और विभिन्न क्षमताओं के कारण आर्थिक असमानता एक स्वाभाविक प्रक्रिया है। यहाँ कुछ कारण दिए गए हैं जो निम्न हैं

(i) **प्राकृतिक भिन्नता** प्रत्येक व्यक्ति की प्रतिभा, कौशल और महत्ता भिन्न होती है। कुछ लोग अपनी प्रतिभा और मेहनत के बल पर अधिक सफल हो सकते हैं, जबकि अन्य नहीं। इससे स्वाभाविक रूप से आर्थिक असमानता उत्पन्न होती है।

(ii) **प्रोत्साहन का तत्त्व** यदि समाज में पूर्ण आर्थिक समानता हो, तो लोगों को अपने प्रयासों के लिए प्रोत्साहन नहीं मिलेगा। व्यक्तिगत उपलब्धियों और नवाचारों को प्रोत्साहित करने के लिए कुछ असमानता आवश्यक है। यह आर्थिक विकास और प्रगति के लिए प्रेरणा का स्रोत होती है।

(iii) **सामाजिक और आर्थिक स्थिरता** अधिकांश समाजों के बहुत अमीर और बहुत गरीब लोगों के बीच कुछ असमानताओं का होना आवश्यक है। यदि असमानताएँ अत्याधिक बढ़ जाती है।

तो यह सामाजिक संघर्ष और अस्थिरता का कारण बन सकती हैं। इसलिए समाज को यह सुनिश्चित करना चाहिए कि यह खाई कम हो, लेकिन पूर्ण समानता न हो।

(iv) **सामाजिक न्याय**-समानता की दिशा में प्रयास करते समय यह महत्त्वपूर्ण है कि समाज गरीबों की सहायता करें और उन्हें आवश्यक संसाधन और अवसर प्रदान करे। आर्थिक असमानता को कम करने का उद्देश्य गरीबों को सशक्त बनाना और उनकी जीवन स्थितियों में सुधार लाना होना चाहिए।

3. नीचे दी गई अवधारणा और उसके उचित उदाहरणों में मेल बैठाएँ।

(a) सकारात्मक कार्यवाही	1. प्रत्येक वयस्क नागरिक को मत देने का अधिकार है।
(b) अवसर की समानता	2. बैंक वरिष्ठ नागरिकों को ब्याज की ऊँची दर देते हैं।
(c) समान अधिकार	3. प्रत्येक बच्चे को निःशुल्क शिक्षा मिलनी चाहिए।

उत्तर

(a) सकारात्मक कार्यवाही	2. बैंक वरिष्ठ नागरिकों को ब्याज की ऊँची दर देते हैं।
(b) अवसर की समानता	3. प्रत्येक बच्चे को निःशुल्क शिक्षा मिलनी चाहिए।
(c) समान अधिकार	1. प्रत्येक वयस्क नागरिक को मत देने का अधिकार है।

4. किसानों की समस्या से संबंधित एक सरकारी रिपोर्ट के अनुसार छोटे और सीमांत किसानों को बाजार से अपनी उपज का उचित मूल्य नहीं मिलता। रिपोर्ट में सलाह दी गई कि सरकार को बेहतर मूल्य सुनिश्चित करने के लिए हस्तक्षेप करना चाहिए, लेकिन यह प्रयास केवल लघु और सीमांत किसानों तक ही सीमित रहना चाहिए। क्या यह सलाह समानता के सिद्धांत से संभव है?

उत्तर किसानों की समस्या से संबंधित रिपोर्ट में दी गई सलाह समानता के सिद्धांत द्वारा संभव है। छोटे एवं सीमांत किसानों को बाजार से उनकी उपज का उचित मूल्य सुनिश्चित करने के लिए सरकार को सकारात्मक कार्यवाही के माध्यम द्वारा हस्तक्षेप करना चाहिए। इन प्रयासों को छोटे एवं सीमांत किसानों के लिए सीमित रखना न्यायोचित है, क्योंकि यह अधिकतर अशिक्षित होने के कारण सरकार की योजनाओं से अनभिज्ञ होते हैं। इन्हें उचित मूल्य पर खाद, बीज, पानी इत्यादि नहीं मिल पाता।

अभावों के कारण कई बार फसल अच्छी नहीं हो पाती तथा जो होती है, उसका उचित मूल्य न मिल पाने के कारण वह कर्ज नहीं चुका पाते। अतः सरकार द्वारा इनकी सकारात्मक कार्यवाही या विशेष प्रबंध करना समानता का उल्लंघन नहीं है।

5. निम्नलिखित में से किसमें समानता के किस सिद्धांत का उल्लंघन होता है और क्यों?

(a) **कक्षा का हर बच्चा नाटक का पाठ अपना क्रम आने पर पढ़ेगा।**

(b) **कनाडा सरकार ने दूसरे विश्वयुद्ध की समाप्ति से वर्ष 1960 तक यूरोप के श्वेत नागरिकों को कनाडा में आने और बसने के लिए प्रोत्साहित किया।**

(c) **वरिष्ठ नागरिकों के लिए अलग से रेलवे आरक्षण की एक खिड़की खोली गई।**

(d) **कुछ वन क्षेत्रों को निश्चित आदिवासी समुदायों के लिए आरक्षित कर दिया गया है।**

उत्तर (a) कक्षा का हर बच्चा नाटक का पाठ अपना क्रम आने पर पढ़ेगा। इसके अंतर्गत समानता के सिद्धांत का उल्लंघन नहीं हो रहा है, क्योंकि प्रत्येक को पाठ पढ़ने का समान अवसर प्राप्त होगा। अतः यह अवसर की समानता है।

(b) कनाडा सरकार द्वारा द्वितीय विश्वयुद्ध की समाप्ति से वर्ष 1960 तक यूरोप के केवल श्वेत नागरिकों को कनाडा में आने तथा बसने के लिए प्रोत्साहित करना, समानता के सिद्धांत का उल्लंघन करता है।

ऐसा करके कनाडा सरकार रंग के आधार पर भेदभाव कर रही है, क्योंकि यूरोप में श्वेत लोगों के साथ-साथ अश्वेत लोग भी रहते हैं, जिन्हें प्रोत्साहित नहीं किया गया।

(c) वरिष्ठ नागरिकों के लिए अलग से रेलवे आरक्षण की खिड़की खोलना समानता के सिद्धांत का उल्लंघन नहीं है। वरिष्ठ नागरिक लंबी लाइन में अधिक देर खड़े रहकर प्रतीक्षा नहीं कर सकते। अतः सकारात्मक कार्यवाही द्वारा उठाया गया यह कदम समानता के सिद्धांत को हानि नहीं पहुँचाता।

(c) कुछ वन क्षेत्र निश्चित आदिवासी समुदायों के लिए जीवन का आधार होते हैं, इसलिए उन वन क्षेत्रों को निश्चित आदिवासी समुदायों के लिए आरक्षित करना समानता के सिद्धांत का उल्लंघन नहीं है, बल्कि सरकार द्वारा की गई सकारात्मक कार्यवाही है।

6. यहाँ महिलाओं को मताधिकार देने के पक्ष में कुछ तर्क दिए गए हैं। इनमें से कौन-से तर्क समानता के विचार से संगत हैं? कारण भी दीजिए।

(a) **स्त्रियाँ हमारी माताएँ हैं। हम अपनी माताओं को मताधिकार से वंचित करके अपमानित नहीं करेंगे।**

(b) **सरकार के निर्णय पुरुषों के साथ-साथ महिलाओं को भी प्रभावित करते हैं, इसलिए शासकों के चुनाव में उनका भी मत होना चाहिए।**

(c) **महिलाओं को मताधिकार न देने से परिवारों में मतभेद पैदा हो जाएँगे।**

(d) **महिलाओं से मिलकर आधी दुनिया बनती है। मताधिकार से वंचित करके लंबे समय तक उन्हें दबाकर नहीं रखा जा सकता।**

उत्तर (a) पुरुषों के समान महिलाओं को मताधिकार देना समानता के अधिकार के साथ संगत है, किंतु महिलाओं के मताधिकार के संबंध में दिए गए तर्क असंगत हैं।

(b) समानता का सिद्धांत स्त्री-पुरुष के मध्य बिना किसी लिंग भेदभाव के मताधिकार प्रदान करता है। पुरुष के साथ-साथ स्त्री भी एक तार्किक एवं विवेकशील प्राणी है, इसलिए शासकों के चुनाव में स्त्रियों की भी मतदान में भागीदारी आवश्यक है।

(c) यह तर्क समानता के सिद्धांत से मेल नहीं खाता, क्योंकि महिलाओं को मताधिकार देने या न देने से परिवारों में मतभेदों के उत्पन्न होने का कोई लेना-देना नहीं है।

(d) महिला एवं पुरुष दोनों मिलकर समाज का निर्माण करते हैं। अतः दुनिया के एक हिस्से को मताधिकार देना तथा दूसरे को मताधिकार न देना न्यायोचित नहीं है। साथ ही यह समानता के सिद्धांत का उल्लंघन भी करता है

अभ्यास प्रश्न

वस्तुनिष्ठ प्रश्न

बहुविकल्पीय प्रश्न

1. निम्न में से किस अवधारणा में यह निहित है कि सभी मनुष्य अपनी दक्षता और प्रतिभा को विकसित करने के लिए तथा अपने लक्ष्यों और आकांक्षाओं को पूरा करने के लिए समान अधिकार और अवसरों के योग्य हैं?

(a) असमानता (b) समानता
(c) स्वतंत्रता (d) विकास

उत्तर (b) समानता

2. लोगों में उनकी विभिन्न क्षमताओं, प्रतिभा और उनके अलग-अलग चयन के कारण क्या उत्पन्न होती हैं?

(a) सामाजिक असमानताएँ (b) नैतिक असमानताएँ
(c) प्राकृतिक असमानताएँ (d) कृत्रिम असमानताएँ

उत्तर (c) प्राकृतिक असमानताएँ

3. निम्नलिखित में से किस आधार पर भारतीय संविधान भेदभाव का निषेध करता है?

(a) धर्म (b) जाति
(c) लिंग (d) ये सभी

उत्तर (d) ये सभी

4. भारत का संविधान छुआछूत को ······· करने/देने का आह्वान करता है।

(a) बढ़ावा (b) प्रतिबंधित
(c) समाप्त (d) इनमें से कोई नहीं

उत्तर (c) समाप्त

5. स्टीफन हॉकिन्स कौन थे?

(a) अर्थशास्त्री (b) राजनेता
(c) पर्यावरणविद् (d) भौतिक विज्ञानी

उत्तर (d) भौतिक विज्ञानी

6. राममनोहर लोहिया कौन थे?

(a) पूँजीवादी (b) समाजवादी
(c) साम्राज्यवादी (d) उदारवादी

उत्तर (b) समाजवादी

7. समान कानूनी अधिकार देना ······· का पहला कदम है, किंतु इसके साथ अवसरों की समानता देना भी महत्त्वपूर्ण है। जिससे समुदायों तथा लोगों के मध्य अवसरों की उपलब्धता से असमानता को संतुलित करने में मदद मिलेगी।

(a) राजनीतिक समानता (b) सामाजिक समानता
(c) धार्मिक समानता (d) आर्थिक समानता

उत्तर (b) सामाजिक समानता

8. निम्नलिखित कथनों में से कौन-सा कथन सही नहीं है?

(a) समानता लोकतांत्रिक एवं राजनीतिक व्यवस्था का मूल आधार है
(b) वर्तमान में समानता के सार्वभौमिक नैतिक आदर्श को लोकतांत्रिक देशों द्वारा अपने संविधान में प्रतिष्ठित किया गया है
(c) समानता का अर्थ सबके साथ समान व्यवहार करने से है
(d) समाज में लोगों की प्राथमिकताओं के साथ-साथ उनकी योग्यता और प्रतिभा में भी अंतर होता है

उत्तर (c) समानता का अर्थ सबके साथ समान व्यवहार करने से है

9. नारीवाद स्त्री पुरुष के समान अधिकारों का पक्ष लेने वाला राजनीतिक सिद्धांत है। इसके अनुसार कौन-सा कथन सही नहीं है?

(a) जैविक अंतर प्राकृतिक होते हैं।
(b) लैंगिकता सामाजिक आधार पर जनित होती है
(c) असमानता मातृ सत्तात्मक परंपरा का परिणाम है
(d) यह पितृ सत्तात्मक श्रम विभाजन का विरोध करता है।

उत्तर (c) असमानता मातृ सत्तात्मक परंपरा का परिणाम है।

10. निम्नलिखित में से कौन-सा युग्म सही सुमेलित नहीं है?

(a)	नारीवाद	स्त्री-पुरुष के समान अधिकारों का पक्ष लेने वाला राजनीतिक सिद्धांत है।
(b)	मॉर्क्सवाद	इसमें समानता के संदर्भ में अपनी विचारधारा प्रस्तुत की थी।
(c)	प्राकृतिक असमानता	लोगों की जन्मगत विशिष्टता और योग्यता का परिणाम मानी जाती है।
(d)	सामाजिक असमानता	जो समाज के सभी लोगों को समान रूप से अवसर प्रदान कराती है।

उत्तर (d) सामाजिक असमानता – जो समाज के सभी लोगों को समान रूप से अवसर प्रदान कराती है।

11. निम्नलिखित कथनों पर विचार करें दक्षता आधारित प्रश्न

1. **वर्तमान में सभी नागरिकों को समान अधिकार देने वाले देशों में भी काफी असमानता मौजूद है।**
2. **समाज में विभिन्न वर्गों या व्यक्तियों के मध्य संपत्ति का अंतर बड़े स्तर पर होना आर्थिक असमानता होती है।**
3. **भारतीय समाज में परंपरागत रूप से चले आ रहे भेदभाव भी आर्थिक असमानता के मुख्य कारण रहे हैं।**

उपरोक्त में से कौन-सा/से कथन सही है/हैं?

(a) केवल 1 (b) केवल 2
(c) 2 और 3 (d) ये सभी

उत्तर (d) ये सभी

12. निम्नलिखित कथनों पर विचार करें दक्षता आधारित प्रश्न

1. **कार्ल मार्क्स 18वीं सदी के विचारक थे।**
2. **मार्क्सवाद की विचारधारा समाज के सभी सदस्यों को समान अवसर उपलब्ध कराने तथा आवश्यक संसाधनों पर जन-नियंत्रण सुनिश्चित करने पर बल देती है।**
3. **उदारवादियों के समर्थक समाजवादी, आर्थिक एवं राजनीतिक असमानता को एक-दूसरे से जुड़ा नहीं मानते हैं।**

उपरोक्त में से कौन-सा/से कथन सही है/हैं?

(a) 1 और 2 (b) केवल 3
(c) 2 और 3 (d) ये सभी

उत्तर (c) 2 और 3

13. निम्नलिखित को उनके कालक्रमानुसार व्यवस्थित कीजिए

1. **फ्रांसीसी क्रांति।**
2. **एशिया और अफ्रीका में समानता की माँग।**
3. **मार्क्सवादी विचारधारा।**
4. **औद्योगिक क्रांति।**

कूट

(a) 1, 2, 3,4 (b) 2, 1, 3,4
(c) 4, 1, 3,2 (d) 3, 1, 2,4

उत्तर (c) 4,1, 3, 2

14. भारत में विभिन्न समुदायों में शैक्षिक असमानता व्याप्त है। नेशनल सेम्पल सर्वे ऑर्गेनाइजेशन के आँकड़ों के आधार पर निम्नलिखित समुदायों की शैक्षिक स्थिति को घटते क्रम (अवरोही क्रम) में रखिए।

1. **सिख** 2. **मुस्लिम**
3. **अनुसूचित जाति** 4. **ईसाई**

कूट

(a) 1, 2, 3, 4 (b) 3, 4, 2, 1
(c) 1, 4, 3, 2 (d) 4, 3, 2, 1

उत्तर (c) 1, 4, 3, 2

15. सूची I को सूची II के साथ सुमेलित कीजिए दक्षता आधारित प्रश्न

सूची I (अवधारणा)	सूची II (विशेषताएँ)
A. प्राकृतिक असमानता	1. विभिन्न क्षमताओं, प्रतिभा और उनके अलग-अलग चयन के कारण उत्पन्न होती है
B. सामाजिक असमानता	2. सामान्यतः सामाजिक और आर्थिक क्षेत्र में नागरिकों को उपलब्ध संसाधनों और अवसरों की भिन्नता के कारण उत्पन्न होती है
C. राजनीतिक असमानता	3. किसी समूह का दूसरे के द्वारा शोषण किए जाने से उत्पन्न होती है
D. आर्थिक असमानता	4. व्यक्तियों और वर्गों के बीच धन या संपत्ति व आय में भिन्नता के कारण उत्पन्न होती है

कूट

	A	B	C	D
(a)	1	2	3	4
(b)	1	3	2	4
(c)	3	1	2	4
(d)	2	3	1	4

उत्तर (b) 1 3 2 4

16. **नीचे दो कथन दिए गए हैं।** *दक्षता आधारित प्रश्न*

कथन I समानता का अर्थ है कि समाज में सभी लोगों को समानता का अधिकार और अवसर मिलने चाहिए। यह केवल कानूनी समानता ही नहीं, बल्कि सामाजिक और आर्थिक समानता का भी समर्थन करता है। इस सिद्धांत के अनुसार, किसी प्रकार का भेदभाव नहीं होना चाहिए।

कथन II समानता का उद्देश्य जाति, लिंग, धर्म और आर्थिक स्थिति के आधार पर भेदभाव को समाप्त करना है। यह सुनिश्चित करता है कि सभी लोग आपसी सम्मान और समानता के साथ जीवन जी सकें। इसके द्वारा समाज में संतुलन और न्यायपूर्ण वातारण बनाने का प्रयास होता है। *दक्षता आधारित प्रश्न*

कूट

(a) केवल कथन I सही है
(b) केवल कथन II सही है
(c) दोनों कथन I और II सही हैं
(d) दोनों कथन I और II गलत हैं

उत्तर (c) दोनों कथन I और II सही हैं।

17. **नीचे दो कथन दिए गए हैं।**

कथन I समानता का उद्देश्य जाति लिंग और धर्म के आधार पर भेदभाव को समाप्त करना है। यह सभी को एक समान जीवन जीने का अधिकार प्रदान करता है। इसका लक्ष्य एक न्याय पूर्ण समाज बनाना है।

कथन II समानता का तात्पर्य है कि सभी व्यक्तियों को समान अधिकार और अवसर मिलना। यह किसी भी प्रकार के भेदभाव को समाप्त करने का प्रयास करता है। यह सभी को समान स्तर पर जीने का अवसर देता है।

कूट

(a) केवल कथन I सही है।
(b) केवल कथन II सही है।
(c) दोनों कथन I और II सही हैं।
(d) दोनों कथन I और II गलत हैं।

उत्तर (c) दोनों कथन I और II सही हैं।

निर्देश (प्र. सं. 18-22) नीचे दो कथन दिए गए हैं, जिनमें एक को कथन (A) और दूसरे को कारण (R) माना गया है। कूट की सहायता से सही उत्तर का चयन करें

कूट

(a) A और R दोनों सही हैं तथा R, A की सही व्याख्या है
(b) A और R दोनों सही हैं, परंतु R, A की सही व्याख्या नहीं है
(c) A सही है, किंतु R गलत है
(d) A गलत है, किंतु R सही है

18. **कथन (A) राजनीतिक आदर्श के रूप में समानता कुछ विशिष्टताओं पर बल देती है।**

कारण (R) सभी मनुष्य रंग, लिंग, वंश या राष्ट्रीयता में अंतर होने के बाद भी साझेदार होते हैं। *दक्षता आधारित प्रश्न*

उत्तर (a) राजनीतिक आदर्श के रूप में समानता कुछ विशिष्टताओं पर बल देती है, जिसमें सभी मनुष्य रंग, लिंग, वंश या राष्ट्रीयता में अंतर होने के बाद भी साझेदार होते हैं। समानता का दावा है कि समान मानवता के कारण सभी मनुष्य समान महत्त्व और सम्मान पाने योग्य हैं।

19. **कथन (A) समाज अपने सभी सदस्यों के साथ सभी स्थितियों में पूर्णतया एकसमान व्यवहार नहीं करता है।**

कारण (R) समाज में लोगों का महत्त्व और लाभ अलग-अलग होता है। *दक्षता आधारित प्रश्न*

उत्तर (a) कोई भी समाज अपने सभी सदस्यों के साथ सभी स्थितियों में पूर्णतया एकसमान व्यवहार नहीं करता है, क्योंकि समाज में अलग-अलग कार्य और अलग-अलग लोगों को महत्त्व और लाभ भी अलग-अलग मिलता है। कई बार इस व्यवहार में यह अंतर न केवल स्वीकार्य हो सकता है, बल्कि आवश्यक भी हो सकता है।

20. **कथन (A) उदारवादियों के समर्थक समाजवादी, आर्थिक एवं राजनीतिक असमानता को एक-दूसरे से जुड़ा मानते हैं।**

कारण (R) उदारवादी समर्थक समाजवादी, आर्थिक एवं राजनीतिक असमानताओं को दूर करने के लिए पृथक्-पृथक् नीति को अपनाने की बात करते हैं।

उत्तर (d) उदारवादियों के समर्थक समाजवादी, आर्थिक एवं राजनीतिक असमानता को एक-दूसरे से जुड़ा नहीं मानते हैं। उदारवादी समर्थक समाजवादी, आर्थिक एवं राजनीतिक असमानताओं को दूर करने के लिए पृथक्-पृथक् नीति को अपनाने की बात करते हैं। उदारवादी केवल उन असमानताओं को समस्याओं के रूप में देखते हैं, जो एक व्यक्ति की क्षमता के विकास में बाधक होती हैं।

21. **कथन (A) समाज में व्याप्त असमानताओं को दूर करने के लिए सरकार द्वारा सकारात्मक कार्यवाही भी की जाती है।**

कारण (R) सकारात्मक कार्यवाही से संबंधित नीतियाँ असमानताओं को समाप्त नहीं करती हैं।

उत्तर (c) समाज में व्याप्त असमानताओं को दूर करने के लिए सरकार द्वारा सकारात्मक कार्यवाही भी की जाती है। सकारात्मक कार्यवाही से संबंधित नीतियाँ असमानता के दुष्प्रभावों को समाप्त करने के लिए बनाई जाती हैं; जैसे—वंचित समुदायों के लिए छात्रवृत्ति या हॉस्टल जैसी सुविधा उपलब्ध कराना।

22. **कथन (A) समाज के अनेक लोगों द्वारा सकारात्मक कार्यवाही के अंतर्गत की गई आरक्षण व्यवस्था की आलोचना व विरोध किया जाता है।**

कारण (R) उनके अनुसार आरक्षण का कोटा समाज के अन्य वर्गों को समानता के अधिकार से जोड़ता है।

उत्तर (c) वर्तमान में अनेक लोगों द्वारा सकारात्मक कार्यवाही के अंतर्गत की गई आरक्षण व्यवस्था की आलोचना व विरोध किया जाता है। उनका मानना है कि नौकरियों तथा शैक्षिक संस्थाओं की सीटों में आरक्षण का कोटा समाज के अन्य वर्गों को समानता के अधिकार से वंचित करता है। आरक्षण की व्यवस्था स्वयं एक प्रकार का भेदभाव है।

23. **निम्नलिखित चित्र का अध्ययन कीजिए तथा दिए गए प्रश्नों के उत्तर दीजिए।**

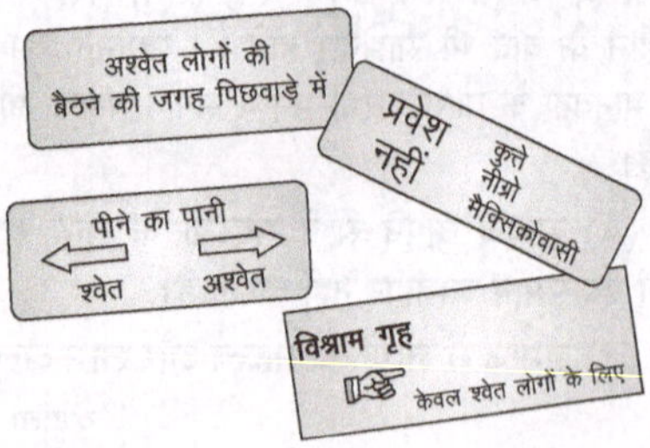

(i) **चित्र में किस भेदभाव की ओर संकेत किया गया हैं?**
(a) लैंगिक भेदभाव
(b) शैक्षणिक असमानता
(c) नस्ल एवं रंग के आधार पर भेदभाव
(d) राजनीतिक असमानता

उत्तर (c) नस्ल एवं रंग के आधार पर भेदभाव

(ii) **समानता के आत्मबोध का आधार क्या है?**
(a) लैंगिक असमानता
(b) राजनीतिक समानता
(c) नस्लीय समानता
(d) साझी मानवता के आधार पर समानता

उत्तर (d) साझी मानवता के आधार पर समानता

(iii) **चित्र में अश्वेत लोगों के साथ किस प्रकार का व्यवहार दिखाया गया है?**
(a) सामाजिक स्वीकार्यता
(b) उनके अधिकारों का सम्मान
(c) स्थान और सुविधाओं में भेदभाव
(d) समान अवसरों की उपलब्धता

उत्तर (c) स्थान और सुविधाओं में भेदभाव

(iv) **प्रस्तुत चित्र में रंग और नस्ल के आधार पर.........को दर्शाया गया है।**
(a) समानता
(b) भेदभाव
(c) सामाजिक न्याय
(d) स्वतंत्रता

उत्तर (b) भेदभाव

लघु उत्तरीय प्रश्न

1. **'उदारवादी सिद्धांतों में विरोधी दृष्टिकोण पाया जाता है'। इस संदर्भ में अपने विचार प्रस्तुत कीजिए।**

उत्तर उदारवादी सिद्धांत स्वतंत्रता, समानता और व्यक्तित्व के विकास को प्राथमिकता देते हैं, हालाँकि इनमें विरोधी दृष्टिकोण भी पाया जाता है। उदाहरण के लिए आर्थिक उदारवाद व्यक्तिगत, लाभ और प्रतिस्पर्द्धा पर बल देता है, जबकि सामाजिक उदाहरण समानता और सामाजिक न्याय को महत्त्व देता है, यह विरोधाभास समाज में संतुलन बनाने की चुनौती प्रस्तुत करता है। उदारवाद के ये भिन्न दृष्टिकोण एक समावेशी और संतुलित समाज की आवश्यकता पर बल देते हैं।

2. **'समाजवाद असमानताओं के प्रतिउत्तर में उपजे कुछ राजनीतिक विचारों का समूह है।' इस संदर्भ में अपने विचार प्रस्तुत कीजिए।**

उत्तर समाजवाद एक ऐसी विचारधारा है, जो समाज में आर्थिक, सामाजिक और राजनीतिक असमानताओं को समाप्त करने की वकालत करती है। समाजवाद का उद्देश्य संसाधनों और अवसरों का समान वितरण सुनिश्चित करना है। समाजवाद के अंतर्गत व्यक्ति की भलाई को प्राथमिकता दी जाती है और राज्य को आम जनता के हित में कार्य करने के लिए प्रेरित किया जाता है, यह पूँजीवाद की असमानताओं का विकल्प प्रस्तुत करते हुए समाज को समानता, न्याय और समरसता की ओर ले जाने का प्रयास करता है।

3. **मार्क्सवाद और उदारवाद हमारे समाज की दो प्रमुख राजनीतिक विचारधाराएँ हैं? चर्चा कीजिए।**

उत्तर मार्क्सवाद और उदारवाद समाज की दो प्रमुख राजनीतिक विचारधाराएँ हैं। मार्क्सवाद का केंद्र बिंदु समाज में वर्ग संघर्ष, समानता और पूँजीवाद की आलोचना है। यह विचारधारा एक वर्गविहीन समाज की स्थापना का समर्थन करती है। वहीं उदारवाद व्यक्तिगत स्वतंत्रता, मानव अधिकार, लोकतंत्र और पूँजीवादी आर्थिक व्यवस्था पर आधारित है। उदारवाद निजी संपत्ति और व्यक्तिवाद को महत्त्व देता है। ये दोनों विचारधारा समाज में सत्ता और संसाधनों के वितरण पर भिन्न दृष्टिकोण रखती हैं।

4. **नारीवादियों ने समानता के लिए अपनी माँग प्रस्तुत की है। आपके विचार में क्या इनकी यह माँग तर्क संगत है? इस पर अपने विचार प्रस्तुत कीजिए।** *दक्षता आधारित प्रश्न*

उत्तर नारीवादियों द्वारा समानता की माँग पूर्ण रूप से तर्कसंगत है। समाज में महिलाओं को लंबे समय से भेदभाव और असमानता का सामना करना पड़ा है। नारीवादी स्त्री-पुरुष के समान अधिकारों का पक्ष लेने वाला राजनीतिक सिद्धांत है। वे स्त्री या पुरुष नारीवादी माने जाते हैं, जिनका मानना है कि स्त्री- पुरुष के मध्य विभिन्न असमानताएँ न तो नैसर्गिक हैं और न ही आवश्यक। इनका मानना है कि इन असमानताओं को बदला जा सकता है और स्त्री-पुरुष एक समतापूर्ण जीवन जी सकते है।

5. **भारत में समान अवसरों के मद्देनज़र एक विशेष समस्या सुविधाओं की कमी की वजह से नहीं बल्कि कुछ सामाजिक रीति-रिवाजों से सामने आती है। इस कथन के संदर्भ में अपना पक्ष रखिए।** *दक्षता आधारित प्रश्न*

उत्तर भारत में समान अवसरों की राह में कई सामाजिक रीति-रिवाज बाधा बनते हैं। जातिवाद, लैंगिक भेदभाव, दहेज प्रथा और बाल विवाह जैसी परंपराएँ समाज में एक बड़े हिस्से को अवसरों से वंचित करती हैं। उदाहरण स्वरूप बालिकाओं/लड़कियों की शिक्षा पर रोक या कम ध्यान देना, दलित समुदायों के साथ भेदभाव उनकी प्रगति में बाधा डालना हैं। इसलिए समान अवसर प्रदान करने के लिए सामाजिक रीति-रिवाजों में बदलाव और जागरूकता आवश्यक है।

6. **असमानता और विशेषाधिकारों की समाप्ति 'समानता' लाने की दिशा में पहला कदम है। चर्चा कीजिए।**

उत्तर असमानता और विशेषाधिकार समाज में भेदभाव और अन्याय को बढ़ावा देते हैं। इन्हें समाप्त करना समानता लाने का पहला कदम है, क्योंकि इससे सभी को समान अधिकार और अवसर मिलते हैं। विशेषाधिकारों के समाप्त होने से सामाजिक, आर्थिक और राजनीतिक भेदभाव घटता है, जिससे समाज अधिक समावेशी बनता है। समानता से व्यक्ति की गरिमा और स्वतंत्रता सुनिश्चित होती है, जो न्यायपूर्ण समाज की आधारशिला है।

7. विश्व के अनेक देशों ने अपने संविधान में समानता के आदर्श को स्थान दिया है, फिर भी समाज में चारों ओर असमानता नज़र आती है, क्यों? चर्चा कीजिए। *दक्षता आधारित प्रश्न*

उत्तर विश्व के अनेक देशों ने अपने संविधान में असमानता का आदर्श स्थापित किया है, लेकिन समाज में असमानता अभी भी व्यापक है, इसका मुख्य कारण सामाजिक, आर्थिक और सांस्कृतिक है। जाति, लिंग, धर्म और आर्थिक स्थिति जैसी व्यवस्थाएँ समानता के मार्ग में बाँधा बनती हैं। इसके साथ ही कानून और नीतियों के प्रभावी क्रियांवयन में कमी और सामाजिक पूर्वाग्रह भी असमानता को बढ़ावा देते हैं। अतः समानता की प्राप्ति के लिए जागरूकता, शिक्षा और प्रभावी नीतियों की आवश्यकता है।

दीर्घ उत्तरीय प्रश्न।

1. समानता हमारे लिए क्यों महत्त्वपूर्ण है? स्पष्ट कीजिए। *दक्षता आधारित प्रश्न*

उत्तर समानता ने कई शताब्दियों से मानव समाज को एक शक्तिशाली, नैतिक एवं राजनीतिक आदर्श के रूप में प्रेरित एवं निर्देशित किया है। किसी भी लोकतांत्रिक समाज में जितना महत्त्व स्वतंत्रता का है, उतना ही समान महत्त्व समानता का होता है। समानता लोकतंत्र के आधार स्तंभ के रूप में कार्य करती है। समानता की अवधारणा एक राजनीतिक आदर्श के रूप में उन विशिष्टताओं पर बल देती है, जिसमें सभी मनुष्य रंग, लिंग, वंश या राष्ट्रीयता के अंतर के पश्चात् भी साझेदार होते हैं। समानता का दावा है कि समान मानवता के कारण सभी मनुष्य समान महत्त्व और सम्मान पाने योग्य हैं।

समानता के महत्त्व को इस प्रकार जाना जा सकता है कि इसकी प्राप्ति के लिए कई क्रांतियाँ, आंदोलन इत्यादि से विश्व इतिहास भरा हुआ है। 1789 ई. में हुई फ्रांसीसी क्रांति में समानता के आदर्श की प्राप्ति के लिए 'स्वतंत्रता, समानता, बंधुत्व' का नारा दिया गया, जो लोकतांत्रिक व्यवस्था का आधार बना। लोकतांत्रिक राष्ट्रों के संविधानों ने इसे अपने में समाहित एवं प्रतिष्ठित किया है, जिसके माध्यम से वह समाज में समानता के आदर्श को स्थापित कर व्यक्ति को उसके पूर्ण विकास का अवसर प्रदान कर सके।

2. राजनीतिक समानता से आप क्या समझते हैं?

अथवा **किसी देश द्वारा अपने नागरिकों को समान नागरिकता देकर क्या राजनीतिक समानता लाई जा सकती है? स्पष्ट कीजिए।** *दक्षता आधारित प्रश्न*

उत्तर राजनीतिक समानता से अभिप्राय एक ऐसी समानता से है, जिसके अंतर्गत राज्य अपने सभी सदस्यों को समान नागरिक अधिकार प्रदान करता है।

लोकतांत्रिक राजनीतिक व्यवस्था के अंतर्गत कोई देश अपने सभी सदस्यों को समान नागरिकता देकर राजनीतिक समानता प्रदान करता है। समान नागरिकता अपने साथ कुछ मूल अधिकार; जैसे—मतदान का अधिकार, कहीं भी आने-जाने, संगठन बनाने और अभिव्यक्ति की स्वतंत्रता और धार्मिक विश्वास की आजादी लाती है।

ये ऐसे अधिकार हैं, जो नागरिकों को अपना विकास करने और राज्य के संचालन में हिस्सा लेने में सक्षम बनाने के लिए आवश्यक माने जाते हैं। ये केवल औपचारिक अधिकार हैं, जिन्हें औपचारिक संविधान और कानूनों द्वारा सुनिश्चित किया जाता है।

3. आर्थिक समानता के किन्हीं दो पक्षों का उल्लेख कीजिए।

उत्तर आर्थिक समानता के दो पक्ष निम्नलिखित हैं

(i) आर्थिक समानता सिद्धांत के अंतर्गत नागरिकों को समान कार्य के लिए समान वेतन प्रदान किया जाता है। इसे आर्थिक समानता के महत्वपूर्ण पक्ष के रूप में देखा जाता है। उदाहरण के लिए, समान रूप से कार्य करने के लिए स्त्री एवं पुरुष को समान वेतन मिलना चाहिए। लिंग, जाति, भाषा इत्यादि के आधार पर कोई भेदभाव नहीं होना चाहिए।

(ii) आर्थिक समानता का दूसरा पक्ष न्यूनतम आवश्यकताओं की पूर्ति पर बल देता है, क्योंकि जब तक व्यक्ति की न्यूनतम आवश्यकताओं; जैसे—रोटी, कपड़ा, मकान आदि की पूर्ति नहीं होती, तब तक वह अपना पूर्ण विकास नहीं कर सकता।

4. समानता के मार्क्सवादी सिद्धांत से आप क्या समझते हैं?

उत्तर समानता का मार्क्सवादी सिद्धांत सामाजिक, आर्थिक असमानता पर बल देता है। मार्क्सवादी विचारकों के अनुसार, समाज में असमानता का मुख्य कारण आर्थिक असमानता है। इसी के कारण समाज दो भागों में बँटा रहता है—एक धनी वर्ग एवं दूसरा निर्धन वर्ग। आर्थिक संसाधनों पर कुछ व्यक्तियों का निजी स्वामित्व होता है, जिसके फलस्वरूप यह राजनीतिक शक्ति पर भी अपना आधिपत्य स्थापित कर सरकार की नीतियों एवं कानूनों को प्रभावित करते हैं।

इनके अनुसार आर्थिक असमानताओं को समाप्त करने के लिए राज्य द्वारा आर्थिक संसाधनों को अपने नियंत्रण में ले लेना चाहिए, जिससे उत्पादन एवं वितरण सुचारु रूप से हो सके तथा लोगों को शोषणात्मक व्यवस्था से मुक्ति मिल सके। मार्क्सवादी सिद्धांतकारों के अनुसार, आर्थिक असमानताएँ विशेषाधिकारों को बढ़ाती हैं। यह विशेषाधिकार असमानता की खाई को बढ़ाते हैं।

5. समानता के संदर्भ में 'जीवन की कुछ न्यूनतम शर्तों' से आप क्या समझते हैं?

उत्तर समानता के अंतर्गत राज्य सभी नागरिकों को समान अधिकार और अवसर प्रदान करता है। राजनीतिक समानता की आवश्यकता उन बाधाओं को दूर करने में है, जिन्हें दूर किए बिना लोगों का सरकार में अपनी बात रखने और उपलब्ध साधनों तक पहुँचना संभव नहीं होगा। समानता के उद्देश्य की आवश्यकता यह भी है कि विभिन्न समूह और समुदायों के लोगों के पास इन साधनों और अवसरों को पाने का समान और उचित अवसर हो। इसके लिए यह आवश्यक है कि सामाजिक और आर्थिक असमानताओं के प्रभावों को न्यूनतम किया जाए। समाज में सभी सदस्यों के जीवनयापन के लिए अन्य वस्तुओं के अतिरिक्त पर्याप्त स्वास्थ्य सुविधा, अच्छी शिक्षा पाने का अवसर, उचित पोषण आहार व न्यूनतम वेतन जैसी कुछ न्यूनतम सुविधाओं की गारंटी भी आवश्यक मानी गई है।

6. समाज में व्याप्त आर्थिक असमानता के बारे में उदारवादियों का क्या दृष्टिकोण है? संक्षेप में लिखें।

उत्तर उदारवादी समाज में संसाधनों और लाभांश के वितरण के सर्वाधिक कारगार और उचित तरीके के रूप में प्रतिद्वंद्विता के सिद्धांत का समर्थन करते हैं। इनका मानना है कि सबके लिए जीवनयापन के न्यूनतम स्तर और समान अवसर प्रदान करने और सुनिश्चित करने के लिए राज्य को हस्तक्षेप करना है, लेकिन इससे समाज में खुद-ब-खुद समानता और न्याय स्थापित नहीं हो सकता। स्वतंत्रता

और निष्पक्ष परिस्थितियों में लोगों के बीच प्रतिस्पर्द्धा ही समाज में लाभांशों के वितरण का सबसे न्यायपूर्ण और कारगर उपाय होती है। उदारवादियों का कहना है कि जब तक प्रतिस्पर्द्धा स्वतंत्र और खुली होगी असमानता की दूरियाँ नहीं बनेगी और लोगों को अपनी प्रतिभा और प्रयासों का लाभ मिलता रहेगा।

उदारवादियों के लिए नौकरियों में नियुक्ति और शैक्षणिक संस्थाओं में प्रवेश के लिए चयन के उपाय के रूप में प्रतिस्पर्द्धा का सिद्धांत सर्वाधिक न्यायोचित और कारगर है। उदाहरण के रूप में अपने देश के अनेक छात्र व्यावसायिक पाठयक्रमों में नामांकन की आशा करते हैं। जबकि प्रवेश के लिए अत्यधिक कठिन प्रतिस्पर्द्धा है। समय-समय पर सरकार और अदालतों ने शैक्षणिक संस्थाओं और प्रवेश परीक्षाओं का नियमन करने के लिए हस्तक्षेप किया है, ताकि हर प्रत्याशी को स्पर्द्धा का उचित और समान अवसर मिले।

7. संविधान द्वारा प्रदान किया गया विधि समक्ष समानता के लिए अधिकार का क्या तात्पर्य हैं?

उत्तर भारतीय संविधान का अनुच्छेद 14 विधि के समक्ष समानता का अधिकार प्रदान करता है। इसका तात्पर्य है कि सभी व्यक्ति चाहे उनका धर्म, जाति, लिंग, भाषा या सामाजिक स्थिति कुछ भी हो, कानून के समक्ष समान है। यह समानता दो पहलुओं में हैं-

(i) कानून की समान सुरक्षा- सभी व्यक्तियों को कानून के समान संरक्षण का अधिकार है।

(ii) कानून के समक्ष समानता- कोई भी व्यक्ति कानून के तहत भेदभाव का शिकार नहीं होगा।

यह अधिकार समानता और निष्पक्षता सुनिश्चित करता है, जो भेदभावरहित समाज बनाने का मूलाधार है।

दीर्घ उत्तरीय प्रश्न II

1. समानता का अर्थ स्पष्ट करते हुए किन्हीं चार प्रकार की समानताओं का उल्लेख कीजिए।

उत्तर समानता एक व्यापक एवं सार्वभौमिक रूप से स्वीकृत आदर्श है, जिसे अनेक लोकतांत्रिक देशों की सरकारों ने कानूनों के माध्यम से अपने संविधानों में प्रतिष्ठित किया है। समानता की कोई एक सर्वमान्य परिभाषा अथवा अर्थ प्रचलित नहीं है। अपने नकारात्मक अर्थ में समानता विशेषाधिकारों की समाप्ति एवं सभी लोगों के साथ समान व्यवहार से संबंधित है, जबकि इसके विपरीत अपने सकारात्मक स्वरूप में समानता तर्कसंगत आधार पर विशेष व्यवस्थाओं द्वारा सकारात्मक परिस्थितियाँ प्रदान करने से है, जिससे वंचित समुदाय भी अपना विकास कर सकें। चार प्रकार की समानताएँ निम्नलिखित हैं

(i) **राजनीतिक समानता** किसी भी देश की सरकार द्वारा अपने सदस्यों को बिना किसी रंग, जाति, नस्ल, धर्म आदि भेदभाव के बिना जो नागरिक अधिकार प्रदान किए जाते हैं, वह राजनीतिक समानता के अंर्तगत दिए जाते हैं। राजनीतिक समानता के माध्यम से ही नागरिकों को शासन में भागीदारी प्राप्त होती है। राजनीतिक समानता के आधार पर ही नागरिकों को सरकार के कार्यों की आलोचना, प्रशंसा, आंदोलन द्वारा अपनी माँगों को उठाना, मतदान करने, सरकारी पद प्राप्त करने इत्यादि का अधिकार प्राप्त होता है।

(ii) **आर्थिक समानता** व्यक्ति के विकास के लिए केवल राजनीतिक समानता पर्याप्त नहीं है। उसके साथ-साथ आर्थिक समानता भी अत्यंत आवश्यक है। बिना आर्थिक समानता के राजनीतिक समानता का कोई औचित्य नहीं है। आर्थिक समानता से ही व्यक्ति अपनी न्यूनतम मूलभूत आवश्यकताओं की पूर्ति कर सकता है।

(iii) **लैंगिक समानता** समानता के अंतर्गत लैंगिक समानता की माँग स्त्री-पुरुष के मध्य होने वाले सामाजिक भेदभावों के परिणामस्वरूप उत्पन्न हुई है। लैंगिक समानता के पक्षधरों का कहना है कि जैविक अंतर के अतिरिक्त स्त्री-पुरुष के आधार पर होने वाले सभी भेदभाव समाज द्वारा निर्मित हैं। पुरुष की भाँति स्त्री भी एक तर्कशील प्राणी है, जिसके आधार पर वह पुरुषों के समान ही कार्य एवं निर्णय लेने में सक्षम है। अतः स्त्री को भी पुरुषों के समान विकास के अवसर उपलब्ध कराए जाने चाहिए।

(iv) **सामाजिक समानता** किसी समाज में सामाजिक समानता की स्थापना तभी संभव है, जब वहाँ के सदस्यों के साथ जाति, धर्म, भाषा, लिंग इत्यादि के आधार पर किसी प्रकार का भेदभाव न किया जाए। सामाजिक समानता को समानता के सिद्धांत के सर्वप्रथम रूप में प्रदर्शित किया जा सकता है। भारतीय समाज में बहुत समय पूर्व से ही सामाजिक असमानता व्याप्त है, जिसके अंतर्गत समाज का चतुर्वर्ण विभाजन, उच्च वर्ग द्वारा शूद्रों का अपमान, महिलाओं एवं निम्न जाति के लोगों को उनके मूल अधिकारों से वंचित रखना इत्यादि शामिल हैं।

2. समानता के नारीवादी सिद्धांत की अपने शब्दों में व्याख्या कीजिए।

उत्तर समानता का नारीवादी सिद्धांत स्त्री-पुरुषों के समान अधिकारों से संबंधित राजनीतिक सिद्धांत है। नारीवादी विचारक उन स्त्री या पुरुषों को कहा जाता है, जो स्त्री एवं पुरुषों के मध्य भेदभाव एवं असमानताओं को समाज द्वारा उत्पन्न किया गया मानते हैं, नैसर्गिक नहीं। नारीवादियों के अनुसार इन कृत्रिम असमानताओं को समाप्त कर स्त्री एवं पुरुष एक समतापूर्ण जीवन व्यतीत कर सकते हैं।

नारीवादियों के अनुसार स्त्री-पुरुष के मध्य व्याप्त असमानताएँ 'पितृसत्तात्मक' समाज का परिणाम हैं, जिसके अंतर्गत सामाजिक, राजनीतिक, सांस्कृतिक, आर्थिक व्यवस्था में पुरुषों को स्त्रियों से अधिक महत्त्व एवं शक्ति दी जाती है। पितृसत्ता इस मान्यता पर आधारित है कि पुरुष एवं स्त्री प्राकृतिक रूप से भिन्न हैं। यही भिन्नता समाज में उनकी असमान स्थिति को न्यायोचित ठहराती है, जबकि नारीवादी इस तर्क का खंडन करते हुए स्त्री-पुरुष के मध्य जैविक अंतर को स्वीकार करते हैं।

इनके अनुसार स्त्री-पुरुषों के मध्य लिंग भेद प्राकृतिक एवं जन्मजात होता है, जबकि लैंगिकता समाज द्वारा उत्पन्न की गई है। दूसरे शब्दों में, मनुष्य का जन्म नर या मादा के रूप में होता है, लेकिन समाज में स्त्री-पुरुष की जिन भूमिकाओं का बँटवारा समाज करता है। एक अन्य अंतर यह है कि जीव-विज्ञान यह सिद्ध करता है कि गर्भधारण द्वारा केवल स्त्री ही शिशु को जन्म दे सकती है, लेकिन जन्म के बाद शिशु की देखभाल, पालन-पोषण का कार्य मात्र महिलाओं का है, इसका निर्णय जीव विज्ञान नहीं अपितु समाज करता है। अतः नारीवादी सिद्ध करता है कि स्त्री-पुरुष असमानता अधिकांशतः समाज द्वारा निर्मित है प्रकृति द्वारा नहीं।

श्रम का विभाजन भी पितृसत्ता द्वारा किया गया है, जिसके अंतर्गत स्त्री 'निजी एवं घरेलू' तथा पुरुष 'सार्वजनिक एवं बाहरी' क्षेत्रों के कार्यों के लिए जिम्मेदार हैं। नारीवादी विभेद पर भी प्रश्नचिह्न लगाते हैं। उनके अनुसार, स्त्रियाँ 'सार्वजनिक' और 'बाहरी' क्षेत्र में भी सक्रिय होती हैं, इसलिए दुनियाभर में अधिकतर स्त्रियाँ घर से बाहर अनेक

क्षेत्रों में कार्यरत हैं, किंतु फिर भी घर की सारी जिम्मेदारियाँ स्त्रियों के कंधों पर होती हैं। नारीवादियों द्वारा इसे स्त्रियों के 'दोहरे बोझ' की संज्ञा से परिभाषित किया गया है।

इस दोहरे बोझ के बावजूद स्त्रियों को सार्वजनिक क्षेत्र में न के बराबर महत्त्व दिया जाता है। नारीवादियों के अनुसार, निजी/सार्वजनिक के बीच का यह विभेद एवं समाज द्वारा बनाई गई लैंगिक असमानता के सभी रूपों को मिटाया जाना चाहिए।

3. समाजवाद को परिभाषित करते हुए राममनोहर लोहिया द्वारा वर्णित 'सप्त क्रांति' की व्याख्या कीजिए। *दक्षता आधारित प्रश्न*

उत्तर समाजवाद, आर्थिक असमानताओं के परिणामस्वरूप उपजे राजनीतिक विचारों का एक समूह है। यह आर्थिक असमानताएँ औद्योगिक पूँजीवादी अर्थव्यवस्था से उत्पन्न हुई एवं वर्तमान तक बनी हुई हैं। समाजवाद इसी असमानता को कम करने पर बल देता है। समाजवाद का मुख्य सरोकार आर्थिक असमानताओं को कम कर संसाधनों का न्यायपूर्ण बँटवारा करने से संबंधित है।

समाजवाद व्यवस्था के समर्थक पूर्णतः बाजार व्यवस्था के विरोध में नहीं हैं, लेकिन वह शिक्षा, स्वास्थ्य, आवास जैसे आधारभूत क्षेत्रों में सरकारी नियमन, नियोजन एवं नियंत्रण का समर्थन करते हैं।

भारत के प्रमुख समाजवादी चिंतक द्वारा समाज में व्याप्त असमानताओं के विरुद्ध क्रांति की बात कही गई। लोहिया ने प्रारंभ में पाँच प्रकार की असमानताओं की पहचान करते हुए उनके विरुद्ध लड़ने की बात कही। यह पाँच असमानताएँ थीं— स्त्री-पुरुष भेदभाव, त्वचा के रंग (नस्ल) पर आधारित असमानता, जातिगत असमानता, कुछ देशों का अन्य देशों पर औपनिवेशिक शासन से उत्पन्न हुई असमानता तथा आर्थिक असमानता।

उन्होंने समाज में व्याप्त असमानताओं के विरुद्ध पाँच क्रांतियों के संघर्ष की बात की। इन पाँच क्रांतियों में उन्होंने दो अन्य क्रांतियों को शामिल किया, जिनमें—व्यक्तिगत एवं नागरिकता पर अन्यायपूर्ण अतिक्रमण के विरुद्ध संघर्ष तथा अहिंसा के लिए सत्याग्रह के पक्ष में शस्त्र त्याग के लिए क्रांति संघर्ष शामिल था। ये ही लोहिया की सप्तक्रांतियाँ थीं तथा यही सप्तक्रांतियाँ लोहिया के अनुसार समाजवाद का आदर्श हैं।

4. समानता के तीन आयामों का व्याख्यात्मक वर्णन कीजिए।

उत्तर समानता के 3 आयाम निम्नलिखित हैं-

(i) **राजनीतिक समानता-** राजनीतिक समानता के अंतर्गत सभी नागरिक को कानून के समक्ष समान अधिकार और अवसर मिलते हैं, संविधान के अनुसार किसी के साथ जाति, धर्म, लिंग या क्षेत्र के आधार पर भेदभाव नहीं किया जाएगा।

(ii) **आर्थिक समानता-** आर्थिक समानता संपत्ति और संसाधनों के समान वितरण से जुड़ी है। समाज में आर्थिक असमानताओं को कम करने के लिए सरकार कल्याणकारी योजनाएँ लागू करती है

(iii) **सामाजिक समानता-** सामाजिक समानता, सामाजिक भेदभाव; जैसे -जातिवाद, लैंगिक असमानता और छुआछूत को समाप्त करने पर बल देती है। इससे समाज में प्रत्येक व्यक्ति को समान सम्मान और अवसर प्राप्त होते हैं

उपर्युक्त आयाम समानता को व्यापक और व्यावहारिक बनाते हैं।

5. सरकार द्वारा असमानता की गहरी खाइयों को भरने के लिए की गई सकारात्मक कार्यवाहियों का वर्णन करते हुए आरक्षण की नीति का आलोचनात्मक मूल्यांकन कीजिए। *दक्षता आधारित प्रश्न*

उत्तर राजनीतिक सिद्धांतकारों का मानना है कि केवल औपचारिक समानता को कानून के माध्यम से प्रतिष्ठित करके असमानता की खाइयों का उन्मूलन नहीं किया जा सकता, क्योंकि समाज में बहुत-सी असमानताएँ वास्तविक रूप से इतनी गहराई तक व्याप्त हैं कि उन्हें दूर करने के लिए बहुत-से सकारात्मक कदम एवं उपाय करने आवश्यक हैं, जिसे सकारात्मक कार्यवाही द्वारा ही संभव बनाया जा सकता है। सरकार बहुत-से सकारात्मक उपायों के माध्यम से समाज में व्याप्त असमानताओं को कम करके व्यक्ति के विकास को संभव बना सकती है।

सरकार द्वारा सकारात्मक कार्यवाही को अनेक रूपों में अपनाया गया है; जैसे—वंचित एवं गरीब समुदायों के लिए छात्रवृत्ति तथा हॉस्टल जैसी सुविधाओं को उपलब्ध कराना, शैक्षणिक संस्थानों, सरकारी नौकरियों में प्रवेश के लिए आरक्षण तथा विशेष प्रावधान करना इत्यादि।

सरकार द्वारा प्रारंभ एवं लागू की गई नीतियाँ निम्न प्रकार हैं

- भारतीय संविधान वंचित समूहों, समुदायों की अवसर की समानता को सुनिश्चित करने के लिए आरक्षण की नीति का प्रावधान करता है, जिससे कि अतीत में जो समुदाय अवसरों से वंचित रह गए थे उन्हें अपना विकास करने का अवसर प्राप्त हो सके। सरकार ने शिक्षण संस्थानों एवं नौकरियों में स्थान आरक्षित करके एवं कोटा नीति को अपनाकर इन समुदायों को विशेष संरक्षण प्रदान कर इनकी अवसर की समानता को सुनिश्चित करने का प्रयास किया है।
- सकारात्मक कार्यवाही को एक निश्चित समयावधि तक चलने वाला तदर्थ उपाय माना गया है, जिससे वंचित समुदायों की सहायता कर उन्हें सक्षम बनाया जा सके, ताकि यह अन्य समुदायों के साथ समानता के आधार पर प्रतिस्पर्द्धा कर सकें तथा अपनी योग्यताओं, क्षमताओं का विकास कर सकें एवं समान अवसरों का लाभ प्राप्त कर सकें।

आलोचकों ने आरक्षण की नीति की आलोचना समानता के सिद्धांत के आधार पर की है। इनके अनुसार सरकार द्वारा वंचित समुदायों को आरक्षण या कोटा के माध्यम से शिक्षण संस्थानों एवं नौकरियों में प्रवेश देना सर्वथा अनुचित है, क्योंकि ऐसा करना समाज के अन्य वर्गों की समानता के समान व्यवहार के अधिकार का उल्लंघन करता है, उन्हें उनके अधिकार से वंचित करता है। साथ ही आरक्षण की नीति समाज में भेदभाव उत्पन्न करती है, जबकि समानता का सिद्धांत 'सभी व्यक्तियों के साथ समान व्यवहार' के आदर्श पर कार्य करता है।

स्रोत आधारित प्रश्न

निम्न दिए गए स्रोत को ध्यानपूर्वक पढ़िए तथा पूछे गए प्रश्नों के उत्तर दीजिए

1. **नारीवाद स्त्री-पुरुष के समान अधिकारों का पक्ष लेने वाला राजनीतिक सिद्धांत है। वे स्त्री या पुरुष नारीवादी कहलाते हैं, जो मानते हैं कि स्त्री-पुरुष के बीच की अनेक असमानताएँ न तो नैसर्गिक हैं और न ही आवश्यक है । नारीवादियों का मानना है कि इन असमानताओं को बदला जा सकता है और स्त्री-पुरुष एक समतापूर्ण जीवन जी सकते हैं। नारीवाद के अनुसार, स्त्री-पुरुष असमानता 'पितृसत्ता' का परिणाम है। 'पितृसत्ता' से आशय एक ऐसी सामाजिक, आर्थिक और सांस्कृतिक व्यवस्था से है, जिसमें पुरुष को स्त्री से अधिक महत्त्व और शक्ति दी जाती है। पितृसत्ता**

इस मान्यता पर आधारित है कि पुरुष और स्त्री प्रकृति से भिन्न हैं और यही भिन्नता समाज में उनकी असमान स्थिति को न्यायोचित ठहराती है।

नारीवादी इस नजरिए पर सवालिया निशान लगाते हैं। इसके लिए वे स्त्री-पुरुष के जैविक विभेद और स्त्री-पुरुष के बीच सामाजिक भूमिकाओं के विभेद के बीच अंतर करने का आग्रह करते हैं।

जैविक या लिंग भेद प्राकृतिक और जन्मजात होता है, जबकि लैंगिकता समाज जनित है। इसे यूँ भी समझा जा सकता है कि मनुष्य का नर या मादा के रूप में जन्म होता है, लेकिन औरत या मर्द को जिन सामाजिक भूमिकाओं में हम देखते हैं, इन्हें समाज गढ़ता है।

उदाहरण के लिए, यह जीव विज्ञान का एक तथ्य है कि केवल औरत ही गर्भधारण करके बालक को जन्म दे सकती है, लेकिन जीव विज्ञान के तथ्य में यह निहित नहीं है कि जन्म देने के बाद केवल स्त्री ही बालक का लालन-पालन करे। नारीवादियों ने हमें सिखाया है कि स्त्री-पुरुष असमानता को अधिकांश प्रकृति ने नहीं समाज ने पैदा किया है।

(i) स्त्री-पुरुष असमानता का मुख्य कारण नारीवाद के अनुसार क्या है?

(a) जैविक विभेद (b) पितृसत्ता
(c) सांस्कृतिक विविधता (d) सामाजिक शिक्षा

उत्तर (b) पितृसत्ता

(ii) नारीवाद के अनुसार, समाज में स्त्री-पुरुष असमानता को बदलने का आधार क्या है?

(a) पितृसत्ता को और मजबूत बनाना
(b) जैविक भेद को समाप्त करना
(c) सांस्कृतिक परंपराओं को बनाए रखना
(d) सामाजिक भूमिकाओं की मान्यता को चुनौती देना

उत्तर '(d) सामाजिक भूमिकाओं की मान्यता को चुनौती देना

(iii) नारीवाद किस श्रम विभाजन का विरोध करता है?

उत्तर नारीवाद, पितृसत्ता द्वारा किए गए उस श्रम विभाजन का विरोध करता है, जिसके अंतर्गत स्त्री 'निजी एवं घरेलू कार्यों' के लिए तथा पुरुष को 'सार्वजनिक एवं बाहरी' दुनिया के सक्रिय कार्यक्षेत्रों से संबंधित बताया गया है।

नारीवादियों के अनुसार वर्तमान में स्त्रियाँ घर के बाहर कई क्षेत्रों में कार्य कर रही हैं, फिर भी घरेलू जिम्मेदारियाँ पूर्णतः स्त्री के ऊपर होती हैं। इस प्रकार वह 'दोहरे बोझ' को वहन करती हैं। हालाँकि इस दोहरे बोझ के बाद भी स्त्रियों को सार्वजनिक क्षेत्र में न के बराबर महत्त्व दिया जाता है और उनके घरेलू कार्यों को कोई महत्त्व ही नहीं दिया जाता है।

2. **समाजवाद असमानताओं के जवाब में उपजे कुछ राजनीतिक विचारों का समूह है। ये विशेषतः वे असमानताएँ थीं, जो औद्योगिक पूँजीवादी अर्थव्यवस्था से उत्पन्न हुईं और उसमें बाद तक बनी रहीं। समाजवाद का मुख्य सरोकार वर्तमान असमानताओं को न्यूनतम करना और संसाधनों का न्यायपूर्ण बँटवारा है। हालाँकि समाजवाद के पक्षधर पूरी तरह से बाजार के खिलाफ तो नहीं होते, लेकिन वे शिक्षा और स्वास्थ्य सेवा जैसे आधारभूत क्षेत्रों में सरकारी नियमन, नियोजन और नियंत्रण का समर्थन अवश्य करते हैं।**

भारत में प्रमुख समाजवादी चिंतक राममनोहर लोहिया ने पाँच प्रकार की असमानताओं की पहचान की, जिनके खिलाफ एकसाथ लड़ना होगा-स्त्री-पुरुष असमानता, चमड़ी के रंग पर आधारित असमानता, जातिगत असमानता, कुछ देशों का अन्य पर औपनिवेशिक शासन और निस्संदेह आर्थिक असमानता।

यह आज स्वप्रमाणित धारणा लग सकती है, लेकिन लोहिया के समय में समाजवादियों के बीच सामान्यतः यही तर्क चलता था कि असमानता का एकमात्र रूप वर्गीय असमानता है, जिसके खिलाफ संघर्ष अपरिहार्य है। दूसरी असमानताएँ गौण हैं या आर्थिक असमानता की समाप्ति होते ही वे स्वतः समाप्त हो जाएँगी।

लोहिया का कहना था कि इन असमानताओं में से प्रत्येक की अलग-अलग जड़ें हैं और उन सबके खिलाफ अलग-अलग, लेकिन एकसाथ संघर्ष छेड़ने होंगे। उन्होंने एकांगी क्रांति की बात नहीं कही।

उनके लिए उक्त पाँच असमानताओं के खिलाफ संघर्ष का अर्थ था-पाँच क्रांतियाँ। उन्होंने इस सूची में दो और क्रांतियों को शामिल किया-व्यक्तिगत जीवन पर अन्यायपूर्ण अतिक्रमण के खिलाफ नागरिक स्वतंत्रता के लिए क्रांति तथा अहिंसा के लिए सत्याग्रह के पक्ष में शस्त्र त्याग के लिए क्रांति। ये ही सप्तक्रांतियाँ थीं, जो लोहिया के अनुसार समाजवाद का आदर्श हैं।

(i) राममनोहर लोहिया के अनुसार, किस प्रकार की असमानताओं को समाप्त करने के लिए संघर्ष करना होगा?

(a) आर्थिक असमानता
(b) जातिगत और आर्थिक असमानता
(c) चमड़ी के रंग और आर्थिक असमानता
(d) स्त्री-पुरुष असमानता, जातिगत असमानता, औपनिवेशिक शासन, आर्थिक असमानता और अन्य अन्याय

उत्तर (d) स्त्री-पुरुष असमानता, जातिगत असमानता, औपनिवेशिक शासन, आर्थिक असमानता और अन्य अन्याय

(ii) राममनोहर लोहिया की सप्त क्रान्ति में कौन-सी असमानता शामिल नही हैं?

(a) स्त्री-पुरुष असमानता
(b) जातिगत असमानता
(c) औपनिवेशिक शासन
(d) तकनीकि असमानता

उत्तर (d) तकनीकि असमानता

(iii) राममनोहर लोहिया के अनुसार, समाजवाद का आदर्श क्या है?

उत्तर राममनोहर लोहिया के अनुसार, सात असमानताओं के विरुद्ध क्रांतियाँ (सप्तक्रांतियाँ) ही समाजवाद का आदर्श हैं। ये क्रांतियाँ हैं—स्त्री-पुरुष असमानता के विरुद्ध, नस्ल आधारित असमानता के विरुद्ध, जातिगत असमानता के विरुद्ध, औपनिवेशिक शासन के विरुद्ध, आर्थिक असमानता के विरुद्ध, सत्याग्रह के पक्ष में अहिंसा के लिए शस्त्र त्याग व नागरिक स्वतंत्रता के लिए व्यक्तिगत जीवन पर अन्यायपूर्ण अतिक्रमण के विरुद्ध।

3. **सकारात्मक विभेदीकरण, विशेषकर आरक्षण की नीतियों के आलोचक इन नीतियों के विरुद्ध तर्क देने के लिए समानता के सिद्धांत का सहारा लेत हैं। इनका मानना है कि वंचितों को उच्च शिक्षा या नौकरियों में आरक्षण या कोटा देने का कोई भी प्रावधान अनुचित है, क्योंकि यह मनमाने तरीके से समाज के अन्य वर्गों को समान व्यवहार के अधिकार से वंचित करता है। आलोचकों का कहना है कि आरक्षण भी एक तरह का भेदभाव है। समानता की माँग है कि सब लोगों से बिल्कुल एक तरह से व्यवहार हो। जब हम व्यक्तियों के बीच जाति या रंग के आधार पर अंतर करते हैं, तब हम जातिगत और नस्लगत पूर्वाग्रहों को और भी मजबूत कर रहे होते हैं। इन सिद्धांतकारों के लिए उन सामाजिक विशिष्टताओं को समाप्त करना महत्त्वपूर्ण है, जो समाज को विभाजित करती हैं।**

(i) **समानता क्या है?**

(a) समानता का तात्पर्य सभी व्यक्तियों के साथ एक जैसा व्यवहार करने से है
(b) समानता का अर्थ समाज को विभाजित करना है
(c) समानता व्यक्तियों के मध्य जाति और रंग के आधार पर कार्य करती है
(d) उपरोक्त सभी

उत्तर (a समानता का तात्पर्य सभी व्यक्तियों के साथ एक जैसा व्यवहार करने से है।

(ii) **दिया गया संदर्भ हमें सामाजिक भेदभाव से दूर रहने के लिए क्यों कह रहा है?**

(a) समाज को एकीकृत करने के लिए
(b) समाज को प्रगतिशील बनाने के लिए
(c) 'a' और 'b' दोनों
(d) उपरोक्त में से कोई नहीं

उत्तर (c) 'a' और 'b' दोनों

(iii) **आरक्षण की नीतियों के आलोचक समानता के सिद्धान्त का किस प्रकार सहारा लेते हैं?**

उत्तर आरक्षण की नीतियों के आलोचक ये तर्क देते हैं कि यह समानता के सिद्धांत का उल्लंघन है। उनका मानना है कि आरक्षण जाति या रंग के आधार पर भेदभाव करता है जिससे समाज के अन्य वर्गों को समान व्यवहार के अधिकार से वंचित किया जाता है। वे यह भी कहते हैं कि जब हम जातिगत अंतर करते हैं, तो हम पूर्वाग्रहों को और मजबूत करते हैं। इसके बजाए, समाज में समानता की माँग है कि सभी व्यक्तियों को समान अवसर प्रदान किए जाने चाहिए।

4. **समानता लाने की दिशा में पहला कदम असमानता और विशेषाधिकार की औपचारिक व्यवस्था को समाप्त करना होगा। दुनियाभर में सामाजिक, आर्थिक और राजनीतिक असमानताओं को कुछ रीति-रिवाजों और कानूनी व्यवस्थाओं से संरक्षित रखा गया है। इन रिवाजों या कानूनों द्वारा समाज के कुछ हिस्सों को तमाम किस्म के अवसरों और लाभों का आनंद उठाने से रोका जाता था। बहुत सारे देशों में गरीब लोगों को मताधिकार से वंचित रखा जाता था। महिलाओं को बहुत सारे व्यवसाय और गतिविधियों में भाग लेने की इजाजत नहीं थी। भारत में जाति व्यवस्था निचली जातियों को शारीरिक श्रम के अतिरिक्त कुछ भी करने से रोकती थी। कुछ देशों में केवल कुछ विशेष परिवारों के लोग ही सर्वोच्च पदों तक पहुँच सकते थे।**

(i) **समानता लाने के लिए पहला कदम औपचारिक व्यवस्था के अंतर्गत है**

(a) समानता और भेदभाव को समाप्त करना
(b) असमानता और विशेषाधिकार को समाप्त करना
(c) राजनीतिक और स्वतंत्रता लाना
(d) उपरोक्त सभी

उत्तर (b) असमानता और विशेषाधिकार को समाप्त करना

(ii) **भारत में जाति व्यवस्था ने समानता की अवधारणा को कैसे प्रभावित किया है?**

(a) इसने अमीर और गरीब के बीच खाई को बढ़ा दिया है
(b) इसने भारत में बंद समाज की स्थिति को बनाए रखा है
(c) 'a' और 'b' दोनों
(d) उपरोक्त में से कोई नहीं

उत्तर (d) उपरोक्त में से कोई नहीं

(iii) **महिलाओं को व्यवसायों और गतिविधियों में भाग लेने से रोकने का क्या प्रभाव पड़ा?**

उत्तर महिलाओं को व्यवसायों और गतिविधियों में भाग लेने से रोकने के कारण उनका आर्थिक, सामाजिक और राजनीतिक सशक्तीकरण बाधित हुआ। इससे महिलाओं की भूमिका घर तक सीमित रह गई, और उनकी क्षमता का समाज को लाभ नहीं मिला। यह लैंगिक असमानता को बढ़ावा देता था, जिससे महिलाओं के प्रति भेदभाव और शोषण की स्थितियाँ बनीं। जब महिलाओं को शिक्षा और रोजगार में समान अवसर नहीं दिए जाते, तो समाज अपनी पूर्ण संभावनाओं का उपयोग करने में असफल रहता है। समान अधिकार सुनिश्चित करने से ही संतुलित और समृद्ध समाज का निर्माण होता है।

स्वयं को जाँचें

वस्तुनिष्ठ प्रश्न

1. फ्रांसीसी क्रांति का नारा क्या था?

(a) आर्थिक और सामाजिक न्याय
(b) राजनीतिक और सामाजिक समानता
(c) उदारता, समानता, बंधुत्व
(d) नारीवाद, समाजवादी और लोकतंत्र

2. निम्नलिखित में से कौन एक प्रख्यात समाजवादी है?

(a) राममनोहर लोहिया (b) जॉन लॉस्की
(c) जे. एस. मिल (d) एडम स्मिथ

3. आरक्षण की नीति किसके लिए लागू होती है?

(a) केवल उच्च वर्ग
(b) केवल निम्न वर्ग
(c) विशेष रूप से वंचित और पिछड़े वर्ग
(d) सभी वर्गों के लिए समान रूप से

4. निम्नलिखित कथनों पर विचार कीजिए

1. मार्क्सवाद और उदारवाद समाज की दो प्रमुख राजनीतिक विचारधाराएँ हैं।
2. उदारवाद समाज में संसाधनों के वितरण के सर्वाधिक कारगर और उचित तरीके के रूप में प्रतिद्वंद्विता के सिद्धांत का समर्थन करते हैं।
3. समाजवादियों के विपरीत उदारवादी नहीं मानते कि राजनीतिक, आर्थिक और सामाजिक असमानताएँ एक-दूसरे से जुड़ी होती हैं।

उपरोक्त में से कौन-सा कथन सही है?

(a) केवल 1 (b) 2 और 3 (c) 1 और 3 (d) ये सभी

5. सूची। को सूची ॥ से सुमेलित कीजिए

सूची ।	सूची ॥
A. आरक्षण	1. विशेष लाभ देना
B. समानता का सिद्धांत	2. सभी को समान अवसर
C. सकारात्मक विभेदीकरण	3. वंचित समूहों को सहायता
D. भेदभाव	4. किसी एक वर्ग के विरुद्ध पक्षपाती व्यवहार

कूट

	A	B	C	D
(a)	2	3	4	1
(b)	3	2	1	4
(c)	4	1	2	3
(d)	2	4	3	1

लघु उत्तरीय प्रश्न

6. नारीवादी आंदोलनों द्वारा कौन-से मुद्दे उठाए गए हैं?

7. भारत के प्रमुख समाजवादी चिंतक कौन थे? उनके प्रमुख कार्यों का वर्णन कीजिए।

8. समाजवाद से क्या अभिप्राय है? वर्णन कीजिए।

9. समानता के प्रमुख तीन रूपों का वर्णन कीजिए।

दीर्घ उत्तरीय प्रश्न ।

10. समानता किसी भी समाज के लिए क्यों आवश्यक है?

11. कानून के समक्ष समानता का क्या अभिप्राय है?

12. राजनीतिक स्वतंत्रता और आर्थिक समानता का वर्णन करें।

13. आरक्षण की नीति के आलोचक कौन हैं और उनके तर्क क्या हैं?

दीर्घ उत्तरीय प्रश्न ॥

14. क्या आप इस बात से सहमत हैं कि संविधान में वर्णित समानता का अर्थ सभी के लिए उचित अवसर उपलब्ध कराना है?

15. समानता के सकारात्मक एवं नकारात्मक पक्षों का वर्णन कीजिए।

16. संविधान द्वारा प्रदान किए गए समानता के अधिकारों का विस्तार से वर्णन कीजिए।

17. समाज में समानता की अवधारणा को लागू करने वाली चुनौतियों का विश्लेषण करें। ये चुनौतियाँ किस प्रकार समाजिक ढाँचे को प्रभावित करती हैं।

4

अध्याय

सामाजिक न्याय

न्याय सभी लोगों की भलाई सुनिश्चित करने की अवधारणा है। इसमें प्रत्येक व्यक्ति को वह देना शामिल है। जिसका वह हकदार है। न्याय की अवधारणा कई क्षेत्रों और दृष्टिकोणों से प्रभावित होती हैं, जिनमें शामिल हैं- नीति, नैतिकता, राष्ट्रीय सोच, कानून, समानता और निष्पक्षता।

▼ अध्ययन एक नजर में

4.1 न्याय
4.2 न्याय के सिद्धांत
4.3 न्यायपूर्ण बँटवारा
4.4 जॉन रॉल्स का न्याय का सिद्धांत
4.5 सामाजिक न्याय का अनुसरण

▼ अभ्यास के लिए

- बहुविकल्पीय प्रश्न 23 (युग्मित प्रश्न, चित्र आधारित प्रश्न, कथन/कारण, सुमेलित कीजिए)
- वर्णनात्मक प्रकार के प्रश्न (लघु उत्तरीय प्रश्न 6, दीर्घ उत्तरीय प्रश्न I 8,
- दीर्घ उत्तरीय प्रश्न II 6)
- स्रोत आधारित प्रश्न 3, मानचित्र आधारित 0

4.1 न्याय

न्याय का अर्थ लोगों के साथ उचित व्यवहार और उचित होने के गुण से है। न्याय न्यायसंगत और तर्कसंगत समाज के रखरखाव में सहायता करता है। न्याय कानून का उचित प्रशासन है। यह कानून के तहत सभी व्यक्तियों का निष्पक्ष और न्यायसंगत व्यवहार है। विश्व में व्याप्त विभिन्न संस्कृतियों और परंपराओं ने न्याय को विभिन्न प्रकार से व्यक्त किया है। प्राचीन भारतीय समाज में न्याय धर्म के साथ जुड़ा था और धर्म या न्यायोचित सामाजिक व्यवस्था बनाए रखना राजा का प्राथमिक कर्त्तव्य माना जाता था। न्याय की कोई एक सर्वव्यापक परिभाषा नहीं है। प्रत्येक विचारक ने इसे समय की परिस्थितियों के अनुसार परिभाषित किया है, जिनमें से कुछ इस प्रकार हैं

- **चीनी दार्शनिक कंफ्यूशियस** के अनुसार, ''राजा को गलत लोगों को दंडित करके एवं भले लोगों को पुरस्कृत करके न्याय व्यवस्था स्थापित करनी चाहिए।''
- ईसा पूर्व चौथी सदी के **एथेंस में प्लेटो ने अपनी पुस्तक 'द रिपब्लिक'** में सुकरात और उनके मित्रों के बीच एक लंबी बातचीत के माध्यम से न्याय की अवधारणा की जाँच की। युवा लोग सुकरात से पूछते है कि हमें न्याय क्यों करना चाहिए। वे तर्क देते हैं कि अन्यायी लोग अधिक सफल क्यों होते हैं।
- **सुकरात** बताते हैं कि यदि हर कोई अपने हित को पूरा करने के लिए नियमों में हेर फेर करता है, तो निश्चित रूप से कोई भी अन्याय से लाभ नहीं उठा पाएगा और कोई भी सुरक्षित नहीं रहेगा। इसलिए हमें अपने दीर्घकालिक हित में न्यायपूर्ण होना चाहिए।
- उनके अनुसार, ''न्याय का अर्थ केवल यह नहीं होता कि हम अपने मित्रों का अच्छा करें और दुश्मनों का नुकसान करें। न्याय में सभी लोगों का हित निहित रहता है। यह विचार कि न्याय में प्रत्येक व्यक्ति को उसका उचित हिस्सा देना शामिल है, वर्तमान में भी हमारी समझ का महत्त्वपूर्ण अंग बना हुआ है।
- **जर्मन दार्शनिक इमैनुएल कांट** के अनुसार, ''प्रत्येक मनुष्य की गरिमा होती है। यदि सभी व्यक्तियों की गरिमा स्वीकृत है, तो उनमें से प्रत्येक का प्राज्य (महत्त्व) यह होगा कि उन्हें अपनी प्रतिभा के विकास और लक्ष्य की पूर्ति के लिए अवसर प्राप्त हों। न्याय के लिए यह आवश्यक है कि हम विभिन्न व्यक्तियों को समुचित और बराबर की अहमियत दें।''

4.2 न्याय के सिद्धांत

न्याय का सिद्धांत अवधारणाओं का एक समूह हैं, जो निष्पक्षता, समानता और न्यायसंगत व्यवहार को संबोधित करता है। यहाँ हम न्याय के तीन सिद्धांतों पर चर्चा करेंगे। समान के लिए समान व्यवहार समानुपातिक न्याय और विशेष जरूरतों का विशेष ख्याल।

समान के लिए समान व्यवहार

मनुष्य होने के कारण सभी व्यक्तियों में कुछ समान चारित्रिक विशेषताएँ होती हैं, इसलिए उन्हें समान अधिकार एवं सम्मान प्राप्त करने का अधिकार है। अधिकतर उदारवादी जनतांत्रिक देशो ने न्याय सिद्धांत के अंतर्गत अपने नागरिकों को जीवन, स्वतंत्रता, संपत्ति जैसे नागरिक अधिकार प्रदान किए हैं।

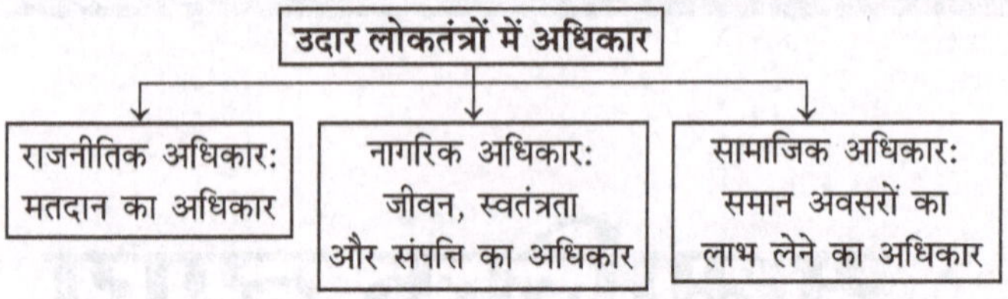

समान लोगों के प्रति समान व्यवहार सिद्धांत के अंतर्गत समान अधिकारों के अतिरिक्त यह भी आवश्यक है कि वर्ग, जाति, लिंग, नस्ल इत्यादि के आधार पर व्यक्तियों से किसी प्रकार का भेदभाव नहीं किया जाना चाहिए। इस का मूल्यांकन उनके कार्य एवं आचरण के आधार पर किया जाना चाहिए, जैसे-भिन्न जातियो के दो व्यक्ति एक ही कार्य करते हैं, चाहे वह पत्थर तोड़ने का हो या पिज्जा वितरण करने का, उन्हें समान पारिश्रमिक मिलना चाहिए। यदि किसी कार्य के लिए एक व्यक्ति को '₹ 100 और दूसरे व्यक्ति को ' ₹ 75 मिलते हैं और इसका कारण यह हो कि वे भिन्न-भिन्न जाति या समुदाय से हैं , तो यह अनुचित एवं अन्यायपूर्ण होगा।

समानुपातिक न्याय

न्याय का दूसरा सिद्धांत, जिसके अनुसार लोगों को उनके कौशल, प्रयासों और उनके काम की गुणवत्ता के आधार पर पुरस्कृत करना ही आनुपातिक न्याय कहलाता है।

- कभी-कभी समकक्षों के साथ एकसमान व्यवहार (समान लोगों के प्रति समान व्यवहार) का सिद्धांत भी न्याय के अनुकूल नहीं होता। ऐसी स्थिति में न्याय को सुनिश्चित करने के लिए समानुपातिक न्याय की अवधारणा को अपनाना पड़ता है।
- सबके लिए समान अधिकार के संदर्भ में एक ही मानदंड निर्धारित करने के पश्चात् न्याय का अर्थ होगा—लोगों को उनके प्रयास के पैमाने और अर्हता के अनुपात में पुरस्कृत करना। यद्यपि अधिकांश लोग इस बात से सहमत हो सकते हैं कि लोगों को समान कार्य के लिए समान मजदूरी मिलनी चाहिए, लेकिन किसी कार्य के लिए वांछित मेहनत, कौशल, संभावित खतरे आदि कारकों को ध्यान में रखते हुए अलग-अलग कार्य के लिए अलग पारिश्रमिक का निर्धारण उचित और न्यायसंगत होगा।
- उदाहरणस्वरूप, खनिज खदानों में खतरनाक कार्य करने वाले कुशल कारीगर एवं पुलिसकर्मियों को सदैव उतना पारिश्रमिक नहीं मिलता, जितना कि अन्य लोगों को बिना खतरनाक कार्य किए मिलता है, इसलिए समाज में न्याय के लिए समान व्यवहार के सिद्धांत का समानुपातिकता के सिद्धांत के साथ संतुलन बनाने की आवश्यकता है।

विशेष आवश्यकताओं का विशेष ख्याल

- विशेष आवश्यकताओं की पहचान न्याय का तीसरा सिद्धांत है। **सामाजिक न्याय**[1] को बढ़ावा देने के लिए पुरस्कार और कर्त्तव्यों को वितरण करते समय लोगों की **विशेष आवश्यकताओं**[2] को पहचाना जाना चाहिए।
- लोगों के बीच भेदभाव न करना तथा उनके प्रयासों के अनुपात में उन्हें पुरस्कृत करना न तो यह सुनिश्चित करने के लिए पर्याप्त है कि समाज में लोग अपने जीवन के अन्य पहलुओं में समानता का आनंद लें, न ही यह सुनिश्चित करने के लिए कि समग्र रूप से समाज न्यायपूर्ण है।
- लोगों की विशेष आवश्यकताओं को ध्यान में रखने का सिद्धांत समान व्यवहार के सिद्धांत की अनिवार्यता खंडित नहीं, बल्कि उसका विस्तार ही करता है, क्योंकि समकक्षों के साथ समान व्यवहार के सिद्धांत में यह अंतर्निहित है कि जो लोग कुछ महत्त्वपूर्ण संदर्भों में समान नहीं हैं, उनके साथ भिन्न ढंग से व्यवहार किया जाए।
- शारीरिक विकलांगता, आयु, अच्छी शिक्षा या स्वास्थ्य सेवा तक पहुँच का अभाव, कुछ ऐसे कारक हैं, जिन्हें कई देशों में विशेष उपचार का आधार माना जाता है।
- यदि जीवन स्तर में बहुत भिन्नता वाले लोगों को बुनियादी न्यूनतम आवश्यकताओं से भी वंचित रखा जाता है, तो एक असमान समाज का निर्माण होगा।

1 **सामाजिक न्याय** यह समाज में धन और अवसरों का न्यायपूर्ण वितरण है।

2 **विशेष आवश्यकताएँ** किसी वंचित पृष्ठभूमि वाले या मानसिक, भावनात्मक या शारीरिक विकलांगता वाले या इनमें से किसी के विकसित होने के उच्च जोखिम वाले व्यक्ति की व्यक्तिगत आवश्यकताएँ।

- उदाहरण के लिए भारत में स्वास्थ्य, शिक्षा आदि जैसी सुविधाओं तक पहुँच की कमी अक्सर जातिगत भेदभाव के साथ पाई जाती है। भारतीय संविधान ने अनुसूचित जातियों और अनुसूचित जनजातियों के लोगों के लिए सरकारी नौकरियों और शैक्षणिक संस्थानों में प्रवेश के लिए कोटा में आरक्षण की अनुमति दी।

न्याय के सिद्धांतो में सामंजस्य स्थापित करना

- एक समग्र न्यायपूर्ण समाज की स्थापना के लिए न्याय के उपरोक्त तीनों सिद्धांतों में सामंजस्य बैठाना सरकार के लिए कठिन हो जाता है।
- समाज के लिए समान व्यवहार समानुपातिक न्याय, विशेष जरूरतों का विशेष ख्याल—समकक्षों के प्रति समान व्यवहार सिद्धांत को प्राथमिकता देने से समानुपातिक न्याय के सिद्धांत की अवहेलना हो जाती है एवं समानुपातिक न्याय के सिद्धांत को प्राथमिकता देने से वंचित या जरूरतमंद लोगों के साथ धोखा होने की संभावना बढ़ने लगती है। समान व्यवहार के सिद्धांत पर कार्यान्वयन कभी-कभी योग्यता को उचित प्रतिफल देने के विरुद्ध कर देता है।

यदि योग्यता को पुरस्कृत करना न्याय का प्रमुख सिद्धांत माना जाता, तो गरीब वर्गों के कुछ क्षेत्रों पर अच्छी पोषण और अच्छी शिक्षा की पहुँच संभव नहीं हो पाती। ऐसी स्थिति में सरकार की जिम्मेदारी बन जाती है कि वह एक न्यायपरक समाज को बढ़ावा देने के लिए समाज के सभी वर्गों के मध्य न्याय के विभिन्न सिद्धांतों के बीच सामंजस्य स्थापित करे।

4.3 न्यायपूर्ण बँटवारा

- लोकतांत्रिक व्यवस्था के अंतर्गत सरकार द्वारा यह सुनिश्चित किया जाता है कि कानून एवं नीतियाँ प्रत्येक व्यक्ति पर समान रूप से लागू हो।
- सामाजिक न्याय का उद्देश्य वस्तुओं और सेवाओं का न्यायोचित वितरण भी है, चाहे यह राष्ट्रों के बीच वितरण का मामला हो या किसी समाज के अंदर विभिन्न समूहों और व्यक्तियों के बीच का।
- यदि समाज में गंभीर सामाजिक या आर्थिक असमानताएँ हैं, तो यह जरूरी होगा कि समाज के कुछ प्रमुख संसाधनों का पुन: वितरण हो, जिससे नागरिकों को जीवनयापन के लिए समान अवसर मिल सके।
- सामाजिक न्याय के लिए आवश्यक है कि न केवल लोगों के साथ समाज के कानून व नीतियों के संदर्भ में समान व्यवहार किया जाए, बल्कि जीवन की स्थितियों एवं अवसरों के संदर्भ में भी कुछ मूलभूत समानता का उपभोग करें।
- भारतीय संविधान में भी छुआछूत जैसी प्रथा का उन्मूलन कर सामाजिक समानता को बढ़ावा दिया गया है। इसमें यह भी सुनिश्चित किया गया कि पिछड़ी जातियों के लोगों को मंदिरों में प्रवेश, नौकरी और पानी जैसी बुनियादी जरूरतों से वंचित न किया जा सके।
- विभिन्न राज्य सरकारों द्वारा संपत्ति जैसे महत्त्वपूर्ण संसाधन के विषय में भूमि सुधार कानून बनाकर न्यायोचित वितरण सुनिश्चित किया गया है। संसाधनों का वितरण, शिक्षा एवं नौकरियों तक पहुँच जैसे मामले लोगों में वैचारिक विभिन्नता उत्पन्न करते हैं। न्यायोचित वितरण के संदर्भ में कई बार हिंसा जैसे मामले भी सामने आते हैं। इस संबंध में प्रसिद्ध राजनीतिक दार्शनिक जॉन रॉल्स जैसे अनेक विद्वानों ने अपने विचार प्रस्तुत किए हैं।

चेक प्वॉइंट 1

1. "राज्य को अन्याय करने वालों को दंड देना चाहिए तथा अच्छे लोगों को पुरस्कृत करना चाहिए।" यह कथन किसका हैं?
2. 'द रिपब्लिक' पुस्तक के लेखक कौन थे?
3. न्याय के दो सिद्धांतों के नाम बताए?
4. कंफ्यूशियस किस देश का दार्शनिक था?
5. किसी परीक्षा में विद्यार्थियों को अंक देने के लिए शिक्षक को न्याय के किस सिद्धांत का प्रयोग करना चाहिए?

4.4 जॉन रॉल्स का न्याय का सिद्धांत

- जॉन रॉल्स न्याय के सिद्धांत को '**अज्ञानता का आवरण**'[3] की मदद से प्रस्तुत करते हैं। उनके सिद्धांत के अनुसार जो 'अज्ञानता के पर्दे' पर आधारित है। लोगों से अपेक्षा की जाती है कि वे अपने सामान्य तर्कसंगत स्वभाव के अनुसार ही रहे।
- उनसे अपेक्षा की जाती है कि वे स्वयं सोचें और वही चुनें, जो उनके हित में हो।

3 अज्ञानता का आवरण यह एक काल्पनिक स्थिति है, जहाँ लोग समाज में अपनी स्थिति को जाने बिना निर्णय लेते हैं।

- यह स्पष्ट होगा कि तर्क संगत व्यक्ति यह सुनिश्चित करने का प्रयास करेंगें कि उनके द्वारा बनाई गई नीतियाँ पूरे समाज के लिए लाभकारी हों।
- रॉल्स का तर्क है कि नैतिकता नहीं, बल्कि तर्कसंगत सोच हमें निष्पक्ष होने और समाज के लाभों और बोझों को कैसे वितरित किया जाए, इस बारे में निष्पक्ष रूप से निर्णय लेने के लिए प्रेरित कर सकती है।
- जैसा कि उनके उदाहरण में बताया गया है। लोग तर्क के आधार पर नियम तय करते हैं कि वे सबसे अच्छी या सबसे बेकार स्थिति में हो सकते हैं। लोग नैतिकता के आधार पर नहीं, बल्कि अपने स्वार्थ के लिए कार्य करते हैं।

4.5 सामाजिक न्याय का अनुसरण

- न्याय का आशय लोगों के जीवन जीने के तरीके में पूर्ण समानता और एकरूपता नहीं है। यदि अमीर और गरीब के बीच गहरे अंतर के कारण गरीब लोगों को अपने जीवन को बहतर बनाने का कोई अवसर नहीं मिलता है, तो समाज अन्यायपूर्ण होगा।
- एक न्यायपूर्ण समाज के लोगों को स्वस्थ और सुरक्षित जीवन जीने और अपनी प्रतिभा को विकसित करने के लिए बुनियादी न्यूनतम शर्तें प्रदान करनी चाहिए, साथ ही समाज में अपने चुने हुए लक्ष्यों को आगे बढ़ाने के लिए समान अवसर भी प्रदान करने चाहिए।
- समाज के वंचित सदस्यों की सहायता करने के सर्वोत्तम तरीकों के बारे में असहमति है।
- भारत में, अलग-अलग राजनीतिक समूहों, द्वारा अलग-अलग दृष्टिकोणों का समर्थन किया जा रहा है, जो जनसंख्या में पिछड़े हुए वर्गों की सहायता करने के लिए विभिन्न योजनाओं के तुलनात्मक गुणों पर बहस करते हैं।

न्यायपूर्ण समाज वह है, जिसमें परस्पर सम्मान की बढ़ती हुई भावना और अपमान की घटती हुई भावना मिलकर एक करुणा से भरे समाज का निर्माण करें। -डॉ. भीमराव अंबेडकर

मुक्त बाजार बनाम राज्य का हस्तक्षेप

- **मुक्त बाजार**[4] के समर्थक सुझाव देते हैं कि जहाँ तक संभव हो, व्यक्तियों को संपत्ति रखने तथा कीमतों, मजदूरी और मुनाफे के बारे में दूसरों के साथ अनुबंध और समझौते करने की स्वतंत्रता होनी चाहिए।
- मुक्त बाजार में लोग एक-दूसरे से प्रतिस्पर्द्धा करेंगे, जहाँ अक्षम लोगों को कम इनाम मिलेगा तथा सक्षम लोगों का अधिक इनाम मिलेगा।
- मुक्त बाजार के कई समर्थक स्वीकार करते हैं कि राज्य का हस्तक्षेप सभी लोगों के लिए जीवन के बुनियादी न्यूनतम मानक को सुनिश्चित कर सकता है। ताकि वे समान शर्तों पर प्रतिस्पर्द्धा करने में सक्षम हों। राज्य बुनियादी सुविधाओं को सुनिश्चित करने के लिए निजी एजेंसियों को प्रोत्साहित और समर्थन कर सकता है।
- मुक्त बाजार में निजी एजेंसियाँ केवल वही सेवाएँ प्रदान करेंगी, जो लोगों के लिए लाभदायक हों तथा लोग उसकी लागत को वहन कर सकें। ऐसे भी लोग हो सकते है, जो उच्च लागत के कारण इन्हें वहन नहीं कर सकते। ऐसे मामलों में, राज्य का हस्तक्षेप आवश्यक है।
- लोकतांत्रिक समाज में विवरण और न्याय के मुद्दों पर असहमतियाँ अपरिहार्य और लाभदायक भी हैं, क्योंकि वे हमें विभिन्न दृष्टिकोणों की जाँच-परख करने और विवेकसम्मत तरीके से अपने विचारों का बचाव करने को बाध्य करती हैं। वाद-विवादों के माध्यम से इन असहमतियों के बीच राजनीति के द्वारा मार्ग निकाला जा सकता है।

'न्याय में ऐसा कुछ अंतर्निहित है, जिसे करना न सिर्फ सही है और न करना सिर्फ गलत, बल्कि जिस पर बतौर अपने नैतिक अधिकार कोई व्यक्ति विशेष हमसे दावा जता सकता है।'—जे. एस मिल

चेक प्वॉइंट 2

1. निष्पक्ष होने के लिए रॉल्स नैतिकता की जगह किसे महत्त्व देते हैं?
2. जॉन रॉल्स न्याय के सिद्धांत को किसकी सहायता से प्रस्तुत किया जाता हैं?
3. मुक्त बाजार प्रतिस्पर्द्धा को महत्त्व क्यों देता है?
4. राज्य बुनियादी सुविधाओं को सुनिश्चित करने के लिए किसे प्रोत्साहित कर सकता हैं?

4 **मुक्त बाजार** यह माँग और आपूर्ति पर आधारित एक आर्थिक प्रणाली है, जिसमें सरकार का हस्तक्षेप बहुत कम या बिल्कुल नहीं होता

Mind Map

सामाजिक न्याय

1 न्याय
- न्याय एक नैतिक विचार है जिसके अनुसार लोगों को निष्पक्ष और समान रूप से व्यवहार करना चाहिए।
- धर्म या सामाजिक व्यवस्था को बनाए रखना राजाओं का प्रमुख कर्त्तव्य माना जाता था।
- विभिन्न राज्य सरकारों ने अस्पृश्यता को समाप्त किया जिससे सामाजिक समानता को बढ़ावा दिया जा सके।

2 न्याय के सिद्धांत
समान लोगों के प्रति समान बरताव (व्यवहार)
- सभी के लिए समान अधिकार और भेदभाव की रोकथाम।

उदार लोकतंत्रों में अधिकार
- **राजनीतिक अधिकार** मतदान का अधिकार
- **नागरिक अधिकार** जीवन, स्वतंत्रता और संपत्ति का अधिकार
- **सामाजिक अधिकार** समान अवसरों का अधिकार

समानुपातिक न्याय
- लोगों को उनके प्रयास के पैमाने और अर्हता के आधार पर पुरस्कृत किया जाना चाहिए।
- समान व्यवहार केवल न्याय का सिद्धांत नहीं है, बल्कि विशेष आवश्यकताओं की पहचान भी महत्त्वपूर्ण है।

विशेष आवश्यकताओं का विशेष ख्याल
- यह न्याय का तृतीय सिद्धांत है।
- जब अलग-अलग कर्त्तव्य होते हैं, तो लोगों की विशेष जिम्मेदारियों का ध्यान रखना चाहिए।
- सामाजिक न्याय को बढ़ावा देने के लिए कर्त्तव्यों की आवश्यकता होती है।
- शारीरिक विकलांगता वाले लोगों के लिए कई देशों में विशेष उपचार की आवश्यकता होती है।
- उदाहरण- भारत में स्वास्थ्य, शिक्षा आदि जैसी सुविधाओं तक पहुँच की कमी।

3 न्याय के सिद्धांतों का सामंजस्य
न्याय के तीन सिद्धांतों को सामंजस्यपूर्ण बनाना आवश्यक है।
- समकक्षों के बीच समान बरताव (व्यवहार)
- लोगों को मिलने वाले लाभों को तय करते समय विभिन्न प्रयास तथा कौशलों को मान्यता देना।
- जरूरतमंदों के लिए जीवन के न्यूनतम मानकों और अवसरों का प्रावधान
- काम में योग्यता को पुरस्कृत करने पर बल देना
- विभिन्न नीतियाँ होती हैं, जो न्याय के सिद्धांतों पर आधारित होती हैं।
- सरकारों को विभिन्न सिद्धांतों का सामंजस्य स्थापित करना चाहिए, जिससे एक न्यायपूर्ण समाज स्थापित किया जा सके।

4 न्यायपूर्ण बँटवारा
- न्याय का तात्पर्य वस्तुओं और सेवाओं के न्यायसंगत वितरण से भी है।
- महत्त्वपूर्ण संसाधनों के पुनर्वितरण के लिए कुछ उपाय अपनाए गए।
- संसाधनों का वितरण और शिक्षा व नौकरियों तक समान पहुँच सुनिश्चित करने से समाज में तीव्र प्रतिक्रियाएँ उत्पन्न हुईं।

5 जॉन राल्स का न्याय सिद्धांत
- रॉल्स ने 'अज्ञानता के आवरण' के माध्यम से न्याय का सिद्धांत प्रस्तुत किया।
- यह सिद्धांत कहता है कि लोगों को अपने हितों के अनुसार सोचना चाहिए और निर्णय लेना चाहिए।
- रॉल्स के अनुसार, न्यायिक सिद्धांत नैतिकता पर नहीं, बल्कि तर्कसंगत सोच पर आधारित होना चाहिए।
- उदाहरण के लिए, लोग उन नियमों को तर्क के आधार पर तय करते हैं, जो उनके लिए सर्वोत्तम या सबसे खराब स्थिति हो सकते हैं।
- लोग अपने स्वार्थ के लिए कार्य करते हैं, नैतिकता के आधार पर नहीं।

6 सामाजिक न्याय का अनुसरण
- न्याय का अर्थ यह नहीं है कि सभी लोगों का जीवन पूरी तरह समान और एक जैसा हो।
- समाज के वंचित वर्गों की सहायता करने के सर्वोत्तम तरीकों पर मतभेद व्याप्त होते हैं।

मुक्त बाजार बनाम राज्य का हस्तक्षेप
- **मुक्त बाजार** यह सुझाव देता है कि व्यक्तियों को संपत्ति का स्वामित्व रखने की स्वतंत्रता होनी चाहिए।
- **राज्य हस्तक्षेप** यह कहता है कि सरकार को आर्थिक मामलों में हस्तक्षेप करना चाहिए जिससे समाज में संतुलन बना रहे।

सामाजिक न्याय

सामाजिक न्याय

न्यायपूर्ण समाज वह है, जिसमें परस्पर सम्मान की बढ़ती हुई भावना और अपमान की घटती हुई भावना मिलकर एक करुणा से भरे समाज का निर्माण करें।

डॉ. भीमराव अम्बेडकर

NCERT फोल्डर

1. हर व्यक्ति को उसका प्राप्य देने का क्या आशय है? प्रत्येक को उसका प्राप्य देने का आशय समय के साथ-साथ कैसे बदला?

उत्तर प्रत्येक व्यक्ति को उसका प्राप्य देने का अभिप्राय है कि प्रत्येक व्यक्ति को वह प्राप्त होना चाहिए, जिसका उसे अधिकार है। इसे ही न्याय की संज्ञा दी जाती है, लेकिन इस संबंध में यह निर्णय लेना आसान कार्य नहीं है कि प्रत्येक व्यक्ति को उसका प्राप्य किस प्रकार दिया जाए। इस संबंध में तीन सिद्धांत प्रस्तुत किए गए हैं, जिनमें प्राप्य देने के उपायों को देने का प्रयास किया गया है। साथ ही प्राप्य देने के अर्थ में समय के अनुसार लगातार परिवर्तन आया है।

प्राचीनकाल में प्रत्येक व्यक्ति को उसके कार्यों के अनुसार पुरस्कृत या दंडित करने में प्राप्य का अर्थ निहित था, जबकि वर्तमान संदर्भ में प्राप्य का अर्थ है कि प्रत्येक व्यक्ति को उसकी प्रतिभा के विकास, आकांक्षाओं एवं लक्ष्यों की पूर्ति के लिए अवसर प्राप्त हो सके। न्याय के लिए यह परम आवश्यक है कि प्रत्येक व्यक्ति को संपूर्ण एवं समान महत्त्व दिया जाए।

2. अध्याय में दिए गए न्याय के तीन सिद्धांतों की संक्षेप में चर्चा करें। प्रत्येक को उदाहरण के साथ समझाइए।

उत्तर अध्याय में दिए गए न्याय के तीन सिद्धांत निम्नलिखित हैं

(i) **समान लोगों के प्रति समान व्यवहार का सिद्धांत** न्याय के इस सिद्धांत के अनुसार मनुष्य होने के कारण सभी व्यक्तियों में समान विशेषताएँ होती हैं। इसी के फलस्वरूप वह समान अधिकार एवं व्यवहार के अधिकारी हैं।

लोकतांत्रिक व्यवस्थाओं में प्रत्येक व्यक्ति को जीवन, स्वतंत्रता और संपत्ति का अधिकार एवं साथ ही अन्य सदस्यों के साथ-साथ समान अवसरों के उपभोग, मताधिकार जैसे अधिकार मिलने शामिल हैं। समान अधिकारों के साथ-साथ समान लोगों के साथ समान व्यवहार भी आवश्यक है। जाति, धर्म, रंग, लिंग इत्यादि के आधार पर भेदभाव न करके व्यक्ति की परख उसके कार्यकलापों, योग्यताओं, प्रतिभा इत्यादि के आधार पर करनी चाहिए। साथ ही समान कार्य के लिए समान वेतन प्राप्त होना चाहिए, उदाहरण के लिए, किसी महिला कर्मचारी को भी उतना ही पारिश्रमिक मिलना चाहिए, जितना की वही कार्य करने वाले पुरुष को मिलता है।

(ii) **न्याय का समानुपातिक न्याय सिद्धांत** इस न्याय सिद्धांत के अंतर्गत सभी व्यक्तियों के साथ एकसमान व्यवहार नहीं किया जा सकता, लेकिन प्रत्येक व्यक्ति को उसकी क्षमता, प्रतिभा के आधार पर संसाधनों का वितरण करना एवं विशेष अवसर उपलब्ध कराना न्याय है, इसलिए समाज में न्याय की स्थापना के लिए न्याय के समान व्यवहार के सिद्धांत के साथ न्याय के समानुपातिकता के सिद्धांत के साथ संतुलन स्थापित करना आवश्यक है, जिसमें सभी को अपनी प्रतिभा के विकास के अवसर प्राप्त हो सकें।

उदाहरण के लिए, खनिकों, कुशल कारीगरों अथवा पुलिसकर्मियों जैसे खतरनाक, किंतु सामाजिक रूप से उपयोगी पेशों में लगे लोगों को वह पारिश्रमिक नहीं मिलता, जो समाज में कुछ अन्य लोगों को होने वाली आय की तुलना में न्यायोचित है।

(iii) **विशेष आवश्यकताओं का विशेष ख्याल रखने का न्याय सिद्धांत** न्याय का यह सिद्धांत सामाजिक न्याय की अवधारणा में वृद्धि करता है। यह सिद्धांत 'समान व्यवहार' के सिद्धांत का विस्तार करता है, क्योंकि यह सिद्धांत 'समान लोगों के साथ समान व्यवहार' के सिद्धांत में अंतर्निहित है अर्थात् जो लोग कुछ महत्त्वपूर्ण संदर्भों में समान नहीं हैं, उनके साथ विशेष प्रकार से व्यवहार करना न्याय है। उदाहरणार्थ, विकलांग व्यक्तियों के लिए ढलान वाले मार्गों का निर्माण करना, आरक्षण देना, महिलाओं एवं बच्चों को विशेष सुविधाएँ उपलब्ध कराना इत्यादि न्याय के इस सिद्धांत के अंतर्गत शामिल हैं।

3. क्या विशेष आवश्यकताओं का सिद्धांत सभी के साथ समान व्यवहार के सिद्धांत के विरुद्ध है?

उत्तर विशेष आवश्यकताओं का सिद्धांत सभी के साथ समान व्यवहार के सिद्धांत के विरुद्ध न होकर अपितु उसका विस्तार करता है, क्योंकि समकक्षों के साथ समान व्यवहार के सिद्धांत में यह अंतर्निहित है कि जो लोग कुछ महत्त्वपूर्ण संदर्भों में समान नहीं हैं, उनके साथ अलग तरीके से व्यवहार किया जाए। उनके साथ उनकी परिस्थितियों के अनुसार व्यवहार किया जाए। उदाहरणार्थ, कॉल सेंटर में कार्यरत महिलाओं को आवागमन की सुरक्षित सुविधा उपलब्ध कराना, विकलांग व्यक्तियों के लिए कुछ विशेष मामलों में असमान और विशेष सहायता उपलब्ध कराना न्यायोचित एवं न्यायसंगत होगा।

शारीरिक विकलांगता, उम्र या अच्छी शिक्षा और स्वास्थ्य सुविधाओं तक पहुँच न होना कुछ ऐसे कारक हैं, जिन्हें अनेक देशों में विशेष व्यवहार का आधार समझा जाता है। भारत में अच्छी शिक्षा, स्वास्थ्य और ऐसी अन्य सुविधाओं तक पहुँच का अभाव जाति आधारित सामाजिक भेदभाव से जुड़ा है, इसलिए संविधान में अनुसूचित जातियों और जनजातियों के लोगों के लिए सरकारी नौकरियों में तथा शैक्षणिक संस्थानों में प्रवेश के लिए आरक्षण का प्रावधान किया गया है।

4. निष्पक्ष एवं न्यायपूर्ण वितरण को युक्तिसंगत आधार पर सही ठहराया जा सकता है। रॉल्स ने इस तर्क को आगे बढ़ाने में 'अज्ञानता के आवरण' के विचार का उपयोग किस प्रकार किया?

उत्तर उदारवादी विचारक रॉल्स ने निष्पक्ष एवं न्यायपूर्ण वितरण को युक्तिसंगत आधार पर सही ठहराया है। इसके लिए उसने 'अज्ञानता के आवरण' का प्रयोग किया है। रॉल्स के अनुसार, 'अज्ञानता के आवरण' के अंतर्गत समाज में रहता है। प्रत्येक व्यक्ति अपनी स्थिति, पद इत्यादि के विषय में अज्ञान रहता है। उसे अपने विषय में भी जानकारी नहीं होगी। वह समाज के विषय में सोचते हुए इस बात का अवश्य ध्यान रखेगा कि यदि किसी व्यक्ति का जन्म सुविधा संपन्न परिवार में होता है, तो उसे विकास के उचित अवसर मिलेंगे, परंतु यदि उसका गरीब घर में या पिछड़े समाज में जन्म होता है तब क्या होगा? रॉल्स के अनुसार, जब व्यक्ति अपने आप को अज्ञानता के आवरण में रखकर सोचेगा, तब वह अवश्य ही ऐसे समाज की कल्पना करेगा, जो समाज के गरीब एवं कमजोर वर्गों की सुरक्षा कर सके। वह यह भी सुनिश्चित करने का प्रयास करेगा कि उसके द्वारा चुनी गई नीतियाँ बेहतर स्थिति वालों को कमजोर न बना दे, क्योंकि यह संभव है कि वह स्वयं भविष्य के उस समाज में सुविधा संपन्न परिवार में जन्म ले।

वह व्यक्ति ऐसे नियमों का अध्ययन करेगा, जिससे कमजोर वर्गों को विकास के उचित अवसर मिल सकें। इससे यह स्पष्ट हो जाएगा कि शिक्षा, स्वास्थ्य तथा आवाज जैसे महत्त्वपूर्ण संसाधन सभी लोगों को प्राप्त हों, चाहे वह उच्च वर्ग के हों या चाहे कमजोर वर्ग के।

अतः 'अज्ञानता के आवरण' के कारण प्रत्येक व्यक्ति के लिए अपने आपको बुरी स्थिति में रखकर सोचना ही उचित होगा। इस प्रकार 'अज्ञानता के आवरण' वाली स्थिति की एक विशेषता यह है कि यह लोगों को विवेकशील बनाए रखती है। इसमें प्रासंगिक बात यह है कि जब वह अज्ञानता के आवरण में रहकर चुनेगा तो वह पाएगा कि सबसे बुरी स्थिति से ही सोचना उनके लिए हितकर होगा।

5. सामान्यतः पर एक स्वस्थ और उत्पादक जीवन जीने के लिए व्यक्ति की न्यूनतम बुनियादी आवश्यकताएँ क्या मानी गई हैं? इस न्यूनतम को सुनिश्चित करने में सरकार की क्या जिम्मेदारी है?

उत्तर विभिन्न सरकारों और विश्व स्वास्थ्य संगठन जैसे अंतर्राष्ट्रीय संगठनों ने लोगों की बुनियादी आवश्यकताओं की गणना करने के लिए विभिन्न तरीके विकसित किए हैं, किंतु सामान्य तौर पर एक स्वस्थ और उत्पादक जीवन जीने के लिए व्यक्ति की न्यूनतम बुनियादी आवश्यकताओं में स्वस्थ रहने के लिए आवश्यक पोषक तत्त्वों की बुनियादी मात्रा, आवास, शुद्ध पेयजल की आपूर्ति, शिक्षा और न्यूनतम मजदूरी आदि को शामिल किया जाता है। लोगों की इन बुनियादी आवश्यकताओं की पूर्ति लोकतांत्रिक सरकार की जिम्मेदारी समझी जाती है। हालाँकि सभी नागरिकों के लिए इन बुनियादी शर्तों की पूर्ति, विशेषकर भारत जैसे देश में जहाँ गरीबों की आबादी अधिक है, सरकार पर भारी बोझ बन सकती है।

6. सभी नागरिकों को जीवन की न्यूनतम बुनियादी स्थितियाँ उपलब्ध कराने के लिए राज्य की कार्यवाही को निम्न में से कौन-से तर्क से वाजिब ठहराया जा सकता है?

(i) गरीब और जरूरतमंदों को निःशुल्क सेवाएँ देना एक धर्म कार्य के रूप में न्यायोचित है।

(ii) सभी नागरिकों को जीवन का न्यूनतम बुनियादी स्तर उपलब्ध करवाना अवसरों की समानता सुनिश्चित करने का एक तरीका है।

(iii) कुछ लोग प्राकृतिक रूप से आलसी होते हैं और हमें उनके प्रति दयालु होना चाहिए।

(iv) सभी के लिए बुनियादी सुविधाएँ और न्यूनतम जीवन स्तर सुनिश्चित करना साझी मानवता और मानव अधिकारों की स्वीकृति है।

उत्तर (i) गरीब और जरूरतमंदों को निःशुल्क सेवाएँ उपलब्ध कराना धार्मिक कार्य है, किंतु भारत की धर्म निरपेक्ष प्रवृत्ति के कारण यह राज्य को इस आधार पर कार्य करने से रोकता है, अपितु गरीब और जरूरतमंदों को निःशुल्क सेवा लोक कल्याणकारी राज्य की प्रवृत्ति में आती है।

(ii) इस तर्क का आधार न्यायोचित है। इससे संविधान में वर्णित समानता के अधिकार को मजबूती मिलेगी एवं सामाजिक न्याय को सुनिश्चित किया जा सकेगा।

(iii) यह एक अतार्किक कथन है। ऐसे लोगों के प्रति कोई दयालुता नहीं दिखानी चाहिए।

(iv) यह तर्क न्यायोचित है, क्योंकि सभी के लिए बुनियादी सुविधाएँ और न्यूनतम जीवन स्तर सुनिश्चित करना साझी मानवता और मानव अधिकारों को सुनिश्चित एवं उनमें वृद्धि करते हैं।

अभ्यास प्रश्न

वस्तुनिष्ठ प्रश्न

बहुविकल्पीय प्रश्न

1. निम्नलिखित में से कौन-सा न्याय का सिद्धांत नहीं है?

(a) समानता के लिए समान उपचार
(b) समानता के लिए असमान व्यवहार
(c) विशेष आवश्यकताओं को मान्यता
(d) आनुपातिक न्याय

उत्तर (b) समानता के लिए असमान व्यवहार

2. .... के अनुसार हर मनुष्य की गरिमा होती है। यदि अगर सभी व्यक्तियों को गरिमा स्वीकृत है, तो उनमें से हर एक का प्राप्य यह होगा कि उन्हें अपनी प्रतिभा के विकास और लक्ष्य की पूर्ति के लिए अवसर प्राप्त हो।

(a) प्लेटो (b) इमैनुएल कांट
(c) क्लार्क (d) सुकरात

उत्तर (b) इमैनुएल कांट

3. निम्न में से किन देशों ने न्याय सिद्धांत के अंतर्गत अपने नागरिकों को जीवन-स्वतंत्रता, संपत्ति जैसे नागरिक अधिकार प्रदान किए हैं?

(a) उदारवादी अलोकतांत्रिक
(b) उदारवादी जनतांत्रिक
(c) उदारवादी निरंकुशवादी
(d) उपरोक्त में से कोई नहीं

उत्तर (b) उदारवादी जनतांत्रिक

4. न्याय के किस सिद्धांत के अंतर्गत वांछित मेहनत, कौशल, संभावित खतरे आदि को ध्यान में रखते हुए अलग-अलग कार्य के लिए अलग-अलग पारिश्रमिक का निर्धारण उचित और न्याय संगत होगा?

(a) समान लोगों के प्रति समान व्यवहार
(b) समानुपातिक न्याय
(c) विशेष आवश्यकताओं का विशेष ध्यान
(d) विधिक न्याय

उत्तर (b) समानुपातिक न्याय

5. **निम्नलिखित में से कौन न्याय के विभिन्न आयामों में सम्मिलित नहीं है?**

(a) विधिक न्याय (b) राजनीतिक न्याय
(c) धार्मिक न्याय (d) आर्थिक न्याय

उत्तर (c) धार्मिक न्याय

6. **किस न्याय का अर्थ सभी को उनके जीवनयापन के लिए समान अवसर प्रदान करना है?**

(a) सामाजिक न्याय (b) विधिक न्याय
(c) राजनीतिक न्याय (d) आर्थिक न्याय

उत्तर (d) आर्थिक न्याय

7. **'रॉल्स का न्याय सिद्धांत', न्याय की विस्तृत अवधारणा को समाहित करता है। इस सिद्धांत के अनुसार निम्नलिखित में से कौन-सा कथन सही नहीं है?** *दक्षता आधारित प्रश्न*

(a) न्याय संगत नियम तक पहुँचने के लिए असंगठित समाज को संगठित करने की परिकल्पना में स्वयं को लाना
(b) इस सिद्धांत की व्याख्या 'अज्ञानता के आवरण' के इर्द-गिर्द है।
(c) यह सिद्धांत आत्मत्याग को वीरता से जोड़ने की मानवीय दुर्बलता मानता है।
(d) अज्ञानता का कल्पित आवरण कानूनों तक पहुँच में बाधक है।

उत्तर (d) अज्ञानता का कल्पित आवरण कानूनों तक पहुँच में बाधक है।

8. **निम्नलिखित में से कौन-सा कथन सही नहीं है?**

(a) सामाजिक न्याय का उद्देश्य वस्तुओं और सेवाओं का न्यायोचित वितरण है
(b) संविधान में छुआछूत का उन्मूलन कर सामाजिक समानता को बढ़ावा दिया गया है
(c) भूमि सुधार सामाजिक न्याय में बाधक है
(d) लोकतांत्रिक सरकार द्वारा यह सुनिश्चित किया जाता है कि कानून एवं नीतियाँ प्रत्येक व्यक्ति पर समान रूप से लागू हों

उत्तर (c) भूमि सुधार सामाजिक न्याय में बाधक है

9. **न्यायोचित वितरण के संबंध में 'अज्ञानता का आवरण' की धारणा किससे संबंधित है?**

(a) प्लेटो (b) जॉन रॉल्स
(c) इमैनुएल कांट (d) सुकरात

उत्तर (b) जॉन रॉल्स

10. **निम्नलिखित कथनों पर विचार कीजिए** *दक्षता आधारित प्रश्न*

1. **इमैनुएल कांट एक अंग्रेजी दार्शनिक थे।**
2. **इमैनुएल कांट के अनुसार न्याय के लिए आवश्यक है कि हम सभी व्यक्तियों को उचित और समान व्यवहार दें।**

उपरोक्त में से कौन-सा/से कथन सही है?

(a) केवल 1 (b) केवल 2
(c) 1 और 2 दोनों (d) इनमें से कोई नहीं

उत्तर (c) 1 और 2 दोनों

11. **निम्नलिखित कथनों पर विचार कीजिए**

1. **माल का उचित वितरण सुनिश्चित करने के लिए मुक्त बाजारों की आवश्यकता होती है।**
2. **बाजारों में राज्य के हस्तक्षेप की आवश्यकता है, ताकि लोगों को गुणवत्तापूर्ण वस्तुएँ और सेवाएँ उपलब्ध कराई जा सकें।**

उपरोक्त में से कौन-सा/से कथन सही है/हैं?

(a) केवल 1 (b) केवल 2
(c) 1 और 2 दोनों (d) इनमें से कोई नहीं

उत्तर (b) केवल 2

12. **निम्नलिखित को सही क्रम में पहचानिए राजनीतिक न्याय, आर्थिक और सामाजिक न्याय की अवधारणा किसके आदर्शों से जुड़ी रही है?** *दक्षता आधारित प्रश्न*

(a) भ्रातृत्व, उदारता, समानता (b) समानता, भ्रातृत्व, उदारता
(c) उदारता, समानता, भ्रातृत्व (d) उदारता, भ्रातृत्व, समानता

उत्तर (c) उदारता, समानता, भ्रातृत्व

13. **निम्नलिखित युग्मों में से कौन-सा युग्म सही सुमेलित नहीं है?**

(a) लोगों को उनके पैमाने और अर्हता के अनुसार पुरस्कृत करना – सार्वभौमिक वयस्क मताधिकार के रूप में अभिव्यक्ति
(b) 'अज्ञानता का कल्पित आवरण' – जॉन रॉल्स का सिद्धांत
(c) 'द-रिपब्लिक' – प्रत्येक व्यक्ति की मौलिक आवश्यकताओं की पूर्ति
(d) न्यायपूर्ण समाज में सम्मान की बढ़ती हुई भावना के साथ अपमान की घटती भावना द्वारा करुणा युक्त समाज का निर्माण होता है – डॉ. अंबेडकर

उत्तर (c) 'द-रिपब्लिक' पुस्तक–सुकरात

14. **सूची I को सूची II में सुमेलित कीजिए**

सूची I	सूची II
A. विधिक न्याय	1. सार्वभौमिक वयस्क मताधिकार के रूप में अभिव्यक्ति
B. राजनीतिक न्याय	2. एक संकीर्ण अवधारणा
C. सामाजिक न्याय	3. प्रत्येक व्यक्ति की मौलिक आवश्यकताओं की पूर्ति
D. आर्थिक न्याय	4. भ्रातृत्व के साथ संबंधित

कूट

	A	B	C	D		A	B	C	D
(a)	1	2	3	4	(b)	2	1	3	4
(c)	2	1	4	3	(d)	2	3	1	4

उत्तर (c) 2 1 4 3

15. **नीचे दो कथन दिए गए हैं।** *दक्षता आधारित प्रश्न*

कथन I सामाजिक न्याय का उद्देश्य समाज के सभी व्यक्तियों के बीच समानता स्थापित करना है। इसके अंतर्गत प्रत्येक नागरिक को समान अधिकार, अवसर और सम्मान प्रदान करना शामिल है, जिससे समाज के सभी वर्गों में एकता और समरसता बनी रहे।

कथन II सामाजिक न्याय का उद्देश्य केवल आर्थिक समानता स्थापित करना है और यह केवल एक ही क्षेत्र पर केंद्रित होता है, जिससे केवल निर्धन और वंचित वर्गों के हितों की रक्षा की जाती है।

कूट

(a) केवल कथन I सही है (b) केवल कथन II सही है
(c) दोनों कथन सही हैं (d) दोनों कथन गलत हैं

उत्तर (d) दोनों कथन गलत हैं

16. कथन I सामाजिक न्याय नागरिकों को समान अधिकार, अवसर और संसाधनों में भागीदारी का अवसर प्रदान करता है। यह सुनिश्चित करता है कि जाति, धर्म लिंग या सामाजिक स्थिति के आधार पर किसी के साथ भेदभाव न हो।

कथन II सामाजिक न्याय का उद्देश्य केवल विशेष वर्गों; जैसे-महिलाओं, अनुसूचित जातियों और अनुसूचित जनजातियों के हितों की सुरक्षा करना है और अन्य वर्गों को इसमें सम्मिलित नहीं किया जाता है।

कूट

(a) केवल कथन I सही है (b) केवल कथन II सही है
(c) दोनों कथन सही हैं (d) दोनों कथन गलत हैं

उत्तर (a) केवल कथन I सही है।

निर्देश (प्र. सं. 17-21) नीचे दो कथन दिए गए हैं, जिनमें एक को कथन (A) तथा दूसरे को कारण (R) माना गया है। कूट की सहायता से सही उत्तर का चयन करें *दक्षता आधारित प्रश्न*

कूट

(a) A और R दोनों सही हैं तथा R, A की सही व्याख्या है
(b) A और R दोनों सही हैं, परंतु R, A की सही व्याख्या नहीं है
(c) A सही है, किंतु R गलत है
(d) A गलत है, किंतु R सही है

17. कथन (A) प्राचीन भारत में धर्म या न्यायोचित सामाजिक व्यवस्था कायम रखना राजा का प्राथमिक कर्त्तव्य माना जाता था।

कारण (R) भारतीय समाज में न्याय धर्म के साथ जुड़ा था।

उत्तर (b) प्राचीन भारत में धर्म या न्यायोचित सामाजिक व्यवस्था कायम रखना राजा का प्राथमिक कर्त्तव्य माना जाता था। भारतीय समाज में न्याय धर्म के साथ जुड़ा था। विभिन्न संस्कृतियों और परंपराओं ने न्याय से संबंधित अवधारणाओं को विभिन्न प्रकार से व्यक्त किया है।

18. कथन (A) भारत में अच्छी शिक्षा, स्वास्थ्य और अन्य सेवाओं तक पहुँच का अभाव जाति आधारित भेदभाव से जुड़ा है।

कारण (R) इसीलिए भारतीय संविधान में आरक्षण की व्यवस्था की गई है।

उत्तर (a) भारत में अच्छी शिक्षा, स्वास्थ्य और ऐसी अन्य सुविधाओं तक पहुँच का अभाव जाति आधारित सामाजिक भेदभाव से जुड़ा है, इसीलिए संविधान में अनुसूचित जातियों और जनजातियों के लोगों के लिए सरकारी नौकरियों में तथा शैक्षणिक संस्थाओं में दाखिले के लिए आरक्षण का प्रावधान किया गया है।

19. कथन (A) भारत में सामाजिक समानता को स्थापित करने के लिए छुआछूत का उन्मूलन किया गया।

कारण (R) इसका प्रमुख कारण नीची जाति वालों को मंदिर में प्रवेश, नौकरी तथा बुनियादी चीजों से न रोका जाए।

उत्तर (a) भारत में सामाजिक समानता को बढ़ावा देने के लिए संविधान ने छुआछूत की प्रथा का उन्मूलन किया और यह सुनिश्चित किया कि 'निचली' कही जाने वाली जातियों के लोगों को मंदिर में प्रवेश, नौकरी और पानी जैसी बुनियादी आवश्यकताओं से न रोका जाए। सामाजिक समानता के अंतर्गत राज्य सरकारों ने जमीन जैसे महत्त्वपूर्ण संसाधन के अधिक न्यायपूर्ण वितरण के लिए भूमि सुधार लागू करने जैसे कदम भी उठाए हैं।

20. कथन (A) न्यायपूर्ण समाज को लोगों के लिए न्यूनतम बुनियादी स्थितियाँ अवश्य उपलब्ध करानी चाहिए।

कारण (R) इसके द्वारा समाज का एक वर्ग स्वस्थ और सुरक्षित जीवन जीने में सक्षम होता है।

उत्तर (a) न्यायपूर्ण समाज को लोगों के लिए न्यूनतम बुनियादी स्थितियाँ अवश्य उपलब्ध करानी चाहिए, ताकि वे स्वस्थ और सुरक्षित जीवन जीने में सक्षम हो सकें। समाज में अपनी प्रतिभा का विकास करें तथा समान अवसरों के माध्यम से अपने चुने हुए लक्ष्य की ओर बढ़ें।

21. कथन (A) वर्तमान में मुक्त बाजार व्यवस्था के समर्थक कुछ प्रतिबंधों को स्वीकार करने को तैयार हैं।

कारण (R) इसका प्रमुख कारण अभिजात वर्ग को लाभ पहुँचाना है।

उत्तर (c) **वर्तमान में मुक्त बाजार व्यवस्था के समर्थक कुछ प्रतिबंध स्वीकार करने को तैयार हैं, ताकि समाज के सभी लोगों को न्यूनतम बुनियादी जीवन मानक सुविधाएँ प्राप्त हो सकें। इसके लिए यह बाजार में राज्य हस्तक्षेप की न्यूनतम स्तर पर कामना करते हैं।**

22. निम्नलिखित चित्र का अध्ययन कर प्रश्नों का उत्तर दें।

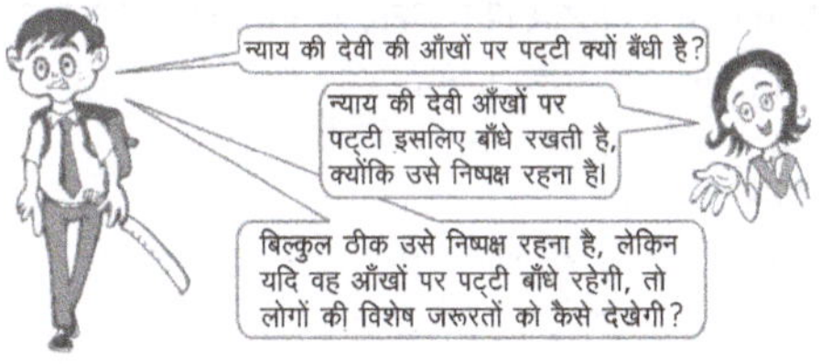

(i) **चित्र में कौन-सा विचार व्यक्त किया गया हैं?**

(a) न्याय केवल समानता से संबंधित है
(b) निष्पक्षता और लोगों की विशेष आवश्यकताँए दोनों का ध्यान रखना चाहिए
(c) केवल कानूनी प्रावधानों का पालन आवश्यक है
(d) न्याय में कोई सुधार की आवश्यकता नहीं है

उत्तर (b) निष्पक्षता और लोगों की विशेष आवश्यकताएँ दोनों का ध्यान रखना चाहिए

(ii) **यदि न्याय की देवी आँखों पर पट्टी बाँधकर रहती है, तो इसका क्या प्रभाव होगा?**

(a) वह लोगों की विशेष आवश्यकताओं को नहीं देख सकेगी
(b) वह गरीबों को प्राथमिकता देगी
(c) वह अमीरों को न्याय प्रदान करेगी
(d) वह अधिक प्रभावशाली हो जाएगी,

उत्तर (a) वह लोगों की विशेष आवश्यकताओं को नहीं देख सकेगी

(iii) **निष्पक्षता का अर्थ है कि न्याय की देवी को किस आधार पर भेदभाव नहीं करना चाहिए?**

(a) वर्ग और लिंग
(b) जाति और धर्म
(c) आर्थिक स्थिति
(d) ये सभी

उत्तर (d) ये सभी

(iv) **न्याय की देवी का मुख्य उद्देश्य .... है।**

(a) सभी के साथ समान व्यवहार करना
(b) केवल गरीबों की सहायता करना
(c) केवल कानून को लागू करना
(d) अपनी आँखे ढककर निर्णय लेना

उत्तर (a) सभी के साथ समान व्यवहार करना

23. निम्नलिखित चित्र का अध्ययन कर प्रश्नों का उत्तर दें।

(i) **उपरोक्त चित्र के अनुसार किस प्रकार का न्याय अँधेरे के समान होता है?**

(a) बिना सुनवाई के न्याय देना
(b) दोनों पक्षों की बात सुनकर न्याय देना
(c) विलंब से न्याय देना
(d) त्वरित प्रक्रिया से न्याय देना

उत्तर (c) विलंब से न्याय देना

(ii) **विलंब से न्याय देना समाज को किस प्रकार प्रभावित करता है?**

(a) सकारात्मक (b) नकारात्मक
(c) उदासीनता (d) ये सभी

उत्तर (b) नकारात्मक

(iii) **विलंब से न्याय देने की निरर्थकता क्यों है?**

(a) समय पर न्याय न मिलना
(b) परिस्थितियों के अनुसार न्याय न मिलना
(c) न्याय का लाभ न मिलना
(d) उपरोक्त सभी

उत्तर (d) उपरोक्त सभी

(iv) **न्यायपालिका द्वारा .... विलंब से दिए जाने वाले निर्णय का कारण नहीं है।**

(a) केस की अधिकता (b) जजों की कमी
(c) कार्यों में कमी (d) कार्य दिवस की कमी

उत्तर (c) **कार्यों में कमी**

लघु उत्तरीय प्रश्न

1. न्याय के आधारभूत कारक क्या हैं?

उत्तर न्याय के आधारभूत कारक वे तत्त्व हैं जो समाज में न्याय सुनिश्चित करने के लिए आवश्यक माने जाते हैं। ये कारक इस बात पर आधारित होते हैं कि समाज में संसाधनो, अधिकारों और अवसरों का निष्पक्ष और समान वितरण हो।

(i) **समानता** न्याय का सबसे महत्त्वपूर्ण आधार समानता है, जो यह सुनिश्चित करती है कि सभी व्यक्तियों को समान अवसर, अधिकार और सुविधाएँ मिलें, चाहे उनकी जाति, धर्म, लिंग या आर्थिक स्थिति कुछ भी हो।

(ii) **स्वतंत्रता** प्रत्येक व्यक्ति को स्वतंत्रता का अधिकार होना चाहिए, ताकि वह अपनी क्षमताओं और संसाधनों का उपयोग करके अपने जीवन को बेहतर बना सके।

(iii) **निष्पक्षता** न्याय का अर्थ है कि निष्पक्षता, अर्थात् समाज के कमजोर और वंचित वर्गों को विशेष सहायता देकर उनके साथ होने वाले अन्याय को समाप्त करना।

(iv) **सामाजिक कल्याण** न्याय का एक उद्देश्य समाज के सभी वर्गों की भलाई सुनिश्चित करना है, जिससे प्रत्येक व्यक्ति गरिमापूर्ण जीवन व्यतीत कर सके।

इन कारकों के आधार पर समाज में न्यायपूर्ण व्यवस्था स्थापित की जा सकती है।

2. डॉ. अम्बेडकर के अनुसार, न्यायपूर्ण समाज क्या है?

अथवा **क्या समानता, स्वतंत्रता और भाईचारा ही न्यायपूर्ण समाज को प्रस्तुत करते है। डॉ. अंबेडकर के अनुसार इसकी व्याख्या कीजिए**

उत्तर डॉ. भीमराव अम्बेडकर के अनुसार, न्यायपूर्ण समाज वह है, जहाँ समानता, स्वतंत्रता और भाइचारे के सिद्धांतों का पालन हो। उनके विचारों में जाति, धर्म, लिंग या आर्थिक स्थिति के आधार पर किसी प्रकार का भेदभाव नहीं होना चाहिए। वे मानते थे कि एक न्यायपूर्ण समाज में सभी व्यक्तियों को समान अवसर मिले और सामाजिक एवं आर्थिक असमानताओं को समाप्त किया जाए। उन्होंने इस बात पर जोर दिया कि समाज के कमजोर और वंचित वर्गों को विशेष सहायता देकर उनके साथ होने वाले ऐतिहासिक अन्याय को ठीक किया जाए। डॉ. अम्बेडकर ने सामाजिक न्याय को संविधान के मूल तत्त्वों में शामिल किया और ऐसा समाज बनाने का आह्वान किया, जहाँ प्रत्येक व्यक्ति गरिमा और सम्मान के साथ जीवन व्यतीत कर सके। उनका दृष्टिकोण एक समतामूलक और समरस समाज की स्थापना का था।

3. इमैनुएल कांट के अनुसार, न्याय क्या है?

उत्तर इमैनुएल कांट के अनुसार, न्याय एक ऐसा सिद्धांत है, जो स्वतंत्रता, समानता और नैतिकता के आधार पर समाज के लोगों के अधिकारों और कर्त्तव्यों को सुनिश्चित करता है। कांट ने न्याय को मानव स्वतंत्रता और नैतिकता से जोड़ा, जिससे प्रत्येक व्यक्ति को सम्मान और गरिमा के साथ व्यवहार करने का अधिकार है।

कांट के न्याय की विशेषताएँ निम्नलिखित हैं

(i) **व्यक्तिगत स्वतंत्रता** प्रत्येक व्यक्ति को अपनी स्वतंत्रता का प्रयोग करने का अधिकार है।

(ii) **समानता** सभी व्यक्तियों को कानूनी और नैतिकता के सामने समान समझा जाना चाहिए।

(iii) **नैतिकता** न्याय का आधार नैतिकता है, जिसमें दूसरों के अधिकारों का सम्मान करना शामिल है।

(iv) **सार्वजनिक कानून** न्याय को स्थापित करने के लिए सार्वजनिक और निष्पक्ष कानूनों का पालन अनिवार्य है।

इस प्रकार, कांट के अनुसार न्याय वह व्यवस्था है, जो व्यक्तिगत स्वतंत्रता और नैतिकता को संतुलित करते हुए समाज में सामंजस्य स्थापित करती है।

4. समान लोगों के प्रति समान व्यवहार के सिद्धांत के लिए क्या आवश्यक है? *दक्षता आधारित प्रश्न*

उत्तर समान लोगों के प्रति समान व्यवहार के सिद्धांत के लिए यह आवश्यक है कि समानता का अर्थ सही तरीके से समझा जाए और जिनकी परिस्थितियाँ तथा योग्यताएँ समान है, उन्हें समान अवसर और अधिकार दिए जाएँ। निर्णय प्रक्रिया में किसी भी प्रकार का पक्षपात या भेदभाव नहीं होना चाहिए। जाति, धर्म, लिंग या अन्य किसी आधार पर असमानता को समाप्त करना आवश्यक है। यह भी सुनिश्चित करना चाहिए कि प्रासंगिक परिस्थितियों में ही समानता का सिद्धांत लागू हो, क्योंकि भिन्न परिस्थितियों में समानता लागू करना अनुचित हो सकता है। इसके लिए निष्पक्ष कानून और नीतियों का निर्माण आवश्यक है, जो सभी पर समान रूप से लागू हो, साथ ही व्यवहार में इन नीतियों का सही तरीके से क्रियान्वयन होना चाहिए। समाज में कमजोर वर्गों के साथ हुए ऐतिहासिक अन्याय को ठीक करने के लिए सकारात्मक कार्यवाही की आवश्यकता हो सकती है। लोगों में सामाजिक जागरूकता और संवेदनशीलता लाकर ही समानता और समान व्यवहार को पूर्ण रूप से सुनिश्चित किया जा सकता है।

5. समाज में राजनीतिक न्याय का क्या अर्थ है?

उत्तर समाज में राजनीतिक न्याय का अर्थ है कि सभी व्यक्तियों को राजनीतिक प्रक्रिया में समान भागीदारी और अधिकार प्राप्त हों। इसका उद्देश्य नागरिकों के बीच भेदभाव को समाप्त कर लोकतंत्र और समानता सुनिश्चित करना है। राजनीतिक न्याय का अर्थ है कि प्रत्येक व्यक्ति को अपनी स्वतंत्र राय व्यक्त करने, चुनाव में भाग लेने, प्रतिनिधियों को चुनने और सरकार की नीतियों में योगदान देने का समान अवसर मिले। यह सिद्धांत जाति, धर्म, लिंग भाषा या आर्थिक स्थिति के आधार पर किसी भी प्रकार के भेदभाव को खारिज करता है। राजनीतिक न्याय केवल वोट देने का अधिकार नहीं है, बल्कि यह सुनिश्चित करना भी है कि समाज के कमजोर और वंचित वर्गों को भी निर्णय प्रक्रिया में समान भागीदारी मिले। इस प्रकार, राजनीतिक न्याय एक समतामूलक और समावेशी समाज की नींव है, जहाँ प्रत्येक व्यक्ति को अपने राजनीतिक अधिकारों का प्रयोग करने का समान अवसर प्राप्त हो।

6. समाज में किस आधार पर भेदभाव नहीं किया जाता है?

उत्तर समाज में भेदभाव नहीं करने के लिए निम्नलिखित आधारों को सुनिश्चित किया जाता है

(i) **जाति** किसी व्यक्ति की जाति के आधार पर उसके साथ भेदभाव नहीं किया जा सकता।

(ii) **धर्म** धार्मिक मान्यताओं या आस्था के आधार पर भेदभाव निषिद्ध है।

(iii) **लिंग** पुरुष, महिला या अन्य किसी भी लिंग के आधार पर भेदभाव नहीं होना चाहिए।

(iv) **भाषा-** किसी व्यक्ति की मातृभाषा या बोली के आधार पर भेदभाव नहीं किया जा सकता।

(v) **आर्थिक स्थिति** अमीर या गरीब के आधार पर किसी के साथ असमान व्यवहार नहीं किया जाना चाहिए।

(vi) **रंग और नस्ल** किसी व्यक्ति की त्वचा के रंग या नस्ल के आधार पर भेदभाव अनुचित है।इन आधारों पर भेदभाव को रोककर समाज में समानता, स्वतंत्रता और न्याय को बढ़ावा दिया जाता है।

दीर्घउत्तरीय प्रश्न।

1. न्याय के संबंध में प्लेटो तथा सुकरात के सिद्धांतों की विवेचना कीजिए। *दक्षता आधारित प्रश्न*

उत्तर प्लेटो और सुकरात दोनों ने न्याय के सिद्धांत पर गहरी विचारधारा प्रस्तुत की। हालाँकि उनके दृष्टिकोण में कुछ भिन्नताएँ हैं। प्लेटो ने अपनी कृति रिपब्लिक में न्याय को अपने संपूर्ण राजनीतिक और नैतिक दर्श का आधार बनाया। इनका मानना था कि न्याय का अर्थ-नैतिकता में निहित है और इसे समाज की संरचना में स्पष्ट रूप से देखा जा सकता है। इन्होंने समाज को तीन मुख्य वर्गों में बाँटा–दार्शनिक शासक वर्ग, सैनिक वर्ग और उत्पादक वर्ग। प्लेटो का यह तर्क था कि जब प्रत्येक वर्ग अपने-अपने कर्त्तव्यों का निष्ठापूर्वक पालन करेगा, तो समाज में स्वाभाविक रूप से न्यायपूर्ण व्यवस्था स्थापित होगी। प्लेटो के अनुसार, न्याय को चार प्रमुख सदगुणों में सर्वोच्च स्थान दिया गया है और दार्शनिक शासकों के अधिपत्य के माध्यम से न्यायपूर्ण समाज का निर्माण संभव है। इन्होंने न्याय को दो रूपों में विभाजित किया–व्यक्तिगत और सामाजिक तथा इसे नैतिक आदर्श के रूप में भी प्रस्तुत किया।

वहीं सुकरात ने न्याय को व्यापक सामाजिक कल्याण से जोड़ा और यह बताया कि न्याय केवल अपने मित्रों की भलाई या दुश्मनों का नुकसान करने तक सीमित नहीं है। सुकरात का दृष्टिकोण था कि न्याय का पालन करना सभी के लिए अनिवार्य है, क्योंकि अन्यायपूर्ण व्यवस्था में किसी का भी दीर्घकालीन हित सुरक्षित नहीं रहता। इन्होंने कहा कि न्याय का अर्थ यह है कि हम समाज के सभी लोगों की भलाई के लिए कार्य करें, ठीक उसी प्रकार, जैसे एक डॉक्टर अपने सभी मरीजों की भलाई की चिंता करता है। इस न्यायपूर्ण शासन में प्रत्येक व्यक्ति को उसका वाजिब हिस्सा मिलना चाहिए और इससे समाज में सामूहिक कल्याण स्थापित होगा। दोनों ही दार्शनिकों के अनुसार, न्याय समाज के लिए आवश्यक है और यह प्रत्येक व्यक्ति के हित में है कि वे न्यायपूर्ण जीवन जिए।

2. समान लोगों के प्रति समान व्यवहार सिद्धांत पर संक्षिप्त टिप्पणी लिखिए।

उत्तर न्याय के समान लोगों के प्रति समान व्यवहार सिद्धांत के अंतर्गत मनुष्य होने के कारण प्रत्येक व्यक्ति समान अधिकार एवं सम्मान का अधिकारी है। अधिकतर उदारवादी जनतांत्रिक देशों ने न्याय सिद्धांत के अंतर्गत अपने नागरिकों को जीवन, स्वतंत्रता, संपत्ति जैसे नागरिक अधिकार प्रदान किए हैं। इसमें समाज के अन्य सदस्यों के साथ समान अवसरों के उपभोग करने का सामाजिक अधिकार और मताधिकार जैसे राजनीतिक अधिकार भी शामिल हैं। ये अधिकार व्यक्तियों को राज प्रक्रियाओं में भागीदार बनाते हैं।

समान लोगों के प्रति समान व्यवहार सिद्धांत के अंतर्गत वर्ग, जाति, लिंग, नस्ल इत्यादि के आधार पर व्यक्तियों से किसी प्रकार का भेदभाव नहीं किया जाना चाहिए। उन्हें उनके कार्य एवं कार्यप्रणाली के आधार पर जाँचा जाना चाहिए, किसी अन्य आधारों पर नहीं। प्रत्येक व्यक्ति को उसके कार्य के आधार पर अन्य समकक्ष के समान पारिश्रमिक प्राप्त होना चाहिए। इसके लिए धर्म व जाति जैसे अन्य अनावश्यक पहलुओं को आधार नहीं बनाया जाना चाहिए। यदि इन आधारों पर कोई भेदभाव किया गया तो वह अस्वीकार्य होगा।

3. "आर्थिक न्याय नागरिकों को उसके सामर्थ्य के अनुसार रोजगार के अवसर उपलब्ध कराता हैं।" समीक्षा कीजिए। *दक्षता आधारित प्रश्न*

उत्तर आर्थिक न्याय से अभिप्राय उस व्यवस्था से है, जिसमें किसी राष्ट्र के नागरिकों को धन अर्जित करने एवं उसको उपयोग करने के समान अवसर उपलब्ध कराए जाएँ। लोगों को अपने विकास के लिए न्यूनतम भौतिक आवश्यकताओं की पूर्ति के साधन एवं अवसर उपलब्ध होने चाहिए, साथ ही कमजोर एवं असहाय वर्गों के लिए विशेष प्रावधान करना भी आर्थिक न्याय के अंतर्गत ही आता है।

सरल शब्दों में कहा जाए तो आर्थिक न्याय प्रत्येक व्यक्ति को उसके सामर्थ्य एवं योग्यतानुसार कार्य के अवसर उपलब्ध कराने, सबल पक्षों द्वारा निर्बल पक्षों के शोषण को रोकने, न्यूनतम मजदूरी आय इत्यादि करने में सम्मिलित है। आर्थिक न्याय को स्थापित करने के लिए यह आवश्यक है कि राष्ट्र में आर्थिक संसाधनों का वितरण न्यायपूर्ण प्रकार से हो।

आर्थिक न्याय केवल व्यक्तिगत आय तक सीमित नहीं है, बल्कि यह राष्ट्रीय संसाधनों के न्यायपूर्ण वितरण और अवसरों की समानता से भी संबंधित है। इसका अर्थ है कि सबल पक्षों द्वारा निर्बल पक्षों का शोषण रोका जाए और साथ में धन व संसाधनों की अधिकता का लाभ सभी वर्गों तक पहुँचे। इसके बिना न तो सामाजिक न्याय प्राप्त किया जा सकता है और न ही एक समतामूलक समाज का निर्माण हो सकता है।

अतः आर्थिक न्याय एक ऐसा आधार है, जो समाज में समानता और स्वतंत्रता की नींव रखता है। यह केवल रोजगार तक सीमित नहीं है, बल्कि यह सुनिश्चित करता है कि प्रत्येक व्यक्ति को गरिमापूर्ण जीवन जीने के लिए पर्याप्त साधन और अवसर प्राप्त हों।

4. समाज में सामाजिक न्याय पाने के लिए सरकारों की भूमिका महत्त्वपूर्ण होती है, क्योंकि लोक कल्याणकारी राज्य की अवधारणा का आधार ही सरकार है।" कथन की समीक्षा कीजिए। *दक्षता आधारित प्रश्न*

उत्तर लोकतांत्रिक व्यवस्था के अंतर्गत सरकार द्वारा यह सुनिश्चित किया गया है कि कानून एवं नीतियाँ प्रत्येक व्यक्ति पर समान रूप से लागू हों। सामाजिक न्याय का उद्देश्य वस्तुओं और सेवाओं का न्यायोचित वितरण भी है, चाहे यह राष्ट्रों के बीच वितरण का मामला हो या किसी समाज के अंदर विभिन्न समूहों और व्यक्तियों के बीच का। यदि समाज में गंभीर सामाजिक या आर्थिक असमानताएँ हैं, तो यह आवश्यक होगा कि समाज के कुछ प्रमुख संसाधनों का पुनः वितरण हो, जिससे नागरिकों को जीवनयापन के लिए समान अवसर मिल सकें।

सामाजिक न्याय के लिए आवश्यक है कि न केवल लोगों के साथ समाज के कानून व नीतियों के संदर्भ में समान व्यवहार किया जाए, बल्कि जीवन की स्थितियों एवं अवसरों के संदर्भ में भी कुछ मूलभूत समानता का उपभोग करें। यह प्रत्येक व्यक्ति के लिए आवश्यक माना गया है कि वह अपने उद्देश्यों के लिए प्रयास कर सके और स्वयं को अभिव्यक्त कर सके। भारतीय संविधान में भी छुआछूत जैसी प्रथा का उन्मूलन कर सामाजिक समानता को बढ़ावा दिया गया है।

इसमें यह भी सुनिश्चित किया गया कि पिछड़ी जातियों के लोगों को मंदिरों में प्रवेश, नौकरी और पानी जैसी बुनियादी आवश्यकतों से वंचित न किया जा सके। विभिन्न राज्य सरकारों द्वारा संपत्ति जैसे महत्त्वपूर्ण संसाधन के विषय में भूमि सुधार कानून बनाकर न्यायोचित वितरण सुनिश्चित किया गया है।

इसलिए सरकार की भूमिका सामाजिक न्याय के सुनियोजित वितरण में महत्त्वपूर्ण हो जाती है। सरकार वंचितों के नियमों, नीतियों तथा योजनाओं के परिवर्तन कर या क्रियान्वयन कर सामाजिक न्याय को हर वर्ग तक पहुँचा सकती है।

5. सामाजिक न्याय के अनुसरण हेतु एक न्यायपूर्ण समाज में उपलब्ध कराई जाने वाली सुविधाओं के बारे में बताइए।

उत्तर सामाजिक न्याय का अनुसरण करने के लिए न्यायपूर्ण समाज में लोगों को मूलभूत सुविधाएँ उपलब्ध कराई जानी चाहिए, जिससे व्यक्ति स्वस्थ एवं सुरक्षित जीवन व्यतीत करते हुए अपनी प्रतिभा का विकास कर सके तथा समान अवसरों के माध्यम से अपने निर्धारित किए हुए लक्ष्य की ओर आगे बढ़ सके।

लोगों की बुनियादी आवश्यकताओं की गणना के लिए विभिन्न सरकारों और विभिन्न स्वास्थ्य संगठन; जैसे— अंतर्राष्ट्रीय संगठनों द्वारा विभिन्न तरीके विकसित किए गए हैं, किंतु सामान्यतः इस बात पर सभी सहमत हैं कि बुनियादी आवश्यकताओं में स्वस्थ रहने के लिए आवश्यक पोषक तत्त्वों की बुनियादी मात्रा, आवास, शुद्ध पेयजल की आपूर्ति, शिक्षा और न्यूनतम मजदूरी शामिल होंगे। लोगों की बुनियादी जरूरतों की पूर्ति लोकतांत्रिक सरकार की जिम्मेदारी समझी जाती है। हालाँकि सभी नागरिकों के लिए इन बुनियादी शर्तों की पूर्ति मुख्यतः भारत जैसे देश में जहाँ गरीबों की बड़ी संख्या है, सरकार पर भारी बोझ बन सकती है।

डॉ. बी आर अंबेडकर के अनुसार, न्यायपूर्ण समाज वह है, जिसमें परस्पर सम्मान की बढ़ती हुई भावना और अपमान की घटती हुई भावना मिलकर एक करुणा से भरे समाज का निर्माण करे।

6. विधिक न्याय तथा राजनीतिक न्याय से आप क्या समझते हैं?

उत्तर विधिक न्याय तथा राजनीतिक न्याय समाज के निर्माण में सहायक हैं, जो निम्नलिखित हैं

विधिक न्याय न्याय की एक संकीर्ण अवधारणा है, जो विधि प्रणाली से संबद्ध है तथा समाज में विधिक प्रक्रिया के रूप में विद्यमान है तथा विवाद में सम्मिलित वादियों के पक्ष-विपक्ष सुनने के पश्चात् इसे अधिनियमित करता है। भारत में न्याय विधि न्यायालय द्वारा प्रशासित है तथा यहाँ न्यायाधीश की व्याख्या को न्याय का प्रतीक माना जाता है।

राजनीतिक न्याय राजनीतिक क्षेत्र में लोगों की स्वतंत्र तथा निष्पक्ष सहभागिता के लिए है। सार्वभौमिक वयस्क मताधिकार राजनीतिक न्याय की अभिव्यक्ति है। सार्वजनिक कार्यालयों में निर्वाचित होने के लिए अवसर की समानता, अभिव्यक्ति की स्वतंत्रता एवं संघ बनाने की स्वतंत्रता राजनीतिक न्याय के महत्त्वपूर्ण स्तंभ हैं।

7. जॉन रॉल्स की 'अज्ञानता के आवरण' के विचार को स्पष्ट करें।

उत्तर जॉन रॉल्स की 'अज्ञानता के आवरण' के अंतर्गत समाज में प्रत्येक व्यक्ति अपने संभावित स्थान और हैसियत के बारे में पूर्ण रूप से अनभिज्ञ होगा, क्योंकि कोई नहीं जानता कि वह कौन होगा और उसके लिए क्या लाभप्रद होगा। इसलिए हर कोई सबसे बुरी स्थिति के मददेनजर समाज की कल्पना करेगा। इस काल्पनिक समाज में वे सारे नियम होंगे, जो कमजोर वर्गों के लिए यथोचित अवसर सुनिश्चित कर सकें। इससे यह स्पष्ट हो जाएगा कि शिक्षा, स्वास्थ्य और आवाज जैसे महत्त्वूपर्ण संसाधन सभी लोगों को प्राप्त हों-चाहे वे उच्च वर्ग के हों या निम्न वर्ग के।

8. "बाजार प्रणाली उपभोक्ता के तौर पर हमें अधिक विकल्प देती है।" स्पष्ट करें।

उत्तर बाजार प्रणाली उपभोक्ताओं को अधिक विकल्प प्रदान करती है, जिससे वे अपनी आवश्यकताओं और इच्छाओं के अनुसार चयन कर सकते हैं। यह विभिन्न उत्पादों, सेवाओं और संसाधनों के बीच चुनाव करने की स्वतंत्रता देती है। उदाहरण के लिए, उपभोक्ता अपने पसंदीदा स्कूल, स्वास्थ्य केंद्र या अन्य प्रदाता का चयन कर सकते हैं, बशर्ते कि वे उस उत्पाद या सेवा की कीमत चुकाने में सक्षम हों। हालाँकि, बुनियादी वस्तुओं और सेवाओं के मामले में, यह महत्त्वपूर्ण है कि उच्च गुणवत्ता वाली वस्तुएँ और सेवाएँ सभी के लिए सुलभ और किफायती हों। जब निजी एजेंसियाँ इनमें निवेश करने के लिए लाभकारी नहीं पाती, तो वे अकसर उच्च गुणवत्ता की सेवा प्रदान नहीं करेगी अथवा सस्ती और कम गुणवत्ता वाली सेवाएँ उपलब्ध कराएँगी। यह विशेष रूप से बुनियादी शिक्षा, स्वास्थ्य और अन्य सार्वजनिक सेवाओं में देखा जा सकता है, जहाँ कम और मध्यम आय वर्ग को निजी क्षेत्र की सेवाओं के अतिरिक्त सरकारी योजनाओं पर निर्भर रहना पड़ता है।

इसलिए बाजार प्रणाली उपभोक्ता को विकल्प तो देती है, लेकिन यह सुनिश्चित करना भी आवश्यक है कि ये विकल्प सभी के लिए सुलभ और न्यायसंगत हों। यदि निजी एजेंसियाँ बाजार में प्रवेश नहीं करती, तो सरकार को हस्तक्षेप करना आवश्यक होता है, ताकि बुनियादी सेवाओं को किफायती कीमत पर सभी के लिए उपलब्ध कराया जा सके। यह बाजार के नियमन और सार्वजनिक नीति की भूमिका को उजागर करता है, ताकि निश्चित रूप से समाज के सभी वर्गों को समान गुणवत्ता और अवसर मिल सके।

दीर्घ उत्तरीय प्रश्न II

1. न्याय के स्वरूप की व्याख्या करते हुए उसके विशेष लक्षणों का उल्लेख कीजिए।

उत्तर राजनीतिक सिद्धांत में न्याय एक महत्त्वपूर्ण अवधारणा है। न्याय प्राचीनकाल से ही धर्म के पर्याय के रूप में माना जाता था। इसे एक नैतिक बंधन के रूप में माना जाता था। न्याय का प्रमुख उद्देश्य संपूर्ण समाज में अधिकारों का नियमन करना है, साथ ही न्याय की अवधारणा का लक्ष्य संपूर्ण समाज का हित करना है। न्याय के विशेष लक्षण निम्न प्रकार हैं

(i) **निष्पक्षता** न्याय के संदर्भ में निष्पक्षता का महत्त्वपूर्ण स्थान है। निष्पक्षता के बिना न्याय को पूर्ण नहीं माना जा सकता अर्थात् जाति, धर्म, लिंग, जन्म स्थान इत्यादि के आधार पर किसी प्रकार का भेदभाव नहीं किया जा सकता। किसी को सुविधा से वंचित नहीं किया जा सकता है। कानून के समान समता न्याय का प्रमुख स्तंभ है, जो निष्पक्षता को सुनिश्चित करता है।

(ii) **मूलभूत आवश्यकताओं की पूर्ति** व्यक्ति की मूलभूत आवश्यकताओं में रोटी, कपड़ा और मकान आदि शामिल हैं। इन आवश्यकताओं की पूर्ति करना न्याय के अंतर्गत शामिल है। न्याय का सिद्धांत इस तथ्य पर बल देता है कि लोगों की मूलभूत आवश्यकताओं की पूर्ति की जाए।

(iii) **व्यक्तिगत स्वतंत्रता के साथ** सामाजिक कल्याण भी न्याय के सिद्धांत की विशेषता है। इसके अंतर्गत व्यक्ति के सम्मान, गरिमा एवं गौरव का भी महत्त्वपूर्ण स्थान होता है। इस गौरव की रक्षा के लिए भाषण, अभिव्यक्ति की स्वतंत्रता, शिक्षा की स्वतंत्रता इत्यादि अनिवार्य है, परंतु यह भी आवश्यक है कि इन स्वतंत्रताओं के उपयोग से अन्य की स्वतंत्रता को कोई हानि न पहुँचे।

(iv) **भेदभाव का तर्कसंगत आधार** न्याय भेदभाव का समर्थन नहीं करता, लेकिन सामाजिक न्याय के संदर्भ में समाज के शोषित वर्गों, पिछड़े समुदायों आदि के उत्थान के लिए, उनके विकास के लिए विशेष प्रावधान एवं विशेष कार्यक्रम चलाए जा सकते हैं। उन्हें कुछ सुविधाएँ उपलब्ध कराई जा सकती हैं, लेकिन इनका आधार तर्कसंगत एवं न्यायपूर्ण होना चाहिए, जिससे कि संबंधित समुदाय को मुख्य धारा से जोड़ा जा सके।

उदाहरण के लिए, 'अंत्योदय कार्यक्रम है' जिसका उद्देश्य समाज के निर्धन, गरीब वर्ग को रोजगार के लिए आर्थिक सहायता उपलब्ध कराने का प्रावधान था एवं कृषि के लिए भूमि उपलब्ध कराना। इसी प्रकार अपंग, विकलांगों, महिलाओं को विभिन्न करों में छूट दी जाती है, जिसका उद्देश्य उनके कष्टों को दूर करना है। इस प्रकार के भेदभाव का आधार तर्कसंगत है।

2. सामाजिक न्याय से आप क्या समझते हैं? इसको स्थापित करने के लिए आवश्यक कारकों की व्याख्या कीजिए।

उत्तर सामाजिक न्याय से अभिप्राय उस सामाजिक व्यवस्था से है, जिसके अंतर्गत नागरिकों के मध्य जाति, धर्म, लिंग, भाषा आदि के आधार पर कोई भेदभाव न किया जाता हो, वहाँ रहने वालों के साथ समानता, सम्मान, गरिमापूर्ण व्यवहार किया जाता हो, लेकिन सामाजिक न्याय की स्थापना करना एक अत्यंत कठिन एवं जटिल कार्य है।

सामाजिक न्याय की स्थापना के दौरान कई बार बहुत-सी विभिन्नताओं के कारण टकराव एवं संघर्ष की स्थिति उत्पन्न हो जाती है, लेकिन फिर भी निम्न आधारों पर सामाजिक न्याय को स्थापित करने का प्रयास किया जा सकता है

(i) **भेदभाव का अंत** सामाजिक भेदभाव सामाजिक न्याय उपलब्ध कराने में एक बड़ी बाधा के रूप में कार्य करता है। अतः सामाजिक न्याय को स्थापित करने के लिए सर्वप्रथम भेदभाव का अंत अनिवार्य है। इसे संविधान के प्रावधानों द्वारा गैर-कानूनी एवं दंडनीय अपराध घोषित किया गया है, लेकिन कानूनी प्रावधान कर देने से सामाजिक भेदभाव की समाप्ति नहीं की जा सकती। इसके साथ-साथ सामाजिक जागृति एवं लोगों में चेतना जागृत करना आवश्यक है।

(ii) **राज्य द्वारा हस्तक्षेप** सामाजिक न्याय को स्थापित करने में राज्य की भूमिका अत्यंत महत्त्वपूर्ण होती है, क्योंकि संसाधनों के उचित वितरण का कार्य राज्य द्वारा ही भली प्रकार किया जा सकता है, लेकिन सामाजिक क्षेत्र के अंतर्गत भी कई ऐसे क्षेत्र हैं, जिसमें राज्य के हस्तक्षेप से वहाँ की विकास गति मंद पड़ जाएगी। अतः राज्य को लोगों के रीति-रिवाजों, विश्वास, मान्यताओं इत्यादि में अपना हस्तक्षेप नहीं करना चाहिए, बल्कि भिन्न-भिन्न समाजों में तालमेल स्थापित करने का प्रयास करना चाहिए, क्योंकि व्यक्ति के निजी जीवन अर्थात् धर्म, मान्यताओं में दखल नहीं देना चाहिए। ऐसा करना असहिष्णुता का कारण बन सकता है। राज्य को सभी धर्मों को समान मानना चाहिए तथा किसी प्रकार का भेदभाव नहीं करना चाहिए।

(iii) **सार्वजनिक स्थानों एवं संपत्ति के उपयोग में भेदभाव की मनाही** सामाजिक न्याय की स्थापना तभी संभव है, जब नागरिकों को किसी प्रकार के कार्यों को करने की मनाही न हो अर्थात् सार्वजनिक संपत्ति; जैसे—पार्क, मनोरंजन स्थल, सिनेमा, होटल, सार्वजनिक जलाशयों, दुकानों इत्यादि का बिना किसी भेदभाव के उपयोग कर सकें।

3. न्याय से आप क्या समझते हैं? न्याय के सिद्धांतों का संक्षिप्त में वर्णन कीजिए।

उत्तर न्याय का अर्थ है-समाज में निष्पक्षता और समानता को सुनिश्चित करना। यह ऐसा तंत्र है जो व्यक्तियों के अधिकारों, स्वतंत्रता और अवसरों की रक्षा करता है और उनके साथ समान व्यवहार को बढ़ावा देता है। न्याय केवल कानूनों और नीतियों का पालन करना नहीं है, बल्कि समाज में सामाजिक, आर्थिक और राजनीतिक समानता को भी लागू करना है।

न्याय के सिद्धांत

(i) **समानता का सिद्धांत** समाज के सभी व्यक्तियों को कानून के समक्ष समान अधिकार और अवसर मिलने चाहिए। किसी के साथ धर्म, जाति, लिंग, वर्ग या क्षेत्र के आधार पर भेदभाव नहीं होना चाहिए।

(ii) **योग्यता का सिद्धांत** अवसर और संसाधनों का वितरण व्यक्तियों की क्षमता और योग्यता के आधार पर होना चाहिए। योग्य व्यक्ति को उनकी प्रतिभा के अनुसार अवसर मिलना चाहिए।

(iii) **आवश्यकता का सिद्धांत** समाज के कमजोर और जरूरतमंद वर्गों को अतिरिक्त सहायता दी जानी चाहिए, ताकि वे समान स्तर पर आ सकें। यह सिद्धांत सामाजिक और आर्थिक असमानताओं को दूर करने पर बल देता है।

(iv) **स्वतंत्रता और अधिकारों का सिद्धांत** प्रत्येक व्यक्ति को अपनी स्वतंत्रता और मौलिक अधिकारों का आनंद लेने का समान अवसर मिलना चाहिए। न्याय में स्वतंत्रता और समानता दोनों का संतुलन होना चाहिए।

(v) **वितरण का सिद्धांत** समाज के संसाधनों और सेवाओं का वितरण न्यायसंगत होना चाहिए। वितरण इस प्रकार हो कि समाज के प्रत्येक वर्ग को इसका लाभ मिले।

न्याय का उद्देश्य समाज में निष्पक्षता और समानता को स्थापित करना है। यह सुनिश्चित करता है कि प्रत्येक व्यक्ति को समान अवसर तथा सम्मान मिले तथा समाज में कोई भी वर्ग वंचित न रह जाए।

4. न्याय के विभिन्न आयामों की विस्तृत चर्चा करें।

उत्तर न्याय के विभिन्न आयाम न्यायपूर्ण समाज के निर्माण में सहायक होते हैं। कानूनी, सामाजिक, राजनीतिक और आर्थिक न्याय, न्याय के प्रमुख आयाम हैं। इन आयामों को निम्नलिखित प्रकार से समझा जा सकता है

(i) **सामाजिक न्याय** इसका तात्पर्य सभी प्रकार की सामाजिक विषमताओं को समाप्त करना तथा जीवन के समस्त क्षेत्रों में प्रत्येक नागरिक को उसके व्यक्तित्व के विकास के लिए अवसर सुनिश्चित करना है। सामाजिक न्याय के अंतर्गत विधि की समानता प्रदत्त करना, भेदभाव निषेध करना, सामाजिक सुरक्षा निश्चित करना तथा समाज राजनीतिक अधिकारों का प्रावधान करना शामिल है। सामाजिक न्याय की अवधारणा इस विश्वास पर आधारित है कि सभी मनुष्य समान है तथा उनसे जाति, धर्म, लिंग व अन्य स्थान के आधार पर भेदभाव नहीं किया जाना चाहिए।

(ii) **विधिक न्याय** यह न्याय की एक संकीर्ण अवधारणा है, जो विधि प्रणाली से संबद्ध है तथा समाज में विधिक प्रक्रिया के रूप में विद्यमान है तथा विवाद में सम्मिलित वादियों के पक्ष-विपक्ष सुनने के पश्चात् इसे अधिनियमित करता है। भारत में न्याय विधि न्यायालय द्वारा प्रशासित है तथा यहाँ न्यायाधीश की व्याख्या को न्याय का प्रतीक माना जाता है।

(iii) **राजनीतिक न्याय** किसी भी लोकतांत्रिक समाज में राजनीतिक न्याय का अर्थ समान राजनीतिक अधिकारों को प्राप्त करना है। राजनीतिक न्याय राजनीतिक क्षेत्र में लोगों की स्वतंत्र तथा निष्पक्ष सहभागिता के लिए है। सार्वभौमिक वयस्क मताधिकार राजनीतिक न्याय की अभिव्यक्ति है। सार्वजनिक कार्यालयों में निर्वाचित होने के लिए अवसर की समानता, अभिव्यक्ति की स्वतंत्रता एवं संघ बनाने की स्वतंत्रता राजनीतिक न्याय के महत्त्वपूर्ण स्तंभ हैं।

(iv) **आर्थिक न्याय** आर्थिक न्याय का तात्पर्य सभी को उनके जीवनयापन के लिए समान अवसर प्रदान करना है। इस न्याय का आशय ऐसे लोगों की सहायता करना भी है, जो कार्य करने तथा अपनी आजीविका अर्जित करने में सक्षम नहीं हैं। आर्थिक न्याय के अंतर्गत प्रत्येक व्यक्ति की मौलिक आवश्यकताओं; जैसे—भोजन, वस्त्र तथा शिक्षा की पूर्ति होनी चाहिए। आर्थिक न्याय समान कार्य के लिए समान वेतन, समान आर्थिक अवसर, संसाधनों का उचित वितरण आदि प्रावधानों के माध्यम से आजीविका के पर्याप्त साधनों का आश्वासन देना है।

5. आर्थिक न्याय के महत्त्वपूर्ण तत्त्वों की व्याख्या करें।

अथवा **आर्थिक न्याय से आप क्या समझते हैं? इसके प्रमुख तत्त्वों की विवेचना करें।**

उत्तर आर्थिक न्याय का आशय है कि नागरिकों को धन प्राप्त करने तथा जीवन में समस्त आवश्यकताओं की पूर्ति के लिए उस धन का उपयोग करने के समान अवसर उपलब्ध हों। जनता को न्यूनतम भौतिक आवश्यकताओं की पूर्ति के अवसर और साधन प्राप्त होने चाहिए। आर्थिक न्याय का एक अंतर्निहित तथ्य यह भी है कि समाज को अपने इस कमजोर असहाय वर्ग की सहायता करनी चाहिए, जो धनोपार्जन करने में असमर्थ है। प्रत्येक व्यक्ति को अपने सामर्थ्य और योग्यता के अनुसार कार्य के अवसर उपलब्ध हों, मजूबत पक्ष द्वारा कमजोर पक्ष का शोषण न हो। वास्तव में आर्थिक न्याय की कल्पना साकार होने के लिए यह आवश्यक है कि राष्ट्र की संपत्ति और आय में सब समान रूप से भागीदार हों।

आर्थिक न्याय की अवधारणा इस बात पर बल देती है कि राष्ट्र का संपत्ति तथा उत्पत्ति के साधन कुछ विशेष लोगों के हाथों में केंद्रित नहीं होने चाहिए तथा भौतिक साधनों का बँटवारा इस प्रकार से हो कि समाज के अधिक-से-अधिक लोगों को इसका लाभ मिले सके।
आर्थिक न्याय के मुख्य तत्त्व निम्नलिखित हैं

(i) **समान कार्य के लिए समान वेतन** आर्थिक न्याय का एक महत्त्वपूर्ण पहलू यह है कि पुरुषों और महिलाओं को समान कार्य के लिए समान वेतन मिले।

(ii) **जीवन निर्वाह के लिए उचित पारिश्रमिक** प्रत्येक व्यक्ति को अपने जीवन निर्वाह के लिए कार्य करने और धन अर्जित करने का अधिकार तथा अवसर उपलब्ध हों। उनको अपनी योग्यता अनुसार, कार्य करने का अधिकार प्राप्त हो। कार्य स्थल की स्थिति इस प्रकार होनी चाहिए कि वहाँ पर किसी प्रकार का शोषण न हो।

(iii) **गरीबों के पक्ष में आय का वितरण** सामूहिक हितों की पूर्ति के लिए राज्य को संसाधनों का वितरण करना चाहिए। धनी वर्ग से विभिन्न करों से प्राप्त आय का वितरण राज्यों को इस प्रकार से करना चाहिए कि इसका लाभ समाज के शोषित, उपेक्षित और वंचित वर्गों तक पहुँचना चाहिए।

(iv) **विशेष परिस्थितियों में सहायता पाने का अधिकार** कल्याणकारी राज्य में जन-कल्याण राज्य की प्राथमिकता होती है। विशेष परिस्थितियों, बुढ़ापा बीमारी, बेकारी तथा अपंगता की स्थिति में राज्य द्वारा लोगों को आर्थिक सहायता उपलब्ध करना।

6. मुक्त बाजार बनाम राज्य के हस्तक्षेप पर एक टिप्पणी लिखिए।

अथवा **मुक्त बाजार के समर्थक अब बाजारों में राज्य का हस्तक्षेप स्वीकार करने लगे हैं। इसके पीछे क्या कारण हैं?** दक्षता आधारित प्रश्न

उत्तर मुक्त बाजार के समर्थक पहले बाजारों को राज्य के हस्तक्षेप से मुक्त रखना चाहते थे, ताकि बाजारी कारोबार का योग कुल मिलाकर समाज के लाभ और कर्त्तव्यों का न्यायपूर्ण वितरण सुनिश्चित कर सके। उनकी यह मान्यता थी कि बाजारी वितरण का जो भी परिणाम होगा, वह न्यायसंगत होगा।

लेकिन वर्तमान में मुक्त बाजार के कुछ समर्थक आज पूर्णतया अप्रतिबंधित बाजार का समर्थन नहीं करते हैं। वास्तव में अब ये कुछ प्रतिबंध स्वीकार करने को तैयार हो गए हैं। उनका कहना है कि सभी के लिए कुछ न्यूनतम बुनियादी जीवन-मानक सुनिश्चित करने हेतु राज्य का हस्तक्षेप आवश्यक है, क्योंकि तभी वे समान शर्तों पर प्रतिस्पर्द्धा करने में समर्थ हो सकेंगे, लेकिन वे तर्क कर सकते हैं कि यहाँ की स्वास्थ्य सेवा, शिक्षा और इसी प्रकार की अन्य सेवाएँ प्रदान कराने के लिए निजी एजेंसियों को प्रोत्साहित किया जाना चाहिए, जबकि राज्य की नीतियाँ इन सेवाओं को खरीदनें के लोगों को सशक्त बनाने की कोशिश करें। राज्य के लिए यह भी आवश्यक हो सकता है कि वह उन वृद्धों और रोगियों को विशेष सहायता उपलब्ध कराए, जो प्रतिस्पर्द्धा नहीं कर सकते हैं, लेकिन इसके आगे राज्य की भूमिका नियम-कानून का ढाँचा बने रहने तक सीमित रहनी चाहिए। जिससे व्यक्तियों के बीच बलपूर्वक और अन्य बाधाओं से मुक्त प्रतिद्विता सुनिश्चित हो।

मुक्त बाजार में निजी एजेंसियाँ एकाधिकार प्राप्त कर सकती हैं। वे अधिक लाभ के लिए सस्ती और घटिया सेवाएँ प्रदान करा सकती हैं। इस तरह की स्थिति में सरकार को हस्तक्षेप करना पड़ता है। सामाजिक न्याय को सुनिश्चित करने के लिए राज्य को पहल करनी चाहिए, जिससे कि समाज में सभी सदस्यों को बुनियादी सुविधाएँ उपलब्ध हों।

स्रोत आधारित प्रश्न

निम्नलिखित स्रोत का ध्यानपूर्वक अध्ययन कीजिए तथा दिए गए प्रश्नों का उत्तर दीजिए।

1. समाज में सामाजिक न्याय पाने के लिए सरकारों को यह सुनिश्चित करना होता है कि कानून और नीतियाँ सभी व्यक्तियों पर निष्पक्ष रूप से लागू हों, लेकिन इतना ही पर्याप्त नहीं हैं और इससे कुछ अधिक करने की आवश्यकता होती है। सामाजिक न्याय का सरोकार वस्तुओं और सेवाओं के न्यायोचित वितरण से भी है, चाहे यह राष्ट्रों के बीच वितरण का मामला हो या किसी समाज के अंदर विभिन्न समूहों और व्यक्तियों के बीच का। यदि समाज में गंभीर सामाजिक या आर्थिक असमानताएँ हैं, तो यह आवश्यक होगा कि समाज के कुछ प्रमुख संसाधनों का पुनर्वितरण हो, जिससे नागरिकों को जीने के लिए समतल धरातल मिल सके। इसलिए किसी देश के अंदर सामाजिक न्याय के लिए यह आवश्यक है कि न केवल लोगों के साथ समाज के कानूनों और नीतियों के संदर्भ में समान व्यवहार किया जाए, बल्कि जीवन की स्थितियों और अवसरों के मामले में भी वे कुछ बुनियादी समानता का उपभोग करें।

(i) **सामाजिक न्याय सुनिश्चित करने के लिए सरकार को क्या करना आवश्यक है?**
(a) सभी व्यक्ति पर कानून और नीतियों को निष्पक्ष रूप से लागू करना
(b) केवल अमीरों का समर्थन करना
(c) तकनीकी विकास को प्राथमिकता देना
(d) केवल कर प्रणाली सुधारना

उत्तर (a) सभी व्यक्ति पर कानून और नीतियों को निष्पक्ष रूप से लागू करना

(ii) **'समतल धरातल' से क्या तात्पर्य है?**
(a) नागरिकों को समान अधिकार और अवसर प्रदान करना
(b) समाज के सभी लोगों को समान धन देना
(c) केवल गरीबों को लाभ पहुँचाना
(d) तकनीकी ज्ञान प्रदान करना

उत्तर (a) नागरिकों को समान अधिकार और अवसर प्रदान करना

(iii) **हमारे देश में सामाजिक समानता को बढ़ावा किस प्रकार दिया गया है?**

उत्तर हमारे देश में सामाजिक समानता को बढ़ावा देने के लिए छुआछूत प्रथा का उन्मूलन, निचली जातियों के लोगों का मंदिरों में प्रवेश, नौकरी और पानी जैसी आवश्यकताओं को पूरा करने, उसमें किसी प्रकार का भेदभाव न करने संबंधी प्रावधानों को संविधान में शामिल किया गया है।

2. समाज में न्याय की स्थापना से जुड़े कुछ सवाल सामने खड़े हैं। क्या संसाधनों का वितरण और शिक्षा तथा नौकरियों तक समान पहुँच सुनिश्चित की जाए और यदि हाँ तो कैसे? ऐसे मामलों में मत-भिन्नता समाज में उग्र भावावेश उत्पन्न करती हैं और कभी-कभी हिंसा भी भड़का देती हैं। लोग मानने लगते हैं कि उनके और उनके परिवारों का भविष्य दाव पर लग जाएगा। हमें क्रोध और हिंसा के ऐसे भी मामले याद हैं, जो कभी हमारे देश के शैक्षणिक संस्थानों में या सरकारी नौकरियों में सीट आरक्षण के प्रस्तावों से फूटते रहे हैं। बहरहाल, राजनीतिक सिद्धांत के विद्यार्थी होने के नाते न्याय के सिद्धांत की अपनी समझदारी के आलोक में हमें ठंडे दिमाग से इन मुद्दों की जाँच-परख करने में समर्थ होना चाहिए। प्रसिद्ध राजनीतिक दार्शनिक जॉन रॉल्स ने न्यायोचित वितरण का सिद्धांत प्रस्तुत किया है। रॉल्स ने तर्क दिया है कि समाज के न्यूनतम सुविधा प्राप्त सदस्यों को सहायता देने की आवश्यकता स्वीकार करने के लिए बेशक युक्तिसंगत औचित्य हो सकता है।

(i) **संसाधनों के वितरण के मामलों पर मतभेद का अंतिम परिणाम क्या है?**
(a) यह समाज में उत्तेजना उत्पन्न कर सकता है
(b) यह हिंसा भड़का सकता है
(c) 'a' और 'b' दोनों
(d) उपरोक्त में से कोई नहीं

उत्तर (c) 'a' और 'b' दोनों

(ii) **जॉन रॉल्स ने न्याय के संदर्भ में किसको युक्तिसंगत औचित्य माना है?**

(a) समाज के सदस्यों को सहायता देने की आवश्यकता को स्वीकार करना है
(b) समाज के सुविधा प्राप्त सदस्यों को सहायता देने की आवश्यकताको स्वीकार करना
(c) समाज के न्यूनतम सुविधा प्राप्त सदस्यों को सहायता देने की आवश्यकता स्वीकार करना
(d) समाज के न्यूनतम सुविधा प्राप्त सदस्यों को सहायता देने की आवश्यकता को अस्वीकार करना

उत्तर (c) समाज के न्यूनतम सुविधा प्राप्त सदस्यों को सहायता देने की जरूरत स्वीकार करना

(iii) **समाज में न्याय की स्थापना के लिए समान अवसर और संसाधनों का वितरण कैसे सुनिश्चित किया जा सकता है?**

उत्तर समाज में न्याय की स्थापना के लिए सरकार को शिक्षा नौकरियों और संसाधनों के समान अवसर प्रदान करने हेतु आरक्षण और विशेष योजनाएँ लागू करनी चाहिए, जिससे वंचित वर्गों को लाभ मिले। संवाद और निष्पक्षता से मत-भिन्नता को नियंत्रित किया जा सकता है।

3. **अज्ञानता का कल्पित आवरण ओढ़ना उचित कानूनों और नीतियों की प्रणाली तक पहुँचने का पहला कदम है। इससे यह प्रकट होगा कि विवेकशील मनुष्य न केवल सबसे बुरे संदर्भ के मद्देनजर तथ्यों को देखेंगे, बल्कि वे यह भी सुनिश्चित करने की कोशिश करेंगे कि उनके द्वारा निर्मित नीतियाँ समग्र समाज के लिए लाभप्रद हों। दोनों तथ्यों को साथ-साथ चलना है। चूँकि, कोई नहीं जानता कि वे आगामी समाज में कौन-सी जगह लेंगे, इसलिए हर कोई ऐसे नियम चाहेगा, जो सबसे बुरी स्थिति में जीने वालों के बीच उत्पन्न हों, तब भी उनकी रक्षा कर सकें, लेकिन उचित तो यही होगा कि वे यह भी सुनिश्चित करने की कोशिश करें कि उनके द्वारा चुनी गई नीतियाँ बेहतर स्थिति वालों को कमजोर न बना दें, क्योंकि यह संभावना भी हो सकती है कि वे स्वयं भविष्य के उस समाज में सुविधा संपन्न स्थिति में उत्पन्न हों।**

इसलिए यह सभी के हित में होगा कि निर्धारित नियमों और नीतियों से संपूर्ण समाज को लाभ होना चाहिए, किसी एक विशेष हिस्से का नहीं। यहाँ निष्पक्षता विवेकसम्मत कार्रवाई का परिणाम है न कि परोपकार या उदारता का। इसलिए रॉल्स तर्क देते हैं कि नैतिकता नहीं, बल्कि विवेकशील चिंतन हमें समाज में लाभ और भार के वितरण के मामले में निष्पक्ष होकर विचार करने की ओर प्रेरित करता है। इस उदाहरण में हमारे पास पहले से बना बनाया कोई लक्ष्य या नैतिकता के प्रतिमान नहीं होते हैं। हमारे लिए सबसे अच्छा क्या है? यह निर्धारित करने के लिए हम स्वतंत्र होते हैं। यही विश्वास रॉल्स के सिद्धांत को निष्पक्ष और न्याय के प्रश्न को हल करने का महत्त्वपूर्ण और सबल रास्ता बना देता है।

(i) **उचित कानूनों और नीतियों की प्रणाली तक पहुँचने का पहला कदम किसे माना जाता है?**

(a) अज्ञानता
(b) अज्ञानता का कल्पित आवरण
(c) संसाधनों का वितरण
(d) कमजोर सदस्यों को सहायता प्रदान करना

उत्तर (b) अज्ञानता का कल्पित आवरण

(ii) **जॉन रॉल्स के अनुसार, विवेकशील मनुष्य क्या सुनिश्चित करने का प्रयास करेगा?**

(a) उनके द्वारा निर्मित नीतियाँ उसके लिए लाभप्रद हों
(b) उनके द्वारा निर्मित नीतियाँ संपूर्ण समाज के लिए लाभप्रद हों
(c) उनके द्वारा निर्मित नीतियाँ एक विशेष समाज के लिए लाभप्रद हों
(d) उनके द्वारा निर्मित नीतियाँ कमजोर वर्ग के लिए लाभप्रद हों

उत्तर (b) उनके द्वारा निर्मित नीतियाँ संपूर्ण समाज के लिए लाभप्रद हों

(iii) **रॉल्स के अनुसार, नैतिकता और विवेकशील चिंतन में क्या अंतर हैं?**

उत्तर रॉल्स के अनुसार, नैतिक व्यक्ति की व्यक्तिगत भावनाएँ परोपकार और उदारता पर आधारित होती हैं जबकि विवेकशील चिंतन तर्क और निष्पक्षता पर आधारित होता है। नैतिकता के आधार पर बनाई गई नीतियाँ समाज के सभी वर्गों के लिए समान रूप से लाभकारी नहीं हो सकतीं, जबकि विवेकशील चिंतन पर आधारित नीतियाँ संपूर्ण समाज के लिए न्याय सुनिश्चित करती हैं।

अथवा

(i) **'अज्ञानता का कल्पित आवरण' किसकी प्राप्ति का पहला कदम है?**

(a) शक्ति प्राप्त करना
(b) उचित कानूनों और नीतियों की प्रणाली तक पहुँचना
(c) समाज में असमानता लाना
(d) व्यक्तिगत लाभ प्राप्त करना

उत्तर (b) उचित कानूनों और नीतियों की प्रणाली तक पहुँचना

(ii) **नियम और नीतियों को बनाते समय किन बातों का ध्यान रखना चाहिए?**

(a) वे केवल सुविधा-संपन्न लोगों को लाभ दें
(b) वे केवल कमजोर वर्गों की रक्षा करे
(c) वे संपूर्ण समाज को लाभ दें
(d) वे समाज में वर्गभेद बढ़ाएँ

उत्तर (c) वे संपूर्ण समाज को लाभ दें

(iii) **लोगों के स्वस्थ जीवन जीने के लिए आवश्यक बुनियादी सुविधाओं में किसको शामिल किया जाता है?**

उत्तर लोगों के स्वस्थ जीवन जीने के लिए आवश्यक बुनियादी सुविधाओं में निम्नलिखित को शामिल किया जाता है

- स्वस्थ रहने के लिए आवश्यक पोषक तत्त्वों की बुनियादी मात्रा
- आवास
- शुद्ध पेयजल की आपूर्ति
- शिक्षा
- न्यूनतम मजदूरी इत्यादि

स्वयं को जाँचें

वस्तुनिष्ठ प्रश्न

1. **प्लेटो ने अपनी किस पुस्तक में न्याय के मुद्दे पर चर्चा की है?**

(a) द डेमोक्रेसी
(b) द रिपब्लिक
(c) यूनान हिस्ट्री
(d) इनमें से कोई नहीं

2. **अज्ञानता के आवरण सिद्धांत का संबंध किससे है?**

(a) अरस्तू से
(b) प्लेटो से
(c) रॉल्स से
(d) अंबेडकर से

3. **………… को लोगों के लिए न्यूनतम बुनियादी स्थितियाँ अवश्य प्रदान करानी चाहिए, ताकि वे स्वस्थ और सुरक्षित जीने में सक्षम हो सकें।**

(a) न्यायपूर्ण सरकार
(b) न्यायपूर्ण समाज
(c) न्यायपूर्ण धर्म
(d) न्यायपूर्ण जाति

4. **निम्नलिखित में से कौन-सा कथन सही नहीं है?**

(a) समाज में प्रत्येक व्यक्ति को समान महत्त्व प्रदान करने के लिए अलग-अलग सिद्धांत हैं
(b) एक न्यायपूर्ण समाज की स्थापना के लिए न्याय के सिद्धांतों में संतुलन बनाने की आवश्यकता है
(c) राजनीतिक न्याय, न्याय की एक संकीर्ण अवधारणा है
(d) आर्थिक व कानूनी न्याय समानता के संबद्ध हो

5. **दिए गए युग्मों में से कौन-सा युग्म सही सुमेलित है?**

(a) विधिक न्याय-समान राजनैतिक अधिकारों को प्रदान करना।
(b) राजनीतिक न्याय-सभी को उनके जीवनयापन व आजीविका के समान अवसर उपलब्ध कराना।
(c) सामाजिक न्याय- सभी प्रकार की सामाजिक विषमताओं को समाप्त करना।
(d) आर्थिक न्याय- समान विधिक प्रणाली से संबंधित है।

लघु उत्तरीय प्रश्न

6. **समानुपातिक न्याय से आप क्या समझते हैं?**

7. **भारत में आरक्षण व्यवस्था न्याय के किस सिद्धांत के अंतर्गत की गई है?**

8. **कंफ्यूशियस के अनुसार, न्याय की अवधारणा को स्पष्ट करें।**

9. **मुक्त बाजार व्यवस्था के पक्ष में महत्त्वपूर्ण तर्क दें।**

दीर्घ उत्तरीय प्रश्न I

10. **भारतीय संदर्भों में सामाजिक न्याय की आवश्यकता को स्पष्ट करें।**

11. **हमारे देश में सामाजिक समानता को बढ़ावा देने के लिए क्या-क्या कदम उठाए गए हैं?**

12. **किन-किन कारणों से मुक्त बाजार व्यवस्था में राज्य का हस्तक्षेप अनिवार्य होता है?**

दीर्घ उत्तरीय प्रश्न II

13. **भारत में सामाजिक असमानता को समाप्त करने के लिए व एक न्यायपूर्ण समाज की स्थापना के लिए संविधान में कौन-कौन से प्रयास किए गए हैं?**

14. **न्याय का क्या अभिप्राय है? इसके विशेष लक्षणों का वर्णन करें।**

15. **रॉल्स के न्याय सिद्धांत की विस्तृत रूप में व्याख्या करें।**

5

अध्याय

दिन प्रतिदिन की जीवन शैली में अधिकारों का विशेष महत्त्व होता है। राज्य द्वारा नैसर्गिक रूप से प्राप्त आधिकारों के सुरक्षा की गारंटी दी जाती है। इस अध्याय में इन अधिकारों के आशय, इनमें दावों की बुनियाद तथा उद्देश्यों का अध्ययन शामिल किया गया है।

अध्ययन एक नजर में

अभ्यास के लिए

- बहुविकल्पीय प्रश्न 25 (युग्मित प्रश्न, चित्र आधारित प्रश्न, कथन/कारण, सुमेलित कीजिए)
- वर्णनात्मक प्रकार के प्रश्न (लघु उत्तरीय प्रश्न 7, दीर्घ उत्तरीय प्रश्न I 8, दीर्घ उत्तरीय प्रश्न II 3)
- स्रोत आधारित प्रश्न 3, मानचित्र आधारित 0

अधिकार

5.1 अधिकार से आशय

- अधिकार एक ऐसा वैध दावा होता है, जिसका शेष समाज के द्वारा अनुमोदन आवश्यक होता है। अधिकार मुख्यत: उन बातों को सुनिश्चित करता है, जो व्यक्ति के **गरिमामय**[1] और सम्मानजनक जीवन हेतु आवश्यक होती हैं; जैसे—आजीविका का अधिकार सम्मानजनक जीवन जीने के लिए आवश्यक होता है, रोजगार में नियोजित होना आर्थिक स्वतंत्रता के रूप में व्यक्ति की गरिमा को बढ़ाता है,
- अधिकारों का दूसरा आधार लोगों को उनकी दक्षता और प्रतिभा को विकसित करने में मदद करता है; जैसे—शिक्षा का अधिकार लोगों में तर्कशक्ति विकसित करने में, कौशल प्रदान करने में, जीवन में किसी विषय अथवा समस्या के समाधान व चयन में सक्षम बनाने में सहायक होता है, इसलिए शिक्षा के अधिकार को सार्वभौमिक अधिकार माना गया है।
- वहीं दूसरी ओर ऐसे कार्यकलाप, जो स्वास्थ्य और कल्याण के लिए हानिकारक होते हैं, को अधिकार नहीं माना जा सकता है; जैसे—नशीली दवाओं का सेवन आदि। यह स्वास्थ्य के साथ-साथ आचरण को प्रभावित करते हैं। इस प्रकार, अधिकारों के अंतर्गत धूम्रपान अथवा प्रतिबंधित दवाओं के सेवन को अधिकार के रूप में मान्यता नहीं दी जा सकती है।

अधिकारों का इतिहास

- 17वीं व 18वीं शताब्दी के राजनीतिक सिद्धांतकार अधिकारों को प्रकृति की देन मानते थे। इस आधार पर वे मुख्यत: तीन अधिकारों को चिह्नित करते थे
  1. जीवन का अधिकार
  2. **स्वतंत्रता**[2] का अधिकार
  3. संपत्ति का अधिकार

1 गरिमय इसका अर्थ है लोगों द्वारा सम्मान और आदर दिया जाना।

2 स्वतंत्रता इसका तात्पर्य कुछ करने के लिए कानूनी अधिकार तथा प्राप्त छूट से है।

- ये तीनों अधिकार ही अन्य सभी प्रकार के अधिकारों की बुनियाद हैं तथा उनका मानना था कि ये अधिकार जन्म से प्राप्त होते हैं। अत: कोई शासक या राज्य इन अधिकारों को नहीं छीन सकता है। इन अधिकारों का प्रयोग राज्य की निरंकुशता का विरोध करने एवं व्यक्तिगत अधिकारों की सुरक्षा करने के लिए किया जाता है।
- अधिकारों की इस धारणा को और अधिक मजबूती प्रदान करने के लिए संयुक्त राष्ट्र की सामान्य सभा ने 10 दिसंबर, 1948 की **मानव अधिकारों की सार्वभौमिक घोषणा** (Universal Declaration of Human Rights) को स्वीकार और लागू किया, जिसके अंतर्गत संयुक्त राष्ट्र ने मानव अधिकारों से संबंधित घोषणा-पत्र जारी किया।

मानवीय गरिमा के विषय पर कांट का विचार

- "कांट के अनुसार, हर चीज की या तो कीमत होती है या गारिमा होती है। जिसकी कीमत होती है उसकी जगह उसके समतुल्य कोई दूसरी वस्तु रखी जा सकती है। इसके विपरीत जो संपूर्ण कीमतों से ऊपर होता है और जिसका कोई समतुल्य ना हो उसकी गरिमा होती है" अन्य प्राणियों से अलग होने के कारण मनुष्य की गरिमा होती है।
- 18वीं सदी के जर्मन दार्शनिक इमैनुएल कांट के लिए इस साधारण विचार का गहरा अर्थ था उसके अनुसार, प्रत्येक मनुष्य की गरिमा है और मनुष्य होने के नाते उसके साथ इसी के अनुकूल व्यवहार किया जाना चाहिए।
- मनुष्य अशिक्षित हो सकता है, गरीब या शक्तिहीन हो सकता है तथा वह बेईमान अथवा अनैतिक भी हो सकता है, फिर भी वह एक मनुष्य है और न्यूनतम ही सही, प्रतिष्ठा पाने का हकदार है।
- कांट के विचार ने अधिकार की एक नैतिक अवधारणा प्रस्तुत की।
  - पहली, हमें दूसरों के साथ वैसा ही आचरण करना चाहिए, जैसा हम अपने लिए दूसरों से अपेक्षा करते हैं।
  - दूसरी, हमें यह निश्चित करना चाहिए कि हम दूसरों को अपनी स्वार्थसिद्धि का साधन नहीं बनाएँगे।

5.2 कानूनी अधिकार और राज्य सत्ता

- अनेक देशों के संविधानों द्वारा कुछ बुनियादी अधिकारों को संवैधानिक मान्यता भी प्रदान की जाती है। अपने देश में हम इन्हें मौलिक अधिकार कहते हैं। अन्य कानूनों और नीतियों से इन संवैधानिक अधिकारों के सम्मान की अपेक्षा की जाती है।
- संविधान में उन अधिकारों का वर्णन है, जो बुनियादी महत्त्व के हैं। साथ ही ऐसे अधिकारों का भी वर्णन संभव है, जो किसी देश के विशिष्ट इतिहास और रीति-रिवाजों के कारण महत्त्वपूर्ण हैं। उदाहरण के लिए, भारत में अस्पृश्यता पर प्रतिबंध का प्रावधान है, जो देश की परंपरागत सामाजिक कुप्रथा का ध्यान दिलाता है।
- अधिकतर मामलों में अधिकार राज्य से किए जाने वाले दावे हैं। अधिकारों के माध्यम से हम राज्य सत्ता से कुछ माँग करते हैं।
- जब हम शिक्षा के अधिकार पर बल देते हैं, तो हम राज्य से बुनियादी शिक्षा के लिए प्रावधान करने की माँग करते हैं। समाज भी शिक्षा के महत्त्व को स्वीकार कर सकता है और इसमें अपना सहयोग कर सकता है।
- अधिकार केवल यह ही नहीं बताते कि राज्य को क्या करना है, वे यह भी बताते हैं कि राज्य को क्या कुछ नहीं करना है; जैसे—किसी व्यक्ति की स्वतंत्रता का अधिकार कहता है कि राज्य सत्ता महज अपनी मर्जी से उसे गिरफ्तार नहीं कर सकती। गिरफ्तार करने के लिए उसे गिरफ्तारी के कारण अवश्य बताने पड़ते हैं।

चेक प्वॉइंट 1

1. ऐसे दो क्रियाकलापों का नाम बताइये जिन्हें अधिकार नहीं माना जा सकता।
2. राजनीतिक सिद्धांतकारों द्वारा माने जाने वाले दो प्राकृतिक अधिकारों के नाम बताए?
3. संयुक्त राष्ट्र द्वारा कब मानव अधिकारों की सार्वभौमिक घोषणा की गई।
4. कांट के अधिकारों का दूसरा आधार क्या करता है।
5. 18 वीं सदी के दार्शनिक इमैनुएल कांट का संबंध किस देश से हैं?

5.3 अधिकारों के प्रकार

- अधिकार सामाजिक जीवन के वे पहलू हैं जो किसी व्यक्ति के सफलतापूर्वक कार्य करने के लिए आवश्यक है। अधिकार तीन प्रकार के होते हैं। अर्थात् राजनीतिक अधिकार, आर्थिक अधिकार और सांस्कृतिक अधिकार।

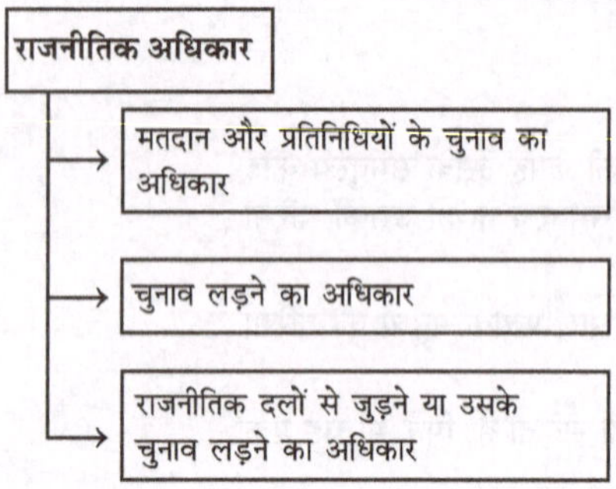

राजनीतिक अधिकार

- राजनीतिक अधिकार नागरिकों को कानून के समक्ष समानता का अधिकार और राजनीतिक प्रक्रिया में भाग लेने का अधिकार देते हैं।
- राजनीतिक अधिकार नागरिक स्वतंत्रताओं द्वारा संपूरित होते हैं।
- सामूहिक रूप से, नागरिक और राजनीतिक अधिकार सरकार की लोकतांत्रिक प्रणाली का आधार बनते हैं।
- निम्न के द्वारा राजनीतिक अधिकार, सरकार को लोगों के प्रति जबावदेह बनाते हैं।
  - शासकों की अपेक्षा लोगों के सरोकार को अधिक महत्त्व देकर
  - यह सुनिश्चित करके कि सभी लोगों को सरकार के निर्णयों को प्रभावित करने का अवसर मिलें।

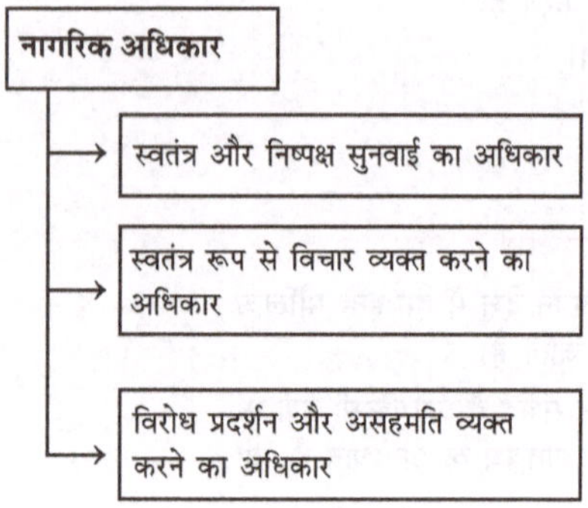

आर्थिक अधिकार

- लोकतांत्रिक व्यवस्था में राजनीतिक अधिकार केवल तभी प्रभावी होते हैं, जब सभी व्यक्तियों की न्यूनतम बुनियादी आवश्यकताएँ पूरी हो रही हों। इन बुनियादी आवश्यकताओं की पूर्ति के अभाव में राजनीतिक अधिकार अप्रासंगिक प्रतीत होने लगते हैं। अत: लोकतांत्रिक देशों द्वारा अपने देश के निचले या वंचित वर्गों को न्यूनतम आवश्यक बुनियादी सुविधाएँ; जैसे—आवास, चिकित्सा, शिक्षा, न्यूनतम वेतन का निर्धारण आदि उपलब्ध कराकर उनके आर्थिक अधिकारों को सुनिश्चित किया जाता है।
- आर्थिक अधिकारों की सुनिश्चितता के पश्चात् ही वे अपने राजनीतिक अधिकारों का उपयोग करने हेतु सक्षम होते हैं। इसे सुनिश्चित करने के लिए अनेक देशों में बेरोजगारों को न्यूनतम भत्ते भी दिए जाते हैं।
- भारत सरकार द्वारा ग्रामीण रोजगार गारंटी योजना (Rural Employment Guarantee Scheme) के माध्यम से आर्थिक अधिकारों को सुनिश्चित किया गया है।

सांस्कृति अधिकार

- आधुनिक लोकतांत्रिक व्यवस्थाएँ, राजनीतिक एवं आर्थिक अधिकारों के साथ-साथ अपने नागरिकों को सांस्कृतिक अधिकार; जैसे—अपनी मातृभाषा में प्राथमिक शिक्षा पाने का अधिकार, भाषायी एवं सांस्कृतिक शिक्षण के लिए संस्थाएँ खोलने का अधिकार आदि को भी मान्यता प्रदान करती हैं।
- वर्तमान लोकतांत्रिक व्यवस्थाओं में अधिकारों की सूची में निरंतर विस्तार हो रहा है। नागरिकों हेतु सम्मानपूर्वक जीवन जीने के लिए आवश्यक अनेक अधिकारों; जैसे—जीने का अधिकार, स्वतंत्रता का अधिकार, समानता का अधिकार, राजनीतिक भागीदारी का अधिकार को बुनियादी अधिकारों के रूप में मान्यता दी जा रही है।

5.4 अधिकार एवं जिम्मेदारियाँ

- अधिकार राज्य के **उत्तरदायित्व**[3] (Responsibilities) को सुनिश्चित करने के साथ-साथ नागरिकों के उत्तरदायित्व को भी सुनिश्चित करता है। इन संदर्भों में अधिकार हमें निजी हित के बजाय सार्वजनिक हित को प्राथमिकता देने एवं अपनी भावी पीढ़ियों के बेहतर जीवन को सुनिश्चित करने हेतु प्रेरित करते हैं; जैसे—स्थायी विकास में सहयोग देना, ओजोन परत की हिफाजत करना, वायु एवं जल प्रदूषण को कम करना, हरियाली को बनाए रखने के लिए जंगलों की कटाई को रोकना आदि।

3 उत्तरदायित्व यह किसी व्यक्ति के ऊपर किसी कार्य को करने की बाध्यता को आरोपित करता है जो उसके लिए नैतिक रूप से आवश्यक है।

- अधिकार लोगों से यह अपेक्षा करता है कि वे अपने अधिकारों का प्रयोग उस निर्धारित सीमा के अंदर रहते हुए करें, जिसमें किसी अन्य के अधिकार प्रभावित नहीं होते हैं अर्थात् अधिकार सभी लोगों पर यह जिम्मेदारी डालते हैं कि वे अपने अधिकारों का प्रयोग दूसरे के अधिकारों का सम्मान करते हुए करें।
- अधिकार नागरिकों की यह जिम्मेदारी सुनिश्चित करता है कि वे अपने अधिकारों का प्रयोग संतुलित रूप से करें, ताकि एक-दूसरे के अधिकारों के मध्य टकराव उत्पन्न न हो; जैसे—किसी व्यक्ति की तस्वीर लेते समय उसकी गोपनीयता के अधिकार को बनाए रखना।
- कई बार राज्य राष्ट्र की सुरक्षा को आधार बनाकर अधिकारों पर अनेक प्रकार के अनावश्यक या असीमित प्रतिबंध लगा देते हैं, जो नागरिक अधिकारों की स्वतंत्रता के लिए खतरा होता है। अधिकारों का मूल सिद्धांत ऐसे प्रतिबंधों के प्रति नागरिकों को सचेत रहने की सलाह देता है।

मानव अधिकारों की सार्वभौमिक घोषणा

- 10 दिसंबर, 1948 को संयुक्त राष्ट्र की सामान्य सभा ने मानवाधिकारों की सार्वभौमिक घोषणा को स्वीकार और लागू किया। इस घोषणा-पत्र को सामान्य सभा ने सभी सदस्य देशों से प्रचारित करने का आह्वान किया।
- सामान्य सभा ने देश या क्षेत्र की राजनीतिक स्थिति पर ध्यान न देते हुए इसे विशेष तौर से विद्यालयों और अन्य शैक्षिक संस्थानों में प्रसारित और प्रदर्शित करने, पढ़ने और पढ़ाने का आह्वान किया।
- महासभा ने मानवाधिकारों की सार्वभौमिक घोषणा को सभी लोगों और सभी राष्ट्रों के लिए एक समान मानक घोषित किया। प्रत्येक व्यक्ति और राष्ट्र की इस घोषणा को ध्यान में रखना चाहिए और घोषणा में वर्णित अधिकारों को बढ़ावा देना चाहिए।

चेक प्वॉइंट 2

1. कौन-से अधिकार नागरिक स्वतंत्रताओं द्वारा संपूरित होते हैं?
2. कौन-से अधिकार सामूहिक रूप से लोकतांत्रिक सरकार प्रणाली का आधार बनते हैं?
3. किस योजना के माध्यम से भारत सरकार ने लोगों के आर्थिक अधिकारों को सुनिश्चित किया हैं?
4. 'स्वतंत्र और निष्पक्ष सुनवाई का अधिकार' किस प्रकार का अधिकार हैं?
5. किस मुद्दे को आधार बनाकर राज्य हमारे अधिकारों को सीमित करता हैं?

Mind Map

अधिकार

1 अधिकार क्या है?

- एक व्यक्ति द्वारा की गई माँग, जिसे समाज द्वारा स्वीकार किया जाता है और राज्य द्वारा मान्यता प्राप्त होती है।
- अधिकार हमारी भलाई के लिए आवश्यक होते हैं। ये हमारी क्षमताओं और प्रतिभाओं के विकास में सहायता करते हैं।
  उदाहरण- शिक्षा का अधिकार।
- ऐसी गतिविधियाँ जो हमारे या दूसरों के लिए हानिकारक होती हैं, उन्हें अधिकार के रूप में दावा नहीं किया जा सकता।
  उदाहरण- धूम्रपान।

2 अधिकार कहाँ से आते हैं?

प्राचीनकाल (17वीं -18वीं शताब्दी)

- प्राकृतिक अधिकार, जो प्रकृति या ईश्वर द्वारा प्रदत्त थे।
  उदाहरण- जीवन का अधिकार, स्वतंत्रता और संपत्ति का अधिकार।

आधुनिक काल

- प्राकृतिक अधिकार धीरे-धीरे अस्वीकृत हो गए थे तथा मानव अधिकारों को महत्त्व दिया गया।
- मानव अधिकारों का समर्थन संयुक्त राष्ट्र मानव अधिकारों की घोषणा द्वारा किया गया।
- मानव अधिकारों का विस्तार समाज द्वारा सामना किए गए नए खतरों और चुनौतियों के कारण हुआ।

3 कानूनी अधिकार और राज्यसत्ता

- अनेक देशों में अधिकारों के घोषणा-पत्र वहाँ के संविधान में उल्लेखित रहते हैं।
- अधिकार लोगों को राज्य से अपने हित में दावों की माँग करने का अधिकार प्रदान करते हैं।
- अधिकार यह सुनिश्चित करते हैं कि राज्य ठीक से कार्य करे, बिना व्यक्तियों के जीवन और स्वतंत्रता का उल्लंघन किए हुए।
- अधिकारों को राज्य द्वारा मान्यता प्राप्त दावों के रूप में देखा जाता है।
- अधिकार राज्य पर यह जिम्मेदारी डालते हैं कि वह यह सुनिश्चित करें कि लोग अपने अधिकारों का आनन्द लें।

4 अधिकारों के प्रकार

राजनीतिक अधिकार

- कानून के समक्ष बराबरी तथा राजनीतिक प्रक्रिया में भागीदारी का हक देते हैं।
- राजनीतिक अधिकारों को नागरिक स्वतंत्रताओं से समर्थन मिलता है।
- अधिकार सरकार को जवाबदेह बनाते हैं।

आर्थिक अधिकार

- वे अधिकार जो जनता की आर्थिक सुरक्षा की गारंटी देते हैं।
- लोकतांत्रिक समाज आर्थिक अधिकार प्रदान करते हैं।
- सरकार ने गरीबों की सहायता के लिए ग्रामीण रोजगार गारंटी योजना शुरू की।

सांस्कृतिक अधिकार

- वे अधिकार, जो संस्कृति का आनन्द लेने की मान्यता देने का उद्देश्य रखते हैं।
- मातृभाषा में प्राथमिक शिक्षा पाने का अधिकार।
- अपनी भाषा और संस्कृति के शिक्षण के लिए संस्थाएँ स्थापित करने का अधिकार।

5 अधिकार और जिम्मेदारी

- अधिकार न केवल राज्य पर जिम्मेदारी डालते हैं, बल्कि नागरिकों पर भी जिम्मेदारी तय करते हैं।
- हमें दूसरों के अधिकारों का सम्मान करना चाहिए।
- जब हमारे अधिकारों में टकराव हो, तो हमें उनका संतुलन बनाए रखना चाहिए।
- नागरिकों को यह सावधानी बरतनी चाहिए कि उनके अधिकारों पर जो सीमाएँ लगाई जा सकती हैं, वे उनके बारे में जागरूक हों।

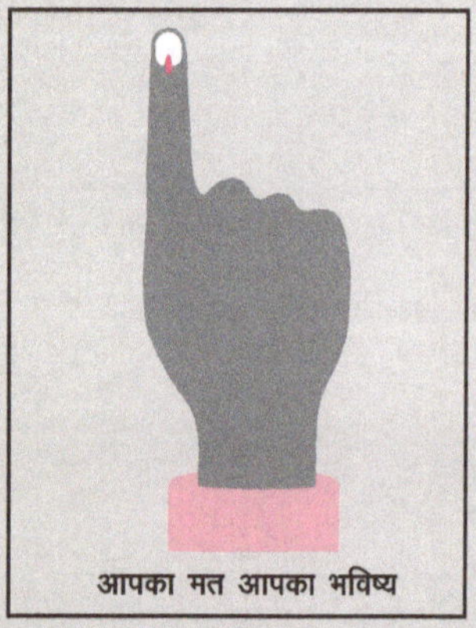

मताधिकार

मानव अधिकार

NCERT फोल्डर

अध्याय के मध्य में दिए गए प्रश्न

1. मेरे पिता जी ने टेलीफोन लगवाने के लिए आवेदन किया था। दो महीने से भी अधिक हो गए हैं और अभी तक कुछ नहीं हुआ है। वे क्या कर सकते हैं?

उत्तर यदि आपके पिता ने टेलीफोन लगवाने के लिए दो महीने पहले आवेदन किया था और अभी तक कोई कार्यवाही नहीं हुई है, तो वे सूचना का अधिकार (RTI) के तहत आवेदन कर सकते हैं। इसके माध्यम से वे यह जान सकते है कि उनके आवेदन पर क्या कार्यवाही की गई और देरी का कारण क्या है इसके लिए उन्हें संबंधित विभाग से RTI आवेदन करना होगा।

2. पिछले कुछ दिनों के अखबारों को देखिए और अधिकारों के उल्लंघन के मामलों की जाँच कीजिए। सरकार और समाज के लोगों को अधिकारों के उल्लंघन को रोकने के लिए क्या करना चाहिए?

उत्तर अधिकारों के उल्लंघन के मामलों की जाँच विद्यार्थी स्वयं करे। सरकार और समाज दोनों को अधिकारों के उल्लंघन को रोकने के लिए सक्रिय कदम उठाने चाहिए। सरकार को यह सुनिश्चित करना चाहिए कि सभी नागरिकों के अधिकारों की रक्षा हो, विशेषकर जब कमजोर समूहों के खिलाफ भेदभाव या हिंसा होती है। पुलिस और प्रशासन को संवेदनशील बनाकर न्यायिक प्रक्रिया में पारदर्शिता बढ़ानी चाहिए। इसके अलावा समाज को जागरुक करना और समानता तथा न्याय के सिद्धांतों को बढ़ावा देना भी आवश्यक है। संगठनों को स्वतंत्र रूप से कार्य करने की अनुमति देनी चाहिए, ताकि वे इन मुद्दों पर प्रभावी तरीके से काम कर सकें।

समूह या समुदाय विशेष को दिए गए निम्न अधिकारों में से कौन-से न्यायोचित हैं? चर्चा कीजिए।

1. एक शहर में जैन समुदाय के लोगों ने अपना विद्यालय खोला और उसमें केवल अपने समुदाय के छात्र-छात्राओं को ही प्रवेश दिया।

उत्तर यह निर्णय न्यायोचित नहीं हैं, क्योंकि शिक्षा का अधिकार सार्वभौमिक और समावेशी होना चाहिए। यदि एक विद्यालय किसी विशेष समुदाय तक सीमित कर दिया जाता है, तो यह समानता और अधिकारों के उल्लंघन के रूप में देखा जाएगा, जो भारतीय संविधान में निहित समानता के सिद्धांत के खिलाफ है।

2. हिमाचल प्रदेश में वहाँ के स्थायी निवासियों के अलावा बाकी लोग जमीन या अन्य अचल संपत्ति नहीं खरीद सकते।

उत्तर यह निर्णय न्यायोचित हो सकता है, क्योंकि यह स्थानीय निवासियों की सुरक्षा और उनके संसाधनों की रक्षा के लिए है, हालाँकि यह केवल उस राज्य के अधिकार क्षेत्र में लागू होता है और इसके तहत स्थानीय संस्कृति और विकास के पहलुओं को ध्यान में रखा जाता है, लेकिन यदि इसका उद्देश्य किसी समूह के खिलाफ भेदभाव करना है, तो यह न्यायोचित नहीं होगा

3. एक सह-शिक्षा विद्यालय के प्रधानाध्यापक ने एक सर्कुलर जारी किया कि कोई भी छात्रा किसी भी प्रकार का पश्चिमी परिधान नहीं पहनेगी।

उत्तर यह निर्णय न्यायोचित नही है, क्योंकि यह व्यक्तिगत स्वतंत्रता और अभिव्यक्ति के अधिकार का उल्लंघन करता है। प्रत्येक व्यक्ति को अपनी पसंद के कपड़े पहनने का अधिकार है, और एक विद्यालय में पश्चिमी परिधान पर प्रतिबंध लगाना, विद्यार्थियों के अधिकारों की अवहेलना हो सकती है

4. हरियाणा की एक पंचायत ने निर्णय दिया कि अलग-अलग जातियों के जिस लड़के और लड़की ने शादी कर ली थी, वे अब गाँव में नहीं रहेंगे।

उत्तर यह निर्णय पूर्ण रूप से अन्यायपूर्ण और संविधान के खिलाफ है। यह जातिवाद और भेदभाव को बढ़ावा देता है, और किसी के व्यक्तिगत अधिकारों और स्वतंत्रता का उल्लंघन करता है। भारतीय संविधान में जातिवाद के विरुद्ध कठोर सजा और समानता की गारंटी दी गई है तथा इस तरह के निर्णय को मान्यता नहीं दी जा सकती।

निम्नलिखित प्रश्नों के उत्तर दीजिए

1. अधिकार क्या हैं और वे महत्त्वपूर्ण क्यों हैं? अधिकारों का दावा करने के लिए उपयुक्त आधार क्या हो सकता है?

उत्तर अधिकार नागरिकों को सम्मानपूर्वक जीवन जीने की गारंटी देने वाले वे औचित्यपूर्ण दावे होते हैं, जिन्हें कानूनी एवं सामाजिक रूप से मान्यता प्राप्त होती है। अधिकार निम्नलिखित कारणों से महत्त्वपूर्ण होते हैं

- अधिकार व्यक्तियों की क्षमता का विकास कर अपने उद्देश्यों की पूर्ति करने के समान अवसर उपलब्ध करवाते हैं।
- अधिकार नागरिकों को सम्मानपूर्वक जीवन जीने के लिए आवश्यक न्यूनतम संसाधनों की उपलब्धता करवाते हैं।
- अधिकार राज्य की सत्ता तथा नागरिक स्वतंत्रता में संतुलन स्थापित करते हैं।
- अधिकार नियोजन की गारंटी देते हैं, जो अंततः गरिमा पूर्ण जीवन के लिए महत्त्वपूर्ण होता है, क्योंकि नियोजन व्यक्ति को आर्थिक स्वतंत्रता प्रदान करता है।
- अधिकार व्यक्ति को मौलिक स्वतंत्रता प्रदान करते हैं, जिन्हें व्यक्ति के सर्वांगीण विकास के लिए महत्त्वपूर्ण कारक माना जाता है। ये व्यक्ति में सृजनात्मकता का विकास करते हैं।

अधिकारों का दावा करने के लिए आवश्यक है कि उनका आधार औचित्यपूर्ण होना चाहिए तथा वे दावे कानूनी एवं सामाजिक रूप से स्वीकृत होने चाहिए।

2. किन आधारों पर अधिकार अपनी प्रकृति में सार्वभौमिक माने जाते हैं?

उत्तर अधिकारों को निम्नलिखित आधारों पर सार्वभौमिक माना जाता है

- ये प्रकृति द्वारा प्रदत्त होते हैं तथा सभी व्यक्तियों को जन्म के साथ ही प्राप्त होते हैं।

- प्रत्येक व्यक्ति की क्षमता विकास के लिए आवश्यक होते हैं।
- सभी व्यक्तियों के गरिमामय जीवन के लिए आवश्यक होते हैं।
- नागरिक स्वतंत्रता को राज्य की स्वेच्छाचारिता से सुरक्षित करते हैं।
- अभिव्यक्ति की स्वतंत्रता का अधिकार समाज में रहने वाले सभी व्यक्तियों के लिए महत्त्वपूर्ण है।
- शिक्षा का अधिकार हमें उपयोगी कौशल प्रदान करती है और जीवन में सूझ-बूझ के साथ-साथ चयन करने में भी सक्षम बनाता है। व्यक्ति के कल्याण के लिए शिक्षा अनिवार्य है।
- मनुष्य होने के नाते सभी व्यक्तियों के प्राप्य को सुनिश्चित करते हैं। अधिकार सभी व्यक्तियों के समान महत्त्व को सुनिश्चित करते हैं तथा विश्व-स्तर पर ये स्वीकार्य होते हैं। इस कारण इनकी प्रकृति सार्वभौमिक मानी जाती है।

3. संक्षेप में उन नए अधिकारों की चर्चा कीजिए, जो हमारे देश में सामने आ रहे हैं। उदाहरण के लिए, आदिवासियों के अपने रहवास और जीने के तरीके को संरक्षित रखने तथा बच्चों के बँधुआ मजदूरी के खिलाफ अधिकार जैसे नए अधिकारों को लिया जा सकता है।

उत्तर भारत में अनेक प्रकार के ऐसे दावे अस्तित्व में आ रहे हैं, जो व्यक्तियों, स्त्रियों व बच्चों आदि के सम्मानपूर्वक जीवन व सभी प्रकार के क्रियाकलापों में भागीदारी से जुड़े हुए हैं; जैसे—बच्चों की बँधुआ मजदूरी के विरुद्ध अधिकार प्रदान किया गया है।

इसमें बाल शोषण को कानून के दायरे में लाकर दंडित करने का प्रावधान किया गया है, ताकि बच्चों को शोषण मुक्त जीवन उपलब्ध हो। आदिवासियों को उनके तरीके से वन क्षेत्रों में रहने व अपनी संस्कृति को बनाए रखने का अधिकार सुनिश्चित किया गया है।

इसके अतिरिक्त बदलती विश्व व्यवस्था में नई चुनौतियाँ भी उभर रही हैं, जैसे पर्यावरणीय संकट की परिस्थिति में स्वच्छ हवा, शुद्धजल तथा सतत् विकास का अधिकार। इसी प्रकार युद्ध या प्राकृतिक आपदा की स्थिति में प्रवास आदि का अधिकार, महिला हिंसा के विरुद्ध सुरक्षा का अधिकार तथा इनके प्रतिनिधित्व का अधिकार।

समाज में एक बड़ा तब वर्ग अभी भी मूलभूत सुविधाओं से वंचित है; जैसे-खाद्यान्न, जल, शिक्षा, शौचालय आदि इसकी उपलब्धता इन वर्गों के लिए अधिकारों की सीमा के अंतर्गत है।

4. राजनीतिक, आर्थिक और सांस्कृतिक अधिकारों में अंतर स्पष्ट करें। सभी प्रकार के अधिकारों का उदाहरण भी दें।

उत्तर **राजनीतिक अधिकार** लोकतांत्रिक व्यवस्था में राजनीतिक अधिकारों के अंतर्गत राज्य द्वारा नागरिकों को अभिव्यक्ति की स्वतंत्रता का अधिकार, राजनीतिक प्रक्रियाओं में भाग लेने का अधिकार, मत डालने का अधिकार, चुनाव लड़ने का अधिकार एवं राजनीतिक पार्टी बनाने का अधिकार आदि प्रदान किए जाते हैं।

आर्थिक अधिकार प्रत्येक लोकतांत्रिक राज्य अपने नागरिकों की बुनियादी आवश्यकताओं की पूर्ति हेतु उन्हें आर्थिक अधिकार प्रदान करता है; जैसे—चिकित्सा, आवास, शिक्षा, भोजन व न्यूनतम वेतन का निर्धारण आदि। इन बुनियादी आवश्यकताओं की पूर्ति होने के पश्चात् ही नागरिकों द्वारा अपने राजनीतिक अधिकारों का उपयोग प्रभावपूर्ण तरीके से किया जा सकता है।

सांस्कृतिक अधिकार आधुनिक लोकतांत्रिक व्यवस्थाओं में देश अपने नागरिकों को राजनीतिक व आर्थिक अधिकार प्रदान करने के साथ-साथ सांस्कृतिक अधिकार भी प्रदान करता है। इस प्रकार के अधिकारों को भी सम्मानपूर्वक जीवन जीने के लिए आवश्यक माना जाता है। इसके अंतर्गत धार्मिक व सांस्कृतिक शिक्षा पाने का अधिकार, संस्कृति को सुरक्षित रखने के लिए शिक्षण संस्थाएँ स्थापित करने के अधिकार को शामिल किया जाता है।

5. "अधिकार राज्य की सत्ता पर कुछ सीमाएँ लगाते हैं।" उदाहरण सहित व्याख्या करें।

उत्तर अधिकार ना केवल यह सुनिश्चित करते हैं कि राज्य को क्या करना चाहिए बल्कि यह भी सुनिश्चित करते हैं कि क्या नहीं करना चाहिए? इस प्रकार की सुनिश्चितता के माध्यम से ही अधिकार राज्य की सत्ता पर सीमाएँ लगाता है। चूँकि राज्य अत्यंत शक्तिशाली होता है। वह अपनी सत्ता का दुरुपयोग नागरिक स्वतंत्रताओं के विरुद्ध भी कर सकता है।

नागरिक स्वतंत्रता को बनाए रखने के लिए अधिकार राज्य की सत्ता के प्रयोग हेतु कुछ सीमाएँ निर्धारित कर देते हैं; जैसे—राज्य द्वारा ऐसे कानून या नीतियों का निर्माण नहीं किया जा सकता, जो नागरिकों के बुनियादी अधिकारों के विरुद्ध हों। लोकतांत्रिक व्यवस्था में अधिकार राज्य के इस वैधानिक दायित्व को सुनिश्चित करते हैं कि वह जनहित को ध्यान में रखकर ही कार्य करें। उसका कोई भी कार्य जनहित के विरुद्ध न हो तथा राज्य की सत्ता नागरिक स्वतंत्रता का सदैव सम्मान करे।

अभ्यास प्रश्न

वस्तुनिष्ठ प्रश्न

बहुविकल्पीय प्रश्न

1. निम्न में से कौन मौलिक रूप से एक वैध दावा है, जो दर्शाता है कि लोगों, व्यक्तियों और मनुष्यों के रूप में हमारा क्या अधिकार है?

(a) कर्त्तव्य (b) सिद्धांत
(c) अधिकार (d) इनमें से कोई नहीं

उत्तर (c) अधिकार

2. किसी की भाषा और संस्कृतियों को पढ़ाने के लिए शिक्षण संस्थान स्थापित करने के अधिकार को क्या कहा जाता है?

(a) सांस्कृतिक (b) सामाजिक
(c) दार्शनिक (d) आर्थिक

उत्तर (a) सांस्कृतिक

3. 10 दिसंबर, 1948 को किसकी सामान्य सभा ने मानवाधिकारों की सार्वभौमिक घोषणा को स्वीकार और लागू किया?

(a) यूरोपियन यूनियन (b) नाटो
(c) संयुक्त राष्ट्र (d) राष्ट्र समूह

उत्तर (c) संयुक्त राष्ट्र

4. शिक्षा का अधिकार जैसे अधिकार उदाहरण के लिए हमारी तर्क क्षमताओं के विकास में सहायता करता है। हमें मूल्यवान कौशल प्रदान करता है और हमें जीवन में शिक्षित निर्णय लेने की अनुमति देता है। इस संदर्भ में शिक्षा को कौन-सा अधिकार माना जाता है?

(a) सामाजिक (b) सार्वभौमिक
(c) सांस्कृतिक (d) ये सभी

उत्तर (b) सार्वभौमिक

5. ……….. ने लोगों के अधिकारों की नींव रखी है। इसका अर्थ यह था कि हमारे अधिकार हमें किसी सम्राट या राज्य द्वारा नहीं दिए गए थे, बल्कि यह है कि हम अधिकारों के साथ पैदा हुए हैं। *दक्षता आधारित प्रश्न*

(a) सार्वभौमिक कानून (b) प्राकृतिक कानून
(c) 'a' और 'b' दोनों (d) मौलिक कानून

उत्तर (a) सार्वभौमिक कानून

6. मानवाधिकारों की सफलता की डिग्री सरकारों और.... के समर्थन पर निर्भर करती है।

(a) लोगों (b) कानून (c) समाज (d) धर्म

उत्तर (b) कानून

7. निम्नलिखित में से कौन-सा कथन सही है? *दक्षता आधारित प्रश्न*

(a) अधिकार एक सम्मानजनक जीवन जीने के लिए आवश्यक दावा या अधिकार है
(b) आजीविका का अधिकार और अभिव्यक्ति की स्वतंत्रता ही एकमात्र सार्वभौमिक अधिकार है
(c) प्राचीन राजनीतिक विचारकों ने तर्क दिया कि अधिकार प्रकृति द्वारा दिए गए हैं
(d) 'a' और 'c' दोनों

उत्तर (d) 'a' और 'c' दोनों

8. निम्नलिखित में से कौन-सा अधिकार प्रकृति में सार्वभौमिक है? *दक्षता आधारित प्रश्न*

(a) आजीविका का अधिकार
(b) अभिव्यक्ति की स्वतंत्रता का अधिकार
(c) 'a' और 'b' दोनों
(d) नागरिकता का अधिकार

उत्तर (c) 'a' और 'b' दोनों

9. दार्शनिक इमैनुएल कांट ने किसके अधिकारों की नैतिक अवधारणा के बारे में बात की?

(a) फ्रांस (b) अमेरिका (c) स्पेनिश (d) जर्मन

उत्तर (d) जर्मन

10. मानवीय गरिमा के संदर्भ में कांट ने अधिकार की नैतिक अवधारणा प्रस्तुत की। निम्नलिखित में कौन-सा कथन इस अवधारणा से संबंधित नहीं है? *दक्षता आधारित प्रश्न*

(a) दूसरों के साथ स्वयं के लिए अपेक्षित आचरण ही करना चाहिए।
(b) स्वार्थ सिद्धि मानव अधिकारों का एक गुण है।
(c) मनुष्य की एक अलग गरिमा है इसलिए इसके साथ अधिकारों के अनुकूल व्यवहार करना चाहिए।
(d) मनुष्य होना मात्र ही सम्मानीय अधिकार का प्रमुख आधार है।

उत्तर (b) स्वार्थ सिद्धि मानव अधिकारों का एक गुण है।

11. निम्नलिखित कथनों पर विचार कीजिए

1. **प्राकृतिक अधिकार हमें प्रकृति द्वारा दिए गए हैं और वे अक्षम्य हैं।**
2. **प्राकृतिक अधिकार अन्य मूल अधिकारों से प्राप्त होते हैं।**
3. **जीवन का अधिकार, स्वतंत्रता और विरोध तीन प्राकृतिक अधिकार हैं।**

उपरोक्त में कौन-सा कथन सही नहीं है? *दक्षता आधारित प्रश्न*

(a) केवल 1 (b) 1 और 2
(c) 2 और 3 (d) उपरोक्त सभी

उत्तर (c) 2 और 3

12. निम्नलिखित कथनों पर विचार कीजिए

1. **लोकतांत्रिक व्यवस्था में सर्वप्रथम नागरिक अधिकारों के घोषणा-पत्र को जारी किया जाता है।**
2. **राजनीतिक अधिकार नागरिक स्वतंत्रताओं से संबंधित होते हैं।**
3. **वर्तमान लोकतांत्रिक व्यवस्थाओं में अधिकारों की सूची में निरंतर विस्तार नहीं हो रहा है।**

उपरोक्त में से कौन-सा कथन सही है?

(a) 1 और 2
(b) 2 और 3
(c) 1 और 3
(d) ये सभी

उत्तर (a) 1 और 2

13. निम्नलिखित में से कौन-सा कथन सही नहीं है?

(a) इमैनुएल कांट ने मानवीय गरिमा के विषय में विचार प्रस्तुत किए हैं।
(b) मातृभाषा में प्राथमिक शिक्षा पाने का अधिकार सांस्कृतिक अधिकार कहलाता हैं।
(c) मत डालने का अधिकार राजनैतिक अधिकार से संबंधित हैं।
(d) अभिव्यक्ति की स्वतंत्रता ही एकमात्र सार्वभौमिक अधिकार है।

उत्तर (d) अभिव्यक्ति की स्वतंत्रता ही एकमात्र सार्वभौमिक अधिकार है।

14. सूची I को सूची II के साथ सुमेलित कीजिए दक्षता आधारित प्रश्न

	सूची I		सूची II
A.	समाज द्वारा अनुमोदित वैध दावा	1.	अधिकारों की बुनियाद
B.	जीवन का अधिकार	2.	अधिकार
C.	चुनाव लड़ने संबंधी अधिकार	3.	मानवाधिकार
D.	मानव को प्राप्त अधिकार	4.	राजनीतिक अधिकार

कूट

	A	B	C	D		A	B	C	D
(a)	2	1	4	3	(b)	1	2	3	4
(c)	1	3	2	4	(d)	4	3	2	1

उत्तर (a) 2 1 4 3

15. सूची I को सूची II के साथ सुमेलित कीजिए

	सूची I		सूची II
A.	मानवीय गरिमा के विषय में विचार	1.	सांस्कृतिक अधिकार
B.	मानव अधिकारों की सार्वभौमिक घोषणा	2.	आर्थिक अधिकार
C.	न्यूनतम बुनियादी आवश्यकताओं की पूर्ति	3.	संयुक्त राष्ट्र संघ
D.	मातृभाषा में प्राथमिक शिक्षा पाने का अधिकार	4.	इमैनुएल कांट

कूट

	A	B	C	D		A	B	C	D
(a)	1	2	3	4	(b)	4	3	2	1
(c)	2	1	4	3	(d)	3	2	1	4

उत्तर (b) 4 3 2 1

16. निम्नलिखित में से कौन-सा युग्म सही सुमेलित नहीं है? दक्षता आधारित प्रश्न

(a) सांस्कृतिक अधिकार-भाषायी एवं सांस्कृतिक शिक्षण के लिए संस्थाएँ खोलना।
(b) आर्थिक अधिकार-जब सभी व्यक्तियों की न्यूनतम बुनियादी आवश्यकता पूरी हो रही हो।
(c) मानवाधिकार-धूम्रपान का अधिकार।
(d) राजनीतिक अधिकार-राजनैतिक पार्टी बनाना एवं चुनाव लड़ना।

उत्तर (c) मानवाधिकार-धूम्रपान का अधिकार।

17. नीचे दो कथन दिए गए हैं।

कथन I अधिकार वे विशेष सुविधाएँ और सुरक्षा है जो राज्य नागरिकों को उनकी गरिमा और स्वतंत्रता की रक्षा के लिए प्रदान करता है।

कथन II अधिकार केवल कानूनी स्वरूप से सीमित नहीं होते, बल्कि वे नैतिक रूप से भी नागरिकों के कर्त्तव्यों से जुड़े होते हैं। दक्षता आधारित प्रश्न

कूट

(a) केवल कथन I सही है
(b) केवल कथन II सही है
(c) कथन I और कथन II दोनों सही हैं
(d) कथन I और कथन II दोनों गलत हैं

उत्तर (c) कथन I और कथन II दोनों सही हैं।

18. नीचे दो कथन दिए गए हैं।

कथन I संयुक्त राष्ट्र की सामान्य सभा ने 10 दिसंबर, 1948 को मानव अधिकारों की सार्वभौमिक घोषणा को स्वीकार और लागू किया।

कथन II वर्तमान में संयुक्त राष्ट्र संघ महासभा मानवाधिकारों के घोषणा-पत्र को विश्व की सभी सभ्यताओं तथा देशों के लिए उपलब्धि के सर्वमान्य मानदंड के रूप में घोषित नहीं करती है।

कूट

(a) केवल कथन I सही है
(b) केवल कथन II सही है
(c) कथन I और कथन II दोनों सही हैं
(d) कथन I और कथन II दोनों गलत हैं

उत्तर (a) केवल कथन I सही है।

निर्देश (प्र. सं. 19-23) नीचे दो कथन दिए गए हैं, जिनमें एक को कथन (A) और दूसरे को कारण (R) कहा गया है। कूट की सहायता से सही उत्तर का चयन करें

कूट

(a) A और R दोनों सही हैं तथा R, A की सही व्याख्या है
(b) A और R दोनों सही हैं, परंतु R, A की सही व्याख्या नहीं है
(c) A सही है, किंतु R गलत है
(d) A गलत है, किंतु R सही है

19. कथन (A) वर्तमान वर्षों में प्राकृतिक अधिकार शब्द से ज्यादा मानवाधिकार शब्द का प्रयोग हो रहा है।

कारण (R) वर्तमान में प्राकृतिक अधिकारों के होने के विचार स्वीकृत नहीं हैं। दक्षता आधारित प्रश्न

उत्तर (a) वर्तमान वर्षों में प्राकृतिक अधिकार शब्द से ज्यादा मानवाधिकार शब्द का प्रयोग हो रहा है। ऐसा इसलिए, क्योंकि उनके प्राकृतिक होने का विचार आज अस्वीकार्य लगता है। वर्तमान में ऐसा मानना भी मुश्किल होता जा रहा है कि कुछ नियम-आदर्श ऐसे हैं, जिन्हें प्रकृति या ईश्वर ने बनाया है।

20. कथन (A) संविधान देशों के सर्वोच्च कानून के द्योतक होते हैं।

कारण (R) इसी कारण कुछ विशेष अधिकारों की संवैधानिक मान्यता उन्हें बुनियादी महत्त्व प्रदान करती है।

उत्तर (a) संविधान देशों के सर्वोच्च कानून के द्योतक होते हैं, इसलिए कुछ विशेष अधिकारों की संवैधानिक मान्यता उन्हें बुनियादी महत्त्व प्रदान करती है। भारत में हम इन्हें मौलिक अधिकार कहते हैं। अन्य कानूनों और नीतियों से इन संवैधानिक अधिकारों के सम्मान की अपेक्षा की जाती है।

21. कथन (A) **नागरिकों को अपने अधिकारों पर लगाए जाने वाले नियंत्रण के बारे में सतर्क नहीं रहना चाहिए।**

कारण (R) **कभी-कभी नियंत्रण नागरिकों के अधिकारों को सीमित कर देते हैं।**

उत्तर (d) नागरिकों को अपने अधिकारों पर लगाए जाने वाले नियंत्रण के बारे में सतर्क रहना चाहिए, क्योंकि कभी-कभी नियंत्रण नागरिकों के अधिकारों को सीमित कर देते हैं। अधिकार कभी संपूर्ण, सर्वोच्च नहीं हो सकते, इसलिए हमें अपने और दूसरों के अधिकारों की रक्षा करने के लिए सतर्क रहने की आवश्यकता है, क्योंकि ये लोकतांत्रिक समाज की बुनियाद का निर्माण करते हैं।

22. कथन (A) **वर्ष 1948 में संयुक्त राष्ट्र ने मानव अधिकारों से संबंधित घोषणा-पत्र जारी किया।**

कारण (R) **इसके बाद व्यक्ति के गरिमामय जीवन का हनन हुआ।**

उत्तर (c) वर्ष 1948 में संयुक्त राष्ट्र ने मानव अधिकारों से संबंधित घोषणा-पत्र जारी किया। इस घोषणा-पत्र में विश्व समुदाय के उन दावों को मानव अधिकारों के रूप में मान्यता दी गई है, जो एक व्यक्ति के गरिमामय जीवन के लिए आवश्यक होते हैं।

23. कथन (A) **राजनीतिक अधिकार नागरिक स्वतंत्रताओं से संबंधित होते हैं।**

कारण (R) **इसमें केवल स्वतंत्र एवं निष्पक्ष न्याय ही नागरिकों को प्राप्त होता है।**

उत्तर (c) राजनीतिक अधिकार नागरिक स्वतंत्रताओं से संबंधित होते हैं। इसमें केवल स्वतंत्र एवं निष्पक्ष न्याय ही नागरिकों को प्राप्त नहीं होता है, बल्कि इसमें स्वतंत्र एवं निष्पक्ष न्याय के साथ-साथ अभिव्यक्ति की स्वतंत्रता एवं किसी मामले में सहमति अथवा असहमति प्रकट करने की स्वतंत्रता भी शामिल होती है।

24. नीचे दिए गए चित्र का अध्ययन कर प्रश्नों के उत्तर दें

(i) **उपरोक्त चित्र में किस अधिकार की चर्चा की गई है?**
(a) शिक्षा का अधिकार (b) सूचना का अधिकार
(c) विदेश जाने का अधिकार (d) उपरोक्त में से कोई नही

उत्तर (b) सूचना का अधिकार

(ii) **सूचना के अधिकार का उद्देश्य क्या है?**
(a) सरकारी कार्यों में पारदर्शिता लाना
(b) सरकारी कर्मचारियों को जवाबदेह बनाना
(c) लोगों को उनकी जानकारी प्राप्त करने का अधिकार देना
(d) उपरोक्त सभी

उत्तर (d) उपरोक्त सभी

(iii) **यदि किसी आवेदन का जवाब समय पर नहीं मिलता, तो सूचना प्राप्त करने वाले व्यक्ति को क्या करना चाहिए?**
(a) कोई कार्यवाही नहीं कर सकता
(b) सूचना आयोग में शिकायत कर सकता है
(c) न्यायालय में शिकायत कर सकता है
(d) निर्वाचन आयोग में शिकायत कर सकता है

उत्तर (b) सूचना आयोग में शिकायत कर सकता है

(iv) **सूचना का अधिकार .... में लाया गया था ?**
(a) वर्ष 2003 (b) वर्ष 2004
(c) वर्ष 2005 (d) वर्ष 2006

उत्तर (c) वर्ष 2005

25. नीचे दिए गए चित्र का अध्ययन कर प्रश्नों के उत्तर दें

(i) **उपरोक्त चित्र में किस अधिकार की बात की गई है?**
(a) निजता का अधिकार (b) सूचना का अधिकार
(c) राजनीतिक अधिकार (d) उपरोक्त सभी

उत्तर (a) निजता का अधिकार

(ii) **अधिकार हमें सार्वजनिक जीवन में किस प्रकार के कार्यों को करने के लिए प्रेरित भी करते हैं?**
(a) नए वृक्ष लगाने के लिए
(b) प्रदूषण कम करने के लिए
(c) जंगल की कटाई को रोकने के लिए
(d) उपरोक्त सभी

उत्तर (d) उपरोक्त सभी

(iii) **किसी की बिना इजाजत लिए फोटो को खींचकर इंटरनेट पर डाल देना किस प्रकार के अधिकार का उल्लंघन है?**

(a) स्वतंत्रता का अधिकार
(b) निजता का अधिकार
(c) अभिव्यक्ति का अधिकार
(d) समानता का अधिकार

उत्तर (b) निजता का अधिकार

(iv) **मानवीय अधिकारों की रक्षा ...... करती है?**

(a) संसद
(b) न्यायपालिका
(c) राष्ट्रपति
(d) प्रधानमंत्री

उत्तर (b) न्यायपालिका

लघु उत्तरीय प्रश्न

1. अधिकारों की प्रमुख विशेषताओं को स्पष्ट कीजिए।

उत्तर अधिकारों की प्रमुख विशेषताएँ निम्नलिखित हैं

- अधिकार व्यक्तियों के द्वारा किए गए ऐसे वैध दावे होते हैं, जो व्यक्ति के विकास तथा गरिमामय जीवनयापन हेतु आवश्यक होते हैं।
- अधिकार व्यक्तियों के द्वारा किए गए वे दावे होते हैं, जिन्हें सामाजिक तथा कानूनी रूप से मान्यता प्राप्त होती है। अधिकार सृजनात्मकता तथा रचनात्मक क्रियाकलापों को बढ़ावा देते हैं।
- अधिकारों का आधार नैतिकता होता है तथा संपूर्ण समाज के हित को प्रदर्शित करते हैं।

2. संयुक्त राष्ट्र के मानव अधिकारों के सार्वभौम घोषणा-पत्र का उद्देश्य क्या है?

उत्तर संयुक्त राष्ट्र के मानव अधिकारों के सार्वभौम घोषणा-पत्र का उद्देश्य उन अधिकारों को मान्यता देना है, जो मानव गरिमा और आत्म-सम्मान से पूर्ण जीवन जीने के लिए आवश्यक हैं। यह घोषणा-पत्र विभिन्न प्रकार के उत्पीड़न और असमानता का सामना कर रहे समुदायों को समान अवसर और अधिकार प्रदान करने की दिशा में कार्य करता है। यह नस्ल, जाति, धर्म और लिंग के आधार पर हो रहे भेदभाव को समाप्त करने और समानता के अधिकार की रक्षा के लिए एक सार्वभौमिक रूपरेखा प्रदान करता है। साथ ही, यह उन कानूनों और नीतियों को चुनौती देने का साधन बनता है, जो लोगों को उनके मूल अधिकारों से वंचित करते हैं।

3. दास प्रथा के उन्मूलन का मानव अधिकारों के संघर्ष में क्या महत्त्व हैं?

दक्षता आधारित प्रश्न

उत्तर दास प्रथा के उन्मूलन को मानव अधिकारों के संघर्ष में एक महत्त्वपूर्ण उपलब्धि माना जाता है। यह संघर्ष इस विचार पर आधारित था कि सभी मनुष्य जन्म से समान और स्वतंत्र है। दास प्रथा ने मनुष्यों को वस्तुओं की तरह खरीदा और बेचा, जो उनकी गरिमा और मानवता का अतिक्रमण था। दास प्रथा के उन्मूलन ने यह सिद्ध किया कि असमानता और उत्पीड़न के विरुद्ध सामूहिक प्रयासों से सकारात्मक परिवर्तन लाया जा सकता है। यह आंदोलन मानव अधिकारों के सिद्धांतों को लागू करने तथा समानता और स्वतंत्रता की रक्षा करने के लिए एक प्रेरणा बना।

4. बुनियादी जरूरतों की पूर्ती राजनीतिक अधिकारों को कैसे प्रभावित करती है?

दक्षता आधारित प्रश्न

उत्तर बुनियादी जरूरतें जैसे -भोजन, वस्त्र, आवास और स्वास्थ्य, नागरिकों के लिए अत्यंत आवश्यक है। जब तक इन जरूरतों की पूर्ति नहीं होती, तब तक राजनीतिक अधिकारों का वास्तविक लाभ नहीं उठाया जा सकता, जो लोग अपनी बुनियादी जरूरतों के लिए संघर्ष कर रहे होते हैं। उनके लिए राजनीतिक अधिकार गौण हो जाते हैं। इसलिए लोकतांत्रिक समाज, आर्थिक अधिकारों को महत्त्व देते हैं, जैसे कि रोजगार की गारंटी, न्यूनतम मजदूरी, उचित कार्य परिस्थितियाँ और बेरोजगारी भत्ते। उदाहरण के लिए भारत में मनरेगा जैसी योजनाएँ ग्रामीण गरीबों को रोजगार देकर उनकी बुनियादी आवश्यकताओं को पूरा करने में सहायता करती है।

5. सांस्कृतिक अधिकारों का महत्त्व लोकतांत्रिक व्यवस्थाओं में कैसे बढ़ा हैं?

दक्षता आधारित प्रश्न

उत्तर आधुनिक लोकतांत्रिक व्यवस्थाएँ अब नागरिकों के सांस्कृतिक अधिकारों को भी महत्त्व देने लगी हैं। इन अधिकारों में अपनी मातृभाषा में शिक्षा प्राप्त करने, अपनी भाषा और संस्कृति को संरक्षित करने तथा सांस्कृतिक संस्थाएँ बनाने का अधिकार शामिल हैं। यह अधिकार समाज के विभिन्न वर्गों को अपनी सांस्कृतिक पहचान बनाए रखने में सहायता करता है। सांस्कृतिक अधिकारों को सम्मान देकर लोकतंत्र नागरिकों के जीवन स्तर को बेहतर बनाने और विविधता को प्रोत्साहित करने का प्रयास करता है।

6. अधिकारों का संतुलन कैसे बनाए रखा जा सकता है?

दक्षता आधारित प्रश्न

उत्तर अधिकारों का संतुलन बनाए रखने के लिए हमें कुछ विशेष सिद्धांतों का पालन करना होता है। सर्वप्रथम, यह सुनिश्चित करना आवश्यक है कि किसी व्यक्ति का अधिकार दूसरे के अधिकारों के विरुद्ध न जाए। उदाहरण के लिए, अगर में किसी के निजी क्षेत्र में प्रवेश करता हूँ या उनकी सहमति के बिना उनकी तस्वीर लेता हूँ, तो मैं उनकी गोपनीयता के अधिकार का उल्लंघन कर रहा हूँ। ऐसे में मुझे अपने अधिकारों का उपयोग करते हुए दूसरों के अधिकारों को प्राथमिकता देनी चाहिए। दूसरे यदि किसी एक अधिकार के उल्लंघन से व्यापक समाज की भलाई को ध्यान में रखते हुए कुछ प्रतिबंध लगाए जा सकते हैं। यह संतुलन एक न्यायपूर्ण और समान समाज के निर्माण के लिए आवश्यक है, जहाँ सभी के अधिकार समान रूप से संरक्षित हों।

7. क्या राष्ट्रीय सुरक्षा के नाम पर नागरिकों के अधिकारों पर प्रतिबंध लगाना उचित हैं?

दक्षता आधारित प्रश्न

उत्तर राष्ट्रीय सुरक्षा के नाम पर नागरिकों के अधिकारों पर प्रतिबंध लगाने का सवाल जटिल है और इसे संवेदनशील तरीके से समझने की आवश्यकता है। जब देश को आतंकवादी धमकियों या अन्य खतरों का सामना करना होता है, तो सरकार को सुरक्षा सुनिश्चित करने के लिए कुछ कदम उठाने की आवश्यकता होती है। हालाँकि इन कदमों को लागू करते समय यह सुनिश्चित करना महत्त्वपूर्ण है कि नागरिकों के बुनियादी अधिकारों का उल्लंघन न हो। राष्ट्रीय सुरक्षा के लिए कुछ कदम आवश्यक हो सकते हैं, लेकिन किसी भी स्थिति में यह नहीं होना चाहिए कि सुरक्षा के नाम पर नागरिकों के मौलिक अधिकारों का हनन किया जाए। इस संबंध में यह महत्त्वपूर्ण है कि कोई भी प्रतिबंध अस्थायी हो और इसका उद्देश्य केवल समाज की सुरक्षा हो, न कि नागरिकों के अधिकारों को स्थायी रूप से सीमित करना।

दीर्घ उत्तरीय प्रश्न।

1. 17 वीं और 18 वीं शताब्दी के सिद्धांतकारों के अनुसार प्रकृति द्वारा प्रदत्त अधिकारों का क्या महत्त्व था? *दक्षता आधारित प्रश्न*

उत्तर 'प्रकृति द्वारा प्रदत्त अधिकार' सिद्धांत व्यक्तियों को प्राप्त अधिकारों का स्रोत प्रकृति को मानता है। इस संदर्भ में 17वीं एवं 18वीं शताब्दी के सिद्धांतकारों का कहना है कि जीवनयापन के लिए आवश्यक अधिकार व्यक्ति को जन्म से ही प्राप्त होते हैं, इसलिए इन अधिकारों को कोई स्वेच्छाचारी शासक या राज्य नहीं छीन सकता। प्राकृतिक अधिकारों के अंतर्गत तीन अधिकारों को चिह्नित किया गया है, जिसमें जीवन का अधिकार, स्वतंत्रता का अधिकार तथा संपत्ति के अधिकार को शामिल किया गया है। यह व्यक्ति होने के कारण सभी को प्राप्त हैं। प्रकृति द्वारा प्रदत्त ये अधिकार अन्य सभी प्रकार के अधिकारों की बुनियाद होते हैं। वर्तमान में इन बुनियादी अधिकारों को प्राकृतिक अधिकार के रूप में न देखकर मानवाधिकार के रूप में देखा जाता है।

2. राजनीतिक अधिकारों का क्या अर्थ है और ये नागरिकों के लिए क्यों महत्त्वपूर्ण है? *दक्षता आधारित प्रश्न*

उत्तर लोकतांत्रिक व्यवस्था में प्रत्येक देश के द्वारा अपने नागरिकों को राजनीतिक प्रक्रिया में भाग लेने, प्रतिनिधियों के चयन में मत देने, चुनाव लड़ने एवं अभिव्यक्ति की स्वतंत्रता संबंधी अधिकार प्रदान किए जाते हैं। इन्हें राजनीतिक अधिकारों के रूप में जाना जाता है। राजनीतिक अधिकार नागरिक स्वतंत्रताओं से संबंधित होते हैं।

नागरिकों को दिए जाने वाले नागरिक अधिकार ही लोकतांत्रिक व्यवस्था की नींव को मजबूत बनाते हैं एवं नागरिक स्वतंत्रता को सुनिश्चित करते हैं। इस प्रकार, नागरिक स्वतंत्रता तथा राजनीतिक अधिकार मिलकर किसी सरकार की लोकतांत्रिक बुनियाद का निर्माण करते हैं।

3. नागरिक स्वतंत्रता में किन अधिकारों का समावेशा होता है?

उत्तर नागरिक स्वतंत्रता से हमारा अभिप्राय है—नागरिकों को प्रदान की जाने वाली अभिव्यक्ति की स्वतंत्रता, निष्पक्ष न्यायिक जाँच का अधिकार, विचारों की स्वतंत्रता, वाद-विवाद करने की स्वतंत्रता आदि। नागरिक स्वतंत्रता राजनीतिक क्रियाकलापों में नागरिकों की भागीदारी को सुनिश्चित करती है एवं सभी प्रकार के राजनीतिक अधिकार नागरिक स्वतंत्रताओं से संबंधित होते हैं। ये दोनों मिलकर सरकार की लोकतांत्रिक प्रणाली की बुनियाद का निर्माण करते हैं। साथ ही सरकार को जनता के प्रति जवाबदेह बनाकर शासकों की अपेक्षा लोगों को अधिक महत्त्व देकर, सरकार के निर्णयों को प्रभावित करने का अवसर देकर राजनीतिक अधिकार महत्त्वपूर्ण भूमिका निभाते हैं।

4. प्राकृतिक अधिकार कानूनी अधिकारों से किस प्रकार भिन्न हैं?

उत्तर प्राकृतिक अधिकार वे अधिकार होते हैं, जो एक व्यक्ति या नागरिक को जन्म लेने के साथ ही प्राप्त हो जाते हैं। ये वे अधिकार होते हैं, जो मनुष्य के गरिमामय जीवनयापन हेतु आवश्यक होते हैं; जैसे—जीवन का अधिकार, स्वतंत्रता का अधिकार तथा संपत्ति का अधिकार। इन अधिकारों को कोई शासक या राज्य नहीं छीन सकता, जबकि वैध अधिकार कानून या संविधान द्वारा प्रदत्त अधिकार होते हैं। इन्हें कानूनी मान्यता प्राप्त होती है तथा आवश्यकता होने पर इन पर प्रतिबंध लगाए जा सकते हैं। कानूनी अधिकार को सरकार जनता के हित को ध्यान में रखकर या उसकी आवश्यकता को महत्त्व देखकर प्रदान करती है। हालाँकि इसमें यह ध्यान में रखा जाता है कि मानवाधिकारों का किसी भी स्थिति में हनन न हो तथा प्राकृतिक अधिकार प्रभावित न हों। इन सबको ध्यान में रखकर कानूनी अधिकारों को अमल में लाया जाता है।

5. इमैनुएल कांट के अनुसार, मनुष्य को अपने नैतिक कर्त्तव्यो के प्रति किस प्रकार जागरूक रहना चाहिए? *दक्षता आधारित प्रश्न*

उत्तर कांट के अनुसार, मनुष्य को अपने नैतिक कर्त्तव्यों के प्रति हमेशा जागरूक रहना चाहिए और अपने आचरण में नैतिक सिद्धांतों का पालन करना चाहिए। उन्होंने यह कहा कि मनुष्य को अपने कार्यो को केवल अपने स्वार्थ के लिए नहीं, बल्कि नैतिक दृष्टिकोण से करना चाहिए। जब कोई व्यक्ति अपनी स्वार्थी इच्छाओं को नजरअंदाज कर नैतिक कर्त्तव्यों का पालन करता है, तो वह अपनी गरिमा को बनाए रखता है। कांट ने कहा कि यह कर्त्तव्य केवल अपने ही लाभ के लिए नही, बल्कि समस्त मानवता की भलाई के लिए होना चाहिए। उनका यह भी मानना था कि जब हम अपने नैतिक कर्त्तव्यों का पालन करते हैं, तो हम दूसरों के अधिकारों और गरिमा का सम्मान करते हैं। कांट के मानव गरिमा और अधिकारों के सिद्धांत ने विभिन्न सामाजिक आंदोलनों को प्रोत्साहित किया, जो मानवाधिकारों के लिए संघर्ष कर रहे थे।

6. आर्थिक अधिकारों से आप क्या समझते हैं? इनके संदर्भ में राज्य के दायित्व को भी स्पष्ट करें। *दक्षता आधारित प्रश्न*

उत्तर लोकतांत्रिक व्यवस्थाओं में नागरिकों को प्रदान किए जाने वाले वे अधिकार, जो आजीविका कमाने हेतु व्यवसाय का चुनाव करने संबंधी स्वतंत्रता व न्यूनतम बुनियादी आवश्यकताओं की पूर्ति को सुनिश्चित करते हैं एवं सम्मानपूर्वक जीवन जीने के लिए आवश्यक होते हैं, आर्थिक अधिकार कहलाते हैं; जैसे—आवास, चिकित्सा, शिक्षा, स्वच्छ जल आदि प्राप्त करने का अधिकार। इनके संदर्भ में राज्य का दायित्व होता है कि ये बुनियादी सुविधाएँ उन लोगों; जैसे—निचले तबके, मजदूर व वंचित वर्ग आदि को उपलब्ध करवाएँ, जिनकी पहुँच इन तक सुनिश्चित नहीं हो पाती। इसके अंतर्गत बेरोजगारी भत्ता दिया जाता है। भारत सरकार ने ग्रामीण और शहरी गरीबों की मदद के लिए ग्रामीण रोजगार गारंटी योजना की शुरुआत की है।

7. "अधिकारों में कर्त्तव्य अंतर्निहित होते हैं।" स्पष्ट करें।, *दक्षता आधारित प्रश्न*

अथवा **अधिकार एवं कर्त्तव्य के मध्य संबंधों को स्पष्ट करें।**

उत्तर अधिकार एवं कर्त्तव्य एक-दूसरे के पूरक होते हैं। अधिकारों में ही कर्त्तव्य अंतर्निहित होते हैं; जैसे—एक व्यक्ति अपने अधिकारों का उपयोग दूसरों के अधिकारों की स्वतंत्रता को बनाए रखते हुए ही कर सकता है। अधिकारों के अभाव में कर्त्तव्य अप्रासंगिक हो जाते हैं तथा कर्त्तव्यों के अभाव में अधिकार व्यक्ति अथवा राज्य को स्वेच्छाचारी बना सकते हैं। अधिकार एवं कर्त्तव्य दोनों का उद्देश्य सभी व्यक्तियों को सम्मानपूर्वक जीवन उपलब्ध करवाना है।

इस प्रकार, अधिकार नागरिकों को यह जिम्मेदारी सुनिश्चित करता है कि वे अपने अधिकारों का प्रयोग संतुलित रूप से करें, जिससे कि एक-दूसरे के बीच अधिकारों के मध्य टकराव उत्पन्न न हो। अतः अधिकार उत्तरदायित्व को सुनिश्चित करते हुए लोगों से निर्धारित सीमा के अंदर रहते हुए अधिकारों के प्रयोग करने पर बल देता है।

8. अधिकार एवं माँगों (दावों) में अंतर स्पष्ट करें।

उत्तर अधिकार एवं दावे में निम्नलिखित अंतर हैं

अधिकार	दावे
सभी अधिकार दावे होते हैं।	सभी दावे अधिकारों का रूप नहीं लेते।
इन्हें सामाजिक व कानूनी रूप से मान्यता प्राप्त होती है।	सभी दावे मान्यता प्राप्त नहीं होते हैं।
इनका आधार औचित्यपूर्ण होता है।	यह आवश्यक नहीं है कि सभी दावों का आधार औचित्यपूर्ण हो।
यह दक्षता और प्रतिभा को विकसित करने में सहायक होता है।	यह प्रतिभा के विकास में सहायक हो भी सकता है और नहीं भी हो सकता।
यह हमेशा लोक कल्याण के विषय में सोचता है।	यह निजी कल्याण के विषय या विशेष बल देता है।
यह प्राकृतिक और कानूनी दोनों रूपों में होता है।	यह विशेषकर किसी व्यक्ति या समूह की माँग के रूप में हो सकता है।

दीर्घ उत्तरीय प्रश्न II

1. अधिकार से आप क्या समझते हैं? इसके प्रमुख आधार तथा विशेषताओं का विस्तार से विश्लेषण कीजिए। *दक्षता आधारित प्रश्न*

उत्तर अधिकार वह वैध दावा होता है, जो व्यक्ति को समाज और सरकार से अनुमोदन प्राप्त करता हैं। यह व्यक्ति के गरिमामय और सम्मानजनक जीवन के लिए आवश्यक है। अधिकार सुनिश्चित करते है कि व्यक्ति को उसकी बुनियादी जरूरतों को पूरा करने का अवसर मिले, जैसे कि आजीविका, रोजगार, अभिव्यक्ति की स्वतंत्रता आदि।

अधिकारों के प्रमुख आधार

1. **आजीविका और रोजगार का अधिकार** आजीविका का अधिकार यह सुनिश्चित करता है कि व्यक्ति को सम्मानजनक जीवन जीने के लिए आवश्यक संसाधन प्राप्त हो। रोजगार का अधिकार व्यक्ति को आर्थिक स्वतंत्रता और गरिमा प्रदान करता है। यह अधिकार व्यक्ति को अपने कौशल और प्रतिभा के अनुसार रोजगार प्राप्त करने का अवसर देता है।
2. **अभिव्यक्ति की स्वतंत्रता** अभिव्यक्ति का अधिकार व्यक्ति को अपने विचार और विश्वास व्यक्त करने की स्वतंत्रता प्रदान करता है। यह लोकतांत्रिक समाज के लिए अत्यधिक महत्त्वपूर्ण है, क्योंकि यह विचारों और विश्वासों के आदान-प्रदान को बढ़ावा देता है। यह अधिकार व्यक्ति को रचनात्मक रूप से; जैसे- लेखन, नृत्य, संगीत आदि में अपनी विचारधारा को व्यक्त करने का अवसर देता है।
3. **शिक्षा का अधिकार** शिक्षा का अधिकार लोगों को अपनी सोच और कौशल को विकसित करने में सहायता करता है। यह तर्कशक्ति, समस्या, समाधान और जीवन के विभिन्न पहलुओं में निर्णय लेने की क्षमता को बढ़ावा देता है। शिक्षा का अधिकार सार्वभौमिक रूप से स्वीकार किया गया है, क्योंकि यह प्रत्येक व्यक्ति के विकास के लिए अनिवार्य है।

अधिकारों की विशेषताएँ

- **सृजनात्मक और व्यक्तिगत विकासे** अधिकार व्यक्ति को अपनी सृजनात्मकता को विकसित करने का अवसर प्रदान करते हैं। यह अधिकार व्यक्तित्व और गरिमा की ओर बढ़ता है, जो उसे सामाजिक, सांस्कृतिक और व्यक्तिगत विकास की दिशा में प्रेरित करता है।

स्वास्थ्य और कल्याण से संबंधित प्रतिबंध अधिकार केवल सकारात्मक कार्यों से संबंधित होते हैं और किसी भी ऐसे कार्यकलाप को अधिकार नहीं माना जा सकता, जो स्वास्थ्य के लिए हानिकारक हो। उदाहरणस्वरूप नशीली दवाओं का सेवन, जो स्वास्थ्य के साथ-साथ आचरण पर भी नकारात्मक प्रभाव डालता है, इसे अधिकार के रूप में स्वीकार नहीं किया जा सकता। अतः अधिकार व्यक्ति की गरिमा, स्वतंत्रता और विकास के लिए अनिवार्य होते है। ये अधिकार समाज और सरकार की जिम्मेदारी को बढ़ाते है कि वे व्यक्ति को उसकी बुनियादी जरुरतें, शिक्षा, रोजगार और अभिव्यक्ति की स्वतंत्रता प्रदान करे, ताकि वह समाज में अपने उद्देश्य को प्राप्त कर सके। साथ ही, अधिकारों का दुरुपयोग या ऐसे कार्यकलापों को अधिकार के रूप में मान्यता नही दी जा सकती, जो सार्वजनिक या व्यक्तिगत कल्याण को नुकसान पहुँचाते हैं।

2. अधिकारों के इतिहास का संक्षिप्त में विवरण देते हुए मानवाधिकारों का उल्लेख कीजिए।

उत्तर **अधिकारों का इतिहास** 17वीं व 18वीं शताब्दी के राजनीतिक सिद्धांतकार अधिकारों को प्रकृति की देन मानते थे। इस आधार पर वे मुख्यतः तीन अधिकारों को चिह्नित करते थे

1. जीवन का अधिकार
2. स्वतंत्रता का अधिकार
3. संपत्ति का अधिकार

ये तीनों अधिकार ही अन्य सभी प्रकार के अधिकारों की बुनियाद हैं तथा उनका मानना था कि ये अधिकार जन्म से प्राप्त होते हैं। अतः कोई शासक या राज्य इन अधिकारों को नहीं छीन सकता है। इन अधिकारों का प्रयोग राज्य की निरंकुशता का विरोध करने एवं व्यक्तिगत अधिकारों की सुरक्षा करने के लिए किया जाता है।

मानवाधिकारों का महत्त्व पिछले कुछ वर्षों से प्राकृतिक अधिकार से अधिक मानवाधिकार शब्द का प्रयोग किया जा रहा है, क्योंकि उनके प्राकृतिक होने के विचार पर आम सहमति नहीं देखी जा रही है। मनुष्य के अच्छे जीवन के लिए अधिकारों को गारंटी के रूप में देखने की प्रवृत्ति बढ़ी है। मानवाधिकारों की मूल मान्यता यह है कि सभी लोग कुछ वस्तुओं को पाने के अधिकारी हैं। मानव के रूप में सभी व्यक्ति विशिष्ट एवं समान महत्त्व के हैं। अतः सभी मनुष्य एक आंतरिक मूल्य से संपन्न होते हैं, इसलिए उन्हें स्वतंत्र रहने तथा अपनी पूरी संभावना को पूरा करने के लिए समान अवसर मिलना चाहिए। इस विचार का प्रयोग नस्ल, जाति, धर्म तथा लिंग पर आधारित असमानताओं को दूर करने व कम करने के लिए किया जाता रहा है।

मानवाधिकारों की सार्वभौमिक घोषणा मानवधिकारों की इस धारणा को और अधिक मजबूती प्रदान करने के लिए संयुक्त राष्ट्र की सामान्य सभा ने 10 दिसंबर, 1948 की मानव अधिकारों की सार्वभौमिक घोषणा को स्वीकार और लागू किया, जिसके अंतर्गत संयुक्त राष्ट्र ने मानव अधिकारों से संबंधित घोषणा-पत्र जारी किया।

इस घोषणा-पत्र में विश्व समुदाय के उन दावों को मानव अधिकारों के रूप में मान्यता दी गई है, जो एक व्यक्ति के गरिमामय जीवन के लिए आवश्यक होते हैं। संपूर्ण विश्व में लोगों के द्वारा मानवाधिकार की इस अवधारणा के आधार पर उन कानूनों को चुनौती दी जा रही है, जो व्यक्तियों को समानता एवं स्वतंत्रता के अधिकारों से वंचित करते हैं। वे मानवता की अवधारणा की पुनर्व्याख्या के लिए संघर्ष कर रहे हैं, जिससे वे स्वयं को इसमें शामिल कर सकें।

3. मानव अधिकारों की विश्वव्यापी घोषणा की प्रस्तावना क्या है? सविस्तार वर्णन करें। *दक्षता आधारित प्रश्न*

उत्तर 10 दिसंबर, 1948 को संयुक्त राष्ट्र की सामान्य सभा ने मानवाधिकारों की सार्वभौमिक घोषणा की थी। इस घोषणा-पत्र को आगे बढ़ाते हुए सामान्य सभा ने सभी सदस्य देशों से मानवाधिकार की सार्वभौमिक घोषणा को आगे प्रसारित करने को कहा। सामान्य सभा ने देश या क्षेत्र की राजनीतिक स्थिति पर ध्यान न देते हुए इसे विशेष तौर से विद्यालय और अन्य शैक्षिक संस्थानों में प्रसारित और प्रदर्शित करने का आह्वान किया। मानव अधिकारों की विश्वव्यापी घोषणा की प्रस्तावना का विवरण इस प्रकार है

- मानव परिवार के सभी सदस्यों की स्वाभाविक अंतर्निहित गरिमा तथा उनके समान एवं बिना त्याग योग्य अधिकारों की प्रतिष्ठा विश्व में स्वतंत्रता, न्याय तथा शांति की आधारशिला है।
- मानव अधिकारों के उपहास तथा अवमानना के कारण मानवीय चेतना को भयभीत करने वाले क्रूरतापूर्ण कार्य उत्पन्न हुए हैं, इसलिए यह अनिवार्य है कि एक ऐसे विश्व की स्थापना हो, जिसमें सभी मनुष्य भाषण तथा विश्वास की स्वतंत्रता प्राप्त हो तथा भय व अभाव से मुक्ति प्राप्त कर सकें, जो मानव समुदाय की सबसे महत्त्वपूर्ण अभिलाषा है।
- मनुष्य को अत्याचार तथा दमन के विरुद्ध अंतिम अस्त्र के रूप में विद्रोह न करना पड़े, इसलिए विधि के शासन के द्वारा मानवाधिकारों की रक्षा हो।
- संयुक्त राष्ट्र संघ के देशों ने घोषणा-पत्र में मूलभूत मानवाधिकारों, मनुष्य की गरिमा, महत्त्व तथा पुरुषों व महिलाओं के समान अधिकारों के प्रति अपना विश्वास पुनः व्यक्त किया तथा व्यापक स्वतंत्रता की उपलब्धि हेतु उत्तम जीवन स्तर तथा सामाजिक विकास को प्रोत्साहित करने का संकल्प लिया है।
- आज संयुक्त राष्ट्र संघ महासभा, मानवाधिकारों के वैश्विक घोषणा-पत्र को सभी सभ्यताओं तथा देशों के लिए उपलब्धि के सर्वमान्य मानदंड के रूप में घोषित करती है कि प्रत्येक व्यक्ति तथा समाज का प्रत्येक अंग इस घोषणा-पत्र का सदा विचार रखते हुए इन अधिकारों तथा स्वतंत्रता, स्वतंत्रताओं की मर्यादा को अध्यापन तथा शिक्षा के माध्यमों द्वारा प्रोत्साहित करेगा।
- विकास उन्मुखी राष्ट्रीय-अंतर्राष्ट्रीय साधनों द्वारा इनकी सर्वदेशिक तथा सशक्त स्वीकृति एवं अनुपालन को आपस में, सदस्य देशों के लोगों के बीच तथा उनके क्षेत्राधिकार के अंतर्गत आने वाले प्रदेशों की जनता के बीच स्थापित करेगा।

4. अधिकारों के विभिन्न सिद्धांतों का परीक्षण कीजिए।

उत्तर समय-समय पर अधिकारों की जो व्याख्या की गई है उससे निम्नलिखित सिद्धांतों का पता चलता है, जिनका संक्षिप्त विवरण इस प्रकार है

(i) **आदर्शवादी अधिकार का सिद्धांत** यह सिद्धांत अधिकार के नैतिक पक्ष को अत्यधिक महत्त्वपूर्ण मानता है। इस सिद्धांत को व्यक्तिवादी सिद्धांत के नाम से भी जाना जाता है। इस सिद्धांत के तीन स्पष्ट अर्थ निकाले जाते हैं। पहला, अधिकारों का अस्तित्व समाज में निर्हित है। दूसरा, अधिकार व्यक्ति के स्वभाव में निहित है। तीसरा, प्रत्येक अधिकार में कर्त्तव्य भी निहित है।

(ii) **लोक कल्याण का सिद्धांत** इसके अनुसार अधिकारों का सिद्धांत समाज कल्याण है। आधुनिक युग के विद्वान् लॉस्की ने भी इस आधार पर इसका समर्थन किया है। इनका कहना है कि "अधिकार सामाजिक जीवन की वे परिस्थितियाँ हैं जिनके आभाव में साधारणतः कोई भी व्यक्ति अपनी सर्वोत्तम स्थिति पर नहीं पहुँच सकता।

(iii) **ऐतिहासिक तथा रूढ़िवादी अधिकार का सिद्धांत** इस सिद्धांत के अनुसार इतिहास अधिकार की सृष्टि करता है। यहाँ इतिहास से आशय रीति-रिवाज और परंपराओं से है। लंबे समय से प्रचलित रीति-रिवाज और परंपरा अधिकार का रूप ले लेते हैं।

(iv) **नैसर्गिक अधिकार का सिद्धांत** वैसे अधिकार जो मनुष्य के स्वभाव में निहित है। ये अधिकार जन्मसिद्ध अधिकार होते हैं। ये प्राकृति की देन और मनुष्य के जीवन के अभिन्न अंग हैं। इनके उपयोग में राज्य या समान हस्तक्षेप नहीं कर सकता है। स्वतंत्रता का अधिकार, जीवन का अधिकार आदि नैसर्गिक अधिकार हैं।

(v) **वैधानिक अधिकार का सिद्धांत** यह सिद्धांत नैसर्गिक सिद्धांत के बिल्कुल विपरीत है। इस सिद्धांत के अनुसार मनुष्य के अधिकार नैसर्गिक नहीं होते हैं। राज्य की सृष्टि से पूर्व मनुष्य के प्राकृतिक अधिकार की कल्पना नहीं की जा सकती और न ही मनुष्य का कोई जन्मजात अधिकार होता है। इस सिद्धांत के अनुसार अधिकार राज्य के कानून की देन है। इस सिद्धांत के अनुसार राज्य के विरुद्ध व्यक्ति का कोई अधिकार नहीं है।

स्रोत आधारित प्रश्न

नीचे दिए गए स्रोत पर आधारित प्रश्नों के उत्तर दें

1. अधिकतर लोकतांत्रिक व्यवस्थाएँ राजनीतिक अधिकारों का घोषणा-पत्र बनाने से अपनी शुरुआत करती हैं। राजनीतिक अधिकार नागरिकों को कानून के समक्ष बराबरी तथा राजनीतिक प्रक्रिया में भागीदारी का हक देते हैं। इनमें वोट देने और प्रतिनिधि चुनने, चुनाव लड़ने, राजनीतिक पार्टियाँ बनाने या उनमें शामिल होने जैसे अधिकार शामिल हैं। राजनीतिक अधिकार नागरिक स्वतंत्रताओं से जुड़े होते हैं। नागरिक स्वतंत्रता का अर्थ है–स्वतंत्र और निष्पक्ष न्यायिक जाँच का अधिकार, विचारों की स्वतंत्र अभिव्यक्ति का अधिकार, प्रतिवाद करने तथा असहमति प्रकट करने का अधिकार। नागरिक स्वतंत्रता और राजनीतिक अधिकार मिलकर किसी सरकार की लोकतांत्रिक प्रणाली की बुनियाद का निर्माण करते हैं, लेकिन जैसा कि पहले बताया गया है, अधिकारों का उद्देश्य लोगों के कल्याण की हिफाजत करना होता है। सरकार को जनता के प्रति जवाबदेह बनाकर, शासकों की अपेक्षा लोगों के सरोकार को अधिक महत्त्व देकर और तमाम लोगों के लिए सरकार के निर्णयों को प्रभावित करने का अवसर सुनिश्चित कर राजनीतिक अधिकार इसमें सहयोग करते हैं।

(i) **राजनीतिक अधिकारों के अंतर्गत लोगों को कौन-सा/से प्राप्त अधिकार को शामिल नहीं किया जाता है?**

(a) नागरिकों को कानून के समक्ष बराबरी का अधिकार
(b) राजनीतिक प्रक्रिया में वोट देने तथा प्रतिनिधि चुनने के अधिकार को शामिल किया जाता है
(c) भोजन, वस्त्र, आवास जैसी मूलभूत जरूरतों को पूरा करना
(d) राजनीतिक पार्टियों में शामिल होने का अधिकार तथा राजनीतिक दल का निर्माण करना

उत्तर (c) भोजन, वस्त्र, आवास जैसी मूलभूत जरूरतों को पूरा करना

(ii) **नागरिक स्वतंत्रता तथा राजनीतिक अधिकार के संबंध में दिए गए कथनों में से कौन-सा कथन सही नहीं है?**

(a) नागरिक स्वतंत्रता से आशय स्वतंत्र एवं निष्पक्ष न्यायिक जाँच का अधिकार होता है
(b) विचारों की स्वतंत्र अभिव्यक्ति का अधिकार नागरिक स्वतंत्रता का अधिकार है
(c) अधिकारों का उद्देश्य लोगों के कल्याण की रक्षा करना होता है
(d) नागरिक स्वतंत्रता ही एकमात्र स्वतंत्रता है, जो सरकार की लोकतांत्रिक प्रणाली की बुनियाद का निर्माण करती है

उत्तर (d) नागरिक स्वतंत्रता ही एकमात्र स्वतंत्रता है, जो सरकार की लोकतांत्रिक प्रणाली की बुनियाद का निर्माण करती है।

(iii) **राजनीतिक प्रक्रिया में भागीदारी का अधिकार किन अधिकारों में शामिल हैं?**

उत्तर राजनीतिक प्रक्रिया में भागीदारी का अधिकार राजनीतिक अधिकारों में शामिल है, जिनमें वोट देने, प्रतिनिधि चुनने, चुनाव लड़ने और राजनीतिक पार्टियाँ बनाने या उनमें शामिल होने के अधिकार शामिल है।

2. **सत्रहवीं और अठारहवीं शताब्दी में राजनीतिक सिद्धांतकार तर्क देते थे कि हमारे लिए अधिकार प्रकृति या ईश्वर प्रदत्त हैं। हमें जन्म से वे अधिकार प्राप्त हैं। परिणामतः कोई व्यक्ति या शासक उन्हें हमसे छीन नहीं सकता। उन्होंने मनुष्य के तीन प्राकृतिक अधिकार चिह्नित किए थे–जीवन का अधिकार, स्वतंत्रता का अधिकार और संपत्ति का अधिकार। अन्य अधिकार इन बुनियादी अधिकारों से ही निकले हैं। हम इन अधिकारों का दावा करें या न करें, व्यक्ति होने के नाते हमें ये प्राप्त हैं। यह विचार कि हमें जन्म से ही कुछ विशेष अधिकार प्राप्त हैं, काफी शक्तिशाली अवधारणा है। क्योंकि इसका अर्थ यह है 'जो ईश्वर प्रदत्त हैं' और उन्हें कोई मानव, शासक या राज्य हमसे छीन नहीं सकता। प्राकृतिक अधिकारों के विचार का प्रयोग राज्यों अथवा सरकारों के द्वारा स्वेच्छाचारी शक्ति के प्रयोग का विरोध करने और व्यक्तिगत स्वतंत्रता की रक्षा करने के लिए किया जाता था।**

(i) **प्राकृतिक अधिकारों के विचार का उद्देश्य क्या था?**

(a) शासक के अधिकारों को बढ़ाना
(b) राज्य को निरंकुश शक्ति देने के लिए
(c) व्यक्तिगत स्वतंत्रता की रक्षा करना
(d) केवल संपत्ति की रक्षा करना

उत्तर (c) व्यक्तिगत स्वतंत्रता की रक्षा करना

(ii) **प्राकृतिक अधिकारों का दावा क्या होता था?**

(a) यह केवल कानून द्वारा दिए जाते थे
(b) यह केवल शासक द्वारा दिए जाते थे
(c) यह जन्म से व्यक्ति को प्राप्त होते थे
(d) यह समाज द्वारा निर्धारित होते थे

उत्तर (c) **यह जन्म से व्यक्ति को प्राप्त होते थे**

(iii) **अधिकारों के संबंध में राजनीतिक सिद्धांतकारों के द्वारा कौन-सा तर्क दिया गया है? स्पष्ट करें।**

उत्तर अधिकारों के संबंध में राजनीतिक सिद्धांतकारों का यह तर्क पाया जाता है कि अधिकार प्रकृति या ईश्वर प्रदत्त हैं। यह व्यक्ति को जन्म से प्राप्त हैं। अतः कोई व्यक्ति अथवा शासक यह हमसे छीन नहीं सकता है।

3. **अधिकतर मामलों में अधिकार राज्य से किए जाने वाले दावे हैं। अधिकारों के माध्यम से हम राज्य सत्ता से कुछ माँग करते हैं। जब हम शिक्षा के अधिकार पर जोर देते हैं, तो हम राज्य में बुनियादी शिक्षा के लिए प्रावधान करने की माँग करते होते हैं। समाज भी शिक्षा के महत्त्व को स्वीकार कर सकता है और अपनी तरफ से इसमें सहयोग कर सकता है। विभिन्न समूह विद्यालय खोल सकते हैं और छात्रवृत्तियों के लिए निधि जमा कर सकते हैं, ताकि सभी वर्गों के बच्चे शिक्षा का लाभ प्राप्त कर सकें। लेकिन मुख्यतः यह जिम्मेदारी राज्य की बनती है। राज्य को ही आवश्यक उपायों का प्रवर्तन करना होता है, जिससे हमारे शिक्षा के अधिकार की पूर्ति सुनिश्चित हो। इस प्रकार, अधिकार राज्य को कुछ विशेष तरीकों से कार्य करने के लिए वैधानिक दायित्व सौंपते हैं। प्रत्येक अधिकार निर्देशित करता है कि राज्य के लिए क्या करने योग्य है और क्या नहीं।**

(i) **अधिकार राज्य के लिए क्या निर्देशित करते हैं?**

(a) राज्य को क्या करना चाहिए और क्या नहीं
(b) समाज को क्या करना चाहिए
(c) नागरिकों के कर्त्तव्य
(d) शिक्षा के प्रावधान

उत्तर (a) राज्य को क्या करना चाहिए और क्या नहीं

(ii) **जब हम 'शिक्षा के अधिकार' की बात करते हैं, तो हम किससे माँग करते हैं?**

(a) समाज (b) राज्य (c) परिवार (d) विद्यालय

उत्तर (b) राज्य

(iii) **अधिकारों की कानूनी मान्यता को इतना महत्त्व क्यों दिया जाता है? स्पष्ट करें।**

उत्तर मानव अधिकारों के दावों की नैतिक अपील चाहे जितनी हो उसकी सफलता सरकारों द्वारा कानूनी मान्यता के रूप में समर्थन पर निर्भर करती है, इसलिए अधिकारों की कानूनी मान्यता को इतना महत्त्व दिया जाता है। कानूनी मान्यता से अधिकारों को समाज में एक विशेष दर्जा मिलता है। हालाँकि इस मान्यता के आधार पर किसी अधिकार का दावा नहीं किया जा सकता है।

स्वयं को जाँचें

बहुविकल्पीय प्रश्न

1. **निम्नलिखित में से कौन-सा एक सार्वभौमिक अधिकार है?**
(a) आजीविका का अधिकार
(b) शिक्षा का अधिकार
(c) व्यक्त करने का अधिकार
(d) ये सभी

2. **निम्नलिखित में से कौन-सा एक प्राकृतिक अधिकार नहीं है?**
(a) जीवन का अधिकार
(b) उदारता का अधिकार
(c) संपत्ति का अधिकार
(d) चुनाव लड़ने का अधिकार

3. **संयुक्त राष्ट्र संघ ने किस वर्ष मानवाधिकारों की सार्वभौमिक घोषणा को स्वीकार और लागू किया?**
(a) 1949
(b) 1948
(c) 1950
(d) 1951

4. **कथन** (A) मानव अधिकारों के पीछे मूल मान्यता यह है कि सभी लोग मनुष्य होने मात्र से कुछ चीजों को पाने के अधिकारी हैं।

कारण (R) मानव के रूप में प्रत्येक व्यक्ति विशिष्ट और समान महत्त्व का है, इसलिए सभी को समान अधिकार मिलना चाहिए।

कूट
(a) A और R दोनों सही हैं तथा R, A की सही व्याख्या है
(b) A और R दोनों सही हैं, परंतु R, A की सही व्याख्या नहीं है
(c) A सही है, किंतु R गलत है
(d) A गलत है, किंतु R सही है

5. **निम्नलिखित में से कौन-सा युग्म सही सुमेलित नहीं हैं?**
(a) राजनीतिक अधिकार-केवल विशेष वर्गों को वोट देने का अधिकार
(b) सांस्कृतिक अधिकार-अपनी मातृभाषा में प्राथमिक शिक्षा पाने का अधिकार
(c) आर्थिक अधिकार-जब व्यक्तियों की न्यूनतम बुनियादी आवश्यकताओं की पूर्ती हो
(d) मानवाधिकार-वह अधिकार जो व्यक्ति को मानव होने के कारण प्राप्त होते हैं।

लघु उत्तरीय प्रश्न

6. **हमारे अधिकार के साथ कर्त्तव्य कैसे जुड़ा है? उदाहरण देकर स्पष्ट करें।**

7. **मानवाधिकारों के सार्वभौमिक घोषणा-पत्र से आप क्या समझते हैं?**

8. **कांट के अनुसार मानव की गरिमा को कैसे परिभाषित करेंगें ?**

दीर्घ उत्तरीय प्रश्न I

9. **व्यक्तिगत स्वतंत्रता की राज्य से सुरक्षा किस प्रकार की जाती है?**

10. **सांस्कृतिक अधिकार से आप क्या समझते हैं? संक्षेप में स्पष्ट कीजिए।**

11. **अधिकार और कर्त्तव्य आपस में किस प्रकार जुड़े हैं? उदाहरण देकर बताइए।**

दीर्घ उत्तरीय प्रश्न II

12. **गरिमामय जीवन जीने हेतु आवश्यक अधिकारों का विस्तृत रूप से उल्लेख करें।**

12. **"नागरिकों की उन्नति एवं विकास के लिए मौलिक अधिकार आवश्यक हैं।" इस कथन की पुष्टि करें।**

13. **संयुक्त राष्ट्र के मानवाधिकारों का सार्वभौम घोषणा-पत्र क्या है? स्पष्ट करें।**

6

अध्याय

इस अध्ययन में नागरिकता के वास्तविक अर्थ को समझने का प्रयास किया गया है। वर्तमान परिपेक्ष्य में पूर्ण और समान सदस्यता का मुद्दा महत्त्वपूर्ण हुआ है। इस संदर्भ में बहसों और संघर्षों की चर्चा को शामिल किया गया है।

▼ अध्ययन एक नजर में

▼ अभ्यास के लिए

- बहुविकल्पीय प्रश्न 24 (युग्मित प्रश्न, चित्र आधारित प्रश्न, कथन/कारण, सुमेलित कीजिए)
- वर्णनात्मक प्रकार के प्रश्न (लघु उत्तरीय प्रश्न 6, दीर्घ उत्तरीय प्रश्न I 12, दीर्घ उत्तरीय प्रश्न II 6)
- स्रोत आधारित प्रश्न 4, मानचित्र आधारित 0

नागरिकता

नागरिकता को राजनीतिक समुदाय की पूर्ण और समान सदस्यता के रूप में परिभाषित किया गया है। समकालीन विश्व में राष्ट्रों ने अपने सदस्यों को एक सामूहिक राजनीतिक पहचान के साथ-साथ कुछ अधिकार भी प्रदान किए हैं।

6.1 नागरिकता और अधिकार

विभिन्न राज्यों में नागरिकों द्वारा प्राप्त अधिकार भिन्न होते हैं। प्राय: लोकतांत्रिक देशों में नागरिकों को निम्नलिखित अधिकार प्रदान किए जाते हैं

- राजनीतिक अधिकार, जैसे- मतदान का अधिकार
- नागरिक अधिकार, जैसे- अभिव्यक्ति या विश्वास की स्वतंत्रता का अधिकार
- सामाजिक-आर्थिक अधिकार, जैसे- न्यूनतम वेतन का अधिकार, शिक्षा का अधिकार आदि
- नागरिकों द्वारा प्राप्त ये अधिकार लंबे संघर्षों का परिणाम हैं, जैसे– 1789 ई. की फ्रांसीसी क्रांति। एशियाई और अफ्रीकी उपनिवेशों में समान नागरिकता की माँग और स्वतंत्रता प्राप्त करने के लिए ये अधिकार संघर्ष का भाग बन गए, जिस कारण कई क्षेत्रों में समान सदस्यता और अधिकारों के लिए संघर्ष करना सामान्य हो गया
- नागरिकता केवल राज्य और नागारिक संबंधों तक सीमित नहीं है। यह नागरिकों के आपसी संबंधों से भी जुड़ा है। इसमें समाज और अन्य नागरिकों के प्रति नागरिकों के कुछ कर्त्तव्य भी शामिल हैं।

नागरिकों[1] को देश के सांस्कृतिक और प्राकृतिक संसाधनों का उत्तराधिकारी और न्यासी भी माना जाता है।

1 नागरिक (Citizen) वह व्यक्ति होता है जिसे राज्य या देश की सदस्यता प्राप्त होती है और जो देश के शासन, संचालन में प्रत्यक्ष या परोक्ष भूमिका निभाता है

टी.एच.मार्शल का नागरिकता के बारे में विचार

- टी.एच. मार्शल ने अपनी पुस्तक 'नागरिकता और सामाजिक वर्ग' में समानता, अधिकार और नागरिकता के मध्य संबंध का विवरण प्रस्तुत किया है। इन्होंने नागरिकता को निम्न रूप में प्रस्तुत किया है।
- नागरिकता एक ऐसा दर्जा है, जो समाज के पूर्ण सदस्यों को प्रदान किया जाता है। यह दर्जा प्राप्त सभी लोग उन अधिकारों और कर्त्तव्यों के संदर्भ में समान होते हैं।
- मार्शल की नागरिकता की अवधारणा का मुख्य विचार समानता है, जिसमें दो प्रमुख बातें निहित हैं।
  (i) अधिकारों और कर्त्तव्यों की गुणवत्ता में सुधार
  (ii) उन लोगों की संख्या में वृद्धि, जिन्हें ये अधिकार प्रदान किए जाते हैं।
- मार्शल नागरिकता को तीन प्रकार के अधिकारों से संबंधित मानते हैं; जैसे- नागरिक अधिकार, राजनीतिक अधिकार, सामाजिक अधिकार।
- इन्होने ने सामजिक वर्ग का 'असमानता की प्रणाली' के रूप में देखा। नागरिकता वर्गीय पदानुक्रम के विभाजनकारी प्रभावों का विरोध करके समानता सुनिश्चित करती है।

6.2 संपूर्ण और समान सदस्यता

- संपूर्ण और समान सदस्यता से आशय नागरिकों को देश में कहीं भी जाने, रहने, कार्य करने, पढ़ने आदि के संदर्भ में समान अधिकार व अवसर प्राप्त होने से है।
- समाज में विभिन्न समूहों के साझे स्वार्थ के कारण विभिन्न प्रकार के विभाजन उभरने लगते हैं; जैसे—बस या रेल में यात्रा कर रहे बाहरी व अंदर के लोगों के बीच विभाजन।
- इस प्रकार की समस्याएँ प्राकृतिक संसाधनों (जल, जमीन), आजीविका, चिकित्सा तथा शिक्षा आदि सुविधाओं की सीमितता के कारण उत्पन्न होती हैं।
- ऐसी स्थिति में क्षेत्र विशेष से बाहरी लोगों के प्रवेश पर रोक की माँग भी की जाने लगती है; जैसे—'मुंबई मुंबईकर (मुंबई वाले) के लिए' नारा प्रचलित हुआ था। भारत और विश्व के कई हिस्सों में इस प्रकार के संघर्ष होते रहे हैं।
- अपने देश और अन्य देशों में नागरिकों को प्रदत्त अधिकारों में से एक है—एक स्थान से दूसरे स्थान तक आने-जाने की स्वतंत्रता। यह अधिकार कार्य करने वालों के लिए अत्यधिक महत्त्वपूर्ण है, क्योंकि कामगार रोजगार की खोज में अपने गृहक्षेत्र में कार्य नहीं मिलने पर आप्रवास की ओर प्रवृत्त होते हैं।
- रोजगार की खोज में कामगार कभी-कभी देश के बाहर भी प्रवास करते हैं। हमारे देश में कुशल तथा अकुशल मजदूरों के लिए बाजार विकसित हुए हैं; जैसे—सूचना तकनीक से संबंधित लोग बंगलुरु में, केरल की नर्सें पूरे देश में तथा भवन निर्माण उद्योग में कार्य करने वाले लोग देश के किसी भी भाग में प्रवास के लिए आकर्षित होते हैं।
- हालाँकि अधिक संख्या में रोजगार बाहर के लोगों के हाथों में जाने के विरोध में स्थानीय लोगों में प्रतिरोध की भावना उत्पन्न होती है। इस संबंध में नौकरियों व कार्यों को राज्य के मूल निवासियों तक सीमित रखने की माँग भी समय-समय पर उठती रहती है।
- प्रतिवाद करने का अधिकार भारतीय संविधान में नागरिकों के लिए सुनिश्चित की गई अभिव्यक्ति की स्वतंत्रता का एक पहलू है, लेकिन यह दूसरे लोगों या राज्य के जीवन और संपत्ति को नुकसान नहीं पहुँचाए। नागरिक समूह बनाकर, प्रदर्शन कर, मीडिया का उपयोग कर, राजनीतिक दलों से अपील करके अथवा अदालत में जाकर जनमत और सरकारी नीतियों को परखने और प्रभावित करने के लिए स्वतंत्र होते हैं।
- लोकतंत्र में सभी विवादों का समाधान शक्ति के अतिरिक्त समझौते और विचार-विमर्श के माध्यम से होना चाहिए।

मार्टिन लूथर किंग

1950 का दशक संयुक्त राज्य अमेरिका के अनेक दक्षिणी राज्यों में अश्वेत (काले) और श्वेतों (गोरे) के मध्य विषमताओं के विरुद्ध नागरिक अधिकार आंदोलन के उदय का साक्षी है। इस प्रकार की विषमताएँ इन राज्यों द्वारा **पृथक्करण कानून**[2] के नाम से चर्चित ऐसे कानूनों के द्वारा पोषित होती थीं, जिनसे काले लोगों को अनेक नागरिक और राजनीतिक अधिकारों से वंचित किया जाता था। इन कानूनों द्वारा विभिन्न नागरिक सुविधाओं; जैसे—रेल, बस, आवास, होटल, रेस्टोरेंट आदि में गोरे और काले लोगों के लिए अलग-अलग स्थान निर्धारित किए गए थे। इन कानूनों के कारण काले और गोरे बच्चों के स्कूल भी अलग-अलग थे।

इन कानूनों के विरुद्ध हुए आंदोलन में **मार्टिन लूथर किंग** जूनियर अग्रणी अश्वेत नेता थे, उन्होंने इनके विरुद्ध अनेक महत्त्वपूर्ण तर्क दिए, जो निम्न प्रकार हैं

- **पहला** आत्म-गौरव व आत्म-सम्मान के मामले में विश्व की प्रत्येक जाति या वर्ण का मनुष्य बराबर है।
- **दूसरा** किंग ने कहा कि पृथक्करण राजनीतिक **चेहरे**[3] पर **सामाजिक कोढ़** (Social Leprosy) की तरह है, क्योकि यह उन लोगों को मनोवैज्ञानिक हानि पहुँचाता है, जो ऐसे कानूनों के शिकार हैं।
- किंग के अनुसार, पृथक्करण की प्रथा गोरे समुदाय के जीवन की गुणवत्ता भी कम करती है; जैसे—अदालत के दिशा-निर्देशानुसार गोरे समुदाय ने कुछ सामुदायिक बागानों में काले लोगों के प्रवेश पर रोक लगा दी तथा बेसबॉल की टीमें काले खिलाड़ी होने के कारण टूट गईं।
- **तीसरा** पृथक्करण कानून लोगों के बीच कृत्रिम सीमाएँ खींचते हैं और उन्हें देश के व्यापक हित के लिए एक-दूसरे का सहयोग करने से रोकते हैं।
- इन कारणों से किंग ने उन कानूनों को समाप्त कर दिया, जो पृथक्करण उत्पन्न करते हैं। इन्होंने पृथक्करण कानूनों के खिलाफ शांतिपूर्ण और अहिंसक प्रतिरोध का आह्वान किया।
- इन्होंने अपने भाषण में कहा कि ''हमें अपने रचनात्मक प्रतिरोध को कभी भी शारीरिक हिंसा में ढालकर पतन का शिकार नहीं होने देना चाहिए।''

समान अधिकार

- लोकतांत्रिक व्यवस्था में राष्ट्रों द्वारा अपने सभी नागरिकों को बुनियादी अधिकार एवं न्यूनतम जीवन स्तर की गारंटी दी जाती है, परंतु इसके पश्चात् भी अकसर देखा जाता है कि सरकार शहरी गरीबी से संबंधित समस्याओं पर ध्यान नहीं देती। शहरों में बड़ी संख्या में निचले वर्गों के श्रमिक या मजदूर वर्ग झुग्गी-झोंपड़ियों या अवैध जमीनों पर कब्जा करके रहते हैं।
- इन लोगों पर अकसर संसाधनों पर बोझ बढ़ाने व बीमारी आदि फैलाने का आरोप लगाया जाता है। ये लोग न्यूनतम बुनियादी आवश्यकताओं; जैसे—स्वच्छ जल, शौचालय की उपलब्धता, संपत्ति की सुरक्षा, स्वास्थ्य सुविधाओं की आपूर्ति आदि के अभाव में जीवनयापन करते हैं।
- प्रत्येक शहर में इनकी बुनियादी आवश्यकताओं हेतु कम खर्च किया जाता है। वर्तमान में इनकी स्थिति को लेकर सरकारी, गैर-सरकारी संगठन व स्वयं इन निचले वर्ग के श्रमिकों में जागरूकता व सचेतता बढ़ने लगी है। उदाहरण के लिए, जनवरी, 2004 में फुटपाथी दुकानदारों के लिए एक राष्ट्रीय नीति बनाई गई। इस नीति का उद्देश्य विक्रेताओं को मान्यता और नियमन प्रदान करना था, जिससे उन्हें सरकारी नियमों के अनुपालन के दायरे में उत्पीड़न से मुक्त कारोबार चलाने की शक्ति प्राप्त हो सके।

नागरिकता, समानता और अधिकार

- उच्चतम न्यायालय ने वर्ष 1985 में एक सामाजिक कार्यकर्ता ओल्गा टेलिस द्वारा मुंबई नगर निगम के विरुद्ध दायर एक **जनहित याचिका** के जवाब में मुंबई के झुग्गी-झोपड़ी निवासियों के अधिकारों पर एक महत्त्वपूर्ण फैसला दिया।
- उच्चतम न्यायालय ने यह निर्णय दिया कि संविधान के **अनुच्छेद**-21, जो जीवन के अधिकार की गारंटी देता है, में आजीविका का अधिकार भी शामिल है।

- समाज में आदिवासी और वनवासी भी वर्तमान में हाशिए पर उपस्थित हैं। ये लोग अपने जीवनयापन के लिए जंगल और अन्य प्राकृतिक संसाधनों पर निर्भर हैं। बढ़ती आबादी, जमीन और संसाधनों की कमी के दबाव के कारण उनमें से अनेक की जीवन पद्धति और आजीविका संकट में है

2 पृथक्करण कानून (Segregation law) यह वह कानून है, जिसके माध्यम से लोगों को जाति, धर्म और लिंग के आधार पर अलग-अलग समूहों में बाँटा गया है।

3 राजनीतिक चेहरा (Body politics) इसका तात्पर्य है राष्ट्र, राज्य या समाज के सभी लोग जिन्हें एक संगठित नागरिक समूह के रूप में माना जाता है।

- उद्यमियों द्वारा जंगल और तराई क्षेत्र में उपलब्ध खनिज संसाधनों का खनन और पर्यटन उद्योग के कारण भी आदिवासी और वनवासी लोगों के जीवन और आजीविका पर एक अन्य खतरा है। इसके अतिरिक्त जनसंख्या की उत्तरोत्तर वृद्धि से खाद्यान्न उपलब्धता को सुनिश्चित करने के लिए भी इन क्षेत्रों में अतिक्रमण बढा है। इसलिए भूमि संसाधनों का दोहन तीव्र हुआ है।
- वर्तमान में पर्यटन उद्योगों के विकास से भी वन क्षेत्र में रहने वाले समूहों के हित प्रतिकूल प्रभावित हुए है।
- ऐसी स्थिति में सरकार के सम्मुख एक दोहरी चुनौती है। आदिवासियों के अधिकारों की रक्षा करना और साथ ही देश के विकास को अवरुद्ध न करना। समान अधिकार और अवसर सुनिश्चित करना सरकार के लिए सरल कार्य नहीं हैं। विभिन्न समूहों की अलग-अलग आवश्यकताएँ और समस्याएँ होती हैं, जिन्हें समान नीतियों से हल नहीं किया जा सकता।

चेक प्वॉइंट 1

1. नागरिकों को प्रदान किए जाने वाले राजनीतिक अधिकारों में से कौन-सा एक शामिल हैं?
2. टी.एच. मार्शल के अनुसार, नागरिकता का मुख्य विचार क्या है?
3. मार्टिन लूथर किंग जूनियर ने भेदभावपूर्ण कानूनों को क्या कहा?
4. भारतीय संविधान के किस अनुच्छेद में जीवन के अधिकार की गारंटी दी गई है?
5. वर्ष 2004 में शहरी सड़क विक्रेताओं पर किस नीति को लागू किया गया?

6.3 नागरिक और राष्ट्र

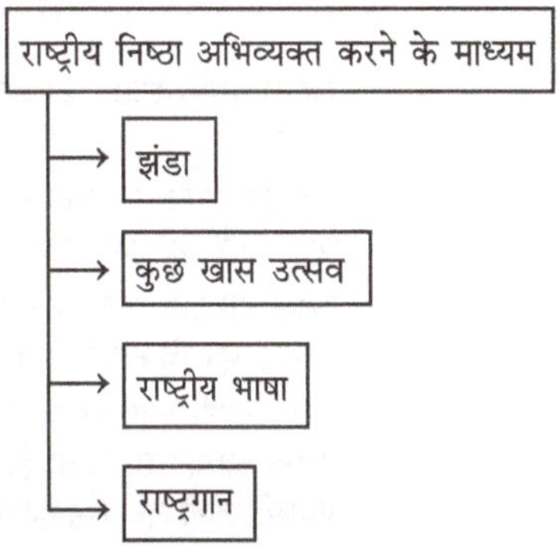

- **राष्ट्र-राज्य**[4] की अवधारणा का विकास आधुनिक काल में हुआ। 1789 ई. में फ्रांसीसी क्रांतिकारियों ने राष्ट्र-राज्य की **संप्रभुता**[5] और लोकतांत्रिक अधिकारों की वकालत की। राष्ट्र-राज्य अवधारणा के अनुसार राज्य की सीमाएँ राज्य क्षेत्र को परिभाषित करने के साथ-साथ उस राष्ट्र की अनोखी संस्कृति व साझे इतिहास को भी परिभाषित करती है।
- अधिकतर आधुनिक राज्य अपने नागरिकों में अपनी विशिष्ट भाषा, धर्म और सांस्कृतिक परंपराओं के लोगों को ही सम्मिलित करते हैं, परंतु लोकतांत्रिक व्यवस्थाओं में राज्यों की राष्ट्रीय पहचान ऐसे भौगोलिक क्षेत्र के रूप में होती है, जो अपने सभी निवासियों की राजनीतिक पहचान सुनिश्चित करता है।

उदाहरण के लिए फ्रांस स्वयं को एक धर्मनिरपेक्ष और समावेशी देश के रूप में प्रस्तुत करता है, जहाँ नागरिक सार्वजनिक रूप से एकरूपता अपना सकते हैं, लेकिन निजी जीवन में अपनी मान्यताओं को बनाए रख सकते हैं। हालाँकि धार्मिक प्रतीकों के सार्वजनिक उपयोग जैसे मुद्दे अभी भी विवादास्पद हैं।

- **देशीकरण**[6] (naturalisation) के माध्यम से नए आवेदकों को नागरिकता प्रदान करने के प्राकृतिक मापदंड विभिन्न देशों में भिन्न होते हैं। उदाहरण के लिए इजरायल या जर्मनी जैसे देशों में नागरिकता प्रदान करने हेतु धर्म या जातीय मूल को प्राथमिकता दी जाती है।
- भारत स्वयं को एक धर्मनिरपेक्ष, लोकतांत्रिक राष्ट्र-राज्य के रूप में परिभाषित करता है। स्वतंत्रता आंदोलन का आधार व्यापक था और विभिन्न धर्म, क्षेत्र तथा संस्कृति के लोगों को आपस में जोड़ने के कृतसंकल्प प्रयास किए गए। भारतीय संविधान ने बिना किसी भेदभाव के सभी लोगों को नागरिकता प्रदान की। संविधान में नागरिकता संबंधी प्रावधान भाग दो और संसद द्वारा निर्मित अन्य कानूनों में प्राप्त होते हैं। सभी नागरिकों को समान अधिकार (धार्मिक और भाषाई) प्राप्त हैं।

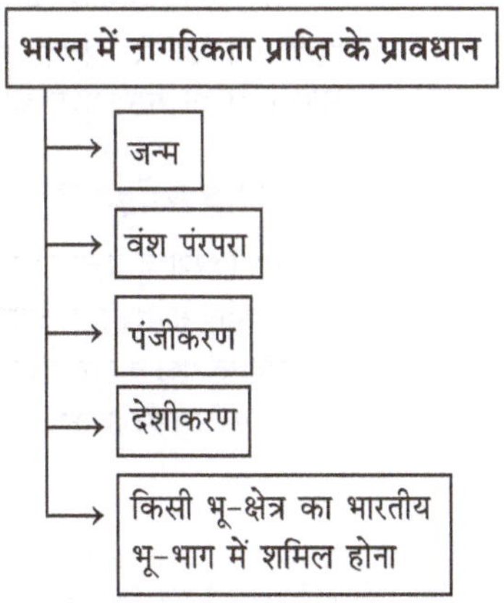

- हालाँकि इस तरह के समावेशी प्रावधानों ने भी संघर्ष और विवादां को जन्म दिया है। महिला आंदोलन, दलित आंदोलन या विकास योजनाओं से विस्थापित लोगों का संघर्ष ऐसे लोगों द्वारा चलाए जा रहे संघर्षों के कुछ नमूने हैं, जो मानते हैं कि उनकी नागरिकता को पूर्ण अधिकारों से वंचित किया जा रहा है।

---

4 राष्ट्र राज्य (Nation state) यह लोगों का एक समूह है जिनकी सांस्कृतिक, भाषा समान होती है जिन्होंने एक स्वतंत्र देश बनाया है।

5 सम्प्रभुता (Sovereignty) यह उस शक्ति को कहा जाता है, जो एक देश को अपनी सरकार को नियंत्रित करने का अधिकार देती है।

6 देशीकरण (Naturalisation) यह वह कानूनी प्रक्रिया है, जिसके द्वारा एक गैर-नागरिक उस देश का नागरिक बनता है, जिसमें वह पैदा नहीं हुआ है।

सार्वभौमिक नागरिकता

- सार्वभौमिक नागरिकता (Universal Citizenship) एक आधुनिक अवधारणा है जिसकी उत्पत्ति समकालीन विश्व में शरणार्थी[7] समस्याओं के संदर्भ में हुई हैं।
- सामान्यतः यह माना जाता है कि किसी देश की पूर्ण सदस्यता उन सभी व्यक्तियों/लोगों को मिलनी चाहिए, जो संबंधित देश में रहते या कार्य करते हैं अथवा जो नागरिकता के लिए आवेदन करते हैं।
- अनेक राष्ट्र वैश्विक और समावेशी नागरिकता का समर्थन करते हैं और नागरिकता देने की शर्तें भी निर्धारित करते हैं। ये शर्तें सामान्यतः देश के संविधान और कानूनों में लिखी होती हैं। अवांछित आगंतुकों को नागरिकता से बाहर करने के लिए इनमें से एक राष्ट्र ताकत का प्रयोग भी करती है।
- नागरिकता प्रदान करने की संख्या का निर्धारण वर्तमान में एक जटिल मानवीय एवं राजनीतिक समस्या बनी हुई है। यद्यपि कई देशों में युद्ध के उत्पीड़न के कारण प्रवसन करने वाले लोगों के लिए नागरिकता प्रदान करने की नीति का अस्तित्व है, किंतु सुरक्षा की दृष्टि से उन्होनें भी अनियंत्रित भीड़ को स्वीकारने में असमर्थता व्यक्त की।
- शरणार्थियों/उत्पीड़ितों को आश्रय देने में भारत सदैव तत्पर्यता दिखाता है; जैसे—वर्ष 1959 में दलाईलामा और उनके अनुयायियों शरणार्थी के रूप में आश्रय दिया।
- संयुक्त राष्ट्र ने शरणार्थियों हेतु एक उच्चायुक्त नियुक्त किया है, जो प्रवासन के कारण पीड़ित लोगों की सहायता करता है।
- विश्व के कई देशों में युद्ध या उत्पीड़न से पलायन करने वाले लोगों को अंगीकार करने की नीति है, परंतु वे भी अनियंत्रित भीड़ को स्वीकार करना या सुरक्षा के संदर्भ में देश को जोखिम में नहीं डालना चाहते हैं।

विश्व नागरिकता

- **विश्व नागरिकता**[8] की अवधारणा एक नई अवधारणा है और इसके समर्थकों द्वारा इस अवधारणा को मजबूत करने की बात की जा रही है।
- वर्तमान समय में विभिन्न प्रकार की संचार तकनीक; जैसे—इंटरनेट, टेलीविजन, सैलफोन आदि ने विश्व के सभी हिस्सों को एक-दूसरे के साथ जोड़ दिया है।
- इसके परिणामस्वरूप टेलीविजन पर युद्ध अथवा आपदा को देखकर विभिन्न देशों के लोगों में साझा सरोकार व सहानुभूति की भावना उत्पन्न एवं विकसित होती है।
- विश्व नागरिकता की धारणा का महत्त्व इस बात से है कि इससे दो या उससे अधिक देशों की उन समस्याओं का सामना/समाधान करना आसान हो जाता है, जिसमें कई देशों की सरकारों और लोगों के सहयोग की आवश्यकता होती है; जैसे —राज्यविहीन और प्रवासी लोगों की समस्याओं का समाधान ढूँढना एवं उनको सुरक्षा तथा मूलभूत अधिकार और सुरक्षा सुनिश्चित करवाना।
- इनके समुचित समाधान हेतु विश्व नागरिकता की अवधारणा के अंतर्गत राष्ट्रीय नागरिकता को विश्व के अन्य हिस्सों से, विभिन्न देशों के समाज व उनके लोगों से जोड़ना भी आवश्यक है, ताकि हम विश्व के विभिन्न हिस्सों के लोगों के साथ अपने रिश्ते सुदृढ़ कर सकें, राष्ट्रीय सीमाओं के आर-पार सभी लोगों एवं सरकारों के साथ कार्य कर सकें।

किसी एक देश के अंतर्गत भी समान नागरिकता को सामाजिक-आर्थिक असमानता या अन्य मौजूदा समस्याओं से खतरा उत्पन्न हो सकता है। इन समस्याओं का समाधान अंततः संबंधित देश की सरकार और जनता ही कर सकती है।

चेक प्वॉइंट 2

1. 'देशीकरण' द्वारा नागरिकता देने के मापदंड किससे निर्धारित होते हैं।
2. भारतीय संविधान में नागरिकता का वर्णन किस भाग में है?
3. संयुक्त राष्ट्र ने शरणार्थियों की सहायता के लिए किसे नियुक्त किया है?
4. फ्रांस किस प्रकार का देश होने का दावा करता है?

---

7 **शरणार्थी** (Refugee) यह एक व्यक्ति है, जो युद्ध, उत्पीड़न या प्राकृतिक आपदा के कारण अपने देश को छोड़कर किसी अन्य देश में सुरक्षा की तलाश करता है।

8 **विश्व नागरिकता** (Global citizenship) इसका अर्थ है कि हम किसी एक देश के नहीं, बल्कि विश्व के नागरिक हैं।

Mind Map

नागरिकता

1 नागरिकता का अर्थ

- एक राजनीतिक समुदाय की पूर्ण और समान सदस्यता, जिसमें कोई भेदभाव नहीं होता।
- नागरिकता सिर्फ राज्यसत्ता और उसकें सदस्यों के बीच के संबंधों का निरूपण नहीं, बल्कि उससे अधिक है।
- नागरिकों को देश के सांस्कृतिक और प्राकृतिक संसाधनों का उत्तराधिकारी और न्यासी भी माना जाता है।

नागरिकता और अधिकार

- **राजनीतिक अधिकार**, जैसे वोटे देने का अधिकार।
- **नागरिक अधिकार**, जैसे बोलने या विश्वास करने की स्वतंत्रता।
- **सामाजिक-आर्थिक अधिकार**, जैसे न्यूनतम वेतन का अधिकार, शिक्षा का अधिकार।

2 टी.एच. मार्शल का नागरिकता पर दृष्टिकोण

- मार्शल के नागरिकता के विचार में मुख्य अवधारणा समानता है।
- इसमें तीन प्रकार के अधिकार शामिल थे- नागरिक, राजनीतिक और सामाजिक।

3 संपूर्ण और समान सदस्यता

- नागरिकों के अधिकारों में सबसे महत्त्वपूर्ण अधिकार हैं– जीवन जीने का अधिकार और आवागमन की स्वतंत्रता।
- लोकतांत्रिक समाज में कभी-कभी विवाद उत्पन्न हो सकते हैं।
- नागरिकों को सार्वजनिक राय और सरकारी नीतियों को प्रभावित करने की स्वतंत्रता है।
- सभी विवादों का समाधान बल प्रयोग के अतिरिक्त संधि वार्ता और विचार-विमर्श से किया जाना चाहिए।
- हमारे गरीब प्रवासियों और कुशल प्रवासियों के प्रति प्रतिक्रिया में अंतर।
- भारतीय संविधान दूसरों के जीवन, संपत्ति या राज्य को नुकसान पहुँचाए बिना विरोध की अनुमति देता है।

समान अधिकार

- सभी नागरिकों को चाहे वे अमीर या गरीब हों, को कुछ बुनियादी अधिकारों और न्यूनतम जीवन-स्तर की गारंटी दी जाती है।
- शहरी गरीबों की स्थिति के प्रति सरकारों में जागरूकता बढ़ रही है।
- समान अधिकारों की वकालत करते हुए 2004 में फुटपाथी दुकानदारों के लिए राष्ट्रीय नीति बनाई गई।
- ये जीवन तथा आवश्यक जीवनयापन के लिए कई चुनौतियों का सामना कर रहे होते हैं।
  - अपनी आवश्यकता की पूर्ति के लिए संसाधन तथा भूमि की तलाश
  - व्यापारिक हित
  - पर्यटन उद्योग से समस्या

4 नागरिक और राष्ट्र

- एक नागरिक की राष्ट्रीयता की पहचान उसके झंडे, राष्ट्रगान, राष्ट्रभाषा या कुछ विशेष उत्सवों के आयोजन से की जाती है।
- भारत में जन्म, वंश-परंपरागत, देशीकरण या किसी भू-क्षेत्र के राज्य क्षेत्र में शामिल होने से नागरिकता हासिल की जा सकती है।
- नागरिकता प्रदान करने के लिए प्राकृतिकरण के मानदंड प्रत्येक देश में अलग-अलग हैं।
- सभी नागरिकों को समान अधिकार प्राप्त हैं, साथ ही धार्मिक और भाषाई अल्पसंख्यकों के लिए संरक्षण भी है।
- समावेशी प्रावधानों ने भी संघर्ष और विवादों को जन्म दिया है; जैसे- महिला आंदोलन, दलित आंदोलन या विकास योजनाओं से विस्थापित लोगों का संघर्ष।

सार्वभौमिक नागरिकता

- उन देशों में प्रदान की जाती है, जहाँ व्यक्ति की उपस्थिति महत्त्वपूर्ण होती है चाहे वह किसी भी राष्ट्र का नागरिक हो।
- नागरिक के रूप में कितने लोगों को अंगीकार किया जा सकता है। यह फैसला करना अनेक देशों के लिए कठिन मानवीय और राजनीतिक समस्या बनी हुई है।
- उत्पीड़न या युद्ध के कारण पीड़ित लोगों को स्वीकार करने की नीति के अंतर्गत भी ऐसा किया जाता है।
- इसके बावजूद भी सीमा से अधिक लोगों की अनियंत्रित भीड़ को स्वीकार करना या सुरक्षा के संदर्भ में कोई भी देश स्वयं को जोखिम में नहीं डालना चाहेगा।

विश्व नागरिकता

- विश्व नागरिकता प्रत्येक व्यक्ति को किसी भी राष्ट्र द्वारा प्रदान की जाती है, जहाँ वह मौजूद होता है।
- नई संचार विधियों के कारण विभिन्न देश एक-दूसरे से जुड़े हुए महसूस करते हैं।
- विश्व-कुटुंब और वैश्विक समाज अभी विद्यमान नहीं हैं, लेकिन राष्ट्रीय सीमाओं के आर-पार लोग आज एक-दूसरे से जुड़ा महसूस करते हैं।
- वैश्विक नागरिकता हमें यह याद दिलाती है कि राष्ट्रीय नागरिकता को वैश्विक नागरिकता से समर्थित किए जाने की आवश्यकता हो सकती है।

- नागरिकता एक ऐसी स्थिति है, जो किसी व्यक्ति को एक समुदाय का पूर्ण सदस्य होने के नाते प्रदान की जाती है। अपने अध्ययन 'नागरिकता और सामाजिक वर्ग' (वर्ष 1950) में टी.एच. मार्शल का एक उद्देश्य इंग्लैंड में नागरिकता संस्थान के ऐतिहासिक विकास को सत्रहवीं शताब्दी के उत्तरार्ध से लेकर उन्नीसवीं शताब्दी के अंत तक खोजना था।

टी. एच . मार्शल

NCERT फोल्डर

अध्याय के मध्य में दिए गए प्रश्न

1. सत्रहवीं से बीसवीं सदी के बीच यूरोप के गोरे लोगों ने दक्षिण अफ्रीका के लोगों पर अपना शासन कायम रखा। वर्ष 1994 तक दक्षिण अफ्रीका में अपनाई गई नीतियों के बारे में नीचे दिए गए ब्यौरे को पढ़िए। श्वेत लोगों को मत देने, चुनाव लड़ने और सरकार को चुनने का अधिकार था। वे संपत्ति खरीदने और देश में कहीं भी आने-जाने के लिए स्वतंत्र थे। काले लोगों को ऐसे अधिकार नहीं थे। काले और गोरे लोगों के लिए पृथक् मुहल्ले और कालोनियाँ बसाई गई थीं। काले लोगों को अपने पड़ोस के गोरे लोगों की बस्ती में कार्य करने के लिए 'पास' लेने पड़ते थे। उन्हें गोरों के इलाके में अपने परिवार रखने की अनुमति नहीं थी। अलग-अलग रंग के लोगों के लिए विद्यालय भी अलग-अलग थे।

(i) क्या अश्वेत लोगों को दक्षिण अफ्रीका में पूर्ण और समान सदस्यता मिली हुई थी? कारण सहित बताइए।

(ii) ऊपर दिया गया ब्यौरा हमें दक्षिण अफ्रीका में भिन्न समूहों के अंतसबंधों के विषय में क्या बताता है?

उत्तर (i) दक्षिण अफ्रीका में अश्वेत लोगों को वर्ष 1994 तक पूर्ण और समान सदस्यता नहीं मिली थी, क्योंकि अपार्थाइड नीति के तहत उन्हें भूमि, मतदान, शिक्षा और रोजगार में अधिकारों से वंचित रखा गया था। नस्लीय भेदभाव और श्वेत अल्पसंख्यक सरकार की नीतियों के कारण अश्वेत लोग द्वितीय श्रेणी के नागरिक माने जाते थे।

(ii) ऊपर दिए गए ब्यौरे के अनुसार, दक्षिण अफ्रीका में काले और गोरे लोगों के लिए पृथक् मुहल्ले और कॉलोनियाँ बनाई गई थीं। काले लोगों को अपने पड़ोस के गोरे लोगों की बस्ती में काम करने के लिए 'पास' लेने पड़ते थे। उन्हें गोरों के इलाकों में अपने परिवार रखने की अनुमति नहीं थी। अलग-अलग रंग के लोगों के लिए विद्यालय भी अलग-अलग थे।

2. नागरिकों के लिए देशभर में गमनागमन और रोजगार की स्वतंत्रता के पक्ष और विपक्ष के तर्कों की जाँच-पड़ताल करें।

(i) क्या किसी क्षेत्र में लंबे समय से रहने वाले निवासियों को रोजगार और सुविधाओं में प्राथमिकता मिलनी चाहिए?

उत्तर देशभर में गमनागमन और रोजगार की स्वतंत्रता के पक्ष और विपक्ष दोनों में तर्क हैं।

पक्ष में, यह नागरिकों को समान अवसर, आर्थिक वृद्धि और विविधता का लाभ देता है। लोग बेहतर शिक्षा, स्वास्थ्य और रोजगार के लिए स्वतंत्र रूप से स्थानांतरित हो सकते हैं।

विपक्ष में, इससे स्थानीय संसाधनों पर दबाव बढ़ता है, क्षेत्रीय असंतुलन होता है और स्थानीय निवासियों को नौकरी में प्रतिस्पर्द्धा झेलनी पड़ती है।

स्थानीय निवासियों को प्राथमिकता देने का तर्क यह है कि वे क्षेत्र के विकास में लंबे समय से योगदान कर रहे हैं। हालाँकि प्राथमिकता सीमित होनी चाहिए, ताकि समानता और समावेशिता बनाए रखी जा सके।

(ii) क्या राज्यों को व्यवसायिक कॉलेजो में बाहरी छात्रों के प्रवेश के लिए कोटा निर्धारित करने की अनुमति दी जानी चाहिए?

उत्तर राज्यों को व्यवसायिक कॉलेजों में बाहरी छात्रों के लिए कोटा निर्धारित करने की अनुमति देना एक जटिल मुद्दा है।

पक्ष में, यह स्थानीय छात्रों को शिक्षा और रोजगार में प्राथमिकता देकर क्षेत्रीय संतुलन बनाए रख सकता है।

विपक्ष में, यह समानता, राष्ट्रीय एकता और संविधान द्वारा गारंटीकृत समाधान के लिए राज्यों और केंद्र को समन्वय से ऐसी नीति बनानी चाहिए, जो संतुलन सुनिश्चित करे।

3. स्ट्रीट वेंडर्स एक्ट/ पथ विक्रेता (जीविका संरक्षण और पथ विक्रय) विनियमन अधिनियम, 2014 के बारे में पता करें।

उत्तर स्ट्रीट वेंडर्स (जीविका संरक्षण और पथ विक्रय) विनियमन अधिनियम, 2014 पथ विक्रेताओं के अधिकारों की रक्षा और उसके व्यवसाय को विनियमित करने के लिए बनाया गया है। यह अधिनियम **पथ विक्रेताओं** को कानूनी मान्यता देता है। उनके पुनर्वास की व्यवस्था करता है और स्थानीय निकायों के माध्यम से विक्रय क्षेत्रों का निर्धारण करता है, साथ-ही यह विक्रेताओं को उत्पीड़न से बचाने और ग्राहकों व विक्रेताओं के बीच संतुलन बनाए रखने का प्रयास करता है।

4. जिम्वाब्वे के काले और गोरे नागरिकों के अपने-अपने दावों का समर्थन या विरोध करने के लिए आप नागरिकता के कौन-कौन से विचारों का उपयोग करेंगे?

उत्तर जिम्वाब्वे के काले और गोरे नागरिकों के दावों का समर्थन या विरोध करने के लिए नागरिकता के विभिन्न विचारों का उपयोग किया जा सकता है

(i) **ऐतिहासिक दृष्टिकोण** काले नागरिकों का पक्ष सुदृढ़ होता है। क्योंकि वे भूमि के मूल निवासी हैं और औपनिवेशिक काल में उनके अधिकारों का उल्लंघन किया गया।

(ii) **अधिकार आधारित नागरिकता** गोरे नागरिकों का भी यह अधिकार है कि वे कई पीढ़ियों से जिंबाब्वे में रह रहे हैं और उन्हें पूर्ण नागरिक अधिकार मिलना चाहिए।

(iii) **समानता का सिद्धांत** दोनों समूहों को समान अधिकार और अवसर मिलने चाहिए, जिनसे किसी भी प्रकार का भेदभाव न हो।

(iv) **संवैधानिक दृष्टिकोण** वर्तमान संवैधानिक व्यवस्था के तहत् सभी नागरिकों को समान सम्मान और अधिकार मिलता हैं, चाहे वे काले हो या गोरे।

5. विद्यालयों या सेना जैसी किसी अन्य सार्वजनिक संस्था के लिए साझा वर्दी पर बल देना और पगड़ी जैसे धार्मिक प्रतीकों पर प्रतिबंध लगाना उपयुक्त नहीं है?

उत्तर विद्यालयों या सेना जैसी सार्वजनिक संस्थाओं में साझा वर्दी पर बल देना और पगड़ी जैसे धार्मिक प्रतीकों पर प्रतिबंध लगाना विवादास्पद हो सकता है। साझा वर्दी का उद्देश्य समानता और अनुशासन बनाए रखना होता है, लेकिन यह धार्मिक स्वतंत्रता और व्यक्तिगत पहचान

के अधिकार का उल्लंघन कर सकता है। पगड़ी जैसे धार्मिक प्रतीकों पर प्रतिबंध लगाने से धार्मिक अस्मिता और आध्यात्मिक अधिकार पर चोट आती है। यदि संस्थाएँ समानता सुनिश्चित करने का उद्देश्य रखती है, तो उन्हें धार्मिक विविधता को सम्मान देने और समावेशी वातावरण बनाने की आवश्यकता है, ताकि सभी नागरिकों को स्वतंत्रता और सम्मान मिले।

6. भारत में अभी रह रहे कुछ राज्यहीन लोगों की सूची बनाओ। उनमें से किसी एक पर संक्षिप्त टिप्पणी लिखों।

उत्तर भारत में कुछ राज्यहीन लोग है, जैसे- **रिफ्यूजी** (शरणार्थी) अफगानिस्तान, पाकिस्तान, बांग्लादेश से आए लोग

बांग्लोदशी मुस्लिम (नागरिकता संशोधन कानून के तहत् विवादित) बांग्लादेश से भारत आए रोहिंग्या समुदाय के लोग हैं।

चीनी-तिब्बत शरणार्थी तिब्बत से आए लोग, जिनकी नागरिकता विवादित है। ये लोग वर्ष 1959 में तिब्बत में चीनी आक्रमण के बाद हजारों तिब्बती शरणार्थी भारत आए थे। हालाँकि उन्हें सुरक्षा और अस्थायी निवास मिला, लेकिन उन्हें भारतीय नागरिकता नही दी गई है। यह स्थिति उनके लिए अनेक कानूनी, सामाजिक और आर्थिक चुनौतियाँ उत्पन्न करती है; जैसे– वोटिंग अधिकारों की कमी और शिक्षा में बाधाएँ। उनकी पहचान और अधिकारों का मुद्दा अभी भी विवादित है।

निम्नलिखित प्रश्नों के उत्तर दीजिए

1. राजनीतिक समुदाय की पूर्ण और समान सदस्यता के रूप में नागरिकता में अधिकार और दायित्व दोनों शामिल हैं। समकालीन लोकतांत्रिक राज्यों में नागरिक किन अधिकारों के उपभोग की अपेक्षा कर सकते हैं? नागरिकों के राज्य और अन्य नागरिकों के प्रति क्या दायित्व हैं?

उत्तर राजनीतिक समुदाय की पूर्ण और समान सदस्यता के रूप में नागरिकता में अधिकार और दायित्व दोनों प्राप्त होते हैं। अधिकारों के अंतर्गत नागरिक को राजनीतिक अधिकार, आर्थिक अधिकार व सामाजिक अधिकार प्राप्त होते हैं।

(i) **राजनीतिक अधिकार** नागरिकता के अंतर्गत व्यक्ति के राजनीतिक अधिकार; जैसे—राजनीतिक क्रियाकलापों में भाग लेना, प्रतिनिधि का चुनाव, चुनाव लड़ना व शासन संचालन संबंधी गतिविधियों पर नजर रखने जैसे अधिकारों का उपभोग करता है।

(ii) **आर्थिक अधिकार** आर्थिक अधिकारों के अंतर्गत नागरिक जीवनयापन हेतु व्यवसाय का चुनाव, देश के किसी भी भाग में आजीविका अर्जित करना या अपना व्यवसाय करना तथा बुनियादी सुविधाओं की उपलब्धता जैसे अधिकारों का उपभोग करता है।

(iii) **सामाजिक अधिकार** सामाजिक अधिकार के अंतर्गत नागरिक समान व्यवहार, अवसरों की समान उपलब्धता, अभिव्यक्ति की स्वतंत्रता, भ्रमण की स्वतंत्रता जैसे अधिकारों का उपभोग करता है। लोकतांत्रिक व्यवस्था में राज्य द्वारा अपने लोगों को नागरिकता प्रदान करने के साथ ही ये बुनियादी अधिकार प्रदान किए जाते हैं, जो एक नागरिक के विकास एवं गरिमामयपूर्ण जीवन के लिए आवश्यक होते हैं।

नागरिकों के राज्य के प्रति दायित्व

लोकतांत्रिक व्यवस्थाओं में अधिकार के साथ-साथ राज्य के प्रति नागरिकों के दायित्वों को भी सुनिश्चित किया गया है; जैसे—राष्ट्र की संप्रभुता एवं सुरक्षा का सम्मान करना व राज्य के संसाधनों की रक्षा करना।

नागरिकों के अन्य नागरिकों के प्रति दायित्व

इसके अंतर्गत प्रत्येक नागरिक को दूसरे नागरिकों के प्रति सहयोगात्मक व्यवहार करना चाहिए। इसके अतिरिक्त उन्हें ऐसा व्यवहार करना चाहिए, जिससे कि दूसरे नागरिकों को कोई हानि या कठिनाई न हो।

2. सभी नागरिकों को समान अधिकार दिए तो जा सकते हैं, लेकिन हो सकता है कि वे इन अधिकारों का प्रयोग समानता से न कर सकें। इस कथन की व्याख्या कीजिए।

उत्तर यह कथन कि सभी नागरिकों को समान अधिकार दिए तो जा सकते हैं, लेकिन सभी नागरिक इन अधिकारों का प्रयोग समानता से नहीं कर सकते, क्योंकि सबकी स्थिति समान नहीं होती है।

उदाहरण के रूप में, मत देने का अधिकार प्रजातंत्र में सब नागरिकों को समान रूप से प्राप्त है, परंतु गरीब और अमीर व्यक्ति उसका प्रयोग समान स्वतंत्रता से नहीं कर सकते हैं, क्योंकि एक गरीब व्यक्ति, जिसके पास खाने के लिए भोजन नहीं है, अपने मत का प्रयोग निष्पक्ष रूप से नहीं कर सकता। यदि कोई उम्मीदवार उससे मत खरीदने के लिए आता है, तो वह अपनी भूख मिटाने के लिए मत को बेच सकता है।

यही नहीं गरीब मतदाताओं को बल प्रयोग करके जबरदस्ती कोई अपराधी प्रवृत्ति का उम्मीदवार अपने पक्ष में मत डलवा सकता है, जबकि दूसरी ओर अमीर व शिक्षित मतदाता से इस प्रकार मत प्राप्त नहीं किया जा सकता। इससे यह स्पष्ट हो जाता है कि अधिकारों का प्रयोग समानता से नहीं हो सकता है।

3. भारत में नागरिक अधिकारों के लिए हाल के वर्षों में किए गए किन्हीं दो संघर्षों पर टिप्पणी लिखिए। इन संघर्षों में किन अधिकारों की माँग की गई थी?

उत्तर वर्तमान समय में नागरिक जिन अधिकारों का प्रयोग करते हैं, उन्हें लंबे संघर्षों के पश्चात् प्राप्त किया गया है। जनता ने अपनी स्वतंत्रता और अधिकारों को प्राप्त करने के लिए प्रारंभ में शक्तिशाली राजतंत्रों के विरुद्ध संघर्ष किए; जैसे—1789 ई. की फ्रांसीसी क्रांति।

भारत में नागरिक अधिकारों के लिए हाल के वर्षों में किए गए निम्नलिखित दो संघर्षों का वर्णन इस प्रकार है

(i) **महिला आंदोलन** महिला आंदोलन का मुख्य उद्देश्य आवश्यकताओं व माँगों की तरफ जनमत का ध्यान आकर्षित करना तथा अपने अधिकारों एवं अवसर को सुनिश्चित करने हेतु सरकार की नीतियों में बदलाव लाना था।

हाल ही के वर्षों में महिलाओं द्वारा केंद्र की प्रतिनिधि संस्थाओं की सीटों में आरक्षण दिए जाने व उनकी भागीदारी सुनिश्चित करने हेतु संघर्ष किया गया। इस संघर्ष में प्रतिनिधिक संस्था की सीटों में महिलाओं हेतु कोटे को निर्धारित करने की माँग की गई, जिसके परिणामस्वरूप देश के अधिकांश राज्यों ने पंचायतों/स्थानीय निकायों में महिलाओं के लिए कुछ सीटों को आरक्षित किया है।

(ii) **आरक्षण हेतु संघर्ष** देश में सामाजिक विषमता को देखते हुए भारतीय संविधान में पिछड़ी जातियों व अनुसूचित जनजातियों के लिए आरक्षण का प्रावधान किया गया है। इसके लिए एक व्यापक संघर्ष हुआ, जो 'मंडल आयोग' के अंतर्गत किए गए प्रावधानों के अंतर्गत आगे चलकर तेज हो गया।

अंततः इन वर्गों को शिक्षा तथा नियोजन में आरक्षण प्राप्त हो गया। वर्तमान समय में भी अधिकांश राज्यों में अलग-अलग वर्गों द्वारा आरक्षण की माँग की जा रही है।

4. शरणार्थियों की समस्याएँ क्या हैं? वैश्विक नागरिकता की अवधारणा किस प्रकार उनकी सहायता कर सकती है?

उत्तर शरणार्थियों की प्रमुख समस्या यह थी कि उनको कोई भी राष्ट्र अपनी सदस्यता देने के लिए तैयार नहीं था। ऐसे लोगों को कोई भी राष्ट्र अधिकारों की गारंटी नहीं देता था और वे सामान्यतः असुरक्षित दशा में जीवनयापन करते हैं।

वैश्विक नागरिकता द्वारा शरणार्थियों की सहायता

वर्तमान समय में विभिन्न प्रकार की संचार तकनीक; जैसे—इंटरनेट, टेलीविजन, सैलफोन आदि ने विश्व के सभी हिस्सों को एक-दूसरे के साथ जोड़ दिया है।

इसके परिणामस्वरूप टेलीविजन पर युद्ध अथवा आपदा को देखकर विभिन्न देशों के लोगों में साझा सरोकार व सहानुभूति की भावना उत्पन्न एवं विकसित होती है।

विश्व नागरिकता की धारणा का महत्त्व इस बात से है कि इससे दो या उससे अधिक देशों की उन समस्याओं का सामना/समाधान करना आसान हो जाता है, जिसमें कई देशों की सरकारों और लोगों के सहयोग की आवश्यकता होती है; जैसे—राज्यविहीन और प्रवासी लोगों की समस्याएँ।

इस प्रकार, विश्व के राष्ट्रों द्वारा आपसी सहयोग और सहमति के द्वारा शरणार्थियों की सुरक्षा तथा सार्वभौम मूलभूत अधिकारों को सुनिश्चित किया जा सकता है।

5. देश के अंदर एक क्षेत्र से दूसरे क्षेत्र में लोगों के अप्रवासन का सामान्यतः स्थानीय लोग विरोध करते हैं। प्रवासी लोग स्थानीय अर्थव्यवस्था में क्या योगदान दे सकते हैं?

उत्तर यद्यपि सभी नागरिकों को देश के किसी भी हिस्से में जाने, पढ़ने तथा रहने की स्वतंत्रता प्राप्त है।

इससे कामगार रोजगार आदि सुविधाओं की तलाश में एक स्थान से दूसरे स्थान पर जाते हैं।

इस प्रकार, सीमित रोजगार की स्थिति एवं अधिकतर रोजगार बाहरी लोगों को प्राप्त हो जाने की स्थिति में स्थानीय लोगों की बाहरी लोगों के साथ प्रतिद्वंद्विता की भावना उत्पन्न हो जाती है, जिसके कारण स्थानीय लोग दूसरे क्षेत्र से आए अप्रवासियों का विरोध करते हैं।

प्रवासी लोगों का स्थानीय अर्थव्यवस्था में योगदान

स्थानीय लोग अप्रवासी लोगों का विरोध करते हैं। अप्रवासियों में कुकुशल व अकुशल दोनों प्रकार के मानव संसाधन शामिल होते हैं। कुशल मानव संसाधन उच्च तकनीकी की सहायता से स्थानीय अर्थव्यवस्था की विकास की गति को तीव्र करते हैं व गुणवत्तापूर्ण सेवाएँ प्रदान करते हैं, जिससे स्थानीय अर्थव्यवस्था विकास की ओर अग्रसर रहती है; जैसे—केरल की नर्सों को देश के सभी भागों में देखा जा सकता है, जबकि अकुशल श्रमिक आधारभूत संरचना विकास के कार्यों में नियोजित हो जाते हैं, जिससे स्थानीय क्षेत्र में संरचना विकास तीव्र गति से होता है और स्थानीय अर्थव्यवस्था को बल मिलता है।

इसके अतिरिक्त ये कम पारिश्रमिक पर आसानी से उपलब्ध हो जाते हैं, जिससे आधारभूत संरचना विकास पर दबाव नहीं पड़ता। इसके साथ ही इस प्रकार के अकुशल श्रमिक छोटे-छोटे कारोबारों का संचालन करते हैं; जैसे—बुनाई, कटाई आदि, जो स्थानीय अर्थव्यवस्था को मजबूती प्रदान करते हैं।

6. भारत जैसे समान नागरिकता देने वाले देशों में भी लोकतांत्रिक नागरिकता एक पूर्ण स्थापित तथ्य नहीं वरन् एक परियोजना है। नागरिकता से जुड़े उन मुद्दों की चर्चा कीजिए, जो आजकल भारत में उठाए जा रहे हैं?

उत्तर भारत जैसे समान नागरिकता प्रदान करने वाले देशों में भी लोकतांत्रिक नागरिकता एक पूर्ण स्थापित तथ्य नहीं है वरन् एक परियोजना है, क्योंकि समाज में आने वाली नई-नई चुनौतियों एवं समाधान से नागरिकता की अवधारणा में विस्तार होता जा रहा है।

नागरिकता से जुड़े मुद्दे निम्नलिखित हैं

(i) भारत के प्रत्येक शहर में आबादी का एक बड़ा भाग झोपड़-पट्टियों और अवैध कब्जे की जमीन पर बसा हुआ है, जो आवश्यक और उपयोगी कार्य प्रायः कम मजदूरी पर करते हैं। शहर की शेष आबादी द्वारा इन लोगों पर अकसर संसाधनों पर बोझ बनने तथा अपराध, बीमारी आदि फैलाने का आरोप लगाया जाता है। अतः इन्हें सफाई एवं जलापूर्ति जैसी सुविधाएँ मिलनी चाहिए।

(ii) बढ़ती जनसंख्या और भूमि तथा संसाधनों की कमी के दबाव के कारण आदिवासी और वनवासी लोगों की जीवन-पद्धति और आजीविका पर संकट उत्पन्न होने लगा, जिससे इन लोगों के आवास से संबंधित मुद्दा महत्त्वपूर्ण हो गया है।

(iii) देश में विस्थापन से संबंधित मुद्दा भी प्रमुखता से उठाया जा रहा है। इसके अंतर्गत विशेष रूप से वे लोग, जो सरकार की बड़ी-बड़ी परियोजनाओं; जैसे—बाँध निर्माण आदि से विस्थापित हुए, अपने पुनर्वास को लेकर संघर्ष कर रहे हैं।

(iv) शहरी गरीबों की हालत में सुधार लाने की दिशा में सरकार के साथ मिलकर स्वयंसेवी संगठन कार्य कर रहे हैं। जिसके परिणामस्वरूप फुटपाथी दुकानदारों के हितों की रक्षा के लिए वर्ष 2004 में उन्हें मान्यता और नियम प्रदान किए गए।

अभ्यास प्रश्न

वस्तुनिष्ठ प्रश्न

बहुविकल्पीय प्रश्न

1. नागरिकों को किसका उत्तराधिकारी और ट्रस्टी भी माना जाता है?

(a) जीवन का आधार
(b) प्राकृतिक संसाधन
(c) जैविक कारक
(d) इनमें से कोई नहीं

उत्तर (b) प्राकृतिक संसाधन

2. निम्न में से किस देश को समान नागरिकता पाने के लिए अफ्रीका की अश्वेत आबादी को सत्तारूढ़ गोरे अल्पसंख्यकों के खिलाफ लंबा संघर्ष करना पड़ा?

(a) यूनाइटेड किंगडम
(b) यूनाइटेड स्टेट
(c) कनाडा
(d) दक्षिण अफ्रीका

उत्तर (d) दक्षिण अफ्रीका

3. नागरिक सुविधाओं में काले और गोरे लोगों के लिए अलग-अलग क्षेत्रों का निर्माण करने वाले कानूनों के समूह को क्या कहा जाता है?

(a) पृथक्करण कानून
(b) भेदभाव कानून
(c) अलगाव कानून
(d) इनमें से कोई नहीं

उत्तर (a) पृथक्करण कानून

4. नागरिक आज जिन अधिकारों का प्रयोग करते हैं, उन सभी को संघर्ष के बाद प्राप्त किया गया है। जनता ने अपनी स्वतंत्रता और अधिकारों को मुखर करने के लिए कुछ प्रारंभिक संघर्ष शक्तिशाली राजतंत्रों के खिलाफ छेड़े थे; जैसे-1789 की …………।

(a) रूस क्रांति
(b) फ्रांस क्रांति
(c) औद्योगिक क्रांति
(d) अमेरिकी क्रांति

उत्तर (b) फ्रांस क्रांति

5. भारत में किस प्रकार नागरिकता प्राप्त की जा सकती है?

(a) वंश परंपरा द्वारा
(b) पंजीकरण द्वारा
(c) देशीकरण द्वारा
(d) ये सभी

उत्तर (d) ये सभी

6. विरोध करने का अधिकार हमारे संविधान में नागरिकों को दी गई किस स्वतंत्रता का एक पहलू है?

(a) धार्मिक स्वतंत्रता
(b) समानता का अधिकार
(c) अभिव्यक्ति की स्वतंत्रता
(d) अंतःकरण की स्वतंत्रता

उत्तर (c) अभिव्यक्ति की स्वतंत्रता

7. नागरिकता के संबंध में दिए गए कथनों में से कौन-सा कथन सही नहीं है? *दक्षता आधारित प्रश्न*

(a) नागरिकता किसी राजनीतिक समुदाय की पूर्ण और समान सदस्यता को परिभाषित करती है
(b) नागरिक अपने राष्ट्र से सहयोग व सुरक्षा की अपेक्षा करते हैं
(c) केवल मतदान करना, नागरिकों के राजनीतिक अधिकारों में शामिल होता है
(d) अधिकारों और प्रतिष्ठा की समानता नागरिकता के बुनियादी अधिकारों में से एक है।

उत्तर (c) केवल मतदान करना, नागरिकों के राजनीतिक अधिकारों में शामिल होता है

8. निम्नलिखित में से कौन-सा कथन सही नहीं है?

(a) टी. एच. मार्शल एक ऑस्ट्रेलियाई समाजशास्त्री थे
(b) उन्होंने नागरिकता और सामाजिक वर्ग नामक पुस्तक लिखी
(c) मार्शल के अनुसार नागरिकता में दो प्रकार के अधिकार शामिल हैं—नागरिक और राजनीतिक
(d) 'a' और 'c' दोनों

उत्तर (d) 'a' और 'c' दोनों

9. निम्नलिखित में से कौन-सा/ से कथन सही नहीं है? *दक्षता आधारित प्रश्न*

1. राष्ट्र-राज्य की अवधारणा आधुनिक काल में विकसित हुई।
2. अधिकतर आधुनिक राज्य अपने में विभिन्न धर्मों, भाषा और सांस्कृतिक परंपराओं के लोगों को सम्मिलित करते हैं।
3. राष्ट्रीय पहचान को झंडा, राष्ट्रगान, राष्ट्रभाषा के रूप में व्यक्त नहीं किया जा सकता है।

कूट
(a) केवल 1
(b) केवल 2
(c) 1 और 3
(d) ये सभी

उत्तर (a) केवल 1

10. निम्नलिखित में से कौन-सा/से कथन सही है/हैं?

1. भारतीय संविधान में नागरिकों के अधिकार और दायित्व दर्ज हैं तथा विविधतापूर्ण समाज को समायोजित करने की कोशिश की गई है।
2. भारत स्वयं को धर्मनिरपेक्ष और लोकतांत्रिक राष्ट्र-राज्य कहता है।
3. भारतीय संविधान में नागरिकता से संबंधित प्रावधान संविधान के तीसरे भाग में उल्लेखित है।

कूट
(a) केवल 3
(b) 1 और 2
(c) 2 और 3
(d) ये सभी

उत्तर (b) 1 और 2

11. नीचे दिए गए घटनाक्रम को उनके कालक्रम (अवधि) के अनुसार बढ़ते क्रम में व्यवस्थित कीजिए *दक्षता आधारित प्रश्न*

1. फ्रांस की क्रांति की घटना
2. अफ्रीका की अश्वेत जनता के द्वारा सत्तारूढ़ गोरे अल्पसंख्यकों के विरुद्ध संघर्ष का जारी रहना।
3. संयुक्त राज्य अमेरिका के दक्षिणी राज्यों में विषमताओं के विरुद्ध नागरिक अधिकार आंदोलन।
4. फुटपाथी दुकानदारों के लिए एक राष्ट्रीय नीति का निर्माण।

कूट

(a) 1, 2, 3, 4 (b) 4, 1, 2, 3

(c) 1, 3, 2, 4 (d) 4, 3, 2, 1

उत्तर (c) 1, 3, 2, 4

12. नीचे दिए गए घटनाक्रम को उनके कालक्रम (अवधि) के अनुसार व्यवस्थित कीजिए

1. मार्शल द्वारा अपनी पुस्तक "नागरिकता और सामाजिक वर्ग" का प्रकाशन।
2. समाजकर्मी ओल्गा टेलिस की जनहित याचिका (ओल्गा टेलिस बनाम बंबई नगर निगम) पर सर्वोच्च न्यायालय का फैसला।
3. जिम्बाब्वे के राष्ट्रपति रॉबर्ट मुगाबे के द्वारा बड़े फार्मों पर कब्जा करने की योजना की घोषणा।
4. भारत द्वारा दलाई लामा और उनके अनुयायियों को आश्रय उपलब्ध कराना।

कूट

(a) 1, 2, 3, 4

(b) 2, 3, 4, 1

(c) 4, 3, 2, 1

(d) 1, 4, 2, 3

उत्तर (d) 1, 4, 2, 3

13. सूची I के साथ सूची II को सुमेलित कीजिए *दक्षता आधारित प्रश्न*

सूची I	सूची II
A. मतदान करने का अधिकार	1. सामाजिक-आर्थिक अधिकार
B. स्वतंत्रता संबंधी अधिकार	2. नागरिक अधिकार
C. शिक्षा पाने का अधिकार	3. राजनीतिक अधिकार
D. बुनियादी सुविधाओं का अधिकार	4. अभिव्यक्ति का अधिकार

कूट

	A	B	C	D		A	B	C	D
(a)	1	2	3	4	(b)	2	1	4	3
(c)	3	4	2	1	(d)	4	3	1	2

उत्तर (c) 3 4 2 1

14. सूची I के साथ सूची II को सुमेलित कीजिए

सूची I	सूची II
A. भीतरी और बाहरी विभाजन	1. विभिन्न समूहों के साझे स्वार्थ
B. पृथक्करण कानून	2. लोगों के बीच कृत्रिम सीमाएँ
C. सामाजिक अधिकार	3. शिक्षा व रोजगार के अवसर
D. विश्व नागरिकता	4. राष्ट्रीय सीमाओं के आर-पार लोगों का जुड़ाव

कूट

	A	B	C	D
(a)	1	2	3	4
(b)	2	1	4	3
(c)	3	4	1	2
(d)	4	3	2	1

उत्तर (a) 1 2 3 4

15. निम्नलिखित युग्मों में से कौन-सा सही सुमेलित नहीं है? *दक्षता आधारित प्रश्न*

(a) जीवन जीने का अधिकार – अनुच्छेद 21

(b) ओल्गा टेलिस की जनहित याचिका – मुंबई झोपड़पट्टी में रह रहे लोगों के अधिकारों के लिए

(c) नागरिकता – संविधान का भाग-3

(d) नागरिकों के अधिकारों के लिए सर्वप्रथम दाता – फ्राँस की क्रांति

उत्तर (c) नागरिकता – संविधान का भाग-3

16. नीचे दो कथन दिए गए हैं। *दक्षता आधारित प्रश्न*

कथन I भारत में नागरिकता प्राप्त करने के चार मुख्य तरीके है; जैसे-जन्म, वंश, पंजीकरण और प्राकृतिकरण (किसी भू-क्षेत्र के राज क्षेत्र में शामिल होने से) इन तरीको से लोग भारत की नागरिकता प्राप्त कर सकते हैं। प्रत्येक तरीके का अपना विशेष कानूनी आधार होता है।

कथन II भारतीय संविधान किसी भी व्यक्ति को दोहरी नागरिकता की अनुमति नहीं देता है। कानून के तहत्, एक व्यक्ति को एक ही देश की नागरिकता रखने का अधिकार है। यह नियम विदेशी नागरिकता के साथ भारतीय नागरिकता के अर्जन पर प्रतिबंध लगाता है।

कूट

(a) केवल कथन I सही है (b) केवल कथन II सही है

(c) कथन I और II दोनों सही हैं (d) कथन I और II दोनों गलत हैं

उत्तर (c) कथन I और II दोनों सही हैं

17. नीचे दो कथन दिए गए हैं।

कथन I भारत के नागरिक के रूप में सभी व्यक्तियों को संविधान के तहत् समान अधिकार प्राप्त होते हैं। ये अधिकार संविधान के मौलिक अधिकारों द्वारा सुरक्षित हैं। हालाँकि ये अधिकार अन्याय या भेदभाव से भी मुक्त होने चाहिए।

कथन II नागरिकता से जुड़े सभी कानून बनाने का अधिकार संसद के पास है। यह संविधान में वर्णित है और संसद इसमें बदलाव भी कर सकती है। इस प्रकार नागरिकता के सभी नियम संसद द्वारा नियंत्रित होते हैं।

कूट

(a) केवल कथन I सही है

(b) केवल कथन II सही है

(c) कथन I और कथन II दोनों सही हैं

(d) कथन I और कथन II दोनों गलत हैं

उत्तर (c) कथन I और कथन II दोनों सही हैं।

निर्देश (प्र. सं. 18-22) नीचे दो कथन दिए गए हैं, जिनमें एक को कथन (A) और दूसरे को कारण (R) माना गया है। कूट की सहायता से सही कथन का चयन करें

कूट

(a) A और R दोनों सही हैं तथा R, A की सही व्याख्या है

(b) A और R दोनों सही हैं, परंतु R, A की सही व्याख्या नहीं है

(c) A सही है, किंतु R गलत है

(d) A गलत है, किंतु R सही है

18. कथन (A) **विश्व में कई लाख लोग दुर्भाग्यवश शरणार्थी और अवैध प्रवासियों के रूप में रहने को मजबूर हैं।**

कारण (R) **उन्हें कोई राष्ट्र अपनी सदस्यता देने के लिए तैयार नहीं है।**

उत्तर (a) विश्व में कई लाख लोग दुर्भाग्यवश शरणार्थी और अवैध प्रवासियों के रूप में रहने के लिए मजबूर हैं, क्योंकि उन्हें कोई राष्ट्र अपनी सदस्यता देने के लिए तैयार नहीं है। ऐसे लोगों को कोई राष्ट्र अधिकारों की गारंटी नहीं देता और वे सामान्यतः असुरक्षित स्थिति में जीवनयापन करते हैं।

19. कथन (A) **सभी नागरिकों को समान अधिकार और अवसर देने पर विचार करना और सुनिश्चित करना किसी सरकार के लिए आसान नहीं होता है।**

कारण (R) **समाज में विभिन्न समूहों की आवश्यकता भिन्न-भिन्न होती है।**

उत्तर (a) सभी नागरिकों को समान अधिकार और अवसर देने पर विचार करना और सुनिश्चित करना किसी सरकार के लिए आसान नहीं होता, क्योंकि एक समूह के अधिकार दूसरे समूह के अधिकारों के प्रतिकूल हो सकते हैं। समाज में विभिन्न समूह के लोगों की आवश्यकता और समस्याएँ अलग-अलग होती हैं। फिर भी राज्य क्रमिक रूप से सभी नागरिकों को कुछ अपवादों के साथ समान अवसर और अधिकार प्रदान करना सुनिश्चित करता है।

20. कथन (A) **भारतीय संविधान ने बहुत ही विविधतापूर्ण समाज को समायोजित करने की कोशिश की है।**

कारण (R) **भारतीय समाज में जाति, वर्ग तथा समाज में व्यापक विविधता पाई जाती है।**

उत्तर (a) भारतीय संविधान ने बहुत ही विविधतापूर्ण समाज को समायोजित करने की कोशिश की है। इसने अनुसूचित जाति और अनुसूचित जनजाति जैसे भिन्न-भिन्न समुदायों तथा पूर्व में समान अधिकार से वंचित रही महिलाओं और कई अन्य समुदायों को पूर्ण और समान नागरिकता देने का प्रयास किया है, क्योंकि भारतीय समाज में विविधता जाति, वर्ग तथा समाज में व्याप्त है।

21. कथन (A) **गरीब प्रवासी और कुशल प्रवासी को लेकर हमारी प्रतिक्रिया में कोई अंतर नहीं होता है।**

कारण (R) **इस प्रतिक्रिया का प्रमुख कारण उनकी योग्यता तथा उनका रहन-सहन होता है।**

उत्तर (d) गरीब प्रवासी और कुशल प्रवासी को लेकर कभी-कभी हमारी प्रतिक्रिया में अंतर होता है। इस प्रतिक्रिया का प्रमुख कारण उनकी योग्यता है, जो शहरी अर्थव्यवस्था को प्रोत्साहन प्रदान करती है, साथ ही शहरी विकास को भी प्रभावित करती है।

22. कथन (A) **जनवरी, 2004 में फुटपाथी दुकानदारों के लिए एक राष्ट्रीय नीति तैयार की गई।**

कारण (R) **इस नीति को लाने का मुख्य कारण बड़े उद्योगपतियों को उत्पीड़न से मुक्ति दिलाना था।**

उत्तर (c) जनवरी, 2004 में फुटपाथी दुकानदारों के लिए एक राष्ट्रीय नीति तैयार की गई। इस नीति का उद्देश्य विक्रेताओं को मान्यता और नियमन प्रदान करना था, ताकि उन्हें सरकारी नियमों के अनुपालन के दायरे में उत्पीड़न से मुक्त कारोबार चलाने की शक्ति प्राप्त हो।

23. नीचे दिए गए चित्र का ध्यानपूर्वक अवलोकन कीजिए और दिए गए प्रश्नों के उत्तर दीजिए

(i) **किसी शहर की आबादी बाहरी गरीब मजदूरों (प्रवासी) पर क्या आरोप लगाती हैं?**

(a) शहर की जनसंख्या बढ़ाने का
(b) संसाधनों पर बोझ बनने का
(c) स्थानीय लोगों से दुर्व्यवहार करने का
(d) जान-बूझकर खराब कार्य करने का

उत्तर (b) संसाधनों पर बोझ बनने का

(ii) **प्रवासी मजदूरों का प्रमुख कारण क्या है?**

(a) शिक्षा की कमी
(b) रोजगार के अवसरों की कमी
(c) स्वास्थ्य सेवाओं की कमी
(d) सांस्कृतिक आदान-प्रदान

उत्तर (b) रोजगार के अवसरों की कमी

(iii) **भारत में प्रवासी मजदूरों को किस योजना के तहत् भोजन और राशन सहायता प्रदान की जाती है?**

(a) जन धन योजना
(b) प्रधानमंत्री गरीब कल्याण अन्न योजना
(c) मनरेगा
(d) आयुष्मान भारत

उत्तर (b) प्रधानमंत्री गरीब कल्याण अन्न योजना

(iv) **भारत में शहरीकरण का सबसे बड़ा कारण ·········· हैं?**

(a) औद्योगिकीकरण
(b) कृषि का विस्तार
(c) जनसंख्या वृद्धि
(d) सांस्कृतिक विकास

उत्तर (a) औद्योगिकीकरण

24. निम्नलिखित चित्र का अध्ययन कर प्रश्नों का उत्तर दें।

(i) **किसी व्यक्ति की नागरिकता क्या प्रदर्शित करती है?**
(a) उसका राष्ट्र विशेष से संबंध
(b) उसका व्यक्ति विशेष से संबंध
(c) उसका बहु राष्ट्र से संबंध
(d) उपरोक्त में से कोई नहीं

उत्तर (a) उसका राष्ट्र विशेष से संबंध

(ii) **लोकतांत्रिक देश लोगों को किस प्रकार के राजनीतिक अधिकार प्रदान नहीं करते हैं?**
(a) अभिव्यक्ति का अधिकार (b) आस्था का अधिकार
(c) मतदान का अधिकार (d) इच्छामृत्यु का अधिकार

उत्तर (d) इच्छामृत्यु का अधिकार

(iii) **अफ्रीका में समान नागरिकता के खिलाफ कब तक संघर्ष हुआ था?**
(a) वर्ष 1960 तक (b) वर्ष 1970 तक
(c) वर्ष 1980 तक (d) वर्ष 1990 तक

उत्तर (d) वर्ष 1990 तक

(iv) **देश के सांस्कृतिक और प्राकृतिक संसाधनों का उत्तराधिकारी और न्यायी ………… माना जाता है?**
(a) सरकार को (b) संस्थाओं को
(c) नागरिकों को (d) महिलाओं को

उत्तर (c) नागरिकों को

लघु उत्तरीय प्रश्न

1. राष्ट्र-राज्य की अवधारणा को बताइए।

उत्तर राष्ट्र-राज्य की अवधारणा का विकास आधुनिक काल में हुआ। यह किसी राज्य के निश्चित भू-भाग को स्पष्ट करने के साथ-साथ उस राष्ट्र की संस्कृति, साझा इतिहास, राष्ट्रीय प्रतीक, राष्ट्रीयगान, राष्ट्रीय भाषा व विशेष राष्ट्रीय उत्सवों को भी स्पष्ट करती है तथा उस राष्ट्र की एक अलग पहचान सुनिश्चित करती है। यह अवधारणा एक राष्ट्र को संप्रभुत्व राष्ट्र घोषित करती है। राष्ट्र-राज्य की अवधारणा नागरिकों के लोकतांत्रिक अधिकारों को सुनिश्चित करती है।

2. भारतीय संविधान विविधतापूर्ण समाज को किस प्रकार समायोजित करता है?

उत्तर भारतीय संविधान अनुसूचित जाति व जनजातियों, महिलाओं, अंडमान निकोबार द्वीपसमूह के सुदूरवर्ती क्षेत्रों के समुदायों एवं देश के अंदर अन्य सभी समुदायों को बिना किसी भेदभाव के पूर्ण व समान नागरिकता प्रदान करता है। सभी समुदायों की भाषा, धर्म व संस्कृति को सुरक्षित रखते हुए उन्हें समान रूप से अधिकार उपलब्ध करवाता है। विभिन्न धर्म, भाषा व संस्कृति के लोगों की समाज में समानता, स्वतंत्रता व सुरक्षा सुनिश्चित करके विविधतापूर्ण समाज का निर्माण करता है।

3. नस्ल आधारित भेदभाव से नागरिकता की अवधारणा पर क्या प्रभाव पड़ता है? *दक्षता आधारित प्रश्न*

उत्तर नस्ल आधारित भेदभाव नागरिकता की अवधारणा पर नकारात्मक रूप से प्रभाव डालता है। नागरिकता के अंतर्गत समुदाय के सभी सदस्यों के मध्य समानता को सुनिश्चित किया जाता है, जबकि नस्ल आधारित भेदभाव नागरिकता के अंतर्गत राष्ट्र द्वारा सभी सदस्यों को प्रदान किए जाने वाले समानता के अधिकार का उल्लंघन करता है, जैसे- सत्रहवीं से बीसवीं सदी के बीच यूरोप के गोरे (श्वेत) एवं दक्षिण अफ्रीका के काले (अश्वेत) के बीच अपनाई गई नीतियाँ।

4. फ्रांस तथा भारत दोनों देश धर्मनिरपेक्ष और समावेशी होने का दावा करते हैं। दोनों देशों में नागरिकता प्रदान करने से संबंधित व्यावहारिकताओं को स्पष्ट कीजिए।

उत्तर सैद्धांतिक रूप से फ्रांस व भारत दोनों ही धर्मनिरपेक्ष राष्ट्र है एवं दोनों ही बिना किसी धार्मिक भेदभाव के अपने लोगों को नागरिकता प्रदान करते हैं। फ्रांस में सार्वजनिक स्थलों पर धार्मिक व सांस्कृतिक प्रतीकों के प्रयोग पर पूर्णतया रोक लगी हुई है, जबकि भारत में नागरिक अधिकारों के अंतर्गत सभी नागरिकों को सार्वजनिक स्थलों पर धार्मिक व सांस्कृतिक प्रतीकों के प्रयोग की स्वतंत्रता प्रदान की गई है। दोनों देशों का उद्देश्य समावेशी समाज बनाना है, लेकिन फ्रांस धर्म और क्षेत्र से स्वतंत्र है, जबकि भारत में मुद्दे अधिक संवेदनशील हैं।

5. राज्यविहीन लोगों को किस प्रकार की समस्याओं का सामना करना पड़ता है।

उत्तर राज्यविहीन लोगों को कई गंभीर समस्याओं का सामना करना पड़ता है, जैसे-

(i) **कानूनी पहचान की कमी** नागरिकता के बिना वे अपने अधिकारों का दावा नहीं कर सकते।

(ii) **स्वास्थ्य और शिक्षा सेवाओं की पहुँच में कमी** वे सरकारी सेवाओं से वंचित रहते हैं।

(iii) **रोजगार का संकट** बिना नागरिकता के नौकरी प्राप्त करना मुश्किल होता है।

(iv) **सामाजिक भेदभाव** राज्यविहीन होने के कारण वे अक्सर समाज में अलग-थलग पड़ जाते हैं।

6. किसी व्यक्ति विशेष के लिए नागरिकता का होना महत्त्वपूर्ण क्यों होता है? *दक्षता आधारित प्रश्न*

उत्तर किसी व्यक्ति के लिए नागरिकता का होना अत्यंत महत्त्वपूर्ण है, क्योंकि यह उसकी कानूनी पहचान और अधिकारों का आधार है। नागरिकता व्यक्ति को मतदान, शिक्षा, स्वास्थ्य, रोजगार और सामाजिक सुरक्षा जैसी सुविधाओं का लाभ दिलाती है। यह उसे देश के संसाधनों और सुरक्षा में हिस्सेदारी का अधिकार प्रदान करती है। बिना नागरिकता के व्यक्ति को कानूनी संरक्षण नहीं मिलता, जिससे वह सामाजिक, आर्थिक और राजनीतिक रूप से असुरक्षित रहता है। जैसे- फिलिस्तीनी शरणार्थी।

दीर्घ उत्तरीय प्रश्न।

1. लोकतांत्रिक देशों द्वारा नागरिकता के अंतर्गत प्रदत्त अधिकारों की प्रकृति भिन्न-भिन्न होती है। क्या यह किसी भी आधार पर समान हो सकती हैं, बताइए? *दक्षता आधारित प्रश्न*

उत्तर लोकतांत्रिक देशों के द्वारा नागरिकों के कुछ दायित्व एवं अधिकार सुनिश्चित होते हैं। यद्यपि विभिन्न राष्ट्रों द्वारा अपने नागरिकों को प्रदान किए जाने वाले अधिकारों की प्रकृति भिन्न-भिन्न होती है, किंतु अधिकांश लोकतांत्रिक देशों में राष्ट्रों द्वारा प्रदत्त अधिकारों में राजनीतिक आधार सामान्यतः एकसमान प्रकृति के ही होते हैं, जो निम्नलिखित हैं

- मतदान करने व राजनीतिक प्रक्रियाओं में भाग लेने का अधिकार।
- नागरिक स्वतंत्रता संबंधी अधिकार (अभिव्यक्ति/आस्था)।
- न्यूनतम मजदूरी पाने का अधिकार।
- स्वतंत्रता संबंधी अधिकार।
- शिक्षा पाने का सामाजिक-आर्थिक अधिकार।

2. नागरिक अधिकारों के इतिहास को स्पष्ट कीजिए।

उत्तर वर्तमान समय में नागरिक जिन अधिकारों का प्रयोग करते हैं, उन्हें लंबे संघर्षों के पश्चात् प्राप्त किया गया है। जनता ने अपनी स्वतंत्रता और अधिकारों को प्राप्त करने के लिए प्रारंभ में शक्तिशाली राजतंत्रों के विरुद्ध संघर्ष किए। इन संघर्षों को निम्न तथ्यों द्वारा व्यक्त किया जा सकता है

- कई यूरोपीय देशों में 1789 ई. की फ्रांसीसी क्रांति जैसे संघर्ष हुए।
- दक्षिण अफ्रीका में समान नागरिकता पाने के लिए अफ्रीका की अश्वेत जनता ने सत्तारूढ़ श्वेत अल्पसंख्यकों के विरुद्ध लंबा संघर्ष किया, जो 1990 के दशक के आरंभ तक जारी रहा।
- एशिया और अफ्रीका के अनेक उपनिवेशों में समान नागरिकता की माँग औपनिवेशिक शासकों से स्वतंत्रता प्राप्त करने के संघर्षों में शामिल थी।
- वर्तमान में भी सदस्यता और समान अधिकार प्राप्त करने का अधिकार विश्व के विभिन्न भागों में जारी है।

3. टी. एच. मार्शल द्वारा नागरिकता में शामिल किए गए अधिकारों को बताइए।

उत्तर टी. एच. मार्शल ने नागरिकता में तीन प्रकार के अधिकारों को शामिल किया है

(i) **नागरिक अधिकार** वे अधिकार होते हैं, जो व्यक्ति के जीवन, आजादी तथा संपत्ति को सुरक्षित करते हैं।

(ii) **राजनीतिक अधिकार** वे अधिकार होते हैं, जो व्यक्ति की शासन प्रक्रिया में भागीदारी सुनिश्चित करते हैं।

(iii) **सामाजिक अधिकार** वे अधिकार होते हैं, जो व्यक्ति को शिक्षा तथा रोजगार हेतु अवसर उपलब्ध करवाते हैं।

इस प्रकार ये सभी अधिकार नागरिक के गरिमामय जीवन को सुनिश्चित करते हैं। मार्शल ने सामाजिक वर्ग को 'असमानता की व्यवस्था' के रूप में चिह्नित किया है।

4. एक अच्छे नागरिक के किन्हीं पाँच गुणों को बताइए।

अथवा **एक आदर्श नागरिक की पाँच विशेषताओं को बताइए।**

उत्तर एक अच्छे या आदर्श नागरिक के पाँच गुण निम्न प्रकार हैं

(i) किसी भी लोकतांत्रिक देश में एक आदर्श नागरिक अपने मत का प्रयोग अनिवार्य रूप से एक उपयुक्त प्रतिनिधि को चुनने के लिए करता है और शासन प्रक्रिया में अपनी भागीदारी को सुनिश्चित करते हुए एक अच्छी सरकार के निर्माण में अपना योगदान देता है।

(ii) एक अच्छा नागरिक बनने के लिए व्यक्ति को शिक्षित एवं स्वस्थ होना चाहिए, ताकि वह देश के विकास में महत्त्वपूर्ण योगदान दे सके।

(iii) एक आदर्श नागरिक अपने कर्त्तव्यों के प्रति ईमानदार होता है; जैसे—समय पर कर देना, सार्वजनिक संपत्ति की रक्षा करना आदि।

(iv) एक अच्छा नागरिक समाज में जाति, धर्म, भाषा तथा लिंग के आधार पर वैमनस्य की भावना न रखकर, सद्भाव की भावना को प्रोत्साहित करने का कार्य करता है।

(v) एक आदर्श नागरिक अपने देश के प्रति निष्ठा की भावना रखता है तथा एक जागरूक नागरिक की तरह व्यवहार करता है।

5. भारत में आदिवासी और वनवासी किस प्रकार से अपेक्षित किए जा रहे हैं? *दक्षता आधारित प्रश्न*

उत्तर भारत में वनवासी अपने जीवनयापन के लिए जंगल और अन्य प्राकृतिक संसाधनों पर निर्भर हैं। बढ़ती आबादी के कारण जमीन और संसाधनों की कमी के दबाव में उनमें से अनेक की जीवन पद्धति और आजीविका संकट में है। जंगल और तराई क्षेत्र में मौजूद खनिज संसाधनों का खनन करने के इच्छुक उद्यमियों के हितों का दबाव आदिवासी और वनवासी लोगों की जीवन पद्धति और आजीविका पर एक अन्य खतरा है। इस प्रकार की कार्यविधि से स्थानीय लोगों के लिए रोजगार की कमी हो जाती है, साथ ही बाहरी लोगों के अधिक आने से संसाधनों पर दबाव बढ़ जाता है। इससे मजबूरी में विवश होकर स्थानीय लोगों को प्रवास भी करना पड़ता है। इससे आजीविका संकट के साथ पर्यावरणीय समस्याओं को भी बढ़ावा मिलता है तथा स्थानीय लोगों के संसाधनों में कमी आती है।

इस प्रकार, भारत में आदिवासी और वनवासियों को अपेक्षित किया जा रहा है।

6. समाज में स्थानीय लोगों या नेताओं द्वारा बाहरी लोगों का विरोध किए जाने के कारणों को बताइए।

उत्तर बाहरी लोगों का समाज में स्थानीय जनता/नेताओं द्वारा विरोध किए जाने के निम्नलिखित कारण हैं

- समाज में विभिन्न समूहों के साझे स्वार्थ के कारण विभिन्न प्रकार के विभाजन उभरने लगते हैं जिसे बस या रेल में यात्रा कर रहे बाहरी व अंदर के लोगों के बीच विभाजन से समझा जा सकता है।
- इस प्रकार की समस्याएँ प्राकृतिक संसाधनों (जल, जमीन), आजीविका, चिकित्सा तथा शिक्षा आदि सुविधाओं के अभाव के कारण उत्पन्न होती हैं। ऐसे में संबंधित क्षेत्र में संसाधनों एवं सुविधाओं में कमी होने के कारण बाहरी लोगों का विरोध होता है।

- अधिकतर रोजगार बाहरी लोगों को प्राप्त हो जाने की स्थिति में राजनीतिक पार्टियाँ रोजगार एवं कार्यों को सीमित रखने की माँग करती हैं।
- सीमित रोजगार की स्थिति में स्थानीय लोगों की बाहरी लोगों के साथ प्रतिद्वंद्विता बढ़ जाती है, जिसके कारण स्थानीय लोग बाहरी लोगों का विरोध करते हैं।

7. किसी भी सरकार के लिए सभी नागरिकों को समान अधिकार व अवसर सुनिश्चित करना अधिक मुश्किल होता है, स्पष्ट कीजिए।
दक्षता आधारित प्रश्न

उत्तर सभी नागरिकों को समान अधिकार व अवसर सुनिश्चित करना किसी भी सरकार के लिए अधिक कठिन कार्य होता है।
इसे निम्न तथ्यों से स्पष्ट किया जा सकता है

- विभिन्न समूहों की आवश्यकता तथा समस्याएँ भिन्न-भिन्न होती हैं, जिससे उनके अधिकारों के बीच टकराव की संभावना प्रबल हो जाती है। अतः समान अधिकार के अंतर्गत एक ही प्रकार की नीतियाँ सभी लोगों पर समान रूप से लागू नहीं की जा सकतीं।
- इस दृष्टि से ऐसी नीतियों, जो सभी व्यक्तियों पर समान रूप से लागू हों तथा सभी के मध्य समानता को सुनिश्चित करें, के लिए आवश्यक है कि उनके निर्माण के समय सभी लोगों की आवश्यकता व उनके दावों को ध्यान में रखा जाए।
- अतः बदलते वैश्विक परिदृश्य में नागरिकता के समान अधिकार से संबंधित तथ्यों पर विशेष बल दिया जा रहा है। इसके लिए नागरिकता के संबंध में आ रही समस्याओं का समाधान कर नागरिकता को विकसित करने का प्रयास जारी है।
- इसलिए समान नागरिकता के तहत सभी नागरिकों को समान अधिकार तथा सुरक्षा प्रदान करने के लिए विशेष पहल की जा रही है।

8. आधुनिक राज्यों द्वारा अपने नागरिकों को प्रदान किए जाने वाले मुख्य राजनैतिक अधिकारों को बताइए।

उत्तर आधुनिक समय में अधिकांश लोकतांत्रिक देश अपने नागरिकों को कुछ राजनैतिक अधिकार प्रदान करते हैं, जिनका वर्णन निम्न प्रकार है

(i) **मत देने का अधिकार** विश्व के अधिकांश देश, जिन्होंने लोकतांत्रिक शासन प्रणाली को अपनाया है, अपने देश के उन नागरिकों को, जो एक निर्धारित आयु को पूरा कर चुके हैं, मत देने का अधिकार प्रदान करते हैं। नागरिक अपने मत का प्रयोग कर प्रतिनिधियों को चुनते हैं और प्रतिनिधि ही सरकार का निर्माण कर देश का शासन चलाते हैं।

(ii) **चुनाव लड़ने का अधिकार** लोकतांत्रिक शासन प्रणाली में देश का प्रत्येक नागरिक, जो एक निश्चित आयु को पूरा कर चुका है, को चुनाव लड़ने का अधिकार प्राप्त होता है। चुनाव लड़ने का कोई इच्छुक व्यक्ति चुनाव लड़ सकता है तथा निर्वाचित होने के पश्चात् वह शासन संचालन में अपना योगदान दे सकता है।

(iii) **अभिव्यक्ति की स्वतंत्रता का अधिकार** इसके तहत् नागरिकों को भाषण की स्वतंत्रता, देश के सभी भागों में भ्रमण करने की स्वतंत्रता आदि की छूट दी गई है।

9. विश्व नागरिकता की आवश्यकता की क्या धारणा है बताइए?

उत्तर विश्व नागरिकता की आवश्यकता की धारणा को निम्न तथ्यों द्वारा व्यक्त किया जा सकता है

- विश्व नागरिकता की अवधारणा एक नई अवधारणा है। इसके अनुसार यह मान्यता है कि वर्तमान में विश्व-कुटुंब और वैश्विक समाज का अस्तित्व है, इसलिए भी राष्ट्रीय सीमाओं के आर-पार लोग एक-दूसरे से जुड़ा हुआ अनुभव प्राप्त करते हैं।
- यह अवधारणा इस बात पर बल देती है, कि हमें विश्व के लोगों से भावनात्मक रूप से मजबूत होना चाहिए तथा विश्व नागरिकता की दिशा में सक्रिय रहना चाहिए।
- राष्ट्रीय नागरिकता की अवधारणा का मानना है कि राज्य सत्ता हमें गरिमापूर्ण जीवन जीने हेतु सुरक्षा व अधिकार प्रदान कर सकती है, किंतु वर्तमान में अनेक प्रकार की ऐसी समस्याएँ उत्पन्न होती जा रही हैं, जिनका समाधान केवल राज्य-सत्ता अकेले नहीं कर सकती।
- विश्व नागरिकता की धारणा का महत्त्व इस बात से है कि इससे दो या उससे अधिक देशों की उन समस्याओं का सामना/समाधान करना आसान हो जाता है, जिसमें कई देशों की सरकारों और लोगों के सहयोग की आवश्यकता होती है; जैसे—राज्यविहीन और प्रवासी लोगों की समस्याओं का समाधान ढूँढना एवं उनको सुरक्षा तथा मूलभूत अधिकार सुनिश्चित करवाना।

10. क्या किसी व्यक्ति की नागरिकता का अंत भी हो सकता है? यदि हाँ, तो उन कारणों की व्याख्या करें।
दक्षता आधारित प्रश्न

अथवा **उन कारणों की विवेचना कीजिए जिनके आधार पर नागरिकता का लोप हो सकता है।**

उत्तर भारत में नागरिकता की समाप्ति निम्नलिखित कारणों से हो सकती हैं

(i) **परित्याग करने पर** कोई भारतीय नागरिक किसी अन्य देश की नागकिरता का परित्याग कर सकता है।

(ii) **सरकार द्वारा नागरिकता से वंचित करने पर** सरकार को यह अधिकार है कि वह किसी पंजीकृत या देशीयकृत नागरिकों को निम्न आधार पर भारतीय नागरिकता से वंचित कर सकती है।

- व्यक्ति लगातार 7 वर्ष से भारत के बाहर रहा हो।
- भारतीय महिला द्वारा विदेशी नागरिक के साथ विवाह कर लेने की स्थिति में।
- भारतीय संविधान के प्रति निष्ठा का अभाव हो।
- युद्ध काल में शत्रुओं के सहयोग का आरोपी हो।
- देशीयकरण या पंजीकरण द्वारा नागरिकता प्राप्त कर लेने के पाँच वर्ष के भीतर किसी अन्य देश द्वारा दो वर्ष की सजा हो गई हो।

(iii) **अन्य देश की नागरिकता स्वीकार करने पर** –26 जनवरी, 1950 के पश्चात् यदि किसी भी व्यक्ति ने स्वेच्छा से किसी अन्य देश की नागरिकता स्वीकार ली है, तो स्वतः ही उसकी भारतीय नागरिकता समाप्त हो जाएगी।

11. जन्मजात और देशीयकृत नागरिकता में अंतर स्पष्ट कीजिए।

उत्तर जन्मजात अथवा प्राकृतिक नागरिकता उसे कहते हैं, जो व्यक्ति को उस राज्य में जन्म होने या वंशानुगत आधार पर प्राप्त होती है, जैसे अमेरिका में जन्मे सभी बच्चों को अमेरिकी नागरिकता मिलती है। भले ही उनके माता-पिता विदेशी हों, लेकिन देशीयकृत नागरिकता का अभिप्राय यह है

कि उस व्यक्ति को कुछ निश्चित शर्तों को पूरा करने पर ही नागरिकता प्राप्त होती है। इन शर्तों में मुख्य शर्तें हैं कि व्यक्ति पाँच वर्ष तक भारत में रहा हो, उसे किसी एक भारतीय भाषा का ज्ञान हो और वह अपने मूल देश की नागरिकता छोड़ चुका हो।

12. भारतीय मूल के अप्रवासी भारतीयों की नागरिकता के संबंध में संविधान में क्या प्रावधान किए गए हैं?

उत्तर भारतीय संविधान के अनुसार, भारत में जन्मे किंतु विदेश में रहने वाले व्यक्तियों को कुछ शर्तों को पूरा करने पर नागरिकता देने का प्रावधान है, लेकिन इसमें पाकिस्तान से आने वाले लोग सम्मिलित नहीं हैं। इन शर्तों में प्रमुख शर्तें हैं।

- उस व्यक्ति का भारत के नागरिक के रूप में पंजीकरण हो चुका हो। वह पंजीकरण भारत के राजनयिक के द्वारा जहाँ वह उस समय निवास कर रहा हो, किया गया हो।
- इस आशय का आवेदन संविधान लागू होने के बाद किया गया हो। संबंधित आवेदन-पत्र डोमिनियन सरकार द्वारा या भारत सरकार द्वारा विहित प्रपत्र पर और विहित प्रक्रिया द्वारा किया गया हो।

दीर्घ उत्तरीय प्रश्न II

1. नागरिकता एक कानूनी अवधारणा होने के साथ-साथ समानता तथा अधिकारों के उद्देश्यों से संबंधित होती है। इस संदर्भ में मार्शल के दृष्टिकोण को बताइए। *दक्षता आधारित प्रश्न*

उत्तर नागरिकता एक कानूनी अवधारणा होने के साथ-साथ समानता तथा अधिकारों के उद्देश्यों से भी संबंधित होती है। समाजशास्त्री टी. एच. मार्शल (1893-1981) ने अपनी पुस्तक 'नागरिकता और सामाजिक वर्ग' (वर्ष 1950) में नागरिकता के समानता तथा अधिकारों के साथ संबंधों को स्पष्ट किया है। इसमें मार्शल ने नागरिकता को किसी समुदाय के पूर्ण सदस्यों को प्रदत्त प्रतिष्ठा के रूप में परिभाषित किया है। इसके अंतर्गत प्रतिष्ठा में अंतर्निहित अधिकारों और कर्त्तव्यों के संदर्भ में सभी बराबर होते हैं। मार्शल द्वारा प्रदत्त नागरिकता की धारणा में मूल संकल्पना समानता की है। इसमें दो बातें अंतर्निहित होती हैं

(i) प्रदान किए गए अधिकारों तथा कर्त्तव्यों की गुणवत्ता बढ़े।

(ii) अधिकार अधिक-से-अधिक लोगों को दिए जाएँ अर्थात् इनको प्राप्त् करने वाले लोगों की संख्या में वृद्धि हो।

नागरिकता में मार्शल ने तीन प्रकार के अधिकारों को शामिल किया है

(i) नागरिक अधिकार (ii) राजनीतिक अधिकार

(iii) सामाजिक अधिकार

इसके तहत यह बताया गया है कि नागरिक अधिकार व्यक्ति के जीवन, आजादी आदि को सुरक्षा प्रदान करते हैं। वहीं सामाजिक अधिकार व्यक्ति के लिए शिक्षा और रोजगार को सुलभ बनाते हैं। कुल मिलाकर यह अधिकार नागरिक के लिए सम्मान के साथ जीवन को संभव बनाते हैं।

इस प्रकार मार्शल ने समाज में व्याप्त सामाजिक स्थिति को असमानता की व्यवस्था के रूप में चिह्नित किया है। इसके माध्यम से समानता को भी सुनिश्चित किया गया है। इस प्रकार यह एक समानतापूर्ण समाज का निर्माण भी करती है।

इस अवधारणा की पूर्ति हेतु विश्व के देशों के द्वारा अनेक प्रयास किए गए हैं। इसके लिए कानूनी प्रावधान भी किए गए हैं; जैसे—सभी को रोजगार प्रदान करने हेतु कार्यक्रमों का निर्धारण करना, सुरक्षा संबंधी व्यवस्था करना आदि।

2. संपूर्ण और समान सदस्यता के अधिकारों का सविस्तार वर्णन कीजिए।

उत्तर संपूर्ण और समान सदस्यता के अधिकार नागरिकों को समान अवसर, सम्मान और अधिकार प्रदान करने के सिद्धांत पर आधारित होते हैं, ताकि समाज में किसी भी नागरिक के साथ भेदभाव न हो। ये अधिकार संविधान के तहत् सुरक्षित होते हैं और समाज में न्याय, समानता और सामाजिक एकता सुनिश्चित करने का उद्देश्य रखते हैं।

संपूर्ण सदस्यता संपूर्ण सदस्यता का अर्थ है कि नागरिक को किसी भी समाज या देश में सभी अधिकार और अवसर मिलते हैं। इसका आशय है कि नागरिक को-

- शिक्षा, स्वास्थ्य, रोजगार जैसी बुनियादी सेवाओं का लाभ पूर्ण रूप से प्राप्त होता है।
- सामाजिक और आर्थिक अधिकार जैसे संपत्ति का अधिकार, शादी और परिवार का अधिकार आदि।
- संवैधानिक अधिकार का उल्लंघन नहीं होने देना और किसी प्रकार की असमानता से उसे बचाना है।
- **समान सदस्यता** समान सदस्यता का तात्पर्य हैं कि सभी नागरिकों को उनके लिंग, जाति, धर्म, नस्ल, भाषा या अन्य सामाजिक विशेषताओं के आधार पर भेदभाव किए बिना समान अधिकार मिलते है। इसमें शामिल हैं

(i) **समान अवसर** सभी नागरिकों को अपने अधिकारों का समान उपयोग करने का अधिकार है, चाहे वे किसी भी पृष्ठभूमि से आते हों।

(ii) **समान सुरक्षा** संविधान सभी नागरिकों को समान सुरक्षा प्रदान करता है, जिससे किसी भी प्रकार के भेदभाव या शोषण से उनकी रक्षा होती है।

(iii) **समान न्याय** सभी नागरिकों को न्याय प्राप्त करने के समान अवसर मिलते हैं, चाहे उनकी सामाजिक स्थिति कोई भी हो।

भारत में, ये अधिकार संविधान के अनुच्छेद 14 (समानता का अधिकार) और अनुच्छेद-15 (भेदभाव के खिलाफ अधिकार) के तहत सुनिश्चित किए गए हैं। इन अधिकारों का उद्देश्य एक समान और न्यायपूर्ण समाज का निर्माण करना है, जहाँ प्रत्येक नागरिक को उनके अधिकारों का समान और निष्पक्ष रूप से सम्मान किया जाता है।

3. भारत में नागरिकता प्राप्ति के प्रावधानों को संक्षेप में बताते हुए इसे विविधतापूर्ण भारतीय समाज के साथ समायोजन को स्पष्ट कीजिए। *दक्षता आधारित प्रश्न*

उत्तर भारत में नागरिकता से संबंधित प्रावधानों का उल्लेख संविधान के दूसरे भाग में किया गया है, जिसमें नागरिकता की लोकतांत्रिक और समावेशी धारणा को अपनाया गया है।

भारत में नागरिकता जन्म, वंश-परंपरा, पंजीकरण, देशीकरण अथवा किसी भू-क्षेत्र के भारतीय भू-भाग में शामिल हो जाने पर प्राप्त की जा सकती है। भारतीय संविधान में नागरिकता प्राप्ति संबंधी प्रावधान निम्नलिखित हैं

भारतीय संविधान में वर्णित प्रावधानों के अंतर्गत विविधतापूर्ण समाज को समायोजित किया गया है, जिसके अंतर्गत अनुसूचित जाति, जनजाति, समान अधिकारों से वंचित महिलाएँ, अंडमान व निकोबार द्वीपसमूह के सुदूरवर्ती समुदाय व अन्य सभी समुदायों को पूर्ण और समान नागरिकता प्रदान की गई है। इसके अतिरिक्त सभी लोगों को उनकी आस्था, धर्म, विभिन्न भाषाओं व सांस्कृतिक रिवाजों को सुरक्षित रखते हुए उन्हें समान अधिकार उपलब्ध करवाए गए हैं। उदाहरणस्वरूप, दिल्ली में गणतंत्र दिवस परेड में विभिन्न क्षेत्र, संस्कृति और धर्म के लोगों को शामिल करने के राजसत्ता के प्रयास को प्रतिविंबित करता है।

इस प्रकार के समावेशी प्रावधान कई प्रकार के विवादों व संघर्षों को भी जन्म देते हैं; जैसे—महिला आंदोलन, दलित आंदोलन, विकास योजनाओं से विस्थापित हुए लोगों द्वारा नागरिकता के पूर्ण अधिकारों से वंचित किए जाने को आधार बनाकर संघर्ष।

भारत जैसे लोकतांत्रिक देशों में लोकतांत्रिक नागरिकता लक्ष्य सिद्धि का एक आदर्श होता है। बदलती हुई सामाजिक परिस्थितियों में उनके अनुसार ही माँगें व मुद्दे उठाए जाते हैं। इन्हें लोकतांत्रिक तरीकों से बातचीत के माध्यम से सुलझाने की आवश्यकता होती है।

4. विश्व नागरिकता क्या है? इसकी आवश्यकता को बताइए।

उत्तर विश्व नागरिकता एक ऐसा विचार है, जो व्यक्ति को किसी विशेष देश की सीमाओं से परे, संपूर्ण दुनिया का नागरिक मानता हैं। इसमें जाति, धर्म, भाषा और राष्ट्रीयता के भेदभाव को समाप्त कर, सभी मनुष्यों को समानता और एकता के दृष्टिकोण से देखा जाता है। विश्व नागरिकता का उद्‌देश्य वैश्विक समस्याओं का समाधान ढूँढना और मानवता के हित में कार्य करना है।

विश्व नागरिकता की आवश्यकता का उल्लेख इस प्रकार किया गया हैं

(i) **वैश्विक चुनौतियों का समाधान** जलवायु परिवर्तन, आतंकवाद, गरीबी और स्वास्थ्य संकट जैसी समस्याएँ किसी एक देश तक सीमित नहीं है। इनसे निपटने के लिए देशों को मिलकर कार्य करने की आवश्यकता है। विश्व नागरिकता का दृष्टिकोण लोगों को इन समस्याओं के प्रति संवेदनशील बनाता है।

(ii) **समानता और मानवाधिकार** यह विचार सभी मनुष्यों के लिए समानता, न्याय और स्वतन्त्रता को बढ़ावा देता है। जातिवाद, धार्मिक असहिष्णुता और भेदभाव जैसी समस्याओं को समाप्त करने में सहायता करता है।

(iii) **वैश्विक शांति और समृद्धि** विश्व नागरिकता देशों और समुदायों के बीच सहयोग, सहिष्णुता और शांति को बढ़ावा देती है। यह अंतर्राष्ट्रीय विवादों और संघर्षों को कम करने में सहायक हो सकती है।

(iv) **सांस्कृतिक आदान-प्रदान और समृद्धि** यह विचार विभिन्न संस्कृतियों, भाषाओं और परंपराओं के आदान-प्रदान को प्रोत्साहित करता है, जिससे वैश्विक समाज समृद्ध होता है।

विश्व नागरिकता सीमाओं से परे सोचने और मानवता के व्यापक हितों की रक्षा, करने का दृष्टिकोण प्रदान करती है। यह विश्व को अधिक सहिष्णु, समावेशी और स्थिर बनाने में सहायता कर सकती है।

5. नागरिकता के कानूनी कर्त्तव्यों की समीक्षा कीजिए।

अथवा **राज्य के प्रति नागरिकों के दायित्वों की विवेचना करें।**

उत्तर नागरिकता की अवधारणा अधिकार और कर्त्तव्य से जुड़ी हुई है। नागरिकता के कुछ कर्त्तव्य ऐसे भी होते हैं, जिन्हें निभाने के लिए प्रत्येक नागरिक बाध्य होता है। ऐसे कर्त्तव्यों को कानूनी कर्त्तव्य कहा जाता है। यदि इन कानूनी कर्त्तव्यों को व्यक्ति पूर्ण नहीं कर पाता है, तो वह दंड का पात्र होता है। नागरिकों के निम्न कानूनी कर्त्तव्य हैं।

(i) **राज्य के प्रति निष्ठा** राज्य लोगों के कल्याण एवं समृद्धि के लिए कार्य करता है। उसके द्वारा जनता की सभी सुख सुविधाओं की व्यवस्था की जाती है। राज्य अपने नागरिकों की विदेशी आक्रमण से रक्षा करता है तथा प्राकृतिक आपदा की स्थिति में राज्य द्वारा नागरिकों को हर तरह की सुविधाएँ और सुरक्षा उपलब्ध कराई जाती है। इस तरह नागरिकों का कर्त्तव्य है कि उन्हें राज्य के प्रति पूर्ण निष्ठा, भक्ति और प्रेम हो। वे ऐसा कोई काम न करें, जिससे राज्य की एकता, अखंडता को किसी प्रकार का खतरा पहुँचे। वे देशद्रोही कार्य न करें।

(ii) **कानून का पालन करना** प्रत्येक लोकतांत्रिक देश में जनता को सरकार की नीतियों और निर्णयों के प्रति अपना विरोध करने का अधिकार होता है, परंतु नागरिकों का यह कर्त्तव्य है कि वे शांतिपूर्ण तरीके से और कानून के दायरे में रहकर ही अपना विरोध प्रदर्शन करे, जिससे की राज्य की शांति व्यवस्था अप्रभावित रहे।

(iii) **कर देना** देश में शासन संचालन और विकास कार्यों के लिए धन की आवश्यकता होती है। सरकार द्वारा इस धन की व्यवस्था के लिए कर लगाया जाता है। प्रत्येक नागरिक का कर्त्तव्य है कि वह पूरी ईमानदारी से कर चुकाए तथा देश की प्रगति में अपना योगदान दे। कर की अदायगी न करने पर दंड दिया जा सकता है।

(iv) **सैनिक सेवा** प्रत्येक नागरिक का यह कर्त्तव्य है कि आवश्यकता पड़ने पर वह देश की सेना में भर्ती होकर देश की रक्षा के लिए तत्पर होकर कार्य करे।

(v) **राजनीतिक अधिकारों का विवेकपूर्ण उपयोग** प्रत्येक लोकतांत्रिक देश में जनता को अनेक राजनीतिक अधिकार प्राप्त हैं; जैसे–मत देने का अधिकार, निर्वाचित होने का अधिकार या चुनाव लड़ने का अधिकार।

नागरिकों का यह कानूनी कर्त्तव्य है कि वे अपने उन अधिकारों का प्रयोग विवेक और बुद्धि से अत्यंत सोच-समझकर करें और चुनाव में ऐसे प्रत्याशी को मत दें, जो जनकल्याण और विकास कार्यों के प्रति प्रतिबद्ध हो।

6. नागरिकता के दावों के विभिन्न प्रबंधों की विवेचना कीजिए।

अथवा **उन कारकों का विवेचन करें जिनके आधार पर नागरिकता के दावों का प्रबंध किया जाता है।**

उत्तर नागरिकता के दावों का प्रबंधन कई प्रकार से किया जाता है जिनके आधार पर व्यक्ति को नागरिकता प्रदान की जाती है। इसके लिए प्रचलित कुछ मुख्य प्रबंधन इस प्रकार हैं।

(i) **निवास अवधि** कई देशों में यह नियम है कि यदि कोई विदेशी किसी देश में एक निश्चित समय अवधि तक रहता है और वह उस देश के प्रति निष्ठा, भक्ति और प्रेम की शपथ लेता है, तो

निश्चित समय के बाद उसे उस देश की नागरिकता प्राप्त हो जाती है। यह समयावधि विभिन्न देशों में अलग-अलग है। इस निर्धारित अवधि के बाद उसे अपने देश की नागरिकता त्यागनी पड़ती है और नए देश के प्रति अपनी निष्ठा की घोषणा करनी पड़ती है। तभी उस देश के सक्षम प्राधिकार द्वारा नागरिकता प्राप्ति का प्रमाण-पत्र उपलब्ध कराया जाता है।

(ii) **सरकारी नौकरी** इस नियम के अंतर्गत यह व्यवस्था है कि यदि कोई विदेशी उस देश में जहाँ नियम प्रचलित है में सरकारी नौकरी कर ले, तो उसे वहाँ की नागरिकता प्राप्त हो जाती है। उदाहरण के लिए, यदि कोई विदेशी संयुक्त राज्य अमेरिका की सेना में नौकरी करता है, तो कुछ समय के बाद उसे अमेरिका की नागरिकता प्राप्त हो जाती है।

(iii) **विवाह** यह नागरिकता के दावों के संदर्भ में अपेक्षाकृत सबसे अधिक प्रचलित नियम है। इसके अंतर्गत यदि कोई स्त्री किसी विदेशी पुरुष के साथ विवाह कर लेती है, तो उस स्त्री की अपने देश की नागरिकता समाप्त हो जाती है और उसे पति के देश की नागरिकता प्राप्त हो जाती है, लेकिन जापान में इसके बिल्कुल विपरीत नियम है यदि कोई जापानी लड़की किसी विदेशी से विवाह कर ले तो उस लड़की की नागरिकता समाप्त नहीं होती है, बल्कि उसके पति को भी जापान की नागरिकता प्राप्त हो जाती है।

(iv) **भूमि क्रय** यह नागरिकता के दावों के प्रबंधन का एक प्रमुख तरीका है। यह विशेष रूप से कुछ दक्षिण-अमेरिकी देशों पेरू, मैक्सिको आदि में प्रचलित है। इसके अंतर्गत कई देशों में यह नियम है कि यदि कोई विदेशी वहाँ आकर जमीन खरीद ले, तो इसी आधार पर उस व्यक्ति को उस देश की नागरिकता प्रदान की जाती है।

स्रोत आधारित प्रश्न

दिए गए अनुच्छेदों को ध्यानपूर्वक पढ़िए तथा प्रश्नों के उत्तर दीजिए

1. वर्ष 1994 तक दक्षिण अफ्रीका में अपनाई गई नीतियों के बारे में नीचे दिए गए ब्यौरे को पढ़िए। श्वेत लोगों को मत देने, चुनाव लड़ने और सरकार को चुनने का अधिकार था। वे संपत्ति खरीदने और देश में कहीं भी आने-जाने के लिए स्वतंत्र थे। काले लोगों को ऐसे अधिकार नहीं थे। काले और गोरे लोगों के लिए पृथक् मुहल्ले और कॉलोनियाँ बसाई गई थीं। काले लोगों को अपने पड़ोस के गोरे लोगों की बस्ती में कार्य करने के लिए 'पास' लेने पड़ते थे। उन्हें गोरों के इलाके में अपने परिवार रखने की अनुमति नहीं थी। अलग-अलग रंग के लोगों के लिए विद्यालय भी अलग-अलग थे।

(i) **वर्ष 1994 तक दक्षिण अफ्रीका में अपनाई गई नीतियों के संबंध में सही विकल्प का चयन करे।**

(a) काले और गोरे लोग एक ही मोहल्ले में रहते थे
(b) काले तथा गोरे देश में कहीं भी आने-जाने के लिए स्वतंत्र थे
(c) काले तथा गोरे लोगों के लिए एक ही विद्यालय था
(d) काले लोगों को अपने पड़ोस के गोरे लोगों की बस्ती में कार्य करने के लिए 'पास' लेना पड़ता था

उत्तर (d) काले लोगों को अपने पड़ोस के गोरे लोगों की बस्ती में कार्य करने के लिए 'पास' लेना पड़ता था

(ii) **रंगभेद नीति के तहत किस समूह को मतदान का अधिकार था ?**

(a) केवल श्वेत लोग
(b) केवल अश्वेत लोग
(c) सभी नागरिक
(d) केवल एशियाई लोग

उत्तर (a) केवल श्वेत लोग

(iii) **दक्षिण अफ्रीका में श्वेत लोगों को किस प्रकार के अधिकार प्राप्त थे?**

उत्तर दक्षिण अफ्रीका में श्वेत लोगों को मत देने, चुनाव लड़ने और सरकार को चुनने का अधिकार प्राप्त था। उन्हें संपत्ति खरीदने तथा देश में कहीं भी आने-जाने की स्वतंत्रता प्राप्त होती थी। इस प्रकार से पृथक्करण कानून के तहत् श्वेत लोगों को विशेष अधिकार प्रदान किया गया था।

2. जिम्बाब्वे में भूमि वितरण के बारे में प्रकाशित सरकारी आँकड़ों के अनुसार, वहाँ 4400 गोरे परिवारों के पास लगभग एक करोड़ हेक्टेयर भूमि है। यह देश की कुल कृषि योग्य भूमि का 32% हिस्सा है। लगभग दस लाख काले किसानों के पास केवल 1.6 करोड़ हेक्टेयर भूमि है, जो कुल भूमि का 38% भाग है।

गोरे लोगों के पास जो जमीन है, वह सिंचित और उपजाऊ है, जबकि काले लोगों के पास कम उपजाऊ और असिंचित जमीन है। भू-स्वामियों के इतिहास के खोजने से स्पष्ट पता चलता है कि लगभग सौ वर्ष पूर्व गोरे लोगों ने उपजाऊ जमीन स्थानीय निवासियों से अपने कब्जे में ले ली।

गोरे लोग जिम्बाब्वे में पीढ़ियों से रह रहे हैं और अब स्वयं को जिम्ब्वेवासी समझते हैं। जिंबाब्वे में गोरों की आबादी कुल जनसंख्या का केवल 0.06% है। वर्ष 1997 में जिंबाब्वे के राष्ट्रपति रॉबर्ट मुगाबे ने 1500 बड़े फार्मों पर कब्जा करने की योजना की घोषणा की।

(i) **जिम्बाव्वे में गोरे लोगों के पास अधिक उपजाऊ जमीन किस प्रकार है?**

(a) उन्होंने उपजाऊ जमीन स्थानीय लोगों से खरीदी है
(b) उन्होंने कृषि तकनीकी के माध्यम से जमीन को उपजाऊ बनाया है
(c) उन्होंने उपजाऊ जमीन स्थानीय निवासियों से कब्जे में ली है
(d) उन्होंने जंगलों को काटकर उपजाऊ जमीन प्राप्त की है

उत्तर (a) उन्होंने उपजाऊ जमीन स्थानीय लोगों से खरीदी है

(ii) **जिम्बाव्वे में गोरे लोगों की आबादी कितनी हैं?**

(a) कुल जनसंख्या का 0.06 %
(b) कुल जनसंख्या का 0.08 %
(c) कुल जनसंख्या का 0.10 %
(d) कुल जनसंख्या का 0.12 %

उत्तर (a) कुल जनसंख्या का 0.06 %

(iii) **गोरे लोगों ने जिम्बाब्वे में स्वयं को जिंम्बाब्वेवासी के रूप में किस प्रकार स्थापित किया?**

उत्तर गोरे लोग जिंबाब्वे के स्थानीय समुदाय की उपजाऊ जमीन पर कब्जा कर वहाँ स्थायी रूप से बस गए और कई सदियों तक रहते हुए उन्होंने स्वयं को जिंबाब्वेवासी के रूप में स्थापित किया। यहाँ गोरों की आबादी की कुल जनसंख्या का केवल 0.06% है।

3. 1950 का दशक संयुक्त राज्य अमेरिका के अनेक दक्षिणी राज्यों में काली और गोरी आबादी के बीच बरकरार विषमताओं के खिलाफ नागरिक अधिकार आंदोलन के उभार का साक्षी है। इस तरह की विषमताएँ इन राज्यों द्वारा पृथक्करण कानून के नाम से चर्चित ऐसे कानूनों के जरिए पोषित होती थीं, जिनसे काले लोगों को अनेक नागरिक और राजनीतिक अधिकारों से वंचित किया जाता था। उन कानूनों ने विभिन्न नागरिक सुविधाओं; जैसे–रेल, बस, रंगशाला, आवास, होटल, रेस्टोरेंट आदि में गोरे और काले लोगों के लिए अलग–अलग स्थान निर्धारित कर रखे थे। इन कानूनों के कारण काले और गोरे बच्चों के स्कूल भी अलग–अलग थे। इन कानूनों के खिलाफ हुए आंदोलन में मार्टिन लूथर किंग जूनियर अग्रणी काले नेता थे। उन्होंने इनके खिलाफ अनेक अकाट्य तर्क दिए। पहला, आत्म-गौरव व आत्म-सम्मान के मामले में विश्व की प्रत्येक जाति या वर्ण का मनुष्य बराबर है। दूसरा, जो ऐसे कानूनों के शिकार हैं।

(i) संयुक्त राज्य अमेरिका में वर्ष 1950 के नागरिक अधिकार आंदोलनों का क्या कारण था?

(a) काले और गोरों के बीच असमानताओं का अस्तित्व, जो अलगाव कानूनों द्वारा बनाया गया था
(b) अश्वेत लोगों को नागरिक और राजनीतिक अधिकारों से वंचित करना
(c) 'a' और 'b' दोनों
(d) उपरोक्त में से कोई नहीं

उत्तर (c) 'a' और 'b' दोनों

(ii) 1950 के दशक में संयुक्त राज्य अमेरिका के अनेक दक्षिणी राज्यों में उभरी विषमताओं के संबंध में कौन–सा कथन सही नहीं है?

(a) इस दौरान काले लोगों को नागरिक तथा राजनीतिक अधिकारों से वंचित किया जाता था
(b) ये विषमताएँ पृथक्करण कानून के अंतर्गत पोषित होती थीं
(c) गोरे व काले लोगों के लिए अलग-अलग स्कूलों की व्यवस्था की गई थी
(d) विषमता के संबंध में पृथक्करण कानून देश के व्यापक हित के लिए सहयोग को बढ़ावा देता है

उत्तर (d) विषमता के संबंध में पृथक्करण कानून देश के व्यापक हित के लिए सहयोग को बढ़ावा देता है

(iii) पृथक्करण कानूनों के खिलाफ नागरिक अधिकार आंदोलन में मार्टिन लूथर किंग जूनियर ने कौन–से दो प्रमुख तर्क दिए?

उत्तर मार्टिन लूथर किंग जूनियर ने तर्क दिए कि

1. आत्म-गौरव आत्म सम्मान के मामलों में सभी जातियाँ समान हैं
2. किंग ने कहा कि पृथक्करण राजनीति के चेहरे पर 'सामाजिक कोढ़' की तरह है, क्योंकि यह उन लोगों को गहरे मनोवैज्ञानिक जख्म देता है

4. अधिकतर आधुनिक राज्य अपने में विभिन्न धर्मों, भाषा और सांस्कृतिक परंपराओं के लोगों को सम्मिलित करते हैं, लेकिन एक लोकतांत्रिक राज्य की राष्ट्रीय पहचान में नागरिकों को ऐसी राजनीतिक पहचान देने की कल्पना होती है, जिसमें राज्य के सभी सदस्य भागीदार हो सकें। लोकतांत्रिक देश सामान्यतः अपनी पहचान इस प्रकार परिभाषित करने का प्रयास करते हैं कि वे यथासंभव समावेशी हों अर्थात् जो सभी नागरिकों को राष्ट्र के अंग के रूप में स्वयं को पहचानने की अनुमति देते हों, लेकिन व्यवहार में अधिकतर देश अपनी पहचान को इस तरह परिभाषित करने की ओर अग्रसर हैं, जो कुछ नागरिकों के लिए राष्ट्र के साथ अपनी पहचान कायम करना अन्यों की तुलना में आसान बनाता है।

यह राज्य-सत्ता के लिए भी अन्यों की तुलना में कुछ लोगों को नागरिकता देना आसान कर देती है। यह अप्रवासियों का देश होने पर गौरवान्वित होने वाले संयुक्त राज्य अमेरिका के बारे में भी वैसे ही सच है जैसे कि किसी अन्य देश के बारे में।

(i) राष्ट्र राज्य की अवधारणा के संबंध में निम्न में से कौन–सा कथन सही है?

(a) इस अवधारणा का विकास आधुनिक काल में हुआ
(b) यह अवधारणा राज्य क्षेत्र की सीमा को ही नहीं, बल्कि साझा इतिहास को भी परिभाषित करती है
(c) राष्ट्र राज्य की संप्रभुता तथा लोकतांत्रिक अधिकारों का दावा फ्रांस के क्रांतिकारियों ने किया था
(d) उपरोक्त सभी

उत्तर (d) उपरोक्त सभी

(ii) लोकतांत्रिक राज्य के संबंध में दिए गए कथनों में से कौन–सा कथन सही नहीं है?

(a) इस राज्य की राष्ट्रीय पहचान में राजनीतिक पहचान देने की कल्पना की जाती है
(b) इसमें राज्य के सभी लोगों की भागीदारी सुनिश्चित की जाती है
(c) इसमें समावेशी की अवधारणा को शामिल किया जाता है
(d) इसमें नागरिकों को राष्ट्र के अंग के रूप में पहचान बनाने की अनुमति नहीं दी जाती है

उत्तर (d) इसमें नागरिकों को राष्ट्र के अंग के रूप में पहचान बनाने की अनुमति नहीं दी जाती है

(iii) लोकतांत्रिक देश अपनी पहचान किस प्रकार परिभाषित करते हैं?

उत्तर लोकतांत्रिक देश सामान्यतः अपनी पहचान इस प्रकार परिभाषित करने का प्रयास करते हैं कि वह यथासंभव समावेशी हैं यानी जो सभी नागरिकों को राष्ट्र के अंग के रूप में स्वयं को पहचानने की अनुमति देता हो, लेकिन व्यवहार में अधिकतर देश अपनी पहचान को इस तरह परिभाषित करने की ओर अग्रसर हैं, जो कुछ नागरिकों के लिए राष्ट्र के साथ अपनी पहचान करना अन्यों की तुलना में आसान बनाता है।

स्वयं को जाँचें

वस्तुनिष्ठ प्रश्न

1. सर्वोच्च न्यायालय ने ओल्गा टेलिस की जनहित याचिका पर किस वर्ष महत्त्वपूर्ण फैसला दिया?

(a) 1981 (b) 1982 (c) 1985 (d) 1984

2. संविधान ने नागरिकता की एक .... और समावेशी अवधारणा की स्थापना की।

(a) मूलभूत लोकतंत्र (b) लोकतांत्रिक राज्य
(c) राष्ट्रवादी (d) इनमें से कोई नहीं

3. ओल्गा टेलिस बनाम बंबई नगर निगम पर वर्ष 1985 के एक महत्त्वपूर्ण फैसले पर सर्वोच्च न्यायालय ने कहा कि संविधान की .... में जीने के अधिकार की गारंटी दी गई है।

(a) धारा-14 (b) धारा-21 (c) धारा-44 (d) धारा-61

4. नागरिक और राष्ट्र के संबंध में दिए गए कथनों में से असत्य कथनों की पहचान कीजिए

(a) राष्ट्र-राज्य की अवधारणा का विकास आधुनिक काल में हुआ
(b) इसके अंतर्गत राज्य की केवल सीमाओं को निर्धारित व परिभाषित किया जाता है
(c) इसके अंतर्गत राज्य की सीमा तथा संस्कृति के साझे इतिहास को परिभाषित किया जाता है
(d) इस अवधारणा के तहत राष्ट्रीय पहचान को राष्ट्रगान, राष्ट्रभाषा आदि प्रतीकों के माध्यम से व्यक्त किया जाता है

5. निम्नलिखित में से कौन-सा युग्म सही नहीं है?

(a) भारत द्वारा दलाई लामा को अक्षय स्थल	1. वर्ष 1992
(b) फ्राँस की क्रांति का होना	2. 1789 ई.
(c) फुटपाथी दुकानदारों के लिए राष्ट्रीनीति का निर्माण	3. वर्ष 2004
(d) टी. एच मार्शल द्वारा अपनी पुस्तक में नागरिकता को परिभाषित करना	4. वर्ष 1950

लघु उत्तरीय प्रश्न

6. एक आदर्श नागरिक में कौन-कौन से गुण होने चाहिए?

7. राज्यविहीन नागरिक से आप क्या समझते हैं?

8. शहरी गरीबी से संबंधित किसी एक समस्या को बताइए।

9. सामाजिक अधिकार से आप क्या समझते हैं?

दीर्घ उत्तरीय प्रश्न I

10. अभिव्यक्ति की स्वतंत्रता से आप क्या समझते हैं? सभी नागरिकों के पूर्ण और समान सदस्यता के अधिकार को किस प्रकार सुनिश्चित किया जा सकता है?

11. नागरिकों के अधिकारों को सुनिश्चित करने की दिशा में शहरी गरीबी से संबंधित समस्याओं के समाधान हेतु की गई पहलों को बताइए।

12. समान अधिकार को सुनिश्चित करने हेतु नीतियों के निर्माण के समय किन बातों पर ध्यान देना चाहिए तथा समयानुसार उसे किस प्रकार विकसित किया जा सकता है?

दीर्घ उत्तरीय प्रश्न II

13. ईसाई धर्म में सुधारात्मक आंदोलनकर्ता मार्टिन लूथर किंग की भूमिका पर टिप्पणी कीजिए।

14. यद्यपि भारत के सभी नागरिकों को समान अधिकार प्राप्त है, फिर भी समाज के कुछ वर्गों को विभिन्न प्रकार की समस्याओं का सामना करना पड़ता है। इस संदर्भ में शहरी गरीबी एवं आदिवासी से संबंधित समस्याओं का उल्लेख कीजिए।

15. क्या किसी क्षेत्र में लंबे समय से रहने वाले निवासियों को रोजगार और सुविधाओं में प्राथमिकता मिलनी चाहिए? अपने विचार लिखें।

7

अध्याय

इस अध्याय में राष्ट्र और राष्ट्रवाद के मध्य अंतर्संबंधों के विकास के अध्ययन को शामिल किया गया है। इसमें राष्ट्रवाद में निहित अधिकारों और आकांक्षाओं के मुद्दों पर भी चर्चा की गई है।

▼ **अध्ययन एक नजर में**

▼ **अभ्यास के लिए**

- बहुविकल्पीय प्रश्न 25 (युग्मित प्रश्न, चित्र आधारित प्रश्न, कथन/कारण, सुमेलित कीजिए)
- वर्णनात्मक प्रकार के प्रश्न (लघु उत्तरीय प्रश्न 6, दीर्घ उत्तरीय प्रश्न I 7, दीर्घ उत्तरीय प्रश्न II 5)
- स्रोत आधारित प्रश्न 4, मानचित्र आधारित 0

राष्ट्रवाद

वैश्विक मामलों की अच्छी समझ के लिए राष्ट्रवाद की अवधारणा के बारे में जानना बहुत आवश्यक है। इतिहास के निर्माण में राष्ट्रवाद की धारणा का बहुत अधिक महत्त्व रहा है। राष्ट्रवाद की धारणा ने लोगों के अंदर निष्ठा के साथ-साथ द्वेष की भावना को भी जन्म दिया है। यह एक ऐसे राजनीतिक सिद्धांत के रूप में उभरा है, जिसने इतिहास रचने में योगदान दिया है। यह लोगों में एकता को मजबूत करने के साथ-साथ अनेक विभाजनों का भी कारण रहा है। जहाँ एक ओर राष्ट्रवाद ने **औपनिवेशिक शासन**[1] या उत्पीड़क शासकों से मुक्ति दिलाई, वहीं दूसरी ओर इसने युद्ध, हिंसा व घृणा जैसे तत्त्वों की भी रूपरेखा तैयार की है। विभिन्न राष्ट्रों की सीमाओं के निर्धारण-पुनर्निर्धारण में राष्ट्रवादी संघर्षों का महत्त्वपूर्ण योगदान रहा है। विश्व के विभिन्न राष्ट्रों में विभाजित होने के पश्चात् भी राष्ट्रों की सीमाओं की पुनर्संयोजन प्रक्रिया चलती रहती है व अनेक बार राष्ट्रों के अंदर **अलगाववादी**[2] संघर्ष देखने को मिलते है।

7.1 राष्ट्रवाद का परिचय

राष्ट्रवाद का विकास कई चरणों से गुजरकर हुआ है, जिनका वर्णन निम्न प्रकार है

- 19वीं शताब्दी में यूरोप में अनेक छोटी-छोटी रियासतों के एकीकरण से बड़े राष्ट्र-राज्यों की स्थापना हुई; जैसे—जर्मनी व इटली का गठन, एकीकरण और सुदृढ़ीकरण भी इसी प्रक्रिया के द्वारा हुआ।
- लैटिन अमेरिका में बड़ी संख्या में नए राज्यों का गठन किया गया।
- विगत शताब्दी में हमने अपने देश को सुदृढ़ीकरण की ऐसी ही प्रक्रिया से गुजरते देखा है; जैसे—स्वतंत्रता प्राप्ति के समय अनेक छोटी-बड़ी रियासतों का भारतीय संघ में एकीकरण कर राष्ट्र को सुदृढ़ता प्रदान की गई।
- यूरोप में बीसवीं सदी के आरंभ में राष्ट्रवाद अनेक बड़े साम्राज्य; जैसे—ऑस्ट्रियाई-हंगरियाई, रूसी साम्राज्य तथा एशिया और अफ्रीका में ब्रिटिश, फ्रांसीसी, डच व पुर्तगाली साम्राज्य आदि के विघटन का कारण भी रहा है।
- भारत जैसे उपनिवेशी देशों का औपनिवेशिक शासन से मुक्त होने के संघर्ष के पीछे भी राष्ट्रवादी भावना थी।

1 **औपनिवेशिक शासन** (Colonial Rule) एक देश में किसी अन्य देश द्वारा संचालित शासन व्यवस्था को औपनिवेशिक शासन कहा जाता है।
2 **अलगाववादी** (Separatist) अलगाव उत्पन्न करने की प्रवृत्ति को अलगाववादी कहते हैं।

राष्ट्रवाद के लिए चुनौतियाँ

- आज, विश्व के कई क्षेत्रों में राष्ट्रवादी और अलगाववादी संघर्ष कर रहे हैं, जो मौजूदा राज्यों को विभाजित करने की धमकी देते हैं।
- ऐस पृथक् राष्ट्रवादी संघर्ष राष्ट्र के अस्तित्व के लिए खतरा उत्पन्न करते हैं; जैसे- कनाडा में क्यूबेकवासी, उत्तरी स्पेन में बास्क, तुर्की और इराक में कुर्द, श्रीलंका में तमिल
- वर्तमान में अरबी देशों में संघर्षरत अखिल अरब संघ, अरबी एकता को बढ़ावा देता है, जबकि बास्क या कुर्द जैसे आंदोलन राष्ट्र-राज्य के विखंडन का कारण बनते हैं।

7.2 राष्ट्र और राष्ट्रवाद

- राष्ट्रवाद दुनिया में प्रभावी शक्ति है, लेकिन राष्ट्र या राष्ट्रवाद जैसे शब्द की परिभाषा को लेकर विद्वानों में अभी सहमति अभी तक नहीं बन पाई है।
- मुख्य रूप से यह धारणा बनी हुई है कि राष्ट्र का निर्माण धर्म, जाति या भाषायी समूह विशेष के द्वारा होता है तथा यही तत्त्व राष्ट्र की पहचान को सुनिश्चित भी करते हैं, परंतु कुछ राष्ट्रों के संदर्भ में इस प्रकार की धारणा गलत भी प्रतीत होती है; जैसे—भारत, कनाडा आदि। भारत में विभिन्न धार्मिक जातियों व भाषायी समुदायों का सह-अस्तित्व है व कनाडा में अंग्रेजी व फ्रांसीसी भाषायी समुदायों का अस्तित्व है।

साझा विश्वास

- राष्ट्र एक ऐसा काल्पनिक समुदाय होता है, जो अपने सदस्यों के सामूहिक विश्वास, आकांक्षाओं और कल्पनाओं के अंतर्गत एक सूत्र में बँधा होता है।
- यह कुछ प्रमुख मान्यताओं पर आधारित होता है, जिन्हें लोग उस समग्र समुदाय के लिए निर्मित करते हैं, जिससे वे अपनी पहचान बनाते हैं।

इतिहास

- प्रत्येक राष्ट्र के लोगों में स्वयं को लेकर सामान्यत: एक स्थायी ऐतिहासिक पहचान की भावना होती है। राष्ट्र के सदस्य अपने राष्ट्र की स्थायी पहचान सुनिश्चित करने के लिए साझी स्मृतियों, पुरातन कथाएँ तथा ऐतिहासिक अभिलेखों की रचना के माध्यम से स्वयं के लिए एक इतिहासबोध का निर्माण करते हैं।
- इसी कारण भारत के राष्ट्रवादियों ने भारत के लंबे एवं अटूट इतिहास का दावा किया एवं देश की प्राचीन सभ्यता, सांस्कृतिक विरासत तथा अन्य उपलब्धियों के साक्ष्य प्रस्तुत किए।
- सभ्यतामूलक निरंतरता एवं एकता को भारतीय राष्ट्र-राज्य की बुनियाद माना गया है; जैसे—'डिस्कवरी ऑफ इंडिया' में जवाहरलाल नेहरू ने कहा है कि "हालाँकि बाहरी रूप में लोगों में विविधता एवं अनगिनत विभिन्नताएँ थीं, लेकिन प्रत्येक जगह एकात्मकता देखने को मिलती थी, जिसने हमें युगों तक जोड़े रखा, चाहे हमें जो भी राजनीतिक भविष्य या दुर्भाग्य झेलना पड़ा हो।"

भू-क्षेत्र

- अधिकतर राष्ट्रों की पहचान एक विशेष भौगोलिक क्षेत्र से संबद्ध है। किसी भू-क्षेत्र पर लोगों के साथ-साथ रहने से उनकी एक सामुदायिक पहचान सुनिश्चित होती है तथा उनमें एकता के तत्त्वों को स्थापित करती है।
- एक राष्ट्र में लोग जिस भू-भाग पर साथ रहते हैं, उसी पर अपने अधिकार का दावा पेश करते हैं। पृथक् राष्ट्र के रूप में लोगों में उस निश्चित विशेष भू-भाग का बहुत अधिक महत्त्व होता है।
- प्रत्येक राष्ट्र का भू-क्षेत्र भिन्न-भिन्न नामों से जाना जाता है; जैसे—मातृभूमि, पितृभूमि या पवित्र भूमि। यहूदी लोग विश्व में भिन्न-भिन्न स्थानों पर निवास करते थे, परंतु उसके पश्चात् भी फिलीस्तीन को अपना मूल स्थान मानते हुए उसे स्वर्ग का दर्जा देते हैं।

साझे राजनीतिक आदर्श

- राष्ट्र के सदस्यों का इस संबंध में एक साझा दृष्टिकोण होता है कि वे किस तरह का राज्य बनाना चाहते हैं। अन्य बातों के अतिरिक्त वे लोकतंत्र, **धर्मनिरपेक्षता**[3] और **उदारवाद**[4] जैसे मूल्यों और सिद्धांतों को स्वीकार करते हैं। वास्तव में यह विचार ही राष्ट्र के रूप में उनकी राजनीतिक पहचान को अभिव्यक्त करता है।

3 धर्मनिरपेक्षता एक दार्शनिक आंदोलन है, जो धर्म को नागरिक मामलों और राज्य से अलग करता है।

4 उदारवाद यह व्यक्तिगत, स्वतन्त्रता, सहमति और समानता स्थापित करने की एक राजनीतिक और दार्शनिक विचारधारा है।

- यद्यपि अपना भू-क्षेत्र और साझी ऐतिहासिक पहचान लोगों में एक होने का बोध कराने में महत्त्वपूर्ण भूमिका निभाते हैं, किंतु भविष्य के बारे में साझा दृष्टिकोण और अपना स्वतंत्र राजनीतिक अस्तित्व बनाने की सामूहिक इच्छा ही वह मूल तत्त्व है, जो राष्ट्र को शेष समूहों से अलग करती है।
- लोकतंत्र में राजनीतिक समुदाय का एक प्रासंगिक आधार राजनीतिक मूल्यों (Political Values) व आदर्शों को लेकर एक साझी प्रतिबद्धता होती है, जो राजनीतिक समुदाय के सदस्यों हेतु कुछ कर्त्तव्यों का निर्धारण करती है।
- नागरिकों द्वारा अपने कर्त्तव्यों का ईमानदारीपूर्वक पालन करना राष्ट्र की पहचान को मजबूत करता है व उसके अस्तित्व को मजबूती से बनाए रखता है।

साझे राजनीतिक पहचान

साझी राजनीतिक दृष्टि इच्छानुसार राष्ट्र के निर्माण हेतु पर्याप्त नहीं होती। अत: साझी संस्कृति; जैसे—समान भाषा या जाति का होना आवश्यक है। इससे सभी लोगों के आपसी संवाद, रीति-रिवाज, आस्था आदि में साझापन आएगा, जिससे एकरूपता के तत्त्वों को मजबूती मिलेगी, परंतु उसके साथ यह व्यवस्था लोकतांत्रिक प्रणाली के सिद्धांतों हेतु खतरा उत्पन्न कर देती है; जैसे— दुनिया में अनेक धर्म व संस्कृतियाँ हैं तथा वे धर्म अनेक धर्मग्रंथों में विभाजित हैं।

- धार्मिक ग्रंथ (Religious Text) व नियमों को लेकर उनकी अलग-अलग व्याख्याएँ होती हैं। यदि इन सबकी अवहेलना कर समान धर्म आधारित पहचान सुनिश्चित की जाती है, तो समाज में वर्चस्ववादी तथा दमनकारी प्रवृत्तियाँ उत्पन्न हो जाएँगी।
- अधिकतर समाज में विभिन्न धर्मों व भाषाओं का अस्तित्व होता है।

चेक प्वॉइंट 1

1. अलगाववादी आंदोलन का सामना कर रहे किन्हीं दो देशों के नाम बताइए?
2. मातृभूमि की अवधारणा क्या है?
3. कोई राष्ट्र कब मजबूत होता है?

7.3 राष्ट्रीय आत्मनिर्णय

- प्रत्येक सामाजिक समुदाय अपने शासन संचालन संबंधी निर्णय स्वयं लेने अर्थात् आत्मनिर्णय के अधिकार की माँग करते हैं।
- राष्ट्रीय आत्मनिर्णय संबंधी माँगें किसी समूह की संस्कृति को सुरक्षित रखने के लिए किए जाते हैं।
- इसी के तहत वह अंतर्राष्ट्रीय समुदाय से अपेक्षा करते हैं कि उसे एक पृथक् राजनीतिक इकाई के रूप में मान्यता दी जाए।
- दीर्घकाल तक किसी निश्चित भू-भाग पर एक साथ-रहने से सदस्यों में एक साझी पहचान विकसित होती है। इस प्रकार की पहचान तथा अपनी संस्कृति को सुरक्षित रखने या एक स्वतंत्र राज्य के निर्माण की इच्छा के कारण आत्मनिर्णय की माँगे प्रस्तुत की जाती हैं।
- 19वीं सदी में यूरोप में स्वतंत्र राज्य बनाने संबंधी दावे अस्तित्व में आए, जिसके पीछे एक संस्कृति, एक राज्य की अवधारणा थी। प्रथम विश्वयुद्ध के पश्चात् राष्ट्रों की पुनर्व्यवस्था में इसी अवधारणा को अपनाया गया था।
- इस अवधारणा को अपनाने से राज्यों की सीमाओं में परिवर्तन करने पड़े, जिसके परिणामस्वरूप बड़े स्तर पर लोगों का विस्थापन हुआ या विस्थापित कर दिए गए, जिसके कारण बड़े स्तर पर संप्रदायिक हिंसा हुई व बहुत लोग उसके शिकार हुए।
- सांस्कृतिक समुदायों के अनुरूप राष्ट्र की सीमाओं का विभाजन कर दिया गया परंतु इसके पश्चात् भी पूर्णतया नस्ल, संस्कृति या धार्मिक रूप से समान लोगों का एक ही राज्य में अस्तित्व सुनिश्चित नहीं हो पाया। अधिकतर राज्यों में नस्लीय व **सांस्कृतिक विभिन्नताएँ** विद्यमान थीं। इससे अल्पसंख्यकों को **भेदभावपूर्ण व्यवहार** का सामना करना पड़ता था।
- इस विभाजन या पूर्ण व्यवस्था का सकारात्मक पहलू केवल यह था कि इसमें अलग राष्ट्र व आत्मनिर्णय की माँग करने वाले अनेक राष्ट्रवादी समूहों को मान्यता प्रदान की गई, परंतु अल्पसंख्यकों की स्थिति में कोई परिवर्तन नहीं हुआ।
- एशिया व अफ्रीका में औपनिवेशिक प्रभुत्व के विरुद्ध संघर्ष के दौरान राष्ट्रीय मुक्ति आंदोलनों ने राष्ट्रीय आत्मनिर्णय के अधिकार की घोषणा कर दी थी। ताकि राजनीतिक स्वतंत्रता के माध्यम से राष्ट्रवादी समूहों को मान्यता प्राप्त हो सके तथा स्थानीय लोगों के सामूहिक हित सुरक्षित हो सकें।
- वर्तमान में विश्व की सभी राज्यसत्ताएँ आत्मनिर्णय के आंदोलनों से निपटने के तरीके खोज करने में जुटी हुई हैं। इसी के अंतर्गत बहुत से लोगों का मानना है कि नए राज्यों का गठन करके इसका हल नहीं निकाला जाना चाहिए, अपितु तत्कालीन राष्ट्र को ही और अधिक लोकतांत्रिक व समतामूलक बनाया जाना चाहिए, ताकि विभिन्न संस्कृति व नस्ल के लोग राज्य में शांतिपूर्ण सह-अस्तित्व से जीवन-यापन कर सकें।

बास्क में आत्मनिर्णय की माँग

- राष्ट्रीय आत्म-निर्णय की माँग दुनिया के विभिन्न भागों में उठ रही हैं। यहाँ हम बास्क क्षेत्र के बारे में अध्ययन करेंगे, जहाँ आत्मनिर्णय की माँग उठती रही है।
- बास्क स्पेन का एक पहाड़ी और समृद्ध क्षेत्र है। इस क्षेत्र को स्पेनी सरकार ने स्पेन राज्य संघ के अंतर्गत स्वायत्त क्षेत्र का दर्जा दे रखा है, लेकिन बास्क राष्ट्रवादी आंदोलन के नेतागण इस स्वायत्ता से संतुष्ट नहीं हैं।
- बास्क राष्ट्रवादियों का कहना है कि उनकी संस्कृति स्पेन संस्कृति से बहुत भिन्न है। उनकी अपनी भाषा है, जो स्पेनी भाषा से बिल्कुल अलग है।
- बास्क क्षेत्र की पहाड़ी भू-संरचना उसे शेष स्पेन के भौगोलिक तौर पर अलग करती है।
- स्पेन की सरकार ने उनकी विशिष्ट पहचान को समाप्त करने की कोशिश की, लेकिन इस आंदोलन के नेताओं ने एक अलग देश की माँग उठाई।

राष्ट्रवाद और बहुलवाद

- राष्ट्रवाद और बहुलवाद[5] दोनों ही राजनीतिक विचारधाराएँ हैं। राष्ट्रवाद राष्ट्र के प्रति निष्ठा पर बल देता है और बहुलवाद लोगों को अपनी परंपराओं को बनाए रखते हुए समाज में एकसाथ रहने की अनुमति देता है।
- 'एक राष्ट्र -एक संस्कृति' राष्ट्रवाद की अवधारणा का प्रतिनिधित्व करता है। इस अवधारणा का त्याग करते ही ऐसे तरीकों की खोज करना आवश्यक हो जाता है, जिसमें विभिन्न संस्कृतियाँ और समुदाय एक ही देश में विकसित कर सकें। इस लक्ष्य को आधार मानकर ही अनेक लोकतांत्रिक देशों ने सांस्कृतिक रूप से अल्पंसख्यकों की पहचान व उनके अधिकारों को सुरक्षित किया है। यह बहुल वाद के विकास का दृष्टिकोण है।
- इस दृष्टिकोण के अन्तर्गत अनेक देशों द्वारा अपने अल्पसंख्यक समूहों को अनेक अधिकार प्रदान किए गए हैं। ये अधिकार निम्नलिखित हैं
  - समूहों की भाषा, संस्कृति (Culture) व धर्म हेतु संवैधानिक सुरक्षा का अधिकार।
  - धार्मिक व सांस्कृतिक शिक्षा संस्थान खोलने का अधिकार आदि। अनेक मामलों में विधायी तथा अन्य राजकीय संस्थाओं में प्रतिनिधित्व के अधिकार (Right to Representation) द्वारा समूह के सदस्यों की सुरक्षा एवं कानून द्वारा समान व्यवहार सुनिश्चित होने के साथ-साथ समूहों की सांस्कृतिक पहचान को भी सुरक्षित रखा जाता है।
- राष्ट्रीय समुदाय की समावेशी नीति (Inclusive Polity) के तहत इन्हें राष्ट्र एक अंग के रूप में मान्यता देकर इनकी राष्ट्रीय पहचान सुनिश्चित करता है, ताकि सभी समूहों का राष्ट्र के लिए महत्त्व और उनके योगदान को मान्यता मिल सके।
- हालाँकि समूहों को मान्यता व सुरक्षा प्रदान करने के पश्चात् भी उनकी आकांक्षाएँ संतुष्ट न होने की स्थिति में वे अपनी पृथक् राज्य की माँग पर अडिग रहते हैं।
- यह विरोधाभासी भी प्रतीत होता है, क्योंकि वैश्वीकरण के दौर में भी राष्ट्रीय आकांक्षाएँ अनेक समुदायों की भावनाओं को उत्तेजित कर रही हैं।
- अतएव ऐसी माँगों से लोकतांत्रिक तरीके से निपटने के लिए यह आवश्यक है कि संबंधित देश अधिक उदारता एवं दक्षतापूर्ण व्यवहार करें।

राष्ट्रवाद पर रवींद्रनाथ ठाकुर की समालोचना

- टैगोर ने ब्रिटिश शासन से भारत की स्वतंत्रता पर बल दिया।
- टैगोर ने पश्चिमी साम्राज्यवाद का विरोध करने और पश्चिम सभ्यता को खारिज करने के मध्य अंतर किया।
- वे राष्ट्रवाद की संकीर्ण अभिव्यक्ति के घोर आलोचक थे।
- टैगोर को भय था कि भारतीय परंपरा के पक्ष में पश्चिम संस्कृति को अस्वीकार करने का विचार, भारतीयों को सीमित करेगा, जिसके परिणामस्वरूप वे विदेशियों के विरुद्ध आसानी से आक्रामक हो जाएँगे।

चेक प्वॉइंट 2

1. एक राज्य-एक संस्कृति की धारणा को यूरोप में कब स्वीकार्यता मिलनी शुरू हुई?
2. स्पेन के किस क्षेत्र ने अलग देश की माँग की?
3. बहुलवाद शब्द से आप क्या समझते हैं?
4. राष्ट्रवाद को लेकर टैगार का डर क्या था?

---

5 **बहुलवाद** यह एक राजनीतिक दर्शन है, जो विभिन्न पृष्ठभूमि और जीवन शैली वाले लोगों को एक समाज में सह-अस्तित्व की अनुमति देता है।

Mind Map

राष्ट्रवाद

1 राष्ट्रवाद का परिचय

- राष्ट्रवाद का अर्थ है किसी राष्ट्र के प्रति निष्ठा और समर्पण। उदाहरण- देशभक्ति, देश के लिए बलिदान।

राष्ट्रवाद के चरण

- उन्नीसवीं शताब्दी के यूरोप में कई छोटी-छोटी रियासतों का एकीकरण हुआ।
- लैटिन अमेरिका में बड़ी संख्या में नए राज्य स्थापित किए गए।
- बीसवीं सदी के आरंभ में ऑस्ट्रियाई- हंगेरियाई और रूसी साम्राज्य का विघटन हुआ।
- भारत और अन्य देशों में राष्ट्रवादी संघर्ष शुरू हुआ।

2 राष्ट्रवाद के समक्ष चुनौतियाँ

- अलगाववादियों द्वारा सामना की गई चुनौतियाँ; (जैसे- श्रीलंका में तमिल, तुर्की और इराक में कुर्द)
- अलगाववादी आंदोलनों जैसे बास्क संघर्ष ने अरब राष्ट्रवाद को विभाजित किया।

3 राष्ट्र और राष्ट्रवाद

- राष्ट्रवाद दुनिया में एक शक्तिशाली शक्ति है।
- राष्ट्र उन समूहों से मिलकर बनते हैं, जो वंश, भाषा आदि जैसी कुछ विशेषताएँ साझा करते हैं।
- कई राष्ट्रों में कोई सामान्य भाषा, धर्म, जाति या वंश नहीं होता है।

राष्ट्र के बारे में धारणाएँ

- **साझे विश्वास** एक राष्ट्र एक साझा विश्वास और पहचान से बनता है।
- **इतिहास** जो लोग स्वयं को एक राष्ट्र के रूप में देखते हैं, वे अपनी ऐतिहासिक पहचान को बनाए रखते हैं।
- **भू-क्षेत्र** राष्ट्र एक विशिष्ट भू-भाग से जुड़ा होता है, लोग अपनी मातृभूमि से भावनात्मक रूप से जुड़े होते हैं।
- **साझे राजनीतिक आदर्श** एक राष्ट्र के सदस्य उस राज्य के लिए एक समान दृष्टिकोण साझा करते हैं, जैसा वे बनाना चाहते हैं।
- **साझी राजनीतिक पहचान** एक समान सांस्कृतिक पहचान, जैसे भाषा या वंश, लोगों को एक राष्ट्र के रूप में जोड़ने का बेहतर माध्यम बन सकता है।

4 राष्ट्रीय आत्म-निर्णय

- यह एक प्रक्रिया है, जिसमें किसी राजनीतिक समुदाय के व्यक्ति अपनी साझा पहचान, सामान्य हितों आदि के आधार पर अपने राजनीतिक संस्थानों को स्वयं निर्धारित करते हैं।
- प्रथम विश्व युद्ध के बाद 'एक संस्कृति-एक राज्य' की अवधारणा अपनाई गई।
- वर्साय की संधि ने कई छोटे, नए स्वतंत्र राज्यों की स्थापना की।
- राष्ट्रीय मुक्ति आंदोलनों ने राष्ट्रीय आत्म-निर्णय के अधिकार का दावा किया।
- प्रत्येक राज्य को आत्मनिर्णयन आंदोलनों से निपटने की चुनौती का सामना करना पड़ता है, जिससे उसकी वैधता पर प्रश्न उठते हैं।

5 राष्ट्रवाद और बहुलवाद

- **राष्ट्रवाद** राष्ट्र के प्रति निष्ठा और समर्पण पर बल देता है।
- **बहुलवाद** लोगों को अपनी परंपराओं को बनाए रखते हुए समाज में एक साथ रहने की अनुमति देता है।

6 राष्ट्रवाद पर रवींद्रनाथ ठाकुर की समालोचना

- टैगोर ने ब्रिटिश शासन से भारत की स्वतंत्रता का समर्थन किया।
- उन्होंने कहा कि भारतीयों को अपनी संस्कृति पर गर्व करना चाहिए।
- वह संकीर्ण राष्ट्रवाद के प्रबल आलोचक थे।
- टैगोर को आशंका थी कि पश्चिम को पूर्णरूप से अस्वीकार कर भारतीय परंपराओं को अपनाना भारतीयों को सीमित कर सकता है।

भारत में राष्ट्रवाद का उदय

नई दिल्ली में गणतंत्र दिवस परेड, राष्ट्रवाद का एक प्रमुख प्रतीक।

NCERT फोल्डर

अध्याय के मध्य में दिए गए प्रश्न

1. अपनी भाषा में देशभक्ति के किसी गीत की खोज करें। इस गीत में राष्ट्र को किस तरह दिखाया गया है। अपनी भाषा में देशभक्ति की किसी फिल्म की खोज करो और उसे देखों। इस फिल्म में देशभक्ति को किस तरह दिखाया गया है और इसकी जटिलताओं को किस तरह सिद्ध किया है।

उत्तर **देशभक्ति गीत**'सारे जहाँ से अच्छा' एक प्रसिद्ध देशभक्ति गीत है, जिसमें भारत को सबसे सुंदर और महान राष्ट्र के रूप में दर्शाया गया है। यह गीत भारत की सांस्कृतिक विविधता, गौरवशाली इतिहास और लोगों के आपसी भाईचारे को दर्शाता है। इस गीत में भारत को प्रेम, एकता और सौंदर्य का प्रतीक बताया गया है।

देशभक्ति फिल्म 'लगान' एक प्रेरणादायक देशभक्ति फिल्म है, जिसमें गाँव के आम लोग अंग्रेजी हुकूमत के विरुद्ध अपने अधिकार के लिए लड़तें हैं। फिल्म में देशभक्ति को 'साहस', 'एकता' और 'बलिदान' के रूप में दिखाया गया है। जटिलताओं को टीम की भावना, धैर्य और नेतृत्व के माध्यम से हल किया गया है, जो यह सिखाता है कि दृढ़ संकल्प से बड़ी-से-बड़ी चुनौती को पार किया जा सकता है।

2. भारत और भारत से बाहर आत्म-निर्णय के अधिकार की माँग कर रहे विभिन्न समूहों से संबंधित समाचार-पत्र, पत्रिकाओं की कतरनों को इकट्ठा करो। निम्न मामलों पर अपनी राय बताओं।

(i) इन माँगों के पीछे क्या कारण है?
(ii) इनके संघर्ष की प्रकृति क्या है?
(iii) क्या उनकी माँग उचित है?
(iv) आप क्या सोचते हैं? संभव समाधान क्या हो सकता है?

उत्तर (i) आत्म-निर्णय के अधिकार की माँग के पीछे सांस्कृतिक, राजनीतिक और आर्थिक असमानता, ऐतिहासिक उपेक्षा और पहचान की रक्षा की आवश्यकता जैसे कारण हो सकते हैं। यह अक्सर स्थानीय समुदायों के साथ राष्ट्रीय या अंतर्राष्ट्रीय स्तर पर शासन के टकराव से उत्पन्न होता है।

(ii) इन संघर्षों की प्रकृति विविध है, जिसमें शांतिपूर्ण विरोध, कानूनी अपील और कभी-कभी सशस्त्र संघर्ष शामिल हैं। यह संघर्ष अक्सर समुदायों की राजनीतिक स्वायत्तता, सांस्कृतिक पहचान और आर्थिक संसाधनों पर नियंत्रण के लिए होता है।

(iii) कुछ संदर्भों में माँगे उचित हो सकती हैं, जैसे ऐतिहासिक शोषण और सांस्कृतिक दमन के संदर्भ में। हालाँकि, जब ये माँगें राष्ट्रीय एकता या क्षेत्रीय स्थिरता को खतरे में डालती हैं, तो उनका उचित होना संदिग्ध हो सकता है।

(iv) समाधान में संवाद और मध्यस्थता द्वारा न्यायपूर्ण व्यवस्था बनाना और क्षेत्रीय स्वायत्तता देना, व सांस्कृतिक पहचान की रक्षा सुनिश्चित करना शामिल हो सकता है। सभी पक्षों को संवैधानिक और लोकतांत्रिक प्रक्रियाओं के तहत समाधान खोजना चाहिए।

निम्नलिखित प्रश्नों के उत्तर दीजिए

1. राष्ट्र किस प्रकार बाकी सामूहिक संबद्धताओं से अलग है?

उत्तर किसी राष्ट्र का निर्माण 'व्यक्तियों के समूह' से होता है, परंतु यह अन्य समूहों; जैसे—परिवार, जातीय, सगोत्रीय समुदाय आदि सभी सामूहिक संबद्धताओं से अलग है। इन सभी समूहों से भिन्न राष्ट्र एक ऐसा समूह है, जिसके सदस्य आपस में न तो प्रत्यक्ष रूप से एक-दूसरे को जानते हैं और न ही इनके मध्य कोई वंशानुगत संबंध होते हैं, फिर भी इसके सदस्य आपस में मिलकर रहते हैं और एक-दूसरे का सम्मान भी करते हैं। राष्ट्र के सभी सदस्य राष्ट्रवाद की भावना के कारण एक-दूसरे से जुड़े होते हैं एवं राष्ट्र के अस्तित्व को बनाए रखते हैं। निष्कर्ष रूप में राष्ट्र के बारे में यह कहा जा सकता है कि यह एक काल्पनिक समूह या समुदाय जो कुछ विशेष मान्यताओं पर आधारित होता है। जिसके सदस्यों की आकांक्षाएँ विश्वास एवं कल्पनाएँ ही उनको एकता के सूत्र में बाँधे रखती हैं। ये मान्यताएँ साझे विश्वास, इतिहास, भूमि, राजनीतिक आदर्श एवं राजनीतिक पहचान आदि पर टिकी होती हैं।

2. राष्ट्रीय आत्मा-निर्णय के अधिकार से आप क्या समझते हैं? किस प्रकार यह विचार राष्ट्र-राज्यों के निर्माण और उनको मिल रही चुनौती में परिणत होता है?

उत्तर किसी समुदाय द्वारा अपने शासन संचालन संबंधी निर्णय लेने का अधिकार ही आत्मनिर्णय का अधिकार होता है व इसी अधिकार के अंतर्गत समुदाय अंतर्राष्ट्रीय संस्थाओं से अपेक्षा करता है कि उसे एक पृथक् राजनीतिक इकाई के रूप में मान्यता दी जाए। इस प्रकार की माँग किसी ऐसे समुदाय के द्वारा की जाती है, जो लंबे समय से स्थायी तौर पर किसी एक ही स्थान पर रह रहा हो। राष्ट्रीय आत्मनिर्णय के अधिकार में किसी समुदाय द्वारा पृथक् राज्य की माँग को अंतर्निहित समझा जाता है। राष्ट्र राज्यों के निर्माण और उनको मिल रही चुनौती में यह विचार निम्न कारणों से परिलक्षित होता है।

(i) **आत्मनिर्णय की विचारधारा से राष्ट्र राज्य निर्माण व चुनौती**
19वीं सदी में यूरोप में स्वतंत्र राज्य बनाने संबंधी दावे अस्तित्व में आए, जिसके पीछे एक संस्कृति-एक राज्य की अवधारणा थी। प्रथम विश्वयुद्ध के पश्चात् राष्ट्रों की पुनर्व्यवस्था में इसी अवधारणा को अपनाया गया था। इस अवधारणा को अपनाने से राज्यों की सीमाओं में परिवर्तन करने पड़े, जिसके परिणामस्वरूप बड़े स्तर पर लोगों का विस्थापन हुआ या विस्थापित कर दिए गए, जिसके चलते बड़े स्तर पर सांप्रदायिक हिंसा हुई व बहुत लोग उसके शिकार हुए।

(ii) **सांस्कृतिक आधार पर राष्ट्र की सीमाओं का निर्धारण**
सांस्कृतिक समुदायों के अनुरूप राष्ट्र की सीमाओं का विभाजन कर दिया गया, परंतु इसके पश्चात् भी पूर्णतया नस्ल, संस्कृति या धार्मिक रूप से समान लोगों को एक ही राज्यों में अस्तित्व सुनिश्चित नहीं हो पाया।
अधिकतर राज्यों में नस्लीय व सांस्कृतिक विभिन्नताएँ विद्यमान थीं। इसमें अल्पसंख्यकों को भेदभावपूर्ण व्यवहार का सामना करना

पड़ता था। इस विभाजन या पुनर्व्यवस्था का सकारात्मक पहलू केवल यह था कि इसमें अलग राष्ट्र व आत्मनिर्णय का दावा करने वाले अनेक राष्ट्रवादी समूहों को मान्यता प्रदान की गई, परंतु अल्पसंख्यकों की स्थिति में कोई परिवर्तन नहीं हुआ।

(iii) **औपनिवेशिक प्रभुत्व के विरुद्ध संघर्ष** एशिया व अफ्रीका में औपनिवेशिक प्रभुत्व के विरुद्ध संघर्ष के दौरान राष्ट्रीय मुक्ति आंदोलनों ने राष्ट्रीय आत्मनिर्णय के अधिकार की घोषणा कर दी थी, ताकि राजनीतिक स्वतंत्रता के माध्यम से राष्ट्रवादी समूहों को मान्यता प्राप्त हो सके तथा स्थानीय लोगों के सामूहिक हित सुरक्षित हो सकें।

वर्तमान में विश्व की सभी राज्यसत्ताएँ आत्मनिर्णय के आंदोलनों से निपटने के तरीके खोजने में प्रयासरत हैं। इसी के अंतर्गत-बहुत से लोगों का मानना है कि नए राज्यों का गठन करके इसका हल नहीं निकाला जाना चाहिए, अपितु तत्कालीन राष्ट्र को ही और अधिक लोकतांत्रिक व समतामूलक बनाया जाना चाहिए।

3. हम देख चुके हैं कि राष्ट्रवाद लोगों को जोड़ भी सकता है और तोड़ भी सकता है, उन्हें मुक्त कर सकता है और उनमें कटुता और संघर्ष भी उत्पन्न कर सकता है। उदाहरण के साथ उत्तर दें।

उत्तर राष्ट्रवाद एक ऐसी अवधारणा है, जिसे वृहत् रूप में देखने पर इसके सकारात्मक और नकारात्मक जैसे दो पहलू उभरकर सामने आते हैं। जहाँ एक ओर राष्ट्रवाद ने औपनिवेशिक शासन या उत्पीड़क शासकों से मुक्ति दिलाई, वहीं दूसरी ओर इसने विद्रोह, हिंसा तथा युद्ध जैसी परिस्थितियों को भी उत्पन्न किया है। राष्ट्रवाद एक प्रक्रिया है, जो कई चरणों व कालावधियों में चलती रहती है। 19वीं शताब्दी में यूरोप में राष्ट्रवाद के प्रभावस्वरूप अनेक छोटी-छोटी रियासतों का एकीकरण कर बड़े राष्ट्रों का निर्माण हुआ।

उदाहरण के रूप में, जर्मनी और इटली का एकीकरण तथा लैटिन अमेरिका में अनेक नए राज्यों का उदय आदि देख सकते हैं। राष्ट्रवाद की प्रेरणा से राज्यों की सीमाओं के सुदृढ़ीकरण के साथ स्थानीय निष्ठाएँ और बोलियों में उत्तरोत्तर वृद्धि से राष्ट्रीय निष्ठाओं का निर्माण हुआ, जिसके परिणामस्वरूप बड़े-बड़े साम्राज्यों का पतन भी हुआ। 20वीं शताब्दी के आरंभ में यूरोप के बड़े साम्राज्यों; जैसे—हंगरी, ऑस्ट्रेलिया, रूस तथा एशिया व अफ्रीका में व ब्रिटेन, फ्रांस, डच तथा पुर्तगाल के पतन का मूल कारण राष्ट्रवाद ही था। भारत तथा पूर्व के अन्य उपनिवेशों के औपनिवेशिक शासन से मुक्ति-संघर्ष के पीछे राष्ट्रवाद की भावना ही कार्य कर रही थी। यह संघर्ष विदेशी शासन से उपनिवेशों को मुक्त करवाने तथा एक स्वतंत्र राष्ट्र-राज्य की स्थापना की भावना से प्रेरित था।

4. वंश, भाषा, धर्म, नस्ल में से कोई भी संपूर्ण विश्व में राष्ट्रवाद के लिए साझा कारण होने का दावा नहीं कर सकता है। टिप्पणी करें।

उत्तर वंश, भाषा, धर्म या नस्ल आदि में से किसी को भी राष्ट्रवाद का आधार नहीं माना जा सकता, क्योंकि ये आधार किसी राष्ट्र के साझा इतिहास, साझे राजनीतिक आदर्श तथा साझी राजनीतिक पहचान को निरूपित करने में असमर्थ होते हैं, जो राष्ट्रवाद की भावना को प्रेरित करने के लिए अति आवश्यक तत्त्व हैं। वंश, भाषा, धर्म आदि को राष्ट्रवाद का आधार बनाए जाने पर उस राष्ट्र में अल्पसंख्यकों के अधिकारों को खतरा उत्पन्न हो जाता है तथा उनके मन में राष्ट्रवाद के लिए कोई स्थान नहीं रह जाता। राष्ट्रवाद का आधार वंश, धर्म, नस्ल या जाति को नहीं बनाया जाना चाहिए।

5. राष्ट्रवादी भावनाओं को प्रेरित करने वाले कारकों पर सोदाहरण प्रकाश डालिए।

उत्तर राष्ट्र निर्माण में राष्ट्रवादी भावनाओं का महत्त्वपूर्ण स्थान होता है, जिसे प्रेरित करने में निम्नलिखित कारक उत्तरदायी हैं

(i) **साझा विश्वास** राष्ट्र का निर्माण पहाड़, नदी या भवन जैसे भौतिक कारकों के विपरीत साझे विश्वास से होता है। यह किसी समूह की सामूहिक पहचान और स्वतंत्र राजनीतिक अस्तित्व को सुनिश्चित करता है।

राष्ट्र की तुलना एक टीम से की जा सकती है। टीम का तात्पर्य एक ऐसे समूह से है, जो एकसाथ कार्य करते या खेलते हैं। उनमें स्वयं को एकीकृत समूह मानने की भावना होती है। राष्ट्र में भी इसी प्रकार की भावना काम करती है, जो साझे अस्तित्व पर ही टिकी होती है।

(ii) **ऐतिहासिक पहचान की भावना** प्रत्येक राष्ट्र के लोगों में स्वयं को लेकर एक स्थायी ऐतिहासिक पहचान की भावना होती है। यह ऐतिहासिक पहचान की भावना 'साझी स्मृतियों, पुरातन कथाओं और ऐतिहासिक अभिलेखों की रचना' से जुड़ी होती है, जो ऐसी भावनाओं को सुदृढ़ता प्रदान करती हैं। भारत के राष्ट्रवादियों के अनुसार, एक सभ्यता के रूप में भारत का लंबा और अटूट इतिहास रहा है और यह सभ्यतामूलक निरंतरता और एकता भारतीय राष्ट्र की बुनियाद है। साक्ष्य के रूप में राष्ट्र में राष्ट्रवादियों ने देश की प्राचीन सभ्यता और सांस्कृतिक विरासत के साथ अन्य उपलब्धियों को प्रस्तुत किया है।

(iii) **भू-क्षेत्र** राष्ट्र-निर्माण से संबंधित मान्यताओं में 'भूमि या भौगोलिक क्षेत्र' का महत्त्वपूर्ण स्थान है। अधिकतर राष्ट्रों की पहचान एक भौगोलिक क्षेत्र से जुड़ी होती है। किसी भू-क्षेत्र पर लंबी अवधि तक साथ-साथ रहने और उससे जुड़ी साझे अतीत की यादें, वहाँ के लोगों को एक विशिष्ट पहचान के रूप में स्थापित करती हैं जिससे लोगों में एक राष्ट्र की भावना उत्पन्न होती है। यहूदी लोग अपने गृह-स्थल 'फिलिस्तीन' को 'स्वर्ग' के रूप में संबोधित करते हैं, वहीं दूसरी ओर, भारत की पहचान यहाँ की नदियों, पर्वतों व अँचलों से होती है।

(v) **राजनीतिक आदर्श** राजनीतिक आदर्श एक अवधारणा है, जो किसी क्षेत्रीय समूह को राष्ट्र के रूप में उनकी राजनीतिक पहचान को स्थापित करता है।

- यह लोगों को भविष्य के बारे में एक साझा दृष्टि और अपना स्वतंत्र राजनीतिक अस्तित्व बनाने की सामूहिक इच्छा को स्पष्टता प्रदान करता है, जिससे वे लोकतंत्र, धर्मनिरपेक्षता और उदारवाद जैसे मूल्यों व सिद्धांतों को स्वीकार करते हैं।

6. संघर्षरत राष्ट्रवादी आकांक्षाओं के साथ व्यवहार करने में तानाशाही की अपेक्षा लोकतंत्र अधिक समर्थ होता है। कैसे?

उत्तर राष्ट्रवादी आत्मनिर्णय के अधिकार के अंतर्गत संघर्षरत् राष्ट्रवादी आकांक्षाओं के साथ तानाशाही शासन की अपेक्षा लोकतांत्रिक शासन में न्यायपूर्ण व्यवहार किया जाता है।

तानाशाही शासन के अंतर्गत इस प्रकार की माँगों का अन्यायपूर्ण तरीके से दमन कर दिया जाता है, जबकि लोकतंत्र में इन माँगों या आकांक्षाओं के औचित्य को लेकर वाद-विवाद, तर्क-वितर्क किए जाते हैं व उनका न्यायपूर्ण समाधान किया जाता है।

तानाशाही शासन में इस प्रकार की माँगों को विद्रोह के रूप में देखा जाता है, जबकि लोकतंत्र में इन आकांक्षाओं को अधिकारों के मध्य गतिरोध के रूप में देखा जाता है। इसी आधार पर उन्हें और अधिक अधिकार प्रदान कर या उनके अधिकारों की स्वतंत्रता सुनिश्चित कर औचित्यपूर्ण हल खोजा जाता है।

7. आपकी राय में राष्ट्रवाद की सीमाएँ क्या हैं?

उत्तर राष्ट्रवाद की अवधारणा के विश्लेषण के पश्चात् इसकी निम्नलिखित सीमाएँ उभरकर सामने आती हैं

- राष्ट्रवाद की भावना से प्रेरित होकर अनेक छोटे-छोटे समूह अपनी आवश्यकताओं की पूर्ति हेतु आत्मनिर्णय की माँग करते हैं। यदि इनकी माँगों को स्वीकार कर लिया जाए, तो एक राज्य के अंदर अनेक राज्यों का निर्माण हो जाएगा, जिससे उस राज्य में अराजकता की स्थिति उत्पन्न हो जाएगी और उसका पतन भी संभव हो जाएगा।
- राष्ट्रवाद की भावना के परिणामस्वरूप विभिन्न समुदायों में संघर्ष की स्थिति भी उत्पन्न हो जाती है। राष्ट्रवाद के कारण ही राज्यों की सीमाओं में व्यापक परिवर्तन की आवश्यकता महसूस होती है, जिससे बड़े पैमाने पर जनसंख्या का विस्थापन करना पड़ता है। इस विस्थापन के फलस्वरूप असंख्य लोग सांप्रदायिक हिंसा के शिकार होते हैं।
- राष्ट्रवाद के संबंध में राष्ट्रवादियों का मत है कि इससे राष्ट्रीय समूहों को सम्मान एवं मान्यता प्राप्त होती है और सामूहिक हितों की भी रक्षा होती है, परंतु वास्तविकता यह है कि इसका सीमित रूप में विकास न होने पर क्षेत्रीय-खंडता की स्थिति उत्पन्न हो सकती है।
- राष्ट्रवाद की भावना से क्षेत्रीय समूहों या राज्यों में अपनी संस्कृति को श्रेष्ठ मानने और दूसरों की संस्कृति को तुच्छ मानने की भावना आ जाती है, जो क्षेत्रीय संघर्ष को भी उत्पन्न कर सकती है।

अभ्यास प्रश्न

वस्तुनिष्ठ प्रश्न

बहुविकल्पीय प्रश्न

1. सामान्य तौर पर राष्ट्रवाद की अवधारणा के संदर्भ में निम्नलिखित में से किसको शामिल किया जाता है?

(a) राष्ट्रीय संप्रभुता (b) राष्ट्र के प्रति त्याग की भावना
(c) राष्ट्रीय ध्वज (d) उपरोक्त सभी

उत्तर (d) उपरोक्त सभी

2. राष्ट्र शब्द से आप क्या समझते हैं?

(a) संप्रभुता (b) सरकार
(c) जनसंख्या (d) कल्पित समुदाय

उत्तर (d) कल्पित समुदाय

3. निम्न में से कौन प्रसिद्ध भारतीय थे, जिन्होंने राष्ट्रवाद की समालोचना की?

(a) महात्मा गाँधी (b) बी. आर. अंबेडकर
(c) रवींद्रनाथ टैगोर (d) जवाहरलाल नेहरू

उत्तर (c) रवींद्रनाथ टैगोर

4. टैगोर जिसे 'देशभक्ति' कहते थे, उनकी समालोचना उनके लेखन का स्थायी विषय था। वे देश के स्वाधीनता आंदोलन में मौजूद संकीर्ण राष्ट्रवाद के ………।

(a) कटु आलोचक थे।
(b) समर्थक थे।
(c) न तो कटु आलोचक और न ही समर्थक थे।
(d) उपरोक्त में से कोई नहीं

उत्तर (a) कटु आलोचक थे।

5. यूरोप में 20वीं शताब्दी के आरंभ में ऑस्ट्रियाई-हंगेरियाई और रूसी साम्राज्य तथा इनके साथ एशिया और अफ्रीका में ब्रिटिश, फ्रांसीसी, डच और पुर्तगाली साम्राज्य के विघटन के मूल में ……. ही था।

(a) साम्राज्यवाद
(b) राष्ट्रवाद
(c) संप्रदायवाद
(d) इनमें से कोई नहीं

उत्तर (b) राष्ट्रवाद

6. निम्नलिखित में से कौन-सा कारक राष्ट्रवाद को प्रोत्साहित करने का कारण है?

(a) साझी भाषा
(b) साझा मातृक्षेत्र
(c) साझा नस्ल
(d) ये सभी

उत्तर (d) ये सभी

7. 'डिस्कवरी ऑफ इंडिया' में किसने कहा है कि "हालाँकि बाहरी रूप में लोगों में विविधता एवं अनगिनत विभिन्नताएँ थीं, लेकिन प्रत्येक जगह एकात्मकता देखने को मिलती थी, जिसने हमें युगों तक जोड़े रखा, चाहे हमें जो भी राजनीतिक भविष्य या दुर्भाग्य झेलना पड़ा हो।"

(a) रवींद्रनाथ टैगोर
(b) महात्मा गाँधी
(c) जवाहरलाल नेहरू
(d) राजेंद्र प्रसाद

उत्तर (c) जवाहरलाल नेहरू

8. **निम्न में से कौन लोगों में एक होने का बोध पैदा करने में महत्त्वपूर्ण भूमिका निभाती है, लेकिन भविष्य के बारे में साझा नजरिया और अपना स्वतंत्र राजनीतिक अस्तित्व बनाने की सामूहिक चाहत ही वह मूल बात है, जो राष्ट्र को बाकी समूहों से अलग करती है?**

(a) राजनीतिक विश्वास और आदर्श
(b) बंधुत्व और साझा विश्वास
(c) क्षेत्र और साझा ऐतिहासिक पहचान
(d) ईमानदारी और गरिमा

उत्तर (c) क्षेत्र और साझा ऐतिहासिक पहचान

9. **निम्नलिखित में से कौन-सा कथन सही नहीं है?** *दक्षता आधारित प्रश्न*

(a) अधिकांश राष्ट्रों की पहचान विशेष भौगोलिक क्षेत्र से जुड़ी होती है
(b) एक राष्ट्र में लोग जिस भू-भाग पर साथ रहते हैं, उसी पर अपने अधिकार का दावा नहीं कर सकते हैं
(c) पृथक् राष्ट्र के रूप में लोगों में निश्चित विशेष भू-भाग का बहुत अधिक महत्त्व होता है
(d) प्रत्येक राष्ट्र का भू-क्षेत्र भिन्न-भिन्न नामों से जाना जाता है

उत्तर (b) एक राष्ट्र में लोग जिस भू-भाग पर साथ रहते हैं, उसी पर अपने अधिकार का दावा नहीं कर सकते हैं

10. **निम्नलिखित में से कौन-सा उन मूल्यों के लिए खतरा उत्पन्न कर सकता है, जिन्हें हम लोकतंत्र में महत्त्वपूर्ण मानते हैं?** *दक्षता आधारित प्रश्न*

1. **एक भाषा** 2. **समान धर्म**
3. **एक जैसा त्योहार** 4. **एक जैसा प्रतीक धारण करना**

कूट

(a) 1 और 4 (b) 2 और 3
(c) 1, 2 और 3 (d) ये सभी

उत्तर (d) ये सभी

11. **निम्नलिखित कथनों पर विचार कीजिए तथा कूट की सहायता से सही कथनों की पहचान कीजिए** *दक्षता आधारित प्रश्न*

1. **अधिकांश लोकतांत्रिक देशों ने अल्पसंख्यकों की पहचान व उनके अधिकारों को सुनिश्चित किया है।**
2. **भारत के संविधान में भाषायी अल्पसंख्यकों के अधिकारों की सुरक्षा हेतु कोई प्रावधान नहीं है।**
3. **वैश्वीकरण के दौर में राष्ट्रीय आकांक्षाएँ अनेक समुदायों की भावना को उत्तेजित करती हैं।** *दक्षता आधारित प्रश्न*

कूट

(a) 1 और 2 (b) 2 और 3
(c) 1 और 3 (d) 1, 2 और 3

उत्तर (c) 1 और 3

12. **निम्नलिखित में से कौन-सा युग्म सही नहीं है?**

(a) राष्ट्रवाद – एकजुटता की ओर स्वतंत्रता की भावना
(b) फ्रांसीसी क्रांति – स्वतंत्रता, समानता और बंधुत्व का आदर्श
(c) ऑस्ट्रिया – हंगरी व रूसी साम्राज्य का पतन-19वीं शताब्दी
(d) यूरोपीय संघ – यूरोप के देशों के मध्य राजनीतिक और आर्थिक सहयोग

उत्तर (c) ऑस्ट्रिया-हंगरी व रूसी साम्राज्य का पतन- 19वीं शताब्दी

13. **निम्नलिखित घटनाओं को उनके कालक्रम के अनुसार व्यवस्थित कीजिए**

1. **यूरोप में छोटी-छोटी रियासतों का एकीकरण।**
2. **अनेक स्थिर राष्ट्रों में समूह विशेष द्वारा पृथक् राष्ट्र की माँग।**
3. **यूरोप में अनेक बड़े साम्राज्यों का विघटन।**
4. **फ्रांसीसी क्रांति और राष्ट्रवाद का उदय**

कूट

(a) 1, 2, 3, 4 (b) 4, 1, 3, 2
(c) 2, 1, 3, 4 (d) 3, 2, 1, 4

उत्तर (b) 4, 1, 3, 2

14. **सूची I को सूची II के साथ सुमेलित कीजिए**

	सूची I (देश)		सूची II (संबंधित समुदाय)
A.	श्रीलंका	1.	तमिल
B.	स्पेन	2.	क्यूबेकवासी
C.	इराक	3.	बास्कवासी
D.	कनाडा	4.	कुर्द

कूट

A B C D A B C D
(a) 1 2 3 4 (b) 1 3 2 4
(c) 1 4 2 3 (d) 1 3 4 2

उत्तर (d) 1 3 4 2

15. **निम्नलिखित में राष्ट्रवाद के संदर्भ में समान व्यवहार और सभी के लिए स्वतंत्रता के संदर्भ में क्या सही नहीं हैं?**

(a) राष्ट्रवाद समानता और स्वतंत्रता का आदर्श प्रस्तुत करता है
(b) राष्ट्रवाद का उद्देश्य प्रत्येक व्यक्ति के लिए समान अधिकार सुनिश्चित करता है
(c) राष्ट्रवाद हमेशा सभी समुदायों के साथ निष्पक्ष व्यवहार करता है
(d) राष्ट्रवाद कभी-कभी अपने हितों को प्राथमिकता देकर भेदभाव को बढ़ावा देता है

उत्तर (c) राष्ट्रवाद हमेशा सभी समुदायों के साथ निष्पक्ष व्यवहार करता है

16. **निम्नलिखित युग्मों में से कौन-सा युग्म सही नहीं है?**

(a) राष्ट्रवाद-एक ऐसी भावना जो लोगों को सांस्कृतिक ऐतिहासिक समानताओं के आधार पर जोड़ती है।
(b) आधुनिक राज्य- एक संगठित राजनीतिक संरचना
(c) संचार सांधनों का विकास- राष्ट्रवाद की भावना को बढ़ावा देने वाला
(d) जातीय संघर्ष- राष्ट्र की एकता का आधार

उत्तर (d) जातीय संघर्ष-राष्ट्र की एकता का आधार।

17. **नीचे दो कथन दिए गए हैं।**

कथन I राष्ट्रवाद एक ऐसी भावना है, जो एक समूह को उनकी सांस्कृतिक, ऐतिहासिक और भौगोलिक समानताओं के आधार पर एकजुट करती है।

कथन II राष्ट्रवाद की अवधारणा का विकास औद्योगिक क्रान्ति और आधुनिक राज्य के उदय के साथ हुआ।

निम्नलिखित में से कौन-सा विकल्प सही है?

(a) कथन । और कथन ॥ दोनों सही हैं
(b) कथन । और कथन ॥ दोनों गलत हैं
(c) कथन । सही हैं लेकिन कथन ॥ गलत है
(d) कथन । गलत है लेकिन कथन ॥ सही है

उत्तर (a) कथन । और कथन ॥ दोनों सही हैं

18. नीचे दो कथन दिए गए हैं।

कथन I एक सामान्य सांस्कृतिक विरासत का होना; जैसे-भाषा, रीति-रिवाज, कला और साहित्य जो लोगों को एक-दूसरे से जोड़ती है और एक समान इतिहास और संस्कृति का बोध करती है।

कथन II विभिन्न क्षेत्रों में एक समान आर्थिक प्रगति का अभाव, जिसने विभिन्न समुदायों के बीच भेदभाव और असमानता को जन्म दिया, जिससे लोगों ने एक नई सामूहिक पहचान की खोज की।

दक्षता आधारित प्रश्न

निम्नलिखित में से कौन-सा विकल्प सही है?

(a) कथन । और कथन ॥ दोनों सही हैं
(b) कथन । और कथन ॥ दोनों गलत हैं
(c) कथन । सही हैं लेकिन कथन ॥ गलत है
(d) कथन । गलत है लेकिन कथन ॥ सही है

उत्तर (c) कथन । सही हैं लेकिन कथन ॥ गलत है

निर्देश (प्र. सं. 19-23) नीचे दो कथन दिए गए हैं, जिनमें एक को कथन (A) और दूसरे को कारण (R) कहा गया है। कूट की सहायता से सही उत्तर का चयन करें

कूट

(a) A और R दोनों सही हैं तथा R, A की सही व्याख्या है
(b) A और R दोनों सही हैं, परंतु R, A की सही व्याख्या नहीं है
(c) A सही है, किंतु R गलत है
(d) A गलत है, किंतु R सही है

19. कथन (A) भारत तथा अन्य पूर्व उपनिवेशों के औपनिवेशिक शासन से स्वतंत्र होने के संघर्ष भी राष्ट्रवादी संघर्ष थे।

कारण (R) ये औपनिवेशिक शासन से स्वतंत्र राष्ट्र-राज्य स्थापित करना चाहते थे। *दक्षता आधारित प्रश्न*

उत्तर (a) भारत तथा अन्य पूर्व उपनिवेशों के औपनिवेशिक शासन से स्वतंत्र होने के संघर्ष भी राष्ट्रवादी संघर्ष थे, क्योंकि ये संघर्ष विदेशी नियंत्रण (औपनिवेशिक शासन) से स्वतंत्र राष्ट्र-राज्य स्थापित करने कीं आंकांक्षा से प्रेरित थे। उल्लेखनीय है कि यूरोप में 20वीं शताब्दी के आरंभ ऑस्ट्रियाई-हंगेरियाई और रूसी साम्राज्य तथा इनके साथ एशिया और अफ्रीका में ब्रिटिश, फ्रांसीसी, डच और पुर्तगाली साम्राज्य के विघटन के मूल में राष्ट्रवाद ही था।

20. कथन (A) राष्ट्र एक 'काल्पनिक' समुदाय होता है।

कारण (R) यह केवल अपने सदस्यों के सामूहिक विश्वास में बँधा है।

उत्तर (c) राष्ट्र एक 'काल्पनिक' समुदाय होता है। यह अपने सदस्यों के सामूहिक विश्वास, आकांक्षाओं और कल्पनाओं के सहारे एक सूत्र में बँधा होता है। यह कुछ विशेष मान्यताओं पर आधारित होता है, जिन्हें लोग उस समग्र समुदाय के लिए बनाते हैं, जिससे वे अपनी पहचान कायम करते हैं।

21. कथन (A) अनेक राष्ट्रों की पहचान एक भौगोलिक क्षेत्र से जुड़ी होती है।

कारण (R) लंबे समय तक एकसाथ रहना सामूहिक पहचान का बोध देती है।

उत्तर (a) अनेक राष्ट्रों की पहचान एक विशेष भौगोलिक क्षेत्र से जुड़ी हुई है, क्योंकि किसी विशेष भू-क्षेत्र पर लंबे समय तक साथ-साथ रहना और उससे जुड़े अतीत की यादें लोगों को एक सामूहिक पहचान का बोध देती हैं। ये उन्हें एक होने का अहसास भी देती हैं।

22. कथन (A) राष्ट्र, लोकतंत्र, धर्मनिरपेक्षता और उदारवाद जैसे मूल्य को स्वीकार करते हैं।

कारण (R) इसके आधार पर वे साथ-साथ रहने की अपेक्षा करते हैं।

दक्षता आधारित प्रश्न

उत्तर (b) राष्ट्र लोकतंत्र, धर्मनिरपेक्षता और उदारवाद जैसे मूल्यों और सिद्धांत को स्वीकार करते हैं, जिसके आधार पर वे एकत्रिता रहना चाहते हैं। यह विचार राष्ट्र के रूप में उनकी राजनीतिक पहचान को बताता है।

23. कथन (A) बहुसंस्कृतिवाद विश्व के समस्त देशों को सांस्कृतिक समूह के लिए अलग-अलग स्वीकृति तथा सम्मान देने की अपेक्षा करता है।

कारण (R) भारत के संदर्भ में बहुसंस्कृतिवाद की संकल्पना की पहचान 'सलाद के कटोरे' की धारणा से की जाती है।

उत्तर (d) सामान्य अर्थों में बहुसंस्कृतिवाद को विश्व के समस्त देशों में विभिन्न पंथों के अनुयायियों के समूह तथा समुदायों के सांस्कृतिक सह-अस्तित्व के रूप में देखा जाता है। यह विश्व के समस्त देशों को सांस्कृतिक समूह के लिए समान स्वीकृति तथा सम्मान देने की अपेक्षा करता है। भारत के संदर्भ में बहुसंस्कृतिवाद की संकल्पना की पहचान 'सलाद के कटोरे' की धारणा से की जाती है, जो यह दर्शाता है कि एक राष्ट्र के अंदर विभिन्न सांस्कृतिक समूह अपने संबद्ध रूपों के साथ-साथ अपनी विशिष्ट अस्मिता बनाए रखते हैं।

24. नीचे दिए गए चित्र का ध्यानपूर्वक अध्ययन कीजिए तथा निम्नलिखित प्रश्नों का उत्तर दीजिए

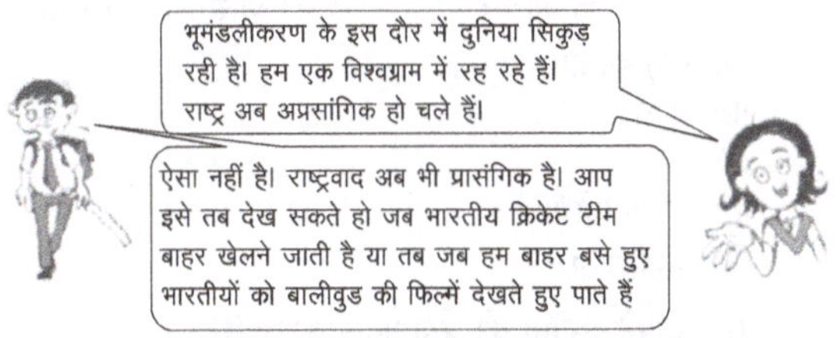

दक्षता आधारित प्रश्न

(i) भूमंडलीकरण के दौर में 'दुनिया सिकुड़ रही है' का क्या अर्थ है?

(a) देश छोटे हो रहे हैं।
(b) सूचना और संचार तकनीकों के विकास के कारण देश आपस में जुड़ रहे हैं।
(c) सभी देशों का आपसी व्यापार समाप्त हो रहा है।
(d) वैश्विक जनसंख्या कम हो रही है।

उत्तर (b) सूचना और संचार तकनीकों के विकास के कारण देश आपस में जुड़ रहे हैं

(ii) **भूमंडलीकरण के युग में राष्ट्रवाद की प्रासंगिकता को किस उदाहरण से समझा जा सकता है?**

(a) विदेशी फिल्मों का प्रचलन बढ़ रहा है।
(b) भारतीय लोग बाहर जाकर अपनी संस्कृति भूल जाते हैं।
(c) भारतीय लोग अन्य देशों में भारतीय टीम का समर्थन करते हैं।
(d) वैश्विक खेलों में सभी देशों का योगदान समान होता है।

उत्तर (c) भारतीय लोग अन्य देशों में भारतीय टीम का समर्थन करते हैं

(iii) **'विश्वग्राम' की अवधारणा का प्रमुख आधार क्या हैं?**

(a) सभी देशों के बीच सांस्कृतिक समानता
(b) तकनीकी प्रगति और वैश्विक सहभागिता
(c) देशों की सीमाओं का समाप्त होना
(d) सभी देशों का एक ही भाषा और संस्कृति को अपनाना।

उत्तर (b) तकनीकी प्रगति और वैश्विक सहभागिता

(iv) **भूमंडलीकरण के बावजूद, लोग अपने देश की संस्कृति और पहचान से जुड़े रहते हैं जैसे ....फिल्मों को देखना और सराहना।**

(a) हॉलीवुड
(b) टॉलीवुड
(c) बॉलीवुड
(d) बंगाली

उत्तर (c) बॉलीवुड

25. निम्नलिखित चित्र का अध्ययन कर प्रश्नों का उत्तर दें।

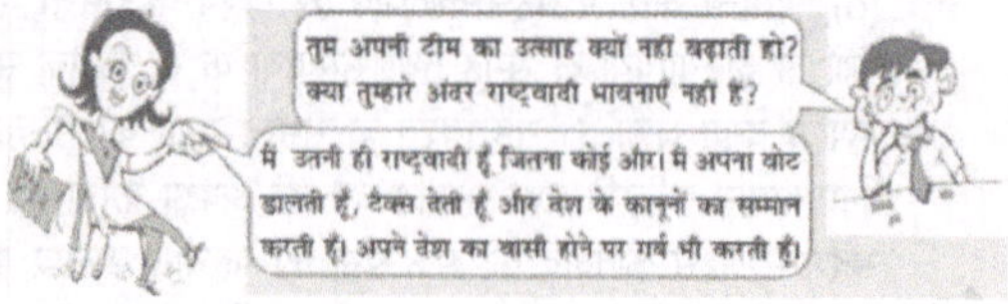

(i) **राष्ट्र किन तत्त्वों से बँधा होता है?**

(a) सामूहिक विश्वास (b) आकांक्षाओं
(c) कल्पनाओं (d) ये सभी

उत्तर (d) ये सभी

(ii) **............ के आधार पर ही राष्ट्र का अस्तित्व बना रहता है।**

(a) सामूहिकता
(b) जाति
(c) धर्म
(d) समान सोच

उत्तर (a) सामूहिकता

(iii) **राष्ट्र अपने व्यक्ति को क्या प्रदान करता है?**

(a) एक समान पहचान
(b) एक भाषा पहचान
(c) एक नस्ल पहचान
(d) एक संस्कृति पहचान

उत्तर (a) एक समान पहचान

(iv) **निम्नलिखित में क्या राष्ट्रीयता को जोड़ने का कार्य करती है?**

(a) भाषा (b) संस्कृति
(c) वेशभूषा (d) नागरिकता

उत्तर (d) **नागरिकता**

लघु उत्तरीय प्रश्न

1. किसी समुदाय की साझी पहचान किस प्रकार विकसित होती है? *दक्षता आधारित प्रश्न*

उत्तर किसी समुदाय की साझी पहचान विभिन्न सांस्कृतिक, धार्मिक, भाषाई और ऐतिहासिक कारकों के माध्यम से विकसित होती है। यह पहचान साझा मूल्यों, विश्वासों, रीति-रिवाजों और सांस्कृतिक प्रतीकों के आधार पर निर्मित होती है। समय के साथ लोग एक-दूसरे के साथ संवाद और सम्पर्क में रहते है, जिससे उनकी परंपराएँ और सामाजिक मान्यताएँ एक जैसी होती है। इसके अतिरिक्त एक ही स्थान, भाषा या धर्म के आधार पर समुदाय की पहचान मजबूत होती है। इस साझी पहचान से सामूहिक जुड़ाव और एकता की भावना उत्पन्न होती है, जो समुदाय की समृद्धि और स्थिरता को बढ़ावा देती है।

2. किसी राजनीतिक समुदाय या राष्ट्र का सर्वाधिक वांछित आधार क्या होता है? *दक्षता आधारित प्रश्न*

उत्तर लोकतंत्र के कुछ राजनीतिक मूल्यों और आदर्शों के लिए साझी प्रतिबद्धता ही किसी राजनीतिक समुदाय या राष्ट्र का सर्वाधिक वांछित आधार होता है। इसके अंतर्गत राजनीतिक समुदाय के सदस्य कुछ दायित्वों से बँधे होते हैं। राष्ट्र अपने नागरिकों से यह अपेक्षा करता है कि वे लोकतांत्रिक प्रक्रियाओं, कानूनों और संविधान का सम्मान करें। इसके अतिरिक्त, राष्ट्र का उद्देश्य अपनी आर्थिक, सामाजिक और सांस्कृतिक स्थिति को दृढ़ करना और एक बेहतर भविष्य की दिशा में सामूहिक प्रयासों को प्रोत्साहित करना होता है।

3. भारत में राष्ट्रवाद को किन-किन प्रतीकों से जोड़कर देखा जाता हैं? *दक्षता आधारित प्रश्न*

उत्तर भारत में राष्ट्रवाद को कई प्रतीकों से जोड़ा जाता है, जो भारतीय पहचान और एकता को दर्शाते हैं। इसमें प्रमुख प्रतीक तिरंगा राष्ट्रीय ध्वज, भारत का राष्ट्रीय गान 'जन गण मन' और राष्ट्रीय प्रतीक अशोक स्तंभ है। इन प्रतीकों के माध्यम से देश की विविधता में एकता, लोकतंत्र और स्वतंत्रता का संदेश मिलता है। इसके अतिरिक्त राष्ट्रीयता की छवि और स्वतंत्रता संग्राम के संघर्षो को भी राष्ट्रवाद से जोड़ा जाता है। इन प्रतीकों से भारतीय नागरिकों में देशभक्ति, राष्ट्रीय गर्व और सामाजिक एकता की भावना उत्पन्न होती है।

4. बहुसंस्कृतिवाद और राष्ट्रवाद के मध्य किस प्रकार का संबंध हैं? इसे किस प्रकार संतुलित किया जा सकता हैं?

उत्तर बहुसंस्कृतिवाद और राष्ट्रवाद के मध्य गहरा संबंध है, क्योंकि दोनों ही विविधता और एकता के सिद्धांतों को बढ़ावा देते हैं। बहुसंस्कृतिवाद समाज में विभिन्न सांस्कृतिक, धार्मिक और भाषाई समूहों को समान अधिकार देता है, जबकि राष्ट्रवाद एक साझा पहचान और एकता की भावना को बढ़ावा देता है। इन्हें संतुलित किया जा सकता है यदि राष्ट्र विविधताओं को स्वीकार कर एकता बनाए रखते हुए सभी समूहो के अधिकारों का सम्मान करे ताकि समानता और एकता का सामंजस्य बना रहे।

5. भू-क्षेत्र और साझी ऐतिहासिक पहचान लोगों में एक होने का बोध उत्पन्न करती है। तर्कसंगत व्याख्या कीजिए। *दक्षता आधारित प्रश्न*

उत्तर भू-क्षेत्र और साझी ऐतिहासिक पहचान लोगों में एक होने का बोध उत्पन्न करने में अत्यंत महत्त्वपूर्ण भूमिका निभाते हैं। जब लोग एक साझा भू-भाग में रहते हैं, तो उनके बीच सांस्कृतिक, सामाजिक और

आर्थिक संबंध मजबूत होते है जिससे एकता का एहसास होता हैं, इसके अतिरिक्त साझी ऐतिहासिक पहचान -जैसे- स्वतंत्रता संग्राम, प्रमुख घटनाएँ या सांस्कृतिक धरोहर, लोगो को एक समान इतिहास और साझा अनुभव की ओर आकर्षित करती हैं। यह साझा ऐतिहासिक धरोहर और एक ही भू-भाग में रहने की भावना, एक राष्ट्र की राष्ट्रीयता और अखंडता को मजबूत करने में सहायता करती है।

6. यूरोप के संदर्भ में, एक संस्कृति-एक राज्य की मान्यता से क्या तात्पर्य है? *दक्षता आधारित प्रश्न*

उत्तर यूरोप के संदर्भ में, 'एक संस्कृति, एक राज्य' का तात्पर्य है कि एक विशिष्ट सांस्कृतिक समूह जो साझा भाषा, परंपराएँ और इतिहास को साझा करता है, उसे एक स्वतंत्र राज्य के रूप में मान्यता प्राप्त होनी चाहिए। यह विचार राष्ट्रीयता और संस्कृति के बीच गहरे संबंध को व्यक्त करता है जिसमें राज्य की सीमाएँ उस सांस्कृतिक समूह की पहचान के अनुरूप होती है। यूरोप में यह विचार विशेष रूप से 19 वीं सदी में राष्ट्रवाद आंदोलन के दौरान महत्त्वपूर्ण था, जब विभिन्न सांस्कृतिक समूहों ने अपने अधिकारों और स्वतंत्रता के लिए संघर्ष किया, जैसे कि जर्मनी और इटली के एकीकरण में।

दीर्घ उत्तरीय प्रश्न।

1. राष्ट्रवाद के प्रभाव को बताइए। राष्ट्रवाद का विकास किन चरणों से होकर गुजरता है?

उत्तर राष्ट्रवाद की धारणा ने लोगों के अंदर निष्ठा के साथ-साथ द्वेष की भावना को भी जन्म दिया है। यह एक ऐसे राजनीतिक सिद्धांत के रूप में उभरा है, जिसने इतिहास रचने में योगदान दिया है। यह लोगों में एकता को मजबूत करने के साथ-साथ अनेक विभाजनों का भी कारण रहा है। जहाँ एक ओर राष्ट्रवाद ने औपनिवेशिक शासन या उत्पीड़क शासकों से मुक्ति दिलाई, वहीं दूसरी ओर इसने युद्ध, हिंसा व घृणा जैसे तत्त्वों की भी रूपरेखा तैयार की है। विभिन्न राष्ट्रों की सीमाओं के निर्धारण-पुनर्निर्धारण में राष्ट्रवादी संघर्षों का महत्त्वपूर्ण योगदान रहा है। विश्व के विभिन्न राष्ट्रों में विभाजित होने के पश्चात् भी राष्ट्रों की सीमाओं की पुनर्संयोजन प्रक्रिया चलती रहती है व अनेकों बार राष्ट्रों के अंदर अलगाववादी संघर्ष देखने को मिलते हैं। राष्ट्रवाद का विकास कई चरणों से गुजरकर हुआ है, जिनका वर्णन निम्न प्रकार है

- 19वीं शताब्दी में यूरोप में अनेक छोटी-छोटी रियासतों के एकीकरण से बड़े राष्ट्र राज्यों की स्थापना हुई; जैसे—जर्मनी व इटली का गठन, एकीकरण और सुदृढ़ीकरण।
- लैटिन अमेरिका में बड़ी संख्या में नए राज्यों का गठन किया गया।
- स्वतंत्रता प्राप्ति के समय अनेक छोटी-बड़ी रियासतों का भारतीय संघ में एकीकरण कर राष्ट्र को सुदृढ़ता प्रदान की गई।

2. राष्ट्र की मान्यताओं के संदर्भ में भू-क्षेत्र पर संक्षिप्त टिप्पणी लिखिए।

अथवा **भू-क्षेत्र और संसाधनों की उपलब्धता राष्ट्र की आंतरिक और बाहरी नीति को प्रभावित करती है। उदाहरण सहित व्याख्या कीजिए।** *दक्षता आधारित प्रश्न*

उत्तर विशेष भौगोलिक क्षेत्र अधिकतर राष्ट्रों की पहचान से जुड़े होते हैं। किसी भू-क्षेत्र पर लोगों के साथ-साथ रहने से उनकी एक सामुदायिक पहचान सुनिश्चित होती है तथा उनमें एकता के तत्त्वों को स्थापित करती है। एक राष्ट्र में लोग जिस भू-भाग पर साथ रहते हैं, उसी पर अपने अधिकार का दावा पेश करते हैं। पृथक् राष्ट्र के रूप में लोगों में उस निश्चित विशेष भू-भाग का बहुत अधिक महत्त्व होता है। प्रत्येक राष्ट्र का भू-क्षेत्र भिन्न-भिन्न नामों से जाना जाता है; जैसे—मातृभूमि, पितृभूमि या पवित्र भूमि। यहूदी लोग विश्व में भिन्न-भिन्न स्थानों पर निवास करते थे, परंतु उसके पश्चात् भी फिलिस्तीन को अपना मूल स्थान मानते हुए उसे स्वर्ग का दर्जा देते हैं। भारत की पहचान भारत की नदियाँ, पर्वत व अँचलों से होती है। एक भू-भाग पर एक से अधिक समुदायों का दावा होने पर यह संघर्ष का कारण भी बन जाता है।

3. "राष्ट्र का निर्माण धर्म, जाति या भाषायी समूह विशेष के द्वारा होता है।" इस कथन के औचित्य का परीक्षण करें।

उत्तर सामान्य रूप से यह माना जाता है कि किसी राष्ट्र का निर्माण ऐसे समूह के द्वारा होता है, जो धर्म, जाति, कुल, वंश या भाषा विशेष से संबंधित होते हैं। इन समूहों के लोगों का धर्म, जाति, वंश या भाषा समान होने से राष्ट्रवाद की भावना का सृजन होता है, जो किसी राष्ट्र को एकता के सूत्र में बाँधने के लिए आवश्यक है, लेकिन ऐसे विशिष्ट तत्त्व सभी राष्ट्रों में समान रूप से विद्यमान नहीं होते हैं। कुछ राष्ट्रों के संदर्भ में इस प्रकार की धारणा गलत प्रतीत होती है। कई राष्ट्रों की अपनी कोई एकसमान धर्म या भाषा नहीं होती; जैसे—भारत एवं कनाडा आदि।

कनाडा में अंग्रेजी और फ्रांसीसी बोलने वाले लोग एकसाथ रहते हैं। इसी प्रकार भारत में भी अनेक क्षेत्रों एवं समुदायों में अलग-अलग धर्म, भाषा एवं संप्रदाय के लोगों का निवास उत्कृष्ट राष्ट्र का उदाहरण है।

इसके अतिरिक्त अधिकांश राष्ट्रों में उनको जोड़ने वाला कोई सामान्य धर्म भी नहीं है। नस्ल या कुल जैसी अन्य विशिष्टताओं के लिए भी यही कहा जा सकता है। अतएव राष्ट्र को इस रूप में अभिव्यक्त किया जा सकता है, कि राष्ट्र एक काल्पनिक समुदाय होता है, जो अपने सदस्यों के सामूहिक विश्वास, आकांक्षाओं और कल्पनाओं के माध्यम से एक सूत्र में बँधा होता है।

4. बहुसंस्कृतिवाद से क्या आशय है? भारत के संदर्भ में बहुसंस्कृतिवाद की संकल्पना की पहचान किस रूप में की गई है?

उत्तर सामान्य अर्थों में बहुसंस्कृतिवाद को विश्व के समस्त देशों में विभिन्न पंथों के अनुयायियों के समूह तथा समुदायों के सांस्कृतिक सह-अस्तित्व के रूप में देखा जाता है। यह 1970 के दशक में अमेरिकी और यूरोप की श्वेत संस्कृति के पक्ष में अन्य संस्कृतियों के समरूपीकरण के विरोध में एक प्रति- संस्कृतिवाद और मानवाधिकार आंदोलन के साथ उत्पन्न हुआ।

भारतीय संविधान सभी नागरिकों को समानता, धार्मिक स्वतंत्रता और सांस्कृतिक अधिकार प्रदान करता है (अनुच्छेद 14,25-29)

भारत में 22 अनुसूचित भाषाएँ (संविधान की आठवीं अनुसूची) और सैकड़ों बोलियाँ हैं, जो इसकी सांस्कृतिक विविधता को दर्शाती है।

हिंदू, मुस्लिम, सिख इसाई, जैन बौद्ध आदि धर्मों के अनुयायी एक साथ रहते हैं।

भारत में बहुसंस्कृतिवाद केवल एक सामाजिक वास्तविकता ही नहीं, बल्कि एक राज्य की नीति भी है, जो इसकी समृद्धि और स्थिरता को बनाए रखने में सहायक होते हैं।

5. टैगोर की राष्ट्रवाद की आलोचना का स्पष्ट वर्णन करें।

उत्तर टैगोर औपनिवेशिक शासन के खिलाफ थे और उन्होंने भारत के स्वतंत्रता अधिकार पर बल दिया। उनका मानना था कि मानवता को राष्ट्रों या सीमाओं के आधार पर विभाजित नहीं किया जा सकता है। सभी को समान अधिकार और गरिमा प्रदान करने की आवश्यकता है। चाहे वह भारतीय, अमेरिकी या अरबी हो। उन्होंने महसूस किया कि राष्ट्रवाद ने मानव आत्मा को रौंद डाला और मनुष्य के नैतिक संतुलन को बिगाड़ दिया। वे हमारे स्वतंत्रता आंदोलन के कुछ हिस्सों में काम करने वाले राष्ट्रवाद के संकीर्ण रूपों के कट्टर विरोधी थे। वे विशेष रूप से चिंतित थे कि पश्चिम को भारतीय मूल्यों के पक्ष में अस्वीकार करना न केवल अपने आप में सीमित होगा, बल्कि ईसाई धर्म, यहूदी धर्म, पारसी धर्म और इस्लाम जैसे अन्य विदेशी प्रभावों के प्रति आसानी से दुश्मनी पैदा कर सकता है, जो हमारे देश में लंबे समय से उपस्थित थी।

6. एक राष्ट्र अपने नागरिकों से क्या अपेक्षाएँ रखता है?

अथवा राष्ट्र अपने नागरिकों से किस प्रकार का सहयोग और योगदान चाहता है? स्पष्ट करें।

अथवा राष्ट्र और नागरिकों के संबंधों पर प्रकाश डालिए।

उत्तर राष्ट्र और नागरिकों के बीच गहरा संबंध होता है। नागरिक राज्य की उन्नति में सहायक होते हैं और राज्य अपने नागरिकों के उत्थान के लिए नीतियाँ बनाता है।, उन्हें सुरक्षा और रोजगार प्रदान करता है। नागरिकों के योगदान से राज्य की पहचान बनती है और राज्य नागरिकों की सुरक्षा विकास को सुनिश्चित करता है। इस आत्मनिर्भरता के कारण राष्ट्र नागरिकों से कुछ कर्त्तव्यों की अपेक्षा रखता है; जैसे–

- संविधान और राष्ट्रीय प्रतीकों का सम्मान करना।
- देश की संप्रभुता और एकता की रक्षा करना।
- समरसता और भ्रातृत्व की भावना का विकास करना।
- पर्यावरण का संरक्षण और संवर्धन करना।
- सार्वजनिक संपत्ति की सुरक्षा और हिंसा से दूर रहना।
- राष्ट्र की उन्नति के लिए प्रयास करना।
- सामाजिक संस्कृति की परंपरा का सम्मान करना।

वैज्ञानिक दृष्टिकोण और मानवता का विकास करना।

इन कर्त्तव्यों से नागरिक और राष्ट्र के संबंध मजबूत होते हैं।

7. विदेशी सत्ता के विरुद्ध राष्ट्रवाद को प्रोत्साहित करने वाले किन्हीं चार तत्त्वों की व्याख्या कीजिए।

उत्तर भारत में राष्ट्रवाद को प्रोत्साहित करने वाले कारक निम्नलिखित हैं।

(i) **देश का प्रशासकीय और आर्थिक एकीकरण** 19वीं और 20वीं शताब्दी में जब भारत का एकीकरण हुआ, तो उसने (भारत ने) एक राष्ट्र का स्वरूप ग्रहण कर लिया। इसलिए भारतीयों में राष्ट्रीय भावना का विकास आसानी से हो गया।

(ii) **सामाजिक व धार्मिक सुधार आंदोलन** 19वीं शताब्दी में भारत में सामाजिक कुरीतियों को समाप्त करने के लिए अनेक आंदोलन चलाए जा रहे थे। ये आंदोलन लोगों में राष्ट्रीयता की भावना को विकसित करने में सहायक सिद्ध हुए। इन आंदोलनों के माध्यम से लोगों में अंग्रेजी शासन के विरुद्ध संघर्ष की भावना को बल मिला। इन आंदोलनों ने अंग्रेजों द्वारा किए जा रहे आर्थिक शोषण से भी उन्हें अवगत कराया।

(iii) **समाचार-पत्रों की भूमिका** भारत में राष्ट्रवाद को प्रोत्साहित करने में प्रेस की महत्त्वपूर्ण भूमिका थी। यह वह सशक्त साधन था, जिससे संपूर्ण राष्ट्रवादी भारतीयों के हृदय में देशभक्ति की भावना का संचार किया गया और उनमें राजनीतिक, आर्थिक, सामाजिक विचारों को जागृत किया गया तथा उनमें अखिल भारतीय चेतना जगाई गई।

(iv) **पश्चिमी विचार और शिक्षा** उन्नीसवीं सदी में आधुनिक पाश्चात्य शिक्षा और विचारधाराओं का प्रसार हो चुका था, जिसका परिणाम भारतीयों पर भी पड़ा। बड़ी संख्या में भारतीयों में एक आधुनिक, बुद्धि संगत, धर्मनिरपेक्ष दृष्टिकोण का विकास हुआ।

दीर्घ उत्तरीय प्रश्न ॥

1. राष्ट्रवाद का अर्थ तथा इसके प्रभावों का सविस्तार वर्णन कीजिए।

उत्तर इस प्रश्न के उत्तर के लिए पृष्ठ संख्या 334-335 पर शीर्षक 'राष्ट्रवाद का परिचय' देखें।

2. राष्ट्र के विषय में मान्यताओं की सविस्तार चर्चा कीजिए।

उत्तर राष्ट्र एक सांस्कृतिक, राजनीतिक और सामाजिक इकाई है, जो एक विशिष्ट भू-भाग और उस पर निवास करने वाले लोगों के सामूहिक पहचान पर आधारित होती है। यह एक ऐसी अवधारणा है, जिसमें भौगोलिक सीमाओं के भीतर रहने वाले लोग, भाषा, धर्म, परंपराओं और सांस्कृतिक विशेषताओं के आधार पर आपस में जुड़े होते हैं। राष्ट्र के विषय में विभिन्न मान्यताएँ और सिद्धांत प्रस्तुत किए गए है। प्रारंभिक रूप से राष्ट्र को जातीय और सांस्कृतिक एकता के रूप में देखा गया। यह मान्यता प्रदान करती है कि एक ही संस्कृति भाषा और इतिहास साझा करने वाले लोग राष्ट्र का निर्माण करते हैं। इसमें जापान और जर्मनी जैसे राष्ट्र आते हैं।

दूसरी मान्यता के अनुसार राष्ट्र राजनीतिक इकाई है। इसमें यह विश्वास किया जाता है कि एक राष्ट्र का अस्तित्व एक मजबूत और संगठित शासन प्रणाली पर निर्भर करता है। आधुनिक संदर्भ में, राष्ट्र को सार्वभौमिकता संप्रभुता और लोकतांत्रिक मूल्यों से जोड़ा जाता है। यह दृष्टिकोण इस पर बल देता है कि एक राष्ट्र को उसकी जनता के द्वारा चुने गए नेताओं और उनकी सहभागिता से संचालित किया जाना चाहिए। संक्षेप में, राष्ट्र केवल भूगोल तक सीमित नहीं है, बल्कि यह एक ऐसी अवधारणा है, जो लोगों के मध्य साझा पहचान, सांस्कृतिक एकता और राजनीतिक उद्देश्य को अभिव्यक्त करती है। यह समय और स्थान के साथ विकसित होती रही है।

3. बहुलवादी राष्ट्रों द्वारा अल्पसंख्यकों के हितों की सुनिश्चितता किस प्रकार की जाती है? भारत में इस संदर्भ में कौन-कौन से कदम उठाए गए हैं?

उत्तर राष्ट्रीय एकता को बनाए रखने के लिए बहुलवादी राष्ट्रों द्वारा अल्पसंख्यकों के हितों की सुनिश्चितता तथा उनकी पहचान की सुरक्षा अनेक प्रावधानों के माध्यम से की जाती है, जो निम्न प्रकार हैं

- अल्पसंख्यक समूहों के धार्मिक अधिकारों को सुरक्षित करना। अल्पसंख्यक समूहों की भाषा, संस्कृति व धर्म हेतु संवैधानिक सुरक्षा का अधिकार प्रदान करना।
- धार्मिक व सांस्कृतिक शिक्षा संस्थान खोलने का अधिकार प्रदान करना।

- अनेक मामलों में विधायी तथा अन्य राजकीय संस्थाओं में प्रतिनिधित्व का अधिकार प्रदान करना।
- राष्ट्रीय समुदाय की समावेशी नीति के अंतर्गत अल्पसंख्यक समुदायों को राष्ट्र के एक अंग के रूप में मान्यता प्रदान करना, ताकि उनकी धार्मिक पहचान के साथ-साथ राष्ट्रीय पहचान को भी सुरक्षित रखा जा सके। इस प्रकार के अधिकारों के माध्यम से राष्ट्र द्वारा अल्पसंख्यक समूह के सदस्यों की सुरक्षा एवं कानून द्वारा समान व्यवहार सुनिश्चित होने के साथ-साथ समूहों की सांस्कृतिक पहचान को भी सुरक्षित रखा जाता है। भारत द्वारा इस संदर्भ में उठाए गए कदम निम्नलिखित हैं
- भारत में भी अनेक समुदाय, धर्म तथा संस्कृतियों का अस्तित्व है। इस कारण उन सबकी पहचान को सुरक्षित करने के लिए भारतीय संविधान में उनके अधिकारों हेतु समुचित प्रावधान किए गए हैं।
- भारत में मुस्लिम, ईसाई, सिख, बौद्ध, पारसी और जैन को अल्पसंख्यकों के रूप में मान्यता दी गई है।
- संविधान द्वारा अनुच्छेद-29 एवं 30 के माध्यम से अल्पसंख्यक समुदायों को अपनी भाषा तथा संस्कृति को सुरक्षित रखने हेतु शिक्षण संस्थाएँ खोलने का अधिकार प्रदान किया गया है।
- भारतीय संविधान का अनुच्छेद 350 B भाषाई अल्पसंख्यों के लिए एक विशेष अधिकारी का प्रावधान करता है।
- अल्पसंख्यक शैक्षिक संस्थानों के लिए एक राष्ट्रीय आयोग का भी प्रावधान है।

4. राष्ट्र और राज्य में अंतर स्थापित कीजिए।

अथवा **क्या राष्ट्र और राज्य की पहचान एक दूसरे पर निर्भर करती है। तर्कसहित व्याख्या कीजिए।**

उत्तर आधुनिक राज्य को हम साधारणतः राष्ट्र राज्य के रूप में पहचानते हैं राज्य और राष्ट्र की एक जैसी सीमाओं के कारण इन दोनों शब्दों का प्रयोग एक ही अर्थ में होने लगा है, परंतु दोनों में अंतर है और इस अंतर को समझना जरूरी है। कभी भी कोई राष्ट्र राज्य नहीं हो सकता है, जो देश या 'राष्ट्र' स्वतंत्र नहीं हैं, उसे हम 'राज्य' नहीं कह सकते हैं। आजादी से पहले भारत एक स्वतंत्र राज्य नहीं था। राष्ट्र और राज्य के अंतर को हम निम्नलिखित ढंग से प्रस्तुत कर सकते हैं।

(i) **राज्य का आवश्यक तत्त्व सरकार है** राज्य एक अमूर्त संस्था है और सरकार इसका अंग सरकार ही राज्य की इच्छाओं, योजनाओं को कार्यान्वित करती है, परंतु राष्ट्र एक अव्यवस्थित समाज भी हो सकता है। इसे किसी वैधानिक स्वरूप की आवश्यकता नहीं है, जो उसके अस्तित्व को सुरक्षित रखे।

(ii) **राज्य संप्रभु होता है** राज्य के पास सर्वोच्च शक्ति होती है। वह अपने आदेशों एवं आज्ञाओं का पालन न करने की स्थिति में बल का प्रयोग कर सकता है। यह ऐच्छिक समुदायों के जीवन को व्यवस्थित करता है, जबकि राष्ट्र का आधार भावना है। राष्ट्र का जीवन राष्ट्र भावना से जुड़ा होता है। केवल वही मनुष्य राष्ट्र-हित के विषय में सोच सकता है जिसके हृदय में राष्ट्र के प्रति प्यार होता है।

(iii) **अनेक राष्ट्रों का एक राज्य हो सकता हैं** सामान्यतः एक राष्ट्र का एक ही राज्य होता है, परंतु कई बार राष्ट्रीयता रखने वाले लोगों का भी एक राज्य बन सकता है। यूरोप में स्विट्जरलैंड तथा युगोस्लाविया ऐसे ही उदाहण हैं इस प्रकार हम पाते हैं कि राष्ट्र और राज्य में घनिष्ठ संबंध होते हैं। 'राष्ट्र' एकता की भावना है। एक ऐसी एकता जिसके अंतर्गत सभी लोगों की सफलता या विफलता समान रूप से प्रभावित होती है। राज्य भी राष्ट्र को बनाए रखने के लिए हर प्रकार से एवं हर स्तर पर अपने सर्वस्व को न्योछावर कर देता है। इजरायल इसका उदाहरण है।

(iv) **राज्य का अस्तित्व वैधानिक है** राष्ट्र मनुष्यों का ऐसा समूह है, जो एक निश्चित भू-भाग में अनन्त काल से निवास करने आया हो, जिसकी राजनीतिक आकांक्षाएँ एक जैसी हों, जिसका इतिहास एक हो, जिसकी भाषा एक हो और जो एक ही संस्कृति तथा सभ्यता से ओत-प्रोत हो। राष्ट्र का निर्माण पाँच कारकों के योग से होता है। भाषा की एकता, वंश की एकता, धर्म की एकता, सांस्कृतिक एकता, भौगोलिक एकता, जबकि राज्य के अस्तित्व के लिए चार तत्त्वों का होना आवश्यक है–जनसंख्या, निश्चित भू-भाग, सरकार और संप्रभुता इन चारों के आधार पर ही राज्य को वैधानिक रूप प्राप्त होता है। राज्य की एक निश्चित मर्यादा होती है, परंतु राष्ट्र का कोई वैधानिक स्वरूप नहीं होता है।

5. विश्व अर्थव्यवस्था के संदर्भ में राष्ट्र-राज्य की अवधारणा को रेखांकित कीजिए।

उत्तर कोई भी देश अन्य सभी देशों से पृथक् होकर नहीं रह सकता है। व्यापार, वाणिज्य, उद्योग, विज्ञान एवं प्रौद्योगिकी के क्षेत्र में एक देश का दूसरे देश से संपर्क होता ही रहता है। वह अपनी आवश्यकताओं की पूर्ति के संदर्भ में विभिन्न प्रकार की वस्तुओं का आयात-निर्यात करता है, लेकिन विदेशी ऋण, बाहरी सहायता और विदेशी निवेश के संबंध में यदि देश अपनी प्राथमिकताओं को दृढ़ता से कायम नहीं रखेगा, तो यह उसकी संप्रभुता के लिए एक महँगा सौदा सिद्ध हो सकता है। विश्व अर्थव्यवस्था कैसे एक देश की आर्थिक स्वायत्ता के लिए चुनौती है, उसकी विस्तार से चर्चा निम्नलिखित रूप से की जा सकती है।

(i) **विदेशी निवेश** किसी सरकार या किसी देश के नागरिकों द्वारा विदेश में जो पूँजी लगाई जाएगी वह इस उद्देश्य से लगाई जाती है कि 'स्वदेश की अपेक्षा उस पर ब्याज या लाभांश अथवा अन्य आय अधिक हो, लेकिन जब सरकारी पूँजी लगती है, तो उसके पीछे राजनीतिक सैनिक या अन्य कारण हो सकते हैं। ऐसे में उसके ब्याज या लाभांश की ओर विशेष ध्यान नहीं दिया जाता, निजी उद्योगपति का उद्देश्य आर्थिक प्रतिफल है। विकासशील देशों में विदेशी पूँजी निवेश के सिलसिले में रोजगार के अवसरों को ध्यान में रखना चाहिए। भारत के संदर्भ में यह विशेष रूप से जरूरी हो जाता है, क्योंकि यहाँ बेरोजगारी एक गंभीर समस्या है।

(ii) **तकनीक का प्रश्न** विदेशी पूँजी की नींव पर जो तकनीकी ढाँचा खड़ा होगा उस पर विचार करने की आवश्यकता है। विकासशील देशों को ऐसी तकनीक चाहिए, जो इन देशों और पश्चिमी देशों के बीच के तकनीकी संबंधी अंतर को कम करती हो और साथ ही विकासशील देशों की जरूरतों को पूरा करती हों उदाहरण के लिए, यदि हमें कृषि तकनीक का आयात करना हो, तो इस बात का ध्यान रखना होगा कि वह तकनीक ने केवल कृषि उत्पादन को गति प्रदान करे, बल्कि उससे पर्यावरण की क्षति भी न हो।

(iii) **बहुराष्ट्रीय कंपनियों का वर्चस्व** उदारीकरण के इस दौर में बहुराष्ट्रीय कंपनियाँ दैनिक उपयोग में आने वाली वस्तुओं के बाजार पर भी आधिपत्य स्थापित कर रही हैं। कई विकासशील देशों ने विवशतापूर्वक विदेशी कंपनियों को अपने यहाँ आमंत्रित किया। वर्तमान में भारत में यहाँ छोटी-छोटी वस्तुओं पर भी विदेशी कंपनियों ने अपना कब्जा कर लिया है। इन विदेशी कंपनियों के आ जाने से स्वदेशी उद्योग को भारी झटका लगा है और कई स्थानीय औद्योगिक इकाइयाँ डगमगा गई हैं।

स्रोत आधारित प्रश्न

दिए गए अनुच्छेदों को ध्यानपूर्वक पढ़िए तथा प्रश्नों का उत्तर दीजिए

1. **अपना भू-क्षेत्र और साझी ऐतिहासिक पहचान लोगों में एक होने का बोध पैदा करने में महत्त्वपूर्ण भूमिका निभाते हैं, लेकिन भविष्य के बारे में साझा नजरिया और अपना स्वतंत्र राजनीतिक अस्तित्व बनाने की सामूहिक चाहत ही वह मूल बात है, जो राष्ट्र को बाकी समूहों से अलग करती है। राष्ट्र के सदस्यों की इस बारे में एक साझा दृष्टि होती है कि वे किस तरह का राज्य बनाना चाहते हैं। बाकी बातों के अतिरिक्त वे लोकतंत्र, धर्मनिरपेक्षता और उदारवाद जैसे मूल्यों पर साथ-साथ आना और रहना चाहते हैं। दूसरे शब्दों में यह विचार राष्ट्र के रूप में उनकी राजनीतिक पहचान को बताते हैं।**

लोकतंत्र में कुछ राजनीतिक मूल्यों और आदर्शों के लिए प्रतिबद्धता ही किसी राजनीतिक समुदाय या राष्ट्र का सर्वाधिक वांछित आधार होता है। इसके अंतर्गत राजनीतिक समुदाय के सदस्य कुछ दायित्वों से बँधे होते हैं। ये दायित्व सभी लोगों के नागरिकों के रूप में अधिकारों को पहचान लेने से पैदा होते हैं। यदि राष्ट्र के नागरिक अपने सह-नागरिकों के प्रति अपनी जिम्मेदारियों को जान और मान लेते हैं, तो इससे राष्ट्र मजबूत ही होता है। हम यहाँ तक कह सकते हैं कि आपसी जिम्मेदारियों में इस परिप्रेक्ष्य को मान लेना राष्ट्र के प्रति वफादारी की सबसे कड़ी परीक्षा है।

(i) **राष्ट्र के सदस्यों के लिए साझा दृष्टि किसके संदर्भ में होती है?**

(a) सांस्कृतिक विरासत को सुरक्षित रखने के तरीकों के संदर्भ में।
(b) राज्य के प्रकार को निर्धारित करने के संदर्भ में
(c) आर्थिक विकास को प्राथमिकता देने के संदर्भ में
(d) ऐतिहासिक स्मारकों के संरक्षण के संदर्भ में

उत्तर (b) राज्य के प्रकार को निर्धारित करने के संदर्भ में

(ii) **राष्ट्र की राजनीतिक पहचान किस पर आधारित होती हैं?**

(a) भू-क्षेत्र की स्थिरता पर
(b) लोकतंत्र, धर्मनिरपेक्षता और उदारवाद जैसे मूल्यों पर
(c) वैश्विक आर्थिक विकास पर
(d) ऐतिहासिक और धार्मिक परंपराओं पर

उत्तर (b) लोकतंत्र, धर्मनिरपेक्षता और उदारवाद जैसे मूल्यों पर

(iii) **नागरिकों के लिए राष्ट्र के प्रति वफादारी की परीक्षा क्या है?**

उत्तर किसी राष्ट्र के नागरिकों द्वारा अपने सह-नागरिकों के प्रति अपनी जिम्मेदारियों को पहचाना एवं मानना राष्ट्र के प्रति उस नागरिक की सबसे कड़ी परीक्षा होती है।

2. **"राष्ट्रवाद हमारी अंतिम आध्यात्मिक मंजिल नहीं हो सकता। मेरी शरणस्थली तो मानवता है। मैं हीरों की कीमत पर शीशा नहीं खरीदूँगा और जब तक मैं जीवित हूँ, देशभक्ति को मानवता पर कदापि विजयी नहीं होने दूँगा।" यह रवींद्रनाथ ठाकुर ने कहा था। वे औपनिवेशिक शासन के विरोधी थे और भारत की स्वाधीनता के अधिकार का दावा करते थे।**

वे महसूस करते थे कि उपनिवेशों के ब्रितानी प्रशासन में 'मानवीय संबंधों की गरिमा बरकरार रखने' की गुंजाइश नहीं है। यह एक ऐसा विचार है, जिसे ब्रितानी सभ्यता में भी स्थान मिला है। टैगोर पश्चिमी साम्राज्यवाद का विरोध करने और पश्चिमी सभ्यता को खारिज करने के बीच फर्क करते थे। भारतीयों को अपनी संस्कृति और विरासत में गहरी आस्था होनी ही चाहिए, लेकिन उन्हें बाहरी दुनिया से मुक्त भाव से सीखने और लाभान्वित होने का प्रतिरोध नहीं करना चाहिए। टैगोर जिसे 'देशभक्ति' कहते थे, उसकी समालोचना उनके लेखन का स्थायी विषय था। वे देश के स्वाधीनता आंदोलन में मौजूद संकीर्ण राष्ट्रवाद के कटु आलोचक थे। उन्हें भय था कि तथाकथित भारतीय परंपरा के पक्ष में पश्चिम की खारिजी का विचार यहीं तक सीमित रहने वाला नहीं है। यह अपने देश में मौजूद ईसाई, पारसी और इस्लाम सहित समस्त विदेशी प्रभावों के खिलाफ आसानी से आक्रामक भी हो सकता है।

(i) **रविंद्रनाथ टैगोर ने अपने उद्धरण में राष्ट्रवाद के संदर्भ में क्या विचार व्यक्त किया हैं?**

(a) राष्ट्रवाद उनकी अंतिम आध्यात्मिक मंजिल हो सकती है
(b) राष्ट्रवाद मानवता की तुलना में कम महत्त्व रखता है
(c) वे हीरों की कीमत पर शीशा नहीं खरीदेंगे और देशभक्ति को मानवता पर कभी विजयी नही होने देंगे
(d) वे मानते थे कि भारतीय संस्कृति को पश्चिमी सभ्यता से उधार लेने की आवश्यकता नहीं

उत्तर (c) वे हीरों की कीमत पर शीशा नहीं खरीदेंगे और देशभक्ति को मानवता पर कभी विजयी नही होने देंगे

(ii) **रवींद्रनाथ ठाकुर के अनुसार, राष्ट्रवाद में संकीर्ण दृष्टिकोण की क्या समस्या थी?**

(a) यह केवल भारतीय परंपरा के पक्ष में था और पश्चिमी सभ्यता का विरोध करता था
(b) यह धार्मिक विविधता और विदेशी प्रभावों के खिलाफ आक्रामक बन सकता था
(c) यह भारतीय संस्कृतिक को समाप्त करने का प्रयास था
(d) यह भारतीय समाज को अन्य देशों से अलग करने का कारण बनता था

उत्तर (b) यह धार्मिक विविधता और विदेशी प्रभावों के खिलाफ आक्रामक बन सकता था

(iii) **रवींद्रनाथ ठाकुर ने भारतीयों को भारतीय सभ्यता और पश्चिमी सभ्यता के संबंध में क्या सुझाव दिए?**

उत्तर रवींद्रनाथ ठाकुर (जिसका प्रचलित नाम रविद्रनाथ टैगोर भी था) ने भारतीय सभ्यता और पश्चिमी सभ्यता के संबंध में भारतीयों को यह सुझाव दिए कि भारतीयों को अपनी संस्कृति और विरासत में गहरी आस्था होनी ही चाहिए, लेकिन उन्हें बाहरी दुनिया से मुक्त भाव से सीखने तथा लाभान्वित होने का प्रतिरोध नहीं करना चाहिए।

3. राष्ट्र जनता का कोई आकस्मिक समूह नहीं है, लेकिन यह मानव समाज में पाए जाने वाले अन्य समूहों अथवा समुदायों से अलग है। यह परिवार से भी अलग है। परिवार तो प्रत्यक्ष संबंधों पर आधारित होता है, जिसका प्रत्येक सदस्य दूसरे सदस्यों के व्यक्तित्व और चरित्र के बारे में व्यक्तिगत जानकारी रखता है। यह जनजातीय, जातीय और अन्य सगोत्रीय समूहों से भी अलग है। इन समूहों में विवाह और वंश परंपरा सदस्यों को आपस में जोड़ती हैं। इसलिए यदि हम सभी सदस्यों को व्यक्तिगत रूप से नहीं भी जानते हों तो भी जरूरत पड़ने पर हम उन सूत्रों को ढूँढ निकाल सकते हैं, जो हमें आपस में जोड़ते हैं, लेकिन राष्ट्र के सदस्य के रूप में हम अपने राष्ट्र के अधिकतर सदस्यों को सीधे तौर पर न कभी जान पाते हैं और न ही उसके साथ वंशानुगत नाता जोड़ने की जरूरत पड़ती है। फिर भी राष्ट्रों का वजूद है, लोग उनमें रहते हैं और उनका आदर करते हैं।

आमतौर से यह माना जाता है कि राष्ट्रों का निर्माण ऐसे समूह द्वारा किया जाता है, जो भाषा, धर्म या फिर जातीयता जैसी कुछेक निश्चित पहचान का सहभागी होता है, लेकिन ऐसे निश्चित विशिष्ट गुण वास्तव में हैं ही नहीं, जो सभी राष्ट्रों में समान रूप से मौजूद हों। कई राष्ट्रों की अपनी कोई एक सामान्य भाषा नहीं है। कनाडा का उदाहरण सामने है। कनाडा में अंग्रेजी और फ्रांसीसी भाषा-भाषी लोग साथ रहते हैं। भारत में भी अनेक भाषाएँ हैं, जो विभिन्न क्षेत्रों में और भिन्न-भिन्न समुदायों द्वारा बोली जाती हैं। बहुत-से राष्ट्रों में उनको जोड़ने वाला कोई सामान्य धर्म भी नहीं है। नस्ल या कुल जैसी अन्य विशिष्टताओं के लिए भी यही कहा जा सकता है।

(i) **निम्नलिखित में से कौन-सा कथन राष्ट्र के संबंध में सही है?**
(a) राष्ट्र जाति, धर्म के सहारे एक सूत्र में बँधा होता है
(b) राष्ट्र सामूहिक विश्वास, आकांक्षाओं और जाति के सहारे एक सूत्र में बँधा होता है
(c) राष्ट्र सामूहिक विश्वास, आकांक्षाओं और कल्पनाओं के सहारे एक सूत्र में बँधा है
(d) राष्ट्र भौगोलिक विशेषता एवं धर्म के सहारे एक सूत्र में बँधा है

उत्तर (c) राष्ट्र सामूहिक विश्वास, आकांक्षाओं और कल्पनाओं के सहारे एक सूत्र में बँधा हैं

(ii) **निम्नलिखित में से कौन-सा कथन सही नहीं है?**
(a) परिवार अप्रत्यक्ष संबंधों पर आधारित होता है
(b) राष्ट्र मानव समाज में पाए जाने वाले अन्य समूहों से अलग होता है
(c) राष्ट्र जातीय और अन्य सगोत्रीय समूहों से अलग है
(d) राष्ट्र के सदस्य के रूप में हम अपने राष्ट्र के अधिकांश सदस्यों को प्रत्यक्ष तौर पर नहीं जान पाते हैं

उत्तर (a) परिवार अप्रत्यक्ष संबंधों पर आधारित होता है

(iii) **राष्ट्र और परिवार में क्या अंतर है?**

उत्तर परिवार प्रत्यक्ष संबंधों पर आधारित होता है, जहाँ प्रत्येक सदस्य एक-दूसरे को व्यक्तिगत रूप से जानते हैं, जबकि राष्ट्र के सदस्य एक-दूसरे को व्यक्तिगत रूप से नहीं जानते हैं।

4. बहुत-से लोगों का मानना है कि हम जैसा राज्य या समाज बनाना चाहते हैं उसके बारे में साझी राजनीतिक दृष्टि व्यक्तियों को एक राष्ट्र के रूप में बाँधने के लिए पर्याप्त नहीं होती। इसके स्थान पर वह एकसमान भाषा या जातीय वंश परंपरा जैसी साझी सांस्कृतिक पहचान चाहते हैं। इसमें कोई संदेह नहीं है कि एक ही भाषा बोलना आपसी संवाद को काफी आसान बना देता है। समान धर्म होने पर बहुत सारे विश्वास और सामाजिक रीति-रिवाज साझे ही हो जाते हैं। एक जैसे त्योहार मनाना, एक जैसे मौकों पर छुट्टियाँ चाहना और एक जैसे प्रतीकों को धारण करना लोगों को करीब ला सकता है, लेकिन साथ ही यह उन मूल्यों के लिए खतरा भी उत्पन्न कर सकता है जिन्हें हम लोकतंत्र में महत्त्वपूर्ण मानते हैं। इसके दो कारण हैं। एक तो यह कि दुनिया के सभी बड़े धर्म अंदरूनी तौर से विविधता से भरे हुए हैं। वे अपने समुदाय के अंदर चलने वाले संवाद के कारण ही बने और बढ़े हैं। परिणामस्वरूप धर्म के अंदर बहुत-से पंथ बन जाते हैं और धार्मिक ग्रंथों और नियमों की उनकी व्याख्याएँ काफी अलग-अलग होती हैं। यदि हम इन विभिन्नताओं की अवहेलना करें और एकसमान धर्म के आधार पर एक पहचान स्थापित कर दें, तो आशंका है कि हम बहुत ही वर्चस्ववादी और दमनकारी समाज का निर्माण कर सकेंगे।

दूसरा कारण यह है कि अधिकतर समाज सांस्कृतिक रूप से विविधता से भरा है। एक ही भू-क्षेत्र में विभिन्न धर्म और भाषाओं के लोग साथ-साथ रहते हैं। किसी राज्य की सदस्यता की शर्त के रूप में किसी विशेष धार्मिक या भाषायी पहचान को आरोपित कर देने से कुछ समूह निश्चित रूप से शामिल होने से रह जाएँगे।

(i) **निम्न में से कौन व्यक्तियों को एक राष्ट्र के रूप में बाँधने के लिए पर्याप्त नहीं होता?**
(a) साझा राजनीतिक दृष्टिकोण (b) साझा सामाजिक दृष्टिकोण
(c) अलग-अलग प्रतीक (d) समान जातीय वंश

उत्तर (a) साझा राजनीतिक दृष्टिकोण

(ii) **निम्नलिखित में से कौन-सा कथन सही है?**
(a) राष्ट्र की कल्पना राजनीतिक शब्दावली में की जानी चाहिए
(b) राष्ट्र की कल्पना सांस्कृतिक पदों में की जानी चाहिए
(c) राज्य की सदस्यता की शर्त के रूप में किसी विशेष धार्मिक या भाषायी पहचान को आरोपित करने से सभी समूह शामिल हो जाते हैं
(d) लोकतंत्र के मूल्य-समूह को देश के संविधान में दर्ज नहीं किया जा सकता

उत्तर (a) राष्ट्र की कल्पना राजनीतिक शब्दावली में की जानी चाहिए

(iii) **किस प्रकार सांस्कृतिक विविधता को ध्यान में रखते हुए लोकतंत्र एकसमानता का खतरा उत्पन्न कर सकता है?**

उत्तर सांस्कृतिक विविधता लोकतंत्र के लिए एक चुनौती बन सकती है। यदि किसी समाज में एकसमान धर्म, भाषा या जातीय पहचान को प्राथमिकता दी जाती है, तो इससे उन लोगों के अधिकारों का उल्लंघन हो सकता है, जो इस सामान्य पहचान से बाहर है। उदाहरण के लिए, एक ही धर्म को राज्य की पहचान बनाने से समाज में धार्मिक पंथों और आस्थाओं की भिन्नताएँ नजरअंदाज की जा सकती हैं, जिससे वर्चस्ववादी और दमनकारी समाज का निर्माण हो सकता है।

स्वयं को जाँचें

बहुविकल्पीय प्रश्न

1. यहूदी लोग किस देश को अपना मूल स्थान मानते हुए उसे स्वर्ग का दर्जा देते हैं?

(a) जर्मनी
(b) फिलीस्तीन
(c) इजरायल
(d) जापान

2. भारतीय संदर्भ की किस अवधारणा में 'सलाद के कटोरे' की व्याख्या राष्ट्र के साथ की जाती है?

(a) बहुसंस्कृतिवाद
(b) राष्ट्रवाद
(c) बहुलतावाद
(d) उपरोक्त में से कोई नहीं

3. निम्नलिखित में से एक कौन-सा कथन सही नहीं है?

(a) राष्ट्र समूह के भविष्य के लिए सामूहिक पहचान और दृष्टि का प्रमाण होता है
(b) राष्ट्र स्वतंत्र राजनीतिक अस्तित्व का आकांक्षी है
(c) राष्ट्र किसी मान्यता पर आधारित नहीं होता है
(d) राष्ट्र के अंतर्गत स्थायी ऐतिहासिक पहचान की भावना होती है

4. कथन (A) एक संस्कृति-एक राज्य के विचार को त्यागते ही यह आवश्यक हो जाता है कि ऐसे तरीकों के संबंध में विचार किया जाए, जिसमें विभिन्न संस्कृतियाँ और समुदाय एक ही देश में फल-फूल सकें।

कारण (R) इस लक्ष्य की प्राप्ति के लिए अनेक लोकतांत्रिक देशों ने सांस्कृतिक रूप से अल्पसंख्यक समुदायों की पहचान को स्वीकार करने और संरक्षित करने के प्रावधान किए हैं।

कूट

(a) A और R दोनों सही हैं तथा R, A की सही व्याख्या है
(b) A और R दोनों सही हैं, परंतु R, A की सही व्याख्या नहीं है
(c) A सही है, किंतु R गलत है
(d) A गलत है, किंतु R सही है

5. निम्नलिखित में से कौन-सा युग्म सही नहीं हैं?

(a) राष्ट्रवाद-किसी भी राष्ट्र के सदस्यों में एक सादा पहचान को बढ़ावा देने की विचारधारा
(b) अलगाववाद-राष्ट्र में एकता व भाईचारें की भावना को बढ़ावा देना।
(c) औपनिवेशिक शासन-एक देश में अन्य देश द्वारा संचालित शासन व्यवस्था
(d) बहुलवाद-यह एक ऐसी विचारधारा है, जो समाज में विभिन्नता, विविधता और बहु-संस्कृतियों को स्वीकार कर सह-अस्तित्व को बढ़ावा देती है।

लघु उत्तरीय प्रश्न

6. राज्य की अवधारणा को स्पष्ट करें।

7. लोकतंत्र में अल्पसंख्यकों के कौन-से अधिकार सुनिश्चित करने चाहिए?

8. वे कौन-से कारक हैं, जो किसी राष्ट्र के सदस्यों को एकता के सूत्र में बाँधे रखते हैं?

दीर्घ उत्तरीय प्रश्न I

9. राष्ट्र समुदाय से किस प्रकार भिन्न है?

10. राष्ट्रवाद पर रवीन्द्रनाथ टैगोर के क्या विचार थे?

11. राष्ट्र तथा राज्य में किन्हीं चार प्रमुख अंतरों का विस्तृत रूप में वर्णन करें।

दीर्घ उत्तरीय प्रश्न II

12. राष्ट्रवाद की भावना को प्रेरित करने वाले कारकों की व्याख्या करें।

अथवा **साझा भाषा और धर्म किसी राष्ट्र में एकता के कारण हो सकते हैं। कथन को उपयुक्त उदाहरण से स्पष्ट करें।**

13. विश्व में राष्ट्रवाद के उदय के प्रभावों की संक्षिप्त रूप में विवेचना कीजिए।

14. राष्ट्र और राज्य में अंतर स्थापित कीजिए।

8

अध्याय

इस अध्याय में धर्मनिरपेक्षता के विभिन्न मॉडलों की चर्चा करते हुए भारतीय धर्म निरपेक्षता के विभिन्न पक्षों का अध्ययन शामिल किया गया है।

▼ अध्ययन एक नजर में

▼ अभ्यास के लिए

- बहुविकल्पीय प्रश्न 19 (युग्मित प्रश्न, चित्र आधारित प्रश्न, कथन/कारण, सुमेलित कीजिए)
- वर्णनात्मक प्रकार के प्रश्न (लघु उत्तरीय प्रश्न 7, दीर्घ उत्तरीय प्रश्न I 8, दीर्घ उत्तरीय प्रश्न II 5)
- स्रोत आधारित प्रश्न 3, मानचित्र आधारित

धर्मनिरपेक्षता

धर्मनिरपेक्षता धर्म को राज्य से अलग करने की अवधारणा है तथा यह विचार है कि सरकार को सभी नागरिकों के साथ समान व्यवहार करना चाहिए, चाहे उनका धर्म कुछ भी हो।

8.1 धर्मनिरपेक्षता

धर्मनिरपेक्षता लोकतांत्रिक राज्यों द्वारा अपनाई जाने वाली एक ऐसी अवधारणा है, जो विभिन्न धर्म, संप्रदायों के लोगों को एकसमान भावना और अधिकार के साथ जीवन जीने का वातावरण प्रदान करती है। **धर्मनिरपेक्षता**[1] के सिद्धांत में न्याय और समानता के आदर्श अंतर्निहित होते हैं। धर्मनिरपेक्षता की अवधारणा को हम निम्नलिखित संदर्भों में समझ सकते हैं

धर्मों के बीच वर्चस्ववाद

- धर्मनिरपेक्षता का सिद्धांत अंतर-धार्मिक (Inter-Religious) अर्थात् विभिन्न धर्मों के मध्य **वर्चस्ववाद**[2] का विरोध करता है।
- भारतीय संविधान भी धर्मनिरपेक्षता की घोषणा करते हुए सभी नागरिकों को आजादीपूर्वक एवं प्रतिष्ठा से रहने का अधिकार प्रदान करता है, परंतु व्यवहार में किसी-न-किसी रूप में अनेक प्रकार के भेदभाव देखने को मिलते हैं।
- उदाहरणस्वरूप, वर्ष 1984 में दिल्ली सहित देश के अन्य हिस्सों में सिख दंगा हुआ। धर्मनिरपेक्षता का प्रथम सिद्धांत अंतर-धार्मिक वर्चस्व का विरोध करता है।

---

1 **धर्मनिरपेक्षता** (Secularism) किसी राज्य द्वारा सभी धर्मों को समान रूप से मान्यता व अधिकार देना।

2 **वर्चस्ववाद** (Supremacy) ऐसी संकल्पना, जिसके अंतर्गत कोई एक वर्ग, दूसरे वर्ग पर अपना अधिकार जताने की कोशिश करता है।

धर्म के अंदर वर्चस्व

- आधुनिक युग में मानव के समक्ष उत्पन्न समस्याओं में धर्म का भी महत्त्वपूर्ण योगदान है। उदाहरणस्वरूप, ऐसा कोई भी धर्म नहीं है, जो पुरुषों और महिलाओं को समान दृष्टि से देखता हो।
- हिंदू धर्म में **धार्मिक भेदभाव**[3] (Religious Discrimination) के कारण ही दलितों और महिलाओं को मंदिरों में प्रवेश करने से रोका जाता था।
- इस प्रकार धार्मिक वर्चस्व की भावना केवल अंतर-धार्मिक वर्चस्व के रूप में ही नहीं, बल्कि यह देश में भी बड़े स्तर पर वर्चस्व की भावना ग्रहण कर लेती है।
- वर्तमान में जो धर्मनिरपेक्षता की सामान्य धारणा है, उसके अनुसार धर्मनिरपेक्षता एक ऐसा नियामक सिद्धांत है, जो धर्मनिरपेक्ष समाज अर्थात् अंतर-धार्मिक तथा अंत:धार्मिक दोनों तरह के वर्चस्वों से रहित समाज बनाना चाहता है।
- सकारात्मक रूप से देखा जाए, तो यह धर्मों के अंदर आजादी तथा विभिन्न धर्मों के बीच और उनके अंदर समानता को बढ़ावा देता है।

8.2 धर्मनिरपेक्ष राज्य

धर्मनिरपेक्ष राज्य, ऐसे राज्यों को कहा जाता है, जिसका किसी भी धर्म के साथ औपचारिक रूप से कोई संबंध नहीं होता और न ही वह किसी धर्म का पोषक होता है। धर्मनिरपेक्ष राज्य बनाने के लिए धर्म और राज्यसत्ता (Statehood) के बीच कोई संबंध नहीं होना चाहिए।

- धर्मनिरपेक्ष राज्य को ऐसे सिद्धांतों व लक्ष्यों को अपनाना चाहिए, जो गैर-धार्मिक स्रोतों से प्रेरित हों। आधुनिक काल में राज्यों के हाथ में अत्यधिक प्रशासनिक शक्तियाँ होती हैं, जिनका प्रयोग कर राज्य समाज में व्याप्त **धार्मिक भेदभाव** (Religious Discrimination) को दूर कर सकता है। एक राज्य को धर्मनिरपेक्ष राज्य बनाने के लिए निम्नलिखित बातों का ध्यान रखना आवश्यक होता है; जैसे–
  - उसमें सत्ता संचालन की संस्थाओं को धार्मिक संस्थाओं से पृथक् रखा जाए।
  - आधिकारिक रूप से किसी भी धर्म को राष्ट्रधर्म घोषित न करें। इसके साथ-साथ राज्य को शांति, धार्मिक स्वतंत्रता, धार्मिक उत्पीड़न व भेदभाव से आजादी तथा अंतर-धार्मिक व अंत: धार्मिक समानता जैसे सिद्धांतों व लक्ष्यों के लिए प्रतिबद्ध होना चाहिए।
  - इन लक्ष्यों को प्रोत्साहित करने के लिए राज्य को संगठित धर्म और इसकी संख्याओं से कुछ मूल्यों के कारण अवश्य ही पृथक् रहना चाहिए, जो अंशत: गैर-धार्मिक स्रोत से निकलते हैं।

धर्मनिरपेक्षता का पश्चिमी मॉडल

- धर्मनिरपेक्षता का पश्चिमी मॉडल अमेरिका मॉडल से प्रेरित है। इसमें धर्म को राज्य से अलग रखा गया है।
- सभी धर्मनिरपेक्ष राज्यों में एक तथ्य सामान्य होता है। वह यह कि वे न तो धर्मतांत्रिक हैं और न ही किसी विशेष धर्म की स्थापना करते हैं।
- इस संबंध में धर्मनिरपेक्षता का पश्चिमी दृष्टिकोण राज्य व धर्म के संबंधों को परस्पर निषेध के रूप में देखता है अर्थात् राज्य धर्म की गतिविधियों में हस्तक्षेप नहीं करेगा व धर्म राज्य की नीतियों को प्रभावित नहीं कर सकता। दोनों के क्षेत्र का पृथक्-पृथक् रूप से निर्धारण किया गया है। धर्मनिरपेक्षता के पश्चिमी दृष्टिकोण के अनुसार
  - राज्य किसी भी धार्मिक संस्था को वित्तीय सहयोग अथवा किसी भी प्रकार की सहायता प्रदान नहीं करेगा।
  - राज्य धर्म की किसी भी गतिविधि में किसी भी प्रकार का हस्तक्षेप नहीं करेगा। इस प्रकार, धर्म एक निजी मामला है। यह राज्य की नीति या कानून का विषय नहीं हो सकता।
  - धर्मनिरपेक्षता की यह संकल्पना स्वतंत्रता व समानता की व्याख्या व्यक्तिवादी तरीके से करती है। वहाँ पर स्वतंत्रता का अर्थ है— व्यक्तियों की स्वतंत्रता और समानता का अर्थ है—व्यक्तियों के बीच समानता अर्थात् समुदाय की अपेक्षा यह व्यक्ति की स्वतंत्रता व समानता को महत्त्व देती है।
  - इस प्रकार धर्मनिरपेक्षता के इस स्वरूप में राज्य समर्थित धार्मिक सुधार के विचार के लिए कोई स्थान नहीं है।

3 **धार्मिक भेदभाव** (Religious Discrimination) धर्म के आधार पर विभिन्न समुदायों में भेदभाव की नीति।

कमाल अतातुर्क की धर्मनिरपेक्षता

- 20वीं सदी के पूर्वाद्ध में तुर्की में धर्मनिरपेक्षता चलन में आई।
- आधुनिक तुर्की का संस्थापक कमाल अतातुर्क हैं, जिसने तुर्की में धर्मनिरपेक्ष राज्य की स्थापना में महत्त्वपूर्ण भूमिका निभाई।
- उसकी धर्मनिरपेक्षता पश्चिमीकरण पर बल देती है।
- इन्होंने अपना नाम **मुस्तफा कमाल पाशा** से बदल कर **कमाल अतातुर्क** रखा।
- इन्होंने हैट कानून द्वारा पारंपरिक टोपी फैज पर प्रतिबंध लगा दिया।
- इन्होंने पुरुषों और महिलाओं के लिए पश्चिमी परिधान को प्रोत्साहित किया।
- इन्होंने तुर्की पंचांग के स्थान पर पश्चिमी पंचांग को अपनाया।

धर्मनिरपेक्षता का भारतीय मॉडल

- भारतीय धर्मनिरपेक्षता पश्चिमी धर्मनिरपेक्षता से बुनियादी रूप से भिन्न है। भारतीय धर्मनिरपेक्षता केवल धर्म और राज्य के बीच संबंध विच्छेद पर बल नहीं देती है। अंतर-धार्मिक समानता भारतीय संकल्पना के लिए अत्यंत महत्त्वपूर्ण है।
- भारतीय दृष्टिकोण के अनुसार, धर्मनिरपेक्षता की स्थिति में राज्य और धर्म के बीच संबंध विच्छेद के साथ-साथ अंतर-धार्मिक समानता का तत्त्व भी मौजूद होना चाहिए।
- भारत में बहुत पहले से ही अंतर-धार्मिक सहिष्णुता की संस्कृति विद्यमान थी। सहिष्णुता (Tolerance) की यह भावना धार्मिक वर्चस्व का विरोध नहीं करती।
- यह एक ऐसी भावना है, जो भिन्न मतों के विरुद्ध भी धार्मिक सौहार्द की भावना उत्पन्न करती है।
- अंतर-धार्मिक सहिष्णुता की स्थिति केवल उस समय के लिए उपयुक्त होती है, जब राष्ट्र या समाज में परिस्थिति सामान्य न हो। सामान्य परिस्थितियों में जब लोग समान मान-मर्यादा के लिए संघर्ष कर रहे हों, तब यह प्रासंगिक नहीं लगता।
- भारतीय समाज में पहले से मौजूद धार्मिक विविधता और पश्चिमी विचारों के बीच अंत:क्रिया के फलस्वरूप भारतीय धर्मनिरपेक्षता में कुछ बदलाव हुए। अब भारतीय धर्मनिरपेक्षता के अंतर्गत अंत:धार्मिक और अंतर-धार्मिक वर्चस्व दोनों पर बल दिया जाने लगा है।
- भारतीय धर्मनिरपेक्षता में अंतर-धार्मिक वर्चस्व के साथ-साथ अंत: धार्मिक वर्चस्व को समाप्त करने पर भी ध्यान केंद्रित किया गया है; जैसे—हिंदुओं में दलित व महिलाओं के उत्पीड़न का, ईसाइयों में महिलाओं के प्रति भेदभाव का व बहुसंख्यकों द्वारा अल्पसंख्यकों के उत्पीड़न का विरोध किया गया।
- भारतीय धर्मनिरपेक्षता व्यक्तियों के अधिकार सुरक्षित करने के साथ-साथ अल्पसंख्यकों के अधिकारों को भी सुरक्षित करती है; जैसे—जिस प्रकार व्यक्ति को अपने धर्म को चुनने की आजादी है, उसी प्रकार धार्मिक अल्पसंख्यकों को अपनी संस्कृति को बनाए रखने हेतु धार्मिक और शैक्षिक संस्थाएँ खोलने का भी अधिकार है।
- भारतीय धर्मनिरपेक्षता में राज्य धार्मिक सुधारों के आधार पर धर्म के आंतरिक मामलों में हस्तक्षेप भी कर सकता है; जैसे—भारतीय संविधान द्वारा **अस्पृश्यता**[4] पर प्रतिबंध लगाया गया है एवं भारत के राज्यों ने हिंदू धर्म में **बाल-विवाह** (Child Marriage) के उन्मूलन एवं **अंतर्जातीय विवाह** (Intercaste Marriage) के लिए कानून बनाकर धर्म के आंतरिक मामलों में हस्तक्षेप किया है।

धर्मनिरपेक्षता के बारे में जवाहरलाल नेहरू के विचार

धर्मनिरपेक्षता के संदर्भ में नेहरू जी के विचार थे कि सभी धर्मों को राज्य द्वारा समान संरक्षण प्राप्त हो। नेहरू जी धर्मनिरपेक्षता के दार्शनिक थे, इसी कारण वे न तो किसी धर्म का अनुसरण करते थे और न ही ईश्वर को मानते थे। धर्मनिरपेक्षता से उनका अभिप्राय धर्म के प्रति विद्वेष की भावना न रखना था।

- नेहरू जी धर्म तथा राज्य के बीच पूर्ण संबंध विच्छेद के पक्ष में नहीं थे। धर्मनिरपेक्षता के संदर्भ में उनके विचार तुर्की के अतातुर्क से काफी भिन्न थे। उनका मानना था कि सामाजिक सुधार हेतु धर्मनिरपेक्ष राज्य धर्म के आंतरिक मामलों में हस्तक्षेप कर सकता है।
- नेहरू जी ने स्वयं भी जातीय भेदभाव, दहेज प्रथा व सती प्रथा की समाप्ति, देश की महिलाओं को कानूनी अधिकार और सामाजिक स्वतंत्रता उपलब्ध कराने आदि बुराइयों को समाप्त करने में महत्त्वपूर्ण भूमिका निभाई।
- अनेक मुद्दों में वे लचीले होने के पश्चात् भी दृढ़ एवं समझौताहीन बने रहते थे। उनके विचार में धर्मनिरपेक्षता का अर्थ सभी प्रकार की **सांप्रदायिकता**[5] (Communalism) का पूर्ण विरोध था।

---

4 अस्पृश्यता यह एक सामाजिक संस्था है, जो कुछ सामाजिक समूहों के लोगों के साथ में भेदभाव करती है, जिससे उनका शोषण होता है।

5 सांप्रदायिकता (Communalism) इसका अर्थ है, व्यापक समाज के अतिरिक्त अपने स्वयं के जातीय समूह के प्रति निष्ठा।

चेक प्वॉइंट 1

1. धर्मनिरपेक्षता में कौन-से आदर्श अंतर्निहित होते हैं?
2. धर्मनिरपेक्षता का सिद्धांत किसका विरोध करता है?
3. धर्मनिरपेक्षता का पश्चिमी मॉडल किस राज्य से प्रेरित है?
4. किस देश में कमाल अतातुर्क के धर्मनिरपेक्षता के मॉडल का पालन किया गया?
5. धर्मनिरपेक्षता के संदर्भ में जवाहर लाल नेहरू के विचार किससे भिन्न थे ?

8.3 भारतीय धर्मनिरपेक्षता की आलोचनाएँ

भारतीय धर्मनिरपेक्षता में निहित कुछ विशिष्टताओं के आधार पर कुछ विद्वानों द्वारा आलोचना की गई है। जिनका विवरण निम्नलिखित है

धर्म विरोधी

- भारतीय धर्मनिरपेक्षता वर्चस्ववाद का विरोध करती है।
- इस आधार पर आलोचकों द्वारा यह आलोचना की जाती है कि यह धर्मनिरपेक्षता धर्म विरोधी है, परंतु वर्चस्ववाद का विरोध करने से अभिप्राय धर्म विरोधी होना नहीं होता।
- कुछ लोग भारतीय धर्मनिरपेक्षता को धार्मिक पहचान के लिए खतरा मानते हैं, जबकि ऐसा नहीं है।
- भारतीय धर्मनिरपेक्षता धार्मिक स्वतंत्रता व समानता को बढ़ावा देती है।
- भारतीय धर्मनिरपेक्षता धर्मों के प्रति असमान व्यवहार करने वाले हिंसक या पहचान विरोधी जैसे रूपों से स्वयं को अलग करती है।

पश्चिम से आयातित

- दूसरी आलोचना धर्मनिरपेक्षता की अवधारणा ईसाईयत से प्रेरित है अर्थात् यह पश्चिम से आयातित है, जो भारतीय परिस्थितियों के लिए उपयुक्त नहीं है।
- पश्चिमी धर्मनिरपेक्षता में कोई ईसाईयत का तत्त्व मौजूद नहीं है, क्योंकि पश्चिमी राज्यों में धर्मनिरपेक्षता की भावना तब आई जब उन्होंने ईसाईयत से संबंध तोड़ लिया था।
- इसके अतिरिक्त, धर्म और राज्य का पारस्परिक संबद्ध विच्छेद, जिसे पश्चिमी धर्मनिरपेक्ष का मूल आधार माना जाता है, सभी धर्मनिरपेक्ष राज्यसत्ता द्वारा मान्यता नहीं दी गई है।
- तथ्य यह है कि धर्मनिरपेक्षता की उत्पत्ति पश्चिमी और गैर-पश्चिमी दोनों स्थानों से हुई है। उदाहरण के लिए, पश्चिमी में धर्म (चर्च) को राज्य से अलग रखना पश्चिमी धर्म निरपेक्षता का केंद्रीय सिद्धांत है, लेकिन भारत में विभिन्न धार्मिक समुदायों के मध्य शांतपूर्ण सह-अस्तित्व का विचार महत्त्वपूर्ण है।
- एक धर्मनिरपेक्ष राज्य समुदायों के मध्य शांति को बढ़ावा देने के लिए धर्म से सैद्धांतिक दूरी बनाए रख सकता है और वह विशिष्ट समुदायों के अधिकारों की रक्षा के लिए हस्तक्षेप भी कर सकता है।

अल्पसंख्याकवाद

- भारतीय धर्मनिरपेक्षता अल्पसंख्यकों के अधिकारों को सुरक्षित करती है, उनके हितों का संरक्षण करती है।
- अल्पसंख्यकों के अधिकार ऐसे विशेषाधिकार हैं, जिसके लिए दूसरों को इसकी कीमत चुकानी पड़ती है, इसलिए इस आधार पर भी इसकी आलोचना की जाती है।
- भारतीय धर्मनिरपेक्षता में ऐसा करना न्यायोचित है, क्योंकि प्रत्येक स्थिति में बहुमत आधारित **लोकतांत्रिक रीति** उनके अधिकारों को सुरक्षित नहीं कर पाती और न ही उनके बुनियादी हितों के प्रति संवेदनशील (Sensitive) होती है।
- महत्त्वपूर्ण हितों की पूर्ति व्यक्तियों के साथ-साथ समुदायों का भी प्राथमिक अधिकार होता है।

अतिश्य हस्तक्षेपकारी

- भारतीय धर्मनिरपेक्षता की आलोचना इस आधार पर भी की जाती है, कि इससे धर्म के आंतरिक मामलों में अनावश्यक हस्तक्षेप किया जाता है तथा यह राज्य तथा धर्म के पारस्परिक निषेध के संबंध को अस्वीकार करती है, परंतु यह आलोचना सत्य नहीं है।
- भारतीय धर्मनिरपेक्षता राज्य की धर्म से एक सैद्धांतिक दूरी निर्धारित करती है, जिसके अनुसार केवल आवश्यक परिस्थितियों में ही राज्य के द्वारा धर्म के मामलों में हस्तक्षेप किया जाता है अन्यथा नहीं। भारतीय धर्मनिरपेक्षता राज्य सत्ता समर्थित धार्मिक सुधारों की अनुमति देती है।
- धर्मों के ऐसे निजी कानून, जो धर्मनिरपेक्षता के बुनियादी सिद्धांतों की अवहेलना करते हैं एवं सामाजिक न्याय के संदर्भ में अन्यायपूर्ण होते हैं, उन्हीं के संबंध में भारतीय धर्मनिरपेक्षता राज्य को धर्म के आंतरिक मामलों में हस्तक्षेप करने की अनुमति देती है, अतः इसे अतिशय या उत्पीड़नकारी हस्तक्षेप नहीं कहा जा सकता।
- विभिन्न धर्मों के निजी कानून को अंतरधार्मिक व अंत:धार्मिक वर्चस्व की अभिव्यक्ति माना जाता है। ऐसे निजी कानून अलग-अलग धर्मों में विवाह, उत्तराधिकार, भागीदारी व अन्य पारिवारिक तथा सामाजिक मामलों से संबंधित होते हैं।
- निजी कानूनों को इस तरह से सुधारा जा सकता है कि वे अल्पसंख्यक अधिकारों के साथ-साथ पुरुष और महिलाओं के बीच बराबरी की भी मिसाल बने रहें।
- इन्हें समुदाय विशेष के ऐसे अधिकारों के रूप में देखा जाता है, जो संविधान द्वारा संरक्षित होते हैं। इनसे संबंधित सुधार राज्य द्वारा आवश्यक न्यूनतम हस्तक्षेप से ही संभव होते हैं।
- राज्य को प्रत्येक धर्म में उदारवादी व लोकतांत्रिक विचारों को प्रोत्साहित करने के लिए मददगार की भूमिका निभानी चाहिए।

वोट बैंक की राजनीति

- धर्मनिरपेक्षता वोट बैंक की राजनीति को प्रेरित करती है। राजनेता इसको आधार बनाकर वोट-बैंक की राजनीति करते हैं। वोट-बैंक की ऐसी राजनीति गलत है, जो अन्याय को बढ़ावा देती है।
- यदि धर्मनिरपेक्षता के आधार पर की गई वोट-बैंक की राजनीति अल्पसंख्यकों या अन्य समुदायों के अधिकारों को सुरक्षित करती है या उनके कल्याण हेतु कार्य करती है, तो उससे समाज में न्याय सुनिश्चित होता है, जो अनुचित नहीं है।

एक असंभव परियोजना

- भारतीय धर्मनिरपेक्षता की अंतिम आलोचना यह की जाती है कि यह एक असंभव परियोजना है, इसे पूर्णतया कभी व्यवहार में नहीं लाया जा सकता, क्योंकि अधिक धार्मिक मतभेद वाले लोग शांतिपूर्वक एकसाथ नहीं रह सकते, परंतु आलचकों का ऐसा कहना गलत होगा, क्योंकि भारतीय सभ्यता के इतिहास में ऑटोमन साम्राज्य इसका प्रमुख उदाहरण है।
- साथ ही आधुनिक युग में समानता लगातार प्रभावी सांस्कृतिक मूल्य बनती जा रही है। भारतीय धर्मनिरपेक्षता इस प्रकार की असंभव परियोजना को व्यवहार में क्रियान्वित कर शेष दुनिया के समक्ष एक उदाहरण प्रस्तुत करती है।
- वैश्वीकरण (Globalisation) के दौर में लोगों की गतिशीलता बहुत तीव्र गति से बढ़ रही है। कम विकसित देशों से लोग पश्चिम के देशों में प्रवास कर रहे हैं। यूरोप, अमेरिका व मध्य पूर्व के अनेक हिस्से संस्कृति व धर्म की विविधता से भारत के समकक्ष होने लगे हैं। इसी कारण ये भारत के इस प्रकार के अभूतपूर्व प्रयोगों का गहन अवलोकन करते हैं।

चेक प्वॉइंट 2

1. भारतीय धर्मनिरपेक्षता की आलोचनाओं के दो आधार बताइए।
2. भारतीय धर्मनिरपेक्षता पश्चिमी धर्मनिरपेक्षता से किस प्रकार भिन्न है?
3. भारतीय धर्मनिरपेक्षता धार्मिक प्रथाओं के संबंध में क्या अनुमति देती है?
4. विभिन्न धर्मों के निजी कानून को किसकी अभिव्यक्ति माना जाता है?
5. राज्य को प्रत्येक धर्म में किन विचार को प्रोत्सहित करने के लिए मददगार की भूमिका निभानी चाहिए।

Mind Map

धर्मनिरपेक्षता

1 धर्मनिरपेक्षता क्या है?

- यह सभी व्यक्तियों को बिना किसी भेदभाव के अपने धर्म का पालन करने और उसका प्रचार करने की स्वतंत्रता प्रदान करती है।

भेदभाव के कारण

अंतर धार्मिक वर्चस्व
- किसी विशेष धर्म के सदस्यों को उनकी धार्मिक पहचान के कारण निशाना बनाना। उदाहरण- वर्ष 1984 में दिल्ली में सिख विरोधी दंगे।

अंत-धार्मिक वर्चस्व
- समान धर्म के समुदाय के भीतर भेदभाव को लक्षित करना। उदाहरण- हिंदू धर्म में दलितों को मंदिरों में प्रवेश करने से वर्जित किया जाता है।

2 धर्मनिरपेक्ष राज्य

- एक राज्य, जहाँ सरकार द्वारा किसी भी धर्म को आधिकारिक मान्यता नहीं दी जाती है।
- इसकें अंतर्गत कोई औपचारिक और कानूनी गठबंधन नहीं होता है।
- शांति और समानता जैसे सिद्धांतों और लक्ष्यों के प्रति प्रतिबद्धता।

धर्मनिरपेक्षता के मॉडल

धर्मनिरपेक्षता का भारतीय मॉडल
- सघन धार्मिक विविधता।
- केवल धर्म और राज्य के पृथक्करण पर ध्यान नहीं देता।
- धर्म का पालन करने का अधिकार।
- धर्मनिरपेक्षता राज्य द्वारा धार्मिक सुधारों को समर्थन प्रदान करता है।

धर्मनिरपेक्षता का यूरोपीय मॉडल
- यह अमेरिकी मॉडल से प्रेरित है।
- राज्यसत्ता धर्म के मामले में हस्तक्षेप नहीं करती।
- धर्म एक व्यक्तिगत मामला है।
- यह स्वतंत्रता और समानता की व्याख्या करता है।

3 भारतीय धर्मनिरपेक्षता की आलोचनाएँ

धर्म-विरोधी
- आलोचकों के अनुसार, धर्मनिरपेक्षता धर्म-विरोधी है।
- यह धार्मिक पहचान के लिए खतरा उत्पन्न करती है।

पश्चिम से आयातित
- धर्मनिरपेक्षता एक पश्चिमी अवधारणा है और यह भारतीय सामाजिक परिस्थितियों के लिए अनुपयुक्त है।
- एक धर्मनिरपेक्ष राज्य धार्मिक संस्थाओं से सिद्धांतात्मक दूरी बनाए रख सकता है, ताकि समुदायों के बीच शांति को बढ़ावा दिया जा सके।

अल्पसंख्यकवादी
- भारतीय धर्मनिरपेक्षता के विरुद्ध दूसरा आरोप अल्पसंख्यक अधिकारों के समर्थन का है।
- अल्पसंख्यक अधिकार तब तक सही माने जाते हैं जब तक ये अधिकार उनके मौलिक हितों की रक्षा करते हैं।

अतिशय हस्तक्षेपकारी
- यह गलत धारणा है कि भारतीय धर्मनिरपेक्षता धार्मिक स्वतंत्रता में अत्यधिक हस्तक्षेप करती है।
- यद्यपि भारतीय धर्मनिरपेक्षता धर्म में हस्तक्षेप न करने को अस्वीकार करती है, लेकिन इसका यह अर्थ नहीं है कि अत्यधिक हस्तक्षेप करती है।

वोट बैंक की राजनीति
- धर्मनिरपेक्षता वोट बैंक राजनीति को बढ़ावा देती है।
- एक लोकतांत्रिक देश में यह समस्या नहीं है, यदि कोई राजनेता अपनी नीतियों को इस तरह से शुरू करने का वादा करता है जिससे उनके वोट सुरक्षित हो सकें, यह अनुचित नहीं है।

एक असंभव परियोजना
- भारतीय धर्मनिरपेक्षता ऐसी समस्या का हल ढूँढना चाहती है, जिसका समाधान है ही नहीं।
- भारतीय धर्मनिरपेक्षता भविष्य की दुनिया का प्रतिबिंब प्रस्तुत करती है।

4 धर्मनिरपेक्षता के बारे में नेहरू के विचार

- उन्होंने सभी धर्मों के प्रति राज्य द्वारा समान संरक्षण का समर्थन किया।
- ऐसे धर्मनिरपेक्ष राष्ट्र के समर्थक जो सभी धर्मों की रक्षा करें।
- वे धर्म और राज्य के बीच पूर्ण पृथक्करण के पक्षधर थे।
- उन्होंने जातिवाद, दहेज और सती प्रथा को समाप्त करने के लिए कानून बनाने में महत्त्वपूर्ण भूमिका निभाई और भारतीय महिलाओं को कानूनी अधिकार और सामाजिक स्वतंत्रता प्रदान की।
- किसी भी प्रकार की सांप्रदायिकता का पूर्ण विरोध किया।
- उनके लिए धर्मनिरपेक्षता का आशय केवल भारत की एकता और अखंडता की गारंटी थी।

भारत एक धर्मनिरपेक्ष देश है।

इसमें सभी धर्मों का स्थान है।

NCERT फोल्डर

अध्याय के मध्य में दिए गए प्रश्न

1. कुछ ऐसे तरीकों की सूची बनाओ, जिनके माध्यम से सांप्रदायिक सद्भाव को बढ़ावा दिया जा सकता हैं।

उत्तर सांप्रदायिक सद्भाव को बढ़ावा देने के लिए निम्न तरीकों का पालन किया जा सकता है

(i) **धार्मिक स्वतंत्रता का सम्मान** सभी धार्मिक विश्वासों और प्रथाओं के प्रति सम्मान और सहिष्णुता को बढ़ावा देना, ताकि प्रत्येक व्यक्ति को अपने धर्म को स्वतंत्र रूप से व्यक्त करने का अधिकार मिले।

(ii) **आपसी रिश्तों और विश्वासों को सुदृढ़ करना** छोटे समूहों, परिवारों और मित्रों के बीच अंतर सांप्रदायिक संबंधों को बढ़ावा देना।

(iii) **मीडिया का सकारात्मक उपयोग** मीडिया के माध्यम से नकारात्मक और भड़काऊ सामग्री पर नियंत्रण रखना।

(iv) **धार्मिक नेताओं की भूमिका-** धर्म गुरुओं और धार्मिक संगठनों को एकजुट करना, ताकि वे धार्मिक सद्भाव और भाईचारे के महत्त्व पर बल दे सकें।

इन तरीकों के माध्यम से सांप्रदायिक सद्भाव को बढ़ावा दिया जा सकता है और समाज को एकजुट किया जा सकता है।

2. क्या धर्मनिरपेक्षता नीचे लिखी बातों के संगत है?

(i) अल्पसंख्यक समुदाय की तीर्थ-यात्रा को आर्थिक अनुदान देना।

(ii) सरकारी कार्यालयों में धार्मिक अनुष्ठान का आयोजन करना

उत्तर धर्मनिरपेक्षता का तात्पर्य है, राज्य का धर्म से स्वतंत्र होना तथा सभी धर्मों के प्रति बराबर सम्मान एवं अधिकार की नीति अपनानी चाहिए। इस संदर्भ में नीचे लिखी हुई दोनों बातें अलग-अलग संदर्भों में देखी जा सकती है।

(i) **अल्पसंख्यक समुदाय की तीर्थ -यात्रा को आर्थिक अनुदान देना** अल्पसंख्यक समुदाय की तीर्थ-यात्रा को आर्थिक अनुदान देना, संभवतः धर्मनिरपेक्षता के अनुरूप नहीं है। यदि किसी विशेष धार्मिक समुदाय को तीर्थ-यात्रा के लिए सरकारी अनुदान दिया जाता है, तो यह अन्य धर्मों के लिए समान अवसर और समर्थन सुनिश्चित नहीं करता है, इससे धारणा स्पष्ट होती है कि सरकार एक धर्म विशेष के पक्ष में है।

(ii) **सरकारी कार्यालयों में धार्मिक अनुष्ठान का आयोजन करना** सरकारी कार्यालयों में धार्मिक अनुष्ठान का आयोजन करना, धर्मनिरपेक्षता के खिलाफ है। यह राज्य और धर्म के बीच एक सीमा का उल्लंघन करता है। सरकारी संस्थानों को सभी धर्मों से परे रहकर कार्य करना चाहिए ,ताकि कोई भी धार्मिक समूह उपेक्षित महसूस न कर सके।

अतः धर्मनिरपेक्षता के संदर्भ में दोनों बातें पूरी तरह संगत नही है।

3. राज्य धर्मों के साथ एक समान व्यवहार किस प्रकार कर सकता है? क्या प्रत्येक धर्म के लिए बराबर संख्या में छुट्‌टी कर देने से ऐसा किया जा सकता है या सार्वजनिक अवसरों पर किसी भी प्रकार के धार्मिक समारोह पर रोक लगाकर समान व्यवहार किया जा सकता हैं?

उत्तर राज्य का धर्मों के साथ समान व्यवहार करने का तात्पर्य है कि राज्य सभी धर्मों के प्रति बराबर सम्मान प्रदर्शित करे, लेकिन यह आवश्यक नहीं है कि प्रत्येक धर्म के लिए बराबर संख्या में छुट्टियाँ देना या धार्मिक समारोह पर प्रतिबंध लगाना। इससे प्रशासनिक जटिलताएँ बढ़ सकती हैं, बल्कि धर्म के प्रति पक्षपाती रूख भी उत्पन्न हो सकता है। राज्य सार्वजनिक अवकाशों का निर्धारण करते समय यह सुनिश्चित कर सकता है कि विभिन्न धर्मों के लोग अपनी धार्मिक छुट्टियाँ मनाने के लिए स्वतंत्र हैं, लेकिन ये छुट्टियाँ व्यक्तिगत या सांस्कृतिक संदर्भ में होनी चाहिए, न कि सरकार द्वारा लागू अनिवार्य छुट्टियाँ।

धार्मिक समारोहों पर रोक लगाना धार्मिक समारोहों पर रोक लगाना संगत है, लेकिन इसमें सावधानी बरतनी चाहिए। राज्य का धर्म से संबंध नहीं होना चाहिए और सार्वजनिक स्थानों पर धार्मिक गतिविधियों का आयोजन करने से बचना चाहिए, ताकि किसी अन्य धर्म के अनुयायी असहज महसूस न कर सके।

निम्नलिखित प्रश्नों के उत्तर दीजिए

1. निम्नलिखित में से कौन-सी बातें धर्मनिरपेक्षता के विचार से संगत हैं? कारण सहित बताइए।

(i) किसी धार्मिक समूह पर दूसरे धार्मिक समूह का वर्चस्व न होना।

(ii) किसी धर्म को राज्य के धर्म के रूप में मान्यता देना।

(iii) सभी धर्मों को राज्य का समान आश्रय होना।

(iv) विद्यालयों में अनिवार्य प्रार्थना होना।

(v) किसी अल्पसंख्यक समुदाय को अपने पृथक् शैक्षिक संस्थान बनाने की अनुमति होना।

(vi) सरकार द्वारा धार्मिक संस्थाओं की प्रबंधन समितियों की नियुक्ति करना।

(vii) किसी मंदिर में दलितों के प्रवेश के निषेध को रोकने के लिए सरकार का हस्तक्षेप।

उत्तर (i) किसी धार्मिक समूह पर दूसरे धार्मिक समूह का वर्चस्व न होना अंतर-धार्मिक समानता को स्थापित करता है। अतः यह धर्मनिरपेक्षता की अवधारणा के संगत है।

(ii) असंगतः राज्य द्वारा किसी धर्म को मान्यता देना धर्मनिरपेक्षता के विरुद्ध है, क्योंकि यह अन्य धर्मों के प्रति भेदभाव को बढ़ावा देता है।

(iii) संगतः सभी धर्मों को राज्य का समान आश्रय होना धर्मनिरपेक्षता का मूल सिद्धांत है, जो सभी धर्मों के प्रति समान व्यवहार को सुनिश्चित करता है।

(iv) असंगतः विद्यालयों में अनिवार्य प्रार्थना होना, धर्मनिरपेक्षता के विरुद्ध है, क्योकि यह धार्मिक गतिविधियों को थोपता है और धर्म की स्वतंत्रता का उल्लंघन करता है।

(v) किसी अल्पसंख्यक समुदाय को अपने पृथक् शैक्षिक संस्थान बनाने की अनुमति होना धार्मिक शिक्षा की स्वतंत्रता के अधिकार को सुनिश्चित करता है एवं अल्पसंख्यकों के अधिकारों को सुनिश्चित करता है, जो धर्मनिरपेक्षता के संगत है।

(vi) असंगतः सरकार द्वारा धार्मिक संस्थाओं की प्रबंधन समितियों की नियुक्ति करना सरकार के धर्म और राज्य के पृथक्करण के सिद्धांत के विरुद्ध है।

(vii) किसी मंदिर में दलितों के प्रवेश के निषेध को रोकने के लिए सरकार का हस्तक्षेप अंतःधार्मिक समानता को स्थापित करने का प्रयास है, जो धर्मनिरपेक्षता की अवधारणा का ही एक अंग है। अतः यह धर्मनिरपेक्षता की अवधारणा से संगत कथन है।

2. धर्मनिरपेक्षता के पश्चिमी और भारतीय मॉडल की कुछ विशेषताओं का आपस में तालमेल हो गया है। उन्हें अलग करें और एक नई सूची बनाएँ।

पश्चिमी धर्मनिरपेक्षता	भारतीय धर्मनिरपेक्षता
धर्म और राज्य का एक-दूसरे के मामले में हस्तक्षेप न करने की अटल नीति।	राज्य द्वारा समर्थित धार्मिक सुधारों की अनुमति।
विभिन्न धार्मिक समुदायों के बीच समानता एक मुख्य सरोकार होना।	एक धर्म के भिन्न पंथों के बीच समानता पर बल देना।
अल्पसंख्यक अधिकारों पर ध्यान देना।	समुदाय आधारित अधिकारों पर कम ध्यान देना।
व्यक्ति और उसके अधिकारों को केंद्रीय महत्त्व दिया जाना।	व्यक्ति और धार्मिक समुदायों दोनों के अधिकारों का संरक्षण।

उत्तर

पश्चिमी धर्मनिरपेक्षता	भारतीय धर्मनिरपेक्षता
धर्म और राज्य का एक-दूसरे के मामले में हस्तक्षेप न करने की अटल नीति।	राज्य द्वारा समर्थित धार्मिक सुधारों की अनुमति।
एक धर्म के विभिन्न पंथों के बीच समानता पर बल	विभिन्न धार्मिक समुदायों के बीच समानता का एक मुख्य सरोकार होना।
व्यक्ति और उसके अधिकारों को केंद्रीय महत्त्व दिया जाना।	अल्पसंख्यक अधिकारों पर ध्यान देना।
समुदाय आधारिक अधिकारों पर कम ध्यान देना।	धार्मिक समुदायों दोनों के अधिकारों का संरक्षण।

3. धर्मनिरपेक्षता से आप क्या समझते हैं? क्या इसकी बराबरी धार्मिक सहनशीलता से की जा सकती है?

उत्तर धर्मनिरपेक्षता लोकतांत्रिक राज्यों द्वारा अपनाई जाने वाली एक ऐसी अवधारणा है, जो विभिन्न धर्म, संप्रदायों के लोगों को एकसमान भावना और अधिकार के साथ जीवन जीने का वातावरण प्रदान करती है। इसके अनुसार, राज्य किसी भी धर्म को संरक्षित न करके सभी धर्मों को समान महत्त्व देता है। धर्मनिरपेक्षता को प्रत्यक्ष रूप से धार्मिक सहनशीलता से नहीं जोड़ा जा सकता, क्योंकि धार्मिक सहनशीलता की स्थिति असमान परिस्थितियों में कारगर होती है।

परिस्थितियों के सामान्य होने पर यह विभिन्न धर्मों के सदस्यों में असंतोष उत्पन्न कर सकती है, जबकि धर्मनिरपेक्षता प्रत्येक स्थिति में सर्वधर्म समभाव पर आधारित रहती है।

इस तरह धर्मनिरपेक्षता की बराबरी धार्मिक सहनशीलता से एक सीमा तक की जा सकती है।

4. क्या आप नीचे दिए गए कथनों से सहमत हैं? उनके समर्थन या विरोध के कारण भी दीजिए।

(i) धर्मनिरपेक्षता हमें धार्मिक पहचान बनाए रखने की अनुमति नहीं देती है।

(ii) धर्मनिरपेक्षता किसी धार्मिक समुदाय के अंदर या विभिन्न धार्मिक समुदायों के बीच असमानता के विरुद्ध है।

(iii) धर्मनिरपेक्षता के विचार का जन्म पश्चिमी और ईसाई समाज में हुआ है। यह भारत के लिए उपयुक्त नहीं है।

उत्तर (i) हम इस कथन से असहमत हैं, क्योंकि धर्मनिरपेक्षता ही व्यक्ति की धार्मिक पहचान को सुरक्षित करती है।

(ii) हम इस कथन से सहमत हैं, क्योंकि धर्मनिरपेक्षता की अवधारणा के अंतर्गत ही किसी धर्म के अंदर व विभिन्न धर्मों के मध्य वर्चस्व को समाप्त करके ही धार्मिक समानता स्थापित की जाती है। अतः धर्मनिरपेक्षता की अवधारणा अंतःधार्मिक व अंतर-धार्मिक असमानता के विरुद्ध होती है।

(iii) हम इस कथन से सहमत नही हैं। धर्मनिरपेक्षता के विचार का जन्म पश्चिमी और ईसाई समाज में हुआ, क्योंकि पश्चिमी देशों में धर्मनिरपेक्षता की भावना तब आई, जब उन्होंने ईसाईयत से संबंध तोड़ लिया था। इसके अतिरिक्त, धर्म और राज्य के पारस्परिक संबंध विच्छेद, जिसे पश्चिमी धर्मनिरपेक्ष का मूल आधार माना जाता है, को सभी धर्मनिरपेक्ष राज्य द्वारा मान्यता नहीं दी गई है। धर्मनिरपेक्षता उस राष्ट्र के लिए उपयुक्त मानी जाती है, जहाँ विभिन्न धर्मों का अस्तित्व हो। अतः भारत में भी विभिन्न धर्म संप्रदायों के लोग एकसाथ रहते हैं, इसलिए यह भारत के लिए उपयुक्त है।

5. भारतीय धर्मनिरपेक्षता का बल धर्म और राज्य के अलगाव पर नहीं बल्कि उससे अधिक किन्हीं बातों पर है। इस कथन को समझाइए।

उत्तर भारतीय धर्मनिरपेक्षता केवल राज्य और धर्म के मध्य संबंध विच्छेद के सिद्धांत तक ही सीमित नहीं है, अपितु धर्म और राज्य के बीच एक सैद्धांतिक दूरी में भी विश्वास करती है अर्थात् विभिन्न धर्मों में व्याप्त बुराइयों को दूर करने और अंतर-धार्मिक समानता एवं अंतः धार्मिक समानता को स्थापित करने के लिए राज्य, धर्म के आंतरिक मामलों में न्यूनतम हस्तक्षेप कर सकता है।

भारतीय संविधान के द्वारा अस्पृश्यता पर प्रतिबंध लगाना, बाल-विवाह उन्मूलन संबंधी कानून बनाना और अंतर्जातीय विवाह पर हिंदू धर्म के द्वारा लगाए गए प्रतिबंध को समाप्त करना आदि भारत की धर्मनिरपेक्षता संबंधी कुछ प्रमुख कार्यविधियाँ व उदाहरण हैं।

भारतीय राज्य धार्मिक शोषण का विरोध करने के लिए पश्चिमी धर्मनिरपेक्षता के विपरीत किसी धर्म के साथ निषेधात्मक संबंध भी स्थापित कर सकता है। विभिन्न धर्म संप्रदायों के बीच शांति, स्वतंत्रता एवं समानता जैसे मूल्यों को बढ़ावा देने के लिए जटिल रणनीतियाँ भी अपना सकता है।

अतः यह कहा जा सकता है कि भारतीय धर्मनिरपेक्षता केवल राज्य व धर्म के मध्य अलगाव तक ही सीमित नहीं है, बल्कि उससे कहीं अधिक है।

6. सैद्धांतिक दूरी क्या है? उदाहरण सहित समझाइए।

उत्तर राज्य व धर्म के मध्य सैद्धांतिक दूरी से हमारा आशय है कि राज्य धर्म से सामान्य स्थितियों में एक निश्चित दूरी बनाए रखे एवं इसके आंतरिक मामलों में हस्तक्षेप न करे, परंतु धार्मिक सुधार या समाज में व्याप्त कुरीतियों को दूर करने के लिए राज्य धर्म के आंतरिक मामलों में आवश्यक न्यूनतम हस्तक्षेप कर सकता है; जैसे—हिंदू धर्म में जाति व्यवस्था को दूर करने के लिए सरकार ने हस्तक्षेप किया। इसके अतिरिक्त हिंदू धर्म में सती प्रथा, बाल-विवाह जैसी प्रथाओं को राज्य के सकारात्मक हस्तक्षेप के द्वारा ही दूर किया गया।

अभ्यास प्रश्न

वस्तुनिष्ठ प्रश्न

बहुविकल्पीय प्रश्न

1. निम्नलिखित में से कौन-सा अंतर-धार्मिक वर्चस्व का उदाहरण है?

(a) सिख विरोधी दंगे (b) गोधरा दंगे
(c) कश्मीरी पंडित का नरसंहार (d) ये सभी

उत्तर (d) ये सभी

2. वोट बैंक की राजनीति, धर्मनिरपेक्षता को किस प्रकार प्रभावित करती है?

(a) यह धार्मिक सद्भाव में सहायक है
(b) यह समूहों के साथ समानता का व्यवहार करती है
(c) यह दलों को संवेदनशील मुद्दों से भटकाती है
(d) यह केवल चुनावी लाभ हेतु अल्पकालिक हितों को प्राथमिकता देती है

उत्तर (d) यह केवल चुनावी लाभ हेतु अल्पकालिक हितों को प्राथमिकता देती है।

3. .... एक ऐसी स्थिति है, जिसमें एक धर्म के सदस्यों को उनकी धार्मिक संबद्धता के कारण लक्षित और पीड़ित किया जाता है।

(a) अंतर-धार्मिक वर्चस्व (b) अंतःधार्मिक वर्चस्व
(c) सामाजिक असमानता (d) राजनीतिक असमानता

उत्तर (a) अंतर-धार्मिक वर्चस्व

4. निम्नलिखित में से कौन राष्ट्रीय एकता एवं अखंडता को बनाए रखने के लिए बहुसंख्यक समुदाय की सांप्रदायिकता की आलोचना में कठोरता बरतते थे?

(a) महात्मा गाँधी (b) रवींद्रनाथ टैगोर
(c) जवाहरलाल नेहरू (d) वल्लभभाई पटेल

उत्तर (c) जवाहरलाल नेहरू

5. निम्नलिखित में से कौन-सा कथन सही है?

(a) आधुनिक युग में मानव के समक्ष उत्पन्न समस्याओं में धर्म का कोई योगदान नहीं है
(b) धर्मनिरपेक्ष राज्य बनने के लिए धर्म और राज्य सत्ता के बीच कोई संबंध नहीं होना चाहिए
(c) जब कोई धर्म एक संगठन में परिवर्तित होता है, तो वह सामान्यतः उदार हो जाता है
(d) अमेरिका में धार्मिक रूढ़िवादिता उसके लिए कोई समस्या नहीं है

उत्तर (b) धर्मनिरपेक्ष राज्य बनने के लिए धर्म और राज्य सत्ता के बीच कोई संबंध नहीं होना चाहिए।

6. धर्मनिरपेक्षता की धारणा के संदर्भ में निम्नलिखित में से कौन-सा कथन सही नहीं है? *दक्षता आधारित प्रश्न*

(a) धर्मनिरपेक्ष राज्य न तो धर्मतांत्रिक होते हैं और न ही किसी विशेष धर्म की स्थापना करते हैं
(b) धर्मनिरपेक्षता के अमेरिकी मॉडल में धर्म और राज्यसत्ता के संबंध विच्छेद को पारस्परिक निषेध के रूप में समझा जाता है
(c) धर्मनिरपेक्षता के पश्चिमी और भारतीय दृष्टिकोण में कोई अंतर नहीं है
(d) धर्मनिरपेक्षता के पश्चिमी दृष्टिकोण में राज्य धर्म की गतिविधियों में हस्तक्षेप नहीं करता है

उत्तर (c) धर्मनिरपेक्षता के पश्चिमी और भारतीय दृष्टिकोण में कोई अंतर नहीं है।

7. धर्मनिरपेक्षता के भारतीय दृष्टिकोण के संदर्भ में एक कौन-सा सही है?

(a) यह केवल धर्म और राज्य के बीच संबंध विच्छेद पर बल देता है
(b) यह अंतर-धार्मिक समानता पर बल नहीं देता है
(c) यह केवल अंतःधार्मिक समानता पर बल देता है
(d) यह अंतःधार्मिक एवं अंतर-धार्मिक दोनों की समानता पर बल देता है

उत्तर (d) यह अंतःधार्मिक एवं अंतर-धार्मिक दोनों की समानता पर बल देता है।

8. इसमें न केवल व्यक्तिगत धार्मिक स्वतंत्रता, बल्कि अल्पसंख्यक समूहों की धार्मिक स्वतंत्रता भी शामिल है। एक व्यक्ति को अपने भीतर अपनी पसंद के धर्म का पालन करने का अधिकार है। अन्य सभी की तरह धार्मिक अल्पसंख्यकों को भी अपनी संस्कृति और शैक्षिक संस्थानों में रहने और संरक्षित करने की स्वतंत्रता है।

दक्षता आधारित प्रश्न

उपरोक्त कथन में उल्लिखित घटना को किस रूप में जाना जाता है?

(a) क्षेत्रवाद (b) सांप्रदायिकता (c) धर्मनिरपेक्षता (d) राष्ट्रवाद

उत्तर (c) धर्मनिरपेक्षता

9. निम्नलिखित कथनों पर विचार कर सही कथन का चयन करें

1. धर्मनिरपेक्षता के सिद्धांत में न्याय और समानता के आदर्श अंतर्निहित होते हैं।
2. धर्मनिरपेक्षता का सिद्धांत अंतर-धार्मिक पर आधारित है।
3. भारतीय संविधान भी धर्मनिरपेक्षता की घोषणा करता है।

कूट

(a) केवल 1 (b) 1 और 2 (c) 1 और 3 (d) ये सभी

उत्तर (d) ये सभी

10. निम्नलिखित कथनों पर विचार कर सही कथन का चयन करें *दक्षता आधारित प्रश्न*

1. धर्मनिरपेक्षता का यूरोपीय मॉडल राज्य व धर्म के संबंधों को परस्पर निषेध रूप से देखता है।
2. भारत में आधुनिक काल में ही अंतर-धार्मिक सहिष्णु संस्कृति का विकास हुआ।
3. भारतीय धर्मनिरपेक्षता व्यक्तियों के अधिकार सुरक्षित करने के साथ-साथ अल्पसंख्यकों के अधिकारों को भी सुरक्षित करती है।

कूट

(a) केवल 3 (b) 1 और 2 (c) 1 और 3 (d) ये सभी

उत्तर (c) 1 और 3

11. सूची I को सूची II से सुमेलित कीजिए

सूची I		सूची II
A. धर्मनिरपेक्षता	1.	सभी धर्मों को समान दृष्टि से देखना
B. सहिष्णुता	2.	किसी भी धर्म के प्रति निष्पक्ष रहना
C. अल्पसंख्यक अधिकार	3.	समाज में विभिन्न धार्मिक विश्वासों का सम्मान करना
D. धार्मिक स्वतंत्रता	4.	अल्पसंख्यक समुदायों के अधिकारों की सुरक्षा करना

कूट

	A	B	C	D		A	B	C	D
(a)	2	1	4	3	(b)	1	2	4	3
(c)	3	4	1	2	(d)	4	2	3	1

उत्तर (a) 2 1 4 3

12. निम्न में से कौन-सा युग्म सही नहीं है?

(a) सांप्रदायिकता – सांप्रदायिकता किसी विशेष धर्म या संप्रदाय के प्रति कट्टरता या पूर्वाग्रह

(b) धार्मिक समानता – सभी धर्मों के प्रति समान आदर और सभी को अपने धर्म का पालन करने का समान अधिकार है।

(c) अल्पसंख्यकवाद – अल्पसंख्यक समुदायों के अधिकारों और हितों की रक्षा करना और उन्हें समाज में समान अवसर प्रदान करना।

(d) सहिष्णुता – विभिन्न विचारों, विश्वासों और आस्थाओं का सम्मान न करना और उन्हें स्वीकार न करना।

उत्तर (d) सहिष्णुता-विभिन्न विचारों, विश्वासों और आस्थाओं का सम्मान न करना और उन्हें स्वीकार न करना।

13. नीचे दो कथन दिए गए हैं। *दक्षता आधारित प्रश्न*

कथन I धर्मनिरपेक्षता का तात्पर्य यही नहीं है कि राज्य किसी विशेष धर्म का समर्थन न करे, बल्कि इसका तात्पर्य यह भी है कि राज्य सभी धर्मों के अनुयायियों को समान दृष्टि से देखेगा और उन्हें अपनी धार्मिक आस्थाओं का पालन करने का पूर्ण अधिकार देगा।

कथन II धर्मनिरपेक्षता का एक प्रमुख उद्देश्य यह है कि समाज में सभी धर्मों के लोगों को बराबरी का स्थान मिल सके और कोई भी व्यक्ति धर्म के आधार पर किसी भी प्रकार के भेदभाव का शिकार न हो।

कूट

(a) केवल कथन I सही है (b) केवल कथन II सही है
(c) कथन I और II दोनों सही हैं (d) कथन I और II दोनों गलत हैं

उत्तर (c) कथन I और II दोनों सही हैं।

14. नीचे दो कथन दिए गए हैं।

कथन I धर्मनिरपेक्षता का मुख्य उद्देश्य समाज में धार्मिक असमानता और भेदभाव को बढ़ावा देना है, ताकि समाज में धर्म के आधार पर वर्गीकरण किया जा सके।

कथन II धर्मनिरपेक्षता का समर्थन करने वाले राज्य का उद्देश्य यह होता है कि सभी नागरिकों को अपने-अपने धार्मिक विश्वासों का पालन करने की स्वतंत्रता हो और कोई भी व्यक्ति किसी धर्म के कारण विशेष अधिकार या छूट का हकदार न बने।

कूट

(a) केवल कथन I सही है (b) केवल कथन II सही है
(c) कथन I और II दोनों सही हैं (d) कथन I और II दोनों गलत हैं

उत्तर (b) केवल कथन II सही है

निर्देश (प्र. सं. 15-18) नीचे दो कथन दिए गए हैं, जिनमें एक को कथन (A) और दूसरे को कारण (R) माना गया है। कूट की सहायता से सही उत्तर का चयन करें

कूट

(a) A और R दोनों सही हैं तथा R, A की सही व्याख्या है
(b) A और R दोनों सही हैं, परंतु R, A की सही व्याख्या नहीं है
(c) A सही है, किंतु R गलत है
(d) A गलत है, किंतु R सही है

15. **कथन (A)** पश्चिमी आधुनिकता ने भारतीय चिंतन में अब तक उपेक्षित और हाशिए पर रही समानता की अवधारणा को सतह पर ला दिया।

कारण (R) भारत में अंतर-धार्मिक सहिष्णुता की संस्कृति पश्चिमी धर्मनिरपेक्षता से प्रभावित है। *दक्षता आधारित प्रश्न*

उत्तर (c) पश्चिमी आधुनिकता के आगमन ने भारतीय चिंतन में अब तक उपेक्षित और हाशिए पर रही समानता की अवधारणा को सतह पर ला दिया। उसने इस धारणा को मजबूत बनाया और हमें समुदाय के अंदर समानता पर बल देने की ओर अग्रसर किया। भारत में अंतर-धार्मिक सहिष्णुता की संस्कृति पश्चिमी धर्मनिरपेक्षता से प्रभावित नहीं है। भारत में पूर्व से ही अंतर-धार्मिक सहिष्णुता की संस्कृति विद्यमान थी।

16. कथन (A) **भारतीय धर्मनिरपेक्षता ने केवल अंत:धार्मिक पर ध्यान केंद्रित किया है।**

कारण (R) **इसने बहुसंख्यक समुदाय द्वारा अल्पसंख्यक धार्मिक समुदायों के अधिकारों पर उत्पन्न खतरों का विरोध किया था।**

उत्तर (d) भारतीय धर्मनिरपेक्षता ने अंतःधार्मिक और अंतर-धार्मिक वर्चस्व पर एकसाथ ध्यान केंद्रित किया। इसने हिंदुओं के अंदर दलितों और महिलाओं के उत्पीड़न तथा भारतीय मुसलमानों या ईसाइयों के अंदर महिलाओं के प्रति भेदभाव व बहुसंख्यक समुदाय द्वारा अल्पसंख्यक धार्मिक समुदायों के अधिकारों पर उत्पन्न खतरों का समान रूप से विरोध किया।

17. कथन (A) **नेहरू धर्मनिरपेक्ष राज्य के अंतर्गत सभी धर्मों को राज्य द्वारा समान संरक्षण के रूप में देखते हैं।**

कारण (R) **क्योंकि वे एक ऐसा धर्मनिरपेक्ष राज्य बनाना चाहते थे, जो अन्य धर्मों की कीमत पर किसी एक धर्म का पक्षपात न करें।**

उत्तर (a) नेहरू धर्मनिरपेक्ष राज्य के अंतर्गत सभी धर्मों को राज्य द्वारा समान संरक्षण के रूप में देखते हैं, क्योंकि वे ऐसा धर्मनिरपेक्ष राष्ट्र चाहते थे, जो सभी धर्मों की रक्षा करे तथा अन्य धर्मों की कीमत पर किसी एक धर्म की पक्षपात न करे और स्वयं किसी धर्म को राज्य धर्म के रूप में स्वीकार न करे।

18. कथन (A) **अमेरिकी धर्मनिरपेक्ष मॉडल को धर्म और राज्यसत्ता के संबंध विच्छेद को पास्परिक निषेध के रूप में समझा जाता है।**

कारण (R) **क्योंकि यहाँ राज्यसत्ता धर्म में और धर्म राज्य सत्ता में प्रवेश नहीं करती है।** दक्षता आधारित प्रश्न

उत्तर (a) अमेरिका धर्मनिरपेक्ष मॉडल धर्म और राज्यसत्ता के संबंध विच्छेद को पारस्परिक निषेध के रूप में समझा जाता है, क्योंकि यहाँ राज्यसत्ता धर्म के मामलों में हस्तक्षेप नहीं करती और इसी प्रकार धर्म राज्यसत्ता के मामलों में दखल नहीं देगा। दोनों के अपने अलग-अलग क्षेत्र हैं।

चित्र आधारित प्रश्न

19. निम्नलिखित दिए गए चित्र को ध्यानपूर्वक देखकर पूछे गए प्रश्नों के उत्तर दीजिए–

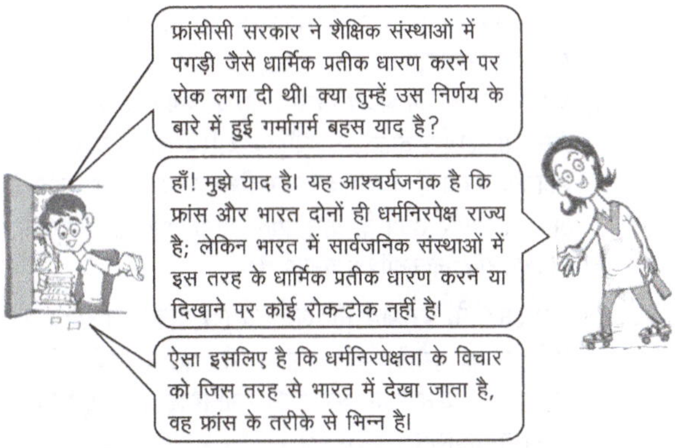

(i) **फ्रांस में किस मुद्दे पर विवाद उत्पन्न हो गया था?**

(a) ऑफिसों में धार्मिक प्रतीक धारण करने पर
(b) विद्यालयों में धार्मिक प्रतीक धारण करने पर
(c) पुलिस अधिकारियों को पगड़ी पहनने पर
(d) उपरोक्त में से कोई नहीं

उत्तर (b) विद्यालयों में धार्मिक प्रतीक धारण करने पर

(ii) **पश्चिमी धर्मनिरपेक्षता से आप क्या समझते हैं?**

(a) धर्म और राजसत्ता का गठजोड़ होता है
(b) धर्म और राजसत्ता अलग-अलग होते हैं
(c) धर्म, राजसत्ता को प्रभावित करता है, परंतु राजसत्ता धर्म को प्रभावित नहीं करती।
(d) उपरोक्त में से कोई नही

उत्तर (a) धर्म और राजसत्ता का गठजोड़ होता है

(iii) **भारतीय धर्मनिरपेक्षता, पश्चिमी धर्मनिरपेक्षता से किस प्रकार अलग है?**

(a) सभी धर्मों के प्रति बराबर सम्मान और सहअस्तित्व
(b) केवल कुछ धर्मों के प्रति बराबर सम्मान और सहअस्तित्व
(c) सरकार द्वारा राजधर्म की घोषणा
(d) उपरोक्त में से कोई नहीं

उत्तर (a) सभी धर्मों के प्रति बराबर सम्मान और सहअस्तित्व

(iv) **उपरोक्त चित्र में ······· के मध्य तुलना की गई है।**

(a) भारत-अमेरिका (b) भारत-फ्रांस
(c) भारत-रूस (d) उपरोक्त में से कोई नहीं

उत्तर (b) भारत-फ्रांस

लघु उत्तरीय प्रश्न

1. धर्मनिरपेक्ष राज्य से आप क्या समझते हैं?

उत्तर वह राज्य, जिसका स्वयं का कोई आधिकारिक धर्म न हो तथा सभी धर्मों को समान महत्त्व देता हो, धर्मनिरपेक्ष राज्य कहलाता है। भारतीय संस्कृतिक विभिन्न आध्यात्मिक परंपराओं और सामाजिक आंदोलनों के सम्मिश्रण पर आधारित है। भारतीय धर्मनिरपेक्षता अपने मूल अधिकारों (अनुच्छेद 25-28) में भी प्रतिबिंबित होती है। जहाँ वह अपने प्रत्येक नागरिक को किसी भी धर्म का पालन करने के अधिकार की गारंटी देती है। भारत के संविधान के 42वें संशोधन (1976) के साथ, संविधान की प्रस्तावना में बल देकर कहा कि भारत एक धर्मनिरपेक्ष राष्ट्र है। धर्मनिरपेक्ष का यह मॉडल पश्चिमी समाजों द्वारा अपनाया गया है, जहाँ सरकार पूर्ण रूप से धर्म से अलग है। धर्मनिरपेक्षता भारतीय संस्कृति के प्रमुख लोकाचार को प्रतिबिंबित करती है। भारत का कोई आधिकारिक धर्म नहीं हैं। हालाँकि विवाह, तलाक, विरासत, गुजारा भत्ता जैसे मामलों पर अलग-अलग व्यक्तिगत कानून व्यक्ति के धर्म के अनुसार अलग-अलग होते हैं।

2. धर्मनिरपेक्ष राज्य का अंतिम लक्ष्य क्या होना चाहिए?

उत्तर धर्मनिरपेक्ष राज्य को अंतिम लक्ष्य के संबंध में कुछ तथ्य इस प्रकार हैं।

(i) **धार्मिक स्वतंत्रता** धार्मिक स्वतंत्रता का तात्पर्य है कि प्रत्येक व्यक्ति को अपनी पसंद का धर्म मानने, उस पर आचरण करने और उसका प्रचार-प्रसार करने की आजादी हो। भारतीय संविधान में धार्मिक स्वतंत्रता को मौलिक अधिकार माना गया है। अनुच्छेद 25 से 28 में धार्मिक स्वतंत्रता से जुड़े प्रावधान हैं।

(ii) **धार्मिक दमन से स्वतंत्रता** धार्मिक दमन से स्वतंत्रता का तात्पर्य धार्मिक विश्वासों और आस्थाओं के अभ्यास में किसी भी प्रकार की रोक-टोक, दमन या हस्तक्षेप से मुक्ति।

(iii) **भेदभाव रहित व्यवहार** भेदभाव रहित व्यवहार का अर्थ बिना किसी भेदभाव के प्रत्येक व्यक्ति, समूह या समुदाय के प्रति बराबर सम्मान, समान अवसर, निष्पक्षता प्रदर्शित करना है। यह एक ऐसा व्यवहार है, जिसमें व्यक्ति के धर्म, जाति, लिंग, रंग, भाषा या किसी अन्य सामाजिक पहचान के आधार पर उससे अलग व्यवहार नहीं किया जा सकता है।

3. धर्मनिरपेक्षता का अमेरिका मॉडल राज्य व धर्म के संबंधों को किस रूप में देखता है? *दक्षता आधारित प्रश्न*

उत्तर अमेरिकी मॉडल के अंतर्गत धर्मनिरपेक्षता राज्य और धर्म के संबंधों को एक विशिष्ट तरीके से देखता है, जिसे 'क्लियर और स्ट्रिक सेपेरेशन' के रूप में जाना जाता है। इसमें यह सुनिश्चित होता है कि राज्य का कोई भी कार्य धर्म से प्रभावित न हो और धर्म के मामलें में राज्य का कोई हस्तक्षेप न हो। अमेरिकी मॉडल में राज्य और धर्म के संबंधों में प्रमुख तत्त्व इस प्रकार हैं

(i) **धार्मिक स्वतंत्रता** अमेरिका का संविधान धार्मिक स्वतंत्रता को मौलिक अधिकार का रूप देता है। इसके पहले संशोधन में कहा गया कि "कांग्रेस धर्म की स्थापना नहीं करेगी और न ही किसी धर्म के पालन में बाधा डालेगी।"

(ii) **धर्म और राज्य का पृथक्करण** नागरिकों को अपने धर्म के अनुशासन के अनुसार विश्वास करने और उसका प्रचार करने की स्वतंत्रता है।

(iii) **राज्य का तटस्थ दृष्टिकोण** इसके अंतर्गत राज्य को धार्मिक गतिविधियों, प्रथाओं और विश्वासों से कोई संबंध नहीं होना चाहिए।

(iv) **सार्वजनिक जीवन में धर्म की प्रतिबंधित भूमिका** अमेरिकी मॉडल में सार्वजनिक जीवन और सरकारी संस्थाओं में धर्म का कोई स्थान नहीं है। यही कारण है कि अमेरिका में विद्यालयों में प्रार्थना या धार्मिक शिक्षा पर रोक होती है। यह मॉडल व्यक्तिगत, धार्मिक स्वतंत्रता और सार्वजनिक तटस्थता दोनों के बीच संतुलन बनाए रखता है, जिससे समाज में विविधता और सहिष्णुता को बढ़ावा मिलता है।

4. अंतर-धार्मिक समानता क्या है?

उत्तर अंतर-धार्मिक समानता से तात्पर्य विभिन्न धार्मिक समुदायों के मध्य समान अधिकार, सम्मान और अवसर का होना है। इसका प्रमुख उद्देश्य धार्मिक विविधता को स्वीकार करना और सांप्रदायिक सद्भाव को बढ़ावा देना है। यह स्वतंत्र समाज में विभिन्न धार्मिक विश्वासों को समान रूप से सम्मान देने का आधार है। यह समाज में संघर्ष और पूर्वाग्रह को कम करने में सहायता करता है और सभी धर्मों के मध्य आपसी समझ एवं सहिष्णुता को बढ़ावा देता है। अंतर-धार्मिक समानता का अर्थ यह भी है कि समाज में धर्म की विविधता को न केवल सहन करना चाहिए, बल्कि उसे समझना और सम्मानित किया जाना चाहिए। अंतर-धार्मिक समानता यह भी सुनिश्चित करती है , कि राज्य किसी विशेष धर्म का पक्षपाती न हो। इसके द्वारा सांप्रदायिक संघर्षों में कमी, समाज में शांति और सद्भाव तथा समान अवसरों का सृजन जैसे लाभ होते हैं। यह लोकतांत्रिक और न्यायपूर्ण समाज की दिशा में एक महत्त्वपूर्ण कदम है।

5. धर्मतांत्रिक राष्ट्र से आप क्या समझते हैं?

अथवा **किसी राष्ट्रसत्ता का संचालन धर्म विशेष पुरोहित द्वारा किया जाना धर्मतांत्रिक राष्ट्र कहलाता है। स्पष्ट कीजिए।** *दक्षता आधारित प्रश्न*

उत्तर वह राष्ट्र, जिसकी सत्ता का संचालन किसी धर्म विशेष पुरोहित द्वारा किया जाए, धर्मतांत्रिक राष्ट्र कहलाता है। धर्मतांत्रिक राष्ट्र की प्रमुख विशेषताएँ निम्नलिखित हैं

(i) **धार्मिक सिद्धांतों पर आधारित** शासन व्यवस्था धर्मतांत्रिक राष्ट्र में सरकारी नीतियाँ और कानून मुख्य रूप से धार्मिक सिद्धांतों और धार्मिक ग्रंथों के आधार पर संचालित होते हैं।

(ii) **धार्मिक नेतृत्व का प्रभाव** इस प्रकार के राष्ट्र में धार्मिक नेताओं को सरकारी पदों पर नियुक्त किया जाता है, और ये निर्णय लेने की प्रक्रिया में महत्त्वपूर्ण भूमिका निभाते हैं।

(iii) **धार्मिक कानूनों का पालन** धर्मतांत्रिक राज्य में धार्मिक कानूनों (जैसे, शरिया कानून, हलाला हाराम) आदि का पालन करना अनिवार्य होता है।

(iv) **धार्मिक अल्पसंख्यकों के अधिकारों की स्थिति** अधिकांशतः धर्मतांत्रिक राष्ट्रों में अल्पसंख्यकों को अपने धर्म का पालन करने की स्वतंत्रता होती है, लेकिन कभी-कभी भेदभाव का सामना करना पड़ता है।

(v) **धर्मतांत्रिक राष्ट्र के प्रमुख उदाहरण** ईरान, वेटिकन सिटी धर्मतांत्रिक राष्ट्र में धर्म और राजनीति मिलकर शासन करते हैं, लेकिन यह विभिन्न नागरिक अधिकारों और स्वतंत्रताओं के उल्लंघन का कारण बन सकती है।

6. धर्म और राज्य के बीच संबंध विच्छेद क्यों आवश्यक है?

अथवा **क्या लोकतंत्र और नागरिक स्वतंत्रता की रक्षा करने के लिए धर्म और राज्य के बीच संबंध विच्छेद होना आवश्यक है? स्पष्ट कीजिए।**

उत्तर धर्म और राज्य के बीच संबंध विच्छेद आवश्यक है, क्योंकि यह लोकतंत्र, समानता और नागरिक स्वतंत्रता की रक्षा करने में सहायता देता है। जब राज्य और धर्म एक-दूसरे से संलग्न रहते हैं, तो अनेक प्रकार की समस्याएँ, जैसे- व्यक्तिगत अधिकारों, सामाजिक समरसता और प्रशासनिक निष्पक्षता पर प्रतिकूल प्रभाव डालती हैं।

धर्म और राज्य के बीच संबंध विच्छेद के प्रमुख महत्त्व निम्नलिखित हैं

(i) इसके माध्यम से निष्पक्षता और न्याय की अवधारणा का जन्म होता है। जब राज्य धर्म से स्वतंत्र होता है, तो सभी नागरिकों को समान अधिकार व अवसर मिलते हैं।

(ii) राज्य और धर्म के संबंधी विच्छेदों के माध्यम से सभी धार्मिक विश्वासों को सम्मान मिलता है। यह शांतिपूर्ण और समावेशी समाज की रचना में सहायता करता है।

(iii) जब धर्म और राज्य का संबंध विच्छेद होता है, तो व्यक्तिगत स्वतंत्रता की रक्षा होती है। प्रत्येक व्यक्ति को अपने धर्म का पालन करने न करने या किसी अन्य धर्म को अपनाने की स्वतंत्रता मिलती है।

(iv) धर्म और राज्य के संबंध विच्छेद अनेक प्रकार के संघर्षों जैसे–सांप्रदायिक तनाव, राजनीतिक अस्थिरता को कम करने में सहायता करता है तथा राजनीतिक स्थिरता को बनाए रखता है। अतः धर्म और राज्य के बीच स्पष्ट सीमा राष्ट्र को समावेशी, सहिष्णु और लोकतांत्रिक बनाता है।

7. धर्मनिरपेक्षता के यूरोपीय मॉडल के प्रमुख तत्त्वों को स्पष्ट करें।

उत्तर धर्मनिरपेक्षता का यूरोपीय मॉडल राज्य और धर्म के संबंधों में एक महत्त्वपूर्ण दृष्टि कौन प्रदान करता है। धर्मनिरपेक्षता के यूरोपीय दृष्टिकोण के अनुसार

- यह व्यक्ति की स्वतंत्रता व समानता को महत्त्व देती है।
- राज्य धर्म की किसी भी गतिविधि में किसी प्रकार का हस्तक्षेप नहीं करेगा।
- धर्म, राज्य की नीति या कानून का विषय नहीं हो सकता।

- राज्य किसी भी धार्मिक संस्था को वित्तीय सहयोग अथवा किसी भी प्रकार की सहायता प्रदान नहीं करेगा।
- शिक्षा तथा सार्वजनिक जीवन में धार्मिक प्रतीकों और प्रभावों को सीमित किया जाता है।

ये प्रमुख तत्त्व यूरोपीय मॉडल में धर्मनिरपेक्षता के प्रबंधन के मूल सिद्धांत हैं, जो समाज में धार्मिक सहिष्णुता और समावेशन को बढ़ावा देते हैं।

दीर्घ उत्तरीय प्रश्न।

1. धर्मों के मध्य वर्चस्ववाद को उदाहरण सहित स्पष्ट कीजिए।

उत्तर धर्मों के मध्य वर्चस्ववाद से आशय एक धार्मिक समुदाय द्वारा दूसरे समुदायों के उत्पीड़न से है। धर्मनिरपेक्षता का सिद्धांत अंतर-धार्मिक अर्थात् विभिन्न धर्मों के मध्य वर्चस्ववाद का विरोध करता है। भारतीय संविधान भी धर्मनिरपेक्षता की घोषणा करते हुए सभी नागरिकों को आजादीपूर्वक एवं प्रतिष्ठा से रहने का अधिकार प्रदान करता है, परंतु व्यवहार में किसी-न-किसी रूप में अनेक प्रकार के भेदभाव देखने को मिलते हैं। उदाहरणस्वरूप, वर्ष 1984 में दिल्ली सहित देश के अन्य हिस्सों में सिख दंगा हुआ, जिसमें अनेक सिख मारे गए। पीड़ितों के परिवार वालों का मानना है कि दोषियों को अभी सजा नहीं मिली है। वर्ष 2002 में गुजरात के गोधरा में दंगा होने के कारण अनेक लोगों की जानें गई थीं।

इस समुदाय के परिवारों के जीवित बचे हुए सदस्य अपने गाँव वापस नहीं जा सके थे। इसी तरह जम्मू-कश्मीर में हजारों कश्मीरी पंडितों को घाटी में अपना घर छोड़ने के लिए मजबूर किया गया। इन प्रत्येक मामलों में किसी विशेष धार्मिक समुदाय को लक्षित किया गया था व उनकी धार्मिक पहचान के कारण उन्हें उनकी बुनियादी आजादी से वंचित किया गया था। ये मामले किसी धार्मिक समुदाय द्वारा अन्य समुदाय के उत्पीड़न को प्रदर्शित करते हैं।

2. "धर्म एक अफीम की तरह है।" इस कथन को स्पष्ट कीजिए।

दक्षता आधारित प्रश्न

उत्तर प्रसिद्ध साम्यवादी विचारक कार्ल मार्क्स ने कहा था कि धर्म एक अफीम के समान है, जिसका नशा इंसान को उन्मादी बना देता है। इसका अर्थ है कि धर्म महज जनसमुदाय के लिए 'अफीम' की तरह है, जिस दिन लोगों की बुनियादी आवश्यकताएँ पूरी हो जाएँगी, वे खुशहाल और संतुष्ट हो जाएँगे, उस दिन धर्म का अस्तित्व समाप्त हो जाएगा। ऐसा विचार मानव की क्षमता के बारे में अतिरंजित बोध से उत्पन्न होता है। यह संभावना से अलग है कि मनुष्य कभी भी प्रकृति को पूर्ण रूप से जान पाने और इसे नियंत्रित करने में समर्थ हो जाएगा। अलगाव और हानि मानव स्थिति के अभिन्न अंग हैं। मनुष्यों के अधिकांश दुःख-दर्द मानव निर्मित होते हैं। अतः उनका अंत हो सकता है, किंतु कुछ दुःख मानव निर्मित नहीं होते हैं; जैसे—धर्म, कला और दर्शन ऐसे दुःख-दर्दों के उपयुक्त प्रत्युत्तर हैं। अतएव धर्मनिरपेक्षता भी इसे स्वीकार करती है तथा वह धर्म विरोधी नहीं है। कुछ समस्याएँ, जो समाज में विद्यमान हैं उनमें धर्म का भी योगदान है। उदाहरणस्वरूप, कोई भी ऐसा धर्म नहीं है, जो पुरुष और महिला को समान दृष्टि से देखता हो। हिंदू धर्म में कुछ वर्ग स्थायी रूप से पीड़ित रहे हैं; जैसे—दलितों को हिंदू मंदिरों में प्रवेश करने से हमेशा रोका जाता रहा है। इसके अतिरिक्त देश के हिस्सों में हिंदू महिलाओं का भी मंदिरों में प्रवेश वर्जित है। इस तरह अब कोई धर्म एक संगठन में परिवर्तित होता है तो सामान्यतः पर इसका सर्वाधिक रूढ़िवादी विचार इस पर प्रभावी हो जाता है, जो किसी भी तरह की असहमति को स्वीकार नहीं करता है।

3. धर्मनिरपेक्षता से संबंधित किसी एक दृष्टिकोण को स्पष्ट कीजिए।

उत्तर धर्म और राज्य के मध्य संबंध विच्छेद भी एक राज्य को धर्मनिरपेक्ष बनाने के लिए अतिआवश्यक है। धर्मनिरपेक्षता से संबंधित मुख्यतः दो दृष्टिकोण अधिक प्रचलन में हैं, जिनमें से एक निम्न प्रकार है

धर्मनिरपेक्षता का यूरोपीय दृष्टिकोण धर्मनिरपेक्षता का यूरोपीय दृष्टिकोण राज्य व धर्म के संबंधों को परस्पर निषेध के रूप में देखता है अर्थात् राज्य धर्म की गतिविधियों में हस्तक्षेप नहीं करेगा व धर्म राज्य की नीतियों को प्रभावित नहीं कर सकता। दोनों के क्षेत्र का पृथक्-पृथक् रूप से निर्धारण किया गया है।

(i) धर्मनिरपेक्षता के यूरोपीय दृष्टिकोण के अनुसार, राज्य किसी भी धार्मिक संस्था को वित्तीय सहयोग अथवा किसी भी प्रकार की सहायता प्रदान नहीं करेगा।

(ii) राज्य धर्म की किसी भी गतिविधि में किसी भी प्रकार का हस्तक्षेप नहीं करेगा; जैसे—यदि कोई धार्मिक संस्था किसी महिला के पुरोहित होने या कुछ सदस्यों के मंदिरों के गर्भगृह में प्रवेशों पर प्रतिबंध लगाती है, तो राज्य इसमें हस्तक्षेप नहीं कर सकता। इस प्रकार, धर्म एक निजी मामला है। यह राज्य की नीति या कानून का विषय नहीं हो सकता।

धर्मनिरपेक्षता की यह संकल्पना स्वतंत्रता व समानता की व्याख्या व्यक्तिवादी तरीके से करती है। वहाँ पर स्वतंत्रता का अर्थ है— व्यक्तियों की स्वतंत्रता और समानता का अर्थ है— व्यक्तियों के बीच समानता अर्थात् समुदाय की अपेक्षा यह व्यक्ति की स्वतंत्रता व समानता को महत्त्व देती है।

4. धर्मनिरपेक्षता के भारतीय दृष्टिकोण की विशेषताओं को स्पष्ट करें।

उत्तर धर्मनिरपेक्षता के भारतीय दृष्टिकोण की निम्नलिखित विशेषताएँ हैं

- भारतीय धर्मनिरपेक्षता में अंतर-धार्मिक वर्चस्व के साथ-साथ अंतःधार्मिक वर्चस्व को समाप्त करने पर भी ध्यान केंद्रित किया गया है।
- भारतीय धर्मनिरपेक्षता सामान्य व्यक्तियों के अधिकार सुरक्षित करने के साथ-साथ अल्पसंख्यकों के अधिकारों को भी सुरक्षित करती है।
- भारतीय धर्मनिरपेक्षता में राज्य धार्मिक सुधारों के आधार पर किसी धर्म के आंतरिक मामलों में हस्तक्षेप भी कर सकता है।
- भारतीय राज्यों का धर्मनिरपेक्ष प्रवृत्ति का मुख्य कारण यह है कि न तो वह किसी धर्म का पोषक है और न ही किसी धर्म को राजधर्म के रूप में मान्यता देता है।
- धर्मनिरपेक्षता के अनुसार, भारतीय राज्य धार्मिक शोषण का विरोध करने के लिए किसी धर्म के साथ निषेधात्मक संबंध भी स्थापित कर सकता है। विभिन्न धर्म, संप्रदायों के बीच शांति, स्वतंत्रता व समानता के मूल्यों को बढ़ावा देने के लिए जटिल रणनीतियाँ भी बना सकता है।

5. धर्मनिरपेक्षता के यूरोपीय दृष्टिकोण एवं भारतीय दृष्टिकोण में अंतर स्पष्ट करें।

अथवा **किन अर्थों में भारतीय धर्मनिरपेक्षता की अवधारणा अमेरिकी धर्मनिरपेक्षता की अवधारणा से विस्तृत है?,** *दक्षता आधारित प्रश्न*

उत्तर धर्मनिरपेक्षता के यूरोपीय दृष्टिकोण एवं भारतीय दृष्टिकोण में अंतर निम्नलिखित हैं

- धर्मनिरपेक्षता का यूरोपीय दृष्टिकोण धर्म व राज्य के परस्पर निषेध पर आधारित संबंध को स्वीकार करता है, जबकि धर्मनिरपेक्षता का भारतीय दृष्टिकोण राज्य की धर्म से एक सैद्धांतिक दूरी निर्धारित करता है।
- धर्मनिरपेक्षता का यूरोपीय दृष्टिकोण केवल व्यक्तिगत अधिकारों को सुरक्षित करता है, जबकि भारतीय धर्मनिरपेक्षता व्यक्तिगत अधिकारों के साथ-साथ धार्मिक समुदाय के अधिकारों को भी सुरक्षित करती है।
- यूरोपीय धर्मनिरपेक्षता धार्मिक मामलों में राज्य के किसी भी प्रकार के हस्तक्षेप को स्वीकार नहीं करती, जबकि भारतीय धर्मनिरपेक्षता धर्म सुधार हेतु राज्य के धार्मिक मामलों में आवश्यक हस्तक्षेप की अनुमति देती है। इन मामलों में भारतीय धर्मनिरपेक्षता की अवधारणा धर्मनिरपेक्षता के यूरोपीय दृष्टिकोण से विस्तृत है।

6. आधुनिक समय में धर्मनिरपेक्ष राज्य का क्या धार्मिक औचित्य है? *दक्षता आधारित प्रश्न*

अथवा **वर्तमान समय में धर्मनिरपेक्ष राज्य की क्या आवश्यकताएँ हैं?**

उत्तर वर्तमान युग संचार क्रांति और तकनीकी विकास का युग है। आज विश्व तेजी से सिमटता जा रहा है। भू-मंडलीकरण और संचार क्रांति के कारण दलित सिमट गई है। आज विश्व ग्राम की अवधारणा विकसित हो गई है। बड़ी संख्या में लोगों का एक क्षेत्र से दूसरे क्षेत्र की ओर पलायन हो रहा है, जिस कारण सभी राज्य एक नहीं अनेक धर्मों में विश्वास रखने वालों का केंद्र बन गए हैं। ऐसी स्थिति में धर्मनिरपेक्षता का विशेष महत्व है।

क्योंकि यदि किसी बहुसंस्कृतिक वाले देश में राज्य द्वारा किसी धर्म अथवा समुदाय विशेष के पक्ष में कोई नीति या निर्णय लिया जाता है, तो धार्मिक असहिष्णुता को बढ़ावा मिलता है, वैमनस्य बढ़ता है, राज्य में प्रेम, भाईचारे और सद्भावना को आघात लगता है। इसका व्यापक प्रभाव देश की प्रगति और विकास पर पड़ता है। अतः बदलती परिस्थितियों में धर्मनिरपेक्षता का औचित्य विशेष रूप से बना रहता है। यह राज्य में प्रेम, भाईचारा, सद्भावना और सहिष्णुता को बढ़ाने में महत्त्वपूर्ण भूमिका अदा करती है। इसलिए भू-मंडलीकरण के इस दौर में धर्मनिरपेक्षता का विशेष औचित्य है।

7. भारत में सांप्रदायिकता की स्थिति पर टिप्पणी करें।

उत्तर सांप्रदायिकता की जड़ भारत में बहुत पुरानी है। इस समस्या का जन्म वास्तव में अंग्रेजों की 'फूट डालो और शासन करों' की नीति के कारण हुआ। अंग्रेजों ने भारत में प्रभुत्व स्थापित करने के लिए तत्कालीन प्रेम, भाईचारे पर आधारित सामाजिक संरचना और सहिष्णुता की अपनी कुटिल नीति को 'फूट डालो और शासन करों' से नष्ट किया। तत्कालीन मुस्लिम शासकों की अधिनायकवादी नीति और अंग्रेजों के लोकतांत्रिक दृष्टिकोण के कारण भी इस जनता को समर्थन मिला। बाद में स्वतंत्रता आंदोलन के दौरान ऐसी घटनाएँ घटीं, जिन्होंने आग में घी डालने का काम किया। भारत में स्वतंत्रता की औपचारिक शुरुआत सर सैयद अहमद खाँ द्वारा चलाए जाने वाले अलीगढ़ आंदोलन से मानी जाती है। अंग्रेजों की मुसलमानों के प्रति तुष्टिकरण की नीति ने भी हिंदू-मुस्लिम के बीच खाई को बढ़ाने का काम किया। उदाहरण 1882 के एक्ट में पृथक् प्रतिनिधि की व्यवस्था, बंगाल विभाजन, मुस्लिम लीग की स्थापना में सहयोग आदि कदम अंग्रेजों की अलगाववाद की नीति के परिचायक हैं। इसका परिणाम यह रहा कि हिंदुओं और मुसलमानों के बीच खाई बढ़ती गई। धीरे-धीरे दोनों संप्रदायों के बीच वैमनस्य और घृणा चरम सीमा पर पहुँच गई। जिसका अंतिम परिणाम भारत का विभाजन और पाकिस्तान के जन्म के रूप में हुआ। स्वतंत्रता के बाद सांप्रदायिकता की स्थिति में काफी बदलाव आया। विभिन्न संवैधानिक प्रावधानों और सरकार की नीति के परिणाममस्वरूप सांप्रदायिक सौहार्द्र के निर्माण में काफी सहायता मिली। फिर भी देश के विभिन्न भागों में हो रहे सांप्रदायिक दंगे इस बात का संकेत करते हैं कि अभी भी इस दिशा में बहुत कुछ किए जाने की आवश्यकता है।

8. धर्मनिरपेक्षता के पक्ष में तीन तर्क दीजिए।

उत्तर धर्मनिरपेक्षता राज्य किसी धर्म-विशेष पर आधारित नहीं होता है। यह धार्मिक मामलों में पृथक् होता है। आधुनिक समय की यह एक महत्त्वपूर्ण अवधारणा है। जिसके पक्ष में तीन तर्क इस प्रकार दिए जा सकते हैं।

(i) **लोकतंत्र के आदर्शों का पूरक** धर्मनिरपेक्षता के आदर्श लोकतंत्र के लिए उपयुक्त और पूरक हैं। लोकतंत्र का आदर्श मूलतः स्वतंत्रता और समानता पर आधारित होता है और धर्मनिरपेक्ष राज्य इन दोनों ही आदर्शों को उचित महत्त्व प्रदान करता है। धर्मनिरपेक्षता की धारणा धार्मिक क्षेत्र में व्यक्ति की स्वतंत्रता पर भी आधारित होती है। धर्मनिरपेक्षता का सिद्धांत सर्वाधिकारवाद का विरोधी होता है। व्यक्तिगत स्वतंत्रता और समानता पर आधारित होने के कारण इसमें अधिनायकवाद के लिए कोई स्थान नहीं होता है।

(ii) **मानव धर्म पर आधारित** धर्मनिरपेक्ष राज्य को प्रायः धर्म विरोधी कहकर इसकी आलोचना की जाती है, परंतु वास्तविकता इसके विपरीत है। यह किसी भी धर्म विशेष पर आधारित न होकर सभी धर्मों के सार मानव धर्म पर आधारित होता है। इसके अंतर्गत आध्यात्मिकता और नैतिकता को महत्त्व दिया जाता है। इस राज्य का कानून, इसकी सत्ता, शासन प्रणाली सभी कुछ नैतिकता पर आधारित होती है। न्यायमूर्ती रामास्वामी का मत है कि "धर्मनिरपेक्ष राज्य का तात्पर्य यह नहीं है कि कानून नैतिक आचार विचार से पृथक् हो"।

(iii) **राष्ट्रीय एकता की प्राप्ति में सहायक** किसी भी राज्य में विभिन्न धर्मों के अनुयायी रहते हैं। राज्य द्वारा यदि किसी धर्म विशेष को राज्य धर्म का दर्जा दे दिया जाए, तो स्वाभाविक रूप से दूसरे धर्म के लोगों में राज्य के प्रति उदासीनता की भावना उत्पन्न हो जाएगी। ऐसी स्थिति में समाज के अल्पसंख्यक और बहुसंख्यक वर्ग के बीच परस्पर वैमनस्यता या कटुता उत्पन्न हो जाती है, परंतु धर्मनिरपेक्ष राज्य में समाज के सभी वर्गों को समान दर्जा प्राप्त होने के कारण उनमें परस्पर प्रेम, भाईचारा और सौहार्द्र की भावना बनी रहती है। यह राष्ट्रीय एकता और विकास में महत्त्वपूर्ण भूमिका निभाता है। इतिहास इस बात का साक्षी है कि अकबर की धर्मनिरपेक्षता की नीति ने मुगल साम्राज्य की एकता, सुदृढ़ता और विस्तार में महत्त्वपूर्ण भूमिका निभाई।

दीर्घ उत्तरीय प्रश्न II

1. धर्मनिरपेक्षता के बारे में नेहरू के विचारों को सविस्तार समझाइए।

उत्तर धर्मनिरपेक्षता के संदर्भ में नेहरू का विचार था कि सभी धर्मों को राज्य द्वारा समान संरक्षण प्राप्त हों। वे ऐसे धर्मनिरपेक्ष राष्ट्र की कल्पना करते थे, जो सभी धर्मों की रक्षा करे, अन्य धर्मों की कीमत पर किसी एक धर्म को प्रोत्साहित न करें और स्वयं किसी धर्म को राज्यधर्म के रूप में स्वीकार न करे। जवाहरलाल नेहरू धर्मनिरपेक्षता के दार्शनिक थे।

यद्यपि जवाहरलाल नेहरू न तो स्वयं किसी धर्म का अनुसरण करते थे और न ही ईश्वर में उनका विश्वास था। तथापि उनके लिए धर्मनिरपेक्षता का अर्थ धर्म के प्रति विद्वेष नहीं था। इस संदर्भ में जवाहरलाल नेहरू तुर्की के अतातुर्क (मुस्तफा कमाल पाशा) से काफी अलग थे।

इसके अतिरिक्त वे धर्म और राज्य के मध्य पूर्ण संबंध विच्छेद के पक्ष में भी नहीं थे। जवाहरलाल नेहरू के अनुसार, समाज सुधार के लिए धर्मनिरपेक्ष राज्यसत्ता धर्म के मामले में हस्तक्षेप कर सकती है। इस संदर्भ में जाति आधारित भेदभाव, दहेज प्रथा और सती प्रथा की समाप्ति के लिए कानून बनवाने तथा देश की महिलाओं को कानूनी अधिकार और सामाजिक स्वतंत्रता उपलब्ध कराने में जवाहरलाल नेहरू ने स्वयं महत्त्वपूर्ण भूमिका का निर्वहन किया था।

जवाहरलाल नेहरू कई मामलों में समझौता करने को तैयार रहते थे, किंतु धर्मनिरपेक्षता पर वे हमेशा दृढ़ और समझौता करने को तैयार नहीं थे। उनके लिए धर्मनिरपेक्षता का आशय सभी प्रकार की सांप्रदायिकता का पूर्ण विरोध था। वे बहुसंख्यक समुदाय की सांप्रदायिकता की आलोचना में विशेष रूप से कठोरता का पालन करते थे, क्योंकि इससे राष्ट्रीय एकता और अखंडता पर खतरा उत्पन्न होता था। उनके लिए धर्मनिरपेक्षता केवल सिद्धांत का विषय नहीं था, बल्कि वह भारत की एकता और अखंडता की एकमात्र गारंटी भी था।

2. धर्मनिरपेक्षता के पश्चिमी और भारतीय दृष्टिकोण का वर्णन करें।

अथवा **धर्मनिरपेक्षता पश्चिमी और भारतीय दृष्टिकोण अपनी सांस्कृतिक और ऐतिहासिक पृष्ठभूमि के अनुसार किस प्रकार भिन्न है। स्पष्ट कीजिए।**

दक्षता आधारित प्रश्न

उत्तर धर्मनिरपेक्षता का पश्चिमी और भारतीय दृष्टिकोण अपनी सांस्कृतिक और ऐतिहासिक पृष्ठभूमि के अनुसार भिन्न है।

पश्चिमी दृष्टिकोण धर्मनिरपेक्षता के पश्चिमी दृष्टिकोण को मुख्य आधार चर्च और राज्य का पृथक्करण है। यह दृष्टिकोण यूरोप के धार्मिक संघर्षों से उत्पन्न हुआ, जहाँ राज्य और चर्च के मध्य प्रभुत्व के विवाद होते थे। पश्चिमी धर्मनिरपेक्षता का उद्देश्य राज्य को धार्मिक प्रभाव से मुक्त रखना और नागरिकों को व्यक्तिगत धार्मिक स्वतंत्रता देना है। इसमें राज्य किसी विशेष धर्म को समर्थन नही देता है और न ही धार्मिक मामलों में हस्तक्षेप करता है। इसे धर्म से दूरी के रूप में समझा जा सकता है।

भारतीय दृष्टिकोण धर्मनिरपेक्षता का भारतीय दृष्टिकोण अधिक समावेशी और बहुलतावादी है। भारत में धर्मनिरपेक्षता का अर्थ है -सभी धर्मों के प्रति बराबर सम्मान और व्यवहार। यह भारतीय संस्कृति की विविधता और सह-अस्तित्व की परंपरा पर आधारित है। भारतीय संविधान में धर्मनिरपेक्षता की अवधारणा को धार्मिक स्वतंत्रता, समानता और धर्मों के मध्य संतुलन बनाए रखने के रूप में देखा जाता है। राज्य किसी धर्म का समर्थन या विरोध नहीं करता, लेकिन सभी धर्मों के साथ समानता और तटस्थता बनाए रखता है।

पश्चिमी दृष्टिकोण जहाँ धर्म से दूरी पर बल देता है, वहीं भारतीय दृष्टिकोण सभी धर्मों के समन्वय और सह-अस्तित्व को बढ़ावा देता है।

3. धर्मनिरपेक्षता के यूरोपीय मॉडल की क्या विशेषताएँ हैं? विस्तार से वर्णन करें।

अथवा **धर्मनिरपेक्षता के अमेरिकी मॉडल की विशेषताएँ लिखें।**

उत्तर धर्मनिरपेक्षता के यूरोपीय मॉडल, जिसका सबसे अच्छा उदाहरण, अमेरिका के राज्य में देखा जा सकता है, जिसमें निम्नलिखित विशेषताएँ हैं।

(i) **राज्य और धर्म का परस्पर निषेध** अमेरिकी मॉडल के राज्य और धर्म के बीच एक स्पष्ट विभाजन है, जिसे परस्पर निषेध के रूप में समझा जाता है। इसका अर्थ यह है कि राज्य धार्मिक मामलों एवं धर्म राज्यों में हस्तेक्षेप नहीं करेगा, क्योंकि दोनों के अपने-अपने क्षेत्र और सीमाएँ हैं। इसका एक महत्त्वपूर्ण पहलू यह है कि राज्य की कोई भी नीति पूर्णतः धार्मिक तर्कों पर आधारित नहीं हो सकती। इसी प्रकार सार्वजनिक नीतियाँ किसी धार्मिक वर्गीकरण पर आधारित नहीं हो सकती।

(ii) **धार्मिक संस्थाओं को सरकारी सहायता का अभाव** राज्य किसी भी धार्मिक संस्था को आर्थिक सहायता नहीं प्रदान करता। राज्य धार्मिक समुदायों द्वारा संचालित शैक्षणिक संस्थानों को भी वित्तीय सहायता नहीं देता है। राज्य धार्मिक समुदायों की गतिविधियाँ जब तक कानूनी दायरे में होती हैं, तब तक राज्य उन्हें रोकता नहीं है। उदाहरण के लिए, यदि कोई धार्मिक संस्था महिलाओं को पुरोहित बनाने से रोकती है, तो राज्य इस मामले में हस्तक्षेप नहीं करेगा, क्योंकि यह उसकी भूमिका में शामिल नहीं है।

(iii) **व्यक्तिवादी दृष्टिकोण से स्वतंत्रता और समानता की व्याख्या** यूरोपीय धर्मनिरपेक्षता का मॉडल स्वतंत्रता और समानता को व्यक्तिवादी दृष्टिकोण से देखता है। इससे किसी भी समुदाय को सामुदायिक अधिकारों की स्वतंत्रता नहीं मिलती है और न ही अल्पसंख्यक अधिकारों को मान्यता दी जाती है। इन मॉडलों में व्यक्ति की स्वतंत्रता को प्रमुखता दी जाती है, न कि समुदाय की सामूहिक स्वतंत्रता को।

(iv) **धार्मिक सुधार के प्रति तटस्थता** अमेरिकी मॉडल में राज्य किसी धार्मिक सुधार में संलग्न नहीं होता है। यह परस्पर निषेध के सिद्धांत से प्रेरित होता है जिससे माना जाता है कि धर्म और राज्य को पूर्णतः अलग रखना चाहिए, ताकि दोनों का अपना स्वतंत्र अस्तित्व बना रहे।

धर्मनिरपेक्षता के इस मॉडल का उद्देश्य राज्य और धर्म के बीच की स्पष्ट सीमाएँ तय करना है, जहाँ राज्य धार्मिक, मामले में पूर्ण रूप से तटस्थ रहता है और धर्म राज्यों के कार्यों में हस्तक्षेप नहीं करता। यह मॉडल मुख्यतः स्वतंत्रता और समानता पर आधारित है, जिसमें राज्य और धर्म के बीच की दूरी को बनाए रखना आवश्यक समझा गया है।

4. भारतीय धर्मनिरपेक्षता की विशेषताओं को लिखें।

उत्तर भारतीय धर्मनिरपेक्षता की परिभाषा और विशेषताएँ पश्चिमी धर्मनिरपेक्षता से अलग हैं। भारतीय धर्मनिरपेक्षता का दृष्टिकोण अधिक समावेशी, जटिल और विविधतापूर्ण है, जो केवल राज्य और धर्म के बीच संबंध-विच्छेद तक सीमित नहीं है, बल्कि समाज में धार्मिक समानता और न्याय की स्थापना को भी सुनिश्चित करता है।

इसकी विशेषताएँ निम्नलिखित हैं।

(i) **धर्म और राज्य के बीच संबंध** विच्छेद से आगे सामाजिक न्याय पर बल भारतीय धर्मनिरपेक्षता का उद्देश्य केवल राज्य और धर्म के बीच संबंध विच्छेद सुनिश्चित करना नहीं है। यह न केवल धर्म और राज्य को अलग रखती है, बल्कि धर्म के भीतर और धर्मों के बीच उत्पन्न वर्चस्व की स्थितियों पर भी ध्यान देती है। उदाहरण के लिए, हिंदू समाज में दलितों और महिलाओं के प्रति होने वाले उत्पीड़न का विरोध करते हुए, यह मुसलमानों और ईसाइयों के विरुद्ध भेदभाव के मामलों को भी संबोधित करती है। इसके साथ ही बहुसंख्यक समुदाय के अल्पसंख्यक समुदायों पर होने वाले संभावित खतरे और उनके अधिकारों के उल्लंघन का भी विरोध करती है। इस प्रकार, भारतीय धर्मनिरपेक्षता, पश्चिमी धर्मनिरपेक्षता की मुख्य धारा से अलग एक समावेशी दृष्टिकोण अपनाती है।

(ii) **व्यक्तिगत और सामुदायिक धार्मिक स्वतंत्रता का समर्थन** भारतीय धर्मनिरपेक्षता केवल व्यक्तिगत धार्मिक स्वतंत्रता को मान्यता नहीं देती है, बल्कि यह अल्पसंख्यक समुदायों की धार्मिक स्वतंत्रता का भी समर्थन करती है। इसके अंतर्गत प्रत्येक व्यक्ति को अपनी पसंद का धर्म मानने और उसका पालन करने की स्वतंत्रता दी गई है, साथ ही धार्मिक अल्पसंख्यकों को अपनी सांस्कृतिक पहचान और शैक्षिक संस्थाओं को बनाए रखने का अधिकार दिया गया है। भारतीय संविधान इन अधिकारों को मान्यता देता है, जो सभी धार्मिक समुदायों के प्रति समान आदर और सम्मान को दर्शाता है।

(iii) **धार्मिक सुधार में राज्य की भूमिका** भारतीय धर्मनिरपेक्षता राज्य समर्थित धार्मिक सुधार में सुधार की आवश्यकता होती है, तो राज्य हस्तक्षेप करके समाज में समानता और न्याय स्थापित करने का प्रयास करता है। उदाहरण के लिए, भारतीय संविधान ने अस्पृश्यता को गैर-कानूनी घोषित किया है और राज्य ने बाल विवाह उन्मूलन और अंतर्जातीय विवाह के निषेध को समाप्त करने के लिए कानून बनाए हैं।

यह सुधारात्मक दृष्टिकोण भारतीय धर्मनिरपेक्षता की एक अनूठी विशेषता है, जिसमें समाज में सुधार और समानता स्थापित करने के लिए धर्म की कुछ प्रथाओं में हस्तक्षेप की अनुमति है।

5. भारतीय धर्मनिरपेक्षता तीखी आलोचनाओं का विषय बनी रहती है ये आलोचनाएँ क्या हैं, क्या हम धर्मनिरपेक्षता को उनसे बचा सकते हैं?

दक्षता आधारित प्रश्न

भारतीय धर्मनिरपेक्षता की आलोचना किन-किन तर्कों के आधार पर की जाती है? ये तर्क कहाँ तक उचित हैं?

उत्तर यह सत्य है कि भारतीय धर्मनिरपेक्षता की हमेशा से तीखी आलोचना होती रही है, जिसमें अकसर कुछ बिंदुओं को उठाया जाता है; जैसे-कि इसे धर्म विरोधी पश्चिम से आपतित अल्पसंख्यकवादी, अतिशय हस्तक्षेपकारी, वोट बैंक की राजनीति और एक असंभव परियोजना कहा जाता है। हालाँकि इन आलोचनाओं में कई गलत कहानियाँ भी होती हैं।

कुछ लोगों का मानना है कि धर्मनिरपेक्षता धार्मिक पहचान के लिए खतरा है, लेकिन वास्तविकता में यह धार्मिक स्वतंत्रता और समानता को बढ़ावा देती है। यह केवल उन धार्मिक रूपों पर प्रहार करती है, जो हिंसक, मतांध या अन्य धर्मों के प्रति घृणा उत्पन्न करते हैं। इसी तरह कुछ लोग इसे पश्चिमी प्रभाव मानते हैं और इसे भारतीय समाज के लिए अनुपयुक्त समझते हैं, लेकिन भारतीय धर्मनिरपेक्षता पश्चिमी सिद्धांतों पर पूर्ण रूप से निर्भर नहीं है, बल्कि उसने अपनी अनोखी पहचान बनाई है।

भारतीय धर्मनिरपेक्षता पर अल्पसंख्यक अधिकारों की रक्षा के कारण भी आलोचना होती है। हालाँकि भारत में अल्पसंख्यकों को हमेशा भेदभाव का सामना करना पड़ता है और संविधान उनके मौलिक अधिकारों की सुरक्षा की गारंटी देता है। इसलिए उनके हितों की रक्षा को विशेष व्यवहार मानना उचित नहीं है। कुछ लोग इसे वोट बैंक की राजनीति कहते हैं, क्योंकि राजनेता अल्पसंख्यक समूहों के वोट पाने के लिए इनके अधिकारों की रक्षा का वादा करते हैं और ये वादे पूर्णरूप से लागू किए जाते हैं अल्पसंख्यकों के हितों की सुरक्षा होती है, तो उसे धर्मनिरपेक्षता की सफलता माना जाता है।

अंत में कुछ आलोचक मानते हैं कि गहरे धार्मिक मतभेदों के चलते भारतीय धर्मनिरपेक्षता एक असंभव परियोजना है, लेकिन भारतीय सभ्यता का इतिहास दर्शाता है कि विभिन्न धार्मिक समुदायों के बीच शांति संभव है।

स्रोत आधारित प्रश्न

दिए गए स्रोत को ध्यानपूर्वक पढ़कर प्रश्नों के उत्तर दीजिए

1. जब किसी विद्यार्थी ने नेहरू से यह बताने को कहा कि आजाद भारत में धर्मनिरपेक्षता का क्या अर्थ होगा, तो उन्होंने जवाब दिया था– 'सभी धर्मों को राज्य द्वारा समान संरक्षण'। वे ऐसा धर्मनिरपेक्ष राष्ट्र चाहते हैं, जो 'सभी धर्मों की हिफ़ाजत करे, अन्य धर्मों की कीमत पर किसी एक धर्म की तरफदारी न करे और स्वयं किसी धर्म को राज्यधर्म के बतौर स्वीकार न करे।' नेहरू भारतीय धर्मनिरपेक्षता के दार्शनिक थे। नेहरू स्वयं किसी धर्म का अनुसरण नहीं करते थे।

ईश्वर में उनका विश्वास ही नहीं था, लेकिन उनके लिए धर्मनिरपेक्षता का अर्थ धर्म के प्रति विद्वेष नहीं था। इस अर्थ में नेहरू के तुर्की के अतातुर्क से कार्य भिन्न थे, साथ ही वे धर्म और राज्य के बीच पूर्ण संबंध विच्छेद के पक्ष में भी नहीं थे।

उनके विचार के अनुसार, समाज में सुधार के लिए धर्मनिरपेक्ष राज्यसत्ता धर्म के मामले में हस्तक्षेप कर सकती है। जातीय भेदभाव, दहेज प्रथा और सती प्रथा की समाप्ति के लिए कानून बनवाने तथा देश की महिलाओं को कानूनी अधिकार और सामाजिक स्वतंत्रता उपलब्ध कराने में नेहरू ने स्वयं महत्त्वपूर्ण भूमिका निभाई थी।

(i) नेहरू की धर्मनिरपेक्षता किस प्रकार तुर्की के अतातुर्क से भिन्न थी?

(a) वे धर्म के प्रति विद्वेष नहीं रखते थे

(b) वे किसी धर्म का अनुसरण नहीं करते थे

(c) वे धर्म और राज्य के पूर्ण संबंध विच्छेद के पक्षधर नहीं थे

(d) उपरोक्त सभी

उत्तर (d) उपरोक्त सभी

(ii) नेहरू के अनुसार, धर्मनिरपेक्षता का क्या अर्थ था?

(a) केवल एक धर्म का समर्थन करना

(b) धर्म के प्रति विद्वेष रखना

(c) सभी धर्मों को समान संरक्षण देना

(d) धर्म और राज्य का पूर्ण अलगाव

उत्तर (c) सभी धर्मों को समान संरक्षण देना

(iii) नेहरू ने किन स्थितियों में राज्य का धर्म के क्षेत्र में हस्तक्षेप न्यायसंगत माना?

उत्तर नेहरू के अनुसार, समाज में सुधार के लिए धर्मनिरपेक्ष राज्य सत्ता धर्म के मामले में हस्तक्षेप कर सकती है। जातीय भेदभाव, दहेज प्रथा और सती प्रथा की समाप्ति के लिए राज्य द्वारा हस्तक्षेप कर कानून बनाने की कार्यविधि को नेहरू ने न्यायसंगत माना है।

2. धार्मिक भेदभाव रोकने का एक रास्ता यह हो सकता है कि हम आपसी जागरूकता के लिए एकसाथ मिलकर कार्य करें। लोगों की सोच को बदलने में सहायता करने के लिए शिक्षा एक उपाय है। साझेदारी और पारस्परिक सहायता के व्यक्तिगत उदाहरण भी विभिन्न समुदायों के बीच पूर्वाग्रह और संदेहों को कम करने में योगदान दे सकते हैं। भयानक सांप्रदायिक दंगों के बीच हिंदुओं द्वारा मुसलमानों को अथवा मुसलमानों द्वारा हिंदुओं को बचाने की कहानियाँ पढ़ना हमेशा प्रेरणादायी होता है, लेकिन यह नामुमकिन है कि केवल शिक्षा या भलाई धार्मिक भेदभाव को मिटा दें। आधुनिक समाज में, राज्यों के हाथों में प्रचुर सार्वजनिक शक्ति निहित होती है। राज्यसत्ता जिस प्रकार कार्य करती है, उससे अंतर-सामुदायिक टकरावों और धार्मिक भेदभाव से अपेक्षाकृत कम ग्रसित समाज की रचना के प्रयासों पर निर्णायक प्रभाव पड़ता ही है।

इस कारण हमें यह देखने की आवश्यकता है कि धार्मिक टकराव रोकने और धार्मिक समानता को प्रोत्साहित करने के लिए किस किस्म की राज्यसत्ता आवश्यक है। राज्यसत्ता किसी विशेष धर्म के प्रमुखों द्वारा संचालित नहीं होनी चाहिए। पुरोहिताई व्यवस्था द्वारा प्रत्यक्ष रूप से शासित राष्ट्र धर्मतांत्रिक राष्ट्र कहलाता है। धर्मतांत्रिक राष्ट्र अपनी श्रेणीबद्धता, उत्पीड़न और दूसरे धार्मिक समूह के सदस्यों को धार्मिक स्वतंत्रता न देने के लिए कुख्यात रहे हैं।

(i) .... धार्मिक कठोरता के आधार पर वैचारिक मतभेदों को संदर्भित करता है, यह तब उत्पन्न होता है जब एक समुदाय को लगता है कि उनकी भावनाओं से दूसरे समुदाय द्वारा घृणा की जा रही है।

(a) अंतःसामुदायिक संघर्ष (b) तर्कसंगत संघर्ष
(c) अंतर-समुदाय संघर्ष (d) इनमें से कोई नहीं

उत्तर (c) अंतर-समुदाय संघर्ष

(ii) निम्नलिखित में से कौन एक धार्मिक भेदभाव रोकने का उपाय हो सकता है?

1. शिक्षा।
2. पुरोहिताई व्यवस्था द्वारा प्रत्यक्ष रूप से राष्ट्र का संचालन।
3. राज्यसत्ता द्वारा धार्मिक समानता को प्रोत्साहन।

कूट

(a) केवल 1 (b) केवल 2
(c) 1 और 3 (d) ये सभी

उत्तर (c) 1 और 3

(iii) राज्यसत्ता किस प्रकार की होनी चाहिए, ताकि धार्मिक समानता को प्रोत्साहित किया जा सके?

उत्तर धार्मिक समानता को प्रोत्साहित करने के लिए राज्यसत्ता का किसी विशेष धर्म के प्रमुखों द्वारा संचालित नहीं होना आवश्यक है। एक धर्मनिरपेक्ष सत्ता सभी धर्मों के प्रति तटस्थ रहती है और सभी नागरिकों के साथ समान व्यवहार करती है। यह धार्मिक स्वतंत्रता का सम्मान करती है और सभी समुदायों के धार्मिक अधिकारों की रक्षा करती है। जिससे समाज में समरसत्ता और समानता बनी रहती है।

3. सभी धर्मनिरपेक्ष राज्यों में एक चीज सामान्य है। वे न तो धर्मतांत्रिक हैं और न किसी विशेष धर्म की स्थापना ही करते हैं। हालाँकि सर्वाधिक प्रचलित संकल्पना में, जो मुख्यतः अमेरिकी मॉडल द्वारा प्रेरित हैं, धर्म और राज्यसत्ता के संबंध विच्छेद को पारस्परिक निषेध के रूप में समझा जाता है। राज्यसत्ता धर्म के मामलों में हस्तक्षेप नहीं करेगी और इसी प्रकार धर्म राज्यसत्ता के मामलों में दखल नहीं देगा। दोनों के अपने अलग-अलग क्षेत्र हैं, अलग-अलग सीमाएँ हैं। राज्यसत्ता की कोई नीति पूर्णतः धार्मिक तर्क के आधार पर निर्मित नहीं हो सकती। कोई धार्मिक वर्गीकरण किसी सार्वजनिक नीति की बुनियाद नहीं बन सकता। यदि ऐसा हुआ तो वह राज्यसत्ता के मामले में धर्म की अवैध घुसपैठ मानी जाएगी।

उसी प्रकार, राज्य किसी धार्मिक संस्था को सहायता नहीं देगा। वह धार्मिक समुदायों द्वारा संचालित शैक्षणिक संस्थाओं को वित्तीय सहयोग नहीं दे सकता।

जब तक धार्मिक समुदायों की गतिविधियाँ देश के कानून द्वारा निर्मित व्यापक सीमा के अंदर होती हैं, वह इन गतिविधियों में व्यवधान नहीं उत्पन्न कर सकता। उदाहरण के लिए, यदि कोई धार्मिक संस्था महिलाओं के पुरोहित होने को वर्जित करती है, तो राज्यसत्ता इस मामले में कुछ नहीं कर सकती। यदि कोई धार्मिक समुदाय अपने भिन्न मतावलंबियों का बहिष्कार करता है तो राज्य इस मामले में मूकदर्शक ही बना रह सकता है।

यदि कोई विशेष धर्म अपने कुछ सदस्यों को मंदिर के गर्भगृह में जाने से रोकता है, तो राज्य के पास मामले को यथावत बने रहने देने के अतिरिक्त कोई विकल्प नहीं है। इस विचार से धर्म एक निजी मामला है। वह राज्यसत्ता की नीति या कानून का विषय नहीं हो सकता।

यह संकल्पना स्वतंत्रता और समानता की व्यक्तिवादी ढंग से व्याख्या करती है। स्वतंत्रता का अर्थ –व्यक्तियों की स्वतंत्रता है। समानता का तात्पर्य –व्यक्तियों के बीच समानता से है।

(i) धर्मनिरपेक्षता के यूरोपीय दृष्टिकोण के संदर्भ में निम्नलिखित में से कौन-सा कथन सही नहीं है?

(a) धर्म और राज्यसत्ता दोनों का समविंत क्षेत्र है
(b) कोई भी नीति पूर्णतः धार्मिक तर्क के आधार पर निर्मित नहीं होती है
(c) राज्यसत्ता धर्म के मामलों में हस्तक्षेप नहीं करती है
(d) धर्म राज्यसत्ता के मामलों में हस्तक्षेप नहीं करता है

उत्तर (a) धर्म और राज्यसत्ता दोनों का समविंत क्षेत्र है

(ii) उपरोक्त स्रोत के संदर्भ में कौन-सा कथन सही है?

(a) धर्म एक निजी मामला है
(b) राज्य किसी धार्मिक संस्था की सहायता नहीं करता है
(c) यदि कोई धार्मिक समुदाय अपने भिन्न मतावलंबियों का बहिष्कार करता है, तो राज्य इस मामले में मूकदर्शक ही बना रहता है
(d) उपरोक्त सभी

उत्तर (d) उपरोक्त सभी

(iii) धर्मनिरपेक्षता में राज्य की भूमिका क्या है?

उत्तर धर्मनिरपेक्षता में राज्य धार्मिक समुदायों की गतिविधियों में हस्तक्षेप नहीं करता है, जब तक वे कानून की सीमा में होती हैं। वह धार्मिक भेदभाव या हस्तक्षेप से बचता है, लेकिन कानून का उल्लंघन होने पर कार्यवाही कर सकता है।

स्वयं को जाँचें

वस्तुनिष्ठ प्रश्न

1. दिल्ली सहित देश के अन्य हिस्सों में सिख दंगा ………… में हुआ था।

(a) वर्ष 1984
(b) वर्ष 1986
(c) वर्ष 2000
(d) वर्ष 2002

2. धर्मनिरपेक्षता में निम्न में से कौन-सा सिद्धांत शामिल नहीं है?

(a) धार्मिक समानता
(b) धार्मिक स्वतंत्रता
(c) धार्मिक असहमति को बढ़ावा देना
(d) धार्मिक सहिष्णुता

3. समग्र रूप से समाज के अतिरिक्त अपने स्वयं के अल्पसंख्यक या जातीय समूह के हितों के प्रति दृढ़ समर्पण को किस रूप से जाना जाता है?

(a) क्षेत्रवाद
(b) सांप्रदायिकता
(c) धर्मनिरपेक्षवाद
(d) बहुसंख्यकवाद

4. धर्मनिरपेक्षता के पश्चिमी दृष्टिकोण के संबंध में कौन-सा कथन सही है?

1. स्वतंत्रता का अर्थ-व्यक्तियों की स्वतंत्रता है।
2. समानता का तात्पर्य-व्यक्तियों के बीच समानता से है ।

कूट

(a) केवल 1
(b) केवल 2
(c) 1 और 2 दोनों
(d) इनमें से कोई नहीं

5. निम्नलिखित विकल्पों में से कौन-सा युग्म सही नहीं है?

(a) धर्मनिरपेक्ष – किसी राज्य द्वारा सभी धर्मों को समान रूप से मान्यता व अधिकार देना।
(b) समभाव – सभी धर्मों के बीच विद्रोह की भावना।
(c) वर्चस्ववाद – जिसके अंतर्गत कोई एक वर्ग दूसरे वर्ग पर अधिकार जताने की कोशिश करता है।
(d) धार्मिक भेदभाव – धर्म के आधार पर विभिन्न समुदायों में भेदभाव की नीति।

लघु उत्तरीय प्रश्न

6. अंत:धार्मिक वर्चस्व को उदाहरण सहित स्पष्ट करें।

7. धार्मिक भेदभाव को किस प्रकार रोका जा सकता है?

8. धर्मनिरपेक्षवाद न्याय और समानता को किस प्रकार बढ़ावा देता है?

दीर्घ उत्तरीय प्रश्न I

9. भारतीय धर्मनिरपेक्षता की क्या विशेषताएँ हैं?

10. धर्मनिरपेक्षता के संदर्भ में अल्पसंख्यकवाद की अवधारणा को स्पष्ट करें।

11. क्या आपके विचार में किसी राज्य को धर्मनिरपेक्ष रहते हुए सुधारों की पहल करनी चाहिए? व्याख्या करें।

दीर्घ उत्तरीय प्रश्न II

12. भारतीय लोकतंत्र में धर्मनिरपेक्षता को दर्शाने वाली किन्हीं पाँच विशेषताओं का वर्णन कीजिए।

13. आपकी राय में धार्मिक भेदभाव को रोकने के लिए क्या किया जा सकता है? लगभग 200 शब्दों में उत्तर दीजिए।

14. आप कैसे कह सकते हैं कि धर्मनिरपेक्षता भारतीय मिट्टी में रोपा गया एक पश्चिमी पौधा नहीं है?

परियोजना कार्य

चुनाव और प्रतिनिधित्व

घोषणा

मैं एतदद्वारा घोषणा करता/करती हूँ कि यह परियोजना कार्य, जिसका शीर्षक 'भारत में चुनाव' है, मेरा मौलिक कार्य है। इसमें प्रस्तुत जानकारी विभिन्न स्रोतों, जैसे—पाठ्यपुस्तकों, ऑनलाइन शोध और आधिकारिक रिपोर्टों से एकत्र की गई है, ताकि भारत की चुनाव प्रणाली की एक स्पष्ट समझ प्रदान की जा सके।

मैं पुष्टि करता/करती हूँ कि यह कार्य किसी भी उपलब्ध सामग्री से नकल (कॉपी) नहीं किया गया है और इसमें सभी स्रोतों का उचित रूप से उल्लेख किया गया है।

हस्ताक्षर : ....

दिनांक : .... नाम : ....

स्वीकृति

मैं इस परियोजना कार्य को पूरा करने में योगदान देने वाले सभी लोगों के प्रति अपनी हार्दिक कृतज्ञता व्यक्त करना चाहता/चाहती हूँ। सर्वप्रथम, मैं अपने शिक्षकों तथा मार्गदर्शकों का धन्यवाद करता/करती हूँ, जिनके मूल्यवान मार्गदर्शन और प्रोत्साहन ने इस परियोजना के दौरान मेरी सहायता की। उनकी अंतर्दृष्टि ने मुझे भारत में चुनाव और लोकतंत्र के महत्त्व को समझने में सहायता की।

मैं भारत के चुनाव आयोग और उन विद्वानों के प्रयासों को भी स्वीकार करता/करती हूँ, जिनके शोध तथा रिपोर्टों ने इस अध्ययन के लिए आवश्यक जानकारी प्रदान की। इसके अतिरिक्त मैं अपने परिवार और मित्रों का भी आभारी हूँ, जिन्होंने मुझे निरंतर समर्थन तथा प्रेरणा प्रदान की।

अंत में, मैं उन सभी के प्रयासों की सराहना करता/करती हूँ, जो स्वतंत्र और निष्पक्ष चुनाव सुनिश्चित करने के लिए कार्य करते हैं, क्योंकि उनकी समर्पित सेवा हमारे देश में लोकतंत्र को मजबूती प्रदान करती है।

प्रमाण-पत्र

यह प्रमाणित किया जाता है कि

.... परियोजना का नाम

.... (विद्यार्थी का नाम) का प्रमाणिक कार्य है,

जिसे मेरी देख-रेख में पूरा किया गया है।

....

शिक्षक / पर्यवेक्षक का नाम और हस्ताक्षर

विषय सूची

चुनाव और प्रतिनिधित्व

परिचय

चुनाव लोकतंत्र की नींव है। ये लोगों को अपने प्रतिनिधि चुनने का अवसर प्रदान करते हैं, जो उनके लिए निर्णय लेते हैं। भारत जैसे विशाल देश में प्रत्येक नागरिक के लिए प्रत्यक्ष निर्णय प्रक्रिया में भाग लेना संभव नहीं है। इसलिए, लोग प्रतिनिधियों का चुनाव करते हैं, जो उनकी ओर से काम करते हैं। यहीं कारण है कि चुनाव पूर्ण रूप से लोकतांत्रिक नहीं होते तथा चुनाव की अलग-अलग प्रणालियाँ प्रतिनिधित्व को अलग-अलग विधियों से प्रभावित करती हैं।

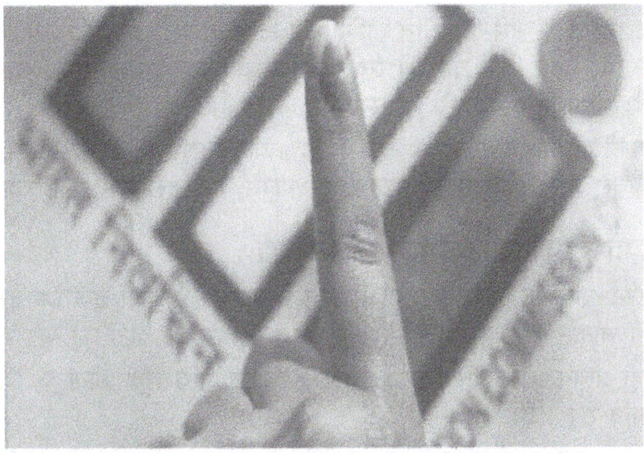

प्रत्यक्ष और अप्रत्यक्ष लोकतंत्र

लोकतंत्र के प्रमुख दो प्रकार होते हैं: प्रत्यक्ष और अप्रत्यक्ष। प्रत्यक्ष लोकतंत्र में नागरिक दैनिक जीवन के फैसलों तथा सरकार के संचालन में प्रत्यक्ष रूप से भाग लेते हैं। प्राचीन यूनान के नगर-राज्य प्रत्यक्ष लोकतंत्र के उदाहरण माने जाते हैं, जहाँ नागरिक स्वयं कानूनों पर मतदान करते थे। लेकिन जब लाखों और करोड़ों लोगों को निर्णय लेना हो, तो इस प्रकार के प्रत्यक्ष लोकतंत्र को व्यवहार में नहीं लाया जा सकता। इसलिए अधिकांश देशों में अप्रत्यक्ष लोकतंत्र अपनाया जाता है, जहाँ लोग अपने प्रतिनिधि चुनते हैं और वे जनता के लिए निर्णय लेते हैं। भारत में भी यही प्रणाली अपनाई जाती है, जहाँ चुनाव के माध्यम से निर्धारित किया जाता है कि प्रशासन के विभिन्न स्तरों का संचालन कौन करेगा।

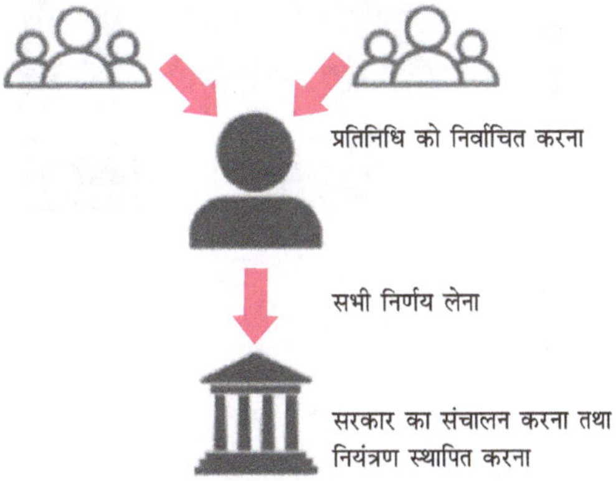

भारत में चुनाव प्रणाली

फर्स्ट-पास्ट-द-पोस्ट सिस्टम (सबसे आगे वही जीते प्रणाली)

भारत में वर्ष 1984 के लोकसभा चुनाव इस तथ्य का ऐतिहासिक प्रमाण हैं कि 'सबसे आगे वही जीते' प्रणाली किस प्रकार कार्य करती है। इस चुनाव में कांग्रेस पार्टी ने 543 में से 415 सीटें जीती, जो कुल सीटों के 80% से अधिक थीं, लेकिन इसका तात्पर्य यह नहीं है कि 80% लोगों ने कांग्रेस को वोट दिया था। इस चुनाव में कांग्रेस को मात्र 48% वोट मिले थे, फिर भी उसने 80% से अधिक सीटें जीतीं। वहीं दूसरी ओर भाजपा को 7.4% वोट मिले, लेकिन एक फीसदी से कम सीटें मिलीं।

फर्स्ट-पास्ट-द-पोस्ट सिस्टम की कार्यप्रणाली

भारत में 543 निर्वाचन क्षेत्रों में चुनाव होते हैं और प्रत्येक निर्वाचन क्षेत्र से एक प्रतिनिधि चुना जाता है। उस निर्वाचन क्षेत्र में जिस प्रत्याशी को सर्वाधिक वोट मिलते हैं, उसे निर्वाचित घोषित कर दिया जाता है। विजयी प्रत्याशी के लिए यह आवश्यक नहीं है कि उसे कुल मतों का बहुमत मिले। इस विधि को 'जो सबसे आगे वही जीते' (फर्स्ट-पास्ट-द-पोस्ट सिस्टम) कहते हैं। इसे बहुलवादी व्यवस्था भी कहते हैं। संविधान इसी विधि को स्वीकार करता है।

उदाहरण के लिए, यदि किसी पार्टी को प्रत्येक निर्वाचन क्षेत्र में 25% वोट मिलते हैं, लेकिन अन्य प्रत्याशियों को इससे भी कम वोट मिलते हैं। इस स्थिति में केवल 25% या उससे भी कम वोट पाकर कोई दल सभी सीटें जीत सकता है।

भारत में फर्स्ट -पास्ट -द पोस्ट प्रणाली को चुनने के कारण

सरल और आसान प्रणाली फर्स्ट-पास्ट-द-पोस्ट प्रणाली समझने में आसान है, यहाँ तक कि उन मतदाताओं के लिए भी जो राजनीति के बारे में अधिक नहीं जानते। इसमें मतदाता सीधे किसी उम्मीदवार या पार्टी को चुन सकते हैं।

प्रतिनिधि की प्रत्यक्ष जवाबदेही प्रत्येक क्षेत्र (निर्वाचन क्षेत्र) से एक प्रतिनिधि चुना जाता है, जिससे लोगों को यह जानकारी होती है कि वे किससे जवाब माँग सकते हैं।

स्थिर सरकार बनाने में सहायता यह प्रणाली बड़ी पार्टी या गठबंधन को उनकी वोट हिस्सेदारी से अधिक सीटें देती है, जिससे सरकार (कार्यपालिका) को संसद में बहुमत का समर्थन मिल सके।

विभिन्न समुदायों को एक साथ लाना फर्स्ट-पास्ट-द-पोस्ट प्रणाली चुनाव जीतने के लिए अलग -अलग समुदायों को मिलकर काम करने के लिए प्रोत्साहित करती है। यदि भारत में समानुपातिक प्रतिनिधित्व (PR) प्रणाली होती, तो प्रत्येक समुदाय के लिए अलग-अलग पार्टियाँ बन सकती थीं, जिससे देश की एकता प्रभावित हो सकती थी।

स्पष्ट बहुमत सुनिश्चित करना फर्स्ट-पास्ट-द-पोस्ट प्रणाली से सामान्यतः स्पष्ट बहुमत मिलता है, जिससे स्थिर सरकार बनाना आसान होता है। इसके विपरीत समानुपातिक प्रतिनिधित्व प्रणाली में स्पष्ट बहुमत न मिलने की संभावना अधिक होती है।

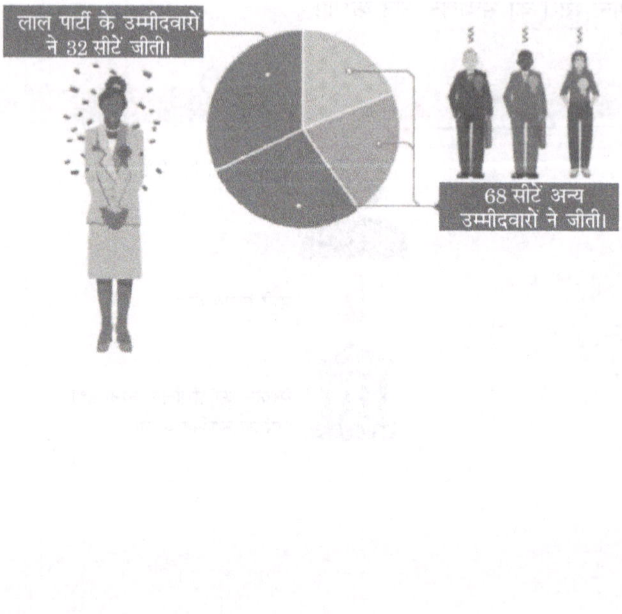

परियोजना कार्य

फर्स्ट-पास्ट-द-पोस्ट (FPTP) प्रणाली के परिणाम

FPTP प्रणाली भारत में प्रभावी सिद्ध हुई है। इसने राष्ट्रीय और राज्य स्तर पर बड़ी पार्टियों को स्पष्ट बहुमत पाने में सहायता की है, साथ ही यह केवल एक जाति या समुदाय का प्रतिनिधित्व करने वाली पार्टियों को हतोत्साहित करती है।

हालाँकि, FPTP प्रणाली सामान्यत: दो-पार्टी प्रणाली को बढ़ावा देती है, लेकिन भारत में स्थिति थोड़ी अलग रही है। स्वतंत्रता के बाद कांग्रेस पार्टी का प्रभुत्व था, लेकिन धीरे -धीरे कई छोटी पार्टियाँ भी उभरकर सामने आईं। वर्ष 1989 के बाद से, गठबंधन सरकारें आम हो गई हैं, जहाँ अलग-अलग पार्टियाँ मिलकर सरकार बनाती हैं। यद्यपि FPTP प्रणाली लागू है, फिर भी छोटी पार्टियाँ चुनावों में महत्त्वपूर्ण भूमिका निभाती हैं, विशेषकर राज्य स्तर पर, जहाँ अब कुछ राज्यों में दो-पार्टी प्रतिस्पर्द्धा भी विकसित हो रही है।

समानुपातिक प्रतिनिधित्व

इजरायल जैसे कुछ अन्य देशों में चुनाव समानुपातिक प्रतिनिधित्व प्रणाली के तहत होते हैं। यह प्रणाली भारत में प्रचलित 'फर्स्ट-पास्ट-द-पोस्ट' प्रणाली से अलग है।

समानुपातिक प्रतिनिधित्व की कार्यप्रणाली

इसमें पार्टियों को उनके प्राप्त वोटों के प्रतिशत के आधार पर संसद में सीटें आवंटित की जाती हैं। उदाहरण के लिए, यदि किसी पार्टी को 30% मत प्राप्त होते हैं, तो उसे सीटें भी 30% ही मिलेंगी।

इस प्रणाली में मतदाता किसी पार्टी को वोट देते हैं न कि किसी प्रत्याशी को।

किसी पार्टी को विधानमंडल में जितनी सीटें मिलती हैं, वे सीधे उनके वोट शेयर के बराबर होती हैं।

यह प्रणाली छोटी पार्टियों को भी प्रतिनिधित्व पाने में सहायता करती है यद्यपि उनके पास बहुत अधिक जनसमर्थन न हो।

समानुपातिक प्रतिनिधित्व के प्रकार

इजरायल या नीदरलैंड जैसे कुछ देशों में संपूर्ण देश को एक निर्वाचन क्षेत्र माना जाता है और प्रत्येक पार्टी को राष्ट्रीय चुनावों में प्राप्त वोटों के अनुपात में सीटें दे दी जाती हैं।

दूसरी ओर अर्जेंटीना और पुर्तगाल जैसे देशों में संपूर्ण देश को बहु-सदस्यीय निर्वाचन क्षेत्रों में विभाजित कर दिया जाता है। प्रत्येक पार्टी प्रत्येक निर्वाचन क्षेत्र के लिए अपने प्रत्याशियों की सूची जारी करती है, जिसमें उतने ही नाम होते हैं। जितने प्रत्याशियों को उस निर्वाचन क्षेत्र से चुना जाना होता है।

इजमीरायल का उदाहरण

इजरायल अपनी विधायिका नेसट के चुनावों के लिए समानुपातिक प्रणाली (PR सिस्टम) का उपयोग करता है।

लोग सीधे उम्मीदवारों को नहीं, बल्कि पार्टियों को वोट देते हैं। जिस पार्टी को जितने अधिक वोट मिलते हैं, उसे उसी के अनुसार नेसट में सीटे मिलती हैं।

इससे सीमित जनाधार वाली छोटी पार्टियों को भी नेसट (विधयिका) में कुछ प्रतिनिधित्व मिल जाता है।

इसमें सामान्यत: गठबंधन सरकारें बनती हैं, जिसमें कई पार्टियाँ मिलकर सरकार चलाती हैं।

राज्य सभा के चुनावों में समानुपातिक प्रतिनिधित्व की प्रणाली

- भारत में राज्यसभा के चुनाव के लिए 'एकल संक्रमणीय मत प्रणाली' का प्रयोगकिया जाता है, जो समानुपातिक प्रतिनिधित्व की एक विशेष विधि है।
- राज्यों की विधानसभा के सदस्यों द्वारा इन सीटों के लिए चुनाव किया जाता है। इसमें राज्य के विधायक ही मतदाता होते हैं।
- मतदाता चुनाव में खड़े सभी प्रत्याशियों को अपनी पसंद के अनुसार एक वरीयता क्रम में मत देता है। जीतने के लिए किसी प्रत्याशी को मतों का एक कोटा प्राप्त करना पड़ता है, जिसे निम्नलिखित फार्मूले के आधार पर निकाला जाता है।

$$\left(\frac{\text{कुल मतदान}}{\text{कुल विजयी उम्मीदवार} + 1}\right) + 1$$

- यदि प्रत्याशियों की वांछित संख्या वोटों का कोटा नहीं प्राप्त कर पाती, तो पुन: मतगणना की जाती है। ऐसे उस प्रत्याशी को मतगणना से निकाल दिया जाता है जिसे प्रथम वरीयता वाले सबसे कम वोट मिले हों। यह प्रक्रिया तब तक जारी रहती है जब तक वांछित संख्या (4) के बराबर प्रत्याशियों को विजयी घोषित नहीं कर दिया जाता।

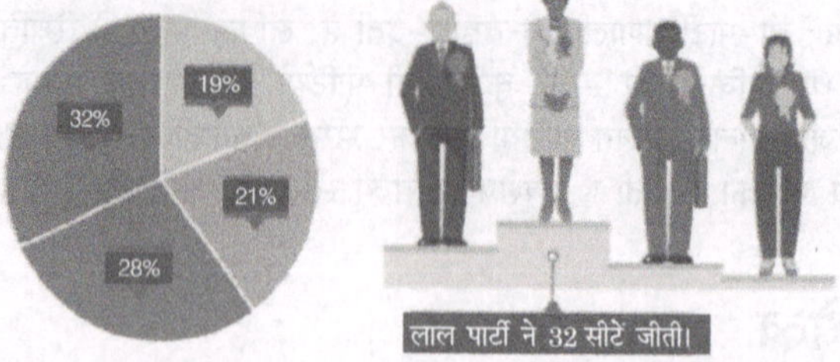

'फर्स्ट-पास्ट-द-पोस्ट' और 'समानुपातिक प्रतिनिधित्व' चुनाव व्यवस्था की तुलना

'फर्स्ट-पास्ट-द-पोस्ट'	समानुपातिक प्रतिनिधित्व
पूरे देश को छोटी-छोटी भौगोलिक इकाइयों में बाँट देते हैं, जिसे निर्वाचन क्षेत्र या जिला कहते हैं।	किसी बड़े भौगोलिक क्षेत्र को एक निर्वाचन क्षेत्र मान लिया जाता है। पूरा का पूरा देश एक निर्वाचन क्षेत्र गिना जा सकता है।
हर निर्वाचन क्षेत्र से केवल एक प्रतिनिधि चुना जाता है।	एक निर्वाचन क्षेत्र से कई प्रतिनिधि चुने जा सकते हैं।
मतदाता प्रत्याशी को वोट देता है।	मतदाता पार्टी को वोट देता है।
पार्टी को प्राप्त वोटों के अनुपात से अधिक या कम सीटें विधायिका में मिल सकती हैं।	प्रत्येक पार्टी को प्राप्त मत के अनुपात में विधायिका से सीटें हासिल होती हैं।
विजयी उम्मीदवार को जरूरी नहीं कि वोटों को बहुमत (50% +1) मिले।	विजयी उम्मीदवार को वोटों का बहुमत हासिल होता है।
उदाहरण—भारत और यूनाइटेड किंगडम	उदाहरण—इजरायल, नीदरलैंड

निर्वाचन क्षेत्रों का आरक्षण

भारत में संविधान अनुसूचित जातियों और अनुसूचित जनजातियों के लिए लोकसभा और राज्य की विधानसभाओं में आरक्षण की व्यवस्था करता है। प्रारंभ में यह व्यवस्था 10 वर्ष के लिए की गई थी, परंतु अनेक संवैधानिक संशोधनों द्वारा इसे बढ़ाकर वर्ष 2030 तक कर दिया गया है।

- इन आरक्षित निर्वाचन क्षेत्रों का निर्णय परिसीमन आयोग द्वारा किया जाता है।
- इन निर्वाचन क्षेत्रों में केवल अनुसूचित जाति और अनुसूचित जानजाति के उम्मीदवार चुनाव में भाग ले सकते हैं, लेकिन मतदान सभी मतदाता करते हैं।
- वर्तमान में लोकसभा की 543 निर्वाचित सीटों में 84 अनुसूचित जाति और 47 अनुसूचित जनजाति के लिए आरक्षित हैं।

ग्रामीण और शहरी स्थानीय निकायों में महिलाओं के लिए सीटों का आरक्षण पहले ही प्रदान किया जा चुका है। लोकसभा तथा विधानसभा के लिए इसी तरह का प्रावधान नारी शक्ति वंदन अधिनियम (महिला आरक्षण अधिनियम, 2023) के माध्यम से किया गया है।

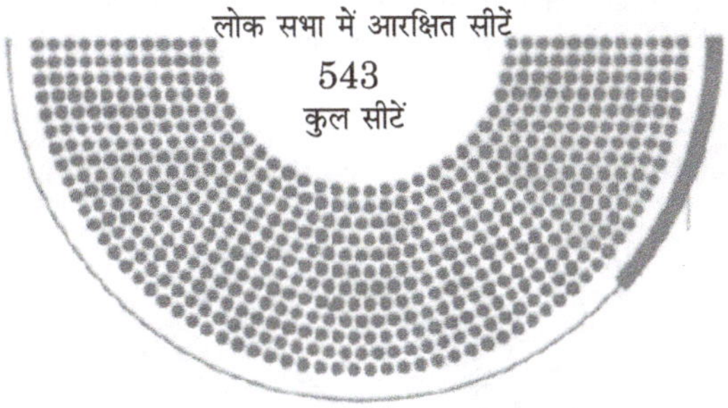

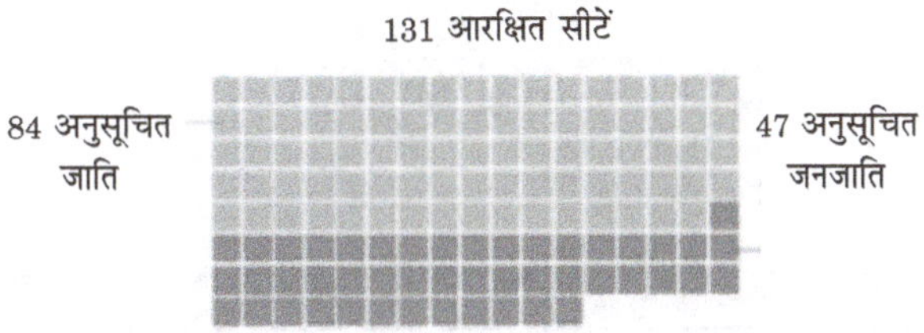

स्वतंत्र और निष्पक्ष चुनाव

चुनाव किसी भी लोकतंत्र की नींव होते हैं। यह सुनिश्चित करते हैं कि नागरिक अपने प्रतिनिधियों को चुनने और उन्हें जवाबदेह बनाने का अधिकार रखते हैं। एक वास्तविक लोकतांत्रिक चुनाव प्रणाली को स्वतंत्र, निष्पक्ष और पारदर्शी होना चाहिए, ताकि जनता की अभिव्यक्तियों को सही तरीके से शासन में शामिल किया जा सके। भारतीय संविधान ने एक मजबूत चुनावी प्रणाली गठित की है, जो इन सिद्धांतों को बनाए रखती है वर्षों से, भारत ने चुनावों की विश्वसनीयता बढ़ाने के लिए कई कदम उठाए हैं, लेकिन अभी भी कुछ चुनौतियाँ व्याप्त हैं।

> सार्वभौमिक वयस्क मताधिकार, जिस आधार पर भारत में पहले आम चुनाव हुए थे, को विश्व में लोकतंत्र का सबसे बड़ा प्रयोग माना जाता है।

सार्वभौमिक वयस्क मताधिकार और चुनाव लड़ने का अधिकार

सार्वभौमिक वयस्क मताधिकार (Universal Adult Franchise) वह अधिकार है, जिसके अनुसार देश के सभी नागरिकों को एक निश्चित आयु (भारत के संदर्भ 18 वर्ष है) के पश्चात् किसी भेदभाव के अपना मत डालने का और अपने प्रतिनिधि का चुनाव करने का अधिकार प्राप्त होता है। अनेक देशों में महिलाओं को यह अधिकार काफी संघर्ष के बाद प्राप्त हुआ था। भारतीय संविधान आय, शिक्षा, वर्ग, लिंग आदि आधारों पर भेदभाव किए बिना सभी वयस्क नागरिकों को यह अधिकार प्रदान करता है। वर्ष 1989 तक, 21 वर्ष से ऊपर के भारतीय नागरिकों को वयस्क भारतीय माना जाता था। वर्ष 1989 मे संविधान के एक संशोधन द्वारा इसे घटाकर 18 वर्ष कर दिया गया।

भारतीय संविधान नागरिकों को सार्वभौमिक वयस्क मताधिकार की तरह चुनाव लड़ने का अधिकार भी आय, शिक्षा, वर्ग, लिंग के आधार पर भेदभाव किए बिना प्रदान करता है। इस हेतु प्रत्याशी की न्यूनतम आयु विभिन्न पदों के लिए अलग-अलग निर्धारित की गई है; जैसे-

- किसी भी व्यक्ति की आयु लोकसभा व विधानसभा की सदस्यता हेतु न्यूनतम 25 वर्ष निर्धारित की गई हो।
- कोई भी व्यक्ति किसी अपराध के कारण दो-या-दो से अधिक वर्ष के लिए जेल में रहा हो।
- कोई भी व्यक्ति जिसका मानसिक संतुलन सही न हो आदि।

स्वतंत्र निर्वाचन आयोग

भारत में स्वतंत्र एवं निष्पक्ष चुनाव संपन्न कराने हेतु स्वतंत्र निर्वाचन आयोग का गठन किया गया है। अनुच्छेद- 324(1) के अंतर्गत निर्वाचन आयोग संसद व राज्य विधानसभाओं के लिए स्वतंत्र व निष्पक्ष चुनावों के संचालन और देख-रेख के लिए बनाया गया है।। निर्वाचन आयोग भारत में मतदाता सूची के अधीक्षण, निर्देशन और नियंत्रण एवं चुनावों के संचालन में मुख्य भूमिका निभाता है। वर्ष 1989 तक निर्वाचन आयोग एक सदस्यीय था लेकिन वर्ष 1993 में निर्वाचन आयोग को तीन सदस्यीय बना दिया गया।

मुख्य निर्वाचन आयुक्त और अन्य दोनों निर्वाचन आयुक्तों की नियुक्ति राष्ट्रपति द्वारा की जाती है। संविधान मुख्य निर्वाचन आयुक्त और निर्वाचन आयुक्तों के कार्यकाल को सुरक्षा प्रदान करता है तथा इन्हें सरलता से हटाया नहीं जा सकता।

बहुसदस्यीय निर्वाचन आयोग की नियुक्ति को लेकर तरह-तरह की शंकाएँ थीं, क्योंकि सत्तारूढ़ सरकार इनकी नियुक्ति प्रक्रिया को प्रभावित करती है। कई विशेषज्ञों का सुझाव है कि नियुक्तियाँ विपक्ष के नेता और भारत के मुख्य न्यायाधीश को शामिल करते हुए अधिक पारदर्शी प्रक्रिया के माध्यम से की जानी चाहिए।

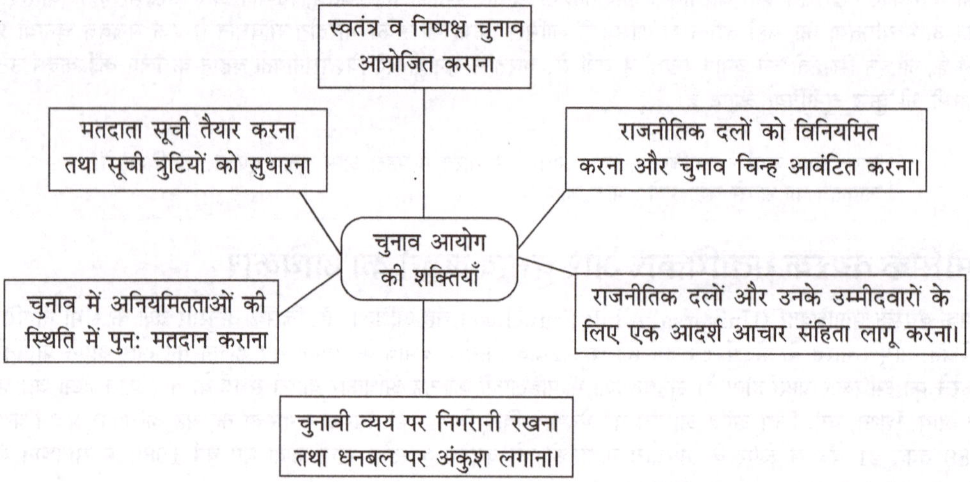

चुनाव सुधार

चुनाव सुधारों के सुझाव निर्वाचन आयोग, विभिन्न राजनीतिक दलों, स्वतंत्र समूहों और अनेक विद्वानों द्वारा दिए गए हैं। इनमें से कुछ सुधार निम्नवत हैं

- हमारी चुनाव व्यवस्था को सर्वाधिक मत से जीत वाली प्रणाली के स्थान पर किसी प्रकार की समानुपातिक प्रतिनिधित्व प्रणाली लागू करना चाहिए। इससे राजनीतिक दलों को उसी अनुपात में सीटें मिलेंगी जिस अनुपात में उन्हें वोट मिलेगें।
- संसद और विधान सभाओं में एकतिहाई सीटों पर महिलाओं को चुनने के लिए विशेष प्रावधान बनाए जाएँ।
- चुनावी राजनीति में धन के प्रभाव को नियंत्रित करने के लिए और अधिक कठोर प्रावधान होने चाहिए। सरकार को एक विशेष निधि से चुनावी व्ययों का भुगतान करना चाहिए।
- जिस उम्मीदवार के विरुद्ध फौजदारी का मुकदमा हो, उसे चुनाव लड़ने से रोक दिया जाना चाहिए, यद्यपि उसने इसके विरुद्ध न्यायालय में अपील कर रखी हो।
- चुनाव-प्रचार में जाति और धर्म के आधार पर की जाने वाली किसी भी अपील को पूर्ण रूप से प्रतिबंधित कर देना चाहिए।
- राजनीतिक दलों की कार्य प्रणाली को नियंत्रित करने के लिए तथा उनकी कार्यविधि को और अधिक पारदर्शी तथा लोकतांत्रिक बनाने के लिए एक कानून होना चाहिए।

निष्कर्ष

स्वतंत्र और निष्पक्ष चुनाव लोकतंत्र की नींव है। भारत ने सार्वभौमिक वयस्क मताधिकार, स्वतंत्र चुनाव आयोग और चुनावी सुधारों के माध्यम से पारदर्शी और निष्पक्ष चुनाव सुनिश्चित करने के लिए महत्त्वपूर्ण प्रगति की है। हालाँकि धन और बाहुबल, राजनीति के अपराधीकरण और मीडिया के दुरुपयोग जैसी चुनौतियाँ चुनावी प्रक्रिया की निष्पक्षता के लिए समस्या बनी हुई हैं। चुनावी कानूनों को मजबूत करना, राजनीतिक जागरूकता बढ़ाना और नागरिक समाज की सक्रिय भागीदारी को प्रोत्साहित करना भारतीय चुनावों को अधिक लोकतांत्रिक और समावेशी बना सकता है। यह जिम्मेदारी केवल चुनाव आयोग और राजनीतिक दलों की नहीं है, बल्कि मतदाताओं की भी है, जिन्हें सतर्क रहना चाहिए और अपने प्रतिनिधियों का चुनाव सोच-समझकर करना चाहिए।

मौखिक प्रश्न

1. लोकतंत्र में चुनाव की क्या भूमिका होती है?

उत्तर लोकतंत्र में चुनाव लोगों को अपने प्रतिनिधि चुनने का अवसर देते हैं, जो उनकी ओर से निर्णय लेते हैं।

2. प्रत्यक्ष तथा अप्रत्यक्ष लोकतंत्र में क्या अंतर है?

उत्तर प्रत्यक्ष लोकतंत्र में नागरिक स्वयं निर्णय लेते हैं, जबकि अप्रत्यक्ष लोकतंत्र में वे अपने प्रतिनिधियों को चुनते हैं, जो उनके लिए फैसले लेते हैं।

3. भारत में चुनाव किस प्रणाली के अंतर्गत होते हैं?

उत्तर भारत में चुनाव 'फर्स्ट पास्ट द पोस्ट' प्रणाली के अंतर्गत होते हैं।'

4. 'फर्स्ट पास्ट द पोस्ट' प्रणाली स्थिर सरकार बनाने में किस प्रकार सहायता करती है?

उत्तर 'फर्स्ट पास्ट दे पोस्ट' प्रणाली उस पार्टी या गठबंधन को अधिक सीटें देती है, जिसे सबसे अधिक वोट मिलते हैं, जिससे स्थिर सरकार बनाने में सहायता मिलती है।

5. वर्ष 1984 के लोकसभा चुनाव में कांग्रेस को कितनी सीटें मिली थीं?

उत्तर वर्ष 1984 के लोकसभा चुनाव में कांग्रेस को 543 में से 415 सीटें मिली थीं।

6. भारतीय संविधान के किस अनुच्छेद के अंतर्गत निर्वाचन आयोग का गठन किया गया है?

उत्तर भारतीय संविधान के अनुच्छेद -324 के अंतर्गत निर्वाचन आयोग का गठन किया गया है।

7. राजनीतिक दलों के चुनावों में भाग लेने के लिए चुनाव चिह्न कौन आवंटित करता है?

उत्तर राजनीतिक दलों के चुनावों में भाग लेने के लिए चुनाव चिह्न निर्वाचन आयोग आवंटित करता है।

8. आरक्षित निर्वाचन क्षेत्रों की व्यवस्था कैसे कार्य करती है?

उत्तर आरक्षित निर्वाचन क्षेत्रों में सभी मतदाता मतदान करते हैं, लेकिन चुनाव लड़ने वाले प्रत्याशी को केवल उस समुदाय या सामाजिक वर्ग से होना चाहिए, जिसके लिए वह निर्वाचन क्षेत्र आरक्षित है।

9. भारत में आरक्षित निर्वाचन क्षेत्रों की व्यवस्था क्यों की गई?

उत्तर भारत में आरक्षित निर्वाचन क्षेत्रों की व्यवस्था सामाजिक न्याय को बढ़ावा देने के लिए की गई है, ताकि समाज के उपेक्षित वर्गों को उचित राजनीतिक प्रतिनिधित्व मिल सके।

10. समानुपातिक प्रतिनिधित्व प्रणाली से क्या तात्पर्य है?

उत्तर समानुपातिक प्रतिनिधित्व प्रणाली का तात्पर्य ऐसी प्रणाली से है, जिसमें चुनावों से पूर्व प्रत्येक राजनीतिक दल अपने प्रत्याशियों की एक प्राथमिक सूची जारी करते हैं और अपने उतने ही प्रत्याशियों को उस प्राथमिक सूची से चयनित कर देते है, जितनी सीटों का कोटा उन्हें उपलब्ध कराया जाता है। चुनाव की इसी पद्धति को समानुपातिक प्रतिनिधित्व प्रणाली कहते हैं।

11. भारत के निर्वाचन आयोग की संरचना कैसी है?

उत्तर भारत का निर्वाचन आयोग वर्ष 1989 तक एक सदस्यीय था, लेकिन वर्ष 1989 के आम चुनावों से पहले इसे बहुसदस्यीय बना दिया गया। वर्तमान में निर्वाचन आयोग में तीन सदस्य होते हैं, एक मुख्य निर्वाचन आयुक्त और दो अन्य निर्वाचन आयुक्त।

12. किन कारणों से भारत में चुनाव सुधार की आवश्यकता प्रतीत होती है?

उत्तर चुनावी राजनीति में धन व बल के प्रयोग की अधिकता तथा राजनैतिक दलों की गतिविधियों को पारदर्शी एवं लोकतांत्रिक बनाने के लिए चुनाव में सुधार की आवश्यकता प्रतीत होती है।

13. क्या बिना लोकतंत्र के चुनाव हो सकता है?

उत्तर बिना लोकतंत्र के चुनाव तो संपन्न करवाए जा सकते हैं, परंतु वास्तविकता में उन चुनावों का कोई महत्त्व नहीं होता। गैर-लोकतांत्रिक देशों में करवाए गए चुनाव न तो स्वतंत्र तथा निष्पक्ष होते हैं। और न ही किसी निर्धारित प्रक्रिया के माध्यम से करवाए जाते हैं

14. समानुपातिक प्रतिनिधित्व प्रणाली का उदाहरण किन देशों में देखने को मिलता है?

उत्तर इजरायल और नीदरलैंड जैसे देशों में समानुपातिक प्रतिनिधित्व प्रणाली का प्रयोग किया जाता है।

15. प्रत्यक्ष लोकतंत्र वर्तमान समय में व्यावहारिक क्यों नहीं है?

उत्तर वर्तमान समय में प्रत्यक्ष लोकतंत्र व्यावहारिक नहीं है क्योंकि, बड़ी आबादी वाले देशों में नागरिकों के लिए दैनिक जीवन के निर्णयों और सरकार चलाने में सीधे हिस्सा लेना संभव नहीं है। लाखों और करोड़ों लोगों के लिए यह प्रणाली जटिल और अव्यावहारिक हो जाती है।

16. वास्तव में स्वतंत्र और निष्पक्ष चुनाव कब हो सकते हैं?

उत्तर वास्तव में स्वतंत्र और निष्पक्ष चुनाव तभी हो सकते हैं, जब सभी उम्मीदवार, राजनीतिक दल और वे सभी लोग, जो चुनावी प्रक्रिया में भाग लेते हैं–लोकतांत्रिक प्रतिस्पर्द्धा की भावना का सम्मान करें।

17. लोकसभा में अनुसूचित जाति तथा अनुसूचित जनजाति के लिए कितनी सीटें आरक्षित की गई हैं?

उत्तर लोकसभा की 543 निर्वाचित सीटों में से 84 सीटें अनुसूचित जाति तथा 47 सीटें अनुसूचित जनजाति के लिए आरक्षित की गई हैं।

18. भारत में मुख्य निर्वाचन आयुक्त की नियुक्ति कौन करता है?

उत्तर भारत में मुख्य निर्वाचन आयुक्त की नियुक्ति राष्ट्रपति द्वारा की जाती है।

सैंपल पेपर्स

सैंपल पेपर 1
राजनीति विज्ञान
व्याख्या सहित (सॉल्वड) कक्षा 11

निर्देश *1. प्रश्न-पत्र में 5 खंड हैं जिनमें कुल 30 प्रश्न पूछे गए हैं।*
2. सभी प्रश्न अनिवार्य हैं।
3. खंड 'क' में 1-12 वस्तुपरक प्रश्न हैं। प्रत्येक के लिए 1 अंक निर्धारित है।
4. खंड 'ख' में 13-18 के प्रत्येक प्रश्न का उत्तर 50-60 शब्दों में देना है। प्रत्येक के लिए 2 अंक निर्धारित हैं।
5. खंड 'ग' में 19-25 के प्रत्येक प्रश्न का उत्तर 100-120 शब्दों में देना है। प्रत्येक के लिए 4 अंक निर्धारित हैं। यहाँ 2 प्रश्नों का आंतरिक विकल्प दिया जाएगा।
6. खंड 'घ' में 26 पैराग्राफ, कार्टून या मानचित्र पर आधारित है, इनके अनुसार ही प्रश्नों के उत्तर देने हैं।
7. खंड 'ड.' में 27-30 के प्रत्येक प्रश्न का उत्तर 170-180 शब्दों में देना है। प्रत्येक के लिए 6 अंक निर्धारित हैं। यहाँ प्रत्येक प्रश्न हेतु आंतरिक विकल्प दिए जाएँगें।

समय : 3 घंटे *पूर्णांक : 80*

खंड 'क'

1. न्यायाधीशों की योग्यता एवं कार्यकाल के संबंध में दिए गए कथनों में से कौन-सा कथन असत्य है? **(1)**

(a) न्यायाधीश के रूप में नियुक्त होने के लिए व्यक्ति को वकालत का अनुभव या कानून का विशेषज्ञ होना अनिवार्य है
(b) वह कम-से-कम 10 वर्षों तक एक या उससे अधिक उच्च न्यायालयों में न्यायाधीश के पद पर रह चुका हो या 20 वर्ष तक उच्च न्यायालय में अधिवक्ता के रूप में कार्य कर चुका हो
(c) न्यायाधीश सेवानिवृत्त होने तक अपने पद पर बने रहते हैं
(d) कोई अन्य लाभ का पद न धारण करता हो

उत्तर (b) वह कम-से-कम 10 वर्षों तक एक या उससे अधिक उच्च न्यायालयों में न्यायाधीश के पद पर रह चुका हो या 20 वर्ष तक उच्च न्यायालय में एडवोकेट के रूप में कार्य कर चुका हो

2. नीचे दो कथन दिए गए है, जिनमें एक को कथन (A) और दूसरे को कारण (R) माना गया है। कूट की सहायता से सही उत्तर का चयन करें।
कथन (A) वर्ष 1989 के पश्चात् सोवियत संघ का विघटन हुआ।
कारण (R) कुछ प्रमुख भिन्न भाषा और संस्कृति वाले देशों पर रूस का आधिपत्य भी विघटन का प्रमुख कारक था। **(1)**

(a) A और R दोनों सही हैं तथा R, A की सही व्याख्या है
(b) A और R दोनों सही है परंतु R, A की सही व्याख्या नहीं है
(c) A सही है, किंतु R गलत है
(d) A गलत है, किंतु R सही है

उत्तर (a) एक महाशक्ति होने के पश्चात् भी शक्तियों के अतिशय संघनन और केंद्रीकरण की प्रवृत्ति के कारण वर्ष 1989 के बाद सोवियत संघ का विघटन हो गया। उज्बेकिस्तान जैसे भिन्न भाषा और संस्कृति वाले देशों पर रूस का आधिपत्य भी विघटन का महत्त्वपूर्ण कारक था।

3. सूची I को सूची II से सुमेलित कीजिए **(1)**

सूची I (राजनीतिक विचारक)	**सूची** II (अवधारणा)
A. प्लेटो	1. सरकार का स्वरूप
B. कार्ल मार्क्स	2. स्वतंत्रता
C. महात्मा गाँधी	3. स्वराज
D. रूसो	4. समानता

कूट

	A	B	C	D		A	B	C	D
(a)	1	2	3	4	(b)	1	4	3	2
(c)	1	2	4	3	(d)	1	3	4	2

उत्तर (b) 1 4 3 2

4. निम्न में से कौन प्रसिद्ध भारतीय थे, जिन्होंने राष्ट्रवाद की समालोचना की? **(1)**

(a) महात्मा गाँधी (b) बी. आर. अंबेडकर
(c) रवींद्रनाथ टैगोर (d) जवाहरलाल नेहरू

उत्तर (c) रवींद्रनाथ टैगोर

5. **नीचे दो कथन दिए गए हैं।**

कथन I लोकसभा सदस्यों का चुनाव सार्वभौमिक वयस्क मताधिकार प्रणाली के आधार पर किया जाता है।

कथन II भारत के राष्ट्रपति और उपराष्ट्रपति के निर्वाचन में संसद की भागीदारी नहीं होती है। **(1)**

कूट

(a) कथन I और कथन II दोनों सही हैं

(b) कथन I और कथन II दोनों गलत हैं

(c) कथन I सही है, लेकिन कथन II गलत है

(d) कथन I गलत है, लेकिन कथन II सही है

उत्तर (c) कथन I सही है, लेकिन कथन II गलत है

6. **निम्नलिखित संवैधानिक पदों को उनके वरीयता क्रम में लगाए।** **(1)**

1. प्रधानमंत्री 2. उपराष्ट्रपति
3. राष्ट्रपति 4. मंत्रिपरिषद्

कूट

(a) 3, 1, 2, 4 (b) 1, 3, 2, 4
(c) 3, 2, 1, 4 (d) 1, 4, 3, 2

उत्तर (c) 3, 2, 1, 4

7. **……… के समर्थक मानते हैं कि व्यक्ति की स्वतंत्रता केवल सभ्य समाज में ही संभव है, इसलिए समाज को बेहतर बनाने का सदैव प्रयास करना चाहिए।** **(1)**

(a) सकारात्मक स्वतंत्रता (b) नकारात्मक स्वतंत्रता
(c) समालोचनात्मक स्वतंत्रता (d) ये सभी

उत्तर (a) सकारात्मक स्वतंत्रता

8. **निम्नलिखित युग्मों में से कौन-सा युग्म सही सुमेलित नहीं है?** **(1)**

(a) साधारण बहुमत प्रणाली	–	भारत
(b) समानुपातिक प्रतिनिधित्व प्रणाली	–	नीदरलैंड
(c) गुजरात में अप्रत्याशित हिंसा के कारण	–	वर्ष 1991 विधानसभा चुनाव का स्थगन
(d) निर्वाचन आयोग का पुनः बहुसदस्यीय होना	–	वर्ष 1990

उत्तर (d) निर्वाचन आयोग का पुनः बहुसदस्यीय होना – वर्ष 1990

9. **विरोध करने का अधिकार हमारे संविधान में नागरिकों को दी गई किस स्वतंत्रता का एक पहलू है?** **(1)**

(a) धार्मिक स्वतंत्रता (b) समानता का अधिकार
(c) अभिव्यक्ति की स्वतंत्रता (d) अंतःकरण की स्वतंत्रता

उत्तर (c) अभिव्यक्ति की स्वतंत्रता

10. **भारत का संविधान छुआछूत को क्या करने/देने का आह्वान करता है?** **(1)**

(a) बढ़ावा
(b) प्रतिबंधित
(c) समाप्त
(d) इनमें से कोई नहीं

उत्तर (c) समाप्त

11. **……… एक ऐसी स्थिति है, जिसमें एक धर्म के सदस्यों को उनकी धार्मिक संबद्धता के कारण लक्षित और पीड़ित किया जाता है।** **(1)**

(a) अंतर-धार्मिक वर्चस्व (b) अंतः धार्मिक वर्चस्व
(c) सामाजिक असमानता (d) राजनीतिक असमानता

उत्तर (a) अंतर-धार्मिक वर्चस्व

12. **अरस्तू ने राजनीतिक विज्ञान को किस रूप में माना है?** **(1)**

(a) प्राथमिक विज्ञान (b) माध्यमिक विज्ञान
(c) शिक्षक विज्ञान (d) दास विज्ञान

उत्तर (c) शिक्षक विज्ञान

खंड 'ख'

13. **वर्तमान समय में भारतीय नौकरशाही का स्वरूप अधिक जटिल हो गया है? क्या आप इससे सहमत हैं?** **(2)**

उत्तर हाँ, वर्तमान समय में भारतीय नौकरशाही का स्वरूप अधिक जटिल हो गया है, क्योंकि आज के समय में भारतीय नौकरशाही में अखिल भारतीय सेवाएँ, प्रांतीय सेवाएँ, स्थानीय सरकार के कर्मचारी और लोक उपक्रमों में तकनीकी तथा प्रबंधकीय अधिकारी सभी सम्मिलित होते हैं।

14. **वे कौन-से कारक हैं, जो किसी राष्ट्र के सदस्यों को एकता के सूत्र में बाँधे रखते हैं?** **(2)**

उत्तर राष्ट्र एक ऐसा काल्पनिक समुदाय है, जो कुछ विशेष मान्यताओं पर आधारित होता है, जिसके सदस्यों की आकांक्षाएँ, विश्वास एवं कल्पनाएँ ही उनको एकता के सूत्र में बाँधे रखती हैं।

15. **भारत में उपराष्ट्रपति को पद मुक्त किस प्रकार किया जा सकता है?** **(2)**

उत्तर भारत में उपराष्ट्रपति को राज्यसभा में विशेष बहुमत से प्रस्ताव पास करके तथा लोकसभा की सहमति से पद मुक्त किया जा सकता है।

16. **राष्ट्र-राज्य की अवधारणा में संप्रभु राष्ट्र, राष्ट्रीय गीत, राष्ट्रगान समाहित है। समझाइए।** **(2)**

उत्तर राष्ट्र-राज्य की अवधारणा का विकास आधुनिक काल में हुआ। यह किसी राज्य के निश्चित भू-भाग को स्पष्ट करने के साथ-साथ उस राष्ट्र की संस्कृति, साझा इतिहास, राष्ट्रीय प्रतीक, राष्ट्रीयगान, राष्ट्रीय भाषा व विशेष राष्ट्रीय उत्सवों को भी स्पष्ट करती है तथा उस राष्ट्र की एक अलग पहचान सुनिश्चित करती है। यह अवधारणा एक राष्ट्र को संप्रभुत्व राष्ट्र घोषित करती है। राष्ट्र-राज्य की अवधारणा नागरिकों के लोकतांत्रिक अधिकारों को सुनिश्चित करती है।

17. **एकीकृत न्यायिक व्यवस्था जिसके शीर्ष पर उच्चतम न्यायालय है से आप क्या समझते हैं?** **(2)**

उत्तर एकीकृत न्यायिक व्याख्या से हमारा अभिप्राय किसी देश में न्यायपालिका की उस व्यवस्था से है, जिसकी संरचना पिरामिड की तरह होती है, जिसमें शीर्ष स्तर पर अधीनस्थ न्यायालय अपने ऊपरी न्यायालय एवं सर्वोच्च न्यायालय की देखरेख में कार्य करते हैं। भारत में एकीकृत न्यायिक व्यवस्था को ही अपनाया गया है।

18. **धर्मनिरपेक्षता की सफलता को निर्धारित करने वाला मूल तत्त्व कौन-सा है?** **(2)**

उत्तर धर्मनिरपेक्षता की सफलता को निर्धारित करने वाला मूल तत्त्व या आधार 'राज्य और धर्म के बीच संबंध विच्छेद' है अर्थात् राज्य न तो किसी धर्म का पोषक होगा और न ही किसी धर्म की स्थापना करेगा।

खंड 'ग'

19. "अधिकारों में कर्त्तव्य अंतर्निहित होते हैं।" स्पष्ट करें। (4)

उत्तर अधिकार एवं कर्त्तव्य एक-दूसरे के पूरक होते हैं। अधिकारों में ही कर्त्तव्य अंतर्निहित होते हैं; जैसे—एक व्यक्ति अपने अधिकारों का उपयोग दूसरों के अधिकारों की स्वतंत्रता को बनाए रखते हुए ही कर सकता है। अधिकारों के अभाव में कर्त्तव्य अप्रासंगिक हो जाते हैं तथा कर्त्तव्यों के अभाव में अधिकार व्यक्ति अथवा राज्य को स्वेच्छाचारी बना सकते हैं। अधिकार एवं कर्त्तव्य दोनों का उद्देश्य सभी व्यक्तियों को सम्मानपूर्वक जीवन उपलब्ध करवाना है।

इस प्रकार, अधिकार नागरिकों को यह जिम्मेदारी सुनिश्चित करता है कि वे अपने अधिकारों का प्रयोग संतुलित रूप से करें, जिससे कि एक-दूसरे के बीच अधिकारों के मध्य टकराव उत्पन्न न हो। अतः अधिकार उत्तरदायित्व को सुनिश्चित करते हुए लोगों से निर्धारित सीमा के अंदर रहते हुए अधिकारों के प्रयोग करने पर बल देता है।

20. न्यायपालिका की स्वतंत्रता से आप क्या समझते हैं? (4)

उत्तर न्यायपालिका की स्वतंत्रता से अभिप्राय है—कार्यपालिका व विधायिका द्वारा न्यायपालिका के कार्यों में हस्तक्षेप न करना, जिससे न्यायपालिका समुचित रूप से न्याय प्रदान कर सके। सरकार के दूसरे अंगों द्वारा न्यायपालिका के निर्णयों में हस्तक्षेप न किया जाए, जिससे न्यायाधीश बिना किसी दबाव, भय तथा भेदभाव के अपना कार्य करें।

न्यायपालिका की स्वतंत्रता का अर्थ स्वेच्छाचारिता या उत्तरदायित्व का अभाव नहीं है। न्यायपालिका लोकतांत्रिक राजनीतिक संरचना का एक भाग होती है, जो देश के संविधान, लोकतांत्रिक मूल्यों और जनता के प्रति जवाबदेह होती है। भारतीय संविधान द्वारा अनेक प्रावधानों के माध्यम से न्यायपालिका व न्यायाधीशों की स्वतंत्रता सुनिश्चित की गई है। न्यायपालिका को वित्तीय रूप से कार्यपालिका या विधायिका पर निर्भर नहीं बनाया गया। न्यायाधीशों के वेतन और भत्ते हेतु विधायिका से स्वीकृति लेनी आवश्यक नहीं होती। किसी व्यक्ति द्वारा न्यायाधीशों के कार्यों और निर्णयों की व्यक्तिगत आलोचना नहीं की जा सकती है।

21. समानता हमारे लिए क्यों महत्त्वपूर्ण है? भारतीय संविधान में इसे कहाँ से समाहित किया गया है? (4)

उत्तर समानता ने कई शताब्दियों से मानव समाज को एक शक्तिशाली, नैतिक एवं राजनीतिक आदर्श के रूप में प्रेरित एवं निर्देशित किया है। किसी भी लोकतांत्रिक समाज में जितना महत्त्व स्वतंत्रता का है, उतना ही समान महत्त्व समानता का होता है। समानता लोकतंत्र के आधार स्तंभ के रूप में कार्य करती है। समानता की अवधारणा एक राजनीतिक आदर्श के रूप में उन विशिष्टताओं पर बल देती है, जिसमें सभी मनुष्य रंग, लिंग, वंश या राष्ट्रीयता के अंतर के पश्चात् भी साझेदार होते हैं। समानता का दावा है कि समान मानवता के कारण सभी मनुष्य समान महत्त्व और सम्मान पाने योग्य हैं।

समानता का महत्त्व इस प्रकार जाना जा सकता है कि इसकी प्राप्ति के लिए कई क्रांतियाँ, आंदोलन इत्यादि से विश्व इतिहास भरा हुआ है। 1789 ई. में हुई फ्रांसीसी क्रांति में समानता के आदर्श की प्राप्ति के लिए 'स्वतंत्रता, समानता, बंधुत्व' का नारा दिया गया, जो लोकतांत्रिक व्यवस्था का आधार बना। लोकतांत्रिक राष्ट्रों के संविधानों ने इसे अपने में समाहित एवं प्रतिष्ठित किया है, जिसके माध्यम से वह समाज में समानता के आदर्श को स्थापित कर व्यक्ति को उसके पूर्ण विकास का अवसर प्रदान कर सके।

***अथवा* राजनीतिक समानता से आप क्या समझते हैं? इसे विस्तार से समझाइए।**

उत्तर राजनीतिक समानता से अभिप्राय एक ऐसी समानता से है, जिसके अंतर्गत राज्य अपने सभी सदस्यों को समान नागरिक अधिकार प्रदान करता है। लोकतांत्रिक राजनीतिक व्यवस्था के अंतर्गत कोई देश अपने सभी सदस्यों को समान नागरिकता देकर राजनीतिक समानता प्रदान करता है। समान नागरिकता अपने साथ कुछ मूल अधिकार; जैसे—मतदान का अधिकार, कहीं भी आने-जाने, संगठन बनाने और अभिव्यक्ति की स्वतंत्रता और धार्मिक विश्वास की आजादी लाती है। ये ऐसे अधिकार हैं, जो नागरिकों को अपना विकास करने और राज्य के संचालन में हिस्सा लेने में सक्षम बनाने के लिए आवश्यक माने जाते हैं। ये केवल औपचारिक अधिकार हैं, जिन्हें औपचारिक संविधान और कानूनों द्वारा सुनिश्चित किया जाता है।

22. दलबदल निरोधक कानून को स्पष्ट कीजिए। किस संविधान संशोधन द्वारा इसे लागू व संशोधित किया गया? (4)

उत्तर यदि कोई सदस्य अपने दल के नेतृत्व के आदेश के पश्चात् भी सदन में उपस्थित न हो, दल के निर्देश के विपरीत सदन में मतदान करे या अपनी स्वेच्छा से दल की सदस्यता से त्याग-पत्र देना चाहे, तो सदन का अध्यक्ष दलबदल निरोधक कानून के तहत सदन से उसकी सदस्यता समाप्त कर सकता है। 52वें संविधान संशोधन से इसे लागू किया गया व 91वें संविधान संशोधन द्वारा इस कानून को दोबारा संशोधित किया गया।

इससे पूर्व सांसद या विधायक किसी दल के टिकट से चुनाव लड़कर सदन की सदस्यता ग्रहण करने के पश्चात् दल की सदस्यता से त्याग-पत्र दे देते थे। इसे रोकने के लिए इस कानून को अस्तित्व में लाया गया। व्यवहार में यह कानून दलबदल को रोकने में अधिक सफल नहीं रहा, बल्कि इसने दल के नेता या अध्यक्ष को विधायिका के सदस्यों के विरुद्ध अतिरिक्त शक्तियाँ प्रदान की हैं।

***अथवा* संसदीय समिति की व्यवस्था से संसद के विधायी कार्यों के मूल्यांकन और देखरेख पर क्या प्रभाव पड़ा है?**

उत्तर संसदीय समितियों ने संसद के विधायी कार्यों में महत्त्वपूर्ण भूमिका निभाई है। समिति व्यवस्था में स्थायी समितियाँ और संयुक्त समितियों की स्थापना की गई है। विभिन्न विभागों से संबंधित 20 समितियाँ हैं। ये समितियाँ कानून के प्रस्तावों का गहरा अध्ययन करती हैं। ये समितियाँ विभिन्न मंत्रालयों की अनुदान माँगों का अध्ययन, खर्चों की जाँच और भ्रष्टाचार के मामलों की भी जाँच करती हैं। स्थायी समितियाँ विभिन्न विभागों के कार्यों, उनके बजट, खर्चे तथा उनसे संबंधित विधेयकों की देखरेख करती हैं।

इस प्रकार समिति व्यवस्था ने संसद के कार्यभार को हल्का करने में सहायता दी है। वास्तव में समितियों द्वारा दिए गए सुझावों को संसद हमेशा स्वीकार कर लेती है। इसी से समिति व्यवस्था के महत्त्व का पता चलता है।

23. हमें संसद की आवश्यकता क्यों है? इसके महत्त्व को स्पष्ट कीजिए। **(4)**

उत्तर संसद की आवश्यकता को निम्नलिखित बिंदुओं से समझा जा सकता है

- विधायिका सदन में बहस, निष्कासन, विरोध, प्रदर्शन, सर्वसम्मति सहयोग के द्वारा सदन को जीवंत बनाए रखती है। राष्ट्रीय हित के मुद्दों पर वाद-विवाद हेतु एक लोकतांत्रिक व खुला मंच उपलब्ध कराती है।
- लोकहित हेतु कानूनों का निर्माण करती है, साथ ही उनमें संशोधन भी करती है।
- जनता के प्रति जन-प्रतिनिधियों के उत्तरदायित्व को सुनिश्चित करती है तथा कार्यपालिका पर नियंत्रण बनाए रखती है।
- संसद कार्यपालिका पर पूर्ण नियंत्रण रखती है तथा कार्यपालिका का चुनाव कराने और हटाने की शक्ति भी रखती है। कार्यपालिका का जब तक संसद में बहुमत रहता है, तब तक ही वह सत्ता में बनी रह सकती है।
- संसद में व्यापक विचार-विमर्श के बाद ही किसी कानून का निर्माण किया जाता है।

खंड 'घ'

24. निम्नलिखित चित्र का अध्ययन कर प्रश्नों का उत्तर दीजिए। **(4)**

(i) **''न्याय में देर होना-अँधेर होना' इस वाक्य का क्या अर्थ है?** **(1)**

(a) न्याय में देरी से फैसले की गुणवत्ता बढ़ती है
(b) न्याय में देरी होने से अन्याय हो सकता है
(c) न्याय में देरी से कोई असर नहीं होता है
(d) न्याय में देरी से पीड़ित व्यक्ति खुश हो जाता है

उत्तर (b) न्याय में देरी होने से अन्याय हो सकता है

(ii) **इस चित्र के अनुसार, न्याय में देरी से क्या समस्या उत्पन्न हो सकती है?** **(1)**

(a) पीड़ित व्यक्ति को लाभ होता है
(b) पीड़ित व्यक्ति को कोई लाभ नहीं मिलता
(c) वादी को लाभ होता है
(d) न्याय को लाभ होता है

उत्तर (b) पीड़ित व्यक्ति को कोई लाभ नहीं मिलता

(iii) **न्यायपालिका द्वारा निर्णय देने में विलंबता क्यों की जाती है?** **(1)**

(a) स्टाफ की कमी
(b) न्यायधीशों की विलासता
(c) भारतीय कानून की समझ न होना
(d) कार्य दिवसों की कमी

उत्तर (d) कार्य दिवसों की कमी

(iv) **'अँधेरे' का अर्थ है ······· ।** **(1)**

(a) जल्दी न्याय मिलना (b) न्याय की अनुपस्थिति
(c) फैसले का लाभ (d) विवाद का अंत

उत्तर (b) न्याय की अनुपस्थिति

25. भारत के दिए गए रेखा मानचित्र में पाँच राज्यों को A, B, C और D द्वारा दर्शाया गया है। नीचे दी गई जानकारी के आधार पर इन राज्यों की पहचान कीजिए और अपनी उत्तर-पुस्तिका में उनके सही नाम, प्रयोग की गई जानकारी की क्रम संख्या तथा संबंधित अक्षर नीचे दी गई तालिका के रूप में लिखिए **(4)**

उत्तर

प्रयोग की गई जानकारी की क्रम संख्या	संबंधित अक्षर	राज्य का नाम

(i) **वह राज्य, जहाँ पंडित जवाहरलाल नेहरू का जन्म हुआ था।**
(ii) **वह राज्य, जहाँ डॉ. राजेंद्र प्रसाद का जन्म हुआ था।**
(iii) **संविधान निर्माता भीमराव अंबेडकर के जन्म से संबंधित राज्य।**
(iv) **महात्मा गाँधी के जन्म से संबंधित राज्य**

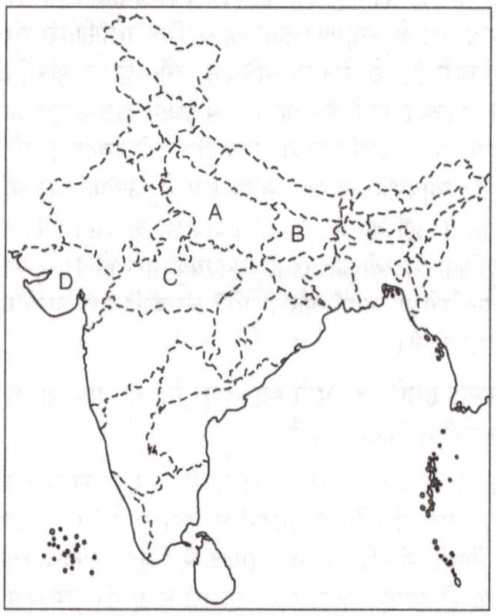

उत्तर

प्रयोग की गई जानकारी की क्रम संख्या	संबंधित अक्षर	राज्य का नाम
(i)	A	उत्तर प्रदेश
(ii)	B	बिहार
(iii)	C	मध्य प्रदेश
(iv)	D	गुजरात

26. दिए गए स्रोत को ध्यानपूर्वक पढ़कर प्रश्नों के उत्तर दीजिए **(4)**

भारतीय भू-भाग एक महाद्वीप की तरह विशाल और अनेक विविधताओं से भरा है। यहाँ 20 प्रमुख और सैकड़ों अन्य छोटी भाषाएँ हैं। यहाँ अनेक धर्मों के मानने वाले लोग निवास करते हैं। देश के विभिन्न भागों में करोड़ों आदिवासी निवास करते हैं। इन विविधताओं के अतिरिक्त हम एक साझी जमीन पर रहते हैं और हमारा एक साझा इतिहास है। विशेषकर उन दिनों का जब हम आज़ादी की लड़ाई लड़ रहे थे। हमारे बीच दूसरी कई समानताएँ हैं। इसी कारण हमारे राष्ट्रीय नेताओं ने भारत को 'विविधता में एकता' के रूप में परिभाषित किया है। कभी-कभार इसे 'विविधताओं के साथ एकता' की संज्ञा भी दी जाती है।

संघवाद में कोई ऐसे निश्चित और कठोर सिद्धांत नहीं होते जो प्रत्येक ऐतिहासिक परिस्थिति में समान रूप से लागू हों। शासन के सिद्धांत के रूप में संघवाद विभिन्न परिस्थितियों में भिन्न-भिन्न स्वरूप ग्रहण करता है। संघीय राज्य की शुरुआत अमेरिका से हुई, लेकिन वह जर्मनी और भारतीय संघवाद से भिन्न है, फिर भी संघवाद की कुछ मूल अवधारणाएँ और विचार अवश्य हैं।

(i) **निम्नलिखित में से कौन-सा कथन संघवाद से संबंधित है? (1)**

(a) संघवाद में निश्चित कठोर नियम नहीं होते हैं
(b) संघवाद में निश्चित कठोर नियम होते हैं
(c) संघवाद परिस्थितियों के अनुरूप परिवर्तित नहीं होता है
(d) संघवाद संस्थागत प्रणाली नहीं है

उत्तर (a) संघवाद में निश्चित कठोर नियम नहीं होते हैं

(ii) **किस देश में सर्वप्रथम संघीय राज्य की शुरुआत हुई थी? (1)**

(a) अमेरिका (b) ब्रिटेन (c) ऑस्ट्रेलिया (d) कनाडा

उत्तर (a) अमेरिका

(iii) **भारतीय भू-भाग को किस प्रकार परिभाषित किया गया है? (2)**

उत्तर भारतीय भू-भाग को एक महाद्वीप के समान विशाल और अनेक विविधताओं से भरा हुआ क्षेत्र माना गया है। इसमें विभिन्न भाषाएँ, संस्कृतियाँ, परंपराएँ और सामाजिक संरचनाएँ शामिल हैं। यहाँ की भौगोलिक, सांस्कृतिक और भाषाई विविधता भारत को एक अनोखा देश बनाती है, जहाँ प्रत्येक क्षेत्र में लोगों के रहन-सहन, सोच और भाषा में भिन्नता दिखाई देती है। यह विविधता भारतीय समाज की गहराई और व्यापकता को दर्शाती है।

खंड 'ङ'

27. **भारतीय संविधान में संघवाद तथा शक्ति विभाजन का वर्णन करते हुए यह बताइए कि केंद्र और राज्यों के बीच शक्तियों का वितरण कैसे किया गया है? (6)**

अथवा **नौकरशाही का अर्थ स्पष्ट करते हुए इसके गठन और परिभाषा को समझाइए, साथ ही नौकरशाही के प्रकारों का वर्गीकरण करें और समाज में इनकी भूमिका व महत्त्व को स्पष्ट करें।**

उत्तर राष्ट्रीय आंदोलन के समय से ही अनेक नेता इस बात पर सहमत थे कि भारत जैसे विशाल देश के शासन संचालन के लिए दो स्तर की राजनीतिक व्यवस्था (प्रांतीय सरकार और केंद्रीय सरकार) करना बहुत आवश्यक है। उसके साथ क्षेत्रीय, भाषायी तथा धार्मिक आधार पर सभी व्यक्तियों की शासन में सहभागिता सुनिश्चित करना आवश्यक था।

विभाजन से पूर्व मुस्लिम लीग द्वारा मुसलमानों को प्रतिनिधित्व देने के आंदोलन के संदर्भ में एक समझौता फॉर्मूले पर चर्चा हुई, जिसमें क्षेत्रीय सरकारों को अधिक अधिकार देने संबंधी प्रस्ताव आया, परंतु विभाजन के निर्णय के पश्चात् संविधान सभा ने राज्य में ऐसी सरकार के गठन का प्रावधान किया, जो केंद्र-राज्य के आपसी सहयोग व एकता पर आधारित हो, साथ ही राज्यों के लिए पृथक् अधिकार के सिद्धांत पर भी आधारित हो। भारतीय संविधान में संघीय व्यवस्था के तहत केंद्र-राज्य संबंधों को सहयोग पर आधारित किया गया है। इससे यह पता चलता है कि विविधता को मान्यता देने के साथ ही संविधान एकता पर बल देता है।

भारत के संविधान में अंग्रेजी के संस्करण में संघ शब्द के लिए 'फेडरेशन' का प्रयोग न करके 'यूनियन' शब्द का प्रयोग किया गया है, जो भारत की एकता की मजबूती का प्रतीक है। हालाँकि हिंदी भाषा में 'फेडरेशन' और 'यूनियन' दोनों के लिए संघ शब्द का प्रयोग होता है।

संविधान भारत का वर्णन निम्न प्रकार करता है

- अनुच्छेद-1(I) के अनुसार, भारत राज्यों का संघ (यूनियन) होगा।
- अनुच्छेद-1(II) के अनुसार, राज्य और उनके राज्य क्षेत्र वे होंगे, जो पहली अनुसूची में विनिर्दिष्ट हैं।

भारत के संविधान में दो स्तर की सरकारों का प्रावधान किया गया है

1. **संघीय सरकार** यह संपूर्ण राष्ट्र के लिए होती है। इसे केंद्रीय सरकार भी कहा जाता है।
2. **राज्य सरकार** यह किसी प्रांत या राज्य पर शासन के लिए होती है।

इन दोनों संवैधानिक सरकारों का कार्यक्षेत्र संविधान द्वारा स्पष्ट है। शक्तियों को लेकर विवाद होने की स्थिति में सर्वोच्च न्यायालय संवैधानिक प्रावधानों के अनुसार विवाद का निपटारा करता है।

संविधान केंद्र व राज्यों के मध्य शक्तियों का बँटवारा स्पष्ट रूप से करता है। शक्ति विभाजन का एक महत्त्वपूर्ण पहलू यह है कि आर्थिक व वित्तीय शक्तियाँ केंद्र के पास होती हैं। आय के साधनों की अपेक्षा राज्य के पास उत्तरदायित्व अधिक होता है।

अथवा

नौकरशाही का अर्थ नौकरशाही सरकार के स्थायी तथा प्रशिक्षित अधिकारियों का वह समूह होता है, जो लोक कल्याणकारी नीतियों के निर्माण में राजनीतिक कार्यपालिका की सहायता करता है एवं व्यवहार में उन नीतियों को लागू करवाता है। यह राजनीतिक कार्यपालिका से तटस्थ होकर अपना कार्य करता है।

नौकरशाही का वर्गीकरण भारत में सिविल सेवा का वर्गीकरण मुख्यतः तीन भागों में किया गया है

1. **अखिल भारतीय सेवाएँ**
   (i) भारतीय प्रशासनिक सेवा
   (ii) भारतीय पुलिस सेवा
2. **केंद्रीय सेवाएँ**
   (i) भारतीय विदेश सेवा
   (ii) भारतीय राजस्व सेवा
   (iii) भारतीय डाक सेवा
   (iv) भारतीय सीमा कर सेवा

3. **प्रांतीय सेवाएँ**

(i) राज्य प्रशासनिक सेवा

(ii) राज्य पुलिस सेवा

(iii) बिक्री कर अधिकारी

अखिल भारतीय सेवा तथा केंद्रीय सेवाओं में भर्ती संवैधानिक संस्था संघ लोक सेवा आयोग के द्वारा योग्यता एवं परीक्षा के आधार पर की जाती है, जबकि प्रांतीय सेवाओं में भर्ती राज्य लोक सेवा आयोग के द्वारा की जाती है।

नौकरशाही की भूमिका नौकरशाही राजनीति से तटस्थ होकर नीति-निर्माण एवं उनके क्रियान्वयन का कार्य करती है। लोक आकांक्षाओं के लिए संवेदनशील बनाने हेतु इस पर राजनीतिक कार्यपालिका के नियंत्रण को सुनिश्चित किया गया है, परंतु कभी-कभी अधिक नियंत्रण के चलते इसकी तटस्थता पर प्रभाव पड़ने लगता है, जिससे इसके द्वारा भेदभावपूर्ण कार्य करने की आशंका बनी रहती है। बदलते हुए इस दौर में नौकरशाही ने अपने अंदर लोकहित को लेकर संवेदनशीलता व राजनीतिक तटस्थता को और अधिक मजबूत किया है।

28. अधिकारों के इतिहास का संक्षिप्त विवरण प्रस्तुत करते हुए यह स्पष्ट कीजिए की मानवाधिकारों का उद्‌भव किन परिस्थितियों में हुआ और आधुनिक समाज में उनका क्या महत्त्व है? (6)

अथवा **राजनीतिक सिद्धांत की उत्पत्ति के संबंध में विस्तार से बताइए कि यह कैसे विकसित हुआ, इसके विकास में किन-किन ऐतिहासिक घटनाओं दार्शनिक विचारधाराओं और सामाजिक परिवर्तनों ने भूमिका निभाई?**

उत्तर 17वीं व 18वीं शताब्दी के राजनीतिक सिद्धांतकार अधिकारों को प्रकृति की देन मानते थे। इस आधार पर वे मुख्यतः तीन अधिकारों को चिह्नित करते थे

1. जीवन का अधिकार
2. स्वतंत्रता का अधिकार
3. संपत्ति का अधिकार

ये तीनों अधिकार ही अन्य सभी प्रकार के अधिकारों की बुनियाद हैं तथा उनका मानना था कि ये अधिकार जन्म से प्राप्त होते हैं। अतः कोई शासक या राज्य इन अधिकारों को नहीं छीन सकता है। इन अधिकारों का प्रयोग राज्य की निरंकुशता का विरोध करने एवं व्यक्तिगत अधिकारों की सुरक्षा करने के लिए किया जाता है।

पिछले कुछ वर्षों से प्राकृतिक अधिकार से अधिक मानवाधिकार शब्द का प्रयोग किया जा रहा है, क्योंकि उनके प्राकृतिक होने के विचार पर आम सहमति नहीं देखी जा रही है। मनुष्य के अच्छे जीवन के लिए अधिकारों को गारंटी के रूप में देखने की प्रवृत्ति बढ़ी है।

मानवाधिकारों की मूल मान्यता यह है कि सभी लोग कुछ वस्तुओं को पाने के अधिकारी हैं। मानव के रूप में सभी व्यक्ति विशिष्ट एवं समान महत्त्व के हैं। अतः सभी मनुष्य एक आंतरिक मूल्य से संपन्न होते हैं, इसलिए उन्हें स्वतंत्र रहने तथा अपनी पूरी संभावना को पूरा करने के लिए समान अवसर मिलना चाहिए। इस विचार का प्रयोग नस्ल, जाति, धर्म तथा लिंग पर आधारित असमानताओं को दूर करने व कम करने के लिए किया जाता रहा है।

अधिकारों की इस धारणा को और अधिक मजबूती प्रदान करने के लिए संयुक्त राष्ट्र की सामान्य सभा ने 10 दिसंबर, 1948 की मानव अधिकारों की सार्वभौमिक घोषणा को स्वीकार और लागू किया, जिसके अंतर्गत संयुक्त राष्ट्र ने मानव अधिकारों से संबंधित घोषणा-पत्र जारी किया। इस घोषणा-पत्र में विश्व समुदाय के उन दावों को मानव अधिकारों के रूप में मान्यता दी गई है, जो एक व्यक्ति के गरिमामय जीवन के लिए आवश्यक होते हैं। संपूर्ण विश्व में लोगों के द्वारा मानवाधिकार की इस अवधारणा के आधार पर उन कानूनों को चुनौती दी जा रही है, जो व्यक्तियों को समानता एवं स्वतंत्रता के अधिकारों से वंचित करते हैं। वे मानवता की अवधारणा की पुनर्व्याख्या के लिए संघर्ष कर रहे हैं, जिससे वे स्वयं को इसमें शामिल कर सकें।

अथवा राजनीतिक सिद्धांतों की उत्पत्ति या निर्माण एक सत्ता प्रक्रिया के तहत उन विचारों और सिद्धांतों के आधार पर हुआ, जिन पर कौटिल्य और अरस्तू से लेकर ज्यांजॉक रूसो, कार्ल मार्क्स, महात्मा गाँधी और डॉ. बी आर अंबेडकर तक के समय से वाद-विवाद होता आया है।

ईसा पूर्व पाँचवीं शताब्दी में प्लेटो और अरस्तू ने अपने छात्रों से विचार-विमर्श किया था कि राजतंत्र और लोकतंत्र में से कौन-सा तंत्र बेहतर है? आधुनिक काल में सर्वप्रथम रूसो ने सिद्ध किया कि स्वतंत्रता मानव मात्र का मौलिक अधिकार है। कार्ल मार्क्स ने तर्क दिया कि समानता भी उतनी ही महत्वपूर्ण होती है, जितनी की स्वतंत्रता।

भारत में गाँधीजी ने अपनी पुस्तक हिंद-स्वराज में वास्तविक स्वतंत्रता या स्वराज के अर्थ की विवेचना की। बी आर अंबेडकर ने यह तर्क दिया कि अनुसूचित जातियों को अल्पसंख्यक माना जाना चाहिए और उन्हें विशेष संरक्षण मिलना चाहिए।

लोकतंत्र, स्वतंत्रता या समानता ऐसे आदर्श सिद्धांत व मूल्य हैं, जिन्हें विभिन्न देशों ने अपने संविधान में प्रस्थापित कर उनकी सुरक्षा करने का प्रयास किया है, जैसा कि अमेरिकी और भारतीय संविधानों में किया गया है।

इन विचारों ने भारतीय संविधान की प्रस्तावना में स्वतंत्रता और समानता को प्रतिष्ठित किया। भारतीय संविधान के अधिकार वाले अध्याय में किसी भी रूप में छुआछूत का निषेध किया गया तथा गाँधी के सिद्धांतों को नीति-निदेशक तत्त्व में शामिल किया गया।

29. स्वतंत्रता के अर्थ को विभिन्न संदर्भों में कैसे समझा जा सकता है और स्वतंत्रता के महत्त्व का उल्लेख करते हुए यह बताइए कि यह व्यक्तिगत और सामाजिक जीवन पर किस प्रकार प्रभाव डालती है? (6)

अथवा **जॉन स्टुअर्ट मिल के अभिव्यक्ति और विचारों को कारण सहित समझाइए।**

उत्तर राजनीतिक सिद्धांत के अंतर्गत स्वतंत्रता एक राजनीतिक शब्द है, जो एक व्यक्ति को चुनाव करने और स्वतंत्र निर्णय लेने की अनुमति देता है। दूसरे शब्दों में, किसी व्यक्ति पर बाहरी नियंत्रण या दबाव न हो और वह बिना किसी पर निर्भर हुए निर्णय ले सके तथा स्वायत्त तरीके से व्यवहार कर सके, तो वह व्यक्ति स्वतंत्र माना जाता है। स्वतंत्रता व्यक्ति में आत्म-अभिव्यक्ति की योग्यता का विस्तार तथा उसके अंदर संभावनाओं को विकसित करने का कार्य भी करती है अर्थात् स्वतंत्रता वह स्थिति है, जिसमें लोग अपनी रचनात्मकता का विकास कर सकें। स्वतंत्रता का एक पहलू बाधाओं के अभाव से संबंधित है, जबकि दूसरा

पहलू उन परिस्थितियों से संबंधित है, जिनमें लोग स्वतंत्र रूप से अपनी अभिव्यक्ति कर सकते हैं और अपनी प्रतिभा का विकास कर सकते हैं। बाहरी प्रतिबंधों का अभाव ऐसी स्थिति है, जिसमें लोग अपनी प्रतिभा का विकास कर सकें तथा ऐसा कोई कार्य न करें, जिसके लिए उसे मजबूर किया जा रहा हो। एक स्वतंत्र समाज वह होगा, जो अपने सदस्यों को न्यूनतम सामाजिक अवरोधों के साथ अपनी संभावनाओं के विकास से समर्थ बनाएगा। स्वतंत्रता की प्रशंसा इसलिए की जाती है, क्योंकि यह हमें स्वयं निर्णय लेने और उसका उपयोग करने के लिए प्रोत्साहित करती है। यह लोगों को अपने तर्क और निर्णय लेने की क्षमता का उपयोग करने की अनुमति देती है।

स्वतंत्रता का महत्त्व

- स्वतंत्रता प्रसन्नता प्रदान करती है, क्योंकि स्वतंत्र होने की स्थिति हमारे वास्तविक स्वरूप के साथ जुड़ी हुई है।
- यह सभ्य जीवन को प्रदर्शित करती है। स्वतंत्रता के बिना समाज विकसित नहीं हो सकता है।
- स्वतंत्रता व्यक्ति की रचनाशीलता, संवेदनशीलता और क्षमताओं के पूर्ण विकास को बढ़ावा देती है। यह विकास खेल, विज्ञान, कला, संगीत या अन्वेषण जैसे किसी में भी हो सकती है।
- स्वतंत्रता को बहुमूल्य भी माना जाता है, क्योंकि इससे हम निर्णय और चयन कर पाते हैं।

अथवा 19वीं शताब्दी के ब्रिटेन के एक राजनीतिक विचारक जॉन स्टुअर्ट मिल ने अभिव्यक्ति तथा विचार और वाद-विवाद की स्वतंत्रता का बहुत ही भावपूर्ण पक्ष प्रस्तुत किया है। अपनी पुस्तक ऑन लिबर्टी में उसने चार कारण पेश किए हैं। इनके अनुसार अभिव्यक्ति की स्वतंत्रता उन्हें भी होनी चाहिए, जिनके विचार आज की स्थितियों में गलत या भ्रामक लग रहे हों।

अभिव्यक्ति की स्वतंत्रता के कारण निम्नलिखित हैं

- कोई भी विचार पूर्ण रूप से गलत नहीं होता, जो हमें गलत लगता है उसमें सच्चाई का तत्त्व होता है। यदि हम गलत विचार को प्रतिबंधित कर देंगे तो इसमें छुपे सच्चाई के अंश को भी खो देंगे।
- सत्य स्वयं उत्पन्न नहीं होता। सत्य विरोधी विचारों के टकराव से उत्पन्न होता है, जो विचार आज गलत प्रतीत होता है, वह सही तरह के विचारों के उदय बहुमूल्य हो सकता है।
- विचारों का यह संघर्ष केवल अतीत में ही मूल्यवान नहीं था, बल्कि हर समय में इसका सतत् महत्त्व है। सत्य के बारे में यह खतरा हमेशा होता है कि वह एक विचारहीन और रूढ़ उक्ति में न बदल जाए। जब हम इसे विरोधी विचार के सामने रखते हैं तभी इस विचार का विश्वसनीय होना सिद्ध होता है।
- हम इस बात को लेकर भी निश्चिंत नहीं हो सकते कि जिसे हम सत्य समझते हैं, वही सत्य है। कई बार जिन विचारों को किसी समय पूरे समाज ने गलत समझा और दबाया था, बाद में सत्य पाए गए।

कुछ समाज ऐसे विचारों का दमन करते हैं, 'जो आज उनके लिए स्वीकार्य नहीं हैं, लेकिन ये विचार आने वाले समय में बहुत मूल्यवान ज्ञान में बदल सकते हैं। दमनकारी समाज ऐसे संभावनाशील ज्ञान के लाभों से वंचित रह जाते हैं।

30. संसद के महत्त्वपूर्ण कार्यों पर प्रकाश डालते हुए यह समझाइए कि भारतीय लोकतांत्रिक व्यवस्था में उनकी भूमिका क्यों आवश्यक है और वे किन-किन क्षेत्रों में अपनी जिम्मेदारी का निर्वहन करते हैं (6)

अथवा **संसद की महत्त्वपूर्ण समितियाँ कौन-कौन सी हैं? संसदीय समितियों के कार्यों का वर्णन कीजिए।**

उत्तर संसद कानून निर्माण करने के साथ-साथ अनेक कार्यों को संपन्न करती है, जो निम्न हैं

(i) **विधायी कार्य** संसद का सबसे महत्त्वपूर्ण कार्य विधि निर्माण करना है। यह देश अथवा उसके किसी भी भाग के लिए विधि निर्माण का कार्य करती है। संसद तैयार विधेयकों और कानूनों को स्वीकृति देने का कार्य करती है।

(ii) **कार्यपालिका पर नियंत्रण** संसद कार्यपालिका को उसके अधिकार क्षेत्रों में सीमित रखती है और उसके निर्वाचकों के प्रति उत्तरदायित्वों को सुनिश्चित करती है।

(iii) **वित्तीय कार्य** संसद सरकार को शासन संचालन और अन्य कार्यों हेतु धन उपलब्ध कराती है तथा उस पर नियंत्रण करती है। सरकार कर वसूली के माध्यम से अपने संसाधनों में वृद्धि करती है। संसद कराधान तथा सरकार द्वारा प्रयोग धन पर नियंत्रण करती है।

(iv) **प्रतिनिधित्व** संसद देश के क्षेत्रीय, सामाजिक, आर्थिक और धार्मिक आधारों पर भिन्न-भिन्न समुदायों के विचारों का प्रतिनिधित्व करती है।

(v) **विचार-विमर्श का कार्य** संसद देश से संबंधित मुद्दों पर विवाद का सर्वोच्च मंच होती है। संसद में बिना किसी अंकुश के निर्भीकता से सदस्यों द्वारा देश की समस्याओं पर विचार-विमर्श व उनका विश्लेषण किया जाता है। विचार-विमर्श भारतीय लोकतंत्र की निर्णय प्रक्रिया की आत्मा है।

(vi) **संवैधानिक कार्य** संसद संविधान में संशोधन का महत्त्वपूर्ण कार्य करती है। संसद के दोनों सदनों की संशोधन संबंधी शक्तियाँ समान होती हैं। संशोधन का प्रस्ताव दोनों सदनों के विशेष बहुमत से पारित होना आवश्यक होता है।

(vii) **निर्वाचन संबंधी कार्य** संसद द्वारा भारत के राष्ट्रपति व उपराष्ट्रपति का निर्वाचन किया जाता है।

(viii) **न्यायिक कार्य** भारत के राष्ट्रपति व उपराष्ट्रपति तथा उच्च न्यायालय व सर्वोच्च न्यायालय के न्यायाधीशों को हटाने के प्रस्ताव पर विचार-विमर्श संसद ही करती है, जो इनके न्यायिक कार्यों के अंतर्गत आते हैं।

अथवा भारत में वर्ष 1921 में मॉण्टेग्यू-चेम्सफोर्ड सुधार के आधार पर संसदीय समितियाँ अस्तित्व में आई थीं। भारतीय संविधान के अनुच्छेद-105 में इन समितियों का वर्णन मिलता है। प्रकृति के आधार पर संसदीय समितियाँ दो प्रकार की होती हैं

(i) **स्थायी समिति** ये स्थायी एवं नियमित समिति होती हैं, जिनका गठन संसद के अधिनियम के उपबंधों अथवा लोकसभा के कार्य संचालन नियम के अनुसरण में किया जाता है। इनका कार्य अनवरत प्रकृति का होता है। इनमें लोकलेखा समिति, प्राक्कलन समिति व सार्वजनिक उपक्रम समिति को सम्मिलित किया जाता है।

(ii) अस्थायी या तदर्थ समिति प्रयोजन विशेष के लिए तदर्थ समिति का निर्माण किया जाता है और पूरा होने के पश्चात् इसका अस्तित्व समाप्त हो जाता है। यह भी दो प्रकार की होती है

- **जाँच समिति** किसी तात्कालिक घटना की जाँच के लिए।
- **सलाहकार समिति** किसी विधेयक इत्यादि पर विचार करने के लिए।

संसदीय समितियों के कार्य

संसदीय समितियों के कार्यों को निम्न भागों में बाँटा गया है

- संसद की बैठक केवल अधिवेशन के दौरान ही होती है, क्योंकि संसद के पास समय का अभाव रहता है। इस कारण संसदीय समितियाँ बनाई जाती हैं, जो कानून बनाने के लिए आवश्यक विषयों पर गहन अध्ययन करने के साथ-साथ सदन के दैनिक कार्यों में भी अत्यंत महत्त्वपूर्ण भूमिका निभाती हैं। इसके महत्त्वपूर्ण कार्य हैं
  1. विभिन्न मंत्रालयों के अनुदान माँगों का अध्ययन करना।
  2. विभिन्न विभागों के द्वारा किए गए खर्चों की जाँच करना।
  3. भ्रष्टाचार के मामलों की जाँच करना आदि।
- वर्ष 1983 से भारत में संसद की स्थायी समितियों की प्रणाली विकसित की गई। विभिन्न भागों से संबंधित 20 स्थायी समितियाँ हैं, जो विभागों के कार्यों, बजट, खर्चे व उनसे संबंधित विधेयकों की देख-रेख करती हैं। स्थायी समितियों के अतिरिक्त संसदीय समितियाँ भी हैं, जिनमें संसद के दोनों सदनों के सदस्य होते हैं। इनका गठन किसी विधेयक पर संयुक्त चर्चा या वित्तीय **अनियमितताओं** की जाँच के लिए किया जाता है।
- अनेक महत्त्वपूर्ण विधेयक इन समितियों को भेजे जाते हैं। समितियाँ थोड़े-बहुत बदलाव कर उन विधेयकों को मंजूरी दे देती हैं। समितियों द्वारा दिए गए अधिकतर सुझाव संसद द्वारा मान लिए जाते हैं। संसद की मंजूरी के बिना न तो बजट पास होता है और न ही कोई विधेयक कानून बन सकता है।

सैंपल पेपर 2
राजनीति विज्ञान
व्याख्या सहित (अनसॉल्वड) कक्षा 11

निर्देश *1. प्रश्न-पत्र में 5 खंड हैं जिनमें कुल 30 प्रश्न पूछे गए हैं।*
2. सभी प्रश्न अनिवार्य हैं।
3. खंड 'क' में 1-12 वस्तुपरक प्रश्न हैं। प्रत्येक के लिए 1 अंक निर्धारित है।
4. खंड 'ख' मे 13-18 के प्रत्येक प्रश्न का उत्तर 50-60 शब्दों में देना है। प्रत्येक के लिए 2 अंक निर्धारित हैं।
5. खंड 'ग' में 19-25 के प्रत्येक प्रश्न का उत्तर 100-120 शब्दों में देना है। प्रत्येक के लिए 4 अंक निर्धारित हैं। यहाँ 2 प्रश्नों का आंतरिक विकल्प दिया जाएगा।
6. खंड 'घ' में 26 पैराग्राफ, कार्टून या मानचित्र पर आधारित है, इनके अनुसार ही प्रश्नों के उत्तर देने हैं।
7. खंड 'ड.' में 27-30 के प्रत्येक प्रश्न का उत्तर 170-180 शब्दों में देना है। प्रत्येक के लिए 6 अंक निर्धारित हैं। यहाँ प्रत्येक प्रश्न हेतु आंतरिक विकल्प दिए जाएँगें।

समय : 3 घंटे *पूर्णांक : 80*

खंड 'क'

1. साधारण बहुमत प्रणाली के संबंध में कौन-सा कथन असत्य है? (1)
(a) इस प्रणाली को 'जो सबसे आगे वही जीते' प्रणाली भी कहते हैं
(b) इस प्रणाली के अंतर्गत चुनाव में जिन दो प्रत्याशियों को अन्य की तुलना में बहुमत प्राप्त होता है, विजेता की घोषणा उन्हीं के बीच से होती है
(c) 'a' और 'b' दोनों
(d) इसे बहुलवादी व्यवस्था की संज्ञा भी दी जाती है

2. नीचे दो कथन दिए गए हैं, जिनमें एक को कथन (A) और दूसरे को कारण (R) माना गया है। कूट की सहायता से सही उत्तर का चयन करें।

कथन (A) भारतीय धर्मनिरपेक्षता ने केवल अंत:धार्मिक विषयों पर ध्यान केंद्रित किया है।

कारण (R) इसने बहुसंख्यक समुदाय द्वारा अल्पसंख्यक धार्मिक समुदायों के अधिकारों पर उत्पन्न खतरों का विरोध किया था। **(1)**

कूट
(a) A और R दोनों सही हैं तथा R, A की सही व्याख्या है
(b) A और R दोनों सही हैं, परंतु R, A की सही व्याख्या नहीं है
(c) A सही है, किंतु R गलत है
(d) A गलत है, किंतु R सही है

3. सूची I को सूची II से सुमेलित कीजिए

सूची I	सूची II
A. स्वतंत्रता का अधिकार	1. उपाधियों का अंत
B. धार्मिक स्वतंत्रता का अधिकार	2. प्रार्थना की आजादी
C. समता का अधिकार	3. अभियुक्तों और सजा पाए लोगों के अधिकार
D. शोषण के विरुद्ध अधिकार	4. बंधुआ मजदूरी पर रोक

कूट

	A	B	C	D
(a)	3	2	1	4
(b)	2	1	3	4
(c)	1	2	3	4
(d)	2	3	1	4

उत्तर (a) 3 2 1 4

4. लोगों में उनकी विभिन्न क्षमताओं, प्रतिभा और उनके अलग-अलग चयन के कारण क्या उत्पन्न होती हैं? (1)
(a) सामाजिक असमानताएँ
(b) नैतिक असमानताएँ
(c) प्राकृतिक असमानताएँ
(d) कृत्रिम असमानताएँ

5. **नीचे दो कथन दिए गए हैं।** **(1)**

कथन I संविधान निर्माण के समय स्थानीय शासन के विषय पर दायित्व नीति-निदेशक तत्त्वों के माध्यम से राज्यों पर डाला गया।

कथन II स्थानीय शासन के सफल एवं समुचित विकास के लिए उसके प्रत्येक सूत्रपात में स्थानीय लोगों की भागीदारी आवश्यक होती है।

कूट

(a) कथन I और कथन II दोनों सही हैं
(b) कथन I और कथन II दोनों गलत हैं
(c) कथन I सही है, लेकिन कथन II गलत है
(d) कथन I गलत है, लेकिन कथन II सही है

6. **नीचे दी गई घटनाओं को उनके घटित होने के क्रम में लगाइए** **(1)**

1. **संपत्ति के अधिकार को मौलिक अधिकारों की श्रेणी से हटाना।**
2. **केशवानंद भारती वाद।**
3. **हुसैनारा खातून बनाम बिहार सरकार वाद।**
4. **सुनील बत्रा बनाम दिल्ली प्रशासन वाद।**

कूट

(a) 1, 2, 3, 4
(b) 2, 1, 3, 4
(c) 2, 3, 4, 1
(d) 3, 2, 4, 1

7. **………… ने लोगों के अधिकारों की नींव रखी है। इसका अर्थ यह था कि हमारे अधिकार हमें किसी सम्राट या राज्य द्वारा नहीं दिए गए थे, बल्कि यह है कि हम अधिकारों के साथ उत्पन्न हुए हैं।** **(1)**

(a) सार्वभौमिक कानून
(b) प्राकृतिक कानून
(c) 'a' और 'b' दोनों
(d) मौलिक कानून

8. **निम्नलिखित में से कौन-सा युग्म सुमेलित नहीं है?**

(a) राष्ट्रवाद	–	किसी भी राष्ट्र के सदस्यों में एक साझा पहचान को बढ़ावा देने वाली विचारधारा
(b) बहुसंस्कृतिवाद	-	एक समाज में विभिन्न सांस्कृतिक, धर्मों और जातीय समूहों का सह-अस्तिव और पारस्परिक सम्मान
(c) बाहुलवाद	–	केवल एक विचारधारा या संस्कृति का समाज में वर्चस्व होना।
(d) अलगाववाद	–	किसी समुदाय, क्षेत्र या समूह का बाकी समाज से अलग होना या स्वतंत्र अस्तिव की इच्छा रखना

9. **ट्रस्टीशिप का सिद्धांत किसके द्वारा दिया गया था?** **(1)**

(a) चाणक्य (b) महात्मा गाँधी
(c) डॉ. बी. आर. अंबेडकर (d) कार्ल मार्क्स

10. **राज्य विधायिका के संबंध में दिए गए कथनों पर विचार कीजिए तथा सही उत्तर की पहचान कीजिए** **(1)**

1. **संविधान में राज्यों के लिए केवल द्विसदनीय विधायिका का प्रावधान है।**
2. **द्विसदनीय विधायिका के एक सदन का नाम विधानसभा व दूसरे का नाम विधानपरिषद् होता है।**
3. **आंध्र प्रदेश तथा तेलंगाना में द्विसदनात्मक विधायिका है।**

कूट

(a) केवल 1 (b) 1 और 2
(c) 2 और 3 (d) केवल 3

11. **वर्ष ………… तक उत्तरी नाइजीरिया और दक्षिणी नाइजीरिया ………… उपनिवेश थे।** **(1)**

(a) 1915, ब्रिटिश
(b) 1914, अमेरिकी
(c) 1914, ब्रिटिश
(d) 1915, पुर्तगाली

12. **निम्न में से कौन-सा कथन स्वतंत्रता के संबंध में सही नहीं है?** **(1)**

(a) स्वतंत्रता तब मौजूद होती है, जब व्यक्ति पर बाहरी बाधाएँ अनुपस्थित होती हैं
(b) स्वतंत्रता लोगों को स्वतंत्र रूप से स्वयं को व्यक्त करने और अपनी क्षमता को विकसित करने की आजादी प्रदान करती है
(c) स्वतंत्रता किसी की कल्पना और कौशल को व्यक्त करने में सक्षम होने की स्थिति है
(d) बाधाओं की अनुपस्थिति स्वतंत्रता का केवल आयाम है

खंड 'ख'

13. **"जनहित याचिका का उद्देश्य समाज के कमजोर वर्गों के अधिकारों की रक्षा करना नीतियों में पारदर्शिता लाना है" स्पष्ट कीजिए।** **(2)**

14. **भारत में समानुपातिक प्रतिनिधित्व प्रणाली के किस रूप को अपनाया गया है?** **(2)**

15. **संघीय शासन प्रणाली में राज्य सूची के तहत आने वाले विषयों पर कानून बनाने का अधिकार किसके पास होता है? क्या इस सूची के विषयों पर केंद्र सरकार भी कानून बना सकती है?** **(2)**

16. **समाजवाद का मुख्य उद्देश्य क्या है? क्या यह केवल आर्थिक समानता तक सीमित है, या इसका व्यापक प्रभाव समाज की अन्य संरचनाओं पर भी पड़ता है?** **(2)**

17. **संवैधानिक अधिकार का क्या अर्थ है? ये अधिकार आम कानूनी अधिकारों से कैसे भिन्न होते हैं?** **(2)**

18. **टी. एच. मार्शल ने समाज में वर्गीय संरचना को एक विशिष्ट दृष्टिकोण से देखा और सामाजिक वर्गों की पहचान की। स्पष्ट कीजिए।** **(2)**

खंड 'ग'

19. **न्यायिक सक्रियता मौलिक अधिकारों की सुरक्षा के किस रूप में जुड़ी है? क्या इससे मौलिक अधिकारों के विषय-क्षेत्र को बढ़ाने में सहायता मिली?** **(4)**

20. **लिबर्टी और फ्रीडम में क्या प्रमुख अंतर है? राजनीतिक दर्शन और संवैधानिक परिप्रेक्ष्य में इनकी क्या भूमिका है? स्पष्ट करें।** **(4)**

21. **किसी राष्ट्र तथा नागरिकों हेतु संविधान के महत्त्व को स्पष्ट करें।** **(4)**

अथवा संविधान में संस्थाओं की रूपरेखा तैयार करते समय किन बातों का ध्यान रखा गया ?

22. क्या एक अच्छा तर्क दूसरों को आपकी बात सुनने के लिए बाध्य कर सकता है? **(4)**

अथवा "राजनीति उस सबसे बढ़कर है, जो राजनेता करते हैं।" क्या आप इस कथन से सहमत हैं?

23. "धर्म एक अफीम की तरह है, जो चिंतन की प्रवृति को एक दिशा बना देता है।" इस कथन को स्पष्ट कीजिए। **(4)**

खंड 'घ'

24. निम्नलिखित चित्र का अध्ययन कर प्रश्नों का उत्तर दें। **(4**

(i) लोकतांत्रिक देश लोगों को किस प्रकार के राजनीतिक अधिकार प्रदान नहीं करते हैं? **(1)**
(a) इच्छामृत्यु का अधिकार
(b) मतदान का अधिकार
(c) आस्था का अधिकार
(d) अभिव्यक्ति का अधिकार

(ii) देश के सांस्कृतिक और प्राकृतिक संसाधनों का उत्तराधिकारी और न्यासी किसे माना जाता है? **(1)**
(a) सरकार को (b) महिलाओं को
(c) नागरिकों को (d) संस्थाओं को

(iii) किसी व्यक्ति की नागरिकता क्या प्रदर्शित करती है? **(1)**
(a) उसका राष्ट्र विशेष से संबंध (b) उसका व्यक्ति विशेष से संबंध
(c) उसका बहु राष्ट्र से संबंध (d) उपरोक्त में से कोई नहीं

(iv) अफ्रीका में समान नागरिकता के विरुद्ध.......तक संघर्ष हुआ था। **(1)**
(a) वर्ष 1960 तक (b) वर्ष 1970 तक
(c) वर्ष 1980 तक (d) वर्ष 1990 तक

25. भारत के दिए गए रेखा मानचित्र में पाँच राज्यों को A, B, C और D द्वारा दर्शाया गया है। नीचे दी गई जानकारी के आधार पर इन राज्यों की पहचान कीजिए और अपनी उत्तर-पुस्तिका में उनके सही नाम, प्रयोग की गई जानकारी की क्रम संख्या तथा संबंधित अक्षर नीचे दी गई तालिका के रूप में लिखिए **(1)**

प्रयोग की गई जानकारी की क्रम संख्या	संबंधित अक्षर	राज्य का नाम

(i) वह राज्य, जिसमें द्विसदनात्मक व्यवस्था उपस्थित है। **(1)**
(ii) वह राज्य, जिसके न्यायालय के मुख्य न्यायाधीश पर प्रथम बार महाभियोग प्रस्ताव लाया गया। **(1)**
(iii) वह राज्य, जहाँ द्विसदनात्मक विधायिका है। **(1)**
(iv) वह राज्य, जिससे राष्ट्रपिता महात्मा गाँधी संबंधित हैं। **(1)**

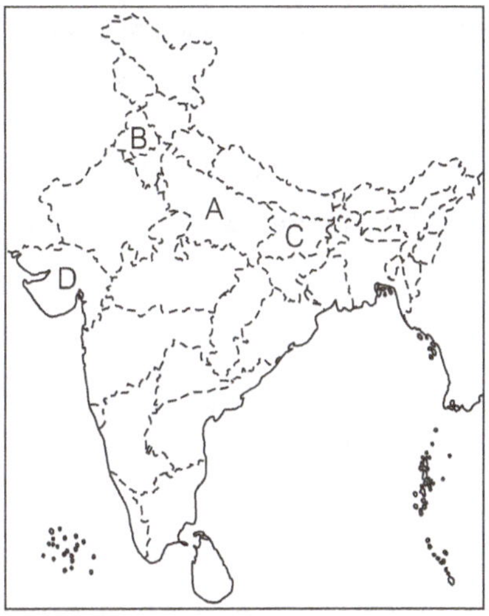

26. प्रधानमंत्री की सलाह पर राष्ट्रपति मंत्रिपरिषद् का गठन करता है तथा प्रधानमंत्री के द्वारा उनको मंत्रालय एवं पदस्तर आवंटित किए जाते हैं। मंत्रियों को उनकी वरिष्ठता और राजनीतिक महत्त्व के अनुसार मंत्रिमंडल का मंत्री, राज्यमंत्री व उपमंत्री बनाया जाता है। प्रधानमंत्री के द्वारा ही मंत्रिपरिषद् में शामिल होने वाले लोगों का निर्धारण किया जाता है।

राज्यों में मुख्यमंत्री द्वारा अपने दल या सहयोगी दल द्वारा मंत्री को चुना जाता है। मंत्रिपरिषद् लोकसभा के प्रति सामूहिक रूप से उत्तरदायी होती है। लोकसभा में विश्वास खो देने पर सम्पूर्ण मंत्रिपरिषद् व प्रधानमंत्री को त्याग-पत्र देना पड़ता है। प्रधानमंत्री और सभी मंत्रियों के लिए संसद का सदस्य होना अनिवार्य होता है। संसद का सदस्य न होने पर यदि कोई व्यक्ति मंत्री या प्रधानमंत्री बन जाता है, तो उसे 6 माह के अंदर ही संसद के सदस्य के रूप में निर्वाचित होना पड़ता है।

(i) मंत्रिपरिषद् के संदर्भ में कौन-सा कथन सत्य है? **(1)**
(a) प्रधानमंत्री के द्वारा मंत्रिपरिषद् के मंत्रियों को उनके मंत्रालय व पदस्तर आवंटित किए जाते हैं
(b) मंत्रियों को उनकी वरिष्ठता तथा राजनीतिक महत्त्व के हिसाब से पद प्रदान किया जाता है
(c) 'a' और 'b' दोनों
(d) उपरोक्त में से कोई नहीं

(ii) नीचे दिए गए कथनों में से कौन-सा असत्य है? **(1)**
(a) मंत्रिपरिषद् में शामिल लोगों का निर्धारण प्रधानमंत्री करता है
(b) राज्यों में मंत्रिपरिषद् राज्यसभा के प्रति उत्तरदायी होती है
(c) मंत्रिपरिषद् राज्यसभा के प्रति उत्तरदायी होती है
(d) 'b' और 'c' दोनों

(iii) लोकसभा में विश्वास खोने पर क्या परिणाम होते हैं? **(2)**

खंड 'ङ'

27. संविधान के मूल प्रावधानों का विश्लेषण करते हुए यह स्पष्ट कीजिए कि वे किस प्रकार भारतीय लोकतंत्र और समाज के मूलभूत ढाँचे का मजबूत करते हैं? (6)

अथवा संविधान सभा की कार्यविधि का उल्लेख करते हुए यह समझाइए कि भारतीय संविधान के निर्माण में किन-किन प्रक्रियाओं और सिद्धांत का पालन किया गया तथा संविधान सभा के सदस्यों की भूमिका और विचारधारा का इसमें क्या योगदान रहा?

28. न्यायपालिका की स्वतंत्रता संबंधी प्रावधानों का वर्णन कीजिए। (6)

अथवा प्रधानमंत्री और मंत्रिपरिषद् की विशेषताएँ एवं आकार का वर्णन कीजिए।

29. समानता के नारीवादी सिद्धांत की व्याख्या करते हुए यह स्पष्ट कीजिए कि यह किस प्रकार पितृसत्तात्मक समाज में महिलाओं के अधिकारों और अवसरों को बढ़ावा देने का प्रयास करता है, साथ ही, इस सिद्धांत की प्रसांगिकता और चुनौतियों पर भी विचार करें। (6)

अथवा समानता के तीन आयामों का व्याख्यात्मक वर्णन करते हुए यह स्पष्ट करें कि ये आयाम समाज में समानता की संपूर्ण परिभाषा को किस प्रकार प्रभावित करते हैं?

30. संपूर्ण और समान सदस्यता के अधिकारों का सविस्तार वर्णन कीजिए। (6)

अथवा न्याय के स्वरूप की व्याख्या करते हुए उसके विशेष लक्षणों का उल्लेख कीजिए।

उत्तर

1. (b)	**2.** (d)	**3.** (a)	**4.** (c)	**5.** (a)	**6.** (b)	**7.** (a)	**8.** (c)	**9.** (b)	**10.** (c)
11. (c)	**12.** (d)								

सैंपल पेपर 3

राजनीति विज्ञान

व्याख्या सहित (अनसॉल्वड) कक्षा 11

निर्देश *1. प्रश्न-पत्र में 5 खंड हैं जिनमें कुल 30 प्रश्न पूछे गए हैं।*
2. सभी प्रश्न अनिवार्य हैं।
3. खंड 'क' में 1-12 वस्तुपरक प्रश्न हैं। प्रत्येक के लिए 1 अंक निर्धारित है।
4. खंड 'ख' मे 13-18 के प्रत्येक प्रश्न का उत्तर 50-60 शब्दों में देना है। प्रत्येक के लिए 2 अंक निर्धारित हैं।
5. खंड 'ग' में 19-25 के प्रत्येक प्रश्न का उत्तर 100-120 शब्दों में देना है। प्रत्येक के लिए 4 अंक निर्धारित हैं। यहाँ 2 प्रश्नों का आंतरिक विकल्प दिया जाएगा।
6. खंड 'घ' में 26 पैराग्राफ, कार्टून या मानचित्र पर आधारित है, इनके अनुसार ही प्रश्नों के उत्तर देने हैं।
7. खंड 'ड.' में 27-30 के प्रत्येक प्रश्न का उत्तर 170-180 शब्दों में देना है। प्रत्येक के लिए 6 अंक निर्धारित हैं। यहाँ प्रत्येक प्रश्न हेतु आंतरिक विकल्प दिए जाएँगें।

समय : 3 घंटे *पूर्णांक : 80*

खंड 'क'

1. **धर्मनिरपेक्ष शब्द, भारतीय संविधान की प्रस्तावना में 42वें संविधान संशोधन द्वारा जोड़ा गया निम्न में से कौन-सा कथन धर्मनिरपेक्षता के संदर्भ में सही नहीं है?** **(1)**

(a) धर्मनिरपेक्ष राज्य न तो धर्मतांत्रिक होते हैं और न ही किसी विशेष धर्म की स्थापना करते हैं
(b) धर्मनिरपेक्षता के अमेरिकी मॉडल में धर्म और राज्यसत्ता के संबंध विच्छेद को पारस्परिक निषेध के रूप में समझा जाता है
(c) धर्मनिरपेक्षता के पश्चिमी और भारतीय दृष्टिकोण में कोई अंतर नहीं है
(d) धर्मनिरपेक्षता के पश्चिमी दृष्टिकोण में राज्य धर्म की गतिविधियों में हस्तक्षेप नहीं करता है

2. **नीचे दो कथन दिए गए हैं, जिनमें एक को कथन (A) और दूसरे को कारण (R) माना गया है। कूट की सहायता से सही उत्तर का चयन कीजिए।**

कथन (A) **स्थानीय स्तर का कार्य स्थानीय लोगों के पास ही रहना चाहिए।** **(1)**

कारण (R) **आम जनता केंद्रीय एवं राज्य सरकार की अपेक्षा स्थानीय शासन की गतिविधियों तथा उसके कार्यों से अधिक परिचित रहती है।**

कूट
(a) A और R दोनों सही हैं तथा R, A की सही व्याख्या है
(b) A और R दोनों सही हैं, परंतु R, A की सही व्याख्या नहीं है
(c) A सही है, किंतु R गलत है
(d) A गलत है, किंतु R सही है

3. **सूची I के साथ सूची II को सुमेलित कीजिए** **(1)**

सूची I	सूची II
A. मतदान करने का अधिकार	1. राष्ट्रीय सीमाओं के आर-पार लोगों का जुड़ाव
B. बुनियादी सुविधाओं का अधिकार	2. राजनीतिक अधिकार
C. विश्व नागरिकता	3. सामाजिक-आर्थिक अधिकार
D. भीतरी और बाहरी विभाजन	4. विभिन्न समूहों के साझे स्वार्थ

कूट

	A	B	C	D
(a)	1	2	3	4
(b)	2	1	4	3
(c)	2	3	1	4
(d)	1	2	4	3

4. **स्वतंत्रता का वह रूप जिसमें बाह्य बाधाओं का अभाव सर्वाधिक मूल्यवान है, कहलाता है** **(1)**
(a) सामुदायिक उदारता
(b) सकारात्मक उदारता
(c) उपयोगितावादी उदारता
(d) नकारात्मक उदारता

5. **नीचे दो कथन दिए गए हैं।** **(1)**

कथन I **विधायिका मात्र कानून बनाने वाली संस्था न होकर सभी लोकतांत्रिक राजनीतिक प्रक्रियाओं का केंद्र है।**

कथन II **द्वि-सदनात्मक विधायिका की व्यवस्था होने से समाज के सभी वर्गों व देश के सभी क्षेत्रों का प्रतिनिधित्व सुनिश्चित हो जाता है।**

कूट
(a) कथन I और कथन II दोनों सही हैं
(b) कथन I और कथन II दोनों गलत हैं
(c) कथन I सही है, लेकिन कथन II गलत है
(d) कथन I गलत है, लेकिन कथन II सही है

6. नीचे दी गई घटनाओं को कालक्रमानुसार व्यवस्थित कीजिए **(1)**

1. संविधान सभा के 284 सदस्यों द्वारा अंतिम रूप से पारित भारतीय संविधान पर हस्ताक्षर किया जाना।
2. संविधान सभा की प्रथम बैठक।
3. संविधान सभा के सदस्यों का प्रांतीय विधानसभा के सदस्यों द्वारा अप्रत्यक्ष विधि से चुना जाना।
4. भारत विभाजन की योजना बनी।

कूट
(a) 1, 2, 3, 4
(b) 2, 1, 3,4
(c) 3, 2, 4, 1
(d) 3, 1, 2,4

7. वर्ष .... में प्रथम बार .... सांसदों द्वारा सर्वोच्च न्यायालय के न्यायाधीश रामास्वामी के विरुद्ध संसद में महाभियोग प्रस्ताव लाया गया। **(1)**
(a) 1989, 18
(b) 1991, 108
(c) 1990, 111
(d) 1992, 58

8. निम्नलिखित में से कौन –सा युग्म सुमेलित नहीं हैं। **(1)**

(a)	सामाजिक असमानता	–	यह सामान्यत सामाजिक और आर्थिक क्षेत्र में नागरिकों को उपलब्ध संसाधनों और अवसरों की भिन्नता के कारण उत्पन्न होती है
(b)	आर्थिक असमानता	-	यह व्यक्ति और वर्गों के बीच धन या संपत्ति व आय में भिन्नता के कारण उत्पन्न होती हैं।
(c)	प्राकृतिक असमानता	–	यह विभिन्न क्षमताओं, प्रतिभाओं और उनके अलग-अलग चयन के कारण उत्पन्न होती है
(d)	राजनीतिक असमानता	–	जब किसी व्यक्ति या समूह को उनकी जाति, धर्म, लिंग या सामाजिक स्थिति के आधार पर राजनीतिक अधिकारों और अवसरों में भेदभाव का सामना नही करना पड़ता है।

9. निम्न कथनों पर विचार कीजिए तथा कूट की सहायता से सही कथन का चयन कीजिए **(1)**

1. 73वाँ संविधान संशोधन पंचायती राज व्यवस्थाओं से संबंधित था व ग्रामीण क्षेत्रों के स्थानीय शासन से जुड़ा था।
2. 74वाँ संविधान संशोधन नगरपालिका व्यवस्था अर्थात् शहरी क्षेत्र स्थानीय शासन से संबंधित था।

कूट
(a) केवल 1
(b) केवल 2
(c) 1 और 2 दोनों
(d) उपरोक्त से कोई नहीं

10. भारत में सामाजिक न्याय को सुनिश्चित करने के लिए कौन-सा प्रावधान किया गया है? **(1)**
(a) मौलिक अधिकार
(b) राज्य के नीति निदेशक तत्त्व
(c) मौलिक कर्त्तव्य
(d) उपरोक्त सभी

11. निम्नलिखित में से कौन-सा कथन गलत है? **(1)**
(a) टी. एच. मार्शल एक ऑस्ट्रेलियाई समाजशास्त्री थे
(b) उन्होंने नागरिकता और सामाजिक वर्ग नामक पुस्तक लिखी
(c) मार्शल के अनुसार, नागरिकता में दो प्रकार के अधिकार शामिल हैं—नागरिक और राजनीतिक
(d) 'a' और 'c' दोनों

12. .... के पश्चात् से किसी एक दल को या दलीय गठबंधन को स्पष्ट बहुमत न मिलने पर राष्ट्रपति के पद का महत्त्व और अधिक बढ़ गया है। **(1)**
(a) वर्ष 1992
(b) वर्ष 1995
(c) वर्ष 1997
(d) वर्ष 1998

खंड 'ख'

13. भारत की चुनाव प्रणाली को पारदर्शी तथा स्वच्छ बनाने के लिए क्या किया जा सकता है? **(2)**

14. वर्तमान समय में भारतीय नौकरशाही का स्वरूप अधिक जटिल हो गया है क्या आप इससे सहमत हैं **(2)**

15. संसद का सदस्य हुए बिना यदि कोई व्यक्ति मंत्री या प्रधानमंत्री बन जाता है, तो उसे क्या करना पड़ता है? **(2)**

16. राजनीतिक सिद्धांतकारों द्वारा जाँच किए जाने वाले किन्हीं दो प्रश्नों का उल्लेख कीजिए। **(2)**

17. रॉल्स के सिद्धांत को किस अन्य नाम से जाना जाता है? **(2)**

18. मार्टिन लूथर किंग ने पृथक्करण की प्रथा के किस नकारात्मक पहलू को रेखांकित किया है? **(2)**

खंड 'ग'

19. मौलिक अधिकारों एवं नीति-निदेशक तत्त्व की तुलनात्मक समीक्षा करें व बताएँ कि इनमें से किसको वरीयता दी जानी चाहिए? **(4)**

20. पारित विधेयकों के संदर्भ में राष्ट्रपति की शक्तियों की विवेचना कीजिए और राष्ट्रपति की वीटो शक्ति को संक्षेप में समझाइए। **(4)**

21. वेस्टइंडीज में संघवाद के विषय पर संक्षिप्त टिप्पणी लिखिए। **(4)**

अथवा भारत में राज्य की कार्यपालिका का प्रमुख राज्यपाल होता है फिर भी बहुत-से राज्य इनकी भूमिका को लेकर नाराज क्यों रहते हैं?

22. राजनीति विज्ञान की प्रकृति को स्पष्ट कीजिए। **(4)**

अथवा राजनीतिक सिद्धांत के अध्ययन के किन्हीं दो लाभों को बताइए।

23. ग्राम पंचायत की संरचना एवं उसके कार्यों का वर्णन कीजिए। **(4)**

खंड 'घ'

24. निम्नलिखित चित्र का अध्ययन कर प्रश्नों का उत्तर दें। **(4)**

(i) **इस चित्र में किसकी प्रमुखता का वर्णन किया गया है? (1)**

(a) प्रधानमंत्री (b) सदन के अध्यक्ष
(c) महान्यायवादी (d) सदन के अध्यक्ष

(ii) **संसद का प्रमुख कार्य क्या है? (1)**

(a) कार्यपालिका के अधिकार को सीमित रखना
(b) जनता के प्रति उत्तरदायित्व को सुनिश्चित करना
(c) संविधान का पालन करना
(d) उपरोक्त सभी

(iii) **संसद धन की तार्किकता को किसके द्वारा सुनिश्चित करती है? (1)**

(a) संसदीय समिति (b) वार्षिक वित्तीय वक्तव्य
(c) वित्तीय विवरण (d) ये सभी

(iv) **.......... दिए गए चित्र में प्रदर्शित है। (1)**

(a) संसद का नियमन (b) संसद की सर्वोच्चता
(c) संसद का चुनाव (d) संसद की निष्पक्षता

25. भारत के दिए गए रेखा मानचित्र में पाँच राज्यों को A, B, C और D द्वारा दर्शाया गया है। नीचे दी गई जानकारी के आधार पर इन राज्यों की पहचान कीजिए और अपनी उत्तर पुस्तिका में उनके सही नाम, प्रयोग की गई जानकारी की क्रम संख्या तथा संबंधित अक्षर नीचे दी गई तालिका के रूप में लिखिए **(4)**

प्रयोग की गई जानकारी की क्रम संख्या	संबंधित अक्षर	राज्य का नाम

(i) पंडित जवाहरलाल नेहरू से संबंधित राज्य, जो भारत के प्रथम प्रधानमंत्री थे। **(1)**

(ii) वह राज्य, जो भीमराव अंबेडकर से संबंधित है, जिन्हें संविधान का पिता भी कहा जाता है। **(1)**

(iii) वह राज्य, जिसका वर्ष 1962 में महाराष्ट्र के साथ गठन हुआ। **(1)**

(iv) वह राज्य, जिससे सुभाषचंद्र बोस संबंधित हैं, जिन्होंने विश्व प्रसिद्ध नारा 'तुम मुझे खून दो, मैं तुम्हें आजादी दूँगा' दिया। **(1)**

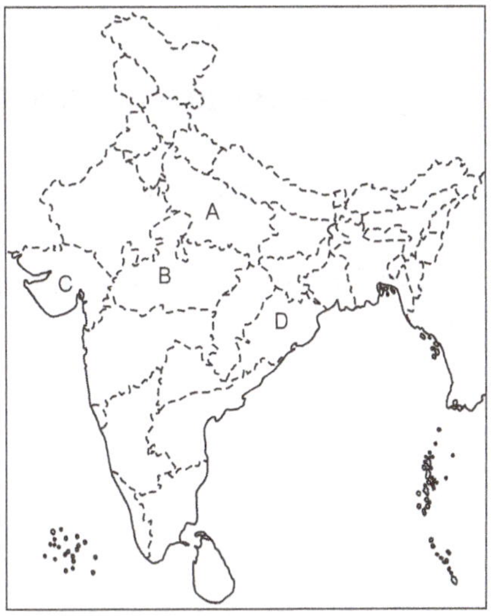

26. दिए गए स्रोत को ध्यानपूर्वक पढ़कर प्रश्नों के उत्तर दीजिए

लोकसभा और राज्यों की विधानसभाओं के लिए जनता सीधे सदस्यों को चुनती है। इसे प्रत्यक्ष निर्वाचन कहते हैं।

लोकसभा चुनावों के लिए पूरे देश और विधानसभा चुनावों के लिए किसी राज्य को लगभग समान जनसंख्या वाले निर्वाचन क्षेत्रों में बाँट दिया जाता है।

प्रत्येक निर्वाचन क्षेत्र से एक प्रतिनिधि चुना जाता है, चुनाव 'सार्वभौमिक वयस्क मताधिकार' के आधार पर होता है, जिसमें प्रत्येक व्यक्ति के मत का मूल्य दूसरे व्यक्ति के मत के मूल्य के बराबर होता है। इस समय लोकसभा के 543 निर्वाचन क्षेत्र हैं। यह संख्या वर्ष 1971 की जनगणना से चली आ रही है।

लोकसभा के लिए सदस्यों को 5 वर्ष के लिए चुना जाता है, लेकिन यदि कोई दल या दलों का गठबंधन सरकार न बना सके अथवा प्रधानमंत्री, राष्ट्रपति को लोकसभा भंग कर नए चुनाव कराने की सलाह दे, तो लोकसभा को 5 वर्ष के पहले भी भंग किया जा सकता है।

(i) लोकसभा के सदस्यों का कार्यकाल कितने वर्ष होता है। **(1)**

(a) पाँच (b) छः
(c) सात (d) चार

(ii) निम्नलिखित कथनों पर विचार कीजिए **(1)**

1. वर्तमान में लोकसभा के 552 निर्वाचन क्षेत्र हैं।
2. लोकसभा के 552 निर्वाचन क्षेत्रों की संख्या वर्ष 1971 की जनगणना से चली आ रही है।

उपरोक्त कथनों में कौन-सा/से कथन सही है/हैं?

(a) केवल 1
(b) केवल 2
(c) 1 और 2 दोनों
(d) उपरोक्त में से कोई नहीं

(iii) लोकसभा और राज्य की विधानसभाओं के चुनाव में प्रत्यक्ष निर्वाचन प्रणाली का क्या महत्त्व है? (2)

खंड 'ड'

27. नेहरू द्वारा प्रस्तुत उद्देश्य प्रस्ताव मूल प्रस्तावना का आधार बना स्पष्ट कीजिए। (6)

अथवा संविधान सभा के गठन की प्रक्रिया एवं कार्यशैली का विस्तृत रूप में वर्णन करें।

28. भारतीय संविधान में समानता स्थापित करने हेतु वर्णित प्रावधानों का उल्लेख करें। (6)

अथवा भारतीय संविधान में संघवाद तथा शक्ति विभाजन का वर्णन करें।

29. बहुलवादी राष्ट्रों द्वारा अल्पसंख्यकों के हितों की सुनिश्चितता किस प्रकार की जाती है? भारत में इस संदर्भ में कौन-कौन से कदम उठाए गए हैं? (6)

अथवा धर्मनिरपेक्षता के बारे में नेहरू के विचारों को सविस्तार समझाइए।

30. न्यायपालिका कितने प्रकार से व्यक्ति के अधिकारों की रक्षा करती है? विस्तारपूर्वक वर्णन करें। (6)

अथवा न्याय से आप क्या समझते हैं? न्याय के सिद्धांतों का संक्षिप्त में वर्णन कीजिए।

उत्तर

1. (c) **2.** (a) **3.** (c) **4.** (d) **5.** (a) **6.** (c) **7.** (b) **8.** (a) **9.** (c) **10.** (d)
11. (d) **12.** (d)